X. 258

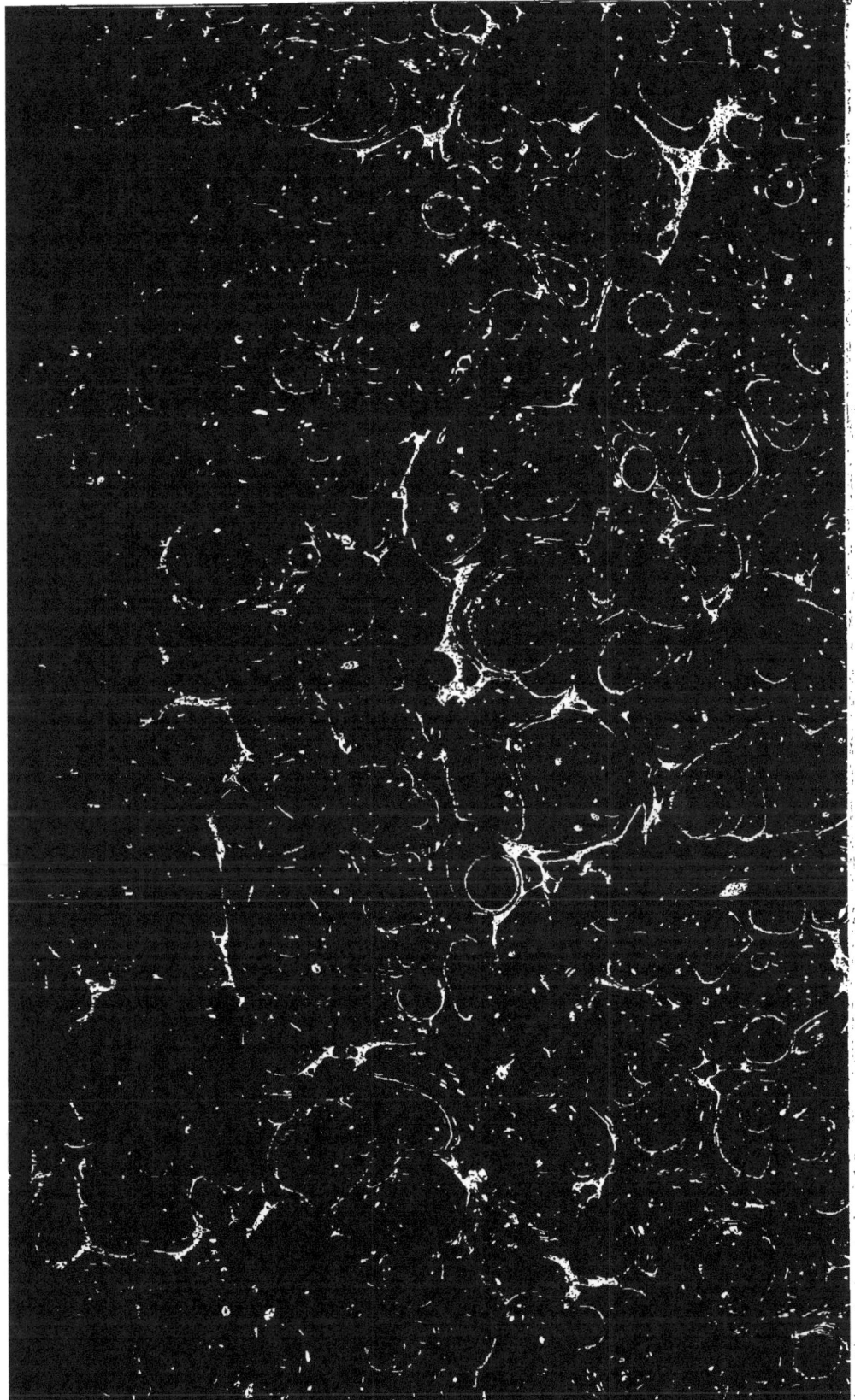

BIOGRAPHIE
DES HOMMES VIVANTS.

PA — Z.

DE L'IMPRIMERIE D'Anth. BOUCHER,

SUCCESSEUR DE L. G. MICHAUD,

RUE DES BONS-ENFANTS, N°. 34.

BIOGRAPHIE
DES HOMMES VIVANTS,

OU

HISTOIRE PAR ORDRE ALPHABÉTIQUE

DE LA VIE PUBLIQUE DE TOUS LES HOMMES QUI SE SONT FAIT
REMARQUER PAR LEURS ACTIONS OU LEURS ÉCRITS.

OUVRAGE ENTIÈREMENT NEUF,

RÉDIGÉ PAR UNE SOCIÉTÉ DE GENS DE LETTRES ET DE SAVANTS.

> On doit des égards aux vivants; on ne doit, aux morts,
> que la vérité. (VOLT., Ire. Lett. sur *Œdipe*.)

TOME CINQUIÈME.

A PARIS,
CHEZ L. G. MICHAUD, LIBRAIRE-ÉDITEUR,
RUE DES BONS-ENFANTS, N°. 34.

—

JANVIER 1819.

AVIS PRÉLIMINAIRE
SUR CETTE TROISIÈME ET DERNIÈRE LIVRAISON.

Enfin, après de longs et pénibles travaux, après des dégoûts de plus d'un genre, nous avons conduit cet ouvrage à son terme. Aucun des nombreux obstacles que nous avons rencontrés n'a pu nous décourager; et persuadés, comme nous l'étions, que nous faisions un ouvrage utile, rien n'a pu nous détourner de notre but.

Au milieu des passions qui se sont déchaînées contre nous, la vanité et l'amour-propre se sont montrés les plus violents et les plus acharnés, et cela n'étonnera pas ceux qui connaissent le cœur humain.

Tel révolutionnaire, bien franc et bien invariable dans sa conduite et dans ses principes, nous en veut beaucoup moins, pour avoir rapporté des faits qui sont partout, que tout le monde connaît, dont au reste il n'a pas perdu l'espoir de se glorifier un jour; cet homme, disons-nous, nous en veut beaucoup moins, pour l'avoir peint tel qu'il ne craint pas de se montrer encore, que certain parvenu auquel nous n'avons pas voulu faire une généalogie, ou certain auteur, certain artiste médiocre, ou enfin tel mauvais comédien dont nous n'avons pas loué les productions ou ce qu'il appelle son talent, et dont nous n'avons pas voulu être les dociles échos, en répétant des louanges ampoulées que lui-même aurait voulu dicter.

Nous aurions fait un ouvrage peut-être plus piquant, mais qui eût été certainement moins vrai et moins utile, si nous avions imprimé, sans y rien changer, tous les matériaux de ce genre qui nous ont été envoyés; et il serait assez curieux pour le lecteur de voir ce que tel homme qui nous a dénoncés dans les journaux et jusqu'à la tribune, nous avait fourni lui-même de louanges ridicules sur son propre compte. N'osant pas entrer dans des détails par lesquels il se serait trahi, l'indiscret orateur a accusé le genre et la nature de cet ouvrage; et, dans son ignorance, il n'a pas craint de dire que c'est en France que l'on a publié, pour la première fois, l'Histoire des Hommes vivants. Nous nous bornerons, pour toute réponse, à lui dire qu'il existe en Allemagne au moins trois Biographies ou Dictionnaires historiques, dans lesquels se trouve l'Histoire des Hommes vivants; qu'il y en a à-peu-près le même nombre en Angleterre; enfin, que nous avons sous les yeux un ouvrage du même genre, imprimé dans les Pays-Bas.

Il est vrai que notre entreprise n'est pas une imitation de celles-là, et que nous l'avons exécutée sur un plan absolument neuf; mais la nouveauté de notre plan ne prouve pas que nous ayons les premiers osé publier la Vie des Hommes vivants; car, sans parler des Biographies ou des Dictionnaires historiques qui se font chez toutes les nations, ne voit-on pas sans cesse livrés au public, dans les mémoires particuliers, dans les journaux, dans les tables de ces journaux, et dans des écrits de tous les genres, des faits relatifs à l'histoire des individus vivants ; et n'est-il pas évident qu'une action publique, manifeste, et dont l'auteur s'est lui-même livré à tous les regards, appartient à l'histoire, lorsqu'elle offre assez d'importance ; et que dans ce cas il importe qu'elle soit racontée publiquement lorsque des témoins peuvent encore en confirmer ou en démentir le récit.

Nous nous sommes, dès le commencement, abstenus de tout ce qui tient à la vie privée et à l'intérieur des familles, et ce système ne nous a pas seulement éloignés du genre des libellistes, il nous a encore garanti d'un grand nombre d'erreurs.

Ce sont surtout les gens qui réclament avec tant d'empressement des libertés dont ils ne veulent jouir que pour eux-mêmes, qui ont crié au scandale, parce qu'on a usé de ces libertés pour d'autres intérêts que pour les leurs. N'osant pas avouer la cause de leur mécontentement, ils ont fait grand bruit d'une fausse date ou d'un nom que l'imprimeur a défiguré ; et ils ont cherché à faire croire que le récit de faits beaucoup plus importants et très-incontestables, ne méritait pas plus de confiance.

Ce qui prouve, mieux que tout ce que nous pourrions dire, que notre plan était bon, c'est le succès qu'il a obtenu. Le caractère et les opinions connus du petit nombre d'hommes qui s'en sont plaints, pourrait servir à compléter notre justification : mais nos lecteurs savent assez que nous n'avons jamais eu le projet de faire un ouvrage de parti, et que dès le commencement tous nos efforts ont tendu à ne rapporter que les faits, et à n'offrir qu'un récit bien simple et bien impartial des événements les plus déplorables. Peut-être que nous n'avons pas toujours rapporté avec la même froideur les traits de vertu et de courage ; et ce tort, si ç'en est un, nous l'avouons sans détour. On nous pardonnera sans doute de nous être laissé entraîner à quelques mouvements de chaleur, lorsqu'il s'est agi de raconter des faits qui honorent nos contemporains.

Au reste, nous sommes également assurés de ne pas nous être plus écartés de la vérité sous ce dernier rapport que sous tous les autres ; et nous ne craignons pas d'affirmer qu'à l'exception de quelques fausses dates, et de quelques erreurs causées par la multiplicité des homonymes, cet ouvrage ne pouvoit offrir dans son ensemble plus d'exactitude et de perfection.

Décidés à ne rien négliger pour qu'il en offre encore davantage, nous invitons de nouveau tous les lecteurs à nous faire connaître les fautes qu'ils pourraient remarquer. Déjà nous avons réparé les plus importantes dans les errata qui se trouvent à la fin du troisième et du cinquième volumes ; nous ferons paroître plus tard un dernier Supplément et errata qui sera composé de tous les articles omis, de tous les événements postérieurs à l'impression, et de toutes les erreurs qui nous seront encore signalées.

BIOGRAPHIE
DES HOMMES VIVANTS.

P

PAAR (Le comte de), chambellan de l'empereur d'Autriche et adjudant-général dans l'armée autrichienne, était employé, en 1814, à l'état-major du prince de Schwarzenberg. Il accompagna le comte de Nesselrode à Paris, le 30 mars, pour la capitulation de cette ville (*Voy.* Nesselrode). Le comte de Paar fit encore la campagne de 1815, et fut nommé, après la bataille de Waterloo, au commandement des troupes autrichiennes à Avignon. Tous les journaux français rendirent compte, au mois d'août de cette même année, d'une lettre qu'il écrivit au maire de cette ville, pour expliquer les intentions des puissances alliées. « En rentrant sur le sol de la France, » est-il dit dans cette lettre, les puis- » sances alliées sont venues raffermir sur » son trône le plus vertueux et le plus » respecté des rois, Louis XVIII; elles » sont venues délivrer la France de ces » hordes militaires qui, sous le bouclier » de défenseurs de la patrie, en sont les » oppresseurs et les dévastateurs; elles » sont venues, en un mot, pour purger » le royaume de ces hommes qui vou- » draient sans cesse rallumer la torche » révolutionnaire, et éterniser les maux » qui pèsent depuis trop long-temps sur » la patrie, etc., etc. » M. le comte de Paar a reçu du Roi de France, en 1816, la croix de St.-Louis. — S. S.

PACCA (Barthélemi), cardinal-prêtre de la création de Pie VII, camerlingue de la Ste.-Église et pro-secrétaire d'état, né à Bénévent le 16 décembre 1756, a donné des preuves du plus courageux dévouement à la personne du souverain pontife pendant les jours de persécution. Revêtu de la confiance de Sa Sainteté, dont il défendait énergiquement les droits auprès du général français Miollis, en sa qualité de pro-secrétaire-d'état, le cardinal Pacca fut un des premiers en butte aux poursuites qui furent communes à presque tous les membres du sacré collège. Le 6 septembre 1808, il fut arrêté par deux officiers français et un sergent, qui lui intimèrent l'ordre de partir pour Bénévent, escorté par la force armée, avec défense de monter à l'appartement de Sa Sainteté, dans la crainte, lui dit-on, qu'il n'en résultât quelque scandale. Le cardinal répondit qu'il n'obéirait à cet ordre qu'autant que le S. Père y consentirait; et sur-le-champ il lui donna par écrit communication de ce qui se passait. Le pape descendit lui-même à l'appartement du cardinal Pacca, où il déclara avec fermeté aux officiers que, fatigué des outrages qu'on faisait chaque jour à son caractère, il s'opposait formellement à ce que son ministre obéît à l'intimation qu'il avait reçue; et aussitôt, prenant le cardinal Pacca par la main, il le conduisit dans son appartement, où il lui ordonna de vivre, comme lui, en qualité de prisonnier. Le cardinal continua d'être l'interprète des justes plaintes du S. Père contre les vexations sans nombre qui furent exercées sur sa personne jusqu'au 6 juillet 1809, époque à laquelle ce chef de l'Église fut enlevé violemment de Rome. Témoin de cet attentat, le cardinal Pacca voulut partager le sort de son souverain, et il demanda qu'on lui permît de l'accompagner dans sa captivité: ce qu'il obtint; mais il fut séparé du S. Père à Grenoble, et détenu dans une forteresse pendant trente mois. Il n'en sortit que pour subir d'autres épreuves, qui firent briller d'un nouvel éclat sa fermeté et son attachement à la religion. Les événements de 1814 rétablirent enfin le souverain pontife sur son siége, et rendirent au fidèle cardinal ses anciennes fonctions. Lorsque les entreprises de Murat vinrent de nouveau troubler, en 1815, la paix des états romains, le cardinal Pacca rédigea, le 22 mars, une proclamation relative à la violation du territoire, et s'éloigna momentanément de la capitale avec le pape, après avoir annoncé la création d'une junte d'état, pour s'occuper pendant son absence des affaires du gouvernement. En 1816, il fut nommé membre de la congrégation chargée des affaires de la Chine, et envoyé au mois de mars, avec une mission extraordinaire, auprès de l'empereur d'Autriche. Il fut aussi désigné, quelques mois après, pour assister aux discussions qui devaient avoir lieu à Paris, relativement au clergé, et nommé membre de la congrégation instituée pour régler le système des études de l'université, et pour déterminer les villes où seraient fixés les établissements d'éducation publique dans tous les états pontificaux. S. S.

PACCARD (LOUIS-JOSEPH) était avocat à Chalon-sur-Saône lorsqu'il fut député de ce bailliage aux états-généraux de 1789, où il vota avec le côté droit. Il signa les protestations des 12 et 15 septembre 1791, contre les opérations de l'Assemblée nationale, retourna dans sa province après la session, et échappa aux proscriptions révolutionnaires. M. Paccard fut anobli par lettres-patentes du Roi du 6 septembre 1814, nommé le 24 du même mois chevalier de la Légion-d'honneur, puis juge près le tribunal de première instance de Chalon. Il fait encore partie (1818) de la chambre des députés, à laquelle il a été appelé, en 1816, par le département de Saône-et-Loire. Il y a parlé en différentes occasions, notamment, le 17 décembre 1817, contre le projet de loi sur la presse. S. S.

PACCARD (JEAN-EDME), né à Paris en 1777, de parents peu fortunés, fut élevé aux Feuillants de la rue St.-Honoré, par la protection de M. St.-Amand, doyen des fermiers-généraux. Lors de la suppression des couvents, il rentra dans la classe des artisans. Conduit chaque soir à l'Opéra par son père, qui y travaillait en qualité d'homme de peine, M. Paccard se passionna pour le théâtre, et débuta sur l'un des théâtres du boulevard, dans les *Confidents*. Il passa ensuite au petit théâtre de la Foire-St.-Martin, fut tour-à-tour sifflé et applaudi. La troupe s'étant dispersée au bout de trois mois, M. Paccard se rendit à Dijon avec Thénard, et débuta sur le théâtre de cette ville dans l'emploi de jeune-premier. Il réussit; et, pendant trois années consécutives, il sut, à force de travail et d'amour pour son art, plaire à un public éclairé. Appelé par la conscription en Italie, M. Paccard y trouva une troupe française qui était venue jouer la comédie, et il s'associa pendant trois ans à ses travaux. En 1806, il rentra en France; et après avoir reparu sur les théâtres de Dijon et de Besançon, il revint à Paris, et chercha à débuter sur la scène française. Dugazon l'entendit, et en parut content. Le jour du début était fixé, lorsque tout-à-coup l'amour changea les idées du jeune comédien, qui renonça pour jamais au théâtre, et se maria. Ce fut alors que M. Paccard se fit auteur de romans; il obtint ensuite un emploi dans une administration et il fit en même temps le commerce de la librairie. Ses ouvrages sont : I. *Clémence et Julien, ou l'Antigone française*, 1808, 2 vol. in-12. II. *La Fénéloniade*, 1809, in-8º. (*Voy.* la Biographie universelle au mot FÉNÉLON, tom. XIV, pag. 302). III. *La Judith française, ou Edmond et Clotilde*, 2 vol. in-12, 1810. IV. *Eugène et Alvina, ou les Victimes de l'intolérance*, 1810, 2 vol. in-12. V. *Le Parisien, ou les Illusions de la jeunesse*, 1811, 3 vol. in-12. Ce roman, au-dessous du médiocre, est l'histoire de la jeunesse de l'auteur. VI. *Les Médicis, ou la Renaissance des sciences, des lettres et des arts en Italie, en France*, etc., 1812, 4 vol. in-12. VII. *Dieu, l'Honneur et les Dames*, 1813, 6 vol. in-12. VIII. *Les Amours de Laure et de Pétrarque*, 1814, 2 vol. in-18. IX. *Louise de Vergy, sœur de Gabrielle*, 2 vol. in-12. X. *Christine, reine de Suède*, 2 vol. in-12. XI. *Le Donjon de la forêt de Beauregard*, 2 vol. in-12. XII *Mélusine, ou les Tombeaux de Lusignan*, 1815, 4 vol. in-12. XIII. *Pétrarque solitaire*, 1816, 2 vol. in-8º. Cet ouvrage fait suite aux *Amours de Laure et de Pétrarque*. XIV. *L'Orange de Malte, suivie des tableaux de l'amour honnête et vertueux*, 3 vol. in-12. On a encore de M. Paccard, une *Épître à Boileau*, 1818, in-8º. K.

PACHE (JEAN-NICOLAS) est fils d'un suisse-portier du maréchal de Castries, qui fit soigner son éducation, et le choisit ensuite pour précepteur de ses enfants, en lui assurant une pension. M. Pache, qui avait fait quelques épargnes, se maria alors, et alla s'établir en Suisse avec sa femme et ses enfants; mais la révolution étant survenue, les enfants et la femme, qui étaient nés français, le déterminèrent à revenir dans leur pays. Il vendit ses petites propriétés helvétiques, et en échangea le mince produit contre un domaine national français beaucoup plus riche, qui l'attacha à cette révolution dont ses mœurs, que Mme. Roland appelle *patriarchales*, devaient d'ailleurs le rendre un zélé partisan. Pour qu'elle lui devînt encore plus chère, M. Pache maria sa fille à un habitué d'une des paroisses de Paris (*Voy.* AUDOUIN) qui poussait aux grandes mesures avec une violence à laquelle la modeste philosophie du beau-père n'osait encore se prêter; car il se comporta pendant assez long-temps avec réserve et une circonspection qu'on appela *vertu*. Il renvoya à M. de Castries le contrat de rente qu'il en avait reçu; démarche que ses partisans vantèrent comme l'acte du patriotisme le plus élevé. M. Pache se lia avec Brissot, qui cherchait partout des étrangers pour les associer à sa république, et à M. Roland, créature de Brissot et du parti girondin, qui en avaient fait un ministre de l'intérieur. Cette protection l'introduisit dans les bureaux des ministres, où il travailla habituellement, mais en refusant avec obstination toute espèce de salaire. Il se présentait tous les jours à sept heures du matin à la porte du cabinet de Roland, et déjeûnait ensuite avec un morceau de pain sec qu'il apportait dans sa poche. Cette conduite bizarre lui fit une grande réputation, au moins de singularité, qui était aussi alors un moyen de fortune. On ne l'appela plus que *le bonhomme* ou *le papa Pache*. Roland, qui éprouvait des désagréments dans sa place, s'était déterminé à donner sa démission, indiquant Pache pour lui succéder, et avait de cette manière fixé l'attention sur lui; on n'y eût peut-être jamais songé sans cela. M. Pache n'était pas connu dans le public, même comme révolutionnaire, bien qu'une réputation de ce genre fût alors indispensable pour arriver à des fonctions aussi importantes. Cependant Roland ne donna point sa démission; mais M. Servan quitta le ministère de la guerre pour cause de santé, et M. Pache y fut nommé le 3 octobre 1792, d'après la réputation que lui avait faite Roland, qui croyait trouver un appui dans celui qui avait été son protégé; mais celui-ci, prévoyant sans doute que les plus ardents révolutionnaires finiraient par s'emparer de toute l'autorité, abandonna ses anciens protecteurs, et s'entoura des Jacobins ou plutôt des Cordeliers les plus déterminés, tels que Vincent, Sijas, Bouchotte et autres, qui donnèrent à son ministère une activité aussi violente que désordonnée. M. Pache avait des connaissances assez étendues, et, quand il voulait, raisonnait passablement juste; parlait peu, mais faisait beaucoup parler; ne savait point écrire, mais faisait écrire prodigieusement. Ce fut lui qui imagina cette malheureuse inscription qu'on a si long-temps remarquée sur les édifices publics et sur beaucoup de maisons particulières: *Unité, indivisibilité de la république, liberté, égalité, fraternité ou la mort*. Pendant qu'il était ministre de la guerre, Cambon, le financier par excellence de cette époque, (*Voy.* CAMBON) pensant qu'on pourrait trouver chez les peuples voisins d'excellents moyens pour *activer* la révolution de France, imagina de faire décréter que la Convention nationale était *pouvoir révolutionnaire* dans tous les pays où les Français porteraient leurs armes. En exécution de ce décret, M. Pache expédia de Paris une multitude d'agents ou de commissaires qui, se dirigeant sur la Belgique, y remplirent à souhait l'intention du financier révolutionnaire. Les Mémoires de Dumouriez, qui maltraitèrent sans pitié le bonhomme Pache, contiennent sur tous ces commissaires des détails fort curieux. Cependant les Girondins qui pouvaient encore se faire entendre, attaquèrent vivement le ministre, et il fut permis de faire connaître les vexations et le gaspillage qu'il avait au moins toléré. Mercier a prétendu que le ministère de M. Pache fut plus fatal à la France qu'une armée ennemie. Le ministre eut dans cette circonstance pour défenseur Marat, alors puissance du premier ordre. Celui-ci prétendit que les attaques dirigées contre Pache faisaient partie des manœuvres employées pour sauver le roi; néanmoins, une commission fut nommée, le 3 janvier 1793, pour statuer sur ces dénonciations, et, le 2 février, l'avare fit décréter que Pache serait remplacé; mais en rendit justice à ses intentions, et statuant « Qu'il ne manquait que du nerf princi-

» pal de l'autorité publique, *la con-* » *fiance.* » Cette disgrâce fixa sans retour M. Pache dans les rangs des révolutionnaires les plus exagérés, qui en firent dès-lors un de leurs chefs. Ils vinrent demander à la barre « qu'il fût déclaré » que ce patriote conservait l'estime publique. » Cette demande, appuyée par la Montagne, repoussée par la Gironde, excita l'agitation la plus vive, et fut écartée par l'ordre du jour. Le 15 février, il fut nommé maire de Paris par près de douze mille suffrages sur quinze mille votants, en remplacement du médecin Chambon (*Voy.* Chambon). Le 19 mars, M. Garat fit l'éloge de son civisme, en rendant compte, comme ministre de l'intérieur, de la situation de Paris. Le 28, le maire, organe des quarante-huit sections, vint appeler l'attention de l'assemblée sur l'ambition et l'incivisme de quelques généraux, et sur le peu d'énergie du pouvoir exécutif, et lui demanda assez impérieusement si elle croyait pouvoir sauver la patrie. Le 15 avril, il parut encore à la tête d'une députation pareille, pour demander que Brissot, son ancien protecteur, et les autres chefs de son parti fussent expulsés de l'assemblée. La section de la Fraternité l'ayant dénoncé comme dirigeant des complots dont le but devait être de dissoudre la Convention et d'assassiner un nombre considérable de personnes, M. Pache repoussa cette dénonciation, nia qu'il y eût des complots, et fut justifié par Cambon, au nom du comité de salut public; tout cela se passait peu de jours avant la révolution du 31 mai 1793. Une commission de douze députés avait été formée pour poursuivre les auteurs de ces complots; il s'éleva contre elle une opposition que toute la puissance conventionnelle ne put vaincre; ce qui prouvait évidemment l'existence des manœuvres dont on voulait poursuivre les auteurs. M. Pache se montra aussi l'un des plus opiniâtres adversaires de la commission, et continua dans tous ses rapports de protester à l'assemblée qu'elle n'avait aucune insurrection à redouter. Il parla dans ce sens les 26 et 27 mai, bien qu'alors la capitale fût déjà en proie à l'agitation la plus vive. M. Garat, d'accord avec le maire, tint le même langage (*Voy.* Garat). Il annonça néanmoins, le 30 mai, à la commune, que les citoyens réunis à l'archevêché, s'étaient déclarés en insurrection, et qu'ils allaient faire fermer les barrières de Paris; mais la commune était d'accord avec les insurgés. Le 31 mai, il rendit le même compte à la Convention avec beaucoup de tranquillité. Pendant de tels événements, il conserva le plus grand sang-froid. Tout en parlant à la Convention des bonnes intentions du peuple pour elle, il ne prit aucune mesure pour la protéger. Le 1er. juin, il certifia au conseil de la commune, qui tenait de nouveaux pouvoirs des insurgés, que la Convention était pour eux dans les meilleures intentions, et invoqua dans cette circonstance le témoignage de Marat, présent à cette séance, où il était venu pour faire sonner le tocsin, qu'il sonna effectivement lui-même. Marat appuya le dire du maire, et se mit ensuite à provoquer de tous ses moyens l'insurrection du peuple *souverain*, rassemblé dans la salle. Tout le monde applaudit à Marat et aux bonnes intentions du maire. Le 4 juin 1793, après l'arrestation ou la fuite des députés proscrits, M. Pache écrivit à la municipalité de Bordeaux une lettre dont voici quelques phrases: « Sans doute, dit-il, plusieurs » députés, et notamment ceux qui se » sont portés les défenseurs du tyran, » qui n'ont voulu qu'une demi-révolu- » tion, qui ont constamment entravé la » marche de la révolution, ont encouru » le mépris du peuple parisien, qui laisse » quelquefois percer ce sentiment; mais » dites bien aux habitants de Bordeaux, » et affirmez-le, que leurs personnes se- » ront respectées, qu'ils n'ont rien à re- » douter de l'impétuosité parisienne. » On sait comment M. Pache remplit sa promesse. Lors de la traduction devant le tribunal révolutionnaire des députés dont il est question, il vint déposer contre eux et les accuser d'avoir voulu fédéraliser la république. Après le 31 mai, il fut chargé par le comité de salut public de séparer le jeune Louis XVII de la reine, sa mère, et de faire arrêter Arthur Dillon et autres conspirateurs. Les Jacobins, vainqueurs au 31 mai, s'étant divisés en de nouvelles factions, M. Pache se trouva appartenir au parti cordelier, qui dominait à la commune dont il était le chef; il s'y conduisit avec assez d'adresse. Robespierre fut lui-même long-temps embarrassé sur les dispositions de ce maire; Chabot l'attaqua dans le comité de sûreté générale, et Robespierre le défendit. Lors de la conjuration attribuée à Hébert, M. Pache et le conseil de la commune parurent hésiter sur le parti qu'ils avaient à prendre. M. Pache vint un peu tard le défendre et se justifier lui-même; il fut accusé sinon d'être entré dans la conjuration, au moins d'avoir laissé agir les conjurés. Ces bruits donnèrent à Robespierre un prétexte pour l'écarter de la municipalité; il le fit même arrêter, mais il n'osa pas le sacrifier, et le fit remplacer par Henriot, qui paya bientôt cette faveur sur l'échafaud. Après le 9 thermidor, M. Pache fut accusé par Cambon d'avoir voulu sauver les Girondins; il démentit par une affiche cette accusation qui lui eût fait honneur. Le 9 décembre, la Convention ordonna qu'il fût mis en jugement : cet ordre n'eut pas d'exécution. Il fut ensuite accusé d'avoir pris part aux mouvements qui eurent lieu au mois de germinal et prairial (avril et mai 1795), et fut traduit au tribunal du département de l'Eure, qui lui rendit la liberté. On demanda alors sa déportation; mais l'amnistie le sauva, et il se retira à Thieux-le-Montier, où il vivait tranquille, lorsque la lutte établie entre les Jacobins et le directoire, en 1796, lui fit courir de nouveaux dangers. Le directoire éleva contre lui des accusations ridicules, et essaya de l'envelopper dans la conjuration de Babeuf. Le *Journal officiel* publia que M. Pache était à Paris, où il excitait secrètement l'insurrection; il se justifia par trois Mémoires, qu'il fit paraître en avril et mai 1797. Depuis, M. Pache, qui est d'un âge très avancé, a vécu dans la retraite à Charleville.

U.

PACTHOD (Le comte MICHEL-MARIE), lieutenant-général d'infanterie, né à Carouge près de Genève, le 16 janvier 1764, était auditeur des guerres à l'époque de la révolution; il s'éleva par un avancement rapide aux grades supérieurs dans les premières campagnes. En 1795, il fut nommé, en qualité de général de brigade, au commandement de l'expédition dirigée contre les insurgés de Toulon. Le succès de cette entreprise valut au général Pacthod un décret de la Convention qui le confirmait dans son grade, et l'hommage d'un sabre d'honneur qui lui fut offert par la ville de Marseille, avec l'inscription suivante :

Les habitants de la ville de Marseille au général Pacthod, pour les avoir sauvés le 5 prairial an III. Il continua de commander dans le Midi, et, après le 13 vendémiaire (5 octobre 1795), on demanda son arrestation comme ayant favorisé les assassinats qui s'étaient commis contre les terroristes; mais cette accusation n'eut pas de suite, et il conserva son commandement. Il fit les campagnes de 1805, 1806, 1807, et s'y distingua en plusieurs occasions, entre autres, le 25 janvier de cette dernière année, à la bataille de Mohringen. Ayant passé en Espagne en 1808, il combattit le 16 novembre à Espinosa, où il enleva la position de l'ennemi, et fut fait général de division sur le champ de bataille. L'année suivante, il fut employé contre l'Autriche, s'empara le 17 mai du fort de Malborghetto, après être entré l'un des premiers dans les retranchements ennemis; contribua, le 14 juin, à la victoire de Raab par l'habileté de ses dispositions, et fut grièvement blessé à celle de Wagram. La campagne de 1813 ne fut pas moins glorieuse pour le général Pacthod. Il eut une part très active à la prise de Lubeck, pénétra et combattit dans cette ville pendant deux heures, à la tête des 8e. et 54e. régiments d'infanterie, et fit mettre bas les armes à huit mille Prussiens à Hoyes-Werda, le 28 mai. Il fut de nouveau blessé à la bataille de Hanau. Le 25 mars 1814, il commandait en chef les troupes qui, au nombre de six mille hommes, combattirent si vaillamment à Fère-Champenoise contre l'armée de Silésie, et qui, accablées par le nombre, furent forcées de se rendre prisonnières. Le rapport de cette journée est consigné dans l'ouvrage du général Sarrazin, intitulé : *Histoire de la Restauration*. L'empereur de Russie et le roi de Prusse, qui avaient été témoins de la belle défense du général Pacthod, l'accueillirent avec distinction sur le champ de bataille, et lui témoignèrent toute leur estime. Le combat de Fère-Champenoise ne précéda que de quelques jours la déchéance de Buonaparte. Le général Pacthod y adhéra, et fut nommé successivement par le Roi chevalier de St.-Louis, comte, et commandant de la 4e. division militaire à Nancy. Le 20 mars 1815 arriva, et le général Pacthod, qui avait paru un moment applaudir à ce nouvel état de choacs, ayant reçu ordre de se rendre à l'armée des Alpes pour y prendre le commandement de la 13e. division, éluda cet ordre en alléguant la nécessité de se soumettre à une opération douloureuse, pour se faire retirer une balle qu'il portait au défaut de l'épaule gauche depuis la bataille de Hanau. Le général Paethod est rentré au service du Roi depuis la réorganisation de l'armée, et il est aujourd'hui (1818) inspecteur d'infanterie. S. S.

PAËR (FERDINANDO), ancien directeur et compositeur de la musique particulière de Napoléon, et maître de chant de l'archiduchesse Marie-Louise, aujourd'hui maître de musique de Mme. la duchesse de Berri, est né à Parme en juillet 1774. Après avoir fait ses études dans le séminaire de cette ville, il se livra à la composition sous Gheritti, au conservatoire de *la Pietà*, et donna à Venise, à l'âge de dix ans, son premier opéra, *Circé*, qui eut beaucoup de succès. Il parcourut successivement les principales villes de l'Italie, et obtint du duc de Parme, qui était son parrain, une pension et la permission d'aller à Vienne. À la mort de Naumann, en 1806, il fut appelé à Dresde en qualité de maître de chapelle, et y composa les opéras *i Fuorusciti* et *Leonora*. Après la bataille de Iéna, M. Paër accompagna Napoléon à Posen et à Varsovie avec sa femme, et passa définitivement au service de la cour de France. Il dirigeait, en 1814, l'opéra-buffa de l'Odéon, et fit un voyage en Italie au mois de septembre, dans l'espoir d'engager pour Paris quelques virtuoses distingués. M. Paër mérite d'être placé au rang des meilleurs compositeurs de nos jours. On a de lui plus de trente opéras, sans compter des ouvertures, ariettes, cantates, sonates, et autres légères compositions; nous en citerons quelques-uns: *Circé*; *la Locanda de vagabondi*; *Oro fa tutto*; *Laodicea*; *Cinna*; *Agnese*; *l'Intrigo amoroso*; *il Principe di Tarento*; *Idomeneo*; *i Due sordi*; *la Testa riscaldata*; *la Griselda*; *Camilla*; *il Morti vivo*; *il Calvorato*; *Genivra d'Almieri*; *Achille*; *Sargino*; *Numa Pompilio*; *i Bacchanti*; *la Primavera felice*, etc., etc. Ce dernier opéra, dont les paroles sont de M. Balochi, a été composé à l'occasion du mariage de S. A. R. le duc de Berri. M. Paër est membre de l'académie des beaux-arts de Naples, et de celles de Bologne et de Venise. Sa femme est une cantatrice d'un mérite très distingué. S. S.

PAGANEL (PIERRE), curé de Noaillac près d'Agen, à l'époque où commença la révolution prêta le serment civique, devint, en 1790, procureur-syndic du district de Villeneuve, et fut ensuite député de Lot-et-Garonne à la législature, où il appuya, le 8 juillet 1791, une dénonciation contre Mallet-Dupan. Le 5 février 1792, il dénonça les manœuvres des prêtres réfractaires contre les patriotes, et demanda des mesures vigoureuses pour empêcher la guerre civile près d'éclater. Le 13 juin, il repoussa les plaintes de Dumouriez sur le mauvais état de l'armée et des places-fortes; rappela que c'était Dumouriez lui-même qui avait provoqué la guerre, et en conclut que, si ce qu'il disait était vrai, il fallait le regarder comme un traître, ou, sinon, comme un calomniateur. Reélu à la Convention nationale, il vota contre l'appel au peuple, dans le jugement du Roi, ensuite pour la mort, avec l'amendement de Mailhe (*Voy*. MAILHE), et se déclara pour le sursis. Après le 31 mai, il eut différentes missions. Le 9 juillet 1793, il dénonça l'évêque de Condom, comme provoquant la guerre civile par ses prédications fanatiques, et demanda son arrestation, qui fut décrétée; il fit aussi la motion que le procureur-général-syndic de son département, qu'il accusa d'hypocrisie, fût mandé à la barre pour y rendre compte de sa conduite, cette motion fut également décrétée. En août, il fut un des commissaires chargés d'organiser la levée en masse. En mai 1794, on le nomma secrétaire de la Convention. Dans ses missions, il se conduisit avec assez d'humanité. Il fut employé, en 1795, dans le comité des secours publics, et présenta plusieurs rapports sur la salubrité des prisons, et sur des secours à accorder, notamment aux enfants des citoyens morts *victimes de La Fayette*, au Champ-de-Mars, lors de la proclamation de la loi martiale. Après la session, il fut nommé secrétaire des relations étrangères, place qui fut ensuite supprimée. En 1803, il entra comme chef de division à la chancellerie de la Légion-d'honneur; il a long-temps occupé cette place. Il a été obligé de sortir de France en 1816, comme régicide, et s'est retiré à Liége. Il a publié: I. *Essai historique et critique sur la révolution française, ses causes, ses résultats*, 1810, 3 vol. in-8°.; 1815, 3 vol. in 8°.; 3e. édit., 1815-1816, 3 vol. in-8°. II. *Les animaux parlants*, poëme épique en 24 chants, trad. de Casti en français et en prose, Liége, 1818, 3 vol. in-18. Z.

PAGÈS (J. P.), ancien magistrat, a publié: I. *Principes généraux de droit public, dans leur rapport avec l'esprit de l'Europe et avec la monarchie constitutionnelle*, 1817, in-8°. II. *De la Responsabilité ministérielle*, 1818, in-8°. OT.

PAGET (Henri-William, marquis d'ANGLESEY, comte d'UXBRIDGE, plus connu sous le nom de lord), pair d'Angleterre, fils du comte d'Uxbridge, est né le 17 mai 1768. Au commencement de la guerre de la révolution française (1793), il leva à ses frais un régiment d'infanterie, et obtint le rang de lieutenant-colonel. Trois mois après avoir reçu ses lettres de service, il s'embarqua pour Guernesey avec son régiment, et, en 1794, rejoignit le duc d'York en Flandre. A la retraite, il commandait la brigade de lord Cathcart. Il passa ensuite en Hollande avec le 7e. régiment de dragons dont il venait d'être fait colonel, et se distingua par sa bravoure et son habileté dans la campagne de Hollande, si desastreuse pour les Anglais, dont il fut chargé de protéger la retraite avec sa cavalerie. A son retour, lord Paget s'occupa spécialement de la discipline de son régiment, dont il parvint à faire un des meilleurs corps de l'armée anglaise. Ayant été promu au grade de major-général, il accompagna avec deux brigades de cavalerie, la division de sir David Baird, envoyée en Espagne pour agir de concert avec sir John Moore. Il débarqua à la Corogne en novembre 1808, et effectua sa jonction avec sir John Moore quelques jours après, ayant éprouvé de grandes fatigues, peu secondé d'ailleurs par les apathiques Espagnols. Ce ne fut que le 20 décembre suivant que la division d'infanterie de David Baird put se réunir à eux. Après quelques combats partiels, où les Français eurent souvent l'avantage, l'armée anglaise fut contrainte à chercher son salut dans la retraite (*V.* SOULT). Elle arriva à la Corogne le 11 janvier 1809, et effectua son embarquement. Il paraît que, jusqu'au printemps de 1815, lord Paget ne fut pas employé activement. A cette époque, il reçut le commandement des troupes assemblées à Londres pour appaiser les tumultes excités par le bill sur les grains (*corn bill*). Dans cette circonstance difficile, il montra tant de prévoyance et de sagesse, qu'il parvint à conserver la tranquillité publique sans avoir besoin de faire emploi des troupes qu'il avait à sa disposition. Mais ce fut à la bataille de Waterloo que lord Paget acquit la plus grande réputation. Il avait le commandement de la cavalerie anglaise, belge et hanovrienne, et de l'artillerie à cheval. Après avoir très puissamment contribué à la victoire, il fut blessé dangereusement, presqu'au moment où la bataille semblait terminée. Le prince de Galles, pour le recompenser, le créa, le 23 juin 1815, marquis d'Anglesey. Il était déjà grand-cordon de l'ordre du Bain, chevalier de l'ordre de Marie-Thérèse d'Autriche, et de St.-George de Russie. Les deux chambres du parlement lui adressèrent des remerciments publics. Le marquis d'Anglesey, alors lord Paget, eut, il y a quelques années, un procès scandaleux avec un illustre lord dont il était accusé d'avoir séduit la femme. Le divorce fut prononcé, et lord Paget fut condamné à 20,000 livres sterling d'amende. — PAGET (Le très honorable sir Arthur), frère cadet du précédent, grand cordon de l'ordre du Bain, conseiller privé, a exercé dernièrement les fonctions d'envoyé extraordinaire auprès de la Sublime-Porte; Il naquit le 15 janvier 1771, et entra de bonne heure dans la carrière diplomatique. Il était, en 1799, ministre d'Angleterre auprès de l'électeur de Bavière. Il reçut un démenti de la part du ministre français Alquier, pour avoir répandu que l'agent français Trouvé cherchait à révolutionner les états du duc de Wurtemberg. En septembre 1801, il remplaça lord Minto à l'ambassade de Vienne, et peu de temps après, il notifia à cette cour que l'Angleterre reconnaissait le roi d'Étrurie. Il contribua beaucoup, par sa correspondance avec lord Grenville, à former la troisième coalition contre la France. Lors de la prise de Vienne par les Français, il suivit la cour à Olmutz, puis vint reprendre les mêmes fonctions dans cette capitale. Il la quitta en février 1806, et revint à Londres.

Envoyé en ambassade à Constantinople, il chercha à indisposer le cabinet ottoman contre la France, employant tour-à-tour les motifs de sédition et de craintes, fit arriver une flotte anglaise, en 1807, jusqu'aux Dardanelles, et ne put réussir dans sa mission. Il a épousé, en 1809, une fille du comte de Westmorland, dont il a eu plusieurs enfants. — PAGET (Le très honorable sir Edouard), frère des précédents, lieutenant-général anglais, grand-cordon de l'ordre du Bain, valet-de-chambre du roi, membre de la chambre des communes, où il représente Milborne-Port, est né le 30 novembre 1775. Il s'est fait distinguer dans les guerres de la péninsule. Il faisait partie de l'expédition de Portugal, en 1808, où il eut le commandement du deuxième corps d'armée, et perdit un bras; il revint en Angleterre en septembre 1809, se rendit ensuite en Espagne, où il fut pris par les Français en novembre 1812, et envoyé en France. Sir Edouard Paget est aussi colonel du 80e. régiment d'infanterie. — PAGET (Sir Berkley), frère des précédents, lord de la trésorerie et membre de la chambre des communes, où il représente le comté d'Anglescy, a épousé une sœur du vicomte Grimston. — Un autre PAGET (Charles), également frère des précédents, est membre de la chambre des communes d'Angleterre pour Carnarvon, et capitaine dans la marine royale.

Z.

PAGET DE PODIO (Le chevalier), fils d'un ancien magistrat, s'est montré pendant la révolution, l'ennemi déclaré des idées nouvelles; il s'occupait encore pendant les cent jours de 1815, à déjouer les complots des révolutionnaires, lorsqu'il fut arrêté à Marseille et mis en surveillance à Challon-sur-Saône. En remontant plus haut, on sait que c'est lui qui, à l'aide de plusieurs amis, enleva trente-deux émigrés envoyés pour seconder les mouvements de Pichegru et Willot, qui avaient été arrêtés près de Nice, et traduits devant une commission militaire établie à Marseille. Il leur procura des passe-ports et de l'argent pour continuer leur route. C'est lui qui tenait la correspondance du général Willot, alors à Turin, avec l'intérieur de la France. Ce fut lui enfin qui, suivant l'ordre du comte de Saint-Priest, rallia quelques déserteurs sous les murs de Sisteron, et donna une nouvelle preuve de son zèle à la royauté légitime. M. Paget de Podio, substitut du procureur du Roi près le tribunal de Marseille, depuis la rentrée du Roi, en 1814, fut nommé, en 1816, procureur près le tribunal de première instance d'Aix.

S. S.

PAILLET (JEAN-JOSEPH), né le 15 février 1748, à Verdun, se destina au barreau en sortant du collége, et fut reçu avocat le 5 août 1774. Il était magistrat municipal de sa ville natale à l'époque de la révolution, et fut alors nommé député-suppléant de son bailliage aux états-généraux, puis procureur de la commune de Verdun, et enfin juge du tribunal du district. En 1791, il fut élu député du département de la Meuse à l'assemblée législative, où il se fit peu remarquer, et fut nommé, en 1792, substitut du procureur de la commune, dont il remplit les fonctions en 1793. Incarcéré comme suspect, pendant le régime de la terreur, il devint ensuite secrétaire et procureur-syndic de l'administration du district. Il passa, en 1796, au conseil des anciens, en sortit en 1798, et exerça depuis les fonctions de commissaire du gouvernement près le tribunal de Montmédi, qu'il quitta en 1800 pour celles de juge-suppléant à Verdun. Il fut de nouveau nommé membre du corps législatif, en 1809, pour le département de la Meuse, et y siégea jusqu'au 20 mars 1815. Il n'y a pas été rappelé depuis; il est aujourd'hui juge-de-paix à Verdun. — PAILLET (F. H.), bibliothécaire à Versailles, a publié: I. *Le Naufrage et la mort du comte de Boulainvilliers*, 1798, in-18. II. *Études de l'Énéide* de Virgile, 1810, 2 vol. in-12. — PAILLET (Julien) a publié: I. *L'Honneur réfugié*, ou *Caroline et Belton*, 1802, 3 vol. in-18. II. *Le Triomphe de la lumière*, poème lyrique en deux chants, 1804, in-8°. — PAILLET de WARCY (Louis), né en 1774, est auteur de plusieurs articles dans divers journaux. — PAILLET de PLOMBIÈRES a donné: *Le Lendemain d'une bataille*, poème élégiaque, 1814, in-8°.

OT.

PAILLET, avocat à Orléans, après l'avoir été pendant plusieurs années à Paris, est auteur de: I. *Manuel du droit français*, 1812, in-8°. et in-12, 2e. édition, 1813; 3e. édit., 1818, in-12 et in-8°. Ce sont les 5 codes qui régissent la France, avec des notes et des citations d...

rêts souvent inexactes. Malgré ces défauts cet ouvrage a eu du succès. II. *Code de l'empire*, 1813, in-8°. et in-12. III *Projet de finances*, 1815, in-8°. IV. *Lettre à MM. les électeurs et députés*, 1815, in-8°. V. *Législation et jurisprudence des successions suivant le droit ancien, le droit intermédiaire et le droit nouveau*, 1816, 3 vol. in-8°. M. Pailliet a aussi concouru au *Journal du Palais*. Ot.

PAILLOT DE LOYNES fut nommé, en août 1815, par le département de l'Aube, membre de la chambre des députés, où il vota avec la minorité; le 25 mars 1816, il produisit sur l'assemblée une impression profonde, en retraçant avec force et vérité les malheurs dont la guerre avait frappé les départements de l'Est, principalement celui de l'Aube. Son discours avait pour objet de faire parvenir à leur destination les 41 millions de francs demandés par les ministres, pour le soulagement des départements qui avaient le plus souffert. Réélu après l'ordonnance du 5 septembre, M. Paillot de Loynes vota dans la nouvelle assemblée avec la majorité. Il fut nommé, en 1817, préfet de la Mayenne, et remplacé au bout de quelques mois par M. Coster, maître des requêtes. — PAILLOT DE MONTABERT, peintre et auteur, a publié: I *Observations sur les peintures du moyen âge*, 1812, in-8°. II. *Théorie du geste dans l'art de la peinture*, 1813, in-8°. Il a exposé au salon du Louvre, en 1814 et 1817, une *Léda* et une *Diane*, exécutées par un procédé de son invention, analogue à celui des Grecs. S. S.

PAILLOU (GABRIEL-LAURENT), né au Puy-Belliard, département de la Vendée, le 7 mars 1735, remplit long-temps les fonctions de curé dans le lieu de sa naissance, et échappa aux orages révolutionnaires. Elevé, par suite du concordat de 1802, au siège épiscopal de La Rochelle, il fut sacré à Paris par Pie VII, le 2 février 1805; et, le mois de mai suivant, le collège électoral de son département l'élut candidat au sénat. Il fut, en 1807, présenté en cette qualité à Napoléon, le 14 août. Comme un grand nombre de ses confrères, M. Paillou s'est trouvé en position de célébrer les hauts-faits de Napoléon, et il ne lui a point refusé le tribut de son admiration. Il est chevalier de la Légion-d'honneur. S. S.

PAIN (JOSEPH), vaudevilliste et chansonnier agréable, né à Paris le 5 août 1773, a fait seul ou en société un grand nombre de pièces de théâtre, dont les plus remarquables sont: I. *Appartement à louer*, comédie, 1799, in-8°. II. *Allez voir Dominique*, id., 1801, in-8°. III. *Amour et mystère, ou Quel est mon cousin?* 1807. IV. (Avec Bouilly). *Scène jouée à la suite de M. de Crac, le 3 avril 1810, par MM. les comédiens français, à l'occasion du mariage de S. M. l'empereur avec l'archiduchesse Marie-Louise d'Autriche*, 1810, in-8°. V. *Les deux Paravents, ou Rien de trop*, 1811, in-8°. VI. (Avec Dumersan). *Les Mines de Beaujonc*, 1812, in-8°. M. Pain a donné aussi au théâtre du Vaudeville, en société avec Bouilly, *Teniers, Florian, Fanchon la vielleuse, Berquin*, et beaucoup d'autres pièces au théâtre Montansier. — PAIN (P. H. A.), instituteur à Paris, a publié: I. *La première instruction rendue facile et agréable aux enfants, ou l'Art de lire et d'orthographier promptement par le méchanisme du Bureau typographique*, Paris, 1784, in-12. II. *Le méchanisme des mots de la langue française, ou Méthode nouvelle pour apprendre à parler, à lire et à écrire cette langue en peu de temps*, 1801, in-8°. III. *Tableau des homonymes de la langue française*, 1802, in-fol. IV. *Remarques sur l'orthographe française*, 1816. Ot.

PAJOL (Le comte CLAUDE-PIERRE), lieutenant-général, né le 3 février 1772 à Besançon, entra, en 1791, comme sous-lieutenant dans le régiment de Saintonge, fit toutes les campagnes de la révolution, devint colonel du 6e. régiment d'hussards, et concourut, à la tête de ce corps, aux campagnes de 1805, 1806 et 1807. Promu au grade de général de brigade le 1er. mars 1807, à la suite de la bataille d'Eylau, où il s'était fait remarquer, il se distingua de nouveau au combat de Glogau, le 8 juin, et fut autorisé, après la paix de Tilsitt, à porter la décoration du Lion de Bavière. Employé en 1809 contre l'Autriche, et, en 1812, contre la Russie, il fut plusieurs fois cité pour son courage, dans les bulletins de l'armée, particulièrement à l'occasion de la bataille de la Moskwa, et obtint, dans cette dernière campagne, le grade de général de division. Il soutint sa réputation devant Dresde le 27 août 1813, et en février 1814, aux combats de Montereau et de Bray, où il avait sous ses ordres une partie des gardes nationales venues de la Normandie et de la Bretagne. Le général Pajol ayant donné son adhésion à la déchéance de Buonaparte prononcée par le sénat, fut nommé par le Roi comte et chevalier de Saint-Louis le 1er. juin 1814. En mars 1815, lorsque le succès de l'entreprise de Napoléon fut assuré, le général Pajol, alors à Orléans, fut un des premiers à le reconnaître. Dès le 21, il publia une proclamation en faveur du nouveau gouvernement, et donna l'ordre aux troupes de prendre la cocarde tricolore. Cet excès de zèle fut fortement improuvé par le maréchal Gouvion Saint-Cyr, qui, étant arrivé sur ces entrefaites avec des sentiments opposés, fit mettre le général Pajol aux arrêts, et essaya de faire reprendre aux troupes la cocarde blanche (*Voy.* GOUVION SAINT-CYR). Le général Pajol devint membre de la nouvelle chambre des pairs, et fut appelé au commandement en chef du 1er. corps de cavalerie de l'armée du Nord, avec lequel il se signala le 15 juin à la bataille de Fleurus. Il se réunit ensuite à l'armée sous Paris, passa la Loire avec elle, et se retira dans ses terres lors de licenciement. Le général Pajol a épousé une fille du maréchal Oudinot; il est aujourd'hui à la tête d'une entreprise de bateaux à vapeur. S. S.

PAJOT DES CHARMES (C.), ancien inspecteur des manufactures, membre du Lycée des arts, de la société des inventions et découvertes, et de la société philomatique de Paris, a publié : I. *L'art du blanchiment des toiles, fils et cotons de tout genre, rendu plus facile et plus général, au moyen des nouvelles découvertes, avec la méthode de colorer et de ramener à un état de blancheur parfaite toutes les toiles peintes ou imprimées, suivi des procédés les plus sûrs pour blanchir les soies et les laines, et des découvertes faites par l'auteur dans l'art de blanchir les papiers*, 1798, in-8°.; 1800, in-8°.; 1802, in-8°. avec planches. II. *Application du calorique qui se perd dans les cheminées des forges et des chaudières d'usine à un ventilateur et à une étuve*, 1813, in-8°. III. *Mémoire sur la culture de la betterave à sucre*, 1813, in-8°. M. Pajot des Charmes a concouru aux progrès de la fabrication des cristaux et de toute espèce de verres. Il est l'inventeur d'un procédé pour la soudure des glaces. OT.

PAJOT DE LA FORÊT (PIERRE), médecin, membre de la société académique des sciences de Paris, correspondant de celle de Douai, e c., a publié : I. *Dissertation médico-philosophique sur les effets de la passion du jeu sur la santé de l'homme*, 1813, in-8°. II. *Considérations médico-philosophiques sur les dangers de la prostitution des femmes publiques, par rapport à l'état physique et moral de l'homme*, 1817, in-8°. III. (Avec Coulon-Thévenot) *L'Anthropographie française, ou Moyen de correspondre à des distances éloignées, précédée de l'exposition de l'antropographe de M. James Spratt*, Paris, 1810, in-8°. avec fig. Ce procédé par lequel un homme, avec le mouvement de ses bras, etc., est lui-même de télégraphe, a été perfectionné par M. Knight-Spencer, qui lui a donné le nom de *camp-télégraph*. OT.

PALAFOX-Y-MELZI (Don JOSEPH), lieutenant-général espagnol, est le plus jeune de trois frères d'une des familles les plus anciennes et les plus distinguées du royaume d'Aragon, et celui qui défendit Saragosse contre les Français en 1808 et 1809. Il entra fort jeune dans la maison militaire du Roi; et au commencement de la révolution d'Espagne, il fut choisi parmi les officiers des gardes pour commander en second sous le marquis de Castellar, auquel la garde du prince de la Paix fut confiée après son arrestation à Aranjuez. Il accompagna ensuite Ferdinand VII à Bayonne, d'où il parvint à s'échapper à l'époque où le nouveau monarque fit à son père la rétrocession de sa couronne (*Voy.* FERDINAND VII et CHARLES IV). On prétendit qu'il avait été chargé de porter des ordres pour déclarer la guerre à la France, mais qu'il avait reçu un contr'ordre peu après son départ. Depuis son retour, il vivait très retiré dans une maison de campagne à Alfranca, à une demi-lieue de Saragosse. Le bruit se répandit dans la ville que Ferdinand VII lui-même, miraculeusement échappé à Napoléon, était déguisé dans ce château. Ces rumeurs, quoique mal fondées, la faveur dont le général Palafox avait joui auprès du jeune roi, sa popularité et sa qualité d'Aragonais, donnèrent des inquiétudes à don Juan Guillermi, capitaine-général d'Aragon, qui lui envoya l'ordre de quitter le royaume. L'inconvenance d'un pareil ordre fut le principe des plaintes qui s'élevèrent contre don Juan Guillermi, et qui ne tardèrent pas à amener sa destitution et son emprisonnement. Le général Mori, italien d'origine, fut appelé momentanément à le remplacer. Celui-ci, qui connaissait l'influence du général Palafox sur le peuple, lui écrivit de se rendre à Saragosse. Il s'y rendit escorté d'une quarantaine de paysans armés qui étaient venus le chercher à Alfranca. À son arrivée à Saragosse, il demanda à paraître au conseil pour l'entretenir d'affaires importantes au salut de la patrie. Le peuple, qui l'y avait suivi en foule, impatient de connaître le résultat de cette démarche, enfonça la porte en criant que Palafox devait être nommé capitaine-général. Il se retira pour laisser aux magistrats le temps de délibérer; mais comme personne n'osait parler, la porte fut enfoncée une seconde fois, le conseil fut menacé, et le général Palafox proclamé par le peuple gouverneur de Saragosse et de tout le royaume d'Aragon, le 25 mai 1808. La nomination de cet officier à un poste devenu si important et si difficile, devra paraître étonnante si l'on considère qu'il était à peine âgé de vingt-huit ans, et qu'il avait très peu de connaissances militaires, ayant passé toute sa jeunesse dans la dissipation et les plaisirs de Madrid, où sa fortune et le rang distingué qu'occupait sa famille, l'avaient mis à portée de figurer avec éclat. À ces considérations se joignait un concours de circonstances déplorables. Les provinces voisines de la Navarre et de la Catalogne étaient envahies par les Français; les troupes régulières cantonnées à Saragosse s'élevaient tout au plus à deux cent vingt hommes; le trésor public de la province était épuisé. Malgré ce cruel état de choses, le général Palafox s'occupa immédiatement de l'organisation militaire de la ville de Saragosse. Il rappela au service tous les officiers en retraite, et forma plusieurs corps sous l'antique nom de *Tercios*, composés en partie des étudiants de l'université. Enfin, pour inspirer de plus en plus aux habitants le sentiment de leur défense, en les réduisant à l'alternative de vaincre ou de mourir, il déclara la guerre aux Français par une proclamation énergique datée du 31 mai, dont les dispositions suivantes méritent d'être citées : « Je » déclare, 1°. que l'empereur des Fran- » çais, tous les individus de sa famille, » tous les généraux et officiers français, » seront personnellement responsables » de la sûreté du Roi, de celle de son » frère et de son oncle, 2°. Que, dans » le cas où quelque violence serait com- » mise contre ces têtes précieuses, la na- » tion, afin que l'Espagne ne soit pas sans » roi, fera usage de son droit d'élection en » faveur de l'archiduc Charles, comme » neveu de Charles III, en cas que le » prince de Sicile ou l'infant don Pédro » et les autres héritiers ne puissent pas » accéder. 3°. Que, si les troupes fran- » çaises commettent quelques vols, dé- » vastations et massacres, soit à Madrid, » soit dans tout autre ville, ils seront » considérées comme coupables de toute » trahison, et il ne leur sera point ac- » cordé de quartier. 4°. Tout ce qui a » été fait jusqu'à présent sera considéré » comme illégal, nul, et extorqué par la » violence que l'on sait être exercée par- » tout, etc. » Cette proclamation était à peine publiée que huit mille Français détachés de Pampelune et commandés par le général Lefebvre-Desnouettes *Voy.* ce nom), vinrent attaquer Saragosse Le marquis de Lazan, frère aîné de don Joseph Palafox, se porta au-devant de cette troupe, le 13 juin, jusqu'à Tudela. Repoussé, il revint à la charge et fut encore battu. Mais secondé par son frère qui lui avait amené des renforts, il obtint un léger avantage, et les Français s'éloignèrent. Don Joseph Palafox partit aussitôt de Saragosse afin de rassembler des troupes, de se procurer des ressources pour un siége, et de pourvoir à la défense du reste du royaume d'Aragon, si la capitale venait à succomber. Il parvint à réunir environ quinze cents hommes qui s'étaient échappé de Madrid, et rentra avec eux à Saragosse. Les Français, qui avaient reçu des renforts de troupes et d'artillerie, prirent alors position autour de la ville, y pénétrèrent en peu de temps, et s'emparèrent de la montagne du Torréro, position importante pour les communications avec les pays environnants. Leurs efforts se dirigèrent principalement contre les portes d'El Carmen et d'El Portillo. À la fin du mois de juillet, Saragosse était complètement investie. Le 22, cette ville fut bombardée, et les Français y pénétrèrent le 4 août par la porte de Santa Engracia. Là, le général français envoya au général Palafox l'ordre de capituler, par le billet suivant: « *Quartier-général, Santa Engracia.* » LA CAPITULATION. » La réponse, qui fut faite sur-le-champ, consistait en ces mots: » *Quartier-général, Saragosse.* GUERRE » AU COUTEAU (1). » Le 5 août, trois mille hommes de troupes réglées arrivèrent aux assiégés sous la conduite de don Francisco Palafox, frère du capitaine-général; et le 8, don Joseph Palafox assembla un conseil de guerre qui adopta les résolutions suivantes: 1°. Que les quartiers de la ville dans lesquels on se maintenait encore, continueraient à être défendus avec la même fermeté. 2°. Que si l'ennemi l'emportait à la fin, il fallait que le peuple se retirât aussitôt par le pont de l'Èbre dans les faubourgs, et qu'après avoir détruit le pont, on défendît les faubourgs jusqu'au dernier homme. Cette décision du conseil de guerre fut accueillie avec les plus vives acclamations. On continua de se battre pendant onze jours de suite. La populace furieuse gagnait tous les jours du terrain sur les troupes disciplinées des Français, jusqu'à ce que l'espace occupé par ceux-ci se réduisit à un huitième de la ville. Enfin, le 14 août au matin, après soixante-un jours du siége le plus meurtrier, les Français abandonnèrent leurs positions, et se retirèrent par la plaine dans la direction de Pampelune. Cette retraite momentanée donna le temps au général Palafox de réparer ses pertes, de rassembler des troupes, et de travailler à de nouvelles fortifications. L'intervalle fut court. Les Français reparurent en vue de Saragosse au mois de novembre, sous les ordres des maréchaux Moncey et Mortier (*Voyez* ces noms). Le 23, le général Palafox fut battu à Tudela, et le 27, la ville fut cernée. Elle comptait alors au moins trente mille hommes de troupes réglées. Une nouvelle action sanglante eut lieu sous ses murs le 21 décembre; et le 22, le maréchal Moncey, qui commandait l'armée de siége, fit sommer don Joseph Palafox de rendre Saragosse. Le général espagnol répondit à cette sommation par un refus énergique. Le siége continua avec des succès balancés de part et d'autre. Le bombardement redoubla le 9 janvier; le 27, l'assaut fut donné. Les Français s'établirent sur la brèche, vis-à-vis de St.-Joseph et de Santa Engracia. La défense des assiégés fut opiniâtre, les progrès des assaillants furent chèrement achetés. Le bombardement durait depuis trois semaines; l'épidémie faisait des ravages affreux. Le maréchal Lasnes envoya un parlementaire au général Palafox pour lui offrir de capituler. La proposition ne fut pas écoutée. La guerre fut alors poussée des deux côtés au plus haut degré d'exaltation. Il est impossible de se figurer l'acharnement avec lequel les assiégés, encouragés par leur capitaine-général, luttaient contre les Français jusque dans l'intérieur des maisons. Les vieillards, les enfants, tout était devenu soldat; les femmes secouraient les blessés et animaient les combattants. Le passage de chaque porte ou de chaque escalier était disputé corps à corps; une chambre était un poste important, et chaque officier croyait son honneur intéressé à défendre la moindre parcelle de planche ou de mur. Cependant l'épidémie enlevait chaque jour plus de monde; il n'y avait point d'hôpitaux, point de remèdes pour les malades. Le général Palafox qui, depuis un mois, n'était pas sorti du caveau où il se tenait renfermé pour éviter l'épidémie, en fut lui-même atteint. Il sentit son affaiblissement, et envoya proposer au maréchal Lasnes d'accepter le projet de capitulation qu'il lui avait offert lui-même quelque temps auparavant, en demandant pour condition que la garnison serait incorporée dans les troupes espagnoles. Cette proposition de la part d'une poignée de soldats moribonds parut au maréchal un excès d'arrogance; elle fut refusée. Mais le général Palafox était hors d'état de supporter plus long-temps le commandement. Il le remit au général Saint-Marc le 20 février, et le 21 la ville capitula. Le même jour, douze mille hommes environ, faibles, livides, mourants, sortirent du milieu des cendres et des ruines; ils furent conduits dans le camp français. Les assiégeants trouvèrent dans la ville quatre-vingt seize pièces de canon en bon état. L'espace conquis formait à-peu-près le quart de la surface de la ville. Il avait péri pendant le siége cinquante-quatre mille personnes, dont un quart de militaires. Le général Pala-

---

(1) Le couteau est une arme formidable entre les mains des Aragonais, dans le combat corps à corps.

fox était dangereusement malade; après sa guérison, il fut emmené prisonnier en France, et resta enfermé au donjon de Vincennes jusqu'aux derniers moments de la captivité de Ferdinand VII. Il obtint alors de se réunir à son souverain à Valençay, et se rendit par son ordre à Madrid le 24 décembre 1813, avec le *duplicata* des instructions confiées au duc de San Carlos, relativement à la ratification du traité du 8 décembre, conclu à Valençay entre Ferdinand VII et Napoléon. La mission de don Joseph Palafox fut secrète; il voyagea sous le nom de *Taysier*, et ne vit à Madrid que l'ambassadeur d'Angleterre, qu'il remercia de la conduite de son gouvernement, et auquel il fit part des dispositions secrètes de Ferdinand VII, pour qu'il n'entravât pas les négociations avec la régence. Il retourna ensuite à Valençay, et revint définitivement à Madrid à la suite du roi. Cette mission, dont l'objet resta long-temps ignoré, donna lieu à quelques pamphlets dirigés contre le général Palafox, mais qui ne furent point de nature à porter atteinte à sa réputation. A son arrivée en Espagne, il fut confirmé dans ses fonctions de capitaine-général du royaume d'Aragon; et au mois d'août, il publia une proclamation dans laquelle il ordonnait à tous les étrangers et aux *Afrancesados* de sortir de l'Aragon. Il fut nommé à la même époque membre d'une commission chargée de s'occuper d'une constitution ou organisation nouvelle pour l'armée, sous la présidence de l'infant don Carlos. Il a paru quatre relations du mémorable siége de Saragosse, l'une publiée par le général français Rogniat; l'autre, par don Manuel Cavallero, lieutenant-colonel espagnol, employé pendant le siége, et qui a été traduite en français par M. Anglivicl de la Beaumelle, 1815, in-8°. La 3e. en anglais, par Charles Richard Vaugham; et la 4e. en espagnol, par don Pédro Maria, régent de l'audience royale d'Aragon.   S. S.

PALFY-D'ORDEDY (Le prince CHARLES DE), chef d'une des plus grandes familles de Hongrie, et chancelier de ce royaume, entretint à ses frais aux armées vingt jeunes gentilshommes pauvres pendant toute la guerre de la révolution française, et il commanda, en 1797, une colonne de l'armée d'insurrection de Hongrie. Au mois de novembre 1802, il fut élevé à la dignité de conseiller-intime de S. M. I., et à celle de prince le 4 novembre 1807, après avoir donné sa démission de sa place de chancelier de Hongrie. L'empereur d'Autriche lui écrivit à cette occasion une lettre très flatteuse, dans laquelle il le remerciait de ses longs services. Il fut nommé en septembre 1810, à la place de comte supérieur de la chambre de la Basse-Hongrie et commissaire-perpétuel des sept villes libres et royales des montagnes. — Son fils, le comte Nicolas, chambellan de l'empereur d'Autriche, et cavalier d'ambassade, fut nommé, en 1816, ministre à Francfort pour les arrangements territoriaux et la diète de la confédération germanique. — Le comte Joseph, frère du précédent, aussi chambellan de l'empereur, fut envoyé au Brésil en 1816, avec les comtes de Bellegarde et de la Tour-Taxis.   S. S.

PALIN (Le comte DE), né à Stockholm, est gendre du chevalier Mouradgea d'Ohsson, auquel il a succédé dans la place de ministre de Suède, près la sublime-Porte. Il a beaucoup voyagé dans sa jeunesse, et toujours à pied, pour mieux observer. Il avait recueilli une très belle collection de monuments égyptiens et de médailles grecques, parmi lesquelles plusieurs sont inédites. Cette collection a beaucoup souffert du dernier incendie de Pera, en mars 1818; il était chargé-d'affaires de Suède à la cour de Saxe, lorsqu'il a publié: I. *Lettre sur les hiéroglyphes*, 1802, in-8°. II. *Essai sur les hiéroglyphes*, Weimar, 1804, in-4°. III. *Analyse de l'inscription en hiéroglyphes du monument trouvé à Rosette*, Dresde, 1804, in-4°. On le croit l'auteur de l'ouvrage intitulé: *De l'Etude des hiéroglyphes*, fragments, 1812, 5 vol. in-12. Il se désigne ainsi à la fin du tom. v: PALINuri *nomen habebis.* Z.

PALISOT DE BEAUVOIS (Le Baron AMBROISE-MARIE-FRANÇOIS-JOSEPH), avocat à la cour royale de Paris, et botaniste distingué, était, avant la révolution, membre du conseil supérieur du Cap-Français à Saint-Domingue, et fut ensuite propriétaire de la terre de Léglantiez, près de Saint-Just en Picardie, où il se livra entièrement à la botanique. Devenu membre de l'Institut, il fut nommé, le 30 mars 1815, conseiller titulaire de l'Université. On a attribué cette nomination à l'influence de Carnot, avec lequel il était très lié. Dans le rapport des travaux de la classe des sciences mathématiques et physiques de l'Institut, pendant l'année 1814, on voit que M. Palisot a fait quelques observations nouvelles et curieuses sur la botanique. On a de lui : I *Observations sur les carex*. II. *Flore d'Oware et de Benin*, 1803 et années suivantes, in-fol, 12 livraisons. III. *Mémoire sur une nouvelle plante recueillie à Oware en Afrique*, 1804, in-8°. IV. *Prodrome des cinquième et sixième familles de la Cryptogamie, les mousses, les lycopodes*, 1804, in-8°. V. *Insectes recueillis en Afrique et en Amérique*, 1806, et années suivantes, 8 livraisons, in-fol. VI. *Eloge de Fourcroy* (Voy. la *Biog. universelle*, au mot FOURCROY). VII. *Essai d'une nouvelle agrostographie*, 1813, in-8°. VIII. *Réfutation d'un écrit intitulé* : Résumé du témoignage touchant la traite des nègres, 1814, in-8°. M. Palisot est un des auteurs du *Dictionnaire des sciences naturelles*, et des *Éphémérides des sciences naturelles*.   OR.

PALMELLA-SOUZA (Le comte DE), ambassadeur portugais au congrès de Vienne, en 1814, y fut l'un des membres du comité général des huit puissances signataires de la paix de Paris. En février 1815, à l'occasion des débats sur la traite des nègres, il s'opposa fortement à lord Castlereagh, qui essayait de provoquer l'abolition immédiate, et fit observer que le Portugal n'avait promis, par le traité du 19 février 1810, que l'abolition graduelle; que les croisières anglaises, au mépris du traité de commerce, avaient, en pleine paix, enlevé au prince-régent du Brésil dix à douze mille nègres, valant un capital de trois millions de piastres, et qui, s'ils étaient parvenus au Brésil, auraient accéléré d'autant l'époque de l'abolition. Il ajouta que, malgré ces abus, le Portugal consentait à abolir la traite des nègres au bout de huit ans, à condition que l'Angleterre renoncerait à plusieurs clauses oppressives du traité de 1810. Le comte de Palmella signa, après le débarquement de Buonaparte, la déclaration du 13 mars 1815, se rendit ensuite en Angleterre en qualité d'ambassadeur, et fut nommé, en 1816, secrétaire-d'état pour les affaires étrangères au Brésil. Il revint à Paris dans le mois de février 1818, pour terminer avec le comte de Fernan-Nunès, ambassadeur espagnol, un arrangement relatif à l'évacuation de Monte-Video. M. le comte de Palmella a la double réputation d'homme d'esprit et de diplomate éclairé. C'est à lui que Buonaparte, avec ce ton brusque qui lui était habituel, dit un jour : « Eh bien, vous autres Portugais, voulez-vous être Espagnols ? — Non », répondit avec fermeté le comte. » Le lendemain, Buonaparte dit à un de ses confidents : « Le comte de Palmella m'a dit hier un superbe *non*. »   S S.

PAMPELONE (DE), archidiacre de la cathédrale de Viviers, à l'époque où éclata la révolution, fut député du clergé de la sénéchaussée de Ville-Neuve de Berg aux états-généraux, embrassa le parti de la révolution, et fut lié avec les membres les plus distingués de l'assemblée constituante. Il vint à Lyon en 1792, et y établit une fonderie de canons qui fut ensuite transportée à Valence. En 1794, il fut envoyé par le directoire à Constantinople, pour y établir une fonderie de canons, aux frais et pour le compte de la Porte, revint à l'époque de la rupture, en décembre 1799, et fut nommé au corps législatif, d'où il sortit en février 1804. En 1806, il était chef de la division des hôpitaux au ministère de la guerre, et fut nommé membre du directoire central des hôpitaux, dont il exerça les fonctions jusqu'en 1814. Il est aujourd'hui un des administrateurs des monnaies. B. M.

PAMPELONA, général portugais au service de France depuis les dernières guerres d'Espagne, a en conséquence encouru la disgrâce de son souverain; mais son dévouement aux Bourbons qu'il a suivis à Gand, lui a valu des témoignages particuliers de la bienveillance de Louis XVIII, lorsqu'après avoir commandé le département de Loire-Cher, où il se fit le plus grand honneur à l'époque du licenciement de l'armée de la Loire, et celui de la Côte-d'Or, il a été mis en non-activité.   B.

PANIS, né en Périgord, était un avocat peu connu à Paris avant la révolution. Beau-frère du fameux Santerre, il suivit, dès le commencement des orages, l'impulsion que devait lui donner une telle parenté. Pendant les années 1789, 1790 et 1791, il ne fut guère qu'un orateur de place, dont la mission était de développer au peuple, en langue démagogique, les principes de subversion qu'avaient posés les maîtres. Ce ne fut qu'en 1792 qu'on le chargea d'en appliquer ouvertement les conséquences. M. Panis fut un des meneurs qui dirigèrent les insurrections du 20 juin et du 10 août, et qui firent envahir le château des Tuileries par les bandes forcenées qui renversèrent la monarchie. Par suite de ces événements, il devint membre de cette commune monstrueuse qui se constitua de sa propre autorité, après avoir chassé celle qui l'avait précédée, et asservit à ses lois jusqu'à la Convention elle-même. Il fut ensuite membre de ce comité dit de *salut public*, créé après le 10 août par cette commune; et il signa, en cette qualité, l'épouvantable circulaire qui rendit compte des massacres du 2 septembre aux habitants des départements: on y trouve le passage suivant: « Une partie des » conspirateurs féroces, détenus dans les » prisons, ont été mis à mort par le peu- » ple, actes de justice qui lui ont paru » indispensables pour retenir par la ter- » reur ces légions de traîtres cachés dans » ses murs au moment où il allait mar- » cher à l'ennemi; et sans doute la nation » entière s'empressera d'adopter ce » moyen si nécessaire de salut public, » et sans doute tous les Français s'écrie- » ront comme les parisiens: Marchons à » l'ennemi, mais ne laissons pas derrière » nous ces brigands, pour égorger nos » enfants et nos femmes..... » Et, par *postscriptum*: « Nos frères sont invités à » mettre cette lettre sous presse, et à la » faire passer à toutes les municipalités » de leur arrondissement. » La lettre partit effectivement sous le couvert du ministre de la justice Danton, généralement accusé d'être le principal auteur de ces assassinats. Ce fut à cette époque que se firent à Paris les élections des députés à la Convention. La plus grande partie des élus furent au moins les apologistes de ces scènes odieuses. Il faut en excepter Robespierre, qui ne s'en mêla pas. M. Panis devint membre de la Convention, et n'y figura guère que pour repousser les attaques dirigées contre les septembriseurs. Dans le procès du Roi, il vota la mort, contre l'appel au peuple et contre le sursis. Il s'attacha au char de Robespierre jusqu'à l'époque où celui-ci étouffa Danton, qui avait été le héros du 10 août et du 2 septembre. M. Panis fut membre du comité de sûreté générale au plus fort de la terreur, et se jeta un instant dans le parti de thermidor. Dès le 8 de ce mois, il somma Robespierre de déclarer s'il l'avait porté sur la liste des proscrits; mais rentra presqu'aussitôt dans la ligne des démagogues, et prit la défense des insurgés, dans la journée du 1ᵉʳ. prairial an III (20 mai 1795). Ayant voulu, le 27 mai, parler en faveur de Laignelot, son ami, il fut accusé à son tour, et s'exprima comme un homme en délire, invoqua Dieu, vanta la pureté de ses intentions, son humanité et ses vertus extraordinaires, appelant ses collègues *messieurs, messieurs* (1), ce qui n'empêcha pas qu'un décret n'ordonnât son arrestation. Pendant la discussion qui précéda ce décret, il s'entendit reprocher les assassinats de septembre, et Auguis, qu'il avait appelé son ami, s'écria: « Point d'amitié avec le colporteur de la » mort. » Il fut ensuite compris dans l'amnistie, placé dans les hospices de Paris, et l'on n'entendit plus parler de lui, même sous Buonaparte. Ayant reparu sur la scène politique pendant les cent jours de 1815, il a été obligé de sortir de France comme régicide, en 1816, et s'est retiré en Italie. M. Panis a voulu jouer dans la révolution un rôle au-dessus de ses forces, et il est retombé dans la plus parfaite nullité. Il n'a pas même pu compenser par un peu de bien le mal qu'on lui a fait faire. On ne l'a point accusé de s'être enrichi des dépouilles des proscrits, comme la plupart des chefs du parti qu'il avait embrassé, et c'est une consolation qui lui reste: « Je n'ai été, disait-il un » jour, qu'un citron dont on a exprimé » le jus, et qu'ensuite on a rejeté. » U.

PANNETIER DE VALDOTTE (Le comte CLAUDE MARIE-JOSEPH), maréchal-de-camp, né dans le Bugey, entra au service le 12 décembre 1791, et obtint pendant les guerres de la révolution un avancement rapide. Nommé adjudant-commandant en 1801, il devint, en 1803, général de brigade, fut désigné par décret du 14 mars 1806, président du collège électoral du département de l'Ain, et fut quelque temps employé comme chef de bureau au ministère de la guerre. Il passa ensuite en Espagne, prit d'assaut Soriasa, le 3 juillet 1811,

---

(1) C'était alors un crime que de se servir de cette expression.

se distingua au siége de Valence, au mois de janvier 1812, et contribua, au mois de juin 1813, à faire lever aux Anglais le siége de Tarragone. Rentré en France à la fin de cette année, le général Pannetier y combattit avec distinction, sous les ordres du maréchal Augereau. Il entra à Mâcon le 19 février, après un combat assez vif, et de là il s'avança sur Challon, et arriva, le 4 mars, à Lons-le-Saulnier, toujours en poursuivant l'ennemi. Il fut nommé chevalier de Saint-Louis le 8 juillet 1814. Il commandait aux Echelles à l'époque la bataille de Waterloo, et il ne fit sa retraite que dans les premiers jours de juillet, lorsqu'il se vit pressé de toutes parts par des forces supérieures. Le général Pannetier est à la demi-solde depuis le licenciement. S. S.

PAOLI, professeur de mathématiques à Pise, et l'un des hommes les plus distingués parmi ceux qui cultivent cette science en Italie, est auteur d'un ouvrage intitulé: *Eléments d'algèbre*, dont les deux premiers volumes ont paru en 1793, et le troisième et dernier en 1804. La classe des sciences mathématiques de l'Institut de France a rendu le compte suivant de cet ouvrage, dans un de ses rapports : « Le degré de perfection qui
» manque au traité de Cousin, *Sur la
» Théorie des limites*, se trouve dans
» le second volume des *Eléments d'al-
» gèbre*, publiés par M. Paoli. Cet excel-
» lent abrégé de calcul différentiel et in-
» tégral, présente dans un ordre bien
» méthodique, très souvent la substance
» et presque toujours l'indication des
» méthodes les plus récentes ; et le troi-
» sième volume se recommande encore
» par les recherches particulières de l'au-
» teur sur divers points importants d'a-
» nalyse transcendante. »   S. S.

PAPIN (Elie), maréchal-de-camp, était négociant à Bordeaux à l'époque où commença la révolution. Il quitta le commerce en 1793, et alla servir à l'armée des Pyrénées orientales, où il obtint sur le champ de bataille le grade de général de brigade. Cette nouvelle carrière, dans laquelle il avait fait des progrès si rapides, offrait au général Papin une perspective séduisante à laquelle il renonça tout-à-coup, en réfléchissant qu'il combattait pour une faction coupable. Il quitta le service dès la seconde campagne, et revint à Bordeaux, où il s'attacha à l'*institut royaliste*, qui lui donna le titre de commandant de Bordeaux. Cette association, formée pour agir dans l'intérêt de la royauté, ayant été dissoute par l'arrestation de ses principaux chefs, le général Papin n'en reprit pas moins, dès 1801, sa marche un moment interrompue. Mais ses nouvelles opérations excitèrent les soupçons du gouvernement impérial. Le général Papin, recherché et poursuivi, fut condamné à mort par contumace à Nantes, le 23 frimaire an XIV (1806), par une commission militaire, comme ayant concouru à des projets tendant à renverser le gouvernement existant, pour servir l'Angleterre. M. Papin alla se fixer en Amérique, où il s'occupa d'entreprises commerciales. Il revenait en France, au retour des Bourbons, rapportant une fortune que son industrie lui avait acquise, lorsque son vaisseau fut submergé par une tempête. Il fut grièvement blessé lui-même en se sauvant du naufrage, qui l'a réduit à un état voisin de l'indigence. Le premier soin du général Papin, en revoyant sa patrie, fut de solliciter l'annulation du premier jugement qui l'avait condamné et privé de la jouissance de ses droits. Ce jugement fut cassé et annulé le 30 avril 1817, par décision du 2e. conseil de guerre de la première division militaire. M. Papin était présent au deuxième jugement, et, lorsque le conseil eut prononcé, il prit la parole en ces termes : « Je dois à mon honneur,
» je dois à l'honneur de l'armée royale
» de la Guienne, dont le commande-
» ment a été confié par le Roi à mon zèle
» et à ma fidélité, de déclarer ici que
» je m'attendais à entendre M. le Rappor-
» teur blanchir entièrement ma réputa-
» tion de l'imputation qui m'était faite
» d'avoir été l'instrument d'une agence
» étrangère. Je suis Français; tous ceux
» que j'ai eu sous mes ordres étaient
» Français comme moi; je n'ai reçu d'im-
» pulsion, je n'ai reçu d'ordres que du
» Roi. Mon cœur et mes mains sont tou-
» jours demeurés purs et sans tache. Je
» me suis toujours montré digne de me
» trouver à la tête de ceux qui s'étaient
» dévoués à la cause du Roi, sans cal-
» culer les chances qui s'opposaient au
» succès de la noble entreprise à laquelle
» nous nous étions livrés. C'est donc
» comme soldat dévoué au Roi et à sa
» cause, que j'ai pu être condamné et
» que je dois être réhabilité. » Le conseil

ayant senti la vérité de cette observation, déchargea à l'unanimité des voix le général Papin de l'accusation à raison de laquelle il avait été condamné. Le duc d'Angoulême voulant témoigner à M. le général Papin tout l'intérêt que sa conduite et ses malheurs lui inspiraient, lui fit adresser à-peu-près à cette époque la lettre suivante, par M. le duc de Damas, son premier gentilhomme : « J'ai
» l'honneur de vous informer, Monsieur,
» que Mgr. le duc d'Angoulême s'est
» plu à rendre toute justice à vos cons-
» tants et utiles travaux pour la cause
» royale à Bordeaux. S. A. R. en a été
» informée et en a vu les preuves à son
» entrée dans cette ville fidèle, le 12
» mars 1814. Si elle ne vous a pas trou-
» vé à la tête de la brave garde royale,
» primitivement organisée par vos soins
» au milieu de dangers sans cesse mena-
» çants, elle sait que vous gémissiez dans
» des contrées lointaines sous le poids
» d'une sentence de mort prononcée con-
» tre vous par les ennemis du Roi. Ainsi,
» elle pense que personne n'a plus de
» droits que vous, monsieur le Général,
» à porter la décoration que le Roi a
» daigné accorder aux Bordelais dévoués
» qui ont accompagné en armes Monsei-
» gneur à cette époque glorieuse. J'ai
» en conséquence mandé à M. de Gom-
» bault, chargé de l'expédition des
» brevets, les dispositions de S. A. R.
» à votre égard ; il s'est fait un grand
» plaisir de m'adresser, pour vous le
» remettre, le titre d'une exception
» honorable et unique à la lettre même
» du règlement, qui exige la présence
» effective sous les armes le 12 mars
» 1814. » A.

PAPION, chef et propriétaire de l'ancienne fabrique des damas et lampas de Tours, a publié : I. *Solution des trois fameux problèmes de géométrie*, 1784, in-8o. avec fig. (Il s'agit de la quadrature du cercle, de la trisection de l'angle et de la duplication du cube.) II. *Considérations sur les établissements nécessaires à la prospérité de l'agriculture, du commerce et des fabriques*, 1805, in-8o. III. *Réflexions sur le crédit public*, 1806, in-8o. IV. *Mémoire sur la culture des mûriers*, 1810, in-8o. V. *Mémoire sur l'administration générale du commerce*, présenté au Roi, 1815, in-8o. VI. *Opinion d'un Français sur les finances et la contribution de guerre*, Tours, 1815, in-8o. VII. *Opinion sur la dette des puissances du continent, les dangers et les ressources pour leur liquidation, que rendra stable la paix générale de l'Europe*, 1818, in-8o. OT.

PARADIS (BONIFACE), ancien avocat, fut député de l'Yonne au conseil des anciens, en septembre 1795, et en devint successivement secrétaire et président. En 1797, on le vit combattre la loi du 3 brumaire, en ce qui concernait l'exclusion des fonctions publiques, prononcée contre les parents d'émigrés ; il vota aussi la clôture de toutes les sociétés politiques. Comme il s'était montré attaché au parti clichien, le directoire le fit condamner à la déportation le 5 septembre 1797. Son épouse réclama en sa faveur, mais Gay-Vernon observa qu'il avait consacré ses talents à la cause des Bourbons, et fit maintenir les mesures de rigueur adoptées contre lui. M. Paradis échappa à l'exil de Caïenne, se rendit à Oléron en janvier 1798, fut rappelé par les consuls en 1799, et nommé ensuite président de la cour de justice criminelle du département de l'Yonne, avec le titre de chevalier de la Légion-d'honneur. Depuis la recomposition des tribunaux en 1811, il est devenu substitut du procureur-général à la cour royale de Paris, où il a été remplacé en 1816. — PARADIS (Léonard), vicaire de St.-Roch, né à Moulins en 1763, a publié : *De l'obéissance due au pape*, 1815, in-8o. B. M.

PARADISI (Le comte JEAN), grand dignitaire de la Couronne-de-fer, chevalier de l'Aigle-d'or et de la Légion-d'honneur, président du sénat du royaume d'Italie, membre et président presque perpétuel de l'Institut de Milan, naquit à Reggio vers 1760, et eut pour père Augustin Paradisi, qui a traduit en vers italiens tout le théâtre de Voltaire. Il fit de bonnes études, se passionna pour Horace et pour les mathématiques, qui lui fournirent une ressource contre l'adversité. Il donnait des leçons de cette science avant la révolution d'Italie. Le sentiment d'envie qui fait que l'homme à talent croit avoir plus de droit aux faveurs de la fortune que les ignorants qui souvent en jouissent, était le sentiment dominant de M. Paradisi. Il vit donc avec transport cette révolution d'égalité et de liberté que les Français apportèrent dans sa patrie en 1796, et il se hâta d'aller leur offrir ses services. Buonaparte, sentant le parti qu'il pouvait en tirer, le chargea de disposer les éléments d'une république dans l'assemblée de tous les révolutionnaires de la Lombardie à Milan, et le créa l'un des directeurs de cette république; mais ce général n'étant plus là pour le soutenir, et Paradisi étant reconnu pour favoriser quelques-unes de ses vues ultérieures, se vit intimer par le général Brune, au nom du directoire français, l'ordre de donner sa démission en avril 1798. Les habitants de Modène, que l'élévation de Paradisi avait surpris, et qui l'en savaient très glorieux, s'amusèrent de son amour-propre lorsqu'ils le virent tombé de son trône directorial; ils célébrèrent cette chute par une cérémonie dérisoirement funèbre. Les Austro-russes étant ensuite venus en Italie, M. Paradisi, qui ne put fuir à temps, fut arrêté et envoyé dans une forteresse des Bouches-du-Cattaro. Il s'y consolait en récitant Horace, dont l'aimable philosophie convenait encore plus à son caractère qu'à sa situation. Déjà, avant cet événement, et lorsque Buonaparte était à Milan, il s'était fait auprès de lui le Mécène des écrivains révolutionnaires (*Voyez* MONTI), et la jouissance qu'il y avait trouvée ajoutait à son penchant pour cette espèce de rôle qu'ensuite on le verra jouer avec plus d'éclat. La victoire de Marengo ayant rétabli le pouvoir de Buonaparte en Italie, ce vainqueur jeta encore les yeux sur Paradisi pour en faire un des membres de sa commission provisoire de gouvernement. Il l'appela, en 1801, à Lyon, lors des comices italiens qui donnèrent à la république cisalpine un nom et une forme préparatoires à l'érection du trône que Buonaparte voulait s'y créer. En même temps que dans ces comices il se fit déclarer président de la république italienne, il nomma Paradisi consulteur d'état et membre du collége électoral *de' dotti*. M. Paradisi se conduisant avec beaucoup d'art et de finesse, ne contribua pas peu à la facilité avec laquelle son protecteur se fit créer roi d'Italie; et celui-ci l'en récompensa par des faveurs de tous les genres. On doit à M. Paradisi la justice de dire qu'il s'est montré plus désintéressé que beaucoup d'autres dans l'exercice des importantes fonctions auxquelles il a été appelé. Sa fortune devint cependant considérable. Malgré son apathie, il se montra fort sensible aux attaques de quelques écrivains. Rien ne l'émut autant que quelques terzines de la première des satires de Lattanzi (*Voy.* LATTANZI) sur les mœurs de la révolution, *i Costumi della rivoluzione*, composées en 1803, et publiées à Milan en 1805. Il employa contre le poète toute sa puissance auprès du vice-roi. Celui-ci, tout en souriant de ce qu'il entrevoyait dans les terzines, ne put s'empêcher de mettre un frein à la muse envenimée de l'auteur. Le comte Paradisi, fut un des sénateurs qui firent le plus d'efforts afin d'obtenir, en 1814, le prince Eugène pour roi d'Italie. (*Voy.* BEAUHARNAIS.) Après la chute du trône de Buonaparte, il resta quelque temps à Milan, sans y avoir d'autre place que celle de président de l'Institut; et ce fut lui qui, en cette qualité, reçut, le 12 février 1815, la lettre par laquelle le feld-maréchal de Bellegarde assurait, au nom de l'empereur, ce corps littéraire de sa protection. Peu de temps après, il retourna à Reggio, où, privé de ses plus lucratifs emplois, il vit très retiré et avec la plus sévère économie. N.

PARCEVAL — GRANDMAISON (FRANÇOIS-AUGUSTE), de l'académie française, né à Paris le 7 mai 1759, dans une famille de finances, accompagna Buonaparte en Égypte en 1798, et fut membre de l'Institut du Caire. Depuis ce temps il n'a pas cessé de s'occuper de littérature dans la capitale, où il était membre du conseil des prises sous le gouvernement impérial. M. Parceval a publié: I. *Les Amours épiques*, poème héroïque en six chants, 1804, in-18; 1806, in-8°. La classe d'histoire et de littérature de l'Institut, en rendant compte de cet ouvrage, en 1810, à l'occasion des prix décennaux, indique d'une manière générale la couleur distinctive du talent de l'auteur: « Ce poème, dit-elle, » n'est ni un ouvrage original, ni une » simple traduction: il est composé de » six ou sept épisodes tirés de poèmes » épiques anciens et modernes, imités » ou traduits, et liés par une invention » très simple; l'auteur suppose tous les » poètes épiques rassemblés dans l'Ely- » sée, et récitant tour-à-tour aux om- » bres enchantées, les épisodes d'amour » qu'ils ont placés dans leurs poèmes... » II. *Dithyrambe à l'occasion du mariage de Napoléon*, 1810, in-4°. III. *Chant héroïque, composé pour la naissance* du roi de Rome, 1811, in-4°. M. Parceval, qui jusqu'ici ne s'est guère fait connaître que dans la poésie descriptive, et que l'on a, avec quelque raison, considéré comme appartenant à l'école de l'abbé Delille, dont il fut l'ami, travaille en ce moment à un poëme épique sur Philippe-Auguste, dont il a lu un fragment dans une séance extraordinaire de l'académie française du mois de décembre 1817. Lorsque l'Institut assista, le 7 février 1814, aux obsèques de M. Bernardin de Saint-Pierre, M. Parceval prononça un discours funèbre sur la tombe de cet académicien. S. S.

PARDESSUS (JEAN-MARIE), né à Blois le 11 août 1772, embrassa, en 1795, la profession du barreau, dans laquelle son père s'était distingué. A son exemple, il ne laissait échapper aucune occasion de défendre ceux que les lois révolutionnaires proscrivaient sous les noms d'émigrés, prêtres insermentés, royalistes, etc. On se souvient encore à Tours et à Angers du talent qu'il déploya pour sauver un de ses compatriotes, traduit successivement devant les tribunaux spéciaux de ces villes, comme chef des ravisseurs du sénateur Clément-de-Ris (*Voy.* CLÉMENT-DE-RIS). En 1805, il fut nommé adjoint, et, peu après, maire de la ville de Blois. Les soins d'une administration difficile et sa nomination au corps législatif, qui eut lieu en 1807, ne l'éloignèrent ni des occupations du barreau, ni des études de la jurisprudence. A la fin de 1806, il publia le *Traité des servitudes*, et en 1809 celui du *Contrat de change*. Une chaire de droit commercial ayant été établie à la faculté de droit et mise au concours, il l'obtint le 19 juillet 1810. La confiance, que ses talents et son affabilité avaient inspirée aux élèves de l'école de droit, lui donnèrent une grande influence sur la conduite que tint cette brave jeunesse dans les premiers jours de la restauration et à l'époque du 20 mars. Le département de Loir-et-Cher le nomma l'un de ses députés à la chambre de 1815. Sans avoir jamais suspendu ses leçons à l'école de droit, il était assidu aux séances, et fut membre de toutes les commissions importantes, notamment de celle de l'amnistie et du budget. A la séance du 3 janvier 1816, en défendant le projet de la commission sur l'amnistie, il fit, au nom de ceux avec qui il votait habituellement, une profession de foi dont il n'est peut-être pas inutile aujourd'hui de rappeler quelques fragments : « Qu'aucun doute ne règne donc plus » sur nos principes, que l'on sache » bien, et ce que *nous ne voulons pas*, » *et ce que nous voulons*. Nous ne vou- » lons ni des réactions qui nous ramène- » raient en sens inverse aux excès de » 1793, ni de cette fatale sécurité qui » produisit le 20 mars ; nous ne voulons » plus qu'on nous représente sans cesse » les intérêts révolutionnaires comme » les intérêts de la patrie ; nous repous- » sons avec horreur ces casuistes poli- » tiques qui distinguent avec tant de » subtilité l'état, du souverain ; la pa- » trie, du Roi ; le gouvernement de fait, » du gouvernement de droit ; qui, ne » pouvant oublier l'illégitimité de leur » fortune, voudraient un roi illégitime, » et soutiennent que les révolutions ne » peuvent finir que par des changements » de dynastie. Voilà, Messieurs, ce que » nous ne voulons pas, et voici ce que » nous voulons. Nous voulons notre Roi, » ce premier lien de notre réconciliation » avec la famille européenne ; nous vou- » lons l'hérédité du trône, établie par nos » ancêtres, et réclamée plus que jamais » par notre intérêt ; nous voulons la » Charte que le Roi nous a donnée ; nous » voulons toutes les garanties que cette » Charte nous assure ; nous voulons » surtout, et bien plus que ceux qui ten- » teraient de nous calomnier, la liberté » individuelle, la liberté de la presse, la » liberté de consciences, l'égalité des » citoyens devant la loi. » Le *Moniteur* du 6 janvier, apprend que M. le baron Pasquier fit l'éloge des talents et des sentiments de M. Pardessus, avec une franchise qui annonçait que dans les deux côtés de l'assemblée il y avait des hommes dignes de s'entendre. Dans la discussion sur les élections, M. Pardessus défendit avec force le système du renouvellement entier de la chambre tous les cinq ans. C'est à cette occasion que, répondant à ceux qui réclamaient le renouvellement par cinquième comme plus favorable à l'influence ministérielle, il dit, ce qui peut-être ne lui a pas encore été pardonné : « Les électeurs de mon départe- » ment m'ont dit : *Servez le Roi* ; voilà » toute ma mission ; ils ne m'en ont pas » dit autant sur le ministère. » La facilité d'improviser dont il donna souvent des preuves, ne parut jamais avec plus d'éclat qu'à la séance du 25 avril 1816, où M. Colomb, député, ayant pris occasion d'une pétition dont on faisait le rapport pour élever des doutes sur la justice de la condamnation du général Travot, M. Pardessus, qui entra dans la salle au moment où le jeune orateur achevait son discours, s'élança à la tribune, et fit sentir tout ce qu'avaient d'inconséquent dans un simple citoyen, de coupable dans un député, d'offensant pour la majesté royale, des déclamations contre une condamnation que le Roi avait reconnue légitime, puisqu'il s'était borné à diminuer la peine (Voir le *Moniteur* du 27 avril 1816). M. Pardessus fut nommé par S. M., le 8 mai 1816, l'un des députés membres de la commission de surveillance des caisses d'amortissement et des consignations; il en était secrétaire, et il passe pour être le rédacteur du compte rendu aux chambres le 23 novembre 1816, ouvrage remarquable par les principes sur le crédit public. Il semble que le rédacteur prévoyait dès lors l'empressement avec lequel tous les Français prendraient part aux emprunts destinés à libérer la France. M. Pardessus n'a pas été réélu après la dissolution prononcée le 5 septembre 1816. Il s'occupe d'un ouvrage sur le droit commercial universel, et les lois des divers états de l'Europe, comparées avec celles de la France. Ceux qu'il a publiés, sont: I. *Traité des servitudes suivant les principes du Code civil*, in-8°., 1806; 4e. édition, 1817. II. *Traité du contrat et des lettres-de-change*, 2 vol. in-8°., 1809. III. *Éléments de jurisprudence commerciale*, in-8°., 1811. IV. *Cours de droit commercial*, 4 vol. in-8°., 1814, 1815 et 1816.　　　　F.

PARÉ était avant la révolution premier clerc de Danton (*Voyez* DANTON, dans la *Biographie univ.*). Il suivit son maître dans la route révolutionnaire, fut d'abord employé comme commissaire dans le département de la Seine, devint secrétaire du conseil exécutif provisoire, lorsque Danton fut appelé au ministère de la justice, en août 1792, et remplaça, un an après, M. Garat à celui de l'intérieur, place qu'il remplit peu de temps, et que l'on regarda comme au-dessus de ses forces. En 1794, il fut dénoncé aux Cordeliers par Hébert et Vincent, qui l'appelaient *le nouveau Roland*. Après la mort de Danton, Couthon le poursuivit aux Jacobins, et accusa Rousselin de colporter ses écrits en faveur du parti abattu. En 1796, le directoire le nomma son commissaire près le département de la Seine. Il garda cette place fort peu de temps, et fut ensuite nommé l'un des administrateurs des hôpitaux militaires, emploi lucratif qu'il a conservé long-temps. Il vit depuis plusieurs années dans la retraite aux environs de Paris; sa fortune l'a mis dans l'indépendance. M. Paré fut entraîné par Danton dans les excès révolutionnaires, mais il est doux de caractère. C'est un assez bel homme, et dont la physionomie annonce l'honnêteté.　　　　B. M.

PAREIN (PIERRE-MATHIEU), avocat et homme de lettres avant la révolution, depuis général de brigade, dénonça en 1791 une fabrique de faux assignats. Le 5 mai, l'assemblée lui accorda pour récompense une somme de 12,000 livres. En 1793, il fut envoyé dans la Vendée en qualité de commissaire national de la section de la Croix-Rouge, et Rossignol fit l'éloge de sa conduite; il présida ensuite la commission militaire de Saumur, qui condamna à mort un grand nombre de royalistes; commanda un peu plus tard l'armée révolutionnaire avec Ronsin, et fut appelé à Lyon par Collot-d'Herbois, qui le fit président de la commission révolutionnaire qui condamna à mort 1682 individus, comme rebelles. Les mémoires du temps contiennent sur la conduite de M. Parein à Lyon, des détails qu'on a de la peine à croire. Après cette mission, il obtint le grade de général de brigade, et postérieurement au 9 thermidor (27 juillet 1794), il fut employé de nouveau dans la Vendée sous le général Hoche. Mais le 18 avril 1795, Rovère l'accusa d'être un des chefs d'un complot anarchique contre la Convention, et annonça son arrestation par ordre du comité de sûreté générale. Compris dans l'amnistie du 4 brumaire (octobre 1795), il fut poursuivi de nouveau comme complice de Babeuf, et fut acquitté. Après le 18 fructidor (4 septembre 1797), il fut rétabli dans son grade, et il obtint le commandement du département de Saône-et-Loire; mais le directoire l'ayant soupçonné de chercher à influencer les élections en faveur des Jacobins, lui donna ordre, en 1798, de sortir de ce département. Depuis le

18 brumaire, ses relations avec Fouché lui ont fait obtenir la pension de retraite comme officier-général, et il vit encore aujourd'hui en simple particulier dans les environs de Paris. Il est auteur d'un drame en trois actes sur la *Prise de la Bastille*, et d'une histoire des *Crimes des parlements*, ou *les Horreurs des prisons judiciaires dévoilées*. B. M.

PARENT-RÉAL, né à Ardres en Flandre, était avocat à l'époque de la révolution. Il en adopta les principes avec modération, remplit, pendant le régime de la terreur, des fonctions publiques secondaires, devint ensuite commissaire du directoire exécutif près l'administration municipale de Saint-Omer, et passa, après le 18 brumaire, en la même qualité, près l'administration centrale du Pas-de-Calais, qu'il présida depuis. Elu en 1799, membre du conseil des cinq-cents, il s'y fit peu remarquer ; devint membre du tribunat en décembre de la même année, et s'y opposa à ce que des cautionnements fussent exigés des officiers de judicature, ce projet de loi rétablissant, selon lui, la vénalité des charges et substituant l'or au mérite. Il vota encore, en 1801, contre l'établissement des tribunaux spéciaux qu'il trouva incompatibles avec la liberté publique et avec la liberté civile. Cette opposition le fit éliminer du tribunat à la sortie du premier cinquième. Depuis cette époque, M. Parent-Réal a exercé la profession d'avocat au conseil-d'état. S. S.

PARFAIT, médecin du ministère de la guerre, et membre de la société de vaccine, a publié : I. *Réflexions historiques et critiques sur les dangers de la variole naturelle, sur les différentes méthodes de traitement, sur les avantages de l'inoculation et les succès de la vaccine pour l'extinction de la variole*, 1805, in-8°. II. *Mon journal de 1807*, ou *Voilà les gens du XVIIIe siècle*, 2e édition, 1808, in-8°. OT.

PARIS (JEAN-BAPTISTE-FRANÇOIS), maréchal-de-camp, chevalier de Saint-Louis, né à Pontoise le 8 juillet 1748, entra dès son jeune âge dans la carrière militaire. Il était, avant 1785, lieutenant au régiment des dragons d'Artois, et il accompagna à cette époque le duc d'Escars, son colonel, envoyé en Prusse par Louis XVI pour recueillir auprès du grand Frédéric des notions propres à l'amélioration de la cavalerie française. En 1789, il comprima long-temps à Châlons-sur-Marne, avec soixante dragons, les efforts des révolutionnaires. Il était à Metz en 1791, lorsque la garnison de cette ville s'insurgea. Le régiment des dragons d'Artois suivit cet exemple. M. Paris parvint à le faire rentrer dans le devoir et à l'y retenir jusqu'en septembre 1791, époque à laquelle l'effervescence devint telle qu'il se vit contraint d'émigrer. Trente de ses dragons vinrent le joindre à Coblentz pour s'attacher à son sort. Il entra dans la compagnie des princes, et fut ensuite nommé capitaine commandant dans les chasseurs de Polignac. Il fit dans ce corps la campagne de 1792; et il fut appelé par les princes à Ham, où il forma et commanda une compagnie chargée de la garde de LL. AA. RR. Après deux ans de séjour dans cette ville de Ham, MONSIEUR, comte d'Artois, voulant employer ses augustes fils à l'armée de Condé, chargea M. Paris de leur instruction militaire. Les dispositions naturelles des deux princes secondèrent si bien leur instituteur qu'ils furent en peu de temps à même de commander des corps de cavalerie. Le chevalier Paris eut ordre de MONSIEUR de le suivre à la campagne de Hollande, à la suite de laquelle S. A. R. l'envoya porter des dépêches en Angleterre, où il lui prescrivit de rester jusqu'à son arrivée. Il servit, en l'attendant, dans les volontaires de lord Moira, qui devait commander l'expédition de Quiberon. Au retour de MONSIEUR, il fut nommé officier de son état-major, et il fit, en cette qualité, la campagne des côtes de France, qui ne dura que cinq mois. Le chevalier Paris, de retour en Angleterre, sollicita l'honneur de courir de nouveaux hasards, et s'embarqua pour la France, chargé des ordres du Roi pour le comte de Frotté, commandant l'armée royale de Normandie. Il reçut de ce général le grade de colonel aide-major, et travailla avec lui sous les ordres du prince de la Trémoille jusqu'après le 18 fructidor, époque à laquelle le comte de Frotté retourna en Angleterre avec le comte de Bourmont. M. Paris les escorta jusqu'au lieu de leur embarquement; il se rendit ensuite à Paris, afin d'y suivre les plans concertés pour servir la famille royale. Poursuivi par la police, et arrêté en 1797 comme émigré, conspirateur et agent des Bourbons, il dut à un stratagème exécuté avec le plus grand sang-froid, le bonheur de s'échapper des mains de plus de cent hommes apostés pour son arrestation. En 1799, le vicomte d'Oillamson, major-général de l'armée royale de Normandie, ayant été tué, M. de Frotté le remplaça par M. Paris, pour lequel il obtint le grade de maréchal-decamp. Après l'assassinat du comte de Frotté et la pacification du 4 février 1800, le chevalier de Bruslart, qui avait pris le commandement de l'armée royale, mécontent de voir les conditions mal observées, partit pour l'Angleterre, et confia les intérêts de l'armée à M. Paris, qui, dès-lors, partagea son pouvoir avec M. de Bourmont. Ils refusèrent alors l'un et l'autre de reprendre leurs grades dans les armées sous les ordres du premier consul. M. Paris resta constamment attaché à ses principes, et arriva à l'époque de la restauration sans avoir porté la moindre atteinte à une fidélité qui a résisté à toutes les épreuves.

PARISET (ÉTIENNE), médecin et littérateur, est né en 1770, à Grands dans l'ancienne Champagne; ses parents peu fortunés, l'envoyèrent à l'âge de seize ans à Nantes, chez un oncle qui l'occupa plus aux travaux de parfumerie qu'à l'étude de belles-lettres. Toutefois la prodigieuse sagacité du jeune Pariset suppléa aux vices d'une éducation aussi négligée. Admis en 1788 au collège de l'Oratoire, on le vit avec étonnement se montrer les meilleurs écoliers de rhétorique. Parti pour les frontières en 1792, il fit en 1793 les guerres de la Vendée. C'est là qu'il eut le bonheur de contribuer à sauver la vie de Mme de Bonchamp, femme du célèbre général de ce nom; et il rédigea les pétitions sur lesquelles fut motivé le rapport du conventionnel Pons-de-Verdun en faveur de cette dame. De retour à Nantes, il étudia la médecine, et dans un court espace de temps, il acquit des connaissances suffisantes pour vaincre tous ses rivaux dans un examen public, et obtenir la place d'élève à l'école de santé, qui venait d'être fondée. Il fut même jugé digne de remplir les fonctions d'aide-bibliothécaire. Dans sa dissertation inaugurale *Sur les hémorragies utérines*, qu'il soutint en 1805 pour avoir le titre de médecin, convertit peu après en celui de docteur; il fit preuve d'un goût éclairé pour l'observation. Les cours de physiologie et d'idéologie qu'il fait à l'athénée, passent pour des modèles d'éloquence, constamment couverts d'applaudissements. Profondément versé dans la langue et dans la doctrine d'Hippocrate, M. Pariset a traduit plusieurs ouvrages de ce père de la médecine, et l'on regarde ses traductions comme les meilleures, savoir: I. *Hippocratis de morbis vulgaribus libri primus et tertius integri*, 1811, in-32. II. Des *Notes* dans le *Formulaire magistral* de M. Cadet-Gassicourt (*Voy.* CADET-GASSICOURT). III. *Aphorismes d'Hippocrate, latin-français*, traduction nouvelle, 1813, in-32; 1816, in-32. IV. *Pronostics et Prorrhétiques d'Hippocrate, latin-français*, traduction nouvelle, 1817, 2 vol. in-32. M. Pariset est un des rédacteurs du *Journal de médecine*, et ses articles sur la *médecine des sauvages* sont réellement des mémoires pour l'histoire philosophique du genre humain, dont cet écrivain aurait pu enrichir la littérature française, si la nature ne lui eût donné presqu'autant de paresse que de talent. Il fournit aussi des articles à divers journaux, entre autres au *Spectateur politique et littéraire*. Il a donné des articles au *Dictionnaire des sciences médicales*, et à la *Biographie universelle* celui de *Démocrite*. Il a en porte-feuille une tragédie d'*Électre*, dont il a fait plusieurs fois des lectures en société, et qui paraît prouver en ce genre un talent très distingué. D.

PAROLETTI (Le chevalier VICTOR-MODESTE), docteur en droit, membre de l'académie de Turin, né dans cette ville en 1765, fut nommé en 1799 secrétaire du gouvernement provisoire de ce pays, membre de la consulta du Piémont l'année suivante, de la commission exécutive en l'an IX, et en l'an X de l'administration générale du Piémont. En 1806, il annonça à l'académie la découverte de vases antiques faite dans une terre appartenant à sa famille. Il fut élu le 14 avril 1807, député au corps législatif par le département du Pô. Il parut à la tribune le 19 avril 1810, pour y faire l'hommage d'un exemplaire du *Jugement universel* de Michel-Ange, gravé par Piroli, et profita de cette circonstance pour rappeler les hauts-faits de Napoléon, les chefs d'œuvre qu'il avait inspirés, les monuments qu'il avait créés.

il devint secrétaire du corps législatif le 19 juin 1811, et cessa peu de temps après de faire partie de cette assemblée. On a de lui plusieurs mémoires académiques, un entre autres sur la mort du surintendant Fouquet (*Voyez* la *Biographie universelle*, au mot FOUQUET). Ses autres ouvrages sont : I. *Recherches sur l'influence que la lumière exerce sur la propagation du son*, Paris, 1805, in-4°. II. *Description historique de la basilique de Superga*, Turin, 1808, in-fol. III. *Dissertation sur les maladies des vers à soie*. IV. *Correspondance vaudoise, ou Recueil de quelques lettres des habitants des vallées de Pignerol sur le tremblement de terre*, 1808, in-8°. V. *Discours sur le caractère et l'étude des deux langues française et italienne*, 1811, in-4°. VI. *Éloge historique de Marie-Clotilde-Adélaïde-Xavière de France, reine de Sardaigne*. Cet ouvrage, qui parut en 1814, fut présenté au Roi par l'auteur lui-même. M. Paroletti a été admis en 1815 à jouir de tous les droits civils en France, et il habite Paris sans exercer de fonctions publiques. S. S.

PAROLETTI-GAETAN (Le chevalier CAMILLE-THOMAS), frère du précédent, maréchal-de-camp au service de France, né le 30 décembre 1769, embrassa l'état ecclésiastique dans sa jeunesse. Il y renonça à l'époque de la première entrée de Buonaparte en Italie, pour se livrer à la profession des armes, dans laquelle il obtint un avancement rapide. Nommé chef de bataillon dans l'armée cisalpine, il passa au service du Piémont en qualité d'adjudant-commandant, lors de l'invasion des Français en l'an 9, et fut ensuite employé dans son grade dans l'armée française, lorsque le Piémont fut réuni à la France. Il fut fait prisonnier pendant la campagne de 1809 contre l'Autriche, alla servir en Espagne, fit la campagne de 1813 dans le corps d'armée du maréchal Gouvion St.-Cyr, et se trouva avec lui à la capitulation de Dresde du 11 novembre. Il avait été élevé précédemment au grade de général de brigade, par décret du 26 septembre. Rentré en France, M. Paroletti fut nommé chevalier de St.-Louis le 24 septembre 1814, et officier de la Légion-d'honneur le 17 janvier 1815. Il commandait, pendant les cent jours, le département de la Haute-Loire.

Il a été mis à la demi-solde à l'époque du licenciement, et il habite aujourd'hui la capitale. S. S.

PAROY (JEAN-PHILIPPE-LEGENTIL, marquis DE), chevalier de Saint-Louis, né en 1750, d'une ancienne famille de Bretagne, était colonel à l'époque de la révolution, et quitta alors le service. Ami passionné des arts, il cultivait la peinture contre la volonté de son père, qui jeta un jour dans les fossés de son château la palette, les pinceaux et les couleurs, en disant qu'il ne s'était pas donné un héritier pour en faire un artiste. Celui-ci répondit que le talent que son père dédaignait serait peut-être un jour son unique ressource. En effet, la révolution étant arrivée, la famille Paroy perdit la fortune qu'elle possédait à St.-Domingue, et les talents du peintre furent employés non seulement à la subsistance de l'auteur de ses jours jusqu'à ses derniers moments, mais à lui sauver la vie pendant le règne de la terreur. Il était emprisonné à Bordeaux, où la mort l'attendait, et comme émigré et comme député du côté droit de l'assemblée constituante. Le peintre s'était fait des protecteurs, et par eux il obtint la grâce de son père. Le 20 juin 1792, il fut seul en faction pendant toute la nuit à la porte des appartements de Louis XVI et ne le quitta point dans la journée du 10 août, où il courut les plus grands dangers. Depuis, son talent pour la peinture a été sa seule ressource soit en France, soit en Espagne, où il conduisit son fils pour le soustraire à la conscription. M. de Paroy était de l'académie de peinture. Opposé à Buonaparte, qui l'exila, il n'a rempli aucune place pendant l'interrègne. Il jouit comme colon d'une petite pension de 300 francs. On a de lui : I. *Opinions religieuses, royalistes et politiques de M. Antoine Quatremère-de-Quincy*, imprimées dans deux rapports faits au département de Paris, 1816, in-8°, avec une gravure représentant un tournesol entouré de *quatre mers*, la mer royaliste, la mer religieuse, la mer révolutionnaire, et la mer d'intrigue; seconde édition, 1816, in-8°. (*Voy.* QUATREMÈRE-DE-QUINCY). II. *Précis historique de l'origine de l'académie royale de peinture, sculpture et gravure*, 1816, in-8°. U.

PARKES (SAMUEL), savant anglais, membre des sociétés linnéenne et géologique, de la société des antiquaires de Perth, etc., etc., propriétaire d'une manufacture chimique à Londres, est auteur de plusieurs ouvrages distingués. I. *Catéchisme chimique*, 1806, in-8°; il a eu cinq éditions, la dernière en 1812. II. *Rudiments de chimie, et récits de quelques expériences*, 1809, in-18. III. *Essais chimiques sur divers sujets*, 5 vol. in-12, 1815. Z.

PARQUE-CASTRILLO (Le duc DEL), lieutenant-général, grand d'Espagne de première classe, s'est placé à un rang distingué parmi les Espagnols qui ont combattu pour la défense de leur patrie et les droits de leur souverain. Sa bonne foi fut pourtant un moment trompée lors du voyage de Ferdinand VII à Baïonne; il ne soupçonna pas d'abord les intentions perfides de Buonaparte; et sa confiance, augmentée par celle du Roi, lui représenta un allié dans la personne de Joseph; il se laissa nommer à Baïonne capitaine de ses gardes, le 4 juillet 1808. Cette erreur fut de courte durée: il renonça presque aussitôt à ses fonctions, à la faveur qui lui étoit promise, et déclara à la junte suprême qu'il était prêt à combattre pour l'indépendance de son pays. Il reçut le commandement d'un corps d'armée, dont les opérations furent long-temps concentrées dans la Castille. Le duc del Parque avait sous ses ordres quelques officiers expérimentés; la plus grande partie de ses troupes, quoique mal disciplinées et mal armées, recevaient de son patriotisme une force imposante, qui suppléa plus d'une fois avec succès à son inexpérience. Le 18 octobre 1809, il repoussa le général Marchand à Taniamès, lui fit des prisonniers, et le força de se retirer jusqu'à Salamanque, dont il ne tarda pas à s'approcher lui-même; il y fit son entrée le 25 octobre, quelques heures après que les Français l'eurent évacuée. Ses armes furent encore heureuses dans les derniers jours du mois suivant. Ayant été attaqué à Carpio, le 23 novembre 1810, il refusa le combat et effectua sa retraite sur Alba-de-Tormès. Forcé d'en venir aux mains le 28, avec le corps d'armée du général Kellermann, il se défendit vigoureusement, et perdit néanmoins la bataille; il réunit les débris de son armée, se retira à Béjar, et fit sa jonction le 15 décembre avec le duc d'Albuquerque à Arzobispo. En juin 1813, il s'approcha de Tarragone avec un corps de dix-huit mille hommes, pour seconder les Anglais dans les opérations du siége de cette place, et fut battu après leur départ. Le duc del Parque, accueilli par son souverain en 1814, comme un serviteur fidèle, n'a point éprouvé, comme beaucoup d'autres, les vicissitudes de la faveur, et il a été nommé, en 1816, ambassadeur à la cour de France. S. S.

PARTONNEAUX (Le comte LOUIS), lieutenant-général, né à Paris le 26 septembre 1779, entra, au sortir du collége, comme grenadier volontaire dans le premier bataillon qui se forma dans la capitale, et fut nommé, au commencement de la guerre, sous-lieutenant dans le régiment de Hainault, où il parvint rapidement au grade de capitaine. Il fit ses premières armes sous les généraux Dugommier et Masséna, et accompagna le premier au siége de Toulon, où il monta à l'assaut d'une redoute; le succès de cet assaut décida du sort de la place. Blessé dangereusement, il reçut les éloges du général Dugommier, qui le nomma adjudant-général sur le champ de bataille. Après un début si honorable, M. Partonneaux alla combattre en Italie en 1796, sous les ordres de Buonaparte. Chéri du général Joubert, qui lui donna souvent des preuves de sa confiance, il fut chargé de différentes missions soit à Rome, soit à Venise, et fut élevé au grade de général de brigade après la bataille de Vérone. Depuis cette époque, il commanda presque toujours l'arrière-garde de l'armée, et il déploya autant de prudence que de valeur à la sanglante bataille de Novi, où Joubert fut tué, et où il fut lui-même blessé et fait prisonnier. Les Autrichiens l'échangèrent contre M. de Zach, major-général, et après son échange, il fut chargé par Buonaparte de démolir la forteresse d'Ehrenbreitstein. Nommé général de division le 27 août 1803, le général Partonneaux fut employé à l'armée d'Angleterre dans le corps du maréchal Ney, campé à Montreuil. Il fut ensuite pourvu du commandement de la division des grenadiers à l'armée d'Italie, sous les ordres de Masséna, traversa Véronette le 25 octobre 1805, culbuta l'ennemi jusqu'au village de St.-Michel, et prit position à Vago au mois de novembre. Il contribua depuis à la défaite du corps autrichien de Rohan, qui voulait gagner Venise, et passa ensuite au commandement d'une division de l'armée de Joseph Buonaparté, avec laquelle il s'empara de Capoue et pénétra dans Naples au mois de février 1806. Nommé le 19 mai grand-dignitaire de l'ordre des deux-Siciles, le général Partonneaux fut appelé quelques temps après au gouvernement des Abruzzes, où il s'occupa avec succès de la police et de la sûreté des routes. Le 29 mai 1809, avec cinq bataillons et deux escadrons de cavalerie, il obligea les Anglais à lever le siége du fort de Sicilla en Calabre, et s'empara de toute leur artillerie. Il passa en Russie en 1812, commanda une division sous les ordres du duc de Bellune, fut placé à l'extrême arrière-garde dans la retraite de Moscou, et laissé ensuite avec 3,400 hommes qui restaient de sa division, sur la rive gauche de la Bérésina, où il se trouva sans communication avec l'armée, sans provisions de bouche, sans munitions, et cerné à-la-fois par les généraux Wittgenstein, Tstchakow et Platow, qui s'étaient réunis à Borisow pour arrêter l'armée française. Le général Partonneaux arriva sur les hauteurs de cette ville le 27 novembre, et y prit position. Averti par le canon et la fusillade qui se faisaient entendre au-devant de lui, du côté du pont établi sur la Bérésina pour le passage de l'armée, il fit ses dispositions d'attaque, et en vint aux mains, malgré l'infériorité de ses forces. Le combat, rendu plus horrible par l'obscurité de la nuit, fut soutenu pendant quelque temps avec avantage par les troupes françaises, mais à la fin le nombre l'emporta. Le général Partonneaux, après avoir erré plusieurs heures sur des marais, des lacs, et à travers les bois en cherchant à remonter la Bérésina, fut fait prisonnier avec les restes de sa division. Cette capitulation fut l'occasion des reproches injustes qui furent alors dirigés contre lui dans le 29ᵉ. bulletin de l'armée. Rendu à la liberté par les événements de 1814, il réclama contre ces assertions mensongères, et adressa même à Napoléon, au moment de son invasion, en mars 1815, une lettre dont voici les passages les plus remarquables : « Vous avez été bien injuste envers moi » dans votre 29ᵉ. bulletin; j'avais fait » mon devoir, j'avais fait tout ce qu'on » pouvait attendre d'un homme d'hon- » neur, dans la situation affreuse où je » me suis trouvé, et vous m'avez frappé » d'un coup de massue. Ceux qui igno- » raient les ordres que j'avais reçus, ce » que j'avais fait, les obstacles que j'a- » vais rencontrés, m'accusaient, me » trouvaient des torts. Les braves qui me » connaissaient ne pouvaient m'en sup- » poser; mais ils craignaient pour moi. » Je ne me plaignis alors que de votre » extrême injustice. Chaque jour, je suis » encore dans la cruelle nécessité d'ex- » pliquer cette malheureuse affaire. Ac- » cablé par ce coup, je recueillis des » pièces officielles, et je composai une » adresse à l'armée. Ces pièces s'impri- » ment en ce moment à Paris, à moins » que mes amis n'en soient empêchés par » suite de votre retour en France. Quant » à moi, je suis sans inquiétude; car ce » que j'ai de plus cher est l'honneur. — » Irai-je, disait-il en terminant cette » lettre, abandonner un prince malheu- » reux, qui n'a pu opposer au torrent » qu'entraîne votre fortune, que des droits » et des vertus ? » C'était déclarer assez positivement à Buonaparte qu'il ne voulait accepter de lui aucun emploi. Après le second retour du Roi, le général Partonneaux fut nommé gouverneur de la 8ᵉ. division, à Marseille; puis, au mois d'octobre 1816, commandant de la 10ᵉ. à Bordeaux, où il reçut peu de temps après le titre de comte. Il a publié : I. *Adresse et Rapports sur l'affaire du 27 au 28 novembre 1812, qu'a eue la 12ᵉ. division du 9ᵉ. corps de la grande armée au passage de la Bérésina*, 1815, in-4°. II. *Lettre sur le compte rendu par plusieurs historiens de la campagne de Russie et par le 29ᵉ. bulletin, de l'affaire du 27 au 28 novembre 1812*, 1817, in-4°. Le général Partonneaux est chevalier de St.-Louis et grand-officier de la Légion-d'honneur depuis 1814. S. S.

PASQUIER (Le baron ÉTIENNE-DENIS), garde-des-sceaux, ministre secrétaire-d'état de la justice, né le 22 avril 1767, descend du fameux Étienne Pasquier, avocat-général à la chambre des comptes, l'un des plus savants hommes de son temps. Il est fils d'un conseiller au parlement de Paris, mort sur l'échafaud révolutionnaire le 1ᵉʳ. floréal an 11 (1795). Comme son père, M. Pasquier embrassa la carrière de la magistrature, et fut, avant la révolution, conseiller au même parlement. Il n'exerça aucune fonction pendant les temps orageux de nos troubles civils. Lorsque l'ordre sembla renaître, et que Buonaparte se fut emparé de l'autorité, il distingua M. Pasquier, et le nomma successivement maître-des-requêtes le 8 février 1810, procureur-général du conseil du sceau des titres, baron, officier de la Légion-d'honneur, et enfin préfet de police le 14 octobre de la même année. M. Pasquier occupait cette place lors de la conspiration du général Mallet, qui le fit enlever avec le ministre de la police Savary, et enfermer momentanément à la Force. Il continua ses fonctions de préfet jusqu'aux événements de mars 1814. Le Roi le nomma alors conseiller-d'état, puis directeur-général de l'administration des ponts-et-chaussées, qu'il quitta en 1815, après l'invasion de Buonaparte. Il resta sans emploi pendant les cent jours, et fut nommé, au second retour du Roi, ministre secrétaire-d'état de la justice, garde-des-sceaux, grand-cordon de la Légion-d'honneur et membre du conseil-privé. Élu à cette époque membre de la chambre des députés par le département de la Seine, M. Pasquier fut, au mois d'octobre, rapporteur de la commission du quatrième bureau chargé de l'examen du projet de loi sur les cris séditieux; vota, au mois de janvier 1816, pour l'adoption sans amendement de la loi d'amnistie; fut nommé par le Roi, au mois de septembre, commissaire-juge pour la liquidation des créances des sujets des puissances étrangères, et rappelé à cette époque, par le département de la Seine, à la chambre des députés. M. Pasquier s'y montra, comme dans la précédente session, défenseur zélé des projets du ministère, dont il était regardé comme un des plus fermes soutiens. Présenté en première ligne parmi les candidats à la présidence, il fut choisi par le Roi, et exerça cette place importante jusqu'au mois de janvier 1817, où S. M. le nomma une seconde fois garde-des-sceaux, à la place de M. Barbé-Marbois. M. Pasquier fut remplacé dans ces fonctions par M. de Serres le 29 décembre 1818, au moment du renouvellement général du ministère. — Pasquier (Jules), frère du précédent, fut nommé préfet de la Sarthe par le Roi, en 1814, donna sa démission en 1815, après le retour de Buonaparte, et fit tous ses efforts, pendant l'interrègne, pour le triomphe des Bourbons. Il reprit son emploi après le second retour du Roi, et fut nommé directeur-général de la caisse d'amortissement dans le mois de juillet 1818, en remplacement de M. Beugnot. S. M. le nomma président du collége électoral de la Sarthe, en 1818.

S. S.

PASSAC (Philippe Jerôme-Gaucher de), né à Vouvray, près Tours, en 1755, d'une ancienne famille noble, fut élevé à l'école militaire de Vendôme, entra dans l'artillerie en 1784, et fut reçu officier en 1785. Placé dans le régiment de Toul, il se lia, autant que la différence d'âge pouvait le permettre, avec son camarade Laclos, auteur des *Liaisons dangereuses*. Étant sorti de France en 1792, M. de Passac servit dans l'armée des princes, puis dans l'armée anglaise, en Hollande et en Portugal, où il fit partie d'un corps d'artillerie commandé par M. de Rotalier. Il quitta ce dernier pays en 1802. Depuis son retour en France, il a occupé quelques places dans les conseils administratifs du département de Loir-et-Cher, et il y vit retiré, se livrant particulièrement à la littérature. Il fut, en 1814, nommé chevalier de St.-Louis, chef de bataillon d'artillerie, et, en 1815, commandant d'artillerie à Laon; mais l'état de sa santé l'obligea de demander sa retraite. Il a publié: I. Plusieurs notices biographiques dans la *Revue philosophique et littéraire*. II. Une *Vie de William Collins*, suivie de la traduction de quelques églogues orientales de ce poète, dans les *Archives philosophiques et littéraires*. III. *Honorine, ou Promenade dans l'île de Walcheren*, roman, imprimé avec divers morceaux de poésie, traduits de l'anglais, 2 vol. in-12, 1808. IV. Un grand nombre de poésies insérées dans divers recueils périodiques. V. Un *Éloge de Gribeauval*. Le respect pour la religion et la morale distinguent toutes les productions de M. de Passac.

F.

PASTORET (Le marquis Emmanuel-Claude-Joseph-Pierre), pair de France, membre de l'Institut, etc., né à Marseille en 1756, se livra de bonne heure à l'étude des lettres et de la jurisprudence, devint conseiller à la cour des aides en 1781, et fut nommé maître des requêtes en 1788. Reçu à l'académie des inscriptions en 1785, il avait remporté, l'année précédente, le prix de cette académie, par une dissertation sur cette question: *Quelle a été l'influence des lois* maritimes des *Rhodiens*, *sur la marine des Grecs et des Romains, et l'influence de la marine sur la puissance de ces deux peuples*? Il remporta encore un prix l'année suivante, par un ouvrage imprimé en 1786, et qui a pour titre: *Zoroastre, Confucius et Mahomet, considérés comme sectaires, législateurs et moralistes, avec le tableau de leurs dogmes, de leurs lois et de leur morale*, 2e. édition, 1787. Il a publié, deux ans après, *Moyse, considéré comme législateur et comme moraliste*. Son *Traité des lois pénales*, 2 vol. in-8o., obtint, en 1790, le prix que l'académie française accordait à l'ouvrage le plus utile. M. Pastoret fut désigné, au mois de décembre, même année pour ministre de l'intérieur, mais il n'accepta pas. L'assemblée électorale du département de Paris, qu'il présidait en 1791, le nomma procureur-général-syndic. Il se trouva, au mois d'avril de la même année, à la tête de la députation qui alla demander à l'assemblée constituante que la nouvelle église de Sainte-Geneviève fût consacrée à la sépulture des hommes qui se seraient distingués par des services éclatants. Choisi pour député à l'assemblée législative, il en fut le premier président. Il y prononça, au mois d'octobre 1791, un discours remarquable sur l'émigration. On proposait des mesures sévères et générales contre ceux qui quittaient la France; M. Pastoret demanda que ces mesures fussent restreintes aux fonctionnaires publics qui auraient abandonné leur poste au moment du danger. Le 31 décembre, il fit abolir les compliments et félicitations d'obligation au renouvellement de l'année. A la séance du 9 avril 1792, il développa les motifs qui devaient engager à n'abolir que graduellement l'esclavage et la traite des nègres. Il appuya dans la séance du 20 du même mois, la déclaration de guerre à l'Autriche. Le 20 juin, il fit décréter l'établissement d'une colonne sur l'emplacement de la Bastille; le 25, il parla sur la nécessité de séparer des fonctions ecclésiastiques les actes civils qui constatent les naissances, les mariages et les décès; le 30, il prononça un discours pressant sur les dangers de la désunion, et demanda à l'assemblée qu'elle fît punir les auteurs de l'attentat commis le 20 juin, contre la personne du Roi; le 3 juillet, il combattit l'opinion d'un membre qui demandait que l'assemblée s'emparât de l'exercice du pouvoir royal; il insista pour que l'orateur fût envoyé à la prison de l'Abbaye, comme ayant fait une proposition inconstitutionnelle; le 28 du même mois, il dénonça l'envahissement qu'on permettait aux municipalités sur le pouvoir judiciaire, et signala les dangers de ce nouveau despotisme. Nommé membre d'une commission extraordinaire, pour examiner la conduite de La Fayette, qui avait quitté l'armée sans autorisation, il rendit compte dans la séance du 8 août, que, sur quinze membres, sept avaient voté contre le décret d'accusation. On ne vit plus M. Pastoret dans les fonctions publiques après le 10 août et pendant tout le règne de la Convention. A l'époque de la mise en activité de la constitution de l'an III (octobre 1795), il fut élu par le département du Var, député au conseil des cinq-cents. Dans la séance du 16 mars 1796, il parla contre la loi de police révolutionnaire qui soumet à trois mois de prison tout habitant de Paris qui loge chez lui un étranger à la même commune sans en avoir fait, dans les vingt-quatre heures, la déclaration à l'administration municipale; il peignit cette loi comme un attentat à la liberté du domicile, et comme propre à favoriser les projets de vengeance; le 13, il réclama vivement la liberté de la presse, et s'opposa aux mesures que le directoire proposait pour l'entraver; le 24 avril, il fit un rapport sur la nécessité d'établir des lois contre les tentatives de crimes, et en proposa le projet. Le 1er. mai, il parla avec force contre le projet du député Drulhe qui voulait que l'on déportât tous les prêtres insermentés. Il fit remarquer l'absurdité de punir des individus parce qu'ils avaient manqué à une constitution religieuse qui n'existait plus. Le 14 juin, il lut, au nom de la commission de révision des lois, dont il était membre, un éloquent discours contre les profanations et la violation des tombeaux, et proposa des mesures contre ce genre d'impiété et de désordre; l'assemblée ordonna l'impression du discours. M. Pastoret fut nommé secrétaire du conseil des cinq-cents le 19 juin 1796; le 7 octobre, il parla sur la question intentionnelle dans les jugements criminels; proposa de la conserver, mais de la restreindre à des limites qui en empêchassent l'abus. Dans un rapport sur la calomnie, au nom de la commission de révision des lois, le 29 octobre, il défendit la liberté de la presse et présenta un projet de loi statuant que la calomnie est un délit privé qui ne peut être poursuivi que par celui qui en est l'objet, et que le droit de juger, de blâmer les opérations et les opinions politiques de tout fonctionnaire public est inaliénable et ne peut être ravi à aucun citoyen français. Le 8 décembre, il sollicita des secours en faveur de la veuve de Bailly, maire de Paris; le 11, il demanda le droit de cité pour les descendants des religionnaires fugitifs rentrant en France. Le 13 janvier 1797, il exposa son opinion sur la successibilité des enfants naturels, et demanda qu'on ne favorisât pas la corruption des mœurs et qu'on n'attaquât pas les droits des familles par des lois trop favorables aux enfants nés hors mariage. Le 13 février, il exposa dans un long rapport sur la répression du brigandage, les erreurs ou omissions des lois à cet égard. Le 15 mars 1797, il repoussa, comme un moyen de troubles, la proposition du directoire, qui sollicitait un décret portant que les électeurs seraient tenus de prêter serment de haine à la royauté. Le 18 du même mois, il s'opposa avec force à ce que les accusés pour la conspiration dite de Brottier et Lavilleheurnois fussent jugés par une commission militaire, et repoussa avec indignation la lettre que Merlin, alors ministre de la justice, écrivit à cette occasion (*Voy.* Merlin); le 20, il déclara contre-révolutionnaire un message du directoire qui défendait l'exécution d'un arrêt du tribunal de cassation sur cette affaire, et dont le but était de déclarer qu'une commission militaire ne pouvait eu être juge. Dans une motion d'ordre du 28 mai, il proposa des changements aux lois rigoureuses du 20 fructidor an III et 2 vendémiaire an IV contre les fugitifs de Toulon. Le 20 juin de la même année, il prononça un discours sur nos relations politiques avec les Etats-Unis d'Amérique, et blâma la conduite que le directoire exécutif tenait envers eux; il défendit ensuite la liberté des cultes, et parla en faveur des prêtres. A la séance du 14 juillet 1797, il signala les lois impolitiques et les faux principes en vigueur sur ce sujet; il rappela l'importance des habitudes religieuses et les persécutions dirigées contre les prêtres, et demanda qu'on en revînt à une conduite plus juste envers eux: il exposa, le 22 juillet, les dangers des réunions populaires, et en demanda la suppression; enfin M. Pastoret ne cessa de se déclarer contre le directoire dans cette session, et il fut en conséquence compris dans la proscription du 18 fructidor (4 septembre 1797). Il se réfugia en Suisse, et ne se rendit point à Oléron, comme on l'a cru par erreur. En 1800, il revint en France, en vertu du décret du 3 mars de cette année, qui prononçait la clôture de la liste des émigrés. Au mois de février 1801, il devint membre du conseil-général des hospices et secours publics; en 1804, professeur du droit de la nature et des gens au collége de France; le collége électoral du département de la Seine le désigna pour le sénat en 1802 et en 1807; il fut nommé sénateur en 1809. Il est aujourd'hui membre de la chambre des pairs, et le Roi lui a déféré le titre de marquis. M. Pastoret paraît avoir beaucoup d'influence sur les délibérations de la chambre; on trouve son nom dans les commissions les plus importantes. Il est commandant de la Légion-d'honneur. Outre les ouvrages que nous avons fait connaître, on lui doit: I. *Éloge de Voltaire*, pièce qui a concouru pour le prix en 1779, 1779, in-8°. II. *Tributs offerts à l'académie de Marseille*, 1782, in-8°. III. *Elégies de Tibulle*, traduction nouvelle avec des notes et les meilleures imitations en vers français, 1783, in-8°. IV. *Discours en vers sur l'union qui doit régner entre la magistrature, la philosophie et les lettres*, 1783. in-8°. V. *Ordonnances des rois de France*, tom. xv, 1811, in-fol., travail dont il fut chargé par l'Institut. VI. (Avec Brial, Daunou et Ginguené) *Histoire littéraire de la France*, tom. xiii, 1814, in-4°.; commencée par les religieux bénédictins de la congrégation de Saint-Maur. VII. Un rapport très étendu et très instructif fait au conseil des hospices en 1816. VIII. *Histoire de la législation*, 4 vol. in-8°. M. Pastoret a été collaborateur aux *Archives littéraires*. Il a lu, le 15 janvier 1818, à la chambre des pairs, un rapport sur le projet relatif à la liberté de la presse. P—T.

PASTORET (Amédée), maître des requêtes, fils du précédent, fut nommé sous-préfet de Corbeil le 7 avril 1813. Devenu sous-préfet de Châlon-sur-Saône dans les premiers jours de janvier

1814, il se mit à la tête des habitants, marcha contre l'ennemi, et chargea intrépidement un corps avancé de deux cents hommes. On a de lui: *Des moyens mis en usage par Henri IV pour s'assurer la couronne et pacifier la France au sortir des troubles civils*, 2e. édition, 1817, in-8°.; ouvrage qui a remporté le prix à l'académie de Châlons-sur-Marne, en 1815. F.

PATERSON (DANIEL), lieutenant-colonel anglais et aide-quartier-maître général des troupes de S.M.B., a publié: I. *Nouvelle description exacte de toutes les principales routes de l'Angleterre et du pays de Galles*, in-8°., 1771. Cet ouvrage a eu 15 éditions; la dernière en 1811. II. *Dictionnaire du voyageur, ou Tables alphabétiques des distances de toutes les villes, bourgs*, etc., *de l'Angleterre et du pays de Galles*, 2 vol. in-8°., 1772. III. *Description topographique de l'île de la Grenade*, in-4°., 1780. IV. *Itinéraire de l'empire britannique*, 2 vol. in-8°., 1785. — Mlle. PATERSON, fille d'un riche négociant des Etats-Unis d'Amérique, avait épousé en 1803 Jérôme Buonaparte, qui l'abandonna ensuite par ordre de son frère pour épouser une princesse de Wurtemberg. Z.

PATRIS-DE-BREUIL (L. M.), juge-de-Paix à Troyes, est éditeur des *OEuvres de Grosley* (Voy. la *Biogr. univ.*, au mot GROSLEY). Il a publié: I. *Opuscules en prose et en vers*, 1810, in-12. II. *Éloge de Louis XVIII, roi de France*. Ce discours a été prononcé le 25 août 1815 à l'hôtel-de-ville de Troyes. — PATRIS (Emmanuel) a publié: *L'art d'appliquer la pâte arsenicale*, 1816, in-8°. OT.

PAYNE (JEAN), infatigable écrivain anglais, commença par être libraire à Londres, et publia ensuite une immense quantité d'écrits sous les noms empruntés de *George-Auguste-Hervey*, *William Frédéric Melmoth*, etc. Quelques-unes de ses productions ne manquent pas de mérite, particulièrement une *Histoire navale de la Grande-Bretagne*, en 5 volumes in-8°. Ses écrits avoués sont: I. *Système de géographie*, in-8°. II. *Epitome d'histoire universelle*, 2 vol. in-8°., 1795. III. *Extraits géographiques*, in-8°., 1796. IV. *Histoire abrégée de la Grèce*, in-8°., 1800. Z.

PEARSON (RICHARD), médecin anglais, membre de la société de médecine de Londres, de celle des antiquaires, et de quelques autres réunions littéraires, étudia la médecine à Édimbourg, où il fut reçu docteur en 1786. Il publia, à cette occasion, une thèse intitulée: *Dissertatio inauguralis de scrophulâ*. Après avoir exercé plusieurs années à Birmingham, comme médecin de l'hôpital de cette ville, il se rendit à Londres, où il obtint une grande réputation et une nombreuse clientelle, que l'état de sa santé le força de quitter pour se retirer à Reading. Lorsqu'on projeta de faire un abrégé des *Transactions philosophiques*, le docteur Pearson fut associé à cette entreprise avec les docteurs Hutton et Shaw. Il fut chargé des ouvrages de médecine et de la biographie médicale. On a de lui: I. *De la nature et des propriétés des différentes espèces d'air, en ce qui est relatif à l'usage qu'en fait la médecine*, in-8°., 1794. II. *Arguments en faveur de la diathesis inflammatoire considérée dans l'hydrophobie*, in-8°., 1798; seconde édition, 1812. III. *Observations sur les fièvres bilieuses*, in-8°., 1799. IV. *Observations sur la fièvre catarrhale*, in-8°., 1803. V. *Esquisse d'un project pour arrêter les progrès de la contagion*, in-8°., 1804. VI. *Synopsis pratique de la matière alimentaire et de la matière médicale*, in-8°., 1808. VII. *Thesaurus medicamentorum*; c'est une collection de formules médicales qui a eu une quatrième édition en 1810, in-8°. VIII. *Notice sur une préparation particulière du poisson salé*, in-8°., 1812. IX. *Description de la peste*, in-8°., 1813. Z.

PEARSON (GEORGE), célèbre médecin anglais, membre de la société royale, né dans le comté de Derby, d'un père également médecin, fut élevé à Edimbourg en 1770. Il y fit de tels progrès que la société de médecine de cette ville l'admit au nombre de ses membres, et qu'il fut balancé pour la présidence avec le célèbre docteur Jean Brown, qui ne l'emporta sur lui que d'une voix. En 1773, il prit le degré de docteur, et la these qu'il soutint à cette occasion, *De putredine*, fut insérée dans le premier volume des *Commentaires médicaux* d'Édimbourg. Pendant son séjour à l'université, il fréquenta les cours d'Adam Ferguson, qui lui accorda son estime pour une dissertation qu'il lui soumit sur *l'approbation morale* (*moral approbation*). L'année suivante, il se rendit à Londres pour se perfectionner dans l'étude de l'art de guérir, et y fréquenta les hôpitaux. Il voyagea ensuite en France, en Allemagne et en Hollande, et rentra dans sa patrie en 1777, en passant par Hambourg. Il s'établit d'abord à Doncaster, ensuite à Londres, où il réside depuis plus de trente ans. Il est à regretter que, lorsque le parlement délibéra sur la récompense à accorder au docteur Jenner (*Voy.* ce nom), le docteur Pearson ait essayé de prouver qu'il méritait mieux d'être récompensé que l'auteur de la vaccine. Z.

PECHEUX (Le baron MARC-NICOLAS-LOUIS), lieutenant-général, né le 28 janvier 1769, entra au service en 1792, et obtint un avancement rapide. A l'époque du camp de Boulogne, il était colonel du 95e. de ligne; il fit la guerre en Espagne ; fut nommé , après la bataille de Burgos, commandant de la Légion-d'honneur, et se distingua de nouveau, le 10 janvier 1809, au combat de Cuença. A Occana, il fut blessé à la tête d'un coup de feu. M. Pecheux passa ensuite en Allemagne avec le grade de général de division, et y commanda en 1813, sous le maréchal Davoust. Au mois de septembre de la même année, il fut détaché vers Magdebourg avec sa division , 'forte de huit mille hommes. Son but était de balayer la rive gauche de l'Elbe. Instruit de ce projet par des lettres interceptées, le général ennemi comte de Walmoden, fit ses dispositions, déroba le nombre de ses troupes, et attaqua les Français avec des forces si supérieures qu'ils furent obligés de songer à la retraite après la résistance la plus étonnante, dit le rapport officiel du comte de Walmoden. Le général Pecheux perdit, en cette occasion, tous ses équipages , et deux de ses aides-de-camp demeurèrent prisonniers. Le Roi le fit , en 1814, chevalier de St.-Louis. Licencié avec toute l'armée en 1815 , il jouit du traitement de demi-activité. C. C.

PEEL (Sir ROBERT), membre de la chambre des communes de la Grande-Bretagne, où il représente le bourg de Tamworth, est né à Peelcross, dans le comté de Lancaster, en 1750. Vers 1770, il entreprit de spéculer sur le coton, d'abord seul, puis en société avec M. Yates ; il établit à Bury une manufacture qui parvint bientôt au plus haut degré de prospérité. En 1787, il acheta de grandes propriétés dans les comtés de Lancaster , de Stafford et de Warwick. Dans sa carrière législative, il s'est toujours montré zélé partisan du gouvernement, et en même temps défenseur des libertés de ses concitoyens. En 1797, sa maison souscrivit 10,000 livres sterling pour aider à la continuation de la guerre ; et les charités faites par son associé et par lui, sont immenses. Sir Robert Peel fut créé baronet en 1801, nommé ensuite gouverneur de l'hôpital du Christ, vice-président du Fonds littéraire, président de la chambre des secours à Manchester; il est aussi un des membres les plus actifs et les plus généreux de la Société pour améliorer le sort des pauvres. D'abord partisan des premières réformes qui s'opérèrent en France au commencement de la révolution, dès qu'il vit que le crime seul triomphait et faisait peser un joug de fer sur le mérite et la vertu; que c'était au nom de l'humanité qu'on inondait les places publiques du sang des victimes de toutes les classes, ses yeux se dessillèrent, et il appuya de toute son influence les mesures prises par le ministère anglais pour empêcher que le torrent révolutionnaire ne fît des progrès dans sa patrie. Sir Robert Peel emploie plus de quinze mille ouvriers dans les diverses manufactures qu'il a établies. Il a épousé en 1787 Mlle. Yates, fille de son associé, et en a eu deux fils, tous deux membres de la chambre des communes, l'un représentant Bossiney, et l'autre Oxford. Il a publié : I. *La dette nationale, productive de la prospérité de la nation*, in-8°., 1780. II. *Substance de ses discours à la chambre des communes sur l'union de l'Irlande*, in-8°., 1799. Sir Robert Peel a parlé fort souvent à la chambre des communes sur les manufactures de coton, l'émancipation des catholiques d'Irlande, etc. Ses discours, pleins de sagesse, d'impartialité et de vues profondes, ont toujours fait une vive impression. Z.

PEGOT (ALEXANDRE - GUILLAUME-THOMAS), né le 7 mars 1773, entra au service en 1790, et mérita le grade d'officier de la Légion-d'honneur le 29 mai 1806. Chevalier de St.-Louis en 1814, et maréchal-de-camp le 9 septembre de la même année, le général Pegot fut nommé en 1815 commandant supérieur de la place de Bordeaux par le comte de

Damas-Crux, commissaire du Roi, Il y fut chargé, au mois d'août, du licenciement de la troupe de ligne, opération qu'il conduisit avec prudence et succès. Il est aujourd'hui en demi-activité.—
PEGOT (Le chevalier Jean), né le 6 juin 1774, entra au service en 1792, parvint au grade de colonel en 1811, et à celui de général de brigade le 1er. janvier 1814. Il fut attaché, en juin 1815, au premier corps de l'armée du Nord. Il est également chevalier de St.-Louis et au traitement de demi-activité. C. C.

PEIGNOT (GABRIEL), né à Arc en Barrois le 15 mai 1767, fut d'abord avocat à Besançon, et entra en 1791 dans la garde constitutionnelle de Louis XVI, d'où il sortit l'année suivante. Une éducation soignée lui inspira le goût de l'étude; il s'y livra avec ardeur à son retour dans sa patrie, et la bibliographie fut surtout l'objet de ses recherches. Il s'est acquis de la réputation dans cette science. Nommé en 1794 bibliothécaire du département de la Haute-Saône, il devint, quelques années après, principal du collége de Vesoul, place qu'il conserva jusqu'en 1813. Il fut appelé, cette année, à remplir à Dijon celle d'inspecteur de la librairie; et lorsqu'elle fut supprimée en 1815, il devint proviseur du collége royal de Dijon. Il occupe encore aujourd'hui cette dernière place. Voici la liste de ses nombreux ouvrages : I. *Opuscules philosophiques et poétiques*, 1796, in-16. II. *Manuel bibliographique, ou Essai sur les bibliothèques anciennes et modernes, et sur la connaissance des livres*, 1800, in-8°. III. *Petite bibliothèque choisie* (Extrait de l'ouvrage précédent), 1800, in-8°. IV. *Bagatelles poétiques et dramatiques*, 1801, in-8°. V. *Dictionnaire raisonné de bibliologie*, 1802-1804, 3 vol. in-8°. VI. *Essai de curiosités bibliographiques*, 1804, in-8°. VII. *Dictionnaire critique, littéraire et bibliographique des principaux livres condamnés au feu, supprimés ou censurés*, 1806, 2 vol. in-8°. VIII. *Petit dictionnaire des locutions vicieuses*, 1807, in-12. IX. *Amusements philologiques, ou Variétés en tous genres*, 1808, in-8°. X. *Bibliographie ancienne*, 1808, in-8°. XI. *Répertoire de bibliographies spéciales, curieuses et instructives*, 1809, in-8°. XII. *Répertoire bibliographique universel*, 1812, in-8°. XIII. *Essai sur l'histoire du parchemin et du vélin*, 1812, in-8°. XIV. *Bibliothèque choisie des classiques latins* (Plan de l'ouvrage), 1813, in-8°. XV. *Précis chronologique, généalogique et anecdotique de l'histoire de France*, 1815, in-8°. XVI. *Précis chronologique du règne de Louis XVIII en 1814, 1815 et 1816*, 1816, in-8°. XVII. *Mélanges littéraires philosophiques et bibliographiques*, 1818, in 8°. M. Peignot a fourni quelques articles à la *Biographie universelle*. Le *Dictionnaire biographique et bibliographique portatif*, 1812-1815, sur le frontispice duquel on lit les initiales L. G. P., a été présenté en son nom à la chambre des députés. On a lieu de croire que M. Peignot n'y a rédigé que la moitié de la lettre A. Quelques personnes ont attribué à M. Peignot la nouvelle édition et la continuation de la *Relation de l'île de Bornéo* (*Voy.* la *Biographie univ.*, au mot FONTENELLE, page 222, à la note). M. Peignot, dans son *Répertoire de bibliographies spéciales*, page 57, nomme son éditeur et continuateur, M. Pillot de D... C. C. et OT.

PELET (Le comte JEAN), connu sous le nom de *Pelet de la Lozère*, est né en 1759 à St.-Jean-du-Gard. Après des études soignées, il se fit recevoir avocat au parlement de Provence. Au commencement de la révolution, en 1791, il fut nommé président du directoire du département de la Lozère, et l'année suivante député à la Convention nationale. Etant absent, en 1793, il ne vota point dans le procès de Louis XVI. A son retour, il parut plusieurs fois à la tribune de la Convention, et se rangea, par les principes qu'il y professa, au nombre des députés les plus modérés. Dans la multitude de mesures révolutionnaires qui furent l'objet de ses attaques, on remarque surtout la proposition faite par Barère de continuer les pouvoirs du comité de salut public. Le discours improvisé de M. Pelet, qui fut prononcé le 15 septembre 1794, produisit un grand effet. L'année suivante, il fit mettre en liberté le contre-amiral Lacrosse, et demanda l'élargissement de M. de Lacroix, auteur du *Spectateur français*, traduit comme royaliste au tribunal révolutionnaire. M. Pelet proposa ensuite d'envoyer des députés dans les colonies, et répondit à Pautrizel, qui s'élevait contre cette mesure. Elu président le 24

mars; il présenta le 8 avril un tableau de la situation de la France, attaqua ouvertement la constitution de 1793, et demanda la convocation des assemblées primaires. Il fut envoyé en Catalogne pour y calmer un mouvement dans l'armée et entamer des négociations avec l'Espagne. Une autre mission lui avait été confiée pour Lyon; mais le parti de la *Montagne* fit révoquer le décret qui l'en chargeait. Dénoncé dans le comité secret avec Boissy, Lanjuinais et autres, comme un des chefs de la révolte des sections et du parti royaliste, il parvint à se disculper, et félicita ensuite la Convention sur la répression de la révolte. M. Pelet passa au conseil des cinq-cents, où l'appelèrent soixante-onze départements. Il provoqua la mise en liberté de M. Bergasse, que le 9 thermidor avait sauvé de l'échafaud. Le 25 février 1796, il proposa un message au directoire pour l'inviter à s'occuper des moyens de donner la paix à l'Europe, proposition qui fut mal accueillie par quelques agitateurs. Les mêmes murmures qui avaient couvert sa voix en cette occasion se renouvelèrent lorsqu'il fut désigné pour faire partie d'une commission chargée de rechercher les causes des désordres du Midi. Son élection fut révoquée. Il fit passer à l'ordre du jour sur un message du directoire qui demandait l'extension de la jurisdiction des tribunaux militaires. Appelé à la présidence, il proposa et fit adopter deux décrets, l'un portant qu'il serait accordé des secours à tous les enfants d'émigrés et de condamnés; l'autre que tous les pensionnaires de l'état, civils, militaires et ecclésiastiques, seraient payés sans délai. M. Pelet fut aussi, dans le conseil des cinq-cents, l'un des plus ardents défenseurs de la liberté de la presse et des journaux; il releva même le langage indécent de quelques orateurs, qui avaient comparé les journalistes à des prostituées. Après la session, M. Pelet se retira dans ses foyers, d'où il fut appelé en 1800 à la préfecture de Vaucluse. Il s'occupa de la pacification de ce département, déchiré par les factions, et réussit, par des voies conciliatrices, à y ramener l'ordre. Il fut nommé conseiller-d'état en 1802, et il n'a cessé d'exercer ces fonctions qu'en 1815. Il avait, en cette qualité, la direction du 2e. arrondissement de la police générale, qui comprenait le midi de la France. Il fut chargé, dans l'intervalle, de plusieurs missions, entre autres à Baïonne en 1813, et à Montpellier en 1814. A la fin de juin 1815, il fut chargé momentanément du ministère de la police générale. Il a cessé toutes ses fonctions publiques depuis le second retour du Roi. Il est commandant de la Légion-d'honneur depuis la fondation. — Le baron Pelet, fils du précédent, est né en 1785. Reçu auditeur au conseil-d'état en 1806, il fut nommé, le 13 juin de la même année, administrateur-général des forêts de la couronne; place qu'il a occupée jusqu'en 1814, époque où cette administration fut supprimée.
C C.

PELHAM (L'honorable Charles Anderson), fils aîné de lord baron Yarborough, pair de la Grande-Bretagne, membre de la chambre des communes pour le comté de Lincoln, a toujours été attaché au parti ministériel. Il provoqua, en 1801, la suspension de l'acte *d'habeas corpus*, et le renouvellement des lois contre la sédition. Il fut ensuite nommé lord et secrétaire d'état de l'intérieur, et a rempli cette place jusqu'à la mort de M. Pitt : le ministère ayant été alors renouvelé, il fut remplacé par M. Grey. — Pelham (L'honorable George Anderson), frère cadet du précédent, né le 15 septembre 1785, est capitaine dans l'armée anglaise et membre de la chambre des communes, où il représente Newtown dans l'île de Wight.
Z.

PÉLISSIER, médecin, député du tiers-état de la sénéchaussée d'Arles aux états-généraux, ne s'y fit point remarquer, et fut nommé, en 1792, député des Bouches-du-Rhône à la Convention. Dans le procès du Roi, il vota contre l'appel au peuple, ensuite la mort, et contre le sursis, dédaignant de motiver son opinion, « à l'exemple, dit-» il, de Brutus, qui n'a pas laissé les mo-» tifs qui le portèrent à poignarder Cé-» sar. » A la fin de décembre 1793, il fut secrétaire de la Convention, et en octobre 1795, il dénonça les représentants Chambon et Cadroy, pour n'avoir pas réprimé les assassinats commis dans le Midi pendant qu'ils y étaient en mission. Il fut employé, après la session, en qualité de commissaire du directoire, et en 1798, étant administrateur du département, il fut réélu pour deux ans au conseil des cinq-cents; mais la révolution du 18 brumaire (9 novembre 1799) abrégea ses fonctions, et il rentra dans l'obscurité. Exilé en 1816, il s'est retiré à Constance. B M.

PÉLISSIER (Le comte HENRI-FÉLIX DE) fut nommé maréchal-de-camp le 4 juin 1814, et chevalier de St.-Louis le 27 décembre même année. Il commandait à Nimes au mois de mars 1815, lorsque la nouvelle du débarquement de Buonaparte y parvint. Le général Pélissier fit de vains efforts pour retenir les troupes dans le devoir. Arrêté et désarmé ainsi que son aide-de-camp, il fut, le 3 avril, transporté à Montpellier avec le général Briche. Leur arrestation, provoquée par le général Gilly (*Voy*. GILLY), aida beaucoup ce dernier à couper la retraite au duc d'Angoulême. Au retour du Roi, M. de Pélissier obtint le grade de lieutenant-général, et fut membre de la chambre des députés en 1815, où on le chargea d'examiner le projet de loi sur les compagnies départementales. Il a cessé d'en faire partie, et il est toujours en activité de service. C. C.

PELTIER (JEAN), homme de lettres, né à Nantes, est fils d'un riche négociant de cette ville. Il se destinait à suivre la carrière du commerce; mais il en fut détourné par la révolution. Il se trouvait à Paris en 1789, pour perfectionner son instruction. M. Peltier ne se montra point opposé, comme on l'a prétendu, à toute espèce de réforme politique; il avoue même dans ses écrits publiés à Londres, que quelques-unes de ces réformes lui avaient paru nécessaires. Mais quand il vit des assassinats, des violences, devenus les moyens des réformateurs, il s'en sépara pour jamais, et les combattit de toutes ses forces. Le premier écrit qu'il fit paraître, dans le mois d'août 1789, fut un pamphlet contre l'assemblée constituante sous ce titre : *Sauvez-nous ou sauvez-vous*. Peu de temps après, dans un autre pamphlet intitulé *Domine salvum fac regem*, il dénonça le duc d'Orléans et Mirabeau comme les auteurs des excès commis le 5 octobre. Il imagina ensuite l'ouvrage périodique intitulé *Les Actes des Apôtres*, pamphlet ingénieux et plein de gaîté et de malice, qui flétrit par le ridicule un grand nombre de révolutionnaires; et dans lequel il eut pour collaborateurs, Rivarol, le marquis de Champcenetz, le vicomte de Mirabeau, et beaucoup d'autres écrivains aussi spirituels, qui s'amusaient aux dépens de certains hommes dont l'atroce vengeance devait bientôt faire répandre tant de sang et de larmes. M. Peltier essaya de défendre le Roi à la journée du 10 août 1792. Après le renversement du trône, il s'enfuit à Londres, et publia deux volumes de Mémoires sur cette révolution. On y trouve des détails curieux et qui seront recueillis par l'histoire. Cet ouvrage a été réimprimé à Paris après le 9 thermidor. Les esprits étaient encore accablés par les horreurs qui venaient de se commettre; les régicides qui avaient le plus puissamment contribué à la catastrophe du 10 août, étaient restés en possession du pouvoir suprême; et cet état de choses nuisit beaucoup au succès de l'ouvrage. M. Peltier donna aussi l'histoire de la campagne de 1793, ou la restauration de la famille des Bourbons, espèce de prédiction qui a été long-temps à se réaliser. Il publia ensuite le *Tableau de Paris depuis l'année 1794 jusqu'en 1802*. En 1803, il entreprit un nouvel ouvrage périodique à-peu-près dans le même genre, qu'il appela *l'Ambigu*, et qui contient plus de 80 volumes qui se continuent encore. Cette feuille renferme une infinité de pièces et de détails importants qui sont peu connus en France; elle a été, dès les premiers numéros, dirigée contre Buonaparte, qui y était attaqué avec la plus grande violence. Personne en Europe ne lui a dit plus d'injures et en termes moins ménagés que M. Peltier; mais aussi, personne en Europe n'était plus à l'abri de son ressentiment que ceux qui écrivaient en Angleterre; et ces écrivains furent long-temps les seuls hommes que redouta le superbe conquérant. Il fit sans cesse contre eux des demandes au gouvernement anglais, et il dépendit souvent du ministère britannique d'obtenir de lui les concessions les plus importantes, s'il eût voulu sacrifier ces journalistes. Dans l'intervalle de la paix d'Amiens, M. Otto, alors envoyé de France, insista de nouveau fortement sur ce point. Un négociateur fut même envoyé à Londres pour tâcher de faire donner une direction moins malveillante aux journalistes et aux pamphlétaires de ce pays. Le gouvernement anglais ayant répondu que la nature de la législation britannique ne permettait pas de donner à la presse de pareilles entraves, et que ceux qui auraient à se plaindre n'avaient que la voie des tribunaux, Buonaparte prit le parti d'attaquer M. Peltier de cette manière, et parvint à le faire condamner, comme calomniateur, aux frais de la procédure et à un dédommagement pécuniaire par la cour du banc-du-roi, quoiqu'il fût défendu par M. Mackintosh (*Voy.* ce nom). Ce jugement fut, au reste, généralement regardé comme une véritable dérision. Une souscription fut publiquement ouverte et presqu'aussitôt remplie, pour aider le journaliste à payer le montant de sa condamnation. Mais comme le jugement fut rendu le jour même où la guerre éclata entre la France et l'Angleterre, il n'a jamais été exécuté. Les écrits de M. Peltier furent répandus avec encore plus de profusion; et, sous prétexte de faire connaître le corps du délit, il publia lui-même la procédure, dont il débita un très grand nombre d'exemplaires. Les numéros de *l'Ambigu* qui firent pousser à Buonaparte de si hautes clameurs, avaient, au lieu de vignette, une figure de sphinx dont la tête représentait celle du souverain français; et il avait groupé autour de cette tête une multitude d'autres petites figures, emblèmes des vices dont il l'accusait. M. Peltier est un des hommes qui ont défendu la famille royale de France avec le plus de courage et de constance; et il a reçu à cet égard une lettre très flatteuse de feu le prince de Condé. Il parut à Paris après la première restauration en 1814, et il y revint encore en 1815; mais n'ayant point obtenu les avantages qu'il avait espérés, il retourna bientôt en Angleterre, où il paraît s'être définitivement fixé. Cet écrivain a épousé une Anglaise. Il reçoit une pension du gouvernement britannique. Ce secours ne suffisant pas à ses dépenses accoutumées, il a accepté, depuis plusieurs années, le titre de chargé-d'affaires du roi noir de St.-Domingue, qui, pour honoraires de ses bons offices, lui envoie de temps en temps de fortes cargaisons de café ou autres denrées coloniales (*Voyez* CHRISTOPHE). Le chargé-d'affaires d'Haïti a publié dans *l'Ambigu* la constitution et les lois organiques de ce nouvel état. Il est assez curieux d'entendre M. Peltier faire l'éloge de la libéralité du roi noir; mais il est à croire qu'avec son esprit railleur et caustique, lui-même se moque de ses propres éloges. Il a repris son *Ambigu*, qu'il avait interrompu en 1814, après avoir déclaré que le but de cet ouvrage, le rétablissement de la maison de Bourbon, était rempli. En le faisant de nouveau paraître dans les derniers mois de 1817, il a annoncé que le terme de ses travaux ne lui paraissait pas assez constant; et, depuis cette époque, il y recueille tout ce qui s'écrit de plus violent contre le ministère français. On a de lui : I. *Sauvez-nous*, etc., 1789, in-8º. II. *Domine salvum*, etc. et *Pange lingua*, 1789, in-8º. III. *Actes des Apôtres*, 1790 et années suivantes, 11 vol. in-8º. IV. *Dernier Tableau de Paris*, ou *Précis de la révolution du 10 août et du 2 septembre, des causes qui l'ont produite, des événements qui l'ont précédée, et des crimes qui l'ont suivie*, 1792-1797, 2 vol. in-8º. V. *Histoire de la restauration de la monarchie française, ou la Campagne de 1793, publiée en forme de correspondance*, Londres, 1793. VI. *Courrier de l'Europe et Courrier de Londres*; puis sous le titre de *Tableau de l'Europe pendant 1794*; Londres, 1794 et 1795, 2 vol. in-8º. VII. *Paris pendant les années 1795 à 1802*, 250 nºs. formant 35 vol. in-8º. VIII. *Tableau du massacre des ministres catholiques aux Carmes et à l'Abbaye-St.-Germain*, Lyon, 1797. IX. *Naufrage du brigantin américain le Commerce*, publié par J. Riley, traduit de l'anglais, 1817, 2 vol. in-8º. U.

PELLEPORT (Le baron PIERRE), né le 28 octobre 1773, fut nommé officier de la Légion-d'honneur le 2 septembre 1812, et maréchal-de-camp le 12 avril 1813. Le Roi le fit chevalier de St.-Louis le 19 juillet 1814. Cet officier-général commandait dans le Midi sous les ordres du général Gilly en avril 1815. Le 1er. juillet, il marcha sur Beziers dont il voulait s'emparer. La résistance de cette ville fit échouer son projet. Le général Pelleport est aujourd'hui en non-activité de service. C. C.

PELLETAN (PHILIPPE-JEAN), membre de l'Institut, chevalier de la Légion-d'honneur, l'un des premiers chirurgiens de France, a succédé au célèbre Desault dans la place de chirurgien en chef de l'Hôtel-Dieu à Paris, et a suivi les traces d'un aussi grand maître. Dans un âge très avancé, il continue l'exercice de son art, et passe pour un des meilleurs praticiens de la capitale. On a de lui, I. *Clinique chirurgicale*, ou *Mémoires et observations de chirurgie clinique*, 1810, 3 vol. in-8°. II. *Observations sur un osteo-sarcome de l'humerus, simulant un anévrisme*, 1815, in-8°. On lui doit aussi des observations pleines d'utilité sur la trachéotomie, pour enlever les corps étrangers de la trachée-artère. — PELLETAN (N.), fils du précédent, chevalier de la Légion-d'honneur, est médecin par quartier du Roi. En 1817, il reçut de l'empereur d'Autriche une bague en brillants, comme un témoignage de sa satisfaction pour les services qu'il avait rendus aux soldats autrichiens. Il a publié: *Mémoire sur l'éclairage par le gaz tiré du charbon de terre, pour servir de complément à l'ouvrage de M. Accum sur le même sujet*, 1817, in-8°. Il est un des rédacteurs du *Dictionnaire des sciences médicales*. Oт.

PELLETIER, député du Cher à la Convention nationale, vota la mort de Louis XVI. Il avait auparavant voté l'appel au peuple; il vota ensuite le sursis, et ne se fit point autrement remarquer dans le cours de la session. Il fut envoyé en mission après le 9 thermidor (1794); et n'ayant point été réélu aux conseils, le directoire l'employa en qualité de commissaire. Il quitta la France en 1816, comme régicide. B. M.

PELLETIER (Ed.-Fr.-Cl.-Honoré) a publié: I. *Ode sur l'arrivée du Roi*, 1814, in-8°. II. *Ode à S. M. l'empereur Alexandre*, 1814, in 8°. III. *Ode sur la mort du Fabius français, le vertueux Moreau*, 1814, in-8°. IV. *Honneur aux dames*, 1815, in-8°. — Un autre PELLETIER a publié: I. (Avec Frédéric.) *Le Vainqueur d'Austerlitz, ou le Retour du héros*, divertissement, 1806, in-8°. II. (Avec le même.) *L'amant rival*, comédie-vaudeville, 1806, in-8°. — PELLETIER (S. M.) est auteur d'une *Mythologie raisonnée, à l'usage de la jeunesse*, 1802, in-8°. — PELLETIER-SAINT-JULIEN (F. L.) est auteur du *Démérite des femmes*, poème, 1801, in-8°. — PELLETIER-VOLMÉRANGES a publié: I. *Le mariage du capucin*, comédie en trois actes et en prose, 1798, in-8°. II. *Clémence et Valdemar*, drame, in-8°. III. *Devoir et nature*, drame, 1799, in-8°. IV. (Avec Cubières.) *Paméla mariée, ou le triomphe des épouses*, drame en trois actes, 1804, in-8°. V. *Les deux francs-ma-*

çons, ou *les coups du hasard*, 1808 in-8°. VI. *Les frères à l'épreuve*, drame en trois actes, 1808, in-8°. VII. *La Servante de qualité*, drame en trois actes, 1811, in-8°. Oт.

PÉMARTIN (Joseph), né en 1754, était avocat à Oloron lorsqu'il fut nommé député du tiers-état de Béarn aux états-généraux, où il vota avec le parti modéré; fut ensuite député des Basses-Pyrénées à la Convention, y vota la détention de Louis XVI et son bannissement à la paix. Après le 9 thermidor, il fut porté deux fois au comité de sûreté générale, et fit un rapport au nom de ce comité, sur les troubles de germinal (avril 1795), passa en septembre de la même année au conseil des cinq-cents, en sortit en mai 1798, y fut réélu en mars 1799, et entra en décembre au corps législatif. En mars 1806, il fut élu candidat pour la questure, et en décembre 1809, vice-président. Réélu par le sénat en 1810, pour le département des Basses-Pyrénées, il adhéra le 3 avril 1814 à la déchéance de Buonaparte. Le 29 septembre suivant, il combattit l'extension proposée par son collègue Raynouard à la loi sur la naturalisation, et vota en faveur du projet de la commission. Il n'a pas fait partie des chambres suivantes. B. M.

PÉNIÈRES (J.-A.), député de la Corrèze à l'assemblée législative et ensuite à la Convention nationale était garde-du-corps du Roi avant la révolution; il combattit, en novembre 1792, la réunion de la Savoie à la France, et représenta fortement les inconvéniens d'une trop grande extension de territoire. En janvier 1793, il vota la mort de Louis XVI contre l'appel au peuple et contre le sursis, en demandant pour l'avenir l'abolition de la peine de mort, et se montra ensuite opposé aux terroristes. En février, il demanda que Marat fût regardé et traité comme fou, et après la chute de Robespierre, il attaqua ses suppôts avec beaucoup de chaleur. On le vit aussi assez souvent monter à la tribune pour y parler sur les colonies, l'agriculture, les mouvemens populaires, et sur d'autres sujets que la vivacité de son caractère ne lui permit jamais de traiter sans beaucoup de véhémence. Il alla jusqu'à accuser les Jacobins d'avoir fait empoisonner M. de Goltz, qui traitait à Bâle de la paix entre la Prusse et la république. Lors du soulèvement qu'effectuèrent les terroristes le 1er. avril 1795 contre la majorité de la Convention, il fut maltraité dans les rues par leurs affidés, et l'on fit même feu sur lui ; mais il parvint à s'échapper et se réfugia dans le sein de la Convention. Il demanda, par suite de ces événements, que l'assemblée s'épurât elle-même, et invoqua la déportation de tous ceux qui s'étaient opposés à celle de Collot-d'Herbois, Barère et Billaud-Varennes. M. Pénières prit avec beaucoup d'énergie, au 13 vendémiaire, le parti de la Convention contre les sections de Paris, et il fut remarqué à la tête des troupes qui la défendirent. Devenu membre du conseil des cinq-cents, il se comporta avec modération, vota en faveur des prêtres détenus et contre le serment exigé des électeurs. Il devait sortir du conseil en mai 1797 ; mais il y fut réélu de suite ; il combattit, au mois d'octobre suivant, le projet de Boulay de la Meurthe contre les nobles. Après la révolution du 18 brumaire, il passa au tribunat ; et le 1er. janvier 1800, il célébra l'installation de son corps dans le local du Palais-Royal. En 1807, M. Pénières fut élu membre du corps législatif ; il s'y fit peu remarquer, et ne parla guère que pour faire hommage à l'assemblée d'un ouvrage sur la jurisprudence maritime. Il fut membre de la chambre des représentants en 1815, où il fit une motion le 23 juin, pour qu'on demandât à l'empereur d'Autriche le jeune Napoléon et sa mère. Il s'opposa le 28 à l'adoption de la constitution de 1791, et demanda le 4 juillet que les couleurs nationales fussent mises sous la garde de l'armée et des bons citoyens. Ce conventionnel a quitté la France en 1816 comme régicide, et s'est embarqué à Bordeaux pour les Etats-Unis. B. M.

PÉRARD (C.-F.-J.) figura en Bretagne dans les premiers troubles de la révolution, et fut membre de la confédération de Pontivy. Député de Maine-et-Loire à la Convention nationale, il vota en janvier 1793 la mort de Louis XVI ; après avoir voté contre l'appel au peuple, il se prononça ensuite contre le sursis. Lié avec le général Beysser qui servait dans la Vendée, il le défendit à la Convention, s'offrit pour caution de sa conduite, et en répondit sur sa tête ; ce qui ne put sauver ce général, qui fut condamné à mort quelques mois après.

A la suite du 9 thermidor, Pérard fut envoyé dans le département de l'Aisne pour y *épurer* les autorités constituées, et fit mettre en liberté beaucoup de détenus. Après le 13 vendémiaire (5 octobre 1795), il proposa l'établissement d'un triumvirat, ou commission extraordinaire de trois membres choisis dans les comités pour proposer des mesures de gouvernement relatives au présent et au passé. Cette motion, motivée sur la nécessité de centraliser les volontés, fut reçue avec défaveur. Il fut compris dans la liste des conventionnels trop ardents qui furent renvoyés de Paris après la conspiration de Grenelle, et se retira à l'hôpital de St.-Cyr, chez Gaudichon, chirurgien. A la fin de la session, il occupa une place de chef de bureau au ministère de la police, et après le 18 brumaire (9 novembre 1799), il obtint le commissariat général de police à Toulon. Quelques démêlés qu'il eut avec les autorités locales déterminèrent le gouvernement à le rappeler. Il resta sans fonctions publiques jusqu'au 17 mai 1815, époque de sa nomination à la place de lieutenant de police à Dieppe. Il a dû sortir du royaume en 1816 comme régicide. B. M.

PERCIER (CHARLES), architecte distingué, a conçu et dirigé avec Mr Fontaine le plan et l'exécution de l'arc de triomphe du Carrousel, que Buonaparte voulut élever avec sa ténacité ordinaire et en dépit de l'opinion publique et de tous les gens de l'art. Le jury de l'Institut chargé de l'examen des ouvrages produits au concours, a fait un long rapport sur ce monument, auquel il n'a reproché que des défauts de détail, et il lui a décerné le grand prix d'architecture. M. Percier est auteur de : I. (Avec Fontaine et Bernier.) *Palais, maisons et autres édifices modernes dessinés à Rome*, 1798, in-fol. II. (Avec Fontaine.) *Description des cérémonies et des fêtes qui ont eu lieu pour le mariage de l'empereur Napoléon*, 1810, in-fol. III. (Avec idem.) *Choix des plus célèbres maisons de plaisance de Rome et de ses environs*, 1812-1813, in-fol., douze livraisons. IV. (Avec idem.) *Recueil de décorations intérieures*, 1812, in-fol. OT.

PERCY (Le baron PIERRE-FRANÇOIS), est né le 28 octobre 1754, à Montagney en Franche-Comté. Son père avait été chirurgien militaire, et s'était retiré mécontent de son sort, se promettant bien de ne jamais souffrir que son fils devînt chirurgien. Celui-ci fit ses études au collège de Besançon, et y obtint chaque année les premiers prix. On lui avait fait étudier les mathématiques pour le lancer dans la carrière du génie militaire; mais un goût invincible l'entraîna vers la chirurgie. Il se distingua dans l'enseignement de l'anatomie, et devint bientôt ce qu'on appelait alors prévôt de salle. Il parvint au doctorat à la faculté de médecine de Besançon, en 1775. Les prix qu'il remporta dans cette faculté lui valurent cette distinction et une réception presque gratuite. A vingt-un ans, il entra dans la gendarmerie de France, comme aide-chirurgien, et il y resta cinq ans et demi. Pendant ce temps, il publia deux opuscules, l'un contre les pillules dites *grains de vie*, et l'autre contre un ouvrage très médiocre sur l'art des accouchements, lequel avait valu à son auteur une des plus belles places de la chirurgie militaire. M. Percy étudia avec soin l'art vétérinaire sous le célèbre Lafosse, alors hippiâtre en chef de la gendarmerie. En 1782, il entra, avec le grade de chirurgien-major, dans le régiment de Berri-cavalerie. En 1784, il obtint au concours le premier prix de l'Académie de chirurgie, sur les instruments tranchants, et en particulier sur les ciseaux. L'année suivante, il remporta encore le premier prix, sur la question tendant à, restreindre le nombre des instruments destinés à l'extraction des corps étrangers, et, l'année suivante, encore le premier prix sur les bistouris. En 1790, lorsqu'il eut encore remporté le premier prix sur les cautères actuels, l'Académie le pria de ne plus se présenter au concours, afin de laisser le champ libre à ses rivaux découragés, et elle le nomma associé régnicole. M. Percy a été couronné seize fois dans les Académies les plus célèbres de l'Europe, dont il est successivement devenu membre ou associé. Il est de l'académie des sciences de l'Institut de France, de Berlin, de Pétersbourg, de Madrid, etc. Il a organisé à l'armée du Rhin, sous les auspices des généraux Pichegru et Moreau, ce corps mobile de chirurgie militaire, qui a rendu tant de services et excité si long-temps l'envie et l'admiration des armées ennemies. C'est lui qui, en Espagne, forma presque à ses frais, le premier bataillon de soldats d'ambulance, dans lequel il créa une compagnie spéciale de brancardiers, chargés de relever les blessés, et pourvus d'un brancard particulier de son invention: institution qu'on a beaucoup louée en France et chez l'étranger, qui seul en a profité. Après l'entrée des alliés à Paris, en 1814, encouragé par M. de Chabrol, il osa se mettre à la tête du service des malades et blessés russes, prussiens, etc., dont douze mille étaient sans asile, sans linge, sans pain, sans chirurgiens. En trente-six heures, il les recueillit dans les abattoirs, et l'on sait la faveur et les éloges qu'obtint ce coup de force administratif. L'empereur Alexandre lui décerna des remerciments, et le décora de la croix en diamant de Ste.-Anne, 2e. classe. Il eut aussi l'ordre de l'Aigle-rouge de Prusse, celui du Mérite de Bavière, etc. Il était déjà commandant de la Légion-d'honneur, baron, inspecteur-général du service de santé militaire, chirurgien en chef des armées, professeur à la faculté de médecine de Paris. Nommé par ses compatriotes membre de la chambre des représentants en 1815, il ne put y siéger que deux ou trois fois, et n'y porla que pour plaider la cause des soldats malades. M. Percy a servi sans interruption, et de la manière la plus distinguée, jusqu'après la bataille de Waterloo. Si ce n'est pas lui-même qui a sollicité sa retraite pour se reposer de ses longs travaux, la chirurgie militaire française doit vivement regretter de ne plus voir à sa tête l'homme qui a contribué le plus puissamment à lui procurer la juste renommée dont elle jouit. Ses principaux écrits sont : I. *Mémoire* (couronné) *sur les ciseaux à incision*, Paris, 1785, in-4°. II. *Manuel du chirurgien d'armée*, Paris, 1792, in-12, fig. III. *Pyrotechnie chirurgicale pratique*, ou l'*Art d'appliquer le feu en chirurgie*, Paris, 1794, in-8°. L'édition de 1810 ne diffère de celle de 1794 que par un nouveau titre. IV. *Réponses aux questions épuratoires proposées par la commission de santé*, Metz, an III, in-12. V. *Éloge historique de Sabatier*, Paris, 1812, in-4°. et in-8°. VI. *Éloge historique d'Anuce Foës*, Paris, 1812, in-8°. Ses rapports nombreux et variés à l'Académie des sciences sont tous remarquables par une érudition choisie, un style pur, élégant, séduisant, et souvent par des traits d'une originalité piquante. Enfin, M. Percy a enrichi la plupart des journaux de médecine d'observations et de Mémoires excellents, et il a fourni des articles fort curieux au *Magasin encyclopédique* et au *Dictionnaire des sciences médicales*. C.

PÉRÉ (Le comte) fut président du tribunal criminel des Hautes-Pyrénées dans les premières années de la révolution, et ensuite député au conseil des anciens. S'étant montré favorable à la révolution du 18 brumaire, il devint membre de la commission intermédiaire, passa ensuite au sénat, et devint comte et commandant de la Légion d'honneur. Le 1er. avril 1814, il adhéra à la déchéance de Buonaparte, et fut nommé le 4 juin de la même année pair de France. N'ayant accepté ni place, ni dignité au retour de Buonaparte, M. Péré continue à faire partie de la chambre des pairs. C. C.

PÉRÈS (Le baron JOACHIM), avocat à Mirande, nommé, en 1789, député du tiers-état de la sénéchaussée d'Auch aux états-généraux, et en septembre 1792, député-suppléant du Gers à la Convention, y fut appelé vers la fin de la session. Étant passé au conseil des cinq-cents en 1795, il y combattit, le 22 décembre 1796, dans un long discours, un projet d'amnistie proposé pour les délits relatifs à la révolution, et essaya de prouver que cette mesure était *immorale* et *impolitique*. Le 1er. mai, il prononça encore un discours pour demander des mesures contre les prêtres réfractaires, qu'il signala comme les ennemis les plus acharnés du nouvel ordre de choses, et le 5 janvier 1797, il dénonça l'effroyable multiplicité des maisons de jeux. Le 9 juillet suivant, après s'être opposé vainement au décret en faveur des fugitifs de Toulon, il s'élança hors de la salle, éclatant en murmures contre la majorité. On le vit, le 1er. mars 1798, appeler l'attention du conseil sur les effets désastreux de la loi du 19 fructidor (5 septembre 1797), en ce qui concernait les citoyens inscrits sur les listes d'émigrés, lesquels se trouvaient exposés à être arrêtés et fusillés dans les vingt-quatre heures, bien que souvent ils ignorassent l'inscription de leur nom sur ces listes fatales. Il devint, après le 18 brumaire (9 nov. 1799), membre du conseil de préfecture de son département, fonctions qu'il exerce encore aujourd'hui. B.M.

PÉRÈS-LAGESSE (EMANUEL), né le 22 mai 1752, fut député-suppléant du tiers-état du pays de Rivière-Verdun aux états-généraux, où il ne parut point, et ensuite député de la Haute-Garonne à la Convention nationale, où il refusa de prononcer comme juge sur le sort de Louis XVI, demandant, comme législateur, que ce prince fût détenu pendant la guerre et banni à la paix. Il parla, à la fin de 1794, avec beaucoup de chaleur, en faveur d'un grand nombre de citoyens des départements du Nord, presque tous cultivateurs, que les Jacobins avaient fait mettre en arrestation, sous prétexte qu'ils avaient favorisé les ennemis extérieurs; et, à la fin de 1795, il fut envoyé dans ces départements et près de l'armée de Sambre-et-Meuse, d'où il transmit à la Convention les vœux de réunion formés par les Belges. Devenu membre du conseil des cinq-cents, il continua à professer des principes et des opinions modérés, et on le vit combattre Pérès du Gers, qui s'opposait à une amnistie proposée en faveur de tous les citoyens détenus pour opinions politiques, etc. Il avait aussi, quelque temps auparavant, engagé le conseil à dédommager, en quelque sorte, les parents des condamnés, en les autorisant à acquérir des biens nationaux, avec les bons qu'on leur avait délivrés, en remplacement de leurs biens vendus. En janvier 1797, il fut nommé secrétaire du conseil, et en novembre, il défendit de nouveau la cause des malheureux, en invitant le corps législatif à s'occuper des hôpitaux, et démontrant l'absurdité de la loi qui les avait dépouillés. Au mois d'août, il parla contre les prêtres déportés rentrés et autres, qu'il peignit comme des ennemis de la république : opinion prétendue philosophique, et non moins odieuse que celle qui lui fit embrasser le parti du directoire au 18 fructidor, dont il proposa de célébrer le succès par une fête. Le 17 février 1798, il communiqua une adresse de Toulouse contre la cour de Rome, sortit du conseil dans le mois de mai, et fut réélu aussitôt à celui des anciens, dont il fut successivement secrétaire et président. Dans le cours de sa carrière législative, il célébra souvent la valeur des armées françaises, et particulièrement celle d'Italie. Il s'occupa beaucoup aussi du sort de la Belgique, de son administration, et fit supprimer les ordres religieux de ce pays. Après la révolution du 18 brumaire (9 novembre 1799), il fut nommé préfet de Sambre-et-Meuse, et les habitants de ce département n'ont pas cessé de se louer de son administration. En 1803, il fut élu candidat au sénat et décoré ensuite de la croix de la Légion-d'honneur. Il était encore préfet du même département lorsque les alliés pénétrèrent en France en 1814 ; on raconte que lorsqu'ils approchaient de Namur, un bœuf, poursuivi, entra dans la cour de l'hôtel de la préfecture ; les cris de la foule qui suivait cet animal, persuadèrent à M. Pérès que l'ennemi arrivait. Il donna alors quelques signes d'aliénation d'esprit. Revenu à lui et connaissant la véritable cause de sa frayeur, il donna sa démission. Son département ayant cessé de faire partie du territoire français, il est resté sans fonctions. B. M.

PÉRIER (JEAN-FRANÇOIS), né le 16 juin 1740, à Grenoble, entra dans la congrégation de l'Oratoire, et était supérieur de l'école militaire d'Effiat lorsqu'il fut élu député du bailliage de cette ville aux états-généraux. Il prêta le serment en 1791, fut élu évêque constitutionnel du Puy-de-Dôme, et sacré le 26 mars de la même année. Après la terreur il reprit ses fonctions, adhéra aux encycliques de ses collègues réunis à Paris, et assista au concile des constitutionnels en 1797 et 1801. Il donna cette même année sa démission sur la demande qui lui en fut faite, et depuis le concordat de 1802, il est devenu évêque d'Avignon et membre de la Légion-d'honneur. Il a donné plusieurs mandements sur les victoires de Buonaparte. Voici quelques passages d'une lettre apostolique qu'il adressa, au mois d'avril 1815, à ses diocésains : « Ecoutez, chers et vénérables coopérateurs, » Tertullien dans son *Apologétique* ou » *Défense de la religion contre les in-* » *culpations des païens, et surtout con-* » *tre l'accusation de méconnaître les* » *empereurs*. Nous révérons, dit ce » Père, dans la personne des empereurs, » la providence divine qui les a élevés. » Nous savons qu'ils gouvernent parce » que Dieu l'a voulu ; nous souhaitons » leur conservation...... Formons donc » tous ensemble des vœux pour le héros » qui tient les rênes du gouvernement... » Adressons au ciel nos supplications » pour la prospérité, la paix de l'em- » pire et la conservation de notre em- » pereur. » M. Périer s'est démis de son siège en 1817, entre les mains du Roi, et continue néanmoins d'administrer son diocèse jusqu'à ce qu'il soit statué sur l'exécution du nouveau concordat. C. T.

PÉRIER (JACQUES-CONSTANTIN), membre de l'ancienne académie des sciences et de l'Institut national, section des sciences mathématiques, et son frère puîné (Augustin-Charles), nés à Paris, ont, les premiers, fait exécuter dans cette ville, avec des perfectionnements qui leur appartiennent, la machine à vapeur, connue sous le nom de *Pompe à feu*, applicable à l'exploitation de plusieurs branches d'industrie, particulièrement aux mines de charbon, filatures de coton, fabriques de draps, et même fonderies et foreries de canons. Le rapporteur des prix décennaux, en 1811, donna les plus grands éloges à cette machine déjà si répandue, qu'elle avait servi à la mise en activité de plus de quatre-vingt-treize ateliers ou usines en France, et lui donna une mension honorable. « L'établissement de M. Périer » à Chaillot, dit ce rapport, est le » premier et presque le seul en France » où l'on puisse faire exécuter toutes sor- » tes de machines. On y a fabriqué la » majeure partie des pompes à vapeur ré- » pandues dans le royaume, une grande » quantité de pompes de toute espèce, » des balanciers, des découpoirs, des » cylindres à papier : ils fondent en fer » ou en cuivre toutes sortes de pièces... » C'est à eux à qui l'on a souvent re- » cours pour la construction de manéges, » d'assortiments de machines à filer le » coton, etc., enfin pour l'exécution » des machines en général. MM. Périer » ont contribué beaucoup à affranchir » l'industrie française du tribut qu'elle » payait à celle des étrangers. » M. Périer l'aîné a écrit plusieurs Mémoires intéressants sur les travaux dont il s'occupe, et qui se trouvent dans le recueil de l'académie des sciences. C. C.

PÉRIER (CASIMIR), banquier à Paris, est né à Grenoble en 1777, de Claude Périer, mort négociant, membre du corps législatif et régent de la banque de France. Il s'était fait connaître, en 1816, par quelques écrits sur les finances qui obtinrent un grand succès, et contribuèrent à le faire élire député en 1817, par le département de la Seine. Il prononça plusieurs discours dans la dernière session ; le premier contre le projet de loi sur la presse, qu'il représenta comme inconstitutionnel : « Les ministres, dit-il, en » cherchant à réprimer les abus ont voulu les prévenir ; ils sont allés si loin en » se livrant à ce désir, que si la loi » passait telle qu'elle est, il n'y aurait » ni abus, ni répression possible, puisque l'usage en serait détruit. » Ce passage excita quelques murmures. Lors de la discussion de la loi sur le budget, M. Casimir Périer développa ses idées avec beaucoup d'avantage : « Rien de plus » uniforme que le style des budgets, dit-il. On y trouve toujours un intérêt » affectueux pour les souffrances des » contribuables, un magnifique éloge » de leur patience.... Si l'on éprouve » quelqu'embarras à nous dévoiler des » difficultés imprévues, une heureuse » transition le fait bientôt disparaître ; » on passe rapidement à l'apologie des » dépenses qui ont excédé les appropriations déterminées par le budget » précédent.. Tel est, Messieurs, si je » ne me trompe, le moule dans lequel » sont coulés tous les budgets. » L'orateur passa successivement en revue, dans un discours fort étendu, les différents titres de la loi et proposa divers amendements, la plupart dans le sens de la commission. Il combattit principalement l'article des dépenses de la guerre, relatif aux régiments suisses, article qui fut aussi l'objet des réclamations de quelques autres orateurs. Après avoir rappelé le dévouement des Suisses au 10 août, M. Casimir Périer ajouta : « Dans » l'état de détresse de la France, ne » pouvait-on pas obéir à un généreux » souvenir, en ménageant davantage ses » intérêts et son amour-propre? » Cette digression donna lieu à quelques murmures dans un côté de l'assemblée. Le reste du discours de M. Périer fut écouté avec l'attention due à ses connaissances dans le sujet qu'il traitait. Ce député siégea à la chambre, dans l'extrémité du côté gauche, et il a voté constamment avec la minorité. On a de lui : I. *Réflexions sur le projet d'emprunt*, 1817, in-8°. II. *Dernières réflexions*, 1817, in-8°. III. *Réflexions sur l'emprunt des seize millions*, 1818, in-8°. Il a sous presse (juillet 1818) des *Observations sur l'emprunt des 24 millions.*—Son frère (Alexandre) est député pour le département du Loiret. Il vota également avec la minorité. — Camille PÉRIER, frère du précédent, était auditeur au conseil-d'état et préfet du département de la Corrèze en 1811. — Philibert PÉRIER a publié : *L'ami de la santé, pour tous les sexes et pour tous les âges*, 1808, in-8°. C. C.

PÉRIGNON (Le marquis DOMINIQUE - CATHERINE DE), à Grenade en Languedoc, le 31 mai 1754, entra comme sous-lieutenant dans le corps des grenadiers-royaux de Guienne, et fut aide-de-camp du comte de Preissac. Nommé, en 1791, député de la Haute-Garonne à la législature, il ne s'y fit point remarquer. Il quitta ses fonctions civiles pour reprendre la carrière des armes, et reçut d'abord le commandement d'une légion des Pyrénées-Orientales. En peu de temps il obtint le grade de général de brigade, et devint commandant en chef de cette armée après la mort de Dugommier. Pendant le cours des campagnes de 1794 et 1795, il remporta différentes victoires, notamment le 7 juin 1794, près de la Jonquière ; le 17 novembre, à Saint-Sébastien et à la Madelène ; le 20 du même mois, à Figuière, où le général ennemi La-Union fut tué (ce succès fit tomber en son pouvoir le fort de Figuière, où il trouva 9000 hommes et 71 pièces de canon) ; enfin, le 7 mai 1795, il força l'ennemi dans son camp près de cette dernière ville. Un exploit plus brillant encore, fut la prise de Rose, dont le fort, surnommé le *bouton de rose*, n'avait jamais été pris. Le général français fit tailler dans le roc un chemin de trois heures, et placer sur une montagne élevée de 2,000 toises, une batterie de canons et de mortiers qui foudroya la place et le fort et en décida la reddition. La paix ayant été conclue avec l'Espagne, il fut nommé, à la fin de la même année, ambassadeur à Madrid. Il s'y rendit en avril 1796, avec une suite nombreuse, fut reçu avec distinction par le roi, et signa, le 19 août, à St.-Ildephonse, un traité d'alliance offensive et défensive entre la France et l'Espagne. En octobre 1797, il fut remplacé par Truguet. En 1799, il fut employé à l'armée d'Italie, où il se distingua ; c'était lui qui commandait l'aile gauche de l'armée française à la bataille de Novi ; il fut blessé grièvement, et fait prisonnier en essayant par des efforts héroïques de couvrir la retraite. En mars 1801, il fut nommé sénateur, et en 1804 pourvu de la sénatorerie de Bordeaux. Au mois de mars de la même année, il alla présider le collége électoral de la Haute-Garonne. Peu de temps après, il fut élevé à la dignité de maréchal de France, et décoré du cordon-rouge le 1er. février 1815. L'année suivante il fut nommé gouverneur de Parme et Plaisance. En 1808, il alla remplacer à Naples le général Jourdan, et prit le commandement des troupes dans ce royaume. Dans la même année, il fut nommé grand dignitaire de l'ordre des Deux-Siciles. Le maréchal Pérignon quitta Naples lorsque Murat se déclara contre la France. En 1814, il fut nommé par le comte d'Artois commissaire-extraordinaire dans la première division militaire, et chevalier de St.-Louis. Il était à sa terre de Montech près Toulouse, lorsque Buonaparte revint de l'île d'Elbe en 1815. Il se joignit à M. de Vitrolles, commissaire du Roi, pour organiser un plan de résistance dans le Midi. Après le mouvement excité dans Toulouse par le général Delaborde (*Voy.* ce nom), le maréchal Pérignon refusa d'y commander au nom de Buonaparte, et se retira dans ses terres, où il demeura pendant tout l'interrègne. Au mois de juillet 1815, il fut nommé gouverneur de la première division, commandeur de St.-Louis. Il est grand-croix de la Légion-d'honneur depuis 1805, grand-croix de l'ordre de Saint-Louis depuis 1818, et pair de France de la première création. — Son fils est chef d'escadron de cavalerie. C. C.

PÉRIGNON (N.). l'un des avocats les plus distingués de Paris, et membre du conseil-général du département de la Seine, signa, en cette qualité, l'adresse de ce corps du 1er. avril 1814 (*Voy.* BELLART), et fut anobli par ordonnance du 7 juillet de la même année; il reçut en même temps du Roi la croix de la Légion-d'honneur. C. C.

PÉRIN (RENÉ), auteur dramatique, né en 1775, fut nommé en avril 1815 à une sous-préfecture, perdit cet emploi après le retour du Roi, et n'a depuis exercé aucune fonction publique. On a de lui : I. (Avec Bizet.) *Les Nouveaux Athées*, ou *Réfutation des Nouveaux Saints*, en vers, avec des notes curieuses et historiques, 1801, in-12. II. *Le Flageolet d'Érato*, ou *le Chansonnier du Vaudeville*, 1801, in-18. III. *Mémoires de madame la marquise de Pompadour*, écrits par elle-même, suivis de sa *Correspondance*, 1801, 5 vol. in-12. IV. *Choix des Poésies de Pezay, Saint-Péravi et la Condamine*, 1810, in-18. V. *Vie militaire de J. Lannes, maréchal de l'empire, duc de Montebello*, 1810, in-8º. VI. *OEuvres de Lemierre*, 1810, 3 vol. in-8º. VII. *Beautés historiques de la maison d'Autriche*, 1811, 2 vol. in-12. VIII. *Itinéraire de Pantin au mont Calvaire*, etc. (parodie des ouvrages de M. de Châteaubriant, et surtout de l'*Itinéraire*), 1812, in-8º. IX. Beaucoup de pièces à différents théâtres, et entr'autres : *Beaumarchais en Espagne*; — *Cécile et Fitz-Henri*, ou encore *une Fille coupable*; — *la Boîte aux fiches*; — (avec Pillot) *la grande Ville, ou les Parisiens vengés*; — *le Voyage autour de ma chambre*; — (avec Rougemont) *Henri IV et d'Aubigné*, comédie en trois actes, 1814; — *l'Intrigue avant la noce*, comédie en trois actes, 1814; — *le vieil Oncle*, comédie en un acte, 1816; — *le Garçon sans-souci*, mélodrame comique tiré du roman de Pigault-Lebrun, 1818, in-8º. On lui a attribué le *Dictionnaire des Girouettes*; il a réclamé contre cette assertion par une lettre insérée dans les journaux. — PÉRIN (Robert) a publié : I. *Leçons abrégées et élémentaires de fortification, contenant les principes de construction pour la fortification permanente et souterraine*, 1791, in-8º. II. *Abrégé de l'histoire de Russie, depuis son origine jusqu'à nos jours*, 1804, 2 vol. in-12. OT.

PERLET (CHARLES), né à Genève vers 1765, vint dans sa jeunesse à Paris, où il fut d'abord garçon de librairie, et devint libraire et imprimeur. Dès le commencement de la révolution, il entreprit un journal sur lequel son nom se trouvant gravé en forme de titre, on le considéra comme le rédacteur, bien qu'entièrement dépourvu d'instruction, il fût tout-à-fait hors d'état de se charger d'une pareille besogne. MM. Lenoir-Laroche et Lagarde (*Voy.* ces deux noms) furent successivement ses rédacteurs, et l'entreprise eut pendant plusieurs années un succès tel, que le sieur Perlet passa pour avoir acquis une grande fortune. Ses dépenses étaient excessives, et la révolution du 18 fructidor (4 septembre 1797) le surprit dans la position en apparence la plus florissante. Quoique les principes de son journal eussent toujours été en faveur de la révolution, le rédacteur et le propriétaire furent compris dans la loi de déportation. Le premier échappa à cette proscription par la faveur de quelques hommes puissants; mais Perlet fut arrêté et transporté à Sinamary, d'où il ne revint qu'après le 18 brumaire (1800). Il passa alors par l'Angleterre et l'Allemagne, où il se lia avec quelques royalistes, préparant dès-lors le piège odieux qu'il devait bientôt leur tendre. Revenu à Paris, il se fit de nouveau libraire; mais sans crédit et sans aptitude pour le commerce, entraîné d'ailleurs dès ce temps là par des goûts dépravés à des dépenses énormes, il mit tout en œuvre pour se procurer de l'argent. L'inspecteur-général de la police (*Voy.* VEYRAT) était son compatriote; Perlet lui offrit ses services, et fut pendant plusieurs années l'espion et le délateur des autres libraires. Peu de personnes le soupçonnèrent d'abord capable d'un rôle aussi infâme; mais quelques circonstances vinrent cependant en avertir. L'abbé de Bassinet contribua surtout beaucoup à le dévoiler. Ce malheureux vieillard était tombé dans un piège que lui avait tendu le perfide Genevois, et il avait expié sa crédulité par une longue détention. Cette circonstance et quelques autres du même genre firent bientôt connaître Perlet, tellement qu'il lui devint impossible de continuer à Paris le métier d'agent secret de la police; il entra alors (1808) ouvertement dans cette administration, et devint un des commis de la préfecture de police. Ce fut dans ce temps-là que ne pouvant plus faire de dupes en France, il se servit de ses anciens rapports avec les royalistes de l'intérieur pour nouer de nouvelles intrigues. Il ouvrit, avec M. Fauche-Borel (*Voy.* ce nom), qui se trouvait à Londres, une correspondance secrète, et fit croire à cet agent des Bourbons, qu'il avait formé à Paris un comité d'hommes très puissants qui s'étaient dévoués au rétablissement de la monarchie légitime. On s'empressa de lui répondre et de lui envoyer des instructions et même de l'argent : c'était le principal but de ses intrigues; ainsi il garda les sommes envoyées et s'en fit donner encore d'autres par la police impériale, qui dictait sa correspondance. Buonaparte lui-même prit part à cette infâme mystification; et Perlet fut envoyé en Angleterre, où le roi de France, indignement trompé, daigna l'accueillir et le faire asseoir en sa présence. Revenu triomphant à Paris, Perlet reprit avec plus d'activité ses odieuses manœuvres, et conçut le projet d'attirer en France, par ses mensonges, une illustre victime, qu'il devait livrer à la police. Il ne dépendit pas de lui dès-lors de renouveler l'attentat de Vincennes sur un prince de la maison royale. Cependant on eut quelque défiance en Angleterre, et avant d'exposer une tête auguste, on voulut s'assurer de l'existence et des moyens du *comité* dont Perlet parlait depuis longtemps sans le faire connaître. Ce fut le jeune Vitel, neveu de M. Fauche, qui se chargea de cette périlleuse mission. Dès qu'il arriva à Paris, ce malheureux, qui n'y connaissait que Perlet, qui n'y avait de recommandation que pour lui, fut livré à la police et fusillé peu de jours après. S'il est difficile de croire à tant de scélératesse, on n'est pas moins étonné de la confiance et de l'excessive crédulité sur lesquelles toute cette intrigue était fondée. Ce qu'il y a de certain, c'est que l'on correspondit avec Perlet pendant plus de dix ans, et que l'on croyait encore à son comité à la fin de 1813. A cette époque, M. Fauche-Borel fut envoyé sérieusement à Jersey, pour savoir si réellement une armée de quarante mille royalistes était prête à agir en Normandie pour la cause des Bourbons, ainsi que l'affirmait Perlet dans sa correspondance, dictée par la police de Buonaparte. Heureusement M. Fauche ne poussa pas plus loin son aveuglement, et il épargna un crime à l'usurpateur, en faisant retarder le départ de M. le duc de Berri. Cependant il ne soupçonnait pas encore toute la scélératesse de son correspondant; et, revenu en France avec le Roi, dans le mois de mai 1814, il alla loger chez Perlet, le priant de lui faire connaître l'assassin de son neveu! Ce ne fut que six mois plus tard que l'on mit sous ses yeux des lettres et des quittances prouvant, d'une manière irrécusable, que c'était Perlet qui avait livré le malheureux Vitel, et qui avait reçu le prix de sa perfidie. M. Fauche, ne pouvant poursuivre cet assassinat à cause de l'amnistie sur les délits révolutionnaires, se borna à le signaler dans une brochure qu'il publia au commencement de 1816. Perlet ne se tint pas pour battu, et il attaqua à son tour M. Fauche dans une autre brochure. Ce fut alors que ce dernier le traduisit devant la police correctionnelle comme calomniateur, et qu'il demanda la restitution des sommes que Perlet s'était fait envoyer pour sauver Vitel. Perlet se montra aux premières audiences avec une effronterie incroyable; mais s'étant vu à la fin confondre par l'évidence des faits, et surtout par une déposition franche et loyale de M. Veyrat, il prit la fuite, et disparut au moment où le jugement allait être prononcé. Ce jugement, du 24 mai 1816, l'a condamné comme escroc et comme calomniateur, à cinq ans de prison, à 2000 fr. d'amende, et a ordonné la suppression de sa brochure, intitulée : *Exposé de ma conduite*. Perlet se réfugia alors à Genève, et il continue d'habiter cette ville, où il a changé de nom, et où il est soumis à une surveillance très sévère. D.

PERNAY (FRANÇOIS-DANIEL DE), ancien capitaine de cavalerie, né à Paris en 1765, a publié : I. *Pietro d'Alby et Gianetta*, ou *les Protégés de Sainte-Catherine de Sienne*, trad. de l'allemand, 1798, in-12. II. *Wilhelmine, ou les dangers de l'inexpérience*, imité de l'allemand, 1799, 2 vol. in-12. III. *Oberon*, poëme en dix chants, trad. de l'allemand de Wiéland, 1799, in-8°. IV. *Histoire d'Agathon* (de Wiéland), traduction nouvelle et complète, 1802, 3 vol. in-12. V. *Mémoires anecdotiques pour servir à l'histoire de la révolution française*, 1802, in-12. M. de Pernay a publié le 14 avril 1814, dans le *Journal de Paris*, une *Notice sur Buonaparte*.
OT.

PERNETTI (Le baron JOSEPH-MARIE), lieutenant-général d'artillerie, est né le 19 mai 1766 dans le Dauphiné. Dès sa jeunesse, il entra au service dans l'artillerie, fit toutes les campagnes de la révolution, et parvint successivement au grade de général de division, qu'il obtint le 11 juillet 1807. Il fut créé grand-officier de la Légion-d'honneur le 21 juillet 1809, et chevalier de Saint-Louis le 27 juin 1814. Le général Pernetti est employé à Paris. D.

PERPONCHER (Le baron DE), lieutenant-général au service des Pays-Bas, fut, en 1813, membre de la députation adressée par le général hollandais au prince d'Orange. Ce monarque lui confia depuis plusieurs missions. En juin 1815, le général de Perponcher commanda à Waterloo un corps belge, et combattit avec valeur. Depuis, il fut envoyé à Berlin en qualité de ministre, et reçut du roi de Prusse l'ordre de l'Aigle-Rouge. Il épousa en 1816 la comtesse de Reede, dame d'honneur de cette cour. C. C.

PERREGAUX (Le comte ALPHONSE), fils du sénateur de ce nom, mort depuis quelques années, fut chambellan de Buonaparte, et épousa, en 1813, la fille puînée du maréchal Macdonald. Le Roi lui accorda, en 1814, la décoration de la Légion-d'honneur. Le comte Perregaux fut appelé à la chambre des pairs que Buonaparte créa pendant les cent jours. Il est associé de M. Lafitte (*Voy*. ce nom), dont son père avait créé la maison de banque de ce nom, qui passe pour l'une des plus riches de l'Europe. C. C.

PERRIER (Mme) a publié les *Récréations d'une bonne mère avec sa fille*, ou *Instructions morales sur chaque mois de l'année, à l'usage des jeunes demoiselles*, 1804, in-12. — PERRIER (Jean-Baptiste), d'abord principal au collége de Crépy, et ensuite membre de l'athénée des arts et d'autres sociétés savantes, sous-chef du bureau des déserteurs au ministère de la guerre, a publié : I. *Le Guide des juges militaires, ou Recueil des lois sur les législations criminelle, militaire et maritime*, 1809, in-8°. II. *Manuel des conseils de guerre spéciaux*, 1811, in-8°.
OT.

PERRIN DU LAC (F. M.) a publié : I. *Voyage dans les deux Louisianes et chez les nations sauvages du Missouri*, 1805, in-8°. II. *Salomon*, poëme traduit de l'anglais de Prior, 1808, in-8°. — PERRIN (Ch. H.) a donné au public *Adèle de Méricourt, ou l'Enfant mystérieux*, 1812, 4 vol. in-12. — PERRIN, ancien missionnaire, a publié ses *Voyages dans l'Indostan*, 1807, 2 vol. in-8°. — PERRIN, conseiller à la cour royale de Rouen, a publié des *Recherches historiques sur les deux dernières races et sur la maison de Bourbon*, 1815, in-8°. — PERRIN (J.-B.), avocat et juge-suppléant au tribunal de première instance de Lons-le-Saulnier, a publié un *Traité des nullités de droit en ma-*

tière civile, in-8º.; c'est un ouvrage précieux pour les gens de loi. OT.

PERROCHEL (Louis, vicomte DE), ancien chevalier de Saint-Louis, né dans le Maine, accompagna, en 1777, MONSIEUR, aujourd'hui Louis XVIII, dans un voyage de ce prince dans le Midi de la France. Il a publié en 1815 : *Histoire impartiale des événements arrivés à Nîmes depuis 1790 jusqu'en 1815*. Cet exposé rapide d'une série de circonstances très importantes, mérite d'être consulté sous le rapport de l'impartialité. V.

PERROT (CLÉMENT), l'un des ministres d'une secte de non-conformistes en Angleterre, partit de ce pays en 1815 avec la mission d'observer dans le Midi de la France les persécutions dont on prétendait que les protestants étaient l'objet, à cette époque, sous le gouvernement des Bourbons. M. Perrot fut en effet témoin d'excès très funestes à Nîmes et dans les environs; mais, prévenu par de faux rapports, ou décidé à voir dans la différence de religion la cause des haines et des ressentiments que la politique a seule fait naître, il a gardé un silence profond, dans le rapport qu'il a publié, sur les excès dont les royalistes furent les victimes dans ces mêmes contrées, après le retour de Buonaparte, et il a agrandi, chargé encore le tableau des représailles que ceux-ci firent à leur tour éprouver à leurs ennemis après le second retour du Roi. Le rapport du révérend Perrot, imprimé en Allemagne et en Angleterre à un grand nombre d'exemplaires, y a entièrement égaré l'opinion publique sur ces malheureux événements; et les résultats en sont d'autant plus fâcheux, que des noms respectables et des personnages augustes y sont représentés de la manière la plus mensongère et la plus indécente. Cet odieux libelle a même été réimprimé en partie à Paris dans la *Bibliothèque historique*, et quoique les passages les plus inconvenants aient été supprimés dans cette réimpression, on y trouve encore de graves calomnies et des accusations auxquelles MM. de Bernis et d'Arbaud-Jouques ont répondu péremptoirement, le premier par son *Précis de ce qui s'est passé en 1815 dans le département du Gard*, Paris, 1818; et le second par son *Historique des troubles et agitations du département du Gard en 1815*. D.

PERRY (SAMPSON), écrivain anglais, commença par vendre un remède contre la pierre et la gravelle, et entra ensuite dans la milice de Middlesex, en qualité de chirurgien. Il abandonna bientôt cette carrière pour se livrer à la politique, et devint éditeur d'un journal scandaleux intitulé *l'Argus*, qui, dès les premiers temps de la révolution française, se fit remarquer par des principes républicains exprimés avec la plus grande virulence. Ayant inséré un libelle dans son journal, il fut poursuivi et condamné par les tribunaux anglais ; ce qui le força de se retirer à Paris, où il se lia avec Thomas Payne et d'autres démagogues. Mais le règne de la terreur ayant rendu le séjour de la capitale de France trop dangereux, après s'être caché pendant quelque temps, M. Perry retourna en Angleterre, où il fut arrêté, et renfermé à Newgate jusqu'au changement du ministère. Rendu à la liberté, il ne s'occupa plus que de médecine. On a de lui : I. *Traité sur les gonorrhées*, etc., in-8º., 1786. II. *Essai philosophique et historique sur la révolution française*, 2 vol. in-8º., 1795. III. *L'Argus, ou l'Observateur-général du monde moral, politique et commercial*, in-8º., 1796. IV. *L'origine du gouvernement compatible avec les droits de l'homme et fondée sur l'objet constitutionnel de la société*, in-8º., 1797. Z.

PERSON DE BERAINVILLE (PIERRE-CLAUDE), de la société des arts et de celle d'agriculture, a publié un grand nombre de petites pièces de théâtre, entre autres : I. *La nouvelle île des Esclaves*, drame lyrique. II. *Emilie, ou le double dénoûment*, idem. III. *Le nouvel âge d'or*, allégorie, opéra-pantomime en trois actes. IV. *Belphégor*, comédie. V. *Le Mariage par magie*, comédie. VI. *La force de l'inclination*, idem. VII. *Il ne faut désespérer de rien*, comédie-proverbe. VIII. *Etrennes patriotiques, ou Recueil anniversaire d'allégories sur les époques du règne de Louis XVI*, première suite, 1777, in-24. IX. *Le bouquet de la veuve*, comédie en un acte et en vers, 1791. X. *Recueil de mécaniques, et description des machines relatives à l'agriculture et aux arts*, 1801, in-4º. L'auteur avait exposé 25 de ces machines au salon du Muséum depuis 1792 jusqu'en 1800. XI. *Petite grammaire des jeunes demoi-*

selles, 1810, in-12. XII. *Impromptu pour la naissance du roi de Rome* (dans les *Hommages poétiques* de Lucet et Eckard). Ot.

PERSOON (Chrétien), naturaliste, membre des sociétés linnéennes de Londres et de Philadelphie, de la société des naturalistes de Berlin, correspondant de la société royale de Gœttingue, etc., est né au Cap de Bonne-Espérance. Il quitta cette colonie à l'âge de 12 ans pour venir faire son éducation en Europe. Il la commença à Lingen en Westphalie ; ensuite il fréquenta les universités de Leyde et de Gœttingue, où il suivit les cours de philosophie, de médecine et d'histoire naturelle. C'est alors que prit naissance son goût pour la botanique, à laquelle il consacra, depuis, presque tous ses moments ; mais il s'attacha de préférence à l'observation des plantes cryptogames, et en particulier des champignons, sur lesquels la science lui est redevable de plusieurs travaux intéressants, comme on pourra en juger par la liste des ouvrages suivants : I. *Observationes mycologicæ*, in-8°., Leipzig, 1796, 2 part. in-8°. II. *Commentatio de fungis clavæformibus*, in-8°. ; ibid., 1797. III. La quinzième édition des *Systema vegetabilum*, in-8°., 1797. IV. *Tentamen dispositionis methodicæ fungorum*, Leipzig, 1797, in-8°. V. *Icones et descriptiones fungorum minus cognitorum*, in-4°., 2 fasc., ibid., 1799-1800. V. *Commentarius Jac. Chr. Schæfferi fungorum Bavariæ indigenorum icones pictas differentiis specific. synonymis, et observat. select. illustrans.*, gr. in-4°., Erlang, 1800. VII. *Synopsis methodica fungorum*, 2 p. in-8°., Gœttingue, 1801. VIII. *Icones pictæ specierum rariorum fungorum*, etc., 2 fasc. in-4°., Paris et Strasbourg, 1803. IX. *Synopsis plantarum seu enshiridium botanicum*, 2 vol. in-12, Paris, 1805-1807 ; manuel très commode et fort estimé. On trouve aussi plusieurs mémoires de lui dans quelques ouvrages périodiques, et dans les actes des sociétés savantes dont il est membre. Ce laborieux écrivain fait imprimer en ce moment un *Traité sur les champignons comestibles*, où il s'attache surtout, en faisant ressortir les différences, à prévenir les funestes méprises qui les font confondre avec les espèces vénéneuses. F.

PERSUIS (Loiseau de), né à Avignon, occupe depuis long-temps la place de chef d'orchestre de l'académie royale de musique. Il s'était fait connaître dès 1780, par l'exécution de plusieurs motets au concert spirituel de l'Oratoire, intitulé : *Le passage de la mer Rouge*. Il a donné au théâtre de l'Opéra, en 1807, le *Triomphe de Trajan*, en société avec M. Lesueur (*Voy.* ce nom); et au théâtre de l'Opéra-Comique, *Fanny-Morna*, en 1799. — *Le fruit défendu*, en un acte, 1800. — *Marcel*, en un acte, 1801. — En 1813, il donna à l'Opéra *Jérusalem délivrée*, dont M. Baour-Lormian avait composé les paroles. Ce dernier ouvrage a fort étendu la réputation de M. Persuis. La composition en est très savante. En 1817, la mort de Méhul ayant laissé une place vacante à l'académie des beaux-arts, M. Persuis se mit sur les rangs pour l'obtenir, et publia, par la voie des journaux, la lettre suivante : « Le *Journal
» du Commerce*, en énumérant les ou-
» vrages des différents candidats pour la
» classe de l'académie royale des beaux-
» arts à l'Institut, a réduit mes com-
» positions à trois ouvrages, dont un en
» société. Cette fausse confidence, faite
» avec empressement au public, a
» été accompagnée d'inductions gratui-
» tement injurieuses. Je ne répondrai
» pas à ces dernières; mais comme j'ai
» eu l'honneur d'envoyer à Messieurs
» les membres de l'académie des beaux-
» arts la nomenclature de mes ouvrages,
» je crois de mon devoir d'assurer qu'elle
» contient l'exacte vérité. » C. C.

PERTHUIS (de) fils, officier de génie et membre de plusieurs sociétés d'agriculture, né en 1768, dans une terre près d'Auxerre, est un des auteurs du *Nouveau cours complet d'agriculture*, Paris, Déterville, 13 vol. in-8°. Il a publié : I. *Mémoire tiré du Traité de la conservation et de l'aménagement des forêts*, 1799, in-8°. II. *Traité de l'aménagement des bois et forêts de France*, ouvrage rédigé sur les Mémoires de feu M. de Perthuis, 1803, in-8°. III. *Mémoire sur l'art de perfectionner les constructions rurales*, 1805, in-4°., ouvrage couronné par la société d'agriculture de Paris. IV. *Mémoire sur l'amélioration des prairies naturelles et sur leur irrigation*, 1805, in-8°. avec fig. V. *Traité d'architecture rurale*, 1810, in-4°. Ot.

PERTUSIER (Charles), officier d'artillerie à cheval de la garde royale, fut attaché, en 1812, à l'ambassade de France à Constantinople. Il a publié : I. *Les amants de Corinthe*, histoire épisodique, imitée du grec, 1800, 2 vol. in-18. II. *Promenades pittoresques près la Porte ottomane et sur les rives du Bosphore*, 1816, 3 vol. in-8º. III. *Atlas des Promenades pittoresques*, première livraison, 1817, in-fol.; 2ᵉ., 3ᵉ., 4ᵉ. 5ᵉ. et dernière, 1818. OT.

PESTALOZZI (Henri), d'une famille patricienne de Zurich (1), né dans cette ville le 12 janvier 1745, se voua dès sa jeunesse à l'amélioration du sort du peuple, par une instruction mieux adaptée à ses besoins. Pendant le séjour qu'il fit dans une habitation champêtre appelée Neuenhof, sur le Birrfeld, au canton de Berne, il était environné d'une population pauvre et nombreuse, livrée à tous les maux que produisent l'ignorance et le défaut d'industrie sur un sol ingrat. Le spectacle de la misère et des vices inséparables d'un manque absolu de ressources, l'affectant vivement, il se promit dès-lors d'employer tous ses moyens à éclairer les gouvernements et le peuple sur les devoirs que leur impose cet état de corruption et de souffrance. Voisin d'un seigneur bernois, M. Tscharner (2), bailli de Wildenstein, qui éprouvait le même sentiment, encouragé par cet administrateur éclairé, il conçut l'idée d'un roman qui fût entièrement à la portée des dernières classes du peuple, dont la scène, les acteurs et le plan rappelassent au lecteur son hameau, sa famille, ses besoins, les intérêts locaux, les intrigues subalternes ou les méchancetés dont le pauvre honnête est fréquemment victime, et qui respirât l'amour de la vertu. *Lienhard et Gertrude* parut en 1781-87, 4 vol., Leipzig; et 2ᵉ édit., 1791-92, 3 vol., Zurich; il produisit tout l'effet que l'auteur s'en était promis. L'heureuse influence de l'amour de l'ordre, de la probité, de l'industrie, de la piété et de la bienfaisance, n'a peut-être dans aucun livre été présentée aux classes inférieures avec autant d'évidence et d'efficacité; aussi est-il devenu populaire en Allemagne. L'auteur, qui n'avait jamais eu l'idée de se faire un nom dans la carrière littéraire, se vit porté, par ses concitoyens ainsi que par le public, au rang d'écrivain distingué par l'originalité, l'énergie et la noblesse des sentiments. Son livre fit aimer la vertu par le peuple, et inspira aux grands le desir d'en répandre et d'en développer le germe. M. Pestalozzi publia ensuite plusieurs écrits dans le même esprit : *Sur les lois somptuaires*, 1781, in-8º., Bâle. *Sur la législation et l'infanticide*, 1780 et 1783. Une feuille hebdomadaire pour les campagnes, 2 vol. in-8º., Dessau, 1782, in-8º. *Lecture de Lienhard et Gertrude, faite par Christophe et Elise, et leurs remarques pendant la lecture*, 2 vol., ibid, 1782. Des *Lettres sur l'éducation des enfants de parents indigents*, insérées dans les *Ephémérides de l'humanité*, par le chancelier bâlois Iselin, 1777). En 1797, il donna : *Mes Réflexions sur la marche de la nature, dans le développement (l'éducation) de l'espèce humaine*, Zurich, in 8º., et *Images pour mon Abécédaire, ou Eléments de logique pour mon usage*, Bâle, 1797, in-8º. Ce sont des fables, dont la moralité offre généralement une maxime ou une satire politique. En 1798, lorsqu'après l'invasion française les conseils-législatifs helvétiques furent réunis à Arau, M. Pestalozzi leur adressa des *Réflexions sur les besoins de la patrie*, principalement sur l'éducation et le soulagement des pauvres, objet des pensées de toute sa vie. Il publia dans la même année un écrit sur les *Droits féodaux*, et fut nommé rédacteur en chef d'un ouvrage périodique que le ministre des arts et sciences faisait imprimer sous le titre de *Feuille helvétique à l'usage du peuple*, et dont le but était de faire tourner au profit de la morale, de la religion et du bon ordre l'effervescence que la révolution avait excitée. En 1799, il fut nommé directeur d'une maison d'orphelins que le gouvernement helvétique avait établie à Stantz, dans le canton d'Unterwalden. Il se fit instituteur, économe, père, pourvoyeur de cet établissement. C'est là qu'en s'entretenant avec ses élèves, il fixa ses idées sur une nouvelle méthode qui mécanise pour ainsi dire l'instruction, en la composant d'une série de procédés faciles à faire exé-

---

(1) Le nom de Pestalozzi est d'origine rhétique (gisonne). On le prononce Pestalotz ou Pestaluz à Zurich, et les personnes qui le portent l'écrivent fréquemment ainsi. Henri l'écrivait autrefois Pestalus.

(2) C'est l'Arner du roman.

outer par les élèves mêmes, et propres à fortifier leur intelligence et leurs bonnes habitudes. Le ministre de l'instruction publique lui procura, après la dissolution de l'établissement de Stantz, les moyens d'appliquer sa méthode à l'enseignement et d'en faire l'essai à Berthoud (Burgdorf), à quatre lieues de Berne, dont le château lui fut concédé pour y établir un pensionnat. Il est constamment resté depuis dans ce local. C'est cet institut qui fut ensuite transporté au château d'Yverdun, dont l'usage lui fut abandonné par le gouvernement du canton de Vaud. MM. Chavannes, Jullien, G. M. Raymond, etc., ont décrit la méthode qu'on y suit. La diète Helvétique la fit examiner par une commission, qui publia ses observations. Ce rapport est de M. l'abbé Girard de Fribourg, un des membres de la commission, 1805. En 1803, le canton de Zurich le nomma membre de la députation que Buonaparte avait appelée à Paris pour s'y concerter avec lui sur les moyens de pacifier la Suisse et de rétablir ses anciennes institutions, avec les modifications demandées par les vœux de la majorité des citoyens. Il s'y déplut extrêmement, et s'en retourna avant la fin de cette consulte. Depuis cette époque, il a publié beaucoup d'ouvrages sur sa méthode, soit seul, soit en société avec ses collaborateurs. Dans ce moment, il fait imprimer tous ses écrits. Les monarques du Nord ont souscrit pour un grand nombre d'exemplaires. M. Pestalozzi compte sur le produit de cette collection pour s'assurer quelque repos dans sa vieillesse. Dévoué au bien, il n'a jamais songé à la fortune. En 1817, il a été sur le point de se réunir à son ami M. Fellenberg (*Voy.* ce nom); mais cette réunion, ou plutôt cette coordonnation des deux établissements n'a pu avoir lieu. M. Pestalozzi a semblé craindre que son institut d'Yverdun ne devînt une simple succursale d'Hofwyl. Son dernier ouvrage, intitulé *Conseils adressés à mes contemporains*, est plein d'idées grandes et utiles, de sentiments nobles et d'aperçus intéressants; mais il a les défauts de tous les écrits didactiques de l'auteur; il manque d'ordre et souvent de clarté : l'énergie dégénère en rudesse, et il y règne un mélange de tous qui nuit à l'effet. M. Pestalozzi est chevalier de l'ordre de Wladimir de la 3e. classe. M. Amaury Duval a aussi publié un *Précis et des Considérations sur la méthode de Pestalozzi* (V. DUVAL). *Léonard et Gertrude* a été traduit en français, vol. in-12. S.

PETIT (Le baron JEAN-MARTIN), né le 22 juillet 1772, fit la campagne de 1806 contre les Prussiens et les Russes, et se distingua au combat de Czarnavow. Il fut autorisé, en 1808, à porter la décoration de Saint-Henri de Saxe. Le 28 juin 1813, il fut élevé au grade de général de brigade, où l'appelaient de nombreux et anciens services; et à celui de commandant de la Légion-d'honneur, le 26 février, 1814. M. Petit fit, dans la garde impériale, toute la campagne de Champagne, et ce fut lui que Buonaparte embrassa lorsqu'il fit ses adieux à sa garde en partant pour l'île d'Elbe. Ce général fut fait chevalier de St.-Louis le 25 juillet de cette même année. Ayant continué son service après le 20 mars 1815, il se trouva à la bataille de Waterloo en qualité de major au 1er. régiment des grenadiers à pied de la garde. Dans la désastreuse retraite qui suivit cette bataille, il résista à l'ennemi à la tête de son régiment, qui combattit le dernier. Licencié avec l'armée, il est en demi-activité de service. C. C.

PETIT (MICHEL-EDME), député de l'Aisne à la Convention nationale, vota pour l'appel au peuple dans le procès de Louis XVI, en disant que « là, où il n'y » avait pas de loi, le souverain devait » être consulté. » Par la même raison, il aurait dû renvoyer au souverain la décision de la peine à infliger; car il n'y avait pas davantage de loi applicable au royal accusé, et néanmoins M. Petit vota la mort et contre le sursis. Ce conventionnel qui se donnait pour un élève de J. J. Rousseau et un ennemi des prêtres, se déclara pourtant d'une manière constante et courageuse contre les Terroristes; on le vit, après avoir déclamé contre les rois et la religion, s'élever avec la même force contre Marat, et s'écrier, le 25 mai 1793 : « que les départements » n'avaient pas envoyé des députés pour » être témoins des *farces de ce pantin* » *féroce*, » et solliciter un décret d'exclusion contre tous les députés qui se permettraient des termes injurieux dans les discussions. Il eut encore le courage, le 1er. juillet, après le triomphe de la Montagne, de déclarer, au sein de la Convention, à la nation entière, que dans les journées du 31 mai l'assemblée n'avait pas été libre. Le 14 septembre 1794, il fit un long discours sur les moyens que les Terroristes avaient employés pour comprimer la France, et proposa d'interdire à tout député d'employer les dénominations de parti, et d'obliger chacun d'eux à faire imprimer l'état de sa fortune : ces propositions furent rejetées. M. Petit ne passa point aux conseils. Il a été long-temps juge à Amiens. Il est auteur d'un *Eloge de J.-J. Rousseau*, et d'un ouvrage intitulé : *Des changements que l'amour de la vérité produira dans la poésie et l'éloquence*. Ces productions, publiées en 1792, annoncent du talent; mais, comme on le pense bien, l'esprit novateur et révolutionnaire y domine. B. M.

PETIT DE BEAUVERGER (Le baron) était procureur au parlement de Paris à l'époque de la révolution; étant beau-frère de M. Frochot, il devint membre du conseil-général du département de la Seine, fut présenté comme candidat, et élu en 1801 député au corps-législatif; s'y fit peu remarquer et donna son adhésion à la déchéance de Buonaparte, en 1814. Il cessa ses fonctions législatives en 1815. — Son fils, après avoir été auditeur au conseil-d'état, remplit successivement les places de secrétaire-général de la commission du gouvernement des villes Anséatiques, et de préfet de l'Ems occidental qu'il perdit après l'invasion des alliés, en 1814. Resté sans fonctions jusqu'au 20 mars 1815, il obtint, à cette époque, la préfecture du Lot, qu'il n'a pas conservée après le second retour du Roi. C. C.

PETITOT (Claude-Bernard), né à Dijon en 1772, vint, jeune encore, à Paris, et s'y livra à la carrière des lettres. Il concourut, en 1793 et 1794, à la rédaction d'un journal sur l'instruction publique. Il donna au Théâtre-Français la tragédie de *Geta et Caracalla*, qui eut peu de succès. Il fournit depuis plusieurs articles dans les journaux, principalement dans le *Mercure* et s'y montra toujours le défenseur des bonnes doctrines. M. Petitot fut nommé inspecteur-général des études sous le gouvernement impérial, lors de l'organisation de l'Université, et il est aujourd'hui secrétaire-général de la commission d'instruction publique. Outre les ouvrages dont nous avons déjà parlé, il est encore auteur de :

I. *OEuvres dramatiques du comte Alfieri*, trad. de l'italien, 1802, 4 vol. in-8°. C'est la seule traduction française qui existe de ce célèbre tragique italien. II. (Avec M. Fiévée.) *Répertoire du Théâtre-Français*, 1803-1804, 23 vol. in-8°., nouvelle édition augmentée, 1817-18, 25 vol., in-8°. Les notices qui accompagnent chaque pièce, sont remarquables par l'exactitude et un excellent esprit. III. *Grammaire générale et raisonnée de Port-Royal*, 1803, in-8°. IV. *OEuvres choisies et posthumes de Laharpe*, 1806, 4 vol. in-8°. V. *Dictionnaire abrégé de la Bible de Chompré*, nouvelle édition considérablement augmentée, 1807, in-12; 1809, in-12. VI. *OEuvres de Racine*, avec les variantes et les imitations des auteurs grecs et latins, 1807, 6 vol. in-8°. VII. *OEuvres de Molière*, avec des réflexions sur chacune de ses pièces, 1813, 6 vol. in-8°. VIII. *De l'Initiative des lois, ou Réflexions sur les assemblées délibérantes*, 1814, in-8°. — PETITOT, ci-devant architecte du duc de Parme, a publié : *Raisonnement sur la perspective, pour en faciliter l'usage aux artistes*, 1803, in-4°. OT.

PETIT-RADEL (Louis-Charles-François), administrateur de la bibliothèque Mazarine, membre de la Légion-d'honneur, et de l'académie des belles-lettres de l'Institut, né à Paris en 1756, est originaire d'une famille de propriétaires-cultivateurs à Grosléé près Belley, et le frère du feu médecin et poète de ce nom. Nommé vicaire-général et chanoine de Couserans en 1788, il partit pour l'Italie en 1791, et s'occupa des recherches qui l'ont conduit à la connaissance historique des monuments désignés sous le nom de *Cyclopéens*, ou *Pélasgiques*. Voici l'exposé de M. Visconti à ce sujet, dans le Rapport sur les progrès de la littérature ancienne, fait par la classe d'histoire de l'Institut en 1810 : « M. Petit-» Radel a le premier conçu l'idée de » distinguer dans les diverses construc-» tions, ou plutôt substructions des » murs des villes antiques, les parties » anciennement ruinées qu'on doit re-» garder comme appartenant aux épo-» ques des fondations primitives de ces » villes. Il montre que ces ruines for-» mées de blocs en polyèdres irréguliers » et sans ciment, attribués jusqu'alors » par les antiquaires, soit aux Étrusques,

« soit aux Romains, soit aux Goths et
» aux Sarrasins, sont les mêmes cons-
» tructions cyclopéennes qui ont été dé-
» crites par les écrivains grecs, et dont
» l'origine remonte incontestablement à
» la plus haute antiquité; d'où il conclut
» que ces constructions étant sembla-
» bles et dans les assises inférieures des
» murs des plus anciennes villes de la
» Grèce, et dans celles des murs des plus
» anciennes bourgades de l'Italie, il doit
» s'ensuivre que plusieurs de ces monu-
» ments furent l'ouvrage des antiques
» dynasties auxquelles les anciennes tra-
» ditions recueillies par Denys d'Hali-
» carnasse, attribuent la civilisation pri-
» mitive de ces contrées. » C'est sur la
lecture des Mémoires manuscrits concernant sa découverte, que M. Petit-Radel
fut reçu membre de l'Institut en 1806.
Quoique ces Mémoires n'aient pas été
publiés, les questions et les éclaircissements dont ils furent l'occasion (1804,
in-4°., fig.), donnèrent lieu aux recherches faites par un grand nombre de
voyageurs, parmi lesquels on doit distinguer MM. Dodwell, Gell, Clarke,
Anglais, et MM. de Choiseul-Gouffier,
Fauvel et Pouqueville. Les résultats des
recherches de ces monuments de construction cyclopéenne, dont on porte le
nombre à plus de deux cent cinquante,
font espérer que leur publication fixera
enfin les opinions sur ce point d'histoire
ancienne. Les ouvrages publiés jusqu'aujourd'hui par M. Petit-Radel, sont : I.
*Notice historique et comparée sur les
aqueducs des anciens, et la dérivation
du canal de l'Ourcq*, 1803, in-8°. II.
*Explications des monuments antiques
du Musée*, édition de Piranesi, 1804-
1806, 4 vol. in-4°. III. *Mémoire sur l'o-
rigine grecque du fondateur d'Argos*,
inséré dans le Recueil de la classe d'histoire et de littérature ancienne de l'Institut. Il a lu à la même classe les Mémoires suivants, destinés à faire partie
de cette collection : 1°. Sur les monuments relatifs aux *Origines de l'Argo-
lide, de l'Attique et de la Béotie*. Sur
le 1er. livre des *Antiquités romaines de
Denys d'Halicarnasse*, et sur l'autori-
rité de cet historien. Sur les *Monuments
pélasgiques, cités par Varron*.—2°. Sur
les *Murs antiques de Tarragone et de
Barcelone*, et sur les *Homonymies géographiques communes à diverses contrées des côtes d'Etrurie et d'Espagne*.—

3°. Sur le *Ceratonia siliqua* et ses rapports
avec la fève funéraire des anciens. Sur le
rameau de l'*Eiresione*.—4°. Sur l'origine
des *Anciennes armoiries de la ville de
Paris.* — 5°. Sur les *Anciens Russes*,
ou *Roxolans*, et sur la *Chronique de
Nestor*. M. Petit-Radel publie en ce moment : *Recherches sur les Bibliothèques
anciennes*, suivies d'une *Notice historique sur la Bibliothèque Mazarine*, Paris, 1818, in-8°.   E.

PETIT-THOUARS (AUBERT DU),
frère de M. du Petit-Thouars, capitaine
de vaisseau qui fut tué à la bataille d'A-
boukir (*Voy*. la *Biographie univ.*, tom.
XII, pag. 255), fut, avant la révolution,
lieutenant dans le régiment de la Couronne et accompagna d'Entrecasteaux
dans son voyage à la recherche de La Pé-
rouse, après avoir tenté dès 1792, une
expédition particulière pour le même
objet. Dans ce premier voyage, il faillit
être abandonné par son équipage dans
l'île déserte de Tristan d'Acugna. Il devint ensuite directeur de la pépinière du
Roule, place qu'il occupe encore aujourd'hui. Il a publié : I. *Esquisse de la
Flore de l'île de Tristan d'Acunha*
(lue à l'Institut en janvier 1813), in-8°.
de 48 pages, avec 3 pl. II. *Histoire des
végétaux recueillis dans les îles australes de l'Afrique*, 1806-1807, quatre
livraisons, in-4°. III. *Essai sur la végétation considérée dans le développement des bourgeons*, 1809, in-8°. IV.
Mélanges de botanique et de voyages,
1810, in-8°. V. Recueil de rapports et
de mémoires sur la culture des arbres
fruitiers, lus dans les séances particulières de la société d'agriculture de Paris, 1815, in-8°. On trouve à la suite
une *Bibliothèque chronologique des auteurs qui ont écrit sur la culture des arbres fruitiers*. Quelques exemplaires de
cette curieuse bibliographie ont été tirés à part. VI. *Histoire d'un morceau de bois*, précédée d'un *Essai sur
la sève considérée comme résultat de
la végétation*, 1815, in-8°. M. du Petit-
Thouars a donné un grand nombre d'articles de botanistes à la *Biogr. univ.*
— PETIT-THOUARS (DU), cousin du
précédent, ancien capitaine au régiment
du Roi, membre du conseil-général du
département d'Indre-et-Loire, fils de
l'ancien lieutenant du Roi au château
de Saumur, habite depuis la révolution
la terre dont il porte le nom, qui est

située entre Chinon et Saumur. Il s'est adonné à l'agriculture avec succès, et il a publié : *Vérité sur le cadastre français, et proposition d'un moyen de le remplacer*, vol. in-8°., Paris, 1817; ouvrage qui lui a attiré quelques critiques et une réponse sévère, mais polie, du chevalier Hennet, commissaire du cadastre. M. du Petit-Thouars a fait imprimer à Tours, dans la même année, *Réponse aux observations de M. le chevalier Hennet*.   O⊤.

PETRONI (Etienne), l'un des italiens qui vinrent chercher leur sûreté en France, lorsqu'en 1799 les Austro-Russes eurent triomphé de la révolution en Italie, n'y retourna qu'après que Buonaparte les en eut chassés, en 1800. Il se rendit à Naples sa patrie, et de là il ne négligea aucun des moyens que son esprit et ses talents purent lui fournir pour acquérir une avantageuse faveur près de Buonaparte. Il publia, en 1810, sous le titre de *Napoléonide*, un ouvrage composé de cent médailles emblématiques et de cent odes. Les médailles dessinées dans le goût antique et accompagnées de légendes latines, présentaient toute la vie militaire et politique de Napoléon jusqu'à la paix de Tilsitt. Dans les odes, M. Petroni chantait les actions représentées par les médailles. Le *Moniteur* de France loua beaucoup les médailles et leur légende, sans vanter les odes; mais le *Journal de l'empire* célébra pompeusement les unes et les autres. L'auteur donna bientôt après une production que les littérateurs italiens eux-mêmes ne jugèrent pas si favorablement; c'était les *Fables de La Fontaine*, traduites en vers italiens, traduction dédiée au vice-roi d'Italie, (Paris, 1811). Les journalistes italiens eurent la bonne foi de convenir que le traducteur restait à une immense distance de l'original.   N.

PETROWITZ (Pierre), évêque ou vladika actuel des Monténégrins, nation qui habite l'Albanie, est une espèce de prince souverain. Plus guerrier que son titre et ses fonctions ne semblent le comporter, ce prélat a suivi l'exemple de ses belliqueux prédécesseurs, et réunit sur sa tête l'autorité militaire et ecclésiastique. Il a soutenu l'indépendance de sa nation, en recherchant tour-à-tour l'alliance des Russes, des Serviens, et de la Porte-Ottomane, suivant que son intérêt et la position de ces puissances le lui ont conseillé. En 1815, après avoir entamé des conférences avec les Autrichiens, il s'empara tout-à-coup par surprise de la ville et du territoire de Raguse, au moment où le congrès de Vienne s'occupait de la demande qui lui avait été faite, de rétablir l'indépendance de cette république. Il paraît que la Porte-Ottomane avait aidé dans cette entreprise l'évêque des Monténégrins, qui, au reste, ne resta pas long-temps en possession de sa conquête.   C.C.

PEUCHET (Jacques), ancien avocat à Paris, était, avant la révolution, un des collaborateurs de la *Gazette de France*. Il embrassa les nouveaux systèmes, mais avec modération, et fut placé, en 1789, dans la police de la ville de Paris. Il fut long-temps l'un des rédacteurs du *Moniteur*. Après le 9 thermidor il réclama, à la tête d'une députation, le maintien de la loi du 17 nivôse (7 janvier 1794), sur le partage des successions. Son ouvrage le plus considérable est le *Dictionnaire universel de la géographie commerçante*, dont M. l'abbé Morellet lui a fourni en partie les matériaux. M. Peuchet a rédigé, dans l'*Encyclopédie méthodique*, le *Dictionnaire de police et des municipalités*. Il a travaillé long-temps aussi à la partie politique du *Mercure* et à la *Clef du cabinet*. Il est aujourd'hui garde des archives à la préfecture de police. On a encore de lui : I. *Exposition de la gestion*, 1792, in-8°. II. *De la classification des lois*, 1795, in-8°. III. *Vocabulaire des termes de commerce*, in-4°., 1800. Cet ouvrage se joint à la *Géographie commerçante*; on l'a aussi imprimé en format in-8°. IV. *Du commerce des neutres en temps de guerre*, trad. de l'italien de Lampredi, 1801, in-8°. V. *Statistique élémentaire de la France*, 1805, in-8°. VI. *Considérations sur l'utilité du rétablissement de la franchise du port, de la ville et du territoire de Marseille*, 1805, in-8°. VII. (Avec Chanlaire) *Description topographique et statistique de la France*, in-4°. (*Voy.* Chanlaire). M. Barbier lui attribue l'édition des *Mémoires du marquis d'Argens*, 1807, in-8°. Il a annoncé en 1818 : *Collection des lois, ordonnances et règlements de police, depuis le XIII°. siècle jusqu'à l'année 1818*; et il a publié, dans la même année, les trois premiers vol. de la 2e. série commençant en 1667. OT.

PEYRARD (F.), mathématicien distingué et ancien bibliothécaire de l'école polytechnique, a publié : I. *De la nature et de ses lois*, 4e. édition, an 11, in-18. II. *Cours de mathématiques à l'usage de la marine et de l'artillerie*, par Bezout, édition revue et augmentée, 1798-99, 4 vol. in-8°.; il y en a eu quatre éditions, dont la dernière est de 1801. III. *La supériorité de la Femme au-dessus de l'homme*, trad. de H. C. Agrippa (*Voy*. la *Biographie univers*, au mot AGRIPPA, tom. I., pag. 321). IV. *Poésies complètes d'Horace*, traduites par Batteux et Peyrard, 1803. 2 vol in-12. V. *Les Élémens de géométrie d'Euclide*, traduits littéralement, 1804, in-8°. VI. *Alphabet français*, 1805, in-8°. VII. OEuvres d'Archimède (Voy. la *Biogr. univ.*, au mot ARCHIMÈDE). VIII. *Supplément à la traduction de la géométrie d'Euclide*, 1810, in-8°. IX. *Statique géométrique, démontrée à la manière d'Archimède*, 1812, in-8°. X. OEuvres d'Euclide (Voy. la *Biograph. univ.* au mot EUCLIDE). La traduction d'Archimède et celle d'Euclide ont mérité à M. Peyrard une mention très honorable dans le rapport sur les prix décennaux : « C'est la seule complète, dit ce » rapport en parlant de la traduction » d'Archimède, qui existe en français » des œuvres du plus grand géomètre » de l'antiquité. » C. C et OT.

PEYRE (ANTOINE-FRANÇOIS), architecte distingué de l'académie des beaux-arts et chevalier de Saint-Michel, est fils de l'architecte du Roi, mort en 1815. On a de lui : I. *OEuvres d'architecture de M. J. Peyre* (son père), nouvelle édit., 1795, in-fol. II. *Restauration du Panthéon français*; compte rendu, 1799, in-4°. Il a donné des mémoires dans la collection de l'Institut.—PEYRE, neveu, a publié : I. *Projets d'architecture*, 1812, in-fol. II. *Considérations sur la nécessité de rétablir l'académie d'architecture, et un système d'administration qui puisse concilier à-la-fois la gloire de l'art et les intérêts du gouvernement*, 1815, in-4°. OT.

PEYTRES (Le comte FRANÇOIS HENRI-MONCABRIÉ DE), né à Toulouse en 1766, entra dès 1781 dans la marine royale sous les auspices de son père, aujourd'hui contre-amiral en retraite, et obtint dès 1789 le grade de lieutenant pour la bravoure qu'il avait montrée dans l'enlèvement d'un pirate sur les côtes de Morée. En 1792, il eut le commandement d'une frégate pour aller remplir une mission près du dey d'Alger. Il resta sans emploi pendant les temps orageux de la révolution, et rentra dans la marine aussitôt après; fut employé dans les ports de Rochefort et du Havre, et conduisit plusieurs divisions de la flotille à Boulogne, en passant de vive-force malgré les nombreuses croisières de l'ennemi. Les ordres du jour de la flotille, notamment celui du 10 octobre 1804, firent mention de sa conduite. Il fut ensuite envoyé en Allemagne, et concourut au siège de Stralsund. En 1810, il prit à l'abordage avec douze marins, deux bâtimens qui portaient soixante hommes et trois drapeaux du corps du duc de Brunswick-Oels. Rentré en France, il alla commander dans la Méditerranée un vaisseau de 80 canons; et, en avril 1814, il fut chargé de transporter Buonaparte à l'île d'Elbe. Le 5 juillet, il fut nommé chevalier de Saint-Louis, et commandeur du même ordre le 5 octobre suivant. Ce fut aussi lui qui, au mois d'août 1816, commanda la frégate *la Galathée*, qui transporta dans le Levant M. de Rivière (*Voy.* ce nom), ambassadeur du Roi, près la Porte. Parti de Corse le 9 mai, il ne put, à cause des vents contraires, arriver à Constantinople que le 9 juin. Les journaux du Midi publièrent à cette occasion une lettre où il rendait compte de la brillante réception faite à l'ambassadeur français. M. de Moncabrié commandait en même temps toute la division du Levant; et il rendit de grands services au commerce, en purgeant les mers de l'Archipel des pirates qui les infestaient. Il était de retour avec cette division, le 3 octobre 1817. — Son frère, le comte Jean-François, né en 1773, entra dans la marine en 1787, suivit ce corps dans l'émigration, et fit les campagnes de l'armée des princes. Il est aujourd'hui chevalier de St.-Louis et trésorier-général des invalides de la marine. C. C.

PEZUELA (DON JOACHIM DE LA), vice-roi du Pérou, après avoir fait la guerre contre les Français, fut envoyé par le roi d'Espagne dans l'Amérique Méridionale comme général en chef des troupes espagnoles, à la tête desquelles il obtint de grands avantages sur les insurgés. Le 29 novembre 1815, il battit dans la plaine de Sipesipe le général rebelle Rondeau, dont l'armée, composée de cinq mille hommes, fut réduite à cinq cents. Les suites de cette victoire furent l'évacuation du Pérou par les insurgés, et leur retraite sur Rio de la Plata. Le Roi d'Espagne, pour récompenser les services de Don J. de la Pezuela, l'a élevé à la dignité de vice-roi du Pérou. Il fit son entrée solennelle dans Lima, capitale de ce royaume, le 17 avril 1816. C. C.

PFLUGUER (Daniel), né à Morges dans le pays de Vaud en 1777, s'occupa dès l'enfance de l'agriculture pratique; se livra ensuite à l'étude de la théorie de cette science, et se rendit à Paris où il a publié : I. *Cours d'agriculture pratique, divisé par ordre de matières, ou l'art de bien cultiver la terre*, 1809, 2 vol. in-8°., etc., ouvrage où l'instruction est présentée d'une manière attachante, et qui donne lieu d'appliquer à l'auteur cet axiome si vrai :

Qui fait aimer les champs, fait aimer la vertu.

II. *Les Amusements du Parnasse, ou Mélange de poésies légères*, 1810, in-18. III. *Manuel d'instructions morales*, 2 vol. in-12, 1811. IV. *Cours d'étude à l'usage de la jeunesse*, 1812, in-12. M. D. Pfluguer a sous presse un cours d'agriculture complet, sous le titre de *Maison des champs*, en 4 vol. in-8°., qui est attendu avec beaucoup d'impatience par les amateurs (*Voy*. la *Bibliographie agronomique*, n°. 3095). On trouvera dans cet ouvrage un *Traité* méthodique, clair, précis, de tout ce qui peut intéresser un propriétaire sous les rapports de la culture de ses terres, de celle des jardins, des prés, des bois, des vignes, etc. Ot.

PHILIBERT (J. C.) a publié : I. *Histoire naturelle abrégée du ciel, de l'air et de la terre, ou Notions de physique générale*, 1798, 1809, in-8°. II. *Introduction à l'étude de la botanique*, 1799, 3 vol. in-8°. III. *Notions élémentaires de botanique*, 1802, in-8°. IV. *Exercice de botanique à l'usage des commençants*, 1803, 2 vol in-8°. V. *Dictionnaire abrégé de botanique*, 1803, in-8°. VI. *Dictionnaire universel de botanique*, 1804, 3 vol. in-8°. Ot.

PHILIPART (Jean), né à Londres, fut destiné à la carrière du barreau, et placé chez un avocat écossais ; mais, au lieu de s'occuper des *Commentaires de Blackstone*, il passait son temps à lire les *Commentaires de César*. Ce goût pour les études militaires lui fit abandonner les lois. Il fut nommé, en 1809, secrétaire de lord Sheffield, et, deux ans après, obtint une place dans le gouvernement. A cette époque, il forma le projet d'établir un fonds en faveur des officiers des armées ; mais, après avoir reçu beaucoup d'encouragement de la part des militaires les plus élevés en dignité, ce plan fut écarté, par la crainte que les ministres conçurent d'une telle association. M. Philipart s'est aussi distingué en suggérant les moyens de rendre la milice utile pour un service étranger. Une partie de son idée a été depuis adoptée par lord Castlereagh. Il est propriétaire et éditeur du *Panorama militaire*, et a publié : I. *Observations sur les systèmes militaires de l'empire britannique, et plan pour rendre les traitements des officiers-généraux suffisants pour soutenir leur rang*, in-8°., 1812. II. *Mémoires du prince-royal de Suède*, in-8°., 1813. III. *Campagnes du Nord*, 2 vol. in-8°., 1814. IV. *Mémoires et Campagnes du général Moreau*, in-8°., 1814. V. *Lettre à lord Castlereagh sur la révision du bill, pour rendre la milice utile dans le service étranger*, in-8°. VI. *Campagnes en Allemagne et en France, depuis l'expiration de l'armistice jusqu'à l'abdication de Napoléon Buonaparte*, 2 vol. in-8°., 1814. VII. *Almanach royal militaire, contenant les services de tous les officiers-généraux vivant à la fin de 1814*, 2 vol. in-8°., 1815. VIII. Il a inséré trois articles dans le *Pamphleteer* : 1°. *Supplément au plan pour un fonds en faveur des officiers*. 2°. *Observations sur divers auteurs et ouvrages anglais ou étrangers*. 3°. *Observations supplémentaires sur la lettre du colonel Roberts à l'armée*. M. Philipart s'occupe en ce moment d'un ouvrage fort étendu, intitulé *Vies des généraux anglais*. Ses principes opposés à l'esprit révolutionnaire lui ont valu de violentes critiques de la part des auteurs du *Critical review*. — Sa femme a publié deux poèmes intitulés *la Moscovie*, in-8°., 1813, et *Victoria*, in-8°., 1813. Z.

PHILLIPS (Sir Richard), écrivain

anglais, né à Londres en 1768, conçut, dès sa plus tendre enfance, une horreur invincible pour la chair des animaux, dont il s'est toujours abstenu. Il resta quelque temps auprès de son oncle qui exerçait la profession de brasseur; mais, en 1786, il fut employé dans une école de Chester, qu'il quitta pour aller à Leicester, où il ouvrit, en 1790, une boutique de libraire, et commença de publier le *Leicester herald*. En 1793, il fut intéressé dans l'entreprise de plusieurs canaux, et l'année suivante il fut poursuivi pour avoir vendu les *Droits de l'homme* de Payne, et condamné à douze mois de prison. Sa maison et son imprimerie furent consumées par le feu; mais, soutenu par le parti démocratique, il se rétablit bientôt et se vit en état d'entreprendre le *Monthly magazine*, qui paraît être l'organe de la faction. Le succès obtenu par cet ouvrage périodique, le mit à même d'agrandir le cercle de ses opérations, et, en 1807, il fut élu, par la protection de ses amis, l'un des shérifs de la cité de Londres. Il débuta par une adresse en faveur du ministère, et, au grand étonnement de tous ses amis les républicains, accepta le titre de chevalier. Mais, après avoir obtenu cette faveur, il reprit ses anciennes opinions, et le *Monthly magazine* ayant été acheté par quelques uns de ses amis, il resta l'éditeur de ce réceptacle des plus virulentes attaques contre le ministère. Il a publié: I. *Lettre à la bourgeoisie de Londres, sur les devoirs et l'emploi de shérif*, in-12, 1808. II. *Traité sur les pouvoirs et les devoirs des jurés*, in-12, 1811. III. *Notice sur la Datura stramonium, comme un remède pour l'asthme*, in-8º., 1811. IV. *Règle d'or pour les jurés*, 1814. Z.

PHILPIN (Armand-Pierre-Paul), né à Paris en 1784, se distingua dans ses études, et fut ensuite contraint de faire quelques campagnes dans les armées, puis entra dans la carrière administrative. Tout le temps dont il put disposer fut consacré aux belles-lettres; il composa plusieurs pièces de circonstances, et quelques traductions des *Odes d'Horace*. Il fut employé à l'état-major du Maréchal Ney, en qualité de secrétaire, de 1812 à 1813. Carnot se l'attacha ensuite comme secrétaire-intime. Il accompagna ce général au siége d'Anvers, revint avec lui, et fut nommé, pendant l'interrègne de 1815, sous-préfet de Vire (Calvados); son administration fut sage et modérée. Au retour du Roi, il fut nommé sous-préfet à Trévoux (Ain); mais il perdit bientôt cette place. M. Philpin a été nommé par le Roi, chevalier de la Légion-d'honneur. Il est membre de plusieurs académies. Auteur de la tragédie de *Maxime*, il a composé un grand opéra et plusieurs comédies encore inédites. Il a aussi publié quelques ouvrages sur l'administration publique, une élégie intitulée le 21 *janvier 1816*, la Cantate chantée au banquet royal, le 17 juin 1816, époque du mariage de S. A. R. le duc de Berri, et enfin plusieurs autres pièces de poésie, entre autres *le grenadier français, épître au Roi*, 1818, in-8º. V.

PIANTANIDA (Louis), avocat milanais, né vers 1773, embrassa la cause de la révolution avec toute l'ardeur de la jeunesse. Il préféra le rôle d'officier dans la garde nationale, pour défendre la cause de la liberté, aux facilités que sa profession d'avocat lui fournissait pour la soutenir dans le corps législatif de la naissante république cisalpine. L'arrivée des Austro-Russes en Italie l'obligea de venir chercher un refuge en France, en 1799. Après la bataille de Marengo, il retourna dans sa patrie, d'où, par la suite, il revint encore en France pour ses intérêts. La protection du comte Aldini, qui y était comme ministre du roi d'Italie, pouvait lui faire obtenir la place de membre du conseil des prises maritimes, et la décoration de la Couronne-de-Fer, qu'il ambitionnait aussi; mais des intrigues pratiquées auprès du vice-roi, firent échouer ses prétentions. M. Piantanida avait publié à Milan, en 1807, un ouvrage important, fruit de grandes recherches, sur la *Jurisprudence maritime, commerciale, ancienne et moderne*, 4 tom. in-4º.; et Buonaparte, qui en avait agréé la dédicace, regardait l'auteur comme un homme fort utile dans cette partie de la législation. Cependant, découragé dans ses vues d'ambition par les intrigues du cabinet du vice-roi, il rentra dans la carrière du barreau, et il était, en 1814, un des meilleurs avocats du royaume d'Italie. N.

PIAZZI (Joseph), savant et laborieux astronome, associé étranger de l'académie des sciences de Paris, est né à Ponte dans la Valteline, en 1746. Il entra dans l'ordre des Théatins en 1764, et fut fait professeur à Malte en 1770, et à Palerme en 1781. Sa passion pour l'astronomie le détermina, en 1787, à visiter l'Observatoire de Paris, où il fit plusieurs observations avec Lalande; il se rendit de là en Angleterre pour s'y procurer les meilleurs instruments; et, de retour en Sicile vers la fin de 1789, il y fit construire à Palerme le magnifique observatoire où il n'a cessé depuis d'enrichir sa science favorite, la beauté du climat sicilien lui permettant beaucoup d'observations qu'un ciel habituellement nébuleux interdit au nord de l'Europe. Il a donné la description de son observatoire et de ses précieux instruments, sous ce titre: *Della specola astronomica de regj studj di Palermo*, 1792-94, 2 part. in-fol. C'est à lui qu'on doit la découverte de la planète *Cérès*, dont l'existence a fait soupçonner celles de Pallas, Junon et Vesta (*Voy.* OLBERS). Il fit cette découverte le 1er. janvier 1801. M. Piazzi a publié, en 1814, un immense catalogue de 7.500 étoiles. Cette belle opération lui a valu la médaille fondée par M. Lalande. Il a fait imprimer à Milan, en 1816, le premier tome de sa *Storia dell' astronomia di Sicilia*. En même temps, il s'occupait de mettre la dernière main à ses *Élémens d'astronomie*. Il a aussi rédigé un *Codice metrico* pour la Sicile. C. C.

PICARD (LOUIS-BENOÎT), de l'académie française, est né en 1769, fils d'un procureur au Chatelet de Paris, et neveu du médecin Gastelier. Son goût pour le théâtre se prononça aussitôt après la fin de ses études. S'étant lié avec Andrieux, il prit de lui des conseils et le chargea de présenter au théâtre de MONSIEUR, qui était à son premier début, une comédie intitulée: *Le badinage dangereux*; cette comédie eut du succès. Bientôt après il composa pour la même troupe française transportée au théâtre Feydeau, *Encore des Ménechmes*. Plus tard il donna l'opéra comique des *Visitandines* et quelques pièces de circonstances. Le goût de M. Picard pour l'art dramatique étant devenu une véritable passion, il embrassa et fit embrasser à son frère la profession de comédien. L'un et l'autre débutèrent sur le théâtre de Louvois, où il fit représenter différentes pièces de sa composition, qui obtinrent d'autant plus de succès qu'il y joua toujours les rôles les plus importants, et que la bienveillance que le public lui témoignait, comme acteur, ajoutait encore à celle qu'il méritait comme auteur. En 1801, il devint directeur de ce théâtre; de sorte qu'il fut en même temps auteur, acteur et entrepreneur. Il se multipliait dans tous les sens, et ses plus grands succès datent de cette époque. Cependant il sentit bientôt qu'il lui convenait mieux de se livrer plus exclusivement à la composition; et il renonça à jouer la comédie. Ce fut peu de temps après qu'il eut fait ce sacrifice, que l'académie l'appela dans son sein. Il fut reçu en 1807, le même jour que MM. Raynouard et Laujon. Peu de temps après, il renonça à la direction du théâtre Louvois, et le gouvernement lui confia l'administration de l'Opéra. De nouvelles occupations privèrent pendant long-temps la scène des productions de M. Picard; et ce n'est qu'en 1816, époque à laquelle il quitta l'Opéra pour reprendre la direction de l'Odéon, qu'il recommença à travailler pour le théâtre. Ce fut à l'occasion de son retour à l'Odéon, que s'éleva, entre M. Duval et lui, une querelle d'intérêts qui dut être soumise aux tribunaux. M. Picard publia en réponse une défense au *Factum* en vers de M. Duval, et se fit remarquer dans ce démêlé par un ton de modération très louable. Depuis qu'une transaction a mis fin à ce procès, M. Picard a administré le théâtre de l'Odéon jusqu'au moment où un nouvel incendie est venu détruire l'intérieur de ce bel édifice, le 20 mars 1818. Il a alors transporté son spectacle à la salle Favart, et a obtenu la permission d'y faire jouer la tragédie et le même répertoire ancien que le Théâtre Français. Il a contribué lui-même à la nouvelle prospérité de son spectacle, par la représentation de plusieurs comédies qui s'y sont rapidement succédées. Une admiration enthousiaste, et que la modestie de M. Picard l'a sans doute porté à désapprouver, lui a valu quelquefois la dénomination de *Molière de son siècle*. Il eût peut-être été plus exact de le comparer à Dancourt, dont il se rapproche davantage par le genre qu'il a adopté et par une gaîté franche et naturelle, caractère distinctif de son talent. Toutefois, il ne s'est pas renfermé uniquement dans le cercle de la comédie bourgeoise; et s'élevant quelquefois jusqu'à la haute comédie, il a prouvé qu'il savait tracer un caractère. Le nombre de ses compositions dramatiques s'élève à environ 70, dont il a donné un recueil intitulé : *Théâtre de L. B Picard*, 1812, 6 vol. in-8º. contenant trente-trois pièces, savoir : *Encore des Ménechmes.— Les Visitandines.— Le Conteur, ou les deux Postes.— Le Cousin de tout le monde.— Les Conjectures.— Les amis de collège.— Médiocre et rampant.— Le Voyage interrompu.— Les comédiens ambulants.— L'entrée dans le monde.— Les Voisins.— Le Collatéral.— Les trois maris.— La Petite-Ville.— Du Haut-Cours.— La Grande-Ville, ou les Provinciaux à Paris.— Le mari ambitieux.— Le vieux Comédien.— M. Musard.— Les Tracasseries.— L'acte de naissance.— Le Susceptible.— Les Capitulations de conscience.— Les Oisifs.— L'Alcade de Molorido.— Un Lendemain de fortune.— La vieille Tante.— Le Café du printemps.— La Noce sans mariage.— Les Filles à marier.— Les Marionnettes.— La Manie de briller.— Les Ricochets.* Il a fait imprimer depuis : I. *Les Aventures d'Eugène de Senneville et de Guillaume Delorme* (roman moral qui a été fort goûté), 1813, 4 vol. in-12. II. *M. de Coutainville, ou la double réputation,* comédie en cinq actes et en prose, 1816, in-8º. III. *Exposé de la conduite de M. Picard dans l'affaire de l'Odéon,* 1816, in-4º. (*Voy*. Alexandre DUVAL). IV. *Les deux Philibert,* comédie en trois actes et en prose, 1816, in-8º. V. *Vanglas,* 1817. VI. (Avec Radet.) *Une matinée de Henri IV*, comédie en un acte, 1817, in-8º. VII. *La Maison en loterie,* 1818. C. C. et OT.

PICAULT (A.-A.-M.), député de Seine-et-Marne au conseil des anciens, en septembre 1795, en fut nommé secrétaire, et, en septembre 1796, fit un rapport favorable aux prêtres qui avaient été précédemment condamnés à la réclusion. Il sortit du conseil en 1799, y fut aussitôt réélu, et passa en décembre au tribunat ; il y combattit en 1801 les dispositions, plutôt que le fond du projet portant établissement des tribunaux spéciaux, et en vota le rejet. Le 20 août 1803, il fut encore élu secrétaire, sortit du tribunat peu après, et fut nommé, en 1804, directeur des droits-réunis de son département ; il y est toujours conseiller de préfecture. — PICAULT (Charles) a publié, *Histoire des révolutions de Perse pendant la durée du dix-huitième siècle*, 2 vol. in-8º., 1810. B. M.

PICCINI (Louis), fils du célèbre Nicolo Piccini, est né à Naples vers 1765; quoiqu'il n'ait pas atteint, comme musicien, la réputation de son père, on ne peut nier qu'il ne soit un compositeur distingué. Il a donné à l'Opéra-comique, en 1786, *les Amours de Chérubin* ; en 1788, au théâtre Beaujolais, *la suite des Chasseurs et la Laitière.* Il est auteur des opéras italiens représentés à Naples sous les titres de : *Gli accidenti inaspettati ; la Serva onorata;* et dans quelques autres villes d'Italie : *l'Amante Statua ; il Matrimonio per raggiro ; la Notte imbrogliata ; Ero e Leandro.* Il a encore donné au théâtre Feydeau : *le Sigisbé ; l'Aînée et la Cadette ; l'Avis aux jaloux ;* et à l'Opéra, *Hyppomène et Atalante.* M. Piccini est attaché à la chapelle du Roi. — Alexandre PICCINI, que l'on croit parent du précédent, est né à Paris en 1780 ; il a commencé par être professeur de piano, ayant eu pour maître de composition M. Lesueur. Il est auteur des ouvrages suivants : Au théâtre Montansier, *le Terme du voyage ; la Forteresse ; l'Entresol ; Gilles en deuil ; les deux Voisins ; Lui-même.* Au théâtre des Jeunes-Artistes, *Arlequin au village ; la Pension des jeunes demoiselles ; Arlequin bon ami ; le Pavillon.* Au théâtre de la Porte-St. Martin, dont il a été chef d'orchestre, il a fait la musique de plusieurs mélodrames : *Romulus ; Robinson-Crusoé ;* et depuis l'ouverture de ce théâtre en 1814, *le Vieux de la Montagne.* Au théâtre Feydeau : *Avis au public ; Ils sont chez eux.* M. Alexandre Piccini est encore auteur de plusieurs romances, entr'autres *le Guerrier troubadour ; l'Héroïne de Bordeaux,* qu'il a présentées à S. A. R. MADAME. Il est premier pianiste du Roi depuis 1816.   C. C.

PICCOLI (Louis), avocat de Vérone, né vers 1760, vint en 1808 à Milan, et s'annonça au public par un *Traité sur les servitudes prédiales sanctionnées par le code Napoléon, réduites en cas pratiques, enrichi d'annotations tirées des lois romaines et des auteurs classiques,* in-4º., Brescia, 1808, dédié au vice-roi. Cet ouvrage valut à l'auteur d'être nommé à une chaire de jurisprudence à l'université de Pavie, où il fut chargé d'enseigner les actes authentiques, la procédure civile selon le nouveau Code, et les règlements de cette procédure. Le professeur amusait quelquefois ses disciples par la bonne foi et l'originalité de sa vanité, en fait de savoir ; mais il les instruisait réellement. Très laborieux, il publia en 1810, à Milan, un *Traité des successions ab intestat, suivant le code Napoléon, accompagné de nouveaux arbres généalogiques, par lesquels étaient démontrées les règles générales nécessaires pour connaître les changements apportés par le nouveau code*. Ce traité contenait encore par addition la solution de plusieurs cas relatifs aux successions *ab intestat*, et la réfutation de quelques décisions pratiques des écrivains français modernes à ce sujet. Le ministre de la justice (*Voy.* Luosi), auquel il fut dédié, l'accueillit fort bien. L'auteur en a annoncé, en 1815, une nouvelle édition en 2 vol., sous ce nouveau titre : *Traité théorique-pratique des successions*, corrigé et enrichi de huit tables généalogiques. N.

PICHON (Louis-André), né à Nantes en 1771, passa en Amérique en 1791, et se trouvait à Philadelphie lorsque le second secrétaire de la légation française se noya dans la Delaware. Les talents du jeune Pichon, la connaissance parfaite qu'il avait déjà de la langue anglaise, l'esprit studieux qui le caractérisait dès cet âge, le firent appeler par le ministre de France près les Etats-Unis, pour remplacer le secrétaire qui venait de périr. De retour en France en 1795, avec cette légation, il fut attaché au ministère des relations extérieures comme sous-chef de l'une des divisions. Après quatre ans d'études dans cette école de la diplomatie, il en sortit pour remplir des missions importantes en Hollande et en Suisse. Secrétaire de la commission qui conclut la paix avec les Etats-Unis, il eut beaucoup de part à la rédaction du traité, et fut chargé, en 1800, de le porter au congrès, avec le titre de chargé d'affaires et consul-général. Rappelé à Paris, en 1805, pour avoir émis dans sa correspondance des opinions contraires au système du gouvernement impérial, et adressé des observations sévères sur la fatale expédition de St.-Domingue, on lui suscita une sorte de procès politique au conseil-d'état, sous différents prétextes, et en dissimulant constamment les véritables motifs. Après deux ans d'instances de sa part pour être jugé, un décret du conseil-d'état, rendu malgré l'opposition de presque tous ses membres, mais commandé par le pouvoir suprême, prononça sa destitution. Le décret fut publié dans un *Moniteur* d'octobre 1807. Il a été annulé depuis par une ordonnance du Roi, de septembre 1814. A la fin de 1809, M. Pichon, qui pendant son séjour aux Etats-Unis, avait eu occasion de rendre service à Jérôme Buonaparte lorsqu'il épousa Mlle. Paterson, fut appelé dans le nouveau royaume de Westphalie, où l'on éprouvait la disette de vrais hommes d'état ; malgré le nombreux concours des candidats, M. Pichon y fut successivement conseiller-d'état attaché à la section des finances, directeur de la caisse d'amortissement, et chef du trésor sous le nom d'intendant-général. Il donna sa démission de tous ces emplois en 1812. Rentré en France, il y resta dans la disgrâce du gouvernement auquel il avait déplu. Le Roi le nomma maître des requêtes, et, en 1817, le chargea de l'inspection des îles du Vent. M. Pichon a publié : I. *De nos Constitutions futures*, 1814, in-8°. II. *Manuel du droit parlementaire, ou Précis des règles suivies dans le parlement d'Angleterre et dans le congrès des Etats-Unis*, traduit de l'anglais, 1814, in-8°. III. *De l'état de la France sous la domination de Napoléon Buonaparte*, 1814, in-8°.
Ot.

PICOT (Jean), professeur d'histoire à la faculté des lettres de l'académie de Genève depuis 1802, est fils de P. Picot, pasteur de l'église de cette ville et professeur d'histoire ecclésiastique et doyen de la faculté de théologie. Il a publié : I. *Histoire des Gaulois, depuis leur origine jusqu'à leur mélange avec les Francs*, Genève, 1804, 3 vol. in-8°. II. *Tablettes chronologiques de l'histoire universelle, sacrée et profane, depuis la création du monde jusqu'à l'année 1808*, rédigées d'après celle de Lenglet-Dufresnoy, ibid., 1808, 3 vol. in-8°. III. *Histoire de Genève, depuis les temps les plus anciens jusqu'à nos jours, accompagnée de détails sur les antiquités, les mœurs et usages, les lois, les monnaies, les progrès des sciences et des arts*, ibid., 1811, 3 vol.

in-8º., avec cartes et plans. Cette histoire, qui s'étend jusqu'au traité de réunion à la France en 1798, renferme d'ailleurs, même pour le 17e. siècle, d'importants détails qui manquent dans celles de Spon et de Bérenger. L'indication détaillée des ouvrages, tant imprimés que manuscrits, que l'auteur a consultés, forme, à la fin du 3e. volume, une bibliographie neuve et intéressante.　　　　　　　　Oт.

PICOT DE PECCADUC (Le comte Auguste), fils d'un conseiller au parlement de Bretagne, fit des études très brillantes et sortit, en 1785, de l'Ecole-militaire de Paris, décoré de l'ordre de Saint-Lazare, pour entrer comme lieutenant dans le régiment de Metz-artillerie. En 1791, il se rendit au-delà du Rhin pour rejoindre le prince de Condé, sous les ordres duquel il fit toutes les campagnes jusqu'au traité de paix en 1802; et dans l'une de ces premières campagnes, il reçut, pour une action d'éclat, la croix de St.-Louis. Au licenciement de l'armée de Condé, il s'était déjà fait une réputation distinguée, et l'empereur d'Autriche le prit à son service. Depuis cette époque, chaque campagne lui a valu un grade ou une décoration, et il y a reçu de nombreuses et honorables blessures. Il a des lettres de naturalisation en Autriche, sous le titre et le nom de *baron de Herzogenberg*. C'est ce même général qui commandait, au nom des puissances alliées, la ville de Châtillon, pendant les conférences de 1814, et, la même année, la ville de Paris, au nom de l'empereur d'Autriche. Il est marié avec une comtesse de Sedlnitzky, dont il a plusieurs enfants, et se trouve présentement à Brünn en Moravie, où il commande une division de grenadiers. — Picot de Peccaduc (Le vicomte Henri), frère du précédent, entra au service en 1787, dans le régiment de la Guadeloupe, rejoignit en 1791 les princes en Allemagne, fit la campagne de 1792 au corps d'armée du duc de Bourbon, compagnie du duc d'Angoulême. Ce corps ayant été licencié, il passa au service de Hollande, et fit les trois campagnes suivantes sous les ordres du prince d'Orange. A l'occupation de la Hollande par l'armée française, il suivit les princes de la maison d'Orange en Angleterre, et entra au service de cette dernière puissance, où il resta en activité jusqu'en 1802, et en non activité jusqu'en 1808, époque où il prit du service dans les troupes allemandes de la confédération du Rhin. Cette remise en activité lui valut plusieurs grades supérieurs et décorations, et sa première campagne de colonel fut celle de Moscou. Dans la campagne de Saxe, en 1813, il eut le commandement d'une brigade, comme général provisoire; mais le sort des armes l'ayant fait tomber entre les mains de l'ennemi avec la garnison de Dresde, le 11 novembre 1813, il ne put être confirmé dans ce dernier grade. Aussitôt qu'il apprit (étant prisonnier de guerre en Hongrie) que les princes de la maison de Bourbon allaient rentrer en France, il se hâta de venir leur offrir ses services. Au mois de mars 1815, le Roi lui confia l'organisation et le commandement des bataillons de réserve de la Seine. Ces bataillons, par la suite, ayant dû être dissous, il resta sans activité et inconnu à Paris jusqu'au second retour du Roi; et le 19 août 1815, il fut nommé colonel de la légion d'Ille-et-Vilaine. Il est décoré de l'ordre de St.-Louis et de celui de la Légion-d'honneur. — Picot de Peccaduc (Le chevalier Joseph), frère des précédents, se trouva dès le commencement de la révolution, en rapport avec les chefs des armées royales de l'intérieur, et servit constamment avec eux. Il est colonel et chevalier de St.-Louis.　　F.

PICOT-LACOMBE, fut député du Puy-de-Dôme au conseil des cinq-cents en mars 1797. Son élection fut annulée par suite de la journée du 18 fructidor. En 1800, il a été nommé commissaire près le tribunal civil de Clermont, et ensuite procureur du Roi. En 1814, il faisait partie du corps législatif; il y fit le 2 décembre, dans le comité secret, un rapport au nom de la commission centrale, sur une proposition de M. Dumolard, tendant à ce que la chambre présentât une adresse au Roi, pour le supplier d'accorder incessamment aux juges des cours et des tribunaux l'institution voulue par la Charte. M. Picot-Lacombe sortit de cette chambre au 20 mars, et n'a plus été rappelé.　　B. M.

PICOT LA PEYROUSE (Philippe), naturaliste, né à Toulouse en 1744, fut maire de cette ville sous le gouvernement impérial, et perdit cette place dans le même temps et par les mêmes motifs que M. Richard cessa d'être préfet (*Voy.* Richard). Il est chevalier de la Légion-d'honneur. M. Picot la Peyrouse a publié : I. *Description de plusieurs nouvelles espèces d'orthocératites et ostracites*, 1781, in-fol., français-latin. II. *Traité sur les mines de fer et les forges du comté de Foix*, 1786, in-8º. III. *Figures de la Flore des Pyrénées*, 1796 et années suiv., in-fol. IV. *Tableau méthodique des mammifères et des oiseaux observés dans le département de la Haute-Garonne*, 1799, in-8º. V. *Histoire abrégée des Plantes des Pyrénées, et itinéraire des botanistes dans les montagnes*, 1813, in-8º. VI. *Supplément à l'histoire abrégée des plantes des Pyrénées*, 1818, in-8º. M. Picot a donné des Mémoires dans les recueils des académies de Stockholm et Toulouse : il est collaborateur au *Dictionnaire d'ornithologie*, par Mauduit ; à l'*Encyclopédie méthodique* ; au *Journal de physique* et au *Journal des mines*. Or.

PICQUENARD (J.-B.), homme de lettres, passa jeune encore aux colonies, et s'y trouvait à l'époque des premiers troubles ; il prit d'abord parti pour les hommes de couleur, les abandonna ensuite, fit une sorte de fortune qu'il dissipa promptement, et repassa en France vers la fin de 1791. De retour à Paris, il s'y fit recevoir aux Jacobins, et devint, après le 10 août 1792, membre de la commission administrative du département. Resté ensuite dans l'obscurité, il se fit journaliste, et obtint, en avril 1798, la place de commissaire du directoire près le bureau central, place qu'il ne conserva pas long-temps. M. Picquenard parut à la société du Manége, après la crise de prairial (19 juin 1799) ; y combattit, comme injurieux au corps législatif, un discours véhément sur la mise en jugement des ex-directeurs, dont il plaida indirectement la cause, et fut accueilli avec la plus grande défaveur. En 1801, il fut nommé secrétaire-général de la préfecture du Pas-de-Calais, et révoqué en avril 1803. Il est auteur des romans qui suivent : I. *Adonis, ou le bon Nègre*, 1798, in-8º. II. *Zuflora, ou la bonne Négresse*, 1799, in-12. III. *Montbar l'exterminateur, ou le dernier chef des Flibustiers*, 1807, 3 vol. in-12. IV. *Campagnes de l'abbé Poulet en Espagne, pendant les années 1809, 1810 et 1811*, Brest, 1816, 5 vol. in-12. B. M. et Or.

PICQUET, avocat du Roi à Bourg en Bresse, fut député du tiers-état de ce bailliage aux états-généraux, siégea dans le côté droit, signa les différentes protestations contre les innovations révolutionnaires, et échappa néanmoins au régime de la terreur. Le département de l'Ain le nomma, en mars 1797, au conseil des anciens, mais son élection fut annulée par suite de la journée du 18 fructidor (4 septembre 1797) ; il est aujourd'hui président du tribunal civil de Bourg, et membre de la Légion-d'honneur. B. M.

PICTET (Marc-Auguste), né à Genève en 1752, appartient à l'une des plus anciennes familles de cette république ; il fut, dès sa jeunesse, l'élève et l'ami du savant de Saussure, et il l'a accompagné dans plusieurs de ses voyages ; il lui succéda en 1786 dans la place de professeur de philosophie, et ensuite dans celle de président de la société pour l'avancement des arts. Attaché à la culture des sciences, il s'est occupé de politique, seulement lorsque les circonstances l'y ont forcé, et il ne s'est jamais montré que comme le conciliateur des partis opposés. Il fut l'un des négociateurs du traité de réunion de la république de Genève, en 1798, et l'un des quinze citoyens auxquels cette ville, en cessant d'être indépendante, légua l'honorable mission d'acquitter les dettes de son gouvernement et d'administrer, sous la dénomination de *société économique*, un fonds destiné à l'entretien du culte protestant et des établissements d'instruction publique. En 1802, il fut appelé au tribunat, et élu secrétaire de ce corps en 1803 ; il y a prononcé plusieurs discours ou rapports sur des objets d'économie politique, particulièrement sur les inconvénients du système prohibitif et du régime des douanes, et sur les canaux et les grandes routes ; il y a voté le consulat à vie, et ensuite l'élévation du premier consul à la dignité impériale. A l'époque de l'abolition du tribunat (septembre 1807), l'empereur le nomma l'un des quinze inspecteurs-généraux de l'université. M. Pictet avait publié en 1791 un *Essai sur le Feu*, qui contenait beaucoup d'expériences nouvelles. Il a traduit de l'anglais de sir James Hall, la *Description d'une suite d'expériences sur la compression et sur l'action de la chaleur*, vol. in-8º ; il entreprit en 1796, conjointement avec son frère et avec M. Maurice (actuellement maire de Genève), la rédaction d'un recueil périodique qui a paru chaque mois, depuis cette époque, sous le titre de *Bibliothèque britannique*, et qui est exclusivement destiné aux objets de littérature et de sciences, d'origine étrangère, et particulièrement anglaise. Cet ouvrage, plein d'utilité, et rédigé dans un excellent esprit, sous les rapports de la science et de la morale, porte le titre de *Bibliothèque universelle*, etc., depuis 1816. Cette entreprise, dans laquelle M. Pictet est spécialement chargé de la partie des sciences, l'a conduit deux fois en Angleterre. Les lettres qu'il a écrites de ce pays à ses collaborateurs, ont paru dans la *Bibliothèque britannique*, et ont été réimprimées à part sous le titre de *Voyage de trois mois en Angleterre, en Écosse et en Irlande*, 1803, in-8°. Parmi les divers objets intéressants pour les sciences et les arts qu'il rapporta de ce voyage, et qu'il mit à son retour sous les yeux de l'Institut, était un étalon authentique des mesures anglaises, destiné à établir exactement leurs rapports avec le mètre, dans le but de faciliter le rapprochement des mesures géodésiques entreprises dans les deux pays pour déterminer la figure de la terre. L'Institut nomma une commission pour faire cette comparaison avec toutes les précautions nécessaires, et le résultat a été consigné dans ses registres. Cet étalon fait partie d'une collection considérable d'instruments de physique, qui appartient à M. Pictet, et avec laquelle il a donné plusieurs cours, suivis par un grand nombre d'amateurs. Il est correspondant de l'Institut et membre des sociétés royales de Londres, d'Édimbourg, de Munich et de beaucoup d'autres corps littéraires. On a aussi de lui quelques Opuscules, dont on trouve le détail dans l'*Histoire littéraire de Genève*, par Senebier, tom. III, pag. 207-208. Il a encore fourni divers mémoires au *Journal de Paris*, aux *Lettres de Deluc*, aux *Voyages de Saussure*, etc. — PICTET (Charles), frère du précédent, né en 1755, entra fort jeune au service de France, dans le régiment suisse de Diesbach, où il a servi dix ans avec distinction. Retiré dans sa patrie, il s'y voua aux emplois civils, qu'il exerça jusqu'à l'époque où Genève fut bouleversée par l'influence des maximes révolutionnaires, et où il s'en fallut peu qu'il ne partageât le sort des victimes qui y périrent à cette époque, et dont l'une (M. de Rochemont) lui était alliée de fort près. Retiré dès-lors à la campagne, il y partagea son temps entre les occupations littéraires et celles de l'agriculture. Il est chargé de la rédaction d'une partie considérable de la littérature de la *Bibliothèque britannique*; et il a publié séparément plusieurs des ouvrages anglais dont il a donné des extraits dans ce recueil. On a de lui : I. *Tableau de la situation actuelle des États-Unis d'Amérique*, d'après Morse et les meilleurs auteurs américains, 1795-96, 2 vol. in-8°. II. *Éducation pratique*, traduction libre de l'anglais de Marie Edgeworth, 1800, in-8°.; 1801, 2 vol. in-8°. III. *Traité des assolements, ou l'Art d'établir les rotations des récoltes*, 1801, in-8°. IV. *Faits et Observations concernant la race des mérinos d'Espagne à laine superfine, et les croisements*, 1802, in-8°. V. *Théologie naturelle, ou Preuves de l'existence et des attributs de la Divinité, tirées des apparences de la nature*, traduction libre de l'anglais d'après Paley, 1804, 1817, in-8°. VI. *Recherches sur la nature et les effets du crédit du papier dans la Grande-Bretagne*, traduit de l'anglais de H. Thornton, vol. in-8°. VII. *Vues relatives à l'agriculture de la Suisse et aux moyens de la perfectionner*, par E. Fellenberg, traduit de l'allemand et enrichi de notes, 1808, in-8°. VIII. *Cours d'agriculture anglaise, avec les développements utiles aux agriculteurs du continent*, 1810, 10 vol. in-8°. C'est la réimpression de la partie de l'agriculture de la *Bibliothèque britannique*. — PICTET-MALLET (Pierre), fils de celui qui fut envoyé avec M. Mallet en Laponie, par l'impératrice Catherine, pour y faire en 1769 l'observation du passage de Vénus, a publié deux traductions d'ouvrages anglais; le premier est de Forsyth, le fameux jardinier de Kensington, sur la culture des arbres fruitiers, 1802, in-8°.; le second est le *Voyage en Espagne* de Townshend, en 3 vol., accompagné de notes dont le séjour du traducteur dans cette contrée l'a mis à portée d'enrichir sa traduction. On lui doit aussi un *Itinéraire des glacières de Chamouny*, qu'il a souvent visitées avec le professeur Pictet, dont il est l'élève, et qu'il a aidé dans ses cours de physique. F. et Oт.

PICTET-DIODATI (Marc-Juste)', parent éloigné des précédents, est né à Genève le 15 juin 1768. Destiné au barreau, il fut d'abord avocat, et devint, après la réunion de sa patrie à la France, membre de l'administration du département du Léman. Nommé, en décembre 1799, député au corps législatif, il y siégea pendant cinq ans, et fut remplacé par M. Lefort, son compatriote, auquel il succéda dans l'office de président de la cour criminelle du Léman. Il rentra, en 1810, au corps législatif, où il resta jusqu'en 1814 ; il adhéra à cette époque à la déchéance de Buonaparte. Le 13 juin, il parut à la tribune et chercha à prouver ses droits pour rester membre de la chambre ; il se plaignit aussi de la manière dont M. Dumolard avait abordé cette question et parlé de la ville de Genève. Le 2 juillet, il fut exclu de la chambre comme étranger, et il est actuellement président de la cour suprême à Genève. C. C.

PIESTRE (J.-L.) imprimeur-libraire à Lyon, a publié : I. *La Synonymie française*, ou *Dictionnaire de tous les synonymes français définis jusqu'à ce jour, par MM. Girard, Beauzée, Roubaud, Guizot et autres auteurs*, 1810, 2 vol. in-12. II. (Avec Cormon.) *Nouveau Vocabulaire français*, 4ᵉ édition, 1813, in-8º. III. M. Barbier lui attribue les *Crimes de la philosophie*, 1806, in-8º. Oт.

PIET-TARDIVEAU, né à Vouvray, dans la Touraine, était avocat à Paris en 1792. Il se fit d'abord connaître par la défense courageuse des prisonniers traduits devant la haute-cour d'Orléans, qui furent ensuite massacrés à Versailles. Louis XVI lui-même avait recommandé au zèle de M. Piet ces premières victimes de la révolution. Convaincu de l'inutilité de son ministère d'avocat pour les soustraire au sort funeste qui les attendait, M. Piet tenta de leur procurer les moyens de s'évader ; il y avait réussi ; mais l'hésitation de M. de Brissac les livra au pouvoir des Marseillais, qui vinrent les enlever à Orléans. Le séjour de Paris devenait dangereux pour M. Piet après cet acte de courage ; il se retira à Nantes. Du fond de sa retraite, il sollicita de M. Trouchet le périlleux honneur d'être l'un des défenseurs de Louis XVI ; mais la précipitation du procès ne lui permit pas de l'obtenir. Il se tint caché pendant les années 1793 et 1794. En 1795, il parvint à se faire élire maire du bourg de Saint-Ouen, près du Mans. Les services que sa place lui donnait l'occasion de rendre aux royalistes, et qu'il s'empressait de saisir, furent connus du comte de Rochecotte, qui commandait dans le Maine ; ce général lui confia plusieurs missions dans la Touraine, le pays Chartrain et le Perche, afin d'y former une association royaliste. En 1797, M. Piet fut nommé député de la Sarthe au conseil des cinq-cents ; et le 21 mai, il exposa la nécessité de faire connaître aux nouveaux députés l'état des finances ; et se plaignit des destitutions arbitraires faites par le directoire. Son élection fut annulée au 18 fructidor, mais il ne fut point déporté ; il dut au hasard d'échapper à ce malheur. On proposa le lendemain de l'inscrire sur la liste de proscription, mais cette liste était fermée. En 1799, il se réunit de nouveau au parti royaliste, fut à Paris spécialement chargé du dépôt et de l'administration des fonds destinés à le soutenir, et assista aux conférences qui eurent lieu entre les chefs chouans de la Sarthe et le général Hédouville, relativement à la pacification. Compromis dans les papiers saisis chez M. Hyde de Neuville, et publiés par ordre du gouvernement consulaire, M. Piet fut arrêté et long-temps détenu au Temple ; il y occupa la chambre de Louis XVI, et composa dans ce lieu même un poème sur la mort de ce prince. Dès qu'il fut rendu à la liberté, il reprit sa profession d'avocat, dans laquelle il s'est acquis de la réputation comme jurisconsulte, comme orateur, et surtout comme l'un des plus probes et des plus vertueux de son ordre ; il plaida dans la fameuse affaire de la fausse marquise de Douhault, et démontra l'imposture de la réclamante. Il rendit, à cette époque, un véritable service à la nombreuse classe des avocats, en rétablissant les conférences, où les jeunes élèves du barreau s'exercent dans l'art de la parole et dans la connaissance des lois ; il les a présidées pendant long-temps. En 1814, M. Piet, à l'arrivée de Monsieur à Paris, fut un des premiers qui lui furent présentés comme anciens et fidèles serviteurs du Roi. Nommé député du département de la Sarthe à la chambre de 1815, il y vota constamment avec la majorité, et fut un des commissaires chargés d'examiner la proposition de M. de Kergorlay (*Voy.* ce nom), relative à la responsabilité des ministres. Au mois d'avril 1816, il parla au nom de la commission chargée d'examiner le projet présenté par M. de Lachèze-Murel, et tendant à rendre aux ecclésiastiques les registres de l'état civil. Réélu, après la dissolution de cette chambre par l'ordonnance du 5 septembre 1816, à celle qui fut convoquée à la fin de cette année, il appuya la réclamation des chevaliers de Malte, à l'égard des biens de l'ordre qui n'avaient point été vendus; il fut, la même année, nommé membre du comité de surveillance de la caisse d'amortissement et du conseil de discipline, en sa qualité d'avocat. Dans la session de 1817, il prononça un discours sur le budget, où il s'éleva d'abord contre le reproche fait aux royalistes de vouloir se populariser. Puis, en parlant de la différence qu'on avait prétendu exister entre la façon de penser de la minorité de cette année avec celle de la majorité de 1815, il dit: « Vous qui, cinglant à pleines » voiles pour gagner la haute mer, re- » gardez de votre mobile navire, et » croyez voir fuir et tourner le rivage, » vous vous trompez: c'est l'illusion de » votre place; la terre ferme ne bouge » pas. » Divers passages de ce discours, qui renfermait des vues sages et des aperçus profonds, excitèrent des murmures dans une certaine partie de l'assemblée. La dernière session lui a encore fourni l'occasion de plusieurs harangues; son opinion sur le budget de 1818 a été surtout remarquée. La franchise et la droiture de M. Piet lui ont concilié l'attachement de la plupart de ses collègues. S'occupant du fond des choses, il ne s'est jamais rien permis contre les personnes. Ses opinions improvisées ont été souvent défigurées dans les journaux. Il fait partie des députés qui sortent de la chambre cette année (1818). Il a été anobli par le Roi en 1815. — P. PIET, ancien teneur de livres de la maison Geyler et Jordan, banquiers à Paris, a publié: I. Les *Arbitrages simplifiés*, Paris, 1801, in-8°. La méthode qu'il emploie est celle des nombres fixes combinée avec celle des logarithmes. II. *L'Art de la sténographie*, 1805, une feuille gravée. C'est la méthode de Bertin avec quelques modifications. C. C.

PIEYRE (Le baron JEAN), né à Nîmes en 1750 d'une famille protestante, était marchand de drap dans cette ville avant la révolution, dont il embrassa le parti avec assez de modération. En 1790, il fut nommé administrateur du département du Gard, et en 1791, député à l'assemblée législative, où il ne se fit point remarquer. A son retour à Nîmes, il remplit les fonctions de président du bureau de conciliation, puis d'agent national, d'administrateur et de président du département. Après le 18 brumaire, il fut nommé à la préfecture de Lot-et-Garonne, et en 1806 à celle du Loiret, qu'il occupa jusqu'à la restauration. Au mois d'avril 1814, lorsque le gouvernement provisoire voulut faire cesser les hostilités sur tous les points, le colonel St.-Simon et un officier d'état-major anglais, envoyés à l'armée du maréchal Soult dans le Midi, passèrent par Orléans. M. Pieyre les fit arrêter, les interrogea, et les envoya à Blois au gouvernement de la régence, qui s'y était réfugié. On a dit que ce retard dans le voyage des envoyés fut cause en partie de la bataille de Toulouse, entre le maréchal Soult et lord Wellington, bataille glorieuse sans doute pour les armes françaises, mais inutile, puisqu'il fallut évacuer Toulouse, et d'ailleurs très meurtrière pour les deux partis. M. Pieyre échappa cependant à l'effrayante responsabilité qui pouvait peser sur lui dans cette affaire, en faisant considérer sa position critique entre le gouvernement de Buonaparte, encore à Fontainebleau, celui de la régence, à Blois, et enfin le gouvernement provisoire, à Paris. Il s'était empressé d'ailleurs de proclamer le gouvernement légitime dès qu'il avait été établi. Remplacé dans sa préfecture par le baron de Talleyrand, il retourna d'abord dans sa patrie, d'où l'exilèrent les troubles politiques. Son département le nomma, en 1815, membre de la chambre des représentants de Buonaparte; mais il refusa cette fonction et fut remplacé. Il est membre de la Légion-d'honneur. M. Pieyre était un habile administrateur; il n'a rien publié; mais il joint à des connaissances étendues en littérature, un talent très remarquable pour l'improvisation des vers de société. Il est auteur de plusieurs comédies inédites. — Son fils a été sous-préfet à Nîmes pendant plusieurs années; il est également sans fonctions. — Alexandre PIEYRE, frère du précédent, connu par plusieurs productions dramatiques, fut, avant la révolution, instituteur dans la maison d'Orléans; il n'a jamais occupé d'autre place. On a de lui: I. *L'École des pères*, comédie en cinq actes et en vers, 1788, in-8°. Cette espèce de drame a obtenu un succès d'estime; ce fut ce mot: *Acceptez, ne dérobez pas*, qui en fit la fortune. Louis XVI fit remettre à l'auteur une épée à poignée d'or. II. *Les Amis à l'épreuve*, comédie en un acte et en vers croisés, 1788, in-8°. III. *Vers adressés à Mgr. le duc de Chartres, à l'occasion de sa naissance*, 1788, in-8°. IV. *Pièces de théâtres*, 1808-1811, 2 vol. in-8°. V. *La Naissance du roi de Rome* (dans les *Hommages poétiques* de Lucet).

H. et C. C.

PIGAULT-LEBRUN, l'un des plus féconds de nos romanciers, est aujourd'hui inspecteur des salines. Depuis trente ans, il ne s'écoule presque pas de mois qui ne voye éclore quelque roman sorti de sa plume; tous ne sont pas écrits avec le même soin; mais tous annoncent de l'esprit, et une gaîté qui serait vraiment piquante, si elle ne blessait pas les mœurs et le bon goût, et qui pourtant est peut-être ce qui a fait une grande partie de leur succès. Il n'est point de boutique de libraire et de cabinet de lecture, où la jeunesse débauchée, les cuisinières et les laquais, ne trouvent les *Barons de Felsheim*, *mon Oncle Thomas*, *Angélique et Jeanneton*, *l'Enfant du carnaval*, *Monsieur Botte*, *le Père Jérôme*, etc. M. Pigault-Lebrun a aussi publié contre la religion quelques ouvrages anonymes, entre autres le *Citateur*, qui n'est qu'une compilation du *Dictionnaire philosophique*, et qui a été saisi par la police sous le gouvernement impérial. Il s'est acquis aussi de la célébrité comme auteur dramatique. Ses petites comédies du *Pessimiste*, de *l'Amour et la Raison*, des *ri aux d'eux-mêmes*; ses opéras du *Petit Batelot* et du *Major Palmer*; sa pièce de *Charles et Caroline*, annoncent quelque talent. Il est encore auteur des *Dragons et des Bénédictines*, des *Dragons en cantonnement*, etc., jouées en 1793 et 1794. Ses autres ouvrages sont: I. *La Folie espagnole*, 1799, 4 vol. in-12. II. *Idées générales sur notre position et celle des différents états de l'Europe*, 1800, in-8°. III. *Monsieur Botte*, 1802, 4 vol. in-12. IV. *Le Citateur*, 1803, 2 vol. in-12. V. *Jérôme*, 1804, 4 vol. in-12. VI. *La Famille Luceval*, 4 vol. in-12, 1806. VII. *Théâtre et poésies*, 1806, 6 vol. in-12. VIII. *L'Homme à projets*, 1807, 4 vol. in-12. IX. *M. de Roberville*, 4 vol. in-12. X. *Une Macédoine*, 1811, 4 vol. in-12. XI. *Tableaux de société, ou Fanchette et Honorine*, 1813, 2°. édition, 1817, 4 vol. in-12. XII. *Adélaïde de Méran*, 1815, 4 vol. in-12. XIII. *Mélanges littéraires et critiques*, 1816, 2 vol. in-12. XIV. *Encore du magnétisme*, 1817, in-8°. XV. (Avec M. René Perrin.) *Le Garçon sans souci*, 2 vol. in-12, 1818. XVI. *L'Officieux*, 2 vol. in-12, 1818. — PIGAULT-MAUBAILLARCQ, frère du précédent, négociant à Calais, a publié: I. *La Famille Wieland, ou les Prodiges*, traduction libre d'un manuscrit américain, 1807, 4 vol. in-12. II. *Isaure d'Aubigné*, imitation de l'anglais, 1812, 4 vol. in-12.

D.

PIGEAU, ancien procureur au Châtelet, est aujourd'hui un des professeurs les plus distingués de la faculté de droit de Paris; il a publié: I. *La Procédure civile du Châtelet de Paris et de toutes les juridictions du royaume*, 1779, 2 vol. in-4°. II. *Introduction à la procédure civile, exposée par demandes et par réponses*, 1784, in-8°; 1811, in-8°; 1815, in-8°; réimprimée sous le titre de cours élémentaire du *Code civil*, 2 vol. in-8°. III. *Notions élémentaires du nouveau droit civil, ou Exposé méthodique des dispositions du Code civil*, 1804, 2 vol. in-8°. IV. *La Procédure civile des tribunaux de France, démontrée par principes*, 1807, 2 vol. in-4°; seconde édition, 1812, 2 vol. in-4°. V. *Cours élémentaire des codes pénal et d'instruction criminelle*, 1812, 2°. édition; 1817, in-8°.

OT.

PIGNATELLI (Le prince BELMONTE DE), ambassadeur de Naples en Espagne, fut disgracié à la fin de 1791, et rappelé de Madrid; mais, en mai 1792, on l'employa comme brigadier-général; et il commanda même, en 1793, les troupes napolitaines à Toulon. En 1795, il fut nommé ministre extraordinaire près du roi d'Espagne. En juin 1796, il négocia, au nom de son souverain, une suspension d'armes avec le général Buonaparte, et conclut définitivement en octobre, la paix avec le directoire de France. En juillet 1797, il alla résider, comme ministre de Sicile, près du St.-Siége, et quitta cette résidence lors de l'invasion des Français en 1798. En 1814, le prince de Belmonte Pignatelli a été nommé conseiller-privé au service de l'empereur de Russie. — PIGNATELLI-CERCHIERA (Le prince) est issu d'une des premières familles de Naples. Après l'occupation de cette ville par les Français et l'élévation au trône de Joseph Buonaparte, il eut part au gouvernement, et fut nommé, en septembre 1808, grand dignitaire de l'ordre des Deux-Siciles. Il commanda, en 1815, une des divisions de l'armée de Murat, et quitta Naples après la déroute de ce chef et l'occupation de cette ville par les Autrichiens. Il était sur le même vaisseau qui portait le beau-frère de Buonaparte, et débarqua avec lui en France. C. C.

PIIS (ANTOINE-PIERRE-AUGUSTIN DE), né à Paris le 17 septembre 1755, est fils du baron de Piis, lieutenant-colonel, chevalier de Saint-Louis et major du Cap-Français. Destiné d'abord à la carrière des armes, il suivit son inclination pour les lettres, et s'aida des conseils de l'abbé de Lattaignant et de Saint-Foix. En 1776, M. de Piis débuta, comme auteur dramatique, par la *Bonne Femme*, parodie d'*Alceste*, donnée à la comédie Italienne. Le succès de cette bluette décida du goût de son auteur pour le genre du vaudeville, dans lequel il s'est acquis la réputation non contestée d'un des plus spirituels chansonniers de nos jours. En 1784, il fut nommé secrétaire-interprète de S. A. R. le comte d'Artois, place qu'il occupa jusqu'à la révolution. Dans le cours de cette époque désastreuse, M. de Piis fut successivement agent de la commune de Chennevières-sur-Marne, commissaire-directorial du canton de Sucy, du premier arrondissement de Paris, et membre du bureau-central. Il avait fondé au commencement de la révolution le théâtre du Vaudeville, et il y fit jouer successivement plusieurs ouvrages patriotiques composés sous l'influence du comité d'instruction publique, et la plupart ordonnés par lui. On reproche avec quelque raison à M. de Piis d'avoir fait sur la religion des chansons dont les traits ingénieux ne peuvent absoudre les intentions. En 1800, il fut nommé secrétaire-général de la préfecture de police de Paris, fonctions qu'il a exercées jusqu'au 14 août 1815. Il recouvra alors son ancienne place de secrétaire-interprète de MONSIEUR. M. de Piis, après avoir été l'un des fondateurs du théâtre du Vaudeville, a cessé d'y travailler depuis long-temps; mais il a en vain réclamé pendant quinze ans une pension sur ce spectacle, qui lui doit en grande partie son existence. Il est membre de plusieurs sociétés littéraires, et auteur des ouvrages suivants : I. *Les Augustins*, contes nouveaux, 1779, 2 vol. in-12. II. *La Carlo-Robertiade, ou Epître badine des chevaux, ânes et mulets de ce bas monde, au sujet des ballons*, 1784, in-8°. III. *Chansons nouvelles*, 1785, in-12; 1788, in-12. IV. *L'Harmonie imitative de la langue française*, poème en quatre chants, 1785, in-12. V. *Les OEufs de Pâques de mes critiques*, dialogues mêlés de vaudevilles, 1786, in-8°. VI. *Opuscules divers*, 1791, in-12. VII. *Chansons choisies*, 1806, 2 vol. in-18. VIII. *Œuvres choisies*, 1810, 4 vol. in-8°. IX. *Chanson pour la naissance du roi de Rome* (dans les *Hommages poétiques de Lucet*). X. *A quelques poètes très spirituels (matérialisme à part), stances familières*, 1818, in-8°. Il a fait, soit seul, soit en société avec M. Barré ou autres, beaucoup de comédies-vaudevilles ; on en citera seulement : *Les Amours d'été.* — *Les Vendangeurs.* — *Le Sabot perdu.* — *Une Matinée du printemps.* — *La Vallée de Montmorency.* — *Le Rémouleur et la Meunière.* — *Santeuil et Dominique.* — *La Nourrice républicaine.* — *Le Saint déniché.* — *Les voyages de Rosine*, etc.
C. C et OT.

PILARD (L'abbé JEAN-CHARLES), né le 17 octobre 1767, était curé de St.-Jean de Corconé dans la Vendée, à l'époque de la guerre insurrectionnelle de ce pays. Il passa la Loire avec l'armée catholique, et, après la bataille de Savenay, se réunit aux premiers chouans qui parurent en armes. Dans le cours de la première guerre, l'abbé Pilard s'attacha à M. de Scépeaux, chargé du commandement de l'Anjou. Ce fut là qu'il se lia avec le général Bourmont (*Voy.* ce nom), dont il devint depuis l'agent intime, et qui, à la seconde guerre, en 1799, le nomma aumônier-général de l'armée et trésorier. Admis en cette qualité à tous les conseils, il était initié aux secrets les plus importants, suivait le général en chef dans toutes ses expéditions, et, jusqu'à la paix, continua de servir utilement la cause royale. Après la pacification, il reprit ses fonctions sacerdotales, et accepta la cure de Souelles, dans le département de Maine-et-Loire. C. C.

PILKINGTON (MARIE), anglaise, qui s'est fort distinguée par ses écrits pour l'instruction de la jeunesse, est née à Cambridge d'un chirurgien habile, mais si imprévoyant qu'il laissa en mourant sa femme et sa fille manquer de tout. Miss Pilkinton fut confiée aux soins de son grand père, ecclésiastique respectable. En 1786, elle épousa un chirurgien au service de la marine, et se fit elle-même gouvernante d'enfants, place qu'elle occupa huit ans; alors elle s'adonna à la littérature, et y obtint de grands succès. Ses principaux ouvrages sont: I. *Histoire de Mortimer Lascelles*, in-12, 1797. II. *Histoires tirées de l'Ecriture*, in-12, 1798. III. *Miroir pour le sexe*, in-12, 1798. IV. *Beautés historiques pour les jeunes dames*, in-12, 1798. V. *Contes de Marmontel, choisis et abrégés*, in-12, 1799. VI. *Biographie pour les jeunes garçons*, in-12, 1799. VII. *Biographie pour les jeunes filles*, in-12, 1799. VIII. *Nouveaux Contes du château*, in-12, 1800. IX. *Contes de la chaumière*, in-12, 1801. X. *Contes pour les jeunes dames*, in-12, 1800. XI. *Aventures merveilleuses, ou les vicissitudes de la vie d'une chatte*, in-12, 1802. XII. *Abrégé de l'Histoire de la nature animée*, par Goldsmith, in-12, 1803. XIII. *La Vertu*, in-12. XIV. *Dictionnaire biographique des femmes célèbres*, in-12. XV. *Crimes et Caractères*, 3 vol. in-12, 1805. XVI. *Hélène*, 3 vol. in-12, 1807. XVII. *Explications sacrées, ou Remarques du dimanche soir*, in-12, 1809. XVIII. *Sinclair ou l'Orphelin mystérieux*, 4 vol. in-12, 1809. XIX. *Incidents caractéristiques, tirés de la vie réelle*, in-12, 1809. XX. *Poèmes originaux*, in-8°., 1811. XXI. *Les Malheurs de César,* ou *Aventures d'un chien trouvé*, in-12, 1813. XXII. *Lettres d'une mère à sa fille*, in-12. Z.

PILLE (Le comte LOUIS-ANTOINE), lieutenant-général, né à Soissons le 14 juillet 1749, eut pour aïeule maternelle la sœur de Racine. Il était, avant la révolution, secrétaire-général de l'intendant de Bourgogne. Il habitait Dijon au moment de la levée des premiers bataillons de volontaires, devint l'un de leurs commandants, et s'opposa en 1792 de tous ses moyens aux vues du général La Fayette contre les Jacobins. Il fut fait adjudant-général après le 10 août par Delmas, Bellegarde et Dubois-Dubais; fit ensuite toute la campagne de la Belgique, fut livré aux Autrichiens par Dumouriez, renfermé à Maëstricht, et enfin rendu à la liberté. De retour en France, il fut nommé commissaire de l'organisation et du mouvement des armées de terre, place équivalente à celle de ministre de la guerre, et qu'il conserva jusqu'après le 9 thermidor (27 juillet 1794). Peu de temps avant cette époque, Sijas l'avait dénoncé aux Jacobins; il fut par la suite employé dans l'intérieur. En 1797, il était attaché à l'armée d'Italie, et il commanda la place de Marseille; l'année suivante, il fut commandant de Lille. Après la révolution du 18 brumaire (9 novembre 1799), il devint inspecteur aux revues, en exerça long-temps les fonctions à Paris, et fut ensuite employé dans la conscription et le recrutement. Il obtint en 1814 les décorations de Saint-Louis et de la Légion-d'honneur, et le titre de comte le 23 septembre 1815. Il est aujourd'hui en retraite, et jouit d'une pension de 6,000 francs. B. M.

PILLET (FABIEN) de la société royale-académique des sciences de Paris, naquit à Lyon en 1772, chez le directeur des aides de cette ville, qui prit soin de son éducation. Le jeune Fabien était d'une famille du Nivernais, tombée dans l'indigence. A peine âgé de treize ans, il se vit obligé d'abandonner ses études pour entrer à Paris dans la carrière des bureaux; mais, tel était son goût pour les vers, qu'il ne cessait d'entremêler des chansons ou des épigrammes de sa façon aux travaux dont il était chargé. On trouve dans les *Mercures* du temps plusieurs pièces qu'il y avait insérées. A quinze ans, il s'exerçait à la critique littéraire et politique dans les *Affiches* de l'abbé Aubert et dans le *Journal-Général* de l'abbé de Fontenay. La révolution ayant éclaté, il continua de travailler au *Journal-Général*, avec l'infortuné Boyer de Nîmes, qui paya bientôt de sa tête la hardiesse de ses opinions. Il inséra fréquemment des épigrammes dans les *Actes des Apôtres* et dans le *Journal de la cour et de la ville*, plus connu sous le nom du *Petit Gauthier*. A l'époque où la populace commit sur la personne du Roi l'attentat du 20 juin (1792), M. Fabien Pillet signa la pétition, dite *des vingt-mille*. Cette louable imprudence faillit de lui devenir funeste ; il fut obligé de quitter sa section, où tous les noms des pétitionnaires étaient écrits sur une table de proscription. Peu de temps après, la réquisition militaire le contraignit d'abandonner une place avantageuse que le ministre du Roi, Beaulieu, lui avait procurée à la comptabilité nationale ; mais il ne resta qu'environ dix mois à l'armée du nord. Un opéra qu'il fit représenter, et dans lequel il fut forcé de sacrifier aux idées du jour, lui valut son rappel à Paris et une place dans les bureaux de la Convention, où il eut plusieurs fois occasion de rendre aux honnêtes gens des services qui sont honorablement rappelés dans les *Mémoires de Ch. Hippolyte de la Bussière*. Après le 9 thermidor, il fit jouer à Paris plusieurs pièces de circonstances contre ce qu'on appelait alors *la queue de Robespierre*, et il rédigea des journaux qui lui attirèrent la colère du directoire. Le journal intitulé le *Déjeuner*, auquel il avait mis son nom, et auquel il travaillait avec MM. Chazet, Chéron, Destors, Dupaty, Delamardelle, de Ségur jeune, etc., fut du nombre de ceux dont les auteurs furent condamnés à la déportation. Heureusement M. Fabien Pillet trouva moyen de se cacher, et lorsque les circonstances devinrent moins critiques, il s'attacha à la rédaction du *Journal de Paris*, pour la partie des théâtres, qu'il conserva jusqu'en 1813. Depuis ce temps, il travaille à la même feuille, mais seulement pour la partie des beaux-arts. Ses démêlés avec des hommes de lettres en réputation lui ont fourni le sujet d'une foule d'épigrammes qui se trouvent dans tous les recueils. Quelque temps après le 18 brumaire, il avait été nommé secrétaire-général de la direction d'instruction pu-

blique, puis chef du bureau des théâtres au ministère de l'intérieur. Aujourd'hui, il est à la tête du bureau des collèges royaux. On a de lui : I. *Un Recueil de vers*, imprimé chez Tutot, an VI (1798), in-12. II. *Les Jacobins et les Brigands, ou les Synonymes*, vaudeville en un acte, en société avec MM. Petitot et Le S... (1794). III. *Sommes-nous libres ou ne le sommes-nous pas?* brochure imprimée chez Guéffier, 1794, en société avec Petitot. IV. *Wenzel*, opéra en trois actes, Maradan, 1794. V. *Duval ou une Erreur de jeunesse*, opéra en un acte, en commun avec Gretry neveu, musique de Marini, 1798, pièce qui a eu deux cents représentations à l'Ambigu-Comique. VI. *Une année du Journal de l'instruction publique*, avec Petitot ; Guéffier, 1794. VII. *Le Refus par amour*, comédie en un acte, représentée avec succès sous le nom de *François*, à l'Ambigu-Comique, 1809 (chez Barba). VIII. *Lettres critiques à un membre de l'Athénée de Lyon*, Barba, 1801. IX. *La Lorgnette des spectacles*, trois éditions successives, l'une en l'an VII, chez Hoffier ; l'autre, avec des augmentations, chez Dufay, en 1801 ; la 3e. chez Barba, en 1808, sous le titre de *la Revue des comédiens*, 2 vol. in-12. X. *Le Noir et le Blanc, ou Critique du salon de 1812* (sans nom d'auteur). XI. Plusieurs articles de la *Biographie univ.* On lui attribue en outre une brochure qui lui attira de grandes persécutions, la *Revue des auteurs vivants*, in-18, Lausane, 1797. F.

PINDEMONTE (Le comte Hippolyte), l'un des plus illustres poètes de l'Italie, né dans les États-Vénitiens, s'est exercé dans plusieurs genres de poésie avec un égal succès. On connaît de son frère aîné quelques tragédies qui auraient été plus remarquées, si la réputation d'Alfieri dans cette carrière eût permis au public de rendre à un autre tragique la justice qu'on lui devait. En 1810, lorsque les poètes de l'Italie septentrionale, sachant que Monti entreprenait de traduire l'*Iliade*, voulurent se mettre en rivalité avec lui (*Voy.* MONTI et FOSCOLO), M. Pindemonte entreprit la traduction en vers de l'*Odyssée*, et se hâta d'en publier les deux premiers chants. Pour donner à l'édition de cet essai l'importance d'un volume, il y ajouta quelques fragments de traduction des *Géor-*

giques de Virgile et deux épîtres en vers, l'une à Virgile et l'autre à Homère. Ce volume fut imprimé à Vérone. Plein d'urbanité, homme du monde, d'un caractère aimable et d'une figure noble, le comte Pindemonte a mérité la première place dans les *Ritratti* (Portraits) de Mme. Albrizzi (*Voy*. ce nom). N.

PINEL (PHILIPPE), célèbre médecin, membre de l'institut, est en quelque sorte le créateur de la génération médicale actuelle. Né le 20 avril 1745, il fit ses études médicales à l'université de Montpellier. M. Pinel étudia d'abord les mathématiques et les enseigna pendant quelque temps. Reçu docteur à Toulouse, il publia ensuite des Mémoires précieux sur l'histoire naturelle, sur l'anatomie, les mœurs et la préparation des animaux. C'est même en qualité de zoologiste qu'il est membre de l'académie des sciences, de l'Institut. Il a rédigé pendant plusieurs années la *Gazette de santé*, et il est un des collaborateurs du *Dictionnaire des sciences médicales*. Sa *Nosographie philosophique* a été l'objet d'un rapport particulier dans l'examen des ouvrages proposés au concours des prix décennaux. Le but de l'auteur était d'exercer les hommes qui entrent dans la carrière difficile de l'art de guérir, à suivre de grands exemples, et à joindre la justesse de l'application à la science du précepte. L'exécution a parfaitement répondu au plan, et le talent descriptif n'est pas un des moindres mérites de cette production remarquable dans les fastes de la médecine. Elle a été couronnée en l'an VI, et mérita encore d'honorables suffrages lors du grand concours des prix décennaux. M. Pinel est chevalier de la Légion-d'honneur, professeur de pathologie interne à l'école de médecine de Paris et chef de l'hospice de la Salpêtrière. Il a publié : I. *Institutions de médecine pratique*, traduites de l'anglais de Cullen (*Voy*. la *Biograph. univ.*, au mot CULLEN). II. *Baglivi opera omnia practica et anatomica* (*Voy*. la *Biog. univ.*, au mot BAGLIVI). III. *Nosographie philosophique, ou la Méthode de l'analyse appliquée à la médecine*, 1798, 2 vol. in-12; 1803, 3 vol. in-8°.; 5e. édition, 1813, 3 vol. in-8°. IV. *Table synoptique des espèces de maladies* (extrait de l'ouvrage ci-dessus), 1800, en deux tableaux. V. *Traité médical philosophique sur l'aliénation mentale ou la manie*, 1800, in-8°.; 1809, in-8°. VI. *La Médecine clinique, rendue plus précise et plus exacte par l'application de l'analyse, ou Recueil d'Observations sur les maladies aiguës, faites à la Salpêtrière*, 1802, in-8°.; 3e. édit., 1815, in-8°. On a encore de lui plusieurs morceaux dans différents recueils littéraires et périodiques. C. et OT.

PINET (JACQUES), administrateur du district de Bergerac, fut député de la Dordogne à la législature, et ensuite à la Convention nationale, où il vota la mort de Louis XVI sans appel et sans sursis. En 1793, il fut envoyé à l'armée de l'Ouest, et en août 1794, dans les départements des Pyrénées, avec Cavaignac. Cette mission devint par la suite la matière d'un grand nombre d'accusations de rapines et de cruautés. Le 1er. avril 1794, Pinet annonça à la Convention qu'il venait de découvrir une conspiration tendant à allumer la guerre civile dans le département des Landes, et qu'il avait ordonné l'arrestation de quatre-vingts ex-nobles et seigneurs de ce département; il demanda que cette mesure fût étendue à toute la république. Dénoncé par la société populaire de Baïonne, en mai 1795, il fut décrété d'arrestation le 20, par suite de cette accusation, et surtout pour avoir pris part à la révolte des Jacobins qui éclata ce jour-là contre la Convention nationale. Il fut ensuite amnistié. En 1798, il fut destitué par le directoire de ses fonctions d'administrateur de la Dordogne, comme ayant cherché à influencer les élections de ce département. Resté ignoré depuis cette époque, il quitta la France en 1816, comme régicide, et se réfugia en Suisse. B. M.

PINI (Le Père HERMÉNÉGILDE), de la congrégation des prêtres de Saint-Paul, dits Barnabites, est depuis long-temps professeur au célèbre collège de Saint-Alexandre, à Milan, dont il a beaucoup contribué à augmenter la célébrité. Les connaissances du P. Pini sont profondes et variées; mais la physique et l'histoire naturelle sont celles qu'il a cultivées avec plus d'éclat. Il enseignait cette dernière avec un grand succès avant la révolution, et il avait même formé un cabinet d'histoire naturelle très curieux. La révolution le lui laissa, et ne le détourna point de ses fonctions ni de ses études. Le nouveau gouvernement ne pouvait se dispenser de respecter un savant que tous les étrangers instruits venaient voir en passant à Milan. Sous le gouvernement de Buonaparte, le P. Pini fut nommé l'un des trois inspecteurs-généraux des études, l'un des membres de l'Institut des sciences, lettres et arts d'Italie, et chevalier de la Couronne-de-Fer. Parmi les nombreux écrits qu'il a publiés sur la minéralogie, la géologie, etc., on remarque les suivants : 1. *Dell' architettura, dialoghi*, Milan, 1770, in-4°. II. *Ozervazioni mineralogiche, su la miniera di ferro di Rio ed altre parti dell'isola d'Elba*, ibid, 1777, in-8°. III. *Mémoires sur des nouvelles cristallisations de feld-spath et autres singularités des granits*, ibid., 1779, in-8°. IV. *Viaggio geologico per diverse parti meridionali dell' Italia*, 2e. édition, ibid., an 1 della rep. ital., in-8°. V. *Réflexions analytiques sur les systèmes géologiques* (en italien, Milan, 1811). Il y eut principalement en vue de réfuter un ouvrage récent de Breislack, intitulé: *Introduction à la géologie*, dans lequel celui ci avait soutenu que la fluidité primitive du globe était ignée (*Voy* BREISLACK). Le P. Pini soutint au contraire qu'elle était aqueuse. Passant à l'histoire du déluge, suivant Moïse, et à l'explication que Breislack avait hasardée du phénomène des corps organiques fossiles, en supposant que la mer fût jadis et long-temps élevée bien au-dessus de son niveau actuel, le P. Pini montre que le phénomène s'explique également par une inondation extraordinaire et passagère, telle que l'Histoire sacrée la raconte. Il écrit agréablement sur ces matières, et sa manière de les discuter est propre à en faire aimer l'étude. N.

PINKENEY, célèbre diplomate des États-Unis d'Amérique, fut un des commissaires envoyés en Angleterre en 1794, pour arranger les différends survenus avec cette puissance. Il y demeura en qualité de ministre plénipotentiaire, et, à la fin de 1795, il fit un voyage en Espagne pour régler les intérêts de son pays relativement à la Floride. En mai 1796, il obtint sa retraite de l'ambassade d'Angleterre; mais, en 1797, on le chargea de se rendre près de la république française, et il fut un des trois commissaires qui entamèrent avec cette puissance une négociation qui fut bientôt rompue par les demandes d'argent que lui fit le directoire. Il alla ensuite, en qualité de ministre de son gouvernement, à la cour de Madrid ; et, en 1802, il quitta cette résidence pour passer en Italie, comme surintendant-général des consulats américains. En juin 1816, M. Pinkeney fut nommé ambassadeur des États-Unis auprès de la cour de Russie, et envoyé à Naples pour faire une demande péremptoire de la restitution de plusieurs vaisseaux américains confisqués par Murat, ou d'une indemnité complète pour ces bâtiments et leurs cargaisons. Les journaux anglais du temps prétendaient que les Américains avaient d'abord demandé qu'il leur fût cédé par indemnité dans une position convenable, à Messine, par exemple, un établissement naval qui devait comprendre un hôpital, un arsenal, et quelques stations télégraphiques, et qu'ils avaient désiré ensuite la cession de l'île Lampedouse. Ces demandes ne furent pas favorablement accueillies par le gouvernement napolitain, quoique les Etats-Unis eussent envoyé une escadre pour appuyer leurs prétentions. La cour de Naples fit remettre par le marquis Circello, son ministre des relations extérieures, à tous les ministres étrangers, une note relative aux prétentions des Américains. M. Pinkeney prit congé du roi de Naples le 17 octobre 1816, après avoir terminé à l'amiable les différends qui existaient entre la cour de Naples et les Etats-Unis; il se rendit ensuite à Pétersbourg, et fut présenté à l'empereur le 13 janvier 1817. Z.

PINKERTON (JEAN), savant anglais, de la société des antiquaires, est né à Édimbourg, le 17 février 1758. Dans ses études, commencées à Lanerk en 1764, il montra un caractère rêveur et hypocondriaque, et se mit tellement hors de ligne par ses progrès, qu'un jour une traduction faite par lui d'un passage de Tite-Live, fut préférée par son maître à celle de Hooke. Après être resté six ans à Lanerk, il rentra dans la maison de son père, et s'appliqua particulièrement à l'étude de la langue française et aux mathématiques. Sa famille, le destinant à suivre la carrière du barreau, le plaça chez un avocat; il y resta cinq ans: mais son père étant mort en 1780, il se rendit à Londres,

Déjà il avait fait paraître quelques *Élégies* qui annonçaient un vrai talent; mais son goût pour la numismatique l'emporta, et il publia en 1784 un *Essai sur les médailles*. Horace Walpole, dernier comte d'Orford, qui avait lu avec beaucoup de plaisir cet ouvrage, lui écrivit à cette occasion une lettre fort polie, et qui fut l'origine de la longue intimité qui a régné entre eux. En 1785, M. Pinkerton étonna le monde littéraire par un ouvrage fort étrange, intitulé : *Lettres sur la littérature*, qu'il fit paraître sous le nom de Robert Héron, et qui lui attira des critiques virulentes. On lui reprochait d'avoir parlé des écrivains anciens et modernes avec trop de hardiesse et de présomption. Malgré beaucoup d'autres reproches qu'on lui faisait, entre autres d'avoir voulu introduire un nouveau système d'orthographe aussi arbitraire que bizarre, Gibbon, Horace Walpole, etc., lui accordèrent leurs suffrages: ce qui prouve que son ouvrage n'était pas sans quelque mérite. Sa *Dissertation sur l'origine des Scythes ou Goths*, et ses *Souvenirs de Paris*, lui ont fait beaucoup de réputation ; mais il est surtout connu par son *Système général de géographie*. Il a épousé très jeune une sœur de l'évêque de St-David en Ecosse, avec laquelle il ne vit pas. M. Pinkerton a beaucoup d'ennemis qu'il paraît s'être attirés par la morgue et le ton doctoral qu'il affecte dans plusieurs de ses ouvrages. A la mort de lord Orford, il vendit au propriétaire du *Monthly magazine*, le recueil des bons mots, anecdotes et lettres de ce seigneur, qui parurent sous le titre de *Walpoliana*, avec une vie de cet homme célèbre. M. Pinkerton a publié: I. *Vers*, in-8°., 1781. II. *Contes en vers*, in-4°., 1782. III. *Deux Odes dithyrambiques sur l'enthousiasme et le rire*, in-4°., 1782. IV. *Essai sur les médailles*, 2 vol. in-8°., 1784; trad. en français avec d'amples additions par J. G. Lipsius, Dresde, 1795, in-4°. V. *Lettres sur la littérature*, par Robert Héron, in-8°., 1785. VI. *Anciens poèmes écossais de la collection de manuscrits de sir Richard Maitland*, 2 vol. in-8°., 1786. VII. *Dissertation sur l'origine et les progrès des Scythes ou Goths*, in-8°., trad. en français, 1787. VIII. *Vitæ antiquæ Sanctorum*, in-8°., 1789. IX. *Bruce*, ou *Histoire de Robert, roi d'Ecosse*, écrite en vers écossais par Jean Barbour, 3 vol. in-8°., 1789. X. *Histoire en médailles* (*Medallic history*) *de l'Angleterre jusqu'à la révolution*, in-4°., 1790, avec 40 planches. XI. *Poèmes écossais*, réimprimés d'après des éditions rares, 3 vol. in-8°., 1792. XII. *Recherches sur l'histoire d'Ecosse avant Malcolm*, 3 vol. in-8°., 1789. XIII. *Histoire d'Ecosse depuis l'avènement de la maison de Stuart*, 2 vol. in-4°., 1797. Il imite quelquefois le style de Gibbon. XIV. *Iconographie écossaise*, ou *Portraits des illustres personnages d'Ecosse*, avec des notes biographiques, 2 vol. in-8°., 1795-97. XV. *Galerie écossaise*, ou *Portraits des personnages les plus éminents, avec leur caractère*, in-8°., 1799. XVI. *Géographie moderne rédigée sur un nouveau plan*, 2 vol. in-4°., 1802; il en a été fait une seconde édition en 3 vol. in-4°., 1807. Cet ouvrage, fort estimé en Angleterre, a été traduit en français par M. Walckenaer. Il y en a une autre traduction, et c'est sans doute contre les prétentions manifestées par l'auteur de cette dernière, que M. Pinkerton réclama avec beaucoup de vivacité. XVII. *Abrégé de l'ouvrage précédent*, 1 vol. in-8°., réimprimé pour la troisième fois en 1817, Londres, gros in-8°. revu par l'auteur, avec des cartes. XVIII. *Souvenirs de Paris* (*Recollections*) *en 1801, 1802, 1803, 1804 et 1805*, 2 vol. in-8°., 1806. Cet ouvrage a été vivement critiqué en Angleterre. XIX. *Collection générale de Voyages*, 13 vol. in-4°., de 1808 à 1813. XX. *Nouvel Atlas moderne*, de 1809 à 1815. XXI. *Pétralogie*, ou *Traité sur les rochers*, 2 vol in-8°., 1811. XXII. *Recherche sur l'histoire d'Ecosse, à laquelle est ajoutée une Dissertation sur l'origine des progrès des Scythes ou Goths*, 2 vol. in-8°., 1814.

Z.

PINO (Le comte DOMINIQUE) naquit à Milan, vers 1760, d'une famille commerçante. D'un caractère impétueux et prodigue, il embrassa avec ardeur la révolution que les Français apportèrent dans sa patrie en 1796, et fut d'abord chef d'une légion levée à la hâte, et qui alla prendre possession de quelques terres du duc de Parme, sur les confins du territoire milanais. Il paraît que, dès-lors, le général Pino songeait à profiter des circonstances pour rendre l'Italie indépendante. Il en fut soupçonné dès 1798, lorsqu'il commandait à Pesaro avec le général Lahoz, son ami; et ce fut par suite de ce soupçon que le général Montrichard, qui commandait à Bologne, leur enjoignit de quitter leur commandement. Lahoz ne céda point; il montra plus de fermeté que Pino, en se mettant à la tête d'une insurrection contre les Français. Pino, au contraire, vint se jeter dans les bras du général Monnier, qui commandait à Ancône; se conduisit même avec une sorte de dureté barbare à l'égard de Lahoz, qui, ayant été blessé à mort et fait prisonnier, demandait à le voir avant d'expirer. Pino, devant lequel il fut apporté, détourna la vue; et comme Lahoz priait un soldat cisalpin de l'achever, pour le soustraire à l'infamie d'un jugement qui l'aurait déclaré traître, Pino ordonna au soldat de terminer la vie de Lahoz. Cette conduite fut expliquée diversement. Quoi qu'il en soit, rien ne s'opposa plus à ce que Pino rejetât sur l'air de la plus vive indignation, sur son ami, qui n'était plus, le complot de l'affranchissement de l'Italie. Dès-lors il montra un dévouement sans bornes à Buonaparte, et contribua très efficacement à la défense d'Ancône. Lorsque les Austro-Russes envahirent l'Italie, en 1799, il se réfugia en France, et il retourna dans sa patrie quand Buonaparte la reconquit en 1800. Il avait pris pour aide-de-camp, presque *ad honores*, le littérateur Foscolo (*Voyez* ce nom), grand partisan de l'indépendance de l'Italie. En 1802, Buonaparte le chargea du commandement de la Romagne; et quand il se fut créé roi, il lui confia le ministère de la guerre et le fit comte. Lors de la guerre de 1805, M. Pino fut remplacé dans le ministère par le général Caffarelli, et retourna commander sa division dans les différentes campagnes qu'elle fit sous les ordres de Buonaparte. Il s'y distingua par sa bravoure et son intelligence. Il avait toujours été dans la grande-armée jusqu'à la campagne qui s'ouvrit en Italie dans l'automne de 1813. Buonaparte l'y envoya pour soutenir les efforts du vice-roi contre les progrès de l'Autriche, pendant qu'il luttait lui-même contre les alliés à Dresde et à Leipzig. On vit le général Pino manœuvrer en tête de sa division, le 13 septembre, sur la Lippa, sur Adelsberg et Fiume; ensuite, après avoir recueilli quelques troupes à Bologne, il marcha contre les Autrichiens, qui avaient débarqué sur le Pô, près de Volano. Alors Murat mettait en mouvement ses Napolitains, qui devaient venir jusque dans le Bolognèse. Eugène connut ses desseins perfides sans que Buonaparte, qui les soupçonnait, permît au vice-roi d'avoir l'air de les connaître. On ne sait si ce fut ce motif, réuni à d'autres, qui lui fit voir de mauvais œil le général Pino. Celui-ci, par mécontentement ou par ordre, quitta l'armée, et vint à Milan vivre en particulier, dans l'attente des résultats de la campagne. Il crut voir un dénoûment propice à ses desirs, dans la nécessité où les Français se trouvèrent, en avril 1814, d'abandonner l'Italie (*Voy*. BEAUHARNAIS); et comme il s'indignait de ce que le sénat délibérait pour demander aux puissances alliées qu'elles reconnussent Eugène Beauharnais pour roi d'Italie, on a cru qu'il ne fut pas tout-à-fait étranger à l'insurrection du 20 avril. La vérité est qu'il avait été le président d'une réunion où, le 19, un grand nombre de Milanais, parmi lesquels étaient des membres de la plus haute noblesse, considérant l'irrégularité des délibérations du sénat, avaient signé une adresse où ils demandaient, d'après les principes de la constitution, que les collèges électoraux fussent convoqués pour délibérer sur le même objet, vu que c'était dans la réunion de ces collèges que résidait la représentation légitime de la nation. L'adresse fut portée par le maire au président du sénat, le comte Paradisi, qui avait des vues bien différentes (*Voy*. PARADISI). Il est juste de dire que, pendant l'émeute qu'avait occasionnée l'opiniâtreté du sénat en faveur du vice-roi, et lorsqu'on traînait par les rues le ministre Prina, qui fut massacré, le général Pino parut vouloir mettre un frein aux fureurs de la populace. Il la harangua de la terrasse du portique du grand théâtre, près duquel la scène se passait, et préserva le palais du pillage dont il était menacé. On ne manqua pas de le nommer l'un des sept membres de la régence provisoire, que les notables citoyens réunis s'empressèrent de former; et il fut en même temps investi du commandement en chef de la force-armée. Les troupes autrichiennes étant entrées dans Milan, quelques jours après, et leur commandant le feld-maréchal de Bellegarde, s'étant mis à la tête de la régence, l'influence du général Pino cessa; il fut même mis à la retraite avec une pension de 3,000 florins, et parut n'aspirer qu'à aller vivre en paix dans une belle maison sur le lac de Côme, qui lui venait de la veuve dont, peu d'années auparavant, il avait reçu la main et la fortune. Au commencement de décembre 1814, le maréchal de Bellegarde fit arrêter plusieurs individus, parmi lesquels étaient le général Théodore Lechi (*V.* LECHI), et un aide-de-camp du général Pino, que celui-ci avait, dit-on, envoyé à Murat, pour l'engager à employer ses armes au maintien du royaume d'Italie, dont il lui offrait la couronne. Pino partit à l'instant comme pour un voyage, et l'on supposa qu'il avait eu part à la conspiration, dont le but était encore l'indépendance de l'Italie. Nous lisons dans l'ouvrage intitulé : *Dernière campagne de l'armée franco-italienne, en 1813 et 1814, suivie de Mémoires secrets sur les deux conjurations de décembre 1814 et du 25 avril 1815*, par le chevalier S. J***, témoin oculaire, Paris, 1817, que, lorsque Buonaparte s'échappa de l'île d'Elbe pour envahir la France, un second complot fut formé pour se débarrasser, par des espèces de *Vêpres siciliennes*, de tous ceux qui pouvaient s'opposer au rétablissement du royaume d'Italie. Ce complot, dit-on, avait été formé dans la maison de campagne du comte P****. Il devait s'exécuter le 25 avril, mais un jardinier, qui avait entendu les conjurés, était venu à Milan révéler leurs desseins. Le feld-maréchal de Bellegarde les fit échouer. Toutes ces circonstances décidèrent alors le comte Pino et sa femme à vendre leur belle propriété, qui fut achetée, en juillet 1815, par la princesse de Galles.   N.

PINTEVILLE-CERNON (Le baron DE) fut nommé, en 1789, député de la noblesse du bailliage de Châlons-sur-Marne aux états-généraux. Il s'y fit remarquer par des observations présentées en 1790, contre les refus de quelques membres de signer les procès-verbaux des divisions départementales, et par plusieurs rapports sur les finances. Il s'opposa à ce que les créances des fermiers-généraux fussent admissibles au paiement des domaines nationaux. Après la session, M. de Pinteville ne fut réélu à aucune des assemblées législatives qui se succédèrent. Il échappa au régime de la terreur, devint membre du tribunat en 1802, et fut, en cette qualité, l'un des députés de cette assemblée à Munich, pour y aller complimenter Napoléon sur ses victoires. A la suppression de ce corps, il fut nommé conseiller-maître à la cour des comptes, fonction qu'il a exercée jusqu'en 1814. — Son fils (le baron de PINTEVILLE) embrassa la carrière militaire, et devint colonel-major des dragons de l'ex-garde impériale. Il fit les campagnes d'Espagne et s'y distingua, le 24 avril 1810, au combat de Penilla; et à celui de Soldamp, le 24 novembre suivant. Il est officier de la Légion-d'honneur, et chevalier de Saint-Louis depuis 1814.   C. C.

PIO (Le chevalier LOUIS), secrétaire de l'ambassade de Naples en France, au moment de la révolution, en embrassa les principes avec chaleur, et fut disgracié par sa cour; ce qui lui valut le titre de citoyen français, que lui déféra, en 1790, la commune de Paris. Le chevalier Pio fut un des acteurs dans la ridicule députation du genre humain qu'on fit arriver à la barre de l'assemblée nationale, pour lui présenter les hommages de tous les peuples de l'univers. (*Voy.* CLOOTZ, dans la *Biographie universelle*). Le chevalier Pio n'échappa pas entièrement, comme on l'a prétendu, aux orages de la révolution. Lorsque Danton et son parti furent proscrits, M. Pio, qu'on supposait appartenir à cette faction, fut emprisonné au Luxembourg et y resta jusqu'à la chute de Robespierre. Il a passé, dans le temps, pour être un agent très exact et très rusé de beaucoup d'intrigues révolutionnaires. Si cette accusation était fondée, il n'en aurait pas retiré beaucoup d'avantages; car il n'a occupé qu'une place très subalterne à la municipalité de Paris, dans le bureau des passe-ports. Il a travaillé long-temps, pour vivre, à des traductions, et donnait en même temps des leçons de langue italienne. Il continue encore la même profession. M. Pio est auteur des *Littere italiane scelte*, Paris, 1807, in-12.   U.

PIORRY (PIERRE-FRANÇOIS), homme de loi et administrateur du département de la Vienne, fut député à l'assemblée législative, et ensuite à la Convention nationale, où il vota la mort de Louis XVI sans appel et sans sursis. Il parut quelquefois à la tribune pendant ses deux sessions. On le nomma membre du comité des marchés, en 1793. Il fut inculpé et se justifia ; mais ayant été envoyé dans le département de la Vienne, malgré son enthousiasme révolutionnaire, M. Piorry rendit compte, avec une rare sincérité, de la prise de Thouars par les troupes royales, dont il exagéra le nombre jusqu'à les porter à cent vingt mille hommes. On lui imputa, lors de la réaction, toutes sortes de cruautés. On l'accusa d'avoir serré dans ses bras le valet de l'exécuteur de Poitiers, en répondant à son offre de couper trois cents têtes : « Mon ami, tu as bien mérité de la patrie. » On l'accusa encore en 1795, d'avoir trempé dans la révolte jacobine du 1er. prairial ; mais il vint à bout de se disculper, en se représentant lui-même « comme un *bon diable*, qui » n'avait ni la tournure ni le talent d'un » conspirateur. » Plus tard il fut décrété d'arrestation, à la suite d'une dénonciation faite sur des pièces envoyées par les administrateurs de Poitiers. Parmi ces pièces, on remarque une lettre écrite par Piorry à la société populaire de cette ville, et qui commence par ces mots : « Vigoureux *sans-culottes*, je vous ai » obtenu le patriote Ingrand pour aller » dans vos murs ; songez qu'avec ce bou » b..... de montagnard vous pouvez tout » faire, tout briser, tout renverser, tout » incendier, tout déporter, tout renfer- » mer, tout guillotiner, tout régénérer. » Ne lui laissez pas une minute de pa- » tience ; que par lui tout tremble, tout » croule, etc. » Piorry fut compris dans l'amnistie du 4 brumaire. Nommé ensuite juge à la cour d'appel de Liége, il occupa cette place jusqu'en 1814. Il n'a pas quitté cette ville pour rentrer en France. B. M.

PIPELET (Mme.) *Voy.* SALM.

PIRÉ (Le baron HIPPOLYTE-MARIE DE), fils du marquis de Piré, né à Rennes le 31 mars 1778, émigra pendant la révolution, et fit partie des corps qui débarquèrent en France en 1795 dans la baie de Quiberon ; il fut du petit nombre de ceux qui purent échapper à cette désastreuse affaire, et se réfugia en Angleterre. M. de Piré revint en Bretagne en 1796, avec le comte de Botherel, fut aide-de-camp de Puisaye, et fit la campagne sous ses ordres ; il servit ensuite avec George Cadoudal, et après la pacification consulaire ; il entra dans les troupes de la république. Une rare intrépidité le porta rapidement aux grades supérieurs. Ayant débuté par celui de capitaine, il devint chef d'escadron du 10e. de hussards, le 30 décembre 1806. Sa conduite à la bataille d'Eylau et dans les diverses affaires de la campagne de 1807, lui valut la décoration de la Légion-d'honneur. A Friedland, il se distingua de nouveau, et obtint, après le traité de Tilsitt, l'autorisation de porter la décoration de Wurtemberg. Il était général de brigade à l'époque de la guerre de Russie en 1812 ; il prit part aux combats d'Ostrowno et de Mohilow, et montra de véritables talents à la bataille de la Moskwa. Dans la campagne suivante, M. de Piré fut chargé de poursuivre le général saxon Thielmann, et fut récompensé de l'activité qu'il déploya dans cette occasion, par son élévation au grade de général de division, le 15 octobre 1813. Le 31 décembre suivant, il battit la cavalerie ennemie en avant de Colmar. En 1815, au retour de Buonaparte, on vit avec étonnement le général Piré se déclarer ouvertement pour l'ex-empereur, qui lui confia divers commandements. Envoyé d'abord en Bretagne avec les généraux Caffarelli et Bigarré (*Voy.* ces noms), il fit échouer les plans d'insurrection royaliste que le prince Louis de la Trémoille avait tentés dans ce pays. De là il se porta rapidement dans le Midi, contre le duc d'Angoulême, chargé d'une mission spéciale de Buonaparte pour s'opposer aux progrès du prince. Il accompagna à Lyon le général Grouchy, s'embarqua sur le Rhône avec le 6e. régiment léger, et partagea toutes les opérations qui rendirent infructueux les premiers succès de l'armée royale. Après la soumission de cette contrée, le général Piré fut envoyé à Laon, et commanda, jusqu'à la bataille de Waterloo, la 2e. division de cavalerie du 2e. corps de l'armée du Nord. Buonaparte l'avait nommé, avant son départ, gouverneur des palais des Tuileries et du Louvre. De retour à Paris avec l'armée, il parut encore dans les combats qui se livrèrent sous les murs de cette capitale, et occupa momentanément Versailles de concert avec le général Exelmans (*Voy.* ce nom). Compris dans la seconde série de l'ordonnance du 24 juillet 1815, il dut quitter le royaume, et fut même arrêté, puis relâché sur sa parole d'honneur de sortir de France dans cinq jours. Il se retira en Russie, où l'on a dit qu'il avait pris du service. C. C.

PISANI DE LA GAUDE (CHARLES-FRANÇAIS-JOSEPH), né à Aix en Provence, le 4 mars 1743, d'une famille noble et distinguée de cette province, fut d'abord conseiller au parlement de Provence. Ayant eu la douleur de voir périr, d'une mort subite et violente, une jeune personne qu'il était sur le point d'épouser, il alla se présenter à la Trappe; l'abbé n'ayant pas jugé sa vocation assez éprouvée, lui conseilla de rester encore dans le monde. M. Pisani prit néanmoins les ordres, et son oncle, évêque de St.-Paul-trois-Châteaux, le nomma son grand-vicaire. Il obtint, en février 1784, l'évêché de Vence, où il se signala par quelques mandements contre les philosophes, et il occupait encore ce siége lorsque la révolution vint l'en arracher. Il émigra avec la plus grande partie du haut-clergé, et après un assez long séjour à Venise, où il fut bien accueilli par la famille qui porte le même nom que lui, il se rendit à Rome où il refusa la place d'auditeur de rote, puis il alla se fixer en Allemagne, et de là en Angleterre. Après le concordat de 1802, il fut appelé de nouveau aux fonctions épiscopales, et nommé évêque de Namur; depuis il fut décoré de la croix de légionnaire. M. Pisani a publié, comme tant d'autres prélats, les mandements exigés par Buonaparte après ses victoires. Depuis la séparation de son diocèse du territoire français, l'évêque de Namur se montra, avec d'autres évêques belges (*Voy.* Maurice DE BROGLIE), opposé aux mesures politiques prises à l'égard du clergé par le roi des Pays-bas; il se justifia néanmoins, par une lettre pastorale, et protesta de sa soumission à la constitution ecclésiastique de la Belgique. B. M.

PITOU (LOUIS-ANGE), né à Valinville, près Châteaudun, en 1769, fut, pendant quelques années, après le 9 thermidor, une espèce de troubadour des rues qui composait des chansons royalistes, et les débitait lui-même à Paris sur les places publiques; il les assaisonnait, en les chantant, de réflexions et de lazzis ingénieux sur le directoire et la révolution. Arrêté seize fois et toujours relâché, il fut, au commencement de novembre 1797, condamné à la déportation par le tribunal criminel de Paris, et transporté à la Guiane, d'où il parvint à s'échapper, et, après des aventures extraordinaires, revint en France après la révolution du 18 brumaire. Comme son bannissement était à perpétuité (ce qu'il ignorait, son jugement ne lui ayant pas même été lu), la police le fit arrêter de nouveau, et il resta long-temps détenu à la Force. Il a publié: I *Voyage à Caïenne, dans les deux Amériques et chez les antropophages*, 2 vol. in-8°, fig., 1808, 2e édition. II *Le Chanteur parisien, ou recueil de vaudevilles qui ont fait exiler l'A. Pitou*. 1808. in-18. III. *Tablettes des grands événements depuis 1787 jusqu'à 1808*, 1808, in-18. IV. *L'Urne des Stuarts et des Bourbons, ou le fond de ma Confession sur les effets du 21 janvier, etc., XVI, XVII, XVIII et XIXe. siècles*, 1815, in-3°. V. *Analyse de mes malheurs et de mes persécutions depuis vingt-cinq ans*, 1816. in-8°. VI. *Aux amis de l'ordre et de la paix*, 1817, in-8°. VII. *Prières au tombeau des Bourbons*, 1818, in-8°. B. M.

PIXERÉCOURT (RENÉ-CHARLES GUILBERT DE), directeur des domaines et auteur dramatique, de l'académie de Nanci, est né dans cette ville le 22 janvier 1773. Son père, ancien major au régiment de Royal-Roussillon, homme très sévère, lui donna une éducation assortie à son caractère, et qui n'a pas peu influé sans doute sur le genre de composition auquel s'est livré de préférence le fameux dramaturge dont nous parlons. Aussi trouve-t-on dans presque tous les ouvrages de cet auteur, à travers un intérêt touchant et des scènes énergiques, un personnage franc jusqu'à la brusquerie, et loyal jusqu'à l'austérité. Si, comme on peut le présumer, ce caractère, si souvent reproduit, a été écrit d'inspiration, on ne s'étonnera plus de l'espèce de *sauvagerie* qui éloigne M. de Pixerécourt de la société, et lui fait préférer le travail à ce faux brillant, à ce vide que les hommes studieux éprouvent généralement dans le monde. Il était destiné au parlement, et venait de finir son droit lorsque la révolution éclata. Les princes, en s'éloignant du royaume, appelèrent près d'eux la noblesse française. Soumis en tout aux volontés de son père, M. de Pixerécourt suivit l'exemple des gentilshommes de sa province; il partit pour

Coblentz en 1791, et fit la campagne de 1792 comme officier au régiment de Bretagne, dans l'armée du duc de Bourbon. Il revint en France en 1793. Proscrit par les anarchistes, et poursuivi pendant près de deux ans, il ne parvint qu'à travers des périls sans nombre à dérober sa tête à la hache révolutionnaire. C'est dans ces jours de terreur, et du fond de l'asile secret qu'il avait choisi, que, se nourrissant d'idées sombres, il commença à écrire pour le théâtre. Son premier ouvrage fut une tragédie lyrique en trois actes, intitulée *Ariaxerce*, reçue au théâtre Feydeau en 1796. Il présenta à la même époque plusieurs opéras au théâtre de la rue Favart; mais ce même caractère, qui lui inspirait des compositions vigoureuses, le rendait inhabile aux intrigues de coulisses, et incapable de cette souplesse nécessaire à l'homme de lettres qui consacre sa plume aux grands théâtres. Au reste, les drames de M. de Pixérécourt sont fortement conçus, habilement conduits, et regardés comme supérieurs à ceux que nous a laissés Sedaine. Ses nombreux rivaux eux-mêmes ne peuvent lui contester sa supériorité dans la combinaison des plans, et une entente parfaite de la scène. Depuis dix-huit ans, sa carrière dramatique a été signalée par des succès constants et même prodigieux. La plupart de ses ouvrages ont été traduits en allemand, en anglais, en italien, et représentés sur tous les théâtres étrangers. Il a été tour-à-tour l'objet des éloges et de la critique. On l'a quelquefois nommé le *Shakespeare français*. Il est juste de dire que ses pièces, indépendamment du mérite dramatique, sont remarquables par des idées morales et religieuses qui caractérisent un écrivain estimable et nourri d'excellents principes. Ses principaux ouvrages sont : A l'Opéra. *Léonidas*, 1799 ; — *Flaminius à Corinthe*, 1811. Au théâtre Favart : *Marcel*, 1801 ; — *Avis aux femmes*, 1804. Au théâtre Feydeau : *Le petit Page*, 1800 ; — *le Chansonnier de la paix*, 1801 ; — *Koulouf*, en trois actes, 1806 ; — *La Rose blanche et la Rose rouge*, en trois actes, 1809. Au théâtre Montansier : *La Forêt de Sicile*, 1798 ; — *la Soirée des Champs-Elysées*, 1797 ; — *le Mal avisé*, 1799 ; — *le Vieux Major*, 1801 ; — *la Peau de l'ours*, 1802. Au théâtre de l'Ambigu-comique : *Victor*, 1798 ; — *Cœlina*, 1800 ; — *le Pèlerin blanc*, 1801 ; — *l'Homme à trois visages*, 1801 ; — *la Femme à deux maris*, 1802 ; — *les Mines de Pologne*, 1803 ; — *Tékéli*, 1803 ; — *Les Maures d'Espagne*, 1804. Au théâtre de la Gaîté : *Rosa*, 1806 ; — *l'Ange tutélaire*, 1808 ; — *la Citerne*, 1809 ; — *Marguerite d'Anjou*, 1810 ; — *les Ruines de Babylone*, 1810 ; — *le Précipice*, 1811 ; — *le Fanal de Messine*, 1812 ; — *le Chien de Montargis*, 1814 ; — *Charles-le-Téméraire*, 1814 ; — *Christophe Colomb*, 1815 ; — *le Monastère abandonné*, 1816 ; — *la Chapelle des Bois, où le témoin invisible*, dont le sujet est tiré du trop fameux procès de Rhodez, 1818. Au théâtre de la Porte St-Martin : *Pizarre*, 1802 ; — *la Forteresse du Danube*, 1805 ; — *Robinson-Crusoé*, 1805 ; — *le Solitaire de la Roche-Noire*, 1806. Il a traduit plusieurs ouvrages de l'allemand, entre autres, *les Souvenirs de Paris* (de Katzebue), 1804, 2 vol. in-12. Le traducteur a fait des suppressions et des modifications à des passages qu'un bon Français ne pouvait adopter. — *Les Souvenirs d'Italie* (du même auteur), 1805, 4 vol. in-12 ; — *Charles XII*, surnommé *Tête-de-fer*, 2 vol. in-8°. Il a publié en 1809 une *Vie de Dalayrac*, 1 vol. in-12. On lui attribue : 1. *Guerre au mélodrame*, 1818, in-8°. II. *Des faits opposés à des mensonges, ou Réponse à un libelle intitulé, Confidences de l'hôtel de Bazancourt par M. Pigeon*, 1818, in-8°. M. de Pixérécourt est un de nos bibliophiles les plus ardents. Sa bibliothèque, très précieuse, composée d'objets rares, est depuis vingt ans l'objet de ses soins et de ses recherches. F.

PIZARRO (Le chevalier don LÉON), ministre espagnol, fut attaché successivement à différentes ambassades, et, de retour en Espagne, remplit sous le roi Charles IV la place de secrétaire du conseil-d'état et celle de premier commis au département des affaires étrangères. Joseph Buonaparte, à son arrivée à Madrid, desira s'attacher don Pizarro, et le fit membre du conseil d'état qu'il avait essayé d'organiser, et dont l'existence éphémère permit à peine à ceux qui en faisaient partie de lui prêter un serment illusoire. A la seconde prise de Madrid, don Pizarro quitta cette ville, alla rejoindre les patriotes d'Andalousie, et demeura avec eux jusqu'au retour de Ferdinand VII. Ce prince l'envoya d'abord en Prusse avec la qualité de ministre plénipotentiaire; il le chargea de quelques autres missions, et le rappela, en 1816, pour le nommer d'abord conseiller-d'état honoraire, et lui confier ensuite le département des affaires étrangères, à la place de Cévallos. (*Voy.* ce nom.) C. C.

PLANARD (EUGÈNE), né à Milhau le 4 février 1784, d'une famille distinguée de l'ancienne province de Rouergue, se livra de très bonne heure à un goût naturel pour la poésie, et surtout pour le théâtre. Il vint à Paris en 1806, pour y suivre les cours de l'école de droit; mais, cédant à son penchant, il débuta dans la carrière dramatique par le *Curieux*, comédie en vers, qui eut du succès au théâtre Louvois; et bientôt après son *Paravent* fut joué au Théâtre-Français. Ses *Pères créanciers* furent moins heureux; mais l'auteur prit sa revanche dans la *Nièce supposée*, comédie en trois actes et en vers qui a conservé une place au répertoire. C'est à-peu-près dans le même temps que M. Planard fit jouer sur le théâtre de l'Odéon le *Portrait de famille*, qui fut applaudi et le *Faux paysan*, qui était un essai de sa première jeunesse. Il a été généralement heureux à l'Opéra-Comique, où il a donné successivement l'*Echelle de soie.*—*L'Emprunt secret.*—*Le Mari de circonstance.* — *Les Héritiers Michau.* — *Le Règne de douze heures.* — *Les Noces de Gamache.* — *La Lettre-de-change.* Parmi ces ouvrages, qui tous ont plus ou moins réussi, on doit distinguer le *Mari de circonstance*, pièce intriguée et dialoguée avec un talent si remarquable, que sa véritable place était au théâtre Français. Les *Héritiers Michau*, dont l'auteur n'avait voulu faire qu'une pièce de circonstance, ont survécu à l'événement qui lui en avait donné l'idée. On connaît encore de cet écrivain différentes pièces de vers insérées dans des recueils. M. Planard est en ce moment secrétaire du comité de législation du conseil d'état. V.

PLANAT, officier d'ordonnance de Buonaparte, fut envoyé, en mai 1815, dans les départements du Midi et de l'Est, pour y examiner l'état politique du pays et sa situation militaire. Quelques uns des rapports de M. Planat furent trouvés, après la bataille de Waterloo, dans le portefeuille du baron Fain, secrétaire de l'ex-empereur. Voici quelques passages de celui qu'il avait envoyé de Montauban le 3 juin 1815 : « L'esprit du département du Tarn-et-Garonne est des plus mauvais; les mots de patrie, de gloire, d'indépendance, de cause nationale, y sont non seulement sans effet, mais encore un objet de dérision; il n'y a rien à faire ici que par une administration ferme et la force-armée. » La ville de Toulouse fut aussi l'objet des rapports de M. Planat : il annonça que la présence du duc d'Angoulême sur la frontière espagnole, nourrissait dans cette ville un foyer secret de révolte, auquel l'existence de la Vendée donnait de nouvelles forces. M. Planat accompagna Buonaparte dans son voyage à Rochefort, et s'embarqua avec lui sur le *Bellerophon*; mais il ne fit point partie du petit nombre d'officiers qui le suivirent à Sainte-Hélène. Les Anglais le transportèrent à l'île de Malte, d'où il fut ensuite relâché, ainsi que MM. Savary et Lallemand. C. C.

PLANCHE, professeur de rhétorique au collége royal de Bourbon, après avoir été maître de l'ancien collége de Sainte-Barbe, dont il fut l'un des élèves les plus distingués, a publié un *Dictionnaire grec et français*, 1809, in-8°, 2e. édition, 1817. On a encore de M. Planche plusieurs discours latins, dont le style pur et vraiment cicéronien donne la meilleure idée de ses talents comme professeur et de ses connaissances comme savant. Ses poésies latines ont aussi fait preuve dans leur auteur d'un mérite peu commun aujourd'hui. Il a été quelque temps collaborateur du *Mercure de France.* —

PLANCHE (L. A.), pharmacien à Paris, a publié : *Pharmacopée générale à l'usage des pharmaciens et des médecins modernes*, trad. de l'italien, 1811, 2 vol. in-8°. Il est collaborateur au *Bulletin de Pharmacie.* OT.

PLANTA (JOSEPH), d'une ancienne et noble famille du pays des Grisons, est né en 1744. Il reçut sa première éducation dans la maison paternelle à Londres, où son père possédait un bénéfice ecclésiastique, et fit ensuite ses études dans les universités d'Utrecht et de Gottingue, séjourna quelque temps en France, et fit un voyage en Italie. S'étant destiné à la diplomatie, il occupa l'emploi de secrétaire de la légation britannique à Bruxelles; mais son père étant mort, et ses intérêts exigeant sa présence à Londres, il y revint, et obtint une place de bibliothécaire au Musée britannique, où il fut nommé conservateur et directeur des manuscrits et des médailles. Le public a rendu justice aux soins éclairés qu'il a donnés à l'accroissement de cet important établissement. M. Planta, dès le commencement de sa carrière littéraire, fut aggrégé à la société royale de Londres, et peu après il en fut élu secrétaire, place qu'il a remplie avec une grande distinction pendant près de trente ans. Attaché en même temps au département des affaires étrangères, il a été secrétaire de lord Castlereagh, et a été nommé sous-secrétaire-d'état en 1817. Il a coopéré à divers ouvrages périodiques, et a beaucoup contribué aux travaux d'une commission établie par le parlement, pour la recherche de pièces fondamentales du droit public du royaume. On a de lui : I. Une *Dissertation sur la langue romanche du pays des Grisons*, qui a été jugée digne d'être insérée dans les *Transactions philosophiques*. II. Un Catalogue très détaillé des manuscrits de la bibliothèque Cottonienne, qui est déposée au Musée britannique. III. *Histoire de la Confédération helvétique*, 1800, 2 vol., in-4°.; 2ᵉ. édition, 2 vol. in-8°. F.

PLATNER (ERNEST), savant professeur saxon, que ses compatriotes ont surnommé le *Nestor* de l'université de Leipzig et de la philosophie allemande, est né à Leipzig le 15 juin 1744. Il est connu par un grand nombre d'ouvrages importants dans les sciences et dans les lettres. Les plus estimés sont : I. *L'Antropologie*, 1772, in-8°. II. *Nouvelle antropologie*, 1790, in-8°. III. *Quæstionum physiologicarum libri II*, 1793, 2 vol. in-8°. IV. *Aphorismes philosophiques*, 1793-1800, 2 vol. in-8°. Une méthode rigoureuse, de savantes recherches, la sagacité de l'analyse, sont les caractères distinctifs de ces deux productions. L'auteur avait, en quelque sorte, deviné le système anatomique depuis confirmé par d'autres savants, sur l'uniformité de structure et la nature secrétoire de toutes les parties médullaires ou nerveuses. Le roi de Saxe l'a nommé, en 1816, membre de la commission chargée de la rédaction d'un projet de loi sur la liberté de la presse. C. C.

PLAYFAIR (JAMES), ecclésiastique anglais, membre de la société royale et de la société des antiquaires d'Edinbourg, est né à Bendochie dans le comté d'Angus vers 1740. Il est aujourd'hui curé de Meigle et a obtenu par la protection de la famille Bute la place de principal des colléges réunis de St.-Salvador et de St.-Léonard dans l'université de St.-André. Il est surtout connu par un ouvrage estimé intitulé : *Système de chronologie divisé en 8 parties*, in-fol., 1784. — PLAYFAIR (Jean), théologien, membre de la société royale et de celle des antiquaires d'Edinbourg, et professeur de mathématiques dans cette université, est fils du précédent et l'un des coopérateurs les plus actifs de l'*Edinburgh review*. Il s'est distingué par le zèle avec lequel il a défendu la *Théorie de la terre*, d'Hutton (*V.* l'art. HUTTON, dans la *Biogr. univ.*) Ses ouvrages sont : I. *Eléments de géométrie*, in-8°., 1796; 2ᵉ. édit., 1804. II. *Eclaircissements sur la théorie de la terre, par Hutton*, in-8°., 1812. III. *Système complet de géographie ancienne et moderne*, 5 vol. in-4°.; le dernier volume a paru en 1813. IV. *Esquisse de philosophie naturelle*, in-8°., 1812. — PLAYFAIR (William), né à Edinbourg, a résidé trente ans à Londres. Il s'est fait surtout connaître en annonçant le départ de Buonaparte de l'île d'Elbe deux mois avant l'exécution. Cet avis fut donné par M. Playfair aux ministres, qui, comme ailleurs, n'en tinrent aucun compte. Ses ouvrages sont : I. *Règles pour l'intérêt de l'argent*, in-8°., 1785. II. *Atlas commercial et politique*, in-4°., 1786. III. *Tableau arithmétique du commerce, des finances et de la dette nationale*, avec des planches, in-4°., 1787-1789. IV. *Inévitables conséquences de la réforme du Parlement*, in-8°., 1792. V. *Vue générale des forces et des ressources actuelles de la France*, in-8°., 1793. VI. *Meilleur avenir pour les négocians et les manufacturiers de la Grande-Bretagne*, in-8°., 1793. VII. *Pensées sur l'état politique actuel de la France*, in-8°., 1793. VIII. *Paix avec les Jacobins : chose impossible*, in-8°., 1794. IX. *Lettre au comte Fitz-william*, in-8°., 1794. X. *Histoire du jacobinisme*, in-8°., 1795. XI. *Etat vrai des finances et des ressources de la Grande-Bretagne*, in 4°., 1800. XII. *Tables statistiques de tous les états de l'Europe*, in-4°., 1800. XIII. *Le Manuel statistique, montrant, d'après une méthode entièrement nouvelle, les ressources de chaque état et royaume de l'Europe, in-8°., 1801; trad. en français par D. F. Donnant, Paris, 1802, in-8°. XIV. *Preuves de la falsification par les Français de lettres interceptées, trouvées à bord de l'Amiral Aplin*, in-8°., 1804. XV. *Recherches sur les causes de la décadence et de la chute des riches et puissantes nations*, in-4°., 1805; une 2°. édit. a été publiée en 1807. XVI. *Richesse des nations*, de Smith, avec des notes et des chapitres supplémentaires; deuxième édit., 3 vol. in-8°., 1805. XVII. *Notice statistique des Etats-Unis d'Amérique*, traduit du français, in-8°., 1807. XVIII. *Plan pour établir la balance du pouvoir en Europe*, in-8°., 1813. XIX. *Portraits politiques modernes, avec des notes historiques et biographiques*, deux vol. in-8°., 1814. L'auteur y exprime partout son horreur pour la révolution française. Les notes valent mieux que le texte. XX. *Détails sur le complot de Buonaparte, donnés au comte Bathurst et à l'ambassadeur de France*, in-8°., 1815. M. Playfair qui se trouvait à Paris en 1818, et qui y travaillait au journal anglais intitulé, *Galignani's messenger*, fut condamné, dans le mois de juillet, par le tribunal de police correctionnelle, à trois mille francs d'amende et à trois mois de prison pour avoir calomnié la mémoire du comte de St.-Morys.   Z.

PLOWDEN (FRANCIS), célèbre avocat anglais et catholique romain, fut élevé au collège de St.-Omer, et fut reçu, en 1793, docteur ès-lois à l'université d'Oxford, pour avoir défendu la constitution anglaise avec autant d'exactitude que de profondeur. Il publia, depuis, plusieurs autres ouvrages remarquables, et il exerçait les fonctions d'avocat à Londres avec beaucoup de distinction et de succès; mais ayant attaqué avec chaleur, dans ses ouvrages historiques, la conduite de quelques agents du gouvernement, il fut condamné comme calomniateur, à cinq mille livres sterling de dommages; il fut obligé, pour éviter les suites de cette condamnation, de s'enfuir en France, où il est encore aujourd'hui. Il a fait paraître entre autres écrits: I. *Examen des droits naturels des sujets britanniques*, in-8°., 1784; avec un supplément, 1785. II. *Histoire abrégée de l'empire britannique, pendant les derniers vingt mois*, in-8°., 1794. III. *Histoire abrégée de l'empire britannique, pendant l'année 1794*, in-8°., 1795, traduite en français par André, vol. in-8°. IV. *L'Eglise et l'Etat, ou Recherches sur l'origine, la nature et l'étendue de l'autorité ecclésiastique et civile, dans ses rapports avec la constitution britannique*, in-4°., 1795. V. *Revue historique de l'état de l'Irlande, depuis l'invasion de ce pays sous Henri II, jusqu'à son union avec la Grande-Bretagne*, 3 vol. in-4°., 1803. On y trouve de l'intérêt et de la bonne foi. VI. *Histoire d'Irlande, depuis 1172 jusqu'en 1810*, 5 vol. in-8°., 1812. VII. *Deux lettres historiques à sir John Cox Hippisley*, in-8°. — Sa femme, Françoise PLOWDEN, est auteur de *Virginie*, opéra en trois actes, in-8°., 1800. — PLOWDEN (Charles), prêtre catholique, et Jésuite, frère du précédent, fut élevé avec lui à St.-Omer, où il entra dans les ordres. Il fut quelque temps professeur dans le séminaire catholique de Stonyhurst, dans le comté de Lancastre, d'où il passa à la direction de la chapelle de Bristol. M. Plowden s'est toujours montré favorable aux droits du saint-siège, et même à ce qu'on appelle les opinions ultramontaines. Dans les disputes sur le serment, en 1790 et 1791, il se rangea du côté des évêques et s'éleva contre les opérations du comité catholique. Ses principaux écrits sont: I. *Remarques sur les écrits de J. Berington, adressées au clergé catholique d'Angleterre*, in-8°., 1792. II. *Considérations sur l'opinion moderne de la faillibilité du pape*, in-8°., 1796. III. *Quelques lettres au journal de Bristol, sur l'émancipation des catholiques*.   Z.

PLUMPTRE (ANNE), seconde fille du docteur Robert Plumptre, qui fut pendant vingt-huit ans président du collège de la Reine à Cambridge, reçut une éducation bien différente de celle qu'on donne ordinairement aux femmes. Son père, qui dirigeait lui-même ses études, lui fit suivre des cours de belles-lettres, et lui enseigna les langues vivantes. Elle connaît parfaitement le français, l'allemand, l'italien et l'espagnol. Anne Plumptre commença à se faire connaître par quelques opuscules insérés dans des ouvrages périodiques; elle publia en suite un roman, sous le voile de l'anonyme, et elle y mit son nom à la 2e édit. Ses écrits sont : I. *Antoinette*, roman, 2 vol. in-12. II. *Le Fils du recteur*, id., 3 vol. in-12, 1798. III. Sept pièces de théâtre, trad. de l'allemand de Kotzebue, in-8º., 1798-1799. IV. *Lettres écrites de différentes parties du continent*, traduites de l'allemand de F. Matthison, in-8º., 1799. V. *Voyages physiognomiques*, trad. de l'allemand de Musœus, 3 vol. in-12, 1800. VI. *Vie et carrière littéraire de Kotzebue*, in-8º., 1800. VII. *Quelque chose de nouveau, ou Aventures de l'hôtel Campbel* 3 vol. in-12, 1801. VIII. *Relation historique de la peste de Marseille en 1720*, trad. du manuscrit français de Bertrand, in-8º., 1805. IX. *Récit de trois années de séjour en France*, 3 vol. in-8º., 1810. X. *Histoire de moi-même et de mon ami Woman*, 4 vol. in-12, 1812. XI. *Voyage dans l'Afrique méridionale*, traduit de l'allemand de Lichtenstern, in-4º., 1812; le second volume a paru en 1815. XII. *Voyages dans la Morée, l'Albanie et autres parties de l'empire Ottoman*, trad. du français de Pouqueville, in-4º., 1813. XIII. *Voyage au Brésil, dans la mer du Sud, le Kamschatka et le Japon*, trad. de l'allemand de Langsdorff, in-4º., 1813; le second volume a paru en 1814. Z.

PLUNKETT, anglaise, fille du général Gunning et de miss Minifie, auteur de plusieurs romans remarquables, s'adonna, comme sa mère, à la culture des lettres. La duchesse de Bedford, qui d'abord avait soutenu Mme. et Mlle. Gunning, les abandonna par suite de quelques intrigues qu'on les accusait d'avoir pratiquées pour s'allier à une noble famille. Mlle. Gunning a épousé M. Plunkett, officier anglais. Elle a publié : I. *Gipsey countess* (la comtesse bohémienne), 4 vol. in-12, 1799. II. *Le Valet du fermier*, traduit du français de Ducray-Duminil, roman, 4 vol. in-12, 1802. III. *L'Exilé d'Erin*, roman, 3 vol. in-12, 1808. IV. *Les Dangers de la vie*, 3 vol. in-12, 1808. V. *Mémoires d'un homme à la mode*, in-12, 1815. Z.

POCHINI (Le comte ANTOINE), né à Padoue, ayant pris part à la révolution d'Italie, s'éloigna de ce pays quand les Austro-Russes y vinrent, en 1798, et se réfugia en France, où le directoire lui accorda des secours. Le séjour de ce pays le séduisit, et il voulut y rester même quand Buonaparte lui eut rouvert le chemin de l'Italie par sa victoire de Marengo. L'enthousiasme que Paris lui inspirait s'augmenta par la vue des objets d'arts rassemblés dans le grand Musée. Il le chanta en quatre épîtres réunies sous ce titre : *I Monumenti delle belle arti nella città di Parigi; epistole*, etc., vol in-4º. de 147 pages, 1810. Buonaparte, alors empereur, reçut dans cet ouvrage les hommages du poète ; et quand les Bourbons remontèrent sur le trône, en 1814 M. Pochini retourna les mêmes vers en leur honneur; et il en annonça, par un prospectus, une espèce de nouvelle édition fort augmentée, en 1815, sous ce titre : *La Borbonia Luteziade, ou Tableau poétique de la ville de Paris et de ses environs*, 24 chants en vers sciolti. Dans ce prospectus, il dit qu'il célébrerait les heureux événements qui avaient remis cette ville sous la domination légitime des augustes descendants d'Henri IV, de François Ier. et de Louis-le-Grand ; mais il ne paraît pas que les souscriptions aient été suffisantes pour encourager l'auteur, puisque l'édition n'a pas vu le jour. M. Pochini avait publié, dès l'arrivée du Roi, un petit poëme italien, intitulé: *Les Lis d'or* (*I Gigli d'oro*), et il avait obtenu la décoration du lis d'argent. Il est membre de diverses académies d'Italie, et il en est digne, car ses vers sont d'un disciple du Tasse et de Pétrarque. N.

POCHOLLES (PIERRE-POMPONE-AMÉDÉE), professeur de rhétorique à Dieppe, à l'époque de la révolution, fut élu, en 1791, député-suppléant de la Seine-Inférieure à l'assemblée législative, où il ne prit point séance ; et ensuite député à la Convention nationale, où il vota la mort de Louis XVI de la manière suivante: « Je crois que » des mesures de faiblesse, que des demi-» mesures sont les plus dangereuses dans » les crises d'une révolution. Si Louis vit » au milieu de nous, je crains que le » spectacle de l'infortune n'efface à la » longue la plus juste indignation. La » mesure du bannissement ne me paraît » pas meilleure. Si les Tarquins bannis » ne furent plus dangereux, et ne purent » rentrer dans Rome asservie, c'est qu'ils » n'avaient pas, comme Louis, de nom-» breux amis dans l'intérieur et des mil-» liers de bras armés au-dehors sous

» l'étendard de la révolte. On craint, après
» sa mort, les tentatives d'un ambitieux
» qui prétendrait à le remplacer. Je de-
» mande comment un ambitieux serait
» encouragé par le châtiment d'un tyran ?
» Ne serait-ce pas, au contraire, votre
» faiblesse ? Craindrait-on que les Fran-
» çais tremblassent devant un tyran nou-
» veau, lorsqu'ils frissonnent encore d'hor-
» reur au souvenir de leurs chaînes ? Je
» vote pour la mort de Louis ; et puisse
» sa tombe enfermer toutes nos divisions
» et nos haines ! » M. Pocholles se prononça ensuite contre le sursis. En 1793,
1794 et 1795, il fut successivement envoyé dans la Vendée, où il exagéra les
pertes des royalistes, mais ne commit
aucune cruauté ; à Lyon, où il s'opposa
aux Jacobins ; et à Tours, où il se conduisit avec assez de modération. Prud-
'homme lui reproche cependant d'avoir
violé le tombeau d'Agnès Sorel, dispersé
ses cendres, etc. ; et il assure que ce fait est
consigné dans les registres de la municipalité de Loches. M. Pocholles fut nommé au conseil des cinq-cents, après la
session, concurremment avec Garnier-de-
Saintes ; mais il n'y fut point admis. Il devint ensuite commissaire du directoire à
Corfou, puis secrétaire-général de la préfecture de la Roër, d'où il passa à la sous-
préfecture de Neuchâtel, département de
la Seine-Inférieure. Il conserva cette place
jusqu'à la restauration, en 1814 ; y fut appelé de nouveau par Buonaparte, après le
20 mars, et la perdit définitivement à la
seconde rentrée du Roi. Il fut obligé de
sortir de France en 1816, comme régicide, et se réfugia en Belgique. B. M.

POINSOT (L.), de l'académie royale
des sciences, inspecteur-général de l'Université, ancien professeur à l'École polytechnique, a publié : *Éléments de statique*, 1804, in-8°, et 1811, in-8°. Il a
été nommé par le Roi, en septembre 1816,
examinateur d'admission à l'École polytechnique. — POINSOT (Pierre-George),
né en 1743, membre de la société d'é-
mulation et de celle d'agriculture de
Lausanne, a publié : I. *L'Ami des jar-
diniers*, ou *Instruction méthodique
à la portée des amateurs et des jar-
diniers de profession, surtout en ce
qui concerne les jardins fruitiers et
potagers, parcs, jardins anglais, par-
terres, orangeries et serres chaudes*,
1804-1805, 2 vol. in-8°. II. *L'Ami des
malades de la campagne*, 1804, in-8° ;

seconde édition entièrement refondue et
augmentée de plus de moitié, 1806, in-
8°. III. *L'Ami des cultivateurs*, 1806, 2
vol. in-8°. Ot.

POIRET (J. L. M.), naturaliste, est
auteur d'un *Voyage en Barbarie fait
en 1785 et 1786*. Ce voyage, suivi de
*Recherches sur l'histoire naturelle de
la Numidie*, a été imprimé en 1789,
2 vol. in-8°. L'auteur a aussi publié un
ouvrage sur les *Coquilles fluviatiles et
terrestres observées dans le département
de l'Aisne*, 1801, in-8°. Il a fourni des
articles aux trois premiers volumes du
*Dictionnaire botanique de l'encyclo-
pédie méthodique* commencés par M.
Lamarck, et il a continué les neufs
derniers. Il est un des rédacteurs de la
Flore médicale et du *Dictionnaire des
sciences naturelles*. C.

POIRSON, géographe, est au-
teur de deux globes terrestres qui sur-
passent, par le mérite de leur exécution, tous ceux qui existaient jusqu'ici.
Le premier, qu'il a dessiné en 1813,
par ordre de Napoléon, de concert
avec M. Mentelle, était destiné à l'é-
ducation du petit roi de Rome, et fut
adopté par le grand-maître de l'université, pour l'instruction publique. Il est
de trois pieds trois pouces de diamètre,
et a été placé aux Tuileries dans la galerie de Diane. La partie mécanique de ce
globe a été confiée aux soins de M. Pichon, ingénieur en instruments de mathématiques. Le second globe, exécuté
par M. Poirson, a paru à la fin de 1814.
C'est l'ouvrage le plus important dans son
genre qui ait encore été publié en Europe.
Il est tracé à la plume et a quinze pieds
de circonférence. L'auteur a employé dix
années à sa confection. Un rapport de
l'Institut a constaté la perfection de ce
bel instrument, dans lequel le mérite de
la gravure se trouve réuni à l'exactitude
mathématique. Le Roi en a fait l'acquisition pour son cabinet. Le *Nouvel atlas
élémentaire à l'usage de la jeunesse*,
a été gravé d'après les dessins de MM.
Poirson et Lapie. M. Poirson est chevalier de la Légion-d'honneur. — POIR-
SON-DELESTRE, fils du précédent, au
nom duquel il a ajouté celui de sa mère,
a composé en société avec M. Scribe,
beaucoup de pièces pour le Vaudeville,
telles qu'*Une nuit de la garde nationale*; — *Le nouveau Pourceaugnac*;
— *une visite à Bedlam*, etc. S. S.

POISSON (Denis-Siméon), l'un des plus savants mathématiciens de nos temps, membre de l'Institut et du bureau des Longitudes, professeur à l'école polytechnique, est né à Pithiviers, en 1781. Il a publié, en 1811, en 2 vol., un *Traité de mécanique* très estimé. On a encore de lui plusieurs savants Mémoires dans ceux de l'Institut et dans le *Journal de l'Ecole polytechnique*. Il fut nommé, dès la formation de l'école Normale à l'université de Paris en 1811, professeur de mécanique à cette faculté, en février 1818, et l'un des membres du jury chargé d'examiner les individus qui se présenteraient pour remplir les places de professeurs de dessin à l'Ecole royale de l'artillerie de Metz, et de répétiteurs de mathématiques aux Ecoles d'artillerie de Douai et de Valence. A.

POISSON - DE - COUDREVILLE (Jacques), né le 6 février 1746, était avocat à St.-Lô à l'époque de la révolution. Il fut nommé successivement président du tribunal de cette ville, administrateur du département de la Manche, député à l'assemblée législative, et ensuite à la Convention nationale, où il vota la détention de Louis XVI, et son bannissement à la paix. En 1795, il travailla dans le comité des finances, passa en septembre au conseil des anciens, fut nommé commissaire pour la surveillance de la comptabilité, en sortit en 1797, y fut aussitôt réélu, devint président du conseil, le 21 avril 1798, et fut nommé, en décembre 1799, membre du corps législatif jusqu'en 1803, époque à laquelle il passa en qualité de procureur-général près la cour criminelle de la Manche. Il siégea, en juin 1815, à la chambre des représentants. B. M.

POITEAU (A.) a publié : I. (Avec Turpin.) *Flore parisienne*, 1813; les neuf premières livraisons in-folio. II. *Jardin botanique de l'Ecole de médecine de Paris, ou Description abrégée des plantes qui y sont cultivées*, 1816, in-12. (*Voy.* la *Biographie universelle*, au mot Duhamel). Ot.

POITEVIN-PEITAVI (Philippe-Vincent), ancien avocat au parlement de Toulouse, secrétaire-perpétuel de l'académie des Jeux floraux, naquit à Aliguan-du-Vent, près de Béziers, le 19 janvier 1742. Il a publié, en 1815, un *Mémoire pour servir à l'histoire des Jeux floraux*, dédié au Roi, 2 vol. in-8°, où sont les éloges des académiciens morts depuis 1695. Dans l'éloge de M. de Resseguier, procureur-général au parlement de Toulouse, on voit que M. Poitevin, à peine arrivé au barreau, s'en exila en 1771, et n'y reparut, quatre ans après, qu'au retour de l'ancienne magistrature. Dans une accusation d'assassinat, où des gens accrédités voulaient sacrifier un malheureux sans appui, M. Poitevin leur arracha cette innocente victime, après une lutte violente, et qui dura plus de deux ans. Réduit ensuite à justifier l'énergie qu'il avait déployée, il vit venir à son secours tous les grands barreaux du royaume, pour défendre les droits d'une profession qui cesserait d'être utile, si elle cessait d'être libre. M. Poitevin était dans toute la force de l'âge et de son talent quand la révolution arriva. Les parlements étant supprimés, il n'hésita pas à renoncer à sa profession, ne voulant avoir rien de commun, dit-il, avec cette foule de praticiens qui, sous le nom d'*hommes de loi*, inondèrent les tribunaux. Aussi fut-il un des premiers qu'on mit en réclusion. Quand les prisons s'ouvrirent, après le 9 thermidor, il s'enfonça dans une retraite profonde, uniquement occupé de littérature. Il en fut arraché, en 1798, après l'issue malheureuse de l'insurrection de Toulouse, pour défendre l'un des chefs de cette insurrection, M. Auguste Daguin, dont le père avait péri dans le massacre général du parlement. N'ayant pas été pris les armes à la main, il n'était pas justiciable du conseil de guerre; mais ce tribunal militaire, établi à Toulouse, condamnait à mort indistinctement tous les insurgés qu'on lui présentait, sans qu'aucun des *hommes de loi, défenseurs officieux*, osât proposer le moyen d'incompétence. Ils avaient ainsi laissé fusiller quinze de ces royalistes, lorsque M. Poitevin s'élança dans cette arène sanglante pour défendre le fils de son ami. Il le sauva, et avec lui, tous les autres, au nombre de plus de mille. « Sans le succès de mon » zèle, dit-il, dans son épître dédicatoire, » ils auraient tous péri, et moi vraisem- » blablement avec eux. » Lorsque l'académie des Jeux floraux, dispersée depuis quinze ans, se fut réunie en 1806, M. Poitevin, à qui elle donna ses pouvoirs, lui fit recouvrer ses livres, ses registres, sa dotation, la salle de ses assemblées particulières; il renoua les anciennes correspondances, en forme de nouvelles, fit rétablir la distribution des jetons, et ne manqua jamais, dans la solemnité de la distribution des prix, de faire un rapport sur le concours, pour manifester la fidélité de l'académie à maintenir dans ses jugements les principes religieux et les bonnes doctrines, dont le dépôt lui avait été transmis de siècle en siècle depuis une époque déjà ancienne en 1322. M. Poitevin avait entrepris d'écrire l'histoire de cette société. Ayant rempli cette tâche, il l'effectua, à la fin de 1812, sa retraite, qu'il préparait depuis long-temps, et pria l'académie de recevoir sa démission. L'académie répondit qu'elle ne voulait renoncer, ni à le revoir dans ses séances, ni aux services qu'il pouvait lui rendre encore. Mais, afin de ne lui imposer aucune gêne, elle lui donna un survivancier avec exercice. Dans le partage des fonctions du secrétariat, M. Poitevin se chargea de la correspondance, qu'il entretient avec soin, et dont il rend tous les ans un compte exact à la rentrée de l'académie. Il a publié plusieurs Notices sur des hommes célèbres nés dans le pays qu'il habite. Avant de quitter Toulouse, il avait exhumé la mémoire de Benoît d'Alignan, évêque de Marseille, dont aucun dictionnaire historique ne parlait, quoiqu'il eût attaché son nom à tous les grands événements du XIIIe. siècle, et qu'il fût un des écrivains qui signalèrent cette aurore de la renaissance des lettres. En publiant cette notice, M. Poitevin lui érigea un monument dans l'église d'Alignan-du-Vent, où ils avaient été baptisés tous deux, à cinq cents ans d'intervalle. Dans les notes qui accompagnent cet ouvrage, M. Poitevin parle des mœurs patriarchales de son village, où, dit-il, tout le monde est royaliste sans aucun dissident, et a traversé la révolution sans contracter aucune souillure politique ou religieuse; où tous les paiements se sont faits avec probité, et où l'on pratique constamment un moyen sûr d'interdire le feu et l'eau à tout étranger dont la probité est suspecte. Depuis deux ans, M. Poitevin s'occupe de l'enseignement mutuel, et il en a déjà fait plusieurs établissements dans des écoles primaires catholiques de l'arrondissement de Montpellier. F.

POITEVIN DE MAISSEMY (Le chevalier CHARLES), maître des requêtes avant la révolution, est né à Tirlancour le 9 mars 1752. Il adopta avec modération les idées nouvelles, échappa au règne de la terreur en se livrant à l'agriculture dans ses terres, près de Ham, devint, après le 9 thermidor, administrateur de son département; puis, en avril 1800, préfet du Pas-de-Calais, où il se fit chérir par ses vertus et par ses talents. Il passa, en 1803, à la préfecture du Mont-Blanc, qu'il quitta en 1810, pour administrer le département de la Somme, dans lequel il resta jusqu'en 1813. A cette époque, M. Poitevin de Maissemy renonça aux fonctions publiques, et il vit maintenant au sein de sa famille. Il a montré beaucoup de zèle pour propager en France l'éducation des mérinos, et son troupeau était un des plus nombreux qui appartînt à un particulier. B. M.

POITEVIN DE MAUREILLAN (Le baron), lieutenant-général du génie, s'éleva, dans les premières campagnes de la révolution, au grade de colonel, et, après s'être distingué à la bataille d'Austerlitz, fut nommé général de brigade, et inspecteur-général des fortifications. Employé en Russie, il s'y distingua encore le 7 septembre 1812, à la bataille de la Moskwa, et obtint, après les désastres de cette campagne, le commandement de la place de Thorn, qu'il mit en état de défense, et où il tint jusqu'au 6 avril 1813, avec des troupes étrangères. Cependant Napoléon, mécontent de ce qu'il appelait la faible résistance du général Poitevin, ordonna l'examen de sa conduite, et le laissa sans commandement jusqu'à l'époque de la restauration. Il fut nommé alors lieutenant-général, chevalier de St.-Louis et commandant de la Légion-d'honneur, puis chargé de tracer la ligne de démarcation des frontières sur divers points du royaume. M. Poitevin de Maureillan était encore, en 1818, un des inspecteurs-généraux du génie. B. M.

POIX (PHILIPPE LOUIS-MARC ANTOINE DE NOAILLES - MOUCHY, Prince DE), pair de France, grand d'Espagne de première classe, gouverneur en survivance de Versailles et Trianon, chevalier de Saint-Louis et de l'ordre de Malte, etc., est né le 21 novembre 1751, de M. le duc de Mouchy et d'Anne d'Arpajon. A l'âge de dix-sept ans, il épousa Mlle. de Beauvau, fille du prince de Beauvau, capitaine des gardes du Roi et de sa première femme. Il entra dans les carabiniers en 1768, fut nommé, en 1770, capitaine au régiment de Noailles-dragons, qui avait été levé par son grand-père pendant la guerre de la succession, et colonel de ce régiment en 1774. Le roi lui conféra, l'année suivante, la charge de capitaine de ses gardes. En 1779, M. de Poix fit partie, avec son régiment, de l'expédition projetée contre l'Angleterre; obtint, en 1784, la croix de l'ordre de la Toison-d'or, fut élevé au grade de maréchal-de-camp le 1er. janvier 1788, et commanda cette même année, en Alsace, une brigade de chasseurs. Appelé, en 1789, comme député de la noblesse du bailliage d'Amiens et Ham, aux états-généraux, il devint commandant de la garde nationale de Versailles; mais il donna sa démission le 31 juillet de la même année, et évita ainsi d'être compromis dans la journée du 5 octobre. Durant les séances de la chambre de la noblesse, il avait eu une querelle d'opinion avec le comte de Lambertye, s'était battu avec lui le 22 juin et l'avait blessé. Cependant le prince de Poix était resté fort attaché au Roi; il n'avait pas quitté la portière de sa voiture pendant la journée du 17 juillet 1789, continuellement en butte aux insultes du peuple. En 1791, il voulut se rendre en pays étranger, près des princes français; mais ayant été mal accueilli par quelques émigrés, il retourna à Paris, resta constamment auprès de Louis XVI pendant les événements du 10 août 1792, suivit ce prince à l'assemblée nationale, et ne se sépara de lui que par son ordre formel, au moment de l'incarcération du monarque. A cette époque, la tête de M. de Poix fut mise à prix; il fut poursuivi à Paris par ordre du comité de surveillance, se sauva en franchissant une barrière avec un excellent cheval, et passa en Angleterre, où il resta jusqu'en 1800. A son retour en France, il retrouva une grande partie de ses biens, et notamment la terre de Mouchy, près le bourg de Noailles, dont sa famille porte le nom, ou plutôt qui l'a reçu de cette famille. M. de Poix fut nommé après la restauration, lieutenant-général, et reçut ordre de reprendre son service de capitaine des gardes. Il était dans le cabinet du Roi le 7 mars 1815, lorsque le maréchal Ney s'y rendit pour prendre congé de S. M. Cette circonstance le fit appeler, en novembre suivant, devant la chambre des pairs assemblée pour juger le maréchal; il déposa que, le Roi l'ayant fait entrer dans son cabinet, avait dit à-peu-près ces mots au maréchal : « Partez ; je compte » bien sur votre dévouement et fidéli- » té. » Sur ce, le maréchal avait baisé affectueusement la main du Roi, et lui avait dit : « Sire, j'espère ramener Buo- » naparte dans une cage de fer. » M. le prince de Poix ajouta qu'il n'avait point entendu que le maréchal Ney eût demandé de l'argent au Roi, et qu'il n'avait nulle connaissance qu'il en eût reçu pour sa mission. M. le prince de Poix avait suivi le Roi à Gand. Il a cédé, en 1816, à son fils le duc de Mouchy, (*Voy.* ce nom) sa charge de capitaine des gardes-du-corps.   S. S.

POLI (JOSEPH-XAVIER), de la société royale des sciences de Naples, de Londres, fut le précepteur du prince héréditaire du royaume des Deux-Siciles. Fidèle à son Roi et à la famille royale, il la suivit lorsqu'elle fut obligée de se réfugier à Palerme. Aussi recommandable par son savoir que par cette fidélité, il a publié sur les animaux à coquilles du royaume de Naples, un magnifique ouvrage intitulé : *Testacea utriusque Siciliæ*, 2 vol. grand in-fol., dans lequel il présente leur anatomie avec beaucoup d'exactitude, et répand un jour tout nouveau sur cette branche de l'histoire naturelle. M. Poli a encore publié des *Eléments de physique expérimentale*, en plusieurs volumes. Ils sont très estimés en Italie pour l'ordre, la clarté et la pureté du style.   N.

POLIER (MARIE-ELISABETH DE), chanoinesse du Saint-Sépulcre, né le 12 mai 1742, a travaillé long-temps à la *Gazette de Lausane*, et a publié : I. *Antoine*, anecdote allemande, 1786, in-12. II. *Aventures d'Edouard Bojmston*, pour servir de suite à la *Nouvelle Héloïse*, 1785, in-8°. III. *Le club des Jacobins, ou l'Amour de la patrie*, comédie en un acte, par Aug. de Kotzebue, traduite de l'allemand, et mise en deux actes, 1792, in-8°. IV. *La Sylphide, ou l'Ange-Gardien*, nouvelle, traduite de l'anglais de la duchesse de Devonshire, 1795, in-12. V. *Eugénie, ou la Résignation*, anecdote par Sophie de la Roche, trad. de l'allemand, 1795, in-12. VI. *Le Pauvre aveugle*, trad. de l'allemand, 1801, 2 vol. in-12. VII. M. de Polier a eu part à la *Bibliothèque ger-*

manique et à d'autres journaux littéraires (*Voy.* MAIMIEUX).   OT.

POLIGNAC (Le duc ARMAND-JULES-MARIE-HÉRACLIUS DE), pair de France, maréchal-de-camp, aide-de-camp de S. A. R. MONSIEUR, et son premier écuyer; chevalier de Saint-Louis et de la Légion-d'honneur, né en 1771, est le fils aîné du duc de Polignac, mort en Russie en 1817, descendant des anciens vicomtes de Polignac, qui ont long-temps exercé la puissance souveraine dans le Velai, et dont la famille a produit plusieurs grands-hommes, tels qu'Armand VIII, dit le Grand, le cardinal de Polignac, etc. M. le duc de Polignac épousa en Italie, en 1790, Ida-Johanna-Seina de Nivenheim, fille du baron de Nivenheim, Hollandais. Dès les premiers jours de la révolution, il fut dévoué aux poignards des assassins, qu'il eut le courage de braver jusqu'au Palais-Royal, lieu de leurs rassemblements. Entouré par des brigands, il ne dut son salut qu'à sa présence d'esprit et aux secours d'un ami, le jeune Sombreuil. Le comte Armand de Polignac, alors officier de hussards, ne tarda pas à rejoindre le duc, son père, qui s'était réuni aux frères de Louis XVI sur les bords du Rhin. Il fit les campagnes des princes, à la tête du régiment qui portait son nom. Toujours prêt à sacrifier sa vie pour la cause du Roi, il vint à Paris en 1804, avec le général George (*Voy.* GEORGE, dans la *Biographie univ.*), fut arrêté, mis en jugement, et condamné à mort le 21 prairial (9 juin 1804). Mme. la comtesse de Polignac eut le courage d'aller, presque mourante, se jeter aux pieds de Buonaparte, qui, touché de son dévouement et des prières de l'impératrice Joséphine, commua la peine en une prison qui devait, à la paix, être suivie de la déportation. Les débats de ce procès mémorable présentèrent un épisode extrêmement touchant; ce fut le combat de générosité qui s'éleva entre M. le comte Armand et M. le comte Jules de Polignac. L'aîné prétendait avoir entraîné dans cette périlleuse entreprise son frère, beaucoup moins âgé que lui; celui-ci demandait à mourir à la place de son frère. « Je suis seul, s'écriait-il, sans fortune, sans état, je n'ai rien à perdre; » mon frère est marié. Ne livrez pas au » désespoir une femme vertueuse; et si » vous ne sauvez pas mon frère, laissez-» moi du moins partager son sort. » Le comte Armand fut enfermé pendant quatre ans au château de Ham, ramené ensuite au Temple, et conduit de-là à Vincennes, où il resta près de six ans. Il obtint plus tard la permission de demeurer dans une maison de santé, du faubourg St.-Jacques, où il se lia, ainsi que son frère, le comte Jules, avec le général Malet. En 1812, le malheureux résultat de l'entreprise du général mit fin aux projets qu'il avait formés de concert avec MM. de Polignac. Ces messieurs ne cessèrent pas, durant toute leur captivité, d'entretenir des liaisons et des rapports avec divers chefs du parti royaliste (*voy.* LYNCH); et dans le mois de janvier 1814, ils parvinrent à s'échapper et se rendirent à Vesoul, auprès de MONSIEUR. Le duc de Polignac suivit la marche des alliés sur Paris, et il fut revêtu, ainsi que M. de Sémallé, des pouvoirs de MONSIEUR. En 1815, le département de la Haute-Loire l'élut membre de la chambre des députés, où il vota avec la majorité. Il remplissait, au mois d'août 1816, les fonctions de juge dans le procès du général Lallemand. Par la mort de son père, arrivée à St.-Pétersbourg le 21 septembre 1817, M. Armand de Polignac est devenu duc et pair.   A.

POLIGNAC (Le comte JULES-AUGUSTE-ARMAND-MARIE DE), pair de France, inspecteur-général des gardes nationales, maréchal-de-camp, chevalier de Saint-Louis et de la Légion-d'honneur, grand-croix de Saint-Maurice et St.-Lazare, est le frère cadet du précédent, et a partagé ses dangers et ses persécutions en se dévouant comme lui au service de la maison de Bourbon. Né au sein des grandeurs, en 1780, son berceau fut entouré des illusions les plus brillantes; mais lorsque tout semblait lui promettre un avenir heureux, la révolution éclata et anéantit les espérances de sa famille. Entraîné jeune encore hors de France, il fut conduit en Russie, puis en Angleterre, auprès du comte d'Artois, qui le nomma son aide-de-camp. S'étant rendu à Paris avec son frère et le général George, en 1804, il fut arrêté comme eux, mis en jugement et condamné à deux ans de détention, après avoir offert sa vie pour sauver celle de son frère. On le transféra successivement dans différentes prisons, et sa captivité dura jusqu'au mois de janvier 1814, où il s'échappa comme son frère et se ren-

dit auprès de Monsieur. Il fut envoyé, au mois de mai, en qualité de commissaire-extraordinaire du Roi, dans la 10e. division à Toulouse, où il obtint de véritables succès par son esprit de sagesse et de fermeté. Il fut nommé ministre plénipotentiaire à la cour de Munich en 1814; mais il ne s'y rendit pas et fit un voyage à Rome avec une mission du Roi. En mars 1815, il accompagna ce prince à Gand, et fut envoyé sur les frontières de la Savoie, avec la mission de rallier les royalistes dispersés. Son zèle avait surmonté de nombreux obstacles; mais son courage l'ayant poussé trop avant dans la ligne ennemie, il fut enveloppé par les troupes rebelles de l'armée des Alpes, fait prisonnier avec le comte Robert de Maccarti, qui partageait sa mission, et parvint bientôt à s'échapper à travers les postes français. Il contribua ensuite beaucoup, par les intelligences qu'il avait dans la place, à la reddition de Grenoble, et reçut des lettres de service qui l'investirent du pouvoir dans le Dauphiné et la Provence. Il fut nommé pair de France le 17 août 1815. Lors de la prestation du serment, plusieurs pairs, parmi lesquels le cardinal de Périgord, le maréchal de Vioménil, le comte de la Bourdonnaie, le comte Jules de Polignac, etc., refusèrent de prêter le serment demandé, pour trois raisons. La première, parce qu'il leur paraissait blesser l'intérêt de la religion; la seconde, parce qu'on n'avait donné connaissance à aucun pair de la teneur de ce serment, avant de leur proposer de le prêter; et enfin la troisième, parce qu'il était différent du serment qu'ils devaient prêter, aux termes des règlements de la chambre. Le Roi, dans son discours d'ouverture de la session de 1816, daigna dissiper les doutes des nobles pairs par ces paroles : « Attachés par notre
» conduite, comme nous le sommes de
» cœur, aux divins préceptes de la reli-
» gion, soyons-le aussi à cette charte,
» qui, sans toucher au dogme, assure
» à la foi de nos pères la prééminence
» qui lui est due, et qui, dans l'ordre
» civil, garantit à tous une sage liber-
» té. » Une lettre subséquente, en date du 15 juillet 1817, écrite au nom du Roi, par l'ambassadeur de S. M. près la cour de Rome, renferme les mêmes sentiments, exprimés d'une manière plus explicite encore; il y est dit : « Que le
» serment prêté par S. M. T. C ne sau-
» rait porter aucune atteinte, ni aux
» dogmes, ni aux lois de l'église; qu'il
» n'est relatif qu'à ce qui concerne l'or-
» dre civil. Tel est l'engagement que le
» Roi a pris et qu'il doit maintenir ; tel
» est celui que contractent ses sujets en
» prêtant serment d'obéissance à la charte
» et aux lois du royaume, sans que ja-
» mais ils puissent être obligés, par cet
» acte, à rien qui soit contraire aux lois
» de Dieu et de l'église. » La première cause du refus ayant ainsi cessé, les nobles pairs n'hésitèrent pas à sacrifier les deux autres, et ils firent ce qu'on exigeait d'eux. En 1817, le Roi proposa à la chambre des députés un projet de loi pour que la famille Polignac fût remise en possession de la baronie de Fenestrange, dont elle avait été dépossédée dans le cours de la révolution. M. Jules de Polignac a épousé, en 1816, miss Campbell, riche héritière catholique d'une famille distinguée d'Ecosse.—Le comte Melchior DE POLIGNAC, troisième frère des précédents, colonel et chevalier de Saint-Louis, n'avait pas neuf ans lorsqu'il sortit de France au commencement de la révolution. Il est aide-de-camp du duc d'Angoulême; il accompagna ce prince dans le Midi en 1815, et s'embarqua avec lui à Cette pour l'Espagne : il rentra en France avec S. A. R. — Deux oncles de ces messieurs s'étant rendus en Russie au commencement de la révolution, continuent à habiter cette contrée. — Un troisième oncle, sacré évêque de Meaux en 1779, donna sa démission à l'époque du concordat, en 1801, et vit retiré dans la capitale.—Le comte Armand DE POLIGNAC, d'une autre famille noble de Saintonge, s'étant livré à la culture des mérinos à Blainville, y a obtenu des succès, et a publié deux Mémoires pour prouver que les laines des mérinos élevés en France sont supérieures à celles d'Espagne.
D.

POLISSART (PHILIBERT-ANTOINE), né le 7 octobre 1758, était avocat avant la révolution, et fut député de Saône-et-Loire au conseil des cinq-cents en septembre 1795, et peu de temps après exclus du corps-législatif jusqu'à la paix, comme ayant un beau-frère émigré, et se trouvant lui-même sur la liste. Rappelé au corps-législatif en mai 1797, le directoire le fit comprendre sur la liste des déportés, le 19 fructidor (5 septembre) de la même année.

Il quitta la France après cette révolution, se rendit en Allemagne, et y vécut dans l'intimité avec le général Pichegru et plusieurs autres membres du corps-législatif. Rendu à ses droits de citoyen après la révolution du 18 brumaire, il fut, en 1804, élu candidat au corps-législatif par son département. Il a exercé long-temps les fonctions de receveur des contributions à Marcigny-sur-Loire, où il jouit à juste titre de l'estime de ses compatriotes. Il fut élu par le sénat, le 10 août 1810, membre du corps-législatif pour le département de Saône-et-Loire, et conserva ces fonctions jusqu'à la dissolution de la chambre des députés, en 1815. M. Polissart a été anobli par lettres-patentes du Roi, du 18 août 1814, et nommé chevalier de la Légion-d'honneur le 5 octobre suivant. B. M.

POLWHELE (Le révérend RICHARD), ecclésiastique anglais, vicaire de Manacan dans le Cornwall, descend d'une ancienne famille de ce pays. Né en 1760, il fut élevé à Truro, où il montra de telles dispositions pour la poésie, que le docteur Wolcot voulut le mettre à même de suivre son penchant. En 1778, il fut admis au collége du Christ à Oxford, et termina ses cours de droit, sans prendre néanmoins ses degrés. En 1782, il entra dans les ordres, et, peu après, devint curé de Kenton dans le comté de Devon, où il projeta l'histoire de ce pays. Il reçut de grands encouragements; mais lorsque l'ouvrage parut, il fut loin de remplir l'attente du public. Richard Polwhele fut nommé, en 1795, à la cure de Manacan, où il réside encore. Il était l'ami intime du savant antiquaire Jean Whitaker, qui l'aida beaucoup dans ses recherches topographiques et historiques. Il a publié entre autres: I. *Le Sort de Llewelyn, ou le Sacrifice du druide*, conte tiré des Légendes, in-4°. II. *Le Génie de Karnbre*, poème, in-4°. III. *L'Esprit de Fraser au général Burgoyne*, ode, in-4°. IV. *Le Château de Tintadgel, ou la Princesse de Danemark captive*, ode. V. *Peintures d'après nature*, en douze sonnets, et la *Boucle de cheveux transformée*, in-4°, 1785. VI. *L'Orateur anglais*, poème didactique en quatre livres, in-4°, 1786-1789. VII. *Les Idylles de Théocrite, de Bion, de Moschus, et les Élégies de Tyrtée*, in-4°, 1786; seconde édition, 2 vol. in-8°, 1788; 3°., 1811. VIII. *Vues historiques du comté de Devon*, 1 vol. in-4°, 1793. IX. *Histoire du comté de Devon*, 3 vol. in-fol., 1794-1809. X. *Mémoires biographiques d'Edmond Rack*. XI. *Poèmes*, par des gentlemen du comté de Devon et du Cornwall, 4 vol. in-8°, 1794. XII. *L'Influence de l'attachement local*, poème, in-8°., 1795. XIII. *Le Vieux anglais*, poème, in-8°., 1797. XIV. *Vues de la Grèce*, poème, in-8°., 1799. XV. *Les Femmes sans sexe*, poème, in-8°. XVI. *Sir Aaron, ou les torts du fanatisme*, poème, 1800. XVII. *Éclaircissements sur le caractère des Écritures*, in-8°., 1802. XVIII. *Histoire du Cornwall*, 3 vol. in-4°., 1804 à 1808. Z.

POMMEREUL (FRANÇOIS-RENÉ-JEAN DE), né à Fougères, le 12 décembre 1745, d'une famille noble, entra de bonne heure dans le corps-royal d'artillerie, où il était capitaine avant la révolution. Zélé partisan des opinions révolutionnaires et anti-religieuses, il se déclara, avec beaucoup de chaleur, pour les innovations. Le gouvernement l'envoya à Naples en 1790, pour y aider de ses avis l'organisation de l'artillerie dans ce royaume. Son absence le fit regarder comme émigré, et sa famille fut arrêtée sous ce prétexte; étant revenu en France après la terreur, il servit quelque temps dans les guerres de la révolution sans se faire remarquer, et devint néanmoins général de division. M. de Pommereul renonça, en 1800, à la carrière militaire, et il devint préfet du département d'Indre-et-Loire. Ce fut dans cette place, qu'affichant avec la dernière inconvenance sa haine pour tout sentiment religieux, il fit publier officiellement un almanach dans lequel tous les noms des Saints étaient remplacés par celui des philosophes et des figures emblématiques, représentant leur système. Cette publication causa un grand scandale; et M. de Pommereul ayant eu dans le même temps, avec le conseil-général, quelques discussions sur une somme importante, destinée à la réparation des routes, sollicita et obtint de passer à la préfecture du Nord, où il resta jusqu'au mois d'octobre 1810. Créé baron depuis plusieurs années, il fut nommé conseiller-d'état; et, au mois de janvier 1811, Buonaparte lui confia, après la disgrâce de M. Portalis, la direction-générale de l'imprimerie et de la librairie. On sait que ce dernier avait perdu son emploi pour s'être montré partisan de l'autorité ecclésiastique. Buonaparte n'avait assurément rien de pareil à craindre de la part de M. de Pommereul ; aussi celui-ci a-t-il dit souvent lui-même que c'était par antithèse qu'on l'avait mis à la place de M. Portalis, et qu'il n'y resterait qu'autant de temps que dureraient les différends de Buonaparte avec le pape. Comme le pontife ne cessa pas d'être persécuté pendant tout le temps de la puissance de Napoléon, M. de Pommereul fut directeur de la librairie jusqu'à la chute du gouvernement impérial; et pendant quatre ans il dirigea cette partie importante de l'administration au grand déplaisir de la plupart des libraires et des gens de lettres qu'il mécontenta souvent par des vexations inutiles et que ne lui prescrivait pas même le despotisme de Buonaparte. Lorsque l'impératrice Marie-Louise s'éloigna de Paris, en mars 1814, M. de Pommereul se rendit en Bretagne, et il perdit ainsi son emploi, qu'il tenta vainement de recouvrer ensuite auprès du gouvernement provisoire. Resté sans fonctions jusqu'au 20 mars 1815, il voulut encore reprendre celles de directeur, à cette époque ; et dès que Buonaparte fut arrivé dans la capitale, il se présenta à l'hôtel de la direction, où M. Royer-Collard se montra fort empressé de lui céder la place ; mais le ministre Carnot ayant considéré que cette place devenait inutile par les nouvelles mesures adoptées pour la liberté de la presse, le baron de Pommereul resta encore sans emploi. Il rentra cependant au conseil d'état, et signa la délibération du 25 mars. (*Voy.* DEFERMON). Après le second retour du Roi, il fut compris dans l'ordonnance du 24 juillet, qui le força à quitter la France et à se réfugier à Bruxelles, d'où il reçut ordre de s'éloigner en août 1816, après avoir été arrêté et gardé à vue pendant plusieurs jours par ordre du roi des Pays-Bas. On s'est étonné quelquefois qu'un homme tel que M. de Pommereul ait conservé si long-temps sous Buonaparte des emplois d'une grande importance, et l'on a attribué la durée de sa faveur à des éloges de la famille de l'empereur, que le hazard lui avait autrefois fait consigner dans son *Histoire de Corse*. Sans nier que cette considération soit entrée pour quelque chose dans la persévérance que Napoléon mit à le protéger, il est probable qu'une cause plus

réelle de cette étonnante faveur fut la connaissance parfaite que M. de Pommereul avait du caractère de son maître. Un seul trait fera juger de ce génie de sagacité de la part de l'ex-directeur de la librairie. A la fin de 1812, beaucoup de plaintes étant parvenues à Buonaparte sur les entraves que M. de Pommereul apportait à la liberté de la presse, il lui fit envoyer de Moscou l'ordre d'être moins sévère. A la lecture de cet ordre, un secrétaire de la direction lui ayant demandé s'il fallait de suite le mettre à exécution, celui-ci répondit : « Gardez-» vous en bien ; il faut au contraire re-» doubler de sévérité. Si nous faisions » autrement, nous perdrions notre place » avant un mois. » On a de lui un grand nombre de compilations et d'autres écrits dont nous nous contenterons d'indiquer: I. *Histoire de l'île de Corse*, 1779. II. *Recherches sur l'origine de l'esclavage religieux et politique du peuple en France*, 1781. III. *Des chemins, et des moyens les moins onéreux au peuple et à l'état de les construire et de les entretenir*, 1781. IV. *Manuel d'Epictète, précédé de réflexions sur ce philosophe et sur la morale des stoïciens*, 1783. V. *Réflexions sur l'Histoire des Russes*, par M. Lévesque, 1783, in-12. VI. *Etrennes au clergé de France, ou Explication d'un des plus grands mystères de l'église*, 1786. VII. *Essais minéralogiques sur la solfatare de Pouzzoles*, traduits de l'italien de Breislak, 1792. VIII. *Observations sur le droit de passe, proposé pour subvenir à la confection des chemins*, 1796, in-8°. IX. *Vues générales sur l'Italie et Malte, dans leurs rapports politiques avec la république française, et sur les limites de la France à la rive droite du Rhin*, 1797. X. *Campagne du général Buonaparte en Italie*, 1797, in-8°, ou 2 vol. in-12. XI. *L'Art de voir dans les beaux-arts*, traduit de l'italien de Milizia, 1798, in-8°. XII. *Voyages physiques et lithologiques dans la Campanie*, par Scipion Breislak, traduits du manuscrit italien, et accompagnés de notes, 1801, in-8°. XIII. *Mémoire sur les funérailles et les sépultures*. 1801. Il a aussi coopéré à l'*Art de vérifier les dates*, au *Dictionnaire géographique et historique de Bretagne*; au *Dictionnaire des Sciences morales, économiques et diplomatiques*; à l'*En-*

cyclopédie méthodique ; à *la Clef du cabinet des souverains*, etc. Lalande l'avait placé dans son *Dictionnaire des athées*, et c'était d'après son témoignage que le fameux astronome y avait inscrit l'archevêque Boisgelin ; ce qui causa quelques démêlés entre l'archevêque et le préfet, et ce qui fut aussi considéré comme une des causes du départ de celui-ci pour la préfecture du Nord. M. Barbier lui attribue : *Lettre sur la littérature et la poésie italienne*, traduite de Bettinelli, 1778, in-8º. (*Voy.* la *Biographie universelle*, au mot BETTINELLI). — POMMEREUL, fils du précédent, devint sous-préfet à Clermont (Oise) après avoir long-temps servi dans l'armée. Il s'y est fait estimer par une conduite sage et honorable. Au 20 mars 1815, il fut un des derniers fonctionnaires du département qui se soumirent à l'autorité de Buonaparte. — Deux de ses frères ont servi avec distinction dans les armées. U.

PONCE (NICOLAS), chevalier de la Légion-d'honneur, membre de plusieurs académies, né à Paris, le 12 mars 1746, fit ses études au collège d'Harcourt, et suivit en même temps celle de la géographie pour la construction des cartes. S'étant appliqué particulièrement au dessin, il se détermina pour la gravure en taille-douce, et fut successivement élève de Pierre, premier peintre du Roi ; de Lessard et de N. Delaunay, membres de l'académie. Chef de bataillon dans la garde nationale, en 1792, modéré et constitutionnel, il expia ces deux torts par des persécutions. M. Ponce commandait aux Tuileries, le 30 juillet, en l'absence du chef de légion ; il fit toutes les dispositions de défense lors de l'arrivée des Marseillais, et il accompagna le Roi, pour visiter les différents postes. Ce prince, à la vue des gardes nationaux blessés et réfugiés à l'état-major du château, ne put retenir ses larmes, et dit à M. Ponce en remontant l'escalier, ces paroles mémorables : « Je ne » regrette du pouvoir qu'on m'a ôté, que » celui qui m'était nécessaire pour empê- » cher ces horreurs-là (1). » Quelque temps après, Barbaroux dit à l'assemblée que l'attaque du château avait été résolue pour ce jour-là ; mais que les bonnes dispositions faites dans l'intérieur l'avaient fait remettre au 10 août. Comme graveur, M. Ponce a publié : I. *Les Illustres Français*, ou Tableaux historiques des grands hommes de la France, jusqu'à l'époque de la révolution, avec un précis de leur histoire, ouvrage national, commencé en 1790, d'après les dessins de Marillier, terminé en 1816, et contenant 56 planches grand in-folio. II. (avec M. de l'Aulnaye.) *Les Peintures antiques des bains de Titus et Livie*, 75 planches, 1815. Cet ouvrage, dont l'édition italienne n'était pas connue en France, a contribué beaucoup à perfectionner la décoration architecturale. III. *Les Vues de Saint-Domingue*, in folio ; ouvrage fait pour accompagner le Recueil des lois et constitutions de cette colonie, par M. Moreau Saint-Méry. IV. *La Guerre d'Amérique*, 16 pl. in-4º. (En société avec M. Godefroy). M. Ponce est éditeur de la *Bible des 300 figures*, et de la belle édition de la *Charte*, dédiée au Roi, ornée d'estampes. Il a gravé aussi toutes les figures de l'édition in-4º. de l'*Arioste*, par Dussieux. On trouve des gravures de cet artiste dans la plupart des belles éditions des auteurs les plus célèbres, et des collections d'estampes publiées depuis cinquante ans. Partageant son temps entre la culture des arts et celle de la littérature, il a remporté un prix d'histoire à l'Institut, sur ce sujet: *Quelles sont les causes qui ont amené l'esprit de liberté qui s'est manifesté en France en 1789 ?* an IX. Trois mentions honorables, à trois différentes classes, de cette compagnie savante, 1º. *Sur le caractère de bonté et les devoirs de l'homme public*, an X. Ce sujet a été retiré du concours à cause des circonstances. 2º. *De l'influence des beaux-arts sur l'industrie commerciale*, an XIII. 3º. *Sur le gouvernement de l'Égypte, sous les Romains*, 1807. Il a publié les Mémoires suivants : 1º. *Quelles ont été les causes de la perfection de la sculpture antique ?* an IX, in-8º. 2º. *Pour quels objets, et à quelles conditions convient-il à un état républicain d'ouvrir des emprunts publics ?* an IX, in-8º. Le sujet a été retiré. 3º. *Quelle a été l'influence de la réformation de Luther sur la situation politique des différents états de l'Europe, et sur les progrès des lumières*, an XIII, in-8º. On a encore de lui : I. *Le Lavater historique des femmes célèbres des temps anciens et modernes*, in-18, 2ᵉ édition,

---

(1) Voyez la Lettre de M. Ponce, imprimée dans le *Journal de Paris*, le 4 août 1792.

1809 et 1810. II. *Considérations politiques sur les opérations du congrès de Vienne et sur la paix de l'Europe*, in-8°., 1815. Il a imprimé différents Mémoires sur l'histoire, la littérature et les arts, dans le *Moniteur*, le *Magazin encyclopédique*, le *Mercure*, le *Journal des Arts*, celui de *Paris*, les *Quatre Saisons du Parnasse*, etc. Il est aussi l'un des collaborateurs de la *Biographie universelle*, et de la *Galerie historique* de M. Landon. F.

PONCELIN-DE-LA-ROCHE-TILLAC, né à Dissais le 15 mai 1746, embrassa l'état ecclésiastique, devint chanoine de Montreuil-Bellay en Anjou, acheta une charge de conseiller à la table de marbre, et vint à Paris, où il s'occupa de littérature. La révolution étant arrivée, il en embrassa les principes avec ardeur, et rédigea, dès la formation de l'assemblée constituante, un petit journal qui eut d'abord le titre d'*Assemblée nationale*, et, bientôt après, celui de *Courrier français*. Cette feuille suivit la marche de la révolution jusqu'au 10 août, mais changea de système à cette époque. M. Poncelin fut obligé de changer aussi le titre de son journal, et de l'appeler le *Courrier républicain*, titre fort opposé à son esprit; car les rédacteurs furent condamnés à la déportation comme royalistes. Outre le *Courrier français*, M. Poncelin fonda un autre journal, rédigé dans l'esprit du précédent, et intitulé la *Gazette française*, dont M. Fiévée fut long-temps le rédacteur. Le 26 octobre 1795, le conseil militaire de la section du Théâtre-Français le condamna à mort, pour avoir, dans son journal, provoqué à l'assassinat des représentants du peuple, et au rétablissement de la royauté; mais il vint à bout de se soustraire à l'exécution de son jugement. Il reparut ensuite dans la capitale, recommença la rédaction de ses journaux, toujours opposés aux principes du gouvernement républicain; et, en janvier 1797, il présenta requête au juge-de-paix de la section du Luxembourg, pour obtenir que l'on informât relativement à un assassinat commis sur sa personne. Il déclara qu'ayant été mandé au Luxembourg, par ordre du directeur Barras, on l'avait introduit dans le palais, et enfermé pendant quelques heures; qu'ensuite plusieurs hommes s'étant emparés de lui, l'avaient lié, lui avaient fait souffrir toutes sortes d'outrages, en le soumettant à la punition qu'on inflige aux enfants, et l'avaient à la fin reconduit, tout couvert de sang, jusqu'au milieu de la rue. Cette plainte fut suivie d'une visite dans les appartements de M. Barras; mais M. Poncelin ne reconnut pas la chambre où il disait avoir été enfermé, et se désista de ses poursuites. La violence qu'il avait essuyée avait d'abord révolté les esprits dans tous les partis; et M. Fiévée, rédacteur de la *Gazette française*, avait inséré dans cette feuille un article véhément contre cet attentat, tandis que les journaux du parti directorial s'efforcèrent d'en faire rire le public, en déplorant ironiquement la *fustigation de l'abbé Poncelin*, ce respectable père de famille. Son silence fut ensuite condamné par ses défenseurs eux-mêmes. Au 18 fructidor, il fut porté sur la liste des journalistes déportés, et son imprimerie fut mise en pièces et jetée dans la rue. M. Poncelin avait formé à Paris, au commencement de la révolution, une maison de librairie, et il continua ce commerce lorsque le 18 brumaire eut mis fin à ses proscriptions; mais il n'y réussit pas, et fut obligé de fuir, en 1805, pour se soustraire aux poursuites de ses créanciers; ce qui prouve au moins que son silence sur l'affaire de Barras n'avait pas été acheté bien chèrement. On a de lui: I. *Bibliothèque politique, ecclésiastique, physique et littéraire de la France*, 1781, tom. 1er, in-4°. II. *Description historique de Paris et de ses plus beaux monuments*, tomes II et III, 1781, in-4°. (le tom. 1er. est de Beguillet. *Voy*. la *Biograph. univ.*, au mot BEGUILLET). III. *Conférences sur les édits concernant les faillites*, 1781, in-12. IV. *L'Art de nager, avec les instructions pour se baigner utilement*, 1781, in-8°. V. *Supplément aux lois forestières de France*, précédé d'une analyse de l'ordonnance de 1663, 1781, in-4°. VI *Tableau du commerce et des possessions des Européens en Asie et en Afrique, selon les conditions des préliminaires de paix signés le 20 janvier 1783*, 1783. VII. *Histoire philosophique de la naissance, des progrès et de la décadence d'un grand royaume, ou Révolution de Taïti*, 1782, 2 vol. in-12. VIII. *Tableau politique de l'année 1781*, in-12. IX. *Histoire des enseignes et des étendarts des anciennes na-*

tions, 1782, in-12 (*Voy.* la *Biog. univ.*, au mot Aug. GALLAND). X. *Cérémonies et coutumes religieuses de tous les peuples du monde*, 1783, 4 vol. in-fol. (*Voy.* la *Biograph. univ.*, au mot J.-F. BERNARD, tom. IV, pag. 296). XI. *Superstitions orientales*, 1785, in-fol. XII. *Chefs-d'œuvre de l'antiquité sur les beaux-arts et monuments précieux de la religion des Grecs et des Romains, de leurs sciences*, etc., 1784, 2 vol. in-fol. XIII. *Œuvres d'Ovide* (trad. par divers auteurs), 1798, 7 vol. in-8º. XIV. *Almanach américain, asiatique et africain*, 1783 et années suivantes, in-12. XV. *Code de commerce de terre et de mer*, ou *Conférences sur les lois tant anciennes que modernes*, 4ᵉ édition, 1800, 2 vol. in-12. M. Ersch lui attribue avec raison : *Choix d'anecdotes anciennes et modernes*, 1803, 5 vol. in-18. U.

PONCET DE LA COUR (ANTOINE-FRANÇOIS), maréchal-de-camp, commandant de la Légion-d'honneur, né à Châlon-sur-Saône le 17 septembre 1750, du receveur des contributions de cette ville, fut destiné à servir dans le corps royal du génie ; mais ayant éprouvé quelques contradictions dans ses examens, il se décida à entrer comme sous-lieutenant au régiment de Médoc-infanterie. Il accompagna ensuite en Hollande le général Mathieu Dumas, et fut placé à son retour dans l'état-major-général de l'armée. Il était employé à Strasbourg, avec le grade de lieutenant-colonel, lorsque la révolution éclata, et, le 22 mai 1792, il fut promu au grade de général de brigade. En 1795, il fit partie de l'armée de Sambre-et-Meuse qui conquit la Hollande, et continua de servir dans les campagnes suivantes. La révolution du 18 brumaire (9 novembre 1799), termina la carrière active du général Poncet ; depuis cette époque, il ne fut employé que dans l'intérieur. En 1800, les consuls le nommèrent préfet du département du Jura, qu'il administra jusqu'en 1808, époque à laquelle il passa à Lyon, en qualité de commandant en second du département du Rhône. Il fut maintenu dans ce commandement par le Roi, en 1814, et se prononça d'abord contre Buonaparte lors de son invasion, en mars 1815 ; mais bientôt, entraîné par l'exemple, il alla lui offrir ses services, et fut nommé commandant du département de la Somme. Il fut aussi employé à la construction des retranchements de Paris, et fut admis à la retraite, le 4 septembre 1815. Il vit actuellement retiré dans ses propriétés. — PONCET-DELPECH (F. M. Saint-Cyr), fils de l'ex-constituant de ce nom, mort le 11 mars 1817, a publié, en 1805 : *Mes quatre âges*, poème dont les journaux ont parlé avec éloge. Il en a donné une seconde édition à Paris, en 1815, in-18, figures. S. S.

PONCHON (F.), né à Lyon, a publié : I. *Eulalie* ou *les Quatre âges de la femme*, 1811, in-8º ; 2ᵉ édition, 1815, in-8º. II. *La Vierge du soleil*, poème, suivi d'une *Épître à la philosophie*, 1813, in-8º. III. *Ode à M. le comte de Bondy, préfet du département du Rhône*, 1814, in-8º (février). IV. *À la France, salut, paix et honneur*, 1815, in-8º. Cet ouvrage, publié avant la bataille de Waterloo, offre un exemple de courage fort remarquable, à une époque où il était dangereux de professer des principes opposés à ceux du gouvernement de Buonaparte. OT.

PONGIBAUD (Le comte ALBERT-FRANÇOIS DE MORÉ DE), d'une ancienne famille d'Auvergne, entra, en 1769, dans les Mousquetaires-Noirs, et fut nommé, à leur suppression, capitaine au régiment de Provence, puis major en second au régiment de Dauphiné, et enfin colonel d'infanterie. Il émigra en 1791, et servit dans l'armée des princes jusqu'à son licenciement. Il se retira alors à Lausanne en Suisse, où il se livra au commerce, qu'il commença par les plus petits détails. Obligé de quitter cette ville à l'arrivée des Français, il alla successivement à Constance, à Venise et à Trieste, où la confiance qu'il avait inspirée le mit à même de donner plus d'extension à son commerce. Enfin, le comte de Pongibaud parvint à regagner, par son industrie, la fortune qu'il avait perdue en France, et il rendit d'importants services au pays qui lui avait donné asile. Il fut secondé dans ses opérations commerciales par Mᵐᵉ. de Pongibaud, qui s'était chargée de la correspondance, et dont l'esprit cultivé savait donner à ce genre de relations des agréments dont il est peu susceptible. Cette dame avait fondé à Pongibaud, avant la révolution, deux établissements qui existent encore ; l'un pour les femmes sans ouvrage, et l'autre pour les hommes. Elle reprit ses exercices de bienfaisance dès que sa fortune pût le lui permettre ; et elle vit aujourd'hui à Trieste, où elle occupe ses loisirs entre la lecture et le plaisir de faire des heureux. La maison de M. de Pongibaud est devenue une des plus opulentes de l'Allemagne, et elle existe encore à Trieste, sous le nom de Joseph Labrosse. Son fils a épousé, en 1818, Mlle. de la Roche-Lambert, d'une des premières familles d'Auvergne. S. S.

PONS (FRANÇOIS R. J. DE), habitant de Saint-Domingue, puis agent du gouvernement français à Caracas, a long-temps habité l'Angleterre, et n'est venu en France qu'en 1804. On a de lui : I. *Observations sur la situation politique de Saint-Domingue*, 1790, in-8°. II. *Les colonies françaises aux sociétés d'agriculture, aux manufactures et aux fabriques de France, sur la nécessité d'étendre à tous les ports la faculté déjà accordée à quelques-uns, de recevoir des bois, bestiaux, riz, poissons salés, que la France ne peut fournir*, 1791, in-12. III. *Voyage à la partie orientale de la Terre-Ferme, dans l'Amérique méridionale*, 1806, 3 vol. in-8°. IV. *Perspective des rapports politiques et commerciaux de la France dans les Deux-Indes, sous la dynastie régnante*, 1807, in-8°. L'auteur montre dans cet ouvrage des opinions tout opposées à celles qu'a manifestées M. de Pradt dans ses *Trois âges des colonies* ; il fait d'ailleurs preuve de beaucoup de connaissances sur ce sujet important. — PONS (Zénon), est auteur d'un *Essai sur la vie et les ouvrages de P. Puget*, 1812, in-8°. — PONS D'HOSTUN (L. H.) a publié l'*Écuyer des dames*, 1806, in-8°.; *Définition du genre épique, et Essai sur le plan de l'étude*, 1805, in-8°. — PONS, administrateur des mines de l'île d'Elbe, a publié *la Reconnaissance*, ode, 1811, in-4°. OT.

PONS DE VERDUN (ROBERT), ancien avocat, était connu, avant la révolution, par des poésies légères répandues dans différents recueils, et notamment dans l'*Almanach des Muses* ; il s'était surtout exercé avec succès dans le genre du conte et de l'épigramme. Ayant embrassé la cause populaire, il fut, en 1792, nommé accusateur public à Paris, et élu, la même année, à la Convention nationale, par le département de la Meuse. Il vota, en janvier 1793, la mort de Louis XVI, de la manière suivante : « Je vois dans » les crimes de Louis Capet et ceux des » conspirateurs ordinaires, qu'entre le » meurtre à force ouverte et le poison, » l'homme-roi a toujours été privilégié » dans le sens du crime. Louis a été ac- » cusé, par la nation entière, d'avoir » conspiré contre la liberté ; vous l'avez » convaincu de cet attentat : ma cons- » cience me dit d'ouvrir le code pénal, » et de prononcer la peine de mort. » Il rejeta l'appel au peuple et le sursis. Le 19 septembre, M. Pons fut élu secrétaire de la Convention. En octobre, même année, il eut une explication avec Saint-Just et Robespierre, relativement à la motion de ce dernier, pour l'exécution de la loi contre les Anglais et les étrangers ; loi dont il nia vivement avoir demandé le rapport, ainsi que Saint-Just l'en accusait. Le 10 août 1794, il fit rendre un décret en faveur des roturiers en divorce avec des nobles. Le 17 septembre, il fit décréter en principe, qu'aucune femme, prévenue de crimes capitaux, ne pourrait être mise en jugement, si elle était reconnue enceinte. Dès que le décret eut été rendu, il courut à la Conciergerie et eut le bonheur d'arracher à la mort plusieurs femmes déjà condamnées ou sur le point de l'être, en leur conseillant de se déclarer enceintes. Le 10 novembre il défendit les jacobins, accusés par Rewbell des malheurs de la France, et fit annuler, le 18 janvier 1795, un jugement de la commission militaire de Nantes, qui condamnait à la peine de mort Mme. de Bonchamp, veuve du général vendéen de ce nom. Après les événements de vendémiaire (octobre 1795), il fut élu secrétaire, puis membre de la commission des cinq, chargée de présenter des mesures de salut public ; il travailla beaucoup dans le comité de législation pendant la Convention, ainsi qu'au conseil des cinq-cents, dont il devint membre lors de sa formation. Le 3 décembre 1797, il y prononça un discours sur les enfants mineurs des émigrés, et représenta la nécessité de les soustraire à l'empire de leurs parents, pour les élever dans des principes conformes au nouvel ordre de choses. Il fut, avec Chazal et P. J. Audouin, l'un des rapporteurs de la loi dite du 9 floréal, tendant à exiger des ascendants d'émigrés le partage de leurs biens avec la nation, et eut, à ce titre, une discussion vive à soutenir contre les opposants à ce système, tels que l'abbé Morellet, Portalis, Tronçon-Ducoudray, et tous les hommes marquants par de grandes lumières et l'amour de la justice. Le 22 mars 1799, il fut porté à la présidence, devint, en 1800, commissaire près le tribunal d'appel du département de la Seine, fut ensuite nommé substitut du procureur-général près la cour de cassation, et enfin avocat-général près la même cour, avec le titre de chevalier de la Légion-d'honneur. Il exerça ces fonctions jusqu'en 1814, donna, à cette époque, son adhésion à la déchéance de Buonaparte, et fut réintégré après le 20 mars 1815. La seconde rentrée du Roi le réduisit à la vie privée. Il a été banni comme régicide. On l'a souvent accusé d'avoir dénoncé au tribunal révolutionnaire, et d'avoir poursuivi, avec un scandaleux acharnement, la condamnation des dix-huit jeunes filles de Verdun, qui avaient offert des fleurs au roi de Prusse lors de son entrée dans cette ville. Il était autrefois membre d'une société littéraire dite le *Portique républicain*, et il y a lu dans le temps des fragments d'un poème intitulé *Vulcain*, qui promettaient un ouvrage d'une piquante originalité. Réfugié à Bruxelles, il ne s'y occupe, dit-on, que de poésie : il a déjà fourni plusieurs *Contes en vers* à l'*Esprit des journaux*, qui s'imprime dans cette ville. Il a publié : I. *Mes Loisirs, ou Poésies diverses*, 1780, in-12 ; 1807, in-8º. II. *Portrait du général Suwarow*, 1795, in-8º. ; et il se propose de donner bientôt une nouvelle édition de ses œuvres.   B. M.

PONSARD (Louis), avocat, fut élu membre de la chambre des députés en août 1816, par le département du Morbihan. Il parla, au mois de janvier, en faveur de la liberté individuelle, et vota le rejet du projet de loi. « C'est un devoir, dit-il, pour un député qui a passé » la moitié de sa vie dans les prisons, occupé du soin d'adoucir la destinée des » détenus, et qui a été, plus que personne, le témoin des abus d'autorité, » de se déclarer contre une loi qui viole » la liberté individuelle. » M. Ponsard demanda, au mois de février, que l'on accordât aux détenus pour dettes civiles, comme aux débiteurs pour dettes commerciales, le bénéfice de l'article 18 de la loi du 4 avril 1798, d'après lequel le commerçant est rendu à la liberté après cinq années de détention. Il prit part, au mois de décembre, à la discussion relative au projet de loi sur la liberté de la presse, qu'il défendit avec force dans la séance du 12. Il a fait partie de la dernière session (1818), et s'est opposé, au mois de mars, à la réduction des dettes des colons.   S. S.

PONSONBY (George), membre de la chambre des communes d'Angleterre pour Tavistock, et l'un des chefs de l'opposition, est le troisième fils de Jean Ponsonby, orateur de la chambre des communes d'Irlande. Né le 5 mars 1755, il reçut une excellente éducation à l'université de Cambridge, et suivit la carrière du barreau. Ses liaisons avec plusieurs des membres influents de l'administration Rockingham, lui procurèrent la connaissance et la protection du duc de Portland, nommé vice-roi d'Irlande en 1782, qui lui fit obtenir la place de premier conseil du commissaire du revenu ; il entra ensuite à la chambre des communes, et vota toujours dans le sens du ministère qui l'avait fait nommer ; mais le ministère ayant changé, le marquis de Buckingham donna sa place à M. Marcus Beresford. Alors M. Ponsonby songea à changer le genre de vie que l'aisance lui avait fait contracter ; il se livra entièrement à l'étude des lois, et bientôt acquit la réputation d'un des jurisconsultes les plus habiles, et du premier orateur parlementaire d'Irlande. Pour se venger du marquis de Buckingham, il se jeta dans l'opposition, et chercha à contrecarrer toutes les opérations du ministère. Ce fut lui qui détermina la chambre à inviter le prince de Galles à prendre la régence pendant la maladie du roi, et qui força le vice-roi d'Irlande, qui avait fait une proposition différente, à abandonner son gouvernement. Mais ce triomphe fut de courte durée par le rétablissement du roi George III. M. Ponsonby continua à faire partie de l'opposition ou plutôt à la diriger, et à s'élever contre la corruption et l'ineptie du gouvernement, qu'il accusait d'avoir provoqué, par ses mesures oppressives, le soulèvement de l'Irlande en 1798. Il s'opposa à la réunion de ce pays ; mais lorsque cette réunion eut été prononcée, il devint membre du parlement impérial pour le comté de Wicklow ; et au changement de ministère, en 1805, il fut conseiller-privé du royaume uni, et succéda à lord Redesdale comme chancelier d'Irlande, le 25 mars 1806. Il se démit de cette place en 1807, et se retira avec une pension considérable. M. Ponsonby est aujourd'hui très influent au parlement, quoique peu remarquable comme orateur. Il passe pour un jurisconsulte profond. — PONSONBY (Frédéric Cavendish), parent du précédent, est fils du comte de Berborough, pair d'Irlande, membre de la chambre des communes pour le comté de Kilkenny, et aide-de-camp du prince-régent, colonel dans l'armée anglaise, et lieutenant-colonel du 12e. de dragons ; il fut grièvement blessé à la bataille de Waterloo, le 18 juin 1815. Il est chevalier-commandeur de l'ordre du Bain, et décoré de l'ordre de Marie-Thérèse d'Autriche et de St.-George de Russie. — Il y a dans la famille de Ponsonby, deux pairs d'Angleterre avec le titre de baron, et un pair d'Irlande avec le titre de comte. Z.

POPHAM (Sir HOME RIGGS), contre-amiral anglais, chevalier du Bain, membre de la société royale, est né en Irlande en 1762. Son père, consul à Tétuan, avait une nombreuse famille ; ce qui força ses enfants à chercher fortune dans les quatre parties du monde. Sir Home Popham, l'un des plus jeunes, entra dans la marine, et devint lieutenant pendant la guerre d'Amérique. A la paix, il se rendit dans l'Inde, où son frère aîné s'était déjà distingué ; il visita une partie de ces contrées, et montra de si grandes connaissances en topographie nautique, qu'à la recommandation de lord Cornwallis, il fut nommé membre du comité envoyé, en 1788, pour examiner New-Harbour, sur la rivière Hougly, que M. Laxam avait représenté comme très propre à devenir un arsenal de marine. En 1791, il commanda un vaisseau marchand qui, ayant été envoyé du Bengale à Bombay, éprouva de violentes tempêtes, et fut obligé de faire voile pour les détroits de Malacca, et de jeter l'ancre à l'île du prince de Galles. Cet événement fit découvrir et examiner le passage méridional, qui le conduisit à penser que l'arsenal de marine qu'on desirait vivement établir, ne pouvait l'être dans un endroit plus favorable. Une carte en fut publiée la même année, avec la permission du gouvernement, qui écrivit à sir Popham une lettre de remerciments. Le gouverneur-général lui offrit en plein conseil une pièce de vaisselle avec une inscription ; la cour des directeurs le recommanda vivement aux lords de l'amirauté ; et des marins, qui sentaient l'avantage qu'on devait tirer de sa découverte, lui offrirent aussi des remerciments publics et des marques de leur reconnaissance. Sir Popham se conduisit valeureusement comme volontaire au siège de Nimègue, fait par Pichegru en 1794 ; ce qui le fit connaître du duc d'York, qui obtint pour lui le grade de capitaine de vaisseau en avril 1795. Ce fut lui qui conçut l'idée d'armer les pêcheurs de Flandre contre les Français, pour défendre leurs propres villes ; moyen qui fut ensuite adopté en grand en Angleterre. Sir Home Popham protégea, en 1795, l'embarcation des troupes anglaises qui avaient servi en Hollande, et les escorta en Angleterre avec les frégates l'*Amphion* et le *Dédale*. Il fut choisi, en 1798, pour commander une expédition contre la Flandre, puis chargé de présider à l'embarquement des troupes que l'Angleterre fournit à la Russie pour coopérer à l'expulsion des Français de la Hollande. Il vint en conséquence à Cronstadt et à Revel, fut visité par Paul Ier. et l'impératrice, qui se rendirent à son bord et le comblèrent de présents. L'empereur, alors grand-maître de Malte, le créa commandeur de cet ordre, et il est le premier Anglais qui ait été autorisé à porter ce titre dans son propre pays. Cette autorisation lui fut donnée le 28 septembre 1799. Sir Popham conduisit sur ses vaisseaux les troupes russes en Hollande, et y resta jusqu'à la fin de la guerre. L'Angleterre fut, d'après le plan qu'il avait donné, divisée en districts maritimes ; celui qui est situé entre Beavy-Head et Deal fut mis sous ses ordres, et il en conserva l'inspection jusqu'en 1800. A cette époque, il fit voile pour les Indes orientales, se rendit à Calcutta pour se concerter avec le gouverneur-général Wellesley, et remplit avec succès différentes missions diplomatiques auprès du shérif de la Mecque et des autres souverains de l'Arabie : il retourna en Angleterre en 1803. Le nouveau ministère l'accueillit mal, et fit même un rapport dans lequel sa conduite fut sévèrement blâmée. On lui reprochait d'avoir, dans des vues d'intérêt particulier, conduit son escadre au Bengale au lieu de la mener à Bombay, et d'avoir fait des dépenses extraordinaires et inutiles pour les réparations du *Remory's* et du *Sensible*. Il ne fut pas employé par cette administration. En 1802, il avait été porté au parlement par le bourg d'Yarmouth, dans l'île de Wight, et il profita de sa position pour censurer vivement l'état officiel de la marine, présenté à la chambre, et dans lequel il signala de graves erreurs. Au changement de ministère, lord Melville, qui protégeait sir Home Popham, lui fit donner le commandement de l'*Antelope*; il fut mis peu après à la tête de l'expédition des *Catamarans*, et brûla plusieurs vaisseaux français. Le 5 juillet 1805, après une enquête sur son compte et un rapport fort étendu, sir William Borrough, membre de la chambre des communes, annonça qu'à la première session du parlement il ferait une motion, pour qu'il fût déclaré que la chambre des communes et le comité regardaient la conduite de sir Home Popham comme exempte de reproches. Il s'embarqua en 1806 sur le *Deadinus*, et s'empara du cap de Bonne-Espérance avec le général sir David Baird, qui commandait les troupes de débarquement. De là il se rendit à Buenos-Ayres, fit partie de l'expédition de Copenhague, et fut créé baronet à la suite de cette affaire. Dans la guerre de la péninsule, il fut employé activement sur les côtes nord de l'Espagne; et, lorsque lord Moira fut nommé gouverneur-général du Bengale, ce fut lui qui l'y transporta. En juillet 1816, il fit devant le duc d'York des expériences fort heureuses du nouveau *sémaphore* qu'il a inventé, et il fut reconnu que cette découverte réunit plus d'avantages que le télégraphe; qu'elle offre deux mille combinaisons au lieu de cent, et peut être transportée en cinq minutes sur un chariot, d'un endroit à l'autre. Il a publié: I. *Précis des faits relatifs au traitement qu'il a éprouvé depuis son retour de la mer Rouge*, 1805, in-8°. II. *Description de l'île du Prince de Galles, avec ses avantages comme établissement de marine*, 1805, in-8°. Z.

PORCHER DE LISSONNAY (GILLES), comte de Richebourg, né à la Châtre en Berri, était subdélégué et procureur du roi à l'époque où la révolution commença, et fut successivement maire, commissaire du roi près le tribunal du district de la même ville, et, en septembre 1791, député-suppléant du département de l'Indre à la législature, où il ne prit point séance. Nommé, en septembre 1792, député à la Convention nationale, il y vota la détention de Louis XVI et son bannissement à la paix, en exposant ainsi les motifs de son vote: « Je vote, non
» comme juge, je n'en ai pas le droit;
» mais comme représentant du peuple,
» chargé de prendre des mesures de sû-
» reté générale; je ne me dissimule pas
» qu'il est difficile d'en prendre qui
» soient absolument exemptes de dan-
» gers; mais comme l'existence d'un ty-
» ran enchaîné, abhorré, me semble
» moins à craindre que les prétentions
» que sa mort ferait naître, j'adopte la
» mesure de la détention, jusqu'à ce que
» la paix et la liberté, consolidées, per-
» mettent de le bannir; et je me déter-
» mine d'autant plus à cette mesure, que
» je crois qu'elle aura de l'influence sur
» le succès de la campagne prochaine. »
Il se déclara pour l'appel et pour le sursis. Sans avoir jamais joué un rôle marquant dans la révolution, M. Porcher fut toujours employé avec beaucoup d'activité, tant au comité de législation, au nom duquel il fit de fréquents rapports, que dans les départements, où il se conduisit d'une manière assez modérée. Ce ne fut guère qu'après le 9 thermidor (27 juillet 1794), qu'il se fit remarquer dans la Convention. Il fut envoyé d'abord dans les départements de l'Ouest. A son retour, en mai 1795, il fit supprimer le tribunal révolutionnaire, et eut une seconde mission dans le Calvados, d'où il dénonça les manœuvres des royalistes aux approches de vendémiaire. A cette époque il fut élu au conseil des anciens, par les deux départements qui composaient l'ancienne province du Berri; il continua à se montrer républicain, quoique souvent en opposition avec le directoire. Le 29 novembre 1796, il tenta inutilement de faire rejeter, au nom de la majorité d'une commission dont il était rapporteur, une résolution qui déclarait expiré l'exercice des fonctions des membres des tribunaux criminels élus en 1795, et qui autorisait le gouvernement à les remplacer. Ce rapport, qui n'eut aucun résultat avantageux pour la chose publique, fut néanmoins réimprimé dans le midi de la France, et cette publicité extraordinaire fit nommer M. Porcher au conseil des

anciens par le département du Gard ; mais sa nomination fut annulée par l'influence du directoire, malgré les nombreux suffrages dont elle était appuyée. Il devint alors membre de la commission administrative des hospices civils de Paris, et eut quelques démêlés avec M. Lepreux et les autres médecins de l'Hôtel-Dieu, qui lui adressèrent une lettre très forte, imprimée dans le temps. Il perdit cet emploi en avril 1799, à la suite d'un renouvellement général. Le département de l'Indre le réélut, à la même époque, au conseil des anciens, où il vota, en octobre, contre la résolution qui tendait à soumettre à la peine de mort les auteurs de traités contraires à la constitution et à l'intégralité du territoire de la république, et représenta, « qu'une pareille loi attenterait à la li- » berté des premiers pouvoirs, et entra- » verait la pensée des représentants du » peuple. » Il se prononça aussi, en novembre, en faveur de la révolution de St.-Cloud, devint membre de la commission intermédiaire du conseil, entra enfin au sénat-conservateur. Il était secrétaire de ce corps à l'époque de la chute de Buonaparte en 1814, et il signa le 3 avril, en cette qualité, la création d'un gouvernement provisoire et la déchéance de Napoléon. Il fut nommé pair de France par le Roi, le 4 juin de cette même année, et conserve encore cette dignité.—Son fils (Jean-Baptiste), né le 17 décembre 1784, a été aide-de-camp du maréchal Masséna. Il fut envoyé de Marseille à Paris, lorsque Napoléon revint dans cette capitale en mars 1815. Le premier mouvement de l'ex-empereur fut de se plaindre de ce que le sénateur Porcher n'était pas encore venu lui faire sa cour. Le jeune homme hésita, et fit entendre que son père avait craint les souvenirs du 3 avril. « Qu'est-ce que cela fait, répliqua » Buonaparte, qu'il vienne toujours. » Le sénateur vint en effet ; mais il paraît que Buonaparte avait fait des réflexions ; il le reçut froidement, et M. Porcher ne se trouva point sur la liste des pairs de sa création ; ce qui fait qu'il est encore aujourd'hui l'un des pairs du royaume. M. Porcher fils avait été nommé adjudant-commandant de cavalerie, par décret du 15 mai 1815 ; cette nomination fut annulée par le Roi, à son retour au mois de juillet. S. S.

PORNIN (A. F.), professeur de littérature à l'école de Pont-Levoi, a publié : I. *L'Intérieur de l'ancienne Rome*, 1809, in-12. II. *Les Difficultés de la langue française, résolues d'après l'autorité de l'Académie*, 1809, in-12 ; 1811, in-12. III. *Abrégé de l'Histoire des Egyptiens, des Assyriens, des Babyloniens, des Mèdes, des Perses et des Scythes*, 1810, in-12. IV. *Le Volcan politique à sa dernière éruption, ou Séances des représentants, depuis la bataille du Mont St.-Jean jusqu'au retour de Louis XVIII le Désiré*, vaudeville-pot-pourri, 1815, in-8°. OT.

PORTA (BERARDO), musicien et compositeur distingué, élève de Magrini, est né à Rome vers 1760. Il fut d'abord maître de chapelle à Tivoli, où il était en même temps directeur de l'orchestre. Six ans après, il fut attaché au prince de Salm, qui était prélat à Rome. Arrivé à Paris en 1788, il donna au théâtre Italien : I. *Le Diable à quatre*. II. *La Blanche haquenée*. III. *Agricole Viala*, 1793. A l'Académie de musique : *La Réunion du 10 août*.—*Les Horaces*.—*Le Connétable de Clisson*, paroles de M. Aignan. M. Porta a composé des *Oratorio* et de la musique instrumentale. S. S.

PORTAL (ANTOINE), premier médecin-consultant du Roi, chevalier de St.-Michel et de la Légion-d'honneur, professeur de médecine au collège de France, d'anatomie au Muséum d'histoire naturelle, membre de l'académie royale des sciences de l'Institut, des académies de Bologne, Turin, etc., est né à Gaillac, le 5 janvier 1742, d'une famille qui depuis trois siècles cultive avec distinction les diverses branches de l'art de guérir. Antoine Portal, un de ses ancêtres, fut le confrère et l'émule d'Ambroise Paré. Après avoir fait ses premières études à Albi et à Toulouse, M. Portal se rendit à Montpellier pour y étudier la médecine. A l'âge de vingt ans, l'académie des sciences de cette ville lui accorda des lettres de correspondant ; six mois après, il commença à démontrer l'anatomie. En 1765, il vint à Paris, se livra à l'étude de la chirurgie, et lut, dans la même année, trois mémoires à l'académie de chirurgie. Senac et Lieutaud l'associèrent à leurs travaux littéraires. En 1768, il remplaça Ferrein à l'académie des sciences et dans la chaire de médecine du collége de France ; et, en 1777, Buffon le fit nommer professeur d'anatomie au Jardin des Plantes. M. Portal ne s'est pas contenté d'enseigner l'anatomie dans ses leçons et par ses écrits, il a aussi constamment pratiqué la médecine; et depuis trente ans, il est un des médecins de Paris les plus célèbres. Il a publié un grand nombre d'ouvrages très estimés qui ont été presque tous traduits en langues étrangères, et dont voici la liste : I. *Dissertatio medico-chirurgica generales luxationum rationes complectens*, 1764, in-4°. C'est le sujet de sa thèse soutenue à Montpellier. II. *Anatomie historique - pratique de M. Lieutaud*, augmentée d'un grand nombre d'observations, 1767, 2 vol. in-4°.; 1776, 2 vol. in-8°. III. *Précis de chirurgie pratique, contenant l'histoire des maladies chirurgicales, et la manière la plus en usage de les traiter*, 1768, 2 vol. in-8°. IV. *Histoire de l'anatomie et de la chirurgie, contenant l'origine et les progrès de ces deux sciences, avec un tableau chronologique des principales découvertes, et un catalogue des ouvrages d'anatomie et de chirurgie, des mémoires académiques, des dissertations insérées dans les journaux et de la plupart des thèses qui ont été soutenues dans les facultés de médecine de l'Europe*, 1779. Cet ouvrage, en six volumes, est le résultat d'un travail immense. V. *Lettre à M. Petit*, 1771, in-8°. VI. *Lettre en réponse à M. Goulin*, 1771, in-8°. VII. *Rapport fait par ordre de l'académie des sciences sur la mort du sieur Lemaire et de son épouse, par la vapeur du charbon*, 1775, in-8°.; réimprimé sous le titre de : *Observations sur les effets des vapeurs méphitiques sur le corps de l'homme*, etc., 1776, in-8°.; 6e. édition, 1791, in-8° ; et réimprimées sous le titre de : *Instructions sur le traitement des asphixiés par le méphitisme*, etc., 1794, in-12; une 12e. édition en 1805, in-8°. Cet ouvrage a été traduit en plusieurs langues et distribué gratuitement dans toute la France, sous le ministère de M. Turgot. Il a été imprimé, depuis, plusieurs fois et encore en 1816, par ordre du gouvernement, et adressé à tous les préfets par le ministre de l'intérieur. VIII. *Observations sur la nature et le traitement de la rage*, Yverdon, 1779, in-12. IX. *Observations sur la nature et le traitement de la phthisie pulmonaire*, 1793, in-8°.; 1809, 2 vol. in-8°. X. *Observations sur la nature et le traitement du rachitisme*, 1797, in-8°. XI. *Mémoires sur la nature et le traitement de plusieurs maladies*, 1800, 2 vol. in-8°. XII. *Cours d'anatomie médicale*, 1804, 5 vol. in-8°. On peut lire le compte rendu de cet ouvrage, dans les rapports du jury sur les prix décennaux, et dans ceux de la classe des sciences mathématiques et physiques de l'Institut, pag. 56 à 66. XIII. *Considérations sur la nature et le traitement des maladies de famille et des maladies héréditaires* (lues à l'Institut le 25 janvier 1808), 3e. édition, 1814, in-8°. XIV. *Observations sur la nature et le traitement des maladies du foie*, 1813, in-8°. et in-4°. XV. *Notice sur la maladie et la mort de Me. la baronne de Staël*, 1817, in-8°. M. Portal a encore publié, dans le Recueil de l'académie des sciences et de l'Institut, une foule de mémoires relatifs à l'art de guérir. Il a lu à l'Institut, en 1818, un curieux Mémoire sur la dilatation des ventricules du cœur avec aplatissement de leurs parois ; et un autre sur les inflammations du péricarde. Il fut nommé, en 1815, membre de la commission chargée de rendre compte au Roi de l'état de l'enseignement dans les écoles de médecine et de chirurgie. B. M.

PORTAL (Le baron), conseiller-d'état, officier de la Légion-d'honneur, de la famille du précédent, né à Montauban, fut chargé, le 26 décembre 1813, d'accompagner le sénateur Garnier, dans la 11e. division militaire, à Bordeaux, pour le seconder dans ses opérations de salut public. Il fut nommé maître des requêtes, par le Roi, le 29 juin 1814, et chevalier de la Légion-d'honneur, le 13 septembre suivant. Il fait aujourd'hui partie du conseil-d'état, comité de la marine et des colonies. S. S.

PORTALIS (Le comte Joseph-Marie), fils de l'ancien ministre des cultes, naquit à Aix en Provence, le 19 février 1778, et vint à Paris à la fin de 1793, avec son père, que la faction révolutionnaire poursuivait avec fureur. Ils étaient partis de Lyon alors désolé par la terreur. M. Portalis se fit connaître par un article sur la mémoire de Montesquieu, inséré dans le *Républicain français* de 1796, qui lui valut d'honorables reproches de la part de l'*Ami des Lois*, alors rédigé par Poultier. Au mois de septembre 1797, il quitta la France pour accompagner son père, condamné à la déportation dans la funeste journée du 18 fructidor. Ils trouvèrent un asile dans le château d'Emckendorf, en Holstein, chez le comte Frédéric de Reventlau, connu dans tout le nord de l'Allemagne par la noblesse de son caractère, sa bienfaisance, son goût pour les arts, et les qualités distinguées de son esprit. A la fin de 1799, M. Portalis composa un discours que l'académie de Stockholm couronna, en mars 1800, et qui fut imprimé à Paris, la même année, sous le titre suivant: *Du devoir de l'historien de bien considérer le caractère et le génie de chaque siècle, en jugeant les grands hommes qui y ont vécu*. M. Portalis retourna à Paris, à cette époque, et entra dans la carrière diplomatique. Attaché d'abord à la légation envoyée à Lunéville, pour y traiter de la paix avec l'Autriche, il alla ensuite en Saxe, où il épousa la jeune comtesse de Holck, nièce et pupille du comte de Reventlau. De retour en France, il fut envoyé au congrès d'Amiens, et en octobre 1802, il fut nommé premier secrétaire d'ambassade à Londres, où il accompagna le général Andréossy qui y était ambassadeur. Il revint à Paris, après la rupture, en juin 1803, et en repartit presqu'aussitôt pour Berlin, où il fut envoyé comme premier secrétaire de légation. Il y demeura jusqu'en octobre 1804, époque où il passa à Ratisbonne en qualité d'envoyé extraordinaire et ministre plénipotentiaire auprès de l'électeur archi-chancelier. En juillet 1805, M. Portalis fut appelé à Paris pour y remplir, auprès de son père, la place de secrétaire-général du ministère des cultes. Depuis, il fut successivement nommé maître des requêtes, en juillet 1806; chargé du portefeuille du ministère des cultes, après la mort de son père, en septembre 1807; nommé conseiller-d'état et membre du conseil du sceau des titres, au commencement de 1808; enfin directeur-général de la librairie, en février 1810. Comme maître des requêtes, il fit partie, avec MM. Molé et Pasquier, de la commission nommée par le gouvernement pour suivre les opérations de l'assemblée des juifs, convoquée à Paris en 1806, et du grand sanhédrin qui en fut la suite. Le 5 janvier 1811, il fut maltraité par Buonaparte, en plein conseil-d'état, destitué de tous ses emplois, exilé à quarante lieues de Paris et mis en surveillance. Son crime était de n'avoir pas dénoncé l'abbé d'Astros, son cousin et son ami d'enfance, qui lui avait communiqué sous le sceau du secret la copie du bref du pape relatif au cardinal Maury (*Voy*. DASTROS). M. Portalis n'obtint la permission de revenir à Paris qu'en juin 1813. Au mois de décembre de la même année, il dut à l'amitié de M. le comte Molé, alors grand-juge, sa nomination à la place de premier président de la cour impériale d'Angers; mais il ne rentra point en grâce; Buonaparte n'avait pas même voulu recevoir son serment. Par un hasard singulier, ce fut dans cette même ville que l'abbé Dastros, qui gémissait depuis plus de trois ans dans les prisons d'état, recouvra sa liberté au moment de la restauration. M. le comte Portalis vint féliciter le Roi au nom de sa cour. Il fut nommé à cette époque conseiller-d'état en service extraordinaire. La catastrophe du 20 mars arriva: il resta à son poste, et ne crut pas devoir se séparer de sa compagnie; il ne put même se défendre d'inscrire son nom sur la liste de la fédération angevine, et fit partie, en cette qualité, de la fameuse assemblée du Champ-de-Mai. Il se trouvait ainsi à Paris en juillet 1815, à l'époque du retour du Roi, et fut nommé, par S. M., conseiller-d'état en service ordinaire, et attaché au comité de législation. Ce fut en cette qualité qu'il présenta à la chambre des députés un projet de loi pour la répression des cris séditieux. Le 28 août, même année, il devint conseiller à la cour de cassation. M. Portalis est parti pour Rome, en mai 1818, chargé d'une mission importante relative au concordat. A.

PORTE, ancien adjudant-général, fut député de la Haute-Garonne au conseil des cinq-cents, en 1797, s'opposa le 9 juillet à la rentrée des prêtres et à la liberté des cultes. Il fut nommé secrétaire le 22 octobre 1797, s'occupa ensuite de la réorganisation de la gendarmerie, et fit adopter une résolution à ce sujet. Il discuta, en 1798, le projet de la commission des cinq, tendant à invalider plusieurs élections dans le sens des jacobins, et invita le conseil à la sagesse et à l'impartialité. « Sauvez la république, dit-il, » mais ne perdez aucun républicain; » montrez-vous avares des mesures ex- » traordinaires; elles conduisent toujours

» plus loin qu'on ne pense, et on s'en
» repent tôt ou tard. » Le 19 août, il
appuya le projet de Jourdan sur la conscription militaire. « Le jour, dit-il, où
» la Convention décréta la levée en masse,
» fut celui où l'on dispersa les tyrans;
» le jour où vous décréterez que la levée en masse de la jeunesse est en
» France une institution permanente,
» vous décréterez que la république est
» impérissable. » Ses fonctions expiraient
en mai 1799; mais il fut nommé de nouveau par l'assemblée électorale du même département, pour le même conseil. Le 10 juillet, il attaqua l'administration du ministre Schérer. Regardé ensuite comme un des opposants à la révolution de St.-Cloud, il fut exclu, le 19 brumaire (10 novembre 1799), du corps législatif, publia bientôt après une lettre aux administrateurs de son département, sur les avantages du mouvement opéré, et sur la nécessité de se rallier au nouveau gouvernement, et obtint une place de sous-inspecteur aux revues. Il était encore employé en cette qualité dans la 10e. division militaire, en 1814; il ne l'était plus en 1816.   B. M.

PORTER (ROBERT KER), peintre et écrivain anglais, est né à Durham. Son père, officier dans les armées anglaises, laissa dans le besoin, en mourant, une veuve et trois enfants, qui furent soutenus par les bienfaits de la famille royale. Robert Porter tenait de son père un goût très vif pour la carrière militaire et pour les beaux-arts. Dès son enfance, il s'amusait à dessiner les exploits des grands capitaines. Il fut placé, en 1790, à l'académie royale de peinture, sous M. West; il y fit de si grands progrès, que deux ans après il fut chargé de peindre *Moïse et Aaron* pour l'église de Shoreditch, et, en 1794, le *Christ apaisant une tempête*, pour celle de Portsea. Il fit, en 1798, un tableau représentant *Saint Jean prêchant dans le désert*, qui fut présenté au collége de St.-Jean, de l'université de Cambridge. En 1803, il obtint une place de capitaine dans la milice royale de Westminster, et, l'année suivante, se rendit à l'invitation que lui fit l'empereur de Russie de visiter sa capitale, où il fut nommé son peintre d'histoire. Il s'était distingué auparavant par ses peintures panoramiques de la *Prise de Seringapatam* (exécutée à 20 ans), du *Siège de Saint-Jean d'Acre* et de la *Bataille d'Azincourt*. Il fut employé, à Pétersbourg, à décorer la salle de l'amirauté; et il épousa, pendant son séjour dans cette capitale, une dame qui joignait une grande naissance à une fortune considérable. L'empereur le combla de faveurs, et le décora de l'ordre de Saint-Joachim. Cet artiste a acquis une aussi grande réputation par ses productions littéraires que par ses travaux comme peintre. Il a publié: I. *Esquisses d'un Voyageur en Russie et en Suède*, 1808, 2 vol. in-4°. On en trouve de longs extraits dans la *Bibliothèque britannique* (de Genève) pour 1810. II. *Lettres écrites du Portugal et de l'Espagne pendant la marche des troupes sous le commandement du général sir John Moore*, 1809, in-8°. III. *Récit de la dernière campagne en Russie*, 1813, in-4°.; 2e. édition, 1814. — PORTER (Jeanne), sœur du précédent, a publié: I. *Thaddée de Varsovie*, roman, 1803, 4 vol. in-12. Ce roman a eu neuf éditions, la dernière en 1810. Il a été traduit en français sous le titre des *Polonais*, 3 vol. in-12. II. *Aphorismes de sir Philippe Sydney*, avec des remarques, 1808, 2 vol. in-12. Voici un passage des remarques de miss Porter: « Toutes les pompes qui » furent déployées sous les yeux d'Élisabeth ne purent éloigner de sa vue la » tête sanglante de Marie Stuart; et tout » le bruit des triomphes de Napoléon ne » peut étouffer la voix qui se fait entendre dans le bois de Vincennes, le » sang de Bourbon criant contre son » meurtrier. » III. *Les Chefs écossais*, roman, 1810, 5 vol. in-12, trad. en français. IV. *Le Coin du feu du Pasteur*, roman, 1815, 3 vol. in-12. — PORTER (Anne-Marie), sœur des deux précédents, a publié: I. *Contes sans art*, 1793, 2 vol. in-12. II. *Octavie*, roman, 1798, 3 vol. in-12. III. *Le lac de Killarney*, 1804, 3 vol. in-12. IV. *L'Amitié du marin et l'Amour du soldat*, 1805, 2 vol. in-12. V. *Les frères Hongrois*, 1807, 3 vol. in-12, trad. en français. VI. *Dom Sébastien, ou la maison de Bragance*, 1809, 4 vol. in-12. VII. *Ballades, Romances et autres Poëmes*, 1811, in-8°. VIII. *Le Reclus de Norvége*, roman, 1814, 4 vol. in-12, trad. en français par Mme. Élisabeth de Bourbon, 1816, 4 vol. in-12.   Z.

POTIER (CHARLES), comédien qui

s'est acquis une grande célébrité à Paris, est né dans cette ville en 1775. Il appartient à cette ancienne famille de robe d'où sont issus les Potier de Gèvres et les Potier de Blancmesnil. Aussi le jeune Charles fut-il élevé à l'Ecole militaire, où, comme on le sait, on n'admet il que des enfants nobles. Il en sortit à l'époque de la révolution. Sa famille, victime des malheurs du temps, ne pouvant lui donner un état digne de sa naissance, il fut atteint par la réquisition, et servit quelque temps dans un bataillon d'infanterie. Revenu en France après la terreur, et porté par une inclination insurmontable vers la comédie, il fit modestement ses débuts sur divers théâtres du boulevard. Il passa ensuite à celui de la rue du Bac, où l'on jouait le répertoire du Théâtre-Français. C'est alors qu'il commença à se faire distinguer dans l'emploi des seconds comiques. Il reçut des propositions de plusieurs directeurs de province, et joua successivement dans les principales villes de Normandie et de Bretagne. Les succès qu'il obtint à Nantes lui valurent un engagement à Bordeaux, où il remplit pendant quelques années l'emploi des premiers comiques à côté de Martelly, et en même temps celui de *Dozainville*, dans l'opéra comique. Il créa même quelques rôles dans les ballets, et entre autres celui de *Bazile* dans *Almaviva et Rosine*. Enfin Potier revint à Paris en 1809, et débuta au théâtre des Variétés. Il s'y est fait si généralement connaître dans un genre qui paraissait borné, que l'on pourrait terminer ici son article; mais, d'un autre côté, il y a déployé un talent tellement original, qu'il y aurait de l'injustice à le confondre avec ces acteurs subalternes qui, pendant quelque temps, attirent la foule, et, tout-à-coup, disparaissent sans retour. A l'époque où Potier parut aux Variétés, Brunet seul était en possession d'y faire rire. La masse du public se montra d'abord assez froide envers le nouveau-venu; mais les connaisseurs ne tardèrent pas à faire une juste différence entre l'étonnante variété des caractères que savait prendre Potier, et la constante monotonie de Brunet. Peu à peu, tous les habitués de ce théâtre furent du même avis, et bientôt on y vit affluer des spectateurs qui avaient, jusque-là, dédaigné ce genre burlesque. Ce fut surtout dans la jolie pièce du *Ci-devant Jeune homme*, que Potier parvint à l'anoblir, en se montrant l'égal de nos meilleurs comiques. Plusieurs autres rôles mirent le comble à sa réputation. Les plus augustes amateurs voulurent le connaître, et il eut l'honneur de jouer plusieurs fois dans les appartements des Tuileries, en présence du Roi et des princes. Mais ce fut au moment même où Potier faisait seul la vogue des *Variétés*, que les administrateurs de ce théâtre refusèrent de satisfaire à ses légitimes prétentions. Bien plus, ils firent venir de Bordeaux un nommé *Lepeintre*, qu'ils annoncèrent comme son rival et son successeur. Le public ne fut pas de cet avis. Froid et compassé, Lepeintre peut-il aspirer à remplacer l'acteur le plus comique de France? Le théâtre de la Porte Saint-Martin s'est empressé de profiter de la faute de celui des Variétés. Il a offert à Potier un traitement digne de ses talents; et, de plus, une place d'administrateur. V.

POTOCKI (Le comte STANISLAS-KOSTKA), d'une famille illustre de Pologne, qui a produit des hommes d'état et des savants distingués, s'est fait remarquer par ses lumières et par son éloquence à différentes diètes, notamment à celle de 1788 à 1792. Il fut général d'artillerie, et, après l'adhésion de Stanislas-Auguste à la confédération de Targowitza, il se retira en Autriche, où il fut arrêté et détenu dans une forteresse. Rendu à la liberté, il resta long-temps sans prendre aucune part aux événements politiques, et s'occupa avec succès de sciences et d'arts. Cependant, en 1807, lorsque les Français pénétrèrent en Pologne, le comte Potocki se rallia aux partisans de la France, et après l'organisation du grand-duché de Varsovie, il fut nommé l'un des plénipotentiaires près Napoléon. Le 16 décembre 1807, il fut élevé à la dignité de sénateur palatin, et nommé aide-de-camp du roi de Saxe et grand-duc de Varsovie, en mars 1809. A la fin du même mois, il fut appelé à présider le conseil d'état de Pologne, en remplacement de M. Gutakowski; et lors de l'invasion des Autrichiens dans la Pologne, il adressa une proclamation aux Polonais, pour les engager à armer contre l'ennemi de la nation, leur rappela les bienfaits de Napoléon, qui leur avait, dit-il, rendu l'existence politique, et les animait à venger leurs ancêtres sous ses invincibles étendards. Le comte Stanislas Potocki a été nommé, par l'empereur Alexandre, en 1815, ministre des cultes et de l'instruction publique dans le royaume de Pologne. M. de Pradt, dans son *Ambassade de Varsovie*, parle du comte de Potocki d'une manière très avantageuse. « C'est, dit-il, un des plus » beaux noms de la Pologne et un véri- » table grand seigneur. » Littérateur distingué, il consacre aux sciences et aux arts tous les loisirs que lui laissent les affaires publiques. Il avait épousé la princesse Lubomirska. Il est de la société littéraire de Varsovie, et on a de lui plusieurs écrits estimés. — POTOCKI (Le comte ALEXANDRE), de la même famille, fut nommé grand-écuyer après l'entrée des Français en Pologne. En septembre 1808, il forma à ses dépens une compagnie d'artillerie, et fut décoré de l'ordre de l'Aigle-blanc, le 28 mars 1809, par le roi de Saxe; son fils reçut le même jour l'ordre de Stanislas. Le 25 novembre 1811, il fut élevé à la dignité de sénateur woïwode, avec une pension de 6,000 florins. Lors de l'invasion des Français en Russie, en 1812, il arbora l'étendard de la confédération, et fut nommé, le 7 juillet, adjoint à la commission provisoire du gouvernement de la Lithuanie. Il a été rappelé, en 1815, aux fonctions de grand-écuyer du royaume de Pologne. — Le comte Léon POTOCKI, chambellan de l'empereur de Russie, fut envoyé, en juin 1817, à la cour de Rome, avec une mission relative aux catholiques-romains de l'empire russe. S. S.

POTTIER (F.-G.) a publié : I. *M. F. Quintiliani de institutione oratoriâ*, 1813, 3 vol. in-12. II. *Commentaire nouveau, critique et exégétique sur le premier livre de l'Institution de l'orateur, de Quintilien*, 1813, in-12. OT.

POUGEARD DE LIMBERT (Le baron FRANÇOIS), avocat à Confolens avant la révolution, fut élu, en 1789, député du tiers-état du bailliage d'Angoulême aux états-généraux, où il travailla beaucoup dans le comité d'aliénation des biens nationaux. En septembre 1795, il fut élu par le département de la Charente au conseil des anciens, et en sortit en 1799. Après la révolution du 18 brumaire (9 novembre 1799), il devint préfet de la Haute-Vienne, d'où il fut appelé au tribunat en 1802. Le 24 novembre, il en fut élu secrétaire; et décoré peu après de la croix de la légion-d'honneur. Après la suppression du tribunat, M. Pougeard de Limbert fut appelé à la préfecture de l'Allier, qu'il a administrée jusqu'en 1814. Il en obtint de nouveau l'administration en mars 1815, l'ayant préférée à celle de la Somme, à laquelle il avait été désigné. Il rentra dans la vie privée après le second retour du Roi. S. S.

POUGENS (Le chevalier MARIE-CHARLES-JOSEPH), membre de l'Institut de France et de celui de Bologne, et de plusieurs académies, né à Paris, d'une famille noble, le 15 août 1755, est réputé devoir le jour à un prince du sang, mort avant la révolution. Il cultiva de bonne heure avec succès les beaux arts. M. Pougens était à vingt ans professeur à l'académie de peinture à Rome, et l'on a de lui des dessins qui prouvent un talent distingué pour cet art; au bout de trois ans il y eut la petite vérole et en est resté aveugle. En 1786 le gouvernement l'envoya à Londres, d'où il rapporta beaucoup de renseignements relatifs au traité de commerce. Il a fait à Paris, pendant plusieurs années, le commerce de la librairie, s'occupant en même-temps de travaux littéraires. On a de lui un grand nombre d'ouvrages, principalement : I. *Récréations philosophiques*, 1784, in-12. II. *La Religieuse de Nîmes*, drame historique en un acte et en prose, 1792, in-12. III. *Essais sur divers sujets de physique, de botanique et de minéralogie*; l'auteur y examine les révolutions du globe, le principe sexuel, la formation des minéraux, 1793, in-12. IV. *Maximes et Pensées*, 1793, in-8°. V. *Vocabulaire de nouveaux privatifs français, imités des langues latine, italienne, portugaise, allemande et anglaise*, 1794, in-8°. VI. *Voyage philosophique et pittoresque sur les rives du Rhin, à Liège, dans la Flandre, le Brabant, la Hollande*, etc., fait en 1790, traduit de l'allemand de G. Forster, 1795 (*Voy.* FORSTER, dans la *Biogr. univ.*, tom. XV, pag. 289). VII. *Voyage à la nouvelle Galles du sud, à Botany-Bay, au port de Jackson*, en 1787, 1788 et 1789, traduit de l'anglais de John Withe, 1795. VIII. *Voyage philosophique et pittoresque en Angleterre et en France, fait en 1790*, trad. de l'allemand de G. Forster, 1796, in-8°. IX. *Essai sur les antiquités du Nord et les anciennes langues septen-*

trionales, 1797, in-8°. de 47 pag., id., 2e. édition, augmentée et suivie d'une *Notice d'ouvrages choisis, sur les religions, l'histoire et les divers idiomes des anciens peuples du Nord*, 1799 in 8°. de 152 pag. X. Une édition du *Dictionnaire des antiquités de Pitiscus*. (Voyez la *Biographie univ.*, au mot BARRAL.) XI. *Lettre sur son Dictionnaire étymologique et raisonné de la langue française*, 1800, in-8°. Ce Dictionnaire fut commencé en 1776; M. Pougens s'en est occupé pendant plus de vingt années, tant à Paris qu'à Rome et à Londres, où il a fait de longs séjours, afin d'y rassembler les matériaux nécessaires à la confection de ce vaste édifice. XII. *Doutes et conjectures sur la déesse Nehallenia*, Mémoire communiqué en 1810 à la classe de littérature de l'Institut. Malgré l'état de cécité où est M. Pougens depuis long-temps, il n'a point encore renoncé à ses travaux littéraires et scientifiques. Un journal annonça, en 1816, qu'il avait achevé le *Trésor des origines de la langue française*, en 4 vol. in-fol. Un volume in-4°. contenant les *Prolégomènes* est en ce moment sous presse à l'imprimerie royale. M. Pougens a été l'éditeur des Lettres originales de Rousseau à Mme. de Luxembourg, 1798, in-18, et rédacteur de la *Bibliothèque française*, journal qui a paru de 1800 à 1804, in-12. Il fut nommé, en 1816, associé de la seconde classe de l'Institut royal des Pays-Bas, et de l'Académie royale d'histoire de Madrid. Il contribua beaucoup, avec feu Mme. Maynon d'Invau et Mme. Legros, à faire sortir pour la 3e. fois de la Bastille, M. Masers de la Tude. Il engagea encore diverses personnes puissantes à faire constituer sur l'état une rente viagère sur les têtes de la Tude et de Mme. Legros.—POUGENS (J.-F. Alexandre), docteur en médecine, de la faculté de Montpellier, a publié : I. *Dictionnaire de médecine-pratique et de chirurgie, mis à la portée de tout le monde*, 1814, 2 vol. in-8°. II. *Dialogue entre M. Pougens, médecin, et M. B..... aspirant médicastre*, sur un rapport fait au comité de vaccine de Mihaud, Montpellier, 1818, in-8°. S. S.

POUGET (Le baron PIERRE-JEAN), né le 5 octobre 1761, entra au service dans l'infanterie, le 10 novembre 1792, et fut nommé général de brigade le 27 septembre 1793. Il fut employé, en 1798, en Suisse, commanda à Lausane, et reçut de la chambre administrative de cette ville une tabatière précieuse, comme gage de reconnaissance pour le bon ordre qu'il avait maintenu parmi les troupes. Il passa ensuite en Italie, et commanda la place de Mantoue. En octobre 1805, il était employé au camp d'Alexandrie, et le fut depuis dans l'intérieur. Nommé chevalier de St.-Louis le 5 octobre 1814, il a été mis à la demi-solde à l'époque du licenciement en 1815. — POUGET (François-René CAILLOUX DE), né le 28 juillet 1767, entra au service le 21 août 1791, devint colonel du 26e. régiment d'infanterie légère, à la tête duquel il combattit avec distinction à la bataille d'Austerlitz, et fut nommé, à la suite de cette journée, commandant de la Légion-d'honneur. Élevé au grade de général de brigade, le 30 mai 1809, il fut employé dans la 2e. division militaire, et ensuite dans la 11e., dont le département des Landes faisait partie, et il déploya beaucoup de zèle en 1813 pour la levée des gardes-d'honneur. A l'approche des troupes étrangères, en 1814, le général Pouget fit tous ses efforts pour mettre ce département en état de défense. Il fut nommé chevalier de St.-Louis le 20 août même année. Une ordonnance ultérieure l'avait appelé au commandement de Carcassone. Il commandait en juin 1815 le département des Bouches-du-Rhône, et fut mis à la demi-solde à l'époque du licenciement. S. S.

POULLAIN - GRANDPREY (JOSEPH-CLÉMENT), d'abord avocat au parlement de Nanci, puis juge en la prévôté de Bulgneville, se montra zélé partisan de la révolution dès son début, fut, en 1791, procureur - syndic du département des Vosges, et, en 1792, député à la Convention nationale, où, dans le procès de Louis XVI, il vota l'appel au peuple, après l'avoir ainsi motivé : « Et moi aussi, j'ai reçu de mes
» commettants des pouvoirs illimités ;
» mais je ne pense pas qu'en me les confiant ils aient dépouillé le peuple de la
» partie de la souveraineté qu'il peut
» exercer par lui-même. Vous avez consacré solennellement ce principe : eh
» bien, ce serait y porter atteinte, que
» de remplir souverainement des fonctions qui sont incompatibles avec celles
» de législateurs. Je vote donc pour le
» recours au peuple.... et pour que votre

» décision soit renvoyée à celles des as-
» semblées primaires, qui seront char-
» gées d'examiner les lois qui prononc-
» cent l'établissement de la république
» et l'abolition de la royauté. J'attache
» d'autant plus d'importance à cet amen-
» dement, que son adoption soustraira
» le peuple aux calomnies auxquelles il
» est en butte de la part de certaines
» gens. Je ne veux point écarter la res-
» ponsabilité ; je n'en redoute qu'une,
» celle que j'encourrais en relevant les
» marches du trône, et je croirais l'ap-
» peler sur ma tête en ne disant pas oui. »
Il vota ensuite la mort ; mais avec la
condition expresse du sursis, jusqu'à
l'acceptation de la constitution, l'expulsion des Bourbons, et l'exécution en cas
d'invasion de la part des ennemis. On
l'avait nommé, le 18 novembre 1792,
un des commissaires chargés de présenter
au Roi les papiers sur lesquels on fondait son accusation, et il s'acquitta de
cette commission avec une décence que
blâmèrent ceux qui voulaient flétrir l'auguste victime avant de l'immoler. Jusqu'en 1795, il travailla dans les comités,
s'occupa particulièrement des finances,
et fut, à cette époque, envoyé dans les
départements de l'Ain, de l'Isère, de la
Loire et du Rhône, où il montra beaucoup de zèle contre les terroristes. Devenu membre du conseil des anciens, il
y embrassa le parti du directoire avec la
plus grande chaleur, et attaqua les clichiens qui formaient le parti opposé.
Ses amis disent qu'il n'agit ainsi que
parce qu'il était entraîné par la frayeur
que lui inspiraient encore les terroristes.
Au mois d'octobre 1796, il fut nommé commissaire à la surveillance de
la trésorerie, et, en février 1797, il
présida son conseil. Il en devait sortir le
20 mai de la même année ; mais il fut
aussitôt réélu à celui des cinq-cents, et
y prit une part active aux mesures du 18
fructidor (4 septembre 1797). Il fit rapporter le décret qui défendait aux troupes
d'approcher à une certaine distance du
lieu des séances du corps-législatif. Le
30 octobre suivant, il fit le rapport sur la
confiscation des biens des déportés qui s'é-
vaderaient du lieu de leur détention, ou
qui ne se constitueraient pas eux-mêmes
prisonniers. Il fut élu président le 21 août
1798, et s'occupa beaucoup, cette année
et la suivante, d'objets de finances et
de l'organisation de la gendarmerie.

On le vit, à l'époque du 30 prairial
(19 juin 1799), dans les rangs de
ceux qui renversèrent Merlin, Treilhard
et Larevellère du fauteuil directorial ; il
attaqua même vivement leur administration, et parla ensuite en faveur de l'emprunt forcé et pour la déclaration de la patrie en danger. Il fut un des députés condamnés momentanément à être détenus
dans le département de la Charente-Inférieure, comme opposant à la révolution
de St.-Cloud. M. Poullain-Grandprey devint, en 1800, président du tribunal civil
de Neufchâteau. En 1807, il fut nommé
candidat au corps-législatif, et en 1812
quitta le tribunal de Neufchâteau, où il
avait mérité l'estime publique, pour aller
remplir les fonctions de président de la
cour d'appel de Trèves, où il se fit également estimer. Obligé de quitter ce pays
par suite des événements, il rentra dans
son ancien département, fut nommé président de l'assemblée électorale qui se
forma en 1815 pendant les cent jours, et
ensuite député à l'assemblée des représentants, dite des cent jours, où il fit partie de la commission de constitution.
Après le retour du Roi, il obtint aussi
beaucoup de voix pour les fonctions de
député à la chambre. Compris dans la loi
contre les régicides en 1816, il s'était retiré à Trèves ; mais le Roi s'étant fait rendre compte de la nature de son vote, et
ayant reconnu que ce vote n'était que con-
ditionnel, et qu'il n'avait pas été compté
pour la condamnation, a, par ordonnance du 13 février 1818, autorisé M.
Poullain-Grandprey à rentrer dans sa patrie, où il habite actuellement. S. S.

POULARD (Thomas-Juste), ancien
évêque constitutionnel de Saône-et-Loire,
né à Dieppe le 1er. septembre 1754, vint à
Paris en 1772, pour y achever ses études,
et entra dans le séminaire des Trente-
trois, que dirigeait alors M. Gros, depuis curé de St.-Nicolas-du-Chardonnet,
et l'un des prêtres massacrés à St.-Fir-
min en septembre 1792. Quoique pourvu
de bénéfices et d'une cure principale au
diocèse de Lisieux, l'abbé Poulard suivit
à Paris la carrière de la chaire jusqu'à
l'époque de la révolution. Croyant voir,
dans la nouvelle constitution du clergé,
le retour à l'ancienne discipline de l'é-
glise, il s'empressa d'y prêter serment,
et fut appelé aux fonctions de vicaire
épiscopal de Seez. Forcé de les cesser à la
clôture des églises, il les reprit après la

journée du 9 thermidor, fut élu au siége constitutionnel de Saône-et-Loire et sacré à Lyon en juin 1800. Démissionnaire depuis la publication du concordat de 1802, il n'a rempli aucune fonction, et est resté à Paris, occupé d'écrits analogues à la cause qu'il a embrassée. Outre plusieurs Opuscules et Discours qu'il a publiés concernant la révolution et ses opinions constitutionnelles, M. Poulard a composé depuis 1793, et il continue des *Ephémérides religieuses*, pour servir à l'histoire ecclésiastique de la fin du XVIIIe. siècle, et du commencement du XIXe. On sait aussi qu'il est auteur d'un ouvrage sur l'*Etat actuel de la religion en France*, entrepris, dit-on, dans la vue d'opérer une réunion utile à la paix de l'église. E.

POULLE (L'abbé DE), neveu du célèbre abbé de ce nom, prédicateur du Roi, était prévôt d'Orange lorsque la révolution éclata. Il fut élu, en 1789, député suppléant de cette principauté aux états-généraux, où il remplaça ensuite son évêque comme démissionnaire, et signa, en 1791, les protestations des 12 et 15 septembre, contre les innovations politiques et religieuses opérées par l'assemblée nationale. Il émigra le 30 septembre 1791, séjourna long-temps en Italie, et ne rentra en France qu'après le concordat de 1802. Il vit aujourd'hui (1818) à Avignon, sa ville natale. F.

POULTIER-D'ELMOTTE (FRANÇOIS-MARTIN), né à Montreuil-sur-Mer le 31 octobre 1753, servit d'abord dans la maison du Roi, ensuite dans le régiment de Flandre, et devint commis dans les bureaux de l'intendance de Paris, emploi qu'il perdit parce qu'il s'était servi du contre-seing de l'intendant pour faire circuler des Nouvelles manuscrites. Il entra alors au théâtre des Élèves de l'Opéra, où il joua les rôles de Jeannot. Ce fut en quittant ce théâtre qu'il entra dans les Bénédictins, sans avoir, dit-il, été jamais lié aux ordres, et se bornant à porter l'habit de l'ordre, comme professeur au collége de Compiègne. Il était encore bénédictin lorsqu'il adressa une épître en vers à Thomas. Comme il y critiquait les principes de Voltaire, Thomas craignant le ressentiment de ce poète célèbre, écrivit à Poultier une lettre qui fut imprimée dans le *Journal Encyclopédique*, et où il témoigna son regret de ce que cette épître lui avait été adressée. M. Poultier embrassa les principes de la révolution avec la plus grande chaleur, et il se maria dès l'année 1792, lors de la déclaration de la guerre ; ce qui ne l'empêcha pas de prendre les armes dans un bataillon de volontaires, dont il devint le chef. Il fit en cette qualité la campagne de 1792. Son département le nomma alors un de ses députés à la Convention. M. Poultier qui, pendant cette courte campagne, avait été témoin de quelques opérations militaires, demandait souvent la parole sur cette partie ; ce qui lui attira quelques scènes désagréables, notamment le 10 avril 1793, jour où Pétion fit censurer par l'assemblée ce *moine jaseur*. Cette épigramme ne contribua pas peu à lui faire prendre en haine le parti des Girondins. Dans le procès de Louis XVI, sur la question de l'appel au peuple, il vota ainsi : « Si je voulais ressusciter la royauté, » je dirais *oui*. Je suis républicain ; je dis » *non*. » Il vota ensuite l'exécution dans les vingt-quatre heures. On l'entendit, le 18, s'écrier, dans le tumulte occasionné par les débats sur le sursis, « que c'était » une belle occasion d'anéantir les roya» listes ; » et, le 11 février, traiter de contre-révolutionnaire Lanjuinais, invoquant une amnistie. Après le 31 mai, il fut envoyé dans le Midi, seconda Carteaux à Marseille, et Rovère à Avignon ; et fut bientôt après accusé aux Jacobins d'avoir persécuté les patriotes ; et en effet, malgré ses sorties contre les royalistes, contre tous ceux qui professaient des opinions modérées, ses continuelles dénonciations contre les traîtres, et bien qu'il ait appuyé, en 1793, le rapport du décret qui ordonnait de poursuivre les assassins de septembre, M. Poultier ne doit cependant pas être placé parmi les conventionnels féroces qui couvrirent la France d'échafauds. Il ne fut pas étranger, comme ceux-là à tous sentiments d'humanité. Envoyé dans les départements du Midi, il fit tous ses efforts pour arrêter les atrocités révolutionnaires, notamment les assassinats du tribunal d'Orange, établi par Robespierre, s'opposa aux massacres ordonnés par Maignet (*Voy*. ce nom), et fit arrêter divers agents de ce député. Le 2 août 1794, il prononça contre Lebon un mot qui fit dans la salle la plus grande sensation. Au moment où le proconsul cherchait à se justifier des crimes qu'on lui imputait, en disant que dans ses missions il avait sué.... Poultier l'interrompit, avec ce mot terrible: « Il a sué le sang ! » Dans le commencement de 1793, il fut envoyé près de l'armée navale de la Méditerranée; et il écrivit de Marseille contre les terroristes. S'étant trouvé à Toulon, au moment de l'insurrection qui éclata dans cette ville, il fut arrêté par les jacobins rebelles, mais relâché presqu'aussitôt. Après le 13 vendémiaire, il eut une nouvelle mission dans la Haute-Loire. Il rédigea depuis un journal intitulé : l'*Ami des Lois*, où on l'entendit tour-à-tour sonner le tocsin, crier à la contre-révolution, assurer qu'il avait toujours été modéré, et que, pendant ses missions dans le Midi, « il avait passé les nuits à » donner des passeports aux prétendus » fédéralistes, qu'il avait ordre de pour-» suivre. » Devenu membre du conseil des anciens, il resta fidèle aux mêmes principes, et se voua aux intérêts du directoire. Dans son journal, il se déclara l'ennemi du nouveau tiers (élu en 1795), l'accusa de desirer la rentrée des émigrés, et de vouloir s'en environner comme de recrues nécessaires; attaqua aussi les prêtres, les parents d'émigrés et le modérantisme. Pendant la lutte qui exista, en 1797, entre la majorité du directoire et celle des conseils, M. Poultier servit les triumvirs, et parla souvent en leur faveur, notamment le 21 août; mais en octobre 1797, on le vit écrire dans son journal contre Boulay de la Meurthe, qui proposait la déportation des nobles. Il montra de la vigueur et même du talent dans la manière dont il combattit ce projet, et contribua beaucoup à le faire rejeter. Cet acte de courage lui fit recouvrer l'estime et la bienveillance de beaucoup de personnes. Il sortit du conseil des anciens en mai 1798, et le directoire le nomma chef de brigade de gendarmerie dans les départements réunis; le Pas-de-Calais le réélut, en 1799, pour le conseil des cinq-cents, où il parla en faveur de la liberté de la presse, et combattit les limites qu'on voulait lui donner. En octobre suivant, son journal fut supprimé par le ministre Fouché; mais il le reprit bientôt, se prononça pour la révolution de Saint-Cloud, et rentra au corps-législatif. Sorti en 1802, il fut envoyé commander à Montreuil, sa patrie, avec le grade de colonel et la décoration de la Légion-d'honneur. M. Poultier avait été très utile à Buonaparte et il prétend lui avoir fourni, ainsi qu'à sa mère et à ses sœurs, du pain et des vêtements, lors de ses missions à Marseille. Il le protégea même à Paris lorsque le général corse, destitué par Aubry, se trouvait sans ressources, n'ayant pas même quelque fois de quoi payer son dîner. A la première restauration, M. Poultier était commandant d'armes à Montreuil, il fut alors remplacé. Rentré dans cet emploi à la sollicitation des habitants, pendant les cent jours de 1815, il a été banni comme régicide, et s'est retiré à Amsterdam. Il est auteur de l'*Anti-Pygmalion* et de *Galatée*, scènes lyriques; de quelques Épîtres en vers, entre autres d'une *Épître à J.-J. Rousseau*; de pièces fugitives insérées dans les journaux, parmi lesquelles on peut remarquer un Compliment à la reine; de différents morceaux sur la métaphysique, la logique et la littérature; et de plusieurs Mémoires sur les mines, sur le dessèchement des marais de la Somme. M. Barbier lui attribue le *Réveil d'Apollon*, ou *Galerie littéraire*, 1796, 2 vol. in-12, etc. Ces ouvrages ne sont pas sans mérite; mais c'est comme pamphlétaire, et surtout comme journaliste qu'il est plus connu. Personne n'a possédé à un plus haut degré que lui cette tactique nécessaire pour piquer constamment la curiosité du public. Pendant quatre ans qu'il a rédigé l'*Ami des Lois*, il a compté un nombre prodigieux de lecteurs; son style n'est ni pur ni correct; mais il offre souvent cette piquante originalité qui, dans un journaliste, séduit plus que tout autre mérite. Il a rédigé, à l'usage des théophilantropes, un Recueil de discours décadaires, et il a fait l'histoire de ces modernes religionnaires (*Voy*. RÉVEILLÈRE-LÉPEAUX), aussi oubliés aujourd'hui que les productions dont ils furent l'objet. M. Poultier avait aussi publié, en 1793, une Constitution populaire, et certes bien autrement *populaire* que celle de la Convention.   U.

POULTIER, commissaire-priseur à Paris, exerçait déjà cette fonction avant la révolution. Un charpentier très riche (Boussaut) lui apporta, vers 1789, son testament où il le nommait son légataire universel: M. Poultier refusa ce legs, qui était de trois à quatre cent mille francs, et détermina le charpentier à le laisser à des parents éloignés qui étaient très pauvres. L'académie française avait décerné à M. Poultier le prix de vertu fondé par M. de Monthion, mais il écrivit à Marmontel secrétaire de l'académie française, qu'il le priait de permettre qu'il n'acceptât pas ce prix. U.

POUQUEVILLE (FRANÇOIS-CHARLES-HUGUES-SAMUEL), membre de la commission des sciences et des arts d'Egypte, est né à Merlerault en Normandie le 4 novembre 1770. Il est auteur d'un *Voyage en Morée, à Constantinople, en Albanie et dans plusieurs autres parties de l'empire Ottoman, pendant les années 1798-1804*, 1805, 3 vol. in-8°. avec fig. M. Pouqueville nous apprend dans cet ouvrage qu'il fit partie, en 1798, de l'expédition d'Egypte, en qualité de chirurgien du vaisseau *Le Peuple - Souverain*, et qu'après quelques mois de séjour dans ces contrées, voulant revenir en Europe avec plusieurs officiers malades, il s'embarqua sur une tartane livournaise ; mais étant tombé entre les mains d'un corsaire de Tripoli de Barbarie, il fut dépouillé de tout ce qu'il possédait, et déposé lui et ses compagnons d'infortune sur les rivages de la Morée, d'où ils furent conduits au bagne de Constantinople. L'itinéraire de cette traversée, qui dura sept mois, a fourni matière à l'ouvrage fort intéressant de M. Pouqueville, qui contient une description de l'Arcadie, de Lacédémone et des Thermopyles, et le récit de sa captivité dans la prison des Sept-Tours. Revenu à Paris en 1803, l'auteur y reprit l'étude de la médecine et soutint une thèse sur la peste de l'Orient, *De peste Orientali*, qui a été mentionnée honorablement dans les prix décennaux. Il fut nommé en 1805 consul-général en Grèce, place qu'il a occupée jusqu'en 1818. Il a encore en porte-feuille un *Voyage dans la Grèce continentale*. Son frère est consul de France dans la Morée depuis 1806. S. S.

POUSSARD (L'abbé), a publié : I. *Entretien familier sur les effets de la magnanimité victorieuse d'Alexandre et de ses alliés*, 1814, in-8°. II. *Second Entretien*, 1814, in-8°. III. *L'Ami de la paix, véritable ami de la religion*, 1814, in-8°. de 168 pages. IV. *De la munificence des principes libéraux, Histoire particulière d'un intérêt général*, 1815, in-8°. OT.

POUSSIELGUE (J.-B.-C.), fut d'abord secrétaire de Faypoult, et se rendit à Malte en 1798, chargé d'une mission secrète, quelques mois avant le départ de Buonaparte pour l'Égypte. Il accompagna ensuite ce général, qui le chargea, ainsi que Dolomieu, des négociations qui amenèrent la reddition de la place. M. Poussielgue suivit l'armée française en Egypte, et il y fut chargé de l'administration. Resté dans cette contrée après que Buonaparte l'eut quittée pour revenir en France, il envoya au directoire, de concert avec le nouveau général en chef Kléber, des rapports très exacts, dans lesquels le prédécesseur de celui-ci était peu ménagé. Ces rapports ayant été interceptés et publiés par les Anglais, Buonaparte, devenu premier consul, ne pardonna jamais à M. Poussielgue; et celui-ci, revenu en France en 1800, y resta sans emploi, malgré les droits que lui donnaient ses talents incontestables dans l'administration, et malgré les sollicitations les plus pressantes et le plus souvent réitérées. Il a publié : *De la Contribution en nature*, 1801, in-8°. — *Des finances de la France en 1817*. — *Des répartitions de la contribution foncière et du cadastre*, 1817, in-8°. D.

POYET, architecte de la chambre des députés et du ministre de l'intérieur, n'a laissé passer, depuis trente ans, aucun événement de quelque importance sans proposer un monument pour le consacrer, et toujours dans des proportions extraordinaires et colossales. On a de lui : I. *Mémoire sur la nécessité de transférer l'Hôtel-Dieu de Paris*, 1785, in-4°. II. *Projet pour employer dix mille personnes, tant artistes qu'ouvriers, à la construction d'une place dédiée à la Nation, avec l'exposition des moyens de fournir à la dépense de ce monument civique*, 1791, in-8°. III. *Projet du Cirque national et des fêtes annuelles*, 1792, in-8°. IV. *Projet d'un monument à élever à la gloire de Napoléon Ier*, 1806. V. *Renouvellement du projet de transférer l'Hôtel-Dieu à l'île des Cygnes*, 1807, in-4°. VI. *Poyet, architecte, à tous les bons Français*, 1814, in-8°. VII. *Hommage national destiné à consacrer l'époque fortunée du retour de S. M. Louis XVIII, et la réunion de tous les Français autour du trône légitime*, 1816, in-4°. VII. *Mémoire sur le projet d'un édifice à construire au centre du grand carré des Champs-Elysées, pour la réunion de la garde nationale*, 1816, in-4°. OT.

POYFERRÉ-DE-CÈRE (Le baron JEAN-MARIE), né au Mont-de-Marsan le 1er. juillet 1768, fit ses humanités au collége de Juilly, devint officier du génie militaire, et s'adonna ensuite à l'étude de l'agriculture, s'occupant plus particulièrement des moutons espagnols appelés *mérinos*. Ce fut pour étudier dans leur pays même l'économie de ces animaux, qu'il entreprit un voyage en Espagne, où il se trouvait encore en 1808, lorsque les Français y pénétrèrent. Forcé de prendre la fuite pour échapper à la persécution qui fut alors dirigée contre tout ce qui portait le nom Français, M. Poyferré-de-Cère erra long-temps dans les montagnes et s'égara. Un pâtre espagnol qu'il eut le bonheur de rencontrer, lui donna l'hospitalité et le ramena sur les frontières de France. M. Poyferré dut à la protection spéciale de l'impératrice Joséphine d'être placé à la tête de l'une des bergeries impériales, et il obtint la direction de l'établissement formé à Cère. Depuis cette époque, il prit le titre de *Berger de S. M. l'impératrice*, et il signait ainsi la plupart de ses lettres. En 1809, il fut nommé président du collége électoral de Mont-de-Marsan; et le 10 avril 1810, il fut élu, par le sénat, membre du corps législatif pour le département des Landes. Il adhéra en 1814 à la déchéance de Buonaparte et de sa famille. Le 4 août de la même année, il fit à cette assemblée, devenue chambre des députés, une proposition sur les exportations en général. Il en développa les motifs et fit sentir l'avilissement dans lequel étaient tombées quelques productions de notre sol, par la longue stagnation du commerce. Le 1er octobre, il proposa, au nom de la commission dont il était rapporteur, l'adoption du projet de loi sur l'exportation des grains. A l'occasion du projet concernant les boissons, il s'exprima en ces termes : « Nous devons la vérité » au peuple; eh bien ! je vais la proférer tout entière : Sans impôts indirects, point de finances; et point de » finances sans exercices. » Lors de la discussion du projet de loi sur l'exportation des laines, M. Poyferré déclara qu'il ne voterait point dans une question toute résolue pour lui, et il engagea le gouvernement à saisir un juste milieu entre la prohibition absolue et l'exportation. Il appuya les premières dispositions du nouveau tarif des douanes; mais il s'étonna qu'on eût augmenté les droits sur les sels, au lieu d'établir une taxe plus élevée sur les objets de luxe et de curiosité. Il demanda aussi la protection du gouvernement pour les fabriques de sucre de betteraves, branche d'industrie digne, selon ce député, d'être encouragée. Le 2 mars 1815, il obtint du Roi le titre de baron. Dans les cent jours de 1815, M. Poyferré-de-Cère n'occupa aucune place; et son département, dont il présida un des colléges d'arrondissement, après le retour du Roi, le nomma encore député à la nouvelle chambre. Il y vota avec la minorité, et fut réélu en 1816, après l'ordonnance du 5 septembre. Il obtint alors plusieurs voix pour la présidence, et parut à la tribune pour appuyer les différents projets de loi soumis à l'approbation de la chambre. Cependant il s'éleva contre le cadastre, présenta le relevé des dépenses énormes déjà faites pour le commencement de cette entreprise, et évalua à 140 millions les frais nécessaires pour l'achever. Au mois de juin 1817, M. Poyferré obtint la préfecture des Deux-Sèvres, où il remplaça M. de Curzay. Ce dernier ayant publié, à l'occasion de sa destitution, un Mémoire dans lequel il se plaignait que son successeur n'eût pas arrêté la publication dans son département d'une diatribe contre lui, M. Poyferré crut devoir lui répondre par la voie des journaux, en attestant que l'écrit dont se plaignait M. de Curzay avait été composé et publié à son insu. Cette lettre en provoqua une autre de la part de M. de Curzay, et la querelle en resta là. M. Poyferré est un des députés qui sortent de la chambre, cette année (1818), par suite du renouvellement par séries. C.C.

POZZETTI (PAMPILIO), professeur émérite et bibliothécaire en chef de l'université de Bologne, l'un des plus savants comme des plus zélés bibliographes de l'Italie, a fourni aux journaux littéraires de Padoue et de Pise quantité de notices bibliographiques très intéressantes. Parmi les nombreux opuscules qu'il a publiés, on remarque sa *Dissertation sur la Vie de Laurent de Médicis*, par l'anglais Roscoë (1810). Il en a relevé beaucoup d'erreurs, les unes résultat du défaut de connaissances exactes, et les autres volontaires, ou provenant des préventions communes aux Anglais puritains. M. Pozzetti démontra péremptoirement que l'historien Roscoë ne devait pas être lu sans défiance. En 1812, il donna un *Eloge de Stanislas Canova*, professeur de mathématiques au collége royal de Parme. On ne saurait compter les ouvrages de Pozzetti dans ce genre. Dans tous, il a montré autant de discernement que de zèle pour les bons principes. N.

POZZO DI BORGO (CHARLES-ANDRÉ), est né au village d'Alala en Corse, vers 1760, d'une famille pauvre, mais qui, après la conquête de l'île, en 1773, fut reconnue noble. Il dut une partie de son éducation à un récollet du couvent de Vico, nommé le père Antonio Grossetto; et lorsqu'il eut achevé ses études, il embrassa la carrière du barreau, où il exerça les professions réunies d'avocat et de procureur. La révolution étant survenue, M. Pozzo di Borgo, déjà lié à la famille Buonaparte, s'en rapprocha encore davantage par la conformité des opinions. Ce fut surtout avec Joseph et Napoléon qu'il contracta une amitié plus étroite. Au moment de l'organisation de la municipalité, ils se présentèrent ensemble à Orezza, où ils prononcèrent plusieurs discours patriotiques, à l'époque où la nouvelle municipalité d'Ajaccio fit brûler en effigie le général Buttafoco, l'un des députés aux états-généraux qui avaient protesté contre les innovations révolutionnaires. En septembre 1790, M. Pozzo di Borgo fut nommé membre du directoire du département, par la protection du général Paoli, qu'il était allé chercher à Marseille au mois de juillet précédent, avec Joseph et Napoléon. Elu, en 1791, député à l'assemblée législative, il y manifesta les mêmes principes sans se faire remarquer, si ce n'est le lundi 16 juillet 1792, où il prononça, au nom du comité diplomatique, un long discours pour déterminer l'assemblée à déclarer la guerre au corps germanique. M. Pozzo di Borgo fut obligé de s'éloigner peu de temps après la révolution du 10 août 1792, par suite des menaces que lui fit Arena, son compatriote, aussi député à cette assemblée, lequel ayant été nommé commissaire pour visiter les papiers de Louis XVI, y avait trouvé le nom de M. Pozzo di Borgo. Arrivé en Corse au mois de septembre de cette année, celui-ci se rendit auprès du général Paoli, dont il ne se sépara plus qu'à l'époque de son élévation à la place de président du consel-d'état, lors de l'occupation de l'île par les Anglais. Au mois de décembre, M. Pozzo di Borgo fut nommé procureur-général du département. Il y avait à peine quatre mois qu'il remplissait ces fonctions, qu'un décret de la Convention lui enjoignit de paraître à la barre, pour que sa conduite y fût examinée conjointement avec celle du général Paoli. Ce décret étant devenu le sujet d'une grande division entre les corses Paolites et les Gaforites, ceux-ci ne voulant point qu'on s'opposât à son exécution, le département et le général Paoli convoquèrent une assemblée pour obtenir un avis contraire. Là, M. Olivette, avocat, proposa de supplier la Convention de suspendre l'exécution de son décret relativement au général Paoli seulement, alléguant que la conduite de M. Pozzo di Borgo ne méritait pas qu'on sollicitât pour lui la même faveur. Il modifia cependant son opinion, et dit que, quel que fût le parti que préférât l'assemblée, M. Pozzo di Borgo ne devait pas être dispensé de rendre compte de sa conduite. Au mois d'octobre 1794, celui-ci fut nommé président du conseil-d'état, et chargé en même temps des fonctions de secrétaire-d'état à la place de M. North, alors à Londres. L'exercice de ces fonctions lui fit un si grand nombre d'ennemis que son protecteur Paoli en parut effrayé, et qu'il en écrivit au vice-roi, qui ne parut pas y ajouter foi. Mais les clameurs allèrent en augmentant, et lord Minto consentit enfin au départ de M. Pozzo di Borgo, qui se retira en Angleterre, où il fit connaissance avec plusieurs émigrés français qui le firent bien accueillir. Il passa plus tard au service de Russie, où il parvint aux premiers emplois diplomatiques, et fut particulièrement distingué de l'empereur Alexandre, qui l'employa dans les dernières campagnes, en qualité de général-major, et l'envoya, en 1813, auprès du prince-royal de Suède, qu'il accompagnait à la bataille de Leipzig, où il fut continuellement exposé au feu le plus vif. M. Pozzo revint ensuite au quartier-général de l'empereur Alexandre, où il fit la campagne de France au commencement de 1814. Dans le mois d'avril, il resta auprès du nouveau gouvernement de France, comme commissaire de Russie; et, le 11 septembre, il célébra avec beaucoup de pompe la fête de Saint-Alexandre, à laquelle il invita les maréchaux de France ainsi que le corps diplomatique. Il quitta Paris au moment de l'invasion de Buonaparte, en 1815, revint après la rentrée du Roi reprendre ses fonctions de ministre de Russie, et signa, comme l'un des ministres des grandes puissances, le dernier traité de novembre 1815. Il a été promu au grade de lieutenant-général dans les premiers mois de 1817. Le Roi de Naples, Ferdinand IV, lui avait envoyé auparavant la grand'-croix de Saint-Ferdinand. Il se rendit, en mai 1818, au quartier-général russe, à Maubeuge, pour présenter ses hommages au grand-duc Michel. M. Pozzo di Borgo possède la confiance absolue de l'empereur de Russie ; il jouit aussi de l'estime particulière du roi de France et de son ministère.

Da. S. S.

PRADEL (Le comte JULES DE), né dans la province du Limousin, vers 1780, d'une famille noble, émigra avec ses parents dès le commencement de la révolution, et passa en Angleterre la plus grande partie du temps de son exil, s'occupant d'objets littéraires. Vers 1810, M. de Blacas l'employa dans son administration à Hartwell, et bientôt il fut chargé d'accompagner aux îles Madères M. d'Avaray, fils du duc actuel, qui s'y rendait par ordre des médecins. Ce ministre, si chéri de son souverain Louis XVIII, étant mort dans son voyage, M. de Pradel assista à ses derniers moments, recueillit ses derniers vœux et ses dernières pensées, dont il vint rendre compte à S. M. Depuis ce temps, il n'a pas cessé d'être attaché à la maison du Roi. Il est rentré en France en 1814, en même temps que ce prince. Il le suivit encore à Gand en 1815, revint à Paris avec S. M., et fut chargé temporairement du portefeuille de la maison du Roi, lorsque M. de Blacas se rendit à Rome ; il a conservé cet important emploi.

D.

PRADHER (LOUIS-BARTHÉLEMI), né à Paris le 16 décembre 1782, d'abord attaché comme élève à l'École royale de musique, s'y fit assez remarquer par son application, pour mériter d'être choisi, lui deuxième, par Mme. de Montgeron, que le gouvernement d'alors avait chargée de former deux élèves. Lors de l'établissement du Conservatoire, il remporta au premier concours les deux prix de piano. Il excelle sur cet instrument, pour lequel il a composé un grand nombre d'œuvres musicales. Après avoir été l'un des premiers élèves de l'école de musique, M. Pradher en est aujourd'hui l'un des professeurs les plus distingués. C'est à la pureté de son jeu, à la netteté de sa méthode, qu'il a dû d'être choisi par le célèbre Garat pour l'accompagner dans plusieurs concerts. Entre un grand nombre de romances, sonates, variations et autres pièces du même genre, il a composé la musique de trois opéra-comiques, dont plusieurs morceaux ont obtenu un grand succès, quoique ces ouvrages, faibles d'intérêt dramatique, ne soient pas restés au théâtre.

C. C.

PRADIER (GUILLAUME SENIÉ); ancien capitaine de dragons, doit une grande réputation à son remède contre la goutte. La faculté se montra incrédule sur son infaillibilité, et si la querelle élevée à ce sujet contribua beaucoup à amuser les oisifs, elle embarrassa fort les malades. L'espèce de persécution que M. Pradier a éprouvée pour ce spécifique, ne l'a point découragé ; et depuis il a annoncé un nouveau remède pour les maladies scrofuleuses ; et cette fois il a adressé à ses antagonistes un défi, en proposant pour champ-clos un hôpital, où les champions feraient sur les malades un essai de leur art. Cependant M. Pradier paraît n'avoir pas été aussi heureux dans cette découverte que dans la première : celle-ci lui a valu 24,000 francs, prix du secret de sa composition du remède contre la goutte, qu'il a vendu au gouvernement, et qui ne consiste qu'en un immense cataplasme de farine de graine de lin, abondamment humecté d'une teinture de safran dans l'esprit-de-vin, et appliqué très chaud (*Voy*. le *Rapport sur les effets d'un remède proposé pour le traitement de la goutte*, etc., par M. Hallé, Paris, novembre 1809, in-8°.) M. Pradier a publié : I. *Le remède Pradier, ou la Médecine du bon sens*, 1811, in-8°. II. *Réponse à M. Villette*, 1811, in-8°. III. *Moyen de guérir les maladies cutanées, dartreuses, scrofuleuses, gales rentrées, connues sous le nom de maladies chroniques, démontré par l'expérience*, 1815, in-4°. IV. *Mémoire sur la guérison des maladies chroniques et répercutées*, présenté à la chambre des députés, 1816, in-4°.

C. C. et Or.

PRADT (L'abbé DOMINIQUE DUFOUR DE), né à Allanches en Auvergne, le 23 avril 1759, était parent du maréchal Duroc, mort en 1813, et dut à ce général ses premiers succès sous le gouvernement impérial. Il était, avant la révolution, grand-vicaire du cardinal-archevêque de Rouen, M. de la Rochefoucauld, et fut député par le clergé de Normandie aux états-généraux de 1789. Il ne se fit pas remarquer dans cette assemblée par de grands discours de tribune; mais on l'y vit souvent parler de sa place avec force, et toujours dans les principes du plus entier dévouement à la monarchie, allant même, dans ce genre, plus loin que l'abbé Maury. Il signa les différentes protestations du côté droit, et se rendit dans l'étranger aussitôt après la session. Il habita long-temps Hambourg, et publia, en 1798, sous le voile de l'anonyme, son *Antidote au congrès de Rastadt*, l'un des ouvrages les plus forts et les plus profondément pensés qui eussent encore paru contre les principes révolutionnaires. Cet ouvrage fut réimprimé plusieurs fois dans la même année, et fit en Europe une vive sensation. *La Prusse et sa neutralité*, que l'auteur publia deux ans plus tard, toujours sans y mettre son nom, était écrit avec la même force, et ne produisit pas moins d'effet. Si ces deux brochures ne déterminèrent pas la coalition qui se forma alors contre la république française, au moins servirent-elles beaucoup à la justifier. M. de Pradt rentra en France après le 18 brumaire, et il y fit paraître, sous son nom, les *Trois âges des colonies*, ouvrage qui eut peu de succès. L'auteur manifestait dès lors, avec la même exagération qu'il a montrée depuis, son système de *majorité et d'émancipation* des colonies; mais peu de personnes le lurent, et ses paradoxes restèrent sans conséquence. Revenu de l'émigration presque sans ressources, et n'ayant ainsi nullement à se louer de son attachement à la cause de l'ancienne monarchie, M. de Pradt pensa à tirer de ses talents un parti plus avantageux. Son cousin, le maréchal Duroc, le présenta à Buonaparte, qui en fut très content, et le nomma aussitôt son premier aumônier. Il assista au couronnement, dans le mois de décembre 1804, en cette qualité; fut élevé peu de temps après au siége épiscopal de Poitiers, et reçut le titre de baron, avec une gratification de 40,000 fr. Le pape Pie VII le sacra lui-même à Paris le 2 février 1805. Le nouvel évêque, resté aumônier de l'empereur ou du dieu Mars, comme il l'a dit lui-même plus tard, accompagna son maître à Milan lors de son couronnement, et officia pontificalement à la cérémonie. Il l'accompagna encore à Bayonne, en 1808, et il y eut beaucoup de part aux conférences qui amenèrent la ruine et l'emprisonnement de Charles IV et de sa famille; ce qui lui valut une nouvelle gratification de 50,000 fr. De plus en plus satisfait de ses services, Buonaparte lui eu témoigna sa reconnaissance, en le nommant, en février 1809, archevêque de Malines, puis officier de la Légion-d'honneur; enfin, en lui faisant remettre une troisième gratification de 30,000 francs. En 1811, M. de Pradt fut envoyé à Savone auprès du pape, et il s'est vanté de s'être donné beaucoup de mouvement pour faire rouvrir le concile de cette année. Un peu plus tard, il parut avoir perdu quelque chose de sa faveur, et il vécut pendant quelques mois dans son diocèse, où les chanoines avaient refusé de le reconnaître, parce qu'il ne put leur produire ses lettres d'institution : Buonaparte les avait renvoyées à Rome parce qu'elles étaient conçues dans une forme qui lui déplut. En 1812, M. de Pradt s'éloigna de son diocèse pour jouer un rôle nouveau et bien au-dessus de tous ceux qu'il avait joués jusqu'alors; ce fut celui d'ambassadeur dans le grand-duché de Varsovie. Il occupa cette place pendant toute la funeste campagne de 1812 en Russie, et il s'y conduisit de manière à trouver peu d'approbateurs. Les Polonais se sont plaints de lui amèrement; les militaires français ne s'en sont pas loués, et Buonaparte a dit, ainsi qu'il l'a rapporté lui-même, *que sans un homme* (cet homme était l'archevêque de Malines) *il eût fait la conquête du monde*. Quelques violents que dussent être, dans l'esprit de Buonaparte, les regrets d'un pareil mécompte, il paraît que lorsqu'il passa par Varsovie, en fuyant après le désastre de Moscou, il traita assez bien son ambassadeur. Le récit que l'abbé de Pradt fait de cette entrevue est une des parties les plus piquantes de son *Histoire* de cette ambassade, et il est d'autant plus remarquable, que l'auteur ne représente pas toujours avec des couleurs aussi vraies celui dont il fut si long-temps l'admirateur et le panégyriste. M. de Pradt quitta Varsovie au moment où les Russes s'approchèrent de cette capitale, et il fit vendre, en partant, tout le mobilier de l'ambassade, dont il tira une assez forte somme. M. Gley, dans son *Voyage en Allemagne*, a raconté d'une manière fort piquante les détails de cette vente. Revenu en France, l'archevêque de Malines alla passer quelques mois dans son diocèse; puis il vint dans la capitale, où il se trouvait au commencement de 1814. On a rapporté, dans les journaux, que les variations imprévues de succès et de défaites qu'éprouvèrent alors les armes de Napoléon, placèrent son aumônier dans une grande perplexité, et le firent souvent changer de langage dans la même journée; cependant on doit dire que le 31 mars, au moment de l'entrée des Russes, il se montra franchement royaliste; il a même prétendu, dans son Histoire de cette journée, que ce fut par ses avis que les souverains alliés se déterminèrent à rompre entièrement avec Buonaparte et à rétablir les Bourbons, et que l'empereur de Russie fit à l'instant publier la fameuse déclaration où tout cela était annoncé. Mais des témoins oculaires ont indiqué un petit anachronisme dans ce récit, c'est que la déclaration que M. de Pradt dit avoir ainsi déterminée dans une conférence qui eut lieu à trois heures après-midi, était déjà imprimée à deux heures. Au reste, quoi qu'il en soit des services qu'il rendit à cette époque au gouvernement royal, il est sûr qu'il en fut assez bien traité, puisqu'aussitôt après la chute de Buonaparte le gouvernement provisoire lui donna un emploi qui semble destiné exclusivement à un ancien militaire, celui de grand-chancelier de la Légion-d'honneur. Une décision un peu brusque et sévère, relativement à l'établissement de Saint-Cyr, fit bientôt éprouver une petite disgrâce à M. l'archevêque de Malines, et il alla passer quelques mois dans ses terres de l'Auvergne. Il paraît qu'il se trouvait encore dans cette retraite à l'époque du retour de Buonaparte en mars 1815. Ce qu'il y a de sûr, c'est qu'on n'entendit point parler de lui tant que dura l'absence du Roi. Après le retour de S. M., il ne recouvra pas sa place de grand-chancelier, qui fut donnée au maréchal Macdonald; et c'est vers la même époque qu'il vendit, pour une rente de 40,000 fr., ses droits au siège de Malines, devenus fort équivoques par les refus de la cour de Rome. On ne peut pas douter que ce ne soit aux loisirs que lui laissa la privation de toutes fonctions publiques, que l'on doive attribuer toutes les brochures que M. de Pradt produisit alors en si peu de temps. Les journaux en parlèrent assez mal, et M. de Pradt parut fort sensible à leurs critiques, mais ces critiques ne purent en empêcher le succès, et peu d'écrits ont été plus lus et plus répandus dans ces derniers temps. Voici la liste de toutes ses productions: I. *Antidote au congrès de Rastadt*, Hambourg, 1798, in-8°., réimprimé à la même époque à Paris en Suisse; et en 1817 avec l'ouvrage suivant: II. *La Prusse et sa neutralité*, 1802, in-8°. III. *Les trois âges des Colonies, ou de leur état passé, présent et à venir*, Paris, 1801, 3 vol. in-8°. IV. *De l'état de la culture en France, et des améliorations dont elle est susceptible*, 1802, 2 vol. in-8°. V. *Voyage agronomique en Auvergne*, 1803, in-8°. VI. *Histoire de l'ambassade dans le grand-duché de Varsovie en 1812*, 1815, in-8°.; 8e. éd., 1817, in-8°. Le comte polonais Morski, dont M. de Pradt avait fait dans cet ouvrage un portrait peu flatteur fit paraître en 1815 une réponse intitulée: *Lettre à M. l'abbé de Pradt* dans laquelle il ménageait à son tour fort peu M. l'ambassadeur. VII. *Du congrès de Vienne*, 1815, 2 vol. in-8°.; 2e. édit., 1816, 2 vol. in-8°. traduit en anglais, Londres, 1816, in-8°. VIII. *Mémoires historiques sur la révolution d'Espagne*, 1816, in-8°., 3 éditions, trad. en espagnol, Baïonne, 1816. IX. *Récit historique sur la restauration de la royauté en France, le 31 mars 1814*, 1816, in-8°. X. *Des Colonies et de la révolution actuelle de l'Amérique*, 1817, 2 vol. in-8°. XI. *Des trois derniers mois de l'Amérique méridionale et du Brésil*, 1817, in-8°., deux éditions. XII. *Lettre à un électeur de Paris*, 1817, in-8°. XIII. *Préliminaires de la session de 1817*, 1817, in-8°. XIV. *Des progrès du gouvernement représentatif en France*, 1817, in-8°. XV. *Les six derniers mois de l'Amérique et du Brésil*, 1818, in-8°. XVI. *Pièces relatives à St.-Domingue et à l'Amérique*, 1818, in-8°.   D.

PRÉCHAMPS (Le baron EUSTACHE-HUBERT PASSINGE DE), né le 24 mai

1793, fut nommé adjudant-commandant de cavalerie le 6 avril 1803, et officier de la Légion-d'honneur le 25 prairial an xii. Le Roi le fit, en 1814, chevalier de St.-Louis. Il était colonel d'état-major, et employé, en cette qualité, à Besançon, sous les ordres du comte de Bourmont. Il fut nommé, après l'invasion de Buonaparte, maréchal-de-camp, le 10 avril 1815, et adjoint à l'inspection du lieutenant-général Fririon. Le baron de Préchamps fut témoin dans le procès criminel du maréchal Ney. Sa déposition n'aggrava pas le sort de l'accusé. Le baron de Préchamps est aujourd'hui en demi-solde.   C. C.

PRÉCY (Le comte Louis-François Perrin de), né le 15 janvier 1742 à Sémur en Bourgogne, entra fort jeune, en qualité de lieutenant, dans le régiment de Picardie, où il ne tarda pas à s'avancer. Il fit avec distinction les campagnes d'Allemagne depuis 1755 jusqu'en 1762, et la campagne de 1774 en Corse, sous les ordres du comte de Narbonne. Il fut nommé, en 1788, lieutenant-colonel du régiment des chasseurs des Vosges, avec tous les droits des colonels des régimens de ligne, et cela en récompense de la prompte instruction de ce corps qu'il avait formé, et qui était remarquable par sa discipline et sa bonne tenue. M. de Précy eut à soutenir, au commencement de la révolution, à la tête de ce corps, tous les efforts des factieux, attroupés souvent en grand nombre à Perpignan, à Collioure, à Lunel, à Montpellier. Il y montra beaucoup de présence d'esprit, et parvint à maintenir la tranquillité dans tout le pays confié à son commandement. Le 8 novembre 1791, il fut nommé premier lieutenant-colonel de la garde à pied de Louis XVI, et il eut à souffrir dans cette place tout ce que le génie révolutionnaire put inventer de plus perfide pour corrompre ou pour faire dissoudre un corps fidèle, et qui était le dernier rempart du trône. L'infortunée reine de France, avec laquelle il eut à cette époque plusieurs conversations particulières, le traita avec beaucoup de bonté et lui témoigna une grande confiance. Son corps fut licencié le 29 mai 1792. Tous les officiers et une grande partie des gardes n'avaient point quitté Paris, dans l'espoir d'être utiles au Roi par le sacrifice de leur vie. Neuf officiers et plus de cent cinquante gardes périrent au 10 août. M. de Précy n'échappa que par une sorte de miracle à des dangers inouïs, et il parvint à s'aller réfugier dans sa famille. Le 10 juillet 1793, les Lyonnais l'appelèrent à leur secours contre l'oppression des jacobins, qui ne dissimulaient plus le projet de livrer leur malheureuse ville à une destruction prochaine. Une députation vint le chercher à Sémur, et il partit sur-le-champ. Il se rendit à l'Hôtel-de-Ville, où il trouva un comité composé des principaux habitans et de plusieurs députés des villes de Marseille, Nimes, Toulouse, etc. Il s'informa des moyens qu'on avait à opposer à la puissance de la Convention, et trouva ces moyens presque nuls; mais ne consultant que son courage, comptant sur la bonté de la cause qu'il embrassait, sur le courage des Lyonnais et sur la coopération des provinces méridionales, il entreprit cette défense mémorable. Une ville immense sans fortifications, défendue par ses seuls habitans, manquant de tout ce qui est nécessaire à une place de guerre, a soutenu un siége de soixante trois jours, attaquée par un ennemi implacable qui avait entre ses mains tous les moyens militaires, et qui ne craignait pas de joindre aux bombes et aux boulets rouges toutes les armes de la perfidie et de la séduction. Dubois-Crancé avait une armée de cinquante mille hommes, dont les deux tiers étaient aguerris. Il avait un corps du génie et d'artillerie formidable et une nombreuse cavalerie, etc. M. de Précy n'eut à opposer à de tels moyens qu'une armée de quatre ou cinq mille Lyonnais, pleins de bravoure et d'héroïsme, à la vérité, mais qu'il était impossible de soumettre à la discipline et au service régulier des troupes de ligne; et, ce qui ajoutait infiniment aux difficultés de sa position, c'était la nécessité de contenir les malveillans, et les nombreux jacobins de l'intérieur qui correspondaient avec l'armée, qui mettaient le feu aux établissemens publics; et, malgré toutes les précautions, instruisaient l'ennemi de tout ce qui se passait dans la ville. L'attaque la plus terrible qu'ils eurent à essuyer est celle du 25 septembre; elle fut générale et eut lieu sur tous les points (*Voy.* l'*Histoire du siége de Lyon et des désastres qui l'ont suivi*, 2 vol. in-8°. par l'abbé Guillon, Paris, 1797). Plusieurs postes lyonnais furent forcés. M. de Précy se porta partout, rallia ses troupes, et reprit tous ses postes avec une rare intrépidité. Il eut un cheval tué sous lui. Cette journée fut très meurtrière, surtout au quartier Perrache, où la plus grande partie de la cavalerie lyonnaise, commandée par le brave comte de Vichi, périt glorieusement. Cependant la ville était serrée de plus près, et dominée de toutes parts par des batteries qui tiraient nuit et jour à boulets rouges. Les vivres manquaient. On était réduit au pain d'avoine. Une plus longue résistance devenait impossible, et aurait compromis une précieuse population réduite au désespoir. Enfin, après soixante-trois jours de siége, M. de Précy se décida à la retraite avec sept cents braves, résolus de périr plutôt que de tomber vivants dans les mains de leurs féroces ennemis. Le 19 octobre, à trois heures du matin, il sortit de la ville avec sa petite armée, composée d'une avant-garde de quatre-vingts chasseurs-à-pied et de cent vingt hommes de cavalerie, d'un corps de centre de trois cents hommes avec quatre pièces de canon, et d'une arrière-garde de deux cents hommes. Ces braves gens, excédés de fatigues et de douleur, ne purent résister long-temps à près de vingt mille hommes de troupes réglées qui les poursuivaient, aidés encore d'une foule innombrable de paysans acharnés contre ce qu'ils appelaient, avec une féroce stupidité, des *muscadins* et des *aristocrates*. Cependant cette petite troupe, commandée par son intrépide général, fit encore jusqu'au bout des prodiges de valeur: elle imposa souvent à l'ennemi, qu'elle chargea en plusieurs rencontres pour se faire jour; mais elle finit par être massacrée presque tout entière de la manière la plus lâche et la plus perfide. Dans l'espoir qu'on leur avait donné d'une capitulation, quelques Lyonnais se livrèrent avec confiance, et furent ensuite impitoyablement égorgés. Le général ne dut la vie qu'à ses derniers compagnons, qui le forcèrent, dans l'extrême danger, à se séparer d'eux et à aller se réfugier seul dans un bois où il erra pendant neuf jours, disputant aux animaux les aliments les plus vils. Enfin il eut le bonheur de gagner le village de Ste.-Agathe, dans les montagnes du Forez, et là il reçut l'hospitalité la plus touchante chez un pauvre habitant nommé Pierre Ligout, qui mit dans sa confidence toute sa famille et une partie des habitants de Ste.-Agathe, sans que la moindre indiscrétion ait été commise (1). Ce brave homme et ses amis pratiquèrent des souterrains, dans lesquels le général resta enseveli près de quinze mois, et d'où il entendit plusieurs fois marcher sur sa tête des hordes de jacobins implacables cherchant *l'infâme* Précy et ses *complices*. Après la mort de Robespierre, M. de Précy profita d'un instant de calme pour gagner la Suisse. Ses respectables hôtes le virent partir avec le plus grand chagrin, dans la crainte qu'il ne fût pas encore en sûreté. Il fut reçu en Suisse avec les égards et la distinction dus à ses malheurs comme à sa bravoure et à ses talents militaires. A chaque pas, il rencontrait de ses compagnons d'infortune, qui, reconnaissant leur général, se jetaient dans ses bras avec la plus tendre effusion de cœur. De Berne, il se rendit à Turin, en 1795, où il fut nommé aide-de-camp de S. M. le roi de Sardaigne. Au mois de juin de la même année, il fut appelé à Vérone par S. M. Louis XVIII, qui le combla de bontés, le nomma maréchal-de-camp, et lui donna sa confiance pour traiter avec ses fidèles sujets de France. En 1796, M. de Précy fit un voyage en Angleterre, et de là il revint à Berne, d'où il put correspondre avec l'intérieur de la France, comme membre d'un comité chargé des affaires du Roi. En 1800, étant retiré à Bayreuth, dans les états du roi de Prusse, il fut arrêté par l'influence de Buonaparte, ainsi que plusieurs de ses amis, et enfermé dans un château-fort. Cette détention dura près de deux ans (*V.* IMBERT-COLOMÈS, dans la *Biog. univ.*) De là il se retira à Brunswick, où il reçut l'accueil le plus flatteur du duc régnant, qui lui donna un logement dans son château de Wolfenbuttel. Après la bataille de Iéna, il se réfugia à Hambourg. Enfin, après avoir erré encore en plusieurs villes d'Allemagne, il obtint la permission de rentrer en France, sous la condition de ne pas séjourner à moins de quarante lieues de Lyon; mais en 1812 il lui fut permis de se fixer dans son pays natal. Aux premiers jours de la restauration, il se rendit à Paris, où il présenta au Roi les officiers

(1) Cet habitant a été présenté à MONSIEUR en 1814, qui lui a dit, avec sa bonté et sa grâce ordinaires, en lui donnant la croix du lis: « Vous êtes un brave homme, et nous vous remercions de nous avoir conservé le général de Précy. »

de la garde de Louis XVI. Au mois d'août 1814, il prit le commandement de la garde nationale de Lyon, où il fut reçu avec un véritable enthousiasme, après vingt-un ans d'absence et entouré des plus glorieux souvenirs. A l'entrée de Buonaparte dans cette ville, il suivit S. A. R. Monsieur à Paris, où il fut arrêté, mais bientôt après relâché. Il avait été promu, le 14 août 1814, au grade de lieutenant-général, ensuite fait commandeur, puis, le 23 août 1816, grand-croix de St.-Louis. Il vit maintenant au sein de sa famille, sur les bords de la Loire, jouissant de toute la considération due à ses longs services et à sa constante fidélité. X.

PRÉVAL (Le baron CLAUDE-ANTOINE-HIPPOLYTE DE), d'une famille noble et ancienne de Franche-Comté, né le 18 août 1772, embrassa de bonne heure la carrière des armes avec une prédilection si marquée qu'un ami de son père, le comte de Cécile, lui légua, en mourant, son épée, héritage de gloire et d'espérance. A l'âge de dix ans, il était porté sur les contrôles du régiment dans lequel servait son père. En 1789, il y fut admis comme sous-lieutenant et passa, en 1791, au régiment de Guienne. L'année suivante, il commanda au siége de Landau l'artillerie de son corps, et en 1794, il était capitaine. Une loi de circonstance le fit descendre de ce grade à celui de soldat; mais les réclamations unanimes de ses camarades, appuyées des services qui parlaient déjà en sa faveur, lui firent rendre son ancien rang. M. de Préval trouva, dans les campagnes de 1796, qu'il fit sous les ordres du général Gouvion-St.-Cyr, plus d'une occasion de justifier cette honorable exception. En 1797, il passa en Italie avec le grade d'adjudant-général, et commanda à l'avant-garde. Il prit part à la bataille de Novi. Le général Suchet, qui sut l'apprécier, le chargea de la reconnaissance des positions et postes de l'armée. Son caractère ferme le servit à merveille dans les circonstances où il fallait allier la prudence à la rigueur, et ce fut ainsi qu'il appaisa deux révoltes, l'une à Nice, l'autre à Turin. Pendant la paix, M. de Préval ajouta à sa réputation de bon officier, en publiant des *Mémoires sur quelques parties de l'organisation, de l'administration et de la police des troupes*. Devenu colonel du 3e. de cuirassiers, il fit, en cette qualité, la campagne de 1805, et fut nommé chevalier de la Légion-d'honneur à la suite de la bataille d'Austerlitz, où il s'était distingué. Chargé, en 1806, de négocier la reddition d'Erfurt, il fit capituler cette place le 16 octobre; ce qui lui valut le grade de général de brigade. Pendant les campagnes de 1812 et 1813, il commanda à Hanau les dépôts généraux de cavalerie. Le 23 avril 1814, il fut élu membre de la commission établie près le ministre de la guerre, pour la cavalerie. Le 10 mai 1814, le Roi nomma M. de Préval lieutenant-général et inspecteur-général de la gendarmerie, et chef d'état-major de cette arme. Le 19 juillet suivant, il obtint la croix de Saint-Louis. Il a commandé quelque temps à Beauvais, pendant les cent jours de 1815, et il s'y est fait remarquer par sa prudence et sa modération. M. de Préval a été nommé, en 1818, l'un des lieutenants-généraux de l'état-major de l'armée. C. C.

PRÉVOST (PIERRE), professeur de philosophie à Genève, membre des Sociétés royales de Londres et d'Edimbourg, de l'académie de Berlin, correspondant de l'Institut de France, etc., est né à Genève en 1751. Il avait été nommé professeur de belles-lettres dans sa ville natale; mais sa santé lui fit quitter cette place l'année suivante. On a de lui : I. *Oreste*, tragédie d'Euripide, Paris, 1778, in-8°. II. *Les tragédies d'Euripide*, traduites en français, ibid., 1782, 3 vol. in-8°.; réimprimées dans les tomes IV à X du *Théâtre des Grecs*, en 13 vol. in-8°. (*Voy.* BRUMOY, dans la *Biographie universelle*). Les Notes de M. Prévost sur Euripide sont fort estimées. III. *De l'Economie des anciens gouvernements comparée à celle des modernes*, Berlin, 1783, in-8°. IV. *Sur l'origine des forces magnétiques*, Genève, 1787, in-8°., traduit en allemand par D. L. Bourguet, Halle, 1794, in-8°. V. *Recherches physico-mécaniques sur la chaleur*, Genève, 1792, in-8°., traduites de même en allemand par D. L. Bourguet, Halle, 1799. VI. *OEuvres posthumes d'Adam Smith*, précédées d'un précis de sa vie et de ses écrits, par Dugald Stewart, traduites de l'anglais, Genève, 1797, 2 vol. in-8°. VII. *Essais philosophiques* d'Adam Smith, traduits de l'anglais, 1798, 2 vol. in-8°. VIII. *Des signes envisagés relativement à leur influence sur la formation des idées*, 1799, in-8º. Ce Mémoire a concouru avec l'ouvrage de M. de Gerando, pour le prix proposé par l'Institut. IX. *De la Disette*, traduit de l'anglais de Benjamin Bell, Genève, 1804, in-8º. X. *Essais de philosophie, ou Étude de l'esprit humain, suivis de quelques opuscules de feu G. L. Lesage*, ibid., 1804, 2 vol. in-8º. XI. *Notice de la vie et des écrits de G. L. Lesage de Genève*, ibid., 1805, in-8º, de plus de 600 pages. (*Voy.* Lesage, dans la *Biograph. univ.*) XII. *Éléments de la philosophie de l'esprit humain*, traduits de l'anglais de Dugald Stewart, Genève, 1808, 2 vol. in-8º. XIII. *Leçons de rhétorique et de belles-lettres*, traduites de l'anglais de Blair, ib., 1808, 4 vol. in-8º.; traduction bien supérieure à celle que Cantwel avait donnée en 1797. XIV. *Essai sur le principe de population, ou Exposé des effets passés et présents de l'action de ce principe sur le bonheur de l'espèce humaine dans les temps anciens et modernes*, traduit de l'anglais de Malthus, Genève, 1809, 3 vol. in-8º. XV. *Conversations sur l'économie politique*, traduites de l'anglais, ibid., 1817, in-8º. L'auteur est Mme. Marcet, belle-sœur de M. Prevost, déjà connue par des *Conversations sur la chimie*, qui ont eu cinq éditions, en anglais. XVI. *Deux Traités de physique mécanique*, Genève, 1818, in-8º. Le premier est rédigé d'après les notes de Lesage. XVII. Divers *Mémoires* dans la collection de l'académie de Berlin. Les principaux sont : *Observations sur la méthode d'enseigner la morale*, 1780. — *Théorie des gains fortuits*, 1781, etc. XVIII. *Lettres sur les matières qu'on peut employer pour la construction des ballons aérostatiques* (dans le *Journal Encyclopédique*, 1784, II, 1 et 113). XIX. Quelques articles dans les *Annales de chimie*, dans la *Bibliothèque britannique*, et dans les *Archives littéraires*. Nous indiquerons parmi ces derniers : l'*Esquisse du plan d'éducation tracé par Quintilien*, xv, 55 et 143. — *Lettres sur J.-J. Rousseau*, II, 201. — *De la philosophie d'Euripide*, v, 417; vi, 19, 219. — *Du Mariage, sous le rapport de la population*. — *Exposé succinct d'une recherche expérimentale sur cette question* : Tous les hommes ont-ils les mêmes sentiments par les mêmes objets ? xiii, 137. XX. Quelques articles dans la *Biographie universelle*. T.

PRÉVOST D'IRAY. (*Voy.* Leprévost.)

PRIEUR, de la Marne, était avocat à Châlons, lorsqu'il fut nommé député du tiers-état de cette ville aux états-généraux. Il siégea dès les premières séances à l'extrémité gauche de l'assemblée nationale. Ce parti ne comptait guère alors qu'une trentaine de députés qui, à force de cris et d'une opiniâtreté que rien ne pouvait vaincre, vinrent à bout d'asservir la majorité à leur système. M. Prieur fut un des hommes les plus ardents de cette faction. Il était toujours en avant; sa voix criarde et perçante retentissait sans cesse, mettait en mouvement ses collègues, et provoquait les applaudissements des tribunes. Du reste, il ne se fit remarquer que par ce genre de combat, et ne prononça point de discours suivis. De nombreuses attaques, mais isolées, contre les *aristocrates* et les modérés, forment toute son histoire pendant la session de cette première assemblée. En 1790, il se prononça pour le séquestre des biens du clergé; et lorsque les évêques offrirent, au nom de cet ordre, de remplir un emprunt de 100 millions, il fit observer que, ne possédant rien, ils ne pouvaient rien offrir. Il avait précédemment réclamé un traitement moins modique pour les religieux d'un âge avancé. Ce fut aussi lui qui, le 29 mai 1791, provoqua une loi contre les émigrants, et le 9 juillet, il revint de nouveau sur cet objet; mais le 21 juin 1791, il se distingua surtout par la violence avec laquelle il attaqua la fuite du Roi, et accusa ce prince de trahison. Le lendemain, on l'envoya dans le Finistère, pour y contenir les mécontents qui menaçaient de se soulever à l'occasion de cet événement. Le 14 juillet, il continua de se montrer, dans la même affaire, partisan des mesures extrêmes, parla contre l'inviolabilité du Roi, et insista le lendemain pour que Monsieur fût mis en jugement. A cette époque, il présidait la société des jacobins, où des questions semblables étaient sans cesse débattues, et où l'on avait mis en avant la déchéance de Louis XVI. Cette circonstance exposa M. Prieur aux attaques du côté droit, qu'il essaya vainement de repousser. Dans la même année, il fut élu vice-président du tribunal criminel du département de Paris. Nommé en septembre 1792, par le département de la Marne, à la Convention nationale, il fut envoyé, dès l'ouverture de cette session, comme commissaire à l'armée de Dumouriez, campée alors en Champagne, et l'accompagna, avec Sillery et Carra, jusqu'à l'entière évacuation du territoire français par les troupes coalisées. Il vota ensuite la mort de Louis XVI, sans appel et sans sursis. « Le peuple entier, dit-il, a accusé Louis » de conspiration contre sa liberté et sa » souveraineté. La Convention nationale » l'a déclaré convaincu de conspiration » contre la liberté du peuple; la loi a fait » le reste: elle a prononcé la mort contre » les conspirateurs. Je prononce cette » peine à regret; mais, comme organe » impassible de la loi, je prononce la » mort. » Le 8 février 1793, il demanda le rapport du décret porté contre les auteurs des massacres des prisons, des 2 et 3 septembre précédent, et le 15 mars, son collègue Bréard ayant refusé de se charger des fonctions de commissaire de la Convention près le tribunal révolutionnaire, Prieur le remplaça. Le 29, il entra au comité de défense générale. Le 10 juin, il fut nommé membre du comité de salut public. Le 1er. août, il eut une mission aux armées du Nord, des Ardennes, de la Moselle et du Rhin; et en octobre, il se rendit dans la Vendée, et fit fusiller, à Savenai, un grand nombre de Vendéens. Il fut cependant loin de rivaliser de barbarie dans cette contrée avec quelques autres proconsuls. Les habitants de Lorient lui rendent le témoignage que le sang fut épargné pendant son séjour parmi eux. On assure aussi qu'il fit un jour des représentations à Carrier, sur ses noyades, lui proposant d'y substituer les fusillades sur le champ de bataille; et que Carrier le traita d'imbécille en fait de révolution. M. Prieur fut nommé de nouveau, après la chute de la Montagne, le 6 octobre 1794, membre du comité de salut public, et le 22 du même mois, président de la Convention. Lors de l'insurrection du 12 germinal (1er. avril 1795), il fit diverses propositions favorables aux révoltés, et demanda entre autres la liberté des patriotes détenus depuis le 9 thermidor. Accusé par André Dumont de complicité dans cette affaire, il expliqua les expressions dont il s'était servi, et vint à bout de conjurer l'orage; mais il prit bientôt une part plus active à la nouvelle insurrection qui éclata le 1er. prairial (20 mai 1795), contre la majorité de la Convention; fut, dans cette circonstance, nommé membre de la commission extraordinaire créée pour remplacer le comité de salut public, et lorsque pendant la nuit une force armée vint s'emparer de la salle presque abandonnée par les insurgés, il essaya d'arrêter ce corps, et s'écria: « A moi, sans» culottes! » mais les sans-culottes ne vinrent pas; ils eurent le dessous, et M. Prieur fut décrété d'arrestation le même jour; il parvint à s'évader, voulut, dit-on, se tuer lui-même, se cacha quelque temps, et fut amnistié en 1796. Il remplit les fonctions d'avoué près la cour de Paris jusqu'à la fin de 1815. A cette époque il fut banni comme régicide, et se réfugia dans les Pays-Bas. On a de lui: *Rapport sur l'établissement des sourds-muets, fait à l'assemblée nationale*, 1791, in-4°.

B. M.

PRIEUR-DUVERNOIS (C.-A.) était officier du génie, et fort lié avec Carnot lorsqu'il fut nommé député de la Côte-d'Or à la législature, en 1791. Il se rendit près de l'armée du Rhin, dans le mois d'août 1792, pour y annoncer la déchéance du Roi. Réélu à la Convention, il y vota la mort de Louis XVI, sans appel et sans sursis. Il se trouvait en mission dans le département du Calvados, lors de la révolution du 31 mai, et y fut chargé par la Convention de rallier au parti montagnard les habitants du pays qui paraissaient s'être prononcés pour les républicains proscrits. M. Prieur fut arrêté et emprisonné à Caen, avec Rommé; mais la fuite des députés girondins ne tarda pas à lui rendre la liberté. Il ne parut presque jamais à la tribune; mais il travailla beaucoup dans les comités, notamment dans celui de salut public, sous Robespierre, et dans ceux des travaux et de l'instruction publique, et fut chargé de la fabrication des poudres et salpêtres. En mai 1794, il présida la Convention. Après le 9 thermidor (27 juillet 1794), il défendit, avec Carnot, les membres des anciens comités. Ce fut lui qui fit décréter l'usage du calcul décimal et de l'unité des poids et mesures. Lors des troubles de prairial (mai 1795), on demanda qu'il fût arrêté

comme étant attaché au parti montagnard; mais cette proposition fut repoussée. Il passa au conseil des cinq-cents, en novembre 1795; s'y occupa du système des nouveaux poids et mesures, et en sortit en 1798. C'est surtout à ses soins que l'on doit l'établissement et l'organisation de l'École polytechnique. On a de lui : 1. *Mémoire sur la nécessité et les moyens de rendre uniformes dans le royaume, toutes les mesures d'étendue et de pesanteur*, 1790, in-8°. II. *Instructions sur le calcul décimal*, 1793, in-8°. III. *Rapport sur la loi du 18 germinal an III*, 1795, in-8°. IV. *Rapport sur les moyens préparés pour établir l'uniformité des poids et mesures*, 1796, in-8°. et beaucoup d'autres *Rapports* et *Instructions* du même genre. Il a donné des Mémoires au *Journal de l'École polytechnique* et aux *Annales de chimie*.
B. M et Ot.

PROHASKA (Le baron de), feldmaréchal-lieutenant au service d'Autriche, était, en 1814, intendant-général de l'armée autrichienne, et, lors de l'évacuation de la France, il adressa au ministre de la guerre une lettre de remerciments pour les soins prodigués à ses troupes. Il continua de commander le quartier-général. En 1816, l'empereur d'Autriche a nommé le baron de Prohaska chef de l'état-major-général, et le roi de Bavière l'a fait grand-croix de l'ordre du Mérite civil. C. C.

PROJEAN, cultivateur et homme de loi, fut député de la Haute-Garonne à la législature, et ensuite à la Convention nationale, où il vota la mort de Louis XVI, sans appel et sans sursis. En 1793, il fut envoyé près l'armée des Pyrénées orientales. Il ne passa point au conseil, et devint messager-d'état de celui des cinq-cents; il a rempli les mêmes fonctions auprès du corps-législatif pendant plusieurs années. B. M.

PRONY (Gaspard-Clair-François-Marie Riche de), membre de l'académie des sciences, ingénieur en chef et directeur de l'École des Ponts-et-chaussées, professeur à l'École polytechnique, et chevalier de la Légion-d'honneur, etc., est frère du naturaliste C. A. G. Riche, qui mourut en 1797, des fatigues essuyées dans le voyage à la recherche de Lapérouse. M. de Prony a publié : I. *Description des moyens employés pour mesurer la base de Hounslow-Heath, dans la province de Middlesex*, trad. de l'anglais du général Roy, 1787, in-4°., fig. C'est le plus beau travail géodésique dont on eût donné la description à cette époque. L'original avait paru dans les *Transactions philosophiques*, tom. LXXV. II. *Exposition d'une méthode pour construire les équations indéterminées qui se rapportent aux sections coniques*, 1790, in-4°. III. *Nouvelle architecture hydraulique*, 1790-97, 2 vol. grand in-4°.; le tom. II est exclusivement consacré aux détails de construction des machines à vapeur. IV. *Mécanique philosophique, ou Analyse raisonnée de diverses parties de la science de l'équilibre et du mouvement*, in-4°. Cet ouvrage se joint au *Journal de l'École polytechnique*, pour lequel M. Prony a fourni beaucoup d'autres morceaux importants. V. *Description des opérations faites en Angleterre pour déterminer les positions respectives des observatoires de Greenwich et de Paris*, trad. de l'anglais, 1791, in-4°. VI. *Essai expérimental et analytique sur les lois de la dilatabilité des fluides élastiques* in-4°. VII. *Sommaires des leçons sur le mouvement des corps solides, l'équilibre et le mouvement des fluides*, données à l'école polytechnique en 1809, in-4°. VIII. *Analyse de l'exposition du système du monde de P. S. Laplace*, 1801, in-8°. IX. *Recherches sur la poussée des terres*, 1802, in-4°. X. *Instruction pratique sur les murs de revêtement, en se servant de la formule graphique*, 1802, in-8°.; c'est une suite du livre précédent. XI. *Mémoire sur le jaugeage des eaux courantes*, 1802. XII. *Rapport sur les inventions de J. P. Droz, relatives au monnayage*, 1803, in-4°., fig. XIII. *Recherches physico-mathématiques sur la théorie des eaux courantes*, 1804, in-4°., et un grand nombre de Mémoires parmi ceux de l'Institut ou de l'académie des sciences, dans le *Bulletin de la société philomatique*, dans les Mémoires des sociétés savantes, etc. On lui doit encore un grand *Tableau synoptique de la mécanique et des sciences physico-mathématiques*. Le compte rendu des travaux de l'académie des sciences pendant l'année 1817, a fait mention d'un *Nouveau moyen de régler la durée des oscillations des pendules par M. Prony*. T.

PROPIAC (Catherine-Joseph-Ferdinand Gerard de), né en Bourgogne d'une famille noble, vers 1760, avait donné avant la révolution, au théâtre Italien à Paris, plusieurs pièces estimées. Il émigra en 1791, fit la campagne des armées des princes, habita long-temps Hambourg, et rentra en France après le 18 brumaire. Il obtint, peu de temps après, l'emploi d'archiviste du département de la Seine, qu'il a conservé jusqu'à ce jour. M. de Propiac a été créé chevalier de St.-Louis en 1815. On a de lui : I. *Plutarque, ou Abrégé des vies des hommes illustres de ce célèbre écrivain*, 1805, 2 vol. in-12.; 3e édit., 1810. II. *Nouveaux Contes moraux* d'Auguste La Fontaine, trad. de l'allemand, 1802, 2 v. l. in-12. III. *Histoire de Gustave Wasa, roi de Suède*, trad. de l'allemand, 1803, 2 vol. in-8°. IV. *Histoire de France à l'usage de la jeunesse*, 1807, in-12; 3e édit. 1812. V. *Histoire d'Angleterre à l'usage de la jeunesse*, 1808, 2 vol. in-12. VI. *Les deux Fiancées*, trad. de l'allemand d'Auguste La Fontaine, 1810, 5 vol in-12. VII. *Histoire Sainte à l'usage de la jeunesse*, 1810, 2 vol. in-12. VIII. *Le Plutarque des jeunes demoiselles, ou Abrégé des vies des femmes illustres de tous les pays*, 1810, in-12. IX. *Le Plutarque français*, 1813, 2 vol. in-12. X. *Beauté de l'histoire de la Suisse*, 1817, in-12. XI. Quelques articles dans la *Biogr. univ.* Un des plus importants est celui du chevalier d'*Éon*. O—T.

PROST, de Dôle, député du Jura à la Convention nationale, y vota la mort de Louis XVI : « N'ayant jamais » appris à transiger avec les rois, dit-il, » je vote pour la mort et sans sursis. » Il fut ensuite commissaire dans son département, et à l'armée d'Italie. Dénoncé aux Jacobins en 1794, il fut défendu par Robespierre. Devenu membre du conseil des cinq-cents, il en sortit en mai 1797. M. Prost n'ayant plus occupé de fonctions politiques depuis cette époque, n'a pas été compris dans la loi de bannissement portée contre les régicides. — PROST (P. A.) a publié : I. *La Médecine éclairée par l'observation et l'ouverture du corps*, 1804, 2 vol. in-8°. II. *Essai physiologique sur la sensibilité*, 1805, in-8°. III. *Coup-d'œil physiologique sur la folie*, 1806, in-8°. IV. *Deuxième Coup-d'œil*, 1807, in-8°.; *troisième Coup-d'œil*, 1807, in-8°. B. M.

PROTEAU (Guillaume-Marcellin) entra au service dans la marine en 1793, se distingua dans la malheureuse expédition d'Irlande sous le général Hoche en 1797, et fut fait prisonnier au débarquement qui se fit dans la baie de Bantry. Les journaux du temps vantèrent le courage et la fermeté qu'il avait déployés dans cette circonstance. Il fut traité avec beaucoup d'égards par le général Dalrymple, lord Camden et le duc de Portland. Bientôt échangé, M. Proteau fut élevé au grade de capitaine de vaisseau, et il commandait à l'île d'Aix, en 1809, un vaisseau qui fut brûlé par les Anglais (*Voy*. Cochrane). Traduit pour cet événement à une commission d'enquête, il fut acquitté, mais il perdit son emploi; il passa alors dans l'armée de terre, où il fut nommé général de brigade en 1813. Il prêta serment de fidélité au Roi en 1814, et reçut la croix de Saint-Louis le 21 août. Le 27 septembre suivant, il fut élevé au rang de commandant de la Légion d'honneur. Il avait été chargé, dans les premiers jours de la restauration, d'aller préparer en Prusse le retour des prisonniers français dans leur patrie. Rentré en France, il fut admis à l'audience du Roi, qui lui témoigna sa satisfaction sur la manière dont il s'était acquitté de sa mission. Cependant, au 20 mars 1815, le général Proteau prit part dans le Midi à l'expédition dirigée contre Mgr. le duc d'Angoulême. A son retour, il fut envoyé en Normandie par Buonaparte, et chargé du commandement de Cherbourg, où il dirigea une expédition contre la ville de Valogne, sur le bruit qu'on y avait arboré le drapeau blanc. Lors de la seconde invasion des alliés en France, il mit Cherbourg en état de défense, et sauva des mains des Prussiens le riche arsenal de cette ville. Le maréchal-de-camp Proteau est aujourd'hui en demi-solde. C. C.

PROUVEUR (Le baron Auguste-Antoine-Joseph), né en 1759, à Valenciennes, y était conseiller, membre des états du Hainaut et de leur commission intermédiaire à l'époque de la révolution. Député du Nord à la législature, il se montra, même dans la minorité, un des membres les plus attachés à la monarchie; aussi ne fut-il pas réélu à la Convention. Le 13 juillet 1792, il parla

8..

avec force pour demander que l'on poursuivît les auteurs et instigateurs des événemens du 20 juin. Il devint, en 1800, sous-préfet à Cambrai, d'où il passa, en 1804, à la préfecture de l'Indre. En 1809, il fut nommé baron avec majorat. Ayant cessé ses fonctions de préfet à l'époque de la restauration, il les reprit en 1815, au retour de Buonaparte, qui lui donna la préfecture de la Vienne. Depuis le retour du Roi, M. Prouveur a cessé d'être employé. B. M.

PRUDHOMME (Louis), né à Lyon en 1752, fut d'abord garçon de magasin chez un libraire de cette ville, et vint ensuite à Meaux, où il se fit relieur. Il s'était établi dans la capitale depuis plusieurs années lorsque la révolution éclata, et déjà il s'y était fait remarquer par la publication d'un grand nombre d'écrits révolutionnaires; déjà il avait été arrêté plusieurs fois par suite de ces publications. Il a dit lui-même que, dans le court intervalle qui s'écoula entre les premiers troubles du parlement, en 1787, et le 14 juillet 1789, il mit au jour plus de quinze cents pamphlets, tous destinés à préparer les événemens. Ses *Litanies du tiers-état*, et son *Avis aux gens de livrée sur leurs droits politiques*, furent distribués à plus de cent mille exemplaires dans les rues et dans les carrefours. Enfin, après avoir usé toutes les plumes des écrivains des greniers (car il ne fut jamais capable d'écrire lui-même), M. Prudhomme donna, au commencement de 1789, un *Résumé des cahiers et doléances des bailliages, pour les députés des trois ordres aux états-généraux*, écrit tellement séditieux qu'il fut saisi par la police, dans un temps où les plus audacieux pamphlets restaient impunis. La révolution du 14 juillet vint mettre ses instigateurs à l'abri de toute espèce de poursuites et d'entraves, et M. Prudhomme publia, dès le lendemain, le 1er. numéro de son Journal des *Révolutions de Paris*, avec cette épigraphe : *Les Grands ne nous paraissent grands que parce que nous sommes à genoux... Levons-nous!...* Dès-lors, il ne garda plus de mesure; dénonçant indistinctement tous les partis, il harcelait sans cesse les agens de l'autorité, attaquait toutes les institutions. En 1790, il fit afficher sur tous les murs, sous le titre de : *Prudhomme à tous les peuples de la terre*, un libelle ainsi conçu : « J'avertis » que je publierai incessamment les crimes » de tous les potentats de l'Europe, » des papes, empereurs, rois d'Espagne, » de Naples, etc... Le premier besoin » d'un peuple qui veut être libre, est » de connaître les crimes de ses rois. » Malgré la vigilance des despotes, j'en » répandrai des millions d'exemplaires » dans leurs états, sous ma devise : *Liberté de la presse, ou la mort.* » On le vit ensuite presser le jugement de Louis XVI, sommer le gouvernement de faire célébrer, chaque année, le 14 juillet, la fête *des piques*, et d'ordonner que ce jour-là toutes les fenêtres fussent ornées d'une de ces armes révolutionnaires. Cependant la tyrannie de Robespierre, et la vue du sang dont ses feuilles avaient tant de fois préparé l'effusion, sembla ouvrir les yeux de l'éditeur des *Révolutions de Paris*; il attaqua franchement les hommes qui le faisaient répandre, et il ne tarda pas à se brouiller avec ses anciens amis. Chose bizarre, Prudhomme fut emprisonné comme royaliste. Mais son crédit révolutionnaire fut plus fort que ses ennemis, et il recouvra sa liberté. Cependant il ne recommença pas son journal; il s'éloigna même de Paris, avec sa famille, jusqu'à la chute de Robespierre. En 1797, ne voulant pas renoncer à la qualité d'historien *des crimes*, il publia l'*Histoire générale des crimes commis pendant la révolution*, compilation très informe; mais où l'on trouve des documens précieux sur les atrocités de 1793. Lorsqu'il eut fermé le plan de cette entreprise, M. Prudhomme l'annonça par tous les moyens qui étaient en son pouvoir, et il sollicita des renseignemens qui lui furent envoyés de toutes parts, qu'il reçut sans examen, et qu'il publia sans aucune méthode ni le moindre discernement. Il est résulté de tout cela un ouvrage quelquefois bon à consulter, mais incohérent et sans aucune liaison, ni rapport de couleurs et de principes. Un des traits les plus bizarres de cette compilation, c'est que l'homme qui se montra l'ennemi si acharné de l'ancienne monarchie, fait à l'assemblée des notables un reproche peut-être fondé, mais fort étonnant de sa part, c'est d'avoir refusé à Louis XVI des moyens indispensables pour soutenir sa couronne : « Leur lâche insouciance, » dit-il en parlant des notables, perdit

» la cour et laissa le champ libre à tous » les excès; la postérité leur doit son » mépris et son indignation.... Malé- » diction sur eux... » Toutes les peines que M. Prudhomme se donne dans le même ouvrage pour justifier ses liaisons avec Camille Desmoulins, Danton, etc., pour prouver qu'il n'approuva jamais les massacres et les proscriptions, ne sont pas ce qui s'y trouve de moins curieux. Cet ouvrage fut saisi par la police du directoire; mais la saisie, faite par d'anciens amis, n'empêcha pas l'éditeur d'en débiter plus tard la presque totalité. Depuis ce temps, il est resté libraire à Paris. En 1810, il acheta de l'abbé Chaudon le droit de faire une édition de son dictionnaire, et il prétendit aussitôt user de ce droit pour interdire à tout autre libraire la faculté de faire un dictionnaire historique quelconque. C'était à cette époque que se commençait la *Biographie universelle*; M. Prudhomme traduisit les éditeurs de cette entreprise devant les tribunaux, et il voulut établir qu'un ouvrage rédigé par tout ce que les sciences et les lettres offrent de plus distingué n'était qu'une contrefaçon de son dictionnaire historique, fait par un ecclésiastique estimable sans doute, mais étranger à presque tous les objets dont il avait parlé, et que, dans son édition, le nouvel éditeur avait encore altéré et défiguré par une maladroite précipitation. Les éditeurs de la *Biographie universelle* triomphèrent aisément de cette attaque ridicule. On a de M. Prudhomme les écrits suivants, soit comme auteur, soit comme éditeur : I. *Géographie de la république française en 120 départements*, 1791, in-8º. II. *Histoire générale et impartiale des erreurs, des fautes et des crimes commis pendant la révolution*, 1798, 6 vol. in-8º. III. *Dictionnaire universel de la France*, 1805, 5 vol. in-4º. IV. *Miroir de l'ancien et du nouveau Paris*, 1804, 6 vol. petit in-12. V. *Voyage descriptif et philosophique de l'ancien et du nouveau Paris*, 1814, 2 vol. in-18. VI. *L'Europe tourmentée par la révolution en France, ébranlée par dix huit années de promenades meurtrières de Napoléon Buonaparte, avec un tableau du nombre d'hommes qui ont péri pendant la révolution, et les milliards partagés par un petit nombre d'individus qui ont prêté tous les serments depuis 1789, 1816*, 2 vol. in-12. M. Prudhomme professe dans cet ouvrage le plus profond mépris pour le gouvernement de Buonaparte, et pour toute la noblesse de sa création, parmi laquelle il a reconnu un si grand nombre de ses anciens confrères les *sans-culottes*. M. Ersch lui attribue, 1º. *Les Crimes des reines de France*, 1791, in-8º., dont certainement il n'est pas l'auteur (*Voy.* la *Biogr. univ.*, au mot BÉRANGER).; 2º. *les Crimes des papes*, 1792, in-8º., dont l'auteur est la Vicomterie; 3º. *les Crimes des empereurs d'Allemagne*, 1793, in-8º., qui est de l'auteur des *Crimes des reines*. On lui attribue aussi les *Crimes de la Convention*, avec la *Liste des individus envoyés à la mort pendant la révolution et particulièrement sous le règne de la Convention*, 1796, 5 vol. in-8º. Il a été éditeur de la dernière édition des *Cérémonies religieuses*, 1810, 13 volumes in-fol. (*Voy.* la *Biog. univers.*, au mot J. F. BERNARD); de l'*Art de connaître les hommes par la physionomie*, 1805-1809, 10 vol. in-4º. et in-8º. (*Voy.* la *Biog. univ.*, au mot LAVATER). D.

PRUNELÉ (Le vicomte AUGUSTIN-MARIE-ÉTIENNE DE), né en 1765, d'une ancienne famille de la Beauce, se livra très jeune à l'étude du droit public et de l'administration. Son premier écrit, publié en 1789, fut un *Projet de cahier pour servir à tous les ordres*. M. de Prunelé fut nommé, en 1810, président du collége électoral de Quimperlé, et le 3 mai 1811, élu par le sénat membre du corps législatif pour le département du Finistère. Il se fit peu remarquer dans cette assemblée, où il s'occupa de rapports administratifs et financiers. Le 3 avril 1814, il adhéra à la déchéance de Buonaparte. Le 8 août, il parla sur le projet relatif à la liberté de la presse, et vota pour l'adoption du budget. Le 29, il combattit les dispositions du budget. Le 22 septembre, il fit hommage à ses collègues d'un Mémoire sur les moyens de détruire la mendicité. Le projet de loi relatif à la prohibition des fers étrangers, lui donna la matière d'un nouveau discours, dans lequel il insista sur les pertes que feraient les maîtres de forges si l'importation était permise brusquement. Peu de jours après, il appuya la restitution à faire aux émigrés de leurs biens non vendus. Le vicomte de Prunelé n'a point été rappelé aux fonctions législatives depuis le 20 mars 1815. O a de lui : I. *Aperçu général des finances, le plus propre à concilier les intérêts publics et particuliers*, 1790, in-8°. II. *Sur les Législatures et les Conventions nationales*, 1791, in-8°. III. *Mémoire sur les moyens de détruire la mendicité, dédié à S. M. Louis XVIII*, 1814, in-8°. IV *Quelques observations à soumettre à M M. les députés des départements*, 1816, in-8°. V. *Lettre à un député sur les élections*, 1816, in-8°. VI *Projet d'une opération de finances, proposée pour 1817*. — Le marquis Jules-Henri de PRUNELÉ, cousin du précédent, était lieutenant au régiment des Gardes-Françaises avant la révolution ; il émigra en 1791, et fut nommé capitaine d'une compagnie d'hommes d'armes. Rentré en France après le 18 brumaire, il a vécu dans la retraite pendant tout le régime impérial, et s'est montré constamment fidèle à la cause qu'il avait défendue en pays étranger. Chevalier de St.-Louis depuis 1786, il est aujourd'hui maréchal-de-camp. T. E.

PRUNELLE, médecin à Montpellier, a publié: I. *Remarques inédites du président Bouhier, de Breitinger et du P. Oudin, sur quelques passages d'Horace, avec une Lettre sur l'art poétique et sur la satire IV, livre II*, 1807, in-8°. II. *De l'influence exercée par la médecine sur la renaissance des lettres*, 1809, in-4°. III. *De la médecine politique et générale, et de son objet ; de la médecine légale et particulière*, 1814, in-4°. IV. *Éloge funèbre de Ch. L. Dumas*, 1815, in-4°. V. *Des études du médecin, de leur connexion et de leur méthodologie*, 1816, in-4°. *Lettre à M. le baron de Gérando sur l'organisation future des écoles de médecine et sur l'exercice de l'art de guérir en France*, 1817, in-8°. On doit aussi à M. Prunelle des recherches sur le sommeil léthargique, auquel certains animaux sont sujets pendant la saison hivernale. Ot.

PSAUME (ÉTIENNE), avocat, ancien procureur-syndic de district, membre de la Société royale des antiquaires de France et de l'Académie des sciences de Nanci, est né à Commerci en 1769. Très jeune encore au premier moment de la révolution, il en embrassa la cause avec chaleur, tout en blâmant les excès dont elle fut si souvent souillée. Étant fonctionnaire public au 31 mai, il osa se prononcer avec énergie contre cette révolution, et solliciter les autorités de Commerci de faire une adresse à la Convention contre les crimes du parti de la Montagne. Cette conduite lui attira des persécutions, et mit sa vie en danger. Domicilié à Nanci lors de l'élévation de Buonaparte au trone, il ne craignit point de voter, seul de ce département, contre ce changement, et il consigna son vote sur les registres de la préfecture. En 1815, quand Buonaparte publia son Acte additionnel, M. Psaume, qui se trouvait à Paris, lança, sous le titre d'*Un patriote à Napoléon*, un des premiers pamphlets qui aient paru contre cette constitution (*Voyez* SAINT-MARTIN). On trouve dans cet écrit, dont les principes sentent un peu le républicanisme, des vérités fortement exprimées. M. Psaume est auteur de quelques articles de journaux, d'une brochure républicaine, intitulée : *Réponse aux objections des monarchistes*, Paris, Rainville, 1792; d'un *Éloge de l'abbé Lyonnois, principal du collège de Nanci*, Nanci, 1806; d'un *Éloge de M. Aubry, ancien prieur bénédictin*, Paris, 1809; enfin d'une *Notice sur l'abbé Georgel*, qui se trouve à la tête des Mémoires posthumes de cet abbé, Paris, 1817 et 1818, 4 vol. in-8°. La plupart des notes de ces Mémoires sont également de M. Psaume. F.

PUCCITTA, musicien-compositeur italien né en 1778, commença sa carrière à Florence, Milan et Venise, où il donna divers opéras notamment *i Fuorusciti, Teresa e Wilz, Werther, duoi Prigionieri, Zelinda e Lindoro, Lauretta*. Il passa ensuite à Amsterdam pour y prendre la direction du théâtre italien, et de là il fut appelé au théâtre de Londres, où il a composé, pendant sept ans, plusieurs opéras sérieux et bouffons, savoir: *La Caccia di Enrico IV* ; — *i Villeggiatori bizzarri* ; — *le Tre Sultane* ; — *la Ginevra* ; — *la Vestale* ; — *l'Aristodemo*. La scène et l'air: *Deh frenate*, chanté par Mme Catalani dans *la Sémiramide*, sont de M. Puccitta. Cette étonnante cantatrice, pour laquelle l'auteur a composé, à Londres, la plupart de ses opéras, l'attacha à son théâtre de Paris en 1815, pour la mise en scène de quelques-uns de ses ouvrages, qui feront partie du répertoire du Théâtre-Italien. *La Principessa in campagna*, opéra de M. Puccitta, représenté au mois de novembre 1817, est imitée de l'*Arlechino finto principe*, de Goldoni, et de la comédie intitulée : *Grégoire, ou les Incommodités de la grandeur*, par le P. Ducerceau, jésuite.   S. S.

PUIBUSQUE (Le vicomte DE), chevalier de la Légion d'honneur et de l'ordre de Sainte-Anne de Russie, etc., est auteur des *Lettres sur la guerre de Russie en 1812; sur la ville de Saint-Pétersbourg, les mœurs et les usages des habitants de la Russie et de la Pologne*, in-8º. Ces Lettres n'étaient point destinées à être publiées. L'auteur, en partant pour la guerre de Russie, où il fut employé comme commissaire des guerres, avait pris l'engagement de communiquer à un ami les observations qu'il aurait occasion de faire, afin de le prémunir contre l'exagération des bulletins et des rapports officiels. Etant tombé entre les mains des Cosaques, il se trouva à portée d'exercer ses observations sur un champ plus étendu, et se procura des renseignements qu'il n'aurait pu obtenir dans une autre position. Conduit à Pétersbourg, les rapports qu'il eut avec les vainqueurs, surtout avec le général Koutousoff, donnèrent plus de piquant à ses remarques. Enfin, de retour en France, il se détermina à publier son ouvrage, dont le débit fut rapide, et qui eut une seconde édition en 1817.   S. S.

PUISAYE (JOSEPH, comte DE), lieutenant-général dans les armées royales, naquit à Mortagne d'une famille distinguée, qui occupait la charge héréditaire de grand-bailli du Perche, fut destiné à l'état ecclésiastique, comme étant le plus jeune de quatre frères. Envoyé à Paris au séminaire de Saint-Sulpice, il y fit de bonnes études; mais à dix-huit ans, sa vocation pour les armes l'emportant sur les vues de sa famille, il postula et obtint une sous-lieutenance dans le régiment de Conti-cavalerie, d'où il passa dans les dragons de Lanau en qualité de capitaine à la suite. Peu satisfait d'une perspective qui ne flattait point son ambition, il se retira dans sa famille, recueillit la succession de son père, et acheta une charge dans les Cent-suisses de la maison du Roi; ce qui lui valut un brevet de colonel, et, peu de temps après, la croix de Saint-Louis. En 1788, il épousa la fille unique du marquis de Mesnilles, riche propriétaire en Normandie. Nommé, l'année suivante, député de la noblesse du Perche aux états-généraux, il se rangea du côté de la minorité de cet ordre, signa la protestation du 19 juin contre la majorité, se réunit au tiers, et siégea toujours dans le côté gauche de l'assemblée constituante, où du reste il se fit peu remarquer. Promu en 1791 au grade de maréchal-de-camp, il se retira après la session dans sa terre de Mesnilles, et fut mis à la tête de la garde nationale du district d'Evreux. Quoique partisan des premières innovations et de la constitution anglaise, il se montra de bonne heure l'adversaire des démagogues, et projeta même, en 1792, de lever une armée en Normandie pour délivrer Louis XVI. La journée du 10 août l'ayant fait renoncer à ce projet, il fut entraîné par son activité inquiète et par le désir de jouer un rôle, à briguer la place de chef d'état-major du général Wimpfen, dans l'armée départementale de l'Eure, destinée à marcher contre la Convention nationale. Il commanda l'avant-garde de cette armée, qui fut battue, en juin 1793, à Pacy-sur-Eure, par les troupes de la Convention; et sa tête ayant été mise à prix, il se réfugia en Bretagne. Là, bravant une multitude de dangers, il rallia et réorganisa, dans le département d'Ille-et-Vilaine, les débris du parti de la Chouannerie, auquel les frères Chouan avaient déjà donné leur nom. Il déploya alors beaucoup de talents et d'activité; se mit en rapport avec d'autres chefs, créa un conseil militaire, émit un papier-monnaie, envoya des émissaires à Londres, reçut des secours de l'Angleterre, et des pouvoirs de Mgr. le comte d'Artois. Redoublant d'efforts pour devenir le régulateur de la confédération royaliste de Bretagne, il publia des proclamations; et, quoiqu'il ne fût pas reconnu par la totalité des autres chefs, on finit par le regarder comme l'ame du parti royaliste dans ce pays, parce qu'il recevait directement les dépêches du gouvernement anglais, et qu'il en obtenait des secours. Convaincu que le royalisme armé dans l'Ouest ne pouvait se soutenir que par l'Angleterre, il subordonna toutes ses opérations et ses démarches à ce principe; ce qui lui valut le reproche, souvent répété depuis, d'être trop dévoué au gouvernement britannique. Au mois de septembre 1794, il passa secrètement en Angleterre, où il fut environné de préventions et de haine. Les émigrés le regardaient généralement comme un faux-frère, et même comme un agent de la Convention. Puisaye se lia, à Londres, avec le comte de Botherel et avec l'évêque de Saint-Paul de Leon; et ayant obtenu de Monsieur comte d'Artois, lors à Édimbourg, des pouvoirs illimités, il captiva la confiance des ministres Pitt, Windham et Dundas, et les décida à ordonner un armement pour agir sur les côtes de Bretagne. Telle fut l'origine de la malheureuse expédition de Quiberon, qui, au lieu d'être confiée à un chef unique, eut deux chefs différents : M. d'Hervilly, chargé du commandement des régiments d'émigrés, et M. de Puisaye, qui devait commander les royalistes de l'intérieur. De-là une concurrence funeste. Le plan de M. de Puisaye consistait à marcher de suite après le débarquement, dans l'intérieur de la Bretagne, pour généraliser l'insurrection. M. d'Hervilly hésita et se confina dans la presqu'île de Quiberon, en attendant des renforts. L'habileté du général Hoche déconcerta la prudence de M. d'Hervilly et les plans de M. de Puisaye, qui se réfugia sur l'escadre anglaise avec trop d'empressement, peut-être, au moment où les émigrés mettaient bas les armes (*Voy*. HOCHE et d'HERVILLY, dans la *Biographie universelle*). La catastrophe fut terrible, et l'opinion publique rendit M. de Puisaye responsable de la malheureuse issue d'une expédition qu'il avait lui-même provoquée. Ses ennemis déchaînés lui prodiguèrent les épithètes les plus outrageantes. Dès ce moment les royalistes du dehors et de l'intérieur ne virent plus en lui qu'un traître et un lâche ; c'étaient, disaient-ils, la perfidie, le défaut de courage ou l'incapacité qui dominaient dans sa conduite. S'étant fait débarquer de nouveau en Bretagne, il y courut les plus grands dangers; et malgré sa persévérance, il ne put jamais recouvrer l'ascendant auquel avait aspiré son ambition. Suspect à son parti, il lui fut plus facile en quelque sorte de se garantir des piéges que lui tendaient les républicains que des rivalités, des préventions et de l'animadversion des royalistes. Accoutumé à vouloir tout diriger, à être le centre des opérations, il supporta impatiemment la perte de son influence

et le poids des accusations dirigées contre lui. Sa morgue et sa hauteur avec ses ennemis, son aigreur dans toutes les discussions qu'il eut avec ses adversaires, ses violents démêlés avec les agents du Roi dans l'intérieur, et avec M. d'Avaray, ministre de Louis XVIII, enfin la ruine de son parti après la pacification de Hoche, en 1797, le forcèrent de donner sa démission et d'abandonner à jamais les départements de l'Ouest. Il repassa à Londres, obtint des ministres anglais un établissement dans le Canada avec une somme d'argent pour son exploitation, et y fut suivi d'une partie des officiers qui lui étaient restés attachés. Après la paix d'Amiens, il revint en Angleterre, où il trouva les esprits toujours prévenus contre lui. Il les irrita encore davantage par la publication de ses Mémoires, où il établit sa justification aux dépens de ses adversaires, qu'il traite avec une extrême dureté. Ces Mémoires parurent à Londres, en 1803, sous ce titre : *Mémoires du comte J. de Puisaye, etc., qui pourront servir à l'histoire du parti royaliste français, durant la dernière révolution*, 6 vol. in-8º. Ils ont été combattus en Angleterre, dans quelques brochures et dans des ouvrages périodiques, et l'on en a annoncé des réfutations plus complètes qui n'ont pas paru. Quoi qu'il en soit, on ne peut nier que M. de Puisaye n'ait montré dans plusieurs occasions critiques un sang-froid, une prudence, un courage admirables. A la vérité, ces mêmes qualités ont paru l'abandonner dans d'autres affaires décisives; ce qui a fait dire qu'il avait montré plus de capacité et de talent dans le cabinet que sur le champ de bataille. On croit généralement que c'est parce qu'il s'est attiré la disgrâce du Roi et de MONSIEUR, qu'il n'est point rentré en France depuis la restauration. — PUISAYE (Antoine-Charles-André-René, marquis DE), frère du précédent, né à Mortagne en 1751, entra comme officier dans le régiment d'Angoulême, fut nommé capitaine de dragons en 1779, et décoré de la croix de Saint-Louis. En 1789, il présida les trois ordres de la province du Perche en qualité de grand-bailli. Dévoué au parti du Roi, il fut désigné en 1795 pour commander sa province et pays adjacents; mais forcé par le désastre de Quiberon de ne plus travailler qu'en secret à l'organisation royaliste, il conserva des sujets fidèles au Roi, fut arrêté sous le gouvernement de Buonaparte, comme partisan des Bourbons, et ne dut qu'à la considération publique dont il était environné, d'être rendu à sa famille. Il s'occupa encore, pendant les cent jours de 1815, de lever une armée royale dans sa province, et reçut la récompense de son dévouement par l'unanimité avec laquelle il fut nommé membre de la chambre des députés, où il vota constamment avec la majorité. Il fut appelé, en 1816, à la place de prévôt de la Haute-Vienne, place qu'il occupa jusqu'à la suppression des cours prévôtales en 1818. P.

PUISSANT (Louis), géomètre, a publié: I. *Recueil de diverses propositions de géométrie, résolues et démontrées par l'analyse algébrique, suivant les principes de Monge et de Lacroix*, 1801, in-8°.; 1809, in-4°. II. *Traité de Géodésie*, 1804, in-4°. L'auteur a réuni dans cet ouvrage tout ce qui constitue la science de l'ingénieur-géographe. III. *Traité de topographie, d'arpentage et de nivellement*, 1807, in-4°. (avec deux suppléments qui ont paru depuis). Cette production, qui est une suite de la première, contient une exposition claire et précise des formules diverses de nos géomètres et de nos astronomes. Elle a valu une mention honorable à M. Puissant, en 1810, au jugement de la classe des sciences mathématiques et physiques de l'Institut. IV. (Avec Allaire, Billy et Boudrot.) *Cours de mathématiques à l'usage des écoles impériales militaires*, 1810, in-8°. V. *Traité de la sphère et du calendrier*, par Rivard; 7e. édit., revue et augmentée, 1816, in-8°. VI. *Observations sur la méthode adoptée en topographie pour figurer le terrain*, 1817, in-8°. VII. *Observations sur les diverses manières d'exprimer le relief du terrain dans les cartes topographiques, suivies d'une réfutation du Mémoire de M. le chevalier Bonne sur le même sujet*, 1818, in-8°. M. Puissant est un des ingénieurs qui ont été chargés de déterminer la position de l'île d'Elbe. C'est dans cette opération qu'il a pris tous les exemples qu'il a rapportés dans son *Traité de géodésie et de topographie*. La carte de cette île a été gravée en 1810. Il a fait aussi avec M. Moynet les premiers triangles pour la *Carte d'Italie*, liée par ce dernier aux bases mesurées plus anciennement par Boscovich, Beccaria et Oriani. Ot.

PUJOULX (Jean-Baptiste), né à Saint-Macaire en Guienne, était, avant la révolution, l'un des rédacteurs du *Journal de littérature française et étrangère*, qui s'imprimait à Deux-Ponts. Depuis, il a travaillé successivement à la *Gazette de France*, au *Journal des Débats* et au *Journal de Paris*. Les premiers ouvrages qu'il a publiés, sont de petites pièces sur ce qu'on nommait *les salons de peinture*; elles ont pour objet les expositions de 1783, 1785 et 1787; voici leurs titres: *Momus au Salon*, en vers et en vaudevilles. — *Le Songe*, scène critique. — *Figaro au Salon*, pièce épisodique en prose, mêlée de vaudevilles. — *Les Grandes prophéties du grand Nostradamus sur le grand salon... de peinture*, en vers et en prose. M. Pujoulx a composé un grand nombre d'ouvrages dramatiques qui ont été représentés à divers théâtres. Au Théâtre-Français: *Philippe, ou les Dangers de l'ivresse*, comédie en un acte, en prose, 1794. — *Les Modernes enrichis*, comédie en trois actes, en vers libres, 1798. — *Le Souper de famille*, comédie en deux actes, en prose. Cette pièce avait été représentée au théâtre Italien dès 1788, et ensuite à Versailles, devant LL. MM. Au théâtre de l'Opéra-Comique (outre le *Souper de famille*): *Encore des Savoyards*, comédie en deux actes, en prose; reprise en opéra-comique en un acte, sous le titre de l'*Ecole des parvenus, ou la suite des deux Petits Savoyards*, 1791. — *La veuve Calas à Paris*, comédie en un acte, en prose, 1791. — *Le Rendez-vous supposé*, opéra-comique en un acte, en prose, 1799. — *Une Matinée de Voltaire*, opéra-comique en un acte, 1800. — *Le Voisinage*, opéra-comique en un acte, 1800. Au théâtre de Monsieur et au théâtre Feydeau: *Amélie ou le Couvent*, comédie en deux actes, en prose, mêlée de chœurs, 1761. — *Mirabeau à son lit de mort*, pièce en un acte. Les principaux personnages de cet ouvrage singulier sont, outre Mirabeau, MM. de Talleyrand-Périgord, de Lamarck, Frochot, Cabanis, Petit, etc. — *Cadichon, ou les Bohémiennes*, comédie en un acte, mêlée de vaudevilles, 1792. — *L'École de la bienfaisance*, comédie en un acte, mêlée de vaudevilles, 1794. — *La Rencontre en voyage*, opéra-comique en un acte. — *Les Noms supposés*, opéra-comique en deux actes, 1798. Au théâtre Louvois : *L'Anti-célibataire, ou les Mariages*, comédie en cinq actes, en vers, imprimée en trois actes, 1803. Au théâtre du Palais-Royal, et précédemment aux anciennes Variétés : *Les Caprices de Proserpine, ou les Enfers à la moderne*, en un acte, en vers, 1784. Cette pièce, qui a eu plusieurs éditions, est imprimée dans la *Petite bibliothèque des théâtres*. Les autres ouvrages de M. Pujoulx sont : I. *Paris à la fin du XVIII*. *siècle, ou Esquisse historique et morale des monuments et des ruines de cette capitale, de l'état des sciences, des arts et de l'industrie, ainsi que des mœurs et des ridicules de ses habitants*, 1801, in-8º.; trad. en allemand sur la 1re. édition, Leipzig, 1801. II. Avec Dupont, en 1803, une nouvelle édition de la *Grammaire italienne* de Veneroni, avec beaucoup de corrections. III. Une édition in-18 des *Œuvres choisies de Piron*, avec une Vie de cet auteur. Il fut l'éditeur de *Nouveaux mélanges de Florian*, 1806, et de la *Jeunesse de Florian*, 1807, auxquels il ajouta des notices. Ses ouvrages relatifs à l'histoire naturelle, sont : 1º. *Le Livre du second âge*, in-8º., 1801, avec fig., qui a eu trois éditions. 2º. *Le Naturaliste du second âge*, in-8º., avec fig., 1805. Cet ouvrage a été traduit en polonais, 1816. 3º. *Promenades au Jardin des Plantes, à la ménagerie et dans les galeries du Muséum d'histoire naturelle*, 2 vol. in-18, 1804. 4º. *La Botanique des jeunes gens et des gens du monde*, 2 vol. in-8º., avec fig., 1810. 5º. *Leçons de physique de l'École polytechnique*, in-8º., fig. Cet ouvrage, rédigé sur le cours de cette école célèbre, traite principalement des propriétés générales des corps, de la météorologie, etc. 6º. *Promenade au Marché aux fleurs*, in-12, fig., 1811. 7º. *Minéralogie à l'usage des gens du monde*, in-8º. avec fig., Paris, 1813. M. Pujoulx est un des collaborateurs de la *Biogr. univ.* Parmi les articles qu'il a fournis et de recueil, on peut citer *Cimarosa*, *Grétry*, etc. F.

PULLY (CHARLES-JOSEPH RANDON comte DE), lieutenant-général, né le 18 décembre 1751, entra au service au sortir du collège, dans Berchiny (hussards). Il était, au commencement de la révolution, lieutenant-colonel du régiment de cavalerie de Royal-Cravatte, et en devint colonel le 5 février 1792. Employé, dans le courant de cette année, entre la Sarre et la Moselle, sous le commandement du général Beurnonville, il contribua, à la tête de la seconde colonne d'attaque, à l'occupation des hauteurs de Waren, et fut nommé général de brigade le 19 septembre. Il ne se distingua pas moins le 15 décembre, en s'emparant, avec douze cents hommes, de la montagne de Ham, qui était hérissée de canons et défendue par trois mille Autrichiens. Promu au grade de général de division le 8 mars 1793, il fut chargé, en cette qualité, du commandement du corps des Vosges, et fut accusé peu de temps après à la Convention nationale, d'avoir abandonné le camp d'Hornbach, dans l'intention d'émigrer. Il prouva facilement la fausseté de cette inculpation. Après le 18 brumaire (9 novembre 1799), il fut nommé commandant d'une division de l'armée d'Italie, sous le général Macdonald ; franchit le Splugen dans le mois de frimaire an IX (décembre 1800) ; remplaça, le 10 nivôse (janvier 1801), à Storo, la division du général Rochambeau ; concourut à la prise de Saint-Alberto, et marcha ensuite sur Trente, avec la division du général Lecchi. Un armistice ayant suspendu les hostilités, le général Pully fut placé dans une partie du Tyrol italien. Il fut employé de nouveau dans la campagne de 1805, et se distingua, à la tête des cuirassiers, au passage du Tagliamento. En 1809, il commandait une division contre l'Autriche. Il fut nommé comte, en avril 1813, avec le titre de colonel du 1er. régiment des gardes-d'honneur qui s'organisait à Versailles. A la nouvelle des événements du mois d'avril 1814, le général Pully envoya au gouvernement provisoire l'adhésion de son corps à la déchéance de Buonaparte, se dirigea lui-même sur Paris presqu'aussitôt, et reçut du Roi la croix de Saint-Louis et le titre de grand-officier de la Légion-d'honneur. Il a été mis à la retraite, le 4 septembre 1815.
S. S.

PUTHOD (Le baron JACQUES-PIERRE-MARIE-LOUIS), lieutenant-général né à Bourg-en-Bresse le 28 septembre 1769, entra au service le 26 octobre 1785, devint sous-lieutenant dans le 1er.

régiment d'infanterie en 1791. Renfermé dans Lille à la fin de 1792, il contribua à la glorieuse défense de cette place, et fut ensuite nommé adjoint aux adjudants-généraux ; fit, en cette qualité, la campagne de la Belgique, et fut employé à Dijon pour le recrutement des 300 mille hommes, en 1793. Nommé adjudant-général, il servit dans l'intérieur, puis en 1799, à l'armée d'Italie où il se distingua dans la division Montrichard, qui fut très maltraitée sur la Trébia. Le général Puthod passa ensuite à l'armée du Rhin, commanda avec distinction une brigade sous Moreau, en 1801, fit la campagne de 1806 contre l'Autriche, et commanda, en 1807, l'avant-garde du corps d'armée qui combattit près de Dieschau. Il s'empara de cette ville, se distingua au siège de Dantzig, et fut nommé général de division le 16 novembre 1808. Employé en Espagne, il y soutint sa réputation, revint en France, et fut pendant quelques années commandant de Maestricht. Il fit la campagne de 1813 dans le 5e. corps d'armée ; combattit, le 31 mai, la garde royale prussienne qui couvrait Breslau, et la força d'évacuer cette ville qui se rendit le lendemain. Après plusieurs combats livrés les 19, 21 et 23 août suivants, dans les environs de Goldberg, le général Puthod fut contraint par les mouvements de l'armée de se retirer sur le Bober, dans la nuit du 26 au 27, et il essaya en vain de passer ce torrent, subitement accru par les pluies. Il se défendit encore pendant deux jours ; mais, hors d'état de résister plus long-temps, et n'ayant plus que trois mille hommes, il se rendit prisonnier le 29 à Lawenberg. Rentré en France après la chute de Buonaparte, le général Puthod fut nommé chevalier de Saint-Louis, et inspecteur-général d'infanterie dans la 5e. division militaire à Neu-Brisach, où il organisa le 104e. régiment de ligne. Après le retour de Buonaparte, il fut employé à Lyon, et il a été mis à la demi-solde à l'époque du licenciement de l'armée, en 1815. Il vit maintenant au sein de sa famille à Colmar. S. S.

PUYMAURIN (Le baron JEAN-PIERRE-CASIMIR MARCASSUS DE), de l'académie des sciences de Toulouse, de Stockholm, etc., est né le 5 décembre 1757, d'une famille distinguée. Son père était syndic-général des états du Languedoc. Lorsque la révolution éclata, M. de Puymaurin, domicilié dans le département de la Haute-Garonne, où il se livrait à l'économie rurale, évita de prendre part aux troubles, et il échappa aux proscriptions qui en devinrent le résultat. Il ne parut sur la scène politique qu'après l'établissement du gouvernement consulaire, et fut alors nommé membre du conseil-général de son département, puis, en 1805, candidat au corps législatif, où il fut appelé par le sénat en 1806. Il fut réélu en 1811, et mis en surveillance par Buonaparte dans les premiers mois de 1814. La session de cette année donna matière à plusieurs discussions, auxquelles M. de Puymaurin prit une part assez active, telles que l'importation des fers étrangers, les douanes et l'exportation des grains. Interrompu dans ses fonctions législatives, en mars 1815, par l'apparition de Buonaparte, il se tint à l'écart pendant les cent jours, et fut réélu au mois d'août, membre de la chambre des députés par le département de la Haute-Garonne. Il vota dans cette session avec la majorité, fut réélu par le même département après l'ordonnance du 5 septembre 1816, et vota dans la nouvelle chambre avec la minorité. Lorsque l'assemblée s'occupa, au mois de janvier 1816, d'un monument à élever à la mémoire de Louis XVI, M. de Puymaurin proposa l'inscription suivante, qui fut adoptée :

> Ludovico decimo sexto
> A sceleratis impie obtruncato
> Gallia liberata, rediviva
> Mœrens
> Hoc luctûs monumentum
> Consecrat.

Il fut nommé directeur de la monnaie des médailles, par ordonnance du 1er. mai de la même année, et il fait encore partie de la chambre actuelle des députés. M. de Puymaurin a introduit en France, en 1787, l'art de graver sur verre par le moyen de l'acide fluorique. En 1812, il perfectionna l'art d'extraire l'indigo de l'isati-pastel, indiqua les moyens de faire cette opération en grand avec avantage, et d'en obtenir une matière colorante susceptible de produire pour les matières végétales et animales, une couleur aussi solide que celle qu'on tire de l'indigo du Bengale et de Guatimala. On a de lui plusieurs mémoires qui sont insérés dans la collection de l'académie de Toulouse, entre autres : *Sur les moyens de rendre les ciments indestructibles ; sur un nouveau rouleau à battre les grains ; et sur les causes de la conservation des corps dans le caveau des Cordeliers de Toulouse.* S. S.

PUYSÉGUR (AMAND - MARIE-JACQUES DE CHASTENET, marquis DE), petit-fils du maréchal de ce nom, est né vers 1752. Son père, lieutenant-général et commandeur de Saint-Louis, le fit entrer, en 1768, dans le corps-royal de l'artillerie. Il dut à l'intérêt que prenaient à sa famille le maréchal et le comte de Broglie, de sortir de bonne heure de la ligne d'avancement ordinaire ; et ayant parcouru très rapidement les rangs qui à cette époque occupaient la moitié de la vie dans la carrière de l'artillerie, il obtint à l'âge de vingt-sept ans le rang de colonel ; mais sous la condition qu'avant d'en remplir les fonctions, il passerait un certain nombre d'années à compléter son instruction dans tous les emplois et grades intermédiaires. En 1782 il fit la campagne d'Espagne, et remplit les fonctions de major de tranchée au siège de Gibraltar. Il fut nommé, en 1786, commandant du régiment d'artillerie de Strasbourg. En 1789, il adopta de bonne foi, mais avec modération, les principes de la révolution, et fut successivement commandant de l'école d'artillerie de la Fère et maréchal-de-camp. Il donna sa démission en 1792. Rentré dans ses foyers, il fut accusé de correspondre avec ses frères émigrés, et retenu en prison pendant deux ans à Soissons, avec sa femme et ses enfants. Plus tard, il se trouva en mesure d'être utile à sa famille, dont plusieurs membres revenaient successivement des pays étrangers. Il donna aussi asile à plus d'une victime des persécutions politiques, entre autres à M. Fiévée, qui, sous l'égide de l'amitié, composa à Buzancy son joli roman de la *Dot de Suzette*. Devenu, après le 18 brumaire, maire de Soissons, M. de Puységur donna, en 1805, sa démission de cette place. Depuis, il s'est livré avec plus d'ardeur encore à l'observation et à la pratique d'une science qui éprouve toujours beaucoup d'opposition parmi les vrais savants. Dès 1784, il avait fait paraître des *Mémoires pour servir à l'histoire et à l'établissement du magnétisme animal*, dont les notes furent attribuées, mais à tort, à M. d'Éprémenil. Il a publié depuis sur le même sujet : I. *Suite à ces mémoires*, 1805, in-8°. II. *Du magnétisme animal considéré dans ses rapports avec diverses branches de la physique*, 1807, 1809, in-8°. III. *Recherches, expériences et observations physiologiques sur l'homme dans l'état de somnambulisme naturel, et dans le somnambulisme provoqué par l'acte magnétique*, 1811, in-8°. IV. *Les vérités cheminent ; tôt ou tard elles arrivent*, 1814, in-8°. M. de Puységur aspire au titre de conservateur et restaurateur de cette découverte, dont le temps fera apprécier à sa juste valeur l'importance et l'utilité. Il est encore auteur de différentes productions dramatiques, entre autres du *Juge bienfaisant*, comédie qui eut du succès en 1799 au théâtre de l'Odéon. C'est un beau trait de la vie de M. Angran d'Alleray, mis en action d'une manière tout-à-la fois gaie et touchante. (*Voy*. ANGRAN, dans la *Biog. univ.*, II, 175). — Paul de PUYSÉGUR, fils du précédent, né en 1790, entra très jeune au service, et fit les campagnes d'Espagne et d'Allemagne. A la fin de 1813, ayant conçu l'espoir que les Bourbons pourraient être rendus à la France, il quitta le service pour ne le reprendre que sous leurs ordres. Il suivit le Roi à Gand, dans les cent jours, et, au retour de S. M., fut nommé chef-d'escadron des lanciers de la garde. — Le comte Maxime de Puységur, frère du marquis, est né vers 1757. Il servait avant la révolution, émigra, et fut employé au service du Portugal, ayant le grade de colonel dans l'état-major de l'armée. Rentré en France, il demeura quelque temps caché chez son frère aîné. Au mois de mars 1814, il fut un des habitants de Bordeaux qui contribuèrent le plus efficacement à l'entrée du duc d'Angoulême dans cette ville. Dans les derniers jours de mars 1815, nommé inspecteur général de la garde nationale de la Gironde, il montra encore pour la duchesse d'Angoulême un entier dévouement. A l'arrivée de Clausel et des troupes rebelles, il courut de grands dangers, et ne put se dérober aux poursuites que grâces à l'énergie d'un de ses neveux, fils de l'officier de marine mort en 1810. Il professe le même zèle que son frère aîné pour le magnétisme animal. T. E.

PUYVERT (Le marquis de), maréchal-de-camp, ancien aide-de-camp de Monsieur, a langui pendant dix ans dans les prisons, pour s'être dévoué au service de la monarchie. Honoré des pouvoirs du Roi, dans le Midi, il fut arrêté à Belleville, près Paris, le 12 mars 1804, et ayant pris part en 1812 à la conspiration de Malet, il fut enfermé pendant dix-huit mois au Donjon de Vincennes, et transféré ensuite dans les cachots d'Angers, d'où il ne sortit qu'en 1814. Il fut alors présenté au Roi et à Monsieur, à la tête des députés de l'ancienne organisation royale du Midi, et fut nommé gouverneur du château de Vincennes. A l'époque du 20 mars, le marquis de Puyvert, dignement secondé par le 3e. bataillon des volontaires royaux, dans la défense du château confié à sa garde, se refusa à tous les ordres des officiers-généraux envoyés par Buonaparte, et ne quitta ses fonctions qu'après une capitulation dont il signa lui-même les conditions. Pendant les cent jours qui suivirent, il organisa des volontaires royaux dans les départements de l'Eure, d'Eure et Loire et de la Seine-Inférieure. Il reprit ses fonctions au retour du Roi, et fut nommé, dans le mois d'août suivant, membre de la chambre des députés par le département de l'Aude. Il en fut proclamé questeur dans la séance du 12 octobre 1815, et, au mois de décembre de la même année, il offrit à la chambre, en son nom et au nom de M. Maine de Biran, son collègue, la réduction à moitié de leur traitement fixé par le Roi. Ce sacrifice, qui s'élevait à près de 40,000 francs, fut accepté avec les plus vifs applaudissements. M. de Puyvert vota, dans le cours de cette session, avec la majorité; il n'a pas été réélu après l'ordonnance du 5 septembre 1816. S. S.

Q

QUANTIN (Pierre), lieutenant-général, né à Fervaque, près Lisieux, le 16 juin 1759, servait, avant la révolution, dans l'artillerie de la marine. Devenu, en 1792, capitaine des canonniers du 3e. bataillon du Calvados, il passa successivement par tous les grades, obtint celui de général de division le 29 novembre 1795, et fut employé, en 1796, dans les départements de l'Ouest, avec Hédouville. En 1798, il fut nommé commandant de la 9e. division, à Nîmes, et, l'année suivante, de la 8e., à Aix. Il fit, à cette époque, une proclamation aux républicains du Midi, pour les inviter à se rendre dans leurs assemblées primaires, afin de procéder aux élections; mais le directoire, au nom de qui il parlait, fit annuler, au 22 floréal, la plupart des choix de ces assemblées. Le général Quantin fit partie de l'expédition contre St.-Domingue, en 1801 et 1802, et fut nommé commandant de la Légion-d'honneur le 14 juin 1804. Depuis cette époque, il continua d'être employé dans l'intérieur et commanda long-temps à Belle-Isle-en-mer, qu'il rendit inexpugnable par les travaux qu'il y fit exécuter. Ayant reçu ordre de quitter ce poste, il demanda sa retraite en 1811, par suite d'une disgrâce inattendue. Il résida d'abord à Dijon, puis à Pont-l'Evêque, département de la Manche, qu'il habite encore aujourd'hui. S. S.

QUANTIRAN DE BOIRIE (Jean-Bernard-Eugène), né à Paris en 1785, fils de l'ancien secrétaire-général de l'intendance de Paris, ayant perdu une grande fortune à la révolution, s'est depuis cette époque entièrement livré à la carrière dramatique qu'il a parcourue avec succès dans les petits théâtres. Il a donné une grande quantité de drames historiques, qui annoncent de l'imagination et une grande connaissance de la scène. Ces ouvrages sont: *Storb et Verner;* — *la Bataille de Pultawa;* — *la Femme à trois visages;* — *l'Homme de la Forêt Noire;* — *le Maréchal de Luxembourg;* — (avec Frédéric), *l'Albaye de Grasville;* — *Catinat;* — *la Caverne de Souabe;* — *Confidence pour confidence;* — (seul), *Stanislas;* — (avec Cuvelier), *la Jeunesse du grand Frédéric;* — (avec Lemaire), *Onze heures du soir;* — *le Duel et le Baptême;* — *les deux Pierre;* (avec Merle et Melesville), *Henri IV;* — *Baudoin;* — *Jean-sans-Peur;* — *la marquise de Ganges;* — *la Fille maudite;* — *Duguesclin* (avec Léopold), — et *le Château de Paluzzi* (avec Melesville). Il fut pendant quatre ans régisseur-général du théâtre de l'Odéon, place qu'il a perdue au retour du Roi. M. de Poirie s'est distingué de tout temps par son attachement à la légitimité. Il a été dépouillé, par un décret impérial, de la propriété du théâtre des Jeunes-Artistes, qu'il avait acheté. F.

QUATREMÈRE-DISJONVAL (Denis-Bernard), né à Paris vers 1757, s'adonna à l'étude des sciences physiques, et obtint assez de succès dans la culture de la chimie, pour mériter d'être placé à l'Académie des sciences, dont il fut membre avant la révolution; du moins il en prend le titre dans ses ouvrages. En 1778, il était entrepreneur d'une manufacture royale et privilégiée à Sedan. Se trouvant en Hollande en 1786, M. Quatremère-Disjonval s'y fit des ennemis par son caractère inflexible et son opposition au parti anti-démocratique. Il fut arrêté à Utrecht, et renfermé dans les cachots de cette ville. Son imagination ardente, son esprit indépendant, durent aggraver encore les maux de sa prison, où il était condamné à rester vingt-cinq ans, n'en ayant que trente à cette époque. La prise d'Utrecht (13 janvier 1795) vint mettre un terme à sa captivité, qui avait duré quatre-vingt-neuf mois. Il embrassa alors la carrière des armes, servit dans différents corps en qualité d'officier de cavalerie ou du génie, où il était surnommé le citoyen *la Science*, et parvint au grade d'adjudant-général au service de la république batave. Il servit en cette qualité sous Pichegru, et sous Moreau. On voit qu'il n'avait pas une médiocre idée de ses talents militaires, dans une épître dédicatoire adressée aux représentants du peuple à l'armée du Nord, dans laquelle il s'exprime en ces termes : « C'est vous qui avez eu les » premiers la gloire de planter l'étendard » de la liberté sur les rives de la mer » Baltique : c'est moi qui ai eu le mé- » rite de vous en frayer huit années au- » paravant la route. » M. Quatremère avait adouci la rigueur de sa captivité en Hollande, en se livrant à l'étude et à des observations sur différents sujets. Il a, depuis, consigné celles qu'il fit sur les *araignées*, dans un petit ouvrage, où, à travers quelques paradoxes et un style bizarre, on trouve des idées piquantes, ingénieuses, et de véritables découvertes, entre autres celle des araignées comparées à l'hygromètre. Elle a été le sujet d'une lettre de Mercier au *Journal de Paris*, dans laquelle il donne les plus grands éloges à son auteur, auquel il ne tint pas qu'on ne crût que c'était aux prédictions de ses araignées qu'on était redevable de la conquête de la Hollande. De retour en France, M. Quatremère-Disjonval se trouvait au Havre, le 18 avril 1796, lorsque l'amiral Sidney-Smith tomba au pouvoir des Français (*Voy.* Sidney-Smith), et il prétend avoir eu beaucoup de part à cet événement. Le 4 thermidor (22 juillet 1799), il dénonça au club du *Manège* MM. de Talleyrand, Noël et Schimmelpenninck, qu'il accusa de vouloir rétablir le Stathoudérat. Sa dénonciation n'eut point de suite ; mais ayant continué, à son retour en Hollande, de fronder les opérations du gouvernement, il fut arrêté et conduit en France par la gendarmerie. En août 1800, il était adjudant-commandant, employé dans une division stationnée entre Crémone et Mantoue. Il était, en 1802, chef d'état-major des troupes et travaux de la route du Simplon. En mars 1803, il prit le titre d'employé à l'armée de Saint-Domingue ; mais divers obstacles mirent, dit-il, à son départ pour cette île, et on ne vit ju qu'à la fin de septembre 1804, faire tous ses efforts pour établir en grand, dans la Hollande, le rouissage de Bralle. Retiré du service, il ne reparut qu'un instant sur la scène politique, en 1809, lors de l'expédition des Anglais contre l'île de Walcheren. Il rentra ensuite dans la vie privée, et n'en est plus sorti. Il n'est même plus compté parmi les membres de l'Académie des sciences. M. Quatremère a publié : *I. Analyse et examen chimique de l'Indigo*, pièce couronnée par l'Académie des sciences, 1777, in-8°. et in-4° ; traduit en allemand, Weimar, 1778, in 8°. ; en danois, par Viborg, Copenhague, 1778. II. *Traité des couleurs et de la vision* ; traduit de l'anglais de G. Palmer, 1777, in-8°. III. *Recherches expérimentales sur la cause des changements des couleurs dans les corps opaques, et naturellement colorés* ; traduites de l'anglais de Hussey-Delaval, 1778, i -8°. IV. *Collection de mémoires chimiques et physiques*, dont plusieurs ont été couronnés par l'Académie des sciences, 1784 ; traduite en allemand, Leipzig, 1785. C'est par erreur que M. Ersch attribue ces ouvrages à un autre D. B.

Quatremère-Disjonval, qu'il suppose mort le 6 août 1785. V. *Essai sur les caractères qui distinguent les cotons des diverses parties du monde, et sur les différences qui en résultent pour leur emploi dans les arts*, Paris, 1784, in-4°. VI. *Dissertation physique de M. Pierre Camper, sur les différences réelles que présentent les traits du visage chez les hommes de différents pays et de différents âges;* traduite du hollandais; Utrecht, 1791 in-4°. VII. *Discours prononcé par feu M. Pierre Camper, sur les moyens de représenter d'une manière sûre les diverses passions qui se manifestent sur le visage*, etc., traduit du hollandais; Utrecht, 1792, in-4°. VIII. *Sur la découverte du rapport constant entre l'apparition et la disparition, le travail ou le repos, le plus ou le moins d'étendue des toiles et des fils d'attache des araignées des différentes espèces, et les variations atmosphériques*, etc., Lahaye, 1795, in-8°. de 100 pages. Le texte est accompagné d'une version hollandaise, par P. Boddaert, qui en fut l'éditeur. IX. *De l'aranéologie, ou sur la découverte,* etc.; Paris, an V (1797), in-8°. de 140 pages. C'est l'ouvrage précédent, très augmenté et totalement refondu (1). X. *Nouveau calendrier aranéologique*, 1795, in-8°.; *Idem*, 3ᵉ. année, Liége, an VIII (1799), in-16 de 80 pages. XI. *Lettre au général Berthier sur le passage du Simplon*, 1800, in-4°. XII. *Lettre au citoyen d'Eymar, préfet du Léman, sur l'encaissement du Rhône et l'exploitation de quelques espèces particulières de bois, depuis le mont Simplon jusqu'au lac de Genève*, 1801, in-8°. XIII. *Cours d'idéologie démontrée, servant d'introduction à l'étude des trois langues orientales*. C'est le programme, en 3 pages in-4°., d'un cours qu'il faisait en 1803 au collége des Irlandais. On y voit qu'il y fait partir d'un seul et même objet primitif (l'eau), tous les sons, tous les signes, tous les arts, tous les cultes. Il avait déjà depuis long-temps fait connaître quelques portions de ce travail, et c'est sur ces premiers fragments qu'il fut réclamé par le gouvernement français lors de l'occupation de la Hollande (*V.* p. LIV de la préface de l'ouvrage suivant). XIV. *Manuel sur les moyens de calmer la soif, et de prévenir la fièvre*, Châlons-sur-Marne, 1808, in-8°. Ce livre contient divers mémoires, dont quelques-uns avaient déjà paru; l'auteur insiste principalement sur l'avantage de substituer au vinaigre qu'on donne aux troupes pendant les chaleurs, de l'eau aiguisée par quelques gouttes d'acide sulfurique et un peu de crème de tartre; sur la possibilité de se rendre inaccessible à la fièvre; sur l'avantage et l'économie qu'il y aurait à ne griller le café qu'en vase clos après y avoir ajouté cinq onces de mélasse, par livre : il y rappelle plusieurs de ses inventions, notamment (pag. 49) celle d'une voiture hydraulique pour éteindre les incendies. M. Quatremère-Disjonval a fait d'autres utiles découvertes en mécanique, et l'on peut voir au Conservatoire des arts et métiers, les modèles de plusieurs machines qu'il a déposés dans cet établissement, tels qu'une *peloteuse* (page 33 du Catalogue), un *levier pour déraciner les arbres* (p. 46), un *rouet à tordre et à câbler en même temps* (p. 57), etc. T.

QUATREMÈRE DE QUINCY (ANTOINE-CHRISOSTOME), frère cadet du précédent, de l'académie des Inscriptions et belles-lettres, secrétaire-perpétuel de l'académie des Beaux-arts, etc., cultivait les arts en amateur éclairé, lorsque la révolution éclata. Il en adopta les idées avec modération, fit imprimer un discours qu'il avait prononcé à l'assemblée des représentants de la commune, le 2 avril 1790, sur la *Liberté des théâtres*, in-8°., et fut nommé, en septembre 1791, député de Paris à l'assemblée législative, où il combattit avec force pour la constitution monarchique. Le 1ᵉʳ. février 1792, il défendit M. de Bertrand, ministre de la marine, rappela la loi qui donnait au Roi le choix de ses ministres, et termina par une sortie vigoureuse contre les tribunes, qui se permettaient de siffler ou d'applaudir les orateurs. Le 12 mai, il fit décréter, malgré l'opposition du parti républicain,

---

(1) Dans son Épître dédicatoire, l'auteur, en récapitulant ses travaux précédents (p. VI et VII), cite un ouvrage composé dans sa prison pour l'académie de Berlin; ses traductions des OEuvres de Camper et de Vogel; ses productions sur la véritable origine des connaissances humaines, mises en opposition avec les rêves de Gebelin et les visions de Bailly, et celles sur la mécanique ou la physique, à l'aide desquelles il apprend à faire toutes sortes de cordages sans corderie et sans cordiers.

une fête en l'honneur de Simoneau, maire d'Etampes, victime d'une émeute. Desirant de bonne foi voir exécuter la constitution, il s'opposa toujours avec courage à ceux qui voulurent l'entraver; et on le vit défendre encore les ministres Duport et de Monciel, le 2 juin et le 2 juillet. De concert avec M. Beugnot, il parvint à faire rejeter le décret d'accusation que le député Saladin proposait de faire rendre contre le premier. (*Voy*. DUPORT DU TERTRE, dans la *Biographie univ.*) Il combattit aussi la permanence des sections, et la proposition de déclarer la patrie en danger, disant « que » c'était-là les moyens d'arriver à une » nouvelle révolution. » Sa fermeté ne pouvait que déplaire aux agitateurs; aussi fut-il un des députés les plus vivement insultés, le 8 août, au sortir de la séance, par les fédérés et les phalanges de Marat. Le lendemain, il dénonça ces outrages à l'assemblée; mais les provocateurs de cette scène scandaleuse avaient eux-mêmes la force en main. Prudhomme dit, dans son *Histoire des crimes*: « Il n'y eut guère que Vaublanc et Qua- » tremère qui, ayant reçu des pouvoirs » de leurs commettants pour le maintien » de la charte royale, eurent le courage » de remplir leurs mandats. » Après la dissolution de l'assemblée législative et sous le règne de la terreur, M. Quatremère fut pendant treize mois prisonnier. Lors de la convocation des assemblées primaires, il devint président de la section de la Fontaine de Grenelle; et ayant survécu aux proscriptions de 1793, son horreur pour les terroristes le rendit un des chefs de l'insurrection des sections, les 13 et 14 vendémiaire an IV (5 et 6 octobre 1795). Le parti des Jacobins ayant triomphé, il fut condamné à mort par contumace le 26 vendémiaire an IV (18 octobre), par le conseil militaire du Théâtre-Français, pour avoir provoqué à la révolte contre la Convention: mais il vint à bout de s'échapper; et un jury ayant, en juillet 1796, déclaré qu'il n'y avait pas eu de révolte, il reparut publiquement, et prononça même le 27 juillet, après avoir été acquitté, un discours rempli de noblesse et de force, dans lequel il mettait adroitement en opposition avec les projets de conspiration qui lui étaient imputés, les traits honorables de sa conduite politique depuis la révolution. Le département de la Seine le nomma, en mars 1797, député au conseil des cinq-cents; mais ses principes, qui l'attachèrent fortement à la majorité, lui continuèrent en même temps l'animadversion du parti révolutionnaire; et le 19 fructidor an V (5 septembre 1797), il fut compris dans la grande déportation. Il échappa encore alors à l'exil de Caïenne, et fut rappelé, en décembre 1799, par les consuls. M. Quatremère de Quincy a été frappé par toutes les proscriptions révolutionnaires. Nommé, en 1800, membre du conseil général du département de la Seine, il en devint secrétaire le 20 juillet de la même année, et fut ensuite appelé à l'Institut pour la classe d'histoire et de littérature ancienne. Il fut nommé, en 1814, officier de la Légion-d'honneur par ordonnance du 3 septembre, censeur royal le 24 octobre, intendant des arts et monuments publics le 22 janvier 1815. Cette place fut supprimée par Buonaparte le 22 mars. M. Quatremère fut nommé, le 23 février 1815, membre du conseil d'instruction publique, supprimé par Buonaparte le 23 mars. Il a été chargé au mois de mai 1816, de la rédaction du *Journal des Savants*, pour la partie des beaux-arts. Nommé chevalier de Saint-Michel en janvier 1817, il fait partie du conseil honoraire d'artistes et d'amateurs établi par le Roi en 1816, près du ministère de sa maison. M. Quatremère de Quincy est auteur de plusieurs ouvrages qui indiquent une profonde érudition et un goût sûr dans les arts. En voici la liste: I. *Mémoire sur cette question: Quel fut l'état de l'architecture chez les Égyptiens? et qu'est-ce que les Grecs en ont emprunté?* couronné par l'académie des inscriptions en 1783. II. *Considérations sur les arts du dessin en France, suivies d'un plan d'académie ou d'école publique, et d'un système d'encouragement*, 1790, in-8°. III. *Suite*, 1791, in-8°. IV. *Seconde suite*, 1791, in-8°. M. Renou y a répondu par une *Réfutation de la seconde suite*, etc., in-4°. de 8 p. V. *Dictionnaire d'architecture* (dans l'*Encyclop. method.*), 1795 et suivantes, 1 vol. et demi in-4°. VI. *Lettres sur les préjudices qu'occasionnerait aux arts et à la science le déplacement des monuments d'art, de l'Italie*, 1796, in-8°. VII. *De l'architecture égyptienne considérée dans son origine, ses principes et son goût,* et comparée, sous les mêmes rapports, à l'architecture grecque, dissertation qui a remporté, en 1787, le prix proposé par l'académie des Inscriptions et belles-lettres, 1803, in-4°. VIII. *Le Jupiter olympien, ou l'art de la sculpture antique en or et en ivoire*, 1814, in-fol., ouvrage de la plus grande importance et sur lequel on peut voir le compte qu'en a rendu M. Letronne dans le *Journal des Savants*, pag. 657, de 1817, et 86, de 1818. IX. *Considérations morales sur la destination des ouvrages de l'art*, 1815, in-8°. Il est auteur d'une Notice sur Canova, sur sa réputation, ses ouvrages et sa statue du *Pugilateur*. Il a fait au conseil-général du département de la Seine divers rapports importants dont l'un du 15 thermidor an VIII est sur *l'instruction publique*, etc., an VIII, in-8°. Il a prononcé, en mai 1805, l'éloge funèbre de Dansse-de-Villoison, et successivement de beaucoup d'autres académiciens: il est auteur d'un *Rapport sur l'édifice dit de Ste.-Geneviève fait au directoire du département de Paris*, 1791, in-4°. On doit encore à cet académicien plusieurs mémoires sur différents sujets, lus dans les séances publiques de l'Institut. Enfin il a donné à la *Biogr. univ.* l'article du savant Heyne. S. S.

QUATREMÈRE-ROISSY (J. N.), cousin du précédent et ancien conseiller au châtelet de Paris, fut rapporteur dans les affaires de Bezenval et de Favras, en 1790. Il a publié: *Recherches sur la vie et les écrits d'Homère*, traduites pour la 1re. fois de l'anglais de Blackwell (*Voy.* la *Biograph. univ.*, au mot Th. BLACKWEL). M. Quatremère-Roissy a donné quelques articles de l'histoire romaine à la *Biograph. univ.*, entre autres celui de Brutus. D.

QUATREMÈRE (ÉTIENNE), cousin des précédents, né en 1784, est un de nos savants les plus distingués dans les langues orientales. Après avoir été professeur de grec au collége de Rouen, il a été nommé membre de l'Institut en remplacement de M. Laporte-Dutheil, en 1815. On a de lui: I. *Recherches critiques et historiques sur la langue et la littérature d'Egypte*, 1808, in-8°. II. *Mémoires géographiques et historiques sur l'Egypte*, 1811, 2 vol. in-8°. III. *Observations sur quelques points de la géographie d'Egypte*, 1812, in-8°. C'est un supplément à l'ouvrage précédent.

IV. *Daniel et les douze petits prophètes d'après un manuscrit copte*; dans le tom. VIII des *Notices et Extraits* des manuscrits de la bibliothèque du Roi). V. Un *Mémoire sur les Ismaéliens*, et divers autres morceaux importants dans les *Mines de l'Orient*. VI. Un *Mémoire sur les Ouïgours*, lu à l'Institut en 1815. M. E. Quatremère a été nommé en 1818, en remplacement de M. Ginguené, membre de la commission chargée de continuer l'*Histoire littéraire de la France*. OT.

QUELEN (AUGUSTE-MARIE-LOUIS comte DE), chef de la 7e. légion de la garde nationale de Paris, chevalier de la Légion-d'honneur, né à Paris en septembre 1774, d'une des plus anciennes familles de Bretagne, alliée au duc d'Aiguillon, est fils du comte de Quelen, chef d'escadre. Il fut d'abord destiné à l'état ecclésiastique; mais sa vocation ne le portant point vers cette carrière, il fit des études pour entrer dans le militaire, d'abord à Paris, au collége du Plessis, et ensuite à l'école-militaire de Rebais. En 1793, se trouvant faire partie de la réquisition, il fut obligé de marcher comme soldat, mais il resta peu de temps à l'armée, qu'il fut obligé de quitter lors du décret qui en excluait tous les nobles. Il se retira à Verneuil, au Perche, pour obéir à ce décret, et fut incarcéré jusqu'à la mort de Robespierre, parce qu'on avait trouvé dans la coiffe de son chapeau une image du sacré cœur de Jésus. Il allait être mené à Paris, lorsque la révolution du 9 thermidor vint le soustraire à la mort. En 1795, M. de Quelen fut encore obligé de servir comme réquisitionnaire. En 1811 il était écuyer de la mère de Buonaparte, place qu'il accepta pour ne pas être forcé d'aller à l'armée de Pologne, étant déjà marié. En 1813, il fut nommé chef de bataillon de la 7e. légion de la garde nationale de Paris, et en 1814 major de la même légion. Au mois de mars 1815 il se présenta à S. A. R. MONSIEUR, avec plusieurs autres officiers, pour former la légion Colonel-général, qui devait combattre pour la légitimité auprès des princes. Il fut choisi par le prince pour être le major de cette légion d'élite: son nom était encore affiché sur les murs de Paris, lorsque Napoléon entra. M. de Quelen quitta alors le commandement de la légion, et ne le reprit qu'au mois de juillet 1815, époque du second retour du Roi. Quelque temps après, M. de Brévannes, qui avait été nommé colonel de la légion Colonel-général, ayant donné sa démission de la 7e. légion, M. de Quelen fut choisi pour le remplacer. Le Roi l'a nommé chevalier de la Légion-d'honneur en 1814. Z.

QUELEN (Hyacinthe-Louis de), évêque de Samosate, suffragant de l'archevêque de Paris, frère du précédent, né à Paris le 8 octobre 1778, ne fut point destiné par sa famille à l'état ecclésiastique, pour lequel il annonça de bonne heure des dispositions et du goût. Ces dispositions se développèrent au collége de Navarre, et se fortifièrent par une piété toujours croissante. Il reçut la tonsure en février 1790, dans le moment même où l'on dépouillait l'église. La révolution, qui fit périr sur l'échafaud onze de ses proches parents, le surprit au milieu de ses études, mais ne les interrompit presque pas, par les soins de plusieurs ecclésiastiques persécutés que son père avait attirés chez lui. Ce fut par leurs conseils et ceux d'anciens grands-vicaires et professeurs réfugiés dans les campagnes, que M. de Quelen continua ses cours de théologie. Il fut avec plusieurs autres jeunes gens un des premiers élèves pour lesquels fut rétabli le séminaire de Saint-Sulpice, qui, dès-lors, commença les exercices et les études d'une manière régulière. C'est le premier séminaire de France qui se reforma après nos désastres. M. de Quelen reçut la prêtrise en 1807, et s'appliqua particulièrement au ministère, sans négliger les diverses branches de la science ecclésiastique. L'évêque de Saint-Brieuc, dans le diocèse duquel il était rentré, et où il avait sa famille et ses biens, l'affectionnait singulièrement; il le fit son grand-vicaire. Le cardinal Fesch ayant été nommé pour présider le collége électoral de Rennes, eut occasion de voir M. de Quelen, qu'il chargea du soin d'établir sa maison et de lui désigner les familles qui avaient le plus souffert de la révolution, auxquelles il fit accorder des grâces. Il le ramena ensuite avec lui à Paris, quoique sans aucun titre particulier. Lors de la disgrâce de ce prélat, M. de Quelen crut son honneur intéressé à ne pas l'abandonner, et le suivit en conséquence à Lyon, malgré les instances du cardinal Fesch, qui craignait de lui faire partager son sort. Pendant son séjour dans cette ville, M. de Pradt le fit nommer chapelain de l'impératrice Marie-Louise, mais il ne voulut pas accepter ces fonctions. Revenu à Paris, M. de Quelen continua d'exercer le ministère à St.-Sulpice, jusqu'au retour du Roi en 1814. Il fut alors chargé par l'évêque, le chapitre et le clergé de Saint-Brieuc, de présenter à Sa Majesté l'hommage de leur fidélité. A la fin de la même année, M. le cardinal de Périgord lui confia la direction spirituelle des maisons royales qui sont sous sa juridiction, et, en 1815, le nomma vicaire-général de la grande aumônerie. Dans les cent jours de 1815, il vécut retiré dans Paris, et reprit ses fonctions au retour de M. le grand-aumônier. En 1817, lors de l'organisation de l'église de France et les arrangements avec la cour de Rome, M. le cardinal de Périgord, nommé à l'archevêché de Paris, pria le Roi de lui donner M. de Quelen pour l'aider dans l'administration du diocèse, et dans l'exercice des fonctions épiscopales, que son grand âge et ses infirmités ne lui permettaient pas souvent de remplir. Il fut élu, sur la demande de Sa Majesté, évêque de Samosate le 1er. octobre 1817, sacré le 28 du même mois, et nommé suffragant de Paris. M. de Quelen a prêché plusieurs fois avec succès. On cite entre autres de lui, l'*Oraison funèbre de Louis XVI*, prononcée à St.-Sulpice en juin 1814, qu'il prononça de nouveau à Saint-Roch, en présence de S. A. R. Madame. Z.

QUÉNARD (P.) a publié : I. *Portraits des personnages célèbres de la révolution*, par Fr. Bonneville, avec des tableaux historiques et notices, 1796, 3 vol. in-4°. Ce sont de mauvaises notices destinées à accompagner des portraits plus mauvais encore. II. *Les Dames*, poëme, 1804, in-18. Ot.

QUERELLE (Jean-Pierre), habitant de Vannes, servit parmi les Chouans sous le commandement de George, et fut amnistié, en 1800, par le général Brune. Resté attaché à son parti et à George en particulier, il entra dans la conspiration dirigée par ce général, en mars 1804. Ayant été arrêté dès le mois de janvier avec deux autres des conjurés, il fut traduit devant une commission militaire, et il allait subir la peine de mort lorsqu'il déclara qu'il avait à faire des révélations importantes. Il dévoila en effet au conseiller-d'état Réal, une partie du complot, et ce fut d'après ses révélations que la police fit arrêter un grand nombre des conjurés. Les deux autres (Picot et Lebourgeois) aimèrent mieux mourir que d'acheter la vie à ce prix. Querelle resta détenu et ne parut pas dans le procès. Il fut employé comme agent de police jusqu'en avril 1814 ; et à cette époque il prit un passeport pour se rendre en Bretagne. On n'a pu savoir ce qu'il est devenu depuis. D.

QUESNÉ (JACQUES SALBIGOTON), né à Pavilly (Seine-Inférieure), fut interrompu dans ses études au commencement de la révolution. Ses parents le placèrent chez un notaire de Rouen, puis chez un négociant de la même ville ; mais son esprit inquiet le portant à d'autres vues, il s'embarqua sur un navire marchand à l'âge de seize ans, avec le dessein de passer en Amérique. Accueilli par une horrible tempête, il fit naufrage sur la rade de Cherbourg. Sa fermeté, rare, à cette époque de la vie, et celle d'un matelot breton, sauvèrent l'équipage, atterré par l'exemple du capitaine fondant en larmes. Quelques mois après, une seconde tempête mit encore son courage à une semblable épreuve. La conscription vint bientôt l'atteindre ; il servit dans les 96e. et 49e. demi-brigades, et se fit remplacer en 1800. Arrivé à Paris, il publia, depuis 1796 jusqu'en 1800, quelques brochures qu'il a justement condamnées à l'oubli. Depuis 1801 jusqu'à 1804, il fit paraître : I. *Lettre à Mercier sur les loteries*, in-8°. II. *Le jeune Matelot, ou le Noviciat en mer*, in-18. III. *Busiris ou le Nouveau Télémaque*, 2 vol. in-12 ; ouvrage dont le titre aussi présomptueux que singulier lui attira des reproches mérités. IV. *Les Portraits*, in-8°. V. *Les Journées d'un vieillard*. En 1804, le ministre des finances le nomma inspecteur des droits-réunis, dans le département de la Creuse. L'année suivante, il imprima son *Éloge de Boileau*, et, en 1805, il donna au théâtre de Guéret, *Poinsinet*, pièce en un acte. Il fut ensuite successivement inspecteur dans le Cantal et dans la Roër. Le *Mercure* de ce département inséra quelques articles de M. Quesné. Dans l'intervalle de 1812 à 1818, cet auteur a donné au public les *Lettres sur le Psychisme*, in-8°, in-12 et in-18. — *L'Éloge de Pascal*. — *Les Mémoires de Valmeuil*. — *Marcelin*. — *Les Lettres de la vallée de Montmorency*. — *M. d'Orban, ou quelques jours d'orage*, in-18, 1818. Le *Psychisme* est à sa 4e. édition ; c'est un ouvrage singulièrement abstrait, où l'auteur, qui explique par un fluide subtil les phénomènes de la vie, a cru trouver le rare secret d'unir l'élégance à la clarté. *Marcelin* offre une satire perpétuelle des ridicules de la société. M. Quesné a pris volontairement sa retraite en 1812, quelques mois avant les désastres de la campagne de Russie. Il rédigeait le *Mémorial des libraires*, qui devait paraître tous les dix jours, et dont il avait la propriété, lorsque les événements du mois de mars 1815, vinrent l'arrêter au 6e. numéro. En voyant les charges énormes imposées à la France par le traité de 1815, il alla offrir au directeur-général des impositions indirectes, pendant un an, un service gratuit qui fut accepté. F.

QUÉTANT a donné au théâtre de l'Opéra-Comique, avant sa réunion au théâtre Italien, plusieurs pièces, parmi lesquelles : *Le Serrurier* (1765). — *Le Maître en droit* (1765). — *Le Maréchal ferrant* (1761), pièce restée au théâtre, et qu'on revoit encore avec plaisir. Il a fait des corrections au *Tonnelier* d'Audinot (*Voy.* la *Biog. univ.*, aux mots AUDINOT et J.-B. DE LA BORDE, tom. V, pag. 158). Alliant l'étude du droit public à son goût pour le théâtre, ou plutôt faisant succéder l'un à l'autre, M. Quétant, aujourd'hui très âgé, a dirigé les études politiques de M. de Lafayette et de quelques autres personnages marquants dans la révolution. OT.

QUINETTE (NICOLAS-MARIE), était notaire à Soissons à l'époque où commença la révolution. Jeune encore, il en embrassa les principes avec chaleur, fut nommé administrateur du département de l'Aisne, et, en 1791, député à l'assemblée législative. Il se rangea, dès la première séance, du parti révolutionnaire qui siégeait au côté gauche. Mais il garda le silence jusqu'au 9 février 1792. A cette époque, il demanda que les biens des émigrés fussent mis sous le séquestre, ce qui fut décrété le même jour à la presque unanimité. Le 10 mars de la même année, M. Quinette appuya vivement la proposition de Lamarque, qui avait demandé que le décret ordonnant le séquestre de ces biens ne fût pas sujet à la sanction royale. Le 31 mai, il appuya le décret d'accusation contre le duc de Brissac, qui fut rendu à l'instant même. Pendant le reste de la session, M. Quinette continua de voter avec ceux qui renversèrent le trône. Néanmoins, dans cette lutte, il ne figura guère qu'au second rang. Après la révolution du 10 août, il fut nommé membre de la commission extraordinaire chargée de diriger le gouvernement, et fit décréter, au nom de cette commission, que l'hôtel de la chancellerie serait réservé pour l'habitation du Roi et de sa famille, mais sous la surveillance d'une garde à la disposition du maire; et que, jusqu'à la réunion de la Convention, il serait accordé une somme de 500,000 francs, payable par semaine, pour la dépense de la famille royale. Il fut ensuite envoyé à l'armée du Nord en qualité de commissaire, et réélu par son département, député à la Convention. Lorsqu'il y fut question, dès la première séance, de l'abolition de la royauté, M. Quinette, quoique républicain prononcé, dit que c'était au peuple à choisir entre l'ancien gouvernement et la république. Le 12 décembre, après l'acte d'accusation contre le Roi, il appuya la motion de son collègue Lidon, pour que ce prince fût traduit à la barre, et jugé sans désemparer; il proposa en même temps de déterminer les bornes dans lesquelles ses défenseurs seraient tenus de se renfermer. Il vota ensuite contre l'appel au peuple, par la raison que le peuple ne pouvait exercer par lui-même, ni le pouvoir législatif, ni le pouvoir judiciaire. Il vota la mort et contre le sursis, en prenant l'engagement solennel de juger avec la même sévérité tous ceux qui usurperaient les droits du peuple; de sorte que M. Quinette se trouve avoir ainsi voté la peine de mort contre Buonaparte, qui, lors de la création des majorats, le fit baron de Rochemont, qualification qu'il conserve encore. Après la mort de Louis XVI, il fut membre du comité de salut-public, et envoyé à l'armée du Nord au mois d'avril 1793, pour arrêter Dumouriez (*Voy.* ce nom); mais ce général le fit au contraire arrêter ainsi que ses collègues, et il les livra au prince de Cobourg. Après avoir été retenus plus de deux ans et demi en Autriche, M. Quinette et ses collègues furent échangés le 25 décembre 1795, contre Madame duchesse d'Angoulême. De retour à Paris, il parut au conseil des cinq-cents, et fut porté en triomphe jusqu'au fauteuil du président; l'assemblée déclara aussitôt qu'il avait dignement rempli sa mission. En janvier 1796, il fut secrétaire du conseil, et le présida au mois de novembre suivant. A cette époque, il se montra favorable aux enfants des émigrés, et désira qu'on leur donnât des secours. M. Quinette sortit du conseil en mai 1797, et ne prit point part à la lutte qui s'établit avant le 18 fructidor, entre le directoire et les deux conseils. Il fut ensuite passagèrement ministre de l'intérieur avant le 18 brumaire. Son administration fut alors vivement censurée; on prétendit qu'il était entièrement dans l'esprit des Jacobins. Buonaparte se hâta de lui ôter le ministère, mais le nomma préfet à Amiens, place qu'il remplit avec prudence et modération. En récompense de cette conduite, le collège électoral de la Somme le désigna pour candidat au sénat. C'est à M. Quinette qu'on doit les cygnes qui sont aujourd'hui dans les bassins du jardin des Tuileries, présent que la ville d'Amiens était dans l'usage de faire à nos rois, et c'est comme présent royal que le préfet en fit hommage à Buonaparte. Le 5 octobre 1810, il fut nommé conseiller-d'état attaché à la section de l'intérieur, et on lui donna, le 29 novembre, une sorte de ministère sous la dénomination de direction générale de la comptabilité des communes et des hospices. Le 11 avril 1814, il donna son adhésion à la déchéance de Buonaparte; ce qui n'empêcha pas qu'après le 20 mars il fut nommé son commissaire dans les départements de la Normandie, et dans celui de la Somme, pour y reconstituer le pouvoir impérial. Il devint alors membre de la chambre des pairs. M. Quinette ne parla qu'une seule fois dans cette assemblée, pour faire adopter une résolution prise sur la motion de M. de La Fayette dans la chambre des représentants; elle avait pour objet de faire décréter la permanence des chambres, de déclarer traîtres à la patrie et punissables comme tels, ceux qui tenteraient de les dissoudre, et de faire prendre les armes à toute la garde nationale. Les alliés s'avançaient alors sur la capitale. Après la seconde déchéance de Buonaparte, M. le baron Quinette dévoué à

Fouché devint membre de la commission qui gouverna pendant quelques jours jusqu'au retour du Roi. Il a été obligé, comme régicide, de sortir de France en 1816, et s'est réfugié en Amérique. Il habitait Philadelphie en 1816. U.

QUINETTE DE CERNAY (Le baron JEAN-CHARLES), né le 27 juillet 1776, entra au service dans la cavalerie le 1er. août 1792, et combattit à Austerlitz en qualité de major du 2e. régiment de chasseurs; nommé le 31 décembre 1806, colonel du 5e. régiment de cuirassiers, il fit les campagnes de Prusse, de Pologne et d'Autriche, fut promu au grade de général de brigade le 6 août 1811, et se distingua dans les campagnes de 1812 et 1813. Après la déchéance de Buonaparte, le général Quinette reçut du Roi la croix de St.-Louis et celle de commandant de la Légion-d'honneur. Il fut employé pendant les cent jours de 1815 dans le 5e. corps de l'armée du Rhin; il jouit depuis le licenciement de l'armée, en 1815, du traitement de demi-activité. S. S.

QUIOT (Le baron JOACHIM-JÉRÔME), né le 9 février 1775, entra jeune au service, dans l'infanterie, et s'éleva successivement au grade de colonel du 100e. régiment de ligne. Employé en 1806 contre la Prusse, et en 1807 contre la Pologne, il fut nommé officier de la Légion-d'honneur le 14 mai de cette dernière année, passa en Espagne avec son régiment, se distingua le 19 février 1811 à la bataille de la Gébora, reçut le 19 mai le brevet de général de brigade, et mit en déroute, à la fin d'août, un corps commandé par Ballesteros. Après les événements d'avril 1814, le général Quiot, de retour en France, adhéra aux mesures prises par le gouvernement provisoire, reçut du Roi la croix de Saint-Louis, le 29 juillet, celle de commandant de la Légion-d'honneur le 23 août suivant, et fut nommé au commandement de Valence. À l'approche de Buonaparte, en mars 1815, il adressa une proclamation aux habitants, dans laquelle il les engagea à s'armer pour la cause de la monarchie, et à seconder les moyens de défense qu'il allait prendre. Comme il se trouvait alors sous les ordres de Mouton-Duvernet, fut appelé en témoignage lors du procès de ce général, en juillet 1816. Il déposa que, dans tous ses rapports avec lui, il avait remarqué l'intention de servir le Roi et de s'opposer à Buonaparte, témoins sa proclamation du 7 mars, et les ordres émanés de son autorité pour la défense du département de la Drôme. Le général Quiot fut employé pendant les cent jours dans la 1re. division d'infanterie du 1er. corps de l'armée du Nord, et appelé, après le retour du Roi, au commandement du département de la Haute-Vienne, à Limoges. Il prit en mars 1818, celui de la 7e. division, à Grenoble, en attendant l'arrivée du général Ledru-Desessarts, nommé en remplacement du général Donnadieu. S. S.

QUIROT (JEAN-BAPTISTE), avocat à l'époque de la révolution, fut nommé en 1792, député du Doubs à la Convention nationale, y embrassa d'abord le parti modéré, et vota, de la manière suivante dans le procès de Louis XVI: « J'ai voté contre l'appel au peuple, » parce qu'il m'a paru avoir des effets » dangereux pour la liberté. J'ai déclaré » Louis, coupable. Je ne le condamne » pas à la mort, qu'il a méritée, parce » qu'en ouvrant le Code pénal, je vois » qu'il aurait fallu d'autres formes, d'au- » tres juges, d'autres principes. Je vote » pour la réclusion. » Il se prononça ensuite pour le parti exagéré, bien qu'en plusieurs occasions il se soit élevé contre la Montagne, entr'autres au sujet de la journée du 31 mai, dont il fut un des opposants; il échappa cependant aux proscriptions qui en furent la suite, concourut puissamment au 9 thermidor, et ensuite à la répression de la révolte de prairial an III. En 1795, il fut nommé membre de la commission des 21, chargée de l'examen de la conduite de Joseph Lebon; ce fut lui qui fit le rapport de cette affaire, et qui proposa le décret d'accusation contre ce député. Le 3 août, il fut nommé secrétaire, et entra le 1er. septembre au comité de sûreté générale, où il proposa des mesures violentes contre les sectionnaires de Paris, au 13 vendémiaire (5 octobre 1795). Réélu ensuite au conseil des cinq-cents, il y porta le même esprit; et en octobre 1796, il vota pour le maintien de la loi du 3 brumaire, qui ordonnait l'exclusion des nobles de toutes les fonctions publiques. En 1797, il eut de fréquentes altercations avec le parti de Clichi; fut attaqué dans le conseil par le général Willot, qui l'accusa d'influencer les tribunes, lui offrit un duel, que le ministre de la police empêcha; ce qui donna lieu aux deux partis de faire à leur champion les honneurs de cette affaire. Le 19 février 1798, il fut élu secrétaire. Lorsque, dans le courant de mai, M. Bailleul, organe du parti directorial, proposa d'invalider une partie des élections, comme ayant été influencées par les Terroristes, Quirot attaqua ce projet, « qui lui avait fait » éprouver, dit-il, les sentiments de la » plus profonde indignation. » Le 22 décembre, il fut encore secrétaire. Le 28 juin 1799, il appuya, par des considérations d'ordre public, des mesures contre les prêtres non-assermentés; le 10 juillet, il parla contre l'administration du ministre Schérer; le 20, il fut élu président, et le 9 thermidor il prononça, en cette qualité, un discours, où il rappela l'époque qui avait délivré la république de la tyrannie de Robespierre; il retraça aussi ce qu'il appelait les crimes des partisans de la royauté, et invita le peuple à profiter des leçons du passé pour maintenir sa liberté et sa constitution. Il défendit ensuite, en comité secret, les ex-directeurs renversés le 30 prairial; cependant, le 14 septembre, il prétendit que les dangers de la patrie étaient les mêmes qu'en 1792, et ses ressources moins grandes. Exclu du corps législatif le 19 brumaire (10 novembre 1799), à St.-Cloud, où il se montra l'un des plus ardents de l'opposition, il fut arrêté et renfermé quelques jours à la Conciergerie. Il devait être exilé, et envoyé en surveillance dans la Charente-Inférieure; mais ces ordres ne furent pas mis à exécution, et M. Quirot rentra dans ses foyers, où il vécut long-temps ignoré; il ne reparut qu'un instant sur la scène, en 1813, comme membre du conseil municipal de Besançon, et signataire d'une adresse à l'impératrice. B. M.

R

RABANY - BEAUREGARD, chef d'institution à Evaux, docteur de la faculté des lettres, associé-correspondant de plusieurs sociétés littéraires, etc., a publié: I. *La Veillée des fêtes de Vénus*, traduite en prose et en vers français, du *Pervigilium veneris*, 1792, in-8°. II. *Tableau de la ci-devant province d'Auvergne*, 1802, in-8°. III. *La Sensibilité*, poëme en 4 chants, suivi du *Pervigilium veneris*, traduit en prose et en vers, 1813, in-18.   OT.

RABAUT-POMIER (JACQUES - ANTOINE), frère de Rabaut-St.-Étienne, était pasteur à Montpellier lorsqu'il fut député à la Convention nationale, et y eut quelque part à l'établissement du télégraphe. (*Voy.* CHAPPE, dans la *Biogr. univ.*) Il vota en ces termes dans le procès de Louis XVI : « Je crois que » Louis a mérité la mort ; mais si la » Convention en prononçait la peine, » je crois que son exécution doit être » renvoyée après la tenue des assemblées » primaires, auxquelles on aura présenté » l'acceptation des décrets constitution- » nels. Mon opinion est indivisible. » Il insista sur cette réserve afin que son vote comptât contre la mort. M. Rabaut vota aussi pour l'appel au peuple, et pour le sursis. Ayant signé ensuite la protestation du 6 juin 1793, contre la tyrannie de la Montagne, il fut un des soixante-treize députés mis en arrestation sous Robespierre, et il y resta long-temps dans l'état de santé le plus déplorable. Rendu à la liberté après le 9 thermidor, il fut rappelé dans le sein de la Convention. A la journée du 1er. prairial (20 mai 1795), il fut du nombre des députés qui, s'étant mis à la tête des bons citoyens de la garde nationale des environs des Tuileries, délivrèrent la Convention du poignard des assassins. Le 7 octobre 1795, il fit à la tribune l'éloge de son frère; et la Convention décréta que les œuvres politiques de ce dernier seraient imprimées aux frais de la nation, et distribuées à tous les députés. Il fut membre du conseil des anciens, et en sortit en 1798. Il y fut secrétaire pendant que M. Portalis en était président, et il eut souvent occasion d'y remarquer une preuve frappante de l'étonnante mémoire de ce magistrat. Comme M. Portalis ne pouvait lire lui-même les projets de loi envoyés par le conseil des cinq-cents, M. Rabaut les lui lisait avant la séance commencée, les rangeait dans l'ordre qu'il avait suivi en les lisant, et le président les prononçait sans y rien changer. On sait d'ailleurs que ce dernier improvisait ses discours et qu'il les dictait de mémoire tels qu'il les avait prononcés lorsqu'il s'agissait de les livrer à l'impression. M. Rabaut fut ensuite nommé sous-préfet du Vigan, et trois ans après (en 1803), il fut nommé l'un des pasteurs de l'église consistoriale du département de la Seine, et membre de la Légion-d'honneur en 1805. Nous avons dit qu'il vota la mort de Louis XVI, avec appel au peuple. L'opinion qu'il émit à cette occasion a besoin d'être rapportée en détail. Il semble qu'il ait voulu la modifier, en lui donnant des développements qui étaient en effet plus propres à l'affaiblir qu'à lui prêter une nouvelle force : « Lorsque la Convention, dit-il, décréta qu'elle jugerait elle-même Louis, je vis dans ce décret, rendu par article additionnel, et sans discussion préalable, une source de maux pour la république. Je crus alors que la Convention pourrait en éviter une partie, en appelant le peuple à la ratification du jugement qu'elle avait prononcé, et j'ai opiné pour cette mesure ; vous l'avez rejetée, et les suites funestes que peut avoir le supplice de Louis, ordonné par vous seuls, m'en paraissent plus inévitables. Ce supplice ralliera les tyrans, éloignera de nous et de notre révolution des peuples que nous voulions rendre libres, et dont les forces nous seront funestes, au lieu de nous être utiles. Il divisera la France... » En 1816, pendant que le conseil du Roi s'occupait de la loi concernant les régicides, M. Rabaut-Pomier fit des réclamations dans lesquelles il établissait que son vote dans les trois appels avait eu pour objet de sauver les jours de Louis XVI, et qu'en conséquence il ne devait pas être regardé comme régicide. Cependant le conseil des ministres ayant prononcé contre lui, il fut obligé de sortir de France ; mais il lui a été permis de revenir en 1818. On a de lui I. *Napoléon libérateur, discours religieux*, 1810, in-8º. II. *Sermon d'actions de grâces sur le retour de Louis XVIII dans sa capitale*, 1814, in-8º. Un fait bien important, mais peu connu, c'est que M. Rabaut-Pomier a eu en France la première notion de la vaccine, avant que les Anglais eussent rien écrit sur ce sujet. Vers 1780 il observa au hameau de Pignau près de Montpellier et dans les communes voisines, que la petite vérole, le claveau des moutons, et d'autres maladies du bétail étaient, de temps immémorial, regardées comme identiques et connues sous le même nom de *picote*. Ayant constaté que celle des vaches était la plus bénigne de ces affections et qu'elle n'était point contagieuse, il pensa que son insertion exercée sur le corps humain serait aussi sûre et moins dangereuse que l'inoculation de la petite vérole. Il eut occasion, en 1784, de communiquer ses observations en présence de M. James Ireland de Bristol, à M. Pugh, qui lui promit que dès son arrivée en Angleterre il s'empresserait d'en faire part au docteur J..... son intime ami : c'est ce qui résulte d'une lettre de M. Ireland, en date du 12 février 1811, que nous avons eue sous les yeux, et d'une lettre écrite le 3 mars 1812 à M. Rabaut par le ministre de l'intérieur, qui rappelle que ce fait important est relaté pag. 116 du rapport du comité central de vaccine, sur les vaccinations pratiquées en France pendant l'année 1810.   S. S.

RABBE (Jean-François), né le 16 janvier 1767, à Pesme, département de la Haute-Saône, était fermier avant d'entrer au service. Il passa successivement par tous les grades, et fut nommé chef de bataillon dans la 9e. demi-brigade légère, avec laquelle il se distingua à la bataille de Marengo. Il était devenu colonel du 1er. régiment de la garde de Paris, avec le titre d'officier de la Légion-d'honneur, lorsque ayant trempé dans le projet formé en 1812, par les généraux Malet, Guidal et Laborie, pour renverser le gouvernement impérial, il fut condamné à mort le 29 octobre par une commission militaire. Les pressantes sollicitations de sa famille lui valurent d'abord un sursis à l'exécution, et ensuite la commutation de sa peine en une détention perpétuelle, qui se termina à la déchéance de Buonaparte en 1814. M. Rabbe avait été, en 1804, membre de la commission qui condamna à mort le duc d'Enghien.   U.

RABOTEAU (Pierre), membre de la société philotechnique, né à la Rochelle, a publié : I. *La prise de la Bastille*, ode, 1790, in-8º. II. *La Ville et le Village*, divertissement, 1802, in-8º. III. *Les jeux de l'Enfance*, poëme, 1802, in-8º. ; 1805, in-8º. Ce poëme, écrit avec talent et sensibilité, a été favorablement accueilli.   Or.

RADET (Le baron Étienne), ancien garde-chasse du prince de Condé, né le 19 décembre 1762, en Lorraine, était chef d'escadron de gendarmerie à Avignon, lorsqu'il fut appelé par les consuls, en 1800, pour réorganiser cette arme et pour la commander en chef. Depuis, il passa successivement en Corse et dans le Piémont, pour y suivre ses opérations; et en juin 1805 il fut envoyé à Gênes, où il organisa les corps de gendarmerie de la Ligurie. En 1809, il fut adjoint au général Miollis (*Voy.* ce nom), pour obtenir du pape sa renonciation au domaine temporel des états de l'Église, et dirigea en personne l'assaut qui fut livré au palais Quirinal, dans la nuit du 6 juillet. Il se présenta au Saint-Père, à la tête de ses gendarmes, et lui exposa en peu de mots l'objet de sa mission. Le pape ayant refusé d'obéir aux injonctions qui lui étaient faites, le général Radet lui déclara que, dans ce cas, il avait ordre de l'emmener avec lui. « Telle est ma » commission, ajouta-t-il, je suis fâché » d'être obligé de l'exécuter, puisque je » suis catholique et fils de l'Église. » On assure que pendant ce pénible entretien, les traits du général Radet éprouvèrent une altération sensible. Il était quatre heures du matin; le pape monta dans une voiture qui l'attendait à la porte extérieure du palais, et sortit de Rome par la porte *del Popolo*. Là, on changea de voiture, et le général Radet s'adressant de nouveau au pape, lui dit: « Saint-» Père, il est encore temps, voulez-vous » renoncer aux états de l'Église? » Sur la réponse négative de Sa Sainteté, il ferma la portière de sa propre main, et l'arrêta avec un cadenas; monta ensuite dans le cabriolet attaché à la voiture, et fit prendre la route de Florence. Le général Radet a fait faire depuis, à ses frais, un tableau représentant cet événement, dont on peut lire les détails dans une brochure intitulée: *Relation authentique de l'assaut donné le 6 juillet 1809, au palais Quirinal, et de l'enlèvement du souverain pontife, par les généraux Miollis et Radet; suivie du journal circonstancié du voyage de Sa Sainteté, de Rome en France, et de son retour à Savone*, trad. de l'italien, par M. Lemierre d'Argy. Ce fut encore le général Radet que Buonaparte chargea d'accompagner le pape pendant ce dernier voyage à Savone. Après le rétablissement des Bourbons, en 1814, il cessa d'être employé activement. Mais, à l'approche de Buonaparte, au mois de mars 1815, il se rangea des premiers sous ses drapeaux, commanda l'escorte qui accompagna à Cette le duc d'Angoulême, et fut nommé au mois de juin, grand-prévôt de l'armée et inspecteur-général de gendarmerie. Il suivit cette armée sur les bords de la Loire dans le mois de juillet, et fut remplacé dans ses fonctions, au mois d'août, par le colonel Coroller. En 1816, il fut arrêté à Vincennes et renfermé dans la citadelle de Besançon, jusqu'à sa traduction devant le conseil de guerre de la 6e. division, qui le condamna à neuf ans de détention, pour avoir pris part aux événements du mois de mars 1815. S. S.

RADET, auteur dramatique, et chansonnier plein de gaîté, a fait, en société avec MM. Barré, Desfontaines et autres, un grand nombre de pièces de théâtre, dont voici les plus connues. (Avec Rosières): *Le Marchand d'esclaves*, parodie de la *Caravane*. — *La Fausse inconstance*, comédie. (Avec Barré): *La Négresse, ou le Pouvoir de la reconnaissance*, opéra-comique. (Avec Desfontaines): *Encore un curé*. — *Au Retour*, 1793. (Avec Barré et Desfontaines): *Le retour du Ballon*. — *La Fin du monde*. — *L'Effort surnaturel*. — *Une journée de Ferney*. — *Jean Monet*. — *Le Pari*. — *La Girouette de St.-Cloud*. — *Gesner*, etc. Il a donné seul: I. *Renaud d'Ast*, 1787, in-8º. II. *La Soirée orageuse*, 1790, in-8º. III. *Le Noble roturier*, 1793 in-8º. IV. *Pauline ou la Fille naturelle*, 1797, in-8º. V. *Le Testament*, 1797, in-12. VI. *Le Dîner au Pré-Saint-Gervais*, 1798, in-8º. VII. *Honorine, ou la Femme difficile à vivre*, 1798, in-8º. VIII. *Frosine, ou la dernière venue*, 1801, in-8º. IX. *Ida, ou que deviendra-t-elle?*, 1802, in-8º. X. *Les Préventions d'une femme*, 1803, in-8º. XI. *La Réunion de famille, ou le jour de l'an*, 1805, in-8º. XII. *Le retour d'un fils, ou les Surprises*, 1813, in-8º. XIII. *L'Hôtel du grand Mogol, ou l'Auberge qui n'en est pas une*, 1814, in-8º.

RADSTOCK (William Waldegrave Lord-baron), pair d'Irlande, vice-amiral anglais, né le 9 juillet 1758, est oncle du comte actuel de Waldegrave, pair d'Angleterre. Il entra de bonne heure dans la marine, fut nommé, le 30 mai 1776, capitaine de vaisseau, se fit d'abord distinguer comme capitaine de frégate, fut ensuite nommé contre-amiral en 1794, et vice-amiral en 1797. Il avait son pavillon à bord du *Harfleur*, de 98 canons, au combat qui eut lieu auprès du cap d'Agos le 14 février, et il contribua beaucoup à la victoire qui fut remportée sur les Espagnols. Il reçut à cette occasion, de la ville de Londres, le droit de cité; et, en 1800, fut élevé à la dignité de Baron. Il a été gouverneur de Terre-Neuve, et pendant son séjour dans la Méditerranée il a épousé une italienne dont il a plusieurs enfants. Il a réuni une superbe collection de tableaux dans son palais de Potland'square, et s'est fait distinguer autant par son courage que par son zèle actif en faveur des établissements de charité, particulièrement de ceux qui sont relatifs à l'éducation des enfants. Lord Radstock a publié, outre plusieurs écrits anonymes sur des sujets philantropiques: *Le Drapeau anglais triomphant*, ou *les Murs de bois de la vieille Angleterre*, in-8º., 1796. C'est une collection d'extraits des journaux, contenant le récit de toutes les actions navales qui ont eu lieu pendant les dernières guerres. Z.

RAEVSKY (Nicolas Nicolaevitz), général de cavalerie et chevalier de plusieurs ordres, naquit en 1771, à Pétersbourg, d'une famille noble. Son père, colonel de ce nom, mourut dans la campagne de Turquie, à Iassy. Sa mère est de la famille des comtes Samoylow, et nièce du prince Potemkin. Le général Raevsky entra de bonne heure au service comme sous-officier dans un régiment des gardes à pied de l'impératrice Catherine II; il y resta jusqu'au grade de lieutenant. Au commencement de la guerre avec la Turquie, il demanda à passer dans la ligne, et obtint, à la fin de cette guerre, le grade de lieutenant-colonel; il fit celle de Pologne en 1792, comme volontaire, eut souvent des commandements, mérita les deux décorations militaires, et fut fait commandant d'un régiment de Chevau-légers. A la fin de 1792, nommé colonel-propriétaire d'un régiment de dragons de Nijégorod, fort de dix escadrons, il fit, à la tête de ce régiment, la campagne de Perse, en 1796. Pendant les quatre dernières années du règne de Paul Iᵉʳ., le colonel Raevsky quitta le service et se retira dans ses terres; mais à l'avènement d'Alexandre Iᵉʳ., il fut promu au grade de général-major, et lorsqu'en 1807 l'empereur ordonna la formation de la milice, le général Raevsky partit pour le grand quartier-général impérial, et fut reçu au service effectif. Il fut placé à l'avant-garde de la grande armée, à la tête des régiments de chasseurs qui en faisaient partie, fut blessé, et se distingua dans toutes les occasions. Après la paix de Tilsitt, il fit partie de l'armée russe qui conquit la Finlande suédoise, commença par y commander une division d'infanterie, fut fait lieutenant-général et commandant le corps d'armée opposé au maréchal Klingspord, qui était du double plus fort que lui. Malgré cette infériorité, l'armée suédoise fut défaite dans plusieurs affaires, notamment à Lappo et Oravais. La paix ayant été signée à Friderikshamn, il commanda un corps au-delà du Danube, et fut ensuite appelé à faire partie de la seconde armée qui se rassemblait en Volhinie, sous les ordres du prince Bagration. Les hostilités commencèrent en 1812; la seconde armée eut ordre de suivre les mouvements de la grande armée, et dut se retirer vers Mohilow afin de s'y réunir. Après que cette réunion fut opérée, le général Raevsky se distingua à la défense de Smolensk, à la bataille de Mojaïsk, dite de la Moskwa; il commanda avec sa valeur accoutumée son corps d'armée, qui était posté au flanc gauche de la position, et ses troupes prirent et reprirent plusieurs fois la grande redoute de la gauche dont les Français s'étaient emparés. A l'affaire de Malojeroslavetz, il soutint pendant tout le jour l'effort de l'armée française. Dans la retraite de l'ennemi, il fut constamment à l'avant-garde, et combattit pendant trois jours à Krasnoy, contre le vice-roi d'Italie et le maréchal Ney. Pour récompenser les services du général Raevsky, l'empereur Alexandre lui confia le commandement du corps des grenadiers d'élite, composé de trois divisions. Avec ce corps, il se trouva à toutes les affaires qui eurent lieu jusqu'à la bataille de Leipzig, où, après des prodiges de valeur, il fut grièvement blessé à la poitrine d'un coup de feu. L'empereur, témoin de la conduite brillante du général Raevsky, lui conféra le grade de général de cavalerie sur le champ de bataille, et l'empereur d'Autriche lui accorda l'ordre de Marie-Thérèse. Il fut porté par des grenadiers à Weimar, où, contre toute attente, il obtint un soulagement à ses blessures. Ayant appris que l'armée se disposait à passer le Rhin, il n'attendit pas son entière guérison, rejoignit son corps avec lequel il passa en France, et se trouva à plusieurs affaires, notamment à la bataille de Brienne. Le comte Witgenstein ayant été blessé à la journée de Bar-sur-Aube, l'empereur donna le commandement de son armée au général Raevsky, qui la mena à plusieurs combats, et qui se distingua particulièrement à Arcis-sur-Aube, et au combat de Fère Champenoise. A la bataille de Paris, ce corps d'armée devait former l'aile gauche de l'attaque, conjointement avec le corps du prince-royal de Wurtemberg; mais ce dernier corps ayant été retardé par le passage de la Marne, ne put participer au combat, et le général Raevsky soutint seul les efforts de cette journée. Après la plus vive résistance de la part des Français, il s'était avancé jusque sur les hauteurs de Belleville, quand il reçut l'ordre de suspendre le combat. Dans la campagne de 1815, le général Raevsky commandait encore un corps d'armée en France. Il fut ensuite envoyé à la tête de quatre-vingt mille hommes sur les bords du Boristhène. F.

RAFELIS DE BROVES (Le comte Joseph-Barthelemi), d'une famille noble, originaire de Milan, établie en Provence, est né à Anduze en 1753. Son père, colonel d'infanterie, mourut glorieusement à la défense des Tuileries le 10 août 1792. Le comte J. de Rafelis fut fait garde de la marine en 1767, et créé chevalier de Saint-Louis par le comte d'Estaing, pour être entré le premier dans les retranchements de l'île de la Grenade. Nommé capitaine de vaisseau, en 1790, il commanda une division à Terre-Neuve, émigra en 1791, et obtint le commandement de la 2º. compagnie de l'escadron de la marine dans l'armée des princes. Il est aujourd'hui contre-amiral et commandeur de Saint-Louis. — Son frère, Charles-François, né à Anduze, en 1773, élève de la marine en 1788, entra en 1791 dans les gardes du Roi, à cheval, se trouva avec son père à la défense des Tuileries le 10 août, et émigra en Angleterre, d'où il revint en France après le licenciement de l'armée des princes; il fut employé dans l'administration des postes, et il est aujourd'hui inspecteur à Limoges. S. S.

RAFELIS DE SAINT-SAUVEUR (Le marquis de), chevalier de Saint-Louis et commandeur de la Légion-d'honneur, est de la même famille que les précédents. Il entra au service à l'âge de quatorze ans, peu de temps avant la révolution, et fut nommé sous-lieutenant au régiment du Roi-infanterie; il se distingua aux affaires de Nanci le 26 août 1790, où il fut grièvement blessé, et il reçut pour récompense la croix de Saint-Louis, que Louis XVI, par grâce spéciale, daigna lui remettre. Depuis, il a toujours servi activement, et a été promu au grade de maréchal-de-camp le 4 juin 1814. F.

RAGGI (Jules), noble génois, très attaché à son ancien gouvernement, montra beaucoup d'opposition à la révolution, et à Serra, qui en était le principal instigateur sous les auspices de Buonaparte. Le triumvirat directorial que ce général forma en établissant sa république ligurienne, en 1796, persécuta avec beaucoup d'ardeur le patricien Raggi. C'était donner à Buonaparte une marque de dévouement toute particulière. On raconte dans les temps où la république de Gênes était souveraine de la Corse, la famille Raggi s'était distinguée par une grande sévérité d'opinion contre les habitants de cette île. On prétend même qu'alors, toutes les fois qu'on en pendait quelqu'un à Gênes, une vieille dame Raggi s'écriait avec joie: « Voilà encore » un rebelle de moins! » Buonaparte exigea que Jules Raggi vendît toutes ses propriétés, et qu'il vînt résider en France avec sa femme et ses enfants. Ce malheureux fut contraint d'obéir, et il vint à Paris; mais sa santé ne pouvant s'accommoder du climat, il sollicita long-temps quelque adoucissement. Tout ce qu'il put obtenir, fut une dispense de vendre ses biens et la permission d'aller résider à Nice. Depuis le nouvel ordre de choses, il est rentré dans sa patrie. N.

RAILLON (Jacques), né à Bourgoin en Dauphiné le 17 juillet 1762, fut attiré, très jeune encore, dans le diocèse de Luçon par M. de Mercy, son compatriote, qui en était l'évêque. Appelé par le même prélat à Paris au commencement de 1792, il y publia, sous le titre d'*Appel au peuple catholique*, l'apologie des prêtres insermentés. Cette brochure était écrite avec pureté de principes et beaucoup de modération. M. Raillon sortit de France cette même année; il alla joindre l'évêque de Luçon à Soleure en Suisse et passa avec lui en Italie où il est resté plus de dix ans. C'est pendant son séjour dans les pays étrangers qu'il a composé quelques ouvrages de littérature, entre autres un recueil d'*Idylles* dans le genre de Gesner, avec cette épigraphe tirée de Némésien, *Ruris amor, reverentia justi*. Les journaux ont loué le fonds et la pureté de morale qui y règne. Cet ouvrage a été adopté pour les bibliothèques des lycées. Rentré en France après le rétablissement de la religion, M. Raillon fut nommé en 1816, à un canonicat de la métropole de Paris, et peu de temps après professeur-adjoint d'éloquence sacrée dans la faculté de théologie. Le cardinal de Belloy le chargea en 1809 du discours du 15 août, et le succès de ce discours et de celui qu'il prononça pour les obsèques de M. Crétet, fit choisir l'auteur pour l'oraison funèbre du maréchal Lannes. M. Raillon fut nommé à l'évêché d'Orléans le 21 octobre 1810. Il a gouverné pendant près de sept ans ce diocèse, où il a laissé des regrets et d'honorables souvenirs. F.

RAIMOND (Le comte JACQUES-MARIE DE), né le 5 septembre 1768, dans une famille noble du Lauraguais, fut élevé au collège de Sorèze, et entra, en 1789, en qualité de lieutenant au régiment de royal-vaisseaux. Devenu capitaine de ce régiment, il émigra en 1791, fit les campagnes dans l'armée de Condé en Espagne, et rentra en France en 1801. Il y vécut paisiblement sous le gouvernement impérial, et fut choisi le 21 avril 1814, par le maire de Toulouse, pour commander la cohorte destinée à servir de garde à Mgr. le duc d'Angoulême. En 1815, il fut nommé lieutenant-colonel d'une légion organisée pour aller rejoindre ce prince à Nîmes. Il fut ensuite, comme membre de la commission royale, chargé de former des corps destinés à seconder le mouvement des royalistes dans le Midi, et obtint le commandement de la rive gauche de la Garonne. Le comte de Raimond est breveté chef d'escadron et a le rang de capitaine dans la gendarmerie du département de la Seine. Il a été nommé chevalier de Saint-Louis en 1814. S. S.

RAISSON (F.-E. J), ancien limonadier à Paris, fut secrétaire-général de l'administration du département, en septembre 1792, et occupa cette place jusqu'en février 1793, époque à laquelle il fut employé comme directeur de la fabrication des assignats. Il fixa long-temps l'attention par les pétitions hardies qu'il présenta à la Convention, au nom des Jacobins dont il était secrétaire, et par la surveillance qu'il invita sans cesse cette société à exercer sur les représentants du peuple. Après le 9 thermidor même, il fit demander la réincarcération des suspects, et fut un des défenseurs les plus intrépides du jacobinisme expirant. Le 12 germinal (1er. avril 1795), il fut arrêté et détenu quelque temps au château de Ham. Relâché avant le 13 vendémiaire (5 octobre 1795), on le vit reparaître dès la fin du même mois au Palais-Royal, et se concerter avec Chrétien pour rétablir les sociétés populaires. Cependant son zèle démagogique se refroidit enfin. Nommé électeur en 1798, il se montra en cette circonstance beaucoup plus *terrorifié* que terroriste, bien qu'il fît partie de la faction de l'assemblée électorale opposée au directoire; il publia même une lettre, où il conjurait ses collègues de sacrifier leurs prétentions au bien de la paix et de la tranquillité. Envoyé, en 1799, en mission à Turin, il fut accusé dans le *Dictionnaire des Jacobins vivants*, d'y avoir suivi les traces de Rapinat et autres; ce qui paraît dénué de fondement, puisqu'il fut obligé, à son retour, de solliciter un emploi dans les bureaux du gouvernement, pour faire exister sa famille, et que, n'ayant pu l'obtenir, il vécut long-temps des secours de ses amis. Il fut enfin nommé rédacteur au bureau particulier du ministère de la police, place qu'il a exercée pendant plusieurs années. Il habite toujours la capitale. P. M.

RALLIER (Le chevalier LOUIS-ANTOINE-ESPRIT), né à Fougère, embrassa le parti des armes, et se trouvait capitaine du génie lorsque la révolution éclata. Il s'en montra partisan, mais sans exagération, servit successivement officier municipal et administrateur du district de Fougère, et fut élu, en septembre 1795, député d'Ille-et-Vilaine au conseil des anciens. Le 29 octobre, il fut nommé un des inspecteurs de la salle, s'occupa beaucoup d'objets de législation et de finances. Sorti de ce conseil en 1799, il fut aussitôt réélu à celui des cinq-cents, où, à la suite de la crise du 30 prairial, qui donna quelque crédit au parti jacobin, il combattit plusieurs de leurs mesures; il s'opposa entre autres à celle des otages, et à ce que l'on supprimât du serment civique la formule de jurer haine à l'anarchie. Il devint, en décembre, membre du corps législatif, d'où il sortit en 1803; mais, en mai 1805, le collège électoral de son département l'y appela de nouveau et il y siégea jusqu'au 20 mars 1815. A cette époque, il fut nommé, en août suivant, président du collège électoral de l'arrondissement de Fougère, et, en 1817, vice-président de la 3e. section du collège électoral d'Ille-et-Vilaine. On a de M. Rallier: I. *Recueil de chants moraux et patriotiques*, 1799, in-12. II. *Épître à la rime*, 1808, in-8°. III. *Mémoire sur les frites de verre de l'Écosse*, 1809. IV. *Œuvres poétiques et morales*, 1815. Il est encore auteur de cinq tragédies qui n'ont point été représentées. S. S.

RAMATUELLE (AUDIBERT), ancien officier de marine, a publié: *Cours élémentaire de tactique navale*, 1802, in-4°., avec figures. — RAMATUELLE (Audibert) fils, a publié (avec Boileau): *Barême général, ou les Comptes-faits de tout ce qui concerne les nouveaux poids, mesures et monnaies de France*, 1803, in-8°. OT.

RAMBAUD (Le baron PIERRE-THOMAS), né à Lyon en 1757, d'une famille de marchands, embrassa la carrière du barreau. Reçu avocat, il en exerça la profession jusqu'en 1783, qu'il parvint à la charge d'avocat du Roi au présidial. Les premières années de la révolution le virent fidèle aux anciens principes. Il ne se prêta qu'avec modération à ceux de la république; et ses concitoyens l'élurent, en 1795, pour un de leurs représentants au conseil des cinq-cents, où il fit un rapport sur les secours à accorder aux défenseurs de la patrie et contre la violation du secret des lettres. Le 4 juillet 1797, il parla en faveur de la ville de Lyon, que le directoire avait peinte comme un foyer de contre-révolution. Lors de l'établissement des cours d'appel, en 1800, il fut nommé procureur-général à Lyon, devint successivement président du canton, et président de l'administration des hôpitaux. En décembre 1808, il obtint des lettres-patentes de chevalier, pour lui et sa descendance. Deux ans après (22 août 1810), Buonaparte lui donna le titre de baron de l'empire. En 1813, il vint à Paris offrir à Napoléon, comme député de la ville de Lyon, des hommes et de l'argent. En janvier 1814, il convoqua extraordinairement la cour d'appel, et, en séance publique, il prononça spontanément un nouveau serment de fidélité à l'empereur et aux constitutions de l'empire, déclarant hautement « qu'il n'y avait et ne pouvait y avoir en France d'autres souverains légitimes que Napoléon Buonaparte et son auguste dynastie. » Quoique membre du conseil municipal, au 8 avril 1814, il ne prit aucune part à la délibération par laquelle les magistrats municipaux reconnurent au nom de la ville, et proclamèrent solennellement Louis XVIII comme seul et légitime souverain. Cependant, le 16 juillet 1814, il fut un des députés du conseil-municipal qui allèrent à Vichy, prier S. A. R. MADAME, duchesse d'Angoulême, de venir honorer de sa présence la ville de Lyon. Avant son départ pour cette mission, il prêta publiquement serment de fidélité au Roi; mais quand Buonaparte fugitif de l'île d'Elbe, fut arrivé à Lyon, le lendemain, 11 mars 1815, M. Rambaud, à la tête de la cour impériale, alla lui présenter ses hommages. Au mois d'avril suivant, il prononça le serment de fidélité à l'empereur et aux constitutions de l'empire, et rendit un réquisitoire tendant à ce que tous les conseillers et juges du ressort de la cour d'appel de Lyon fussent tenus de prêter le même serment. Il signa les articles additionnels, devint membre du bureau central de la fédération de Lyon, signa le pacte fédératif formé en cette ville, et se rendit ensuite à l'assemblée du Champ-de-Mai, où il siégea avec la double qualité de procureur-général et d'électeur du département du Rhône. Il était encore à Paris au moment où le Roi rentra pour la seconde fois dans sa capitale; alors il revint à Lyon reprendre ses fonctions de procureur-général, mais il les perdit le 25 octobre 1815, où il fut destitué et remplacé par M. Delhorme. Il a été nommé maire de Lyon en 1818, après la mort de M. de Fargues, et installé dans ses fonctions le 2 juin. S. S.

RAMBUTEAU (Le comte DE), propriétaire à Mâcon, devint chambellan de Napoléon, et lui fut présenté le 21 janvier 1810, comme député du collége électoral de Saône-et-Loire, pour le féliciter sur ses victoires et sur la paix de Vienne qui en avait été la suite. Il fut appelé en 1811 à la préfecture du Simplon, et nommé chevalier de la Réunion. Rentré en France sans fonctions, après l'évacuation du Valais, il obtint du Roi la préfecture de la Loire, par ordonnance du 8 janvier 1816, et la croix de la Légion-d'honneur, le 20 septembre suivant. Buonaparte, après son invasion, le nomma préfet de l'Aude, le 20 avril 1815, et par décret du 15 mai, préfet de de Tarn-et-Garonne, fonctions qu'il perdit au second retour du Roi. S. S.

RAMEL-DE-NOGARET (D. V.), avocat du Roi à Carcassonne, député du tiers-état de la sénéchaussée de cette ville aux états-généraux, en 1789, s'y occupa presque exclusivement de finances et de contributions. Le 11 novembre, il s'opposa à ce que l'on abandonnât l'ancienne démarcation des provinces. En juin 1791, il fut envoyé dans le Finistère, menacé de troubles à propos de l'évasion du Roi ; et, en juillet, il devint secrétaire de l'assemblée nationale. Ayant été, en septembre 1792, nommé député de l'Aude à la Convention nationale, il y vota la mort de Louis XVI de la manière suivante : « Louis est convaincu de conspiration contre la liberté. Dans tous les temps un pareil crime mérita la mort ; je la prononce. » Il se déclara contre l'appel au peuple et le sursis. Au mois de janvier 1795, il fut envoyé en mission en Hollande, et s'occupa, pendant toute la session, de la partie financière, ainsi que dans le conseil des cinq-cents, où on le vit parler à chaque instant sur cet objet ; ce qui lui valut enfin la place de ministre des finances, que le directoire lui donna en février 1796, et qu'il remplit avec assez de capacité jusqu'au 20 juillet 1799. Au mois de mai de cette année, il fut, pendant quelque temps, aux prises avec les rapporteurs des commissions de finances des conseils, au sujet du déficit et des embarras du Trésor, particulièrement avec Génissieux, auquel il adressa une longue lettre de reproches sur son rapport du 15. Il proposa en 1802, de bâtir à ses frais une salle de spectacle à Bruxelles, à condition qu'on lui accorderait une portion de terrain assez considérable.

M. Ramel ne fut appelé à aucune fonction sous le gouvernement impérial, et il ne reparut sur la scène politique qu'en mai 1815, époque à laquelle il fut nommé préfet du Calvados. La rentrée du Roi ne tarda pas à le priver de cet emploi ; et, compris dans la loi d'exception contre les régicides, il fut obligé de quitter la France. Il s'est réfugié à Bruxelles, où le barreau l'a admis au nombre de ses membres. On a de lui : I. *Des finances de la république française an l'an IX*, 1801, in-8°. II. *Du change, du cours des effets publics et de l'intérêt de l'argent*, 1807, in-8°. ; 1810, in-8°. III. Plusieurs Mémoires sur les finances. S. S.

RAMOND DE CARBONNIÈRES (Le baron LOUIS-FRANÇOIS-ELISABETH), membre de l'Institut (académie des sciences, section de minéralogie), et l'un des physiciens de nos jours qui ont porté le plus loin la théorie de la mesure des hauteurs des montagnes par le baromètre, est né à Strasbourg le 4 janvier 1755. Au moment où la révolution éclata, il était gendarme de la garde du Roi, et avait été attaché au cardinal de Rohan en qualité de conseiller intime. Député de Paris à la législature en 1791, il occupa souvent la tribune, et l'on vit toujours régner dans ses discours une rectitude de vues et une conséquence de principes qui ne se démentirent jamais, et qui furent développés avec une logique précise et sévère. Après s'être fait une règle de suivre la constitution, il marcha constamment sur cette ligne, sans paraître tenir à aucune faction. Dans la discussion relative aux émigrés, il convint que la confiscation devait frapper tous ceux qui prendraient les armes contre la France, mais soutint en même temps que les autres devaient jouir du droit qui appartient à tout homme de transporter sa personne et ses propriétés où bon lui semble. Le 29 octobre 1791, il parla avec force en faveur des prêtres insermentés, insista sur la nécessité de laisser libre l'exercice de tout culte, et demanda qu'on les salariât tous. Il présenta ensuite un projet pour disperser les rassemblements des mécontents Brabançons, formés dans l'intérieur des frontières françaises. Le 27 mars 1792, il fit au nom du comité diplomatique un rapport sur l'état des relations de la France avec l'Espagne, et obtint, le 31 mai, un décret en faveur des prisonniers de guerre. Le 23 du même mois, il défendit de nouveau les prêtres insermentés, et s'éleva contre la tyrannie qu'exerçaient sur eux les autorités départementales. Le 29, il parla contre le projet de licencier la garde du Roi. Le 20 et le 28 juin, il combattit les Girondins, qui préparaient la chute du pouvoir exécutif, et qui attaquaient Lafayette, parce que ce général semblait vouloir se rapprocher de Louis XVI; il demanda, dans la première journée, le désarmement du rassemblement qui s'était porté à l'assemblée et aux Tuileries, et en défendant la pétition présentée par Lafayette, le qualifia de *fils aîné de la liberté*. Le 20 juillet, il fut organe du comité diplomatique, et proposa des mesures relatives à la capitulation des régiments suisses. Echappé aux proscriptions de 1793, M. Ramond devint professeur d'histoire naturelle à l'Ecole centrale des Hautes-Pyrénées, fut appelé en mars 1800 au corps-législatif par le sénat, obtint la croix de commandant de la Légion-d'honneur, et fut nommé membre de l'Institut le 24 février 1802. Il siégea au corps-législatif jusqu'en 1806, époque à laquelle il passa à la préfecture du Puy-de-Dôme, qu'il administra jusqu'en 1814. Il a été nommé par le Roi, en août 1815, maître des requêtes en service ordinaire, comité des finances; et en 1818, conseiller-d'état en service extraordinaire. On a de lui: I. *Lettres de M. William Coxe à M. W. Melmoth, sur l'état politique, civil et naturel de la Suisse*, traduites de l'anglais et augmentées des Observations faites dans le même pays par le traducteur, 1781, 2 vol. in-8°. II. *Observations faites dans les Pyrénées, pour servir de suite à des observations sur les Alpes, insérées dans une traduction des Lettres de M. Coxe, sur la Suisse*, 1789, 2 vol. in-8°. III. *Opinion sur les lois constitutionnelles, leurs caractères distinctifs, leur ordre naturel, leur stabilité relative, leur révision solennelle*, 1791, in-8°. IV. *Voyage du mont Perdu*, 1801, 1 vol. in-8°. V. *Mémoire sur la formule barométrique de la Mécanique céleste*, 1812, in-4°., et plusieurs autres Mémoires lus à l'Institut. B. M.

RAMPON (Le comte ANTOINE-GUILLAUME), lieutenant-général, né le 16 mars 1759 à St.-Fortunin, entra au service comme simple soldat le 14 mars 1775, fit la campagne de 1792 en Italie, en qualité de lieutenant, passa au mois de février 1793 à l'armée des Pyrénées, et y obtint le grade d'adjudant-général chef de bataillon sur le champ de bataille de Villelongue, le 5 octobre 1793. Nommé général de brigade le 14 du même mois, il fut fait prisonnier par les Espagnols le 24 janvier 1794, et ne recouvra sa liberté qu'à la conclusion de la paix. Employé à l'armée d'Italie, sous Buonaparte, le général Rampon s'y signala les 10 et 15 avril 1796, aux batailles de Montenotte et de Milesimo. A la journée de Montenotte, il défendait la redoute de Montelezino avec 1600 hommes. Le général Beaulieu, après avoir culbuté le centre de l'armée française, arriva en personne à la tête de 15,000 hommes devant cette redoute, et en forma l'attaque. Le général Rampon, au milieu du feu le plus vif, fit jurer à sa troupe de mourir plutôt que d'abandonner son poste. Trois fois l'ennemi revint à la charge et trois fois il fut repoussé. Il bivouaqua à portée de fusil; et le lendemain il fut attaqué à son tour et battu de nouveau. Le général Rampon soutint sa réputation à Roveredo le 18 fructidor an IV (4 septembre 1796), et dans la campagne de l'an V (1797). Il était un des généraux commandant l'avant-garde, lorsque l'armée d'Italie passa l'Isonzo, les Alpes Juliennes, et lorsqu'elle envahit la Carinthie, la Styrie et la Carniole. Il alla ensuite combattre en Suisse sous les ordres du général Brune, et fit partie de l'expédition d'Egypte. A la bataille des Pyramides, il commandait les grenadiers qui abordèrent avec tant d'impétuosité les retranchements des Turcs, et soutinrent les charges réitérées des Mamlouks. Envoyé à la conquête de la Syrie, il entra le premier à Suez, soumit la province d'Alsickhély, commanda la droite de l'armée à la bataille du Mont-Thabor, fut promu pendant cette expédition au grade de général de division, revint combattre à Aboukir, à Héliopolis, et fut chargé par le général Kléber du commandement des provinces de Damiette et de Manssourah, formant la 6e. arrondissement de l'Egypte. Après la capitulation d'Alexandrie, dont il avait commandé le camp retranché pendant le siège, le général Rampon s'embarqua pour la France, et arriva à Marseille en novembre 1801. Il avait été nommé sénateur étant encore en Égypte. A son retour en France, il fut décoré du titre de grand-officier de la Légion-d'honneur, présida en 1803 le collége électoral de l'Ardèche, et obtint peu de temps après la sénatorerie de Rouen. En 1805, il fut nommé commandant-général des gardes nationales du Pas-de-Calais, du Nord, de la Lys et de la Somme, dont il organisa les compagnies disponibles; et à la nouvelle du débarquement des Anglais dans l'île de Walcheren en 1809, il réunit toutes ces gardes nationales et les dirigea sur Anvers pour y former un camp de défense, dont Bernadotte prit le commandement en chef. Le général Rampon fut envoyé de nouveau en Hollande en 1813. Il se renferma dans Gorcum, à la fin de cette année, y résista vigoureusement, et ne se rendit qu'à la dernière extrémité. Quoique prisonnier, il envoya son adhésion au rétablissement des Bourbons, dès que les événements du mois d'avril lui furent connus; fut créé pair de France le 4 juin 1814, et chevalier de Saint-Louis le 27. Mais ayant, après l'invasion de Buonaparte, siégé à la chambre des pairs, il a dû être compris dans l'ordonnance du Roi du 24 juillet 1815, et privé de sa dignité. Il avait été envoyé pendant les cent jours dans la 4º. division en qualité de commissaire-extraordinaire, et sa mission y avait été signalée par la destitution du recteur de l'académie et par plusieurs actes de sévérité contre des ecclésiastiques qui, dans leurs prônes, cherchaient à détourner leurs paroissiens de l'obéissance à Napoléon. S. S.

RAMSAY (DAVID), docteur-médecin de Charlestown, dans la Caroline méridionale, membre du congrès des Etats-Unis d'Amérique depuis 1782, a publié différents ouvrages fort estimés, savoir: I. *Histoire de la révolution d'Amérique en ce qui concerne la Caroline méridionale*, 1791, 2 vol. in-8º., trad. en français. II. *Discours prononcé à l'occasion de l'anniversaire de l'indépendance américaine*, 1800. III. *Revue des améliorations et de l'état de la médecine dans le 18º. siècle*, 1802, in-8º. IV. *Vie de George Washington*, 1807, in-8º. Ce dernier ouvrage a été traduit en français en 1809, Paris, 1 vol. in-8º. (On peut lire de bons articles sur cette traduction dans le *Journal de l'Empire* des 13 avril et 12 mai 1810, et surtout dans le *Publiciste*, 2 janvier 1818.) Z.

RANDOLPH (JEAN), membre du congrès américain pour la province de Virginie, et l'un des hommes d'état les plus considérés des Etats-Unis, s'est fait connaître comme antagoniste de Madisson et du parti démocratique. En 1806, il combattit, dans un long discours, la motion faite par M. Gregg de prohiber l'importation des manufactures britanniques. « Je me suis opposé à la guerre na» vale de la dernière administration, dit» il, et je suis également prêt à m'oppo» ser à celle que peut méditer l'adminis» tration actuelle. Prohiber l'importation » des manufactures britanniques, c'est » nous mettre en état de guerre avec l'An» gleterre. Eh quoi ! faut-il que le grand » Mammouth des forêts d'Amérique sorte » de son élément natal, et qu'il se précipite » follement dans les flots pour y attaquer » le requin ? Qu'il prenne garde de per» dre sa trompe dans le combat. Qu'il » reste sur le rivage, et que les moules » et les coquillages de la grève ne l'ex» citent point à se hasarder sur les flots » dans un misérable bateau..... Jetez les » yeux sur la France; voyez ses bâtiments » s'échappant à la dérobée d'un port à » l'autre sur ses propres côtes, et souve» nez-vous qu'après l'Angleterre, c'est » la première puissance navale du globe! » Otez la marine anglaise, et demain la » France sera le tyran de l'Océan. » En 1809, il se prononça avec force contre l'embargo, et chercha à jeter d'avance de la défaveur sur les opinions de M. Madisson, dont il prévoyait l'élection à la présidence. A la fin de 1815, il adressa à l'un des représentants de Massachusset une lettre, dans laquelle il s'efforçait de prouver aux habitants de la Nouvelle-Angleterre, combien il serait impolitique et même dangereux de se séparer de l'Union. « La guerre actuelle, dit-il, est sans » doute contraire à tous les vœux des » vrais Américains; un gouvernement » d'*athées* et de *fous*, tel que celui de » M. Madisson, est une malédiction pour » notre pays; mais il faut se rappeler » que ce n'est pas en nous divisant » que nous pourrons lui arracher une » paix honorable. » La Gazette de Boston répondit à cette lettre par un argument personnel, tiré de la conduite de M. Randolph en 1803. Lors du fameux traité qui fut conclu à cette époque, mais qui

ne fut pas ratifié, les représentants de la Virginie, et M. Randolph à leur tête, déclarèrent que si le traité était accepté, l'état de Virginie se séparerait de l'Union. La même doctrine fut alors professée par M. Madisson. « Si donc, ajoutait la Gazette de Boston, les états de la Nouvelle-Angleterre voulaient se séparer de l'Union, ils ne feraient que mettre en pratique la doctrine de M. Randolph. »
— RANDOLPH (Edmond), frère du précédent, ne partagea pas ses opinions politiques, et prit les armes en faveur de l'indépendance américaine, après avoir fait des études pour suivre la carrière du barreau. A la paix, il reprit ses anciennes occupations, montra de grands talents comme avocat, et obtint une nombreuse clientelle. Il fut bientôt appelé, par les suffrages de ses concitoyens, d'abord à la place de secrétaire de la Convention de la Virginie, et ensuite à celle de procureur général, que son père avait occupée sous le gouvernement royal. Ce fut à-peu-près vers cette époque qu'il épousa la fille de Robert Carter Nicholas, dernier trésorier de l'état de Virginie, dont il eut plusieurs enfants. Il exerçait les fonctions d'avocat-général de la Virginie depuis plusieurs années, lorsque Washington ayant été élu président le fit nommer procureur-général de l'Union fédérale, fonctions qu'il exerça avec distinction, jusqu'à ce qu'il succéda dans celles de secrétaire-d'état à M. Jefferson. En 1794, il fut compromis dans les dépêches que l'ambassadeur français, adressait à son gouvernement, et qui furent interceptées par les Anglais. Lord Grenville les ayant transmises à M. Hammond, ministre d'Angleterre à Philadelphie, elles parvinrent au général Washington, qui, après avoir réuni son conseil, fit interroger M. Randolph, qui donna sa démission à cette occasion. Il se retira en Virginie, où il reprit la profession d'avocat qu'il exerce encore. Il passe pour partisan de la France et grand ennemi de l'Angleterre. Les papiers américains ont donné beaucoup de détails sur son affaire. Z.

RANQUE (H.), médecin à Bordeaux, a publié: I. *Théorie et pratique de l'inoculation de la vaccine*, 1801, in-8°. II. *Lettres sur le Portugal, écrites à l'occasion de la guerre actuelle*, 1801, in-8. — RANQUE (Hugues-Félix), né à la Charité-sur-Loire, exerce avec succès la médecine à Orléans. Il est auteur d'un *Essai sur la détermination des prééminences organiques dans les différents âges, et particulièrement dans l'enfance*, 1803, in-8°. OT.

RAOUL-ROCHETTE (Désiré), membre de l'Institut, né à St.-Amand dans le Berri en 1790, s'est montré, quoique jeune encore, l'un de nos savants les plus distingués par son érudition et son habileté comme écrivain. Il a été pendant quelque temps professeur au lycée de Louis-le-Grand, et il est suppléant de M. Guizot à la chaire d'histoire moderne de la faculté des lettres de Paris, depuis décembre 1815. On a de lui : I. *Histoire critique de l'établissement des colonies grecques*, 1815, 4 vol. in-8°.; ouvrage couronné par l'Institut en 1813. II. *Trois Discours prononcés pour l'ouverture du cours d'histoire moderne*, (1814-1816), *sur Charlemagne, les Croisades, et les heureux effets de la puissance temporelle des papes*. Ce dernier a été inséré dans les *Annales encyclopédiques*. III. Un *Discours sur l'improvisation*, imprimé à Londres dans le *Classical journal*. M. Raoul-Rochette est un des collaborateurs du *Journal des savants*, et il a donné plusieurs articles à la *Biographie universelle*, entre autres ceux de FRÉRET et d'HÉRODOTE. Il a été nommé en août 1818, à la place de conservateur du cabinet des médailles, des pierres gravées et des antiques, vacante par la mort de M. Millin. D.

RAOUL (Mlle), née en Bretagne vers 1780, vint fort jeune à Paris, et y publia, en 1799, un ouvrage anonyme intitulé: *Opinion d'une femme sur les femmes*. Quelques années plus tard, elle fit remettre à la lecture du théâtre de l'Odéon, dont M. Duval était directeur, le manuscrit d'une pièce qui ne fut point représentée, mais dont elle crut ensuite reconnaître le plan dans le *Tyran domestique*, de M. Duval. Elle rendit sa réclamation publique, et cette affaire fit quelque bruit dans les journaux. Mlle. Raoul a publié: I. *Fragments philosophiques et littéraires*, 1813, in-8°. II. *Réponse à M. Philogène Lebon*, 1813, in-8°. III. *Le Véridique*, journal, 1814-1815, in-8°. OT.

RAOUL (L. V.), professeur à Meaux, a publié: I. *Satires de Juvénal*, traduites en vers français, 1811, 2 vol. in-8°; 1815, in-8°. II. *Les nouveaux embellis-*

cemnents de Paris, 1811, in-8°. III. *Épître sur la comédie des Deux Gendres*, 1812, in 8°. IV. *Satires de Perse*, traduites en vers français, 1812, in-8°.—

RAOUL (Charles-François), né le 5 avril 1759, maréchal-de-camp d'infanterie depuis le 2 avril 1794, fut admis à la retraite avant le 20 mars 1815. Remis en activité le 15 avril, il fut nommé au commandement du département des Vosges, et a été licencié au retour du Roi. Ot.

RAPP (Le comte Jean), lieutenant-général de cavalerie, né en Alsace le 26 avril 1772, entra au service le 1er mai 1788, et montra dès lors un goût décidé pour les armes. Devenu aide-de-camp de Desaix, il fit avec lui les campagnes d'Allemagne et d'Égypte; et après la mort de ce général, Buonaparte le retint auprès de lui en la même qualité. En 1802, il fut chargé d'annoncer aux Suisses l'intervention de la France dans leurs troubles civils. Il somma le général Bachmann et les insurgés de Berne de suspendre les hostilités, en leur annonçant que sa sommation, si elle était inefficace, serait appuyée par l'entrée des troupes françaises; fit, peu de jours après, évacuer Fribourg, qui avait été enlevé durant l'armistice, força la diète de Schwitz de s'expliquer catégoriquement sur ses propositions, et obtint bientôt qu'elle accéderait à la médiation. Le sénat de Berne lui envoya aussitôt après une députation, pour le *remercier* de cette intervention. En novembre, Le général Rapp arriva à Coire, dont il cita devant lui le petit conseil, et força la municipalité à se dissoudre. De retour à Paris, il accompagna le premier consul dans son voyage de la Belgique en 1803; partit de là pour s'assurer de l'état des bords de l'Elbe, afin d'y élever des redoutes; devint ensuite commandant de la Légion-d'honneur, épousa, au mois d'avril 1805, Mlle. Vanderberg, fille d'un fournisseur, de laquelle il s'est séparé depuis plusieurs années; fut élu au mois de mai suivant candidat au sénat par le collège électoral du Haut-Rhin, suivit Napoléon en Allemagne lors de la reprise des hostilités contre l'Autriche, et se distingua à la bataille d'Austerlitz. A la tête de deux escadrons des chasseurs de la garde, il ordonna très à propos une charge audacieuse contre la garde impériale russe, et la mit en déroute; il fit de sa propre main le prince Repnin prisonnier, et fut nommé général de division le 24 décembre 1805. Employé en 1806 et 1807 au commandement d'un corps de dragons, il se signala le 29 décembre au combat de Golymin, où il fut blessé; fut installé le 4 juin 1807, après le départ du maréchal Lefebvre, gouverneur-général de Dantzig, et quitta ce poste en août 1809. Il reçut alors des habitants une épée magnifique en témoignage de leur estime et de leur reconnaissance. Pendant la campagne de 1812, il eut sous ses ordres la division hollandaise du général Daendels, et se fit remarquer par sa bravoure et ses talents militaires en plusieurs rencontres, particulièrement le 27 octobre, au combat de Maloïaroslavetz, où il eut un cheval tué sous lui. Après les désastres de cette campagne, il se jeta dans la place de Dantzig, où il avait trente mille hommes sous ses ordres, et y développa tous les moyens de défense, toutes les ressources du génie et du courage pendant un siège rigoureux, qui ne dura pas moins d'un an. Obligé enfin de capituler, faute de vivres, et après avoir perdu par une cruelle épidémie les deux tiers de sa garnison, il fut emmené prisonnier à Kiow en Russie, et dès le 4 juin 1814, il envoya son adhésion aux actes qui expulsaient Napoléon du trône de France et y rappelaient les Bourbons. Il arriva à Paris au mois de juillet suivant, et y fut accueilli avec distinction par le Roi, qui le créa chevalier de St.-Louis et grand-cordon de la Légion-d'honneur le 23 du même mois. A l'approche de Buonaparte, au mois de mars 1815, le général Rapp fut chargé du commandement du 1er. corps d'armée pour s'opposer à l'invasion; mais tous moyens de résistance ayant été neutralisés par la défection des troupes et la rapidité de la marche de Napoléon, le général Rapp accepta le commandement de la 5e. division, fut nommé pair, et commandant en chef de l'armée du Rhin. Cette armée, forte de dix mille hommes de troupes régulières, se composait de tous les corps stationnés en Alsace, et était renforcée par les gardes nationales des Haut et Bas-Rhin, sous les ordres du général Molitor. (*Voy.* ce nom). Elle prit position aux lignes de la Lauter et à celles de Weissembourg, s'appuyant à Spire, le long du Rhin jusqu'à Huningue, et se liant par sa droite au corps d'observation du Jura, commandé par le général Lecourbe. Après avoir soutenu quelques engagements contre un ennemi supérieur, cette armée abandonna ses lignes et se replia sous le canon de Strasbourg. Elle fut une des premières à faire sa soumission par l'organe de son commandant en chef, qui continua dès-lors à gouverner au nom du Roi, la 5e. division, jusqu'au mois de septembre suivant, époque à laquelle l'armée fut licenciée. Le général Rapp se retira alors dans l'Argovie, où il a fait, en 1816, l'acquisition du château de Wildenstein. La Gazette de Lausane publia, à-peu-près à cette époque, qu'il avait reçu d'un Anglais le présent d'un superbe cheval. Cet Anglais, qui avait parié en 1813, 10,000 guinées, que la défense de Dantzig se prolongerait jusqu'à une époque déterminée, crut alors devoir cet hommage de sa reconnaissance à celui qui lui avait fait gagner son pari. Le général Rapp est revenu à Paris en 1817, et il a obtenu du Roi une audience particulière. S. S.

RASORI (Jean), médecin fameux en Italie, naquit à Parme vers 1762. Son père, qui était apothicaire, lui fit étudier la médecine sous un élève de Morgagni. Le jeune Rasori alla en Toscane se perfectionner dans cette science, sous le célèbre Mascagni. La cour de Parme fut assez généreuse pour lui donner les moyens de voyager en France et en Angleterre, afin d'y acquérir une plus grande étendue de connaissances. Il revint de cette dernière contrée plein des nouvelles théories de Brown et de Darwin. S'étant présenté ensuite comme disciple à l'université de Pavie, il voulut y communiquer son enthousiasme pour ces nouvelles doctrines ; le savoir des Franck, des Scarpa, et des autres habiles professeurs de cette école qui suivaient l'ancien système, ne le déconcerta pas. N'étant qu'écolier, il voulait déjà révolutionner la science dans cette université, en attendant qu'il pût mettre les élèves en révolution morale et politique. Sur ces entrefaites, Buonaparte amena son armée à Milan, et Rasori, qui y accourut, se mit à composer un journal et quelques écrits républicains. Ce zèle ardent le fit porter à une chaire de clinique dans l'université de Pavie ; il y débuta par une *Dissertation sur le génie d'Hippocrate*, où il professa ouvertement le matérialisme et les idées révolutionnaires. Les jeunes gens profitèrent si bien de ses leçons, que ce ne fut bientôt plus qu'insubordination et désordre parmi tous les étudiants. Rasori fut obligé d'abandonner sa chaire à l'arrivée des Austro-Russes, et il suivit, en qualité de médecin, la portion de l'armée française qui occupa Gênes. Il a publié un Opuscule sur la maladie épidémique dont cette ville fut affligée pendant que les Autrichiens en faisaient le siége. Après la victoire de Marengo, il revint à Milan, où il se fit nommer médecin de l'hôpital militaire et du grand-hôpital civil. Il y ouvrit un cours de clinique, dans lequel il professa une doctrine toute contraire à celle par laquelle il avait troublé l'ancien enseignement de l'université de Pavie. La raison en était que plusieurs médecins avaient, dans l'intervalle, adopté la méthode de Brown ; Rasori, qui voulait être singulier en tout, enseigna une théorie de contre-stimulants, dont les plus terribles poisons formaient toute la pharmacie. C'était surtout dans l'hôpital militaire qu'il mettait en pratique cette dangereuse médecine. De fortes récriminations s'élevèrent de la part des autres médecins contre ce nouveau système ; mais Rasori, assidu à faire sa cour aux ministres de qui sa place dépendait, en fut évincé. Il parut, en 1813, un Mémoire du docteur Ozanam, où étaient cités, d'après les registres de l'hôpital militaire, un grand nombre d'individus que les poisons du docteur Rasori avaient fait périr. Son crédit résista à cette attaque, dont on présuma que les armes avaient été fournies par Moscati. (*Voy.* ce nom). M. Rasori rédigeait alors, avec le littérateur Michel Léoni, un journal scientifique, intitulé : *Annali delle scienze, lettere ed arti*. Il parut très affligé de la chute de Buonaparte, et se fit l'agent d'une conspiration contre les Autrichiens, pour procurer à l'Italie septentrionale l'avantage d'être un état indépendant (*Voy.* Lachi et Pino). Cette conjuration ayant été découverte, Rasori fut arrêté avec plusieurs autres, et enfermé dans la forteresse de Mantoue. Après un an de prison, il a été banni du royaume Lombardo-Vénitien. N.

RASTIGNAC (Le comte Charles de Chapt de), d'une ancienne famille originaire du Limousin, établie dans le Périgord depuis plus de trois siècles, émigra dans la révolution et prit du service en

Russie, où il devint général-major. Rentré en France en 1814, il fut nommé lieutenant des mousquetaires, puis maréchal-de-camp par ordonnance du 14 juillet, et chevalier de St.-Louis le 16 août suivant. Une autre ordonnance du 9 septembre 1815 lui conféra le titre de chef d'état-major de la 1re. division d'infanterie de la garde royale. Il a rempli, en août 1816, les fonctions de juge dans le procès du général Lallemand, et a présidé, en août 1817, le collége électoral du Lot. — Le comte de Rastignac a deux frères qui ont servi, et dont l'un est maréchal-de-camp depuis 1791. Ils sont neveux de l'abbé Chapt DE RASTIGNAC, qui, jeté dans les prisons de l'Abbaye, à Paris, après le 10 août, y fut égorgé le 2 septembre. U.

RAUP DE BAPTESTEIN DE MOULIERES (A.-J.), censeur royal avant la révolution, ancien membre du conseil des cinq-cents, de plusieurs académies et sociétés savantes, a publié : I. *Mémoires sur un moyen facile et infaillible de faire renaître le patriotisme en France dans toutes les classes de citoyens comme dans les deux sexes, et d'assurer le remboursement des dettes de l'état sans nouveaux impôts*, 1789, in-8°. II. *Mémoires historiques sur la navigation intérieure*, 1800, in-8°. III. *Mémoires et Discours réunis*, 1803, in-8°. IV. *Le Roi martyr, ou Esquisse du portrait de Louis XVI*, 1816, in-8°., deux éditions. On lui attribue aussi la petite *Biographie conventionnelle*, 1 vol. in-12, Paris, 1816 (sans nom d'auteur); 2e. édition, 1817. OT.

RAUX (J.-F.) a publié: I. *Discours et Réflexions sur différents sujets de morale*, Paris, 1785. II. *Les Géorgiques de Virgile*, traduites en vers français, le texte à côté de la traduction, avec des Remarques sur celle de Delille, suivies de la traduction en vers latins du poëme des *Cerises renversées*, de Mlle. Chéron, 1802, in-12. (*Voy*. la *Biogr. univ.*, au mot CHÉRON.) Cette très mauvaise traduction des *Géorgiques*, oubliée depuis long-temps, fut l'objet, à sa publication, des plaisanteries de tous les journalistes. D.

RAUZAN (L'abbé DAVID DE), prédicateur du Roi, et l'un des plus distingués parmi ceux qui exercent en ce moment le ministère de la chaire évangélique, est né à Bordeaux en 1764; il a fait, depuis la première restauration jusqu'à ce jour, plusieurs missions apostoliques dans diverses parties de la France, qui ont eu de très grands succès, et dans lesquelles il a eu pour digne collaborateur M. l'abbé Forbin de Janson. M. de Rauzan et son confrère remplissaient leur ministère à Beauvais lors du retour de Buonaparte, et ils ne le ménagèrent pas dans leurs prédications. Obligés de se retirer, ils se dirigèrent dans les départements de l'Ouest, où ils servirent la cause royale. On a beaucoup parlé des missions qu'ils ont faites à Angers, à Nantes, et autres pays environnants, et tout nouvellement à Clermont en Auvergne. Les effets qu'ont produits ces zélés missionnaires ont excité la mauvaise humeur de quelques écrivains, qui n'ont pu voir sans frémir les anathèmes lancés contre le système de Buonaparte et les doctrines philosophiques. M. de Rauzan a publié : *Lettre sur la mission qui vient d'être faite à Angers*, 1816, in-8°. U.

RAVEZ, né à Rive-de-Gier (dépt. de la Loire) vers 1770, débuta en 1791 dans le barreau de Lyon par la défense des prêtres qui avaient été arrêtés pour avoir exercé leur ministère sans faire le serment, et se fit beaucoup d'honneur dans cette affaire par le talent et le courage qu'il y déploya; il se trouvait encore dans cette ville en 1793, à l'époque du siége, et y concourut à la glorieuse résistance que ses concitoyens opposèrent aux troupes conventionnelles. M. Ravez passa ensuite à Bordeaux, continua d'y suivre le barreau, et se fit la réputation du plus éloquent avocat de cette ville. Il fut nommé, en août 1815, membre de la chambre des députés par le département de la Gironde. Précédé à Paris par une grande réputation, il se fit cependant peu remarquer à cette première session, et parut rarement à la tribune. Il fut désigné par le Roi, en août 1816, pour président du collége électoral de son département; et, dans son discours d'ouverture, il cita les paroles que S. M. lui avait adressées avant son départ, comme étant l'expression de sa volonté royale, et devant être la règle de conduite des électeurs: « Trop d'agi-
» tations, m'a dit S. M., ont malheureu-
» sement troublé la France; elle a besoin
» de repos: il lui faut, pour en jouir,
» des députés attachés à ma personne, à
» la légitimité et à la Charte, mais sur-

» tout modérés et prudents. » M. Ravez, élu de nouveau à la chambre des députés, y vota constamment avec le ministère, et fut nommé au mois de décembre rapporteur de la commission chargée de l'examen du projet de loi sur les journaux. Pendant la session de 1817, il vota, le 15 janvier, pour la loi sur la liberté individuelle, « parce qu'elle n'a- » vait point, dit-il, les inconvéniens de » celle de 1815, qui, telle qu'elle avait » été proposée, pouvait armer trop de » haines, trop de passions particulières. » Le 18, il monta à la tribune en qualité de rapporteur de la commission chargée de l'examen du projet de loi sur les journaux, et en proposa l'adoption sans amendement. A la fin du même mois, lorsque les débats relatifs à ce projet de loi furent terminés, M. Ravez s'efforça de prouver, par l'exemple des récriminations et des accusations fort amères qui avaient, pendant ces débats, rendu les séances de la chambre si tumultueuses, combien il serait dangereux d'accorder la liberté aux journalistes, qui, n'ayant, dit-il, aucun caractère public, ne se laisseraient plus facilement égarer par leur intérêt et par leur amour-propre, lorsqu'on voyait des hommes graves, associés aux fonctions de la législature, franchir, sous prétexte de la liberté de leurs opinions, les bornes des convenances. M. Ravez fut nommé au mois d'avril de cette même année, conseiller-d'état en service extraordinaire, et sous-secrétaire-d'état au département de la justice. Il se prononça, le 12 décembre 1817, contre la liberté de la presse, et fut nommé au mois de janvier 1818, par la voie du scrutin, vice-président de la chambre, en remplacement de M. Faget de Baure. S.

RAYMOND (DOMINIQUE), docteur en médecine de la faculté de Montpellier, doyen de l'aggrégation de Marseille, pensionnaire du Roi, président trésorier-général de France, a publié : *Traité des maladies qu'il est dangereux de guérir*, augmenté de notes par M. Giraudy, docteur en médecine de l'Ecole de Paris. — RAYMOND (H.), né à Paris, a publié : *Leçons d'un père à son fils, sur les systèmes du monde*, 1805, in-8º. — RAYMOND (J. A.), a publié : *Projet d'un arc de triomphe*, 1812. — RAYMOND (S.), instituteur, a publié : *Petits Dialogues moraux, précédés de principes de lecture*, 1813, in-12. — RAYMOND (F.), prote et correcteur d'imprimerie, a donné au public un *Nouveau Traité de ponctuation*, 1813, in-12 ; 3e. édition, 1817, in-12. — Un autre RAYMOND a publié : I. (Avec Roth) *Tableau statistique de la monarchie autrichienne au commencement de la guerre présente*, 1809, in-8º. II. (Avec le même.) *Tableau géographique et politique des royaumes de Hongrie, d'Esclavonie, de Croatie et de la grande principauté de Transylvanie*, par M. Demian, traduit de l'allemand, 1809, 2 vol. in-8º. OT.

RAYMOND (GEORGE-MARIE), né à Chambéri en 1769, principal et professeur de mathématiques au collège de cette ville, rédacteur du *Journal de Savoie*, membre de la société philotechnique de Paris, et des académies de Turin, de Lyon, de Dijon, de Nimes, etc., a publié : I. *A l'auteur de la Chaumière indienne, ou Réfutation du système de M. Bernardin de St.-Pierre sur la figure de la Terre*, Chambéri, 1792, in-8º. II. *De la peinture considérée dans ses effets sur les hommes en général, et son influence sur les mœurs et le gouvernement des peuples*, 1801, in-8º.; 1804, in-8º. III. *Essai sur l'émulation dans l'ordre social et sur son application à l'éducation*, ouvrage mentionné honorablement par l'Institut, Genève, 1802, in-8º. IV. *Métaphysique des études, ou Recherches sur l'état actuel des méthodes dans l'étude des lettres et des sciences, et sur leur influence relativement à la solidité de l'érudition*, Paris, 1804, in-8º. V. *Manuel métrologique du département du Mont-Blanc*, Chambéri, 1803, in-8º. VI. *Deux Lettres à M. Millin, sur l'usage de la musique dans les églises*, 1811, in-8º. VII. *Lettre à M. Villoteau, touchant ses vues sur la possibilité d'une théorie exacte des principes naturels de musique*, Paris, 1811, in-8º. VIII. *Essai sur la détermination des bases physico-mathématiques de l'art musical*, 1813, in-8º. IX. *Notice sur les Charmettes*, Genève, 1811, in-8º. (insérée dans le *Magasin encycl.* de 1811, IV, 278). Le style de cette brochure ayant été âprement critiqué dans l'*Esprit des journaux*, M. Raymond a été complètement justifié par M. Duvernoy, dans un article signé A, inséré au *Magasin encycl.* de juin 1812,

N, 462-468. X. *Notice sur l'Institut d'Yverdun*, 1814, in-8º. (*V.* PESTAZOZZI). XI. *Analyse du biomètre, instrument pour mesurer la vie, ou Mémorial horaire de M. Jullien*, 1815, in-8º. XII. *Eloge de Blaise Pascal*, qui a remporté le prix double d'éloquence ou de l'églantine d'or, à l'académie des Jeux-Floraux de Toulouse, en 1816; 2ᵉ. édition, 1817, in-8º. M. Raymond a fourni beaucoup d'articles à la *Bibliothèque française* de Ch. Pougens, au *Magasin* et aux *Annales encyclopédiques* de M. Millin, aux *Annales de mathématiques pures et appliquées*, par M. Gergonne, etc. — Son frère aîné, RAYMOND (J.-B.), capitaine au corps royal des ingénieurs-géographes militaires, né à Chambéri, le 26 décembre 1766, membre correspondant de l'académie d'Arras, a publié (en 1815): *Carte physique et minéralogique du Mont-Blanc et des vallées qui l'avoisinent*, levée en 1797-99, dessinée et gravée par l'auteur. Il avait publié en 1793 et en 1805 deux cartes générales du département du Mont-Blanc, et il termine en ce moment une grande carte topographique et militaire des Alpes, en douze feuilles, à l'échelle d'un deux-cent millième. OT.

RAYNEVAL (GÉRARD DE), conseiller-d'état, directeur des chancelleries du ministère des affaires étrangères, est fils de l'ancien premier commis des affaires étrangères sous M. de Vergennes, mort le 31 décembre 1812 (*V.* la *Biograph. univers.*, XVII, 172.) Il se livra dès sa jeunesse à la carrière diplomatique, dans laquelle son père s'est distingué, et fut chargé, dans les premières années, du gouvernement impérial, de plusieurs missions en Russie et autres contrées. Il était, en 1804, secrétaire de légation à Saint-Pétersbourg, lorsqu'il reçut ordre de quitter cette ville, au mois de septembre, pour revenir en France. Devenu premier secrétaire d'ambassade, il repartit pour la Russie en novembre 1807 avec M. de Caulincourt. M. de Rayneval a résidé auprès de cette puissance jusqu'à la déclaration de guerre, en 1812. Il fut nommé en 1814 consul général de France à Londres, et il est aujourd'hui (1818) directeur des chancelleries du ministère des affaires étrangères. S. S.

RAYNOUARD (FRANÇOIS-JUSTE-MARIE), de l'académie française, né à Brignolles le 18 septembre 1761, était avocat avant la révolution; il en embrassa la cause dès le commencement avec modération, et fut nommé, en 1791, suppléant à l'assemblée législative; mais s'étant déclaré contre les premiers excès révolutionnaires, il fut mis en arrestation par le parti de la Montagne à l'époque du 31 mai 1793, et ne recouvra la liberté qu'après le 9 thermidor. M. Raynouard reprit alors, pendant quelques années, sa première profession, puis il se rendit à Paris vers 1800, et fut nommé, en 1806, membre du corps-législatif par le département du Var. En 1804, il avait remporté un prix au concours de l'institut, par un poëme intitulé: *Socrate dans le temple d'Aglaure*, ouvrage moins remarquable peut-être par le talent qui le fit distinguer que par des principes très hardis, et qui avaient alors peu d'approbateurs. L'année suivante, on donna au Théâtre-Français la tragédie des *Templiers*, qui, après douze ans de travaux, est encore le plus beau titre de gloire de son auteur. Le succès que cette pièce obtint fut loin d'être sans contestation; mais peut-être que l'opposition même de quelques critiques contribua à assurer ce succès: on ne peut au moins douter que tel ne fut le sort des critiques acharnées de Geoffroy. Chaque représentation était suivie d'une violente attaque de ce journaliste, et chacune de ces attaques était vengée le lendemain par un concours et des applaudissements inconnus au Théâtre-Français depuis les succès de Voltaire. Dans son rapport pour les prix décennaux, fait en 1810, l'Institut considéra cette tragédie comme digne du grand prix, et il proposa à l'empereur de la couronner. Il est probable que cette proposition, jointe à d'autres du même genre en faveur de quelques hommes que n'aimait pas Buonaparte, contribua à faire ajourner indéfiniment la distribution de ces prix. Cependant M. Raynouard fut nommé dans ce temps-là membre de la Légion-d'honneur; il avait été nommé, en 1807, membre de la seconde classe de l'Institut à la place du poëte Lebrun. En 1811, il fut appelé une deuxième fois au corps-législatif. Cette nomination fournit bientôt à l'auteur des *Templiers* une occasion de jouer un rôle politique très important. Lorsque la puissance de Buonaparte commença à s'ébranler, vers la fin de 1813, M. Raynouard fut nommé l'un des membres de la commission extraordinaire que l'on chargea de faire un rapport sur l'état de la France (*Voy*. LAINÉ). On sait combien les observations et les remontrances courageuses de cette commission irritèrent Buonaparte. Dans sa fureur, il prononça la dissolution du corps-législatif; mais cette assemblée se réunit de nouveau quelques mois plus tard sous les auspices de la constitution royale, et elle recouvra la parole avec la publicité des délibérations, dont elle avait été privée sous le gouvernement impérial; ce qui donna à M. Raynouard une nouvelle occasion de se faire remarquer par l'indépendance de ses opinions. Ce fut surtout dans le rapport qu'il fit au nom d'une commission sur la répression des délits de la presse, que cet esprit d'indépendance se manifesta davantage. Le rapporteur se montra entièrement opposé aux vues des ministres du Roi, et il conclut à ce que le projet qu'ils avaient présenté fût rejeté (*Voy*. MONTESQUIOU). Au mois de septembre 1814, il parla sur la loi de naturalisation, et il se montra fort disposé à lui donner une grande extension. Après le retour de Buonaparte en 1815, M. Raynouard fut nommé membre de la chambre des représentants, mais il n'accepta point. C'était peu de jours auparavant que l'on avait repris, au Théâtre-Français, la tragédie des *Templiers*, à laquelle il avait fait des changements considérables. Cette pièce obtint encore alors un grand succès, et ce fut une sorte de dédommagement de la chute qu'avait essuyée la tragédie des *Etats de Blois*, donnée l'année précédente, peu de temps après l'arrivée du Roi, et dont Buonaparte n'avait pas permis la représentation au Théâtre-Français, après l'avoir fait jouer en sa présence à St.-Cloud, le 22 juin 1810. Le peu de succès qu'elle obtint devant le public a donné lieu à l'épigramme suivante :

> A présent, moi qui l'ai vue,
> Je dis du meilleur de mon cœur :
> Celui qui l'avait défendue
> Etait un ami de l'auteur.

La pièce eut néanmoins huit représentations. Lors de la réorganisation de l'Institut, en mars 1816, M. Raynouard fut maintenu sur la liste des membres de l'académie française, et le 26 octobre même année, il obtint l'honneur, encore fort rare, de siéger dans deux classes, par le choix que fit de lui l'académie des inscriptions. En 1817, ses collègues de l'académie française l'appelèrent aux fonctions de secrétaire perpétuel, en remplacement de M. Suard. Il fait preuve de beaucoup de zèle dans ses fonctions, et donne, par des lectures fréquentes de ses ouvrages, entre autres de son poème de *Macchabée*, l'exemple de l'activité à un corps qui, depuis long-temps, est accusé de se reposer sur ses lauriers de deux siècles. On a de M. Raynouard : I. *Caton d'Utique*, tragédie en 3 actes et en vers, in-8°., tiré à quarante exemplaires. II. *Socrate dans le temple d'Aglaure*, poème qui a remporté le prix décerné par l'Institut, en l'an XII (1804), in-4°. III. *Les Templiers*, tragédie en cinq actes, 1805, in-8°., plusieurs éditions. IV. *Monuments historiques relatifs à la condamnation des chevaliers du Temple, et à l'abolition de leur ordre*, 1813, in-8°. V. *Les Etats de Blois*, tragédie en cinq actes, 1814, in-8°. VI. *Recherches sur l'ancienneté de la langue romane*, 1816, in-8°. de 32 pages. VII. *Eléments de la grammaire de la langue romane, avant l'an 1000, précédés de recherches sur l'origine et la formation de cette langue*, 1816, in-8°. de 105 pages. VIII. *Grammaire romane, ou Grammaire de la langue des troubadours*, 1816, in-8°. de 351 pag. IX. *Choix des poésies originales des troubadours*, tome 1er., 1817, grand in-8°.; tom. III, 1818. Le tome II n'a pas encore paru. M. Raynouard est un des rédacteurs du Journal des savants depuis sa création en septembre 1816. Il a annoncé le projet de publier un Recueil d'inscriptions, notamment celles de Michel Fourmont. (*V*. FOURMONT, dans la *Biograph. univers.*, XV, 379.) D.

RAZOUT (Le comte LOUIS-NICOLAS), lieutenant-général, naquit à Paris en 1773, d'une famille noble de Bourgogne, et qui prétend descendre de la maison de Bourbon-Busset. Il étudia d'abord le droit, et fut ensuite placé comme sous-lieutenant au régiment de la Sarre en 1792. Il y était lieutenant lorsque Joubert devint sous-lieutenant de la même compagnie; ils se jugèrent promptement, et quoique celui-ci ne partageât pas toujours l'opinion politique de M. Razout, ils ne s'en estimèrent pas moins, et leur intimité ne finit qu'avec la vie de Joubert, qui, devenu général, le prit pour aide-de-camp, et mourut dans ses bras à la bataille de Novi (*Voy*. JOUBERT, dans la *Biogr. univers.*) Peu de temps après, M. Razout passa à l'état-major d'Augereau, et en 1801 il fut nommé colonel de la 104e. demi-brigade. Jusque-là il s'était fait remarquer par une grande activité et un courage impétueux; il déploya alors des talents qu'on ne lui connaissait pas; son corps, formé en Suisse des débris de tous les régiments, devint bientôt l'un des plus beaux de l'armée. Ce régiment ayant été, par suite de l'amalgame, incorporé dans un autre en 1803, M. Razout reçut le commandement du 94e., qui bientôt ressentit les effets de l'esprit d'ordre de son nouveau chef. A Austerlitz, marchant en colonnes par bataillons pour aller remplacer sur la ligne la 24e. légère et le 4e. de ligne, renversés par l'ennemi, la cavalerie de la garde impériale russe entoura ses bataillons, traversa plusieurs fois ses intervalles sans l'entamer, et lui fit éprouver de grandes pertes : la jalousie de Buonaparte contre Bernadotte l'empêcha de remarquer ce beau trait. A la prise de Lubeck, la 27e. légère ayant été repoussée, le colonel Razout se précipita à la tête de son régiment sur la porte de Burg, défendue par trois bataillons prussiens et trois pièces de canon, culbuta tout ce qui s'opposait à lui, et pénétra dans la ville jusqu'à la place d'armes. Le 25 janvier 1807, la célérité avec laquelle il rassembla son régiment, dispersé dans des cantonnements très étendus, contribua beaucoup au succès de cette affaire, qui pouvait avoir les suites les plus désastreuses. Cette série de belles actions lui valut le grade de général de brigade, le 12 février suivant. En 1808, il commandait en Espagne une brigade du corps du maréchal Moncey, dans l'expédition sur Valence. Il concourut ensuite au siége de Sarragosse, et prit une part brillante aux assauts meurtriers qu'il fallut y livrer (*Voy*. PALAFOX). Après la prise de cette place, il passa en Allemagne, et reçut le commandement de Vienne le jour où l'armée française y entra : il mit tous ses soins à prévenir les désordres, suite inévitable de l'enlèvement, presque de vive-force, d'une ville populeuse. Cet emploi convenait peu au caractère du général Razout; il fut placé à la tête d'une brigade qui occupa les îles du Prater. A la bataille d'Enzersdorf, cette brigade, composée de nouvelles levées, attaquait les retranchements du village de Baumersdorf sur la ligne ennemie; le feu des troupes qui les garnissaient causait beaucoup de ravages; il se porta en avant de ses tirailleurs pour les encourager; son cheval fut tué et se renversa sur lui; alors le désordre se mit dans les troupes, qui plièrent : heureusement on les rallia à quelque distance, et il put les rejoindre, à pied, au milieu d'une grêle de balles. A Wagram, il courut à-peu-près les mêmes dangers : il précéda encore ses tirailleurs dans le village de ce nom, et se trouvait seul, entouré de cavaliers ennemis, lorsque ses troupes arrivèrent pour le dégager. Il ne put voir sans chagrin qu'on attribuât à un autre corps l'enlèvement de ce village; il s'en plaignit; ses deux colonels y avaient été blessés; on les remplaça par deux autres qu'il refusa de recevoir, déclarant qu'il ne serait pas l'instrument d'une injustice que l'empereur lui-même n'avait pas le droit de commettre. Il fut alors exposé à la même disgrâce que ses colonels. Le major-général lui ayant fait dire de ne pas tenir de propos *révolutionnaires*, le général Razout lui écrivit une lettre pleine de force et de dignité; il lui rappela que ses principes avaient toujours été opposés aux idées révolutionnaires, parla succinctement de ses services, et réclama surtout pour les officiers qui s'étaient distingués sous ses ordres; il obtint pour eux des récompenses; quant à lui, on lui donna une autre brigade; et, après cette campagne, il fut envoyé dans la Zélande pour y organiser de nouvelles troupes. Le 31 juillet 1811 il fut nommé général de division, et commanda une des divisions du corps du maréchal Ney, qui se distinguèrent au combat de Valontina, à la bataille de la Moskwa, et dans la retraite de Moscou. En 1813, il fut nommé comte et grand-officier de la Légion-d'honneur; il organisa et commanda une division du corps du maréchal Gouvion St.-Cyr, qui, après avoir pris une part glorieuse à la bataille de Dresde et à un grand nombre de combats, fut laissée dans cette ville, y fit une défense vigoureuse, et leva le siége après une capitulation honorable, que les alliés n'observèrent pas. Le général Razout eut besoin de toute sa fermeté pour contenir les troupes de sa division, exaspérées par cette infraction. Il prévoyait depuis long-temps la chute de Napoléon, et fut le premier à adresser, de Raab en Hongrie, sa soumission au Roi, et à provoquer celle des officiers qui s'y trouvaient avec lui. Quand il fut de retour en France, S. M. le créa chevalier de Saint-Louis. Le ministre lui proposa le commandement d'un département; il le refusa parce qu'il le regarda comme incompatible avec son grade, et resta sans activité. Lors de l'invasion de Buonaparte il se rendit auprès du Roi, et, après son entrée dans la capitale, il resta caché plusieurs jours. Cependant il se décida plus tard à prendre du service, et fut chargé du commandement de la 21e. division militaire, à Bourges, où il coopéra beaucoup au maintien de l'ordre pendant le licenciement de l'armée de la Loire. F.

RÉAL (P.-F.), un des hommes qui se sont fait le plus remarquer dans les intrigues révolutionnaires, bien qu'il n'y ait figuré qu'au second rang, est fils d'un garde-chasse de Chatou. Avant la révolution, il exerçait à Paris les fonctions de procureur au Châtelet. Il était néanmoins encore assez jeune lorsque la révolution arriva. Après la session de l'assemblée constituante, trois factions s'entendirent pour détruire ce qui restait de la monarchie : les robespierristes, les girondins et les dantonistes; M. Réal appartenait à la dernière. Ce fut celle-là, incontestablement, qui frappa les derniers coups dans la journée du 10 août. (*Voy.* DANTON, dans la *Biograph. univers.*) Danton, qui connaissait les principes et le zèle de Réal, le fit nommer accusateur-public près le tribunal révolutionnaire, créé le 17 août 1792 pour juger les vaincus. Ce tribunal fut le type de tous ceux du même genre que l'on institua dans la suite : seulement on ajouta quelques dispositions un peu plus atroces, dont l'exécution fut confiée à Fouquier-Tinville et à ses substituts. Toutefois il serait injuste de comparer M. Réal à cette espèce de monstres qui n'avaient de l'homme que les formes extérieures. Ce révolutionnaire a beaucoup d'esprit, même un esprit agréable, et il ne semble pas appartenir à sa barbare faction, dès que ses intérêts ne lui défendent pas de s'en séparer. Après le 10 août il devint substitut du procureur de la commune. (*Voy.* CHAUMETTE, dans la *Biograph. univ.*) Il s'y fit bientôt remarquer, ainsi qu'à la section de la Halle au Blé, dans laquelle il résidait, par ses attaques contre Brissot et les girondins, qu'il fallait au moins chasser de la Convention pour établir le système antirépublicain des dantonistes. Ce fut M. Réal qui, de concert avec Lachevardière, provoqua, au nom des 48 sections de Paris, la pétition qui fut présentée à la barre contre ces conventionnels, et dans laquelle on demanda formellement leur expulsion, demande à laquelle il fut bientôt fait droit. Ainsi, si M. Réal fut un des destructeurs de la monarchie, il le fut aussi de la république, dont, sans contredit, les girondins furent les seuls défenseurs de bonne foi. Dans l'exercice de ses fonctions à la commune, il essaya plusieurs fois, sinon d'arrêter, au moins de modérer les violences révolutionnaires : il n'y réussit pas, et fut, après la chute de Danton, enfermé dans la prison du Luxembourg. Les détenus y étaient environnés d'espions, prisonniers comme eux, qui faisaient des listes de malheureux qu'on voulait perdre, et les envoyaient aux comités conventionnels, et ceux-ci les adressaient à Fouquier-Tinville. M. Réal fit reconnaître plusieurs de ces misérables, et rendit, sous ce rapport, service à beaucoup de personnes qui, sans l'avis qu'il donna, ne fussent sorties de cette caverne que pour aller à l'échafaud. Après le 9 thermidor, il dévoila l'intérieur des prisons, dont il sortit presque aussitôt, et il fit connaître les moyens qu'on employait pour trouver des crimes aux détenus. Il se prononça aussi, même aux jacobins, pour la liberté de la presse, liberté qui, à cette époque, devait nécessairement renverser ce club, par l'influence et la direction duquel se commettaient tous les crimes. L'opinion de M. Réal divisa les anciens frères et amis, et il se trouva jeté dans le parti révolutionnaire ou thermidorien; ce fut dans cet esprit qu'il rédigea d'abord, de concert avec Méhée, une feuille publique qu'ils appelèrent le *Journal des Patriotes de 89*, quoique ni l'un ni l'autre n'eussent appartenu à ce parti, formé des royalistes constitutionnels. Lorsque les rédacteurs virent que les royalistes, gagnant tous les jours du terrain, menaçaient d'arriver jusqu'à eux, ils changèrent de langage, redevinrent jacobins, et finirent par abandonner leur entreprise. C'est à cette époque que M. Réal

fut nommé historiographe de la république. Il était alors défenseur officieux; ce qui le mit en rapport avec les proscrits de tous les partis, et notamment avec les membres du comité révolutionnaire de Nantes, épouvantables scélérats qui furent presque tous acquittés (*Voy.* CARRIER, dans la *Biograph. univers.*), parce que leurs crimes n'avaient pas été commis avec des intentions contre-révolutionnaires. On a beaucoup reproché à M. Réal de s'être chargé de cette cause, et surtout d'avoir employé les moyens qu'il fit valoir. Il défendit aussi, un peu plus tard, à la haute-cour de Vendôme, avec la plus grande chaleur, Babœuf et ses complices, et montra du talent dans cette cause, fort odieuse sans doute, mais dans un autre genre que celle des Nantais. L'affaire la plus importante dont il fut chargé, est celle de Tort de la Sonde, qui, vers la fin de 1795, dénonça le ministre Merlin. Réal en rédigea les accusations et dirigea les poursuites, et il se trouva ainsi en opposition avec le chef de la justice, qui resta maître du champ de bataille. Aux élections de 1798, les amis de M. Réal essayèrent de le faire nommer député; Merlin, alors directeur, rendit leurs efforts inutiles : mais celui-ci ayant succombé lui-même, le 19 juin 1799, son adversaire devint commissaire du gouvernement près le département de Paris. Partisan de la révolution du 18 brumaire, qu'il sut préparer avec adresse, de concert avec M. Regnault de Saint-Jean-d'Angely, il devint aussitôt conseiller-d'état, et fut attaché à la section de la justice, où il discuta avec habileté plusieurs questions législatives importantes. Ce fut lui qui fit découvrir, en 1804, les projets de Georges, en insistant auprès de Buonaparte pour interroger Querelle, condamné à mort, et obtenir de lui des révélations. (*Voy.* QUERELLE.) Il fut chargé des interrogatoires et de tous les détails de cette déplorable affaire. Il aspirait alors au ministère de la police, qui fut néanmoins rendu à Fouché, et il ne reçut que la décoration de commandant de la Légion-d'honneur, et un don de cent mille francs. Il était à cette époque l'un des conseillers-d'état adjoints au ministère de la police générale, et chargé de celle d'un arrondissement, composé de plusieurs départements. A la première restauration, M. Réal cessa d'être employé. On a prétendu qu'il n'avait pas été étranger aux machinations qui firent revenir Buonaparte; ce qu'il y a de sûr, c'est qu'à son retour ce dernier le nomma préfet de police de Paris, et que M. Réal remplit cette place avec beaucoup de zèle; cependant il se retira dans les derniers jours de juin pour cause d'une maladie vraie ou simulée, et laissa remplir ses fonctions temporairement par M. Courtin. (*Voyez* COURTIN.) Compris dans l'ordonnance du 24 juillet 1815, il s'est d'abord retiré dans le royaume des Pays-Bas, d'où des raisons d'état l'ont obligé de sortir. Il s'est alors rendu dans les Etats-Unis d'Amérique, où il a établi une fabrique de distillation de liqueurs dont il s'était autrefois occupé en France. Il a vendu la terre d'Enneri, près Pontoise, dont il était propriétaire, et qui avait appartenu au duc de Lévis. On a élevé très haut la fortune de M. Réal, mais il y a probablement de l'exagération dans cette opinion. On a de lui : I. *Journal de l'opposition*, n°. 1-5, 1795, in-8°.; repris en 1796. II. (Avec Méhée.) *Journal des Patriotes de 1789*, depuis les derniers mois de 1795. III. *Essai sur les journées des 13 et 14 vendémiaire*, 1796, in-8°. IV. *Procès de Barthélemi Tort de la Sonde, accusé de conspiration contre l'état, et de complicité avec Dumouriez*, 1796, in-8°.
U.

RÉAL (ANDRÉ), député de l'Isère à la Convention nationale, y vota la détention de Louis XVI et son bannissement dans des temps plus calmes, ajoutant qu'il aimerait mieux que les droits dont Louis avait été revêtu repassassent sur sa tête flétrie et humiliée, que de les voir réunis sur celle de tout autre Bourbon. Il fut envoyé plusieurs fois en mission pendant cette session; fit rendre, en novembre 1792, un décret portant confirmation de l'impôt extraordinaire établi sur la ville de Lyon; présenta, en février 1793, un autre rapport sur un impôt de même nature, pour les subsistances de la ville de Paris, et fit rendre des décrets sur les pensions de la liste civile. Il défendit Buzot à l'époque du 31 mai, et demanda, le 20 mars 1793, l'ajournement de la question concernant la restitution des biens des condamnés. Envoyé ensuite en mission à l'armée des Alpes, il écrivit contre les mouvements et les liaisons des émigrés dans le Midi. Devenu membre du conseil des cinq-cents, il demanda, dans la séance du 16 mai 1796, que le directoire fût autorisé à faire célébrer la fête de la Victoire le 10 prairial (26 mai); parla sur les droits des enfants naturels, et proposa un mode d'accuser les juges de la haute-cour en forfaiture. Il s'opposa, le 3 octobre, à l'admission en paiement des domaines nationaux, des bons délivrés aux héritiers des condamnés; s'éleva contre l'envoi des garnisaires pour le paiement des contributions; fut nommé secrétaire le 21 décembre; appuya le recours en cassation contre les jugements des conseils de guerre; présenta des observations sur l'échelle de dépréciation du papier-monnaie; sortit du conseil en mai 1797, et devint, en 1800, juge au tribunal d'appel de l'Isère, puis président à la cour royale de Grenoble, place qu'il a perdue en 1815. B. M.

REBOUL aîné (ANTOINE), ancien négociant et armateur, a publié: I. *Notes et additions aux trois premières sections du Traité de navigation de Bezout*, 1804, in-8°. II. *De la prospérité de la France*, etc., 1815, in-4°. III. *Caisse de secours et bureau d'assurance*, 1815, in-4°. — REBOUL (Alexis) a publié *Le retour du bon pasteur*, 1802, in-8°. OT.

RECHBERG (Le comte JOSEPH DE), général et ministre au service de Bavière, commandait dans les campagnes de 1813, 1814 et 1815, un corps de l'armée bavaroise. En 1816, il fut élevé au grade de lieutenant-général et nommé ministre-plénipotentiaire en Prusse. — Le comte Aloys-François DE RECHBERG-ROTHENLOEWEN, frère du précédent, était, en 1814, ambassadeur de Bavière au congrès de Vienne, et il signa, en cette qualité, tous les actes émanés de cette assemblée. En 1816, il fut envoyé à Vienne comme ambassadeur extraordinaire pour signer les conventions matrimoniales entre l'empereur d'Autriche et la princesse Charlotte de Bavière; et dans le mois d'avril même année, il se rendit à Francfort pour les arrangements territoriaux avec l'Autriche. — Le comte Charles de Rechberg, son frère, chambellan du roi de Bavière, est connu par ses voyages en Russie, d'où il a rapporté de nombreux dessins des vues, des monuments et des usages de cet empire, dont il a publié le recueil intitulé: *Voyage pittoresque en Russie*. Il prépare dans ce moment un ouvrage qui sera intitulé: *Voyage pittoresque en Russie*, 4 vol. in-fol. — Le comte Henri DE RECHBERG est ministre de la justice en Bavière. C. C.

RECICOUR (DE), a publié: I. *Recherches sur les moyens de perfectionner les canaux de navigation*, etc., traduites de Fulton, Paris, 1799, in-8°, avec sept planches. (*Voy.* FULTON, dans la *Biogr. univ.*). II. (Avec Ferandy.) *Mémoire sommaire sur le canal de jonction de la Sambre à l'Oise, et sur l'amélioration de la navigation de la Basse-Sambre*, 1802, in-4°. OT.

REDERN (Le comte SIGISMOND-EHRENREICH DE), né à Berlin d'une famille illustre du nord de l'Allemagne, que Tromler, dans son livre du *Paganisme et du Christianisme du Voigtland*, fait descendre des anciens chefs des Vandales. Son père était grand-maréchal de la cour de la mère de Frédéric II, et curateur de l'académie des sciences de Berlin (*Voy.* REDERN, dans la *Biograp. univ.*) Sa mère appartenait à une famille de la *colonie française*; c'est ainsi qu'on nomme dans ce pays les protestants réfugiés, que la révocation de l'édit de Nantes a fait sortir de France. Il a été ministre de la cour de Saxe en Espagne, et ensuite de la cour de Prusse en Angleterre, jusqu'en 1792. La *clique saxonne* (c'est ainsi qu'on appelait plusieurs saxons qui entouraient le roi, et entre lesquels M. de Bischoffwerder avait le plus d'influence), qui se trouvait à la tête du parti des illuminés, dominait alors à la cour de Frédéric-Guillaume II; elle décida la campagne de 1792 contre la France, obligea le comte de Hertzberg, à force de dégoûts, à quitter le ministère des relations extérieures, et fit rappeler les ministres du roi de Prusse (dans les cours étrangères), qu'elle regardait comme opposés à ses vues. Le comte de Redern fut de ce nombre; il est resté dans la vie privée depuis cette époque, et s'est occupé d'arts, de sciences et d'objets d'intérêt public. Il a donné, dès 1790, le premier exemple de l'abolition du servage et du rachat de la corvée et des servitudes féodales en Saxe, où il possédait des terres considérables. Il s'est établi en France sous le régime consulaire. Devenu propriétaire de la terre de Flers, il a remis en activité des établissements de forges, très importants pour l'industrie de cette partie du département de l'Orne. Il a épousé une demoiselle de Montpezat. C'est en 1811, qu'un décret spécial l'a naturalisé français. Il a écrit, en 1814, deux Mémoires contre l'importation des fers étrangers, que les propriétaires et maîtres de forges de France ont présentés aux deux chambres : ces mémoires ont été appréciés dans le temps, non moins pour la manière dont le sujet principal était traité, que pour les vues d'économie politique, et ils ont fait nommer l'auteur membre du conseil-général des manufactures. L'arrondissement de Domfront l'a nommé, en 1815, candidat à la chambre des députés. Il adressa au collège électoral de l'Orne des Considérations sur les élections de 1815, dans lesquelles il s'attachait particulièrement à faire sentir tous les dangers qui menaçaient la France, si les partis ne se hâtaient de se rallier à la Charte et au Roi. M. de Redern a fait paraître, en 1815, les *Modes accidentels de nos perceptions*, ouvrage dans lequel il a traité plusieurs questions de haute métaphysique, dans le point de vue spiritualiste, et qui renferme des vues neuves et philosophiques sur le somnambulisme magnétique. Il en a donné une seconde édition en 1818.   F.

REDESDALE (Jean-Freeman Mitford, lord-baron), connu d'abord sous le nom de Mitford, pair d'Angleterre, membre de la société royale, etc., descend d'une ancienne famille du Northumberland. Il naquit dans le Hampshire le 18 août 1741, fut destiné à suivre la carrière du barreau, et y obtint de grands succès pendant qu'il plaidait à la cour de la chancellerie. Il se fit un nom parmi les légistes, par son ouvrage sur *les Formes et les Usages de la cour de la chancellerie*, 1787, in-8°. Cet ouvrage a eu une seconde édition en 1804. En 1789, Lord Redesdale fut nommé au parlement par Beeralston; il parla peu dans les commencements de la session ; mais en mai 1789, il prit plusieurs fois la parole dans l'affaire de M. Hastings, et défendit sa pétition en se plaignant de la manière dont elle avait été traitée à la chambre des lords. En 1790, il discuta le bill appelé *Tobacco amendement*, qui était lu pour la troisième fois, et en 1793 il fut nommé solliciteur-général. Il reçut en même temps le titre de chevalier. Six ans après, le ministère l'éleva à la dignité de procureur-général, et le suffrage de ses collègues lui valut, en 1801, une distinction encore plus flatteuse, celle d'orateur de la chambre des communes, en remplacement de M. Addington, son ami. Il résigna ces fonctions l'année suivante, le Roi l'ayant nommé lord-chancelier d'Irlande et pair de la Grande-Bretagne, sous le titre de baron Redesdale. En 1806, il se démit de sa place de lord-chancelier, et se retira avec une pension annuelle de 4,000 liv. sterl. Depuis il est rentré dans les affaires, et a été chargé du département du commerce et des colonies, avec le titre de conseiller-privé, etc. Lord Redesdale passe pour un profond jurisconsulte, et son opinion dans la chambre-haute est toujours accueillie avec déférence, surtout dans les causes d'appel. En 1804, il eut une correspondance suivie avec le comte de Fingal, sur l'importante question de l'émancipation des catholiques. Par un abus de confiance, cette correspondance fut imprimée sans l'autorisation du noble lord, qui a publié en outre : *Observations occasionnées par un pamphlet intitulé : Objections contre le projet de créer un vice-chancelier d'Angleterre*, 1813, in-8°. Ces Observations ont été insérées dans le *Pamphleteer*.   Z.

REDON (...), né à Riom en Auvergne, était avocat en la vaste sénéchaussée de cette ville avant la révolution, et passait pour le plus éloquent orateur de ce barreau, l'un des plus distingués de la France. Il fut nommé un des premiers députés de son pays aux états-généraux, et siégea constamment dans le côté droit. Avant la réunion des ordres, il fut un des commissaires nommés par le tiers-état pour tâcher d'opérer, avec ceux du clergé et de la noblesse, une conciliation, à laquelle on ne put parvenir. M. Redon fut membre d'un premier comité de constitution qui fut presqu'aussitôt dissous que formé, et plusieurs fois secrétaire de l'assemblée. Lorsqu'il fut question d'asseoir les premières bases de la nouvelle constitution, on commença par supposer qu'il n'y avait point de gouvernement en France, et qu'il fallait organiser en corps de nation toute la population. Le premier point mis en délibération fut de savoir si le gouvernement serait monarchique ; en d'autres termes, si le prince-régnant serait privé de sa couronne, ou si elle lui serait conservée. Le 29 août 1789, M.

Redon s'éleva avec force contre une aussi dangereuse délibération. Lorsqu'il prit la parole, on avait proposé de traiter concurremment l'organisation du corps-législatif et celle du pouvoir exécutif: « Avant d'examiner ce que c'est
» que le corps-législatif, dit le député
» d'Auvergne, examinons ce que nous
» sommes nous-mêmes pour agiter ces
» grandes questions. Sommes-nous une
» puissance ou des délégués? Avons-
» nous des droits à exercer ou des de-
» voirs à remplir? Qui prétendrait que
» nous sommes une puissance? Elle ré-
» side dans la nation; c'est par elle que
» nous sommes; ce n'est pas seulement
» en son nom, mais par sa volonté que
» nous devons agir, et dire, pour nous con-
» former à cette volonté, que le gou-
» vernement français est un gouverne-
» ment monarchique. Ce n'est pas un
» droit que nous créons, mais la volonté
» de nos commettans que nous décla-
» rons, d'après les cahiers dont nous
» sommes porteurs...... » Dans toutes les circonstances, M. Redon se montra fortement attaché aux principes de la véritable monarchie, et fit ses efforts pour que le veto absolu fût conservé au Roi, qui y avait lui-même renoncé. Le système qu'il défendait étant écarté, il n'eut plus d'autre moyen de le soutenir qu'en signant la protestation du 12 septembre 1791. M. Redon était très lié avec Malouet, son compatriote, qui avait fait aux principes libéraux quelques concessions, dont le premier s'était abstenu. Il échappa aux proscriptions pendant le règne de la terreur, vint à Paris après le 9 thermidor, et fut, dans la section Lepelletier, un des opposans les plus prononcés à la Convention, à l'époque du 13 vendémiaire (5 octobre 1795). Il retourna ensuite dans son pays, et fut nommé en 1800, par le gouvernement consulaire, premier président de la cour d'appel de Riom, place que, vu son grand âge, il a cessé d'occuper en 1818. Il a été remplacé par M. Louvot. En 1814, il vint présenter ses hommages au Roi; S. M. se rappela sa conduite à l'assemblée constituante, et l'accueillit avec beaucoup de distinction. M. Redon est chevalier de la Légion-d'honneur.   U.

REDON-BEAUPREAU, fils du comte Redon de Beaupréau, ancien administrateur, préfet maritime, qui est mort pair de France en 1815; suivit la même carrière que son père, et fut attaché, en 1806, comme auditeur au conseil-d'état à la section du ministère de la marine. Le 20 septembre 1806, M. Redon devint membre de la commission des pétitions, et le 20 février 1809, chef de l'administration de la marine du port de Lorient. Il était maître des requêtes depuis le 14 avril 1813, lorsqu'il adhéra, un an après, à la déchéance de Buonaparte et de sa famille. Le 11 juillet, le Roi le nomma chevalier de la Légion-d'honneur. En 1816, il fut attaché au conseil-d'état comme maître des requêtes en service extraordinaire, et, l'année suivante, nommé intendant-général de la marine à Toulon. Depuis il a passé à l'intendance de Brest.   C C.

REDOUTÉ (Pierre-Joseph), peintre célèbre, est né à St.-Hubert dans les Ardennes le 10 juillet 1759. Son père, après s'être perfectionné à Paris, avait décoré la riche abbaye des Bénédictins de Saint-Hubert, où l'on remarque encore un grand nombre de ses tableaux. Marié dans cette ville, il eut cinq enfans. P.-J. Redouté, son second fils et son élève, était né avec un goût décidé pour la peinture; et, à l'âge de quatre ans, il crayonnait déjà de petits tableaux de genre. A treize ans, emportant pour toute richesse sa palette et ses pinceaux, il quitta ses parens pour voyager en Flandre et en Hollande. Il s'arrêta un an à Vilvorde. Là, il fit des décors d'appartemens, des dessus de portes et des tableaux d'église. Il alla ensuite à Luxembourg, où ses dispositions lui valurent des marques d'intérêt d'une princesse amie des arts. Porteur d'une lettre de recommandation qu'elle lui avait donnée, il partit pour Paris; mais arrivé dans cette ville, il avait oublié la lettre et les avantages qu'elle devait lui procurer. Il se décida alors à peindre des décors pour le théâtre Italien. C'est en cultivant ce genre qu'il a acquis l'habitude de cette manière large et expéditive qui le distingue des autres peintres de fleurs. Il en avait peint comme essai quelques-unes, que le hasard fit tomber entre les mains du célèbre Lhéritier. Le botaniste fut frappé de son talent, et le détermina sans peine à se vouer exclusivement à un genre pour lequel il était né. M. Redouté commença par dessiner les figures des ouvrages de Lhéritier, qui ont obtenu un succès remarquable, puisqu'elles ont commencé l'espèce de révolution qui s'est opérée dans l'iconographie botanique. Il accompagna ensuite ce savant à Londres, et dessina une partie des figures du *Sertum Anglicum*. Il a fait encore, pour le même botaniste, plus de cinq cents dessins, demeurés en portefeuille depuis que celui-ci a cessé de travailler. M. Redouté a peint ou dessiné ensuite la plupart des figures de la *Flora Atlantica* de M. Desfontaines; celles des ouvrages de Ventenat (*Jardin de Cels*; *Choix de plantes*, etc.; *Jardin de Malmaison*); celles de l'*astragalogia*, et des *plantes grasses* décrites par M. de Candolle. Enfin il est auteur ou peintre de plus de vingt ouvrages d'iconographie botanique, dont plusieurs présentent 4 ou 500 figures. La seule famille des liliacées qu'il a terminée, il y a deux ans, a fourni 80 livraisons, formant huit volumes grand in-fol. qui renferment chacune 60 planches; et c'est, sans aucune comparaison, le plus bel ouvrage qui existe dans ce genre; assertion qui cessera cependant d'être vraie lorsque toutes les livraisons du magnifique ouvrage des roses, que publie le même auteur, auront paru. Cet artiste inépuisable a fait en outre plus de quatre mille dessins inédits, tant pour les vélins du Musée commencés sous Louis XIV, que pour quelques savants ou amateurs. On lui doit aussi l'invention d'une branche nouvelle de l'art iconographique; c'est le procédé par lequel on tire, sur une seule planche, la gravure en couleurs variées. M. Redouté venait d'être nommé dessinateur du cabinet de la reine lorsque la révolution arriva. Il fut nommé, en 1792, dessinateur de l'académie des sciences. En septembre 1793, un concours ayant été ouvert, il mérita la place de peintre de fleurs du Musée d'histoire naturelle. Lors de la création de l'Institut, il fut nommé dessinateur en titre de la classe de physique et de mathématique. Enfin en ventôse an XIII (1805), il reçut le brevet de peintre de fleurs de l'impératrice Joséphine. Son magnifique ouvrage des liliacées, dès qu'il parut, fut mis par le gouvernement au nombre des productions de l'art qui pouvaient donner aux étrangers une haute idée de la supériorité de l'école française. En l'an 11, le ministre de l'intérieur souscrivit pour 80 exemplaires, qui furent envoyés en présent aux artistes et aux savants les plus distingués de l'Europe. La Collection des portraits des roses, dont il paraît huit livraisons, promet d'être plus belle encore que celle des liliacées, et que toutes les aquarelles qui ont établi sa célébrité. La plupart des tableaux qu'il a exposés au salon sont des aquarelles; cependant plusieurs tableaux à l'huile, qu'on y a également distingués, prouvent qu'il n'est pas moins habile dans ce genre que dans celui auquel il s'est plus particulièrement consacré. Ventenat (*Jardin de Cels*) a consacré à la mémoire de ce grand artiste, sous le nom de *Redutea*, un genre de la famille des malvacées; c'est une fort jolie plante, très voisine du genre *Hibiscus*, apportée de l'île St.-Thomas (Antilles), par Riedlé. F.

REECE (RICHARD), médecin anglais, est fils de William Reece, recteur de Colwall dans le comté d'Hereford. Après avoir demeuré quelque temps auprès d'un chirurgien de campagne, il fut nommé adjoint à l'hôpital d'Hereford. Vers 1800, il se rendit à Londres, et y ouvrit une boutique de médicaments, avec un tel succès, qu'un collège d'Écosse lui donna son diplôme. Il a publié différentes compilations médicales sur des sujets populaires, et a fait connaître plusieurs remèdes particuliers, arrangés de manière à exciter la curiosité publique. Lorsque Jeanne Southcott déclara qu'elle était dans un état certain de grossesse, le docteur se laissa tromper, et eut la faiblesse de déclarer dans les papiers publics que la prophétesse était grosse, comme ses sectateurs le prétendaient; mais la fourberie se découvrit par la mort de Jeanne Southcott, dont le corps fut ouvert par le docteur Reece lui-même, qui publia le résultat de ses observations. Ses ouvrages sont: I. *Pharmacopée médicale et chirurgicale*, in-8°., 1800. II. *Le Guide domestique en médecine*, in-8°., 1803. Cet ouvrage a eu sept éditions; la dernière en 1810. III. *Observations sur les propriétés du lichen ou mousse d'Islande, contre la consomption*, in-8°., 1804. IV. *Traité sur le Radix Rathaniæ*, in-8°., 1808. V. *Dictionnaire de médecine domestique*, grand in-8°., 1808. VI. *Traité sur les causes, les soupçons et la guérison de la goutte*, in-8°., 1810. VII. *Nouveau système de médecine et de chirurgie médicale*, in-8°., 1811. VIII. *Traité sur la consomption pulmonaire et l'asthme*, in-8°., 1811. IX. *Lettres sur l'état présent de la médecine*, in-8°.,

1811. X. *Pandectes Rééciennes de la médecine, ou Nouvel arrangement nosologique des maladies*, grand in-8°., 1812. XI. *Catalogue des drogues vendues chez Reece*, etc., in-12, 1812. XII. *Traité pratique sur la gratiole, comme un remède contre la corruption, l'asthme et la toux (constitutional cough)*, in-8°., 1813. XIII. *Le Guide en médecine dans les maladies des tropiques*, in-8°., 1814. XIV. *Exposé exact des circonstances qui ont accompagné la première maladie et la mort de Jeanne Southcott*, in-8°., 1815. Z.

REEVES (JEAN), jurisconsulte anglais, membre de la société royale, est né en 1753. Il commença son éducation à Eton, et, après l'avoir terminée à Oxford, il suivit la carrière du barreau, y débuta en 1780, et bientôt après fut nommé commissaire aux faillites. Le ministère l'envoya en 1791 à Terre-Neuve, en qualité de président de la justice. Il résigna ces fonctions l'année suivante, et a toujours occupé depuis les emplois de chef-légiste auprès du corps (*board*) du commerce et des colonies, et de surintendant du bureau des étrangers (*alien-office*). Il rendit un grand service à son pays en réunissant, le 20 novembre 1792, les amis du bon ordre à la taverne de la Couronne et de l'Ancre, pour former une association contre les républicains et les niveleurs. Il exprima ses idées dans cette occasion avec une force et une simplicité qui enlevèrent tous les suffrages. C'était un appel à la religion, à la loyauté, au bon sens et à l'honnêteté du peuple; aussi fut-il parfaitement entendu; l'esprit qui régnait dans son discours se propagea dans tout le royaume, et les promoteurs des principes anarchiques furent déconcertés. Il était naturel qu'un tel homme devînt odieux au parti démocratique; aussi fut-il poursuivi devant la chambre des communes pour un pamphlet qu'il avait fait paraître sur la constitution d'Angleterre. Ce qu'il y a d'extraordinaire, c'est qu'un excès de loyauté fut considéré comme un crime; le procureur-général dirigea contre lui des poursuites pour avoir soutenu dans son ouvrage que la monarchie resterait toujours sur ses bases, quand bien même les deux branches du pouvoir législatif viendraient à être détruites. Le parti démocratique le poursuivit avec acharnement, et les ministres furent assez faibles pour ne pas le soutenir. Il fut traduit devant lord Kenyon, et le jury, après une heure de délibération, prononça son *verdict* en ces termes remarquables: « Le pamphlet reconnu pour » être l'ouvrage de Jean Reeves est un » écrit très inconvenant (*improper*); » mais, convaincus que les motifs de l'auteur ne sont pas ceux que mentionne » l'information dirigée contre lui, nous » le déclarons non coupable. » Pendant plus de trente-cinq ans, ce jurisconsulte s'est appliqué à l'étude des lois, et ses travaux ont toujours été dirigés vers le bien général. Ses écrits sont: I. *Recherches sur la nature de la propriété et des biens-fonds suivant les lois de l'Angleterre*, in-8°., 1779. II. *Charte de loi pénale* en une feuille in-folio, 1779. III. *Histoire des lois anglaises*, 2 vol. in-4°., 1783; 2e. édit., avec une continuation comprenant le règne de Philippe et Marie, 4 vol. in-8°., 1787. IV. *Considérations légales sur la régence en ce qui concerne l'Irlande*, in-8°., 1789. V. *Loi des bâtiments maritimes (shipping) et de la navigation*, in-8°., 1792; 2e. édition, 1807. VI. *Histoire du gouvernement de Terre-Neuve*, in-8°., 1793. VII. *Le Mécontent, lettre à Francis Plowden*, in-8°., 1794. VIII. *Motifs de la pétition pour la paix des Aldermen Wilkes et Boydell, examinés et réfutés*, in-8°., 1795. IX. *Pensées sur le gouvernement anglais*, in-8°., de 1795 à 1799. X. *Considérations sur le serment du couronnement*, in-8°., 2e. édition, 1801. XI. *Collection des textes grecs et hébreux des psaumes*, in-8°., 1800. XII. *Le Livre des prières ordinaires (common prayers), avec une préface et des notes*, in-8°., 1801. XIII. *La sainte Bible, imprimée d'une nouvelle manière, avec des notes*, 10 vol. in-8°., 1802. XIV. *Le Livre des prières ordinaires, avec des observations sur les services*, etc., in-8°., 1801. XV. *Nouveau Testament grec*, in-12, 1803. XVI. *Psalterium ecclesiæ anglicanæ hebraïcum*, in-12, 1804. XVII. *Proposition pour une société de la Bible sur un nouveau plan*, in-8°., 1805. XVIII. *Observations sur ce qu'on appelle le bill des catholiques*, in-8°., 1807. Z.

REGNAUD DE PARIS (PIERRE-ÉTIENNE), né à Paris en 1736, a exercé la profession d'avocat jusqu'à l'année 1766, et succéda alors à son père en l'office de procureur au parlement. Supprimé en 1771, il composa l'histoire de cette révolution, et la dédia à M. de Malesherbes dans son exil. En 1777, il concourut pour le prix de l'Académie française, dont le sujet était l'éloge du chancelier de l'Hôpital. Son discours fut imprimé chez Demonville. En 1790, il fit paraître des réflexions, imprimées chez le même, sur la nuit du 4 août. Il a continué à présenter ses réflexions sur la révolution, dans les journaux de Montjoie, Durosoy, Royou, Fontenai et Lasalle. On voit par les articles qu'il y a insérés, qu'il est l'auteur des *Lettres au Moniteur* et *aux avocats*, sous le nom des procureurs au parlement, ainsi que du discours que ce corps a adressé à ses magistrats, au moment de leur suppression; il se trouve dans le journal de Durosoy, du 16 octobre 1791. Dénoncé pour de pareils actes de courage, M. Regnaud fut sur le point d'être arrêté. Il dut son salut à Coffinhal lui-même, qui le prévint, et il resta caché trois ans, pendant lesquels les scellés furent apposés dans son domicile. En 1791, M. Regnaud avait quitté la France, emmenant avec lui son fils aîné qu'il fit entrer dans l'armée de Condé, et qui fut blessé le 8 décembre 1793. Son second fils allait rejoindre M. de Frotté, lorsqu'il fut arrêté et fusillé. Le 18 novembre 1792, M. Regnaud s'était fait annoncer dans le *Moniteur* pour se mettre sur les rangs des défenseurs de Louis XVI, à la même date que M. Malouet, alors en Angleterre, qui s'offrait également pour défenseur, si on lui accordait un sauf-conduit. Il fit paraître, en décembre, le Discours qu'il avait composé pour cette défense, et dont l'analyse exacte est dans l'*Histoire impartiale du procès de Louis XVI*, par Jauffret; ce discours a eu deux éditions. Il suivit de quelques jours seulement celui de Necker, auquel l'auteur reproche, dans une note, d'oser proposer au roi de le défendre, après l'avoir précipité de son trône : ce discours fut remis au Roi et à M. de Malesherbes. Ce dernier écrivit à l'auteur une lettre de remercîments en son nom et en celui du Roi, datée du Temple le 29 décembre. En 1795, M. Regnaud fit paraître un ouvrage imprimé à Paris, intitulé la *Journée du 10 août*, dédié au roi Louis XVII dans les fers. Cette ouvrage porte la date de 1795, 2 petits vol. in-8°. Il n'a pas été mis en vente. En 1799, il publia un *Discours sur l'ancien gouvernement de la France, et sur la sagesse des rois qui l'ont fondé*. M. Regnaud ayant envoyé cet ouvrage à Londres à Mgr. le comte d'Artois, le volume fut présenté à ce prince par l'imprimeur Giguet, qui avait eu le courage de l'imprimer, et l'auteur reçut de S. A. R. la lettre la plus flatteuse, avec une invitation d'expédier pour l'Angleterre plusieurs exemplaires de son ouvrage; mais la caisse qui les contenait fut ouverte avant d'être embarquée et jetée à la mer par ordre du commissaire Mengaud. A la première restauration, M Regnaud fut présenté au Roi, qui lui accorda des lettres de noblesse et la permission d'ajouter à son nom celui de *Paris*, sous lequel il s'était fait connaître par ses écrits et sa conduite politique. S. M. lui permit aussi de prendre pour armes un chien d'argent, couché au pied d'un lis, portant trois fleurs d'or avec cette légende, *mira fides*. Enfin le Roi ajouta à tous ces bienfaits celui d'une pension de 1200 francs. En 1816, M. Regnaud concourut au prix proposé par l'académie de Toulouse, et dont le sujet était *L'Éloge de Louis XVI*. Le concours ayant été remis plusieurs fois, M. Regnaud publia son ouvrage, et le dédia à Sa Majesté. Le Roi, après en avoir entendu la lecture, dit : « Il y a » long-temps que je connais le dévoue- » ment de ce fidèle sujet. Je suis bien sa- » tisfait de cette nouvelle marque qu'il » m'en donne. » — REGNAUD (François), frère puîné du précédent, était expéditionnaire en cour de Rome, et a recueilli plusieurs ouvrages sur cette profession. On voit, par les feuilles de Durosoy, qu'il s'est annoncé au nombre des otages de Louis XVI. F.

REGNAUD DE SAINT-JEAN-D'ANGELY (Le comte MICHEL-LOUIS-ETIENNE), né dans la petite ville de Saint-Jean-d'Angely, était avocat avant la révolution, et en même temps lieutenant de la prévôté de la marine, à Rochefort. La réputation de talents dont il jouissait, quoique jeune encore, le fit nommer député aux états-généraux, par le tiers-état du bailliage de Saint-Jean-d'Angely. Arrivé dans cette assemblée, il ajouta, ou l'on ajouta pour lui, à son nom de famille, celui de St.-Jean-d'Angely, pour le distinguer de plusieurs de ses collègues qui portaient aussi le nom de Regnaud. Bien qu'il fût partisan très zélé de la révolution, il ne faut pas le confondre avec le petit nombre de démagogues signalés par Mirabeau (*Voy.* Merlin), qui, dès-lors, songeaient à la république. Le député de Saint-Jean-d'Angely appartint sans réserve, jusqu'après le 10 août, au système dit de 89, c'est-à-dire, au parti constitutionnel qui voulait une révolution faite régulièrement, et sans les violences et les crimes qui l'ont si cruellement flétrie. Pendant la session de l'assemblée constituante, il ne participa point aux provocations séditieuses dont quelques-uns de ses collègues ne pourraient être justifiés. On doit, au contraire, remarquer dans les plus importantes délibérations, l'intention qu'il manifesta de maintenir la tranquillité dont l'assemblée elle-même avait un si grand besoin pour le succès de ses travaux. On sait que les autorités qui furent établies par les mouvements populaires, après la révolution du 14 juillet 1789, favorisèrent le désordre au lieu de l'empêcher. M. Regnaud fut d'avis que, pour y remédier, l'assemblée, de concert avec le Roi, établît les autorités municipales et provinciales, avant de s'occuper de la constitution, par la raison que ces autorités ayant reçu une force légale du pouvoir suprême, inspireraient au peuple plus de confiance et de respect. M. Regnaud prit souvent la parole; mais il traita rarement avec étendue les questions sur lesquelles il donna son opinion. Cependant on remarqua que, doué d'un organe net et sonore, il s'exprimait avec grâce et clarté. Extrêmement jaloux des prérogatives de l'assemblée, il attaqua, dénonça même les parlements qui y avaient porté atteinte, et demanda que celui de Rouen fût mandé à la barre pour avoir méconnu l'autorité du pouvoir souverain, qui, dans son système, appartenait à la nation; il défendit de bonne foi le plan de finances de Necker, que Mirabeau défendit aussi, mais avec les armes de l'ironie et du ridicule, qui le détruisirent avant qu'il fût établi. En 1790, M. Regnaud vota pour la réduction des pensions, et s'intéressa au sort des créanciers de l'état; il voulait qu'on leur accordât au moins des à-comptes, préalablement à une liquidation dont l'époque était inconnue. Quoiqu'il fût d'avis de toutes les réformes religieuses et du remplacement des évêques et des curés qui refuseraient le serment à la constitution civile du clergé, il combattit, comme trop sévère, la proposition faite le 26 janvier 1790, par M. Salé de Choux, de priver les religieux du droit de cité. Il s'intéressa aussi vivement en faveur des religieuses, et demanda qu'il leur fût accordé des pensions. Le 20 mai, lors de la discussion sur le droit de faire la guerre et la paix, il soutint, en appuyant le système de Pétion, qu'il ne devait être fait aucune entreprise offensive sans le consentement de la nation: système bien différent de celui qu'il a défendu sous un autre règne. Le 4 septembre, lors de la démission de Necker, il demanda, ainsi que Biauzat, que l'assemblée s'emparât de la direction du trésor public. Au mois de septembre, l'assemblée avait reçu un mémoire dans lequel l'ex-ministre combattait le système des assignats; M. Regnaud professa, le 17, à cette occasion, une opinion très sage; il voulait, comme son collègue Beaumetz, l'impression du mémoire de Necker, et l'ajournement de la discussion sur la création des assignats. En juillet 1790, il dénonça l'adresse des catholiques de Nîmes, et s'éleva contre les libelles publiés pour jeter le désordre dans l'armée. Le 21 octobre, il appuya vivement la motion d'envoyer M. de Guilhermi aux arrêts, pour avoir injurié Mirabeau, à l'occasion du changement de pavillon. On avait inscrit son nom sur la liste du club monarchique: il protesta, le 26 janvier 1791, contre cette inscription. En effet, M. Regnaud appartenait au système de 1789, et il faut distinguer ceux qu'on désignait ainsi des *monarchiens* ou *monarchistes*, qui voulaient établir les deux chambres. (*Voy.* Lally-Tollendal.) Le 7 mai, il demanda que les droits politiques fussent accordés aux hommes libres dans les colonies, quelle que fût leur couleur. Le 17 juillet, lorsque l'assemblée fut instruite du départ du Roi, il fit décréter que les autorités et les gardes nationales arrêteraient toutes les personnes qui sortiraient du royaume, ainsi que toute espèce de convois d'armes et d'argent, les chevaux et les voitures; enfin qu'on prendrait toutes les mesures pour empêcher la famille royale de continuer sa route. A la suite de cet événement il fut nommé commissaire pour les départements de l'Ain, de

Jura, de la Haute-Saône et du Doubs. On doit encore remarquer qu'il prit quelquefois la parole en faveur de l'ordre de Malte, dont il était procureur-fondé, ayant un traitement pour cet emploi. Voilà à-peu-près tout ce que présente la conduite publique de M. Regnaud dans l'assemblée constituante. Pendant les six premiers mois de la session, il fit paraître une gazette, intitulée: *Journal de Versailles*. Cette feuille était rédigée dans les principes qu'il professait à la tribune. Elle cessa de paraître lorsque l'assemblée vint s'établir à Paris. M. Regnaud fournit alors quelques notes à un petit journal intitulé: *Le Postillon par Calais*. Après la session, il continua de résider à Paris, y fut capitaine de la garde nationale de son district, et se montra l'un des défenseurs les plus prononcés de la constitution de 91. Il fournit alors quelques articles au *Journal de Paris*; mais il n'en dirigea point la rédaction. Il coopéra plus particulièrement à l'*Ami des Patriotes*, concurremment avec ses anciens collègues, Duquesnoi, avocat de Nanci, et Blin, médecin de Nantes, qui professaient les mêmes principes que lui; c'était un journal dévoué à la défense de la constitution; la liste civile en faisait les frais. M. Regnaud échappa aux proscriptions du 10 août, reparut à Paris quelque temps après, et fut assez heureux pour n'y pas être remarqué. Cependant, après la révolution du 31 mai 1793, il fut arrêté et mis sous la garde d'un gendarme, à laquelle il parvint à se soustraire; mais il fut reconnu, arrêté à Douai le 22 août 1793, détenu comme suspect, et mis en liberté après le 9 thermidor. Peu de temps après, il fut nommé administrateur des hôpitaux de l'armée d'Italie. En 1796, il s'attacha à la fortune de Buonaparte, et rédigea, selon les vues de ce général, à Milan, un journal qui fut très répandu dans l'armée. Il accompagna ensuite Buonaparte à Malte, y remplit pendant quelque temps les fonctions de commissaire de la république française, et ne suivit point le conquérant en Égypte. De retour à Paris long-temps avant lui, il le servit très utilement, et fut un des heureux conspirateurs qui contribuèrent à la révolution du 18 brumaire. Outre des connaissances étendues en administration, et, ce qui est d'une extrême importance aujourd'hui, la connaissance des hommes de son temps, M. Regnaud a le travail extrêmement facile; il est peu d'hommes qui achèvent les compositions les plus sérieuses avec autant de rapidité. Buonaparte, qui sentait le prix de pareils avantages, le fit président de la section de l'intérieur de son conseil-d'état, et le réserva pour ses opérations particulières. Lorsque, dans l'interruption de son sommeil, quelques projets lui venaient à la pensée, il appelait un messager, qui portait à M. Regnaud l'ordre de se rendre sur-le-champ auprès de l'empereur. A toute heure de la nuit, il fallait qu'il se mît au travail, après avoir souvent essuyé les brusqueries de son maître, qui le comblait, au reste, de bienfaits et d'honneurs de tous les genres. Il est juste de dire que, dans cet état de faveur et de prospérité, M. Regnaud ne méconnut pas ceux qu'il avait fréquentés dans des temps moins heureux, et qu'il rendit d'importants services à beaucoup de personnes, qui, depuis, ne se sont pas mises dans les rangs de ses apologistes. M. Regnaud a été réellement le *faiseur* particulier de Buonaparte pendant tout son règne, l'orateur le plus habituel du conseil-d'état dans toutes les circonstances, et chargé surtout de proposer ou plutôt de transmettre les ordres de son maître aux dociles autorités de ce temps-là. Obligé souvent de torturer ses idées pour en imposer au public, et de parler contre sa propre conviction, il s'acquitta de ces impostures politiques avec beaucoup d'art; mais il n'en devint pas moins l'objet des censures et même de l'animadversion de ceux qui, privés de leurs enfants par des décrets odieux, ne pouvaient entendre sans indignation l'apologie des folles entreprises qui en étaient cause. Dans le courant des années 1801, 1802 et 1803, il présenta et défendit plusieurs projets d'un autre genre, sur la procédure criminelle, sur le concordat, sur le rétablissement de la traite des noirs, et sur la création des sénatoreries. En juillet 1803, il fut chargé d'une mission dans les départements de l'Ouest, et élu candidat au sénat par le département de la Charente; mais Buonaparte, qui avait besoin de lui pour d'autres travaux, eut soin qu'il ne fît pas partie de ce corps. Le 4 décembre 1806, il vint commander au corps législatif un décret pour la levée de quatre-vingt mille hommes sur la classe de 1807, et il présenta, à cette occasion, un pompeux éloge de la prévoyance de l'empereur. En 1807, il fit encore décréter la levée d'un même nombre d'hommes sur la classe de 1808, et en 1808, celle d'un pareil nombre sur 1809. Le 5 septembre, il demanda au sénat la levée de 18.0 et du reste des quatre classes précédentes ; et, après la bataille de Leipzig, il demanda que trois cent mille hommes fussent mis à la disposition du ministre de la guerre. En janvier 1806, il avait fait un rapport approbatif de la réunion de Gênes et de son territoire à la France. En avril 1804, on l'avait nommé président de la classe de la langue et de la littérature de l'Institut (l'Académie française), dont il était membre depuis 1801. Sa nomination donna lieu à l'épigramme suivante :

> Quel est ce Regnaud, dites-moi,
> Qui clot une savante liste?
> C'est un esprit de mince aloi
> Jadis apprenti publiciste ;
> De D'André, roquet royaliste,
> Suivant la fortune à la piste ;
> Servant et la ligue et le Roi,
> Aujourd'hui grand bonapartiste,
> Demain, s'il le faut, bourboniste,
> Orléaniste ou babouviste ;
> Bref le voilà juré puriste,
> Lui quarantième faisant loi ;
> Littérateur à l'improviste,
> Décidant en vrai casuiste
> Sans savoir comment ni pourquoi.
> Pauvre Institut, que Dieu t'assiste !

Au mois de juillet de la même année, il fut nommé procureur-général près la haute-cour impériale, et grand-officier de la Légion-d'honneur. En octobre 1808, il obtint la grande décoration de l'Aigle-d'or de Wurtemberg ; le 15 novembre, il fut nommé ministre d'état, et en 1810, secrétaire de l'état de la famille impériale, et fut chargé, en cette qualité, d'annoncer la dissolution du mariage de l'impératrice Joséphine avec Buonaparte. Le 20 avril de la même année, il célébra, dans une séance du sénat, la nouvelle union de Buonaparte avec la princesse Marie-Louise, et annonça que ce mariage, en perpétuant la nouvelle dynastie, assurait la prospérité de la France et présageait la paix du monde. M. Regnaud pouvait alors avoir la conviction de ce qu'il disait ; mais on assure qu'après la campagne de Russie, en 1812, et surtout après la bataille de Leipzig, il désespéra de la fortune de son héros. En 1813, les personnes qui approchaient plus particulièrement S. M. Louis XVIII à Hartwell, avaient plusieurs émissaires en France qui cherchaient à rallier à sa cause les hommes qui pouvaient la servir le plus utilement ; on prétend qu'une anglaise, nommée Bishop, qui avait reçu quelques services de M. Regnaud, se chargea de cette dangereuse mission auprès de lui ; qu'elle parvint à lui faire des propositions de la part de S. M., et pénétra assez avant dans sa politique pour être persuadée qu'il pourrait être utile à la cause des Bourbons. On ajoute qu'il répondit que tout ce qui portait le caractère d'une trahison lui était odieux ; mais que, quand le temps aurait amené la catastrophe, libre alors de tout engagement, il se dévouerait aux intérêts de Louis XVIII, qui aurait pour garant de sa conduite les proscriptions qu'il avait essuyées après 1792, et l'alliance qu'il avait contractée avec une famille dévouée au Roi (1). Lors du départ de Buonaparte pour l'armée, en 1813, il fut chargé de faire connaître aux autorités l'acte qui déféra la régence à la princesse Marie-Louise, et devint, le 8 janvier 1814, chef d'une des légions de la garde nationale, qu'on voulut opposer, le 30 mars, aux troupes alliées. Il marcha ce jour-là hors des barrières à la tête de cette légion ; mais comme il se retira, on fit passer cette retraite pour une lâcheté. Plus tard, le général Dessoles rendit publique une délibération du conseil de discipline, qui justifia M. Regnaud de cette imputation, et fit entendre que d'importants intérêts politiques avaient motivé son retour dans l'intérieur de la capitale. Il partit de Paris le 30 mars, et arriva le lendemain à Blois, paraissant empressé d'aller plus loin ; mais les chevaux manquèrent. Les ministres de la police et de la justice s'étaient déjà rendus à Tours ; c'était là sans doute que M. Regnaud avait aussi désiré se faire conduire. On disait que cette ville était choisie pour le lieu de la résidence de l'impératrice ; mais des nouvelles de Napoléon qu'elle reçut en route fixèrent à Blois le siège de la régence. M. Regnaud resta auprès de Marie-Louise jusqu'au 8 avril, jour de l'arrivée du comte de Schouwaloff, commissaire envoyé par les puissances alliées (*Voyez* SCHOUWALOFF). Il se rendit à Clermont en

---

(1) M. Regnaud a épousé Mlle. de Bonneuil, dont le père fut attaché, par son service, à la personne de Monsieur, aujourd'hui roi de France.

Auvergne ayant la cocarde blanche, et blâma fortement les autorités de cette ville qui ne l'avaient pas encore prise. Après l'arrivée du Roi à Paris, lorsqu'on rappela aux personnes qui avaient la confiance de S. M. les promesses qui avaient été faites en son nom à M. Regnaud, et les services qu'il pouvait rendre, on assure que, pour toute réponse, il fut dit qu'on n'avait pas besoin de lui. On conçoit que dès-lors il dut rentrer dans les intérêts de Buonaparte, qu'il paraissait avoir abandonnés. Néanmoins le 16 novembre, président l'Académie française pour la réception de M. Campenon, il célébra le descendant d'Henri IV, et félicita les Français du retour d'un Roi si long-temps *désiré*. Des murmures s'élevèrent alors dans la salle, et le lendemain quelques journaux cherchèrent à le mortifier à cette occasion; ce qui n'en fit pas un royaliste plus zélé. Aussitôt après le retour de Buonaparte en 1815, il rentra dans toutes ses prérogatives. Le 25 mars, il signa la délibération du conseil-d'état (*Voy.* DEFERMON); le 2 avril suivant, il lut au même conseil renouvelé, et comme un des présidents, une déclaration dans laquelle il attaqua avec beaucoup de violence la déclaration du congrès de Vienne du 13 mars, qu'il supposa être l'ouvrage des plénipotentiaires du Roi. Il y soutint que les clauses du traité de Fontainebleau n'ayant été observées ni à l'égard de Buonaparte, ni à l'égard de Marie-Louise, le premier n'avait pas dû rester plus fidèle aux engagements qu'il avait souscrits. Il vanta ensuite sa modération, l'opposant à l'ordonnance du Roi du 9 mars, qui avait mis l'ex-empereur hors de la loi. Enfin M. Regnaud n'oublia rien pour défendre la cause de son ancien bienfaiteur. Buonaparte, en partant pour l'armée, lui avait accordé une pension de 6,000 francs par mois en sa qualité de président, indépendamment des 60,000 francs par an qui lui revenaient comme ministre d'état. Il fut nommé par son département député à la chambre des représentants, où il parla plusieurs fois, soit comme député, soit comme ministre, toujours dans l'intérêt de Buonaparte. Lorsque après la bataille de Waterloo, l'ex-empereur revint si brusquement à Paris, M. Regnaud fut un des premiers qu'il appela auprès de lui, et dont il prit conseil. Le 22 juin, ce fut lui qui vint annoncer à la chambre des représentants que Napoléon était décidé à abdiquer. Quelques députés firent alors la motion que la chambre se formât en assemblée constituante, et déclarât le trône vacant. M. Regnaud s'opposa fortement à cette décision, et soutint qu'il fallait défendre autant que possible le gouvernement et son administration tels qu'ils existaient. « Je n'attache à cela, dit-il, » aucun intérêt personnel; je n'appartiens plus à aucun parti; je n'appartiens plus à personne: je ne vois que la patrie et ses dangers; je vois que notre premier besoin est de la conserver et de la maintenir. On vous propose de faire table nette, de vous livrer à une création entière d'éléments nouveaux, et de vous entourer de débris, pour vous occuper ensuite à reconstruire. N'avons-nous pas eu assez de peine pour établir ce qui existe? Recommencerons-nous la carrière des innovations et de l'inexpérience?... » M. Regnaud demanda ensuite l'ordre du jour, et que le bureau fût chargé de se rendre auprès de Napoléon, afin de lui exprimer la reconnaissance du peuple français, pour le sacrifice qu'il avait jugé nécessaire de faire à l'indépendance nationale; ce qui fut adopté. Il finit par proposer que le fils de Buonaparte fût reconnu empereur, sous le nom de Napoléon II, et soutint plusieurs fois cette proposition. Il insista ensuite pour que la nation fît les plus grands efforts afin de repousser l'ennemi et de conserver son indépendance. Lors de la capitulation de Paris, M. Regnaud parla encore, mais pour le maintien de l'ordre et de la tranquillité. Dans la déclaration que la chambre jugea à propos de faire, il demanda qu'on prononçât l'abolition de la noblesse. Compris dans l'ordonnance du 24 juillet 1815, il eut cependant, sous la police de Fouché, la faculté de rester dans sa maison de campagne, près de Pontoise; mais, par ordonnance du 17 janvier 1816, il dut sortir du royaume, et il s'embarqua avec son fils, pour les Etats-Unis. On a, depuis, publié sur son compte beaucoup de nouvelles qui ont été démenties par son arrivée en Europe, en 1817. Il vint à cette époque à Aix-la-Chapelle, où il fut mis en surveillance par les Prussiens; mais il échappa à ses gardiens. Sa fuite a rendu les gouvernements étrangers beaucoup plus sévères envers les bannis ou réfugiés français. M. Regnaud s'en est plaint lui-même auprès des ambassadeurs de France près des souverains, et a même adressé, à ce sujet, aux deux chambres, des réclamations, qui ont été lues à celle des députés, dans la séance du 27 juin 1818 (*Voy.* SAULNIER), et renvoyées au ministre des affaires étrangères. Mme. Regnaud, restée à Paris, a écrit, en 1816, à son mari, par l'intermédiaire d'un M. Robert, qui fut arrêté au moment où il s'embarquait, une lettre que l'autorité fit ouvrir. C'était un tableau exagéré de la disposition des esprits en France. Suivant cette lettre, une pièce de théâtre de M. Arnault (*Germanicus*), dont la police avait permis la représentation, devait tout bouleverser. On lisait dans la même lettre beaucoup d'injures contre des personnages augustes. Mme. Regnaud fut arrêtée, envoyée à la Conciergerie, et ensuite dans une maison de santé; où lui a permis plus tard d'aller rejoindre son mari. U.

REGNAULT (JEAN-BAPTISTE-ETIENNE-BENOÎT-OLIVE), médecin-consultant du Roi, est né à Niort le 1er. octobre 1759. Il fut le disciple et l'ami de Vicq-d'Azyr, qui le retint à Paris, où il voulait l'associer à ses travaux. Lorsque la révolution éclata, M. Regnault était déjà fort répandu, et il fut nommé en 1789 président de la section de St.-Eustache. Dans ces fonctions si difficiles, il se distingua par son amour pour l'ordre et la tranquillité publique. En 1790, il fut nommé membre de la première municipalité constitutionnelle de Paris; et, en 1791, médecin de l'hôpital militaire du Gros-Caillou, puis médecin ordinaire à l'armée de la Moselle. Bientôt le système de dénonciation dirigé contre tous les hommes modérés, atteignit M. Regnault. Un mandat lancé par le comité de sûreté générale allait le conduire à l'échafaud : il prit la fuite et se rendit à Hambourg, où, pendant dix années, il exerça la médecine avec le plus grand succès. Les émigrés réfugiés dans cette ville furent surtout l'objet de ses soins les plus actifs et souvent les plus désintéressés. Des affaires d'intérêt l'ayant obligé de passer à Londres, la confiance publique le suivit dans cette ville : son assiduité auprès de ses compatriotes lui fit de nombreux amis, qu'il a retrouvés dans un temps plus prospère pour eux.

Le retour du Roi en France en 1814, ramena M. Regnault dans sa patrie. Il fut nommé à cette époque médecin-consultant de S. M.; en 1815, médecin en chef-adjoint de l'hôpital de la garde royale; en 1817, médecin des pages de la chambre de S. M., et chevalier de l'ordre de St.-Michel. Il a publié à Londres : *Observations sur la phthisie pulmonaire et sur le lichen d'Islande, considéré comme médicament et comme aliment*, in-8°. Cet ouvrage a eu trois éditions à Londres et deux à Paris. M. Regnault est le rédacteur principal du *Journal universel des sciences médicales*, dont il paraît un numéro par mois depuis janvier 1813. F—P.

REGNAULT (WILFRID), né à Anfreville-la-Campagne (département de l'Eure), n'est connu que par le procès criminel qu'il a subi, et par le procès en calomnie qu'il a intenté à M. le marquis de Blosseville. Le 1er. mars 1817, la veuve Jouvin, domestique du nommé Enoult, habitant d'Anfreville, fut assassinée pendant que son maître était allé au marché d'Elbeuf, et une somme de trois cents francs fut dans le même moment volée dans le secrétaire de M. Enoult. Le lendemain, on fit, en présence des habitants et du maire (M. de Blosseville), des recherches, et, dans un cellier placé dans l'enclos, mais éloigné de la maison, on trouva cette domestique baignée dans son sang; elle avait été frappée sur la tête avec un instrument tranchant, au moment où elle s'était rendue dans ce cellier. L'assassin avait consommé le crime en étranglant cette malheureuse avec une ficelle. Les soupçons tombèrent dans le premier moment sur un nommé Dupuis. Regnault se chargea même de savoir où cet homme avait passé la journée du 1er. mars; mais on eut bientôt la certitude que Dupuis n'avait pu approcher de la commune pendant cette journée, et tout soupçon s'évanouit. Il n'en fut pas de même de Regnault (Wilfrid) : on sut qu'il était sur le point de partir pour l'Afrique; il avait pris une action de 1000 fr. dans la compagnie qui se formait alors, et qui promettait de faire de grandes concessions de terrain au Cap Vert. Pour payer ces 1000 francs, il avait loué son patrimoine à Enoult. Le bail ostensible ne portait que la moitié du prix de cette location; l'autre moitié était représentée par des billets du fermier que Regnault voulait négocier. Enoult lui avait promis de les lui escompter le lendemain du jour où sa domestique a été assassinée. On pouvait même croire qu'il n'avait été à Elbeuf que pour y compléter la somme. Le substitut du procureur du Roi se rendit sur les lieux trois jours après l'assassinat ; il refit les opérations commencées par le juge de paix, interrogea Regnault, et le renvoya devant le juge-instructeur de Louviers. Les principales charges qui s'élevaient contre cet accusé, consistaient dans la déposition d'un témoin nommé Mesnil, qui déclarait avoir rencontré Regnault, près de la mazure d'Enoult, au moment où le crime avait dû être commis. Regnault portait une lame sous son bras ; il avait des taches de sang à son gilet et à ses guêtres. Ce témoin lui adressa la parole, et lui dit : « Te voilà beau garçon. » Regnault répondit : « Je viens de tuer une dinde, » et il menaça Mesnil de lui faire un mauvais parti s'il avait le malheur de parler. Pendant l'instruction, le juge fit demander à la famille de Regnault le gilet et les guêtres qu'on présumait qu'il avait portés le jour où l'assassinat fut commis. On reconnut que l'intérieur de la poche du gilet était taché de sang, ce qui amena à penser que Regnault, après avoir frappé la veuve Jouvin, avait porté sa main sanglante dans cette poche, afin d'y prendre la ficelle avec laquelle il avait étranglé cette femme. Les guêtres avaient été lavées et maladroitement salies récemment. M. de Blosseville, qui se trouvait au nombre des jurés de la session, mais qui ne pouvait faire partie des jurés appelés à prononcer dans cette affaire, fut entendu comme témoin. Le procureur du Roi ayant conçu quelques soupçons que Regnault avait pris part aux massacres de septembre 1792, écrivit au ministre de la police et au préfet de police de Paris, pour obtenir des éclaircissements à cet égard. Le préfet répondit qu'il ne pouvait fournir aucuns renseignements sur ce fait, qu'il n'avait que *des procès-verbaux vagues, rédigés avec une telle obscurité qu'ils n'offraient aucune trace de cet horrible assassinat, qu'aucun des assassins n'y était nommé;* mais que des renseignements qu'il avait fait prendre il résultait que ce Regnault avait été établi épicier, rue Lenoir, qu'il s'y était ruiné ;

qu'établi de nouveau, rue Saint-Victor, il y avait aussi mal fait ses affaires ; qu'il avait épousé la fille d'un député à la Convention, qu'il avait mangé tout ce que sa femme lui avait apporté, et qu'il avait fini par faire banqueroute. Cette lettre de M. le préfet de police était au dossier, et il faut bien que, d'une manière quelconque, on ait parlé pendant le débat de cette prévention que Regnault eût pris part aux massacres du mois de septembre, ou que cela résultât d'une rumeur publique, car dans le premier mémoire que Regnault a publié, il a prétendu que son avocat, en plaidant pour lui devant les jurés, avait voulu le disculper de cette imputation, mais que le président de la cour d'assises l'avait ramené au seul fait de l'accusation d'assassinat et de vol. Après un très long débat, Regnault fut, à l'unanimité, déclaré coupable de l'assassinat de la veuve Jouvin, du vol qui avait suivi l'assassinat, et condamné à la peine de mort. Il se pourvut en cassation. M. de Blosseville, en écrivant à Paris à un sieur Clément, son correspondant, inséra dans sa lettre une note séparée, contenant un détail des différentes condamnations prononcées pendant la session, par la cour d'assises d'Evreux : il y relatait celle de Regnault, et il a affirmé que pour faire comprendre l'intérêt qu'on pouvait avoir à publier cette dernière condamnation, il ajoutait, mais de façon qu'on ne pût pas douter que c'était une confidence seulement pour celui qui lirait la note, que Regnault était accusé par la voix publique d'être un septembriseur, qu'il avait fait banqueroute, etc., etc. Cette note fut portée par le sieur Clément au *Journal des Débats*. M. Mutin, rédacteur, s'en empara, et l'arrangea pour en faire un article qu'il fit insérer dans ce journal. Il ne parla que de la condamnation de Regnault (Wilfrid), présentant d'une manière affirmative ce que M. de Blosseville prétendait n'avoir avancé que dubitativement. Les parents de Regnault réclamèrent. M. Mutin promit une éclatante rétractation ; mais les parents, agissant au nom du condamné, préférèrent prendre la voie de la plainte en calomnie. Ils citèrent M. Mutin et les propriétaires du *Journal des Débats* devant la Police correctionnelle. Ils choisirent M. Gaillard-la-Ferrière pour leur avocat. Ce dernier, causant deux jours après de cette affaire au Palais-Royal devant le sieur Clément, ce correspondant de M. de Blosseville ne crut pas devoir dissimuler qu'il avait porté cette note au journal ; et dès le lendemain il fut cité en police correctionnelle, où il déclara que la note lui avait été envoyée par M. de Blosseville, et M. de Blosseville fut cité devant le tribunal. M. de Blosseville convint qu'il avait envoyé la note dont est question, mais qu'elle était différente de l'article inséré au *Journal des Débats*. M. Mutin ne représenta point cette note qu'il dit avoir perdue, et soutint que l'article ne contenait essentiellement que ce qui était dans la note. Tous les cités se réunissaient d'ailleurs en plaidant ce moyen, qu'un homme déclaré infâme par une condamnation pour assassinat, suivi de vol, ne pouvait être susceptible d'être calomnié par une imputation qui n'entraînait que *la haine et le mépris des citoyens*; que tout le monde devant haïr et mépriser un assassin et un voleur, l'imputation ne faisait aucun tort au condamné. Le tribunal, par son jugement, déclara M. de Blosseville coupable de calomnie, et le condamna en dix francs d'amende et en vingt-cinq francs de dommages et intérêts. M. Mutin et les propriétaires du *Journal des Débats* furent condamnés en 5 francs d'amende. MM. de Blosseville et Mutin seuls interjetèrent appel. Le surlendemain du jour où ce jugement fut rendu, le pourvoi en cassation de Regnault fut rejeté. Alors ses parents intentèrent un procès en faux témoignage à Mesnil. La chambre du conseil en première instance déclara qu'il n'y avait lieu à suivre en appel ; cette ordonnance a été confirmée. On se pourvut en cassation ; le pourvoi fut rejeté. Il ne restait de ressource qu'en sollicitant des lettres de grâce du Roi, et Sa Majesté a commué la peine du condamné en 20 ans de détention. M. Gaillard-la-Ferrière avait publié un premier mémoire pour Regnault, dans son procès en calomnie en première instance. M. Odillon Barot en a publié plusieurs à l'occasion du premier pourvoi en cassation, et de la plainte en faux témoignage dans les différents degrés de juridiction. M. Benjamin de Constant a publié aussi deux brochures ayant pour titre : *Première et deuxième Lettres à M. Odillon Barot*. On s'efforçait dans tous ces écrits de prouver que Regnault a été injustement condamné. M. de Blosseville, qu'on avait fortement compromis dans tous ces écrits, ne répondait pas ; il ne donnait pas suite à son appel du jugement de la police correctionnelle, parce que, ainsi qu'il l'a dit depuis, il ne voulait priver Regnault d'aucun des moyens qu'il pouvait avoir de sauver sa vie. Mais quand son sort fut irrévocablement fixé, M. de Blosseville porta son appel à la cour royale. M. Roussiale, avocat, l'avait défendu en première instance, il le défendit encore en appel, et il prononça à la première audience une plaidoirie écrite fort éloquente, qui dura plus de deux heures, et qui a été imprimée. Elle a paru contenir une réfutation aussi vive que satisfaisante de tous les reproches qu'on faisait à M. de Blosseville. Écrite avec chaleur, elle attaquait de front tous ceux qui s'étaient ligués dans cette affaire, par esprit de parti plutôt que dans l'intérêt de sauver un malheureux. Regnault fut défendu par Me. Mauguin. La discussion entre les deux avocats fut des plus vives, et attendu que la note envoyée par M. de Blosseville n'était point représentée ; qu'il n'était pas prouvé que l'article rédigé par M. Mutin y fût conforme, l'arrêt infirma le jugement de première instance, renvoya M. de Blosseville de toute prévention, et condamna Regnault aux dépens. Regnault subit actuellement la peine en laquelle a été commuée par le Roi sa condamnation à mort. E.

REGNAULT-BEAUCARON (J.-Ed.), était juge au tribunal d'Ervy lorsqu'il fut député de l'Aude à l'assemblée législative en 1791. Il dénonça, dans le mois de juin, le duc de Penthièvre, comme prétendant jouir encore du droit de pêche sur la rivière d'Eure, et défendit, le 8 août, M. de Lafayette, que les Jacobins voulaient faire décréter d'accusation. Son intérêt pour ce général faillit lui coûter cher; car au sortir de la séance, il fut assailli par les fédérés et des gens en bonnets rouges qui, après l'avoir insulté, le terrassèrent et descendaient déjà le fatal réverbère pour l'y accrocher, lorsqu'un grenadier l'arracha de leurs mains, et le conduisit au corps-de-garde du Palais Royal. Le 23 août, il s'opposa au décret de déportation proposé contre les prêtres insermentés : il fut, sous le gouvernement impérial, magistrat de sûreté à Nogent-sur-Seine, et ensuite président du tribunal de première instance de cette ville, place qu'il occupe encore aujourd'hui. B. M.

REGNAULT-DELALANDE (François-Léandre), né à Paris, en 1762, est auteur de plus de trois cents catalogues de ventes de tableaux et d'estampes, faits avec le plus grand soin et l'exactitude la plus scrupuleuse. Parmi les plus estimés, nous citerons ceux du cabinet de MM. Basan, Saint-Yves, Valois, Prévost, Silvestre, le comte Rigal, etc. Tous ces catalogues sont fort recherchés, pour les remarques des estampes, les maîtres auxquels on les attribue, et les époques où elles ont été exécutées. La plupart sont accompagnés d'une notice sur chacun des possesseurs de ces divers cabinets. N. P.

REGNAULT-WARIN (Jean-Baptiste-Joseph-Innocent-Philadelphe), né à Bar-le-Duc le 25 décembre 1775, fut, à treize ans, auteur d'une petite comédie, et à quinze, en fit représenter une qui eut du succès. Il embrassa avec toute l'irréflexion de son âge et avec toute la chaleur d'une tête exaltée, les principes révolutionnaires, et signala son enthousiasme par une foule de productions tant en prose qu'en vers, pour lesquelles il fut dénoncé par le directoire de son département au ministre de la justice Duranton; mais cette affaire n'eut point de suite. Déjà connu de Pétion, Vergniaud, Brissot, Condorcet, M. Regnault-Warin travailla pour le journal la Bouche de Fer, et fut nommé secrétaire-militaire de la place de Verdun, puis employé à l'état-major de l'armée des Ardennes, et enfin adjoint à l'adjudant-général Sionville. Cependant les excès révolutionnaires ne tardèrent pas à éclairer l'inexpérience de M. Regnault; il refusa de participer aux actes de violence qui bientôt amenèrent le règne de la terreur. Il employa au contraire tout son crédit à sauver plusieurs proscrits, et quelques uns de ses compatriotes lui durent leur liberté. Dénoncé lui-même à Robespierre, il fut incarcéré avant le 9 thermidor, et ne fut relâché que long-temps après cette époque. Cette première persécution n'ayant point satisfait ses ennemis, M. Regnault s'expatria, parcourut différentes contrées de l'Allemagne et revint en France, où déjà il avait été inscrit sur la liste des émigrés. Alors il renonça à la politique pour ne s'occuper que de littérature. Mais quelques-uns de ses ouvrages lui attirèrent l'animadversion du gouvernement de Buonaparte. La publication du *Cimetière de la Madeleine*, où les régicides trouvaient la condamnation de leur crime, blessait trop d'hommes encore puissants pour que l'auteur pût se flatter d'échapper à leur ressentiment. Il fut arrêté; mais l'intervention de l'impératrice Joséphine le sauva d'une peine plus sévère. Il s'adonna depuis presqu'entièrement au genre du roman, et son imagination, plus féconde que réglée, en a produit un grand nombre. Les événements de 1814 et 1815 l'ont fait rentrer dans la carrière politique qu'il semblait avoir abandonnée. Cet écrivain, auquel on ne saurait refuser le mérite d'un talent très varié, a tous les défauts de sa trop grande facilité. On a de lui : I. *Élements de politique*, 1790, in-8°. II. *La Constitution française mise à la portée de tout le monde*, 1791, in-8°. III. *Bibliothèque du citoyen*, 1791. IV. *Éloge de Mirabeau*, 1791, in-8°. V. *Siècle de Louis XVI*, 1791, in-8°. VI. *Révision de la constitution française*, 1792, in-8°. VII. *Conseils au peuple sur son salut, ou Opinion sur le danger de la patrie*, 1792, in-8°. VIII. (Avec Jajot et Lombard), *Cours d'études encyclopédiques*, 1797, in 8°. IX. *La Caverne de Strozzi*, 1798, in-8°. X. *Roméo et Juliette*, roman historique, 1799, 2 vol. in-12. XI. *Le Cimetière de la Madeleine*, 1800, 4 vol. in-12; 1801, 4 vol. XII. *La Jeunesse de Figaro*, 1801, 2 vol. in-12. XIII. *Le Tonneau de Diogène*, imité de l'allemand de Wieland, par Frenais, avec des remarques et additions, 1802, 2 vol. in-12. XIV. *Les Prisonniers du Temple*, suite du *Cimetière de la Madeleine*, 1802, 3 vol. in-12. (Il n'avoue que les deux premiers volumes, et les 60 premières pages du troisième). XV. *Le Paquebot de Calais à Douvres*, roman politique et moral, trouvé sur une échoppe de bouquiniste du quai des Ormes, 1802, in-12. XVI. *Spinalba, ou les Révélations de la Rosecroix*, 1803, 4 vol. in-12. XVII. *Lille ancienne et moderne*, 1803, in-12. XVIII. *L'Homme au masque de fer*, 1804, 4 vol. in-12; 4°. édit., 1816, 4 vol. in-12. XIX. *La Diligence de Bordeaux, ou le Mariage en poste*, 1804, 2 vol. in-12. XX. *Loisirs littéraires*, 1804, in-12. XXI. *Mme. de Maintenon*, 1806, 4 vol. in-12. XXII. *Napoléonide sur la campagne de deux mois*, 1806, in-8º. XXIII. *La Nouvelle France, ou les hommes et les choses au XIXᵉ. siècle*, 1815, in-8º., un seul cahier. XXIV. *Réfutation du rapport sur l'état de la France, fait au Roi dans son conseil, par le vicomte de Châteaubriand*, 1815, in-8º.; deux éditions. XXV. *Pour et contre, ou Embrassons-nous*, mémoire adressé au Roi, 1815, in-8º. XXVI. *Cinq mois de l'histoire de France, ou Fin de la vie politique de Napoléon*, 1815, in-8º. XXVII. *L'Ange des prisons* (Louis XVII), élégie, 1816, in-12. XXVIII. *Le Mal et le remède des cours*, où l'on cherche à prouver contre M. de Châteaubriand, 1º. que les élections de 1816 ont été libres; 2º. que les députés sont élus légalement; 3º. que la représentation nationale est légitime, 1816, in-8º. XXIX. *Henri, duc de Montmorenci, maréchal de France*, roman histor., 1817, in-8º. XXX. *Esprit de Mme. de Staël*, 1818, 2 vol. in-8º. C. C.

REGNIER (SILVESTRE), duc de Massa, fils du feu duc de Massa, ancien avocat de Nanci, ministre de la justice sous le gouvernement impérial, entra fort jeune dans la carrière administrative, et obtint successivement le titre d'auditeur au conseil-d'état, les places de sous-préfet à Château-Salins, et de secrétaire-général du sceau des titres, le titre de comte de Gronau, et la préfecture de l'Oise, qu'il occupait lors de la première invasion des alliés. Il fit contre eux diverses proclamations très énergiques, mais qui n'étaient que la copie des instructions ministérielles qu'il recevait. M. Regnier fut maintenu dans la préfecture de l'Oise, par le Roi, et contribua de tous ses moyens à fixer l'opinion publique en faveur du gouvernement de S. M. On sait que la ville de Beauvais s'est fait remarquer pendant les cent jours de 1815, par son dévouement aux princes légitimes. Au retour de Buonaparte, M. Regnier fut invité à continuer ses fonctions: il s'y refusa et donna sa démission, imitant en cela le duc de Tarente, dont il a épousé la fille aînée. Après le second retour du Roi, il fut nommé préfet du département du Cher; mais il donna sa retraite en 1816, et ne remplit depuis aucunes fonctions administratives. Il fut nommé pair de France le 10 juillet 1816, et a hérité du titre de duc de Massa que portait son père. U.

REGNOUF DE VAINS, député de la Manche à la chambre de 1815, s'y fit remarquer dans la discussion de la loi sur le budget. Dès le 21 décembre, long-temps avant que cette loi eût été présentée, M. Regnouf avait fait une proposition tendant à ce que les receveurs généraux ou particuliers et les percepteurs ne pussent recevoir aucune indemnité à raison du recouvrement des taxes extraordinaires. Il en développa les motifs dans un discours étendu, et attaqua surtout l'article 15 de l'ordonnance du Roi, du 16 août 1815, qui permettait à ces employés de prélever cette taxe; il ajouta: « Quoi! ce peuple qui supporte avec » calme et résignation les malheurs de sa » patrie...; ce peuple, à qui tout deviendra » possible pour sauver la France » et affermir le trône de ses rois!...... » sera-t-il donc toujours obligé de fournir, » dans sa misère, à la somptuosité » scandaleuse des receveurs, qui, faisant » partie des comités de répartitions » pour l'impôt des cent millions, » n'ont pas rougi pour la plupart de » s'imposer à des sommes très modiques, » même en comparaison des autres citoyens; » tandis qu'ils devaient toucher » des sommes doubles ou triples par les » taxations qui leur sont accordées. » La proposition de M. Regnouf fut imprimée et distribuée à la chambre. Son opinion sur le budget, prononcée le 18 mars 1816, dans laquelle il vota pour le projet de la commission, sauf quelques amendements, fut également imprimée. Le département de la Manche n'ayant point été représenté à la chambre de 1817, M. Regnouf n'a pas été réélu. C. C.

REGUIS, député des Basses-Alpes à la Convention nationale, vota la détention de Louis XVI et son bannissement à la paix, sous peine de mort. Sur la question de l'appel au peuple, il dit: « Je ne suis pas de l'avis de ceux qui » calomnient le peuple français: en conséquence, » comme le décret que nous » avons à rendre intéresse essentiellement » le peuple français, et qu'il doit être » expressément le vœu général, je dis » oui. » En mai 1795, il fut un des commissaires chargés d'examiner la conduite de Lebon; et, devenu membre du conseil des anciens, il en sortit en mai

1797, y fut réélu en mars 1799 par le même département, et devint, en décembre, membre du corps-législatif. Il sortit en 1803, et fut nommé, en 1804, directeur des droits-réunis de Lot-et-Garonne, place qu'il conserva jusqu'en 1815. B. M.

REICHA (Antoine), né à Prague, fit les études les plus soignées en Allemagne, se livra, sous les auspices d'Haydn et de Mozart, à l'art de la composition, et profita des leçons d'aussi grands maîtres. Appelé en France, où il a remplacé Méhul dans les fonctions de professeur de composition au Conservatoire, il était déjà connu par quatre-vingt-trois œuvres de musique instrumentale et vocale. On lui doit aussi un Traité de mélodie, ouvrage entièrement neuf, et où l'on trouve une théorie complète du véritable rhythme musical, qu'on a long-temps confondu avec le rhythme des anciens. C. C.

REICHARDT (Jean-Frédéric), musicien et auteur allemand, est né à Kœnigsberg le 25 novembre 1752. Ses premières études furent presque entièrement dirigées vers la musique, et, dès l'âge de dix ans, il était cité comme virtuose sur plusieurs instruments; cependant il suivait en même temps les cours de l'université de Kœnigsberg, et fut un des élèves du célèbre Kant. Après avoir rempli à la cour de Prusse la place de secrétaire de la chambre des domaines du roi, il fut nommé en 1775, par Frédéric II, son maître de chapelle. De 1782 à 1792, il fit plusieurs voyages en Italie, en Angleterre et en France, et ce fut pendant son séjour à Paris, en 1786, qu'il donna, à l'Opéra, *Tamerlan* et *Panthée*. Le premier, qui fut seul achevé et représenté, a eu quelque succès dans sa nouveauté, quoique à la reprise il ait été peu suivi. De retour en Prusse, après la mort du grand Frédéric, M. Reichardt composa, pour son successeur, le premier orchestre de l'Europe, où il avait réuni, à force de soins et d'argent, les meilleurs virtuoses du temps. Dans cet intervalle, il composa un grand nombre d'œuvres musicales, et surtout plusieurs opéras dans le genre italien. A son second voyage à Paris, en 1792, il avait publié des lettres confidentielles sur la France, et cet ouvrage le fit disgracier de la cour de Prusse, où on le soupçonnait d'être partisan de la révolution française. Retiré à Hambourg; en 1794, M. Reichardt y entreprit un journal intitulé *La France*, qu'il continua pendant dix ans. Cependant il était rentré en grâce auprès du nouveau roi de Prusse, Frédéric-Guillaume III; ce monarque lui conserva sa place de directeur des salines, à Halle, que le feu roi lui avait donnée avant sa mort, et il reçut l'ordre de travailler encore pour le théâtre. Il donna alors les deux opéras italiens de *Rosamonda* et de *Brenno*, dont le succès fut tel, que le roi fit à l'auteur deux gratifications extraordinaires de près de dix mille francs. M. Reichardt, parvenu à l'apogée de sa réputation musicale, voulut essayer d'introduire le vaudeville en Allemagne; mais pour le faire goûter de ses auditeurs, il fut obligé de travestir en drame sentimental ce genre éminemment français, et manqua ainsi le but qu'il s'était proposé. En 1803, il fit son quatrième voyage en France, où il fut présenté à Buonaparte par le marquis de Luchesini. Ce fut alors qu'il fit imprimer de nouvelles Lettres sur Paris, en 3 vol. Cet ouvrage lui fit le plus grand tort, même dans l'esprit de ses compatriotes. L'auteur, comme une fameuse voyageuse anglaise de nos jours, nomme toutes les personnes qu'il a vues à Paris, et souvent des remarques peu obligeantes accompagnent les portraits les plus infidèles. On s'aperçoit que, dans la plupart des sociétés où il était admis, M. Reichardt n'a reconnu l'hospitalité que par d'odieuses satires. Au reste, les journaux du temps relevèrent vivement les inconvenances de cet écrit. Après la paix de Tilsitt, la cession du pays de Halberstadt au roi de Westphalie, fit passer M. Reichardt sous la domination de Jérôme. Ayant perdu sa place de directeur des salines, il sollicita celle de sous-préfet de Halle, ou de secrétaire-général de la préfecture de Magdebourg; mais le frère de Buonaparte aima mieux lui confier la direction de son orchestre. M. Reichardt n'exerça cet emploi que pendant un an, et il composa un divertissement et un opéra qui furent représentés à la cour de Cassel. A cette époque, il se retira à sa campagne de Halle, et s'y est occupé depuis à rédiger les Mémoires de sa vie. Les Œuvres musicales de M. Reichardt étant très nombreuses, nous nous bornerons à indiquer quelques-unes de ses productions littéraires, qui sont également très répandues : I. *Lettres d'un voyageur attentif concernant la musique*, 1775-1776, 3 vol. II. *Sur l'Opéra comique et la poésie musicale*, Hambourg, 1775. III. *Sur les devoirs d'un musicien d'orchestre*, 1776. IV. *Lettre au comte de Mirabeau sur Lavater*, 1786. V. *La France*, journal politique, 1794-1803. VI. *L'Allemagne*, journal littéraire, 1796. VII. *Lettres confidentielles écrites dans un voyage en France*, 1803-1804. On lui attribue une *Histoire du consulat de Buonaparte*, 1804, vol. in-8°., qui eut beaucoup de succès en Allemagne, et fut traduite en anglais, etc., etc. C. C.

REILLE (Le comte HONORÉ-CHARLES-MICHEL), né le 1er. septembre 1774, entra au service en 1791, et obtint un avancement rapide dans les premières campagnes de la révolution. Il était général de brigade en 1803, et il fit la campagne de 1806 contre les Russes et les Prussiens, en qualité de chef d'état-major du 3e. corps. Sa conduite lui valut le grade de général de division, le 30 décembre de la même année. En 1807, il se trouva aux batailles d'Eylau et de Friedland, et fut cité parmi les généraux qui avaient contribué au succès de ces deux affaires importantes. Après la paix de Tilsitt, le général Reille fut autorisé à porter la décoration de St.-Henri de Saxe. En 1808, il passa en Espagne, où il concourut à la prise de Roses. Le 19e. bulletin fit à ce sujet le plus grand éloge de sa division. Rappelé en Allemagne, il y fit la campagne de 1809, et combattit avec distinction à Wagram. L'année suivante, il fut chargé du commandement de la Navarre espagnole, où il battit en plusieurs occasions les insurgés, surprit le général Mina, et le mit en déroute. Les communications long-temps interceptées par ce fameux partisan furent dès-lors rétablies. Le général Reille commandait un aile de l'armée à la déroute de Vitoria; il fut, en 1813 et 1814, l'un des lieutenants-généraux qui défendirent, avec le maréchal Soult, le midi de la France, contre l'armée alliée commandée par le duc de Wellington. Nommé, en 1814, chevalier de St.-Louis, il reçut le 14 février 1815 le grand-cordon de la Légion-d'honneur. Au retour de Buonaparte, il continua son service, et commanda le 2e. corps de l'armée d'observation sur la frontière du Nord. Le 15 juin, son avant-garde attaqua les avant-postes prussiens, qu'elle culbuta et poussa vivement sur Marchiennes. Après la journée de Waterloo et la retraite de l'armée, il couvrit Paris avec sa division du côté de Gonesse et passa ensuite la Loire. Licencié avec l'armée, ce général est aujourd'hui en demi-solde. Buonaparte l'avait fait, en 1815, membre de sa chambre des pairs. Il a épousé, en 1814, la fille du maréchal Masséna. C. C.

REINA (FRANÇOIS), avocat milanais, naquit à Malgrate dans le pays de Côme, vers 1760, étudia à Milan sous Parini, qui y était professeur de rhétorique, acquit son amitié et la conserva jusqu'à sa mort, après laquelle il publia les œuvres de ce poète célèbre, avec une notice historique. Après ses premières études à Milan, M. Reina était allé faire ses cours de droit et de sciences naturelles à l'université de Pavie, sous la direction de Spallanzani et de G. Fontana. Quand Buonaparte eut révolutionné la Lombardie en 1796, M. Reina, qui avait manifesté de l'ardeur pour ce nouvel ordre de choses, fut nommé membre du grand-conseil législatif de la république cisalpine. Haller étant venu essayer de diriger les finances de cet état par le moyen d'un bail à ferme, M. Reina, par amour pour son pays, fut le seul qui, du haut de la tribune législative, osa s'opposer à ce projet ruineux; et il parvint à le faire échouer. Il obtint même, dans cette occasion, l'extinction d'un papier-monnaie qui renversait le crédit public. L'ambassadeur français, Trouvé, éprouva souvent des résistances de la part de M. Reina, qui, dans cette occasion, sortit du corps-législatif. Le général Brune l'y rappela, mais il ne voulut pas y reparaître à cause de la faction qui dirigeait cette assemblée. Lorsque les Austro-Russes vinrent rétablir l'ancien ordre, M. Reina devint leur prisonnier et fut envoyé en Dalmatie, et de là en Hongrie. Revenu de cette captivité après la victoire de Marengo, il fut consultateur-législatif de la république ressuscitée; et la première loi qu'il fit adopter fut celle d'une amnistie générale. Il vint aux comices italiens que Buonaparte assembla à Lyon en 1801, et y fit partie du comité de constitution qui avait été formé pour accepter celle que Buonaparte avait projetée. Quand M. Reina retourna dans sa patrie, il s'y trouva nommé membre du nouveau corps-législatif et du collége électoral des propriétaires. On le mit ensuite au nombre des orateurs du gouvernement; et il garda cet emploi jusqu'à l'époque où Buonaparte, trouvant mauvais que ce corps osât lui dire la vérité, en prononça l'abolition. M. Reina resta membre du corps-législatif, qui, persistant à continuer de discuter les lois proposées par Buonaparte, devenu roi d'Italie, déplut si fort à ce dernier en refusant celle de l'enregistrement, qu'il ne voulut plus le convoquer, et le fit pour ainsi dire éteindre par son inaction et son inutilité. M. Reina, privé de tous ses emplois, rentra dans la vie privée, et s'en consola avec son immense bibliothèque, une des plus riches de l'Italie. Sa plus grande jouissance est de la tenir ouverte à tous les savants, et il en prête les livres avec une libéralité qui prouve autant la générosité de son ame que son zèle pour la propagation des lumières. M. Reina est un des hommes les plus versés dans la connaissance des livres; et rarement on le consulte sans fruit sur les auteurs anciens ou modernes. Lui-même a composé divers opuscules historiques et philologiques, et il s'exerce encore avec quelque succès dans la poésie lyrique.   N.

REINHARD (Le comte CHARLES), né en 1762 à Balingue, dans le Wurtemberg, est fils d'un ministre protestant. Il se rendit à Bordeaux en 1787, et y fut d'abord précepteur; puis à Paris, où son aptitude pour les affaires le fit bientôt entrer dans la diplomatie, et ne tarda pas à lui procurer des missions importantes. Secrétaire d'ambassade en Angleterre, en 1792, et à Naples en 1793, puis l'année suivante chef de division aux relations extérieures sous le comité de salut public, il fut nommé ministre de France près des villes Anséatiques en 1796, et fut rappelé de Hambourg en 1797, pour aller occuper la place de ministre près la cour de Toscane. Appelé par Sieyes au ministère des relations extérieures, lorsque celui-ci entra au directoire, il rendit cette place à M. de Talleyrand, après la révolution de Saint-Cloud (novembre 1799), et devint alors ministre plénipotentiaire près de la république helvétique. Il fut, en 1802, ministre de France près le cercle de Basse-Saxe; et, au mois de décembre, il signifia au roi de Danemark, dans sa qualité de duc de Holstein, qu'après avoir consulté tous les traités subsistants, et ce qui s'était passé jusqu'à présent, il paraissait que l'Elbe était une rivière franche, et qu'en conséquence le pavillon danois n'avait aucun droit à exiger des autres nations le salut qu'il prétendait lui être dû; que les vaisseaux français remonteraient et redescendraient désormais l'Elbe sans saluer, et que le Danemark ne pourrait exiger le salut, même des plus petits états de l'Europe, alliés de la nation française. A l'époque de la reprise des hostilités (septembre 1805), il était ministre plénipotentiaire de France près le Cercle de Basse-Saxe, et avait été décoré, en 1804, du titre de commandant de la Légion-d'honneur. M. Reinhard quitta l'ambassade de Saxe pour la place de consul-général de France à Iassy, qui lui fut confiée peu de temps après. Il se trouvait dans cette ville en 1807, lorsque la guerre éclata entre la France et la Russie. Au mois de décembre de cette année, il fut enlevé par ordre du prince Dolgorouchi, et transporté au milieu d'une escorte de cosaques; il partit pour la Russie; mais en arrivant près de Pultava, il rencontra un ordre expédié de Pétersbourg pour qu'il fût remis en liberté. Cette violation du droit des gens fit alors beaucoup de bruit en Europe; mais sa prompte réparation témoigna qu'elle n'avait été que le résultat d'une méprise. A son retour, M. Reinhard résida en Westphalie jusqu'en 1813, et fut nommé, après la chute de Buonaparte, directeur-général des chancelleries du ministère des affaires étrangères, et conseiller-d'état en service ordinaire, le 24 août 1815. A la fin de cette année, il est parti pour Francfort, en qualité de ministre du Roi de France près la diète. Il occupe encore aujourd'hui cette place.   B. M.

REINHARD (DE), premier bourgmestre de Zurich, présidait la diète-générale des cantons à la fin de 1813, lorsque les armées alliées s'approchèrent de la France pour l'envahir. M. de Reinhard écrivit à Buonaparte pour l'assurer que la Suisse désirait rester neutre dans cette grande lutte, et que les coalisés n'obtiendraient pas sur le territoire de la république le passage qu'ils demandaient. En même temps un cordon de troupes des cantons garnissait les frontières pour les faire respecter. Mais bientôt les Autrichiens, sous les ordres du prince de Schwartzenberg, forcèrent le pont de Bâle et pénétrèrent en Suisse. Cet événement fut le sujet de plaintes adressées à la diète par M. de Caulaincourt, alors ministre des relations extérieures de France ; mais elles furent sans effet. M. de Reinhard présidait encore en 1816 la diète-générale, et il présenta à cette assemblée un tableau très rassurant de la situation de la Suisse et de ses relations avec les puissances étrangères.　　C. C.

REINIER (L'archiduc d'Autriche JOSEPH - JEAN - MICHEL - FRANÇOIS - JÉRÔME), cinquième frère de l'empereur, est né le 30 septembre 1783. Il se distingue par des connaissances approfondies en politique et en administration. En l'absence de son auguste frère, il a tenu plusieurs fois les rênes du gouvernement, et s'est montré digne de ces hautes fonctions. Lors de la guerre de 1809, il publia quelques proclamations énergiques, que les bulletins de Buonaparte ne manquèrent pas de tourner en ridicule. En 1816, il alla faire un voyage en Italie. En 1817, lorsque cette contrée, rentrée sous la domination autrichienne, reçut une nouvelle organisation, l'archiduc Reinier y fut envoyé pour préparer l'administration. Le nouvel état, composé de l'état de Venise, des Provinces illyriennes et de plusieurs autres petites provinces, reçut le nom de royaume Lombardo-Vénitien, et fut confié à ce prince, qui a été en même temps élevé à la dignité de vice-roi. Il devait se rendre à Milan, capitale du nouveau royaume, et l'on assurait, à cette époque (1818), qu'il épouserait une des princesses, filles du grand-duc de Toscane.　　C. C.

RÉMUSAT (Le comte AUGUSTE-LAURENT DE), né le 28 avril 1762, en Provence, d'une famille de robe, suivit aussi la carrière de la magistrature, et devint avocat-général à la cour des comptes d'Aix, avant la révolution. Echappé aux proscriptions de cette époque, il s'attacha, après le 18 brumaire, à Buonaparte, qui le fit son premier chambellan et le surintendant des spectacles de Paris. En 1806, il présida le collège électoral de la Haute-Saône. Les événements de 1814 firent perdre à M. de Rémusat tous ses emplois; cependant il n'accepta aucune place au retour de Napoléon en 1815. Il obtint du Roi, en août de la même année, la préfecture de la Haute-Garonne, et s'y fit connaître comme bon administrateur. Parmi les circulaires qu'il adressa à ses administrés, nous citerons un passage de celle qui est relative à la loi d'amnistie, proclamée par la chambre de 1815 : « Combien sont dignes » de notre reconnaissance et de nos éloges » ces fidèles députés qui, organes » des sentiments et des vœux de la nation » française, ont détourné l'effet de la » clémence royale de sur ces êtres endurcis, » qu'un premier pardon n'avait » fait qu'enhardir à de nouveaux forfaits! » Le peuple indigné les repousse à jamais, » ces barbares, dont les mains » teintes du sang précieux de l'infortuné » Louis XVI, ont osé signer la proscription » de son auguste dynastie, et ont » cherché à soutenir sur son trône éphémère » l'usurpateur qui, pendant quinze » ans, avait bouleversé la France et ravagé » l'Europe. Qu'ils aillent porter » dans des déserts lointains la honte imprimée » sur leur front criminel, et » que, livrés à leurs remords et à l'exécration » du genre humain, ils y attendent » le moment terrible où ils auront » à répondre devant un Dieu vengeur, » du sang innocent qu'ils versèrent, et » des innombrables attentats dont ils » furent les artisans ou les complices. » Au mois de mars 1817, M. de Rémusat quitta la préfecture de la Haute-Garonne pour celle du Nord, où il remplaça M. Dupleix de Mézy. — Son fils est adjoint et survivancier de M. de Lalive, introducteur des ambassadeurs.　　C. C.

RÉMUSAT (JEAN - PIERRE ABEL), membre de l'Institut et professeur des langues chinoise et tartare au collège de France, est né à Paris, le 5 septembre 1788, d'une famille originaire de Marseille, et connue dans l'histoire de Provence dès avant le 14e. siècle. (*Voyez* Guys, *Marseille ancienne et moderne*, page 91.) Le vœu de ses parents l'ayant appelé à l'exercice de l'art médical, il en suivit les cours avec succès; et quoique cette étude semble demander toute l'attention de celui qui s'y est voué, il trouva encore le temps de se livrer à sa passion pour les langues orientales. Celles qui passent pour les plus difficiles, le chinois, le tartare, le thibétain, piquaient surtout son insatiable désir d'apprendre. Il en copiait tous les alphabets qu'il pouvait se procurer, et se faisait des dictionnaires à son usage; mais il ne put avoir communication d'aucun des dictionnaires chinois qui sont à la Bibliothèque du Roi, parce que le gouvernement, qui avait ordonné l'impression de celui du P. Basile de Glémona, les avait tous mis à la disposition des personnes qu'il avait chargées de cette publication. M. Abel Rémusat ne se laissa point rebuter par ces difficultés; et l'opiniâtreté du travail suppléant aux secours qui lui manquaient, il publia, en 1811, son *Essai sur la langue et la littérature chinoises*. Cet ouvrage qui, dans un étudiant de vingt-trois ans, montrait déjà un sinologue du premier ordre, fixa dès-lors sur lui l'attention du petit nombre de ceux qui, en Europe, cultivaient cette littérature, et tous s'empressèrent d'entrer en relation avec lui. Les académies de Grenoble et de Besançon le reçurent parmi leurs membres. Il publia encore trois ou quatre Opuscules sur le chinois, et cela ne ralentit en rien ses études médicales, puisqu'à peine âgé de vingt-cinq ans il fut reçu docteur à la faculté de Paris; et il montra plus tard que ce titre n'était point pour lui une vaine formalité, par les soins qu'il donna, en 1814, aux soldats blessés réunis dans les abattoirs de Paris, transformés en hôpitaux. (*Voy.* PERCY). Un ministre ami des arts et des sciences, ayant, la même année, déterminé Louis XVIII à créer, au collége Royal de France, les deux chaires de chinois et de sanscrit, M. Abel-Rémusat fut nommé à la première, par ordonnance du 29 novembre, et il fit l'ouverture de son cours au mois de janvier suivant par un discours, dont M. Silvestre de Sacy a donné l'analyse dans le *Moniteur* du 1er. février 1815 (morceau imprimé à part, in-8º.) Le 5 avril 1816, il fut élu par l'académie des Inscriptions, à la première des trois places vacantes dans cette académie; et en mars 1818, il remplaça M. Visconti dans la rédaction du *Journal des Savants*, auquel il avait déjà fourni plusieurs articles. M. Abel-Rémusat a publié : I. *Essai sur la langue et la littérature chinoises*, Paris, 1811, in-8º., avec 5 planches. Dans un petit volume, ce livre contient plus de notions saines et d'instructions vraiment utiles que les deux volumes de Bayer, ou les deux in-folio de Fourmont. II. *De l'Etude des langues étrangères chez les Chinois*, in-8º. de 32 pag., morceau extrêmement curieux, qui se trouve aussi dans le *Magasin encyclopédique* d'octobre 1811. III. *Explication d'une inscription en chinois et en mandchou*, gravée sur une plaque de jade du cabinet des antiques de Grenoble (dans le *Journal du département de l'Isère*, Nº. 6, de 1812; et tirée à part, in-8º.) IV. *Notice d'une version chinoise de l'Evangile de Saint-Marc, publiée par les missionnaires anglais du Bengale* (dans le *Moniteur* du 9 novembre 1812, et tirée à part, in-8º. de 12 pag.) Cette critique, quoique sévère, est écrite avec tant de politesse, et appuyée d'ailleurs de raisons si convaincantes, que les missionnaires anglais, loin d'en être choqués, sollicitèrent l'amitié de leur jeune censeur, et ont continué depuis de lui faire hommage de leurs nombreux travaux (*Voy.* MARSHMAN, MORRISON et WARD). V. *Dissertatio de Glossosemeiotice sive de signis morborum quæ è linguâ sumuntur, præsertim apud Sinenses*, 1813, in-4º. de 21 pag. C'est la thèse que M. Abel-Rémusat soutint pour son doctorat. VI. *Considérations sur la nature monosyllabique attribuée communément à la langue chinoise*, in-8º. de 12 pag. Cette savante et curieuse dissertation avait été insérée, en latin, dans les *Mines de l'Orient*, tom. III, pag. 279-288, avec une planche gravée qui n'a pas été mise dans la traduction française due à M. Bourgeat. Celle-ci comprend d'ailleurs le *Pater* en chinois, qui n'est pas dans l'original latin, et les exemples de chinois ne sont pas les mêmes. VII. *Recherches historiques sur la médecine des Chinois*, etc. (dans le *Moniteur* du 21 octobre 1813, et imprimées à part, in-8º. de 12 pag.) C'est l'examen critique d'une thèse de M. Lepage, in-4º. de 104 pag. VIII. *The Works of Confucius*, etc. (dans le *Moniteur* du 5 février 1814, et tiré à part, in-8º. de 14 pag.) C'est la notice raisonnée du 1er. volume de l'édition chinoise et anglaise des Œuvres de Confucius, publiée à Serampour (au Bengale), par M. Marshman. IX. *Plan d'un Dictionnaire chinois*, avec des notices de plusieurs dictionnaires chinois manuscrits, et des réflexions sur les travaux exécutés jusqu'à ce jour par les Européens, pour faciliter l'étude de la langue chinoise, 1814, in-8º. de 88 pag. X. Il a eu part à la publication du tome XVI des *Mémoires concernant les Chinois*, et au *Traité de la Chronologie chinoise*, par le P. Gaubil, qui en fait la suite, publié en 1814; par

M. Silvestre de Sacy, in-4°. XI. *Programme du cours de langue et de littérature chinoises, et de tartare-mandchou*, précédé du *Discours* prononcé à la première séance de ce cours au collège de France, le 16 janvier 1815, in-8°. de 32 pag. XII. *Fo-thou-tchhing*, in-18 de 16 pag.; morceau entièrement neuf, tiré de la *Biographie universelle*, à laquelle M. Abel-Rémusat a fourni un grand nombre d'articles, parmi lesquels nous indiquerons FOURMONT, GAUBIL, KHANG-HI et KIIAN-LOUNG. XIII. *Le Livre des récompenses et des peines*, traduit du chinois, avec des notes et des éclaircissements, 1816, in-8°. de 84 pag. XIV. *Lithographie* (dans le *Moniteur* du 7 avril 1817, et tirée à part, in-8°.) On y voit combien ce genre d'impression peut faciliter l'étude du chinois et des autres langues de la Haute-Asie, en permettant d'en multiplier à peu de frais les textes, si peu répandus jusqu'à ce jour. L'auteur l'a déjà employé pour une *Table des clés chinoises*, plus commode que celle que Fourmont avait donnée dans ses *Meditationes Sinicæ*, et pour une *Carte des îles Bo-nin*, tirée de l'original japonais, et qu'Arrowsmith s'est hâté de reproduire dans la dernière édition de sa Carte d'Asie. M. Abel-Rémusat a donné sur ces îles (colonie japonaise) une curieuse notice dans le *Journal des Savants* de 1817, page 387. XV. *L'invariable milieu*, ouvrage moral de *Tsëu-ssé*, en chinois et en mandchou, avec une version littérale latine, une traduction française, et des notes, précédé d'une notice sur les quatre livres moraux communément attribués à Confucius, 1817, in-4°. de 160 pag., inséré au tom. X des *Notices et extr.*, sous ce titre: *Les quatre livres moraux*, etc. On peut voir, sur ce travail, la *Notice sur une traduction inédite de Confucius*, par M. Abel-Rémusat, insérée en 1814 dans le *Mercure étranger* (n°. XIII, tom. III, p. 3-11), par L-A-M Bourgeat.) XVI. *Mémoire sur les livres chinois de la bibliothèque du Roi, et sur le plan du nouveau Catalogue*, dont la composition a été ordonnée par S. Exc. le ministre de l'intérieur (dans les *Annales encyclopédiques* de 1817, VI, 30 et 193; et publié à part, 1818, in-8°. de 60 pag.). Outre ces ouvrages imprimés séparément, et les articles dont il a enrichi le *Journal des Savants*, M. Abel-Rémusat a donné dans les *Mines de l'Orient*: 1°. *Uranographia mungalica* (tom. III, p. 179-196). C'est un tableau des trois cent-dix-neuf constellations de la sphère tartare, comparées avec celles des planisphères chinois et grecs: les noms mogols y sont écrits en lettres latines d'après la prononciation allemande. 2°. *Fan, Si-fan, Man, Meng, han tsi yao*, ou *Recueil nécessaire des mots Samskrits, Tangutains, Mandchous, Mongols et Chinois* (tom. IV, pag. 183-201, avec une planche). C'est une notice raisonnée d'un curieux vocabulaire pentaglotte, imprimé à la Chine. L'exemplaire qui est à la bibliothèque du Roi, y a été envoyé par le P. Amiot, et ce savant missionnaire n'osa essayer de le traduire, ayant pris le samscrit qui s'y trouve pour du tangout ou thibétain, parce qu'il est effectivement écrit en lettres tangutaines. Parmi les Mémoires que M. Abel-Rémusat a composés pour l'Institut, on distingue celui dont il a lu une partie à la séance publique de l'académie des Inscriptions, en juillet 1817, sur les *Relations politiques des rois de France avec les empereurs mongols*. Il contient deux lettres écrites en mongol à Philippe-le-Bel, par les rois mongols de Perse, et restées inconnues à tous nos historiens. Ses *Recherches sur la position de la ville de Kara-koroum* (ancienne capitale de l'empire des Mongols); — son *Coup-d'œil sur les nations nomades de la Haute-Asie*, lu à la séance générale de l'Institut, le 24 avril 1818, et tiré de ses *Recherches sur les langues tartares*, ouvrage considérable, dont l'impression est commencée depuis plusieurs années à l'imprimerie du Roi, 2 vol. in-4°. — Ses *Notes sur l'étendue des ouvrages religieux de la secte de Bouddhah*, — et ses *Remarques sur l'extension de l'empire chinois*, où l'on prouve que les frontières de cet empire se sont étendues plusieurs fois jusqu'à la mer Caspienne. T.

RENAUD (JEAN-BAPTISTE SULPICIEN), colonel d'artillerie, chevalier de Saint-Louis et officier de la Légion-d'honneur, adjoint au comité central de l'artillerie, entra au service en qualité de deuxième lieutenant, le 2 mai 1797, en sortant de l'École polytechnique, fut fait capitaine au choix, et remplit successivement différents emplois, notamment celui d'aide-de-camp du comte Songis, premier inspecteur-général de l'artillerie.

Il devint chef de bataillon le 23 janvier 1811, et colonel le 12 mars 1814. M. Renaud a fait treize campagnes et servi utilement dans l'intérieur. Il a publié une *Instruction sur l'art de fabriquer la poudre à canon*, qui a eu l'approbation du duc de Feltre, ministre de la guerre.

—RENAUD (Le baron Antoine-François), né le 6 février 1770, embrassa l'état militaire, et devint colonel-aide-de-camp du maréchal Lefèvre. Il fut nommé en 1814 chevalier de St.-Louis, et l'année suivante, maréchal-de-camp. Il est aujourd'hui en demi-activité. C. C.

RENAUD-BLANCHET (J.) a publié : I. *Poésies*, 1806, in-12. II. *Poésies diverses*, 1814, in-8º. III. *L'Ecole des empires, ou la Chute de la monarchie française*, 1804, in-8º., poëme qui a été censuré avec beaucoup de sévérité par les journaux. Cet ouvrage avait été saisi par la police de Buonaparte, et l'auteur mis en arr. station, à cause de quelques opinions un peu hardies qu'il y avait manifestées. Il en a publié une seconde édition en 1816. D.

RENAUDIÈRE (PHILIPPE DE LA), d'une famille noble, né à Vire vers 1780, vint achever ses études à Paris, et y suivit les cours de l'école de droit, sans cesser de cultiver les lettres. Il est depuis plusieurs années juge au tribunal civil de Lisieux. On a de lui : I *Ode sur la guerre de la troisième coalition*, 1800, in-8º. II. Des poésies dans divers journaux et recueils. M. Barbier dit qu'il a coopéré au *Publiciste* ; à la *Galerie historique* publiée par M. Landon ; et aux *Annales des voyages*. M. de la Renaudière a aussi donné quelques articles de voyageurs à la *Biograph. univ.* D.

RENAULDIN (LÉOPOLD-JOSEPH), docteur en médecine de la faculté de Paris, est né à Nanci le 27 juin 1775. Employé de bonne heure dans les hôpitaux militaires, il y a servi pendant plus de douze ans, et a fait plusieurs campagnes aux armées du Rhin, du Danube, de Prusse, de Pologne et d'Espagne. Il est actuellement médecin en chef de l'hôpital Beaujon, et membre de la société de médecine de Paris. M. Renauldin a publié : I. *Dissertation sur l'érysipèle*, Paris, 1802, in-8º. II. *Traité du diagnostic médical*, traduit de l'allemand du docteur Dreyssig, avec un discours préliminaire, des notes et des additions du traducteur, Paris, 1804, in-8º. III. *Mémoire sur le diagnostic de quelques maladies organiques du cœur*, inséré dans le *Journal de médecine* de M. Corvisart, cahier de janvier, 1806. M. Renauldin a fourni quelques matériaux aux *Mémoires de la société médicale d'émulation de Paris*. Collaborateur du *Dictionnaire des sciences médicales*, il a composé pour cet ouvrage de nombreux articles, entre autres l'*Introduction*, morceau de longue haleine, dont il a fait tirer à part un certain nombre d'exemplaires, sous le titre d'*Esquisse de l'histoire de la médecine, depuis son origine jusqu'à l'année 1812*, Paris, 1812, in-8º. Il est aussi collaborateur du *Journal universel des sciences médicales* et de la *Biographie univ.* Parmi les articles que M. Renauldin a fournis à ce dernier recueil, on remarque ceux de Duret, Feruel, Fous, Galien, Hippocrate, etc. F.

RENDU (AMBROISE), fils d'un notaire de Paris, fut reçu avocat à la cour royale de cette ville, et obtint, en 1806, la place d'inspecteur général de l'université. Il s'était déjà fait connaître comme professeur et comme administrateur de plusieurs lycées. En 1814, il adhéra à la déchéance de Buonaparte, et exprima son vœu pour le retour des Bourbons. Lors du retour de l'ex-empereur, en 1815, il déclara son attachement au Roi par une énergique déclaration qui fut insérée dans les journaux, avec sa signature et comme grenadier de la 1re. légion de la garde nationale, inscrit pour le service actif. On y remarquait les passages suivants : « Chassons, exter-
» minons, au nom de l'honneur, l'homme
» dénaturé qui, pour assouvir son am-
» bition, assassina le descendant du
» grand Condé ; qui, à l'insu des trois
» cent mille braves qu'il dévouait à la
» mort, épuisa contre la royale famille
» d'Espagne la scélératesse et la fourbe ;
» qui, pour prix de vingt ans de vic-
» toires, réduisit la France à souffrir
» l'invasion des étrangers ; l'homme en-
» fin que nous avons vomi du milieu de
» nous, il n'y a pas un an, et qui, dans
» ce moment même viole toutes les lois
» de l'honneur, se confie au parjure,
» espère le crime, invoque la trahison,
» et, dans son profond mépris pour le
» genre humain, se flatte que la France
» sera le prix de la course. » M. Rendu, après un tel acte de courage, dut se

soustraire au ressentiment de Buonaparte. Il reparut après les cent jours pour reprendre sa place à l'Université. On a de lui : I. *Réflexions sur quelques parties de notre législation civile, envisagée sous le rapport de la religion et de la morale*, 1814, in-8°. II. *Observations sur les développements présentés à la chambre des députés par M. de Murard de St.-Romain, sur l'instruction publique et l'éducation*, 1816, in-8°.; seconde édit., avec un supplément, 1816, in-8°. III. *Système de l'université de France*, formant le second supplément, 1816, in-8°. M. Barbier lui attribue : 1°. *Excerpta, ou morceaux choisis de Tacite*, 1805, in-12. 2°. *Vie d'Agricola*, traduction nouvelle, 1806, in-18. 3°. *Considérations sur le prêt à intérêt*, 1806, in-8°. 4°. *Quelques réflexions sur la rétribution universitaire établie par décret, maintenue par ordonnance royale, et confirmée par une loi* (le budget de 1816), formant le troisième supplément aux *Observations concernant l'instruction publique*, 1816, in-8°. — RENDU (Louis-Athanase), frère aîné du précédent, était notaire à Paris, et se défit de sa charge à la rentrée de Buonaparte en 1815, plutôt que de lui prêter serment. Il a été nommé adjoint de la mairie du premier arrondissement, secrétaire-général de la préfecture du département de la Seine, puis maître-des-requêtes, procureur-général du Roi à la cour des comptes, et, le 20 août 1817, vice-président d'un collège électoral de la Seine. C.

RENNEL (Le major JAMES), l'un des plus savants géographes de notre temps, est le premier qui ait donné des cartes exactes de l'Indostan. Il descend d'une ancienne famille française qui accompagna Guillaume-le-Conquérant, et naquit à Chudleigh dans le Devonshire, en 1742. Son père, qui jouissait d'une honnête aisance, aimait passionnément la lecture; mais il étudiait avec plus d'avidité que de discernement, en voulant embrasser tous les genres. Il communiqua une partie de ses goûts à son fils. L'éducation de ce dernier ne fut pas parfaitement dirigée, et se borna à ce qu'on apprend communément dans les écoles de province. Dès l'âge de quinze ans, il entra dans la marine comme *midshipman*, et se fit distinguer pendant le cours de la guerre de sept ans, par un esprit entreprenant et observateur, particulièrement au siége de Pondichéry. En 1766, d'après le conseil d'un de ses amis qui avait un intérêt considérable dans la compagnie des Indes, il quitta le service de la marine royale et entra à celui de la compagnie, comme officier du génie; ses services le firent bientôt nommer major. Ce fut presque à la même époque qu'il se fit connaître comme auteur, en publiant la carte du *Banc et du courant du cap Lagullas*. Cet ouvrage lui valut la place de *surveyor général*, ou chef du cadastre du Bengale. Peu après il publia son *Atlas du Bengale*, qui fut suivi d'une carte des *rivières du Gange et du Burrampooter*, et d'une Notice sur ces rivières, qui parut dans les *Transactions philosophiques*, et donna à son auteur une telle réputation qu'il fut élu unanimement membre de la société royale. Il se maria dans l'Inde avec la fille du docteur Tackeray. A son retour en Angleterre, vers l'année 1782, il publia cette célèbre *Carte de l'Indostan*, accompagnée d'une description historique, précédée d'une introduction, dans laquelle il trace le tableau des révolutions que cette contrée a éprouvées : « Les Anglais, y dit-il, connaissent mieux le Bengale que leurs propres côtes, et croirait-on que nous n'avons pas une carte passablement bonne du canal de Saint-George. » Cet ouvrage lui procura l'amitié des hommes les plus éclairés de l'Angleterre, et le mit en relation avec tous les savants de l'Europe. Lorsque la société asiatique se forma, le major Rennel, ami intime de William Jones, en devint un des collaborateurs les plus zélés; les meilleurs articles des *Recherches asiatiques* sont sortis de sa plume, quoiqu'ils ne soient pas tous signés de lui. Il affirme, dans un de ses articles, qu'après avoir comparé avec une grande attention les doctrines des chrétiens et des Indiens, les ressemblances qu'il a trouvées entre elles lui font affirmer sans aucune hésitation, que toute l'histoire et les antiquités de l'Inde confirment fortement tout ce qui est dit et avancé dans les livres saints. En 1798, il aida Mungo-Park dans les dispositions à faire pour entreprendre son voyage en Afrique, et rendit de grands services à l'association africaine, en corrigeant la géographie de cette partie du globe si intéressante, mais si peu connue. Le grand ouvrage du docteur Vincent, sur le voyage de Néarque, reçut de cet habile géographe des corrections et des notes qui en augmentent le prix. Mais le travail qui met le major Rennel au premier rang parmi les géographes d'Europe, est son *Système géographique d'Hérodote*. Cette production, où le savoir le dispute à l'utilité, se distingue par les deux qualités caractéristiques de cet auteur, une exactitude parfaite, et une finesse de discernement admirable. Depuis ce dernier ouvrage, le major Rennel n'en a pas mis au jour de bien importants, mais la vigueur naturelle de son esprit ne lui a pas permis de rester oisif; et il n'a pas paru un livre remarquable sur la géographie, qu'il n'ait été soumis à sa revision. Ce fut à lui qu'on dut la découverte de la fraude impudente du *Voyage de Damberger dans l'intérieur de l'Afrique*. Il l'aperçut dès la première lecture, et la signala d'une manière piquante : « M. » Damberger, disait-il, arrive à Kahoratho, et là voit un canal qui vient » de la rivière de Gambie. Or, Kahoratho » se trouve placé au 22e. degré de longitude, et Gambie au 42e. : la longueur » de ce canal serait donc de vingt degrés ou de quatorze cent milles? Très » bien dit, mon ami! » Le major Rennel, quoique avancé en âge, jouit d'une excellente santé. Sa conversation est pleine de vivacité et d'esprit; et il aime beaucoup à causer. Il entretient une correspondance littéraire fort suivie avec tous les hommes instruits de l'Europe, et son cabinet renferme des preuves de leur estime pour lui. Ses ouvrages sont : I. *Carte du banc et du courant du cap Lagullas*, 1778. II. *Atlas du Bengale*, in-fol., 1781. III. *Carte de l'Indostan ou de l'empire mogol*, avec une description historique, in-4°., 1782; 2e. édit. en 1788, avec un nouveau mémoire; 3e. édit., in-4°., 1793. Cet ouvrage a été traduit en français par MM. Boucheseiche et Castera, sur la septième édition, sous le titre de *Description historique et géographique de l'Indostan*, an VIII (1800), 3 vol. in-8°. et atlas in-4°. de 11 cartes. IV. *Mémoire sur la géographie de l'Afrique*, avec une carte, in-4°., 1790. V. *Sur la manière de voyager avec des chameaux, et le prix de ces voyages, et son application par une échelle, suivant les règles de la géo-*

métrie, 1791. VI. *Marches des armées anglaises pendant les campagnes de l'Inde, de 1790 à 1791, éclaircies et expliquées par une carte*, in-8°., 1792. VII. *Mémoires sur la Péninsule de l'Inde*, avec une carte, in-fol. et in-4°., 1793. VIII. *Eclaircissements sur la géographie de l'Afrique*, in-4°., 1793. IX. *Nouvelle carte corrigée de la Péninsule de l'Inde, du pays de Mysore, et des cessions de 1798, 1799, 1800*. X. *Second et troisième mémoires sur la géographie de l'Afrique*, in-4°., 1798. XI. *Système géographique d'Hérodote expliqué*, in-4°., 1800. XII. *Quatrième Mémoire sur la géographie de l'Afrique, et carte des voyages de M. Horneman, pour l'association africaine*, in-4°. XIII. *Observations sur la topographie de la plaine de Troye*, in-4°., 1814.

Z.

RENNEVILLE (Mme. DE) est auteur de : I. *Lettres d'Octavie, jeune pensionnaire de la maison de Saint-Clair*, 1806, in-12. II. *Stanislas, roi de Pologne*, 1807, 3 vol. in-12; 2e. édition, 1808. III. *Galerie des femmes vertueuses*, 1808, in-12; 3e. édition, 1817, in-12. IV. *Lucile, ou la Bonne Fille*, 1808, 2 vol. in-12. V. *De l'Influence du climat sur l'homme*, Nouvelles, 1808, 2 vol. in-12. VI. *Vie de Sainte Clotilde, reine de France*, 1809, in-12. VII. *Le petit Charbonnier de la Forêt-Noire, ou le Miroir magique*, 1810, in-18. VIII. *Contes à ma petite fille et à mon petit garçon*, 1811, in-12; 4e. édit., 1817, in-12. IX. *La Mère gouvernante, ou les Principes de politesse fondés sur les qualités du cœur*, 1811, in-12. X. *Le Retour des vendanges*, Contes variés, 1812, 4 vol. in-12. XI. *L'Ecole chrétienne*, 1816, in-18. XII. *Le Conteur moraliste, ou le Bonheur par la vertu*, 1816, in-12. XIII. *Les Secrets du cœur, ou le Cercle du château d'Eglantine*, Roman-Nouvelles, 1816, 3 vol. in-12. XIV. *Les bons petits Enfants*, 1817, 2 vol. in-18. XV. *Conversations d'une petite fille*, 1817, in-18, 4e. édit. XVI. *Eléments de lecture, à l'usage des enfants*, 1812, in-12. XVII. *Les deux Educations, ou le Pouvoir de l'exemple*, 1813, in-12. XVIII. *Conversations d'une petite fille avec sa poupée*, 1813, in-18. XIX. *Zélie, ou la bonne Fille*, 1813, in-18. XX. *La Fée gracieuse, ou la Bonne Amie des* enfants, 1813, in-18; 2e. édit., 1817, in-18. XXI. *La Fille de Louis XVI, ou Précis des événements remarquables qui ont eu quelqu'influence sur la destinée de la fille de nos Rois*, 1814, in-12. XXII. *La Fée bienfaisante, ou la Mère ingénieuse*, 1814, in-18; 1817, in-8°. XXIII. *Le petit Savinien, ou l'Histoire d'un jeune orphelin*, 1814, in-18. XXIV. *Les Récréations d'Eugénie*, Contes, 1814, in-18. Elle a coopéré à l'*Athénée des dames*, et aux *Amusements de l'adolescence*.   Oт.

RENOU de Loudun, officier vendéen, joignit, au mois de mai 1793, l'armée royale, et fit ses premières armes au siége de Thouars; il prit part à tous les combats de cette époque, et s'attacha à M. de Lescure, qui le chargea d'opérer le rassemblement de la division des Aubiers. Blessé deux fois avant le passage de la Loire, il suivit l'armée dans le Maine et en Bretagne, où ses liaisons avec deux Vendéens soupçonnés d'être les chefs d'une troupe de pillards, connue sous le nom de *Bande noire*, répandirent quelques nuages sur sa conduite; il prouva depuis qu'il avait employé tous ses soins pour ramener ces hommes à leur devoir. Il échappa à tous les désastres d'outre-Loire, rentra dans la Vendée, suivit Henri de La Rochejaquelein, et le seconda dans ses nouvelles tentatives. Après la mort de cet illustre guerrier, il passa sous les ordres de Stofflet, qui lui donna le commandement de l'aile droite de l'armée, à l'attaque de Chollet, au mois de février 1794. Stofflet l'ayant envoyé aux conférences de la Jaunaye, et n'ayant pas voulu ensuite souscrire à la pacification de Charette, M. Renou suivit la politique de ce chef, et fit son entrée à Nantes avec lui. A la reprise d'armes, il pénétra jusqu'au pont de Vrine, sur le Thouet, et, dans une surprise, n'échappa qu'avec peine à la poursuite des républicains. Il se rendit ensuite auprès de l'abbé Bernier, et, en 1799, joignit M. d'Autichamp, fut blessé à l'attaque des Aubiers, et compris finalement dans la pacification consulaire. La restauration l'a retrouvé royaliste, et il fut chargé, après le 20 mars, d'une mission dans l'intérêt de son parti. Il vint à Paris en 1814, fut nommé chevalier de Saint-Louis, et fit la campagne de 1815 dans le corps de M. d'Autichamp.   P.

RENOUARD (Antoine-Augustin), l'un des libraires les plus instruits de Paris, a publié des éditions estimées et dont il a soigné l'impression, entre autres: *OEuvres complètes de Berquin* (voy. la *Biogr. univers.*, au mot Berquin); celles de Corneille; les *Provinciales*; les *Pensées de Pascal*; les *Mémoires* du duc de La Rochefoucauld, Massillon, Gresset, Hamilton, et quelques auteurs latins, anglais et italiens. On a de lui: I. *Annales de l'imprimerie des Alde, ou Histoire des trois Manuces et de leurs éditions*, 1803, 2 vol. in-8°. *Supplément*, 1812, in-8°. II. *Notice sur une nouvelle édition de la traduction française de Longus*, 1810, in-8°. III. *L'impôt du timbre sur les catalogues de librairie, ruineux pour les libraires, et arithmétiquement onéreux pour le trésor public*, 1816, in-8°. C'est principalement à ce dernier Mémoire que l'on doit l'utile exemption du timbre pour les catalogues, prononcée en 1817. IV. Deux *Notices sur les licences maritimes de 1812 et 1813*, 1818, in-8°. V. *Note sur Laurent Coster, à l'occasion d'un ancien livre imprimé dans les Pays-Bas*, 1818, in-8°., opuscule très curieux dans lequel l'auteur prouve jusqu'à l'évidence, et par des preuves absolument nouvelles, la fausseté du système de Meerman (*V.* Coster, dans la *Biogr. univers.*) M. Renouard a sous-presse le catalogue de sa bibliothèque, sous le titre de *Catalogue de la bibliothèque d'un amateur*. Cet ouvrage, en 4 vol. in-8°., sera enrichi de notes curieuses et savantes. Les nos. IV et V ci-dessus en sont tirés. — Renouard (Augustin-Charles), avocat, fils du précédent, a donné: I. *Projet de quelques améliorations dans l'éducation publique*, 1815, in-8°. II. Il est collaborateur du *Journal d'éducation*, publié par la société formée à Paris pour l'amélioration de l'enseignement élémentaire, et a composé, sous le titre d'*Eléments de morale*, un ouvrage qui a concouru pour le prix proposé par cette société en 1818. Il n'obtint point le prix, parce qu'il s'était écarté du programme; mais une médaille d'or lui fut décernée pour les beautés remarquables de sa composition, qu'il a publiée dans la même année. — Renouard (P.), d'une autre famille que les précédents, a publié: *Essais historiques et littéraires sur la ci-devant province du Maine*,

1814, 2 vol. in-12. — RENOUARD DE SAINTE-CROIX (Félix) a publié : I. *Voyage commercial et politique aux Indes orientales, aux îles Philippines et à la Chine, avec des notions sur la Cochinchine et le Tonquin*, 1810, 3 vol. in-8°. II. *Ta-tsing-leu-lée, ou les Lois fondamentales du Code pénal de la Chine*, traduit du chinois en anglais par Staunton, et de l'anglais en français, 1812, 2 vol. in-8°. D. et OT.

REPNIN (Le prince), général russe, fils du prince Nicolas Repnin, si célèbre par son ambassade à Varsovie, et mort à Moscou en 1801, était colonel de l'un des régiments de la garde impériale lorsqu'il fut fait prisonnier de guerre à Austerlitz. Il servit avec beaucoup de distinction dans la campagne de 1812; et après la bataille de Leipzig, fut nommé gouverneur-général de cette ville, et ensuite administrateur de toute la Saxe, au nom des puissances alliées. (*Voy.* FRÉDÉRIC-AUGUSTE). Chargé de fonctions si importantes et dans les conjonctures les plus délicates, le prince Repnin sut concilier les devoirs qu'elles lui imposaient avec les ménagements dus à un pays désolé par la guerre, dont il était le théâtre depuis un an. Il remit, le 8 novembre 1814, le gouvernement aux autorités prussiennes, et rendit compte des principaux effets de son administration. Son discours d'adieu, qu'il prononça en français, émut vivement l'assemblée composée des premières classes de l'état. Après les témoignages de regret qui accompagnèrent sa retraite, il reçut une récompense non moins flatteuse dans la lettre suivante de l'empereur Alexandre, datée de Vienne, le 30 octobre 1814 : « J'ai des preuves multi-
» pliées du zèle et des efforts que vous
» avez déployés pour l'administration de
» la Saxe, depuis le jour où je vous en
» ai chargé jusqu'au moment actuel,
» où vous la remettrez dans les mains de
» la Prusse. Le témoignage que vous
» rendent à cet égard vos administrés,
» est à mes yeux le titre le plus glo-
» rieux. Il vous assure mon estime, et je
» profiterai de vos talents et de l'expé-
» rience que vous avez acquise dans ces
» circonstances extraordinaires et diffi-
» ciles. » Le prince Repnin fut nommé, en 1816, gouverneur-général de Poltawa. Il est décoré de la plupart des ordres russes et autres. Il est gendre du comte de Razumowsky. C. C.

REPTON (HUMPHREY), jardinier-paysagiste anglais, né en 1752, et résidant depuis trente ans à Harestreet-cottage, dans le comté d'Essex, est à la tête de ceux qui professent aujourd'hui l'art des jardins en Angleterre. Il a du goût et de la facilité pour le dessin, et de l'expérience dans la pratique; mais il n'a pas fait une étude assez approfondie de ce que les plus grands peintres de paysages ont offert dans leurs tableaux. On a de lui : I. *Le canton (hundred) de North Erpingham, dans le comté de Norfolk*, avec préface, etc., 1781, in-8°. II. *Variétés, ou Collection d'essais*, 1788, in-12. III. *L'Abeille, ou Critique sur l'exposition des tableaux à Sommerset House*, 1788, in-8°. IV. *L'Abeille, ou Critique sur la Galerie de Shakespeare*, 1789, in-8°. V. *Esquisses et Observations sur l'art des jardins*, 1794, in-4°. On regarde cet ouvrage comme le meilleur Traité qui ait paru sur cette matière. Il a rectifié ou perfectionné le système de Brown, qui passe en Angleterre pour le législateur des jardins. VI. *Observations sur les changements survenus dans l'art des jardins*, 1806, in-8°. VII. *Fantaisies bizarres (Odd whims)*. C'est la réimpression de diverses pièces déjà publiées par lui, auxquelles il a ajouté une comédie et quelques autres poëmes, 1804, 2 vol. in-8°. VIII. *Sur l'Introduction de l'architecture et de l'art des jardins des Indiens*, 1808, in-fol. Ces divers ouvrages sont enrichis de dessins faits par l'auteur, qui a, pendant vingt ans, fourni des vignettes au *Polite repository*. On peut ajouter aux Œuvres de M. Repton plus de trois cents manuscrits sur divers sujets, accompagnés de gravures pour expliquer les améliorations suggérées par lui dans différents endroits, avec beaucoup de Lettres sur l'art des jardins, adressées à diverses personnes. Z.

RÉSIGNY, chef d'escadron d'ordonnance de Napoléon, fut envoyé par lui, au mois de juin 1815, à Bordeaux, pour observer l'esprit public de ce pays, et y organiser une fédération. On lit dans le *Porte-feuille de Napoléon*, qui a été imprimé après la bataille de Waterloo, un Rapport où M. Résigny rend compte de sa mission, et où il se plaint beaucoup de l'esprit public de Bordeaux : « L'a-
» mour des Bourbons, dit-il, est porté à
» l'extrême chez les hommes, et jusqu'au
» fanatisme chez les femmes. » M. Ré-

signy accuse les autorités locales d'indifférence, et désire que des mesures plus énergiques soient ordonnées. Il fut un de ceux qui suivirent Buonaparte jusqu'à Rochefort, et il s'embarqua avec lui sur le *Bellerophon*; mais il ne l'accompagna pas à Sainte-Hélène. A.

REUSS (Henri XV, prince de), général d'artillerie au service de l'Autriche, né le 22 février 1751, fut, en 1793, employé en qualité de colonel à l'armée du prince de Cobourg, et commanda en avril et en mai un corps près de Bavay, où il obtint quelques avantages sur les Français. Il fut fait général-major, et servit en cette qualité à la même armée, en 1794. En 1796, il passa à celle d'Italie, où il se distingua, en novembre, à l'affaire du château de Piétra et à celle de Baselga. En février 1797, il devint feld-maréchal-lieutenant, continua d'être employé en Italie, et commanda, en 1799 et 1800, un corps formant l'aile gauche de l'armée de M. de Kray, et chargé d'entretenir, par le Tyrol et les Grisons, la communication entre l'Allemagne et l'Italie. Il était, en 1802, directeur-général du recrutement des armées impériales, et servait encore en 1812. Le prince de Reuss commanda dans cette campagne un corps d'observation de l'armée autrichienne. En 1814, il fut chargé du commandement civil et militaire de la ville de Venise. B. M.

REUVENS (Gaspard-Jacques-Chrétien), professeur de littérature ancienne et d'histoire à l'athénée de Harderwick, a publié: I. *Collectanea litteraria*, Leyde, 1815. Ce sont des conjectures sur Attius, Diomède, Lucilius, Lydus, Nonius, Varron, et quelques autres auteurs. II. *Oratio de litterariâ disciplinâ ad studia severiora et ad vitam communem præparante*. Il a prononcé ce discours en janvier 1816, quand il prit possession de sa chaire à l'athénée de Harderwick. M. Reuvens est un très jeune homme, de qui les lettres savantes doivent attendre beaucoup. Il s'occupe d'un grand travail sur les fragments des Comiques latins. Il nous apprend, dans l'exorde de ses *Collectanea*, qu'il a eu pour professeurs, à Amsterdam, M. van Lennep; à Leyde, M. Wyttenbach; et à Paris, M. Boissonade. Il était venu dans cette dernière ville, en 1811, avec son père, jurisconsulte du premier ordre, qui, à l'époque du gouvernement de Louis Buonaparte, avait été nommé membre du tribunal de cassation, et qui périt tragiquement à Bruxelles, en 1816, victime d'un noir complot, dont on ne connaît encore ni les circonstances, ni les auteurs. G. H.

RÉVEILLÈRE-LÉPEAUX (Louis-Marie de La), né le 25 août 1753, à Montaigu, en Poitou, est fils d'un négociant de la Rochelle, dont les spéculations ne furent pas très heureuses, et qui ne dut pas lui laisser beaucoup de fortune. Il s'était destiné à la profession d'avocat, et vint à Paris pour étudier le droit; mais, soit que ce genre d'étude ne lui plût pas, soit par tout autre motif, il laissa là Cujas, et se rendit à Angers, où il établit un jardin botanique, et fit, de l'étude des plantes, sa plus habituelle occupation. Le tiers-état d'Angers l'ayant député aux états-généraux, M. La Réveillère embrassa le parti de la révolution; mais, quoique siégeant à l'extrémité gauche, qu'on appelait alors *le camp des Tartares*, il se montra moins violent que ses collègues, que, dans la suite, il devait laisser bien loin derrière lui. Voici comment il s'exprima, le 18 mai 1791, lorsqu'on discuta la forme de gouvernement à donner à la France. « Dans un » pays d'une telle étendue, dit-il, les » liens du gouvernement doivent être » plus serrés qu'à Glaris ou Appenzel; » sans quoi, l'État serait abandonné aux » horreurs de l'anarchie, pour passer » ensuite sous la domination de quelques » intrigants; aussi je ne crains pas d'as» surer, moi, qui n'ai pas un penchant » bien décidé pour les cours, que, le jour » où la France cessera d'avoir un Roi, » elle perdra sa liberté et son repos, » pour être livrée au despotisme effrayant » des factions. » M. La Réveillère était alors un prophète beaucoup mieux inspiré que lorsqu'il voulut être grand-pontife de la théophilanthropie. Au surplus, tout en demandant que la monarchie fût conservée en France, comme le seul asile de la liberté et l'unique sauve-garde de la paix et de la sûreté intérieure, il vota pour priver le monarque de ses plus importantes prérogatives. Il opina aussi pour que les juges fussent institués par le peuple, insista pour que le Roi n'eût pas même le droit de clore ses parcs pour jouir du plaisir de la chasse, et pour que les membres de sa famille ne pussent porter le titre de princes. Lorsqu'il fut question de consacrer les couleurs natiorales, il proposa d'inscrire sur les drapeaux militaires : *la liberté ou la mort*, devise amplifiée depuis par Pache, qui y fit ajouter : *fraternité, égalité*. Lors de l'insurrection du Champ de Mars, M. La Réveillère quitta le club des Jacobins pour celui des Feuillants, où s'étaient réunis les chefs du parti constitutionnel, et même beaucoup de royalistes, qui regardaient ce club comme la dernière ressource de la monarchie expirante. M. La Réveillère fut, dans les premiers temps, un des sociétaires qui le fréquentèrent le plus assidûment ; mais lorsqu'il le vit déconsidéré, il l'abandonna, et embrassa le parti de la république. Après la session, il devint administrateur du département de Maine-et-Loire. Le mécontentement des habitants de la Vendée commençait à se manifester. Dans l'intention d'en prévenir les effets, M. La Réveillère établit une espèce de mission patriotique, qui parcourait les campagnes en prêchant la liberté ; mais ce nouvel apostolat ne réussit pas auprès des Vendéens, et peu s'en fallut que les missionnaires ne fussent assommés. Devenu membre de la Convention, pour le département de Maine-et-Loire, M. La Réveillère oublia complètement sa profession de foi à l'assemblée constituante, et il attaqua la royauté avec plus de violence que les républicains eux-mêmes, qui, dans l'intention de sauver le Roi, avaient voté l'appel au peuple du jugement à intervenir. Plusieurs d'entre eux demandèrent même avec force (*Voy*. GUADET, dans la *Biographie univ.*) qu'il fût sursis à l'exécution. M. La Réveillère vota contre l'appel au peuple, pour la mort, et contre le sursis. Néanmoins, dans toutes les autres questions, il se réunit aux Girondins, et il essaya, comme eux, vainement, d'arrêter le monstre révolutionnaire qu'ils avaient déchaîné. D'ailleurs il parut très peu à la tribune; mais travailla beaucoup dans les comités, surtout dans celui de constitution, où il eut cependant peu d'influence. Les Jacobins connus sous la dénomination de Montagnards, n'avaient pas l'intention de le comprendre dans la proscription des Girondins; il leur avait donné, dans le procès du Roi, un gage sur lequel ils pouvaient compter. Aussi ne fut-il pas question de lui dans la journée du 31 mai; mais, le 2 juin, un élan de générosité le perdit : voyant ses collègues arrêtés, il s'écria qu'il partagerait leur sort, et il donna sa démission. Craignant qu'il ne parvînt à soulever quelques départements, le comité de sûreté générale lança un mandat d'arrêt contre lui, et la Convention le mit ensuite hors de la loi; mais il réussit à s'y soustraire, resta caché tant que dura la terreur, et ne reparut que le 8 mars 1795, à la Convention, où il fut rappelé sur la demande de Thibault. Il obtint alors un peu plus de crédit qu'auparavant, avantage qu'il dut à sa proscription. Le 26, il fut nommé secrétaire, puis membre de la commission chargée de préparer les lois organiques de la constitution, lois singulières, dont le boucher Legendre avait donné l'idée, à l'époque de l'insurrection du 2 prairial an III (1795), et qui n'étaient qu'un leurre dont on se servit pour en imposer aux partisans de la constitution de 1793, et arriver à celle de l'an III. On prétend savoir qu'alors, M. La Réveillère était revenu, sur la royauté, à l'opinion qu'il avait manifestée à l'assemblée constituante, et qu'il avouait que le gouvernement républicain ne convenait nullement aux Français ; mais, fort occupé de ce qu'il appelait un système religieux, il s'éleva contre les prêtres, qu'il regardait comme la cause du peu de succès de ses prédications dans la Vendée, et demanda que ceux d'entre eux qui, ayant été condamnés à la déportation, ne sortiraient pas de la France dans deux mois, fussent assimilés aux émigrés. Dans le même temps, il s'opposa à ce que la peine de déportation prononcée contre les membres des anciens comités, fût changée en une peine plus grave. Le 19 juillet 1795, il fut élu président, et entra, le 1er. septembre, au comité de salut public. Lors des mouvements qui se manifestèrent dans Paris, à l'époque des élections qui précédèrent le 13 vendémiaire, il fit décréter que la Convention rendrait les Parisiens responsables de sa sûreté, et, qu'en cas de dangers, elle se retirerait à Châlons-sur-Marne. Il passa ensuite au conseil des anciens, le présida le 27 octobre, lors de sa formation, et fut nommé, le 31, membre du directoire. Ceux qui se rappelaient quelques-uns de ses principes, les royalistes surtout, crurent qu'il serait au moins le plus modéré des cinq directeurs; il fut, au contraire, le plus violent et le plus obstiné dans ses opinions révolutionnaires. Au reste, l'expédition des affaires les moins importantes fut sa principale occupation. Carnot et Barras se disputaient la guerre, Reubell s'était saisi de la diplomatie et des finances, et Letourneur était dirigé par Carnot. Lorsque M. La Réveillère se vit à la tête du pouvoir, sa haine pour les prêtres lui fit imaginer la théophilantropie, qui, dans le sens qu'il lui donnait, n'était autre chose que la religion naturelle. Il voulut cependant que cette nouvelle secte eût des prêtres, et chacun des sectaires dut l'être à son tour; les officiants étaient revêtus de longues robes blanches avec des ceintures tricolores, et récitaient en chaire des hymnes et des cantiques philosophiques, en invoquant le Dieu de la nature. Ces nouveaux religionnaires exerçaient leur culte dans les principales églises de Paris, concurremment avec les catholiques. Ce singulier spectacle fixa les regards; et comme les théophilantropes parlaient de vertus, d'oubli des injures, qu'ils prêchaient enfin une morale assez saine et fort rapprochée de celle de l'Évangile, quelques bons Parisiens se déclarèrent pour eux; mais lorsque de malins journalistes eurent fait reconnaître parmi les nouveaux prêtres des révolutionnaires forcenés, on se moqua d'eux ouvertement. Leur grand-prêtre La Réveillère fut voué au ridicule, et ses collègues eux-mêmes lui firent, sur ce point, dans leurs conversations, des plaisanteries fort piquantes. « Fais-toi pendre, » lui dit un jour Barras : c'est le seul » moyen de faire des prosélytes; les re- » ligions ne réussissent que par des mar- » tyrs. » Le directeur ne voulut pas pousser les choses aussi loin; et la théophilantropie tomba tout-à-fait dans le mépris. Comme on savait que M. La Réveillère avait beaucoup d'indécision dans le caractère, les députés qu'on appelait Clichiens, espérèrent l'attirer dans leur parti, quelque temps avant la révolution du 18 fructidor; mais soit faiblesse, comme l'a prétendu M. de Lacarrière, qui assure que la peur d'être pendu était le sentiment qui dominait le plus M. La Réveillère, soit perfidie, suivant Carnot, qui fait de son ancien collègue un portrait très hideux dans ses Mémoires, il se rejeta dans le parti de Reubell et de Barras, où cette terrible peur en fit un des plus ardents proscripteurs. Ce fut Barras qui s'opposa à ce que les proscrits fussent mis à mort. M. La Réveillère pensait, à cet égard, comme son collègue Barère, personnage au moins aussi peureux que lui, qu'il n'y a que les morts qui ne reviennent pas. Il présidait le directoire dans la journée du 18 fructidor (4 septembre 1797), et en avait fait pressentir la catastrophe peu de jours auparavant, dans un discours plein de violence contre les deux conseils. On avait alors sondé l'opinion de Buonaparte, qui triomphait en Italie, et ce général avait envoyé à Paris un de ses aides-de-camp, qui avait assuré le directoire de son dévouement et de celui de son armée. Ce fut cette assurance qui enhardit la majorité des directeurs; car, sans cela, ils n'eussent pas entrepris un coup d'état aussi périlleux. Après cette révolution, M. La Réveillère s'occupa encore beaucoup de théophilantropie et de travaux du second ordre, laissant le pouvoir à Barras et à Reubell. En juin 1799, il fut chassé du directoire sans avoir opposé la moindre résistance (*Voy.* MERLIN DE DOUAI). Les Français qui rient de tout, même aux jours de leur infortune, s'amusèrent aux dépens du directeur détrôné, et sa taille contrefaite leur en fournit l'occasion. Une caricature le représenta entouré de sacs d'argent, porté sur un brancard par ses collègues Merlin et Treilhard, détrônés comme lui. On avait inscrit ces mots sur le manteau de l'ex-directeur : *Nous emportons le magot.* Le sens de cette plaisanterie ne pouvait s'appliquer à la fortune de M. de La Réveillère; car il ne l'a point augmentée au temps de sa haute puissance, et, après sa disgrâce, il retourna modestement à ses plantes chéries, se renfermant dans sa famille, où il s'occupa de l'éducation de ses enfants, et renonça pour toujours aux vanités de ce monde. Il eût pu recouvrer quelque importance sous Buonaparte, mais il ne voulut pas fléchir devant lui; comme membre de l'Institut, il refusa de prêter au nouveau maître le serment exigé de ce corps, et donna sa démission. Les ennemis de Buonaparte firent, dans le temps, beaucoup d'éloge de ce refus. M. La Réveillère avait choisi pour sa retraite, après sa chute, un petit domaine qu'il avait acquis dans la commune d'Ardou, à trois lieues d'Orléans. Il y a vécu tranquillement pendant plusieurs années, avec sa femme et ses enfants, affectant le républicanisme et conservant toujours ses idées théophilantropiques. Il lui fut enfin permis de retourner à Paris, où il revint avec sa famille, pour se livrer à l'éducation de son fils. Il y habite encore aujourd'hui, et on le rencontre quelquefois sous un costume plus que modeste, fouillant chez les libraires étalagistes. Voilà comment vit un des chefs de ce gouvernement qui fit trembler l'Europe. Il n'a échappé à la proscription contre les régicides que parce qu'il était resté sans fonctions publiques pendant les cent jours de 1815. M. La Réveillère a publié: I. *Essai sur les moyens de faire participer l'universalité des spectateurs à tout ce qui se pratique dans les fêtes nationales*, ou *Réflexions sur le culte, sur les cérémonies et sur les fêtes nationales*, lu à la classe des sciences morales et politiques de l'Institut, 1797, in-8º. II. *Du Panthéon et d'un théâtre national*, 1798, in-8º. III. *Réponse de La Réveillère-Lepeaux aux dénonciations portées au corps-législatif contre lui et ses anciens collègues*, 1799, in-8º. IV. *Essai sur le patois vendéen*, et trois autres articles dans les *Mémoires de l'Acad. celtique*. U.

REVEL (Le chevalier THAON DE), comte de Pratolungo, ancien colonel du régiment de Nice au service de Sardaigne, est né à Nice vers 1760. Le comte de Saint-André, son père, était gouverneur de la capitale du Piémont en 1794. Il était lui-même, avant la révolution, ambassadeur du roi de Sardaigne en Hollande. Ses talents diplomatiques le mirent dans le cas de rendre des services importants à son souverain. En juin 1796, ce prince le nomma ambassadeur près la république française, avec laquelle il avait déjà négocié à Gênes, et signé ensuite à Paris un traité de paix dans le courant de mai. Le 1er juillet, il obtint une audience secrète du directoire, pour y désavouer, au terme du traité, la conduite qu'on avait tenue relativement à l'arrestation de MM. Maret et Sémonville; mais en août, il reçut ordre de quitter Paris comme émigré Niçard, et parce qu'il avait, dit-on, montré une joie trop vive en apprenant les avantages remportés alors par Wurmser en Italie, ou plutôt, comme l'a dit Mallet-du-Pan, parce qu'il avait trop d'esprit, de courage et de prévoyance. Il reparut de nouveau sur la scène politique, en 1799, fut commissaire-général de sa cour près les armées austro-russes, accompagna Suwarow à la reprise de Turin, et y exerça les fonctions de commandant, au nom du roi son maître. Le reste du temps que le roi de Sardaigne fut privé de ses états, M. de Revel demeura dans une espèce d'obscurité. En juillet 1815, ce prince le nomma son ministre plénipotentiaire près du quartier-général des puissances alliées, et il le chargea en même temps de complimenter le Roi de France sur son retour dans son royaume. M. de Revel repartit pour Turin, après l'arrivée de l'ambassadeur le marquis Alfieri de Sostegno. Il prit possession de la Savoie au nom du roi de Sardaigne, lorsqu'elle eut été rendue à ce monarque, fut ensuite nommé gouverneur de Gênes, d'où il vient d'être envoyé en Sardaigne en qualité de vice-Roi. A.

REVEL (T. H. F.) a attaché à son nom une véritable célébrité, s'il est permis de nommer ainsi le scandale produit par un procès qui a long-temps occupé le public et les tribunaux. Un ouvrage qu'il publia en 1815, et qui ressemblait plutôt à un roman qu'à un Mémoire judiciaire, révéla au public l'histoire tout entière de M. Revel, et les persécutions dont, s'il faut l'en croire, il a été l'objet. Le titre suivant était fait pour piquer vivement la curiosité: *Buonaparte et Murat, ravisseurs d'une jeune femme, et quelques-uns de leurs agents complices de ce rapt devant le tribunal de première instance du département de la Seine; Mémoire historique, écrit par le mari outragé*. Ces agents et complices étaient un procureur-général impérial, un préfet de police, un officier de l'état civil, des avocats, une maîtresse de pension (*voy.* CAMPAN), etc. C'est à l'ouvrage même qu'il faut avoir recours pour connaître cette intrigue infernale, comme l'appelle M. Revel, intrigue qu'il a développée ensuite dans plusieurs plaidoyers devant le tribunal de première instance. Les détails relatifs à l'injure éprouvée par M. Revel ne sont point de notre sujet. Nous nous contenterons de rappeler les principales circonstances de sa vie. Officier dans un régiment d'infanterie légère à l'époque où il épousa, en secondes noces, celle qu'il représente comme la cause de tous ses malheurs, il fut arrêté, après en avoir été séparé, comme prévenu d'un faux en écriture privée. Condamné à deux ans de prison, il reprit ensuite du service, fit les campagnes d'Autriche et de Prusse, et fut fait prisonnier dans celle de Russie. De retour en France, il eut assez de crédit pour obtenir, pendant l'interrègne de 1815, et malgré la frayeur qu'il inspirait, dit-il, à Buonaparte, la place de secrétaire-général de la préfecture de Chartres. Il perdit cet emploi à la seconde restauration, et publia alors le Mémoire indiqué. Il forma en même-temps sa demande en nullité de divorce contre sa femme déjà remariée en troisièmes noces. M. Revel, loin de se laisser décourager par les plaisanteries dont les journaux s'égayèrent sur son compte, excité au contraire par le succès de son premier écrit, en publia successivement deux autres. Il fit plus, il plaida lui-même au tribunal de première instance. Il perdit néanmoins sa cause, et ne réussit pas à mettre les rieurs de son côté. Après un long silence, il répondit en ces termes, le 21 décembre 1816, à la nouvelle annoncée par quelques journaux, qu'il allait encore publier un Mémoire : « Le Journal de Paris et la Gazette de France, » qui, malgré leurs efforts pour me causer de l'humeur, n'ont pu réussir encore qu'à m'inspirer que de la pitié, ont » annoncé, le premier le 18, le second » le 19 du courant, en termes également impertinents, que je me propose de publier un nouveau Mémoire. » Je n'ai point fait confidence de mes » intentions aux rédacteurs de ces deux » feuilles ; ils ignorent donc si je prépare » un nouveau Mémoire, ou si je m'en tiens » à un premier ouvrage qui fournit pâture à quelques sottes malices de leur esprit. Je somme ces Messieurs de citer » l'autorité dont ils excipent. S'ils s'y » refusent ou gardent le silence, ils s'avoueront par-là même coupables envers moi d'une partialité bien dégoûtante. » Nous ne donnons cette lettre que comme un échantillon du style de M. Revel. Depuis il a cessé d'occuper le public de ses infortunes. Voici le titre de ses deux dernières publications : I. *Cause en nullité de divorce entre M. Revel et dame Louise C. E. Deunelle Laplaigne, son épouse*, 1815, in-8°. II. *Nouvelles preuves du rapt de Mme. Revel, ou Réponse de M. Revel à M***, se disant officier d'artillerie*, 1816, in-12. On avait publié contre son premier Mémoire : *Histoire du prétendu rapt de Mme. la comtesse de L...*, par B. et M., ou *Réponse au Mémoire de M. Revel*, par M. M***, ancien officier d'artillerie, 1816, in-8°. — REVEL, lieutenant-colonel, a donné au public : *Manœuvres d'infanterie*, 1817, in-12. — REVEL fils, oculiste à Lyon, a publié : *Mixture optico-névritique*, 1817, in-8°. — REVEL (N. Adolphe) a publié : *Fastes de Henri IV, surnommé le Grand, contenant l'histoire de la vie de ce prince*, 1815, in-8°. C. C.

REVERCHON (J.), négociant à Vergisson, fut député de Saône-et-Loire à la législature, et ensuite à la Convention nationale, où il vota la mort de Louis XVI, sans appel et sans sursis. On le vit successivement près des Jacobins, occuper une place de secrétaire de la Convention, ensuite de membre du comité de sûreté générale (après la chute de la Montagne), et faire certifier son civisme à la séance du 29 août 1793, par Barère, qui rendit compte que la sœur de ce député ayant été arrêtée avec ses enfants, les représentants près de l'armée des Alpes les lui avaient envoyés devant Lyon, où il était alors en mission pour le siège, afin qu'il prononçât lui-même sur leur sort ; mais que Reverchon leur avait répondu : « Je ne suis point » juge de ma sœur et de ses enfants ; » je vous les renvoie ; décidez vous-» même sur leur sort. J'ai plusieurs parents dans Lyon (entre autres deux » fils de cette même sœur) ; mais, dussent-ils tous périr, je ne m'écarterai » jamais de mon devoir. » Il n'y eut cependant qu'un seul de ses parents qui périt sur l'échafaud à Lyon, après le siège, et ce fut un vieillard de soixante-deux ans ; sa sœur et sa famille échappèrent à la mort. La Convention ayant à la fin fait cesser les massacres dans cette ville, et les proconsuls Collot et Fouché ayant été rappelés, Reverchon y fut envoyé une seconde fois, et suivit encore les principes du jour, en comprimant les Jacobins, qu'il avait secondés de toutes ses forces pendant sa première mission. Devenu membre du conseil des cinq-cents, il en sortit en mai 1797, devint alors administrateur de son département, fut nommé en mars 1798 au conseil des cinq-cents, pour un an, et en 1799, à celui des anciens. Il ne passa pas au corps législatif qui suivit le 18 brumaire, rentra dans l'obscurité, et reprit son commerce de vins. Il a quitté la France en 1816 comme régicide, et s'est réfugié en Suisse. B. M.

REVERONY DE ST.-CYR (Le baron JACQUES-ANTOINE), adjudant-commandant du génie, chevalier de Saint-Louis et de la Légion-d'honneur, né à Lyon le 5 mai 1767, a été aide-de-camp du général Berthier, prince de Neuchâtel, et long-temps employé à Paris comme officier du Génie. Il a publié : *Inventions militaires dans la guerre défensive*, an VII, in-12. Une première édition avait paru sous ce titre : *Inventions militaires et fortifiantes, ou Essais sur des moyens nouveaux offensifs et cachés dans la guerre défensive, par R....*, capitaine de première classe au corps du génie, Paris, Dupont, an III (1795), in-8°. de 72 pag. avec quatre planches. M. Barbier lui attribue : I. *Sabina d'Herfeld, ou les Dangers de l'imagination*, Paris, an V, 2 vol. in-18 ; 4e. édition, 1814, 2 parties in-12. II. *Pauliska, ou la Perversité moderne*, 1798, 2 vol. in-12. III. *Nos Folies, ou Mémoires d'un musulman connu à Paris en 1798, 1799*, 2 vol. in-12. IV. *Essai sur le perfectionnement des beaux-arts par les sciences exactes, ou Calculs et hypothèses sur la poésie, la peinture et la musique*, 1804, 2 vol. in-8°. V. *Essai sur le mécanisme de la guerre*, 1808, in-8°. VI. *Forbin, ou le Vaisseau amiral*, opéra, 1805, in-8°. Quelques personnes le croient auteur des pièces de théâtre dont voici les titres : *Le Délire, ou la Suite d'une erreur* ; — *Elisa, ou le Voyage au mont Saint-Bernard* ; — *La Rencontre aux bains* ; — *Cagliostro, ou la Séduction* ; — *Lina, ou le Mystère* ; — *Ode à S. M. l'empereur Alexandre*, sans date. OT.

REVERT (Le baron PIERRE-MICHEL), né le 11 mai 1773, était chef de bataillon lorsqu'il fut nommé officier de la Légion-d'honneur, après la bataille d'Austerlitz. Il fut autorisé, en 1807, à porter la décoration du Lion-de-Bavière, et celle de Wurtemberg. Devenu maréchal-de-camp en 1813, il fut nommé chevalier de St.-Louis le 11 septembre 1814. En juin 1815, le général Revert fut envoyé au 7e. corps de l'armée des Alpes. Il est aujourd'hui en demi-activité. C. C.

REVOIL (H.), né à Lyon, est un peintre fort estimé pour les tableaux de genre. Il était professeur à l'école de dessin dans cette ville, mais s'étant marié en Provence, il a cessé quelque temps d'habiter cette ville. Son talent s'est développé surtout dans une jolie composition exposée au Salon de 1810, dont le sujet est *l'Anneau de Charles-Quint*, et dans une autre, exposée en 1817, qui représente la *convalescence de Bayard*. L'auteur s'est pénétré de son sujet, il a retracé avec beaucoup de grâce et une expression naïve le trait *du bon chevalier*, après la prise de Brescia. Ces deux productions ornent la galerie du Luxembourg. A la fin de la même année, il a été nommé peintre de tableaux de genre de S. A. R. MADAME. Il est connu par plusieurs autres productions analogues, dont les principales sont : *Le Tournois*, exposé en 1812, et *Henri IV et ses enfants*, qui a paru à l'exposition de 1817, et qui appartient aujourd'hui à Mgr. le duc de Berri. M. Revoil a aussi du talent pour la poésie (*Voy*. le *Journal général de France*, 22 juin 1816), et il a fait de jolis vers au retour du Roi et au passage de MADAME, duchesse d'Angoulême, à Lyon. N.

REY (Le chevalier ANTOINE-GABRIEL-VENANCE), né le 22 septembre 1768, à Milhau, en Rouergue, avait d'abord été destiné à une autre carrière qu'à l'état militaire ; mais s'étant engagé au régiment de Royal-cavalerie, plusieurs années avant la révolution, il fut employé à l'état-major à cause de sa belle écriture, et il obtint un avancement rapide, servit sous Custine en 1792, et parvint au grade de général de brigade. En 1793, il fut employé contre les Vendéens, et obtint sur eux divers avantages, entre autres à Parthenay et à Thouars, les 28 août et 14 septembre de la même année ; il fut fait alors général de division. En 1795, il commanda, par *interim*, l'armée des côtes de Brest, et l'on sait qu'il y déploya contre les Chouans une rigueur extrême. Ce fut lui qui fit arrêter M. Cormatin. En 1796, il passa à l'armée d'Italie, y servit avec bravoure, et contribua à la conquête de Naples. Il occupait Rome lorsque le comte Roger de Damas (*Voyez ce nom*) se présenta pour y passer, en vertu d'une capitulation conclue avec le général en chef ; le général Rey s'y refusa. Traduit au conseil de guerre avec Championnet, il fut acquitté; mais s'étant montré peu favorable à la révolution du 18 brumaire, il resta dans un état de disgrâce, quitta le service militaire, et accepta une place de consul de France aux États-Unis d'Amérique. Il revint néanmoins quelques années plus tard, et, reprenant sa première carrière, il fut envoyé à l'armée d'Espagne, à l'ouverture de la campagne, en 1808. Il s'y distingua en plusieurs occasions, notamment aux siéges de Barcelone et de Tarragone. Le 5 juillet 1810, il battit un corps d'insurgés dans les montagnes de Ronda, et fit prisonniers plusieurs de leurs chefs. Il remporta encore plusieurs avantages, l'un sur le général Black, à Rio-Almanzara, et l'autre sur Balleysteros, qu'il força de lever le siége de Carbonara. En 1813, il commandait l'importante place de Saint-Sébastien, et il résista à plusieurs assauts des Anglais. Cette ville et Pampelune furent les deux dernières occupées par les Français en Espagne, et les nombreux bombardements qu'elles essuyèrent attestent les efforts de leurs défenseurs. Le général Rey reçut du Roi la croix de Saint-Louis en 1814. En 1815, il commandait au Puy lorsque Buonaparte débarqua en Provence. Dans le plan de défense qui fut arrêté pour s'opposer à sa marche, le général Rey devait se rendre à Lyon avec un corps de gardes nationales, ce qui ne put avoir lieu. Il prit ensuite du service, et reçut le commandement de Valenciennes; sommé, au nom du Roi, par le général Lauriston, d'en ouvrir les portes dans le mois de juillet, il défendit néanmoins cette place contre les alliés, qui la bombardèrent jour et nuit, et brûlèrent un faubourg; il en avait fait sortir, le 1er. juillet, 500 femmes et enfants, qui errèrent sans asile dans les villages voisins. Le général Rey obtint en 1816 le commandement de la 19e. division militaire, et celui de la 21e., qu'il occupe encore aujourd'hui. Il a présidé le conseil de guerre qui jugea par contumace et condamna à mort le général Morand. — Le baron Emmanuel REY, né le 22 septembre 1768, fut nommé général de division en 1813, et grand-officier de la Légion-d'honneur la même année. Il a été fait chevalier de Saint-Louis en 1814, et admis à la retraite en 1815. — Un autre REY, colonel et officier d'ordonnance de Buonaparte, en 1815, fut envoyé en mission dans les départements du midi. Il lui adressa plusieurs rapports d'Antibes et de Marseille.   C. C.

REY (GABRIEL), né en 1782, à Mont-Annou en Savoie, habitant la France depuis 25 ans, et Paris depuis 13 ans, s'est d'abord fait connaître par une *Prosodie latine*, imprimée pour la 3e. fois en 1818, et qui a mérité l'adoption de l'Université; puis par des *Remarques sur la Grammaire française de Lhomond*. Il a présenté à la Société pour l'instruction élémentaire, un *Livralire*, procédé qui simplifie extrêmement l'enseignement de la lecture et de l'écriture, en reformant l'orthographe usuelle. Au moyen de 31 caractères nouveaux, de son invention, mais dont la forme se rapproche assez des caractères usuels pour en conserver l'analogie, il prétend peindre avec la plus scrupuleuse exactitude les 12 voyelles et les 19 consonnes, qu'il regarde comme les seuls éléments indécomposables de notre langue parlée.

REY (Joseph), de Grenoble, ancien président du tribunal civil de Rumilly, est aujourd'hui avocat à la cour royale de Paris. Il a publié: I. *Adresse à l'Empereur*, 1815, in-8°., trois éditions à Paris. II. *des Bases d'une Constitution, ou de la Balance des pouvoirs dans un état*, 1815, in-8°. III. *Discours sur le sujet présenté par l'Académie de Lyon, pour le concours de 1817*, 1818, in-8°. IV. *Catéchisme de la Charte constitutionnelle*, 1818, in-8°. V. *Défense du Père Michel*, 1818, in-8°. VI. *De la responsabilité des agents du pouvoir d'après nos lois actuelles, et du droit de défense et d'indemnité des citoyens envers les agents du pouvoir*, 1818, in-8°. — REY (M. J.) a publié: *Essais historiques et critiques sur le règne de Richard III*, 1818, in-8°. — REY (Fr.), né en Provence vers 1740, était déjà plus que sexagénaire, et ne s'était jamais occupé de littérature, lorsqu'après avoir vu pour la première fois représenter une tragédie, il se crut tout-à-coup inspiré, et s'écria, comme le Corrège: *Et moi aussi je suis peintre*. N'ayant pu faire jouer aux Français son premier ouvrage, il le fit imprimer sous ce titre: *Astyanax*, tragédie en cinq actes, et discours préliminaire, 1811, in-8°. Cet ouvrage, peu connu à sa publication, fut malheureusement pour l'auteur, aperçu de quelques journalistes qui se moquèrent du poète ; et celui-ci leur répondit par *l'Ecole des Censeurs*, comédie en cinq actes, 1813, in-8º. Depuis ce temps, on n'a pas entendu parler de M. Rey.

— REY, ancien chanoine à Aix, a publié : *Précis historique sur l'église de Notre-Dame de la Seds de la ville d'Aix*, 1816, in-8º. — REY, ex-payeur en Toscane, a publié : I. (avec M. Guillaume.) *Mémoires sur les Finances*, 1817, in-4º. II. *Mon Opinion sur les Finances*, 1817. in-8º.   O<small>T</small>.

REYMOND (HENRI), évêque de Dijon, est né à Vienne en Dauphiné, le 21 janvier 1737. Il prit ses degrés en théologie dans l'université de Valence, et professa la philosophie. Il devint ensuite curé de Saint-George à Vienne. Joseph Pouchet, premier évêque constitutionnel de l'Isère, étant mort le 28 août 1792, M. Reymond fut élu pour lui succéder, et fut sacré à Grenoble le 15 janvier 1793. Il fut sans doute obligé comme les autres de cesser ses fonctions après la terreur ; mais lorsque le calme fut revenu, il reparut à Grenoble, et se joignit aux évêques constitutionnels pour faire revivre cette église expirante. Dans les *Annales de la religion*, de Desbois, tome 1er., page 497, on se plaint de sa négligence ; cependant on le voit adhérer aux encycliques, assister aux conciles de 1797 et de 1801, et signer même quelquefois les actes des *réunis*. (*Voyez* GRÉGOIRE). En 1801, M. Reymond donna sa démission comme ses collègues, et l'année suivante il fut promu au siège de Dijon. Il est cité dans la Lettre de M. Lacombe, du 4 juin 1802 (*voy*. LACOMBE), comme étant du nombre des constitutionnels qui refusèrent de se rétracter, et qui écrivirent le 16 avril de cette année, une déclaration équivoque. La conduite de M. Reymond dans son diocèse, fut conforme à ces commencements. Il favorisa ouvertement les constitutionnels. En 1804, il signa la formule exigée par le pape, mais sans changer pour cela de sentiment. Le 22 avril 1815, il publia une Lettre pastorale, où il présentait le retour de Buonaparte comme un bienfait signalé de la Providence. « Le sens » de nos textes sacrés, disait-il, s'applique » par la droite raison au rétablissement » inattendu de l'illustre Napoléon. » A cette Lettre était joint un *post-scriptum*, sous la date du 23 avril. Celui-ci était confidentiel, et était pour les pasteurs seuls. L'évêque s'y livrait à des discussions politiques, et prouvait discrètement qu'une nouvelle coalition était impossible. Après le second retour du Roi, M. Reymond fut accusé, à ce qu'il paraît, d'avoir pris part à quelques démarches contraires aux intérêts du gouvernement royal. Il fut mandé à Paris, où il fut obligé de rester assez long-temps. Il occupe encore le siége de Dijon.   P. T.

REYNAUD (Le baron NICOLAS), né le 29 septembre 1771, était colonel du 20e. régiment de dragons, lorsqu'il fut nommé commandant de la Légion-d'honneur en janvier 1806, à la suite de la bataille d'Austerlitz, où il s'était distingué. A la fin de la même année, il devint général de brigade, et fut nommé, en 1814, chevalier de Saint-Louis. En 1815, il fut mis à la tête du dépôt des remontes, à Troyes, et il est aujourd'hui en demi-activité de service. — REYNAUD (Le baron Hilaire-Benoît), né le 9 mai 1772, était colonel à la paix de Tilsitt. Il obtint alors l'autorisation de porter la décoration de Wurtemberg, et fut nommé commandant de la Légion-d'honneur. Elevé au grade de général de brigade et envoyé en Espagne, il commanda à Ciudad-Rodrigo, en 1811. Etant sorti de cette place, en reconnaissance, avec quatre chasseurs seulement, il fut pris par les insurgés. Devenu libre à la paix de 1814, il fut nommé chevalier de Saint-Louis, et, après le second retour du Roi, en 1815, mis à la demi-solde.   C. C.

REYNAUD-LASCOURS (Le baron JÉRÔME-ANNIBAL-JOSEPH BOULOGNE DE), né à Alais le 5 juin 1761, d'une famille noble, entra dans la carrière militaire, et devint capitaine au régiment de Bourbon-infanterie. Il commanda, pendant trois ans, un détachement de ce corps à bord de la frégate l'*Emeraude*, pendant la guerre de 1778, et il fit la guerre d'Amérique sous Rochambeau. Devenu chef de bataillon, il fit deux campagnes à l'armée des Alpes et à celle des Pyrénées, en 1793 et en 1794. Ayant quitté la profession des armes, il fut élu, en 1795, député du Gard au conseil des cinq-cents, où il se prononça en faveur de Job Aymé, et vota son admission au corps-législatif. Il sortit du conseil en 1799, entra, à la fin de cette année, au corps-législatif, et fut élu, en 1808, candidat au sénat-conservateur. Le 9 septembre 1809, il fut nommé membre de la commission d'administration intérieure, et fut proposé, le 8 février 1810, pour candidat à la questure. Nommé par le Roi, en 1814, préfet du Puy-de-Dôme, M. de Lascours occupa cette place jusqu'au moment de l'interrègne. Il reprit ses fonctions le 2 juillet 1815, et fut remplacé, quelques jours après par le baron Harmand; il passa à la préfecture de la Vienne. Il a quitté cette dernière place par démission; et il est actuellement préfet du Gers. — Son fils a été à Constantinople, comme secrétaire d'ambassade sous M. Sébastiani. — REYNAUD (A. A. L.), inspecteur-général des élèves de l'école polytechnique, a été lui-même élève de cette école. Il est chevalier de la Légion-d'honneur, et lieutenant dans la garde nationale à cheval de Paris. Il a publié: I. *Fragments sur l'algèbre et la trigonométrie*, 1801, in-8°. II. *Cours d'arithmétique, par Bezout, avec des Tables de logarithmes, par Théveneau, précédé d'une Instruction sur la manière de s'en servir, d'un Traité des nouvelles mesures, et d'Additions fort étendues*, 1802, 1806, in-8°. III. *Traité d'arithmétique à l'usage des ingénieurs du cadastre*, 1804. IV. *Introduction à l'algèbre*, 1804, in-8°. OT.

REYNIER (Louis), né à Lausane, en Suisse, fut attaché à l'expédition d'Egypte, et publia, à son retour, plusieurs ouvrages sur les antiquités et l'histoire de cette contrée. M. Reynier suivit à Naples Joseph Buonaparte, lorsque celui-ci en prit possession, et fut envoyé, en qualité de commissaire, dans la Calabre, puis nommé conseiller-d'état et directeur des postes, et enfin, chargé d'organiser l'administration des eaux-et-forêts; ce qui a donné lieu de le confondre avec M. Abamonti, qui le remplaça par *interim* seulement. M. Reynier n'occupa cette place que dix-huit mois, et il était encore directeur des postes lors du retour de Ferdinand IV dans ses états. A cette époque, il quitta Naples, comme étranger, et retourna dans sa patrie, où il continue d'habiter. Il a publié (à Lausane): I. *Le Louvet, maladie du bétail, ses causes et ses remèdes*, 1782, in-12. II. *Du feu et de quelques-uns de ses principaux effets*, 1787, in-8°. III. (En société avec M. Struve, professeur de chimie à Lausane.) *Mémoires pour servir à l'histoire naturelle de la Suisse*, in-8°. IV. Il a travaillé à l'*Encyclopédie méthodique* et au *Dictionnaire d'agriculture*. V. *Essai sur l'agriculture de l'Egypte*, imprimé séparément et inséré dans les *Mémoires sur l'Egypte*. VI. Plusieurs *Mémoires* dans la *Revue*, notamment une *Opinion nouvelle sur l'origine et la destination des Pyramides, et sur celle du Sphinx qui les accompagne*. VII. *De l'Egypte sous la domination des Romains*, in-8°., à Paris, chez Huzard. VIII. *Précis d'une collection de médailles antiques, contenant la description de toutes celles qui sont inédites ou peu connues, avec une planche*, in-8°., à Genève et à Paris, chez Paschoud. IX. *De l'Economie publique et rurale des Celtes, des Germains, et des autres peuples du Nord et du centre de l'Europe*, in-8°. Ce dernier ouvrage sera suivi de la publication successive d'un travail semblable sur les autres peuples de l'antiquité. F.

REYNOLDS (FRÉDÉRIC), auteur dramatique anglais, fils d'un riche procureur de Londres, ami de John Wilkes, y naquit vers 1760, et fut élevé à l'école de Westminster. Son père voulait lui faire embrasser la carrière qu'il parcourait avec succès; mais les muses eurent plus d'attraits pour lui. Il débuta dans la carrière dramatique par une tragédie qui n'eut point de succès, et fit ensuite des comédies qui furent mieux accueillies du public. On a de lui, entre autres pièces, *Werther*, tragédie, in-8°., 1787; 2e. édition, 1796; — *Le Dramatiste*, comédie, in-8°., 1789; 2e. édition, 1793. Dans cette pièce, il censure vivement les auteurs sans talent, ou qui introduisent de mauvais genres au théâtre, leçon dont on lui reproche de n'avoir pas profité lui-même; — *L'évidence (Notoriety)*, comédie, in-8°., 1793; — *Les Moyens de s'enrichir*, comédie, in-8°., 1793; — *La Rage*, comédie, in-8°., 1795; — *La Spéculation*, comédie, in-8°., 1795; — *Le Sot de la fortune (the fortune's Fool)*, comédie, in-8°., 1796; — *Le Testament*, comédie, in-8°., 1797; — *Riez quand vous pourrez*, comédie, in-8°., 1799; — *La Caravane*, opéra-comique, in-8°., 1803; — *La Vierge du soleil*, drame-opéra, traduit de Kotzebue, in-8°., 1812; — *Le Renégat*, drame historique, in-8°., 1812. La plupart des pièces de Reynolds, suivant M. Gifford, dégénèrent souvent en farces dignes de la foire. Le comique en est bizarre et peu naturel; il a des situations plaisantes, mais pleines d'invraisemblances; son dialogue ne manque pas de vivacité et de saillies; mais il offre à chaque instant des traces de mauvais goût. Z.

REYPHINS (Pierre-Jacques), né à Poperingue en 1749, fut député de la Flandre à la seconde chambre des états-généraux des Pays-Bas, en 1816, et s'y est fait remarquer par plusieurs discours sur différents sujets. Le 25 septembre, il parla sur la liberté de la presse, et, rappelant les discussions animées auxquelles ce même sujet avait donné lieu à la chambre des députés en France, il ajouta : « Nous jouissions d'un heureux état de
» tranquillité, fruit d'une législation sage
» et mesurée, lorsque des étrangers,
» oubliant les premiers devoirs que leur
» imposait l'hospitalité que le gouver-
» nement leur accordait au sein de notre
» patrie, sont venus la troubler par des
» écrits ne respirant que le fiel et la ca-
» lomnie. Sans égard pour notre situa-
» tion géographique et nos relations
» politiques, leur audace semblait vou-
» loir nous associer à leurs interminables
» débats, comme si déjà nos belles pro-
» vinces n'avaient point été assez victi-
» mes de leurs sanglantes querelles. Après
» nous avoir ravagés par les armes, ces
» dangereux voisins voudraient sans
» doute, par leurs écrits, nous attirer
» un nouveau déluge de maux ; et c'est
» déjà une calamité que d'avoir mis le
» gouvernement dans l'obligation de nous
» présenter le projet de loi soumis à la
» délibération de vos nobles puissances. »
M. Reyphins s'éleva ensuite contre le projet de loi, qu'il regardait comme insuffisant pour prévenir les abus de la presse, et déclara qu'il ne votait contre ce projet que parce qu'il lui paraissait beaucoup trop doux pour les réprimer. Il appuya ensuite la motion faite par un de ses collègues pour que la chambre se constituât en comité secret, à l'occasion d'une pétition d'un réfugié français, qui se prétendait arrêté illégalement. C. C.

RHAZIS (Le docteur), jeune grec qui a habité long-temps Paris, a institué à Athènes une école qui est aujourd'hui très florissante. Il a publié : *Mélanges de littérature grecque moderne* (en grec), 1814, in-8°., et a donné quelques articles sur des orientaux aux premiers volumes de la *Biograph. univ.* D.

RIBEREAU (Jacques), remplit d'abord dans son département des fonctions publiques secondaires, et fut nommé, en septembre 1792, député de la Charente à la Convention, où il vota la mort de Louis XVI, sans appel et sans sursis. Partisan des Girondins, il signa la protestation du 6 juin 1793, contre la tyrannie de la Montagne, et fut un des soixante-treize députés mis en arrestation après le 31 mai, puis réintégrés dans le sein de la Convention après la chute de Robespierre. M. Ribereau passa au conseil des cinq-cents après la session, et en sortit le 20 mai 1798. Nommé, plus tard, membre de la comptabilité intermédiaire, il perdit cette place après le 18 brumaire, et vécut depuis dans l'obscurité à Paris. B. M.

RIBOUD (Thomas-Philibert), né à Bourg-en-Bresse le 24 octobre 1755, y exerçait au commencement de la révolution la charge de procureur du Roi au présidial, et remplissait en même temps la charge de subdélégué de l'intendance de Bourgogne. En 1790, il fut nommé procureur-général-syndic du département de l'Ain, et appelé, l'année suivante, à l'assemblée législative, où il vota avec le parti modéré, et travailla beaucoup dans les comités. Incarcéré comme suspect, sous le régime de la terreur, il fut nommé de nouveau procureur-syndic après le 9 thermidor, puis juge au tribunal civil, et enfin commissaire du directoire près l'administration centrale de son département. Élu membre du conseil des cinq-cents en 1797, il devint ensuite juge en la cour d'appel de Lyon, président du tribunal criminel du département de l'Ain, et membre de la Légion d'honneur. En 1806, il fut encore appelé au corps-législatif par son département, y fit partie de la commission de législation civile et criminelle, et à la recomposition des tribunaux, en 1811, il passa aux fonctions de président de chambre à la cour impériale de Lyon. Le 6 janvier 1813, M. Riboud, élu pour la troisième fois au corps-législatif par le même département, n'en sortit qu'au 20 mars 1815. Dans la séance du 29 août 1814, il s'éleva contre l'aliénation des forêts nationales. Le 22 décembre, il parla en faveur du projet des ministres sur la réduction du nombre des membres de la cour de cassation, et vota son adoption. Pendant les cent jours de 1815, M. Riboud fut nommé à la chambre des représentants, et sa nomination ayant été contestée, il réclama à plusieurs reprises son admission. Après la seconde déchéance de Buonaparte, il reprit ses fonctions de président de chambre à la cour royale de Lyon, où il ne tarda pas à être remplacé, en conservant toutefois la qualité de président honoraire. M. Riboud est correspondant de l'Académie des inscriptions. On a de lui : I. *Discours* (sur la sensibilité dans le magistrat) *prononcé à l'assemblée générale du tiers-état de Bresse, tenue à Bourg*, 1781, in-8º. II. *Mémoire sur l'origine, le but et les travaux de la société de Bourg*, 1783, in-8º. III. *Etrennes littéraires*, 1785, in-8º. IV. *Eloge d'Agnès Sorel*, 1786, in-8º. V. *Discours sur l'administration ancienne et moderne de la Bresse*, 1787, in-8º. VI. *Discours sur les moyens à employer pour subvenir aux besoins publics*, 1790, in 8º. VII. *Exposition et emploi d'un moyen intéressant de disposer des eaux pour les travaux publics, l'agriculture, les arts*, 1796, in-4º. VIII. *Le Calendrier des grands hommes*. Il a donné en 1784, dans les *Recueils* de l'académie de Dijon, un Mémoire sur les *aiguilles de glace* qui se forment à la superficie de la terre, et un autre sur un *tremblement de terre* qui se fit sentir à Bourg-en-Bresse le 15 octobre 1784. — RIBOUD, fils du précédent, d'abord auditeur à la cour d'appel de Lyon, et depuis procureur du Roi près la cour d'assises de l'Ain, fut nommé, en janvier 1816, conseiller à la cour royale de Lyon. S. S.

RIBOUTTÉ (J. L.), né à Lyon vers 1770, fut long-temps agent-de-change à Paris, et résigna son emploi sans renoncer à quelques opérations de finances, dont il s'occupe encore en s'adonnant plus particulièrement à la littérature. M. Riboutté s'est fait remarquer parmi les jeunes gens qui contribuèrent le plus, après le 9 thermidor, à secouer le joug des terroristes. Il a donné au théâtre : I. *L'Assemblée de famille*, comédie en cinq actes et en vers, 1808, in-8º. Cette pièce concourut en 1810 pour le grand prix de première classe de l'Institut. Voici le compte qui en fut rendu par le jury chargé d'examiner les ouvrages admis au concours : « Cette » comédie a eu un succès marqué, qui » s'est toujours soutenu ; c'est un tableau » de mœurs qui ne manque ni de vérité » ni d'intérêt, avec une action faiblement » intriguée, mais qui attache doucement et qui n'a jamais rien de choquant ; mais on n'y trouve ni originalité d'idées, ni verve comique, ni traits de caractère ou de mœurs fortement prononcés ; le style en est naturel et correct, mais faible et sans poésie. » II. *Le Ministre anglais*, comédie en cinq actes et en vers, 1812, in-8º. Cette pièce n'a pas eu le même succès que *l'Assemblée de famille*. III. *La Réconciliation par ruse*, 1818. Sa double qualité d'agent-de-change et d'homme de lettres a donné lieu à l'épigramme suivante :

Ribouté, dans ce monde, a plus d'une ressource :
Il spécule au théâtre et compose à la Bourse.

U.

RICARD (Le comte ETIENNE-PIERRE-SILVESTRE), lieutenant-général d'infanterie, né le 31 décembre 1771, entra au service comme sous-lieutenant le 15 septembre 1791, s'éleva rapidement jusqu'au grade de colonel, remplit longtemps les fonctions d'aide-de-camp du maréchal Soult, fut nommé général de brigade le 13 novembre 1806, commandant de la Légion-d'honneur le 7 juillet 1807, et fut autorisé, le 16 avril 1808, à porter la décoration de Saint-Henri de Saxe. Dans la campagne contre l'Autriche, en 1809, il se distingua en plusieurs rencontres, passa en Espagne l'année suivante, et fut de l'expédition de Russie en 1812. Le 6 juillet, il sauva, avec un détachement des hussards prussiens *de la Mort*, les magasins de Ponuwiez, qui renfermaient trente mille quintaux de farine, et fit 160 prisonniers. Le 1er. août, il entra dans Dunabourg après en avoir chassé l'ennemi, et se signala encore à la bataille de la Moskwa, à la suite de laquelle il fut promu au grade de général de division. Dans la campagne de 1813, on le vit combattre avec la plus grande distinction le 2 mai à Lutzen, et reprendre le poste important de Kaya, qui fut vivement disputé ; ce qui lui valut le titre de grand-officier de la Légion-d'honneur. Il concourut en 1814 à la défense du territoire français, se distingua à Montmirail le 11 février, et au village de Marchais, qui fut pris et repris plusieurs fois dans la même journée. Les événements d'avril 1814 ayant terminé les hostilités, le général Ricard fut nommé chevalier de Saint-Louis le 2 juin, et appelé au commandement de la 12e. division à Toulouse. Il fut envoyé à Vienne par le maréchal Soult, alors ministre de la guerre, pendant la tenue du congrès, et paraît avoir été attaché à cette époque à la légation française. Ce fut lui qui écrivit, au nom du prince de Talleyrand, au maréchal Soult, que l'Italie étant agitée, il conviendrait de réunir entre Lyon et Chambéry un corps de 30 mille hommes, prêt à tout événement. Ces forces furent dirigées vers Lyon presqu'au moment du débarquement de Buonaparte à Cannes. Le général Ricard alla ensuite joindre le Roi à Gand, et ne rentra en France qu'avec S. M. Il fut élevé à la dignité de pair le 17 août 1815, et reçut le commandement de la 10e. division à Toulouse. Il est passé en 1816 à celle de Dijon, et a été compris dans l'état-major général créé en 1818. Le général Ricard a publié : I. *Lettre d'un militaire sur les changements qui s'annoncent dans le système politique de l'Europe*, 1788, in-8°. II. *Fragments de la situation politique de la France au 1er. floréal an V*, 1797, in-8°. — RICARD (Le baron Joseph-Étienne-Raimond), né le 26 novembre 1775, fit la campagne de Russie comme chef de bataillon au 8e. régiment d'infanterie légère, se distingua le 27 juillet au combat de Mohilow, fut nommé adjudant-commandant le 18 mai 1813, chevalier de Saint-Louis le 13 août 1814, et, dans le mois de juin suivant, chef de l'état-major de la 9e. division. Il reprit les mêmes fonctions à la rentrée du Roi, et il est aujourd'hui employé en cette qualité à Strasbourg. — RICARD (François), né le 31 octobre 1774, fut nommé chevalier de la Légion-d'honneur le 10 mars 1809, adjudant-commandant de cavalerie le 25 novembre 1813, chevalier de St.-Louis le 13 août 1814, et ensuite chef d'état-major dans la 10e. division. Il est employé en la même qualité, dans la 11e. division à Bordeaux. S. S.

RICCATI (CHARLES), Piémontais, a publié : *Tableau historique et raisonné des événements qui ont précédé et suivi le rétablissement des Bourbons en France et de la paix en Europe, depuis mars 1815 jusqu'au 8 juillet 1816*, 1817, 3 vol. in-8°. OT.

RICHARD (Le baron JOSEPH-CHARLES), homme de loi et procureur de la commune de la Flèche à l'époque de la révolution, fut député de la Sarthe à l'assemblée législative en 1791, ensuite à la Convention nationale, où il vota la mort de Louis XVI, sans appel et sans sursis. En mars 1793, il alla en mission dans les départements de l'Ouest, où il demanda la réintégration de Rossignol, et professa le système d'alors avec moins de violence néanmoins que la plupart de ses collègues. Sa modération le fit rappeler à la fin de juin suivant, lorsqu'on voulut établir dans ces contrées le système de guerre d'extermination (1). Le 21 nivôse, il fut nommé secrétaire de l'assemblée, puis envoyé en mission à l'armée du Nord. Il contribua au rétablissement de la discipline dans cette armée, et n'agit que de concert avec les généraux qui la commandaient. Il donna, par écrit, à Pichegru et à Moreau, l'autorisation de ne point mettre à exécution le décret qui défendait de faire les Anglais prisonniers de guerre, et il fit recevoir prisonniers, par capitulation, les soldats de cette nation qui formaient les garnisons d'Ypre et de Nieuport. Après le 9 thermidor, il s'éleva avec force contre les différents partis qui divisaient la Convention, et il déclara que la république n'existait plus que dans les armées, où il proposa d'envoyer tous les jeunes gens de l'âge de dix-huit ans. Il fut nommé membre du comité de salut public à la fin de 1794, lors de la clôture des Jacobins. A cette époque, il était à la tête des troupes qui firent évacuer la salle, fermée par Legendre. Au mois de mars 1795, il fut envoyé une seconde fois à l'armée du Nord. En passant à Bréda, il ordonna de mettre en liberté un grand nombre d'émigrés qu'on allait traduire devant une commission militaire. Pendant cette seconde mission, il fit, avec le gouvernement batave, un traité pour l'entretien d'un corps de 25 mille hommes de troupes françaises qui, aux termes du traité de paix, devaient rester dans le pays pendant plusieurs années. Ce traité a été exécuté pendant toute la durée de ce gouvernement. Devenu membre du conseil des cinq-cents, M. Richard y pré-

---

(1) Phélippeaux, dans ses Mémoires, dit que M. Richard est le seul homme de bien qu'on ait envoyé en mission dans ce pays.

senta divers rapports en août 1796, entre autres sur la formation d'un corps de vétérans. Dans le mois de novembre, il parla en faveur de M. de Montbrun, que le directoire avait fait arrêter. Il pressa la formation d'une commission chargée de surveiller les individus qui se faisaient médecins, chirurgiens et apothicaires, sans avoir les connaissances requises. Le 6 décembre, à la suite d'une peinture assez forte des brigandages que favorisait le port-d'armes, il proposa une loi pour restreindre ce droit dangereux; mais cette proposition fut rejetée. Il sortit du corps-législatif le 20 mai 1797. Nommé, en 1800, préfet de la Haute-Garonne, il s'y comporta avec prudence, et protégea les premières classes qui, dans ce département, étaient alors fort malheureuses. Il passa en 1806 à la préfecture de la Charente-Inférieure, qu'il administra jusqu'après la restauration. Il donna sa démission au mois de septembre 1814, et fut appelé en mars 1815 à la préfecture du Calvados par Buonaparte, qui le destitua peu de temps après. Le 9 juillet de la même année, le Roi le nomma de nouveau préfet de la Charente-Inférieure. Il quitta cette préfecture par démission, au mois de décembre suivant. A cette époque, M. Richard obtint une pension du Roi, et la faveur spéciale d'être excepté de la loi contre les régicides, en récompense des nombreux services qu'il avait rendus pendant son administration départementale, notamment en 1815. S. S.

RICHARD jeune, nommé en août 1815 membre de la chambre des députés, par le département de la Loire-Inférieure, fit partie, au mois de janvier 1816, de la commission du 6e. bureau pour les rapports à faire sur le projet de loi relatif au budget. Dans le mois de février, lors des discussions relatives au projet de loi sur les élections, il proposa de décider que, sauf la prérogative royale, la chambre des députés ne pourrait être renouvelée, soit en entier, soit en partie, avant cinq ans; et que l'admission ne pourrait avoir lieu avant l'âge de trente-cinq ans accomplis. Plus tard, il demanda l'augmentation immédiate de la dotation de la caisse d'amortissement, comme devant influer favorablement sur le crédit public, et s'opposa, au mois d'avril, à l'introduction par terre des denrées coloniales. M. Richard a été réélu, par le même département, pour les sessions de 1817 et 1818, et il y a voté avec la majorité. — RICHARD (Fr.) a publié: *Voyages chez les peuples sauvages*, 2e édition, 1818, 3 vol. in-8o. S. S.

RICHARD-DAUBIGNY (Le baron DUBERHEREEN) a commencé une carrière remplie de travaux utiles par des voyages en Europe, entrepris par l'ordre et aux frais du gouvernement français. Ce fut lui qui découvrit la conspiration des frères Yvan, pour incendier les ports de Brest et de Toulon. Louis XVI l'en récompensa en le nommant administrateur des postes. Le service de cette administration a obtenu, par ses soins, un degré de perfection qu'aucune puissance de l'Europe n'est encore parvenue à égaler. M. Richard fut nommé conseiller-d'état en 1783. Appelé, en 1803, à faire partie du conseil des hospices, il devint le fondateur du traitement des aliénés dans l'hôpital de la Salpêtrière. Il reçut, en 1815, le brevet d'officier de la Légion-d'honneur. Il a épousé, en 1791, Mlle. de Pressigny, veuve du comte d'Oigny, intendant des postes. Son fils unique (Léon) est lieutenant dans les hussards du Haut-Rhin. — Son frère aîné (Jean-Baptiste-Elisabeth), s'est retiré du service, en 1790, chevalier de St.-Louis et lieutenant-colonel. Il avait fait les campagnes de Corse comme officier d'état-major. F.

RICHARD (FLEURY-FRANÇOIS), de Lyon, célèbre peintre d'intérieurs historiés, dont le genre a fait beaucoup d'imitateurs, est élève de David. Il a exposé depuis plusieurs années, au salon du Louvre, un grand nombre de tableaux, qui ont singulièrement attiré l'attention du public pour la finesse et la vérité de l'exécution. On a particulièrement distingué *Valentine de Milan pleurant son époux*, à l'exposition de 1802; deux tableaux de Mlle. de la Vallière, à celle de 1806; la *Déférence de St.-Louis pour sa mère*, en 1808 et 1814; enfin *Madame Elisabeth*, la *Duchesse de Montmorenci*, et *Mme. de la Vallière aux Carmélites*, à l'exposition de 1817. T.

RICHARD-LENOIR a été cité pendant plusieurs années comme l'un des plus riches fabricants de France; il dirigeait à Alençon et dans le département de l'Oise des manufactures, auxquelles il avait donné une extension con-

sidérable. Il fabrique des basins, des piqués et des mousselines de la plus grande beauté. Cet établissement, qui, à Paris seulement, dans le faubourg Saint-Antoine, occupait plus de quatre mille ouvriers, avait commencé vers 1798 avec les plus faibles moyens. Son accroissement fut si heureux et si rapide qu'environ dix ans après, la somme des paiements par mois s'élevait à 800,000 francs, et que le nombre des ouvriers qu'on y employait montait à près de quinze mille. M. Richard avait formé, à Naples, des plantations de cotonniers, desquelles il tirait annuellement vingt-cinq millions de coton. La mort de M. Lenoir, son associé, l'a laissé seul à la tête de ces établissements; mais ils ont semblé, depuis quelque temps, avoir beaucoup perdu de leur activité. Sa fille a épousé, en 1813, le frère du général Lefebvre-Desnouettes. Pendant la durée de sa puissance, Buonaparte visita plusieurs fois les ateliers de M. Lenoir, et il l'encouragea dans ses entreprises par tous les moyens. Lors du retour de l'ex-empereur en 1815, M. Richard, qui était chef de la 8e. légion de la garde nationale de Paris, fut nommé membre du conseil-général du département; et il fut un des habitants de la capitale qui contribuèrent le plus au rassemblement des fédérés. Il perdit ses deux emplois après le second retour du Roi.
D.

RICHARDS (Le révérend GEORGE), membre de la société archéologique et vicaire de Bampton, né dans le Devonshire, termina ses études au collége d'Oriel, à Oxford, dont il devint ensuite un des professeurs. Son charmant poème sur les Bretons aborigènes (*Aboriginal Britons*), lui valut le prix proposé par l'université d'Oxford, et il obtint un tel succès, que toute l'édition fut vendue le jour de sa publication. Les productions littéraires de M. Richards sont: I. *Essai sur les différences caractéristiques entre les poèmes anciens et modernes, et quelles sont les différentes causes de ces différences*, 1789, in-8°. II. *Les Bretons aborigènes*, 1791, in-4°. Cet ouvrage eut une deuxième édition en 1792, et fut réimprimé dans les Œuvres poétiques de l'auteur et dans la collection des poëmes qui ont obtenu le prix à l'université d'Oxford. III. *Chants des Bardes aborigènes de la Grande-Bretagne*, 1792, in-4°. IV. *La France moderne*, poème, 1793, in-4°. V. *Matilde, ou le Pénitent mourant*, épître en vers, 1795, in-4°. VI. *Origine divine de la prophétie*, dans une série de sermons, 1800, in-8°. VII. *Poèmes, Mélanges*, 1803, 2 vol. in-8°. VIII. *Emma*, drame, 1804, in-12. IX. *Odin*, drame, 1804, in-12. X. *Monodie sur la mort de lord Nelson*, 1806, in-4°.
Z.

RICHELIEU (Le duc ARMAND DUPLESSIS DE), petit-fils du maréchal de ce nom, et fils du duc de Fronsac, sortit fort jeune de France portant alors le nom de duc de Chinon, et passa en Russie, où il fut accueilli avec distinction par Catherine II. Il y fit son apprentissage militaire sous les ordres de Souwarow, se signala au siége d'Ismaïlow, en 1789, et fut élevé en peu de temps au grade de lieutenant-général. En 1791, il reçut de l'impératrice une épée d'or et la croix de Saint-George de 4e. classe. Il fit, en 1792, un voyage à Vienne et à Berlin, en qualité de négociateur des princes français, pour connaître les intentions de ces puissances, et rapporta à Pétersbourg les nouvelles les plus satisfaisantes sur leurs dispositions en faveur de la maison de Bourbon. Enrôlé à cette époque sous les drapeaux des princes français, M. de Richelieu se rendit en Angleterre, et fut nommé, en 1794, un des six commandants des corps d'émigrés à la solde de cette puissance. De retour en Russie, il eut à souffrir de l'esprit inquiet et soupçonneux de Paul 1er.; mais dès l'avènement d'Alexandre, il fut comblé des faveurs de ce monarque. En 1801, il vint à Paris pour demander sa radiation de la liste des émigrés. Buonaparte, toujours empressé de gagner à sa cause les hommes d'un grand nom, voulut bien y consentir, mais il mit à cette faveur une condition que ne pouvait accepter M. de Richelieu, c'était de renoncer au service de Russie. Dès qu'il connut de telles intentions, le duc partit pour Pétersbourg. En 1803, il fut nommé gouverneur civil et militaire d'Odessa et de toutes les côtes environnantes. Catherine avait confié autrefois le commandement de ces provinces au prince Potemkin, qui les avait moins gouvernées en administrateur habile qu'en souverain asiatique. M. de Richelieu, investi des mêmes pouvoirs que son prédécesseur, conçut le noble projet de les arracher à la plus misérable situation, et il commença par établir le siége de son gouvernement à Odessa, autrefois Kodschibay. Cette petite ville, qui ne renfermait alors que quatre mille habitants, en comptait déjà vingt mille en 1805. Le nouveau gouverneur arrêta les déprédations, organisa une police, ordonna des travaux utiles, fit défricher les terres incultes, créa des administrations composées d'honnêtes citoyens, et attira les étrangers par l'appât du plaisir et par les charmes de la société. Il substitua à des habitations tristes et malsaines, des constructions élégantes et commodes; à une rade infréquentée, un port où affluent aujourd'hui les vaisseaux de toutes les nations, et d'où il sortit, dès 1804, pour douze millions de blé. La facilité avec laquelle M. le duc de Richelieu parle toutes les langues, lui était d'un grand secours dans l'administration de ces colonies, dont les habitants sont tirés de toutes les nations. Mais ce qui ne lui fait pas moins d'honneur que les talents qu'il a déployés pendant son gouvernement, c'est l'affabilité avec laquelle il se rendait accessible. Il a exercé un pouvoir absolu sur deux ou trois millions d'hommes, et cependant personne ne lui a jamais reproché un seul acte de despotisme. Ces détails, dont l'exactitude est confirmée par des témoignages correspondants des voyageurs anglais, allemands et autres, sont extraits d'un ouvrage qui fut imprimé en France en 1810, par conséquent à une époque où il fallait que la réputation de M. de Richelieu fût bien incontestable pour que son éloge ne fût pas supprimé par la censure. En 1813, l'empereur Alexandre avait témoigné au gouverneur d'Odessa le désir d'aller visiter son gouvernement; ces établissements, dont il entendait faire tous les jours des rapports si avantageux, avaient piqué sa curiosité. M. de Richelieu, qui les trouvait encore trop imparfaits, supplia le monarque d'ajourner son voyage, et ce n'est qu'en 1818, que l'empereur a réalisé son projet, en visitant les parties méridionales de ses états, et qu'il s'est arrêté trois jours à Odessa, où il a été tellement frappé du tableau qu'offre la prospérité de cette belle contrée, qu'il a voulu transmettre à l'instant même à l'auteur d'un pareil phénomène, le témoignage de sa satisfaction.

En conséquence, il a dépêché d'Odessa un courrier chargé de lui porter le cordon de Saint-André, avec une lettre remplie des expressions les plus flatteuses. On doit pardonner à M. de Richelieu de n'avoir pu s'éloigner sans regrets d'une terre qu'il avait en quelque sorte créée, pour rentrer, en 1814, dans le sein de sa patrie. Il arriva à Paris le 21 octobre; une ordonnance du Roi, du 4 juin, lui avait déjà conféré la dignité de pair de France. A l'époque du 20 mars 1815, il partagea la retraite momentanée de la famille royale, revint avec elle à Paris, et reprit les fonctions de sa place de premier gentilhomme de la chambre du Roi. Dans le mois de septembre, après la retraite de M. de Talleyrand, il devint président du conseil des ministres, ayant le département des affaires étrangères, et fut chargé en cette qualité de conduire la négociation relative au traité qui allait être imposé à la France. Après avoir épuisé tous les moyens de discussion, tous les efforts de la résistance, il signa, au nom du Roi, le traité du 20 novembre 1815, et le 25, il donna à la chambre des députés communication de ce grand acte d'infortune, dans un discours qui fut entendu avec dignité, mais avec une profonde tristesse. Le ministre annonça que des demandes plus exorbitantes encore avaient été faites et réitérées, mais en vain, et qu'il n'existait aucune condition secrète accessoire à celles dont il venait de donner connaissance. Le 13 du même mois, il avait donné connaissance à la chambre des pairs d'une ordonnance du Roi qui réglait les formes à suivre dans le procès du maréchal Ney, et avait ainsi terminé son discours : « Nous
» accusons devant vous le maréchal Ney
» de haute trahison et d'attentat contre
» la sûreté de l'état. Nous osons dire que
» la chambre des pairs doit au monde
» une éclatante réparation; elle doit être
» prompte, car il importe de retenir
» l'indignation qui de toutes parts se
» soulève. Vous ne souffrirez pas qu'une
» plus longue impunité engendre de
» nouveaux fléaux, plus grands peut-être
» que ceux auxquels nous essayons d'é-
» chapper. Les ministres du Roi sont
» obligés de vous dire que cette déci-
» sion du conseil de guerre devient un
» triomphe pour les factieux. Il importe
» que leur joie soit courte, pour qu'elle
» ne leur soit pas funeste. Nous vous

» conjurons donc, et, au nom du Roi, » nous vous requérons de procéder immédiatement au jugement du maréchal » Ney. » Le 8 décembre suivant, M. de Richelieu présenta à la chambre des députés, de la part du Roi, un projet de loi d'amnistie qu'il accompagna de quelques réflexions : « Pendant que les uns pensent, dit-il, que cette ordonnance est » incomplète, d'autres la trouvent sévère et arbitraire. Nous répondrons » aux uns et aux autres, que jamais après » tant d'attentats, on ne prit une mesure plus douce ; il n'était ni juste ni » politique de punir tous ceux qui ont » pris part à cette grande rébellion. Il » fallait se borner à désigner plusieurs » de ceux qui s'y sont trouvés engagés, » et une sorte de clameur publique a indiqué les individus dont les noms sont » inscrits dans l'ordonnance. Peut-être » il en existe de plus criminels ; mais » quand la justice publique est réduite à » s'exercer sur tant de coupables, ceux » qu'elle frappe doivent se résigner à » leur sort, et mériter ainsi que la clémence du Roi puisse un jour l'adoucir. » Le 9 janvier suivant, M. de Richelieu présenta à la chambre des pairs le même projet avec les deux amendements proposés par la chambre des députés, et une nouvelle disposition tendant à expulser à jamais de la France les régicides qui avaient rempli des fonctions publiques dans les cent jours. Le 23 mars, en annonçant à la chambre des députés l'union prochaine du duc de Berri avec la princesse des Deux-Siciles, il donna lecture de deux projets de loi, dont l'un destiné à régler la dotation des princes et princesses de la famille royale, et les dépenses extraordinaires que cet événement devait entraîner ; et l'autre ayant pour but de déterminer les formalités nécessaires pour constater l'état-civil de la maison royale. Plus tard, il prononça à la chambre des pairs un discours tendant à une prompte adoption du budget de 1816, tel qu'il avait été amendé par la chambre des députés, et pour recommander d'avance à ses méditations celui de 1817. Le 21 mars 1816, M. le duc de Richelieu fut mis au nombre des membres de l'Académie française, par l'ordonnance du Roi qui changea l'organisation de ce corps savant, et, le 30 du même mois, Sa Majesté confirma sa nomination à l'académie des beaux-arts, dont il avait été appelé à faire partie en remplacement de M. de Vaudreuil, et le 24 avril suivant, le nouvel académicien présida la séance solennelle dans laquelle les quatre académies composant l'Institut royal, furent installées par le ministre de l'intérieur. Le 23 septembre 1818, il fut nommé président de l'académie française. Dans la séance du 5 mars 1818, à la chambre des députés, le duc de Richelieu donna son opinion sur la loi de recrutement, en déclarant dans un discours dont l'impression fut ordonnée, que l'enrôlement forcé devait concourir avec l'enrôlement volontaire à la formation de l'armée. Le 25 avril, il fit part à la même chambre des négociations qui avaient eu lieu avec les puissances étrangères, relativement aux engagements pris par le traité du 30 novembre 1815, et dont une partie, celle des dettes envers les particuliers, s'étendait beaucoup au-delà de ce que l'on avait d'abord supposé ; et il fit aussi part, dans le même temps, des espérances que l'on avait pour l'affranchissement du territoire français. A la fin de septembre 1818, il partit pour assister au congrès d'Aix-la-Chapelle de la part de la France. Au milieu des fonctions importantes qui lui sont confiées, M. de Richelieu n'a point oublié les heureuses contrées auxquelles il a fait tant de bien. Pendant son séjour en Allemagne, en revenant en France, il envoya au jardin botanique de Simféropol, des livres et des instruments de sciences, et, en 1816, il expédia de Paris, à ses frais, pour le même établissement, un courrier avec cent-vingt rejetons des meilleurs arbres fruitiers, et cinq-cents espèces de graines utiles tirées du Jardin du Roi. Depuis son retour en France, le gouvernement d'Odessa, a été confié d'abord à M. de Saint-Priest, et ensuite à M. de Langeron (*Voy*. ces noms).

S. S et D.

RICHER (Jean-François), ingénieur en instruments d'astronomie et de physique, né à Surène (près Paris), au mois d'octobre 1743, fut élevé chez M. Trincano, professeur de mathématiques et de fortifications à l'école des chevau-légers, à Versailles, et puisa, dans cette école, ce goût pour la mécanique et les fortifications en relief, qui s'est développé si heureusement par la suite. En 1764, le comte Turpin de Crissé le prit en qualité d'ingénieur pour exécuter en relief un demi-hexagone, dont le but était de substituer aux contrescarpes en maçonnerie, un talus en terre, et aux escaliers qui ne permettaient aux soldats qu'une retraite difficile et dangereuse, des ouvrages extérieurs au corps de la place. Il dessina encore tous les plans de batailles des Commentaires de César et de Montécuculli; enfin il resta chez M. de Turpin jusqu'en l'année 1774, où, ne trouvant plus d'occupation de ce genre, il inventa sa machine avec laquelle il est parvenu à diviser la ligne du pied de roi en douze cent parties, qu'il fit connaître à l'académie des sciences en 1781. Il imagina son hygromètre à huit cheveux, d'après les observations de M. de Saussure sur la nature des cheveux; il eut même l'honneur de lire à l'académie, en 1786, un mémoire à ce sujet. En 1788, il obtint son brevet d'artiste, ayant été désigné par l'académie des sciences; et, en 1790, il reçut, par jugement du même corps, un prix de deux mille quatre cents francs pour un compas qui réduit à la précision de 5 secondes, les triangles sphériques en triangles rectilignes, d'après le système de La Grange. En 1791, il inventa la machine à tailler les vis dans la loi des sinus, dont la tête ou micromètre donne de une en une minute; ce qui évite l'usage des transversales dans le compas des longitudes. M. Richer imagina ensuite et construisit un instrument pour connaître l'épaisseur d'un corps quelconque, ainsi que la dilatation des métaux. L'Institut fit, en 1816, un rapport à son avantage, sur la découverte de la fabrication des verres plans, à faces parallèles, à l'usage de la marine. C'est d'après ses dessins que fut exécuté, dans ses ateliers, le pied en fer, cuivre et acier, de la belle sphère de M. Poirson, commandée par le Roi. F.

RICHERAND (ANTHELME), professeur de médecine à Paris, chirurgien en chef et adjoint de l'hôpital St.-Louis, membre des académies de St.-Pétersbourg, Vienne, Dublin, Madrid, Turin, etc., est né à Belley, le 4 février 1779. Il vint étudier la médecine à Paris en 1796, et trois années après, il soutint devant l'école de médecine un acte public pour son admission à l'exercice de l'art de guérir. Long-temps après, à l'époque du rétablissement des facultés, en 1811, il se fit recevoir docteur en chirurgie, sans doute afin d'honorer une profession à laquelle il doit sa gloire comme praticien. Compatriote, condisciple et élève de Bichat, il devint bientôt son émule: à vingt ans il enseignait la physiologie, et faisait insérer dans la *Décade philosophique*, dans le *Magasin encyclopédique*, etc., divers Mémoires qui n'étaient que le prélude de son *Traité de physiologie*; cet ouvrage élémentaire est devenu classique pour toute l'Europe; son auteur n'avait que vingt ans lorsqu'il le publia. En 1800, M. Richerand fut nommé chirurgien en chef-adjoint de l'hôpital St.-Louis. Il devint professeur à l'école de médecine en 1807. Le roi lui accorda la croix d'honneur en 1814, et des lettres de noblesse en 1815; il a aussi obtenu divers ordres étrangers. M. Richerand a tout récemment occupé la renommée par une grande et belle opération chirurgicale, dans laquelle, le premier, il a osé faire la résection de la plèvre et de plusieurs côtes. Le malade, qui lui-même était un chirurgien, a été guéri. Ses ouvrages sont: I. *Dissertations anatomico-chirurgicales sur les fractures du col du fémur*, 1799, in-8º. II. *Nouveaux élémens de physiologie*, 1801, in-8º.; 1802, 2 vol. in-8º.; 7ᵉ édition, 1816, 2 vol. in-8º.: cet ouvrage, écrit avec beaucoup d'intérêt et d'élégance, a été également goûté des hommes du monde et des gens de l'art. III. *Leçons du C. Boyer, sur les maladies des os*, rédigées en un traité complet de ces maladies, 1803, 2 vol. in-8º. IV. *Nosographie chirurgicale*, 1803, 2 vol. in-8º.; 4ᵉ édition, 1815, 4 vol. in-8º. V. *Des erreurs populaires relatives à la médecine*, 1809, in-8º.; 1812, in-8º. L'auteur, en revenant sur un sujet où s'étaient exercés Laurent Joubert, Primerose, Brown et d'autres critiques, y a signalé de nouvelles erreurs, de nouvelles jongleries des charlatans contemporains. VI. *De l'enseignement actuel de la médecine et de la chirurgie*, Paris, in-8º. (anonymes et sans date). L'on sait que cette brochure, fort piquante, où les avantages de l'enseignement médical actuel sont justement appréciés, et les détracteurs victorieusement combattus, est de M. Richerand. Elle a été imprimée aux frais de la faculté de médecine à la fin de 1816. VI. *Œuvres complètes de Bordeu*, précédées d'une Notice sur sa vie et sur ses ouvrages, 1817, 2 vol. in-8º.

M. Richerand a joint à cette édition compacte une Dissertation biographique et scientifique. VIII. *Histoire d'une résection des côtes et de la plèvre*, Paris, 1818, in-8°. M. Richerand est un des collaborateurs du *Dictionnaire des sciences médicales*. F. R.

RICHMOND (Charles-Lennox, duc de), pair de la Grande-Bretagne et d'Ecosse, est neveu du duc de Richmond, qui fut quelque temps à la tête du ministère, et ensuite à celle de l'opposition, et qui lui a laissé les grands biens et les titres de sa famille. Le duc de Richmond actuel, né en 1764, fils de George-Henri Lennox, général anglais, et d'une fille du marquis de Lothian, a servi long-temps avec distinction dans les armées anglaises, où il a obtenu le grade de lieutenant-général et l'ordre de la Jarretière. Il est aussi gouverneur de Plymouth, lord lieutenant du comté de Sussex, et grand-maître ou grand-sénéchal de Chichester. Pendant la révolution, sa famille fut dépouillée en France de la terre d'Aubigny, située dans le département du Cher, qui avait été érigée en duché pairie, et donnée par Louis XIV à Louise de Kerouelle, duchesse de Portsmouth, maîtresse de Charles II, d'où descendent les ducs de Richmond. Au second retour en France du Roi Louis XVIII, en 1815, cette terre fut restituée au duc de Richmond, qui a été également rétabli dans les honneurs du Louvre, dont jouissaient ses ancêtres. Le 1er janvier 1816, la duchesse de Richmond a eu, en conséquence, le tabouret au grand couvert de la famille royale. Le duc de Richmond qui, en sa qualité de duc d'Aubigny, avait été imposé à une contribution dans l'emprunt de 100 millions, écrivit de Bruxelles, en 1816, au marquis de Villeneuve, pour le prier d'accepter, au nom du Roi, l'offre qu'il faisait de renoncer au remboursement de sa cotisation. Il est allé visiter ses terres de France, en septembre 1816, et il est parti, en 1818, pour se rendre au Canada, dont le prince-régent l'a nommé capitaine-général. Z.

RICHTER (Jean-Paul-Frédéric), célèbre écrivain, regardé comme le *Sterne* de l'Allemagne, est né le 21 mars 1763, à Wunsiedel, dans le pays de Bareuth. Déjà au gymnase d'Hof, où il fit ses premières études, et ensuite à l'université de Leipzig, il se distingua par son application et ses facultés brillantes, mais aussi par un penchant à se singulariser. Il s'était proposé d'étudier la théologie; mais, entraîné par son goût pour les belles-lettres, il renonça à toute occupation obligée, se livrant dans les différentes villes de la Saxe et de la Franconie, où il établit successivement sa résidence (Schwarzenbach, Hof, Weimar, Leipzig, Meiningen et Coburg), à la composition d'écrits qui font encore les délices d'une grande partie de la nation allemande, et qui lui ont valu des pensions de la part du prince primat et du roi de Bavière, et le titre de conseiller de légation du duc de Saxe-Hildbourghausen. Il serait difficile de caractériser le genre auquel les plus remarquables de ses ouvrages appartiennent. Une sensibilité exquise et profonde, l'imagination la plus riche, une inépuisable fécondité d'idées et de rapprochements ingénieux, enfin une grande connaissance du cœur humain, jointe à une instruction prodigieusement variée, se déployent simultanément et avec une profusion presque fatigante dans des tableaux de mœurs, dont le cadre est ordinairement une fable souvent bien conçue et très simple, mais quelquefois aussi singulière que les écarts du génie de l'auteur et les titres de ses écrits. Il prend fréquemment le nom de *Quintus Fixlein*, ou celui de *Jean Paul*, qu'il a rendu célèbre, et qui lui est resté approprié comme les prénoms de Jean-Jacques désignent Rousseau, sans autre dénomination. Quelques-uns de ses ouvrages ont paru anonymes. Les plus remarquables sont : I. *Procès groenlandais*, ou *Esquisses satiriques*, Berlin, 1783 et 1784, 2 vol. in-8°. II. *Extraits des papiers du diable, avec un avis du juif Mendel*, (Gera), 1788. A la fin de la préface, il s'est nommé J. P. F. Hasus. III. *La Loge invisible, Biographie de Jean Paul*, 2 vol. in-8°, Berlin, 1793. Cet ouvrage porte aussi le titre de *Momus*, qui a embarrassé Meusel, et qu'il a faussement cru être celui d'un autre écrit. IV. *Hesperus, ou Quarante-cinq jours de la poste aux chiens*, Berlin, 1795, in-8°, 4 vol.; 2e édition, 1798, avec le portrait de l'auteur; c'est une de ses productions les plus spirituelles. V. *Vie de Quintus Fixlein, tirée de quinze tiroirs, avec une portion congrue et quelques tablettes de jus*, Bareuth, 1796, in-8°, édit. augm.,

Berlin, 1800. VI. *Amusements biographiques sous le crâne d'une géante*, tome premier, Berlin, 1796; le second n'a pas paru. VII. *Fleurs, Fruits et Epines, ou Mariage, Mort et Noces du défenseur-administrateur des pauvres et fonds de charité F. St Siebenkaes*, Berlin, 1796-1797, 2 vol. in-8°. VIII. *La Vallée campanienne, ou de l'Immortalité de l'âme*, Erfurt, 1797, in-8°.; deuxième édition, 1801, un des meilleurs écrits de Jean-Paul. IX. *Palingénésies*, 1798, in-8°.; c'est proprement une édition refondue du n°. 11. X. *Lettres de Jean-Paul et sa vie future*, Gera, 1799, in-8°. XI. *Titan*, 6 vol. in-8°., Berlin, 1800; un des ouvrages où Jean-Paul a montré le plus d'originalité et de ce que les Allemands appellent *humor*, en adoptant un terme de la langue anglaise. Ils en ont dérivé l'épithète *humoristique*, qu'ils donnent à toute cette classe d'écrivains dont Jean-Paul et Lichtenberg sont les plus distingués. XII. *Clavis Fichtiana*, ou *premier Appendice comique de Titan*, Erfurt, 1800, in-8°.; c'est une parodie de la *Science des sciences* de Fichte, où Jean-Paul montre, en se jouant, presque autant de profondeur et d'originalité que l'auteur de la doctrine qu'il tourne en ridicule, et dont il fait les applications les plus comiques. XIII. *Le Désert et la terre promise du genre humain*, Kreutznalch, 1800, in-8°. XIV. *L'Adolescence de J. P. R.* Tubingue, 1803-1805, 4 vol. in-8°. XV. *Préparation à l'esthétique*, Hambourg, 1804, in-8°.; 3 vol. XVI. *Levana, ou Science de l'éducation*, Brunswick, 1807, 2 vol. in-8°. C'est le seul ouvrage où Jean-Paul se soit astreint à un ordre méthodique, et où le ton didactique domine. Ce traité est plein d'excellentes réflexions, non seulement sur la matière qui en est l'objet spécial, mais sur les facultés et les besoins de l'homme en général. Nous passons sous silence les écrits moins considérables ou moins célèbres de Jean-Paul, ainsi que les nombreux articles qu'il a insérés dans des Recueils périodiques (tels que le *Morgenblatt* de M. Cotta), et dont les titres sont presque toujours bizarres, par exemple: *Eloge funèbre du glorieux estomac trépassé de haut et puissant seigneur le prince de Scherau; libelle contre la plus belle femme de l'Allemagne, aujourd'hui vivante*. On en a réuni la plupart dans une Collection intitulée *Opuscules de J. P. Fr. Richter*, deuxième édition, Leipzig, 1808, 2 vol. in-8°. Dès que les premiers écrits de Jean-Paul eurent paru, Wieland jugea que, s'il savait ménager ses moyens prodigieux et écouter les conseils de l'amitié, il s'élèverait au premier rang des écrivains de son temps, qu'il y avait là de l'étoffe pour en tirer quatre poètes richement dotés par la nature et l'instruction. « S'il pouvait, disait-il, s'assujettir aux règles du goût, » il nous effacerait tous. » Mais il n'a tenu aucun compte des plus sages avis, et, dans ses dernières productions comme dans celles de sa jeunesse, des beautés du premier ordre et des pages ravissantes alternent avec l'enflure de la diction, l'exagération des idées, l'extravagance des situations et des images. L'érudition dégénère en pédanterie, l'énergie en grossièreté, le comique en burlesque, et des allusions prodiguées avec autant de savoir que de mauvais goût, font le tourment du lecteur le plus instruit, tant elles sont recherchées et souvent obscures. Malgré l'enthousiasme que Jean-Paul a excité dans toutes les classes de sa nation, et la préférence que lui donnent encore beaucoup d'Allemands sur leurs écrivains les plus estimés, la saine partie du public a adopté le jugement porté sur cet écrivain par deux des critiques de l'Allemagne les plus éclairés : celui de Lichtenberg, moraliste dont la manière a beaucoup d'analogie avec celle de Jean-Paul, et qui a aussi, quelquefois, abusé de la faculté de rapprocher les choses les plus disparates, se trouve page 308 du 2e. vol. de ses œuvres posthumes. « J. P., dit-il, » assaisonne tout de poivre de Cayenne, » et s'il n'arrive pas bientôt là où il faudra bien qu'il se repose avec nous tous, » il finira par ce que j'ai prédit à S...; » il ne pourra supporter le rôti froid » qu'en y mêlant du plomb fondu ou des » charbons ardents. » Garve dit (page 230 du 2e. vol. de ses lettres à C. F. Weisse) : « Ses images (de J.-P.) sont » trop accumulées et souvent incohé- » rentes, tantôt gigantesques et tantôt » ignobles. Sans doute il ne tient qu'à » lui de toucher et de plaire; mais on » dirait qu'il prend plaisir à détruire par » des disparates et des bizarreries, l'im- » pression qu'il vient de produire. C'est » un travail que de le comprendre, et » l'on n'est pas toujours récompensé de

» sa peine. » Les défauts de la manière de Jean-Paul n'empêchent pas que ses écrits ne soient dans les mains de tout le monde, et l'objet de l'admiration d'un grand nombre de personnes de tout rang et de tout âge. Comme ses ouvrages sont hérissés de termes scientifiques et d'allusions recherchées à des traits d'histoire peu connus ou à des théories qui ne le sont que des savants, M. K. Reinhold a publié un *Dictionnaire à l'usage des lecteurs de J.-P.* Le 1er. volume, qui explique les mots difficiles du *Levana*, a paru à Leipzig, 1808, in-8º. On a aussi donné l'*Esprit de Jean-Paul*, ou *Choix des meilleurs morceaux de ses écrits*, Weimar, 1801-1805, 3 vol. in-8º. On trouve une notice sur la personne de J.-P.-F. R., et des réflexions aussi judicieuses qu'impartiales sur ses ouvrages dans le *Magasin allemand de M. d'Eggers*, année 1798, févr.; dans les *Opuscules de M. Fulleborn*, 2e. cahier, page 224-240, et dans l'*Histoire critique de la poésie et de l'éloquence en Allemagne*, par M. François Horn, page 225 et suiv. — Un autre RICHTER, magnétiseur à Royn, près Liegnitz, attirait, en 1817, l'attention publique dans la Silésie et dans la Saxe. Il opérait, dit-on, des cures par le magnétisme seul, en touchant les malades, qu'il était obligé, faute d'un local assez vaste, de traiter en pleine campagne. L'affluence était telle qu'il faisait déserter les bains de Silésie et chômer les médecins. R—s.

RICORD, avocat à l'époque où éclata la révolution, fut député du département du Var à la Convention nationale, où il vota la mort de Louis XVI sans appel et sans sursis, après avoir pressé son procès avec beaucoup de chaleur. Envoyé, en janvier 1794, près des armées d'Italie avec Robespierre le jeune, il se lia intimement avec lui, et concourut à ses opérations révolutionnaires dans le Midi. Il y contribua aussi à l'expulsion des Anglais et des Piémontais ainsi qu'à la reprise de Toulon. Dénoncé par Cambon, le 24 août 1794, pour avoir mis en réquisition des huiles destinées pour Gênes, il se justifia, et eut, à cette occasion, une altercation assez vive avec ce député. En 1795, il parla sur des objets d'administration, et notamment pour la réduction de la contribution foncière. Accusé ensuite d'avoir participé aux événements de prairial (mai 1795), il fut décrété d'arrestation et amnistié à la fin du règne de la Convention. Impliqué depuis dans la conjuration de Babeuf, et traduit à la haute-cour de Vendôme, il nia avoir eu connaissance des projets de son co-accusé; et bien que l'accusateur le déclarât coupable, le jury prononça le contraire. Il avait beaucoup contribué, en 1793, à l'avancement de Buonaparte. Celui-ci étant devenu consul, Ricord se flatta d'éprouver les effets de sa reconnaissance; mais ses espérances furent étrangement déçues. Pendant quinze ans, il n'a obtenu, pour prix de cet important service, que des persécutions et la surveillance de la haute-police. Il fut pourtant nommé, pendant les cent jours, lieutenant de police à Baïonne, et réunit même les suffrages de l'assemblée électorale du département du Var, pour les fonctions de membre de la chambre des représentants; mais il n'y vint pas siéger. Il a néanmoins été compris, en 1816, dans la loi contre les régicides. — RICORD l'aîné (Alexandre), né à Marseille en 1770, vint à Paris avec le comte de Mirabeau, travailla au *Courrier de Provence*, et devint successivement administrateur et procureur-syndic du département des Bouches-du-Rhône. Ayant perdu ce dernier emploi lors de l'établissement du gouvernement révolutionnaire, il suivit le général Dugommier à l'armée d'Espagne, où il fut nommé accusateur-public du tribunal militaire, ayant la police de la première division avec le rang de colonel. A la suppression de cette place, il vint établir une maison de banque à Paris. Ayant refusé une préfecture et une place au tribunat après le 18 brumaire, il fut en butte à différentes persécutions. Compromis dans l'affaire de Malet, la restauration le trouva dans les prisons de Nîmes. Il passa les cent jours de 1815 dans les montagnes, afin de rester fidèle au Roi qui avait brisé ses fers, et vint ensuite à Paris. On a de lui : I. *L'ambition*, ode, 1808, in-8º. II. *Quelques Réflexions sur l'art théâtral*, 1811, in-4º.; 2e. édition, 1812-1817, in-8º. III. *Le Banqueroutier du jour*, comédie en trois actes, 1812, in-8º. IV. *Journal général des théâtres*, en 1815 et 1816, in-8º. V. *Les Archives de Thalie*, ou *Observations sur les sciences, les arts et la littérature*, pour faire suite au *Journal des théâtres*. Paris, 1818, in-8º. M. Ricord a travaillé au *Journal du Ben-*

Français, commencé en 1816, et qui a fini en 1818. S. S.

RIEUSSEC (PIERRE-FRANÇOIS), avocat et jurisconsulte, né à Lyon vers 1750, fut nommé en 1790 président de l'administration du district des campagnes du département du Rhône, élu par le sénat, le 10 août 1810, membre du corps-législatif pour le même département, et, le 2 avril 1811, conseiller de la cour impériale, lors de la recomposition des tribunaux. Le 11 juin 1814, il appuya la proposition de Dumolard contre les étrangers, membres du corps-législatif, et demanda qu'elle fût généralisée. Le 22 septembre, il parla contre les exceptions proposées par la commission sur la naturalisation, s'étendit sur les services rendus par les habitants des départements ci-devant réunis, et vota en leur faveur le droit de cité. A.

RIFFAULT (J.), administrateur des poudres et salpêtres, nommé, en 1798, député d'Indre-et-Loire au conseil des anciens pour deux ans, fit approuver, en juin 1799, une résolution qui fixait le salaire des greffiers des juges-de-paix, et fut élu secrétaire le 21 juillet. Après le 18 brumaire (9 novembre 1799), il reprit sa place d'administrateur des poudres et salpêtres, où il a été conservé en 1814. Il est encore aujourd'hui l'un des régisseurs-généraux de cette administration. On a de lui : I. *Système de chimie*, trad. de l'anglais de Thomson, et enrichi d'observations par M. Berthollet, 1809, 9 vol. in-8°. II. Avec Bottée (*Voy.* ce nom). *Traité de l'art de fabriquer la poudre à canon*, 1812, in-4°. III. *L'art du salpêtrier*, 1813, in-4°. M. Riffault est membre de la société galvanique S. S.

RIGAUD (Le baron ANTOINE), maréchal-de-camp, né le 14 mai 1758, entra au service au commencement de la révolution dont il fit toutes les campagnes, devint colonel du 25e. régiment de dragons, fut nommé commandant de la Légion-d'honneur après la bataille d'Austerlitz, et général de brigade en janvier 1807. Il continua d'être employé jusqu'à la déchéance de Buonaparte, fut nommé chevalier de St.-Louis le 27 juin 1814, puis commandant du département de la Marne. Il occupait ce poste au mois de janvier 1815, pendant que s'ourdissait le complot tendant à remettre la France sous l'autorité de Napoléon. Il en fut instruit par le major Thévenin; commandant supérieur des escadrons du train, n'hésita point à s'y réunir, et vint à bout, par ses communications avec des agents du Trésor, de tirer des caisses publiques les sommes qui lui étaient nécessaires pour faire imprimer des proclamations séditieuses. Il s'attacha surtout à débaucher les troupes, et le 12e. régiment d'infanterie légère fut le 1er. sur lequel la séduction s'opéra. Cependant, dès le 16 mars, le maréchal Victor avait réuni à Châlons les corps destinés à marcher contre Buonaparte. Le général Rigaud, qui venait de donner asile à Lefebvre-Desnouettes après la tentative infructueuse opérée sur La Fère (*Voy.* LEFEBVRE-DESNOUETTES), ne se présenta pas moins au maréchal, avec tous les dehors de la confiance et de la fidélité. Consulté sur les dispositions du soldat, il témoigna de la sécurité; promit de servir la cause royale de tous ses moyens, et se plaignit qu'on distribuât dans les villes et dans les campagnes des proclamations incendiaires. Le maréchal s'était rendu à Paris le 16, pour prendre les ordres du Roi; de retour à Châlons, le 20, il ordonna un mouvement en avant, et appela près de lui les colonels chargés de l'opérer. Le général Rigaud, faisant mettre aussitôt ses troupes sous les armes, leur apprend les progrès de Buonaparte et sa prochaine entrée à Paris; puis, détachant ses épaulettes et foulant aux pieds le lis et la croix de St.-Louis, il ordonne à ses soldats de crier *vive l'empereur!* Le maréchal averti, renvoya en toute hâte les colonels à leurs régiments. Arrivés sur la place publique, ils trouvent les soldats en pleine insurrection, et le général Rigaud les haranguant et les excitant à la révolte contre l'autorité royale; indignés, ils le menacent de le sabrer s'il ne se retire. Le général Rigaud prend la route d'Épernay, escorté par le 5e. de hussards et par le 12e. d'infanterie, dont il a provoqué la défection, mais le même jour il revint à Châlons pour ordonner l'arrestation du maréchal, qui avait lui-même donné ordre au capitaine de la gendarmerie qu'on s'assurât de sa personne. Le 21, il fit publier l'installation de Buonaparte, et reprit en son nom le commandement du département de la Marne, qu'il conserva jusqu'au mois de juillet, lorsqu'il fut attaqué à Châlons par le général Czernicheff, et obligé de mettre bas les armes.

Conduit prisonnier à Francfort, il recouvra sa liberté après la capitulation de Paris, et fut mis en jugement au mois de mai 1816, devant le 2e. conseil de guerre de la 1re. division militaire, qui le condamna à mort par contumace, comme coupable de trahison. Le général Rigaud était retiré à Saarbruck, pendant que son procès s'instruisait à Paris. Ayant été convaincu d'entretenir une correspondance coupable avec les mécontents de l'intérieur, et de l'avoir communiquée publiquement aux réfugiés alors à Saarbruck, le commandant prussien de cette ville voulut le faire transporter à Wésel par ordre de son gouvernement; mais il prévint cette mesure en se réfugiant à Deux-Ponts. S. S.

RIGAUD (A. F.), employé au secrétariat de l'administration des postes, a travaillé pour le théâtre, où il a donné: I. *Les Deux veuves*, comédie en un acte et en prose, 1799, in-8º. II. *L'Inconnu, ou Misantropie et repentir*, comédie en cinq actes et en vers, imitée de Kotzebue, 1799, in-8º. III. *Les Deux poètes*, comédie, 1800. IV. (Avec Jacquelin.) *Molière avec ses amis*, comédie, 1800, in 8º. V. (Avec le même). *Pradon sifflé, battu et content*, 1801, in-8º. VI. *Évelina*, drame en trois actes et en prose, 1813, in 8º. VII. *La Maison d'OEssone*, 1817. VIII. *Le Testament*, roman traduit de l'allemand d'Aug. Lafontaine, 1812, 5 vol. in-12. Ot.

RIGNOUX (Le baron ANTOINE), né le 17 février 1771, entra au service dans l'infanterie le 25 avril 1791, passa par tous les grades, jusqu'à celui de chef de bataillon au 76e. de ligne, qu'il obtint le 23 février 1807, et fut ensuite nommé colonel au 103e., à la suite de la bataille d'Eylau. Employé en Espagne, il se distingua le 18 novembre 1809 à la bataille d'Occana, fut promu au grade de général de brigade le 19 mai 1811; se signala de nouveau le 9 août suivant, au combat de Pozo-Alcon, et ayant surpris le 12 septembre les insurgés dans les montagnes de Ronda, il leur fit six cents prisonniers. Nommé commandant de la Légion-d'honneur, le 25 novembre 1813, le général Rignoux reçut la croix de Saint-Louis le 24 août 1814; il servit, en juin 1815, en qualité de chef d'état-major du 8e. corps de l'armée des Pyrénées, et il jouit du traitement de demi-solde depuis le licenciement. S. S.

RING (JEAN), célèbre chirurgien anglais, membre du collége royal de chirurgie, et des sociétés de médecine de Londres et de Paris, s'est particulièrement distingué par son zèle pour la propagation de la vaccine, dont il a défendu la pratique avec autant de talent que de succès. M. Ring a publié: I. *Réflexions sur le bill des chirurgiens*, in-8º., 1798. II. *Traité sur la petite-vérole, contenant l'Histoire de l'Inoculation de la Vaccine*, en deux parties in-8º., de 1801 à 1803. III. *Traduction de l'Ode à la paix, du docteur Geddes*, in-8º., 1802. IV. *Traduction de l'Ode au docteur Jenner, de M. Anstey*, in-4º., 1804. V. *Réponse à M. Godson, où l'on prouve que la vaccine est un préservatif assuré contre la petite-vérole*, in-8º., 1804. VI. *Réponse au docteur Moseley, contenant une défense de la Vaccine*, in 8º., 1805. VII. *Réponse à M. Birch sur le même sujet*, in-8º., 1806. VIII. *A Rowland for an Oliver, en réponse au docteur Moseley*, in-8º., 1807. IX. *Les Beautés de l'Edimburgh-Review*, in-8º., 1807. X. *Traité sur la Goutte*, in-8º., 1813. Z.

RIOULT DE NEUVILLE (LOUIS-PHILIPPE-AUGUSTE), chevalier de Saint-Louis et de la Légion-d'honneur, né à Livarot, près Lizieux, d'une famille noble, embrassa, jeune encore, la carrière des armes, et se trouvait capitaine de cavalerie à l'époque de la révolution. Il devint successivement membre du conseil-général et du collége électoral du Calvados, chef de cohorte des gardes nationales de l'arrondissement de Lizieux, président de cet arrondissement en 1810, et enfin membre du corps-législatif, le 6 janvier 1811. Il y siégea jusqu'aux événements du 20 mars 1815, après avoir donné, en 1814, son adhésion à la déchéance de Buonaparte. En 1816, M. Rioult de Neuville fut nommé maire du bourg de Livarot; mais il ne fut point rappelé à la session qui suivit le retour du Roi, son beau-père, M. de Folleville, ayant eu un plus grand nombre de suffrages. S. S.

RIOUST (MATHIEU-NOEL), ancien chanoine de Rouen et prédicateur du Roi, étant parvenu à se soustraire au serment de la constitution civile du clergé, dut à cet avantage la confiance de beaucoup de personnes religieuses du grand monde;

mais il cessa dès qu'il le put d'exercer, et renonça même assez promptement dans le cours de la révolution au célibat pour épouser la femme d'un magistrat du parlement de Paris, émigré, avec lequel il eut un procès lorsque celui-ci revint en France, et réclama les enfants nés de son ancien et légitime mariage avec la dame qui s'appelle encore aujourd'hui Mme. Rioust. Cité au tribunal correctionnel, en 1817, comme accusé d'avoir, dans un écrit intitulé *Carnot*, avec cette épigraphe : *Fruitur famâ suâ*, tenté d'affaiblir le respect dû à la personne et à l'autorité du Roi, M. Rioust plaida lui-même sa cause le 29 mars, et se livra à quelques écarts qui furent sévèrement relevés par le ministère public. L'avocat du Roi, qui n'avait d'abord conclu qu'à trois mois de prison, considérant qu'il s'était rendu plus coupable par sa défense que par son délit même, demanda qu'il fût condamné à deux ans de prison, à 20,000 fr. d'amende, à 20,000 fr. de cautionnement, et à dix ans de surveillance de haute-police. Les conclusions de M. l'avocat du Roi furent confirmées par un jugement qui fut rendu quelques jours après. M. Rioust échappa à l'exécution de ce jugement en se réfugiant en Belgique, où il publia au mois d'août un nouvel ouvrage *Sur le Pouvoir des Princes sur les Eglises de leurs Etats*. Il déclare, dans sa préface, qu'il soumet son livre aux princes puissants qui ont contracté la Sainte-Alliance, et qu'il se place lui-même sous l'égide de Leurs Majestés. On a encore de M. Rioust : *Joseph II, empereur d'Allemagne, peint par lui-même, avec un Précis historique sur la Vie de ce Prince*, 2 vol. in-12, 1816. S. S.

RIPAULT (Louis-Madelène), né à Orléans le 27 octobre 1775, était neveu de Désormeaux de l'académie des inscriptions. Il a fait dans cette ville, dès l'âge de 17 ans, avec M. Berthevin, le commerce de la librairie; a concouru ensuite, avec M. Fiévée, à la rédaction de la *Gazette Française*. Il n'y travaillait que depuis trois jours, quand le 18 fructidor condamna M. Fiévée à la déportation. M. Ripault se rendit en Egypte sur la flotte qui y porta Buonaparte, avec le titre d'antiquaire, et il y fut bibliothécaire de l'institut du Kaire, et membre de cette société, visita la Haute-Egypte, et y fit la description de tous les bas-reliefs. De retour en France au mois de mai 1800, il fut nommé bibliothécaire du premier consul. Après que sa démission eut été refusée trois fois, il prit le parti de s'abstenir des fonctions de sa place sans notifier sa démission, et laissa sans réponse les lettres qui lui furent écrites au nom de l'empereur pour le rappeler à son poste. Enfin il fut remplacé par M. Barbier. Depuis cette époque (1807), il a vécu dans la retraite auprès d'Orléans, occupé de l'éducation de ses enfants et d'études philologiques. Quelques journaux ont annoncé qu'il s'occupait d'un grand ouvrage, dans lequel il donnerait la clef de tous les hiéroglyphes égyptiens. Quand ce travail sera mis au jour, les personnes qui connaissent la langue copte pourront vérifier si l'analogie que M. Ripault trouve entre les hiéroglyphes et les lettres de l'alphabet copte, est aussi générale qu'il paraît le croire. Il a publié : *Description abrégée des principaux monuments de la Haute-Egypte*, 1800, in-8°. A.

RIVAROL (Le vicomte Claude-François de), frère cadet du célèbre littérateur de ce nom, né en 1760 à Bagnols, servait comme capitaine d'infanterie au moment où la révolution éclata. Il embrassa franchement le parti de la monarchie, et ayant conçu en 1789 le plan d'une association royaliste destinée à concourir, avec les gardes-du-corps et les gardes-suisses, à la défense de la famille royale, il fit un mémoire qui contenait cette formule de serment : « Nous » soussignés jurons sur notre honneur de » défendre le Roi, son auguste famille, » la monarchie et la religion, avec un dé- » vouement sans bornes, et au péril de » notre vie. » Ce mémoire fut signé en huit jours par 1500 gentilshommes ou officiers, et quatre commissaires furent désignés pour aller le présenter au Roi : M. de Rivarol fut du nombre des commissaires. La prise de la Bastille détruisit cette association, et de ses débris se forma le *salon français*, dont M. de Rivarol fut aussi nommé commissaire, mais dont les membres furent encore séparés par l'émigration. Il écrivit alors plusieurs brochures en faveur de la cause royale, entre autres, les *Crimes de Paris*, petit poème qui fit du bruit dans le temps. Ayant émigré en 1790, M. de Rivarol se rendit à Maëstricht auprès de M. de

Maillebois, sous lequel il avait servi et qui l'avait nommé son aide-de-camp. Quelque temps avant la journée du 10 août, il revint à Paris chargé d'une lettre de M. de Merci pour la reine, et dans le dessein d'engager son frère à émigrer. Son séjour dans cette capitale s'étant prolongé par ordre de la reine, il y fut témoin des massacres du 10 août, et n'y échappa qu'en se réfugiant avec le Roi dans la salle de l'assemblée nationale. Il partit le lendemain pour rejoindre en Champagne l'armée des princes, et revint encore à Paris peu de temps après, par ordre du comte d'Avaray, pour rendre compte au Roi de l'état des choses et de la révolution. Arrêté à son arrivée, il fut conduit au comité de sûreté générale, et gardé à vue jusqu'au 31 janvier 1793. Il fut arrêté de nouveau six mois après, et resta pendant deux ans dans les prisons de la Force, de Picpus et du Luxembourg, d'où il ne sortit que cinq mois après la mort de Robespierre. Il prit aussitôt la route de Hambourg, et revint encore à Paris au bout de dix mois pour entretenir, avec M. le comte d'Avaray, une correspondance que celui-ci devait mettre sous les yeux du Roi. M. de Rivarol avait reçu le brevet de colonel en 1797. Il en était à sa dix-septième lettre avec le comte d'Avaray, lorsque Buonaparte le fit arrêter et enfermer au Temple au mois d'octobre 1800. Quelques jours après son incarcération, il subit un long interrogatoire, pendant lequel le commissaire-interrogateur lui ayant demandé ce qu'il pensait du premier consul : « Écrivez, répondit » M. de Rivarol, que je ne l'aime ni l'es-» time. — Mais, Monsieur, si je l'écris, » le signerez-vous ? — Sans doute, » et en effet il le signa. Il ne sortit du Temple, au mois d'août 1802, que pour être exilé à Grenoble, et de là dans le département du Gard, où il resta en surveillance pendant neuf ans. Ayant voulu profiter de l'absence de Buonaparte en 1812, pour faire un voyage à Paris, il fut arrêté pour la quatrième fois et incarcéré jusqu'au 21 janvier 1813. A cette époque, il fut envoyé en exil, et y resta jusqu'à la restauration. M. de Rivarol a été élevé au grade de maréchal-de-camp le 10 mai 1816. Ses écrits sont : I. *De la nature et de l'homme*, pièce qui a été lue dans une séance de l'académie française, et qui a concouru pour le prix en 1782, 1784, in-8°. II. *Les Chartreux*, poème, et autres poésies fugitives, 1784, in-8°. III. *Isman, ou le fatalisme*, roman, 1785, in-8°. IV. *OEuvres littéraires*, 1799, 4 vol. in-12, reproduits sous les dates de 1803 et 1808. M. de Rivarol a fait réimprimer sous le directoire l'ouvrage de son frère sur les travaux de l'assemblée constituante, avec une Préface et des Notes de sa composition. F.

RIVAROL (LOUISE MATHER-FLINT), fille d'un maître de langues, était jeune encore lorsque Rivarol l'aîné l'épousa ; mais cette union ne fut point heureuse. « Un jour, a dit quelque part Rivarol, je » m'avisai de médire de l'amour : le len-» demain il m'envoya l'hymen pour se ven-» ger ; depuis, je n'ai vécu que de regrets. » Il naquit de cette union un fils, qui est mort au service du Danemark. Mme. de Rivarol a publié : I. *Effets du gouvernement sur l'agriculture en Italie, avec une notice de ses différents gouvernements*, traduits de l'anglais, 1796, in-8°. II. *Le Couvent de Saint-Dominique*, traduit de l'anglais, 1801, in-8°. III. *Notice sur la vie et la mort de M. de Rivarol*, 1802, in-8°. (*Voy*. la *Biographie univ.*, aux articles BURKE et DODSLEY). OT.

RIVAUD DE LA RAFFINIÈRE (Le comte OLIVIER MARON), lieutenant-général, né le 11 février 1766, à Civray en Poitou, embrassa la carrière des armes, dans laquelle plusieurs de ses parents s'étaient distingués, et devint, en 1791, chef du 4e. bataillon de la Charente. Employé, en 1792, à l'armée du Nord, il se signala aux batailles d'Hondscoote, de Warwick et de Wattignies, au blocus de Maubeuge, en 1793, aux siége et blocus de Mantoue, en 1797. Il passa ensuite à l'armée d'Angleterre, en qualité de chef de l'état-major ; fut rappelé, en 1800, à l'armée d'Italie ; décida, à la tête de sa brigade, la victoire de Montebello, par plusieurs charges, et se couvrit de gloire à la bataille de Marengo, en défendant ce village pendant sept heures contre des forces supérieures. Il commanda une brigade à l'armée de Portugal en 1801, et fut promu au grade de général de division, le 16 mai 1802. Il fit partie de l'armée de Hanovre en 1803, sous les ordres du maréchal Mortier, combattit avec distinction à Austerlitz, où sa division était appuyée à la droite de Murat; contribua à la prise de Hall le 17 octobre 1806, et plus tard, à la défaite de la réserve prussienne. Il passa ensuite au service de Westphalie, y obtint le commandement de la 2e. division militaire de Brunswick, et commanda, pendant la campagne de 1809, une division de l'armée de réserve organisée par le maréchal Kellermann. Lorsque les événements de 1814 amenèrent l'abdication de Buonaparte, le général Rivaud commandait en chef la 13e. division militaire à La Rochelle, et, le 11 avril, il fit afficher un ordre du jour qu'il termina ainsi : « Tous les Français ont » accueilli avec empressement un évène- » ment qui les sauve de l'horrible situa- » tion où ils étaient plongés; ils recou- » rent à leur ancienne monarchie, et y » confondent leur affection unanime. » Plus de guerre étrangère, plus de » guerre civile! Unissons toutes nos » affections pour le monarque que tant » de rois rappellent sur le trône de ses » pères. Arborons tous la cocarde blan- » che : elle est aujourd'hui le signe de » la paix du monde et du bonheur de » tous les Français. » Le général Rivaud fut nommé chevalier de St.-Louis le 27 juin 1814, grand-officier de la Légion-d'honneur le 23 août, comte le 31 décembre, et enfin commandant de la Loire-inférieure, dans la 12e. division militaire. Il avait le commandement de La Rochelle à l'époque de l'invasion de Buonaparte. Dévoué à la cause qu'il avait juré de défendre, il attendit vainement, pendant quatre jours, les ordres qu'on lui avait annoncés comme devant servir de règle à sa conduite. Bientôt la révolte de ses soldats le força de donner sa démission; et le commandement une fois tombé dans d'autres mains, Buonaparte fut proclamé. Le général Rivaud se tint à l'écart pendant les cent jours, et, au mois d'août 1815, il fut appelé par le Roi à la présidence du collège électoral de la Charente-inférieure, qui l'élut membre de la chambre des députés dissoute par l'ordonnance du 5 septembre 1816. Il commande encore aujourd'hui la 12e. division à La Rochelle. S. S.

RIVIÈRE, avocat-général à la cour royale d'Agen, fut élu, en août 1816, membre de la chambre des députés par le département de Lot-et-Garonne, et nommé, au mois de décembre, rapporteur de la commission chargée de l'examen du projet de loi qui autorisait les établissements ecclésiastiques à recevoir des donations. Il parla, au mois de janvier 1817, sur le projet relatif aux élections; proposa, dans le courant de février, l'impression du tableau général des pensions, et présenta un projet de rédaction sur cet objet. Pendant la session de 1818, M. Rivière fit partie de la commission du concordat, et fut nommé, le 13 mars, pour exposer à la chambre le résultat de ses travaux, qui, jusqu'à ce jour, n'ont point eu de résultat — RIVIÈRE (J.-L.), officier de santé, a publié : *Réflexions sur Napoléon Buonaparte, précédées d'une notice concernant le caractère français*, 1814.

S. S.

RIVIÈRE DE RIFFARDEAU (Charles-François, marquis de), né en 1765 à La Ferté-sur-Cher d'une famille noble du Berri, était officier aux gardes françaises avant la révolution. Il émigra dans le commencement des troubles, servit d'abord dans l'armée de Condé, s'attacha ensuite au comte d'Artois, devint son premier aide-de-camp, suivit ce prince dans tous ses voyages, et fut chargé par lui de plusieurs missions auprès des chefs royalistes de la Vendée et de la Bretagne. En 1795, il se rendit à Belleville, quartier-général de Charette, pour l'engager à se réconcilier avec Stofflet. Il crut y avoir réussi, et retourna en Angleterre rendre compte de sa mission. Au mois d'août de la même année, il revint avec MONSIEUR à l'Ile-Dieu, resta dans la Vendée après le départ de ce prince, et ne se rembarqua qu'à la fin de novembre, avec des dépêches de Charette. Le trajet pour arriver à la côte, au milieu des postes républicains, ne pouvait se faire sans de nombreux dangers, auxquels M. de Rivière n'avait échappé que par une extrême vigilance. Il fut moins heureux, en 1804, à Paris, où il avait été envoyé avec George et Pichegru. Ayant été arrêté en même temps que M. J. de Polignac et Dupré de Saint-Maur, il fut mis en jugement et condamné à mort, le 21 prairial (10 juin 1804). Dans le cours de son procès, on lui présenta un portrait du comte d'Artois, qui avait été trouvé sur lui; il déclara hautement le reconnaître, et souhaita aux descendants de la famille régnante, s'ils étaient un jour dans le malheur, des serviteurs aussi dévoués qu'il avait juré de l'être à la dynastie détrônée. La famille du marquis de Rivière obtint sa grâce de Napoléon, par l'intercession de Joséphine, et sa peine fut commuée en celle de la déportation, après une détention préalable de quatre ans au château de Joux. Rendu à la liberté par les événements de 1814, le marquis de Rivière fut nommé par MONSIEUR maréchal-de-camp, le 28 février, et par le Roi, commandeur de St.-Louis, le 11 septembre suivant. Un mois après, il fut désigné pour l'ambassade de Constantinople. Il se rendait à cette destination, et n'attendait qu'un vent favorable pour mettre à la voile de Marseille, lorsqu'il apprit l'invasion de Buonaparte. Il mit alors tout en usage pour insurger le Midi, et s'embarqua, le 11 avril, avec le vicomte de Bruges, sur un petit bateau espagnol, pour se rendre à Barcelone, où il arriva le 15. Dès ce moment, le marquis de Rivière ne quitta plus le duc d'Angoulême qu'au mois de juillet, pour s'approcher des frontières de France, sur l'escadre anglaise commandée par lord Exmouth. Il fit son entrée à Marseille, en qualité de gouverneur de la 8e. division, et reçut des habitants l'accueil que méritait son dévouement inaltérable à la cause des Bourbons. Le 21 juillet, ayant reçu la nouvelle du retour de Louis XVIII, il rassembla les officiers-généraux, l'état-major, et provoqua leur soumission. Le 24, le pavillon blanc flottait à Marseille. Cependant Toulon tenait encore pour Buonaparte; il était menacé d'une part par les Anglais, de l'autre par les Autrichiens. Le marquis de Rivière s'y rendit, et fit connaître au maréchal Brune que les étrangers s'engageaient à ne commettre aucune hostilité, s'il consentait lui-même à abandonner le commandement de l'armée du Var, et à s'éloigner de Toulon. Le maréchal Brune ne fit point difficulté d'accéder à cet arrangement, et il prit la route d'Avignon, où l'attendait une malheureuse destinée. Le marquis de Rivière, après avoir rempli d'une manière si honorable le but de sa mission dans le Midi, prit congé des Marseillais au mois d'août, emportant leurs regrets et des témoignages non équivoques de leur reconnaissance. Il fut alors créé pair de France, par ordonnance du 17 août, confirmé, le 29, dans le grade de lieutenant-général, auquel il avait été nommé par le duc d'Angoulême le 30 mars 1815, et chargé presqu'aussitôt du commandement de la 23e. division militaire, en Corse. Plusieurs cantons de cette île étaient encore en insurrection; des mesures trop rigoureuses auraient pu exaspérer les esprits. Le marquis de Rivière montra autant de fermeté que de prudence. Depuis environ six mois qu'il avait été appelé au gouvernement de l'île, il n'avait pu soumettre le canton de Fiumorbo; sa vie y avait été plus d'une fois en danger. Un jour il fut couché en joue par deux cents rebelles, et se précipita sur eux au cri de *Vive le Roi!* suivi de quelques personnes. Cette intrépidité les désarma, et les manières affables de M. de Rivière achevèrent de les soumettre. Ce général remit, dans les premiers jours de mai 1816, le gouvernement de l'île de Corse au général Willot, après y avoir établi un corps d'administrateurs, et le 9, il mit à la voile pour Constantinople. Il arriva le 4 juin dans le port de cette ville, et le 16 juillet, il eut sa première audience du grand-seigneur, auquel il offrit des présents d'un grand prix. Il continue à remplir les mêmes fonctions. S. S.

RIVOIRE SAINT-HIPPOLYTE (Le chevalier DE), ancien officier de la marine royale, est auteur d'une *Histoire de la marine française et de la loyauté des marins sous Buonaparte*. Cet ouvrage, qui contient une relation de la mission de l'auteur à Brest pour le service du Roi en 1800, et des persécutions qui en furent la suite, est surtout intéressant en ce qu'il donne une idée exacte de ce qu'étaient la justice et les tribunaux sous Buonaparte. M. de Rivoire était attaché à la cause des Bourbons, très lié avec les chefs royalistes, et il avait projeté de faire déclarer Brest en faveur du Roi. L'entreprise manqua; il fut découvert, arrêté à Calais, et enchaîné dans le cabriolet qui devait le conduire à Paris; un gendarme, le pistolet au poing, s'était placé à ses côtés, et cet homme ne lui avait point laissé ignorer qu'il avait ordre de lui brûler la cervelle au moindre mouvement. Après une longue détention à Paris, pendant laquelle tous les moyens avaient été employés pour lui arracher quelque révélation qui pût le compromettre, M. de Rivoire fut envoyé à Brest devant une cour martiale, et absous par les membres de ce tribunal, le 22 germinal an X; mais les juges ne tardèrent point à être punis de leur courage. Arrêtés et conduits à Paris, ils furent destitués après plusieurs mois de prison, et Buonaparte ordonna que la procédure fût soumise à un autre tribunal. Enlevé pendant la nuit par une troupe de gendarmes, M. de Rivoire fut conduit à Nantes et de là à Rochefort, et il arriva presque mourant dans cette dernière ville, où on le transféra sans cesse, pendant seize mois, de l'hôpital au cachot, et du cachot à l'hôpital ; enfin une cour martiale cassa la procédure de Brest : l'accusé protesta, et une troisième cour martiale recommença la procédure. Toutefois, Buonaparte ne fut point obéi ; influencée par les officiers de la marine, la cour n'osa condamner l'accusé qu'à un simple bannissement. Ce jugement, rendu le 2 ventôse (1803), était en dernier ressort ; cependant M. de Rivoire ne touchait point encore à la fin de ses maux ; seulement il obtint plus de liberté, fut traité avec plus d'égards, et reçut l'ordre de prendre la route des frontières d'Espagne, sous le prétexte de l'exécution de son jugement. Mais arrivé à Lourde, petite ville sur les bords du Gave, il y fut enfermé dans un cachot humide, et ce fut pendant cette dure captivité qu'on inséra dans le *Moniteur* une lettre qu'il était supposé avoir écrite au grand-juge, et dans laquelle on lui faisait avouer ses torts et décrier les princes qu'il avait voulu servir. Après plusieurs tentatives infructueuses, il parvint à s'échapper, grâces au courage d'une épouse chérie qui était venue habiter la ville de Lourde, dans l'espoir d'adoucir son sort. Il s'enfuit à Madrid, où il trouva un asile chez M. Strogonoff, ambassadeur de Russie, qui lui procura les moyens de passer en Angleterre. Le désir de revoir sa femme l'engagea à rentrer en France en 1810 ; mais, trahi par ceux qui lui avaient procuré à Londres des passeports français, il fut arrêté à Amsterdam et enfermé successivement à la Force, à Vincennes et au château de Ham. Il parvint encore à s'échapper, fut de nouveau repris et plongé dans un cachot, d'où il ne sortit qu'en 1814, à la déchéance de Buonaparte. L'ouvrage dans lequel M. de Rivoire a consigné ces détails, a été présenté au Roi en 1814. S. S.

ROBERT (Pierre-François-Joseph), de Paris, né à Gimnée près Givet, le 21 janvier 1763, embrassa, dès le commencement des troubles, le parti populaire, et rédigea un journal intitulé le *Mercure national*, en commun avec sa femme, déjà connue comme bel-esprit, sous le nom de Mlle. Kéralio (*Voy*. Kéralio). Mme. Roland les peint ainsi dans ses Mémoires : « Je vis une petite femme spirituelle, adroite et fière, qui me reçut fort agréablement ; je trouvai son gros mari à face de chanoine, large, brillant de santé et de contentement de soi-même, avec cette fraîcheur que n'altèrent jamais de profondes combinaisons. » Et elle fait dire plus loin à Dumouriez, à qui Brissot demandait un emploi pour Robert : « Quoi ! vous me parlez de ce petit homme à tête noire, aussi large qu'il est haut ! Je ne me déshonorerai pas en employant une telle caboche. — Mais, répliqua Brissot, parmi les agents que vous êtes dans le cas d'employer, tous n'ont pas besoin d'une égale capacité ? — Je n'emploie pas un fou semblable. — Mais vous avez promis à sa femme ? — Sans doute, une place inférieure de mille écus d'appointements ; savez-vous ce qu'il me demande ? l'ambassade de Constantinople. — L'ambassade de Constantinople ! s'écria Brissot en riant ; cela n'est pas possible. — Cela est ainsi. — Je n'ai plus rien à dire. — Ni moi, ajouta Dumouriez, sinon que je fais rouler ce tonneau jusqu'à la rue, s'il se présente chez moi, et que j'interdis ma porte à sa femme. » Mme. Roland continue ainsi : « Mme. Robert alla chez Brissot, qui, dans son ingénuité, lui dit qu'elle avait fait une folie de demander une ambassade, et qu'avec de pareilles prétentions l'on devait finir par ne rien obtenir. Nous ne la revîmes plus ; mais son mari fit une brochure contre Brissot, pour le dénoncer comme un distributeur de places et un faussaire qui lui avait promis l'ambassade de Constantinople, et s'était dédit. Il se jeta aux Cordeliers, se lia avec Danton, fut poussé par lui au corps électoral, et dans la députation de Paris à la Convention, paya ses dettes, fit de la dépense, recevait chez lui à manger d'Orléans et mille autres ; est riche aujourd'hui.... » M. Robert avait publié, dès 1790, un ouvrage intitulé le *Républicanisme adapté à la France*.

Il s'attacha ensuite à Danton, qui l'employa comme secrétaire après le 10 août 1792, époque à laquelle il fut nommé lui-même au ministère de la justice. Poussé par ce protecteur, M. Robert entra au corps électoral, et fut nommé député de Paris à la Convention, où il vota la mort de Louis XVI sans appel et sans sursis, et en regrettant qu'il ne fût pas eu son pouvoir de prononcer celle de tous les souverains. Il est difficile d'imaginer quelque chose de plus épouvantable que le discours qu'il prononça à cette occasion. Il avait déjà fait ses efforts, le 15 novembre 1792, pour hâter le jugement. Le 10 août 1793, il fut dénoncé par Vergniaud, pour ses relations avec le duc d'Orléans. Il faisait encore alors à Paris le commerce de l'épicerie, et fut désigné comme accapareur à la populace, qui pilla sa maison, et s'empara de plusieurs tonneaux de rhum. Cet accaparement fit pleuvoir sur un homme qui avait crié contre les accapareurs, des sarcasmes de toute espèce, et on ne l'appela plus que *Robert-rhum*. Il survécut à la chute des Dantonistes, et échappa aux proscriptions de 1793. Envoyé à Liége en 1795, il en fut rappelé par décret du 27 mai, comme entravant les opérations de l'administration de la Belgique; et se hâta de féliciter la Convention sur ses succès contre les terroristes, dans les premiers jours de prairial. A la fin de la session, il ne rentra point dans le corps-législatif, et s'occupa d'affaires et de fournitures. On dit qu'il s'est établi à Bruxelles, où il réside encore. Il a publié: I. *La Reconnaissance publique*, ode, 1787, in-8°. II. *Mémoire sur le projet de l'établissement d'une société de jurisprudence*, 1790, in-8°. III. *Le républicanisme adapté à la France*, 1790, in-8°. IV. *Le droit de faire la paix et la guerre appartient incontestablement à la nation*, 1790, in-8°. V. *Opinion concernant le jugement de Louis XVI*, 1792, in-8°. — ROBERT, député des Ardennes à la Convention nationale, vota la mort de Louis XVI sans appel et sans sursis, et rentra dans l'obscurité après la session. Il reparut sur la scène pendant les cent jours de 1815, et accepta la sous-préfecture de Rocroy, où il montra dans plusieurs proclamations et dans des actes publics beaucoup de zèle pour Buonaparte. Il a dû quitter la France comme régicide en 1816. C. C.

ROBERT (François), géographe, membre de l'institut de Bologne, et de l'académie des sciences et belles-lettres de Berlin, né à Charmes en 1737, fut nommé, en 1793, maire de la commune de Besnote, et, après le 31 mai, administrateur du département de la Côte-d'Or. Elu député au conseil des cinq-cents, en mars 1797, par le département de la Côte-d'Or, il arriva au corps législatif avec le tiers de l'an v (1797), et partagea les principes qui dirigeaient à cette époque la majorité des conseils. Le 3 juin, il publia une motion d'ordre sur la nécessité de rétablir la morale et la religion. Le 29 juillet, il s'opposa à l'aliénation des presbytères, soutint qu'ils appartenaient aux communes, et que l'idée de les vendre portait tous les caractères du prestige révolutionnaire. Son élection fut annulée au 18 fructidor, mais il ne fut point compris parmi les déportés de cette journée. M. Robert a publié en 1800 une petite brochure contenant ses titres littéraires. On y voit qu'en 1789 il attaqua la dîme, et rappela, en invoquant l'autorité de Mirabeau, le clergé à son ancienne institution; et qu'en 1797, ainsi qu'en 1800, il demanda le rétablissement du clergé et de tout ce qui concerne le culte. Ce recueil contient encore une Dissertation contre les impôts indirects, et surtout contre celui de l'entretien des routes; une Lettre contre la réunion au Muséum de Paris de tous les monuments des arts. M. Robert, aujourd'hui géographe ordinaire du Roi, qu'on a souvent confondu avec M. Robert de Vaugondy, autre géographe, est auteur des ouvrages suivants: I. *Géographie naturelle, historique, politique et raisonnée*, 1777, 3 vol. in-12, trad. en italien. II. *Voyage dans les treize cantons suisses, les Grisons, le Valais, et autres pays et états alliés ou sujets de Suisse*, 1789, 2 vol. in-8°, trad. en allemand. III. *Traité de la sphère*, in-12. IV. *Mélanges sur différents sujets d'économie publique*, 1800, in-8°. V. *Géographie élémentaire*, 1800, 1807, in-12; onzième édition. VI. *Dictionnaire géographique, d'après le recez du congrès de Vienne, le traité de Paris du 20 novembre 1815, et autres actes plus récents*, 1818, 2 vol. in-8°. Il a fourni à l'Encycl. méthodique le *Dictionnaire de géographie moderne*, 3 vol. in-4°. Oz.

ROBERT (J.-B.-MAGLOIRE), ancien avocat au parlement de Normandie, exerçait ses fonctions à Rouen lorsque la révolution éclata. S'il faut en croire les écrits publiés récemment par M. Robert, il ne prit part aux événements de cette funeste époque que pour se trouver plus à portée de saisir les occasions d'être utile à la cause royale. Dès-lors il s'occupa de brochures et d'écrits périodiques. En 1791, il commença un journal à Fécamp, et cette même année il fut élu procureur de la commune de cette ville. Nommé peu après député extraordinaire près la Convention, pour empêcher la vente des biens de l'abbaye de Fécamp, il fut encore chargé, en sa qualité de procureur de la commune, de surveiller les prêtres insermentés, et il protégea leur départ contre la violence du peuple, qui voulait l'empêcher. Échappé à une multitude de persécutions, M. Robert dut la vie à M. Lanjuinais, et il se fixa ensuite à Rouen, où il établit une imprimerie et un journal, sous le titre de *l'Observateur de l'Europe*. Après avoir essuyé quelques poursuites dirigées contre lui par la régie du timbre, M. Robert vint à Paris, où il se trouvait le 31 mars 1814, au moment de la chute de Buonaparte. Ce fut à cette époque que les commissaires du Roi, MM. de Semallé et de Polignac, l'envoyèrent à Rouen avec M. de Vante, pour y faire reconnaître le gouvernement légitime. M. Robert s'acquitta de cette mission à la satisfaction des commissaires ; mais sa véritable célébrité ne date réellement que du mois de novembre 1815. A cette époque il rédigeait un journal commencé à Gand, où il avait suivi le Roi ; l'avait d'abord intitulé le *Nain blanc*, et il lui donna ensuite le nom de *l'idèle ami du Roi*. Le 30 octobre, M. Robert fut arrêté avec son fils aîné par ordre du ministre de la police, jeté dans une prison et mis au secret le plus rigoureux. En même temps, un examen sévère, et répété à deux reprises, eut lieu dans son domicile, sans qu'on pût rien trouver qui justifiât le soupçon d'avoir imprimé divers écrits contre le ministre qui sévissait contre lui. Tels furent les motifs de la pétition présentée à la chambre des députés par Mlle. Robert, sa fille, pétition qui produisit dans la chambre la plus vive sensation. « Son » père, y disait-elle, avait été successi-» vement frappé de cent vingt-trois man-» dats d'arrêt, proscrit pendant douze » ans, et sa tête mise à prix, arrêté pen-» dant l'interrègne, etc. » Enfin, après une longue énumération des services de son père, Mlle. Robert dénonçait à la chambre son arrestation comme illégale, et le comte Decazes, comme coupable de cet attentat à la liberté individuelle. M. de Lally-Tollendal s'éleva contre cette pétition dans la chambre des pairs. « Si la loi du 29 octobre, dit-il, » a mis dans la main du ministre un pou-» voir terrible, ce ministre doit à la » chambre un compte rigoureux de l'u-» sage qu'il en aura fait. Des renseigne-» ment particuliers me mettent à portée » d'assurer que ce compte sera satisfai-» sant en ce qui touche le sieur Robert, » et qu'il sera prouvé à la chambre que » les abus de pouvoir reprochés au mi-» nistre, n'ont été, *dans le fait*, qu'une » sévère mais juste précaution. » Mlle. Robert ne laissa pas cette attaque sans réponse. Voici un passage de la lettre qu'elle adressa au noble pair : « Ce qui a » droit de me surprendre, c'est que vous » vous soyez exprimé à l'égard de mon » père, de manière à faire entendre qu'il » ne méritait pas l'intérêt que j'invoquais » pour lui ; car ces sortes de réticences » sont mille fois plus perfides qu'une ac-» cusation directe, parce qu'elles auto-» risent toutes les conjectures : et vous » devez le savoir mieux que personne, » Monsieur le Comte, vous, dont le père » fut victime de semblables manœuvres ; » vous, qui avez été réduit à faire tant et de » si honorables efforts pour obtenir la » réhabilitation de sa mémoire. » M. Fiévée, en parlant de cette réclamation dans son Histoire de la session de 1816, ajouta : « M. de Lally est resté avec ses » renseignements *particuliers* ; il nous a » laissés avec l'espoir du compte satis-» faisant qu'il nous avait promis en ce qui » touche le sieur Robert, mis en liberté » à la fin du mois de mai dernier. » M. Robert nous a appris depuis que c'était d'après une décision du conseil des ministres qu'il était sorti de prison. En 1818, lors du procès du faux dauphin, Mathurin Bruneau, M. Robert s'étant rendu à Rouen pour y assister aux débats de ce procès, eut une querelle avec d'autres avocats et particulièrement avec M^e. Dupuis, défenseur d'un des co-accusés de Bruneau. Cet avocat le signala ainsi dans son plaidoyer: « Un homme qui s'est proclamé le fidèle ami du Roi, s'est permis de signaler mon client à l'opinion publique, comme l'agent, le protecteur du fourbe qui frappe en ce moment vos regards. Le voilà cet historien fidèle, cet homme qui a bientôt épuisé tous les états! Mais ce n'est point une illusion, il me semble voir son ombre errer dans cette enceinte, dont il a été si honteusement chassé. Je vois cette ombre couverte de sa toge, dont notre barreau l'a dépouille. » Cette sortie contre M. Robert, qui assistait à l'audience, fut par lui relevée, d'abord dans une lettre adressée à tous les journaux, et ensuite dans une note qu'il publia sous le titre de *Réponse à Me. Dupuis, avocat à Rouen*. En 1817, une pièce intitulée *l'Esprit de parti* ayant été donnée à l'Odéon, M. Robert crut que l'auteur avait voulu le mettre sur la scène sous le nom de Forber; en conséquence, il réclama vivement contre cette attaque, et il n'y eut que le désaveu formel de l'auteur, inséré dans tous les journaux, qui pût le satisfaire. Il adressa à la chambre des députés, au commencement de 1818, une pétition pour réclamer contre la saisie de plusieurs de ses manuscrits. La chambre, adoptant les conclusions de son rapporteur, passa à l'ordre du jour. M. Robert a publié: I. *Les prisonniers d'état pendant la révolution*, tome I, 1815, in-8°. II. *Pétition à la chambre des députés*, 1817, in-4°. III. *Causes* (en partie) *inconnues des principaux événements qui ont eu lieu en France depuis trente-deux ans, et Vie de l'auteur*, 1817, tomes 1 et 2, in-8°. (Le troisième et dernier volume n'a pas paru). IV. *Pétition à la chambre des députés des départements*, 1817, in-8°. V. *Débats dans l'instruction du procès de Mathurin Bruneau*, 1818, in-8°, huit numéros. C. C.

ROBERT (Le baron Louis-Benoit), né le 7 mars 1792, était colonel à la suite du 70e. régiment de ligne lorsqu'il passa en Espagne en 1808. Il s'y fit remarquer au siége de Sarragosse et de Lérida, où il repoussa les assiégés qui voulaient tenter une sortie, et mérita les éloges du général en chef. Nommé officier de la Légion-d'honneur le 29 mai 1810, sa conduite au siége de Tarragone lui valut le suffrage du maréchal Suchet, et le grade de général de brigade. Les combats de la Puebla, de Banaguail, de Sagonte, lui fournirent de nouvelles occasions de déployer sa valeur. Il prit part aux glorieuses affaires de Quarta et de Biar, et battit les Espagnols commandés par le général Martin l'Empecinado, le 9 octobre 1813. Le 15, il repoussa un autre corps qui voulait attaquer les postes de la rive droite de l'Ebre. Le 16 août 1814, le général Robert reçut du Roi la croix de Saint-Louis. En juin 1815, il commandait le département des Basses-Pyrénées. Des mouvements royalistes s'étant manifestés aux environs de Perpignan, il fit marcher huit cents hommes de la garnison de cette place pour les réprimer. Le général Robert est aujourd'hui en demi-solde; il est commandant de la Légion-d'honneur depuis 1812. — Le baron Simon ROBERT, né le 1er. mai 1762 dans le Nivernais, s'enrôla dès sa première jeunesse dans un régiment d'infanterie. Ayant quitté le service avant la révolution, il y rentra à cette époque, fit les premières campagnes aux armées du Nord et de la Vendée, entra ensuite dans la garde impériale, y devint major des grenadiers à pied, fut créé baron, et fit avec son régiment la campagne de Russie en 1812. Revenu à Paris, après avoir échappé aux désastres de la retraite, il fut nommé commandant des dépôts de la Garde. Le Roi le fit chevalier de Saint-Louis le 13 août 1814, et maréchal-de-camp le 12 octobre suivant. Il fut employé, en juin 1815, au 9e. corps d'observation sur le Var, et il jouit actuellement du traitement de demi-solde. C. C.

ROBERT le jeune, médecin, a publié: I. *Essai sur la Mégalanthropogénésie, ou l'Art de faire des enfants d'esprit qui deviennent de grands hommes*, 1801, in-12; 1803, 2 vol. in-8°. II. *De l'Influence de la révolution française sur la population*, ouvrage où l'on prouve qu'elle a augmenté depuis dix ans, 1802, 2 vol. in-12. — ROBERT (L. J. M.) est auteur du *Manuel de santé*, 1805, 2 vol. in-8°. OT.

ROBERT-LEFÈVRE, nommé en octobre 1816 premier peintre de la chambre et du cabinet du Roi, est auteur de plusieurs tableaux qui honorent l'école française. Les plus remarquables sont: *Portrait en pied de S. M. l'empereur et roi*; — *Portrait en pied de S. M. l'impératrice*; — *Le Buste, étude du* portrait de S. M. l'impératrice. Ces trois ouvrages ont été exposés au Musée de 1812. — *Portrait de S. M. Louis XVIII.* Ce dernier tableau, exposé au Salon de 1814, a été fait absolument de mémoire. M. Robert-Lefèvre fut admis à le présenter au Roi au mois de septembre. Le maire de Rouen l'a depuis fait peindre pour cette ville. — *Socrate buvant la ciguë;* — *Vénus désarmant l'Amour.* C'est encore M. Robert-Lefèvre qui a été chargé de l'exécution du portrait du Roi, peint en pied et en grand costume, pour lequel S. M. lui avait accordé plusieurs séances particulières, et que l'on voit aujourd'hui à la chambre des pairs. Le jour de la St.-Louis 1818 eut lieu, à l'hôtel-de-ville de Paris, l'inauguration d'un autre portrait de S. M., par le même peintre. S. S.

ROBERT DE SAINT-VINCENT (Le vicomte), fils aîné du conseiller au parlement de ce nom, qui montra, dès le mois de novembre 1788, une si vive opposition aux innovations politiques, était lui-même à cette époque conseiller au parlement. Il accompagna son père dans l'émigration en 1792, rentra en France après le 18 brumaire, fut nommé conseiller à la cour royale de Paris, et ensuite conseiller à la cour de cassation. Le Roi le confirma, en mars 1818, dans le titre de vicomte. D.

ROBERTS (WILLIAM), auteur et jurisconsulte anglais, membre de la société archéologique, fut d'abord destiné à l'état ecclésiastique; mais son goût l'entraîna vers le barreau. Il a été un collaborateur très actif de l'*English review*, et a publié, sous le voile de l'anonyme, un petit traité sur les marbres d'Oxford. Après avoir quitté le collége, il voyagea pendant quelque temps, et commença à son retour en 1792 un ouvrage périodique appelé *The Looker-on*, ou *l'Observateur*, où il combattit avec avantage le mauvais goût et les mauvaises mœurs. Son principal collaborateur était James Beresford. Lorsque l'ouvrage fut terminé in-folio, on le réimprima, en 1794, 3 vol. in-12. Z.

ROBERTSON (ABRAHAM), ecclésiastique anglais, membre de la société royale, professeur de géométrie à l'université d'Oxford, est né en Ecosse, et fut élevé au collége du Christ et à Westminster. Outre quelques écrits insérés dans les *Transactions philosophiques*, il a publié: I. *Sectionum conicarum lib. VII, accedit tractatus de sectionibus conicis et de scriptoribus qui earum doctrinam tradiderunt*, 1793, in-4°. II. *Traité géométrique des sections coniques*, 1802, in-8°. III. *Réponse à un critique*, dans laquelle il a inséré la démonstration d'Euler du théorème du binôme, 1808, in-8°. — ROBERTSON (l'abbé), né à Ratisbonne d'une famille écossaise, vers 1760, était à Edimbourg lorsque MONSIEUR, comte d'Artois, y résida, et il se lia avec quelques personnes de la suite du prince, notamment avec M. l'abbé Latyl. En 1808, il fut chargé par le ministère anglais d'une mission secrète auprès du général espagnol La Romana, et il s'en acquitta avec autant de succès que de courage. Parvenu, à la faveur de plusieurs déguisements, auprès de ce général, qui était alors dans des îles danoises, il l'informa des préparatifs que l'Angleterre avait faits pour transporter ses troupes en Espagne, et il le décida à profiter de ces offres si avantageuses pour sa patrie. (*Voyez* ROMANA, dans la *Biographie univ.*). L'abbé Robertson vit aujourd'hui, retiré dans un village d'Angleterre, d'une pension que lui fait le gouvernement britannique. — ROBERTSON est le nom sous lequel est connu depuis vingt ans M. ROBERT, né à Liège, et qui avant la révolution remplissait des fonctions ecclésiastiques. En cette qualité, il entra comme instituteur dans une maison particulière. A l'époque où s'établirent les premières fêtes de Tivoli à Paris, il prit part aux feux d'artifices et autres accessoires des soirées charmantes qui y attiraient tout Paris. Il a été depuis le fondateur de la fantasmagorie, et a fait des expériences d'aérostat. Il exerce encore ses talents dans ce genre de spectacles, où la physique joue un grand rôle. D. et H.

ROBIN (LOUIS), marchand et cultivateur, fut député de l'Aube à la législature, et ensuite à la Convention nationale, où il vota la mort de Louis XVI, sans appel et sans sursis. En novembre 1794, il fut envoyé dans les départements de l'Yonne et de Saône-et-Loire, et chargé ensuite des approvisionnements de Paris. Après la session, il fut nommé au conseil des cinq-cents pour la Guiane française; mais cette élection fut déclarée nulle, et prévoyant lui-même cette décision, il donna sa démission quelques jours avant qu'elle fût rendue. Nommé juge au tribunal civil de Saint-Amand, sous le gouvernement consulaire, il devint ensuite juge de paix dans cette ville, et en remplit les fonctions jusqu'en 1815. Ayant signé l'acte additionnel pendant les cent jours, il a quitté la France comme régicide, et s'est réfugié en Italie. B. M.

ROBIN (Antoine-Joseph), né à Dortan en Bresse, le 3 juillet 1761, se destina d'abord à l'état ecclésiastique, puis s'enrôla comme volontaire en 1792. Nommé capitaine et bientôt après commandant en second du 5e. bataillon de l'Ain, il fit ses premières armes à l'armée du Rhin, où il se distingua pour la première fois à la défense d'un pont près Wert, dont il empêcha l'ennemi de forcer le passage. A Kaiserslautern, il soutint contre les Prussiens la retraite de l'armée, et se fraya un passage à la baïonnette à travers des troupes qui l'avaient coupé. M. Robin se trouva aussi au siége de Maïence, pénétra dans la redoute de Merlin, et en détruisit les batteries. Une longue maladie, occasionnée par les fatigues de cette pénible campagne, recula son avancement; mais de nouveaux services lui méritèrent des récompenses. A Knubis, dans la Forêt-Noire, à Eslingen, au Château-Taxis, où il eut un cheval tué sous lui, il donna des preuves de la valeur la plus brillante, et sa conduite au passage du Lech, effectué sous un feu meurtrier, lui valut le grade de chef de brigade. A Pœmetz, après avoir fait peu de jours avant plusieurs prisonniers, il resta lui-même au pouvoir de l'ennemi, et fut échangé au bout de trois mois. De retour en France, il ne tarda pas à se rendre en Italie avec la 21e. demi-brigade. Buonaparte, alors général en chef, passant à Vicence la revue des troupes, demanda au colonel Robin si c'était lui qui avait passé le Lech sous le canon d'Augsbourg. Sur sa réponse affirmative, il lui donna le commandement de la demi-brigade, quoiqu'il fût le moins ancien. M. Robin justifia ce choix dans la campagne suivante, et surtout aux passages de la Piave et de l'Isonzo. En 1798, il s'embarqua à Civita-Vecchia pour l'expédition d'Egypte, où il se signala à la bataille des Pyramides, et lutta courageusement contre les Mamelouks. Desaix obtint alors pour lui le grade de général de brigade. On cite comme une preuve du sang froid courageux du général Robin, sa conduite à Faïoum, où, privé de la vue par une ophtalmie, et attaqué par les ennemis qui tombèrent sur l'hôpital ambulant, il se fit conduire au milieu de l'attaque, et parvint à ranimer les soldats, qui restèrent victorieux. Au siége de Saint-Jean-d'Acre, à Aboukir, à Héliopolis, il se distingua de nouveau, et son nom se trouve lié à tous les beaux faits d'armes de la guerre d'Egypte. Il revint en France après l'évacuation de cette contrée, avec le grade de général de division, et fut depuis employé en Italie. Depuis long-temps il n'est plus en activité. C. C.

ROCHE (Le baron Jean-Baptiste-Grégoire de la), lieutenant-général de cavalerie, né le 19 novembre 1767, obtint un avancement rapide pendant la révolution dont il fit les premières campagnes, et fut employé, en 1797, à l'armée de Rhin-et-Moselle, sous Moreau, en qualité de général de brigade. En 1800, il obtint un commandement dans la 15e. division, et le garda jusqu'à l'époque où il fut nommé général de division par décret du 2 février 1808. Le général de La Roche fut alors employé successivement dans les armées et dans l'intérieur. A la nouvelle de l'invasion des étrangers, en 1814, il se rendit à Chambéri, et joignit ses efforts à ceux du général Dessaix (*Voyez* ce nom) pour organiser les gardes nationales du Mont-Blanc. Lorsque le gouvernement provisoire eut proclamé la déchéance de Buonaparte, il envoya son adhésion au gouvernement des Bourbons, et fut créé chevalier de St.-Louis le 13 août 1814; puis grand-officier de la Légion-d'honneur le 14 février 1815. Placé dans le mois de juin 1815, à la disposition du maréchal Brune, à Marseille. Il a été admis à la retraite le 6 octobre même année. — ROCHE (Le baron François de La), né, le 5 janvier 1775, à Riom, entra au service dans sa jeunesse dans la cavalerie, fit la campagne de 1806 contre les Prussiens et les Russes, en qualité de colonel du 13e. régiment de dragons, et, le 12 janvier 1807, fut nommé officier de la Légion-d'honneur. Echappé aux désastres des campagnes de 1812 et 1813, il fut promu au grade de général de brigade le 28 septembre de cette dernière année, et créé chevalier de St.-Louis le 29 juillet 1814. Il commandait à Angoulême à l'époque de l'invasion de Buonaparte, au 20 mars 1815. Il n'a pas été employé depuis le retour du Roi. — ROCHE (Le chevalier de la), docteur en médecine et physiologiste distingué, a publié en 1806, avec M. Berger, des *Expériences sur les effets qu'une forte chaleur produit dans l'économie animale*, Paris, in-4°. M. de la Roche a été nommé chevalier de de St.-Michel en 1817. — ROCHE (A.-L. DE LA) a publié: I. *Les trésors de l'histoire et de la morale, extraits des meilleurs auteurs grecs, latins, français*, 1802, in-12; 1806, in-12. II. *Histoire des douze Césars*, traduite du latin de Suétone (et abrégée), 1807, in-8°. III. A donné une édition des *Hommes illustres de Plutarque*, traduction de Dacier, 1812, 15 vol. in-12. S. S. et OT.

ROCHE (Miss REGINA-MARIA), dame anglaise, s'est fait une grande réputation par les romans dont elle est auteur, entre autres: I. *Le Ministre (vicar) de Lansdowne*. II. *La Fille du hameau*, 2 vol. in-12, 1793. III. *Les Enfants de l'abbaye*, 4 vol. IV. *Clermont*, 4 vol. in-12, 1798. V. *La Visite nocturne*, 4 vol. in-12, 1800. VI. *Le Fils banni*, 5 vol. in-12, 1806. VII. *Les Maisons d'Osma et d'Almeria*, 3 vol. in-12, 1810. VIII. *Le Monastère de Sainte-Colombe*, 5 vol. in-8°., 1812. IX. *Trécothick Bower*, 3 vol. in-12, 1813. « Des romans an-
» glais modernes, dit M. Morellet, sans
» en excepter ceux de miss Burney,
» qui ont une réputation si méritée,
» aucun ne peut être préféré aux *En-*
» *fants de l'abbaye*, et la plupart ne
» peuvent lui être comparés. » On y trouve des tableaux agréables, des scènes intéressantes, des caractères bien peints, une excellente morale. On a reproché à Mme. Roche des imitations trop marquées de Tom Jones, d'Evélina, de Sterne et de Mme. Radcliffe; un trop fréquent usage du merveilleux, et le défaut d'art pour conduire une intrigue et attacher le lecteur. Ces défauts sont moins sensibles dans les *Enfants de l'abbaye* que dans ses autres ouvrages. Ce dernier a été traduit en français par M. Morellet, ce qui a été souvent reproché à ce grave littérateur. Tous les autres ont été également traduits en français, et ils ont obtenu beaucoup de succès. Z.

ROCHE-AYMON (ANTOINE-CHARLES-GUILLAUME, marquis DE LA), d'une famille noble et ancienne du Limousin, était avant la révolution mari d'une dame du palais de la reine Marie-Antoinette. Il émigra au commencement de la révolution, alla prendre du service à l'armée de Condé, et se retira, après son licenciement à Hambourg, où il était encore en 1818. — Le comte Charles de LA ROCHE-AYMON, fils du précédent, émigra avec son père, et servit en Prusse avec la plus grande distinction après la dissolution de l'armée de Condé. Il y parvint au grade de capitaine-adjudant du prince Henri, qui l'honorait de sa faveur particulière. (*Voy.* HENRI DE PRUSSE, dans la *Biographie univ.*) Le comte de La Roche-Aymon se maria dans ce pays. Rentré en France en 1814, il fut créé pair du royaume, maréchal-de-camp, et enfin chevalier de Saint-Louis et officier de la Légion-d'honneur. En 1817, il obtint le commandement du département des Deux-Sèvres, et se fit remarquer à la chambre des pairs par un discours prononcé le 18 mars 1818, sur le projet de loi relatif au recrutement de l'armée. S'attachant à prouver d'abord que ce projet était en harmonie avec la Charte, le noble pair combattit ensuite les enrôlements à prime. « Lâches » pour la plupart, ajouta-t-il, les soldats » mercenaires ne connaissent ni l'hon» neur du drapeau ni l'amour de la pa» trie. Ce n'étaient pas des soldats mer» cenaires que conduisait à la victoire » l'héroïne de Vaucouleurs, qui triom» phaient avec Louis XIV de l'Europe » entière armée pour nous punir de trop » de succès, ou qui trouvaient la mort » et la gloire dans les champs de la Ven» dée, en combattant pour leur Dieu » et pour leur Roi. » Après avoir passé en revue les différentes dispositions du projet, et combattu les arguments de ses adversaires, il vota pour son adoption. Son discours ayant été attaqué par un autre pair, il se hâta de désavouer les intentions qu'on lui prêtait, en annonçant que si ses expressions avaient pu présenter quelque obscurité, il n'avait jamais eu la pensée de ternir la gloire d'une armée dans les rangs de laquelle ses pères avaient versé leur sang pour leur roi, et où lui-même avait eu l'honneur de faire ses premières armes. M. de La Roche-Aymon a publié à Weimar, en 1802, en français et en allemand, une *Intro-*

duction à l'art de la guerre, 4 vol. in-8°. Le *Magasin encyclopédique* avait d'abord attribué cet ouvrage au prince Henri de Prusse; mais le même Recueil a relevé cette erreur. L'auteur a publié, en 1817, à Paris, *Des Troupes légères*, in-8°., ouvrage présenté au Roi. — Le comte Casimir de LA ROCHE-AYMON, frère du précédent, servit avec lui en Prusse, et fut nommé, en 1817, chef d'état-major de la 2e. division de cavalerie de la garde royale; à la nouvelle organisation de l'état-major de l'armée, en 1818, il a été conservé dans son grade. C. C.

ROCHECHOUART (Le comte AUGUSTE DE), fils du comte de Rochechouart, député aux états-généraux de 1789, émigra, jeune encore, avec sa famille, séjourna pendant quelques années en Russie, et entra au service de cette puissance. Il fit avec distinction les dernières guerres, parvint au grade de général-major, et se trouvait employé dans l'armée qui s'empara de Paris en avril 1814. Il fut alors commandant de place dans cette capitale, pour la Russie. Étant passé au service de France, il y fut nommé maréchal-de-camp le 14 juillet 1814, accompagna le Roi à Gand en 1815, et fut nommé, à son retour, commandant d'armes de la place de Paris. Il occupa quelques instants l'emploi de secrétaire-général de la guerre, où il ne tarda pas à être remplacé par M. Tabarié. Le comte de Rochechouart adressa, au mois de mai 1816, un discours énergique aux légions qui venaient de recevoir leurs drapeaux des mains de S. A. R. Monsieur. « N'ou-
» bliez pas, leur dit-il, que c'est devant
» le modèle accompli de la loyauté et de
» l'honneur, que vous avez juré de mou-
» rir fidèles au Roi, à ce Roi qui est à-
» la-fois le besoin et l'amour de la Fran-
» ce. » Au mois d'août de la même année, M. de Rochechouart présida le conseil de guerre qui condamna à mort le général Lallemant. C. C.

ROCHEFORT (N.), auteur de plusieurs petites pièces de théâtre, où l'on trouve de l'esprit et de la grâce, a donné au Vaudeville: *Madame de Ville-Dieu*, août 1816; — au théâtre de l'Odéon, avec M. George Duval (*Voy.* ce nom), *La Chaumière bretonne*, août 1816; — *Le Chemin de Fontainebleau* (pour le mariage de Mgr. le duc de Berri), juin 1816. C. C.

ROCHEFOUCAULD (FRANÇOIS-ALEXANDRE - FRÉDÉRIC Duc DE LA), pair de France, chevalier du St. Esprit, né le 11 janvier 1747, n'a été connu très long-temps que sous le nom de duc de *Liancourt*, terre qu'il possédait dans le Beauvaisis. A la restauration, en 1814, il prit le titre et le nom de duc de La Rochefoucauld, qui lui sont dévolus par la mort du duc de La Rochefoucauld-d'Enville, son cousin-germain, assassiné à Gisors en 1792. A l'époque de la révolution, M. de Liancourt était grand-maître de la garde-robe du Roi, charge qui avait appartenu au duc d'Estissac son père. En 1789, il fut député par la noblesse du bailliage de Clermont en Beauvaisis à l'assemblée des états-généraux, où il se présenta avec des principes de réforme dans l'administration intérieure, la finance et la police, et professa les opinions révolutionnaires qui dominaient alors. Son nom ne se trouve pas néanmoins sur la liste des nobles qui firent scission avec leur ordre, et qui se réunirent au tiers-état avant que le Roi le leur eût ordonné. Il est vrai aussi que, le 28 mai, la chambre de la noblesse ayant, sur la proposition de Cazalès et de d'Entraigues (*Voy.* ces noms dans la *Biogr. univers.*), déclaré expressément que la délibération par ordre, avec le droit de *veto* de chacun d'eux, sur leurs décisions respectives, se rattachait aux vrais principes de l'ancienne constitution, principes dont la noblesse ne se départira jamais, le duc de Liancourt protesta contre cette déclaration, bien que son opinion particulière et celle de ses commettants fussent pour le *veto* par ordre. Seulement, la déclaration lui parut dangereuse et contraire aux vues pacifiques du Roi, qui voulait concilier la noblesse et le tiers-état, déjà très exaspérés. Mais ce qui a le plus particulièrement fixé l'attention sur M. le duc de Liancourt, c'est la démarche à laquelle il détermina le Roi, dans la matinée du 15 juillet 1789. La populace de Paris avait pris la Bastille la veille; d'odieux assassinats avaient été commis, les couleurs nationales déchirées par la multitude en fureur, et des têtes augustes proscrites; déjà l'on disait publiquement qu'il fallait faire descendre Louis XVI du trône. Mirabeau, qui était généralement regardé comme le chef ou le principal agent du parti qui devait opérer cette catastrophe, donnait, au nom de l'assemblée, les plus insolentes instructions aux commissaires qui allaient se rendre auprès du Roi. Dans ce moment, le duc de Liancourt était auprès du malheureux monarque, et, craignant sans doute de lui voir ravir le trône et peut-être la vie, le suppliait de rappeler Necker, que redemandaient les Parisiens, et d'éloigner les troupes cantonnées dans les environs de Paris et de Versailles. Le Roi céda aux instances du duc; il se rendit à l'assemblée au moment où les commissaires partaient pour aller au château, et déclara qu'il rappelait Necker, et qu'il avait donné des ordres pour l'éloignement des troupes. S'il faut en croire les observateurs, c'est à ce premier acte de faiblesse que sont dus tous les malheurs du Monarque. On a dit que ce fut à la suite d'un grand dîner qu'avait donné M. de Liancourt aux membres les plus influents de l'assemblée, que furent décrétées, dans la nuit du 4 août, l'abolition de tous les priviléges de la noblesse; ce qu'il y a de sûr, c'est qu'il proposa plus tard de frapper une médaille pour consacrer le souvenir de cette mémorable séance, et qu'il renvoya au roi son cordon bleu. Le 1er. septembre de la même année, il prononça un discours sur la nécessité de la sanction royale, ou, suivant le langage du temps, du *veto* absolu, à tous les actes législatifs que le monarque jugerait contraires à l'intérêt de ses peuples et de sa couronne. Il invoqua les instructions ou cahiers que les députés avaient reçus de leurs commettants. Ces instructions tendaient à ce que l'ancienne constitution monarchique fût améliorée et non pas renversée; d'où il conclut que l'assemblée n'avait pas le droit de la détruire, en affranchissant les lois de la sanction royale à laquelle elles furent soumises dans tous les temps; ce qui est de l'essence de la monarchie. Le 6 octobre 1789, le duc de Liancourt accompagna la famille royale à Paris et la suivit à l'Hôtel-de-ville, jusqu'au milieu des représentants de la commune. A l'époque du voyage du duc d'Orléans en Angleterre (22 octobre 1789), un député ayant demandé quelles pouvaient être les causes de ce départ, le duc de Liancourt fit passer à l'ordre du jour. Le 16 janvier 1790, il défendit, de concert avec Malouet, le chef d'escadre Albert de Rions, contre lequel le peuple de Toulon s'était soulevé (*Voy.* ALBERT, *Biogr. univer.*, tom. Ier., pag. 422). Il soutint, le 28 juin, contre MM. de Noailles et de Lameth, que les militaires en activité de service ne devaient point faire partie des assemblées délibérantes, c'est-à-dire des clubs qui, sous la protection de l'assemblée, s'étaient formés dans toutes les villes du royaume. On a dit que M. le duc de Liancourt avait été l'un des provocateurs de la burlesque ambassade du genre humain, dont le prussien Clootz fut l'orateur, et l'on a publié contre lui, sur cette mystification, des plaisanteries prises dans le journal *les Actes des Apôtres*, où le sarcasme et l'épigramme tenaient souvent la place de la vérité. Du reste, le duc de Liancourt, durant l'année 1790, ne s'occupa plus dans l'assemblée que de lois militaires, et surtout d'objets philantropiques. Nommé président du comité de mendicité, il fit un grand nombre de rapports, sur les hôpitaux et les secours à accorder aux indigents. On cite ses travaux à cet égard comme d'excellents guides dans cette partie de l'administration, où il est si difficile de ne pas s'égarer. Il suivit la même carrière en 1791, et fit décréter entre autres dispositions, que les frais d'entretien et de nourriture des enfants-trouvés, et les dépôts de mendicité jusqu'alors à la charge des villes et des provinces, seraient faits désormais par le trésor public. M. le duc de Liancourt vota contre la réunion d'Avignon et du Comtat à la France, et, quoique réformateur, se rangea rarement du parti révolutionnaire. Au mois d'avril, il demanda que l'assemblée assistât aux funérailles de Mirabeau, et il motiva son opinion sur la détermination qu'avait publiquement prise le fameux orateur, quelques jours avant sa mort, de combattre les factieux de toutes les couleurs. Le 2 mai, il appuya les plaintes du vicomte de Noailles contre le ministre des affaires étrangères, Montmorin, qui n'avait pas prévenu l'assemblée de l'entrée des troupes autrichiennes à Porentrui. Le 3 juin, il demanda qu'on supprimât le supplice de la corde, comme ayant servi aux exécutions populaires. Le 23 du même mois, il réclama contre l'insertion de son nom parmi les signataires d'une déclaration de fidélité aux principaux articles de la constitution, et déclara à son tour qu'il avait fait serment de maintenir cette constitution dans son intégralité, et non pas seulement quelques articles qui ne pouvaient en être séparés. Le 14 juillet, le duc de Liancourt attaqua la distinction mystique que Pétion proposa d'établir entre *l'inviolabilité constitutionnelle et l'inviolabilité personnelle du Roi*, sophisme perfide qu'il ne lui fut pas difficile de détruire, mais qui fut néanmoins la principale base de l'attaque que le philosophe Condorcet dirigea plus tard contre le malheureux Louis XVI. Lors du départ pour Montmédi, il défendit encore le monarque, et s'écria : « Disons la vérité, le Roi » n'est bravé que par des factieux ; c'est » à la royauté qu'on en veut, c'est le trône » qu'on veut renverser!!! » A la fin de la session, M. de Liancourt proposa, en remplacement des anciennes académies, un institut à-peu-près tel qu'il a été établi en 1795. Après les événements du Champ-de-Mars, il devint membre de la société constitutionnelle des Feuillants, et la fréquenta pendant quelque temps. Après les attentats du 20 juin 1792, et leur impunité forcée, la sûreté du Roi se trouvant de plus en plus compromise, le duc de Liancourt proposa à ce prince de se retirer en Normandie avec sa famille, en lui indiquant pour premier asile le château de Gaillon qui appartenait à son oncle le cardinal de La Rochefoucauld, et pour retraite la ville de Rouen, où les révolutionnaires avaient alors moins de partisans qu'à Paris. Le duc offrit de prendre des mesures pour assurer cette retraite. Sa proposition n'ayant point été agréée, et la révolution du 10 août ayant tout renversé, M. de Liancourt n'eut que le temps de s'enfuir et de s'embarquer au Havre, d'où il se rendit en Angleterre, et passa en Amérique, où il résida jusqu'en 1799, et voyagea beaucoup. Il s'y occupa surtout à étudier les arts, l'agriculture, le commerce et les institutions américaines, surtout celles qui ont rapport au bien-être de l'espèce humaine, dont il a toujours fait l'objet de ses méditations. Il a composé sur cette matière plusieurs ouvrages dont les titres sont indiqués à la fin de cet article. De retour en France, après le 18 brumaire (9 novembre 1799), il trouva ses propriétés presqu'entièrement vendues ; mais il lui restait des ressources non moins considérables dans celles de Mme de Liancourt, née Launion, qui avait simulé un divorce pour les conserver. Il vint habiter la partie de son château qui n'avait pas été détruite, et il y établit une filature et une fabrique de toiles de coton, qui acquit bientôt une grande importance. Il ne reçut jamais rien de Buonaparte, quelque disposé que celui-ci fût à faire ce que desiraient les anciennes familles qui voulaient s'attacher à lui. La simple décoration de la Légion-d'honneur lui fut cependant accordée. M. le duc de La Rochefoucauld ne s'occupa que de sa manufacture et de son commerce, pour lesquels il paraissait avoir entièrement oublié les opinions et les goûts du grand seigneur. Ce qu'on ne peut nier, c'est que ce nouveau négociant fut alors très utile au département de l'Oise, en donnant de l'ouvrage aux pauvres dans sa manufacture. Il y employait aussi les enfants-trouvés, qu'il allait chercher dans les hôpitaux. C'est à lui qu'on doit principalement le bienfait incalculable de l'introduction de la vaccine en France ; c'est du château de Liancourt qu'elle s'est répandue dans toutes les parties du royaume. Il fut nommé pair de France le 4 juin 1814. Dans les cent jours de 1815, le noble duc protesta en sa qualité de membre de l'assemblée électorale de l'Oise, contre les opérations de cette assemblée ; et il accepta néanmoins les fonctions de membre de la chambre des représentants, qui lui furent déférées par le collége d'arrondissement de Clermont. Admis de nouveau à la chambre des pairs, après le second retour du Roi, le duc de La Rochefoucauld y a voté contre les opérations de la majorité de la chambre des députés de 1815 ; et en 1816, il s'est réuni à la majorité qui a voté pour les ministres. Dans tous ses discours, il a paru rester fidèle à ses anciennes opinions. En décembre 1817, il combattit le dernier projet de loi sur les journaux. Partisan zélé de toutes les idées philantropiques, il est un des protecteurs de la méthode d'enseignement-mutuel, et il a annoncé à la société d'instruction élémentaire dont il fait partie, qu'il avait fondé à Liancourt une de ces écoles : « Les » esprits-forts de la contrée, a-t-il dit à » cette occasion, ont été vaincus, et les » enfants eux-mêmes sont devenus les » avocats de leur institution. » Le duc de La Rochefoucauld a publié : I. *Plan du travail du comité pour l'extinction* de la mendicité, présenté à l'assemblée nationale en conformité de son décret du 21 janvier 1790, in 4°. II. *Travail du comité de mendicité*, 1790, in-8°. III. *Des prisons de Philadelphie*, 1796, in 8°. IV. *Voyages dans les États-Unis d'Amérique*, faits en 1795-97, 1799, 8 vol. in-8°. V. *État des pauvres, ou Histoire des classes travaillantes de la société en Angleterre, depuis la conquête jusqu'à l'époque actuelle*, extrait de l'ouvrage publié en Angleterre par Morton Eden, 1800, in-8°. VI. *Note sur l'impôt territorial de l'Angleterre*, 1801, in-8°. VII. *Notes sur la législation anglaise des chemins*, 1801, in-8°. VIII. Il a coopéré au *Recueil de Mémoires sur les établissements d'humanité*, trad. de l'anglais, 39 Numéros, in-8°. — ROCHEFOUCAULD (François-Marie duc d'Estissac de LA), fils aîné du précédent (*Voy.* ESTISSAC). — ROCHEFOUCAULD (Alexandre comte de LA), fils puîné du duc de La Rochefoucauld, fut, sous le gouvernement impérial, préfet de Seine-et-Marne, et ensuite ministre plénipotentiaire de France en Saxe, puis ambassadeur à Vienne et à La Haie. Mme de LA ROCHEFOUCAULD, née Chastullé, sa femme, était dame d'honneur de l'impératrice Joséphine. — Le comte Alexandre de LA ROCHEFOUCAULD a marié sa fille aînée au prince Aldobrandino Borghèse, et cette dame se trouve par conséquent belle-sœur de Pauline Buonaparte, mariée au prince Borghèse. — ROCHEFOUCAULD (Le comte Frédéric Gaëtan de LA), dernier fils du duc de Liancourt, se fit remarquer fort jeune par des talents littéraires et administratifs. Nommé d'abord à la sous-préfecture de Clermont (Oise), il s'y montra plein de zèle pour le bien de ses administrés. Ses supérieurs l'ont quelquefois accusé d'agir avec trop d'indépendance ; mais cette indépendance avait un but honorable. Des motifs qui doivent être étrangers à cette notice, lui firent quitter cette sous-préfecture pour celle des Andelys (Eure) ; mais de nouvelles tracasseries qu'il éprouva dans cette résidence furent cause qu'il donna sa démission ; il a cessé depuis de remplir aucune fonction. Au retour du Roi, il se montra fort zélé pour sa cause, et il ne démentit point cette conduite, en 1815, lorsque Buonaparte revint en France ; il quitta ce pays, et, tandis que son père siégeait à la chambre des représentants, il se rendit sur les frontières de la Suisse, revêtu des pouvoirs de commissaire-extraordinaire du Roi, et chargé de réunir tous les volontaires qu'il pourrait rencontrer. Arrêté à Cologne, par l'effet d'une méprise, il fut bientôt rendu à la liberté et poursuivit l'exécution de ses projets. Sans autre secours que son zèle, il parvint à réunir cent trente hommes armés et équipés, et s'avança à leur tête en Franche-Comté. Sa troupe se grossit ; mais ayant éprouvé quelque résistance de la part des paysans, les journaux répandirent le bruit qu'il avait été massacré. Il avait eu effectivement un engagement avec des partisans bien supérieurs en nombre, et avait même perdu quelques officiers ; mais il décida la reddition du fort de Joux, et par suite la soumission au Roi de toute la Franche-Comté. En 1816, le comte Gaëtan de La Rochefoucauld présida le collège électoral du Morbihan. Depuis il a été chargé de quelques missions particulières en Allemagne. On a de lui, I. *Esprit des écrivains du* XVIIIe *siècle*, extrait de l'Histoire de la langue et de la littérature françaises, 1809, in-12. II. *Notice historique sur l'arrondissement des Andelys*, 1813, in 8°. III. *Églogues de Virgile*, trad. en vers français, 1814, in-12. IV. *Mémoire sur les finances de la France*, 1816, in-8°. V. *Du pardon accordé par les révolutionnaires aux royalistes*, 1817, in-8°. VI. *De la répression des délits de la presse, en exécution de l'article 8 de la Charte*, 1817, in-8°. Il a donné sous le nom de Frédéric Gaëtan, au théâtre des Troubadours, en société avec G. Duval, *Midi, ou un coup-d'œil sur l'an* VIII, vaudeville en un acte, 1808, in-8°. ; enfin il est auteur du Recueil intitulé : *Cent Fables en vers*, in-18, sans date, publié en l'an VIII. C'est dans l'avertissement qu'on lit cette phrase remarquable : « Depuis deux ans que je suis à Paris, j'ai vu avec peine que quelques-unes de mes fables avaient été traitées par M. de Lafontaine. » Le nouvel auteur a en effet dans sa fable intitulée *le Roseau*, traité le sujet du *Chêne et du Roseau*, par Lafontaine ; et dans celle qui porte le titre de *Thalès*, se retrouve la fable de l'*Astrologue*. U et D.

ROCHEFOUCAULD (JEAN baron DE LA), né en 1756, était au service depuis plusieurs années lorsque la révolution éclata. Il émigra à cette époque, et fit plusieurs campagnes comme major-général de l'armée de Condé. Confirmé dans le grade de lieutenant-général, le 22 juin 1814, il fut chargé du dépôt de la guerre, emploi qui convenait autant à ses talents qu'à son expérience. En 1816, il fit partie de la commission chargée de prononcer sur la réclamation des anciens officiers, fut nommé gouverneur de la division militaire à Toulon, le 24 décembre même année, et pair de France le 17 août 1815. Il est aujourd'hui inspecteur-général de cavalerie. D.

ROCHEFOUCAULD - DOUDEAUVILLE (Le duc MICHEL DE LA) fut nommé commissaire - extraordinaire du Roi en 1814, dans la 2e. division militaire à Mézières, puis pair de France le 4 juin de la même année. M. le duc de Doudeauville s'est toujours distingué par son active bienfaisance. L'hospice de Montmirail (Marne) lui doit son établissement et différentes sommes pour contribuer à son entretien.—Le vicomte Sosthènes DE LA ROCHEFOUCAULD, son fils, chevalier de Malte et de St.-Louis, était, en avril 1814, aide-de-camp du général Dessoles. La proposition qu'il fit le premier à cette époque, et qu'il concourut à exécuter, d'abattre la statue de Buonaparte qui était au-dessus de la colonne de la place Vendôme, fut probablement la principale cause de la haine de celui-ci, qui l'excepta, à son retour de l'île d'Elbe, de l'amnistie accordée à tous ceux qui avaient coopéré à la restauration. Le vicomte de La Rochefoucauld accompagna S. M. à Gand, et fut nommé à son retour, par le département de la Marne, député à la chambre de 1815, où il vota avec la majorité. Ce fut lui qui le premier, rappelant dès le 9 décembre de cette année, le meurtre de Louis XVI, proposa les cérémonies expiatoires qui depuis se pratiquent chaque année le 21 janvier. Il prononça à cette occasion un discours très touchant, et qui fut suivi de l'assentiment unanime de ses collègues. M. Sosthènes de La Rochefoucauld ne fit point partie des chambres suivantes. Il est aide-de-camp de S. A. R. MONSIEUR et colonel d'une des légions de la garde nationale de Paris. Il a épousé une fille du vicomte Mathieu de Montmorenci. C. C.

ROCHEGUDE (Le marquis DE), né à Albi, d'une famille noble et ancienne, entra dans la marine royale et parvint au grade de capitaine de vaisseau, qu'il remplissait à l'époque de la révolution. La noblesse de la sénéchaussée de Carcassone l'élut député - suppléant de son ordre aux états-généraux, et il y remplaça bientôt M. de Baden. Nommé aussi député à la Convention nationale par le département du Tarn, il y vota la détention de Louis XVI pendant la guerre, et son bannissement à la paix. Il vota aussi pour l'appel au peuple et pour le sursis. Pendant la terreur, M. de Rochegude s'occupa exclusivement d'objets relatifs à la marine, se fit remarquer par ses connaissances, et passa ensuite au conseil des cinq-cents, dont il sortit en 1798. Devenu contre-amiral, il obtint bientôt sa retraite et se retira dans sa ville natale, qu'il habite encore. — Un autre ROCHEGUDE (le marquis DE), de la même famille; mais qui habite dans le département de Vaucluse, se distingua, en 1815, par son attachement à la cause du Roi. Lors de la formation de l'armée royale du Midi, il leva à ses frais quatre compagnies de volontaires royaux, et combattit dans leurs rangs. Après le retour du Roi, il fut nommé capitaine dans le 3e. régiment d'infanterie de la garde royale. C. C.

ROCHEJAQUELEIN (MARIE-LOUISE-VICTOIRE DE DONNISSAN, marquise DE LA), fille unique du marquis de Donnissan, gentilhomme de MONSIEUR, aujourd'hui Louis XVIII, et petite-fille de la duchesse de Civrac, naquit à Versailles le 25 octobre 1772. Tout ce qu'il y avait de plus distingué à la cour formait la société de sa mère, qui était dame d'atours de Mme. Victoire, tante du Roi. Elle reçut l'éducation la plus brillante et la plus solide, voyagea en Suisse avec sa famille, et suivit sa mère quand, pour fuir les premiers troubles de la révolution, cette dame se retira dans sa terre de Citran en Gascogne. Ce fut là qu'à dix-neuf ans elle épousa son cousin-germain le marquis de Lescure, gentilhomme du Poitou. (*Voy.* LESCURE, dans la *Biogr. univ.*). Elle le suivit d'abord à Paris, où elle se trouvait à l'époque du 10 août 1792, et ensuite dans son château de Clisson, situé au milieu de la Vendée; et, au mois de mars 1793, elle y distribua les premières cocardes blanches et prépara le drapeau fleurdelisé qui guida si souvent les Vendéens à la victoire. Quoique naturellement timide, Mme. de Lescure accompagna son père et son époux au milieu de tous les hasards de la plus terrible guerre. Partout où elle passait, on lui rendait de grands honneurs, et souvent on lui donnait une garde. Après la prise de Saumur, elle se transporta au château de la Boulaye, pour y soigner M. de Lescure qui venait d'être blessé. Elle le suivit de nouveau dès qu'il fut guéri. Souvent elle lui servait d'aide-de-camp, portant les ordres et expédiant les courriers. Nulle peine, nul sacrifice ne lui coûtait pour servir son parti. Elle vit d'un œil tranquille les flammes qui consumèrent son château de Clisson; tout intérêt personnel était effacé dans son esprit par l'enthousiasme de l'intérêt général. Ce fut elle qui, sous la direction des généraux royalistes assemblés au mois d'août 1793, écrivit leur réponse aux premières propositions du ministère anglais, ainsi que leur lettre aux princes français. Son écriture fine et lisible et la clarté de son style la firent choisir pour secrétaire dans cette circonstance délicate. M. de Lescure ayant été frappé d'une balle à la tête, à la bataille de Chollet, sa femme prit leur fille, âgée de dix mois, dans ses bras, et, accompagnée de sa mère, elle monta à cheval et joignit son époux mourant, qu'on portait sur un brancard; elle le suivit au passage de la Loire, lui prodiguant, au bruit du canon et de la mousqueterie, au milieu d'une horrible confusion, tous les soins inspirés par la plus vive tendresse. Tantôt à pied, tantôt à cheval, elle escortait son malheureux époux. Le jour de la mort de M. de Lescure, qui expira près de Laval, elle se vit forcée de faire neuf lieues à cheval par la pluie, et continua de suivre l'armée au milieu des revers les plus épouvantables. Cette malheureuse veuve était enceinte, et déjà mère, portant un enfant dans ses bras, fugitive avec un peuple entier, dévouée au fer des soldats ou à celui des bourreaux; le plus souvent sans asile, sans nourriture, et presque sans vêtements. La veille de la bataille de Savenay (22 décembre), le péril trop certain du lendemain la décida à se séparer des restes de l'armée; elle prit un déguisement, et, accompagnée de sa mère et d'une femme-de-chambre, elle se réfugia dans un château près de Guerande. De cet asile si peu sûr, et qu'il lui fallut quitter le lendemain, elle entendit les cris des malheureux royalistes que les hussards républicains massacraient. De là elle alla se cacher dans une métairie au milieu des bois, où, pour mieux la dérober aux regards de ses ennemis, on l'envoyait garder les moutons du procureur de la commune. Après le plus cruel hiver, Mme. de Lescure accoucha au mois d'avril, dans le village de Priqueneaux, de deux filles, n'osant pas même envoyer chercher la sage-femme, et faisant constater la naissance de ses deux enfants sur deux assiettes d'étain qui furent enterrées. Elle trouva un asile plus sûr à Dreneuf, chez M. Dumoutier, où elle passa le reste de l'année 1794 dans une solitude absolue. Les plus grands malheurs l'avaient accablée; non seulement elle avait perdu son mari, mais M. de Donnissan, son père, avait été fusillé à Angers; sa fille lui fut enlevée à seize mois, et une de ses tantes qu'elle aimait comme une mère, venait d'être envoyée à l'échafaud, à l'âge de quatre-vingts ans. Sa mère lui restait cependant (*Voy.* DONNISSAN), et des jours moins tristes allaient enfin se lever pour elle. Le bruit d'une pacification et d'une amnistie étant parvenu dans sa retraite en 1795, elle alla à Nantes, vêtue en paysanne; et ayant obtenu un passeport pour elle et pour sa mère, elle se rendit à Bordeaux, et de là au château de Citran, qui devint son séjour habituel. Mme. de Lescure ne fut point étrangère, dans ce nouvel asile, aux tentatives que firent les royalistes pour le succès de leur cause. Poursuivie au 18 fructidor (septembre 1797), et forcée de passer en Espagne, elle ne rentra dans sa patrie que dans un temps plus calme. Décidée alors par les instances de sa mère, par le désir de rester encore *vendéenne*, et par les vertus d'un autre Lescure, la veuve d'un des héros de l'ancienne guerre épousa en secondes noces Louis de La Rochejaquelein, dont l'ame noble et simple offrait la réunion de toutes les vertus civiles et chevaleresques. Le repos et le bonheur semblaient devoir être enfin son partage; mais, après la restauration, une nouvelle douleur fut réservée à cette noble victime de nos troubles civils. Réfugiée de nouveau en Espagne lors du fatal 20 mars 1815, Mme. de La Rochejaquelein y fut accablée du coup affreux qui, complétant ses longues infortunes, lui enleva un second mari, mort comme le premier en combattant pour son Roi. Elle resta veuve avec huit enfants et inconsolable, si la veuve du héros de la nouvelle Vendée pouvait l'être en recueillant l'héritage d'une gloire si pure et si incontestable. Devenue elle-même l'objet de l'intérêt le plus touchant de la part de tout ce qu'il y a de plus considérable en Europe, elle a vu son fils aîné, digne rejeton des La Rochejaquelein et des Lescure, recevoir les hommages du respect et de la plus sincère admiration. Ses propres Mémoires, déjà connus dans quelques salons de la capitale, où ils avaient circulé manuscrits, ajoutèrent à sa célébrité. Ce précieux monument d'histoire se distingue par l'impartialité, le bonheur et la simplicité des expressions. Il offre d'ailleurs sur la guerre vendéenne des détails singuliers, des faits et des aperçus nouveaux; le plus vif intérêt y règne, et l'on paie involontairement à chaque page un tribut de respect aux vertus de l'auteur, au courage des héros dont il retrace les hauts faits, au dévouement et à l'intrépidité des paysans de la Vendée, qu'il fait si bien connaître. Cet ouvrage, qui fut publié à Paris et à Bordeaux en 1815, a déjà eu trois éditions, et il a été traduit dans diverses langues. — Le fils aîné de Mme. de La Rochejaquelein, à peine âgé de douze ans, a été nommé pair de France en 1815. Il a reçu en 1817, des mains de l'ambassadeur de Prusse à Paris, une épée magnifique que lui ont donnée en présent, comme un hommage de leur admiration pour sa famille, les officiers de l'armée prussienne. P.

ROCHEJAQUELEIN (Le comte AUGUSTE DE LA), frère cadet des deux héros de ce nom (*Voy.* LA ROCHEJAQUELEIN, dans la *Biog. univ.*), naquit dans le Poitou, et, jeune encore, suivit son père dans l'émigration et à Saint-Domingue. Rentré en France sous le consulat de Buonaparte, avec Louis de La Rochejaquelein, son frère, il devint l'objet d'une surveillance inquiète de la part de la police, à cause de son caractère décidé et de ses principes invariables pour la monarchie des Bourbons. Il fut arrêté et incarcéré en 1809, et n'obtint sa liberté, après deux mois de détention, qu'en acceptant une sous-lieutenance dans un régiment de carabiniers, où il servit pendant trois ans. Il y fit la campagne de Russie, et à la bataille de la Moskwa il fut couvert de blessures, fait prisonnier, et conduit à Saratow. Là, son sort ne tarda pas à être adouci, à la recommandation du Roi Louis XVIII, qui fit écrire en sa faveur à la cour de Saint-Pétersbourg. Rentré en France, en 1814, M. de La Rochejaquelein servit avec son frère dans les grenadiers à cheval de la maison du Roi; et à l'époque du 20 mars il se hâta de se rendre dans la Vendée, pour y prendre les armes sous les ordres du duc de Bourbon. Il fut d'avis alors de faire sonner le tocsin dans toute la Vendée, et d'adopter le seul mode d'insurrection qui paraisse convenir aux paysans royalistes. Ses plans n'ayant pas été suivis, le mouvement échoua, et ce ne fut que le 15 mai suivant que d'autres chefs s'étant concertés avec lui sur les pressantes invitations de son frère, qui venait de débarquer, reprirent enfin les armes. Il commanda le 4e. corps vendéen, à la tête duquel il donna de nouvelles preuves de son courage et de son attachement au Roi, sentiments héréditaires dans sa famille. S'étant porté sur la côte avec son corps d'armée, pour y protéger un débarquement d'armes et de munitions, il fut blessé au combat des Mattes, où il eut la douleur de voir périr son frère, le marquis Louis de La Rochejaquelein, général en chef de l'armée. Il refusa alors le commandement, et fut nommé major-général en remplacement du lieutenant-général Canuel, conservant toutefois le commandement du 4e. corps, avec lequel il se porta sur Thouars, qu'il occupa momentanément; l'ennemi s'y étant dirigé en force, le comte de La Rochejaquelein se fit jour l'épée à la main, et rentra dans le pays insurgé. D'abord opposé à toute espèce de pacification, il jugea, après la bataille de Waterloo, que le Roi ne tarderait pas de rentrer dans Paris, et que celui qui ferait encore verser du sang français en serait responsable à la nation et au Roi. Guidé par ces motifs, il consentit à un arrangement, pour lequel avaient déjà opiné beaucoup d'autres chefs. Les Vendéens d'ailleurs conservèrent leur territoire, et restèrent, en attendant le dénoûment prévu, dans une attitude imposante. Le Roi étant rentré dans sa capitale, M. de La Rochejaquelein fut nommé, le 9 septembre, colonel du 1er. régiment des grenadiers à cheval de la garde royale, qu'il a su établir et qu'il maintient dans une tenue et dans une discipline parfaites. Son régiment était en garnison à Versailles, au mois de juillet 1818, quand tout-à-coup il fut envoyé inopinément à Fontainebleau; ce qui donna lieu à diverses conjectures, au sujet desquelles M. de Châteaubriand a dit, dans une brochure publiée peu de jours après : « ..... Qu'un autre colonel ne prétende point en appeler aux cendres de ses deux frères; qu'il ne vienne point montrer sur son visage les blessures qu'il obtint au service de sa patrie, ni sur son corps celles qu'il reçut pour son Roi dans les cent jours; qu'il cesse d'étaler l'orgueil d'un nom qui représente l'honneur de la vieille France, et qui reste comme immortel débris d'un grand naufrage : *c'est un conspirateur contre le Roi!!* Il devait..... je n'oserais achever le blasphème dans le pays qui voit encore les ruines des chaumières de la Vendée. Les calomniateurs français ont reculé eux-mêmes devant leur propre calomnie; ils n'ont osé la répandre que sur une terre étrangère » P.

ROCHELLE DE BRÉCY (Etienne-François), né à Paris, en 1768, d'une famille honnête dans la bourgeoisie, fit ses études au collége des Grassins, entra en qualité de cadet, en 1787, dans le 1er. régiment de chasseurs, et y resta jusqu'en 1788, époque à laquelle il s'attacha à l'étude des lois. Il travaillait chez un procureur au Châtelet lorsque la révolution commença; devenu capitaine dans la garde nationale, il passa dans la ligne, obtint le grade de sous-lieutenant au 102e. régiment; déserta en arrivant sur la frontière, et prit du service dans le régiment de Rohan, à la solde de l'Angleterre. Après plusieurs campagnes à l'armée de Condé, il rentra en France, devint aide-de-camp de Danican, et se trouvait avec lui à Paris à l'époque du 13 vendémiaire (5 octobre 1795); ayant pris la fuite de nouveau, il reparut en France dans les premiers mois de 1798, fut arrêté comme prévenu de tentative d'assassinat contre Barras, contrefit le fou, et s'évada de l'Hôtel-Dieu le 20 brumaire (11 novembre 1798). Arrivé en Angleterre, il y reçut un accueil distingué, et fut mis sous la direction immédiate du premier aide-de-camp du prince de Condé. Bientôt après, on le chargea de venir chercher Lajollais à Paris, de l'amener à Londres, et ensuite de suivre Pichegru et George dans la capitale; arrêté avec eux et mis en jugement, il fut condamné à mort le 21 prairial (10 juin 1804); mais sur les instances de sa mère, l'empereur commua sa peine en celle de la déportation, après une détention de quatre ans au château d'If, où cette détention s'est prolongée jusqu'au retour du Roi en 1814. A cette époque, M. Rochelle manqua d'être la victime des fureurs du commissaire-général de police à Marseille, envoyé par Buonaparte; ce commissaire fit plonger dans un cachot M. Rochelle et plusieurs autres de ses compagnons d'infortune, et ils en sortirent perclus de douleurs occasionnées par l'humidité. Un mémoire signé par M. Rochelle et ses camarades de prison, a été depuis adressé au Roi contre le commissaire général. En 1815, M. Rochelle de Brécy fut nommé lieutenant-colonel d'infanterie dans la garde royale, et il a conservé cet emploi — ROCHELLE (Joseph-Henri Flacon), frère puîné du précédent, d'abord clerc de notaire chez M. Boulard, puis avocat aux conseils du Roi et à la cour de cassation, a épousé la fille de M. Bouilly, homme de lettres. (C'est à elle que sont adressés les *Contes à ma fille*.) M. Barbier attribue à M. Rochelle : I. *Code civil en vers français, avec le texte en regard* (livre Ier.), 1805, in-18. II. *Les Fureurs de l'amour*, tragédie burlesque, 1801, in-8°. III. (Avec Jacquelin.) *Le tableau de Raphael*, 1801, in-8°. D.

ROCHEMORE (Le marquis Anne-Joachim-Joseph de), d'une ancienne famille du Languedoc, né le 25 juillet 1766, fut d'abord lieutenant au régiment de Royal-Cravates, devint en 1791 aide-de-camp du maréchal de Broglie, et colonel de cavalerie l'année suivante. Ayant émigré, il fit toutes les campagnes de l'émigration jusqu'en 1798, et rentra en France, où il habita long-temps sa terre de Mareuil en Touraine, uniquement occupé d'agriculture et de l'éducation de ses enfants. Le marquis de Rochemore fut nommé premier lieutenant des chevau-légers de la maison du Roi en 1814, et ensuite maître des cérémonies, maréchal-de-camp et chevalier de Saint-Louis. En 1815, il a été fait commandant militaire du département de la Sarthe, place qu'il occupe encore aujourd'hui. — Le vicomte de ROCHEMORE-D'AIGREMONT, officier de la garde nationale de Nîmes, présenta au Roi, en 1815, un mémoire justificatif des faits imputés à ce corps, sur sa conduite pendant les cent jours, et lui adressa le discours suivant : « Sire, la garde nationale de Nîmes et » les officiers des derniers régiments for- » més dans cette ville pour le service de » V. M., chargés dans différents journaux » d'accusations déshonorantes et réduits » à se justifier, ont daigné me charger » de cette mission. Le mémoire que j'ai » l'honneur de présenter à V. M. contient » l'exacte vérité ; il est revêtu de toutes » nos signatures : le mensonge seul s'enve- » loppe du voile de l'anonyme.... » C. C.

ROEDERER (Le comte PIERRE-LOUIS), était conseiller au parlement de Metz avant la révolution, dont il embrassa les principes et suivit assez long-temps les conséquences, sans prendre part toutefois aux plus grands des excès qui l'ont déshonorée. Nommé en 1789 député du tiers-état de Metz à l'assemblée constituante, il n'y arriva qu'après la funeste journée du 14 juillet, fut précédé par une grande réputation de talents, proclamée par Mirabeau dans le sein de l'assemblée même, et la justifia à plusieurs égards, en discutant avec éloquence les plus importantes questions. Néanmoins, bien qu'exaltant à son tour le système et les opinions de l'homme qui avait appelé sur lui l'attention et la faveur publiques, M. Rœderer s'écarta souvent de la direction que celui-ci aurait voulu lui faire prendre ; en un mot, quoiqu'il fût alors royaliste constitutionnel, il fit aux républicains des concessions telles, que souvent ils durent le regarder comme un des leurs. Le 7 décembre 1789, il demanda que le droit d'éligibilité fût fixé à vingt-un ans, et que les non-propriétaires fussent appelés à l'exercer. Il prétendit plus tard que la condition de payer des impôts ne devait être stipulée que pour les électeurs, et il fut d'avis qu'on la fixât à la valeur de quarante journées de travail. Mirabeau avait fait décréter que nul ne pourrait être élu s'il ne payait une imposition de la valeur d'un marc d'argent. Le 17 novembre, le parlement de Metz ayant été dénoncé à cause de sa résistance aux opérations de l'assemblée, M. Rœderer fit la motion que six de ses membres fussent mandés à la barre pour y rendre compte de leur conduite ; il fit décréter bientôt après la même mesure contre la chambre des vacations du parlement de Rouen. Le 21 décembre, il parla en faveur des comédiens, s'éleva contre les préjugés dont on avait entouré leur profession, et réclama pour eux l'universalité des droits civils et politiques, qui ne devaient être suspendus, dans son système, que pour les personnes attachées au service personnel d'un individu. En janvier 1790, il demanda que les biens des ecclésiastiques absents fussent acquis au domaine public; provoqua en même temps l'abolition de tous les ordres religieux, et s'opposa à ce que la religion catholique fût déclarée nationale. Le 21 janvier 1790, il fut nommé membre du comité des impositions, et en devint un des plus habituels rapporteurs. Le 24 mars 1790, il fit décréter que l'ordre judiciaire serait entièrement changé, et il attaqua à cette occasion, avec beaucoup de violence, les parlements que Cazalès défendit avec une grande éloquence (*Voy.* CAZALÈS, dans la *Biographie univers.*). Ce fut surtout dans la manière dont il présenta les systèmes de finances qu'il put adopter, et dans l'habileté avec laquelle il sut repousser les attaques que ses rapports essuyèrent, qu'on reconnut un véritable talent. En fait d'impositions générales, M. Rœderer demanda que tout salarié qui ne gagnerait pas sa subsistance rigoureuse, n'en payât d'aucune espèce. Il vota contre la liberté du commerce de l'Inde, que réclamaient un grand nombre de négociants, et voulut que la culture et le commerce du tabac fussent entièrement libres. En demandant l'établissement des droits d'entrée sur les frontières, il prétendit que les employés suffiraient pour arrêter l'armée de Condé, qui servait déjà de prétexte au plus violentes motions contre les partisans de l'ancien régime. Le 7 avril 1791, il sollicita des peines sévères contre les députés qui demanderaient des places aux ministres. On l'avait entendu quelque temps auparavant professer le même système, en insistant pour que les députés ne pussent accepter aucunes fonctions à la nomination du Roi. A la même époque, il s'opposa au départ de Louis XVI pour Saint-Cloud. Au mois de mai, il parla en faveur des nègres et des hommes de couleur, et demanda pour eux l'exercice des droits de cité. Le 22 juin, lorsqu'on apprit l'arrestation du Roi, et les efforts que M. de Bouillé avait faits pour favoriser son voyage, il fit décréter la destitution de ce général. Après le retour de Varennes, il appuya le projet qui donnait au monarque une garde particulière, assura qu'il ne s'agissait que d'une arrestation provisoire; trouva au surplus que ce projet tendait à protéger le Roi contre la nation, et demanda qu'on préservât aussi la nation contre le Roi. Lors de la prétendue révision de l'acte constitutionnel, M. Rœderer ne mérita point le reproche fait tant de fois et si ridiculement à quelques-uns de ses collègues, d'avoir fortifié l'autorité royale; on le compta au contraire alors pour un des défenseurs les plus zélés de la démocratie. Il avait voté auparavant pour que les juges fussent choisis par les électeurs, qu'ils fussent amovibles, et formassent un troisième pouvoir indépendant. Il fut aussi d'avis de l'établissement des jurés, même en matière civile. Dans toutes les circonstances, il vota pour la plus entière liberté de la presse. Lors de la scission qui s'opéra dans la société des Jacobins, à l'époque des événements du Champ-de-Mars, M. Rœderer passa d'abord au nouveau club des Feuillants, mais il n'y resta que peu de temps, et retourna aux Jacobins, où siégeait encore l'abbé Syeyes, dont les opinions lui inspiraient la plus grande confiance. On a placé, dans divers écrits, M. Rœderer sur la ligne, à la vérité un peu imaginaire, qui a séparé les révolutionnaires modérés des démocrates; mais que cette idée soit juste ou non, il est vrai de dire qu'elle caractérise assez bien sa prudence. En prenant cette position, que le soin de sa propre conservation lui avait indiquée, il fit croire aux révolutionnaires les plus ardents qu'il pourrait être de leur parti, et cette considération les empêcha de le proscrire. Après la session de l'assemblée constituante, il resta à Paris, et fut procureur-syndic du département de la Seine, en remplacement de M. Pastoret, appelé au corps-législatif; et, il faut le dire, les royalistes constitutionnels qui se souvenaient de ses opinions pendant la révision, virent cette nomination avec inquiétude. Lors du rassemblement de séditieux qui, sous le nom de pétitionnaires, s'introduisirent en armes dans les appartements du Roi, le 20 juin 1792, M. Rœderer se présenta à l'assemblée législative, et lui rendit compte du mouvement qui s'opérait, il rappela la loi qui défendait aux pétitionnaires de se présenter au nombre de plus de vingt, et avec des armes, et il expliqua assez clairement les projets des prétendus pétitionnaires. Les membres les plus influents de l'assemblée, qui avaient ourdi cette odieuse trame, ne purent s'empêcher de convenir que les pétitionnaires ne se conformaient point aux lois; mais ils ajoutèrent qu'il était des circonstances où l'on était obligé de fermer les yeux. Dans la matinée du 10 août, M. Rœderer, accompagné du directoire du département, se rendit chez le Roi, et demanda à parler en particulier à ce prince et à la Reine. Il dit à LL. MM. que le danger était au-dessus de toute expression; que la garde nationale fidèle était peu nombreuse; que toute la famille royale courait le risque d'être massacrée, avec ceux qui l'entouraient, si le Roi ne prenait sur-le-champ le parti de se rendre à l'assemblée nationale. La reine s'opposa vivement à cette détermination : elle avait déjà déclaré à quelques personnes qui lui avaient parlé de cette retraite, qu'elle aimait mieux se faire clouer aux murs du château que d'en sortir. Cette courageuse princesse voulait que si le Roi devait périr, ce fût sur son trône qu'il expirât. Elle mit donc tout en usage pour faire rejeter la proposition de M. Rœderer. « Vous voulez donc, Madame, » lui dit alors celui-ci, vous rendre res- » ponsable de la mort du Roi, de celle de » votre fils, de Madame, de vous-même, » et de toutes les personnes qui sont ici » pour vous défendre. » Epouse et mère aussi tendre que l'était Marie-Antoinette, cette princesse n'eut rien à répondre à une telle déclaration, et la famille infortunée se rendit au sein d'une assemblée dont les principaux membres avaient eux-mêmes préparé l'insurrection. Les personnes de la cour qui étaient dans les appartements voulurent l'accompagner; mais le procureur-syndic leur représenta qu'ils feraient tuer le Roi; néanmoins un certain nombre d'entre eux suivirent LL. MM. Les ennemis de M. Rœderer n'ont pas nié que, dans cette circonstance, il n'ait paru s'intéresser au sort de Louis XVI, et même qu'il n'ait donné quelques ordres pour sa sûreté; mais ils lui, ont supposé des vues différentes, et dans lesquelles nous ne chercherons pas à pénétrer. Quinze ans plus tard, M. Rœderer étant conseiller-d'état sous le gouvernement de Napoléon, et en même temps rédacteur du *Journal de Paris*, eut quelques discussions avec Geoffroy, rédacteur du *Journal de l'empire*; il insinua dans un article qu'il devrait être mis quelques bornes à la licence avec laquelle ce journaliste parlait de différentes personnes. Celui-ci ne laissa pas cet article sans réponse, et, dans un feuilleton rempli d'esprit, amena avec beaucoup de finesse cette phrase : *Surtout méfiez-vous des conseils perfides;* l'allusion, parfaitement saisie, fut pendant quelques jours le sujet des conversations de Paris, et Geoffroy continua de parler avec la même liberté. Quoi qu'il en soit des motifs qui dirigèrent M. Rœderer au 10 août 1792, il est sûr qu'il fut accusé par les révolutionnaires aussitôt après cette fatale journée, et que les scellés furent mis sur ses papiers. Il nia formellement, dans sa justification, d'avoir donné l'ordre de repousser la force par la force; mais il assura, en même temps, *avoir mis autant de soin à préserver les jours de la famille royale, qu'il en aurait mis à préserver ceux du citoyen le plus obscur*. Au reste, il termina sa profession de foi en affirmant *qu'il avait toujours été partisan de l'égalité, de la liberté, de la monarchie économique et de la république*. M. Rœderer, comptant peu sur le succès d'une telle justification, se tint caché pendant le règne de la terreur, et ne reparut sur la scène politique qu'après le 9 thermidor. Il s'attacha alors à la rédaction du *Journal de Paris*, dont il était devenu un des propriétaires; et il écrivit, dans cette feuille, avec sa réserve accoutumée. On a remarqué qu'à cette époque il s'établit une communication de pensées politiques entre lui et M. Adrien Lezay, jeune homme d'un talent très distingué; mais que ce jeune homme, qui montra moins de prudence que lui, se fit proscrire à la journée de vendémiaire, et que M. Rœderer échappa à toutes les proscriptions. Le 21 août 1795, celui-ci publia un article dans lequel il soutint qu'il devait y avoir une différence essentielle dans les mesures à prendre à l'égard des émigrés, avant et après le 10 août. Les derniers ne devaient, à son avis, être considérés que comme des fugitifs qu'il fallait laisser rentrer en France, et dans la possession de leurs biens; mais, quant aux autres, il pensa qu'ils devaient être déclarés étrangers, et leurs biens dévolus à la nation, pour la dédommager des frais de la guerre qu'ils avaient provoquée. M. Rœderer fut un des défenseurs les plus zélés de la constitution de l'an III (1795), qu'il regarda comme un cadre où pouvaient se développer dans toute leur force les principes de la philosophie nouvelle dont il s'est toujours montré un ardent propagateur; il évita ensuite de se prononcer entre les partisans du directoire et les écrivains qui l'attaquaient, et resta debout sur le champ de bataille : ce qui a fait dire à Mallet-du-Pan qu'il avait *serpenté* à travers tous les partis. En 1797, époque à laquelle cette constitution fut véritablement dissoute, il prétendit que son sort était assuré. Lorsque Buonaparte fut revenu d'Égypte en octobre 1799, ce fut M. Rœderer qui, par ses négociations, réussit à le rapprocher de Syeyes; et il fut ensuite un de ceux qui contribuèrent le plus à préparer la révolution du 18 brumaire. Appelé au mois de décembre au sénat, lors de sa première formation, il refusa d'y entrer, et devint conseiller d'état; s'y occupa d'un grand nombre de projets de lois, qu'il présenta au corps législatif, et fut principalement chargé du travail relatif à l'établissement des préfectures. Il provoqua, en 1801, l'organisation des quatre nouveaux départements de la rive gauche du Rhin. Le 26 novembre de la même année, il présenta le traité qui fit cesser la mésintelligence entre la France et les États-Unis, et à la conclusion duquel il avait eu une très grande part. Il fut ensuite chargé de la direction de l'instruction publique, mais fut bientôt après remplacé par Fourcroy. Il présenta, le 15 mai 1802, au corps législatif, le projet de l'Ordre de la Légion-d'honneur, dont il fut nommé commandant. En 1803, il entra au sénat, et fut un des membres de ce corps chargés de conférer avec les députés suisses réunis à Paris, sur les moyens de donner à leur pays une nouvelle constitution. (*Voy.* Stapfer.) Peu après, Buonaparte lui conféra la sénatorerie de Caen, avec le titre de comte. En 1805, il accompagna Joseph Buonaparte à Bruxelles, et fut un des sénateurs chargés de le complimenter sur son avènement au trône. Professant une grande admiration pour ce nouveau roi, M. Rœderer l'accompagna encore à Naples, et il y eut une grande part à l'organisation de toutes les autorités. Le 6 décembre 1807, il fut nommé grand-officier de la Légion-d'honneur; le 19 mai 1808, grand dignitaire de l'ordre des Deux-Siciles; et en 1810, ministre-secrétaire-d'état du grand-duché de Berg. Le 3 avril, Buonaparte le décora de la grand'-croix de la Réunion. Le 26 décembre 1813, lors de l'invasion des alliés, M. Rœderer fut envoyé en qualité de commissaire extraordinaire, à Strasbourg, pour y prendre les mesures de salut public que nécessitaient les circonstances. Malgré son zèle, ces mesures furent insuffisantes, et lorsqu'il ne douta plus du retour des Bourbons, il invita, dans une proclamation datée du 3 avril 1814, les citoyens et les autorités du pays à reconnaître franchement, à son exemple, Louis XVIII pour Roi. M. Rœderer resta ensuite sans emploi; mais il recouvra toute sa faveur après le 20 mars 1815, fut nommé membre de la chambre des pairs, et chargé d'une mission extraordinaire à Grenoble, où le maire lui communiqua un projet de fédération semblable à ceux qui existaient alors dans quelques départements de la Bretagne et de la Bourgogne. Dans sa réponse, M. Rœderer exalta outre mesure, Buonaparte et sa gloire, fit un éloge pompeux du dévouement que lui avait manifesté toute la population dauphinoise, et lança quelques traits contre ses ennemis; cependant il ne parut pas approuver le projet de fédération qui d'ailleurs, dit-il, existait réellement par les démonstrations non équivoques de tous les Dauphinois. Le 22 juin, il se prononça à la chambre des pairs en faveur de la proposition de reconnaître Napoléon II. « Ce talisman salutaire, dit-il, doublera les forces de » l'armée.... A l'extérieur, il nous rattache l'Autriche, qui ne peut voir en » nous des ennemis, quand nous adopterons pour souverain, l'enfant issu de » son sang. Je pense donc que rien n'est » plus utile qu'un gouvernement provisoire, agissant au nom de Napoléon II. » Depuis le second retour du Roi, M. Rœderer a disparu de la scène politique, et il a cessé, au mois d'avril 1816, de faire partie de la seconde classe de l'Institut,

où il avait été admis lors de sa fondation, en 1795. Considéré comme écrivain, son style est nerveux et serré, et ses arguments enchaînés les uns aux autres avec beaucoup d'habileté, annoncent un homme capable de penser et de s'exprimer avec force; mais sa manière est quelquefois obscure, et tend à cette malheureuse idéologie qui détruit les sentiments du cœur, et s'éloigne trop du goût et du caractère français. Mallet-du-Pan a dit que c'était lui qui avait introduit dans les discussions politiques ce *marivaudage* métaphysique et ce galimatias étudié qui, depuis quelque temps, passent pour de la profondeur. Chénier a aussi dit quelque part:

Je lisais Rœderer, et bâillais en silence.....

Les derniers événements avaient privé MM. Rœderer et Maret de leur propriété dans le *Journal de Paris*; ils ont poursuivi devant les tribunaux ceux dans les mains desquels elle était tombée; et après avoir perdu leur procès en première instance, ils l'ont gagné en 1818, sur l'appel qu'ils ont interjeté pardevant la cour royale de Paris. M. Rœderer a publié: I. *Dialogue concernant le colportage des marchandises en général*, 1783, in-8º. II. *Discours qui a remporté le prix proposé par la société royale de Metz, sur cette question: La foire établie à Metz, au mois de mai de chaque année, est-elle avantageuse?* 1784. III. *Éloge de Pilatre du Rozier*, 1787. IV. *En quoi consiste la prospérité d'un pays, et quelles sont, en général, les causes qui peuvent y contribuer le plus efficacement?* 1787, in-8º. V. *Observations sur les intérêts des trois évêchés de Lorraine, relativement au reculement des barrières des traités*, 1787, in-8º. VI. *Réflexions sur le rapport fait à l'assemblée provinciale de Metz, au sujet du reculement*, etc., 1788, in-8º. VII. *De la députation aux états-généraux*, 1788, in-8º. VIII. *Des Rapports à l'assemblée constituante.* IX. *Lettre à Garat, au sujet de l'article Assemblée nationale, inséré dans le Journal de Paris*, 1791. X. *P. L. Rœderer à la société des amis de la constitution de Metz*, 1791, in-8º. XI. *Système général des finances de France, adopté par l'assemblée nationale constituante, exposé, mis en ordre et discuté*, 1791,

5 vol. in-8º. XII. *Du gouvernement*, 1795, in-8º. XIII. *Des fugitifs français et des émigrés*, 1795, in-8º. XIV. *Des institutions funéraires convenables à une république qui permet tous les cultes et n'en adopte aucun*, 1796, in-8º. XV. *Journal d'économie politique*, 1796 et années suiv., 5 vol in-8º. XVI. *De l'usage à faire de l'autorité publique dans les circonstances présentes*, 1797, in-8º. XVII. *Lettre à Adrien Lezay, sur Chénier*, 1797, in-8º. XVIII. *Des sociétés particulières, telles que clubs, réunions*, etc., 1799, in-8º. XIX. *De la philosophie moderne, et de la part qu'elle a eue à la révolution française, ou examen de la brochure publiée par Rivarol, sur la philosophie moderne*, 1799, in-8º. XX. *Recueil des lois, règlements, rapports, mémoires et tableaux concernant la division territoriale de la république*, 1800, in-8º. XXI. *Opuscules mêlés de littérature et de philosophie*, an VIII (1800), 2 vol. in-8º., tirés à très peu d'exemplaires, pour les amis de l'auteur. La plupart de ces morceaux avaient déjà paru dans le *Journal de Paris*. XXII. *La première et la seconde année du consulat de Buonaparte* (Extrait du *Journal de Paris*), 1802, in-8º. — M. le baron Rœderer, fils, qui était auditeur sous le gouvernement impérial, fut nommé, en avril 1815, préfet de l'Aube, et il ne s'éloigna de ce département qu'à l'approche des troupes alliées. U.

ROERO DI REVELLO (La comtesse), né Diodata-Saluzzo, veuve du comte Roero di Revello, est connue par ses poésies qui l'ont fait recevoir, malgré son sexe, membre de l'académie de Turin. Sans doute l'Italie a produit des poètes d'un talent supérieur à celui de Mme la comtesse Roero, mais elle a le mérite d'avoir conduit la première la musique lyrique sur les bords du Pô. On doit aussi lui savoir gré de ses efforts dans la carrière tragique, où elle paraît avoir cueilli une palme si difficile à obtenir. La 4e. édition des poésies de Mme. de Roero di Revello, a paru en 1816, augmentée de plusieurs pièces inédites et de deux tragédies de sa composition, la *Tullie* et l'*Herminie*. Cette édition en 4 vol. in-12 est ornée du portrait de l'auteur. S.S.

ROGER (FRANÇOIS), de l'Académie française, né à Langres le 17 avril 1776, fit avec succès ses humanités au collége de cette ville, alors dirigé par l'abbé de Sermand. La révolution ayant éloigné les professeurs, M. Roger alla faire sa rhétorique à Paris, où il resta jusqu'à l'époque du 10 août. Revenu dans sa ville natale, il fut jeté, avec toute sa famille, dans les prisons de la terreur. Il n'avait pas encore seize ans, mais déjà il s'était fait remarquer par son dévouement à la cause royale. Il avait composé et chanté publiquement des chansons dans lesquelles les révolutionnaires n'étaient pas épargnés. Aussi, lorsqu'après le 9 thermidor les prisonniers recouvrèrent leur liberté, M. Roger, malgré sa jeunesse, eut les honneurs de l'exception. Ce ne fut qu'après dix-sept mois de réclusion qu'il put revenir à Paris, où il étudia le droit sous la direction de M. Jolly, son oncle, aujourd'hui conseiller à la cour royale. Mais son goût pour la poésie, et particulièrement pour la comédie, d'abord combattu, finit par l'emporter. Son premier ouvrage, *l'Épreuve délicate*, comédie en un acte et en vers, ayant réussi, M. Roger donna successivement *La Dupe de soi-même*, comédie en trois actes et en vers; — *Le Valet de deux maîtres*, opéra-comique; — *Arioste gouverneur*, comédie-vaudeville, en société avec Brousse-Desfaucherets; — *Caroline, ou le Tableau*; — *l'Avocat*, comédie en trois actes et en vers, jouée au Théâtre-Français en 1800. Ces différents ouvrages portent le cachet d'un talent pur et du comique de la bonne école. Ils sont restés au théâtre, où on les voit toujours avec plaisir. Le dernier est le plus important des écrits de M. Roger, et son plus beau titre littéraire. En effet, lorsque les caractères, sujets principaux de cette partie de l'art dramatique, ont été traités par le génie avec une supériorité désespérante, c'était une conception heureuse, comme l'a dit un académicien distingué, que de s'attacher à peindre les dangers, les écueils et les devoirs d'une des plus nobles professions de la société. Cette comédie n'est pas moins remarquable par l'élégance et la correction du style que par le respect des mœurs et des convenances. M. Roger a donné, en société avec M. Creuzé de Lesser: *La Revanche*, comédie en trois actes et en prose; — *Le Billet de loterie*; — et le *Magicien sans magie*, opéras-comiques. Trois autres pièces, faites également en société, *La Lecture de Clarisse*; *La Pièce en répétition*; *Le Trompeur malgré lui*, n'ont pas eu de succès à la représentation. Il a encore publié un Commentaire d'Esther, d'Athalie, de Polyeucte, du Misantrope, 1807, in-8º.; plusieurs éditions de livres classiques, tels que *Fables choisies de Lafontaine*, avec notes, 1805, in-12; *Abrégé de l'histoire poétique de Jouvency*, lat. et franç., avec des notes, 1806, in-18, etc ; et une traduction du *Cours de poésie sacrée*, par le docteur Lowth, 2 vol. in-8º. Dès l'âge de vingt ans, M. Roger a été employé dans les administrations; d'abord au ministère de l'intérieur, il fut destitué à l'époque du 30 prairial (22 juin 1798), pour avoir lu, dans une séance publique de l'Athénée, une traduction en vers du magnifique début des *Annales de Tacite*, qui offrait une application trop directe aux auteurs de l'attentat de la veille. Réintégré par M. Chaptal, puis employé par M. Français dans l'administration des droits-réunis, il fut élu en 1807 membre du corps-législatif par le département de la Haute-Marne, et y fit partie, pendant toute la session, de la commission de l'intérieur. Lorsque M. de Fontanes fut nommé grand-maître de l'université, il appela M. Roger aux fonctions de conseiller ordinaire, le chargea de tout ce qui concernait la comptabilité, et obtint pour lui la croix de la Légion-d'honneur. L'université ayant changé de forme au retour du Roi, M. Roger fut nommé inspecteur-général des études. L'épreuve mémorable du 20 mars 1815, fatale à la faiblesse de plusieurs, n'a servi qu'à faire briller davantage l'attachement de M. Roger pour la monarchie légitime. Il était à cette époque un des rédacteurs du *Journal-Général*. Ses articles, pleins d'observations courageuses, ne l'avaient pas laissé jouir long-temps de l'incognito qu'il espérait garder. Destitué de sa place à l'université, il fut obligé de se cacher pendant quelque temps; mais il ne continua pas moins d'écrire contre Buonaparte. La rentrée du Roi, au 8 juillet, lui rendit ses fonctions, et au mois de septembre suivant il fut désigné provisoirement, par M. Beugnot, à la place de secrétaire-général des postes, où il ne tarda pas à être confirmé par S. M. A la mort de M. Suard, l'Académie française appela dans son sein M. Roger, qui fut reçu le 30 novembre 1817. Lorsqu'il fut présenté au Roi le 9 décembre suivant, S. M., faisant allusion à la comédie de *l'Avocat*, lui dit : « M. Roger, » votre cause a été plaidée par un très » bon avocat. » U.

ROGERS (SAMUEL), écuyer, banquier de Londres, et poète anglais distingué, est fils d'un banquier qui eut, en 1780, une discussion violente avec lord Sheffield, alors le colonel Holroyd, pour la représentation de Coventry au parlement. S. Rogers a reçu une brillante éducation, et se distingue par son urbanité. Ses poésies ont obtenu, en Angleterre, un très grand succès. Il a publié : I. *Ode à la superstition*, avec d'autres poèmes, 1786, in-4º. II. *Les Plaisirs de la mémoire*, 1792, in-4º. Ce poème a déjà été imprimé dix fois. Il est plein de descriptions riantes et variées, de sentiments délicats, de fictions ingénieuses. L'auteur y offre les scènes les plus intéressantes des époques heureuses de la vie. III. *Epitre à un ami*, avec d'autres poèmes, 1798, in-4º. IV. *Poèmes*, renfermant le voyage de Colomb, 1812, in-8º. V. *Jaqueline*, conte imprimé avec le *Lara* de lord Byron, 1814, in-12. Z.

ROGGIERI (Le baron JEAN-BAPTISTE), né à Diano, état de Gênes, fut ministre plénipotentiaire de cette république à Campo-Formio, et résida ensuite en cette qualité à Milan auprès de la république Cisalpine. Après avoir été député de Gênes à la *Consulta* de Lyon en 1802, il fut *proveditore* (préfet) à Sarzane. De là il passa à Gênes en qualité de sénateur. Bientôt après, il fut membre de la magistrature suprême et ministre des affaires étrangères; fonctions qu'il exerça jusqu'à la réunion du pays de Gênes à la France. A cette époque, il fut nommé préfet à Maestricht, où il se trouvait encore lors de la convention du 23 avril 1814, en vertu de laquelle la place fut évacuée par les troupes françaises, et occupée par les alliés. M. Roggieri continua d'y résider jusqu'au 10 mai, soutenant contre les commissaires hollandais et prussiens les intérêts de la France; et il n'en partit qu'après avoir réservé ces mêmes intérêts dans une protestation qu'il remit au général hollandais. Il fut préfet à Nîmes pendant les cent jours de 1815, et ne se fit point remarquer en ces temps difficiles dans un pays qu'il n'est pas aisé d'administrer. Il habite aujourd'hui Paris, où il n'exerce aucune fonction publique. U.

ROGNIAT (Le baron JOSEPH), lieutenant-général du génie, né en 1767 à Vienne en Dauphiné, fit ses études à Lyon. Il était colonel et commandant de la Légion-d'honneur en 1808, lorsqu'il fut envoyé en Espagne. Cette guerre, si fertile en beaux faits militaires et en sièges célèbres, lui donna l'occasion de faire briller ses talents dans tout leur éclat. L'importante place de Sarragosse, qui résista pendant si long-temps aux Français (*Voy.* PALAFOX), fut la première où il commanda les ingénieurs chargés des travaux de l'attaque. Après la prise de cette ville, le colonel Rogniat obtint dans les bulletins officiels les éloges les mieux mérités, et la relation de ce siége qu'il a publiée depuis, confirme l'opinion qu'une grande part du succès doit être attribuée aux efforts du génie. Il en fut récompensé par le grade de général de brigade, et dirigea ensuite le siége de Tortose, et poussa les ouvrages avec une telle rapidité que, dès le septième jour, les tranchées, le chemin couvert, étaient terminés, et le mineur attaché à l'escarpe du corps de la place. Ce nouvel exploit lui mérita le grade de général de division. Il se distingua encore au siége de Valence, et décida la reddition des forts qui couvraient cette ville. A l'ouverture de la campagne de 1813, en Allemagne, le général Rogniat fut appelé pour diriger les fortifications de Dresde, et il fit construire les ouvrages destinés à protéger la ville neuve. Il commandait à Metz le corps du génie, lorsque Buonaparte abdiqua la couronne; et il s'empressa de faire parvenir au gouvernement provisoire son acte d'adhésion. Nommé chevalier de Saint-Louis le 1er. juin 1814, et grand-officier de la Légion-d'honneur le 23 août suivant, il fit partie du comité de la guerre, et de la commission chargée des places de guerre du royaume. Il fut, peu de temps après, nommé premier inspecteur-général du génie. En 1816, il présida le conseil de guerre assemblé à Paris, qui condamna à mort le général Brayer (*Voy.* ce nom), et fit partie de celui qui acquitta le général Drouot. On a du général Rogniat: 1. *Considérations sur l'art de la guerre*, 2e. édition, 1817, in-8o. II. *Situation de la France en* 1817, 1817, in-8o.; ouvrage que l'auteur n'a pas mis en circulation III! *Relation des siéges de Sarragosse et de Tortose par les Français, dans la dernière guerre d'Espagne*, 1814, in-4o. — Son frère était sous-préfet à Bonneville (Léman) lorsqu'il fut nommé préfet des Ardennes en 1814.

C. C. et OT.

ROGUET (Le comte FRANÇOIS), né à Toulouse le 12 novembre 1770, entra au service en 1789, et mérita par des actions brillantes le grade de général de brigade. Passé en Espagne en 1808, il se distingua aux siéges de Bilbao et de Santander. Au mois de septembre 1810, il marcha contre un corps d'insurgés rassemblés à Yanguas, les dispersa et obtint de nouveaux avantages sur eux à Belorado, où il battit un corps de trois mille hommes. Ses exploits contre l'armée de Galice, dont il arrêta les progrès, lui valurent le grade de général de division, auquel il fut élevé le 24 juin 1811. L'année suivante, il fut appelé en Russie, avec le contingent que l'armée d'Espagne fournit alors pour la grande expédition de la Russie, et s'y trouva placé au corps d'armée du maréchal Mortier. Après la désastreuse retraite de Moscou, le général Roguet fut chargé de rassembler les débris de la vieille garde, qu'il réorganisa pour la campagne de Dresde. Il combattit sous les murs de cette ville, et aux journées de Wachau, de Lanau et de Leipzig. Chargé de marcher contre Bréda, il put en former le siége, après avoir culbuté les avantpostes; mais la rapidité des mouvements qui s'opérèrent alors sur toute la ligne ne lui en donna pas le temps. Lors de la tentative des Anglais sur Anvers, dans les premiers jours de 1814, il marcha contre eux avec cinq bataillons et les repoussa. Son nom se trouve encore cité parmi ceux des généraux qui concoururent alors à la défense du territoire français. Le Roi le nomma, en 1814, chevalier de Saint-Louis et grand-officier de la Légion-d'honneur. En juin 1815, il était colonel en second des grenadiers à pied de la garde, et combattit avec eux à Fleurus et à Waterloo. Licencié avec l'armée, il est aujourd'hui en demi-activité de service. C.C.

ROHAN (LOUIS-VICTOR-MERIADEC, prince DE), fils du prince de Rohan-Guéménée, d'une des plus anciennes familles de France, quitta son pays dès le commencement des troubles, et leva, en 1796, une légion d'émigrés à la solde de l'Angleterre. Il passa, en 1797, à la tête de ce corps, au service de l'empereur d'Autriche, qui l'éleva au grade de général-major, et lui fit épouser l'aînée des princesses de Courlande, qui depuis a divorcé, pour épouser un prince de Trubetzkoy. Employé dans son grade de général-major, lors de la reprise des hostilités contre la France (octobre 1805), il fit partie de l'armée de Mack, fut blessé grièvement à la défense d'Ulm, d'un coup de feu qui lui traversa le bas-ventre, et accompagna néanmoins le prince Ferdinand dans sa retraite vers la Bohème. Le prince Louis de Rohan mérita des éloges pour sa conduite courageuse en cette occasion. Il sauva l'armée du prince par une manœuvre hardie, et facilita sa jonction avec l'archiduc Charles. Cependant il fut mis à la retraite en 1806, et enveloppé dans la disgrâce de Mack. — ROHAN (Camille, prince DE), frère du précédent, d'abord capitaine de frégate dans la marine française, prit aussi du service en Autriche, et se distingua en plusieurs occasions, particulièrement dans le Tyrol, où il était, en 1805, sous les ordres de l'archiduc Jean. A la fin de novembre, il fut fait prisonnier, avec tout son corps, par le général Saint-Cyr, au moment où il cherchait à se retirer sur Venise; et fut mis à la pension par son souverain, en février 1806, à cause de sa conduite dans cette occasion. Cependant un conseil de guerre l'ayant absous au mois d'octobre suivant, il fut remis en activité de service et nommé commandant de la brigade de Pest. L'empereur lui conféra même la dignité de prince, et lui donna le commandement de l'armée rassemblée sur les frontières de la Turquie. Buonaparte ayant de nouveau déclaré la guerre à l'Autriche en 1809, le prince de Rohan, compris dans le décret qui ordonnait à tout Français de quitter le service de cette puissance, fut condamné à mort par contumace par la cour spéciale de Paris, pour avoir porté les armes contre son pays postérieurement au mois de septembre 1804. Le même jugement confisquait ses biens. Cette proscription n'effraya point ce prince; il continua de mériter l'adoption de sa nouvelle patrie en la servant avec zèle, et il combattit à Wagram, où il fut blessé. Après la paix de Vienne, il fut mis à la pension de retraite. Il est commandeur de l'ordre de Marie-Thérèse. B. M. et C. C.

ROHAN - MONTBAZON (Le prince CHARLES-ALAIN DE), duc de Bouillon et pair de France, est fils du prince de ce nom qui périt sur l'échafaud révolutionnaire. Il eut à soutenir, en 1816, un procès contre l'amiral anglais Philippe d'Auvergne, qui lui contestait la propriété et le titre du duché de Bouillon. L'anglais fondait ses droits sur une adoption faite en 1791 par le dernier duc de Bouillon. Cette affaire ayant été portée au congrès de Vienne, les souverains la renvoyèrent à une assemblée de cinq hommes d'état célèbres par leurs connaissances; après un examen approfondi des titres et pièces produits par les deux prétendants, la commission adjugea, le 1er. juillet 1816, à la majorité de quatre voix contre une, la possession du duché et les indemnités pour la cession des droits de souveraineté faite au roi des Pays-Bas, au prince de Rohan-Montbazon. C. C.

ROLAND (Mme. ARMANDE) a publié: I. *Palmira*, 4 vol. in-12. II. *Mélanie de Rostange*, 1806, 3 vol. in-12. III. *Alexandra*, ou *la Chaumière russe*, 1808, 3 vol. in-12; 1810, 3 vol. in-12. IV. *Adalbert de Mongelaz*, 1810, 3 vol. in-12. V. *Emilia*, ou *la Ferme des Apennins*, 1812, 3 vol. in-12. VI. *Lydia Stevil*, ou *le Prisonnier français*, 1817, 3 vol. in-12. OT.

ROLLAND (Le contre-amiral), officier de marine, parvint par de longs services et des actions d'éclat au grade de contre-amiral. Il commandait le vaisseau *le Romulus*, et faisait partie de la division du contre-amiral Cosmao, lorsque le 13 février 1814, sur le point de rentrer à Toulon, il fut chassé par une armée anglaise forte de dix-sept vaisseaux de ligne. Pendant une heure, *le Romulus* eut à combattre, vergue à vergue, le vaisseau à trois ponts, *le Boyle*, tandis qu'un autre vaisseau de même force le canonnait, et qu'un troisième lui envoyait ses volées à demi-portée de pistolet. Cependant ces trois vaisseaux, soutenus par toute l'escadre anglaise, ne purent s'emparer du *Romulus*, qui, à l'aide de son feu dirigé particulièrement sur *le Boyle*, parvint à se dégager et à prendre mouillage dans la baie de Tou-

lon. M. Rolland fut présenté cette même année à Monsieur, qui se fit raconter les détails de cette action, et les entendit avec le plus vif intérêt. Le contre-amiral Rolland n'est plus en activité de service.
C. C.

ROLLAND DE VILLARCEAU (Le baron Jean-André-Louis), proche parent du président Rolland, comte d'Erceville, qui a péri sur l'échafaud révolutionnaire, naquit à Paris le 27 mai 1764. Il était lieutenant au régiment de La Fère artillerie, et attaché à ce qu'on appelait alors le parti aristocratique. Il écrivit plusieurs brochures avec son cousin M. Séguier, aujourd'hui pair de France et son frère. M. de La Fayette, qu'ils avaient attaqué vivement, les dénonça au Châtelet; ils furent décrétés de prise de corps, et se rendirent à Turin, auprès des princes. Ils en repartirent avec le vicomte de Mirabeau, pour aller l'aider à lever et organiser sa légion près de Bâle; mais le chevalier Séguier suivit seul cette nouvelle carrière; son frère et le baron Rolland cédèrent aux instances de leur famille. La rentrée en France de ce dernier ne put sauver sa famille d'une ruine complète. A la mort de son père, en 1796, il se trouva sans fortune, lorsque tout lui en promettait une des plus brillantes. Quand le consulat fut établi, se rappelant qu'il avait servi dans le même régiment que le premier consul, il lui demanda de l'emploi, et fut aussitôt nommé préfet du département du Tanaro en Piémont, puis de celui des Appennins. Lorsque le pape Pie VII fut enlevé de Rome, le préfet ne fut instruit de son passage qu'une heure auparavant; il fit tout ce qui dépendait de lui pour adoucir le malheur de cette auguste victime, qui lui en témoigna sa gratitude. En 1811, le baron Rolland fut appelé à la préfecture du Gard, où il sut inspirer la confiance par des mesures sages, alléger le fardeau des réquisitions, et satisfaire aux demandes les plus onéreuses. Il prit sur lui d'y rétablir les processions de la Fête-Dieu, et cette cérémonie se passa avec calme et décence. Tant qu'il fut préfet dans le département du Gard, il n'y eut pas une goutte de sang répandue; mais les événements du 20 mars 1815 vinrent troubler cet état de paix. Le duc d'Angoulême fut reçu à Nîmes avec toutes les marques de dévouement, et, en peu de jours, le baron Rolland sut réunir un grand nombre de volontaires, les armer, les équiper, et assurer leur solde. La révolte de la troupe de ligne rendit inutiles tant de soins; le préfet fut arrêté, ainsi que les généraux Briche et Pélissier, et traîné aux casernes, où il courut les plus grands dangers. Il se trouva comme eux dans l'impossibilité de retenir le mouvement qui s'opérait. Cependant il était de la plus haute importance d'empêcher les paysans de la Vaunage et de la Gardonenque, cantons entièrement protestants, de descendre et de se réunir à Nîmes, où le prince devait passer après sa capitulation pour se rendre à Cette. Le préfet usa du peu d'influence qui lui restait pour paralyser un rassemblement, et il n'abandonna la direction des affaires que le jour même de l'embarquement de son altesse royale. Pendant que ces événements se passaient, le département du Gard était sans communication avec Paris. Le baron Rolland, sans s'en douter, avait été nommé successivement aux préfectures d'Eure-et-Loir, de l'Eure et de l'Hérault; mais il ne les accepta point. Aussitôt que Buonaparte eut connaissance de sa conduite, il se hâta de le destituer. Après le retour du Roi, et d'après l'ordonnance qui réintégrait les fonctionnaires publics en activité avant le 20 mars, le baron Rolland se préparait à retourner à Nîmes, lorsqu'il apprit qu'on avait nommé à sa place. Depuis ce temps il n'a point exercé de fonctions administratives. Il a publié: *Des ressources que l'administration peut fournir aux finances*, 1816, in-8°.
B—y.

ROLLAND DU ROCQUART (Joseph), receveur-général du département de l'Aude, né à Carcassonne vers 1776, d'une famille alliée à celle de Rolland de Paris, émigra très jeune, et acquit en Italie et en Allemagne une instruction solide. Rentré en France en 1800, il se distingua dans sa ville natale par des travaux utiles, entre autres par un Mémoire tendant à rétablir les relations des fabricants de draps du Languedoc avec les Echelles du Levant. Ce Mémoire valut à Paris même, en plein conseil-d'état, les éloges les plus flatteurs à son modeste auteur. Devenu membre du conseil-général de son département, il s'y distingua surtout à l'époque de la restauration en 1814. Il jouit de beaucoup d'estime dans sa patrie; et, en plusieurs circonstances, il a obtenu d'honorables témoignages de la bienveillance du duc d'Angoulême. T. E.

ROMAGNESI, statuaire, a exécuté en 1815, avec beaucoup de succès, un buste du Roi Louis XVIII, que l'on voit dans plusieurs lieux publics, entre autres au foyer du Théâtre-Français. Il a fait ensuite, avec la même perfection, des bustes très ressemblants de MONSIEUR, et de MADAME, duchesse d'Angoulême. M. Romagnesi a publié, en 1818, les premières livraisons d'un recueil intitulé: *Les Aventures de Sapho*, grand in-4°., composé d'une suite de dessins variés, et du texte des poésies de Sapho, avec une traduction française. Chargé en 1818, par la ville d'Orléans, de faire le buste du célèbre jurisconsulte Pothier, il se rendit sur les lieux, afin d'acquérir des renseignements plus certains. D.

ROMANZOW (Le comte NICOLAS), chancelier de l'empire russe, ancien ministre des affaires étrangères, est fils du feld-maréchal Pierre Romanzow, qui illustra le règne de Catherine II par ses talents et ses victoires. Il a beaucoup contribué, étant ministre du commerce, à hâter l'exécution des vues d'agrandissement que l'empereur Alexandre avait sur Odessa et sur les côtes environnantes, dont l'administration fut confiée à M. de Richelieu. (*Voy.* RICHELIEU). Devenu conseiller-privé, sénateur et chambellan, il parut de bonne heure adopter le système de Buonaparte, qui lui donna plusieurs témoignages de son estime, et lui envoya la décoration du grand-aigle de la Légion-d'honneur. En septembre 1807, lors de la retraite du comte de Kotschoubey, M. de Romanzow fut chargé du portefeuille des affaires étrangères, et réunit le travail de ce département à celui du ministère de la guerre. Sa nomination produisit une grande sensation dans le public, où l'on disait qu'il favorisait depuis long-temps la politique de Napoléon. Il ne conserva cet emploi que pendant le temps que durèrent les relations de la Russie avec la France. Il a fait, en 1817 et 1818, différents voyages dans l'empire russe pour y acheter des manuscrits et autres documents utiles à l'histoire nationale. Il passe pour un des hommes les plus versés dans cette science. — Son frère, le comte Michel-Paul, ancien ambassadeur de Russie à la cour de Berlin, fut revêtu à la même époque des fonctions de grand-échanson. En 1808, il accompagna son souverain aux conférences d'Erfurt, fut chargé à la fin de cette année d'une mission auprès de Napoléon, quitta Paris à la fin de février 1809, et arriva à Saint-Pétersbourg le 13 mars. Il se rendit au mois de juillet suivant en Suède, et conclut avec cette puissance, à Frédérichsham, le 5 septembre 1809, le traité par lequel la Russie a acquis le grand-duché de Finlande et les îles d'Aland. Pendant l'expédition contre la France, en 1814, le comte de Romanzow resta à St.-Pétersbourg, où il continua d'administrer le département des affaires étrangères. Au retour de l'empereur, il obtint sa démission, et fut remplacé par le comte de Nesselrode. (*V.* ce nom). L'empereur, en lui accordant sa demande, lui écrivit une lettre conçue dans les termes les plus flatteurs, et dans laquelle il lui annonçait qu'il voulait qu'il continuât d'en recevoir les honoraires. M. le comte de Romanzow répondit à l'empereur qu'il le suppliait de vouloir bien en disposer en faveur des militaires blessés dans les dernières guerres, et lui permettre de consacrer au même usage la valeur des tabatières et autres présents qu'il avait reçus des cours étrangères en différentes occasions, pendant ses fonctions ministérielles. L'empereur lui adressa à ce sujet une seconde lettre de satisfaction. Depuis qu'il a abandonné le maniement des affaires publiques, le comte de Romanzow consacre ses grandes richesses à des entreprises patriotiques. Il a fait construire dans la ville d'Homel, près Mohilow, en 1815, une église grecque, une église catholique et une synagogue. Il a aussi équipé à ses frais et envoyé un navire autour du monde pour faire des découvertes, sous le commandement du fils du célèbre Kotzebue; enfin, il établit dans ce moment plusieurs écoles, où les enfants seront instruits d'après la nouvelle méthode d'enseignement. On lui a envoyé d'Italie, en 1817, une statue colossale en marbre blanc, exécutée par Canova. Cette statue représente la *Déesse de la paix*, tenant à la main une branche d'olivier, et s'appuyant sur une colonne qui porte ces inscriptions: *Paix d'Abo*, 1743; *Paix de Kudschuck-Kaïnardji*, 1774; *Paix de Frédérichsham*, 1809. Cette triple inscription rappelle un fait remarquable dont la famille Romanzow a fourni l'exemple, c'est que le grand-père, le père et le fils, ont, dans l'espace de soixante-six ans, conclu trois traités de paix très avantageux pour la Russie. S. S.

ROME (Mme. DE), née Morville, a publié : *L'heureux voyage*, poëme en prose, suivi de la *Sybille de Cumes, sur la naissance du roi de Rome*, 1811, in-8°. M. Barbier lui attribue : I. *L'homme juste à la cour*, 1772, 2 vol. in-12. II. *Célestine, ou la victime des préjugés*, par Charlotte Smith, trad. de l'anglais, 1795, 4 vol. in-12. — ROME (Le chevalier JEAN-FRANÇOIS), né le 30 octobre 1773, entra au service le 25 août 1792, fut nommé commandant de la Légion-d'honneur le 11 octobre 1812, et général de brigade le 4 août 1813. Le Roi le créa chevalier de Saint-Louis le 13 août 1814. Il fut employé, en juin 1815, dans le 4e. corps de l'armée de la Moselle, et fut mis à la demi-solde à l'époque du licenciement. S. S.

ROMILLY (Sir SAMUEL), membre du parlement d'Angleterre, pour Westminster, est le fils d'un orfèvre de Genève établi à Londres, et descend d'une ancienne famille française qui se réfugia à Genève, par suite de l'édit de Nantes. Sir Samuel Romilly, après une excellente éducation, se fit recevoir avocat, et obtint bientôt des succès qui lui attirèrent une nombreuse clientèle. Le marquis de Lansdowne distingua le jeune légiste, et l'admit dans son intimité. Pour rétablir sa santé, affaiblie par ses travaux, M. Romilly se rendit sur le continent, séjourna quelque temps en France, au moment où les premiers symptômes révolutionnaires commençaient à paraître, et alla ensuite à Genève. Après y être resté plusieurs mois, il parcourut la Suisse, revint en Angleterre, reprit ses occupations au barreau, et se fit remarquer autant par ses talents que par un attachement excessif à la liberté constitutionnelle. En 1796, il acquit une grande célébrité, en défendant M. Gale Jones, accusé de sédition devant les assises du comté de Warwick. Lorsque Fox et lord Grenville parvinrent au ministère en 1806, après la mort de Pitt, il fut nommé procureur-général et chevalier. Peu après, il fut élu député à la chambre des communes, par Queensborough. Sir S. Romilly, dont l'activité était infatigable, suivit avec assiduité *Westminster-hall* et *Lincoln's-inn*, sans négliger ses devoirs de député. S'étant aperçu qu'un grand nombre de créanciers étaient, dans certains cas, repoussés de leurs justes demandes par l'intervention de la loi relative aux propriétés foncières, il obtint, le 25 mars 1807, la permission de présenter un bill pour assujettir les biens-fonds libres des personnes sujettes aux lois des banqueroutes, qui pourraient mourir endettées, au paiement de leurs dettes contractées pour de simples contrats. Il prononça à ce sujet un discours qui fit beaucoup de sensation ; mais le maître des rôles lui ayant vivement répliqué, le bill fut rejeté. Malgré cet échec, sir Romilly ayant amendé ce bill, le présenta de nouveau, et le fit adopter sous la forme d'un acte pour assurer le paiement des dettes des marchands. Lors de l'information contre lord Melville, il fut nommé un des commissaires de la chambre des communes, chargé de suivre l'accusation devant la chambre haute ; et pendant les quinze jours que dura le procès, il donna la plus sérieuse attention aux débats. Les pairs s'assemblèrent à Westminster-hall, le 29 avril 1806, et M. Whitbread, dans une adresse qui dura trois heures, expliqua le corps du délit, qu'il réduisit à dix chefs ; après cela, sir S. Romilly, dans un discours qui occupa l'attention de la chambre pendant toute une journée, détailla les délits imputés à lord Melville, prouva qu'il avait abusé de sa position pour employer à son profit les deniers de l'état, et conclut en disant qu'il le croyait coupable. Le noble lord fut cependant absous par la majorité des pairs. Dans une autre occasion, au sujet de l'abolition de la traite des esclaves, sir S. Romilly parla avec tant d'éloquence contre ce trafic, qu'il fut applaudi à trois diverses reprises, circonstance qui ne s'était encore présentée pour aucun autre orateur. A la mort de M. Fox, il perdit sa place de procureur-général, et entra dans le parti de l'opposition, qu'il n'a plus quitté ; il défendit avec chaleur les actes du ministère dont il avait fait partie, et s'éleva surtout avec indignation contre la rentrée de lord Melville à la tête des affaires. En 1807, sir S. Romilly, qui avait long-temps médité sur la réforme des lois criminelles, fit paraître un travail à ce sujet, et proposa à la chambre, le 18 mai 1808, quelques changements aux lois actuelles, qu'il disait écrites en lettres de sang, comme celles de Dracon. Quoique ses propositions ne fussent pas entièrement agréées, la chambre les prit en considération, et les renvoya à la prochaine session. Cependant, à l'élection générale, M. Romilly fut repoussé par la ville de Bristol; mais il obtint ensuite une place au parlement, où il représenta Arundel, dans le Sussex, qui se trouve sous l'influence de la maison de Bedfort, qui le soutenait. Il a toujours été depuis un des chefs de l'opposition. A la réélection de 1818, un grand nombre d'électeurs de Westminster lui firent connaître le désir qu'ils avaient que la population si considérable de la Cité, fût représentée au parlement par un homme aussi distingué que lui par ses talents et par son intégrité. Ils le priaient en même temps de leur permettre de placer son nom sur la liste des candidats, et de s'abstenir de toute visite, peine et dépense dont ils se chargeaient. Malgré l'opposition du ministère, sir S. Romilly fut élu à une très grande majorité. Il a cru devoir remercier ses commettants dans un discours qu'il prononça devant le peuple de Westminster, et qui fut vivement applaudi. Après avoir fait sa profession de foi politique, l'orateur termina en ces termes : « C'est en s'efforçant d'obtenir » l'abolition des places inutiles, de faire » répartir plus également la représenta- » tion du peuple, et raccourcir la durée » des parlements ; c'est en se montrant » l'ami de la liberté religieuse comme de » la liberté civile ; enfin, c'est en cher- » chant à rendre à ce pays la place glo- » rieuse qu'il occupait parmi les nations, » lorsqu'il offrait un asile assuré à ceux » qui fuyaient les pays étrangers pour » échapper aux persécutions religieuses et » politiques. Voilà les remercîments que » les électeurs de Westminster ont droit » d'attendre........ » Il a publié : I. *Observations sur les lois criminelles, en ce qui concerne les peines capitales*, in-8º. 1810. II. *Objections au projet de créer un vice-chancelier d'Angleterre* (anonyme), in-8º., 1812. Cet écrit est inséré dans le *Pamphleteer*. III. *Discours à la chambre des communes, sur l'article du traité de paix, relatif au commerce des esclaves*, in-8º., 1814. Z.

ROMILLY (Désiré de), né aux îles de France, d'une famille noble, en 1772, vint en France en 1777, et y fut élevé dans une école militaire. En 1787, il entra dans la marine militaire, et servit sous les ordres de M. de Macnemara, qu'il tenta vainement de défendre contre ses assassins en 1790. Peu de temps après, il fut nommé sous-lieutenant au régiment de Pondichéry et envoyé dans cette ville, d'où il fut obligé de s'éloigner en 1793, par suite des troubles révolutionnaires. Ses propriétés furent séquestrées. En 1796, il était revenu aux îles de France, et il concourut beaucoup à en faire renvoyer les agents du directoire. En 1800, M. de Romilly vint en France, et il fut placé dans l'état-major de l'armée comme capitaine. Compromis en 1805, dans l'affaire du général Dubuc, il fut envoyé en surveillance à Bordeaux; et il était encore dans cette ville à l'époque de l'arrivée du duc d'Angoulême en 1814. Il fut un des premiers à se réunir à ce prince, et se rendit le 19 mars, par ordre de S. A. R., à bord de la flotte anglaise qui bloquait la Gironde, et ensuite à l'armée de blocus sous Bayonne. Se trouvant encore à Bordeaux au moment du retour de Buonaparte, en 1815, il y fit de très périlleux et de très utiles efforts pour exécuter les ordres de MADAME, duchesse d'Angoulême. S'étant réfugié en Espagne après le départ de cette princesse, il y fut nommé commandant de l'infanterie de la légion de Marie-Thérèse, et rentra en France à la tête de cette troupe, dans le mois de juillet. Employé en 1816 comme chef de bataillon dans une légion des Pyrénées, M. de Romilly se trouvait à Lyon avec cette légion à l'époque de la révolte qui éclata dans cette ville, en juin 1817. Il concourut de tous ses moyens à la réprimer, et fut destitué dans le mois de septembre suivant, par le maréchal Marmont (*Voy.* MARMONT et SAINNEVILLE). M. de Romilly vivait depuis un an, à Paris, avec son traitement de demi-solde, lorsqu'il fut arrêté par ordre du procureur-général, ainsi que MM. Joannis, de Songy, et les généraux Canuel et de Chappedelaine. MM. de Joannis et de Chappedelaine furent mis en liberté dans le mois d'octobre, et M. de Romilly fut déclaré prévenu par le juge-instructeur, ainsi que le général Canuel et M. de Songy. (*Voy.* ce dernier nom.) D.

ROMMEL (Thierri-Christophe), professeur d'éloquence et de langue grecque à l'université de Marbourg, né à

Cassel le 17 avril 1781, s'est fait connaître par un grand nombre d'ouvrages. Nous n'indiquerons que les principaux : I. *Abulfedæ Arabiæ descriptio*, *commentario perpetuo illustrata*, Gœttingue, 1803, in-4º.; dissertation couronnée par l'académie de Gœttingue, le 4 juin 1802, et dont M. Silvestre de Sacy a donné une Notice curieuse dans le *Magasin encyclopédique*, 1803, tome II, page 459-471. (*Voy.* Aboul-Feda, dans la *Biographie universelle*, I, 95). II. *Caucasiarum regionum et gentium Stratoniana descriptio, ex recentioris ævi notitiis, etc., cum appendice textum græcum continente*, Leipzig, 1804 (1803), in-8º. III. *De Amazonibus*, Marbourg, 1805, in-4º. Les ouvrages suivants sont en allemand : IV. *Sur le docteur Gall et sur sa théorie*, ibid., 1806, in-8º. V. *Les Caractères de Théophraste*, traduits, avec des remarques, Leipzig, 1809, in-8º. VI. *Aristote et Roscius*, ou *Principes sur la déclamation*, ibid., 1809, in-8º. VII. *Les peuples du Caucase d'après le rapport des voyageurs*, avec une carte et quatre planches coloriées, Weimar, 1808, in-8º. Ce morceau avait déjà paru dans les *Archiv. d'Ethnogr. et de Linguist.*, de Bertuch et Vater, I, 1, 4, pag. 34-134. M. Rommel a aussi fourni de savants et curieux articles aux *Ephémérides géogr.*, tels que *Sur la géographie de l'Édrisi* (avril 1804); *Sur la division de l'Arabie* (mai, id.); *Sur quelques lieux de l'Arabie* (Article communiqué par Seetzen, mais qu'il a enrichi de notes, ibid.), etc., et à d'autres Recueils périodiques. T.

ROMOEUF (Jacques-Alexandre), maréchal-de-camp, devint, en 1790, aide de-camp de M. de La Fayette, commandant de la garde nationale parisienne. Il fut chargé par lui, en juin 1791, de courir sur les traces de Louis XVI, lorsque ce prince s'éloigna de la capitale, et de le faire arrêter ainsi que les personnes de sa suite. Il partit pour s'acquitter de sa mission, lorsqu'il fut arrêté lui-même par les ouvriers du pont Louis XVI, qui, après l'avoir maltraité, ainsi que M. Curmer, le conduisirent au comité des Feuillants, d'où il se rendit à l'assemblée nationale pour se plaindre de cette violence. Il se mit de nouveau en route le jour même, et parut, le 24, à la barre de l'assemblée, après avoir exécuté les ordres de son général. Ayant été arrêté, avec M. de La Fayette et sa suite, à Luxembourg, au mois d'août 1792, il protesta contre son arrestation, et demanda la liberté de passer dans un pays dont le gouvernement ne fût pas en guerre avec la France. Il rentra ensuite en France, s'attacha à Murat, et resta près de lui comme son aide-de-camp jusqu'à l'époque de la restauration en 1814. Alors il revint à Paris, et fut nommé maréchal-de-camp et chevalier de Saint-Louis. Il était déjà officier de la Légion-d'honneur. En 1816, il commanda le département de la Haute-Loire, et remit à la légion de ce département les drapeaux que le Roi lui donnait. Il prononça alors un discours analogue à la circonstance, et retraça aux soldats, les souvenirs et les devoirs qui se rattachaient à cette solennité. En 1817, et à la suite de la mission du maréchal Marmont, à Lyon, le général Romœuf fut appelé à remplacer provisoirement dans cette ville le général Canuel. C. C.

RONCHEROLLES (Le comte Charles de), d'une ancienne famille de Normandie, suivit les princes en émigration, servit dans leur armée, et rentra en France après le 18 brumaire. Créé chevalier de St.-Louis le 27 juin 1814; élu membre de la chambre des députés, par le collège électoral de l'Eure, le 24 août 1815, il vota dans toutes les occasions avec une grande indépendance, et dans un esprit très conciliant. Le 4 janvier 1816, il proposa d'accepter l'amnistie accordée par le Roi, qui tenait de sa couronne le droit de faire grâce, dont il ne devait compte à personne; mais il s'opposa à l'article 3, qui tendait à faire bannir, *par la chambre*, les trente-huit individus nommés dans l'ordonnance du 24 juillet 1815, demandant qu'on s'en rapportât à la sagesse de S. M., source de toute justice, et proposa de substituer à cet article la rédaction suivante : « Le Roi » pourra, dans l'espace de deux mois, » éloigner de France ceux des individus » compris dans l'art. 2 de ladite » ordonnance, qu'il y *maintiendra*, et » qui n'auront pas été traduits devant les » tribunaux; et, dans ce cas, ils sortiront de France dans le délai qui leur » sera fixé, et n'y rentreront pas sans » l'autorisation expresse de S. M., sous » peine de déportation. Le Roi pourra » pareillement les priver de tous biens

» et pensions. » Le 6 janvier, M. de Roucherolles développa de nouveau son amendement; et M. le duc de Richelieu ayant déclaré que le Roi l'avait approuvé sans réserve, il fut mis aux voix et adopté textuellement. Plus tard, il opina pour l'amélioration du sort du clergé, et la conservation des forêts. Au mois d'avril 1816, à l'occasion du projet de loi sur le budget, il proposa à la chambre de décider que l'arriéré serait acquitté au choix des créanciers, soit en reconnaissances de liquidation, portant intérêt à 5 pour 100; soit en inscriptions sur le grand-livre. Cette opinion était un amendement à l'article 9 de la commission des finances. Le rapporteur fut chargé de l'insérer dans son résumé, et le ministre en conserva le sens dans le projet de loi du 23 mars, qui fut adopté à l'unanimité. Dans tout le cours de cette session, M. de Roucherolles vota avec la majorité. Après la dissolution de la chambre, il fut présenté de nouveau, comme premier candidat, par l'arrondissement des Andelys; mais le collège électoral de l'Eure s'étant séparé après le premier scrutin, son élection manqua, faute d'une voix, et trois députés restèrent à nommer. En 1817, le département de l'Eure ayant dû compléter sa députation, M. le comte de Roucherolles fut porté en opposition de MM. Dupont, Bignon et Dumeilet, qui obtinrent plus de suffrages. S. S.

RONDEAU, général américain, chef de l'armée insurgée du Pérou, éprouva deux sanglantes défaites en 1816, d'abord à Venta-Media et ensuite sur la frontière de Cochabamba, le 29 novembre. Ce dernier échec a été avoué par Rondeau lui-même; mais il a cherché à en rejeter la faute sur ses soldats, disant qu'au moment de l'attaque, ils se livrèrent à une terreur panique, qu'il ne put contenir même en faisant mitrailler les fuyards. Les troupes royales les poursuivirent l'épée dans les reins, sans leur donner le temps de se rallier; son infanterie épouvantée, après une perte considérable, ne trouva de salut qu'en se réfugiant dans les montagnes. Rondeau effectua sa retraite avec très peu de monde, sur Snipacha, où il essaya de rassembler les débris de son armée. Il avait obtenu au mois de septembre quelques succès, qui avaient été suivis de l'occupation de Potosi. S. S.

RONDELET (J.) architecte, né à Lyon vers 1755, est un des élèves les plus distingués du célèbre Soufflot, qui l'avait désigné spécialement pour achever l'église de Ste. Geneviève à Paris. Il est membre de l'académie des beaux-arts, et professeur de stéréotomie. On a de lui : I. *Mémoire historique sur le dôme du Panthéon français*, 1797, in-4°. II. *Traité théorique et pratique de l'art de bâtir*, 1803, in-4°, 1re. livraison; la 7e. a paru en 1814. Le tome IV, 3e. partie, a paru en 1817 : ce dernier volume complète l'ouvrage. III. *Mémoire sur la reconstruction de la coupole de la Halle au blé, de Paris*, 1803, in-4°. M. Barbier lui attribue : 1°. *Doutes d'un marguillier sur le problème de M. Patte, concernant la coupole Sainte-Geneviève*, 1770, in-12. 2°. *Mémoire en réponse à celui de M. Patte, relativement à la construction de la coupole de l'église de Sainte-Geneviève*, 1772, in-8°. On connaît encore de M. Rondelet une carte géographique de l'Europe, gravée sur marbre, sur la projection d'un cadran solaire, de manière qu'en même temps qu'elle indique l'heure, l'ombre du gnomon indique tous les lieux où il est midi. Ce curieux cadran a été déposé au jardin botanique de l'école centrale de Versailles. (*Magasin encyclopédique*, 7e. année, VI. 23.) Or.

RONDONNEAU DE LA MOTTE (Louis), libraire à Paris, où il a formé en 1793 l'établissement connu sous le nom de *Dépôt de lois*, où l'on peut se procurer les édits, déclarations, arrêts, ordonnances, etc. depuis St.-Louis jusqu'à nos jours, a donné un grand nombre de recueils de lois classées par matières, tels que *Code rural; Code de la chasse; Code forestier*, etc. Parmi ses autres ouvrages, on remarque : I. *Essai historique sur l'Hôtel-Dieu de Paris*, 1787, in-8°., fig., avec une dédicace en vers. II. *L'Art de vérifier les dates de la révolution, ou Répertoire législatif, administratif, judiciaire et historique, depuis 1789 jusqu'au 24 septembre 1803*. in-12 de 360 pages, avec des tables alphabétiques qui en font un Manuel fort commode. III. *Mémorial constitutionnel depuis 1789*, 3 vol. in-18, 1800-04. Le 2e. volume est un *Manuel des assemblées de canton et des collèges électoraux*, et le 3e., *Manuel impérial*. IV. *Napoléon-le-Grand, considéré sous* ses *trois rapports : conquérant, législateur, politique*; ou *Tableau historique des campagnes, de la législation et des négociations politiques de Napoléon, depuis le mois de mars 1796 jusqu'au mois de juillet 1808 ; décoré du portique d'un temple de l'Immortalité avec trois tables monumentales*, 1808, in-fol. en trois feuilles. V. *Répertoire abrégé de la législation française depuis 1803*, in-8°., plusieurs volumes. VI. *Le Bouquet du Roi, ou Répertoire historique, et par classement de matières, de la législation restauratrice de la France, depuis le 2 mars 1814 jusqu'au mois d'août 1816*, 1816, in-8°. VII. *Manuel des commissaires-priseurs*, institués par la loi sur les finances du 28 avril 1816, Paris, 1816, in-8°. VIII. *Collection générale des lois, depuis 1789 jusqu'au 1er. avril 1814*, tomes I, II, III, IV, V, VI; 1817-1818, in-8. La collection aura 12 vol. IX. *Le Légis-consulte français, ou Répertoire, par classement de matières, des lois et ordonnances du Roi*, in-8°., un cahier par mois, depuis mai 1817, dont le premier cahier n'est autre chose que le *Bouquet du Roi*, mentionné ci-dessus. — RONDONNEAU (H.) a publié en 1816: *La Guirlande de Roses*, recueil de contre-danses et valses nouvelles, composées pour piano et pour harpe. GT.

ROQUEFORT - FLAMÉRICOURT (JEAN-BAPTISTE-BONAVENTURE DE), fils d'un propriétaire à Saint-Domingue, naquit le 15 octobre 1777. Il fit ses études au grand collège de Lyon, puis fut placé, en 1790, dans une École militaire, d'où il sortit en 1792, avec le grade de lieutenant d'artillerie. Après avoir fait les premières campagnes et être parvenu au grade de capitaine, il obtint sa retraite pour raison de santé. Revenu à Paris, il s'adonna à l'étude des lettres et des beaux-arts, et fut reçu membre de l'académie celtique, de la société des sciences et arts de Grenoble, de l'académie de Lyon, de l'athénée de Vaucluse, etc. Lié avec beaucoup d'artistes qui s'occupaient d'antiquités, il fit quelques Dissertations sur l'histoire des costumes en France. Les éloges qu'il reçut l'engagèrent à se livrer entièrement à la connaissance des antiquités françaises, des monuments, de l'histoire et de l'ancienne littérature de son pays. La peinture et surtout la musique, dont il avait fait une étude particulière, lui furent d'un grand secours pour le diriger dans ses recherches. Voulant composer une histoire de la musique et des instruments en France, et ayant remarqué qu'il n'existait pas de dictionnaire complet de l'ancien langage, il entreprit et publia le *Glossaire de la langue Romane*, Paris, 1808, 2 vol. in-8. Il a publié, trois ans après, un *Mémoire sur la nécessité d'un Glossaire général de l'ancienne langue française*, Paris, 1811, in-8° de 40 pag. (et dans le *Magasin encyclopédique*, avril 1811.) En septembre 1818, il a annoncé dans le *Journal des savants* (pag. 568) un *Supplément* en un gros volume in-8° au *Glossaire* qu'il avait publié en 1802. Le *Magasin encyclopédique*, le *Moniteur*, le *Mercure*, renferment de lui un nombre considérable de Dissertations, de Mémoires et d'Extraits. La troisième classe de l'Institut ayant proposé cette question: *Déterminer quel était l'état de la poésie française dans les XIIe. et XIIIe. siècles*, M. de Roquefort obtint en 1812 une distinction honorable, et remporta le prix en 1813. Son ouvrage, qui forme un vol. in-8°., a paru en 1815. On a de cet auteur, qui est un des collaborateurs de la *Biographie universelle* et de l'*Encyclopédie méthodique*, avec MM. Ginguené et de Monvigny, pour la musique, une nouvelle édition de la *Vie privée des Français*, par Legrand d'Aussy, 3 vol. in-8°., Paris, 1815, avec des notes, corrections et additions. Il a aussi rédigé le *Voyage à l'île de France*, par M. Milbert, et les *Voyages d'Aly-Bey*, le premier en 2 vol. in-8°., et le second en 3 volumes du même format. Il est sur le point de publier *Lais, Fables et autres productions de Marie de France*, femme-poète du 13e. siècle, avec des Commentaires et des Dissertations sur plusieurs auteurs du moyen âge, 2 vol. in-8°., fig., ainsi qu'un *Dictionnaire de Chevalerie*, 1 vol. in-8°., et la suite de la *Vie privée des Français*, 3 vol. in-8°. Le tome IX du Recueil des notices des manuscrits renferme de lui l'analyse du roman de *Parthenopex de Blois* (qui a aussi été tirée à part, in-4°. de 84 pag.), et le XIe. volume contiendra la Notice générale du manuscrit n°. 1830 de l'Abbaye Saint-Germain-des-Prés. M. de Roquefort a travaillé à la nouvelle édition de Cicéron. A.

ROSCOE (William), auteur anglais né dans une des classes les plus inférieures de la société, reçut une éducation fort médiocre. Placé dès sa plus tendre jeunesse dans l'étude de M. Cyes, procureur de Liverpool, il n'y était que depuis très peu de temps lorsqu'un de ses camarades s'étant vanté d'avoir lu le Traité de Cicéron: *De Amicitiâ*, et ayant exalté l'élégance du style et les pensées de cette composition, M. Roscoe se la procura, et, à l'aide d'un dictionnaire et d'une grammaire, parvint, après beaucoup d'efforts, à l'entendre assez bien. Ce succès l'encouragea, et il ne s'arrêta que lorsqu'il eut ainsi traduit tous les classiques latins. Il fut aidé dans ce travail par le docteur Francis Holden. Lorsque M. Roscoe se fut familiarisé avec les auteurs romains, il s'attacha aux bons écrivains français et italiens, et, sans le secours d'aucun maître, vint à bout de les lire et de les comprendre tous. Les auteurs, et surtout les poëtes anglais, faisaient aussi ses délices; il les lisait et les relisait sans cesse. A peine âgé de seize ans, il fit paraître un poëme descriptif intitulé: *Mount-Pleasant*, qui ne prouve pas moins d'imagination que de goût. A l'expiration de son temps dans l'étude de M. Cyes, il devint associé de M. Aspinwal, procureur de la même ville fort en crédit. Ce fut sur M. Roscoe que roula tout le soin des nombreuses affaires de cette étude; il s'acquitta de son emploi à la satisfaction de tous, et acquit une connaissance étendue des lois de son pays, quoiqu'il s'occupât en même temps de littérature. Ce fut à cette époque qu'il se lia intimement avec les docteurs Enfield et Aikin, et qu'il fournit au premier, pour être insérées dans le *Spectateur*, une élégie sur la *Pitié*, et une Ode sur l'éducation. En 1773, il contribua à l'établissement de la Société *pour l'encouragement du dessin et de la peinture*; et lorsque la question de la traite des nègres fut agitée, il s'éleva avec force contre ce honteux trafic dans des poëmes qui eurent beaucoup d'admirateurs. La révolution française trouva en lui un zélé partisan. Il publia, en faveur de sa cause, plusieurs chansons populaires et d'autres morceaux de poésie, parmi lesquels on distingue un poëme fameux intitulé: *Les Collines couvertes de vignobles*. En 1797, M. Roscoe abandonna l'état de procureur et suivit le barreau; comme avocat, après avoir été régulièrement admis par la société de *Gray's Inn*. Il devint ensuite banquier à Liverpool, et fut pendant un espace de temps fort court l'un des représentants de cette ville au parlement. Il s'y montra zélé partisan de M. Fox, et vota toujours avec son parti, déployant toutefois rarement ses talents oratoires. M. Roscoe a publié: I. *Réfutation fondée sur l'Ecriture, du pamphlet publié par le révérend docteur Raimond Harris, pour prouver que la traite des nègres est une chose licite*, 1788, in-8º. II. *Les malheurs injustes de l'Afrique* (*The wrongs of Africa*, poëme en 2 parties, 1788, in-8º. III. *Vie de Laurent de Médicis, surnommé le Magnifique*, 1795, 2 vol. in-4º.; 2ᵉ. édition, 1796, in-8º.; traduit en français par M. Thurot, Paris, 1798; 2ᵉ. édition, 1800, 2 vol. in-8º. IV. *La Nourrice*, poëme tiré de l'Italien, 1798, in-4º.; 8ᵉ. édition, 1800, in-8º. V. *Vie et pontificat de Léon X*, 1805, 4 vol. in-4º. Cet ouvrage a été traduit en français par M. Henry; 2ᵉ. édit., 4 vol. in-8º., 1816. VI. *Observations sur les propositions faites d'une négociation entre la Grande-Bretagne et la France*, 1808, in-8º. VII. *Considérations sur les causes de la présente guerre*, 1808, in-8º. L'auteur s'y montre partisan de la paix. VIII. *Observations sur l'adresse à Sa Majesté, proposée par le comte Grey*, 1810, in-8º. IX. *Traités* (*Occasional tracts*) *relatifs à la guerre entre la France et la Grande-Bretagne*, 1811, in-8º. X. *Réponse à une Lettre de M. S. Merritt*, 1812, in-8º. XI. *Revue des discours du très honorable G. Canning*, 1813, in-8º. XII. *Lettre à Henri Brougham, sur la réforme dans la représentation du peuple dans le parlement*, 1811, in-8º. On peut lire sur cet écrivain, le *Voyage d'un Français en Angleterre en 1810 et 1811*, 1816, in-8º., et (sur son impartialité) le *Journal des Débats* du 8 juin 1817. Z.

ROSEMBERG, (Le prince de), fils du ministre et grand-chambellan de l'empereur d'Autriche de ce nom, servit, en 1796, en qualité de colonel, et fut élevé au grade de quartier-maître général, pour s'être distingué à la bataille de Wurtzbourg, où il fut fait prisonnier. Il se signala de nouveau, le 27 octobre, près de Planich et Bibelsheim, et y montra beaucoup de bravoure et d'intelligence. Il fit les différentes campagnes contre la France; fut nommé feld-maréchal-lieutenant, et chargé d'un commandement important en 1809. Le corps qu'il avait sous ses ordres se distingua à la bataille d'Essling, où la principale attaque du village de ce nom fut opérée sous sa direction par le régiment d'infanterie de l'archiduc Charles, tandis que deux divisions de son corps d'armée agissaient sur un autre point. Il renouvela deux fois son attaque, sans pouvoir s'emparer du village, et se borna alors à se maintenir dans sa position. Ce fut encore le corps du prince de Rosemberg qui engagea la bataille de Wagram contre celui du maréchal Davoust, le 6 juillet, aux premiers rayons du soleil; mais il ne tarda pas à être culbuté et rejeté au-delà de Neusiedel, avec une perte considérable. Depuis ce temps, il a cessé d'être employé activement. S. S.

ROSEN (Le comte Axel), ancien ambassadeur de Suède à Londres, fut envoyé à Paris auprès du maréchal Bernadotte, en 1810, pour lui porter l'acte de son élection à la dignité de prince-royal, et revint à Orebro, le 22 septemb. Il était porteur de deux lettres pour le roi de Suède, Charles XIII, l'une de Buonaparte, et l'autre de Bernadotte. Celui-ci témoignait sa reconnaissance à S. M. suédoise, et à la nation qui l'appelait au trône, et il protestait de sa ferme résolution de consacrer toute sa vie au bonheur de sa nouvelle patrie, etc. En février 1814, le comte Rosen fut envoyé en Norvège, auprès du prince Christian-Frédéric (*Voy.* ce nom, tom. II, pag. 176), au moment où celui-ci venait d'y prendre la direction des affaires, et qu'il se disposait à soustraire cette contrée à la domination suédoise. Le comte Rosen voyant le prince danois dans de telles dispositions, et ayant reçu de lui communication d'une proclamation par laquelle il venait d'annoncer l'indépendance de la Norvège, retourna aussitôt auprès de son souverain, sans vouloir dîner chez le prince. D.

ROSEN (Le baron Grégoire), général russe, entra au service le 6 mars 1789, en qualité de bas-officier, passa par tous les grades, obtint celui de capitaine, le 21 mars 1803, et fit ses premières armes en 1805. Sa conduite distinguée à la bataille d'Austerlitz, lui valut une épée d'or, avec cette inscription : *Pour la bravoure*. Nommé colonel du 1er. régiment des chasseurs, le 29 mars 1806, il se distingua, pendant la campagne de cette année, et fit celle de 1807 en qualité de général de jour, auprès du général Platoff. Depuis le 8 jusqu'au 17 février, son régiment fut sans cesse aux prises avec les Français. Le 21, il assista à l'affaire sanglante de Launau; le 28, il se battit à la tête des cosaques, près du village d'Altenkirchen; le 13 mars, il attaqua les retranchements de Klein-Dombovitz, et mit en fuite, près d'Ocmaleyoven, une partie du corps polonais de Saïonjick; le 21 avril, il surprit le village de Malk; le 1er. mai, à l'attaque d'Allenstein, il reçut à la tête une contusion de mitraille; le 24 mai, il obtint la croix de Saint-George de 4e. classe, à la suite du combat de Bergfried; protégea le 28, la retraite de Guttstadt, combattit le 29 et le 30 à Heilsberg, à Welau le 4 juin, et fut décoré, à la fin de cette campagne, de l'ordre de Saint-Wladimir de 3e. classe, et de celui du Mérite de Prusse. Au mois d'août 1808, le général Rosen reçut l'ordre de marcher en Finlande. Il commandait l'avant-garde dans le combat livré le 16 septembre aux Suédois, qui voulaient opérer une descente près du village d'Helsinge, et y donna des preuves de bravoure, qui lui valurent le grade de général-major. En 1809, il fut chargé du commandement de l'avant-garde de la colonne centrale, dans l'expédition qui rendit les Russes maîtres des îles Aland. Nommé chef de brigade, le 14 septembre 1810, il reçut en 1812 le commandement du régiment des gardes de Préobrageusky, faisant partie de l'arrière-garde; combattit le 10 août, près du village de Michaïlow, le 13 et le 15 à Osmé, le 17 à Viasma, le 23 à Kolosk, le 26 à Borodino, où il fut décoré de la croix de Sainte-Anne, le 27 et le 28 à Mojaisk, et le 9 septembre à Tatarki. Le 5 novembre, il se mit à la poursuite des Français jusqu'à la Bérésina, où s'étant réuni à l'armée de l'amiral Tschitschagoff, il continua sa marche jusqu'à Wilna. Le 1er. janvier, il passa le Niémen, et s'avança dans le duché de Varsovie, la Prusse et la Saxe. Nommé chef de la 1re. division des gardes, le 19 avril 1813, il la commanda aux batailles de Lutzen et de Bautzen, et acquit dans ces deux journées, de nouveaux titres à la bienveillance de son souverain, et à l'estime du roi de Prusse, qui le décora du grand-cordon de l'Aigle-rouge. Après la rupture de l'armistice qui suspendit les hostilités jusqu'au 15 août, le général Rosen combattit avec les gardes à Pirna; le 16, il marcha sur Tœplitz; le 17 et le 18, il partagea les périls du combat de Culm, et fut élevé au grade de lieutenant-général. Il concourut aussi aux succès des alliés à Leipzig, et se dirigea ensuite vers le Rhin, qu'il passa avec sa division le 1er. janvier 1814. Il fit alors la campagne de France, et entra à Paris avec l'armée russe. S. S.

ROSENMULLER (ERNEST-FRÉDÉRIC-CHARLES), né le 10 décembre 1768 à Helsberg, près Hildburghausen, où son père remplissait les fonctions de pasteur, est, depuis 1795, professeur d'arabe à l'université de Leipzig, et conservateur de la bibliothèque de cette université. Savant orientaliste et exégète hardi, on lui doit un grand nombre d'ouvrages utiles sur plusieurs parties des antiquités, de la critique et de la littérature de l'Orient, ainsi qu'un *commentaire* latin fort étendu sur les *principaux livres de l'Ancien Testament*, travail qui a le plus contribué à sa réputation, et qui n'est pas encore achevé. Il en avait paru jusqu'au mois d'août 1818, onze volumes, qui finissent aux petits prophètes. Il a encore donné en latin: *Zohairi carmen, templi meccani foribus appensum, nunc primum ex cod. Leidensi arabicè edit., lat. conversum et notis illustr.* Leipzig, 1792, gr. in-4°. — *Selecta quædam arabum adagia, nunc primum arabicè edita, lat. versa atque illustr.* ib., 1797, gr. in-4°. — *Abulfedæ Mesopotamia, arab. primum edita.* (dans le 3e. tome du *Répertoire bibl. et orient.* de M. Paulus). — *Commentatio de Pentateuchi versione persicâ*, gr. in-4°. Leipzig, 1814. Il a fait réimprimer et a enrichi de notes le *Hierozoïcon* de Bochart, 3 vol. in-4°. Leipzig, 1793-96. Les plus intéressants de ses écrits allemands, sont: I. *Manuel bibliographique de critique et d'exégèse bibliques*; 4 vol. Gœttingen, 1797-1800, in-8°. II. *Recueil et analyse des passages de l'Ecriture sainte, qui servent de preuves dans l'exposition des dogmes de la théologie chrétienne*; 1er. vol., Leipzig, 1795, gr. in-8°. La suite n'a pas paru. III. *Une grammaire et une chrestomathie arabes*, ib., 1799, in-8°. IV. *Histoire des prétendus envoyés de Dieu et fondateurs de sectes religieuses, parmi les mahométans* (dans le 2e. vol. des Mélanges, pour l'Hist. des religions, de M. Staeudlin, 1797). V. *Poésie des Arabes, avant Mohammed*, dans les suppléments à la Théorie des beaux-arts de Sulzer, vol. 5, 1798. Il a traduit et accompagné de notes *les Mœurs des Bédouins*, de d'Arvieux; *le Timon*, de Lucien; *l'épître de Saint Jacques*; les *suppléments à l'introduction de J. D. Michaelis, aux livres du N. T.* que M. Herbert Marsh a publiés (à Cambridge, en 2 vol. gr. in-4°.); Gœttingue, 2 vol. in-4°., 1795-1803. On imprime dans ce moment, à Leipzig, en latin, une *Grammaire de la langue sanscrite*, du même auteur. Il est l'aîné de trois autres fils de Jean-George Rosenmuller, tous connus par des écrits: 1°. Jean-Chrétien, né en 1771, professeur d'anatomie et de chirurgie à Leipzig, a donné la *Description des fossiles trouvés dans les cavernes de la principauté de Bayreuth*, en latin, Leipzig, 1794, in-4°.; en allemand, ib., 1795, in-8°.; et 1796, Erlang, grand in-folio, avec des gravures. *Organorum lacrymalium oculi humani descriptio anatomica*, Leipzig, 1797, in-4°. *Compendium anatomicum*, ib., 1816, in-8°. (C'est l'abrégé de son *Manuel d'anatomie*, publié en allemand, 2e. édition, ib., 1815, in-8°.). — 2°. Jean-Jérôme-Conrad, né en 1775 à Erlang: *Notices pour servir à l'histoire d'hommes-d'état et de jurisconsultes célèbres*, Hildburghausen, 1800, in-8°. *Vies de littérateurs célèbres du 16e. siècle*, Leipzig, 1800, in-8°. — 3°. Philippe, pasteur, né en 1776, a publié des Traductions, des Poésies, etc. Z.

ROSENSTEIN (NILS, ou NICOLAS DE), homme-d'état et écrivain suédois, né vers 1750, est fils du docteur Rosén de Rosenstein, connu par plusieurs ouvrages de médecine. Gustave III le nomma secrétaire d'ambassade à Paris, et le donna ensuite pour précepteur à son fils. Il fut question de l'éloigner de cette place après la mort de Gustave III; mais son élève demanda à le conserver. L'éducation étant achevée, M. de Rosenstein obtint une pension et fut revêtu de plusieurs charges. Il est maintenant secrétaire-d'état, commandeur de l'ordre de l'Etoile-polaire, secrétaire de l'académie suédoise, etc. On a de lui un ouvrage sur le *Progrès des lumières*, qui est très estimé en Suède; et il a eu une grande part aux travaux de l'académie suédoise pour perfectionner l'orthographe et la grammaire. C. E.

ROSILY-MESROS (Le comte FRANÇOIS-ÉTIENNE DE), est né à Brest le 13 janvier 1748. Son père était chef d'escadre commandant la marine du même port, et il embrassa de bonne heure la même carrière, dans laquelle il s'est distingué par de longs et utiles services. Embarqué à l'Ile-de-France en 1771, sur la *Fortune*, commandée par M. de Kerguelen, pour aller à Ceylan, il fut abandonné en pleine mer sur une chaloupe, et parvint à se rendre à la Nouvelle-Hollande. En 1773, il prit le commandement de la corvette l'*Ambition*, à bord de laquelle il partit encore des Iles de France pour les mers australes. Il revint en Europe l'année suivante, et fit un voyage en Angleterre, en Ecosse et en Irlande, où il visita les principaux ports; et il rapporta de ce voyage plusieurs objets utiles à la marine, entre autres les pompes à chaînes. En 1778, M. de Rosily commandant le lougre le *Coureur* sous les ordres de M. de la Clocheterie, attaqua à l'abordage le cutter l'*Alerte*, afin de l'empêcher de se joindre à l'*Aréthuse* contre la *Belle-poule* que commandait M. de la Clocheterie. Ce capitaine fit un rapport si honorable de ce dévouement, sans lequel il eût essuyé une attaque très inégale, que le Roi nomma M. de Rosily chevalier de St.-Louis, et lui donna le commandement de la frégate la *Lively*. En 1782, il passa dans l'Inde, et commanda la *Cléopâtre*, à bord de laquelle fut M. de Suffren, qui, dans les derniers combats de cette guerre, passa toutes les nuits sur cette frégate au milieu de l'escadre anglaise. Ce général lui donna ensuite une division composée de vaisseaux et de frégates. Depuis la paix de 1784, M. de Rosily fut encore employé dans la station de l'Inde; et, pendant plusieurs années, il en a parcouru toutes les mers comme celles de la Chine, toujours occupé de chercher des dangers pour les faire éviter aux autres. Revenu en France au commencement de la révolution, il fut nommé en 1795 directeur-général du dépôt de la marine et des colonies; et, depuis cette époque, il s'est occupé de la rédaction de ses cartes, qu'il a publiées sous le titre de *Supplément au Neptune de l'Inde*. On y remarque la *Mer-Rouge*, en trois feuilles, publiée en 1769. Elevé au rang de vice-amiral, le 22 septembre 1796, il n'a point cessé de servir depuis cette époque, sous la république et sous le gouvernement impérial. Depuis 1805 jusqu'en 1808, il commanda, avec le titre d'amiral, les forces navales réunies de France et d'Espagne; et dans le mois de septembre de cette dernière année, il essuya, dans la baie de Cadix, deux jours d'un combat très vif et fort inégal de la part de toutes les forces anglaises réunies. Il présida, en 1812, le conseil de guerre qui condamna le capitaine Saint-Cricq à trois ans de détention, et à être cassé et déclaré indigne de servir, comme coupable d'avoir, dans le combat livré le 20 mai 1811, abandonné la frégate la *Renommée*, par fausse manœuvre et irrésolution. Le vice-amiral de Rosily ayant adhéré aux événements de mars 1814, et prêté serment de fidélité au Roi, fut nommé, le 29 mai de cette année, membre de la commission chargée de vérifier les titres des anciens officiers de la marine, qui demandaient de l'emploi et des récompenses de leurs services. Il fit partie de la députation du bureau des Longitudes qui présenta au Roi son *Annuaire*, le 18 décembre 1814, et reçut de S. M. ce compliment flatteur qui était aussi adressé à M. de Rossel (*voy*. ce nom): « Messieurs, vous êtes également bons » à la plume et à l'épée. » M. le comte de Rosily est depuis long-temps directeur-général des cartes et plans de la marine; il a été nommé, le 27 mai 1816, associé libre de l'académie des sciences; et il a présidé en octobre 1818 le collége électoral du Finistère. S. S.

ROSMINI (CHARLES), savant biographe d'Italie, chevalier du saint empire, né d'une famille noble à Roveredo, en 1767, eut l'avantage de vivre dans sa première jeunesse avec la famille Vanetti, où le père, le fils, la mère même, cultivaient les lettres avec succès. Il avait lui-même fait tant de progrès dans l'étude, à l'âge de quinze ans, qu'en 1782 il écrivit sur l'opéra de Rezzonico, intitulé *Alessandro e Timoteo*, une lettre dans laquelle, traitant de la musique ancienne et moderne avec un grand sens et beaucoup de savoir, il indiqua les moyens de perfectionner le drame musical italien, selon que Rezzonico se l'était proposé. En 1786, il publia à Roveredo des *Considérations sur deux opuscules de d'Alembert, relatifs à la poésie;* et ces *Considérations*, bien qu'elles fussent d'un jeune homme, annonçaient une profondeur de pensée qui donnait les plus grandes espérances. *La Vie d'Ovide*, en 2 vol., qu'il publia à Ferrare en 1782, vint justifier ces espérances. Dans cet ouvrage, fruit d'une longue étude et de nombreuses recherches, les écrits du poète sont examinés et appréciés avec beaucoup de goût; et la question des motifs de son exil y est discutée et résolue avec une sagacité fort remarquable. Rosmini publia ensuite la *Vie de Christophe Baretti*, comme pour servir d'introduction à l'histoire des écrivains de Trente et de Roveredo, qu'il se proposait d'écrire. Cette dernière Vie ne fut imprimée que dans la *Biblioteca universale*, espèce de recueil que l'abbé Zola publiait à Pavie, en 1792. Trois ans après, Rosmini fit imprimer une *Vie de Sénèque* (Roveredo, 1815, in-8°.); et, dans la même ville, parurent, en 1798, des *Mémoires du même auteur, sur la Vie et les études de Clément Bavoni Cavalcabò* (in-8°.). Ce qui contribua le plus à procurer à Rosmini une grande réputation de savoir bibliographique, fut son ouvrage sur le célèbre Victor de Feltri et ses disciples. Il parut à Bassano, en 1801, sous ce titre : *Idea dell' ottimo precettore nella vita e disciplina di Vittori di Feltre e di suoi discepoli*, 4 vol. in-8°. Quoiqu'on eût déjà quatre *Vies* de ce maître fameux, qui contribua tant à faire refleurir les bonnes études aux 15e. et 16e. siècles, celle de Rosmini l'emporte sur toutes les précédentes, non seulement par son étendue, mais encore par l'exactitude et par les connaissances accessoires qu'on y trouve. En 1801, il ajouta encore à sa réputation, par la *Vie* qu'il publia d'un autre maître célèbre du 15e. siècle, *Guarino Veronese* (Brescia, 3 vol. in-8°.). En 1808, Rosmini mit au jour une *Vita di Francesco Filelfo* (Milan, 3 vol.). En 1815, il a donné au public, en italien, l'*Histoire des entreprises et de la vie du général Jean-Jacques Trivulzio, dit le Grand* Milan, 2 tom. in-4°.); ouvrage très important, parce qu'il renferme des notices fort circonstanciées sur les hommes et les choses du temps où vécut ce grand capitaine. L'auteur n'a obtenu ces notices qu'en fouillant dans les archives et les principales bibliothèques de l'Italie et du reste de l'Europe, notamment de Paris. Cette histoire n'a cependant pas été à l'abri de toute critique en Italie. Les puristes ont prétendu y trouver quelques taches dans le style. Le plus grave reproche qu'on lui ait fait, est celui d'une prévention officieuse en faveur de la famille des Trivulce. Malgré ces légères taches, on regarde M. Rosmini comme le digne successeur du Serrario, et comme le premier des biographes actuels de l'Italie. N.

ROSSE (LAURENCE PARSONS, comte DE), baron Oxmantown, adjoint au directeur-général des postes, conseiller-privé en Irlande, gouverneur du comté de King, membre de l'académie royale d'Irlande, est né le 21 mai 1758. Il s'est extrêmement distingué dans la chambre des communes d'Irlande, ce qui lui a fait obtenir différents emplois, et en dernier lieu la pairie d'Irlande. On a de lui : *Observations sur l'état actuel du cours (currency) de la Banque d'Angleterre*, 1811, in-8°. Z.

ROSSÉE (JEAN-FRANÇOIS-PHILIBERT), né le 16 décembre 1745 à Belfort, y était, à l'époque de la révolution, avocat au conseil-souverain d'Alsace, et bailli de différentes seigneuries. Il devint procureur-syndic du district, ensuite agent national, et fut élu en 1796, par le département du Haut-Rhin, au conseil des anciens. Il s'y attacha au parti directorial, fit des rapports sur différents objets, et fut nommé secrétaire le 20 février 1796. Le 8 février 1797, il développa les motifs qui l'avaient porté à voter l'établissement d'un journal tachygraphique, parla, peu de jours après, en faveur de la résolution qui assujettissait les électeurs au serment de haine à la royauté; tenta, mais vainement, à l'approche du 18 fructidor (4 septembre 1797), d'opérer une réconciliation entre le directoire et les conseils, et démontra les dangers qui résultaient de leurs divisions. Il fit approuver ensuite toutes les mesures prises contre les journalistes, et fut élu président le 21 novembre. Il contribua aussi au rétablissement de la contrainte par corps en matière civile, vota contre l'impôt sur le tabac, sortit du conseil le 20 mai 1799, passa à la cour de cassation, et fut porté, en décembre, au nouveau corps-législatif. En 1804, il reçut la croix de la Légion-d'honneur, fut nommé trésorier de la 5e. cohorte, sortit peu après du corps-législatif, et y fut appelé de nouveau en septembre 1806, puis en 1811. Le 10 juin de cette même année, il devint l'un des présidents de chambre à la cour impériale de Colmar, et il exerçait encore les mêmes fonctions à la cour royale de cette ville en 1815, lorsqu'il fut remplacé. Il a siégé à la chambre des représentants convoquée par Buonaparte en 1815, à laquelle il avait été appelé par le département du Haut-Rhin. B. M.

ROSSEL (Élisabeth-Paul-Edouard de), fils d'un lieutenant-colonel des carabiniers, né à Sens le 11 septembre 1765, fut reçu de bonne heure au collége de la Flèche, comme élève du Roi, et entra dans la marine en 1780. Il fit, en qualité de garde-marine, les campagnes de 1781 et 1782 dans les Antilles, sur l'escadre du comte de Grasse, et il assista à tous les combats qu'elle livra aux Anglais. Il fit encore une campagne sur une frégate dans les mêmes parages, et revint sur les côtes de France après la paix de 1783. Il fut nommé lieutenant de vaisseau, et partit en 1785 avec M. d'Entrecasteaux pour les Indes orientales, d'où il ne revint qu'à la fin de juillet 1789. Au mois de septembre 1791, M. de Rossel quitta de nouveau les ports de France, pour aller, sous les ordres de M. d'Entrecasteaux, à la recherche de Lapérouse, avec les frégates la *Recherche* et l'*Espérance*. Il fut embarqué comme capitaine de pavillon sur la *Recherche*, suivit M. d'Entrecasteaux, devenu contre-amiral (*Voyez* Entrecasteaux, dans la *Biographie universelle*), dans tout le cours de sa longue navigation, et lui succéda dans le commandement, après sa mort et celle de M. d'Auribeau, en 1795. Les deux frégates avaient alors abordé à l'île de Java. Leurs équipages s'y révoltèrent à la nouvelle des événements survenus en Europe, et M. de Rossel se vit contraint de s'embarquer sur un vaisseau de la compagnie hollandaise. Ayant été pris par les Anglais au nord des îles Shetland, il fut conduit à Londres, où il resta jusqu'à la paix d'Amiens, en 1802, occupé uniquement du soin de recueillir et de mettre en ordre les matériaux de son voyage, dont il a publié la relation à Paris, en 1809, sous le titre de *Voyage de d'Entrecasteaux, envoyé à la recherche de Lapérouse*, 2 vol. in-4°., atlas in-fol. (*Voy.* Beautemps-Beaupré, 1, pag. 254), avec ses propres observations. Cet ouvrage, parfaitement accueilli du public, le fut également des savants, et l'auteur fut nommé, en 1811, membre du bureau des Longitudes, à la place de M. de Fleurieu, son ancien ami; l'année suivante, il succéda à Bougainville dans la section de Géographie et de Navigation de la première classe de l'Institut. Ce dernier l'avait souvent désigné pour cette place. M. de Rossel fut nommé directeur-adjoint du dépôt de la marine en 1814. Il est chevalier de Saint-Louis depuis 1792. On a encore de lui: I. *Mémoire sur l'état et les progrès de la navigation*, lu à la séance générale des quatre Académies. (Inséré dans les *Mémoires de l'Institut*). II. *Traité des calculs de l'astronomie nautique*, imprimé à la suite de l'*Astronomie physique* de M. Biot. III. Plusieurs articles dans la *Biographie universelle*, entre autres ceux de Christophe Colomb, Cook, Entrecasteaux, etc.; enfin l'article Courants, dans le *Nouveau Dictionnaire d'histoire naturelle*. D.

ROSSET, fils d'un libraire de Lyon, avait établi dans cette ville une fabrique considérable de papiers peints, lorsqu'il se lia vers la fin de 1816, avec divers agents du parti révolutionnaire, entre autres le fameux Paul Didier, qui périt ensuite à Grenoble. Les factieux se réunirent plusieurs fois dans sa maison de campagne afin d'y délibérer sur les moyens de renverser le gouvernement royal; mais le général Maringonné, commandant de place, en ayant été instruit, l'ordre fut donné d'arrêter M. Rosset. Des agents de police soutenus par la force armée, s'étant transportés à son domicile, il se retrancha dans le fond de sa maison, lança sur les assaillants de l'huile de vitriol, et résista ainsi pendant plus de deux heures. Obligé enfin de se rendre, il fut traduit devant la cour prévôtale, qui le condamna à un emprisonnement de plusieurs années. On le transféra quelques mois plus tard au château d'If, d'où l'on a annoncé qu'il s'était évadé au commencement de 1818, et qu'il avait passé en Amérique. D.

ROSSI (Jean-Bernard de), laborieux orientaliste, curieux bibliographe, et l'un des plus savants hébraïsants de nos jours, est né à Castel-Nuovo, au diocèse d'Ivrée, en Piémont, le 25 octobre 1742. Dès ses premières études, il se montra passionné pour le travail, et sitôt qu'un bon livre lui tombait sous la main, il ne manquait pas d'en faire des extraits, qu'il conservait avec soin. Il ne se délassait de ses travaux classiques que par d'autres études, en apprenant le dessin et s'occupant à tracer des cadrans solaires. Destiné à l'état ecclésiastique, il se rendit à Turin, pour y suivre les cours de théologie, et, suivant les règlements de l'université, il dut y suivre la classe d'hébreu. Les progrès étonnants qu'il y fit en peu de temps déterminèrent sa vocation. Il n'y avait pas six mois qu'il avait commencé cette étude, lorsqu'il fit imprimer (1764), en vers hébraïques d'un mètre fort difficile, un assez long poème en l'honneur de M. de Rorà, qui venait d'être nommé à l'évêché d'Ivrée. Ayant reçu, en 1766, le doctorat et la prêtrise, il ne fut plus assujetti aux cours de l'université. Il dirigea lui-même son plan de travail, et ses progrès n'en furent que plus rapides. Il apprit, sans maître, l'hébreu sans points, le rabinique, le chaldaïque, l'arabe et le syriaque, et il dédia en 1768 à M. de Rorà, nommé archevêque de Turin, ses *Carmina orientalia*, qu'il fit imprimer à ses frais, en faisant graver en bois les caractères orientaux qui manquaient à l'imprimerie royale. La suite de ses travaux philologiques ne lui permit pas de se borner aux langues orientales proprement dites; il crut devoir y joindre l'étude de la plupart des langues vivantes, et il rédigea pour son usage des grammaires anglaise, allemande, russe, etc. Cette infatigable activité, dont il donnait des preuves en composant des vers ou autres pièces en langues orientales, dans toutes les occasions importantes, fut récompensée en 1769. Il obtint, sans l'avoir demandé, un emploi au Musée qui dépend de la bibliothèque royale de Turin, réunie à l'université. À la même époque, le duc de Parme voulant donner un grand éclat à l'université qu'il venait de fonder dans sa capitale, ne négligeait rien pour y attirer des professeurs du premier mérite, et le jeune abbé De Rossi fut appelé pour y remplir la chaire de langues orientales, avec des conditions fort avantageuses. Il s'y rendit, avec l'agrément de son souverain, et continua pendant quarante ans, avec le plus grand succès, à se livrer à ce pénible enseignement. Le célèbre imprimeur Bodoni, son compatriote, ayant établi à Parme une fonderie de caractères qui égalait au moins ce que l'on connaissait de plus beau en ce genre dans le reste de l'Europe, M. de Rossi put étaler d'une manière plus brillante son érudition dans la polygraphie orientale. Lors du baptême du prince Louis de Parme, en 1774, il publia vingt inscriptions en caractères exotiques, tous fondus et gravés par Bodoni; et cet essai fut si bien reçu que l'année suivante, lors du mariage du prince de Piémont (*voyez* Charles-Emanuel IV, II, 130), il fit paraître ses *Epithalamia exotica*, regardés encore aujourd'hui comme un des chefs-d'œuvre de l'art typographique, et auquel, pour la difficulté de la composition, on ne pouvait peut-être comparer alors que le *Monumentum romanum*, fait en l'honneur de Peiresc, avec la différence que ce dernier était le fruit du travail combiné d'un grand nombre de savants, au lieu que les *Epithalamia* sont entièrement l'ouvrage de l'abbé De Rossi, à l'exception des dédicaces latines qui sont de Paciaudi. Le docteur Kennicott s'occupait alors, à grands frais, de son immense travail du Recueil des variantes du texte hébreu de la Bible. (*Voy.* Kennicott, dans la *Biographie univers.*, XXII, 395). Le professeur De Rossi, qui avait déjà formé pour ses propres études, une collection de manuscrits de ce genre, plus nombreuse que celles que présentent les premières bibliothèques de l'Europe, et qui ne cessait de l'enrichir de jour en jour, voulut montrer qu'on pouvait encore aller, en ce genre, plus loin que le savant anglais. Il fit en 1778 le voyage de Rome, y demeura trois mois, et recueillit dans les plus riches bibliothèques de cette capitale une immense quantité d'importantes variantes qui avaient échappé aux collaborateurs de Kennicott. Il poussa cette entreprise avec une ardeur infatigable, et fit paraître, le 3 janvier

1782, le programme de ses *Variæ lectiones Veteris Testamenti*, le seul de ses ouvrages qu'il ait publié par souscription. L'ouvrage fut terminé en 1788, et il y joignit un Supplément en 1798. Cet immense travail, et les nombreux ouvrages qu'il avait composés sur l'histoire de la typographie hébraïque, avaient fait connaître à l'Europe la richesse de son cabinet en manuscrits de la Bible, et en éditions hébraïques du 15e. siècle. Elle était au point qu'il avait jusqu'à cinq exemplaires de telle édition dont les Anglais se vantaient de posséder le seul qui existât. L'empereur, le roi d'Espagne, le pape Pie VI, lui firent faire les propositions les plus avantageuses pour acquérir une collection si précieuse. Le duc Charles de Wurtemberg, surtout, qui n'épargnait aucuns frais pour former une collection absolument complète de toutes les Bibles, lui fit faire à ce sujet les plus vives instances. Tout fut inutile; M. de Rossi voulait achever quelques travaux qu'il avait eu vue, et publier lui-même le catalogue raisonné des manuscrits, puis des imprimés de sa précieuse collection: il aurait d'ailleurs vu avec peine ce trésor littéraire sortir de l'Italie. Mais, au bout de quelques années, la révolution et la guerre qui en fut la suite, changèrent les dispositions des souverains. L'abbé De Rossi se vit associé aux académies de Turin, de Cortone, etc. Il avait refusé la chaire de langues orientales à Pavie, et la place de bibliothécaire à Vienne et à Madrid. Il obtint sa retraite en janvier 1809, avec la lettre la plus honorable du grand-maître de l'université; et, cinq ans après, le Piémont ayant été rendu à son ancien souverain, on offrit à l'ex-professeur la place de conservateur de la bibliothèque royale à Turin, et il vendit sa bibliothèque à la duchesse de Parme. Voici la liste de ses principaux ouvrages: I. *Della Lingua propria di Cristo e degli Ebrei nazionali della Palestina*, Parme, 1772, in-4°., contre Diodati qui avait prétendu, en 1767, prouver que le grec était la langue vulgaire de J.-C. et des apôtres. II. *Della vana aspettazione degli Ebrei del loro Re Messia dal compimento di tutte le epoche*, ibid., 1773, in-4°. Cet ouvrage fut attaqué; l'auteur répondit avec modération, et ce fut la seule dispute littéraire qu'il ait eu à soutenir pendant sa longue et brillante carrière. III. *Epithalamia exoticis linguis reddita, in nuptiis aug. principis Car. Emman. et Mar. Adel. Clotild.*, ibid., 1775, grand in-folio. Nous avons parlé plus haut de ce chef-d'œuvre typographique, qui valut à l'auteur une médaille d'or, et à l'imprimeur des récompenses plus solides de la part du roi de Sardaigne. IV. *De hebraïcæ typographiæ origine ac primitiis, seu antiquis ac rarissimis hebraïcorum librorum editionibus sec. xv*, ib. 1776, in-4°. V. *De Typographia hebraïco-Ferrariensi*, ibid., 1780, in-8°. VI. *Annali ebreo-tipografici di Sabioneta*, ibid., 1780, in-4°.; traduit en latin, avec quelques additions, Erlang, 1783, in-8°. VII *Specimen variarum lectionum sacri textus et chaldaïcæ Estheris additamenta*, etc. (*V.* Esther, dans la *Biog. univ.* XIII, 385). VIII. *De ignotis nonnullis antiquissimis hebraici textus editionibus*, etc. Erlang. 1782, in-4°. C'est un supplément à l'édition de la *Bibliotheca sacra* de Lelong, donnée par Masch. IX. *Variæ lectiones veteris testamenti, ex immensa mss. editorumque codicum congerie haustæ, et ad samaritanum textum, ad vetustissimas versiones*, etc., *examinatæ, cum prolegomenis, clavi codicum*, etc., ibid., 1784—88, 4 vol. in-4°. avec un supplément (*scholia critica*, etc.), donné en 1798. Le nombre des manuscrits collationnés pour cet immense travail s'élève à 1260, dont 710 font partie de la bibliothèque de l'abbé De Rossi. X. *Annales hebræo-typographici sec. xv*, ibid., 1795, in-4°. de 24 et de 184 pages, avec une suite (de 1501 à 1540), ibid., 1799, in-4°. de 72 pages. La typographie hébraïque n'a été établie dans le 15e. siècle que dans quatorze villes, dont dix sont en Italie; il en est sorti 86 éditions, dont 35 sans date; l'auteur les décrit toutes avec détail par ordre chronologique, depuis 1475, où l'on connaît une édition hébraïque de Reggio en Calabre. Soixante-sept autres éditions, citées par divers bibliographes, sont fausses ou suspectes. De 1501 à 1540, l'auteur compte 294 éditions avec date, 49 sans date, et 185 citées à tort ou sans preuves suffisantes. XI. *Bibliotheca judaïca antichristiana, quâ editi et inediti judæorum adversùs christianam religionem libri recensentur*, ibid., 1800, in-8°.; bibliographie d'autant plus curieuse que les livres qui en sont l'objet sont très rares, les juifs les cachant avec un soin extrême aux chrétiens. XII. *Dizionario storico degli autori ebrei e delle loro opere*, ibid., 1802, 2 vol. in-8°.; ouvrage important, parce qu'on y trouve l'indication de manuscrits ou d'anciennes éditions, inconnus à Bartolocci et à Wolf. XIII. *Dizionario storico degli autori arabi più celebri e delle principali loro opere*, ibid., 1807, in-8°. Quoique bien abrégé, ne contenant que les auteurs principaux, ce dictionnaire et le précédent seraient très commodes si les noms hébreux et arabes, traduits et travestis par l'orthographe italienne, n'étaient pas souvent rendus méconnaissables pour les étrangers. Dans le dernier, il n'y a d'ailleurs rien qui ne soit tiré d'ouvrages imprimés : on trouve à la suite la liste complète des ouvrages que l'abbé De Rossi avait publiés jusqu'alors, au nombre de 33. XIV. *Mss. codices hebraïci bibliothecæ J. Bern. de Rossi, accurate descripti et illustrati. Accedit appendix mss. codic. aliarum linguarum*, ibid., 1803—4, 3 vol. in-8°. Le nombre total des manuscrits de cette riche collection s'élève à 1571, dont 1377 sont hébreux. XV. *Synopsis institutionum hebraïcarum*, ibid., 1807, in-8°. XVI. *Perbrevis anthologia hebraïca*, idem. On n'y trouve que l'éloge de la sagesse (tiré des Proverb.) et des extraits de l'histoire du patriarche Joseph. XVII. *I Salmi di Davide tradotti dal testo originale*, ibid., 1808, in-12. XVIII. *Annali hebræo-tipografici di Cremona*, ibid., 1808, in-8°. de 24 pag. L'auteur y décrit 40 éditions, de 1556 à 1586, outre deux sans date et dix fausses ou suspectes. XIX. *L'Ecclesiaste di Salomone tradotto dal testo orig.*, ibid., 1809, in-12. XX. *Scelta di affettuosi sentimenti, tirati da' Salmi*, ibid., 1809, in-12. XXI. *Memorie storiche sugli studi e sulle produzioni del dottore G. Bern. de Rossi, da lui distese*, ibid., 1809, in-8°. de 112 pages. A la suite de cette intéressante biographie, l'auteur donne la liste de ses ouvrages inédits, au nombre de 81, dont plusieurs étaient entièrement terminés depuis long-temps. XXII. *Dell' origine della stampa in tavole incise, e di una antica e sconosciuta edizione xilografica*, ibid., 1811, in-8°. de 12 pages. L'édition xilographique ou en taille de bois qu'il décrit dans cet opuscule, est celle d'une petite description (en allemand) des stations et indulgences des sept églises de Rome, qu'il avait dans son cabinet; in-8°. ou in-12, de 48 feuillets, imprimés des deux côtés, sans date, ni réclames, ni signatures, mais qui paraît avoir été imprimée ainsi, en planches solides, peu avant le jubilé de 1450. Les pages sont de 19, 20 ou 21 lignes, et l'encre est très noire et faite à l'huile, car elle résiste à l'eau-forte. Le caractère d'ailleurs ressemble beaucoup à celui de la Bible des pauvres, décrite par Heineken, pag. 323, et les capitales étaient laissées en blanc pour être historiées en miniature; le papier n'offre aucune trace de marque de fabrique. XXIII. *Compendio di critica sacra, dei difetti e delle emendazioni del sacro testo e piano d'una nuova edizione*, Parme, 1811, in-8°. de 40 pag.; ouvrage savant et curieux. XXIV. *Libri stampati di litteratura sacra ed orientale della biblioteca del dottore G. Bern. de Rossi, divisi per classe e con note*, ibid., 1812, in-8°. de 84 pages. Cette curieuse bibliographie est terminée par la liste de 53 manuscrits acquis depuis l'impression du catalogue publié en 1804, ce qui en porte le nombre total à 1624, dont 1430 en hébreu. On voit avec surprise que dans une si riche collection de bibles imprimées, il ne se trouve pas la polyglotte de Lejay, et qu'il n'y ait que le psautier de celle de Ximénès. Parmi les ouvrages inédits de M. de Rossi, nous indiquerons seulement : 1°. *Fasciculus rariorum librorum phiollogiæ sacræ et orientalis*. — 2°. *Nova institutio epistolaris hebraïca*, servant de supplément au recueil de Buxtorf. — 3°. *Corpus judaicorum scriptorum antichristianorum cum latinâ versione ac notis*, recueil moins volumineux, mais plus exact que le *Tela ignea satanæ* de Wagenseil. — 4°. *Introduzione alla notizia de' libri rari*. — 5°. *Bibliotheca orientalis*, indiquant tous les livres orientaux imprimés. Cet important travail n'a pas été terminé. — 6°. *Supplementa ad hebraïcam Wolfii Bibliothecam*. — 7°. *Annales græco-typographici sec. XV*, contenant la description raisonnée des 39 éditions grecques imprimées avant 1500. — 8°. *Bibliotheca anti-judaïca*, servant de supplément à ce que Wolf a donné sur ce sujet dans sa *Biblioth. hebr.*, et de pendant au n°. xi ci-dessus. — 9°. *Biblioteca de' libri contro degl' increduli*. — 10°. *Specimen hebraïcæ palæographiæ ex antiquioribus mss. uncis codicibus*, recueil précieux sur lequel on peut voir les *Annal. littér.* d'Helmstadt, de 1787, vol. ii, pag. 112. — 11°. *Dizionario bibliografico de' libri rari orientali*, in-4°. T.

ROSSI (PELLEGRIN), né à Carrare en 1787, fit ses études au collége de Corrégio, dans les états de Modène, et y fut élevé au grade de docteur en droit à l'âge de dix-neuf ans. Les idées de la révolution sourirent à sa jeunesse; et la faveur qu'il obtint sous le gouvernement de Buonaparte dans le royaume d'Italie, le fit parvenir en 1807 à l'office de secrétaire du procureur royal près la cour d'appel de Bologne. En 1810, il entra décidément dans la carrière du barreau; mais il préféra la chaire de droit civil au lycée de Bologne, à laquelle il fut promu en 1812; et deux ans après il passa à celle du droit criminel dans l'université de cette ville. Sur ces entrefaites, il fut décoré, par le roi Murat, de son ordre des Deux-Siciles; et il devint ensuite un des membres de la commission formée par le vice-roi d'Italie, pour organiser le nouveau système judiciaire dans la Romagne. Après la chute de Buonaparte, il resta sans emploi, et embrassa avec ardeur le parti du roi Murat, lorsque celui-ci s'avança, en avril 1815, pour envahir l'Italie septentrionale. Ce roi de fortune le fit son commissaire civil dans les départements du Reno, du Rubicon, du Bas-Pô et du Tanaro, dont il s'était déjà rendu maître. Le commissariat de Rossi ne fut pas de longue durée. L'armée autrichienne ayant donné la chasse à Murat, Rossi fut obligé de fuir, et il se réfugia en Angleterre, où il a publié un ouvrage de jurisprudence, et il continue d'y faire son séjour. — ROSSI (LE COMTE DE), ministre plénipotentiaire et ambassadeur du roi de Sardaigne, fut un des signataires de la Déclaration ou Profession de foi politique des quatre grandes puissances, du 13 mars 1815. Il résidait encore à Vienne avec le même titre en 1818. — M. J. ROSSI-AMATIS de Savillan, a publié à Turin : I. *Bibliothèque italienne* (avec MM. Vassali, etc.), 1803, in-8°. II. *Mesure géométrique des corps*, 1804, in-8°. III. *Lettre de M. L. Rossi sur deux inscriptions runiques trouvées à Venise*, 1805, in-8°. N.

ROSTAING (LE chevalier DE), ancien capitaine de cavalerie, s'enrôla en 1793 sous les drapeaux des royalistes dans la Vendée, et fit partie de l'armée de Stofflet. Au mois d'octobre, il voulut, à la tête des royalistes en désordre, tenter le passage de la Loire. Attaqué par Merlin de Thionville, il ne gagna le bord du fleuve qu'avec peine, et en abandonnant plusieurs pièces de canon. Il fut nommé général divisionnaire en novembre 1793. A l'attaque de Mulans par l'armée de Charette, en 1794, il commandait la cavalerie angevine. Quatre chasseurs républicains s'attachèrent à lui au fort de la mêlée; il en blessa un d'un coup de sabre, fut renversé de son cheval par l'autre, l'entraîna avec lui, et le tua; coupa ensuite les jarrets au cheval du troisième, tandis que le quatrième fut terrassé par un officier royaliste. Le chevalier de Rostaing sortit de ce glorieux combat avec une légère blessure. Il se sépara de l'armée après la déroute du Mans, pour se joindre aux royalistes dans la forêt de Gavre. Il commandait la cavalerie de Stofflet au mois de février 1795, lorsque le conseil de ce général se rassembla pour délibérer sur le traité de pacification, et il fit un discours qui entraîna tous les avis à la paix. Peu après, il voulut se réunir à Charette; mais Stofflet le fit arrêter. Depuis cette époque, il a vécu retiré à Tours. En septembre 1816, il a été promu au grade de maréchal-de-camp en retraite. S. S.

ROSTAING (HENRI-PAULIN, marquis DE), d'une ancienne famille du Dauphiné, né le 12 septembre 1770, fut nommé, le 13 septembre 1785, officier au régiment de Rouergue infanterie, et fit, en 1791, une campagne en Amérique, dans l'armée de M. de Beague, pour soumettre la Martinique. Il émigra en 1792, et servit avec distinction sous les ordres du duc de Bourbon. De retour en France, il resta sans emploi sous le gouvernement impérial. Il offrit au maire de Valence, en 1815, des hommes qu'il avait enrôlés à ses frais, pour aller se ranger avec eux sous les drapeaux de MONSIEUR, à Lyon. A l'arrivée à Valence du duc d'Angoulême, il fit tous ses efforts pour électriser la garde nationale, dans laquelle il était officier. — ROSTAING

(Antoine-Marie-Romain-Sigismond, comte DE), frère du précédent, né le 14 novembre 1771, fut aussi officier dans le régiment de Rouergue en 1791, et passa à la Martinique; il émigra en 1792, et servit comme son frère dans l'armée du duc de Bourbon. Rentré en France, en 1801, il trouva ses biens vendus, et fut un des premiers, en 1814, à arborer la cocarde blanche à Valence, dont les habitants le députèrent, en sa qualité d'officier de la garde nationale, pour porter aux pieds du Roi les assurances de leur dévouement. Il seconda de tous ses efforts le mouvement royaliste qui se manifesta à Valence en 1815, lorsque le duc d'Angoulême y entra avec son armée. — ROSTAING (Le baron DE), inspecteur aux revues, chef de la 2e. division au ministère de la guerre, était employé en 1814 dans la 7e. division, où il fit briller son zèle pour la cause des Bourbons; ce qui le fit destituer par Buonaparte, à l'époque du 20 mars 1815. Au mois de novembre de la même année, une ordonnance du Roi le nomma à la place de M. Fririon, chargé de la division du recrutement et de l'inspection des troupes. Une autre ordonnance, du mois de février 1816, lui conféra le titre de baron. S. S.

ROSTOPCHIN (Le comte FEDOR), lieutenant-général d'infanterie russe, descend d'une ancienne famille de Russie qui n'avait cependant rempli avant lui aucun poste distingué. Son père vivait encore retiré dans ses terres, âgé de quatre-vingt-un ans, à l'époque de la guerre de 1812. Le comte Rostopchin se décida de bonne heure pour le parti des armes, et à l'âge de vingt-un ans il était lieutenant dans la garde impériale. Il quitta alors la Russie pour voyager, et résida quelque temps à Berlin où il était encore en 1778. L'esprit et la vivacité du jeune Rostopchin plurent au comte Romanzow, frère du ministre des affaires étrangères qui était alors ambassadeur à Berlin. Sous le règne de Paul Ier. son avancement fut aussi rapide que brillant. Il fut décoré du grand ordre de Russie et fait comte ainsi que son père. Mais bientôt après ils tombèrent l'un et l'autre en disgrâce pour des raisons inconnues, et eurent ordre de se retirer sur leurs terres où ils vécurent en simples cultivateurs. La mort de Paul Ier. termina leur retraite, et le comte Rostopchin rentra en faveur sous Alexandre. Il était chargé du gouvernement de Moscou, lorsque les Français parurent sous ses murs en 1812. Le 11 septemb., veille de l'arrivée de l'empereur Alexandre, il adressa à la garnison la proclamation suivante : « Frères !
» notre armée immense défendra la pa-
» trie au péril de sa vie. Empêchons l'en-
» nemi perfide d'entrer à Moscou. Ne
» pas seconder les nôtres de toutes nos
» forces serait un crime : Moscou est
» notre mère. Elle vous a nourris ; c'est
» d'elle que vous tenez vos richesses. Je
» vous appelle, au nom de la mère du
» Sauveur à la défense des temples du
» Seigneur, de la ville de Moscou et de
» toute la Russie. Armez-vous, comme
» il vous sera possible, cavaliers et fan-
» tassins. Prenez du pain pour trois jours;
» rassemblez-vous sous la bannière de
» la croix, et rendez-vous au plutôt sur
» les trois montagnes. Je serai avec vous,
» et nous exterminerons le perfide.
» Gloire à ceux qui seront au combat.
» La patrie reconnaissante conservera la
» mémoire de ceux qui mourront pour
» elle. Ceux qui seront de mauvaise vo-
» lonté, en recevront le châtiment au
» jugement dernier. » Le 12 il se rendit auprès du prince Koutousoff, général en chef de l'armée russe, en annonçant ainsi la nouvelle de son départ : « Je
» pars pour prendre ou exterminer nos
» ennemis. Nous enverrons au diable ces
» hôtes, et nous leur ferons rendre l'âme.
» Je reviendrai pour le dîner, et nous
» mettrons la main à l'œuvre pour ré-
» duire en poudre les perfides. » Le 14 septembre à midi, suivant le 19e. bulletin, les Français entrèrent à Moscou. Le même jour, suivant le 20e. bulletin, les Russes mirent le feu à plusieurs édifices publics de cette grande ville. Buonaparte n'a cessé dans ses rapports officiels d'accuser de ce désastre le comte Rostopchin, et dans l'amertume de son ressentiment, il lui a prodigué les noms de *misérable*, de *nouveau Marat*. S'il faut l'en croire, des forçats libérés, des bandits de toute espèce mirent à-la-fois le feu dans cinq cents endroits différents par ordre du gouverneur, qui en avait emmené toutes les pompes ; et les incendiaires arrêtés ont déclaré qu'ils agissaient par ordre de ce gouverneur. A Voronovo, dit le 23e. bulletin, le comte Rostopchin mit le feu à sa maison de campagne et laissa l'écrit suivant attaché à un poteau : « J'ai embelli pendant huit

» ans cette maison de campagne, et j'y
» ai vécu heureux au sein de ma famille.
» Les habitants de cette terre, au nom-
» bre de 1720, la quittent à votre ap-
» proche, et je mets le feu à ma maison
» afin qu'elle ne soit pas souillée par votre
» présence. Français, je vous ai aban-
» donné mes deux maisons de Moscou
» avec des meubles valant un demi mil-
» lion de roubles; ici vous ne trouve-
» rez que des cendres. » Entre autres
imputations que la fureur de Buonaparte lui a encore suggérées dans ses
bulletins, il va jusqu'à prêter au gouverneur de Moscou le projet absurde
d'avoir voulu faire un ballon qu'il lan-
cerait plein de matières incendiaires sur
l'armée française. Au reste, une profonde
obscurité enveloppe encore les causes
et les auteurs de l'incendie de Moscou. Ce
qu'il y a de sûr, c'est qu'un événement
aussi imprévu dérangea tous les projets
de Buonaparte et prépara les désastres
qui signalèrent sa retraite. Le général
Rostopchin conserva le gouvernement
de Moscou jusqu'au mois de septembre 1814; à cette époque il donna sa
démission et accompagna à Vienne l'empereur Alexandre. En 1817 il est venu
à Paris, où il paraît avoir l'intention
de fixer désormais son séjour; et l'on
n'y a pas vu sans quelque étonnement,
dans celui que l'on s'était efforcé de
représenter comme un féroce Vandale,
l'un des hommes les plus polis et les plus
spirituels de nos temps. — Son fils, capitaine dans la garde impériale russe, fit
les campagnes de 1813, 1814 et 1815, et
fut nommé chevalier de St.-Léopold par
l'empereur d'Autriche, en récompense
de la bravoure qu'il y avait déployée. C.C.

ROTHEMBOURG (Le baron HENRI), lieutenant-général, né le 6 juillet 1769, entra au service pendant la révolution, dont il fit plusieurs campagnes, devint chef de bataillon de la garde impériale, et fut nommé colonel du 108e. régiment, le 20 octobre 1806, à la suite de la bataille de Iéna. Promu au grade de général de division, le 20 novembre 1813, il commanda la jeune garde pendant la campagne de 1814, fut nommé cheva-lier de Saint-Louis le 27 juin, ins-pecteur-général d'infanterie, et grand-officier de la Légion-d'honneur le 14 fé-vrier 1815. Il avait été chargé au mois de juillet 1814 d'organiser, au Quesnoy, le régiment de Condé, formé du 8e. de ligne, du 3e. bataillon des tirailleurs, des grenadiers de la vieille garde, etc. Il fut employé, pendant les cent jours, dans le 2e. corps d'observation de la 6e. division d'infanterie, se retira ensuite sur la Loire avec l'armée, et fut admis à la retraite le 9 septembre 1815. S. S.

ROUAULT (J.-Y) était avocat à l'é-poque de la révolution, et fut député du Morbihan à la Convention, où il vota la réclusion de Louis XVI pendant la guerre, contre l'appel et pour le sursis. Ayant signé la protestation du 6 juin 1793, contre la tyrannie de la Montagne, il fut un des soixante-treize députés incarcérés sous Robespierre, et réintégrés après sa chute. Il passa ensuite au conseil des cinq-cents, et en sortit en mai 1797. En 1800, il a été appelé à présider le tribunal civil de Ploërmel, fonctions qu'il remplissait en-core en 1818. C. C.

ROUBAUD, médecin au commence-ment de la révolution, en embrassa la cause et fut nommé, en 1790, adminis-trateur de son département. Élu en 1792 député du Var à la Convention nationale, il y vota la mort de Louis XVI, sans ap-pel et sans sursis. Ce fut la seule fois qu'il parut à la tribune. Il ne passa pas aux conseils législatifs après la session, et retourna dans son département, où il continua d'exercer son art. Il a quitté la France en 1816, comme régicide, et s'est réfugié dans les Pays-Bas. C. C.

ROUCHER DE RATTE (CLAUDE), frère de l'auteur du poème des *Mois*, a publié : I. *Mélanges de physiologie, de physique et de chimie*, 1803, 2 vol. in-8°. II. *La restauration des Jeux ru-raux*, 1815, in-8°. III. *Les Jeux ru-raux sur l'éducation des troupeaux*, 1815, in-8°. IV. *Jeux ruraux et chalu-miques sur la culture et la régie des bois et forêts*, 1815, in-8°. V. *Placet sur la césure et le mécanisme des vers*, 1816, in-12. VI. *Chanson pastorale dialoguée*, 1816, in-8°. VII. *Idylle sur la sécheresse et la canicule*, 1817, in-8°. VIII. *Idylle sur l'apothéose du poète Roucher*, 1817, in-8°. IX. *Idylle sur les avantages de la nouvelle mé-thode de cultiver la terre*, 1817, in-8°. X. *Idylle sur le dévouement de l'amour*, 1817, in-8°. XI. *Eglogue sur l'initia-tion aux grands phénomènes de la na-ture*, 1817, in-8°. XII. *Eglogue sur la jalousie*, 1817, in-8°. — ROUCHER (P.-J.), autre frère de l'auteur des

Mois, a publié: I. *Traité de médecine clinique sur les principales maladies des armées qui ont régné dans les hôpitaux de Montpellier, pendant les dernières guerres*, 1798, 2 vol. in-8º. II. *Des Avantages des scarifications non sanglantes dans quelques espèces d'hydropisie*, 1805, in-8º. Ot.

ROUCHON (Henri), député de l'Ardèche au conseil des cinq-cents, en 1795, prononça, le 20 octobre 1796, un discours plein de force contre la fameuse loi du 3 brumaire, qui excluait du corps législatif les parents d'émigrés; mais ce fut surtout le 18 floréal (8 mai 1795) qu'il déploya toute son éloquence pour empêcher le corps-législatif d'adopter le projet de loi qui mutilait les élections. Il eut même le courage d'attaquer la révolution du 18 fructidor, et de la présenter comme le tombeau de la liberté publique; puis, revenant au projet, il prédit que son acceptation entraînerait la ruine de la constitution et l'asservissement des conseils. Le 5 novembre, il combattit avec la même véhémence la proposition de confisquer les biens de ceux qui des proscrits de fructidor qui s'étaient soustraits à la déportation, et prononça un discours plein d'une éloquente chaleur. Les cris: *A l'ordre! à l'Abbaye!* les accusations de contre-révolutionnaire, de royaliste, répétées dans toutes les parties de la salle avec une sorte de rage, ne purent le faire taire. « L'inculpation banale de royaliste ne m'en impose pas, s'écria-
» t-il avec énergie, elle ne m'empê-
» chera pas de m'opposer à un acte
» de tyrannie qui n'a point d'exemple,
» à une loi qui ajoute une peine à
» une autre peine. Ne serait-ce pas
» une atrocité de dire à un homme
» condamné à être guillotiné: *Si tu ne*
» *viens pas toi-même au pied de l'é-*
» *chafaud, tu seras rompu ou écartelé.*
» Faut-il ressembler aux rois des Indes,
» qui ordonnent à leurs sujets de se
» rendre aux frontières pour les livrer
» ensuite à la chasse des bêtes féroces.
» Je sais bien que le grand-seigneur en-
» voie le cordon à ses bachas, au visir
» qu'il veut perdre; mais je n'ai jamais
» ouï dire qu'il les forçât à venir le cher-
» cher, sous peine d'un châtiment plus
» sévère s'ils refusaient de se soumettre
» à celui qui leur était infligé..... Lisez
» l'histoire, et vous y verrez que les Né-
» ron et les Héliogabale n'ont jamais
» pris de mesures aussi cruelles que
» celles qu'on vous propose....... Il est
» atroce de mettre, comme on l'a fait,
» les mots de justice et d'humanité à
» côté des mesures de confiscation et de
» proscription contre des hommes non
» jugés. C'est le rire ironique d'un hom-
» me à l'instant où il poignarde sa vic-
» time..... » A ces mots, de nouveaux
cris, de nouvelles injures s'élevèrent
contre l'orateur. On vit des députés qui
siégeaient près de lui s'en éloigner
comme d'un pestiféré; ce qui ne l'empêcha pas de continuer ainsi : « Vous
» devez m'entendre; les malheureux
» dont je défends la cause n'ont point
» de riches commissariats, de somp-
» tueuses ambassades à me donner; ils
» n'ont que la proscription en par-
» tage..... » La séance dans laquelle M. Rouchon plaida ainsi pour d'infortunés proscrits, sera sans doute notée par l'histoire. Il est remarquable, en effet, que dans une assemblée de députés choisis par les divers départements de la France, il ne se soit trouvé qu'un seul homme juste, ou du moins qui ait osé en remplir les devoirs. M. Rouchon ne fut appuyé par personne. Il sortit, peu après, du corps législatif, et n'y rentra pas depuis. Il paraît qu'il n'exerça aucunes fonctions jusqu'en 1816. A cette époque, il fut nommé député à la chambre, et peu de temps après avocat-général à la cour royale de Lyon. B. M.

ROUELLE (Le baron Pierre-Michel), né le 2 juin 1770, entra au service en 1792, et fut présenté à l'empereur, le 24 septembre 1811, pour prêter serment comme colonel du 116e. d'infanterie de ligne. Il se distingua au siège de Lérida, en mai 1810. Devenu maréchal-de-camp le 28 juin 1813, il fut nommé chevalier de Saint-Louis, et commandant de la Légion-d'honneur en 1814. Pendant l'interrègne de 1815, il commanda le département de Saône-et-Loire. Le baron Rouelle est aujourd'hui en demi-activité de service. A.

ROUG (Le Baron Claude-Pierre), né le 1er. août 1771, était général de brigade en 1810, lorsqu'il fut envoyé en Espagne. Il y commanda la place de Saint-Ander, où il fut surpris par une colonne d'insurgés, le 14 août 1811. Néanmoins il vint à bout, par une présence d'esprit très remarquable, de conserver la place. Le 11 décembre de cette année, Buonaparte signa son contrat de mariage avec Mlle. de Saint-Félix-d'Aiguesvives. En septembre 1812, il reprit sa revanche contre les insurgés et les battit en plusieurs rencontres. Après la campagne il revint en France, où il fut nommé chevalier de Saint-Louis, le 13 août 1814, et commandant de la Légion-d'honneur le 17 janvier 1815. A la suite du 20 mars, il commanda le département du Lot. C. C.

ROUGÉ-BONABES (Le marquis LOUIS-VICTURNIEN-ALEXIS DE), né à Paris, le 31 janvier 1778, d'une famille noble et ancienne, fut nommé, en 1814, colonel, premier lieutenant des cent-suisses de la garde du Roi, et pair de France en 1815. Au mois d'avril 1817, il appela l'attention de la chambre sur les dépenses urgentes des communes, qu'il désira voir appliquer à des réparations d'ouvrages publics et nécessaires. — Le comte Adrien-Gabriel-Victurnien DE ROUGÉ, frère du précédent, né le 2 juillet 1782, aujourd'hui lieutenant-colonel du régiment des chasseurs de la Somme, fut nommé en 1815 membre de la chambre des députés, où il vota avec la majorité. Il n'a pas été réélu pour les sessions suivantes. C. C.

ROUGEMAITRE (C. V.), de Dieuze, a publié : I. *le Perroquet, roman anglais, français, allemand, et qui n'est traduit d'aucune langue*, 1817, 4 vol. in-12. II. *Le Fils du Bourreau*, 1818, 3 vol. in-12, reproduits sous le titre de *la Famille de Clarenville*, 3 vol. in-12. III. *Hervey ou l'homme de la nature*, traduit d'Auguste Lafontaine, 1818, 3 volumes in-12. IV. *Méthode nouvelle pour apprendre à traduire l'allemand en onze leçons*, suivie d'une liste alphabétique des temps des verbes irréguliers, 1804, in-8°. — ROUGEMAITRE (J.-C.), a publié : 1 *Trois Épîtres sur Napoléon Buonaparte*, 1804, in-8°. II. *La Vie de Nicolas* (Napoléon Buonaparte), 1814, 8 vol. in-18. III. *L'ogre de Corse, Histoire merveilleuse*, 1814, in-18, 4e. édition, 1815, 2 vol. in-18. IV. *Séraphine ou le Républicain royaliste*, roman historique et politique, 1816, 2 vol. in-12. — ROUGEMAITRE (S.-V.) a publié : *le Roman tragique ou les Suites de la séduction*, 1808, 2 vol. in-12. OT.

ROUGEMONT, homme de lettres connu par une foule de productions très agréables, et de petites pièces de théâtre qu'il a faites, soit seul, soit en société, a travaillé en 1814 à la *Quotidienne*, puis au *Journal de Paris* qu'il a quitté pour la *Gazette de France*. Il a publié : I. *le Retour du héros*, poëme, in-8°., 1805. II. *Stances sur le mariage de S. M. I. et R. Napoléon*, 1810, in-8°. III. (Avec Jacquelin.) *Chansonnier des Bourbons*, 1814, in-18. Un grand nombre de pièces de théâtre, parmi lesquelles on distingue : IV. *La Paix*, divertissement en vaudeville, 1809, in-8°., avec Gentil. V. *Les Fêtes françaises ou Paris en miniature*, 1810. VI. *L'Olympe, Rome, Paris et Vienne*, scènes épisodiques, pour la naissance du roi de Rome, 1811. VII. *Les trois secrétaires*, 1811, in-8°. VIII. (Avec Brazier.) *La Rosière de Verneuil*, 1812. IX. *Le Souper de Henri IV ou la Dinde en pal*, 1814, in-8°. X. (Avec R.Perin.) *Henri IV et d'Aubigné*, 1814, in-8°. XI. (Avec Merle et Brazier.) *Les Deux mariages*, à-propos à l'occasion du mariage du duc de Berry, 1816, in-8°. XII. *Les Parents de circonstance*. XIII. (Avec Brazier et Merle.) *La Saint-Louis villageoise*, comédie, 1816, in-8°. XIV. (Avec T. Sauvage.) *Arlequin seigneur de village*, 1817, in-8°. XV. *Le Rôdeur*, 3 vol. in-12. XVI. On lui attribue les articles signés *le bonhomme*, dans la *Gazette de France*. Il est collaborateur aux *Annales de la Jeunesse*. OT.

ROUGERON (P.-N.), imprimeur à Paris, a publié : I. *Viscellina ou le Mameluck français*, 1801, 2 vol. in-18. II. *Le Règne de Charlemagne, roi des Français et empereur d'Occident*, 1807, 1810, in-12 ; 2e. édition, 1817, in-8°. III. *L'Histoire des jeunes demoiselles ou Choix de traits et actions mémorables des femmes vertueuses*, 1810, in-12. IV. *Nouvelle Mythologie de la jeunesse*, 1811, in-12. OT.

ROUGET-DE-LILLE (JOSEPH), ancien officier du génie et homme de lettres, né à Lons-le-Saulnier le 10 mai 1760, composa, en 1792, à l'époque de la déclaration de guerre, et sous le titre de *Chant de guerre pour l'armée du Rhin*, le célèbre chant qui reçut, dix mois plus tard, le nom d'hymne des Marseillais et il en fit la musique. Ce chant patriotique, composé avec une sorte de verve, et dont l'auteur ne prévoyait certainement pas toute la funeste célébrité, a été long-temps le cri de ralliement des plus furieux démagogues et le signal des plus horribles massacres. Cette preuve de patriotisme ne put sauver M. Rouget de Lisle de la fureur des terroristes, et il fut incarcéré sous le règne de Robespierre, dont la mort seule put le sauver. Après le 9 thermidor, il partit avec Tallien pour l'armée des côtes de l'Ouest; se trouva à Quiberon lors de la descente des émigrés, et fut blessé en combattant dans l'armée conventionnelle. Son nom retentit pendant plusieurs jours à la tribune; et un décret chargea les comités de gouvernement de le récompenser. Ayant été désigné en 1797 par quelques journaux, comme attaché au parti Jacobin, il réclama vivement contre cette assertion, et eut avec les journalistes des démêlés que ceux-ci publièrent. Il fit jouer, en 1798, une pièce intitulée *l'École des mères*, qui n'eut qu'un succès passager. On a encore de lui : I. *l'Hymne à l'Espérance*, 1796, in-8°. II. *Essai en vers et en prose*, 1796, in-8°. III. *Adélaïde et Monville, anecdote*, 1797, in-8°., avec fig. et musiq. IV. *Chant des vengeances*, intermède, exécuté sur le Théâtre-des-Arts, le 19 floréal an VI. V. *Chant de guerre*, imprimé chez Didot en 1800. VI. *La Matinée, idylle*, par M. R. D. L., 1818, in-8°., avec musique. B. M.

ROUGIER-DE-LA-BERGERIE (Le baron JEAN-BAPTISTE), né à Bonneuil, département de l'Indre, en 1759, membre de la société d'agriculture de Paris, fut représentant de la commune de 1789, et président du district de St.-Fargeau. Nommé, en septembre 1791, député de l'Yonne à la législature, il y professa les principes de la révolution, mais avec ménagement et modération. Le 22 octobre 1791, au moment où l'on agita la question relative à l'émigration, il présenta un projet de décret tendant à déclarer déchus de leurs droits à la couronne les princes français qui refuseraient de rentrer sous un délai fixe; à faire le procès à tous les fonctionnaires publics qui avaient quitté leur poste; et à priver du droit de citoyen tout individu qui changerait de domicile. Le 28 mars 1792, il dénonça M. de Castellane, évêque de Mende, comme auteur des troubles de la Lozère; et, le 13 mai, il proposa d'exiger un nouveau serment des prêtres insermentés, et de les incarcérer en cas de refus. Il avait été chargé, en février précédent, d'une mission à Noyon, où des troubles s'étaient élevés à l'occasion des subsistances. M. Rougier-de-la-Bergerie, occupé pendant le reste de la révolution d'économie rurale, s'est distingué par des travaux importants dans cette partie. Il fut nommé en 1800 préfet de l'Yonne, et en exerça long-temps les fonctions. En 1811, Buonaparte l'en priva, parce qu'il s'occupait plus de littérature que d'administration. Depuis ce temps, il n'a plus exercé de fonctions publiques. Il est chevalier de la Légion-d'honneur, depuis 1804. On a de lui : I. *Recherches sur les principaux abus qui s'opposent aux progrès de l'Agriculture*, 1788, in-8°. II. *Traité d'Agriculture pratique ou Annuaire des Cultivateurs du département de la Creuse et des pays circonvoisins*, 1795, in-8°. III. *Rapport général sur les étangs*, 1796, in-8°. IV. *Essai politique et philosophique sur le commerce et la paix considérés sous leurs rapports avec l'agriculture*, 1797, in-8°. V. *Observations sur l'institution des Sociétés d'agriculture*, 1799, in-8°. VI. *Mémoire sur la culture, le commerce et l'emploi des chanvres et lins de France pour la marine et les arts*, 1799, in-12, imprimé par ordre de l'Institut. VII. *Mémoires et Observations sur l'abus des défrichements et la destruction des bois et forêts, avec un projet d'organisation forestière*, 1804, in-4°. VIII. *Les Géorgiques françaises*, poème en prose, 1805, 2 vol. in-8°. IX. *Histoire de l'agriculture française*, 1815, in-8°. X. *Les Forêts de la France, leurs rapports avec les climats, la température et l'ordre des saisons, avec la prospérité de l'agriculture et de l'industrie*, 1817, in-8°.; ouvrage présenté à la chambre des députés en 1817. M. Rougier est encore un des auteurs du tome X du *Cours d'Agriculture* de Rozier et des *Annales d'Agriculture*. Son fils fut nommé auditeur au conseil d'état le 12 février 1809, et chevalier de la Légion-d'honneur le 25 décembre 1814. B. M. et O—T.

ROUILLÉ-D'ORFEUIL (Le baron) entra fort jeune dans la carrière de la magistrature, devint maître des requêtes et ensuite intendant de la province de

Champagne. Echappé aux proscriptions de la révolution, il accepta, sous le gouvernement impérial, la place de sous-préfet à Nogent-le-Rotrou, et, le 13 janvier 1814, fut appelé à la préfecture d'Eure-et-Loir. Il devint conseiller d'état honoraire le 29 juin 1814, et après le retour de Buonaparte en 1815, il fut renvoyé à la préfecture d'Eure-et-Loir; mais il perdit encore cet emploi après le second retour du Roi. En 1816, il a obtenu des lettres-patentes confirmatives du majorat de baronie institué dans sa famille. Il est encore aujourd'hui conseiller d'état honoraire. C. C.

ROUJOUX (Le baron Louis-Julien de), né à Landernau, en mars 1755, d'une famille originaire d'Écosse, qui fut obligée de se réfugier en France par suite de son attachement à la cause de Charles Ier., siégea au parlement de Bretagne dès 1780. Commissaire du Roi à Landernau en 1790, il fut député du Finistère à l'assemblée législative en 1791, et prit la parole le 21 octobre sur la question relative aux prêtres insermentés, se déclara en faveur de la tolérance, et demanda qu'il fût fait une adresse au peuple pour le ramener à ce sentiment. Le 25 du même mois, il prouva qu'une loi générale sur les émigrés ne s'accordait avec aucun principe de liberté; que l'état n'avait de compte à demander qu'aux fonctionnaires publics, et à l'héritier de la couronne, dont l'absence pourrait compromettre les intérêts du royaume. Il refusa de siéger à la Convention, se réunit au marquis de Puisaye et au général Wimpfen, à Caen, et dirigea les Bretons dans l'entreprise contre la Montagne, qui échoua à Pacy-sur-Eure. (*Voyez* Puisaye). M. de Roujoux fut alors mis hors de la loi par décret spécial, et parvint à s'échapper. En 1796, il exerça les fonctions de commissaire du gouvernement près le tribunal criminel de Quimper, et fut nommé, en 1797, au conseil des anciens, où il fit divers rapports sur les prises maritimes, et paya un tribut d'éloges aux armées françaises à l'occasion de leurs victoires en Italie. En 1799, il siégea au tribunat, vota pour l'établissement des tribunaux spéciaux, combattit, comme orateur de son corps, le projet de loi présenté au corps-législatif sur la procédure criminelle, et représenta qu'en s'occupant de le dégager des entraves qui en arrêtaient la marche, il fallait stipuler aussi les intérêts de la société, blessée en plusieurs points de ce projet. En 1802, il vota pour l'adoption du nouveau Code civil. En avril, même année, il fut nommé préfet de Saône-et-Loire, et obtint par ses soins la construction aux frais de l'état, d'un quai à Tournus, à Challon et à Mâcon. En 1805, il reçut dans son département le pape Pie VII, qui passa la semaine-sainte à Challon. Sa Sainteté y fit, le jour de Pâques, la cérémonie annuelle de bénir la ville et l'univers. En 1808, M. de Roujoux fut créé baron. Dans le mois de mars 1814, il fit des préparatifs de défense contre les armées alliées. Le Roi ne le nomma à aucun emploi, mais lui accorda une pension. Après le départ de S. M., en 1815, M. de Roujoux fut successivement préfet du Pas-de-Calais et d'Eure-et-Loir, et perdit encore une fois cet emploi après la seconde chute de Buonaparte. Il a conservé sa pension. — ROUJOUX (P.-G. de), fils du précédent, né à Landernau le 6 juillet 1779; après avoir fait ses études à l'École polytechnique, fut attaché, en 1800, à l'état-major du contre-amiral Lacrosse, envoyé en qualité de capitaine général à l'île de la Guadeloupe pour y rétablir l'ordre, et chargé de rendre compte au premier consul du résultat de la mission du contre-amiral. Quelques morceaux de poésie le firent connaître des sociétés littéraires. Une Statistique du département de Saône-et-Loire qu'il rédigea le mit en rapport avec le ministre de l'intérieur, et en 1805 il obtint la sous-préfecture de Dôle dans le Jura. Une discussion avec le maire de cette ville le fit mander au conseil-d'état, en 1807. La décision qui intervint, ambiguë pour le fond, ne le fut pas pour la loyauté de son caractère. En 1811, il passa à la sous-préfecture de Saint-Pol en Artois. La même année, il publia : *Essai d'une histoire des révolutions arrivées dans les sciences et les beaux-arts, depuis les temps héroïques jusqu'à nos jours*, Paris (Lyon), 3 vol. in-8°. Nommé, en 1812, préfet du Ter, en Catalogne, M. de Roujoux donna tous ses soins à l'assainissement de la ville de Girone, qu'un siège de sept mois venait d'accabler de toutes les calamités. Il y fut atteint du typhus, et n'échappa qu'avec peine aux ravages de cette maladie. En 1813, on lui confia, outre son département, celui de la Sègre, dont le chef-lieu était Puycerda. Il rentra en France avec l'armée du maréchal Suchet, en février 1814. Non employé lors du retour des Bourbons, il remplit pendant l'interrègne de 1815 les fonctions de préfet des Pyrénées orientales, et il était, en 1816, un des propriétaires du *Journal-Général de France*. H.

ROULAND, professeur de physique expérimentale, a publié : I. *Tableau historique des propriétés et phénomènes de l'air*, 1784, in-8°. II. *Description et usage d'un cabinet de physique expérimentale*, par M. Sigaud de Lafond, seconde édition, revue, corrigée et augmentée, 1785. 2 vol. in-8°. III. *Essai sur différentes espèces d'air fixe ou des gaz*, par Sigaud de Lafond, nouvelle édition, revue et augmentée, 1785, in-8°. IV. *Description des machines électriques à taffetas*, 1785, in-8°. OT.

ROULLIER (AUGUSTE), docteur en médecine, médecin des armées et correspondant de la société du magnétisme, né à Paris, fut long-temps prisonnier de guerre en Angleterre. Il a publié une *Exposition physiologique des phénomènes du magnétisme animal, et du somnambulisme*, contenant des observations sur l'emploi de l'un et de l'autre dans le traitement des maladies aiguës et chroniques, 1817, in-8°. G.E.

ROUPPE (NICOLAS-JEAN), né à Rotterdam, habitait Bruxelles en 1796, au moment de la réunion à la France, dont il se montra un des plus zélés partisans, et fut nommé aussitôt après cette réunion commissaire du gouvernement près l'administration du département de la Dyle. Ce fut après la suppression de cette place, en 1800, que le département, voulant lui donner un témoignage public de sa reconnaissance, fit frapper une médaille en son honneur. Il fut aussitôt nommé membre du conseil de préfecture, puis maire de Bruxelles à la demande du conseil-général. M. Jouppe dénonça au tribunat, en décembre 1801, le ministre de la police Fouché, relativement à un arrêté qui ordonnait de faire transférer au château de Ham, deux négociants de Bruxelles, prévenus d'exportations prohibées par la loi. Cet arrêté, selon lui, était contraire au Code des délits et des peines, qui veut que les causes de l'arrestation et la loi soient relatées dans un mandat d'arrêt. L'ordre du ministre était ainsi qualifié d'arbitraire, le maire avait fait mettre en liberté les deux négociants dont il défendait les droits. Il fut mandé à Paris par le conseil-d'état et destitué, puis jeté dans la prison du Temple, d'où il sortit par la protection de Lucien Buonaparte. Nommé depuis juge de paix par ses concitoyens, il vit sa nomination annulée, et reçut l'ordre de s'éloigner à vingt lieues de Bruxelles et de Paris. Quand il avait été nommé maire, comme cette place n'est point salariée, et qu'il a peu de fortune, les habitants de Bruxelles s'étaient cotisés pour lui faire un revenu. Avant d'être mandé à Paris, il fit imprimer un Mémoire apologétique de sa conduite, dans lequel le préfet de la Dyle, Doulcet de Pontécoulant, et les ministres mêmes étaient peu ménagés. Lorsqu'il revint de son dernier exil en 1810, il fut nommé receveur des contributions à Bruxelles. B. M.

ROUSSEAU (Le baron ANTOINE-ALEXANDRE), né le 17 septembre 1756, entra au service dès sa jeunesse, s'éleva aux premiers grades et commandait l'île de Cadsand en 1809, lors de l'expédition tentée par les Anglais contre l'île de Walcheren. Sa contenance ferme imposa à l'ennemi, et contribua à faire échouer cette tentative. Il fut nommé général de division en 1811, et chevalier de Saint-Louis le 19 juillet 1814. Après le 20 mars 1815, il fut inspecteur-général d'infanterie dans les 12e., 13e. et 22e. divisions militaires, et reçut sa retraite au mois d'octobre de la même année. — Le baron Guillaume ROUSSEAU, né le 29 novembre 1772, fut nommé commandant de la Légion-d'honneur le 30 août 1813, et général de brigade le 21 décembre même année. En 1814, il reçut du Roi la croix de Saint-Louis. Pendant les cent jours de 1815, il commanda le département du Morbihan, où il eut à combattre les troupes royales qui s'y étaient organisées. Cependant il sut allier la prudence à la fermeté et concilier les sentiments d'humanité avec les mesures qui lui étaient commandées. Il est en demi-activité de service depuis le licenciement de l'armée. C. C.

ROUSSEL (Le baron FRANÇOIS) fit la campagne d'Italie en 1809 contre les Autrichiens, et se distingua au passage de la Piave et du Tagliamento. Dans la campagne de Russie, il se fit remarquer à la bataille de la Moskwa; et de retour en France, il se signala dans un combat près de Sens. Le 8 avril, il adressa du quartier-général Duplessis-le-Chenet, son adhésion aux actes du sénat contre Buonaparte et sa famille. Nommé chevalier de Saint-Louis, le 19 juillet suivant, il reprit du service en 1815, et commanda la 2e. division de réserve de cavalerie à l'armée de la Moselle. Il fut mis à la retraite à la fin de 1815. C. C.

ROUSSELIN-CORBEAU DE SAINT-ALBIN (OMER-CHARLES-ALEXANDRE), chevalier de la Légion-d'honneur, né en 1775 d'une famille des provinces méridionales de la France, n'avait pas encore vingt ans en 1794, à l'époque des condamnations révolutionnaires, et ne put ainsi être l'un des jurés du tribunal qui les prononçait. On verra qu'il fut au contraire jugé par ce tribunal; ce qui n'a pas empêché que les auteurs d'une autre *Biographie*, le confondant avec un individu du même nom, aient dit que M. Rousselin avait été *membre du tribunal révolutionnaire*. Il avait réfuté, en 1796, la même assertion de la part d'un journaliste, en lui écrivant : « Vous » voulez bien vous occuper de ma célé- » brité, citoyen journaliste, ayez d'a- » bord la bonté d'être exact. Au lieu » de *juge* c'est *jugé* que j'ai été au tri- » bunal révolutionnaire. Vous êtes trop » attaché à l'orthographe et à la vérité » pour persister à me priver d'un accent » si important pour mon histoire. » En 1793, M. Rousselin, attaché comme chef de division au ministère de l'intérieur avec M. Garat, avait continué de remplir les mêmes fonctions avec Paré; celui-ci ayant été arrêté, lors de la catastrophe de Danton, M. Rousselin suivit son sort. Il mérita la haine de Robespierre, qui ne pardonna pas à un jeune homme qui avait été attaché à l'une de ses victimes, de lui rester fidèle après sa mort. Le 25 mai 1794, M. Rousselin fut arrêté sur la motion de Robespierre et de Couthon, comme ayant voulu sauver un *scélérat* (c'est ainsi qu'alors ils qualifiaient Danton, naguère leur ami). Jeté à la Conciergerie, M. Rousselin fut traduit au tribunal révolutionnaire, le 2 thermidor an II. « Ici, dit » Prudhomme dans son histoire, on s'at- » tend à voir succomber Rousselin sous » l'accusation intentée par Robespierre » et Couthon : il est acquitté par le tri- » bunal révolutionnaire, qui acquittait » si peu. Le jugement qui acquitta » Alexandre Rousselin fut alors regardé » comme un miracle, et en quelque sorte » comme un premier soupir du 9 ther- » midor ; en signalant sur un point l'af- » faiblissement du pouvoir de Robes- » pierre, il fournit un de ces traits qui » donnent l'explication des événements » les plus remarquables. Le soir du ju- » gement prononcé par le tribunal révo- » lutionnaire en faveur de Rousselin, » Robespierre déclama avec fureur con- » tre cet acquittement. Plein de rage, » il demandait où était donc sa puissance, » lui, qui n'avait pu faire tomber sous le » glaive la tête d'un jeune complice, re- » jeton de Danton. » Deux jours après, M. Rousselin fut arrêté de nouveau par Amar, et le 9 thermidor le trouva dans les cachots de la Conciergerie. Il fut délivré par le député Legendre, l'ami de Danton. En 1796, M. Rousselin fut secrétaire-général au département de la Seine, avec le commissaire du directoire Paré, dont il avait partagé l'infortune. Il quitta le département quand Paré quitta le commissariat-général, ainsi qu'ils avaient précédemment quitté le ministère pour la prison. Envoyé à l'armée comme réquisitionnaire, il fut successivement attaché aux états-majors de Hoche, de Chérin et de Bernadotte, et plus particulièrement à ce dernier. Il fut secrétaire-général de la guerre en 1798, et quitta sa place en même temps que Bernadotte quitta le ministère. M. Rousselin avait publié, l'année précédente, une *Vie de Lazare Hoche* (2 vol. in-8º.), qui a eu quatre éditions en divers formats ; des Notices sur Chérin, chef de l'état-major de l'armée d'Helvétie, qu'il accompagnait à cette armée lorsque ce général y fut tué, en avant de Zurich ; sur le général Marbot, etc. En 1804, il fut nommé consul en Égypte. Empêché par les Anglais de se rendre à sa destination, il revint à Paris en 1806. D'anciennes liaisons avec l'impératrice Joséphine, qu'il n'interrompit point au moment du divorce, rappelèrent sur lui l'attention que Buonaparte lui avait donnée à l'époque du 18 brumaire, en raison de son intimité avec le général Bernadotte, et de son opposition à cette fameuse journée. M. Rousselin fut arrêté et allait être embarqué de force, lorsqu'il parvint à s'échapper et à se réfugier en Provence, près de sa femme, appartenant à l'une des premières familles du pays. La marquise de Montpezat, sa belle-mère, est celle qui, lors de l'affaire de George et de Moreau, fut arrêtée avec tant d'éclat par Buonaparte, pour avoir reçu de Varsovie une correspondance de Louis XVIII, et qui déploya dans les fers une fermeté si héroïque. C'est alors qu'il reprit le nom de Saint-Albin, nom de son père, ancien colonel d'artillerie, voulant éluder ainsi la persécution toujours plus acharnée au nom de Rousselin, après que l'on avait accepté sa démission de consul. La restauration trouva M. de Saint-Albin dans cet état d'exil et l'en tira. Il dit à ceux de son parti qui le trouvaient trop heureux de ce changement de gouvernement : « Je dois au » retour du Roi la liberté de me pro- » mener, et je ne suis point ingrat. » N'ayant pas d'autre engagement politique, lors du 20 mars, M. de St.-Albin crut trouver sa sûreté dans une existence rapprochée du nouveau gouvernement. Rappelé à l'intérieur par le ministre Carnot, il paraît avoir été spécialement chargé de l'instruction publique. Il a eu beaucoup de part à l'établissement de l'Enseignement mutuel, dont les bases furent jetées durant les cent jours, dans des rapports insérés au *Moniteur*, et qui furent singulièrement remarqués. Devenu veuf à la suite de ces événements, sources de tant d'émotions fatales, M. de Saint-Albin paraît chercher dans les lettres le repos et les consolations que ne donnent point les révolutions. On dit cependant qu'il est un des principaux auteurs du *Journal du Commerce*, ci-devant le *Constitutionnel*. On attend de lui quelques compositions historiques sur les temps les plus modernes. Il est de ceux qui ont vu de près les événements, et qui peuvent raconter ce qu'ils ont vu. F.

ROUSSIALE (François-Michel-Louis), né à Paris en 1768, est fils d'un capitaine de la garde nationale de cette ville, qui, après avoir défendu Louis XVI avec courage, fut condamné par le tribunal révolutionnaire, et périt sur l'échafaud en 1793. Elevé pour le barreau, M. Roussiale n'y parut néanmoins qu'après la révolution du 18 brumaire. Vers le temps de son début, il défendit Carbon, dit le *petit François*, dans le procès de l'explosion de la rue Saint-Nicaise. Cet accusé, convaincu d'avoir fabriqué cette machine, avec M. de Limoelan, contumax, dont il était le domestique, fut condamné et exécuté. M. Roussiale fut plus heureux dans le procès de George, où il défendit le sieur Spist, maçon, qui avait construit les cachettes, et Rubin de la Grimaudière, qui furent tous deux acquittés. Buonaparte le nomma, en 1811, substitut du procureur impérial, et il fut d'abord chargé d'examiner et d'arrêter les innombrables faillites qui se manifestèrent à cette époque. Il y réussit tellement que les mesures qu'il adopta ont été suivies depuis. Il occupait encore cette place à l'époque de la première restauration, et il déploya surtout ses sentiments avec beaucoup de force en portant la parole dans les procès de Méhée, de Bouvier-Dumolard et autres. Dès le mois de septembre 1814, où découvrit qu'une conspiration se tramait pour ramener Buonaparte en France. Des émissaires étaient chargés de porter la correspondance à l'île d'Elbe. Ceux-ci partaient sans avoir rien sur eux : les lettres étaient adressées à Marseille, poste restante ; ils les prenaient en arrivant dans cette ville, et se rendaient à Gênes, sur l'un des deux navires spécialement destinés à ces voyages ; de là ils allaient à Florence, et, pendant la nuit, ils passaient à l'île d'Elbe. Tout le monde connaissait cette manœuvre, et l'on se rappelle que les ministres seuls ne voulaient pas y croire. Deux de ces émissaires avaient été arrêtés sur un ordre signé par M. de Blacas, et déposés dans les prisons de Meaux et de Corbeil ; et de là ils avaient écrit au Roi, tant en vers qu'en prose, pour demander leur grâce. Cependant les lettres que ces hommes devaient prendre en se rendant à Marseille, avaient été saisies. M. Roussiale, en sa qualité de substitut du procureur du Roi, fut chargé de suivre cette affaire dont les plaintes et dénonciations furent remises à M. Gauthier de Charnacé, l'un des juges-instructeurs de Paris. On arrêta un troisième individu qui convint qu'il revenait de l'île d'Elbe, et qu'il avait même parlé à Buonaparte. Cette instruction allait déconcerter la conspiration, et Buonaparte, sans doute, n'eût jamais remis le pied en France. M. Dambray écrivit à M. Roussiale pour qu'on lui communiquât la procédure. La police prétendit qu'elle avait, de son côté, découvert cette conspiration ; que l'instruction faite par le juge-instructeur entravait sa marche; et une procédure de cette importance fut arrêtée sous le prétexte de fournir des renseignements à la police!!! Bientôt on déclara qu'il n'y avait pas lieu à suivre, et les accusés furent mis en liberté..... M. Roussiale s'engagea en mars 1815 comme volontaire royal, quoiqu'il eût quarante-huit ans, qu'il fût père de famille et magistrat. Après le 20 mars, il refusa de signer l'adresse que le tribunal faisait à Buonaparte, et il fut destitué avec M. Try, président, et plusieurs autres magistrats, par un décret du 25 du même mois, conçu en ces termes : « Les magistrats » ci-après nommés, n'ayant point encore » reçu leur institution à vie, et ayant » perdu notre confiance par la conduite » qu'ils ont tenue dans les derniers évé- » nements, cesseront sur-le-champ leurs » fonctions, etc. » Pendant les cent jours, deux des personnes comprises dans la conspiration dont M. Roussiale avait été chargé de suivre l'information, publièrent une brochure intitulée : *De la liberté individuelle sous le gouvernement des Bourbons*, dans laquelle ils dénonçaient ce magistrat à l'opinion publique. C'est de cet ouvrage que nous avons extrait les faits relatifs à cette affaire. Le sieur Méhée s'est aussi vengé autant qu'il l'a pu en dénonçant plusieurs fois M. Roussiale pendant l'interrègne, dans son journal intitulé *le Patriote de 89*. M. Roussiale, averti à temps qu'il devait être arrêté, quitta Paris, et il n'y rentra que le 29 juin, au moment où les alliés commençaient à l'investir. Le 6 juillet, il se rendit à Arnouville, au-devant du Roi; et le soir, en revenant à Paris, portant la cocarde blanche, il fut arrêté, conduit successivement dans plusieurs corps-de-garde, faillit deux fois être fusillé, et n'échappa à ce danger que par sa fermeté. M. Roussiale reprit alors sa place, en vertu de l'ordonnance du 12 juillet. Lors de l'organisation du tribunal faite en octobre 1815 par M. Barbé-Marbois, alors garde-des-sceaux, il n'y fut pas compris. M. Roussiale réclama et ne put obtenir justice. L'opinion publique qu'on n'avait pas encore accoutumée à ces destitutions extraordinaires, se prononça fortement, surtout parmi les députés de la chambre de 1815, qui fut assemblée presqu'immédiatement. Ce magistrat fut reporté sur le tableau des avocats de Paris. Il exerce maintenant cette profession. Entre plusieurs causes importantes dont il a été chargé, on cite celle de l'abbé Vinson, celle du marquis de Blosseville (*Voyez* Wilfrid REGNAUD), du général Chappedelaine et de M. de Songy. On a imprimé, de M. Roussiale, plusieurs plaidoiries fort éloquentes. A.

ROUSSY (DE), né au Vigan vers 1775, d'une famille noble, fut sous-préfet à Anneci, puis nommé en 1814, par le Roi, préfet des Ardennes, et conserva cette place jusqu'au 20 mars 1815. Après le retour de S. M., dans le mois de juillet, il fut d'abord administrateur provisoire, puis préfet du département de la Vendée. Il perdit cette place en septembre 1816. Depuis il est resté sans fonctions. D.

ROUSTAN, dont on a prétendu que l'origine n'était rien moins qu'asiatique, mais que d'autres ont dit être réellement né à Erivan en Arménie, fut attaché à un corps de mamelucks depuis la guerre d'Égypte. Des services particuliers et très importants, dit-on, mais qui ne sont point connus, lui méritèrent, de la part du général Buonaparte, une confiance sans bornes et l'attachement le plus intime. Il l'accompagna en France et y suivit sa fortune. Lorsqu'il monta sur le trône, Napoléon continua de l'avoir sans cesse auprès de sa personne, et, dans presque toutes les revues, son mamelouck paraissait à cheval auprès de lui : il est cependant remarquable que cet homme n'occupait aucun grade dans le corps des mamelucks de la garde impériale. Jamais personne n'approcha de plus près Buonaparte; mais jamais favori n'excita moins d'envie et n'abusa moins de sa faveur. Cependant, et malgré tous les liens qui l'attachaient à son maître, Roustan ne le suivit point à l'île d'Elbe, après son abdication. Quelques journaux ayant paru étonnés de ce qu'ils appelaient son ingratitude, Roustan répondit que des raisons particulières s'étaient opposées à ce qu'il eût accompagné son bienfaiteur dans sa retraite; qu'il s'était marié en France, et qu'il vivait heureux au sein de sa famille. Il paraît qu'il persista dans ces sentiments; car il ne fut point question de lui pendant les cent jours, et il ne fut point de ceux qui suivirent Buonaparte à Ste.-Hélène. Il a une propriété dans les environs de Dreux. C. C.

ROUVRAY (Frédéric Guéau de Reverseaux), chevalier de St.-Louis, dont le père, ancien mousquetaire, puis lieutenant des maréchaux de France, a péri sur l'échafaud révolutionnaire (*Voy.* Guéau, dans la *Biographie univers.*, XIX, 7). Il a publié : I. *Réflexions politiques sur les moyens d'affermir le retour de la monarchie en France*, 1815, in-8º. II. *Un Émigré à ses concitoyens*, en réponse à diverses brochures avec ou sans nom d'auteur, 1814, in-8º. III. *La paix de l'Europe avec la France, et la Paix de la France avec elle-même*, 1814, in-8º. IV. *Rapport attribué au duc d'Otrante, réfuté*, 1815, in-8º, deux éditions. M. de Rouvray a maintenant une place du gouvernement dans les Indes. — O<small>T</small>.

ROUX (Louis), prêtre, fut député de la Haute-Marne à la Convention nationale, où il vota la mort de Louis XVI en ces termes : « Un tyran disait qu'il voudrait que le peuple romain n'eût qu'une tête, pour l'abattre d'un seul coup : Louis Capet a, autant qu'il était en lui, exécuté cet atroce désir. Je vote pour la mort. Vengeur d'un peuple libre, je n'aurai qu'un regret à former ; c'est que le même coup ne puisse frapper tous les tyrans. » Sur le second appel, il dit : « Je veux supporter seul toute la responsabilité. Je dis : NON. » Il vota aussi contre le sursis. M. Roux fut attaché long-temps aux principes que supposent de semblables discours ; il travailla beaucoup dans les comités, entre autres dans celui de constitution, et se porta même le défenseur du comité de salut public. Il se signala aussi par son zèle contre la religion, dans le département des Ardennes, notamment à Sedan. A l'époque du 31 mai, il fit décréter les articles constitutionnels, comme le seul moyen de salut public. Le 15 septembre, il fit destituer et arrêter Lecouteulx-Lanoraye et deux autres administrateurs de l'Oise, comme opposants aux réquisitions de grains. Il fut envoyé, peu de temps après, dans ce département, pour faire exécuter les lois sur les subsistances. Sa mission s'étant étendue au département des Ardennes, il parut vouloir entraver les opérations de son collègue Massieu, et fut tour-à-tour dénoncé et applaudi aux Jacobins pour sa conduite à Sedan, dans le courant de 1794. Le 9 thermidor mit un terme à ces débats. Roux parvint aux comités de gouvernement, et chercha alors à se venger de Massieu et de ses partisans. Il fit décréter celui-ci d'arrestation, après le 1er prairial (20 mars 1795), et traduire les autres au tribunal criminel des Ardennes, qui les condamna à mort. Il changea ensuite de conduite avec les circonstances, et se réunit aux anciens Montagnards, dès qu'il vit que les sectionnaires de Paris voulaient aller au-delà du but tracé par les thermidoriens. Après le 13 vendémiaire, il fut nommé membre de la commission des cinq, créée pour présenter des moyens de salut public, et fit même plusieurs rapports en son nom ; mais Thibaudeau ayant fait anéantir cette nouvelle institution, M. Roux passa au conseil des cinq-cents, et s'y montra constamment dévoué aux intérêts du directoire. Il en sortit le 20 mars 1797, et fut employé au ministère de l'intérieur, en qualité de sous-chef. La destitution de Quinette entraîna la sienne ; il fut quelque temps sans place, passa enfin à la commission des émigrés, et de là aux archives du ministère de la police, d'où il fut encore renvoyé après la démission de Fouché. Il vécut long-temps ignoré dans la capitale ; mais ayant reparu en 1815 au Champ-de-Mai, il se trouva compris dans la loi contre les régicides, et quitta la France en 1816. Il est mort à Huy le 22 septembre 1817, après avoir reconnu ses égarements et s'être réconcilié à l'église. Il s'était marié pendant la révolution. — B. M.

ROUX (Philibert-Joseph), chirurgien en chef adjoint à l'hôpital de la Charité de Paris, professeur de clinique chirurgicale, est né à Auxerre le 26 avril 1780. Il étudia les éléments de la chirurgie dans sa ville natale, sous son père, homme d'un talent distingué, et fut employé, en 1795, aux armées. Étant venu à Paris en 1797, il fut élève de Bichat, et l'un des disciples auxquels cet homme célèbre accorda le plus de confiance et d'attachement ; il l'associa à ses travaux anatomiques et littéraires. M. Roux eut part à la composition de *l'Anatomie descriptive* de son illustre maître, et publia après sa mort le cinquième et dernier volume de ce livre remarquable. En 1801, il remporta le premier prix à l'école pratique. Il avait vingt-deux ans lorsqu'il perdit Bichat,

et il lui succéda dans ses leçons publiques, qu'il continua long-temps avec distinction. En 1806, M. Roux fut nommé chirurgien en second de l'hôpital Beaujon ; en 1810, il passa à la place qu'il occupe à la Charité. En 1812, il ouvrit un concours à la faculté pour disputer la chaire de médecine opératoire, où l'on vit paraître les jeunes professeurs les plus distingués. Ce fut M. Dupuytren qui obtint la place ; et les juges regrettèrent de n'en avoir qu'une à donner. On a de lui : I. *Mélanges de chirurgie et de physiologie*, in-8º., Paris, 1809. Ce volume renferme plusieurs mémoires d'un haut intérêt, sur divers points importants, et jusqu'alors peu éclaircis de pathologie chirurgicale. II. *De la résection des portions d'os malades, soit dans les articulations, soit hors des articulations*, in-4º., Paris, 1812. Cet ouvrage fut composé à l'occasion du concours pour la chaire de médecine opératoire; mais il est resté comme classique. III. *Nouveaux éléments de médecine opératoire*, 2 vol. in-8º., Paris, 1813. IV. *Mémoire et Observations sur la réunion immédiate de la plaie après l'amputation des membres dans leur continuité*, in-8º., Paris, 1814. V. *Observations sur un strabisme divergent de l'œil droit, guéri sur un sujet adulte qui en était affecté depuis son enfance*, in-8º., Paris, 1814. Ce mémoire est d'autant plus curieux que M. Roux est lui-même le sujet de son observation, et que c'est sur lui qu'il a expérimenté. VI. *Relation d'un voyage fait à Londres, en 1804*, ou *Parallèle de la chirurgie anglaise avec la chirurgie française, précédé de Considérations sur les hôpitaux de Londres*, in-8º., Paris, 1815. M. Roux a lu, en 1817, un mémoire étendu et d'une haute importance sur les divers procédés employés pour l'opération de la cataracte ; il est encore inédit. Ce chirurgien a donné une édition des *Maladies des voies urinaires de Desault*. Il est un des rédacteurs du *Dictionnaire des sciences médicales*.
F—R.

ROUX (GASPARD), médecin, professeur à l'hôpital militaire d'instruction de Lille, est né à Moulins le 24 août 1780. Il fut l'un des élèves les plus distingués de l'école de médecine de Paris, et y reçut le titre de docteur en 1802. Son acte inaugural, qui fut remarqué dans le temps, a pour titre : *Dissertation sur la rougeole simple*. M. Roux, en sortant des bancs, alla exercer la médecine dans la petite ville de Seurre, en Bourgogne. En 1807, il fut attaché aux armées, et il y servit jusqu'en 1815. C'est à cette époque que, sur la réputation que ses ouvrages lui avaient acquise, le conseil de santé lui fit donner la place qu'il occupe aujourd'hui. M. Roux est auteur de : I. *Traité sur la rougeole*, in-8º., Paris, 1807. L'auteur ayant eu, pendant cinq années de pratique à Seurre, l'occasion d'observer plusieurs épidémies de la rougeole, et profitant de son expérience, a refondu sa dissertation inaugurale, et en a fait un ouvrage qui est fort estimé. II. *Traité des fièvres adynamiques*, in-8º., Paris, 1813. Cet ouvrage contient des observations recueillies avec soin dans les hôpitaux militaires. M. Roux a composé un traité fort étendu sur les fièvres ataxiques, qu'il a observées dans les hôpitaux. Cet ouvrage est encore inédit.
F—R.

ROUX (VITAL), né à Belley, vers 1770, fut négociant à Lyon, et vint suivre la même profession à Paris, où son expérience et ses connaissances dans le commerce le portèrent successivement à divers emplois importants, notamment à celui de régent de la banque de France. Il fut nommé, en 1802, membre de la commission chargée de rédiger un projet de code de commerce, et il eut une grande part aux travaux de cette commission : ce qui lui mérita la croix de la Légion-d'honneur. Depuis cette époque, il a été nommé membre de la chambre de commerce de Paris, où il a fait plusieurs rapports sur des questions importantes, entre autres sur les jurandes et maîtrises. M. Roux a fourni à la *Biographie univers.* l'article ARKWRIGHT. Il est auteur d'un ouvrage intitulé : *De l'influence du Gouvernement sur la prospérité du commerce*, 1801. On trouve dans les Œuvres de Delille de jolis vers adressés à Mme. Vital-Roux. D.

ROUX-FAZILLAC (PIERRE), ancien chevalier de St-Louis et administrateur du département de la Dordogne, fut député à l'assemblée législative et ensuite à la Convention nationale, où il vota la mort de Louis XVI, sans appel et sans sursis : c'était en général un révolutionnaire des plus prononcés ; il fit différents rapports à la législative et à la Convention, sur l'éducation et sur les postes. En avril 1793, il fut envoyé dans les places de la frontière du Nord, et il poursuivit les Girondins avant et après le 31 mai. Dans le courant d'août, il fut un des commissaires chargés de faire exécuter la levée en masse. Après la session, il fut nommé administrateur de son département; mais le directoire le destitua à l'approche des élections de l'an VI (1798), dans la crainte qu'il ne revint au corps législatif. Lorsque Quinette fut nommé au ministère de l'intérieur, il choisit M. Roux-Fazillac pour l'un de ses chefs de division, et celui-ci en remplit les fonctions jusqu'au moment où le ministre fut forcé de donner sa démission. Il se retira alors à Périgueux, où il vécut paisiblement jusqu'en 1816. Il quitta alors la France comme régicide, et se réfugia en Suisse. On a de lui: I. *Recherches historiques et critiques sur l'homme au masque de fer, d'où résultent des notions certaines sur ce prisonnier*, 1801, in-8°. L'auteur prétend prouver, sur des matériaux authentiques, que ce personnage mystérieux était un ingénieur du duc de Mantoue, nommé le comte Matthioly. II. *Histoire de la guerre d'Allemagne pendant les années 1756 et suivantes, entre le roi de Prusse et l'impératrice d'Allemagne et ses alliés*, traduite en partie de l'anglais de Lloyd, et en partie rédigée sur la correspondance originale de plusieurs officiers français, et principalement sur celle de M. de Montazet, lieutenant-général envoyé par la cour de France dans les armées de l'impératrice, 1803, 2 vol. in-8°. B.—M.

ROUX DE LABORIE (ANTOINE-ATHANASE), né à Albert, diocèse d'Amiens, en février 1769, fut élevé par des parents très religieux, fit ses études d'une manière distinguée à Paris, aux collèges de Lizieux et d'Harcourt, fut nommé souvent à la distribution des prix de l'Université, et obtint le premier prix de français en 1787. D'abord destiné au barreau, il commença son stage dès 1788, et remporta cette même année le prix proposé par l'académie de Rouen par son *Éloge du cardinal d'Estouteville*, qui fut imprimé à Paris, 1788, in-8°. On trouve sur M. Roux de Laborie ce passage dans les *Mémoires de Marmontel*, tome 3: « Le jeune homme » qui avait pris soin de nous lier (avec » M. Desèze) était ce Laborie, connu » dès l'âge de dix-neuf ans par des » écrits qu'on eût attribués sans peine » à la maturité de l'esprit et du goût; » nouvel ami qui, de son plein gré, et » par le mouvement d'une âme ingénue » et sensible, était venu s'offrir à moi, » et que j'avais bientôt appris à estimer » et à chérir moi-même. Dans cet ai- » mable et heureux caractère, le besoin » de se rendre utile est une passion » habituelle et dominante. Plein de vo- » lonté pour tout ce qui lui semble hon- » nête, la vitesse de son action égale » celle de sa pensée. Je n'ai jamais connu » personne aussi économe du temps; il » le divise par minute, et chaque ins- » tant en est employé ou utilement pour » lui-même, ou plus souvent encore uti- » lement pour ses amis. » Il paraît qu'au commencement de la révolution, M. de Laborie eut une velléité de se consacrer à l'instruction publique et même à l'état ecclésiastique, car il entra en novembre 1789 à l'Institution de l'Oratoire à Paris, et y resta jusque vers le milieu de 1790. A l'époque du 10 août 1792, il était secrétaire de M. Bigot de Sainte-Croix, ministre des affaires étrangères. Compromis par les papiers trouvés chez ce ministre, il se réfugia en Angleterre, où il passa quelques mois. A l'époque du 18 brumaire (1799), il fut fait chef du secrétariat des relations extérieures. A la fin de 1800, il fut impliqué avec MM. Bertin (*voyez* BERTIN l'aîné) dans une conspiration de royalisme, et fut exilé en 1801 jusqu'en 1804. Il avait une part dans le *Journal des Débats* depuis son origine, et en avait même été fondateur avec M. Bertin-Devaux; mais il la perdit avec ses co-propriétaires par la confiscation de ce journal en avril 1811. Il prit alors la profession d'avocat, et fut mis sur le tableau. Il n'a jamais plaidé; mais il a fait des mémoires dans un grand nombre de causes importantes, entre autres dans le procès intenté aux entrepreneurs de la *Biographie univ.* (*Voy.* PRUDHOMME). M. de Laborie fut nommé, en avril 1814, secrétaire-général adjoint du gouvernement provisoire. Le jour même de l'arrivée de l'empereur de Russie à Paris, il apporta vers deux heures après midi à M. Michaud, la fameuse déclaration de ce prince, et, avant sept heures, il y en avait dix mille exemplaires d'imprimés et deux mille remis dans la chambre de S. M. I. (*Voy.* TALLEYRAND.) On sait que l'empereur Alexandre les montra alors comme la preuve de ses volontés et de ses engagements irrévocables, à M. de Caulaincourt, qui venait négocier en faveur de Buonaparte. Quand celui-ci lut à Fontainebleau les noms de ceux qui composaient le gouvernement provisoire, il dit, en voyant le nom de M. de Laborie : « Celui-là était payé pour cela. » M. Roux a suivi le Roi à Gand en 1815, et y a fait, avec M. Bertin l'aîné, le *Moniteur universel*, que S. M. fit publier comme journal officiel. Rentré en France avec le Roi, M. de Laborie fut nommé le 23 août 1815, par le collège électoral de la Somme, le troisième des sept députés que ce département envoya à la chambre de 1815. Il fit le 1er. février 1816, en comité secret, au nom d'une commission, un rapport sur la proposition de M. de Blangy, tendant à améliorer le sort des ecclésiastiques. Ce rapport fit beaucoup de bruit, et par le fonds des questions, et par la manière dont elles étaient traitées. M. Roux de Laborie prononça un second rapport, au nom de la même commission, après la clôture de la discussion, pour répondre aux adversaires du projet, dans le comité secret, séance du 9 février 1816. Ce rapport, très court, avait encore plus de mouvement et de chaleur que le premier. M. Roux prononça le 18 mars une opinion sur le budget, qu'il termina par un tableau remarquable de la session, et par une profession de foi de la chambre de 1815, et, le 23 avril, il parla encore sur le rapport de M. de Kergorlay, qui proposait de rendre les biens non vendus au clergé; ce que l'assemblée résolut, le 25 avril 1816. Aux élections de 1816, M. Roux de Laborie fut présenté comme candidat par les deux collèges d'arrondissement d'Amiens et de Doullens; il eut pour être député quatre-vingt-dix voix, et il lui en a manqué dix pour être réélu. Il a repris depuis l'exercice de la profession d'avocat, et continue de rédiger des mémoires dans les affaires importantes. F.

ROUX (CHARLES), né dans un village de Picardie en 1762, vint fort jeune à Paris, et fut employé dans le cabinet des instruments d'astronomie de Lalande. En 1800, il annonça la découverte qui fit alors beaucoup de bruit, d'une *fille invisible*, qui répondait à toutes les questions sans être aperçue. Ce nouveau genre de spectacle donna de l'ombrage à la police, qui le fit fermer. M. Rouy alla alors s'établir dans la rue Villedot, où il exposa une autre invention, celle d'un *planisphère perpendiculaire*. Ce nouveau spectacle n'ayant pas réussi, l'inventeur passa en Angleterre, où des expériences de sa *fille invisible* n'eurent pas plus de succès. Il se rendit alors en Italie, et fit sur l'un des théâtres de Milan des expériences de ses inventions qui furent mieux accueillies, malgré les contradictions de quelques savans. Le vice-roi en fut surtout ravi; tous les courtisans s'empressèrent d'applaudir, et le ministre de l'intérieur commanda un grand nombre de *planisphères* pour les lycées. Après la chute de Buonaparte, M. Rouy revint en France, et il annonça en 1818 la découverte d'un *mécanisme uranographique*, dont quelques journaux parlèrent avec éloge, dont on voit un modèle fort en grand dans la bibliothèque du Roi, et qu'il eut l'honneur de présenter à S. M. Il se mit ensuite à voyager pour faire connaître ses découvertes. N.

ROUYER (Le baron MARIE FRANÇOIS), né le 2 mai 1765, à Voussy en Lorraine, était au service d'Autriche lorsque la révolution éclata. Lieutenant dans le régiment de Joseph-Toscane, il avait fait les campagnes de 1784 en Transsylvanie, et celles de 1787, 88, 89, contre les Turcs. La France ayant déclaré la guerre à l'Autriche, M. Rouyer revint dans sa patrie, et fut employé à l'armée du Nord, en 1792 et 1793, comme adjoint aux adjudants-généraux. Pendant le blocus de Charleroi, un coup-de-main hardi et secondé par la fortune lui livra un régiment hollandais qu'il fit tout entier prisonnier sans coup férir, à la tête de quelques dragons seulement. Il fit toutes les campagnes suivantes sur le Rhin, et après avoir mérité, par de nombreux exploits, les grades intermédiaires, il s'éleva à celui de général de brigade. Il commandait en cette qualité à la bataille d'Austerlitz, à la suite de laquelle il fut compris dans la promotion des généraux de division, et passa en 1808 en Espagne; il y faisait partie du corps du général Dupont, lorsque celui-ci capitula. Le général Rouyer refusa de signer la capitulation; et, de retour en France, il fut envoyé dans le Tyrol sous le général Lefebvre, qu'il seconda parfaitement dans toutes ses opérations. Il resta long-temps sans activité, et reçut en 1814, du Roi, la croix de Saint-Louis. Chargé pendant la nouvelle guerre qui suivit l'incursion de Buonaparte, de commander et organiser les gardes nationales stationnées à Lunéville, il fut mis à la retraite à la fin de 1815. — ROUYER, frère du précédent, chevalier de Malte, entra dans la carrière diplomatique, et fut long-temps secrétaire de légation en Suisse. Lorsque les alliés y pénétrèrent en 1814, M. Rouyer instruisit très exactement le ministre des affaires étrangères de tous les mouvements qui suivirent la violation de ce territoire neutre. Il est aujourd'hui sans fonctions. — Un autre frère du baron Rouyer, qui était inspecteur des eaux-et-forêts à Neufchâteau, fut membre de la chambre des représentants en 1815. C. C.

ROY (ANTOINE), né le 5 mars 1764 à Savigny en Champagne, se fit recevoir en 1785 avocat au parlement de Paris, et débuta avec distinction dans la carrière du barreau. Il fut le défenseur de l'infortuné de Rosoy, assassiné par le tribunal extraordinaire du 17 août. Il défendit aussi les condamnés de vendémiaire an III (1795), et fit révoquer quelques-uns des arrêts de mort prononcés contre eux. Après la condamnation des fermiers-généraux par le tribunal révolutionnaire, il composa pour leurs veuves et leurs enfants un grand nombre d'écrits, qui produisirent à cette époque une vive sensation. Du reste, il ne parut dans aucune occasion sur la scène politique pendant nos troubles révolutionnaires. Possesseur d'une grande fortune, il avait formé dans le département de l'Eure des établissements considérables de commerce et de manufacture, qu'il dirige encore aujourd'hui. Buonaparte, alors consul, voulut envahir les belles forêts de Navarre, dont M. Roy avait acquis la jouissance. Celui-ci résista à cette spoliation avec beaucoup de persévérance et d'énergie. Les Mémoires qu'il rédigea pour cette affaire en offrent le témoignage: « Quelques heures se sont à peine » écoulées, disait-il au premier consul » dans un de ces écrits, depuis le mo- » ment où, parmi les grands hommes qui » ont illustré la France, vous distin- » guâtes Turenne; ses mânes tressaillent » encore des honneurs que vous rendîtes » à sa mémoire; et aujourd'hui il s'agit » de l'expropriation de son petit-neveu! » Un monarque auquel ses contempo- » rains et la postérité ont accordé le titre » de *grand*, avait aussi pensé que le » moulin de Sans-Souci, placé au mi- » lieu de son parc, était à sa conve- » nance; et ses flatteurs le lui avaient » répété. Mais sa puissance fléchit de- » vant ce mot sublime: *Il y a des juges* » *à Berlin*. » Buonaparte fut vivement affecté de l'effet de ces écrits sur l'opinion publique; mais il ne s'en empara pas moins de Navarre, et en expulsa M. Roy, contre lequel il conserva toujours du ressentiment. Lors de la convocation des collèges électoraux au mois d'avril 1815, M. Roy, élu secrétaire du collège du département de la Seine, provoqua les résolutions de cette assemblée, qui procéda à ses opérations sans avoir prêté, à Buonaparte, le serment prescrit, raya de la liste de ses membres Lucien Buonaparte, comme n'étant point citoyen français, enfin se sépara sans avoir fait d'adresse à Napoléon. M. Roy fut le premier représentant élu par le collège. Lors de la formation du bureau de la chambre, il obtint quelques voix pour la présidence. Le 6 juin il s'opposa à ce qu'on arguât de l'article 56 du sénatus-consulte de l'an XII, pour imposer à l'assemblée l'obligation de prêter serment à Buonaparte. Cette résistance donna des inquiétudes à Buonaparte, qui chercha à intimider M. Roy par un article presque menaçant, qui fut inséré dans le *Journal du Commerce* du 8 juin, sur la chambre des représentants, et dans lequel, par allusion aux démêlés de M. Roy avec le gouvernement, le propriétaire dépossédé de Navarre était ironiquement désigné sous le titre de *Roi de Navarre*. M. Roy ne fut point effrayé de ce manège, et opina toujours avec la même fermeté. Le 27 juin, il prit deux fois la parole sur des questions de finances. Le 26 juillet 1815, il fut nommé, par le Roi, président du collège électoral de l'arrondissement de Sceaux. Élu peu de jours après par le même collège à la chambre des députés convoquée par S. M., M. Roy vota avec la minorité. Le 4 décembre 1815, il s'opposa à ce que la juridiction des cours prévôtales eût un effet rétroactif. Le 13 février 1816, il combattit les amendements de la commission sur le projet de loi des élections, et se prononça en faveur du renouvellement partiel. Quelques expressions de son discours ayant blessé la majorité, il fut rappelé à l'ordre. Le 27 avril, dans la discussion de la loi relative à la restitution au clergé des bois non vendus, il s'éleva fortement contre le mot *restituer*, comme étant propre à inspirer des alarmes. M. Roy prit aussi plusieurs fois la parole sur le budget. Après l'ordonnance du 5 septembre 1816, il fut appelé à la nouvelle chambre, dans laquelle il vota avec la majorité. Il fut élu membre de la commission du budget, puis son rapporteur pour la partie des dépenses. « Dans le rapport » qu'il présenta à la séance du 27 janvier » 1817, il établit, dit M. Fiévée, (*Histoire de la session de 1816*), les droits » de la représentation nationale en matière d'impôt, avec une clarté et une » précision qu'on ne trouve jamais que » pour faire triompher la vérité. » M. Roy proposait quelques économies avec une modération trop circonspecte peut-être, et des mesures tendant à faire cesser l'abus toujours croissant des pensions. Après s'être élevé contre le ministre de la guerre, qui avait dépassé son budget, il conclut toutefois à la régularisation de cet excédent: « Attendu, dit-il, qu'il y » aurait une sorte d'injustice à rendre » un ministre, pour le passé, l'objet » d'une sévérité dont, jusqu'à un certain point, il était autorisé à ne pas » redouter la rigueur. » Dans la discussion, M. Roy défendit avec beaucoup de chaleur l'affectation des bois de l'état à la dotation de la caisse d'amortissement, et soutint les économies proposées par la commission, que chacun approuvait en principe, mais contestait dans l'application. C'est ce que M. Roy fit sentir à la séance du 2 mars 1817: « De grandes économies sont nécessaires, » sont indispensables, dit-il, c'est le cri » de toute la France: ce cri a principa» lement retenti de tous les points de » cette salle; et l'ordre de grandes réduc» tions dans les dépenses a été donné par » vos bureaux, à chacun des commis» saires qu'ils ont nommés. Mais quand » il s'agit de réaliser ce vœu si hautement prononcé par vous, par la nation » entière, aucune économie n'est plus » possible, et tous les intérêts particu» liers viennent en multiplier les obs» tacles. » Vers la fin de la session, M. Roy, élu candidat par la chambre, fut nommé par le Roi membre de la commission de surveillance de la caisse d'amortissement. Lors de la convocation des colléges électoraux, en sept. 1817, il fut désigné par S. M. vice-président de la 13e. section du collége de la Seine. Réélu député pour la quatrième fois, il fut, lors de la formation du bureau en novembre 1817, désigné candidat pour la présidence. Le 23 décembre, organe de la commission de surveillance, il fit à la chambre, sur la situation de la caisse d'amortissement, un rapport qui fut renvoyé à la commission du budget. Il fut encore, cette année, membre de cette commission et son rapporteur pour les dépenses. Le rapport qu'il présenta, le 21 mars 1818, embrassait les plus hautes questions, et se terminait par ces mots, dont les orateurs ministériels s'efforcèrent vainement d'affaiblir l'impression: « Nous » sommes justement effrayés de l'accrois» sement continuel de nos dépenses; tout » est changé autour de nous, et nous » allons comme si rien n'était changé. » La résignation de la nation dans ces » temps de malheur a été grande et ad» mirable. Elle avait sa source dans son » amour pour son Roi; mais alors que » son amour pour son Roi ne changera » jamais, toutes ses ressources sont épui» sées, et nous vous devons cette triste » vérité que, si les charges extraordi» naires qui pèsent sur elle n'ont pas » leur terme dès le cours de cette année, » il vous sera impossible d'établir le » budget de 1819. » Pendant les longs débats auxquels donna lieu ce rapport, M. Roy insista particulièrement sur la nécessité de l'économie, sur les motifs d'ordre qui réclamaient impérieusement qu'aucune atteinte ne fût portée à la centralisation des pensions, enfin sur la convenance que les ministres présentassent, à l'ouverture de chaque session, les comptes de l'année précédente. M. Roy, malgré sa fortune, qui est des plus considérables, n'a jamais renoncé au barreau, et il a encore plaidé pour ses amis des causes importantes. — Il a pour gendres le comte Lariboissière, chef de bataillon de l'artillerie, fils du général de ce nom qui a péri à Moscou, et le marquis de Talhouet, maréchal-de-camp, colonel du 2e. régiment des grenadiers à cheval de la garde royale.   Y.

ROYER-COLLARD (Pierre-Paul), né dans les environs de Vitry-le-François vers 1770, était avocat au barreau de Paris, à l'époque où la révolution éclata. Il en embrassa les principes avec modération, fut membre du conseil de la commune en 1789, 1790 et 1791, puis secrétaire de ce conseil en 1792, jusqu'au 10 août. Ce fut aux approches de cette fatale journée que Danton lui dit : « Jeune » homme, venez brailler avec nous ; » quand vous aurez fait votre fortune, » vous embrasserez plus à votre aise le » parti qui vous conviendra. » M. Royer-Collard se garda bien de suivre un avis qui s'accordait si peu avec ses sentiments. Échappé heureusement aux troubles révolutionnaires, il fut, en 1797, nommé député du département de la Marne au conseil des cinq-cents, où il prononça, le 14 juillet, une opinion très énergique contre le serment demandé aux prêtres, et en faveur du rappel des déportés. Il invita ses collègues à s'attacher à la justice, qu'il appela *le plus profond des artifices*. et termina ainsi son discours: « Aux cris féroces de la démagogie invo- » quant *l'audace*, et puis *l'audace*, » et encore *l'audace*, vous répondrez » enfin par ce cri consolateur, *la jus-* » *tice*, *la justice*, et encore *la justice*. » Il ne siégea que trois mois au conseil des cinq-cents, son élection ayant été annulée au 18 fructidor. Il fut ensuite du nombre des personnes qui s'occupèrent dans l'intérieur à préparer le retour du souverain légitime, et fut membre d'un conseil du Roi en France, avec MM. le marquis de Clermont-Gallerande, l'abbé de Montesquiou et Becquey (*Voy.* ces noms), depuis 1799 jusqu'en 1804, époque à laquelle ce conseil fut dissous, le Roi ayant été obligé de se retirer en Angleterre. M. Royer-Collard vécut dans la retraite jusqu'en l'année 1811, où il fut nommé doyen de la faculté des lettres de Paris et professeur d'histoire et de philosophie à l'école normale. Plus austères, plus métaphysiques que celles de son collègue, M. La Romiguière, les leçons de M. Royer-Collard n'attirèrent pas un concours aussi nombreux d'auditeurs ; mais sa philosophie, qui a formé d'illustres élèves, entre autres M. Cousin, n'en est pas moins appuyée du suffrage des écoles écossaise et allemande. Il était livré à cet enseignement, lorsque les événements de 1814 ramenèrent le Roi en France. Connu particulièrement de ce monarque, il ne tarda pas à être appelé à d'éminentes fonctions. Il fut successivement nommé directeur-général de l'imprimerie et de la librairie, conseiller-d'état et chevalier de la Légion-d'honneur. Au retour de Buonaparte, en mars 1815, M. Royer-Collard quitta toutes ses fonctions publiques, et ne fut plus que professeur et doyen de la faculté des lettres. Il prêta, en cette double qualité, le serment alors exigé par Buonaparte de tous les membres de l'université. Par une de ces manœuvres si familières à la police impériale, le *Journal de l'empire* annonça que M. Royer-Collard avait prononcé, à cette occasion, un discours où, en exprimant ses sentiments de dévouement à S. M. (Napoléon), il avait développé des principes propres à faire une grande impression sur tous ses collègues. M. Royer-Collard repoussa cette fausse allégation dans une lettre insérée, le 19 mai, dans plusieurs journaux. Après le second retour du Roi, il fut rappelé au conseil-d'état, et nommé président de la commission royale d'instruction publique. Élu député du département de la Haute-Marne, en 1815, il marqua des premiers dans la minorité de la nouvelle chambre. Le 23 septembre, parlant sur le projet de loi relatif à des mesures de sûreté générale, il entreprit de montrer tout ce que le projet présentait de vague et d'arbitraire selon lui, et proposa d'accorder aux préfets seuls le droit d'arrestation, en leur imposant le devoir d'en référer aux ministres dans les vingt-quatre heures. Cet amendement fut rejeté. Le 21 novembre, en comité secret, il s'éleva contre la proposition faite par M. Hyde de Neuville, de suspendre, pendant une année, l'inamovibilité des juges. Dans la discussion de la loi d'amnistie, le 4 janvier 1816, il vota contre tous les amendements de la commission, qui proposait d'augmenter le nombre et de confisquer les biens des personnes exceptées de l'amnistie. Le 14 février, il soutint qu'une loi d'élections n'était point nécessaire, puisque la charte avait posé les bases d'un système électoral ; il combattit le renouvellement intégral, la permanence de la chambre pendant cinq ans, et l'augmentation du nombre des députés. Le 27, il improvisa sur la même question un discours dans lequel il établit que la chambre des députés est seulement élective et non représentative, et qu'elle n'exprime jamais que sa propre opinion. Il termina en votant contre le projet du gouvernement et contre celui de la commission, qui lui paraissaient, dit-il « aussi bons, ou si l'on » voulait, aussi mauvais l'un que l'autre. » Dans la discussion du budget, le 17 mars, il soutint, contre la commission, que la chambre ne pouvait, par un amendement à la loi de 1816, révoquer les dispositions arrêtées en faveur des créanciers dans le budget de 1814. Le 20 août 1816, M. Royer-Collard, en qualité de président de la commission de l'instruction publique, distribua, pour la première fois, les prix du concours général. Dans le discours pour cette solemnité, il attesta la pureté des doctrines de l'université créée par Buonaparte, qui, dit-il, « a » trompé l'ambition insensée dont elle » fut l'entreprise la plus imprudente. » Après la promulgation de l'ordonnance du 5 septembre, il présida le collège électoral de la Marne, et en ouvrit la session par un discours dans lequel il recommanda le choix de citoyens connus par leur modération. Élu député par son collège, il vota, dans la nouvelle chambre, avec la majorité ; le 11 novembre, il en fut nommé vice-président. Le 26 décembre, il proposa, en faveur de la loi des élections présentée par les ministres, une opinion aussi remarquable par les doctrines que par la singularité de quelques expressions. Celle de *matière électorale*, qu'il employa pour désigner les éligibles, excita plus d'une fois le rire de l'assemblée. Dans la discussion des articles, il prit la parole contre les deux degrés d'élections qu'on voulait introduire dans la loi. Le 13 janvier, il défendit le projet tendant à accorder aux ministres seuls, et pendant un an, le droit d'arrêter les prévenus de complots contre l'état, sans qu'il y eût nécessité de les traduire devant les tribunaux. « La véritable question, dit-» il, n'est pas de savoir si la mesure pro-» posée est nécessaire, mais s'il est cer-» tain, démontré, évident, qu'elle ne » soit pas nécessaire. » Le 22 janvier 1817, lors de l'élection des candidats à la présidence, en remplacement de M. Pasquier, il fut élu cinquième candidat. Le 27, il se prononça en faveur du projet relatif à la suspension de la liberté des journaux. Son discours tendait à prouver qu'il existait au sein de la nation des partis capables de faire, des journaux, des instruments de discorde; et, au milieu de ces partis, il montra une nation nouvelle, *supérieure, étrangère aux factions, innocente de la révolution dont elle est née, mais qui n'est point son ouvrage*, etc. En parlant de l'ordonnance du 5 septembre, il dit qu'elle avait arraché la nation aux partis, à leur puissance, à leur vengeance ; ce qui lui valut, de la part des membres du côté droit, un rappel à l'ordre, qui n'eut point de suite. Le 27 février, il vint donner à la tribune des explications sur la rétribution universitaire attaquée par MM. de Villèle et Cornet d'Incourt. Le 18 août, dans son discours à la distribution des prix, il repoussa d'une manière indirecte les attaques dont le corps enseignant était l'objet. A l'ouverture de la session de 1817, il fut encore élu candidat à la présidence. Ce fut alors que se forma, dans la chambre, un tiers-parti parlant comme les libéraux, mais votant avec les ministériels, qui fut appelé le parti des *Doctrinaires*, et dont M. Royer-Collard passe pour être le chef; on les a même appelés *Collardistes*. C'est dans cet esprit que, tout en soutenant avec le côté gauche la nécessité du jury pour les délits de la presse, et celle du vote annuel pour le recrutement de l'armée, M. Royer-Collard vota pour les projets présentés par les ministres sur l'une et l'autre de ces matières. Dans la discussion du budget, il donna de nouvelles explications sur la rétribution universitaire, et improvisa, le 30 avril 1818, sur la grande question des comptes à exiger des ministres, une opinion qui concilia le ministère et la commission. — ROYER-COLLARD (Antoine-Athanase), frère du précédent, professeur à l'école de médecine, et médecin très distingué, se fit connaître, en 1802, par un *Essai sur l'aménorrhée*, qui eut un grand succès. En 1807, le fils de la reine Hortense étant mort du *croup*, Buonaparte nomma une commission pour décerner un prix de 12,000 francs à l'auteur du meilleur ouvrage sur cette cruelle maladie. M. Royer-Collard, désigné rapporteur de cette commission, fit, sur ce concours, un rapport d'environ trois cents pages, qui passe pour le plus beau titre de son auteur. Il fut nommé, le 21 octobre 1808, inspecteur-général des études en l'université, pour la faculté de médecine, puis médecin en chef de Charenton, fonctions dans lesquelles il fut confirmé, au premier et au second retour du Roi. En 1814, il fut nommé membre de la Légion-d'honneur, et, en 1816, médecin par quartier du Roi. Il interrogea, en cette qualité, le paysan Martin (*Voy.* ce nom). C'est sous la direction de M. Royer-Collard, qu'une société de médecins rédigea la *Bibliothèque médicale* et le *Bulletin de l'Athénée de médecine de Paris.*   Y.

ROYOU (Jacques-Corentin) avocat, frère puîné de l'abbé Royou, fut attiré par lui à Paris, en 1791, pour travailler à la rédaction de l'*Ami du Roi*, à laquelle ce dernier, attaqué d'une maladie mortelle, ne pouvait plus suffire. L'avocat y concourut en conséquence pendant la moitié de 1791 et en 1792, jusqu'à la suppression de ce journal. Le public ne s'aperçut pas de cette coopération, tant il y avait de conformité dans la manière d'écrire et de penser des deux frères. M. J. Royou rédigea en 1796 le journal le *Véridique*, et ensuite l'*Invariable* jusqu'au 18 fructidor (septembre 1797). Proscrit à cette époque, il fut déporté à l'île de Rhé. Rendu à la liberté par le gouvernement consulaire, il reprit ses fonctions de jurisconsulte, s'occupant aussi des lettres. On a de lui : I. *Précis de l'histoire ancienne d'après Rollin*, 1802, 4 vol. in-8°.; 2ᵉ édition, 1811, 4 vol. in-8°. II. *Histoire du Bas-Empire*, 1803, 4 vol. in-8°.; 2ᵉ édition, 1814, 4 vol. in-8°. III. *Histoire romaine depuis la fondation de Rome jusqu'au règne d'Auguste*, 1806, 4 vol. in-8°. IV. *Histoire des empereurs romains depuis Auguste jusqu'à Constance-Chlore, père de Constantin*, 1808, 4 vol. in-8°. M. Royou a donné en 1817, au Théâtre-Français, la tragédie de *Phocion*, qui a obtenu un succès mérité. — Royou, fils du précédent, ancien capitaine du génie, a publié : *De la Bureaucratie maritime*, 1818, in-8°. — Mᵐᵉ Fréron, leur sœur, veuve de l'auteur de l'*Année littéraire*, et belle-mère du député, demeurait avec ses frères, et soignait les détails de ce journal. C'est une femme spirituelle, très instruite, qui, pendant une grande partie de la révolution, fut chargée à Varsovie de l'éducation des princesses de Radzivil, et eut occasion

d'y être présentée au Roi Louis XVIII, qui l'accueillit avec beaucoup de bonté. Elle est revenue en France depuis plusieurs années.   B. M.

ROZIÈRE (Jean Carlet, marquis de la), né à Paris, le 10 avril 1770, d'une ancienne famille noble de Champagne, où fut érigé, en 1780, en faveur de son père, le marquisat de la Rozière (*Voy.* Rozière, dans la *Biogr. univ.*), entra au régiment d'Orléans, dragons, comme lieutenant en 1784, fut fait capitaine de cavalerie, adjoint au corps de l'état-major-général de l'armée en 1788, et employé comme tel en Bretagne. Il émigra en 1791, et fit, comme aide-maréchal-général-des-logis, dans l'état-major, la campagne de 1792, à l'armée des princes. Il fut fait, cette même année, colonel des chasseurs royaux au siège de Thionville. Après le licenciement, il entra dans le régiment hongrois des hussards de Wurmser, où il fit les campagnes de 1793 et 1794, passa au service d'Angleterre, fit celles de 1795 et 1796, et entra ensuite, comme colonel de cavalerie, au service de Portugal, où il a resté jusqu'en 1814. M. de la Rozière fit la campagne de 1802, en qualité d'adjudant-général de cavalerie de l'armée portugaise du Nord, que son père commandait en chef ; et il fut fait chevalier, puis commandeur de l'ordre du Christ (il était chevalier de Saint-Louis depuis 1796). On le nomma adjudant-général de l'inspecteur des côtes et frontières de Portugal, puis général de brigade au service de cette puissance en 1807. Rentré, en 1814, au service de France avec son grade de maréchal-de-camp, il fut employé par le Roi au mois de mars 1815, à Angers, sous les ordres du duc de Bourbon, et au mois d'août de cette même année, S. M. lui confia le commandement de la Haute-Vienne. Placé, à cette époque, dans des circonstances difficiles, il sut concilier les divers intérêts par sa modération et sa fermeté ; et il passa ensuite à un autre commandement dans le Midi.   F.

RUBICHON, né à Lyon vers 1760, se rendit en Angleterre au commencement de la révolution, et y établit une maison de commerce qu'il dirigea jusqu'en 1814, époque à laquelle il revint en France avec M. le prince de Condé, dans la maison duquel il était employé. Lorsque Delille se rendit en Angleterre en 1799,

M. Rubichon fit tout ce qu'il put afin d'adoucir son exil, et il l'encouragea à achever sa traduction du *Paradis perdu*, dont il acheta le manuscrit en société avec d'autres négociants, sans autre motif qu'une sorte de munificence fort honorable envers le poète : ainsi c'est peut-être à M. Rubichon que l'on doit ce beau monument de poésie. On a de lui : *De l'Angleterre*, Londres, 1811, in-8º.; 2e. édition, Paris, 1816, in-8º. En 1811, l'Angleterre était sérieusement occupée à préparer des constitutions pour la Sicile, pour le Portugal, pour l'Espagne et pour ses colonies. Cette manufacture d'un nouveau genre excita les alarmes de M. Rubichon, qui regarde les gouvernements représentatifs « comme des » fléaux plus terribles que les meurtres, » les pillages et les incendies. Les Anglais, dit-il, attaquaient la civilisation par ses fondements, et le faisaient avec tant de bonne foi qu'ils ne laissaient aucun espoir aux amis de l'ordre. » Ce fut à cette époque que M. Rubichon résolut de publier un ouvrage où les gouvernements représentatifs, tels, par exemple, que celui d'Angleterre, seraient appréciés à leur juste valeur ; il ne se flatta pas d'empêcher cette exportation de produits constitutionnels ; mais du moins il en a montré les résultats ; et ce n'est pas sa faute, dit-il, s'il a été comme la voix criant dans le désert. D.

RUDLER (François-Joseph), né le 9 septembre 1757, devint en 1790 administrateur du département du Haut-Rhin, qui le nomma l'année suivante député à l'assemblée législative. Appelé, après la session, à la place de juge du tribunal de Colmar, la commission chargée, après la mort de Robespierre, d'épurer celui de Paris, l'en nomma vice-président en août 1794. Il fut employé ensuite (en 1797) comme commissaire du gouvernement près l'armée de Moreau ; et, dans le courant de novembre, le directoire le chargea d'organiser en départements les pays conquis sur la rive gauche du Rhin. Il y résida plusieurs mois, fut remplacé par Marquis, et de là envoyé en Suisse, où il n'alla point. Il devint, en 1800, préfet du Finistère, où il eut quelques démêlés avec l'évêque André, passa dans la Charente en avril 1805, et administra ce département jusqu'en 1810. Il est chevalier de la Légion-d'honneur. B. M.

RUELLE (Albert), juge au tribunal de Bourgueil, fut nommé, en septembre 1791, député-suppléant du département d'Indre-et-Loire à la législature, où il ne prit point séance, et en septembre 1792 à la Convention nationale, où il vota la mort de Louis XVI de la manière suivante : « Je consulte la Déclaration des » droits de l'homme, j'ouvre le Code » pénal, je prononce une peine terrible » mais nécessaire, la peine de mort ; mais » je suis de l'avis de la restriction faite » par Mailhe, et je desire que l'assem- » blée examine dans sa sagesse si elle ne » doit pas suspendre l'exécution du juge- » ment. » Il avait rejeté l'appel au peuple ; il se prononça aussi contre le sursis. M. Ruelle fut secrétaire de la Convention, en avril 1794 ; se rendit dans la Vendée, où il travailla avec beaucoup d'activité et de succès à négocier les suspensions d'armes qui amenèrent la ruine des Chouans et des Vendéens. Il paraît qu'il agit de bonne foi dans ces négociations ; et Charette se loua beaucoup de sa loyauté. Devenu membre du conseil des cinq cents, il en fut élu secrétaire le 1er. thermidor (juillet 1796), fit ensuite un rapport sur les créanciers du ci-devant comtat d'Avignon, et sortit du conseil en mai 1797. En 1800, il fut nommé sous-préfet à Chinon, et en remplit les fonctions pendant plusieurs années. Il paraît qu'il fut employé pendant les cent jours, puisqu'il a été compris dans la loi contre les régicides, et obligé de sortir de France pour se réfugier en Suisse. — Ruelle, ancien agent diplomatique, a publié : *Modèles d'une Constitution royale et d'une Constitution républicaine*, Paris, 1815.
B. M.

RUFFIN, élevé au collége des jésuites de Paris aux frais du Gouvernement, sous le titre d'*Enfant de langue* ou *d'arménien*, était avant la révolution employé à la bibliothèque du Roi et au ministère des affaires étrangères comme interprète des langues orientales. Il accompagna, en janvier 1797, l'ambassadeur de France à Constantinople, comme conseiller d'ambassade, y demeura chargé d'affaires de la république, et fut enfermé aux Sept-Tours, au moment de l'expédition des Français contre l'Egypte. Il notifia, en 1802, au grand-visir le changement survenu dans son gouvernement par la prolongation à vie de la magistrature du premier consul, et réclama ensuite contre la faveur accordée aux Anglais dans la navigation de la Mer-Noire. Il fut encore chargé, en février 1806, de faire connaître au divan les victoires de Buonaparte, et de remettre au reis-effendi une copie du traité de Presbourg, qui en fut la suite. M. Ruffin conserva cet emploi jusqu'à la chute de Buonaparte en 1814. Ayant été remplacé à cette époque, il resta néanmoins à Constantinople, et reprit ses fonctions dès qu'il apprit le retour de l'ex-empereur en France en 1815. Il a été définitivement remplacé après le second retour du Roi; mais S. M. lui a accordé une pension considérable avec le titre de conseiller d'ambassade honoraire. On connaît de lui : *Adresse de la Convention nationale au peuple français, du 18 vendémiaire an III, traduit en arabe*, 1795, in-fol. de 24 pag.; monument précieux pour l'histoire de la typographie orientale, parce que c'est le premier ouvrage imprimé avec les caractères arabes de l'imprimerie royale, retrouvés après avoir été oubliés ou perdus pendant plus d'un siècle. (*Voy*. dans la *Biograph. univers.* l'article BRÈVES, V, 567.) — RUFFIN fils est consul à Varna, après avoir été chancelier du consulat-général à Saint-Pétersbourg. — Sa sœur a épousé M. de Lesseps. Z.

RUFFO SCILLA (LOUIS), né à Saint-Onofrio, fief de sa maison, dans le royaume de Naples, le 25 août 1750, cardinal-prêtre du titre de Sainte-Marie-des-Monts, archevêque de Naples, est un ecclésiastique recommandable par sa piété. Il fut du nombre des cardinaux que Buonaparte fit venir à Paris, et qui devinrent ce que l'on appela les *cardinaux de l'opposition*, à cause de leur résistance à ses volontés. Le cardinal Ruffo supporta avec courage les malheurs que lui attirèrent sa fidélité et sa persévérance dans ses nobles sentiments. On regrette qu'une surdité incurable le rende aujourd'hui peu propre aux affaires. — RUFFO (Fabrice), cousin du précédent, né à Naples le 16 septembre 1744, cardinal-diacre du titre de Ste.-Marie *in Cosmedino*, depuis le 21 février 1754, est appelé en Italie *le général cardinal*. Trésorier-général sous Pie VII, il administra quelques parties de son dicastère aux applaudissements de tout l'état romain. On lui dut alors la loi qui accordait une prime aux propriétaires qui planteraient un olivier; et cette prévoyance a eu les plus heureux résultats. Ayant entrepris, en 1799, de reconquérir Naples sur les Français, il descendit à Reggio, en Calabre, avec trois hommes seulement. On prétend qu'il ne fut pas l'auteur du projet, mais qu'il eut seulement la gloire d'exécuter un plan conçu par le curé Rinaldi. Ce qu'il y a de sûr, c'est que dès qu'il eut rassemblé cent hommes, il marcha à la tête de cette faible escorte, et, qu'en peu de jours, il réunit une armée qui se montait à 25,000 hommes, quand il arriva sous Naples. Il donnait dans sa route des exemples de sévérité et même de cruauté qui jetèrent l'épouvante dans le parti ennemi. Les résultats de cette conquête furent la prise de Rome, et l'évacuation de l'État romain et de la Toscane. Peu de temps après, le cardinal Ruffo eut des querelles assez vives avec les Anglais, qu'il accusa d'avoir rompu une capitulation. En 1801, il était à Rome, ministre plénipotentiaire du roi de Naples; et insensiblement il rentra dans la carrière des affaires, à laquelle il était encore plus propre qu'à celle des armes. Après l'enlèvement du pape, Buonaparte fit venir à Paris le cardinal Fabrice, lui donna la croix d'officier de la Légion-d'honneur, et parut le distinguer; mais il l'éloigna bientôt, et l'exila à Bagneux, près de Sceaux. Ce cardinal passe pour avoir de l'esprit, de l'instruction et des connaissances très variées. Il a écrit sur les manœuvres des troupes et les équipages de la cavalerie, sur les fontaines, sur les canaux, et sur les mœurs des différentes sortes de pigeons. Sa conversation est très agréable. Il a le défaut d'être un homme à projets, mais il n'en conserve pas moins la réputation méritée d'être le plus savant économiste de l'Italie. Du reste, il se montre assez indépendant dans ses opinions, et il paraît qu'il restera toute sa vie cardinal-diacre, sans entrer dans l'ordre de la prêtrise. Les étrangers recherchent singulièrement ce prélat. Quant à lui, il paraît maintenant aimer les Français avec prédilection. Il a recouvré des terres dans le royaume de Naples, où il passe la plus grande partie de son temps à planter des arbres rares, et à mettre en pratique ses connaissances en agriculture et en économie domestique. A.

RUGGIERI (CLAUDE-F.), célèbre

artificier, né en Italie, est établi depuis plusieurs années à Paris, où il est chargé de la plupart des feux d'artifices destinés aux fêtes publiques. On a de lui : I. *Elémens de Pyrotechnie*, 1802, in-8°.; 1811, in-8°. II. *Pyrotechnie militaire, ou Traité complet des feux de guerre et des bouches à feu*, 1812, in-8°. OT.

RUHL DE LILIENSTERN, major allemand, était en 1807 gouverneur du prince Bernard de Saxe-Weimar. Il est avantageusement connu par plusieurs écrits politiques et militaires, entre autres : I. *Voyage avec l'armée, en 1809*. II. *Journal de la campagne de septembre et octobre 1806, et particulièrement du corps de Hohenlohe, écrit par un témoin oculaire*; 2e. édition, Tubingen, 1809, in-8°. III. Un journal politique et militaire, intitulé *Pallas*, publié à Weimar, in-8°., depuis 1810. IV. *De la guerre*, fragment extrait d'une suite de leçons sur l'art militaire, par R. V. L. Francfort, 1814, in-8°. (en allemand); et un ouvrage composé avec le général Jomini. Il fut nommé, en 1814, membre du comité chargé de présenter les mesures nécessaires à la défense des frontières de l'Allemagne et à l'armement national. S.—S.

RUHS (FRÉDÉRIC), professeur d'histoire à Berlin, après avoir été professeur et bibliothécaire à Greifswald, sa patrie, s'est distingué par des ouvrages de géographie et par une excellente *Histoire de la Suède*, Halle, 1808-1810, 4 vol. in-8°. Il a publié, en 1815, une brochure intitulée: *La Fable des conspirations*; et en 1817, *Les Droits des Chrétiens et de la nation allemande, défendus contre les prétentions des Juifs et de leurs partisans*. Dans cet ouvrage, M. Ruhs combat M. Ewald et ceux qui, comme cet auteur, veulent conférer aux Juifs les droits de citoyen. Il a été nommé, en 1817, historiographe de la monarchie prussienne, avec l'autorisation de compulser les archives et de faire un libre usage des actes et documents qu'il trouvera à sa disposition. On connaît encore de lui: I. *Essai d'une Histoire de la religion, des révolutions politiques et de la civilisation des anciens Scandinaves*, Goettingue, 1801, in-8°. II. *Souvenirs de Gustave-Adolphe*, ibid., 1806, in-8°. III. *Manuel de l'Histoire du moyen âge*, 1816, in-8°.; ouvrage estimé surtout pour la partie littéraire. IV. *Géographie de la Suède, d'après Busching, très augmentée*, Greifswald, 1808, in-4°. et plusieurs morceaux importants dans divers ouvrages périodiques. S.—S.

RULLY (MARIE-AGATHANGE-FERDINAND DE BERNARD DE), ancien chanoine-comte de Saint-Jean de Lyon, abbé de la Chassagne, et vicaire-général de Chalon-sur-Saône, se distingua par beaucoup d'activité dans la chambre du clergé de Lyon, lors de la nomination des députés aux états-généraux en 1789. Il ne put cependant obtenir d'être de la députation, et l'obscurité à laquelle il se résigna pendant les troubles qui s'ensuivirent, mais surtout ses voyages hors de la province, le firent échapper aux malheurs qui fondirent ensuite sur les habitants de cette ville. Il n'y reparut que vers la fin du régime directorial, à la nouvelle de la mort de l'archevêque, M. de Marbeuf, en 1799. Sous prétexte de revendiquer les droits du chapitre, à la vacance du siège, il tint, avec deux autres de ses collègues, une espèce d'assemblée capitulaire, le 12 mai, dans laquelle il se fit nommer vicaire-général capitulaire, ayant sous lui ceux qui avaient administré le diocèse au nom du prélat décédé. Mais le Saint-Siège, à qui cette nomination parut illégale, en fit une autre, et M. de Rully, voulant conserver à la sienne une apparence de légitimité, envoya sa démission au pape dans une lettre du 1er. novembre 1799. Néanmoins, dès qu'il vit Buonaparte devenu maître du gouvernement sous le nom de consul, il reprit de lui-même le titre et les fonctions de grand-vicaire capitulaire, fit venir de Paris une brochure des agents ecclésiastiques de Buonaparte, intitulée: *Examen des difficultés qu'on oppose à la promesse de fidélité*, etc., la fit réimprimer à Lyon, et l'envoya signée de lui à tous les archiprêtres du diocèse, avec injonction de s'y conformer. Le trouble était dans le clergé de ce diocèse, et les divisions y devenaient si fâcheuses que d'autres chanoines comtes de Lyon crurent devoir se réunir pour y mettre fin. Dans une assemblée capitulaire qu'ils tinrent le 7 octobre 1800, ils déclarèrent que, sans renoncer aux droits des chapitres, *sede vacante*, ils se soumettaient à la nomination faite par le Saint-Siège. Les autres grands vicaires n'éprouvèrent plus de contradictions ouvertes de la part de M. de Rully ; mais il leur suscita des embarras par la continuité de ses relations avec les agents ecclésiastiques du gouvernement ; et quand Fesch fut envoyé par Buonaparte à Lyon comme archevêque, M. de Rully obtint toute sa confiance. En 1814, son nom et sa naissance le firent porter à l'une des quatre places d'aumôniers par quartier de Monsieur, comte d'Artois. Il parut alors détaché du prélat Fesch, et crut devoir imiter les deux chanoines qui refusèrent de signer la lettre congratulatoire que les autres grands-vicaires et chanoines lui écrivirent à Rome au jour de l'an 1815, en lui exprimant leur attachement. — RULLY (Le comte de), frère du précédent, ancien officier au régiment du roi infanterie, aide-de-camp du duc de Bourbon, accompagna ce prince dans la Vendée en mars 1815, pour y provoquer une insurrection royaliste, et s'embarqua avec S. A. S. à Nantes, pour l'Espagne, le 6 avril. Déjà maréchal-de-camp depuis 1803, il reçut du duc de Bourbon, le 1er. juillet 1815, le titre de lieutenant-général, qui lui fut confirmé par le Roi, et fut créé pair de France le 17 août même année. A.

RUMBOLD (Le chevalier sir George) était à Hambourg en 1804, en qualité de ministre d'Angleterre, lorsqu'il fut arrêté dans sa propre maison de campagne, pendant la nuit du 25 octobre, par un détachement de soldats français, et enlevé avec les archives de sa mission. Cet acte de violence fut exécuté par les ordres de Buonaparte. Le gouvernement britannique adressa à toutes les cours de l'Europe une protestation officielle dans laquelle la Prusse, en sa qualité de garant de la constitution germanique, était plus spécialement invitée à en poursuivre la réparation. En effet, le roi de Prusse écrivit immédiatement et de sa propre main à Napoléon, pour lui demander la délivrance de sir George Rumbold, et il fit en même temps expédier un courrier au général Knobelsdorff, qui venait d'être envoyé à Paris pour assister au couronnement, avec ordre de revenir à Berlin, s'il n'avait pas encore mis le pied sur le territoire français, ou avec défense, si déjà il était arrivé en France, de se présenter à la cour, jusqu'à la mise en liberté du ministre anglais. Cependant sir George Rumbold avait été conduit à Paris, où il avait été enfermé au Temple et détenu pendant trois jours. Ses papiers avaient été examinés dans le plus grand détail, sans qu'on y eût trouvé les preuves ou même les indices d'un complot. Ayant en vain demandé la restitution de ses papiers, il sollicita une audience du ministre de la police, et n'ayant pu l'obtenir, il lui adressa une protestation énergique. La réclamation du roi de Prusse arriva sur ces entrefaites, et le lendemain, sir George Rumbold reçut la nouvelle de son élargissement, après avoir promis sur parole de ne point retourner à Hambourg, et de se tenir toujours à cinquante lieues de distance du territoire français. Il fut conduit, le 5 novembre, à Boulogne ; de là à Cherbourg, d'où il arriva à Portsmouth le 18 au matin. L'arrestation du chevalier Rumbold avait produit dans les différentes cours une impression que Napoléon s'efforça de détruire, en faisant adresser par M. de Talleyrand aux ministres français à l'étranger, une circulaire antidatée, qui était supposée avoir été signée à Aix-la-Chapelle, et dans laquelle l'arrestation du ministre anglais était justifiée par des motifs imaginaires.

S. S.

RUPHY (Jean-François), né en Bourgogne en 1775, a été pendant plusieurs années chef de bureau à la préfecture du département de la Seine. On a de lui : *Dictionnaire abrégé français-arabe, à l'usage de ceux qui se destinent au commerce du Levant*, 1802, in-4°. de 240 pages. Ce dictionnaire, au jugement de la classe d'histoire et de littérature de l'Institut, est d'une utilité très bornée. M. Barbier attribue à M. Ruphy : *De la Mélomanie et de son influence sur la littérature*, 1802, in-8°. Or.

RUSSILLON (F.-L.), dit le *gros major*, l'un des co-accusés de George, est né à Yverdun en 1748 ; la position de sa terre des Rochats, ses principes politiques et ses anciennes relations avec une partie de la noblesse de France, le portèrent à favoriser la rentrée et la sortie des émigrés. Recherché bientôt par les agents de l'Angleterre et par ceux des princes émigrés, il devint leur intermédiaire auprès des royalistes de France, et correspondit avec Pichegru, M. de Precy et autres, sa qualité de commissaire aux salines lui donnant toute facilité à cet égard. A l'arrivée du général Brune en Suisse, il fut arrêté et conduit tu Temple. Mis en liberté après une détention de quelques mois, il revint à Yverdun, renoua connaissance avec Pichegru, et l'accompagna en Allemagne, puis en Angleterre. Ils quittèrent Londres ensemble, et débarquèrent le 16 janvier 1804, à la falaise de Béville, et se rendirent dans la capitale. Arrêté de nouveau, M. Russillon fut mis en jugement et condamné à mort, le 10 juin 1804. Mais sur les instances de sa famille, Buonaparte commua sa peine en celle de la déportation. Cependant, il fut conduit au château d'If, et il est resté dans cette prison jusqu'au retour des Bourbons, en 1814. B. M.

RUTY (Le comte CHARLES-ETIENNE-FRANÇOIS), lieutenant-général d'artillerie, né le 4 novembre 1774, fut nommé commandant de la Légion-d'honneur le 14 mai 1807. Il commandait l'artillerie au siège de Ciudad-Rodrigo, et contribua à la reddition de cette place, le 11 juin 1810. Le 15 du même mois, il se distingua au combat de Santa-Marta et de Villalba. Le 3o juillet 1814 il fut nommé par le roi grand-officier de la Légion-d'honneur; le 18 décembre, membre du comité de la guerre, et, dans le mois de mars 1815, commandant de l'artillerie de l'armée destinée à combattre Buonaparte. Il fit partie, dans le mois de mai 1816, du conseil de guerre qui condamna le général Bertrand. Le comte Ruty était, en 1817, inspecteur-général d'artillerie sur les côtes de l'Océan. D.

S

SABATIER (Le baron), colonel du génie à l'époque des événements d'avril 1814, fut nommé chevalier de Saint-Louis le 8 juillet, et maréchal-de-camp le 13 janvier 1815. Employé, pendant les 100 jours de 1815, au commandement du génie dans le 6e. corps de l'armée du Nord, il reçut du Roi, après son retour, le titre d'inspecteur-général, et fut chargé, au mois de septembre 1816, par le ministre de la guerre, d'instituer le régiment de Metz, corps royal du génie, et d'en faire reconnaître les officiers. Cette institution eut lieu le 1er. octobre avec une grande solemnité. Les drapeaux du régiment furent bénis par M. l'évêque de Metz, et les cravates attachées par Mme. Sabatier. Ce général est le même qui a dirigé si habilement les travaux du siége d'Anvers. —

SABATIER (A), ancien administrateur du département de la Seine, et ancien préfet de la Nièvre, a publié: I. *Adresse à l'assemblée constituante sur les dépenses générales de l'état*, in-8o. II. *Du Crédit particulier et des moyens d'acquitter indistinctement la dépense de tous les services, et d'opérer les améliorations dans les diverses branches de l'économie politique*, 1793, in-4o. III. *Tableaux comparatifs des dépenses et des contributions de la France et de l'Angleterre*, 1805, in-8o. IV. *Observations sur les dépenses et les recettes à venir de la France, et sur les finances*, 1814, in-8o. V. *Indication des mesures proposées pour la perception des droits-réunis*, 1814, in-8o. VI. *Réflexions sur l'Aperçu des recettes et dépenses de l'an 1814*, in-8o. VII. *Des Recettes et des Dépenses publiques de la France*, 1816, in-8o. VIII. *Comparaison des revenus présumés proposés par le ministre, avec les recettes que l'auteur a proposées dans son ouvrage sur les recettes*, 1816, in-8o. IX. *Des Banques et de leur influence*, 1817. X. *Du Crédit et de la dette publique en France*. OT.

SABRAN (Le comte ELZEAR-LOUIS-ZOZIME DE), est issu d'une des plus illustres familles de Provence. (On sait que saint Elzéar de Sabran, que l'Eglise honore le 27 septembre, était proche parent de saint Louis.) Le comte de Sabran émigra en 1791, et fit les campagnes des armées des princes. Nommé maréchal-de-camp dans le mois de juin 1814, il fut chargé par le Roi du commandement supérieur de Neuf-Brissac dans la 5e. division, accompagna ensuite la famille royale pendant sa retraite momentanée, fut revêtu à sa rentrée de la dignité de pair, par ordonnance du 17 août 1815, et nommé à la même époque commandant du département de la Haute-Garonne à Toulouse. Il reçut dans cette ville, au mois de février 1816, le serment de la légion départementale de la Haute-Garonne, et prononça à cette occasion un discours qu'il terminait ainsi: « Soldats, vous allez jurer sur l'honneur, » et devant Dieu qui nous entend, d'ê- » tre fidèles au Roi et à ses successeurs

» légitimes. Vous serez les gardiens de
» la paix : malheur à qui voudrait l'en-
» freindre! Songez que vous êtes appe-
» lés à relever la gloire du nom français :
» je veux répondre de vous, soldats !
» dites que je le puis!.... *Vive le Roi!* »
Comme membre de la chambre des pairs,
M. de Sabran a pris part à plusieurs discussions de cette assemblée. Dans la
séance du 24 mars 1817, il proposa les
amendements suivants aux dispositions
du titre xi de la loi sur le budget, qui
traitait de la dotation de la caisse d'a-
mortissement : 1°. Qu'on exceptât de
l'affectation faite à la caisse d'amortissement la totalité des bois ecclésiastiques,
et que la même exception eût lieu pour
ceux de l'ordre de Malte ; 2°. que toute
vente des forêts de l'état fût suspendue
jusqu'à la prochaine session. Le 1er.
avril, il témoigna son étonnement de
voir peser sur la Provence le fardeau
d'un impôt sur les oliviers, impôt que
son injustice avait toujours fait rejeter,
et qui priverait la France d'un des plus
importants de ses produits agricoles,
en ce que bientôt la culture de l'olivier
serait abandonnée. M le comte de Sabran
passa en mai 1817 au commandement
des Pyrénées orientales. — Le comte
Elzéar DE SABRAN, parent du précédent,
beau-fils du célèbre chevalier de Bou-
flers, a émigré. Entre autres poésies, il
a publié un poëme en sept chants, intitulé : *Le Repentir*, Paris, 1815, in-8°.,
ouvrage médiocre et surtout très inégal.
On trouve un portrait de M. de Sabran
dans les *Poésies* du prince de Ligne,
dont Mme. de Staël a été l'éditeur. La
police de Buonaparte ayant intercepté
en 1812 une lettre que Mme. de Staël
écrivait à M. de Sabran, et celui-ci,
trompé par une ruse très ordinaire aux
espions de police, ayant remis une réponse à celui-là même qui lui avait apporté la lettre, fut arrêté et détenu à
Vincennes jusqu'à la chute de Napoléon.
Beaucoup de monde fut compromis dans
cette affaire, et M. de Sabran n'échappa
à la mort que par les sollicitations du
Maréchal Oudinot.   S. S

SACK (Le baron ALBERT DE), chambellan du roi de Prusse, gouverneur du
Bas-Rhin et du Rhin-Moyen, fut obligé,
à cause de sa santé, de résider quelque
temps à Madère, d'où il se rendit à Surinam. Il s'y occupa à faire des recherches sur l'histoire naturelle. A son retour, il mit en ordre les matériaux qu'il
avait recueillis, et les publia sous la
forme épistolaire. Après cette publication, il se rendit de nouveau dans les
Indes occidentales et à Surinam. Il prépare en ce moment une nouvelle édition de son ouvrage, qui a pour titre :
Détails d'un voyage à Surinam, 1810,
in-4°. A l'époque de l'invasion de Buonaparte en mars 1815, le général Sack
adressa aux habitants du Bas-Rhin et du
Moyen-Rhin, une proclamation très
énergique, datée du 24 mars, pour les
exciter à prendre les armes et à seconder les efforts des puissances européennes contre leur ennemi commun. Il
fut chargé, à la fin de 1815, en qualité
de plénipotentiaire du roi de Prusse, de
conclure un arrangement relatif à la
fixation de la ligne frontière entre le
royaume de Prusse et celui des Pays-
Bas, telle qu'elle avait été déterminée par
le traité de paix. Le général Alb. de Sack
a donné dans son gouvernement une marque de la protection qu'il accorde aux
arts, en invitant, en 1814, les amateurs
à rassembler et sauver tous les objets
d'art qui se trouvaient dispersés par
suite de la guerre et du pillage des armées. Il s'est démis de son emploi en
1816, et a refusé la place de gouverneur
ou grand-président de la Poméranie,
pour vivre à Berlin dans le repos de la
vie privée.   Z.

SACKEN (Le baron), lieutenant-
général, est compté au nombre des
meilleurs généraux de cavalerie que la
Russie ait eus dans les dernières guerres. Il avait servi avec distinction contre les Turcs et les Polonais, lorsqu'il
fut appelé à combattre les Français
en 1799. Il fit alors partie du corps
d'armée qui essuya une défaite à Zurich, et il y fut fait prisonnier et conduit à Nanci, où il resta jusqu'à la conclusion de la paix. Accueilli avec empressement par tout ce que cette ville offrait
de plus distingué, il conçut dès-lors pour
les Français une estime qui ne s'est jamais démentie. Il fit plus tard toutes
les guerres que la Russie eut à soutenir
contre les Turcs et contre les Français.
Dans la retraite de Moscou, en 1812,
il avait sous ses ordres un corps d'armée avec lequel il fut chargé d'observer
les Autrichiens en Pologne. Le 18 mars
1813, il mit le siége devant la forteresse
de Czenstochow, située sur la Vistule, et

il le força de capituler. Le 14 août, une partie de son corps concourut au gain de la bataille de Katzbach. Le 20, il fut attaqué et battu à Works sur les lignes de la Bober, par le maréchal Ney. Après la bataille de Bautzen, il se porta, à marches forcées, sur Elster, pour y passer l'Elbe avec les corps des généraux York et Langeron, et servit de réserve au premier pendant qu'il attaquait les Français près de Wartenbourg. Il concourut encore aux opérations qui suivirent la bataille de Leipzig, passa le Rhin le 1er. janvier 1814 avec un corps faisant partie de l'armée de Silésie, et se dirigea sur Pont-a-Mousson. Le 29 janvier, il prit une part très active au combat de Brienne, attaqua, le 1er. février, le village de la Rothière dont il s'empara, fut repoussé à Montmirail, et combattit encore à Craonne et à Laon les 7 et 9 mars suivant. Après la capitulation de Paris, le général Sacken en fut nommé gouverneur, le 1er. avril. Il s'est acquis, pendant l'exercice de ces fonctions, l'estime des Parisiens par sa modération et par la loyauté de son caractère. Protecteur de l'ordre, il montra dans toutes les occasions le désir d'alléger le fardeau de la guerre, et fit observer la plus exacte discipline. En quittant Paris, au mois de juin, il emporta les témoignages les plus honorables de la satisfaction des habitants, et particulièrement des autorités, qui consignèrent dans une délibération l'expression de leur reconnaissance, et lui envoyèrent une épée comme témoignage de la reconnaissance publique. Le Roi lui écrivit lui-même la lettre suivante, en lui envoyant son portrait sur une superbe boîte enrichie de diamants: « M. le Général, sachant » apprécier la conduite que vous avez » tenue envers ma bonne ville de Paris, » et le soin que vous avez pris d'alléger » autant que possible les fardeaux qu'a-» va eut à supporter mes sujets, je désire vous transmettre ici les témoignages » de ma haute estime, de ma satisfaction, et l'assurance de tous mes sentiments pour vous. » Le général Sacken a été créé grand-croix du Mérite militaire de France le 4 octobre 1815. Son souverain l'a nommé commandant en chef du premier corps d'armée, en remplacement du feld-maréchal Barclay-de-Tolly, mort en 1818. S. S.

SACOMBE (J.-F.), docteur en médecine de l'université de Montpellier, et professeur d'accouchement, est né à Carcassonne vers 1753. Lors des rixes sanglantes qu'excitèrent à Toulouse les premières représentations de la métromanie vers 1776, M. Sacombe, alors oratorien ou doctrinaire, et professeur de belles-lettres, publia une élégie qui fit beaucoup de sensation dans cette ville. Devenu médecin, il a voulu faire une révolution dans cette partie de l'art médical, en se déclarant l'antagoniste de l'opération césarienne. Il a entrepris de démontrer, par ses écrits et par sa pratique, que jamais cette opération cruelle n'est nécessaire, et que, quelles que soient les difficultés qui s'opposent au passage de l'enfant, il est toujours possible de l'accoucher par les moyens naturels. Le docteur Sacombe a publié le résultat de ses Recherches sur le système de la génération, qu'il a rapproché, par analogie, de celui de la végétation. Une espèce de pamphlet qu'il publia en 1803, contre le docteur Baudeloque, à l'occasion de la mort de la femme Tardieu, que cet accoucheur avait vue périr entre ses mains, lui occasionna des désagréments qui finirent par le ruiner. Un jugement le condamna à des dédommagements comme calomniateur; ne pouvant les payer, il eut recours à la fuite. Il se rendit alors en Russie, puis revint en France en 1814. Le docteur Sacombe a été pendant deux ans l'élève et le secrétaire de Barthez; il est recommandable par ses vertus privées, et surtout par son désintéressement; mais la véhémence de son caractère lui a fait beaucoup d'ennemis. Il a paru un *Examen critique de ses procédés*, par J.-B. Demangeon, 1799, in-8°. On a de lui: I. *Le Médecin-accoucheur*, 1791, in-12. II. *Avis aux sages-femmes*, 1792, in-8°. III. *La Luciniade, ou l'Art des accouchements*, poème didactique, 1792, in-8°.; 3e. édition, 1799, in-12. Malgré cette réimpression, ce poème est peu estimé. IV. *Observations médico-chirurgicales sur la grossesse, le travail et la couche*, 1793, in-8°. V. *Encore une Victime de l'opération césarienne, ou le Cri de l'humanité*, 1796, in-8°. VI. *Plus d'Opération césarienne, ou le Vœu de l'humanité*, 1797, in-8°. VII. *Appel à l'Institut national du jugement surpris à la classe des sciences physiques et mathématiques, par Fourcroy et ses agents*,

1797, in-12. VIII. *Les douze mois de l'École anti-césarienne*, 1798. IX. *Hommage au premier consul*, 1801, in-12. X. *Éléments de la science des accouchements, avec un Traité des maladies des femmes et des enfants*, 1802, in-8º. XI. *Lucine française, ou Recueil périodique d'observations médicales, chirurgicales, pharmaceutiques, historiques, critiques et littéraires, relativement à la science des accouchements*, 1802, in-8º. (Ce Journal n'a pas été continué). XII. *Instruction aux pères et mères sur les convulsions des enfants*, 1804, in-8º. XIII. *Plaidoyer en réponse à celui de M. Delamalle, défenseur de M. Baudeloque*, 1804, in-8º. XIV. *Traité d'éducation physique des enfants*, 1806, in-12. XV. *Réclamation présentée à S. M. Louis-le-Désiré*, 1814, in-8º. XVI. *La Vénusalgie, ou la Maladie de Vénus*, poëme, 1814, in-18 ; réimprimé en 1816, sous le titre de *Vénus et Adonis*, in-18. XVII. *Résurrection du docteur Sacombe*, 1818.
OT.

SADES (Le chevalier LOUIS DE), ancien officier de marine au service de France, est né à Antibes en 1753 d'une ancienne famille de Provence. Il entra fort jeune au service, et il était capitaine d'artillerie avant la révolution. Il émigra en 1792, et il est devenu capitaine d'artillerie au service d'Angleterre. M. de Sades a publié : I. *La Tydologie, ou la Science des Marées*, dédiée à lord Minto, Londres, 1810, 2 vol. in-8º. II. *Dialogues politiques sur les principales opérations du gouvernement français, depuis la restauration, et sur leurs conséquences nécessaires*, 1815; ouvrage qui fut envoyé par l'auteur à M. de Blacas, à Gand, pendant les cent jours de 1815. M. de Sades a encore publié plusieurs écrits sur la marine et la politique.
S. S.

SADLER, aéronaute anglais, en était, en 1812, à son trentième voyage aérien. Il entreprit le trente-unième le 1er. octobre de cette même année, avec l'intention de passer d'Irlande en Angleterre, et de faire, par conséquent, au-dessus de la mer un trajet beaucoup plus considérable que celui que fit Blanchard, lorsqu'il franchit le détroit du Pas-de-Calais. Ce voyage fut d'abord heureux; mais le vent ayant changé, l'aéronaute fut emporté dans une direction contraire, et précipité dans la mer. Un bâtiment employé dans ces parages à la pêche du hareng se porta à son secours au moment où le ballon, dépourvu de gaz, commençait à enfoncer dans les flots. On jeta à M. Sadler une corde dont il se servit, et avec laquelle on le mit à bord dans un état d'épuisement complet. Cette mésaventure a pu, dans le principe, modérer un peu le zèle de M. Sadler, pour la pratique de son art; mais elle ne l'y a pas fait renoncer entièrement; et depuis cette époque il a fait plusieurs ascensions qui ont été couronnées du plus heureux succès.
S. S.

SAGE (BALTHASAR-GEORGE), ancien professeur de chimie métallurgique, membre de l'académie des sciences, etc., est né à Paris le 7 mai 1740. Il se livra à l'étude de la chimie au sortir du collége, et publia, jeune encore, les résultats de ses recherches dans cette branche si féconde des connaissances humaines. Il obtint en 1783 la création de l'École des Mines, dont Louis XVI le nomma directeur et professeur. Pendant dix ans qu'il a été à la tête de cette belle institution, M. Sage a consacré la plus grande partie de sa fortune à former la première collection de minéraux qui ait servi à l'instruction publique; et son cabinet, conservé à l'hôtel des monnaies, est devenu un des beaux monuments en ce genre. En 1816, les inspecteurs des mines ayant, dans un Mémoire qui fut distribué aux membres de la chambre des députés, avancé que M. Sage était porté sur le budget des mines, depuis 1788, pour 20,000 francs de traitement, il protesta contre cette assertion par la voie des journaux, déclarant qu'il n'avait jamais touché, depuis 1783, que 5,000 francs, qui lui avaient été assignés par un arrêt du conseil, et il fit remarquer que, quoique créateur du Corps des mines, il n'avait eu depuis vingt-cinq ans aucune relation avec ceux qui le composaient actuellement, parce qu'ils lui avaient donné des preuves d'une insigne malveillance. Cette mésintelligence sera assez expliquée si l'on se rappelle que M. Sage est actuellement le doyen des partisans de l'ancienne chimie, et des opposants à la nouvelle nomenclature et aux brillantes théories qui ont immortalisé le nom de Lavoisier et de ses coopérateurs. Il a été nommé chevalier de Saint-Michel le 8 janvier 1817. Après plus de cinquante-cinq ans de professorat, M. Sage, parvenu à l'âge de quatre-vingt-sept ans, et quoique privé de l'usage de la vue depuis 1805, par le résultat malheureux d'une expérience chimique, n'a point encore interrompu le cours de ses travaux, et il a continué de donner au public le fruit de ses études dans des ouvrages publiés depuis 1813. Voici la liste de ses principales productions: I. *Examen chimique de différentes substances minérales*, etc., traduit d'une Lettre de M. Lehmann, sur la mine de plomb rouge, 1769, in-12. II. *Eléments de minéralogie docimastique*, 1772, in-8°.; 1777, 2 vol. in-8°. III. *Mémoires de chimie*, 1773, in-8°. IV. *Analyse des blés*, 1776, in-8°. V. *Expériences propres à faire connaître que l'alcali volatil fluor est le remède le plus efficace dans les asphyxies, avec des Remarques sur les effets avantageux qu'il produit dans la morsure de la vipère, dans la rage*, etc., 1777, in-8°.; 1778, in-8°. VI. *L'Art d'essayer l'or et l'argent*, 1780, in-8°. VII. *Description méthodique du cabinet de l'Ecole royale des mines*, 1784, in-8°. VIII. *Analyse chimique et concordance des trois règnes de la nature*, 1784, 3 vol. in-8°. IX. *Art de fabriquer le salin et la potasse* (avec M. Pertuis), 1794, in-8°. X. *Précis historique sur les différents genres de peinture*, in-8°. XI. *Examen de la nature de diverses espèces de poisons*, in-8°. XII. *Moyens de remédier aux poisons végétaux*, 1811, in-8°. XIII. *Institutions de physique*, 1812, 3 vol. in-8°. XIV. *Opuscules physiques*, 1813, in-4°. XV. *Exposé sommaire des principales découvertes faites dans l'espace de cinquante années*, 1813, in-8°. XVI. *Tableau comparé de la conduite qu'ont tenue envers moi les ministres de l'ancien régime avec celle des ministres du nouveau régime*, 1814, in-8°. XVII. *Vérités physiques fondamentales*, 1816, in-8°. XVIII. *Probabilités physiques*, 1816, in-8°. XIX. *Nouvelles découvertes insérées dans les Mémoires historiques et physiques*, 1817. Ouvrage dédié au Roi. XX. *Formation des Monts ignivomes, nommés Volcans par allusion à Vulcain, dont on a supposé que c'étaient les forges*, 1817, in-8°. XXI. *Exposé des tentatives qui ont été faites dans l'intention de rendre potable et salubre l'eau de mer distillée*, 1817, in-8°. XXII. *Pétition à S. Exc. le ministre de l'intérieur*, 1818, in-8°. XXIII. *Notice biographique* (sur lui-même), 1816, in-8°. Le Recueil de l'académie des sciences et le *Journal de physique* contiennent un grand nombre de ses Mémoires. M. Sage a exercé pendant plusieurs années les fonctions d'administrateur des monnaies à Paris.   OT.

SAGEY (L'abbé DE), ancien grand-vicaire et archidiacre du Mans, fut chargé à Munster, pendant l'émigration, de la distribution des secours aux prêtres et aux émigrés. Il a été nommé, en août 1817, évêque de St-Claude, sur le refus de M. Depierre.   A.

SAINNEVILLE (CHARRIER DE), ex-lieutenant-général de police à Lyon, dont le nom véritable est Salicon, est né à Voiron près de Grenoble vers 1770. Il était employé en 1793 dans l'administration des vivres de l'armée qui fit le siège de cette ville, et eut occasion, après sa reddition, de rendre quelques services à M. Charrier de Grigny, frère de l'évêque de Versailles actuel (*Voy.* CHARRIER). Ces services furent payés fort chèrement par la main de Mlle. de Grigny, fille unique et riche héritière, qu'il était devenu impossible de lui refuser. Ce mariage fixa M. Salicon à Lyon, où il devint membre du conseil municipal, puis l'un des trois maires qui administrèrent cette ville pendant les premières années du règne de Buonaparte. Lorsque ces mairies furent supprimées, il fut nommé premier adjoint au maire, et c'est vers ce temps-là qu'il obtint de Buonaparte un décret qui l'autorisa à prendre le nom de *Charrier de Sainneville*. Il était encore adjoint à l'époque de l'invasion des Autrichiens en 1814; et, dans un conseil que le maréchal Augereau convoqua afin de délibérer sur les moyens de sauver la ville, il insista fortement pour une prompte capitulation, déclarant que Napoléon avait lui-même consacré le principe qu'une grande cité ne doit jamais soutenir de siège, et que d'ailleurs une plus longue résistance exposerait les habitants aux derniers malheurs. Après la chute de Buonaparte, M. de Sainneville parut avoir embrassé franchement la cause des Bourbons, et il fut nommé en octobre 1814, par MONSIEUR, officier de la Légion d'honneur. Après le retour du Roi, en août 1815, il devint lieutenant-général de police à Lyon, et il occupait encore cette place en 1817 à l'époque de la révolte du 8 juin ; mais il était parti pour Paris trois jours avant l'explosion. Aux premiers avis de cette révolte, le ministre de la police lui donna ordre de retourner sur-le-champ à son poste. Lorsqu'il reparut à Lyon, tout était rentré dans l'ordre, et il sembla d'abord applaudir aux mesures qu'avaient prises les autorités. Il se montra d'autant plus éloigné d'accuser ces autorités, que de tous les fonctionnaires publics lui seul avait dû être respecté et conservé par les chefs du complot. Ces chefs avaient eux-mêmes fait publiquement l'aveu de cette étrange exception devant les juges et dans leurs interrogatoires. Mais M. Sainneville ne tarda pas à sortir de l'embarras où l'avait placé une telle déclaration, par l'arrivée du maréchal Marmont (*Voy.* MARMONT), qui donna à cette affaire une direction toute différente de celle qu'elle avait eue jusqu'alors Dès ce moment, le témoignage et les rapports de M. Sainneville furent seuls adoptés, et l'on accusa d'avoir fomenté la révolte ceux-là mêmes qui avaient reçu du gouvernement des récompenses pour l'avoir réprimée. Par suite de ce changement imprévu, un grand nombre de fonctionnaires civils et militaires furent destitués par le maréchal ; et les mêmes hommes qui avaient reçu des éloges et des récompenses se virent improuvés et révoqués, tandis que leurs accusateurs étaient aussi loués et récompensés, enfin tandis que M. Sainneville était nommé maître-des-requêtes. Un changement aussi extraordinaire donna lieu à des récriminations très vives, et que vint augmenter encore l'écrit du colonel Fabvier, intitulé *Lyon en 1817*. Selon cet écrit, la conduite de M. Sainneville était la seule qui fût exempte de reproches ; tous les autres fonctionnaires y étaient accusés des plus odieuses machinations On sent qu'il dut exciter de nombreuses réclamations, et que dans les brochures où ces réclamations furent consignées, M. Sanneville ne fut pas ménagé. Après avoir été nommé commissaire général de police à Strasbourg, il était revenu dans la capitale, et il y annonçait chaque jour un écrit qui devait tout expliquer et tout éclaircir. On commençait à douter de la publication de cet écrit, lorsqu'enfin il parut après la dissolution des chambres,

sous le titre de *Compte rendu des évènements qui se sont passés à Lyon, depuis l'ordonnance royale du 5 septembre 1816 jusqu'à la fin d'octobre de l'année 1817* (mai, 1818, in-8º.). Le Mémoire de M. Sainneville ne contenait pas des accusations moins graves que celui du colonel Fabvier, et il donna lieu à des réclamations encore plus vives. Il en parut différentes réfutations, notamment dans la collection intitulée *Mémoires, pièces et correspondances sur les affaires de Lyon*. Le général Canuel traduisit l'auteur devant la police correctionnelle comme calomniateur : mais, au moment où ce procès allait commencer, le général fut lui-même arrêté, et cet incident fit renvoyer l'affaire au mois de novembre suivant. D.

SAINT-ALLIN. *Voy.* ROUSSELIN.

SAINT-ALLAIS (VITON DE), né à Langres, en 1773, est auteur de : I. *État actuel des maisons souveraines des princes et princesses de l'Europe*, 1805, in-8. II. *Histoire chronologique, généalogique et politique de la maison de Bade*, 1807, 2 vol in-8. III. *Histoire chronologique, généalogique, politique et militaire de la maison royale de Wurtemberg*. 1808, 2 vol. in-18. IV. *Dictionnaire historique des siéges et batailles*, nouvelle édition, 1809, 6 vol. in-8º. V. *Histoire générale des ordres de chevalerie civile et militaire, existant en Europe*, 1811, in-4º. VI. *Tablettes chronologiques, généalogiques et historiques des maisons souveraines de l'Europe*, 1812. in-18. VII. *Histoire généalogique des maisons souveraines de l'Europe*, 1812, 2 vol. in-8º. et atlas (comprenant la maison d'Autriche). VIII. *La France militaire sous les quatre dynasties*, 1812, 2 vol. in-18. IX. *La France législative, ministérielle, judiciaire et administrative, sous les quatre dynasties*, 1813, 4 vol. in-18. X. *Le Correcteur de l'Atlas généalogique de Lesage*, 1813, in-8º. XI. *Nobiliaire universel de France*, 1814-1818, 10 vol. in-8º. L'ouvrage se continue.) XII. *Les siéges, batailles et combats mémorables de l'histoire ancienne et romaine*, 1815, in-8º. XIII. *État actuel de la noblesse en France*, 1816, in-18. XIV. *Dictionnaire encyclopédique de la noblesse de France*, 1816, 3 vol. in-8º. M. de Saint-Allais a fait, en 1818, une autre entreprise importante, et qui ne sera pas moins honorable pour lui qu'utile aux lettres : c'est une nouvelle édition in-8°. et in-4°. de l'*Art de vérifier les dates*, le plus beau monument de l'histoire générale, publié avant la révolution par les bénédictins de St.-Maur. Le nouvel éditeur qui, depuis dix-sept ans, s'occupait de cette rééditication, a été assez heureux pour faire l'acquisition des manuscrits de ces savants religieux, ce qui assure le succès de son édition, à laquelle il promet d'ajouter toute l'histoire ancienne jusqu'à J.-C., et une continuation jusqu'à nos jours. OT.

SAINT-AMANS (JEAN-FLORIMOND BOUDON DE), naturaliste et archéologue, membre de plusieurs sociétés savantes, et président du conseil général du département de Lot-et-Garonne, né à Agen le 25 juin 1749, a publié un *Voyage sentimental et pittoresque dans les Pyrénées*, suivi d'une description abrégée des plantes qu'il y a observées et recueillies, sous le titre de *Bouquet des Pyrénées*, Agen, 1789, in-8°.; — un *Éloge de Linné*, ibid., 1791, in-8°.; — un *Traité élémentaire sur les plantes les plus propres à former les prairies artificielles*, in-8°., Agen, an III (1795); — une *Philosophie entomologique*, in-8°., Agen, an VII (1799); — des *Observations sur les pierres tombées du ciel* (qu'il a le premier nommées uranolithes); — des *Mémoires* sur l'histoire naturelle et les antiquités, entre autres *Lettres écrites d'Angleterre* sur des monuments anciens, tels que le *Stonehenge*, etc., dans les Recueils de la société académique d'Agen de l'an XII (1803); — un *Voyage agricole, botanique et pittoresque dans une partie des landes de Lot-et-Garonne et de la Gironde*, ouvrage qui, après avoir été inséré dans les *Annales des Voyages* de M. Malte-Brun (tom. XVIII, pag. 5), a été réimprimé à Agen, en 1818, in-8°. avec fig. M. de Saint-Amans s'occupe, depuis douze années, d'une *Flore de l'Agénois*. — Son fils aîné (Jean), né à Agen le 11 mai 1774, qui s'est livré à diverses branches des arts, y a fait plusieurs découvertes importantes dans la fabrication des cristaux et de la porcelaine, et il a tout récemment imaginé un procédé à l'aide duquel on peut incruster des bas reliefs ou figures de ronde-bosse dans le cristal, ce qui, sans en altérer les couleurs, garantit plus efficacement leur conservation. — Son fils cadet (Jean-Casimir-Florimond), né aussi à Agen, le 2 février 1785, chevalier de Saint-Louis et de la Légion-d'honneur, capitaine-commandant au régiment des lanciers de la garde royale, s'est distingué dans différents combats, en Espagne, en Russie, etc., et notamment aux batailles de Wagram et de Toulouse, où il a reçu de graves blessures. DT.

SAINT-AMOUR (DE), député du Pas-de-Calais au conseil des cinq-cents, en mars 1799, né à Ardres, près de Calais, d'un ancien militaire, chevalier de St.-Louis, fut d'abord officier dans la légion de Nassau. Au commencement de la révolution, il fut nommé général major de la garde nationale de son pays, et membre du directoire du département. Appelé à l'assemblée législative en 1791, par la presqu'unanimité des suffrages, il refusa d'accepter, et continua de remplir ses fonctions d'administrateur jusqu'après le 10 août, époque à laquelle il fut destitué par Doulcet de Pontécoulant, l'un des commissaires de la Convention, pour avoir signé un arrêté contre les auteurs de la journée du 20 juin. Il fut nommé commissaire du directoire en 1796, et membre du conseil des cinq-cents en 1799. M. de Saint-Amour ne fut pas réélu au corps législatif après le 18 brumaire, et ne reparut qu'en 1815, époque à laquelle son département le nomma député à la chambre des représentants, où il ne se fit point remarquer. D. M.

SAINT-AUBIN, ancien professeur de droit public, commença à se faire connaître dans les débats politiques peu de temps après l'établissement de la constitution de 1795. Il s'occupait particulièrement de discussions sur les finances, et il écrivait sur cette matière, dans les journaux, d'une manière originale, et où l'ironie et le persiflage, naturellement étrangers à d'aussi graves sujets, avaient néanmoins beaucoup de part. M. de Saint-Aubin envoyait des articles à divers journaux, mais plus particulièrement au *Journal de Paris* et à l'*Ami des lois*, et il s'était fait affilier au club de Salm. Appelé au tribunat, en mars 1801, il en sortit lors de la première élimination, en mars 1802. Lorsqu'il y combattit le projet de code civil, présenté peu de temps auparavant, il employa des idées neuves et saillantes sur le caractère des peuples. M. de Saint-Aubin fait aujourd'hui un cours public dont les finances sont le principal objet. On a de lui : I. *Théorie des lois pénales*, par J. Bentham, trad. de l'anglais (à la suite de l'édition du *Traité des délits et des peines*, trad. par Morellet, 1797, in-8º.) II. *Exposition des avantages qui résultent de la vente immédiate des biens nationaux de la Belgique contre des inscriptions au grand-livre*, 1797, in-8º. III. *Observations sur le discours de Gilbert des Molières, concernant le rapport du ministre des finances, avec quelques observations générales sur les impôts, et particulièrement l'impôt sur le sel*, 1797, in-8º. IV. *Sur la mobilisation des deux tiers de la dette publique, d'après le projet de la commission des finances qui propose de convertir le capital de ces deux tiers en bons au porteur admissibles uniquement en paiement des domaines nationaux*, 1797, in-8º. V. *Réflexions sur la résolution du 26 pluviôse concernant les parents d'émigrés*, 1799, in-8º. VI. *Ne peut-on pas sauver la république en la faisant aimer ? N'y a-t-il pas moyen d'emprunter 100 millions ?* ou *Réflexions détachées sur l'emprunt des 100 millions*, 1799, in-12. VII. *Le change, le pair du change et les arbitrages expliqués*, 1811, in-8º. VIII. *Dialogue entre M. Geyser, inspecteur-général des ci-devant droits réunis, et M. Wolf, employé à la division des tabacs*, 1814, in-8º. IX. *L'industrie littéraire et scientifique liguée avec l'industrie commerciale et manufacturière, ou Opinions sur les finances, la politique, la morale et la philosophie, dans l'intérêt de tous les hommes livrés à des travaux utiles et indépendants*, tome 1er., première partie, finances, 1816, in-8º.; 1817, in-8º. (V. l'art. A. THIERRY); tome 1er., 3e. partie, 1817, in-8º. X. *Annales de la session de 1817 à 1818*, 3e. et 4e. livraisons du tome 1er. (les autres livraisons sont de M. B. de Constant). XI. *Essai sur la contrainte par corps, à l'occasion du projet de loi soumis aux chambres*, 1818, in-4º. — Un autre M. de SAINT-AUBIN est un des collaborateurs aux *Annales des faits et sciences militaires*. Il a publié, le 26 septembre 1818, *Le Siége de Dantzick en 1807*, rédigé sur le Journal du siége du maréchal Lefèvre, et sur les Mémoires authentiques de plusieurs officiers-généraux ; par Nibuatnias (anagramme de Saint-Aubin), in-8º. de 11 feuilles, chez Plancher. C. C. et Oт.

SAINT-AUBIN (Madame), actrice de la comédie italienne, depuis théâtre Feydeau, débuta, au mois de juin 1786, par les rôles de Marine, dans la *Colonie*, et de Denise, dans l'*Épreuve villageoise*. Une physionomie piquante, une excellente méthode de chant et un jeu plein de grâce et de finesse, telles étaient les qualités de cette actrice, dont la retraite, qui eut lieu en 1812, fut suivie des plus vifs regrets. En 1816, un bruit aussi faux que ridicule ayant été accrédité par quelques journaux, Mme. Saint-Aubin y répondit par la lettre suivante : « A mon » retour de la campagne, où, pendant plu- » sieurs mois, je n'ai lu aucuns journaux, » j'ai appris avec autant d'étonnement » que d'indignation que l'on faisait de » moi une directrice d'un nouvel Opéra- » comique. Ce n'est pas après avoir four- » ni une longue carrière théâtrale que je » songerai à quitter la retraite, et à » échanger le bonheur de mon inté- » rieur contre le fardeau d'une admi- » nistration. D'ailleurs mon intérêt et » mes affections m'unissent au théâtre » royal de l'Opéra-Comique. Ma famille » entière y a consacré ses talents, et mes » enfants, marchant sur mes traces, ne » sacrifieront jamais leur devoir aux » vains projets de quelques personnes » inquiètes ou ambitieuses. » — M. DE SAINT-AUBIN, son mari, après avoir aussi concouru long-temps aux succès du Théâtre-Feydeau, s'est retiré récemment. Il réunit à d'autres talents celui de la gravure. — Mme. Duret SAINT-AUBIN, sa fille, élève de Garat, est une des meilleures cantatrices de la capitale. Elle est, depuis plusieurs années, attachée au théâtre Feydeau. — Sa seconde fille, Mme. Joly SAINT-AUBIN, débuta, en 1810, de la manière la plus brillante, au même théâtre, par le rôle de Cendrillon, et contribua à la vogue de cet opéra. Elle est aujourd'hui retirée. C.C.

SAINT-AULAIRE (Le comte LOUIS BEAUPOIL DE), neveu de l'ancien évêque de Poitiers et descendant de l'un des plus aimables seigneurs de la cour de Louis XIV, est né en 1779 d'une famille noble et ancienne. Il était un des chambellans de l'empereur Napoléon, et fut nommé, en

1812, préfet de la Meuse, en remplacement de M. Leclerc. Après le rétablissement des Bourbons, il passa, en octobre 1814, à la préfecture de la Haute-Garonne, et il se trouvait à Toulouse à l'époque du retour de Buonaparte, en 1815. Il y publia, le 6 avril, une proclamation par laquelle il invitait ses administrés à rester calmes et soumis aux événements sur lesquels, dit-il, leurs divisions ne pouvaient rien. Il donna ensuite sa démission et resta sans fonctions jusqu'au retour du Roi. A cette époque, M. de Saint-Aulaire fut nommé membre de la chambre des députés par le département de la Meuse. Il parut plusieurs fois à la tribune dans le cours de cette session, notamment dans la discussion sur la loi d'amnistie, et sur celle des élections. Il a cessé de faire partie de cette assemblée, par l'ordonnance du 5 septembre 1816, et depuis cette époque, son âge n'a pas permis de le réélire. Il est allié, par sa femme, de la duchesse de Brunswick-Lunebourg-Bevern, née princesse de Nassau-Sarrebruck, qui réside au château de Glucksbourg, en Danemark. Ce fut pour réclamer quelques intérêts de succession qu'il se rendit à Copenhague, en juillet 1818. Peu de temps après, sa fille épousa le comte de Cazes, ministre de la police. En septembre suivant, il fut nommé président du collége électoral du Gard, puis membre de la chambre des députés par ce département. — SAINT-AULAIRE (Le comte Joseph Beaupoil DE), cousin-germain du précédent, suivit les princes dans l'émigration. Le 22 juillet 1814, il fut nommé lieutenant-général, puis chef d'escadron des Gardes-du-corps. Il obtint du Roi, le 2 septembre suivant, l'autorisation pour son gendre, le comte de Gareau, d'ajouter à son nom celui de *Beaupoil-Saint-Aulaire*. Il a été nommé grand-croix de Saint-Louis le 3 mai 1816. — Beaupoil DE SAINT-AULAIRE, capitaine de vaisseau avant la révolution, émigra et servit dans l'armée du prince de Condé. Il rentra en 1802, et a été admis à la retraite et nommé chevalier de St.-Louis au retour du Roi. — Un autre Beaupoil DE SAINT-AULAIRE, qui n'est point parent des précédents, a publié : I. *Observations d'un avocat sur l'arrêté du parlement*, du 13 août 1787. II. *Considérations sur la dénonciation de l'agiotage; lettre au comte de Mira*-

beau. III. *De l'Unité du pouvoir monarchique*. IV. *Considérations sur quelques intérêts de l'Europe*, 1792, in-8°. V. *Des Destinées de l'Europe*, 1797, in-8°. D.

SAINT-CHAMANS (Le comte ALFRED DE), né en 1781, d'une ancienne famille du Périgord, et fils du vicomte de Saint-Chamans, dont il est question dans les lettres de Mlle. de l'Espinasse, entra au service dans le 9e. régiment de dragons, en 1801, comme simple soldat, et après avoir passé par tous les grades de sous-officier, fut nommé sous-lieutenant, en 1803, dans le 6e. régiment de dragons qui tenait alors garnison en Italie. Il quitta ce corps en 1804, pour être placé comme aide-de-camp auprès du maréchal Soult, qui commandait le camp de Boulogne, et fit, avec ce général, la campagne d'Austerlitz, où il fut nommé capitaine et membre de la Légion-d'honneur. La campagne de Iéna (1806) et celles d'Eylau et de Friedland (1807) lui valurent le grade de chef d'escadron. A la fin de cette dernière année, il fut envoyé à Pétersbourg, près de l'empereur Alexandre, et reçut de ce monarque des témoignages de satisfaction pour la manière dont il s'était acquitté de sa mission. Il suivit le maréchal Soult, en Espagne et en Portugal; reçut la décoration d'officier de la Légion-d'honneur en 1809, après la bataille d'Ocana, et le grade de colonel en 1811, après la prise de Badajoz. Il prit alors le commandement du 20e. régiment de dragons, qui était en Andalousie. Appelé, en 1812, au commandement du 7e. de chasseurs à cheval, il fit, à la tête de ce corps, la campagne de Russie. Ayant été blessé à la retraite de Polotsk, en octobre 1812, il se retrouva, en 1813, à la tête du même régiment, pendant la campagne de Leipzig, où, après avoir reçu encore deux blessures, il fut fait prisonnier. Rentré en France au moment de la restauration, en mars 1814, il fut placé comme premier aide-de-camp auprès du général Dupont, alors ministre de la guerre. Il fut ensuite nommé au commandement des chasseurs du Roi, dont il se démit à la fin de mars 1815, et il se retira dans sa famille. Au second retour du Roi, il fut nommé maréchal-de-camp et colonel du régiment de dragons de la garde royale, qu'il commande encore aujourd'hui, avec la réputation bien établi, d'être l'un des meilleurs colonels de l'armée française. En 1814, il avait reçu la croix de St.-Louis et la décoration de commandeur de la Légion-d'honneur. — SAINT-CHAMANS (Le baron Joseph de), frère du comte Alfred, né en 1779, fut nommé auditeur au conseil-d'état en janvier 1810, et attaché au comité de la guerre. En 1811, il fit partie des auditeurs envoyés avec M. Dudon dans les provinces du nord de l'Espagne. Ayant été nommé intendant de Palencia, il mit ses soins à ce qu'on n'exigeât rien des Espagnols au-delà des charges régulièrement établies, et s'opposa vigoureusement aux exactions de quelques généraux. Vers le milieu de mars 1815, il fut nommé préfet de Grenoble, et accepta cet emploi, quoique la ville fût déjà au pouvoir de Buonaparte. Il tenta en vain, à plusieurs reprises, d'y pénétrer. Au second retour du Roi, il fut appelé à la préfecture de Vaucluse, et eut l'occasion de montrer son sang-froid et sa fermeté lors des émeutes qui troublèrent Avignon à cette époque. En 1817, il fut nommé préfet de Toulouse. Il avait reçu, au commencement de 1815, la croix de la Légion d'honneur. — Le vicomte de SAINT-CHAMANS (Auguste), frère aîné des précédents, né en 1777, emprisonné en 1794, poursuivi par un mandat d'arrêt, et caché après le 13 vendémiaire, n'exerça aucun emploi public jusqu'au retour du Roi. Devenu auteur par le désir de défendre des opinions qui lui étaient chères, il fit imprimer à la fin d'avril 1815, un *Examen des fautes du dernier gouvernement*, où il défendit, avec un extrême courage, Louis XVIII et son gouvernement, sous prétexte d'en indiquer les fautes. A la fin de la même année, il publia l'*Antiromantique*. Il a donné, en 1816, *Raoul de Valmire*, où, sous la forme d'un roman, il traitait toutes les matières politiques de ce temps-là; et, en 1817, une Brochure sur le budget de 1818; en 1818, une *Revue de la session de 1817*, où, sans se montrer en opposition directe avec le ministère, il émit des opinions franchement royalistes, et qui lui valurent une violente attaque de M. B Constant dans la *Minerve*. M. A. de St.-Chamans présida, aux élections de 1815 et de 1816, le collége d'arrondissement d'Epernay, et fut nommé, en 1817, maître des requêtes en service ordinaire. T. E.

SAINT-CLAIR (Le baron BENOIT MEUNIER DE), né le 29 novembre 1769, fut nommé chevalier de la Légion d'honneur le 25 avril 1812, maréchal-de-camp le 4 août 1813, et chevalier de St.-Louis le 16 août 1814. Devenu lieutenant-général le 27 mars 1815, après le retour de Buonaparte, cette nomination fut annulée par l'ordonnance royale du 1er. août même année. Il avait été chargé, dans le mois de juin précédent, d'organiser les gardes nationales actives de la sixième division à Besançon. Le baron de Saint-Clair jouit aujourd'hui de son traitement de demi-solde. D.

SAINT-CRICQ (Le baron DE), né à Lescar, département des Basses-Pyrénées, vers 1775, était chef de division dans l'administration des douanes sous le gouvernement impérial. Il fut nommé conseiller d'état en service ordinaire par ordonnance du 24 août 1815, et attaché au comité des finances. Au mois d'octobre suivant, il fut fait directeur-général des douanes dont il avait déjà l'administration. A la chambre de 1815, il soutint, en qualité de commissaire du Roi, la discussion du projet de loi sur les finances. Après la dissolution de cette chambre, M. de Saint-Cricq présida au mois d'octobre le collége électoral de Seine-et-Marne, qui le nomma député à la nouvelle session. Il y développa, dans les séances des 10 et 12 février 1817, les motifs du budget de cette année, et la chambre ordonna l'impression de son discours. Le 10 mars suivant, il parla sur un amendement tendant à diminuer les droits sur les fers, et maintint le tarif proposé. Il défendit ensuite les dispositions relatives aux douanes, et s'exprima en ces termes : « Les douanes sont tellement » nécessaires que si le trésor, au lieu » d'en recevoir quelques millions, de- » vait sacrifier quelques millions pour les » maintenir, il n'y aurait pas à hésiter » pour leur conservation. » Dans le cours de la session de 1817, il porta de nouveau la parole sur le même sujet, notamment le 15 février 1818. Après avoir établi l'utilité du projet soumis à l'approbation de la chambre, l'orateur fit voir que la contrebande était un fléau qu'il ne dépendait pas des gouvernements d'anéantir ; mais il donna la mesure des obstacles qu'elle rencontrait en exposant le taux des primes d'assurances qui s'élevaient à 30 pour 100. Passant à la discussion du titre 5 du projet relatif au transit par l'Alsace des denrées coloniales, il exposa les réclamations de ces départements à cet égard, et proposa de leur accorder ce droit de transit sous toutes les précautions capables d'en prévenir l'abus. Cet article fut écarté dans la discussion. Il provoqua ensuite toute la sévérité des lois contre les contrebandiers, qu'il représenta comme les ennemis de leur patrie, à laquelle ils font la guerre au sein de la paix, en luttant scandaleusement contre les efforts de l'industrie. Le 24 mars, M. de Saint-Cricq reparut à la tribune pour défendre les dispositions du projet de loi sur les douanes. Il s'était prononcé dans le conseil-d'état contre le transit accordé à l'Alsace par ce projet, et ne défendit pas cette disposition, qui fut rejetée malgré l'opinion de M. de Richelieu, qui monta à la tribune pour la soutenir. Dans le cours de cette discussion, M. de Saint-Cricq essaya de défendre la main-levée de la saisie faite par les préposés de la douane, à Calais, d'un bâtiment soupçonné de faire la contrebande en faveur du commerce anglais, main-levée qui avait excité des réclamations. Le 23 avril suivant, il prononça un discours étendu sur le budget de son administration, qu'il justifia dans tous ses points. Le baron de Saint-Cricq a été réélu membre de la chambre des députés par le département de Seine-et-Marne en octobre 1818. Il avait été nommé par le Roi président du collége électoral. — SAINT-CRICQ-CASAUX, frère du précédent, a établi à Creil, près de Senlis, une manufacture de faïence perfectionnée, dont on fait à Paris et dans plusieurs départements un très grand usage. C. C.

SAINT-CRICQ (JACQUES), autre frère du précédent, né à Lescar, de l'une des plus anciennes familles du Béarn (son père était maréchal-de-camp, et il avait épousé Mlle. de Massaredo, sœur de l'amiral de ce nom), entra fort jeune dans la marine, et parvint à trente-un ans au grade de capitaine de vaisseau. En 1810, commandant la frégate la *Clorinde*, et secondé par la *Renommée*, il prit à l'abordage, après un combat opiniâtre devant Antigues, la frégate anglaise la *Junon* de 50 canons. En 1811, il commandait la même frégate dans les parages de l'Ile-de-France, et faisait partie de la division destinée à protéger cette colonie contre les entreprises des Anglais. Le 20 mai, il était dans le canal de Madagascar avec son vaisseau et la frégate la *Renommée*, montée par le commandant de la division. Rencontrée par l'escadre anglaise, cette division soutint un combat opiniâtre, dans lequel deux frégates françaises, la *Renommée* et la *Néréide*, dont les capitaines avaient été tués dans l'action, furent obligées d'amener. Dans une seconde affaire, la *Clorinde* étant arrivée trop tard à cause de son éloignement du lieu du combat, ne put y prendre part et revint en France. Le capitaine Saint-Cricq fut mis en jugement, par ordre de Buonaparte, devant un conseil de guerre convoqué à Paris. Il était accusé, 1°. « de n'avoir pas pris toute la part qu'il devait au combat du 20 mai 1811, et notamment de n'en avoir pris aucune à l'action dans laquelle succomba la *Renommée*; 2°. de s'être séparé de son commandant presqu'à l'instant même de cette action, lorsqu'il devait le côtoyer de très près, et ne se permettre aucune manœuvre qui pût l'en éloigner; 3°. de n'avoir pas attaqué l'ennemi lorsqu'il pouvait, en faisant une diversion, forcer celui-ci d'abandonner la *Renommée*, si elle n'était pas réduite, ou, dans le cas contraire, la reprendre sur lui; 4°. d'avoir manqué à ses instructions, qui lui prescrivaient de se rendre à l'île de Java dans le cas où il ne pourrait rentrer à l'île-de-France. » Le rapporteur conclut contre M. de Saint-Cricq à la peine de mort, pour avoir désobéi à son chef en présence de l'ennemi. Le conseil, écartant cette dernière accusation, le déclara coupable sur tous les autres chefs, et le condamna à trois ans de prison et à la dégradation du titre de chevalier de la Légion-d'honneur. On dit que Buonaparte trouva ce jugement trop doux, et qu'il voulait la mort du capitaine Saint-Cricq. Quoi qu'il en soit, ce dernier était encore dans les fers lors de la restauration de 1814. Rendu à la liberté, il fut réintégré dans son grade par le Roi. Dans les cent jours de 1815, Buonaparte fit revivre son jugement; et ce ne fut qu'au second retour de S. M. que M. de Saint-Cricq fut définitivement rétabli sur la liste d'activité de la marine. Il fut ensuite nommé colonel de gendarmerie à Carcassonne, et il commande aujourd'hui la 19e. légion de cette arme à Lyon. C.

SAINT-DIDIER (HIPPOLYTE DE), auditeur au conseil-d'état sous le gouvernement impérial, donna, le 11 avril 1814, son adhésion à la déchéance de Buonaparte et au rétablissement des Bourbons sur le trône de France. Le 24 août suivant, il fut nommé chevalier de la Légion-d'honneur; et, après le retour de Napoléon en mars 1815, il fut attaché au cabinet de l'ex-empereur. Cet emploi lui donna occasion d'observer des circonstances précieuses pour l'histoire, et il les a consignées dans une brochure publiée après la seconde abdication de Napoléon, sous le titre de *Nuits de l'abdication, où l'on trouve des anecdotes curieuses sur plusieurs personnages marquants de cette époque*, Paris, in-8º. (août 1815). — SAINT-DIDIER (Alexandre) après avoir été chef de bureau à la caisse d'amortissement, fut nommé préfet du palais sous le gouvernement impérial. Il a épousé une fille du lieutenant-général Dumas. D.

SAINTE-ALDEGONDE (Le comte CHARLES DE), d'une famille noble de Picardie qui compte plusieurs hommes distingués dans les emplois civils et militaires, embrassa la carrière des armes, et fut élevé au grade de lieutenant-général le 20 février 1815. Membre de la chambre des députés convoquée cette année, après le second retour du Roi, il y vota avec la majorité, et fut nommé dans le mois de février 1816 inspecteur-général des gardes nationales du département de l'Aisne. Réélu à la chambre de 1816, il y combattit, lors de la discussion de la loi sur les élections, les amendements de la commission, et demanda que les députés nommés pendant le cours de la session à des emplois qui exigeraient une résidence fixe, fussent tenus d'opter entre ces emplois et leurs fonctions de députés. Il proposa aussi, mais d'une manière éventuelle, de donner plus d'extension à une proposition si importante, et d'exclure tout titulaire d'emploi salarié. Lors de l'examen du projet de loi sur les finances, il proposa de réduire de dix millions seulement le budget du ministre de la guerre, et demanda quelques éclaircissements sur les secours accordés aux Mamlouks : « Je n'ai jamais connu qu'un » seul de ces Egyptiens, ajouta-t-il; de» puis qu'ils ne sont plus au service, les » renseignements que j'ai recueillis sur » leur compte m'ont appris que ces préten» dus Mamlouks n'étaient autre chose que » des Français coiffés du turban. » Dans la session de 1817, il parla sur la loi relative au recrutement de l'armée, et proposa de fixer à soixante ans l'âge des vieillards dont les fils aînés étaient exempts du tirage, au lieu de soixante-dix que portait l'avis de la commission, appuyant cet amendement sur la vieillesse précoce des habitants de la campagne; mais il ne fut pas adopté. Il prononça, à la séance du 2 février, un discours assez étendu sur le même sujet, et insista pour que les soldats libérés par le licenciement ne fussent pas rappelés sous les drapeaux. Il demanda aussi la réduction de l'effectif de l'armée sur le pied de paix, et vota pour l'adoption des amendements présentés par le général Dupont. Le 30 mars, il prit la parole en faveur des détenus pour dettes, et appuya leur demande d'une augmentation d'aliments. Il proposa que, dans toutes les villes au-dessus de dix mille ames, le nouveau tarif fût porté à 30 fr., et dans Paris seulement à 36 fr.: cette proposition ne fut pas adoptée. Le comte de Sainte-Aldegonde continue de siéger dans la chambre des députés, et vote avec le côté droit. Depuis trois ans il est presque continuellement rapporteur de la commission des pétitions. — Le comte Camille DE SAINTE-ALDEGONDE, neveu du précédent, entra fort jeune au service, devint aide-de-camp du maréchal Ney; et, au moment de la restauration, fut attaché avec le même titre à Mgr. le duc d'Orléans, qu'il suivit en Angleterre après le 20 mars 1815. Il a épousé la veuve du maréchal Augereau. C. C.

SAINTE-AVOYE (AMÉDÉE DESPONTY DE), fils du conseiller au parlement de ce nom, né en 1786, étant sorti sous-lieutenant de cavalerie de l'Ecole militaire de Saint-Cyr, fit ses premières armes à la bataille de Iéna, en 1806. Depuis cette époque, il a servi avec distinction en Allemagne et en Espagne, et il a été blessé grièvement d'un coup de sabre au poignet, dans une charge où M. Chamorin, son colonel, fut tué. Il obtint la décoration de la Légion-d'honneur. En 1814, lors de la formation de la maison du Roi, M. de Sainte-Avoye fut nommé maréchal-des-logis, puis sous-lieutenant des Mousquetaires noirs, et il sert actuellement en qualité de lieutenant-colonel des chasseurs de la Côte-d'Or. J.

SAINTE-SUZANNE (Le comte GILLES-JOSEPH MARIE BRUNETEAU DE), né

le 8 mars 1760, à Châlons sur Marne, entra fort jeune aux pages de MADAME, belle-sœur de Louis XVI, et depuis reine de France. Il prit du service en 1784, comme sous-lieutenant au régiment d'Anjou infanterie, et il était capitaine de grenadiers du 36e. de ligne aux premiers moments de la révolution. Il se distingua dans les guerres de cette époque. En 1796, il passa à l'armée de Rhin et Moselle comme général de brigade. Au passage du Rhin, il commanda une partie des troupes qui abordèrent dans les îles de ce fleuve sous le feu de l'ennemi, et restèrent en bataille ayant de l'eau jusqu'à la ceinture. A l'attaque de Renchen, il enleva 600 chevaux, et fit douze cents prisonniers. Devenu général de division, il commanda aux affaires de Rastadt et d'Etlingen, où il repoussa, à la tête de la cavalerie, plusieurs charges dirigées par l'archiduc Charles. En 1798, il fut investi du commandement de la cinquième division à Strasbourg, et fit ensuite partie de l'état-major de l'armée de Maïence. Chargé en 1799 de commander, en qualité de lieutenant-général, à l'armée du Rhin, il trompa, par une rapide contre-marche, la vigilance du général Kray, et occupa toutes les positions aux approches d'Ulm. Se voyant attaqué par des forces supérieures qui avaient réussi à le couper, le général Sainte-Suzanne rétablit le combat par une résistance vigoureuse, et força l'ennemi à la retraite. Peu après, il fut chargé par Moreau de couvrir sa gauche et d'assurer ses communications ; il y réussit par des manœuvres habiles. A la paix, il revint en France, où il fut appelé au conseil-d'état et peu après au sénat. On lui donna la sénatorerie de Pau le 19 mai 1806, et, le 20 mars 1807, le commandement de la deuxième légion de réserve de l'intérieur. En 1809, il fut chargé d'inspecter la ligne de défense sur les côtes de Boulogne. Le 1er. avril 1814, M. de Sainte-Suzanne vota la déchéance de Buonaparte. Nommé pair de France le 4 juin, et chevalier de St.-Louis dans le même mois, il ne siégea point à la chambre des pairs de Buonaparte. Il est aujourd'hui membre de la chambre des pairs. — Chrisostome Bruneteau de SAINTE-SUZANNE, fils du précédent, né le 4 mars 1783, suivit aussi la carrière des armes, et fut fait maréchal-de-camp le 6 septembre 1814. Il commanda à Schelestatt dans le mois de juin 1815.
— Un autre SAINTE-SUZANNE fut préfet du Tarn à la même époque, et cessa ses fonctions au retour du Roi. C. C.

SAINT-GÉNIÉS (Le baron PIERRE NOEL DE), né le 25 décembre 1777, était major au 19e. régiment de dragons en 1806, et fut nommé colonel du même corps peu de temps après. Il fit, cette même année, la campagne de Prusse et de Pologne, et se distingua en plusieurs occasions. Le 14 mai 1807, il fut nommé officier de la Légion-d'honneur. Envoyé en Espagne en 1808, le passage du Tage, près Talavera, lui fournit l'occasion de déployer une valeur brillante. Le 22 avril 1811, il se signala de nouveau à l'affaire de Villa-del-Orno, et sa conduite lui valut le grade de général de brigade. Appelé à servir en Russie à l'ouverture de la campagne, il y fut blessé grièvement, et fait prisonnier le 15 juillet sur la Drissa. Rentré en France en 1814, il reçut du Roi la croix de Saint-Louis et le titre de commandant de la Légion-d'honneur. Après le 20 mars 1815, il fut employé au 3e. corps de l'armée du Nord. Il est en activité de service.
— Le chevalier de SAINT-GÉNIÉS fut fait lieutenant des Mousquetaires noirs à l'époque de la restauration, suivit le Roi à Gand, et rentra à Paris à la tête des gardes nationaux de cette ville, qui étaient allés au-devant de S. M. à St.-Denis. Il fut nommé, à la réorganisation de l'armée, colonel du 8e. régiment des Dragons du Rhône. Il est chevalier de St.-Louis et officier de la Légion-d'honneur. — Son frère était sous-préfet à Châteauroux lors du retour de Buonaparte. Destitué pour cause de royalisme, il tenta inutilement de rejoindre Sa Majesté à Gand, et fut arrêté sur la frontière.
— Le comte Baderon de SAINT-GÉNIÉS, né à Béziers vers 1780, a publié une édition de Tibulle avec la traduction en vers français, 1814, in-8º. — SAINT-GÉNIÉS (Léonce de) a publié une traduction des poésies de Pétrarque. C. C.

SAINT-GERMAIN-DECREST (Le comte ANTOINE-LOUIS DE), né le 6 décembre 1761, dut à sa valeur, pendant les premières campagnes de la révolution, son élévation aux grades supérieurs. Le 10 mai 1807, il fut fait général de brigade et commandant de la Légion-d'honneur. Dans la guerre de 1809, il se trouva à la bataille d'Esling, et fut nommé général de division à la suite de cette affaire. Présenté à Buonaparte le 17 juin 1810, il lui prêta serment pour son nouveau grade; fit partie de la grande armée de Russie en 1812, où il commanda une division de cavalerie sous les ordres de Murat. On le vit le 25 juillet charger la cavalerie russe au combat d'Ostrowno et exécuter de brillantes charges à la célèbre bataille de la Moskwa. Dans la campagne de Saxe, il se trouva à la bataille d'Hanau; et, dans celle de France, à l'action de Vauchamp, qui eut lieu le 14 février 1814. Sa conduite fut citée avec éloge dans les bulletins. Le comte de St.-Germain fut nommé, après la restauration, chevalier de St.-Louis, grand-officier de la Légion-d'honneur, et inspecteur-général de cavalerie dans les places de Besançon, Gray et Vesoul. Il continue d'être en activité de service. C. C.

SAINT-GERY (Le marquis DE), membre de la chambre des députés de 1815, fut nommé, le 9 janvier 1816, membre de la commission chargée du rapport sur la suppression des pensions des prêtres mariés, et de la commission du budget le 19 janvier suivant. Le 26 mars, il fit, au nom de cette commission, un rapport sur quelques points de la loi sur les finances. L'impression de son discours fut ordonnée par la chambre. M. de Saint-Gery, qui votait avec la majorité, a cessé de faire partie de la chambre des députés après sa dissolution en 1816. C. C.

SAINT-HORENT, né dans la petite province de la Marche, était venu à Paris pour suivre le barreau avant la révolution. Toutes les études publiques se trouvant suspendues, il fut chargé de prendre des notes à la Convention, pour le *Journal du soir* de Feuillant. Ce travail lui donna une sorte d'importance; et, après la session de la Convention, il fut nommé député de la Creuse au conseil des cinq-cents, en 1797. Il proposa le 11 septembre, d'accorder des secours aux victimes des ravages occasionnés par la guerre, la grêle, les incendies et l'épizootie; fit passer ensuite à l'ordre du jour sur la demande présentée par Fréron et Garnier de l'Aube, à l'effet d'être admis comme députés de la Guiane française. Il fut élu secrétaire le 21 novembre, dénonça, peu de jours après, le journal intitulé: le *Défenseur de la Vérité et des Principes*, comme calomniateur du conseil des cinq-cents; fit plusieurs rapports sur les fermiers des biens nationaux, les baux des hospices et la répartition des contributions; parla le 8 janvier 1799, sur les émigrés naufragés à Calais, et proposa la peine de mort contre ceux d'entre eux qui avaient porté les armes contre la république, et la réclusion des autres. Il fut nommé en 1800 préfet de l'Aveyron, et il en remplit les fonctions pendant quelques années. Il est chevalier de la Légion-d'honneur.
B. M.

SAINT-HUBERT (ETIENNE-GEORGE-ALEXANDRE BERTRAND DE), de la commune de Blou, près Saumur, suivit l'armée de la Vendée en 1793, s'attacha d'abord à la division du Huroux où il servit en qualité d'officier, et, en 1799, reprit les armes dans la division de M. d'Autichamp, où il donna des preuves de courage. Après la pacification consulaire, ayant excité à différentes reprises la défiance du gouvernement de Buonaparte, il subit plusieurs détentions. En 1815, il prit le commandement du 2e. corps de l'armée royale, et se distingua particulièrement au combat de la Roche-Servière. Il est maintenant sans emploi avec le grade de colonel. P.

SAINTINE (X.-B. DE) a publié: I. *Hommages aux braves morts le 18 juin 1815 au Mont-Saint-Jean*, 1815, in-8°. II. *Le Bonheur que procure l'étude dans toutes les situations de la vie*, poème qui a partagé le prix de poésie au jugement de l'académie française, 1817, in-8°. M. de Saintine n'avait alors que vingt-deux ans. OT.

SAINT-JUST, né à Paris d'une famille de finances, cultive les lettres moins par état que par goût, et a donné beaucoup d'ouvrages dramatiques, dont la plupart n'ont pas dû seulement à la musique le grand succès qu'ils ont eu. Les principaux sont: le *Calife de Bagdad*, opéra, 1801, in 8°, musique de Boïeldieu; — *Jean de Paris*, opéra, id.; — *Zoraïme et Zulnare*, musique de Dalayrac; — les *Amours d'Henri IV* ou *Gabrielle d'Estrées*; — *l'Avare fastueux*. OT.

SAINT-LEGER (Mlle. DE). *Voyez* COLLEVILLE (Mme. de).

SAINT-LÉGER, ancien capitaine d'infanterie, né d'une famille ancienne et distinguée, chevalier de Saint-Louis depuis la restauration, a publié entre autres écrits, *la Muse créole*, recueil de ses poésies, 1 vol. in-12; et sous le nom de sa sœur, ex-chanoinesse, morte il y a quelques années, *Albert et Ernestine, ou le pouvoir de la maternité*, 1809, 2 vol in-12. Ce roman, qui présente une situation singulière, est attachant et bien écrit. M. de Saint-Léger étant en 1810 rédacteur du *Publiciste* et secrétaire de M. Lacretelle, fut accusé d'un vol par ce dernier et arrêté; mais les tribunaux, après une longue discussion et la publication de plusieurs mémoires, finirent par l'absoudre, et condamnèrent son accusateur à se rétracter. — SAINT-LÉGER (T. H.), collaborateur au *Répertoire de la perception des contributions*, a publié 1. *Annuaire des contributions directes de l'empire français*, 1805, in-8°. O⊤.

SAINT-LÉON (Mlle. BRAYER), née le 1er. novembre 1765, à Chandernagor au Bengale, a publié : I. *Rosa ou la Fille mendiante et ses bienfaiteurs*, traduit de l'anglais de miss Bennett, 1798, 7 vol. in-12; 1799, 10 vol. in-18. II. *Eugenio et Virginia*, 1800. 2 vol, in-18; 1801, 2 vol. in-18. III. *Orfeuil et Juliette, ou le Réveil des illusions*, 1801, 3 vol. in-12; 1810, 3 vol. in 12. IV. *Le Père et la fille*, traduit de l'anglais de Mme. Opie sur la deuxième édition, 1802, in-8°. V. *Maclovie ou les Mines du Tyrol*, anecdote véritable, 1804, in-12. Mlle. de Saint-Léon était un des collaborateurs à la *Bibliothèque française* de M. Pougens. O⊤.

SAINT-LYS (RENÉ-LOUIS NOTTRET DE). *Voy.* NOTTRET, tom. IV, pag. 550.

SAINT-MARCEL (DE), était avant la révolution garde-du-corps du comte d'Artois. Il a publié : I. *L'Harmonie*, ode, 1777, in-8°. II. *Fables nouvelles suivies de traductions en vers français de quelques élégies de Tibulle*, 1778, in-8°.; 1781, in-8°. III. *Caton d'Utique*, tragédie. IV. *Charles Martel, ou La France délivrée des Sarrasins*, poème épique. Cet ouvrage concourut pour le prix décennal destiné à ce genre d'ouvrage; mais il fut jugé trop faible d'intention, et trop dépourvu de couleur, de mouvement et de poésie dans le style, pour être soumis à une analyse détaillée et à une discussion sérieuse. O⊤.

SAINT-MARCQ (PHILIPPE-AUGUSTE-JOSEPH LE CLÉMENT DE), général espagnol d'une ancienne famille noble originaire du Cambresis, a servi longtemps dans les gardes-wallonnes d'Espagne. Devenu général en chef, il commanda en 1809 l'armée de Valence, forte de seize mille hommes, pour la défense de Sarragosse, dont il fut élu gouverneur à la fin du siége, en remplacement du général Palafox (*Voy.* ce nom). M. de Saint Marcq, que les relations du siége n'ont pas assez fait remarquer, mais qui a reçu depuis la part d'éloges qui lui revenait dans cette belle défense, a été nommé par le roi d'Espagne chevalier de ses ordres et gouverneur-général du royaume de Galice.   C. C.

SAINT-MARSAN (Le marquis DE), né à Turin d'une famille noble, est fils d'un ancien gouverneur de cette ville. Lui-même fut employé par le roi de Sardaigne dans les bureaux du ministère des relations extérieures, et devint son ministre de la guerre. Dans l'intervalle, il remplit plusieurs missions auprès de Buonaparte. Après l'invasion du Piémont et son incorporation à la France, il s'attacha à celui-ci, et fut employé par lui dans la même carrière. Il fut nommé conseiller d'état et ambassadeur à Berlin, et il y était encore en 1813 lors de la défection du corps prussien commandé par le général Yorck. M. de Saint-Marsan instruisit sa cour de cet événement, par une lettre datée du 1er. janvier. Les progrès des armées alliées l'ayant obligé de quitter la Prusse, il revint à Paris et fut nommé successivement sénateur et membre de la commission des cinq à la fin de 1813. A la restauration, M. de Saint-Marsan fut nommé par les alliés président du conseil de régence établi à Turin, en attendant le retour de S. M. Sarde dans ses états. Le roi Victor-Emanuel le nomma à son arrivée ministre de la guerre, et l'envoya au congrès de Vienne pour réclamer les portions de la Savoie qui en avaient été distraites par le traité de Paris du 30 mai 1814. Le marquis de St.-Marsan, rappelé dans sa patrie après la dissolution du congrès, y fut nommé ministre des affaires étrangères. Il est grand-croix de l'ordre de Saint-Étienne de Hongrie. — Son fils est secrétaire d'ambassade. Il a perdu deux doigts à la campagne de Russie.   C. C.

SAINT-MARTIN (JEAN-ANTOINE), savant orientaliste, né à Paris le 17 janvers 1791, s'est attaché de bonne heure à l'étude des langues de l'Asie occidentale, mais en a cultivé de prédilection les branches les moins connues, particulièrement ce qui concerne les littératures arménienne et géorgienne, et il a peu de rivaux dans cette partie. Lors de la formation de l'académie royale des antiquaires de France en octobre 1814, il en fut nommé secrétaire, mais il donna sa démission peu de mois après. Lors de l'arrivée de Buonaparte, M. Saint-Martin refusa hautement de consentir à l'acte additionnel proposé pour l'exclusion des Bourbons, fit imprimer les motifs de son vote négatif et leur donna la plus grande publicité ; enfin il se préparait à sortir lui-même du royaume si l'usurpation eût duré plus long-temps. On connaît de lui : I. Un excellent article sur *l'Essai sur la langue et la littérature chinoise* (par M. Abel-Rémusat), extrait du *Magasin encyclopédique* de septembre 1811, in-8°. de 16 pag. II. *Discours prononcé aux funérailles de M. Bourgeat*, le 16 septembre 1814, in-8°. III. *Discours prononcé à l'installation de la société royale des antiquaires de France*, in-4°. IV. *Motifs de mon vote négatif sur l'acte additionnel aux constitutions de l'empire, en date du 22 avril 1815*, in-8°. (daté du 4 mai). V. *Mémoires historiques et géographiques sur l'Arménie*, tom. 1, 1818, in-8°. Le tome II est sous presse, à l'imprimerie royale. Sur cet ouvrage capital, et qui est du plus grand intérêt pour l'histoire de l'Asie occidentale, on peut lire le rapport qu'en a fait M. Silvestre de Sacy dans le *Journal des Savants*, d'août 1818. VI. Quelques articles littéraires dans le *Moniteur*, et un grand nombre de Notices dans la *Biographie universelle* ; nous indiquerons spécialement les articles *Hormisdas*, *Iezdedjerd* et *Khosrou*. L'Académie des Inscriptions et Belles-Lettres, dérogeant à son usage, a entendu dans son sein, en mars et avril 1818, la lecture de la plus grande partie d'un Mémoire fort considérable du même auteur, *sur l'histoire et la géographie de la Mésène et de la Characène*, avec quelques observations sur les médailles des rois de ce pays, situé vers l'embouchure de l'Euphrate. T.

SAINT-MARTIN DE LAMOTTE (Le comte FÉLIX DE), né à Turin d'une famille distinguée, se fit recevoir docteur en droit et membre du collége de droit à l'université de cette ville, où il devint membre de l'académie des sciences, et il s'occupa beaucoup de littérature et de botanique. Il fit insérer dans la *Bibliotheca oltramontana* (tom. XII, pag. 260) des *Observazioni botaniche*, où il relevait quelques inexactitudes de la Topographie médicale de Chambéri. Le docteur Daquin, auteur de cet ouvrage, y répondit par une *Défense de la Topographie médicale*, et par une *Réponse à la lettre du comte Félix St.-Martin*, Chambéri, 1788, in-8°. Le comte St.-Martin fit partie du gouvernement provisoire en l'an VII (1799), et de la municipalité en 1800 et 1801. Buonaparte le nomma préfet du département de la Sesia en l'an X, et peu de temps après sénateur. Le 1er. avril 1814, M. de St.-Martin vota la création d'un gouvernement provisoire et l'expulsion de Buonaparte du trône de France. Il ne fut point appelé à la chambre des pairs et il vit aujourd'hui à Paris sans fonctions. C. C.

SAINT-MAURIS (CHARLES-EMANUEL POLYCARPE marquis DE), chevalier de St.-Louis, de St.-George, de St.-Jean de Jérusalem de la langue de Russie, fut sous-lieutenant au régiment de St.-Mauris en 1764, capitaine de dragons au régiment de Bauffremont en 1773, et colonel du même corps en 1787. Il émigra avec ses deux frères et ses deux fils pour rejoindre les armées royales à leur formation en 1791, fit, sous les ordres des princes frères du Roi, la campagne de 1792, à l'avant-garde, et après le licenciement de cette armée, servit avec tous les siens, sous les ordres du prince de Condé, où il perdit un de ses fils. Il rentra en France après le 18 brumaire, et ne reprit les armes avec ses fils que lorsqu'ils surent M. le comte d'Artois à Bâle. Ils s'empressèrent alors de lui offrir leurs services, qu'il daigna accepter le 21 février 1814. Le Marquis de St.-Mauris a été nommé maréchal-de-camp en 1814, et inspecteur-général des gardes nationales de la Haute-Saône en 1815. S. A.

SAINT-MÉARD. *Voy.* JOURGNIAC.

SAINT-MORYS (La comtesse DE), née Valicourt, nièce de M. de Calonne, ancien ministre des finances, épousa à Coblentz en 1791, le comte Bourgevin-Vialart de St.-Morys, qui devint officier supérieur des gardes du-corps à la restauration de 1814. Mme. de St.-Morys a fixé l'attention du public dans ces derniers temps par la chaleur qu'elle a mise à poursuivre en justice le meurtrier de son mari, tué en duel le 21 juillet 1817. Les circonstances qui signalèrent ce funeste événement furent telles que la veuve du comte de St.-Morys se vit dans le cas de répondre à d'odieuses imputations dirigées contre la mémoire de son mari. Elle cita devant la chambre des pairs MM. le comte de Poix, lieutenant des gardes-du-corps de la compagnie de Noailles, et le duc de Mouchy, capitaine de la même compagnie, qu'elle accusa de complicité dans la mort de M. de Saint-Morys. Cette plainte fut cependant écartée par la chambre, qui s'était constituée pour l'entendre en cour de justice. Elle ne fut point non plus reçue à la cour royale de Paris, qui ne jugea pas à propos d'appliquer les anciennes ordonnances sur le duel au cas qui lui était présenté. Cependant la mémoire de M. de St.-Morys ayant été grièvement outragée dans un ouvrage périodique anglais imprimé en France, sa veuve traduisit devant les tribunaux le sieur Playfair, auteur de l'article injurieux, qui fut condamné comme calomniateur à trois mois de prison. La comtesse de St.-Morys a paru devant les mêmes tribunaux pour s'y défendre contre l'accusation de calomnie qui lui a été intentée par le colonel Barbier du Fay, meurtrier de son mari, qui se prétendait insulté dans les Mémoires de Mme. de St.-Morys, et le tribunal de police correctionnelle, tout en approuvant les sentiments de Mme. de St.-Morys et de Mme. de Gaudechard sa fille, condamna ces deux dames à cinquante francs d'amende et aux frais. C. C.

SAINT-PARDOUX (Pierre-Joseph Miomandre de), est de la même famille, mais d'une autre branche que MM. de Miomandre, morts au service du Roi, et dont l'un s'illustra par sa courageuse défense au château de Versailles, dans la nuit du 5 au 6 octobre 1789. M. Miomandre de Saint-Pardoux embrassa d'abord le parti des armes, et venait d'être reçu mousquetaire noir lorsque le corps fut réformé. Il suivit alors la carrière de la magistrature, devint conseiller au grand conseil du Roi, et y resta jusqu'à la suppression. Le 28 février 1791, il fut l'un des gentilshommes qui se trouvèrent aux ordres du Roi, émigra ensuite avec ses cousins, et fit les campagnes de 1792 comme mousquetaire. Lors du licenciement, il n'abandonna pas l'espoir de servir la cause royale, prit part à l'organisation du Midi, sous les ordres de MM. de Puyvert Villot, et fut fait inspecteur-général de sa division en 1800. Cependant l'entreprise n'eut pas de suite, et M. de Miomandre fut recherché, comme un des chefs, par le gouvernement de ce temps-là ; mais il eut le bonheur d'échapper aux poursuites en prenant le nom de son cousin Elie-Joseph de Miomandre, qui venait de mourir. Buonaparte, qui, dans la composition de ses conseils et tribunaux, cherchait à s'entourer d'anciens magistrats, rappela M. de Miomandre à ses fonctions judiciaires, en le nommant conseiller à la cour d'Angers. Lors des événements de 1815, il courut de nouveaux dangers : signalé pour ses opinions, il ne craignit pas de les manifester encore, et n'entra point, comme plusieurs de ses collègues, dans la fédération angevine sous les ordres de Mamert-Couillon. Il la combattit au contraire, et fut obligé de se soustraire aux persécutions dont sa conduite le rendit l'objet. Il fit alors partie de l'armée royale de la Sarthe jusqu'à la rentrée du Roi. Il est encore conseiller à la même cour royale.
C. C.

SAINT-PAUL (Gaspard Noizet de), directeur des fortifications, en retraite avec le titre de maréchal-de-camp, a publié : I. *Traité complet de fortification*, première partie, 1792 ; seconde partie, 1799, in-8°.; 1800, vol. in-8°. II. *Instructions concernant l'exercice et les manœuvres des troupes à cheval*, 1799, in-8°. III. *Éléments de fortification*, 1812, in-8°. Ot.

SAINT-PRIEST (Le comte François-Emanuel Guignard de), est né le 12 mars 1735, d'une famille originaire d'Alsace. D'abord destiné à l'état militaire, il fut nommé, fort jeune, enseigne des gardes-du-corps, puis colonel dans l'armée, et bientôt après maréchal-de-camp. Ses connaissances en diplomatie le firent choisir d'abord pour l'ambassade de Portugal et pour celle de Constantinople, à laquelle il fut nommé en 1768. Il passa ensuite, en la même qualité, auprès des états-généraux des

Provinces-Unies. De retour en France, il fut nommé, après la révolution du 14 juillet 1789, ministre de la maison du Roi, en remplacement du baron de Breteuil ; le ministre de la maison du Roi remplissait alors les fonctions attribuées depuis à celui de l'intérieur: ce fut l'influence de l'assemblée qui porta M. de St.-Priest à cette place, concurremment avec M. Necker, précédemment disgracié. On le crut attaché au parti révolutionnaire; mais cette opinion fut bientôt démentie. Le 10 octobre, Mirabeau le dénonça à la tribune comme ayant dit aux femmes de Versailles qui demandaient du pain : « Vous n'en manquiez pas quand » vous n'aviez qu'un roi; allez-en de» mander à vos douze cents souverains. » M. de Saint-Priest écrivit à l'assemblée pour se disculper de ce propos, mais il parut bien, quelque temps après, qu'on ne l'avait pas oublié. On l'accusa d'avoir donné au président de l'assemblée des avis sur les manœuvres des affidés au Palais-Royal, et le comité des recherches voulut l'impliquer dans l'affaire de Bonne-Savardin, et le faire déclarer coupable du crime de lèse-nation. M. de Saint-Priest donna en 1790 sa démission, quitta bientôt la France, et fut en 1795 un des quatre ministres que le roi Louis XVIII rassembla à Vérone. Il accompagna ce prince à Blankembourg et à Mitau; mais il ne le suivit pas en Angleterre. Retiré en Russie, où ses enfants prirent du service, il ne rentra en France qu'en 1814, et fut créé pair de France le 17 août 1815. Il est chevalier des ordres de St.-Louis, de St.-André et de St.-Alexandre de Russie. — Son fils aîné, général-major au service de Russie, qui s'était couvert de gloire dans les campagnes de 1812, 1813 et 1814, fut blessé devant Reims le 7 mars 1814, et mourut à Nanci. — Son second fils (Armand-Emanuel-Charles de Guignard de SAINT-PRIEST) est encore au service de Russie comme gouverneur de la Volhinie, après avoir été gouverneur de la Podolie. Il est conseiller d'état et chevalier de St.-Anne, 1re. classe. — Le vicomte Louis-Antoine-Emanuel de SAINT-PRIEST, troisième fils du précédent, fit la guerre avec distinction contre Buonaparte, et devint colonel des chasseurs à cheval de la garde impériale russe. Sur la demande de son père, l'empereur Alexandre lui permit en 1814 de rentrer au service de France, et il devint aide-de-camp de S. A. R. le duc d'Angoulême. En 1815, il suivit ce prince dans le Midi, et servit sous le général Ernouf comme volontaire. Il est maréchal-de-camp, chevalier de St.-Louis et de plusieurs ordres étrangers. Il a été tenu sur les fonts de baptême, par le roi Louis XVI et la reine Marie-Antoinette. Il a épousé en 1817 la fille du marquis de Caraman, ambassadeur à Vienne. C. C.

SAINT-PRIX (HECTOR) était homme de loi à St.-Peray en Vivarais, à l'époque de la révolution. Il en embrassa la cause, et fut nommé d'abord à des fonctions administratives dans son département, et ensuite député de l'Ardèche en 1792 à la convention, où il vota la mort de Louis XVI avec sursis (1) jusqu'à la paix et après l'expulsion des Bourbons. Il fut de l'avis de l'appel au peuple : il ne se fit plus remarquer; passa, après la session, au conseil des cinq-cents, et cessa toutes fonctions législatives au 18 brumaire. Il s'est retiré en Suisse. U.

SAINT-PRIX, acteur retiré du Théâtre-Français, était sculpteur-statuaire lorsqu'un penchant irrésistible l'entraîna vers un art auquel il n'avait point été d'abord destiné. Il débuta au Théâtre-Français quelque temps après la retraite de Lekain, et partagea avec Larive l'héritage de ce comédien célèbre. Il joua d'une manière distinguée les rôles d'Abner, de Coriolan, d'Achille, d'Hercule au mont OEta, de Caïn, etc.; un organe magnifique, une taille élevée et une figure imposante le rendaient plus propre à l'emploi des pères nobles et des rois : il le remplit seul pendant long-temps à la satisfaction du public. Mais, à tous les avantages qu'il devait à la nature, on regrettait qu'il ne joignît point un débit plus soutenu et plus de chaleur. Malgré l'absence de ces deux qualités, il parut avec succès dans les rôles de Philoctète, de Joas, de Burrhus, de Rutile, de Pharasmane, et surtout dans celui de Jacques Molay des Templiers. Saint-Prix a quitté la scène en 1817. Il est professeur à l'école royale de déclamation. C. C.

SAINT-ROMAIN (BENOÎT-ROSE MURARD DE), d'une famille noble originaire du Dauphiné, établie à Lyon

───────
(1) Le mot *sursis* se trouvant joint au vote, ce vote n'a pas dû être compté dans le recensement. Sur le dernier appel, M. de St.-Prix renouvela son vote du sursis.

depuis long-temps, fut nommé député, en 1815, par le collège électoral de l'Ain, dont il faisait partie. Lors de l'établissement des juridictions prévôtales, il demanda que les vols de vases sacrés fussent de leur compétence. Dans la séance du 16 décembre 1815, lors de la discussion du budget, il s'indigna qu'on eût accordé des pensions à quatre régicides, et les fit rayer. « Que les noms de ces trop fameux » meurtriers, s'écria-t-il, soient placés » à côté de celui d'Érostrate. Ils méri- » tèrent la mort.... Louis mourant leur » a pardonné : qu'ils vivent dans l'op- » probre... » Le 23 décembre 1815, M. de Saint-Romain appuya la proposition de M. de Semaisons, à l'occasion de l'évasion de Lavalette, et fut nommé membre de la commission chargée de faire un rapport sur les causes de cette évasion. Lors de la discussion sur la loi des élections, il émit le vœu qu'il n'y eût qu'un seul collège composé de cent cinquante jusqu'à trois cents des plus forts contribuables avec le droit réservé à Sa Majesté d'adjoindre à chaque collège un nombre égal au dixième du collège, sans condition d'impôt. Le 31 janvier 1816, il développa sa proposition sur un nouveau mode d'éducation et d'instruction publique. La chambre en ordonna l'impression, et la nomination d'une commission dont il fut membre. Son discours se terminait ainsi : « La France a péri » par le défaut d'une éducation suffisam- » ment religieuse et monarchique. Vai- » nement rassemblerions-nous tous les » vénérables débris de la religion et de » la monarchie ; tant que le républica- » nisme et l'impiété trouveront un asile » dans les maisons que le gouvernement » du tyran protégea, tôt ou tard il fau- » dra que les autels de nos pères s'é- » croulent, que le sceptre des Bourbons » se brise, et que nous retombions sous » le joug affreux de l'athéisme et de ses » sectateurs.... Vous êtes, pour la plu- » part, Messieurs, pères de famille ainsi » que moi ; vous desirez tous, pour vos » enfants, une éducation chrétienne et » monarchique, qui fournisse à la reli- » gion de dignes ministres, au Roi, des » magistrats intègres, de braves et fidèles » serviteurs, à la France enfin de véri- » tables Français. » Il parut, quelque temps après cette séance, une brochure intitulée : *Observations sur les développements présentés à la chambre des députés par M. de Saint-Romain.* L'auteur de cette réfutation, membre de l'université, combattait l'opinion du député avec toutes les ressources d'une plume exercée, mais avec des arguments spécieux. M. de Saint-Romain vota constamment avec la majorité, et ne fut point réélu en 1816.   L. C.

SAINT-ROMAN (Le comte ALEXIS-JACQUES DE SERRE DE), d'une famille de magistrature, est né en 1770. Son père, conseiller au parlement de Paris, et son beau-père, le président Le Rebours, périrent sur l'échafaud révolutionnaire peu de jours avant le 9 thermidor. M. de Saint-Roman émigra en 1791, et servit à l'armée des princes et à l'armée de Condé. Rentré en France après son licenciement, il n'accepta aucune fonction sous le gouvernement impérial. A la restauration, il fut nommé maréchal-des-logis de la compagnie des mousquetaires gris, et pair de France le 17 août 1815. Le 18 janvier 1816, il fit, dans cette assemblée, une proposition relative à une déclaration de principes de M. de Lally-Tollendal, dans la séance du 15 janvier de la même année. M. de Lally ayant posé en principe la nécessité du concours des chambres aux mesures extra-constitutionnelles, qui suspendent, à l'égard des individus, le cours ordinaire de la justice, M. de Saint-Roman attaqua et cette doctrine et la publicité qui lui avait été donnée par son auteur dans un journal. La chambre ayant passé à l'ordre du jour sur cette proposition, M. de St.-Roman la fit imprimer. Dans le cours de la session de 1816, et lors de la discussion de la loi sur la liberté individuelle, il vota l'adoption de cette loi, dans la pensée qu'une simple réclamation suffirait pour dissiper les craintes éloignées que l'on pourrait concevoir. Dans la session de 1818, il prononça à la tribune une opinion très étendue sur le projet de loi relatif au recrutement, en combattit les motifs et les dispositions, et termina ainsi son discours : « Le projet de loi qui nous » est présenté est surchargé d'épisodes » semblables aux décrets de l'assemblée » constituante, aux lois de Buonaparte. » Je demande qu'on le retire, et qu'on » nous le rapporte, si on le juge conve- » nable, comme un moyen de conser- » vation, mais dégagé de ce qui nous » perdrait dans l'intérieur même de notre » France. Loin de rendre encore plus

» rapide la pente où nous sommes en-
» traînés, il faut que, laissant au mo-
» narque l'organisation de ses troupes
» et l'entière disposition de ses armées,
» sans partage et sans concours étran-
» ger, il détourne nos pensées de la
» route des discordes et de l'anarchie.
» Avant ces améliorations, il me paraît
» impossible que nous l'adoptions. » Dans
la discussion de la loi sur la banque, M.
de Saint-Roman dit qu'il s'étonnait de
voir adopter avec tant de facilité un projet qui changeait toutes les dispositions
de cet établissement, sans qu'on se fût
assuré si tel était en effet le vœu des ac-
tionnaires. «Aucune considération, dit-il,
ne peut dispenser la chambre de savoir,
avant de changer leur constitution, s'ils y
desirent des changements. » Dans tout le
cours de cette session, M. de Saint-Roman vota avec la minorité. Il a publié :
*Réfutation de Montesquieu sur la ba-
lance des pouvoirs*, et *Aperçus divers
sur plusieurs questions de droit public*,
in-8°., 1817.   C. C.

SAINT-SIMON (Claude-Anne, duc
de), né au château de la Faye, le 16 mars
1743, d'une ancienne et illustre famille,
entra comme cadet à l'école d'artillerie de
Strasbourg, et deux ans après, passa comme lieutenant au régiment d'Auvergne, fit
les campagnes suivantes avec ce corps, et
se distingua. En 1758, il fut nommé lieutenant chef de brigade des Gardes-du-
corps du roi de Pologne. Le 25 mars, il
reçut le brevet de colonel de cavalerie; le
3 janvier 1770, celui de brigadier, et le
12 septembre de la même année, il fut
nommé chevalier de St.-Louis. Le 4 août
1771, il devint colonel du régiment pro-
vincial de Poitiers, et de celui de Turenne
le 29 juin 1775. Désigné à la fin de 1779
pour faire partie des troupes envoyées à
la Martinique, le marquis de Saint-Simon s'embarqua à Brest avec le régiment
de Turenne. Pendant la traversée, le
vaisseau qu'il montait soutint trois combats contre l'amiral Rodney. Le 1er.
mars 1780, il passa au service de S. M.
Catholique en qualité de maréchal-de-
camp, et fut envoyé en Amérique avec
un corps de deux mille Espagnols, qu'il
commanda dans toutes les campagnes,
où il reçut plusieurs blessures. A son
retour, il fut créé à Brest commandeur de Saint-Louis. Le 23 mai 1783,
il fut nommé gouverneur de St.-Jean-
Pied-de-Port, et reçut, le 2 avril suivant,

du gouvernement américain, l'ordre de
Cincinnatus. En avril 1789, il fut nommé
par la noblesse de la province d'Angou-
mois, premier député aux états-généraux.
Dans la séance de cette assemblée du 4
décembre 1789, M. de Saint-Simon se
plaignit vivement de ce qu'un comité
d'Angoulême avait intercepté des lettres
qui lui étaient adressées. Le 8 février
1790, il prêta le serment civique à la
tribune, et ne se détermina à cette démarche qu'après que l'assemblée eut
expliqué que la nation avait toujours le
droit de changer la loi qu'elle s'était donnée. Après la session, il signa toutes les
protestations de la minorité contre les
innovations, et se rendit en Espagne. Le
16 mai 1793, S. M. catholique nomma
M. de Saint-Simon maréchal-de-camp
de ses armées. Il fut employé sous les ordres du général Caro, et, à l'affaire d'Irun,
il reçut une balle qui lui traversa le cou.
Le 29 septembre, il obtint le brevet
de colonel de la légion royale des Pyrénées, et onze jours après le grade
de lieutenant-général des armées d'Espagne. En défendant la position d'Ar-
gensu, il fut encore atteint d'une balle
qui lui traversa la poitrine. En 1795,
il fut nommé commandant en second
de l'armée de Navarre, et, le 20 avril
1796, colonel-commandant du régiment
d'infanterie de Bourbon qu'il eut ordre
de former. Au mois de mai suivant, le
roi d'Espagne l'éleva au grade de capitaine-général de la Vieille-Castille. En
mars 1801, il eut le commandement de la
division qui agissait contre le Portugal,
et, au mois d'avril même année, celui de
l'armée de Galice. Le 4 octobre 1802,
il reçut la grand'-croix de Charles III.
Le 15 septembre 1803, S. M. Catholique
confirma en sa personne la succession à
la grandesse d'Espagne. En 1808, lorsque les Français assiégèrent Madrid, M.
de Saint-Simon était dans cette place et il
la défendit. Fait prisonnier et condamné
à mort par une commission militaire, il
obtint un sursis et ensuite la commutation
de sa peine, et fut amené en France, à
la citadelle de Besançon, où il resta jusqu'en 1814, ne vivant que par les soins
les plus touchants de sa fille unique, qui
ne le quitta pas un instant. Après le rétablissement de Ferdinand VII, il revint en
Espagne, et S. M. Catholique lui donna
le titre de duc avec le grade de capitaine-
général équivalent à celui de maréchal de

France, et le nomma colonel de son régiment des Gardes-Vallones, places qu'il conserve encore. F.

SAINT-SIMON (C. Henri de), cousin du précédent, a fait comme lui la campagne d'Amérique, et y fut aussi décoré de l'ordre de Cincinnatus. Il fut pris, avec M. de Grasse, en 1782, et resta quelque temps prisonnier de guerre. En 1797, il s'est fait connaître par l'entreprise des diligences connues sous le nom de *l'Éclair*. En dernier lieu, il s'est livré à des spéculations de librairie, et a essayé de publier, par souscription, un ouvrage dont les principes ont été vivement censurés dans les feuilles publiques. Après cette censure, les personnes que l'auteur avait inscrites comme souscripteurs, sur une liste qui accompagnait son Prospectus, déclarèrent qu'elles n'avaient point souscrit, et son ouvrage en resta au second numéro. Un des traits les plus remarquables de cette publication, c'est que M. H. de Saint-Simon, par suite de son système d'égalité, ne prenait pas, sur le titre, la qualité de comte que lui donne sa naissance, et qu'il a portée long-temps. Il a publié : I. *Lettres de Saint-Simon*, 1808, plusieurs livraisons in-4º. II. *Introduction aux travaux scientifiques du* XIXe. *siècle*, 1808, 2 vol. in-4º. III. (Avec A. Thierry.) *De la réorganisation de la société européenne*, 1814, 2 éditions, in-8º. IV. (Avec le même.) *L'industrie, ou Discussions politiques, morales et philosophiques, dans l'intérêt de tous les hommes livrés à des travaux utiles et indépendants*, 1815, in-4º. V. *Le Défenseur des propriétaires des domaines nationaux*, 1815, in-8º. (Il n'en a paru que le prospectus.) VI. *Profession de foi des auteurs du Défenseur des propriétaires des domaines nationaux, au sujet de l'invasion du territoire français par N. Buonaparte*, 1815, in-8º. VII. (Avec Thierry.) *Opinion sur les mesures à prendre contre la coalition de 1815*, 1815, in-8º. — Un de ses frères, colonel au service d'Espagne, a fait les dernières guerres sous les ordres de son cousin et dans la légion de Bourbon. Il était à Paris en 1818, et il est retourné à Maïorque, où il a fait un riche mariage. D.

SAINT-SIMON (Henri-Jean-Victor, vicomte de), maréchal-de-camp, chevalier de Saint-Louis et du Mérite militaire de Bavière, officier de la Légion-d'honneur, est petit-neveu du capitaine-général au service d'Espagne. Né le 11 février 1782 au château des Doucets près Blanzac (Charente), il embrassa de bonne heure la carrière des armes. D'abord simple hussard, il fit sous les ordres de Moreau les campagnes de l'an VIII et de l'an XI à l'armée du Rhin. Ensuite fait officier de carabiniers attaché à l'état-major-général de l'armée des côtes, il devint aide-de-camp du maréchal Ney. En remplissant cette dernière fonction, il fut laissé pour mort sur le champ-de-bataille de Iéna, le brouillard extraordinaire de cette journée l'ayant fait donner au milieu d'un escadron prussien. Il commanda en Catalogne le 29e. de chasseurs, et fut souvent cité pour les affaires d'avant-garde dans les bulletins de cette époque, notamment à la bataille de Vich, où il fut grièvement blessé en exécutant une charge meurtrière qui sauva l'armée. Le gouvernement provisoire le chargea, lors de la déchéance de Buonaparte, de diverses missions importantes, entre autres celle d'instruire des événements les armées des maréchaux Soult et Suchet. Depuis officier des gardes-du-corps, il accompagna à Gand la voiture de S. M., et créé maréchal-de-camp, il fut, en cette qualité, chargé du commandement des troupes de débarquement destinées à faire une descente en Normandie sous le commandement du duc d'Aumont. A la tête de vingt-cinq officiers, il emporta une batterie de la côte dont le feu incommodait le bâtiment qui portait les troupes, et courut d'assez grands dangers en rentrant à Baïeux après une reconnaissance. Chargé par interim du commandement de la 14e. division militaire, ensuite appelé à celui du département du Loiret, il est aujourd'hui inspecteur de cavalerie. F.

SAINT-SULPICE (Le comte Raimond-Gaspard de Bonardi de), issu d'une famille noble originaire du Piémont, entra fort jeune dans la carrière des armes et s'éleva rapidement aux grades supérieurs. Nommé colonel des dragons de la garde impériale, il commanda dans plusieurs affaires un corps de cavalerie considérable. Dans les campagnes de 1805 et 1806, il se distingua en qualité de général de brigade dans différents combats, et notamment à la bataille d'Eylau, où il fut blessé. Le 14 février 1807, il fut nommé général de division, et en 1810 gouverneur du palais de Fontainebleau. Lorsque Buonaparte fit lever les régiments de Gardes-d'honneur, en 1813, le général Saint-Sulpice fut mis à la tête du 4e. régiment formé à Lyon. Le Roi lui donna, après la première restauration, la croix de St.-Louis et le titre de grand-officier de la Légion-d'honneur. On le compte encore parmi les lieutenants-généraux en activité. C. C.

SAINT-SURIN (N. DE), ancien professeur de belles-lettres à l'académie d'Orléans, est né dans cette ville vers 1760. Il est auteur de la Notice historique sur Mme. de Sévigné, sur sa famille et sur ses amis, placée en tête de l'édition de Blaise (1818) des Lettres de cette femme célèbre. On trouve dans cette notice, écrite du style le plus convenable au sujet, des éclaircissements historiques et littéraires très importants sur le siècle de Louis XIV. L'auteur a parfaitement justifié Mme. de Sévigné de plusieurs reproches faits à son goût, reproches inventés par la mauvaise foi et accrédités par l'ignorance. M. de Saint-Surin a fourni à la *Biograph. univ.* des articles remarquables par le style et les meilleurs principes en morale et en littérature, notamment ceux d'*Helvétius* et d'*Holbach*, de *Foncemagne*, de Mme. *de Grignan*, de *Laharpe*, etc. C. C.

SAINT-VALLIER (Le comte JEAN-DENIS RENÉ LA CROIX DE), né le 6 octobre 1756, devint membre du sénat le 1er. février 1805, et présida ce corps pendant l'année 1808 et le commencement de 1809. Pourvu quelque temps après de la sénatorerie de Gènes, il complimenta Buonaparte, au nom du sénat, à son retour d'Espagne. « A peine aviez-vous, dit-il dans » son discours, franchi les rives de la » Bidassoa que votre entrée dans les Es- » pagnes fut proclamée par la victoire... » Vous aviez aboli la servitude sur les » rives de la Vistule, vous avez aboli » l'inquisition sur les bords du Tage. » Que d'actions de grâces doivent être » rendues au nom de l'humanité à de » pareilles conquêtes ! » En 1810, le comte de Saint-Vallier devint membre du conseil d'administration du sénat. En 1814, il fut envoyé dans le département de l'Ain comme commissaire-extraordinaire pour y accélérer la levée en masse, et pour prendre des mesures de salut public. Il se rendit à Chambéri après l'évacuation de cette ville par les Autrichiens, et y fut reçu avec de grandes démonstrations de joie. Il adhéra toutefois à la déchéance de Buonaparte, devint pair de France en 1814, et fut nommé grand-officier de la Légion-d'honneur la même année. En 1815, le comte de Saint-Vallier a présidé le collége électoral de la Drôme. C. C.

SAINT-VICTOR (JEAN-BAPTISTE DE), littérateur distingué, est né à Nantes vers 1775. Il se montra toujours fort attaché aux principes de la monarchie, et concourut pendant plusieurs années au *Journal des Débats*. Ayant rempli une mission politique en Bretagne, vers la fin de 1813, il y fut arrêté, conduit à Paris, et détenu jusqu'à la chute de Buonaparte. On a de lui : I. *L'Espérance*, poëme, 1803, in-12, 4e. édit. II. *Le Voyage du poète*, 1806, in-12; 1807, 1817. III. *Odes d'Anacréon*, traduites en vers, 1811, in-8°.; 1813, in-12. C'est la meilleure traduction de ces odes qui ait paru jusqu'à présent, et c'est en faire un grand éloge; car peu de poètes ont été plus souvent traduits ou imités qu'Anacréon. IV. *Tableau historique et pittoresque de Paris, depuis les Gaulois jusqu'à nos jours*, 1808-1811, 3 vol. in-4°., fig. V. *Ode sur la révolution française et sur la chute du tyran*, 1814, in-8°., deux éditions. VI. *Ode sur la première et la seconde restauration*, 1815, in-8°. VII. *Réponse à la signification de Lévêque*, 1817, in-4°. (mémoire pour un procès). On lui attribue, 1°. deux opéras-comiques : *Uthal et Malvina*, et l'*Habit du chevalier de Grammont*; 2°. *Des Révolutionnaires et du ministère actuel*, 1815, in-8°. — Un autre auteur du nom de SAINT-VICTOR a donné plusieurs mélodrames, tels que *Hariadan Barberousse*, etc. D.

SAINT-VINCENS. *Voy.* FAURIS, III, 34.

SAINT-VINCENT (Lord comte et vicomte JOHN JERVIS DE), célèbre amiral, pair de la Grande-Bretagne, conseiller-privé, général des troupes de marine, grand-cordon de l'ordre du Bain, etc., est le second fils de sir Swinfen Jervis, membre du conseil de l'amirauté. John Jervis, né vers 1734, entra dans la marine dès l'âge de dix ans, et fit ses premières armes sous lord Hawke. Après la paix de 1748, il vint en France pour s'y perfectionner dans l'étude de la langue française. En 1760, il fut fait capitaine de vaisseau, et servit quelque temps dans les Indes occidentales. Dans le mémorable combat qui eut lieu les 27 et 28 juillet 1778, entre les escadres de France et d'Angleterre, sir John Jervis commandait le *Foudroyant*, et il partagea les périls de cette journée ; il rendit ensuite justice à l'amiral Keppel, lorsque celui-ci fut traduit devant un conseil de guerre, relativement à cette même affaire. En avril 1782, il s'empara du *Pégase*, qui escortait une flotte française, et cette action lui valut le collier de l'ordre du Bain. En 1787, il fut élevé au grade de contre-amiral. En 1790, il se rangea au parlement dans le parti de l'opposition ; mais dès que la guerre eut éclaté, il reprit du service, et, le 16 mars 1794, il s'empara de la Martinique et des autres colonies françaises. Les forts Bourbon et Royal de la Martinique ne se rendirent qu'après une résistance si opiniâtre de la part du général Rochambeau, que les Anglais avouèrent qu'il n'existait pas un pouce de terre qui n'eût été atteint par les balles. Sir John Jervis fut obligé de retourner en Angleterre pour rétablir sa santé, mais il se remit bientôt en mer et remplaça l'amiral Popham, dans le commandement de la flotte de la Méditerranée, composée de quinze vaisseaux de ligne et de quatre frégates ; il croisa dans cette mer, s'occupa d'y faire respecter le pavillon anglais par les petites puissances d'Italie que les Français menaçaient ; et remporta, le 14 février 1797, une victoire complète sur la flotte espagnole qui mit à la mer sous les ordres de l'amiral don Juan de Cordova, et qui était forte de vingt-sept vaisseaux de ligne. Quoique supérieure à celle des Anglais, cette flotte fut défaite et perdit quatre vaisseaux de ligne. La ville de Londres vota alors des remerciments à sir John Jervis, lui fit présent d'une épée de 200 guinées, et le roi lui accorda la dignité de baron et comte de la Grande-Bretagne, pour lui et pour ses descendants mâles, avec le titre de baron Jervis de Medford, lieu de sa naissance, et de comte lord Saint-Vincent, parce que le cap de ce nom avait été le théâtre de son triomphe. Il reçut aussi une médaille d'or et une pension annuelle de 3000 livres sterling. Lord Saint-Vincent bloqua ensuite le port de Cadix ; bombarda cette ville dans l'espoir de détruire la flotte ; mais ce bombardement n'ayant produit aucun effet, il se contenta de continuer le blocus ; et ce fut lui qui, en mai 1798, détacha Nelson avec une partie de ses forces, pour aller détruire à Aboukir la flotte qui avait conduit l'armée du général Buonaparte en Égypte. Il continua à commander, en 1799 et 1800, dans la Méditerranée ou dans l'Océan, des forces qu'il remit quelquefois par intervalle à d'autres amiraux, pour cause de santé. Lorsque l'insurrection éclata sur la flotte mouillée à la hauteur de Cadix, il parvint à la comprimer par sa fermeté. En un instant les chefs des séditieux furent saisis, jugés et exécutés. Le 17 février 1801, il fut nommé premier lord de l'amirauté. Au retour de Pitt au ministère, en 1805, lord St.-Vincent se retira ; mais il reprit du service en février 1806, et fut nommé commandant de la flotte du canal, en remplacement de lord Cornwallis. En juin 1805, les propriétaires du Hampshire lui avaient voté une adresse pour sa gestion, comme lord de l'amirauté. Malgré ce témoignage, il fut accusé, en mai 1806, de négligence et d'oubli dans l'exercice de ses fonctions de premier lord de l'amirauté ; l'accusation fut rejetée, et il en sortit comblé de témoignages d'approbation. En 1807, il parla contre le bill d'abolition de la traite des nègres et en vota le rejet. En 1810, il prononça un discours à la chambre des pairs pour s'opposer à l'adresse d'usage au roi d'Angleterre, faisant allusion à l'expédition contre le Danemark, qu'il qualifia d'acte coupable, blâma l'expédition de sir John Moore, et conclut en annonçant que l'Angleterre était dans une situation qui rendait la paix avec la France inévitable. Z.

SAISSEVAL (CLAUDE-LOUIS, marquis DE), né le 12 janvier 1754, d'une branche cadette de l'ancienne famille de Picquigny, à laquelle était échue la terre de Saisseval qu'elle possédait en 1023, fut nommé sous-lieutenant dans le régiment de cavalerie d'Orléans le 24 mars 1769, capitaine dans le régiment de Chartres en 1770, colonel en second du régiment de Normandie en 1780, chevalier de St.-Louis en 1787, et maréchal-de-camp en 1791. Il avait été élu par le bailliage de Monfort député suppléant de la noblesse aux états-généraux ; mais il n'eut pas occasion d'y siéger. Il fut nom-

mé successivement à Paris commandant de bataillon de la garde nationale, et représentant de la commune de 1789. Depuis que le Roi était dans la capitale, la garde nationale avait exclusivement l'honneur de le garder, et les gardes-du-corps en étaient éloignés ; Louis XVI fit connaître à M. de Saisseval qu'il désirait les voir reprendre leur service auprès de sa personne, mais qu'il lui serait agréable d'y être invité par la ville de Paris. M. de Saisseval réussit à faire adopter par la commune un arrêté conforme au désir du Roi. Ce prince reçut cet arrêté avec une grande satisfaction ; mais des conseils pusillanimes, s'ils n'étaient pas perfides, l'empêchèrent de le mettre à exécution sur-le-champ, et bientôt il ne fut plus en mesure de le faire. Cette circonstance n'est pas une de celles qui ont le moins contribué à ses malheurs. M. de Saisseval lié dès son enfance avec l'abbé de Périgord (aujourd'hui le prince de Talleyrand), ne partageait point les opinions de son ami, et il ne profita point de sa faveur; il n'occupa aucune place sous les gouvernements révolutionnaires, et fut seulement compris comme l'un des plus imposés sur la liste des électeurs du département de la Seine ; mais, à l'arrivée des alliés en 1814, il alla trouver M. de Talleyrand, alors président du gouvernement provisoire, et il obtint de lui la convocation du collége électoral, dont il fut nommé président. Le discours qu'il adressa aux électeurs dans la séance du 11 avril, fut le premier où l'on vit professer publiquement les principes de la légitimité. « La généra-
» tion actuelle, dit-il, est composée en
» grande partie de Français qui n'ont
» pas vu la famille des Bourbons : c'est
» à nous de les instruire de tous les bien-
» faits dont cette race auguste a comblé
» leurs ancêtres; c'est à nous de leur ap-
» prendre de l'événement dont ils sont
» témoins *n'est point une révolution ;*
» que c'est le rétablissement de l'ordre
» naturel des choses, la réintégration
» sur le trône de la dynastie qui règne
» sur la France depuis tant de siècles,
» et qui a fait constamment son bonheur
» et sa gloire. » M. de Saisseval, nommé dans cette même séance pour aller à la tête d'une députation présenter les hommages des électeurs à Monsieur, saisit cette occasion pour combattre l'acte par lequel le sénat avait prétendu déférer volontairement le trône au roi légitime, comme il aurait pu le faire à un autre prince, en déclarant qu'il *appelait Louis Stanislas Xavier*... « Lors-
» que les Français, dit-il à ce prince,
» désignent sous le nom de Louis XVIII,
» le monarque qu'ils *rappellent* aujour-
» d'hui sur le trône, où ses aïeux se sont
» assis depuis neuf cents ans, c'est qu'ils
» comptent le fils de Louis XVI au nom-
» bre de leurs rois ; c'est qu'ils consa-
» crent, sous le nom de Louis XVII,
» ce règne d'un moment écoulé dans la
» douleur et dans les fers ; ils indiquent
» ainsi que si l'exercice du pouvoir royal
» a pu être suspendu pendant quelques
» années, les titres successifs des héritiers
» de Henri IV restent toujours gravés
» dans leurs cœurs. » M. de Saisseval a composé plusieurs Mémoires sur les finances. Dans celui qui est intitulé : *De la négociation de 30 millions de rentes,* il a donné en huit pages un Traité de l'amortissement, très clair et très exact. Son petit ouvrage intitulé : *Du pouvoir royal avec la charte,* est remarquable par la sagesse des vues. On a encore de lui : *De la publication des emprunts du gouvernement,* 1818, in-8°.   F.

SAIZIEU (Le baron DE), capitaine de vaisseau, commandait en 1815 la division française dans les mers du Levant. Lorsqu'il apprit le retour de Buonaparte et le rappel de sa division, il se trouvait en rade dans l'île de Scio. Il fit alors arborer le pavillon tricolore sur tous ses bâtiments, et partit pour Smyrne, répandant la nouvelle de la révolution du 20 mars, qu'il fit parvenir aux consuls français des résidences du Levant. Après avoir rempli cette mission spontanée, M. de Saizieu revint à Toulon, ayant eu le bonheur d'échapper aux croisières anglaises. Ces faits sont tirés du rapport adressé au ministre de la marine, par M. de Saizieu lui-même, le 26 mai 1815. Cet officier n'est plus au nombre des capitaines de vaisseau en activité.   C. C.

SALABERRY (Charles-Marie D'Yrumberry comte DE), est né à Paris en 1766, d'une famille originaire de Navarre. Son père, président à la chambre des comptes, périt sur l'échafaud en 1794. Le comte de Salaberry sortit de France en 1790, à l'âge de vingt-trois ans, alla voyager en Allemagne, en Turquie, et revint par l'Italie. Il se rendit plus tard à l'armée de Condé, et en 1799 il joignit l'armée royale du Maine, où il commanda une compagnie de cavalerie dans la légion d'Arthur, armée de Bourmont. Il rentra dans ses foyers à la pacification du 2 février 1800, s'occupa d'agriculture et cultiva aussi les lettres dans le sein de sa famille. Il dut sa tranquillité à la loyauté de sa conduite politique, et peut-être aussi à la franchise de son caractère. Il mérita et obtint l'estime et l'intérêt du préfet de Loir-et-Cher (Corbigny), qui pendant dix années d'une administration éclairée a acquis des droits à la reconnaissance de ses administrés. Le comte de Salaberry resta en surveillance dans sa terre située près de Blois, jusqu'en 1814. Au retour du Roi et de sa famille, il partagea la joie et les espérances de tous les amis de la monarchie. Au mois de mars 1815, lors du débarquement de Buonaparte, il fut nommé colonel de la première légion des gardes nationales de l'arrondissement de Blois, et un des commandants des volontaires royaux que le département de Loir-et-Cher fournit, « à cette époque, où, comme a dit depuis le comte de Salaberry lui-même (Opinion sur l'amnistie, prononcée en 1815), ce n'étaient pas les bras qui manquaient aux ordres, mais les ordres qui manquaient aux bras. » Pendant les cent jours, il quitta sa famille et ses propriétés, et alla se réunir à l'armée royale du général d'Andigné. Le Roi l'a maintenu dans son grade de chef de bataillon, et lui a accordé la croix de St.-Louis. Nommé en 1815 député de Loir-et-Cher, le comte de Salaberry continua de professer les principes de fidélité à la cause du trône et de l'autel, qu'il a toujours mis en pratique. C'est d'après cette règle qu'il parla, le 28 octobre 1815, dans la discussion sur les cris séditieux : « Les méchants, dit-il, ne crai» gnent que les lois sévères. Indignes du » nom de Français, ennemis nés du bon » ordre, nous les verrions toujours prêts » à se rallier au principe le plus anti» social, l'horreur de la monarchie légi» time. Indifférents sur le nom de leur » chef, ils ne tiendraient point à la cou» leur de la cocarde, de la bannière, » pourvu que ce chef fût aussi coupable » qu'eux, pourvu qu'il n'eût pas de re» proches à leur faire, pourvu qu'ils » n'eussent pas à rougir devant lui. A ces » conditions, le premier factieux pour» rait compter sur de pareils complices, » et lever l'étendard de la révolte, sous » la pourpre d'un prince du hasard, ou » sous les haillons de Mazaniello. La voilà » l'armée invisible qu'il s'agit de sou» mettre ou de frapper d'un salutaire » effroi. Voilà la plus coupable de tou» tes, celle qui ne doit rien à l'égare» ment et tout à la perversité. Elle avait » des chefs, des enfants perdus, des fé» dérés, des missionnaires, des fonc» tionnaires, des juges, et jusqu'à des » geôliers. Je demande que vous pro» nonciez la peine de mort si l'attentat est » commis par vingt hommes armés ou » non armés. » Il parla aussi dans le mois de novembre de la même année, contre l'inamovibilité à conférer sans examen aux juges. C'est d'après ce système qu'il lut le 18 mars 1816, en comité secret, sa proposition sur les épurations à faire dans plus d'un ministère et dans les grandes administrations. A son retour dans sa province, après la session, les témoignages de satisfaction que lui donnèrent les conseils d'arrondissement et le conseil-général du département, lui prouvèrent qu'il avait rempli les devoirs d'un bon et loyal député. Lorsque l'ordonnance du 5 septembre 1816 commanda de nouvelles élections, on vit deux conseils d'arrondissement sur les trois du département de Loir-et-Cher, le nommer candidat ; et le collège électoral consacrant ces suffrages, le réélut au mois d'octobre suivant. Dans cette session, ses opinions sur la liberté individuelle, contre l'arbitraire exercé sur les journaux, contre la vente des biens ecclésiastiques, l'ont fait voir marchant toujours dans la même route. Le 15 janvier 1818, il prononça une opinion sur la loi de recrutement. S'attachant à combattre l'esprit de cette loi, il chercha à en démontrer les dangers, et s'éleva avec force contre un mode qui, par sa ressemblance avec la conscription, devait alarmer les amis du trône. On a de lui : I. *Voyage à Constantinople par l'Allemagne, la Hongrie, les îles de l'Archipel*, sans nom d'auteur, chez Maradan. in-8°., 1799. II. *Mon voyage au Mont-d'Or*, in-8°., 1802. III. *Corisandre de B. auvilliers*, roman historique, 2 vol., 1806. IV. *Lord Wiseby*, ou *le Célibataire*, 2 vol. in-12, 1803. V. *Histoire de l'empire ottoman*, 4 vol. in-8°., 1812. Ces différents ouvrages ont été mentionnés avec éloge dans les journaux. Le comte de Salaberry a donné à la *Biographie univers.* beaucoup d'articles sur des personnages turcs, et quelques-uns sur des personnages de l'Histoire de France. Il avait inséré plusieurs contes orientaux et d'autres morceaux de littérature, signés S... Y, dans les *Archives littéraires* rédigées par M. Vanderbourg. D.

SALAMON (SIFREIN), évêque d'Orthosia *in partibus infidelium*, est un gentilhomme de Carpentras, qui vint très jeune à Paris, et y acheta une charge de conseiller-clerc au parlement En 1791, il fut le correspondant du cabinet de Sa Sainteté à Paris, jusqu'au mois de juillet 1792. A cette époque, il fut arrêté, conduit à l'Abbaye, et dut à son éloquence et à son sang-froid le bonheur d'échapper aux massacres de septembre. Il continua ses correspondances quand il fut sorti de prison. Un nouveau décret d'accusation l'ayant obligé de fuir, il vécut longtemps dans les environs de Paris, se cachant dans les hautes futaies du bois de Boulogne, où il couchait sur un lit de feuilles. Traduit en justice sous le directoire, et menacé de la déportation, il eut le bonheur d'être acquitté. En 1806, Sa Sainteté le nomma évêque d'Orthosia en Carie, pour le récompenser de ses services. En 1814, il fut désigné par le Roi auditeur de rote, à Rome; mais il ne fut pas accepté par Sa Sainteté, qui soutenait que Mgr. Isoard, nommé précédemment par Buonaparte, ne pouvait pas être destitué. Il est revenu à Paris en 1817, après trois ans de séjour à Rome, et a été nommé évêque de Belley en remplacement de M. le comte de Cordon. On a publié, dans l'interrègne de 1815, des lettres de Rome attribuées à l'évêque d'Orthosia, et qui sont adressées à M. de Talleyrand-Périgord, grand-aumônier. Elles sont curieuses par les détails qu'elles contiennent sur la disposition des esprits à Rome, lors des premières nouvelles du débarquement de Buonaparte. Ce prélat est un homme d'un caractère vif et ardent. On lui reproche de n'avoir pas toujours été en bonne intelligence avec Mgr. Courtois de Pressigny, évêque de Saint-Malo, qui le traitait avec une extrême bienveillance. Il a officié dans l'église de St.-Denis le 16 octobre 1818, pour l'anniversaire de la mort de Marie-Antoinette. A.

SALAVILLE (JEAN-BAPTISTE), journaliste à Paris, est né le 20 août 1755, à Saint-Léger. Il fit paraître, en mai 1789, un article contre la différence du costume des députés aux états-généraux, et prétendit que ce n'était qu'un moyen de plus pour ajouter à la distinction des ordres, déjà si contraire aux principes de la régénération politique. M. Salaville a coopéré à la rédaction de plusieurs journaux, dans le sens de la révolution, mais sans exagération, notamment à celui de Perlet. Ses ouvrages sont : I. *L'Homme et la Société*, ou *nouvelle Théorie de la nature humaine et de l'état social*, 1799, in-8°. II. *De la Révolution française comparée à celle d'Angleterre*, ou *Lettre au représentant du peuple Boulay de la Meurthe, sur la différence de ces deux révolutions*, 1799, in-8°. III. *De la Perfectibilité*, 1801, in-8°. IV. *De l'Homme et des animaux*, ou Essai sur cette question, proposée par l'Institut : *Jusqu'à quel point les traitements barbares exercés sur les animaux intéressent-ils la morale publique; et conviendrait-il de faire des lois à cet égard?* 1804, in-8°. M. Barbier lui attribue: 1°. *Théorie de la royauté, d'après la doctrine de Milton*, traduite de l'anglais, 1789, in-8°. 2°. *Lettres du comte de Mirabeau à ses commettants*, 1791, in-8°. A.

SALDANHA OLIVEIRA DAUN (Le comte JOSEPH-SÉBASTIEN DE), seigneur de Pancas, commandeur de l'ordre du Christ, membre du conseil du prince-régent de Portugal et du tribunal des colonies, donataire de Ribeira, dans la province de Beira, et capitaine de cavalerie, est né en Portugal dans la ville d'Arinhaga, d'une famille distinguée. Son père, le feu comte de Riomayor, était conseiller-d'état et chambellan du prince-régent de Portugal. Après avoir achevé ses études au collége des Nobles, à Lisbonne, M. de Saldanha alla étudier le droit et les sciences naturelles à l'université de Coïmbre, se fit recevoir docteur en droit, et fut nommé aussitôt après membre du conseil du département des colonies. Lorsque le duc de Sussex, sixième fils du roi d'Angleterre, vint à Lisbonne en 1802, le prince-régent de Portugal, voulant donner au prince son cousin des marques publiques d'estime et d'amitié, ordonna qu'il serait constamment accompagné d'un membre de la noblesse portugaise, qui lui tiendrait lieu d'aide-de-camp. Ce choix tomba sur M. de Saldanha. Celui-ci reçut aussi à cette époque le brevet de capitaine de cavalerie, et resta attaché à S. A. R. en la même qualité, pendant le temps de son séjour en Portugal. A l'époque du départ pour le Brésil en novembre 1807, M. de Saldanha n'ayant pas été nommé pour accompagner la cour, qui fut suivie seulement des conseillers-d'état et de quelques seigneurs, chambellans de la famille royale, resta en Portugal. Junot, qui avait adopté le système d'éloigner de Lisbonne toutes les personnes qui, par leur rang ou leur crédit, pouvaient contrarier ses projets, résolut d'envoyer en France M. de Saldanha. Une légion de dix mille Portugais, composée de l'élite de l'armée portugaise, était déjà partie, ainsi qu'une députation de plusieurs seigneurs de la première noblesse. En conséquence, M. de Saldanha reçut au mois de mai 1808, l'ordre de se rendre au quartier-général, où Junot lui enjoignit de se mettre en route pour Baïonne, dans vingt-quatre heures, avec des dépêches pour Napoléon. M. de Saldanha ne pouvait se soustraire à un ordre aussi positif; il se dirigea vers la France; mais la révolution qui éclata en Espagne l'empêcha d'achever son voyage, et il revint à Lisbonne, sans avoir dépassé les frontières de Portugal. Il se retira pour lors à Cintra. Après la retraite de l'armée française, il demanda à prendre du service, ce qui lui fut refusé; et deux ans plus tard il fut arrêté et conduit en Angleterre, à bord d'une frégate anglaise. Le gouvernement de Lisbonne déclara officiellement, dans le mois d'octobre suivant, que l'arrestation de M. de Saldanha n'était qu'une mesure de précaution; mais le public reconnut aisément qu'elle avait pour motif le procès de la plus haute importance qu'il soutenait depuis neuf ans, en défense des droits de sa femme et de ses enfants, et qui a été enfin jugé à son avantage. M. de Saldanha, appelé depuis plusieurs années à des fonctions diplomatiques, réside actuellement près la cour de Saint-Pétersbourg, en qualité de ministre plénipotentiaire du Brésil. S. S.

SALES (DE), né en 1768, à Narbonne, fut reçu avocat au parlement de Bordeaux, et exerça cette profession dans le Midi pendant les premières années de la révolution. Ayant fait imprimer, en 1796, sa profession de foi politique dans deux ouvrages, dont l'un intitulé: *Aperçu raisonné des causes et des effets de la révolution*; et l'autre: *Adresse aux assemblées électorales de France*, les désagréments que cette publication lui attira, le déterminèrent à quitter sa province. Il vint à Paris, où il continua à exercer la profession d'avocat jusqu'en 1811, époque à laquelle il fut nommé juge-suppléant au tribunal de première instance. Il a rempli ces fonctions jusqu'au mois d'août 1815. Ses autres ouvrages sont: I. un Discours qui a concouru, en 1808, à l'académie des Jeux floraux de Toulouse, sur cette question: *Quels ont été les effets de la décadence des mœurs sur la littérature française?* Le prix ne fut point adjugé; le discours de M. de Sales a été imprimé à Paris, in-8°. II. *Faut-il une nouvelle constitution?* 1814, in-8°. Cette brochure n'étant signée que des lettres initiales du nom de l'auteur, fut attribuée, dans le temps, à M. Desèze. III. *Nouvelles idées sur la liberté de la presse*, 1814, in-8°. IV. *Mon Odyssée, ou Lettres à Julie*, ouvrage mêlé de vers et de prose. — SALES (Le comte DE), chevalier des Saints-Maurice et Lazare, major dans l'état-général de l'armée du roi de Sardaigne, fut nommé, en 1816, ambassadeur auprès de S. M. le roi des Pays-Bas. S. S.

SALFI (FRANÇOIS), naquit le 1er. janvier 1759 à Cosence, dans la Calabre citérieure. Après ses premières études, il suivit son goût en se livrant tout entier à la philosophie et aux belles-lettres. Il fut son unique maître, et même il forma des élèves dont plusieurs lui sont restés toujours attachés. En 1783, les Calabres furent dévastées par des tremblements de terre. Les effets moraux qui en furent la suite fixèrent l'attention du jeune Salfi. Il fit de ses observations sur ce sujet un ouvrage intitulé: *Essai de phénomènes anthropologiques, relatifs aux tremblements de terre arrivés dans les Calabres en 1783*, où il s'efforça de faire connaître tous les effets que ces événements avaient produits sur ses concitoyens. C'était l'histoire de l'homme, considéré sous l'influence extraordinaire de ces phénomènes, comme Boulanger l'avait considéré sous celle des déluges, des volcans, etc. La hardiesse des opinions qu'il manifesta dans cet ouvrage excita beaucoup de réclamations. Le gouvernement s'en mêla; mais tout s'appaisa bientôt à la satisfaction de l'auteur. Ce livre mit M. Salfi en relation avec quelques savants de Naples, et il vint se fixer dans cette ville, où il publia, en 1788, un Mémoire économique pour rectifier l'administration de l'hôpital de Cosence, sa patrie. La dispute qui existait depuis quelques années entre la cour de Naples et celle de Rome (*voy.* FERDINAND IV), devint plus vive à cette époque, par la part qu'y prirent quelques écrivains; mais les uns traitèrent la question en canonistes, les autres en jurisconsultes; le jeune auteur voulut la traiter en publiciste et en philosophe, dans une *Allocution*, adressée au pape sous le nom d'un de ses cardinaux. L'impression que produisit cet opuscule sur le ministère, sur la cour et sur le public, en fit chercher et découvrir l'auteur, qui avait prudemment gardé l'anonymie. Alors il mit au jour ses *Réflexions sur la cour de Rome*, publiées à Naples sous la rubrique de Londres; et ses *Vœux d'un citoyen*, *adressés à son Roi*, imprimés à Florence. Il fournit encore à la même époque quelques Discours apologétiques à l'édition qu'on fit à Naples, des *Principes de législation universelle*, par Schmidt d'Avenstein, et il eut part dans le *Dictionnaire biographique*, qu'on publiait dans la même ville, à ce qui regarde la philosophie et l'histoire ecclésiastique. Ces premiers Essais de M. Salfi fixèrent bientôt les regards de son gouvernement, qui lui conféra une commanderie. Au milieu de ses études, il avait conçu une passion très prononcée pour le théâtre. Les prétentions de la cour de Rome l'avaient engagé à en dévoiler les funestes conséquences dans l'infortune de Conradin. Il publia une tragédie sur la catastrophe de ce jeune prince; mais il s'aperçut bientôt que cette pièce, dictée par les circonstances, était loin d'être parfaite. Sa seconde tragédie, qui parut sous le titre du *Spectre de Tecmesse*, fut mieux accueillie. Il publia successivement, *Médée;* — *les Précieuses Ridicules du temps*, d'après Molière; — *Idoménée*, scène lyrique; — *Saül*, opéra, etc., qui le placèrent parmi les bons poètes dramatiques de l'Italie; mais les troubles politiques vinrent changer sa position. Soupçonné par un gouvernement ombrageux, il crut devoir se retirer à Gènes; et lorsque l'armée française pénétra en Italie, il se rendit à Milan pour se livrer à ses études littéraires. Là, il prit part à la rédaction de quelques journaux; et bientôt le gouvernement de Brescia le nomma secrétaire du comité de législation. Il fut ensuite nommé secrétaire d'instruction publique par le gouvernement Cisalpin, et enfin membre et secrétaire-général du gouvernement de Naples, en 1799. M. Salfi revint à Milan à la rentrée des Français en Italie, en 1800. Dès-lors il voulut jouir de toute la tranquillité que donnent la philosophie et la littérature, et refusa toutes les charges administratives qui lui furent offertes. On le nomma cependant, en 1801, inspecteur des grands théâtres à Milan, et professeur d'idéologie et d'histoire à l'université de Brera. En 1807, on lui confia la chaire de diplomatie; et, en 1809, celle du droit public. C'est à cette époque qu'il publia quelques opuscules, parmi lesquels on distingue l'*Éloge d'Antoine Serra*, ses *Leçons sur la philosophie de l'histoire*, et un *Discours sur la maçonnerie*, envisagée, d'après Lessing, sous le rapport de la perfectibilité humaine. C'est une satire de la maçonnerie moderne. Il donna aussi la tragédie de *Pausanias*, qui fait allusion aux circonstances de l'Europe en 1800; la traduction en vers italiens du *Fénelon*, de Chénier; et celle des *Templiers*, de M. Raynouard; enfin un petit poème, en trois chants, intitulé *Irano*. La dissolution du royaume d'Italie en 1814 obligea le professeur Salfi à rentrer dans sa patrie, où le gouvernement l'avait déjà rappelé. Il y reçut une pension et un emploi dans l'université; mais craignant de nouveaux orages, il revint en France; et s'étant fixé à Paris, il y cultive les lettres. Il a fait imprimer, en 1817, un *Discorso su la Storia dei Greci*, qui doit être suivi de trois autres Discours sur les Romains et les Italiens, etc. On a annoncé qu'il venait d'achever un *Traité de déclamation* pour les Italiens, qu'il a refait sa tragédie de *Conradin*, et qu'il se propose de consacrer le reste de sa vie à corriger les ouvrages de sa jeunesse, tels que *Téramène;* — *le Siège de Platée;* — *Jeanne première, Reine de Naples.* V.

continue en même temps l'*Histoire de la littérature italienne*, de Ginguené, qui fut un de ses amis. M. Salfi a fourni quelques articles à la *Biographie universelle*, et il a donné des soins à la *Correspondance de Galiani*, Paris, 1818, 2 vol. in-8°., chez Treuttel et Wurtz. F.

SALGUES (Jacques-Barthelemi), ancien professeur d'éloquence au collége de Sens, était procureur de la commune de ce nom à l'époque du procès de Louis XVI. Il fit supprimer, en cette qualité, une adresse à la Convention, qui avait pour objet la mort de ce prince. Cette conduite courageuse de M. Salgues, et ses opinions depuis long-temps prononcées pour la royauté, le firent dénoncer en 1793 à Fouquier-Tainville, par les représentants du peuple en mission dans son département. Il échappa cependant, à travers de nombreux dangers, au régime de la terreur. En 1797, il publia un *Journal des Spectales* qui n'eut pas le succès qu'il espérait; et il fut obligé d'y renoncer. M. Salgues vécut sans emploi public sous le gouvernement impérial. A l'époque où Buonaparte revint de l'île d'Elbe, il publia contre lui, dans le *Journal de Paris*, les articles les plus énergiques qu'il signa, et il les reproduisit dans des affiches qui furent placardées dans tous les quartiers de Paris. Il a depuis établi, particulièrement pour les jeunes étrangers, une maison d'éducation. On a de lui : I. Le *Paradis perdu*, traduction nouvelle, 1806, in-8°. II. *Des erreurs et des préjugés répandus dans la société*, 1810-1813, 3 vol. in-8°.; seconde édition, 1815, 3 vol. in-8°. III. *De Paris, des mœurs, de la littérature et de la philosophie*, 1813, in-8°. IV. *Mémoires pour servir à l'Histoire de France pendant le gouvernement de N. Buonaparte et pendant l'absence de la maison de Bourbon*, 1814 et années suiv. Cet ouvrage en est à la 17e. livraison et au troisième volume. M. Salgues a travaillé à un grand nombre de journaux, notamment au *Courrier de l'Europe* (vers 1808), où l'on trouve de lui des articles très piquants, et il a été en outre l'éditeur d'une *Théorie de l'ambition*, faussement attribuée à Hérault de Séchelles (*Voy*. la *Biograph. univ.*, tom. XX, pag. 227, note 2), et des *Mélanges inédits de littérature de Laharpe*, qui ont paru en 1810, in-8°. On lit dans le N°. du 27 juillet 1815 du *Journal de Paris*, une réponse de M. Salgues à un article de l'*Indépendant*, qui l'avait traité de dénonciateur, pour avoir dit que M. de Plancy, préfet de Seine-et-Marne, s'était montré, pendant les cent jours, un des préfets les plus dévoués à Buonaparte. Dans cette réponse, M. Salgues, loin de rétracter sa première assertion, traça le tableau suivant de ce qui s'était passé dans le département de Seine-et-Marne sous l'influence de ce préfet, « qui, avant
» le 18 juillet, dit-il, n'avait encore
» publié aucune proclamation du Roi;
» tellement que, dans la commune que
» j'habitais, le maire, homme d'un ca-
» ractère ferme, d'un esprit sage et
» éclairé, fut forcé de copier la pre-
» mière proclamation du Roi dans les
» papiers publics pour la faire connaître
» à ses administrés. Je répète que c'est
» à M. de la Rochette, sous-préfet à
» Provins, qu'on est redevable d'avoir
» vu le drapeau blanc remplacer dans
» son arrondissement le drapeau trico-
» lore. Je dis que, sans la prudence des
» magistrats placés, par leurs fonctions,
» au-dessous de M. le préfet, les trou-
» pes alliées auraient trouvé partout
» les couleurs tricolores, et que nulle
» part les bons citoyens n'ont eu la
» faculté d'exprimer leur vœu. » M. Salgues réfuta ensuite dans le même article quelques reproches particuliers que l'*Indépendant* lui avait adressés. — Salgues (Ad. V.), neveu du précédent, docteur-médecin, a publié l'*Ami des mères de famille, ou Traité d'éducation physique et morale des enfants*, 1813, in-8°. — Salgues (J. A.) a publié : *Hygiène des vieillards*, 1817, in-12. S. S.

SALISBURY (Richard-Antoine), naturaliste anglais, de la société royale, a été long-temps pépiniériste à *Little-Chelsea*. Il a fait des découvertes importantes, particulièrement en ce qui concerne le *Cypripedium*, le *Pancratium* et l'*Oxalis*, dont il a inséré des descriptions fort intéressantes dans les Mémoires de la société Linnéenne. Il a publié : I. *Icones stirpium rariorum descriptionibus illustratæ*, 1791, in-fol. atlant. II. *Prodromus stirpium in horto Chapel Alberton vigentium*, 1796, in-8°. III. *C. P. Thunberg Dissertatio de erica, curante R. A. Salisbury*, 1800, in-4°. IV. *Paradisus Londinensis*, in-4°. — Salisbury (William), frère du précédent, est auteur de : I. *Hortus Paddingtonensis*, ou Catalogue des plantes cultivées dans le jardin de la terre de Paddington, appartenant à J. Symmons, 1797, in-8°. II. *Hortus siccus gramineus*, ou Collection de diverses espèces de gazons anglais, 1812.   Z.

SALLÉ-DE-CHOUX (Le baron Etienne-François) était, à l'époque de la révolution, avocat du roi à Bourges. En 1789, il fut député du tiers-état du Berri aux états-généraux, où il proposa, le 26 janvier 1790, de priver les religieux du droit de cité. Cette proposition fut combattue comme trop sévère par M. Regnaud de Saint-Jean-d'Angely (*Voy*. REGNAUD). Peu de jours après, il fit une sortie contre les brigands qui incendiaient les châteaux; mais, craignant qu'on ne prit le prétexte de leur punition pour attenter à la liberté des citoyens paisibles, il demanda que toutes les procédures de ce genre fussent soumises à l'assemblée avant l'exécution des jugements. Le 11 décembre, il présenta un rapport sur les troubles survenus à Hesdin, proposa d'improuver la conduite des officiers municipaux et du ministre de la guerre Latour-Dupin, et d'incorporer dans la maréchaussée les cavaliers de Royal-Champagne, licenciés dans cette circonstance. Dès-lors il ne parut plus à la tribune, et rentra, après la session, dans la vie privée. Les opinions de ce député donnèrent lieu à des critiques très plaisantes, que les auteurs des *Actes des Apôtres* insérèrent dans leur recueil. En 1800, il fut nommé président du tribunal d'appel du Cher, et devint, en 1811, premier président de la cour impériale de Bourges. Il présida en 1812 la députation qui fut envoyée par le collège électoral du Cher à Napoléon, pour le complimenter; adhéra en 1814 à sa déchéance, et continua d'exercer les fonctions de premier président de la cour royale. Il a présidé, en juillet 1815, le collège électoral de Bourges. — Son fils, juge-auditeur en la cour d'appel du Cher avant la recomposition des tribunaux, fut nommé, le 14 avril 1811, conseiller à la cour impériale de Bourges. Il remplit les mêmes fonctions à la cour royale de cette ville depuis 1814. — SALLÉ de Brest, docteur en médecine, professeur, membre de l'académie de médecine, a publié : *Cours élémentaire d'histoire naturelle des médicaments, pour servir d'introduction au Cours de pharmacie appliqué à la médecine*.   D.

SALLENGROS (A.-B.-F.), homme de loi et officier municipal à Maubeuge, fut député du Nord à l'assemblée législative, et ensuite à la Convention nationale, où il vota la mort de Louis XVI de la manière suivante : « Je ne puis » capituler ni avec mes devoirs, ni » avec la loi : je suis convaincu de » toutes les trahisons de Louis ; je ne » puis me dispenser de prononcer la » mort. » Il rejeta l'appel au peuple et le sursis. Pendant la législature, il avait été en mission avec Duhem et Gossuin dans les départements du Nord ; et, durant la Convention, il travailla beaucoup dans les comités des travaux et des secours publics, au nom desquels il présenta différents rapports. Le 30 novembre 1794, il fit accorder des secours aux filles de Lauze-Deperet, député girondin, qui avait péri sur l'échafaud. Il proposa, les 16 octobre 1794 et 27 janvier 1795, de réunir la Sambre à l'Oise, et de faire exécuter le décret ordonnant l'ouverture d'un canal à cet effet. Il fut élu secrétaire le 4 juillet suivant, et parut à la tribune deux jours après, pour y discuter l'acte constitutionnel, en ce qui concernait la division du territoire. M. Sallengros rentra dans l'obscurité après la session. Il était héraut-d'armes de Napoléon à l'époque de sa chute en 1814.   B. M.

SALLENTIN (LOUIS), né à Pont-Sainte-Maxence le 17 janvier 1746, exerçait les fonctions du saint ministère dans une paroisse du Beauvaisis à l'époque de la révolution, et fut obligé de les cesser comme la plupart de ses confrères ; il coopéra ensuite à la rédaction de la *Gazette de France*, comme signataire responsable. Il a publié l'*Improvisateur français*, 1804-6, 21 vol. in-12, actuellement oublié, mais où l'on peut glaner quelques faits, glanés eux-mêmes dans une multitude d'ouvrages ; car il est juste de dire que cet *Improvisateur* n'improvise point, mais donne à la suite d'un mot quelconque une anecdote ou une réflexion dont ce mot est l'objet, et qu'il copie ou que sa mémoire lui fournit.   OT.

SALLIER-CHAMONT (GUI-MARIE), ancien conseiller au parlement de Paris, né à la Roche en Breny, dans la province de Bourgogne, petit-neveu de l'abbé Sallier, garde de la Bibliothèque du Roi, a publié les *Annales françaises, depuis le commencement du règne de Louis XVI jusqu'aux états-généraux*, 1 vol. in-8°., deux éditions, 1813. Cet ouvrage est bien écrit et renferme, sur les causes immédiates de la révolution et les faits qui l'ont précédée, des détails curieux. M. Sallier, très jeune à cette époque, était, d'après ce qu'il apprend lui-même, particulièrement lié avec d'Eprémenil; et il justifie, de tous ses moyens, la conduite de ce magistrat pendant les débats du parlement avec la cour ; à cet égard, M. Sallier n'est pas d'accord avec d'Eprémenil lui-même (*Voy.* EPREMENIL dans la *Biographie univers.*) M. Barbier lui attribue : *Essais historiques pour servir d'introduction à l'Histoire de la révolution française, par un ancien magistrat*, 1802, in-8°. M. Sallier est aujourd'hui maître des requêtes, section de législation. S. S.

SALM (Mme. la princesse CONSTANCE THÉIS DE), née à Nantes le 7 novembre 1768, d'une famille noble, originaire de Picardie, épousa, en 1789, M. Pipelet, chirurgien, et vint à Paris, où elle commença à se faire connaître par différentes poésies qui annonçaient déjà ce que devait être son talent. En 1794, elle donna, au théâtre de la rue de Louvois, *Sapho*, tragédie lyrique, dont Martini avait composé la musique. Cette pièce obtint le plus brillant succès. Mme. Pipelet fit paraître peu après une *Epître* adressée aux femmes, qui est regardée comme un de ses meilleurs ouvrages. Elle en publia successivement plusieurs autres du même genre, ainsi qu'un grand nombre de pièces fugitives insérées dans tous les Recueils du temps. En 1799, elle donna au Théâtre-Français un drame en cinq actes et en vers, tiré du roman de *Camille*, que le sujet, trop délicat pour la scène, fit recevoir avec défaveur, et qu'elle retira après la première représentation Cette dame, après avoir éprouvé divers malheurs de famille, épousa, en 1802, le comte de Salm-Dyck, dont les possessions, situées sur la rive gauche du Rhin, avaient été réunies à la France, et qui a pris le titre de prince en 1816. Elle a fait paraître, sous son nouveau nom, plusieurs ouvrages, parmi lesquels on distingue ses *Epîtres sur la campagne, sur la Philosophie, sur l'Indépendance des gens de lettres, sur un vieil Auteur*, etc.
La force des pensées et l'esprit philosophique règnent éminemment dans ces productions. La querelle littéraire que Mme. Pipelet eut avec le poète Lebrun, peu de temps avant la mort de celui-ci, fit beaucoup de bruit dans le temps, et elle fournit une occasion de remarquer la brusquerie peu galante du Pindare français, à côté de la modération de son adversaire. En 1811, Mme Constance de Salm a fait imprimer un Choix de ses poésies en 1 vol. in-8°.; 2e. édition, 1817. On a encore de cette dame, outre plusieurs Discours académiques et les *Eloges de Sedaine, de Lalande*, etc.: I. *Rapport sur les fleurs artificielles de Mme. Roux-Montagnac*, 1799, in-12. II. *Rapport sur l'ouvrage de M. Theremin, intitulé : De la condition des femmes*, 1800, in-8°. (*Voy.* ci-après, THEREMIN). III. *Eloge historique de Gaviniès* (Voy. la *Biographie univers.*, au mot GAVINIÈS). IV. *Scène héroïque sur le mariage de Sa Majesté l'empereur Napoléon*, 1810, in-4°. V. *Discours sur le bonheur que procure l'étude dans toutes les situations de la vie*, 1817, in-8°. La princesse Constance de Salm a fait lire ces ouvrages au Lycée des arts, dont elle est membre. Elle l'est aussi des académies de Marseille, de l'Ain, de Vaucluse, de Livourne, etc. Elle réside actuellement dans les terres de son mari à Dyck près de Neuss. Ce prince s'occupe d'un ouvrage sur les plantes grasses qu'il cultive dans ses jardins, et qu'il peint lui-même Il vient d'en publier un Essai intitulé : *Catalogue raisonné des espèces et variétés décrites par MM. Wildenow, Haworth, Decandolle et Jacquin, et de celles non décrites, existantes dans les jardins de l'Allemagne, de la France et du royaume des Pays-Bas*, Dyck, 1817, in-8°., et il prépare une monographie complète de cette famille. E.

SALT (HENRI), de la société royale de Londres, consul-général d'Angleterre en Egypte, et correspondant de l'Institut de France, est né à Lichfield, et fut élevé dans cette ville. Son amour pour les voyages et son habileté dans l'art du dessin, lui procurèrent l'amitié de lord Valentia, dont son oncle, le docteur Bult, avait été précepteur. Il accompagna ce seigneur dans le Levant, en Egypte, en Abyssinie et dans les Indes Orientales. Les voyages de lord Valentia, qui furent publiés, durent une partie de leur succès aux dessins de M. Salt et aux éclaircissements dont il les accompagna. C'est aussi à lui en particulier qu'est due toute la portion de ces voyages relative à l'Abyssinie, la fameuse découverte de l'inscription d'Axum, ainsi que la vérification des monuments de cette antique capitale de l'Ethiopie. M. Salt ne s'était pas borné, dans cette mission, aux intérêts des sciences et des arts; il avait dès-lors aperçu les avantages qu'il y aurait pour l'Angleterre à ouvrir des relations commerciales avec la côte d'Abyssinie. Il avait laissé un de ses compagnons de voyage, M. Pearce, à Massouah, pour y acquérir la connaissance de la langue du pays, jusqu'à ce qu'il pût venir le rejoindre sous des auspices favorables. M. Salt ayant réussi à convaincre le gouvernement et le commerce britannique de l'importance de ses projets et de la facilité de leur exécution, se mit en route au mois de mars 1809, avec une cargaison considérable et une mission auprès du souverain de l'Abyssinie. Dans ce voyage, il découvrit un nouveau port à Amphyla, compléta la reconnaissance des divers points de la côte occidentale de la Mer-Rouge, commencée par lord Valentia, ouvrit, non sans peine, des communications avec le vice-roi de Tigré, et fut de retour en Angleterre au mois de janvier 1811, rapportant, à défaut d'un traité de commerce, une foule d'observations neuves sur les mœurs, les usages, la religion, l'industrie, l'histoire, les monuments et les productions naturelles des différentes contrées de l'Afrique orientale. Il publia les résultats de sa mission, qui furent parfaitement accueillis du public. Dans cet ouvrage, rempli de vues utiles au commerce et à la science, M. Salt rend justice, sur plusieurs points, à la véracité et à l'exactitude de Bruce, qu'on a si long-temps accusé de manquer de ces deux qualités. M. Salt, de retour en Egypte, a fait en 1817 des découvertes nouvelles dans les ruines de Thèbes, où, à la suite d'excavations, il a trouvé, entre autres, un temple de granit placé entre les pattes de lion du sphinx, et plusieurs tombeaux et temples nouveaux. Les ouvrages de M. Salt sont: I. *Vingt-quatre Vues prises dans l'Inde, la Mer-Rouge, l'Abyssinie*, etc., in-fol., 1809. II. *Voyage en Abyssinie et dans l'intérieur de ce pays en 1809 et 1810*, in-4°., 1814; traduit de l'anglais par P. F. Henry, 2 vol. in-8°. M. Prévost de Genève a traduit du Voyage de lord Valentia la portion relative à l'Abyssinie, sous le titre de *Voyage en Abyssinie*, Paris et Genève, 1812, 2 vol. in-8°., fig. Z et S. S.

SALVAGE, homme de loi et membre du district de Mauriac, en Auvergne, fut député du Cantal à l'assemblée législative, où il se fit peu remarquer. Il fut nommé, en 1800, juge du tribunal civil de Mauriac, en exerça les fonctions pendant plusieurs années, fut de nouveau appelé au corps législatif en 1806, et en sortit en 1811. Depuis cette époque, il resta dans la vie privée jusqu'à sa nomination à la chambre des représentants de 1815, par le département du Cantal. Après la dissolution de cette chambre, il est retourné dans son pays. U.

SALVANDI, né à Auch, fut élève du lycée Henri IV, garde-d'honneur en 1813, puis chevau-léger de la maison du Roi; il a publié, pendant les cent jours de 1815: I. *Observations sur le Champ-de-Mai*. II. *Adresse à l'empereur sur les griefs et les vœux du peuple français*. III. En 1817, sous le voile de l'anonyme: *La Coalition et la France*, production d'une tête vive, ardente même, et qui, tout en paraissant prohibée par la police, circula néanmoins avec assez de liberté: elle fit beaucoup de sensation à l'étranger, et fut l'objet de plusieurs réclamations diplomatiques. S.S.

SALVERTE (ANNE-JOSEPH-EUSÈBE BACONNIER DE), fils d'un administrateur des domaines, est né à Paris le 18 juillet 1771. Il devint, à dix-huit ans, après avoir été élevé à Juilly, avocat du Roi au Châtelet de Paris. Lorsque ce tribunal fut supprimé, M. de Salverte fut employé dans le ministère des relations extérieures et dans le bureau du cadastre. Il n'a accepté ni demandé aucune place sous le règne de Buonaparte, et il s'est consacré entièrement à la culture des lettres. Il a paru quelquefois au barreau, pour défendre gratuitement des causes qui intéressaient ses amis, et s'est retiré en Suisse, après la seconde invasion des troupes étrangères en France. Les ouvrages qu'il a publiés, et où l'on trouve du savoir et de bonnes intentions, sont: I. *Epître à une femme raisonnable, ou Essai sur ce qu'on doit croire*, brochure in-8°. de 60 pag., Paris, 1793. II. *Entretien* de *Junius Brutus* et de *C. Mucius*, brochure in-8°. de 32 pages, Paris, an 11 de la république. III. *Idées constitutionnelles présentées à la Convention*, therm. an 111. IV. *Journées des 12 et 13 germinal, et événements qui les ont précédées et suivies*, brochure in-8°. de 44 pages, an 111. V. *Les premiers jours de prairial*, brochure de 123 pages, an 111, Paris. VI. *De la Balance du gouvernement et de la législature*, brochure de 32 pages, Paris, an VII. VII. *Le Droit des nations*, ode, Paris, an VII. VIII. *Fragment écrit au salon de peinture*. IX. *La Feinte et la Vérité*, dialogue entre une femme et un observateur. X. *Conjectures sur les pierres tombées de l'atmosphère*. XI. *Conjectures sur la cause de la diminution apparente des eaux sur notre globe*, brochure de 48 pages in-8°., Paris, an VII. XII. *Légendes du moyen âge sur les serpents monstrueux*, broch. in-8°. de 20 pages, Paris, 1812. XIII. *La Demande du consulat, ou Essai sur la candidature*, traduite du latin de Q. Cicéro, frère de l'orateur, et réimprimée dans la nouvelle édition des Œuvres de Cicéron en français, in-8°. de 47 pages, Paris. XIV. *Epîtres de Salluste à César*, petit in-12. XV. *Eloges de Bailly, de Diderot, de L. C. Cadet*. XVI. *Un Pot sans couvercle, et rien dedans*, roman, 1 vol. in-8°., Paris, 1797. XVII. *Romances et poésies fugitives*, 1 vol. in-8°., Paris. XVIII. *Des rapports de la médecine avec la politique*, Paris, 1806, vol. in-12. XIX. *Tableau littéraire de la France au XVIII°. siècle*, 1 vol. in-8°. de 394 pages, Paris, 1809, ouvrage très estimable, quoiqu'on ne puisse pas adopter tous les jugements qu'il contient. XX. *Neila, ou les Serments*, roman en 2 vol. in-12, Paris, 1812. XXI. *Phédosie*, tragédie en cinq actes, Paris, 1813. XXII. Plusieurs *Contes, Nouvelles* et *Chansons*, imprimés dans différents ouvrages périodiques. XXIII. *De la Civilisation, depuis les premiers temps historiques jusqu'à la fin du XVIII°. siècle*, dont il n'a paru que l'*Introduction* en 1 vol. in-8°. Paris, 1813. XXIV. Quelques articles dans la *Bibliothèque universelle* (de Genève), et notamment un *sur les caisses d'épargne*, et un autre donné en mars 1818, sous ce titre : *Des noms d'hommes, de peuples et de lieux, considérés principalement dans leurs rapports avec la civilisation*, tom. VIII, Litt., pag. 3 et 223. Il a aussi fourni de bons articles à la *Bibliothèque française* (de Ch. Pougens), et il a en portefeuille une tragédie intitulée, *la Mort de Jésus-Christ*, dont on a plusieurs fois entendu la lecture dans des salons. M. de Salverte avait été condamné à mort, par suite des événements de vendémiaire an IV, pour avoir présidé la section du Mont-Blanc, rebelle à la Convention. Cet arrêt fut cassé un an après.

— SALVERTE (Jean-Marie-Eustache), frère du précédent, né à Paris en 1768, ancien administrateur des domaines, a publié : *Examen des budgets pour l'année* 1818 ; *des directions générales et administrations des finances*, cahiers 1, 2, 3, 4, 1818, in-8°. F.

SALVIAT, auteur de la *Jurisprudence du parlement de Bordeaux*, conseiller à la cour royale de Limoges, ci-devant conseiller au grand conseil, et ancien membre de plusieurs compagnies littéraires et agricoles, a publié, en 1817, *Traité de l'usufruit, de l'usage et de l'habitation*, 2 vol. in-8°. S. S.

SAN CARLOS (Don Joseph Michel de Carvajal Duc de), grand d'Espagne de première classe, conseiller d'état, lieutenant-général, directeur de l'académie, etc., est de l'ancienne famille de Carvajal, issue des rois de Léon. Il naquit en 1771, à Lima, et fit ses études dans le principal collége de cette ville, dont le recteur fut son gouverneur. L'évêque actuel de Ségovie contribua à son éducation. Il vint en Espagne à l'âge de seize ans, par suite de la réunion à la couronne de la dignité de premier courrier des Indes, possédée par sa famille depuis Charles V, qui l'accorda à l'un de ses aïeux, Lorenzo Galindez de Carvajal. Le duc de San Carlos entra dans la carrière militaire comme colonel en second du régiment d'infanterie de Majorque, dont son oncle, Louis de Carvajal, comte de la Union, était colonel-propriétaire. A l'âge de dix-sept ans, il se trouva au siège d'Oran, et fit les campagnes de Catalogne dans la guerre de 1793. Il s'embarqua volontairement sur l'expédition dirigée contre Toulon. Ayant commandé avec succès la droite de l'armée combinée, dans l'attaque du fort Pharon, il fut nommé colonel du régiment de Majorque, et obtint le brevet de brigadier à la fin de cette campagne. Le duc de San Carlos se réunit ensuite avec son régiment à l'armée du Roussillon, où il continua de rendre les services les plus importants jusqu'à la mort de son oncle, le comte de la Union, général en chef de cette armée. Pour le consoler de cette perte et récompenser ses services, le roi le nomma maréchal-de-camp et chambellan du prince des Asturies, aujourd'hui Ferdinand VII. Appelé à Madrid, par ce nouvel emploi, il s'y fit remarquer par son esprit au milieu d'une cour brillante, et fut nommé, en 1797, gouverneur du prince des Asturies et des infants. Il dirigea en cette qualité les leçons du chanoine Escoïquiz, qui en était le précepteur; mais comme son système d'éducation ne s'accordait point avec les vues du favori Godoy, il fut privé de cet emploi, et nommé majordome de la reine en 1801, au moment où l'on s'occupait du mariage du prince avec une princesse des Deux-Siciles. En 1805, il fut investi de la charge de majordome du roi Charles IV, et, en 1807, peu de temps avant le fameux procès de l'Escurial, on l'éloigna de la cour, en le nommant vice-roi de Navarre. Trois mois après qu'il eut pris possession de sa vice-royauté, il reçut l'ordre de se constituer prisonnier dans la citadelle. Cette arrestation avait pour prétexte un bruit qui s'était répandu qu'à l'époque où Charles IV était tombé malade à St.-Ildefonse, le duc de San Carlos avait conseillé au prince des Asturies, dans le cas où par la mort de son père il viendrait à régner, d'éloigner sa mère de toute influence dans les affaires, de mettre en jugement le favori que tout le monde détestait, et de s'environner de ministres fidèles. Pendant le procès de l'Escurial, on lui fit subir divers interrogatoires, et il fut mis en liberté en même temps que le prince Ferdinand; mais on l'exila à soixante lieues de Madrid, et à vingt lieues des côtes, avec défense de fixer son domicile dans le royaume de Navarre, dont les habitants voyaient avec peine la persécution qu'on lui faisait souffrir. Il fixa sa résidence à Alfaro, lorsque les armées françaises entrèrent en Espagne, sous le prétexte d'aller en Portugal. Sur ces entrefaites, l'insurrection d'Aranjuez éclata, et le prince Ferdinand fut placé sur le trône par suite de l'abdication de son père; il appela aussitôt auprès de lui le duc de San Carlos, et le nomma de nouveau grand-maître de sa maison et membre de son conseil-privé. Le duc arriva à Madrid peu de jours avant son départ pour Baïonne, et il l'accompagna dans ce voyage. Il eut diverses conférences avec Napoléon, qui lui proposait pour son souverain la couronne d'Étrurie en échange de celle d'Espagne; dans toutes les occasions, il déclara avec fermeté que le roi ne pouvait rien décider dans des affaires aussi graves sans jouir de toute liberté, et sans le consentement des Cortès. Les renonciations en faveur de Napoléon ayant eu lieu les 5 et 10 mai 1808, celui-ci fit dire au duc de San Carlos, qu'il espérait le compter désormais au nombre de ses serviteurs: le duc répondit que Ferdinand sur le trône l'ayant comblé d'honneurs, il ne l'abandonnerait pas dans le malheur; qu'il préférait l'estime de Napoléon à ses bienfaits, et qu'il implorait sa protection seulement pour qu'il lui fût permis de suivre son maître. Il l'accompagna en effet et resta avec lui à Valençay jusqu'à ce que, sous le prétexte de traiter des affaires relatives au roi et aux infants, il fut appelé avec Escoïquiz à Paris, par ordre de Napoléon. L'un et l'autre y résidèrent jusqu'au mois d'avril 1809, et profitèrent du temps de leur séjour dans cette ville pour conférer sur les affaires d'Espagne avec les agents diplomatiques d'Autriche, de Russie et de Prusse. Les soupçons qu'attirait leur conduite patriotique, et les intrigues d'un grand écuyer de Ferdinand VII, qui les signala à la police de Napoléon, comme ayant une influence dangereuse sur l'esprit du roi, furent des motifs pour les séparer et les confiner, Escoïquiz à Bourges, et le duc de San Carlos à Lons-le-Saulnier. Éloigné des affaires, ce dernier se livra à l'étude de la botanique, continua de cultiver les lettres, la politique et principalement l'histoire; ses connaissances dans cette partie lui avaient déjà valu le titre de membre de l'académie. Enfin lorsque Napoléon se vit obligé de rétablir le roi Ferdinand sur le trône d'Espagne, il fixa son attention sur le duc de San Carlos comme sur la personne la plus propre par son caractère à concilier les opinions des partis. Il l'appela à Paris dans le mois de novembre 1813, et lui annonça sa résolution qu'il lui fit aussi communiquer par le duc de Bassano, afin qu'il eût à se mettre sur-le-champ en route pour Valençay, où se trouvait déjà M. de Laforest (*Voy.* ce nom), avec des pouvoirs pour négocier. Son arrivée satisfit singulièrement le roi, surtout lorsqu'il apprit que les réponses du duc de San Carlos à Napoléon étaient conformes à celles qu'il avait faites lui-même à M. de Laforest. Après de longues discussions, il signa, le 8 décembre, un traité digne dans toutes ses parties du roi et de la nation espagnole, et semblable en substance à ceux qui ont été faits depuis cette époque, dans des circonstances plus heureuses. Le duc partit aussitôt pour Madrid, afin d'obtenir de la régence la ratification de ce traité. Il arriva dans cette capitale le 6 janvier 1814; il vit bientôt avec peine que toutes ses fatigues avaient été inutiles, et que son zèle l'exposait à des dangers parmi des gens furieux qui voyaient leur autorité expirer, et leur politique subversive menacée. On communiqua au duc de San Carlos le décret des Cortès, où il était ordonné de considérer comme traître quiconque aurait des relations de quelque espèce que ce fût avec Napoléon, et on n'y joignit aucune réponse, si ce n'est une lettre de complimens insignifians pour le roi, écrite par la régence. Convaincu de l'inutilité d'autres démarches, et craignant avec raison pour sa personne, il résolut de retourner à Valençay, en abandonnant de nouveau sa femme et ses enfans qu'il avait eu le bonheur de revoir après une aussi longue absence. Obligé d'entreprendre une nouvelle négociation avec le gouvernement français, pour obtenir le retour en Espagne du roi et des infans, et l'évacuation des places occupées par les armées françaises, quoique le traité n'eût point été ratifié par les cortès, il eut, en passant par la Catalogne, une conférence à ce sujet avec le maréchal Suchet, qui accéda à ses desirs. Arrivé à Valençay, il rendit compte du résultat de sa mission au roi, qui, impatient de n'avoir pas reçu de ses nouvelles, avait expédié le général don Joseph Palafox, avec de nouvelles instructions. Le duc de San Carlos repartit de Valençay à la recherche de Napoléon, et après divers voyages dans toutes les directions, la rapidité des mouvemens auxquels l'obligeaient les opérations des armées alliées qui combattaient au sein de la France, ne lui permettant pas de l'atteindre, il se décida à rédiger un mémoire sur l'objet de sa négociation. Enfin il obtint une réponse du duc de Bassano, qui lui fit connaître que la dernière décision de l'empereur était que le roi Ferdinand retournât en Espagne avec les infants, en promettant de ratifier le traité à Madrid, après avoir entendu son conseil, et qu'alors on évacuerait les places que l'armée française occupait en Espagne. Le jour où le duc de San Carlos eut la gloire de remettre à son souverain et aux infants les passeports pour se rendre en Espagne, par le Roussillon, sous le nom de comte de Barcelone, il reçut de S. M. la décoration de la Toison-d'or qu'elle-même portait. Ce prince lui adressa en même temps une lettre également honorable pour le monarque et pour le sujet. Le duc eut à vaincre de nouvelles difficultés à Perpignan, le maréchal Suchet s'opposant, d'après les dernières instructions qu'il avait reçues, à la continuation du voyage; et il fut nécessaire de laisser en otage l'infant don Carlos : le duc négocia avec le maréchal pour obtenir la délivrance de l'infant, qui se réunit à son auguste frère à Girone. (*Voy.* Ferdinand VII). Il était alors le seul ministre qui accompagnât le roi. L'autorité était dans les mains du gouvernement créé par les cortès, et les seules démarches prudentes, à faire dans ces circonstances étaient d'écrire, comme cela eut lieu, à la régence, en lui manifestant le desir de S. M. de s'occuper de tout ce qui pourrait contribuer au bonheur de la nation, de capter la bonne volonté du duc de Wellington, dont l'influence était d'un grand poids (à cet effet, le roi lui écrivit une lettre flatteuse, en l'assurant qu'il mettait un grand prix à ses services), enfin de gagner du temps pour observer l'opinion, et connaître le véritable état des choses. C'est ce qui décida le voyage de Sarragosse, S. M. desirant aussi donner un témoignage public de reconnaissance aux Arragonais et au général Palafox. Vers le milieu d'avril, San Carlos arriva avec le roi à Valence, où s'était rendu le cardinal de Bourbon, président de la régence, qui, d'après le décret des cortès du 2 février, continuait à gouverner malgré la présence du roi dans le royaume depuis le mois de mars. Le 3 mai, le duc de San Carlos fut nommé par S. M. premier ministre-secrétaire d'état, et le lendemain le roi signa le fameux décret par lequel il reprit les rênes du gouvernement. Toutes les mesures furent concertées pour son exécution. Plusieurs personnes recommandables et de diverses opinions qui se réunirent à S. M., contribuèrent à la rédaction de ce décret. Dans cette réunion, quelques individus voyaient avec jalousie l'influence du duc, et ils cherchèrent à cimenter leurs projets ultérieurs en s'entendant avec l'infant don Antonio, qui avait déjà témoigné du mécontentement de n'avoir point été du voyage de Sarragosse et d'avoir été envoyé à Valence, où la présence d'un membre de la famille royale était nécessaire. Le duc n'eut point l'honneur d'accompagner le roi dans sa voiture depuis Valence, comme cela avait eu lieu auparavant, mais il conserva une grande influence jusqu'à son arrivée à Madrid, et malgré la nomination de Macanaz au ministère de la justice, de Freyre à celui de la guerre, de Lardizabal à celui des Indes, et de Salazar à celui des finances, tous ces ministres travaillaient plutôt avec le duc qu'avec le roi, et l'on peut dire qu'on lui dut exclusivement toutes les mesures prises pour s'assurer une partie de l'armée, et pour détruire le gouvernement des cortès, en lui substituant l'autorité de S. M. Cette prodigieuse révolution qui changeait l'existence de l'Espagne, eut lieu sans bruit, et sans qu'il y eût une seule goutte de sang répandue. Le duc continua d'exercer les fonctions de ministre-d'état, avec le regret de voir, dans différentes occasions et dans des objets importans, son suffrage repoussé: il expédiait en même temps les affaires du ministère de la maison du roi, et celles du ministère de la guerre, que n'avait pas voulu accepter le général Freyre, jusqu'à ce qu'on le dispensât de cette dernière charge, qui fut confiée au général Egnia. Le roi de Prusse envoya alors au duc les grandes décorations de l'Aigle-noire et de l'Aigle-rouge, et le roi des Deux-Siciles celles de Saint-Ferdinand et de Saint-Janvier, avec une lettre flatteuse sur les négociations qui avaient contribué à le replacer sur le trône de Naples. Le duc de San Carlos sépara le trésor de la couronne de celui de la monarchie, et il introduisit un ordre très sévère dans les dépenses de la maison du roi, en les réduisant à une assignation de 40 millions de réaux sur le trésor de l'état, en outre des produits du patrimoine royal, dont il revendiqua les droits dans les provinces. Il établit une junte de ministres, qui se réunissait toutes les semaines sous sa présidence, et à laquelle on appela les personnes qu'on avait l'habitude de consulter. Il prit diverses mesures pour la réparation des routes, pour les canaux, pour la navigation du Guadalquivir, pour la restauration des jardins botaniques; il s'occupa de la réinstallation des académies et sociétés économiques; porta tous ses soins à rétablir le crédit de la banque de Saint-Charles, dont il était directeur, et parvint à faire payer un dividende dans des circonstances aussi malheureuses. Il proposa à S. M. la création du musée Fernandino pour la peinture, la sculpture et l'architecture, et en général il annonça qu'une protection décidée serait accordée à quiconque se distinguerait par ses talents. Dans le mois de novembre 1814, voyant qu'il ne pouvait mettre à exécution le plan qu'il s'était proposé, et le nombre de ses ennemis augmentant, il demanda sa démission; le roi l'accepta, et nomma pour le remplacer don Pedro Cevallos. Le duc continua d'exercer le ministère de la maison du roi jusque vers le milieu d'octobre 1815, époque où S. M., en déclarant qu'elle était satisfaite de ses services et qu'il n'avait rien perdu dans son estime, lui ordonna de partir pour Truxillo en Estramadure, où le duc a une terre; mais le lendemain il fut nommé ambassadeur à Vienne, où il s'est occupé à examiner tous les établissements utiles, et à soigner l'éducation de ses enfants. En 1817, il reçut ordre de se rendre en la même qualité à Londres. F.

SANÉ (A. M.) a publié: I. *Tableau historique, topographique et moral des quatre parties du monde*, 1801, 2 vol. in-8°. II. *Poésie lyrique portugaise, ou Choix des odes de François Manoel*, trad. en français, 1808, in-8°. III. *Histoire chevaleresque des Maures de Grenade*, trad. et abrégée de l'espagnol de Ginès Pérès de Hita, avec des notes historiques et littéraires, etc., 1809, 2 vol. in-8°. IV. *Nouvelle grammaire portugaise*, 1810, in-8°. — SANÉ (Le baron), inspecteur-général des constructions navales et membre de l'académie des sciences, fut nommé chevalier de St.-Michel le 9 janvier 1817.   OT.

SAN-MARTIN, un des généraux des insurgés de l'Amérique espagnole, né au

Paraguay, a fait en Espagne son apprentissage militaire. Il était aide-de-camp du général Solano, lorsque celui-ci fut gouverneur de Cadix et capitaine-général de l'Andalousie. Il occupa ensuite à la bataille de Baylen, le même poste auprès du général Coupigny, et plus tard auprès du marquis de la Romana. Le général San-Martin avait eu Espagne le rang de lieutenant-colonel, et il s'était distingué dans plusieurs occasions. Il resta dans la péninsule jusqu'en octobre 1811, époque à laquelle il passa à Londres, d'où il s'embarqua pour Buenos-Ayres. Il commandait les insurgés en juin 1817, lorsqu'il gagna sur les Espagnols la bataille de Chacabuco, dont il décida le succès par un trait de valeur personnelle. Il mit une telle ardeur dans ce combat, que, pendant que ses troupes chantaient victoire, il tomba de cheval exténué de fatigue, et que ses frères d'armes crurent un instant qu'il avait reçu un coup mortel. Au mois de septembre 1817, il réclama vivement par une proclamation contre le bruit qui s'était répandu qu'il faisait périr les soldats des troupes royales qui tombaient entre ses mains. En 1818, les journaux publièrent le récit d'une victoire remportée à Maïpo par le général San-Martin contre les royalistes du Chili, le 5 février de cette année. S. S.

SANSON (Le comte NICOLAS-ANTOINE), lieutenant-général du génie, né le 7 décembre 1756, obtint un avancement rapide pendant la révolution, fit les campagnes de 1806 et 1807 comme général de brigade, fut nommé général de division par décret du 1er juillet de cette dernière année, et fut envoyé en Espagne au commencement des hostilités. Employé en 1809 au siége de Girone, il y fit remarquer ses talents et sa bravoure. Il était depuis plusieurs années directeur du dépôt général de la guerre, emploi dans lequel il avait succédé au général Andréossy, et où il se montra soigneux de propager les nouvelles méthodes qui pouvaient servir au perfectionnement de la géographie et de la topographie. Employé dans l'expédition contre la Russie en 1812, il y fut fait prisonnier, et ne revint en France qu'après la chute de Buonaparte. Il fut nommé chevalier de St.-Louis par ordonnance du 13 août 1814. Il a été admis à la retraite après le second retour du Roi. S. S.

SANTA-CRUZ (Le marquis DE), grand d'Espagne de première classe, fut nommé le 4 juillet 1808 chambellan de Joseph Buonaparte. Mais bientôt détrompé sur le but du nouveau gouvernement, il se rangea parmi les défenseurs de la monarchie espagnole dans la personne de Ferdinand VII. Napoléon, par un décret du 12 novembre 1808, le déclara ennemi de la France et de l'Espagne et traître aux deux-couronnes, et le condamna à être passé par les armes. Ce décret était aussi applicable à plusieurs autres espagnols du plus haut rang, tels que le duc de l'Infantado, le comte de Fernan-Nunnez, Pedro Cevallos, etc. (Voy. ces noms). Il paraît, au surplus, que le marquis de Santa-Cruz en fut quitte pour une détention à la citadelle de Turin, d'où il n'est sorti qu'à la rentrée du Roi. S. S.

SANTEUL (E. N. F.), de la famille du célèbre auteur d'hymnes latines, a publié : I. *Amanda*, drame en 3 actes et en prose, tiré du roman *Les Enfants de l'Abbaye*, 1802, in-8°. II. *Ode à l'empereur, contre l'Angleterre*, 1807, in-4°. III. *Ode sur le rétablissement de l'université*, 1808, in-4°. IV. *Tableau des écrivains français* (Voy DEBRAY). V. *Les fleurs de lis, ou Hommages aux Bourbons*, 1814, in-8°. VI. *Une fleur sur le tombeau de Louis XVI*, 1816, in-4°. OT.

SAPEY (GUILLAUME), né le 13 mars 1763, à Grenoble, fit dans cette ville ses études littéraires et canoniques. Il possédait déjà quelques bénéfices, lorsque la révolution éclata. Il s'en montra partisan, devint successivement maire, commissaire du directoire exécutif près l'administration centrale de l'Isère, président du canton de Lemps, sous-préfet à Latour-Dupin, et fut membre du corps-législatif depuis 1803 jusqu'en 1808. Il se lia particulièrement avec Lucien Buonaparte, qu'il suivit à Paris après le 20 mars 1815, et fut alors nommé par le département de l'Isère à la chambre des représentants, où il garda le silence. Depuis ce temps il vit dans la retraite. S. S.

SAPINAUD DE LA VERIE, général vendéen, ancien officier au régiment de Foix, prit part en 1793 à la première insurrection, et fut d'abord chargé de la garde des prisonniers républicains à Mortagne. Il suivit ensuite l'armée royale; passa la Loire, et, à son retour en 1794, rassembla quelques soldats royalistes et joignit Charette, qui lui donna le commandement d'une division du centre. Il ne tarda pas à se séparer de ce général, contre lequel on l'avait indisposé, et s'attacha plus particulièrement à Stofflet ; mais lorsqu'il eut signé en 1795 la pacification de concert avec Charette, Stofflet, mécontent de lui, marcha sur Beaurepaire, où était son quartier-général, pour se saisir de sa personne. M. de Sapinaud ne l'y attendit pas ; il se refugia auprès de Charette, abandonnant ses bagages au pillage des soldats de Stofflet. Il écrivit en 1796 au comte d'Artois par l'intermédiaire de M. de Colbert, qu'il était prêt à reprendre les armes ; mais cette résolution resta sans effet, et retiré au sein de sa famille près de Mortagne, il ne figura point dans l'insurrection de 1799. Après la restauration, il vint à Paris, et fut pourvu du grade de lieutenant-général. Les événements de 1815 le reportèrent sur le théâtre où il avait combattu ; il commanda le second corps de l'armée vendéenne, et agissant de concert avec MM. d'Autichamp et de Suzannet, il signa l'arrêté de Falleron, qui eut pour résultat de livrer à lui-même le marquis de La Rochejaquelein. Après la mort de celui-ci, M. de Sapinaud fut reconnu général en chef de l'armée vendéenne, et, à ce titre, il signa le 26 juin à Chollet, avec le général Lamarque, le traité qui mit fin à ses fonctions et aux hostilités. M. de Sapinaud a reçu en 1814, du roi d'Espagne, l'ordre de Saint-Charles de 1re. classe, et il a été nommé commandeur de Saint-Louis le 3 mai 1816. P.

SAPORITI (Le marquis MARCEL), l'un des plus riches propriétaires de la Lombardie, est né vers 1768 à Legnano (états de Gênes). Ayant perdu son père dans son enfance, il fut accueilli dans l'hospice des orphelins de Gênes, où il s'attira les regards et la bienveillance du patricien Jérôme Durazzo, qui, plus tard, lui procura une place d'employé du sénat (*Giovini di senato*). Lorsque Buonaparte fut entré en Italie et qu'il eut établi la république cisalpine, M. Saporiti se rendit à Milan, où il fit connaissance avec la riche veuve du patricien Cataneo, de Gênes. Quand les Austro-Russes eurent envahi l'Italie, en 1798, ils donnèrent ordre à Saporiti, comme étranger, de sortir de la Lombardie ; mais la veuve Cataneo, qui avait repris son nom de famille de Spinola, ayant droit de résider à Milan, parce que son père avait eu domicile en cette ville, fit passer Saporiti pour son secrétaire, et obtint qu'il restât auprès d'elle en cette qualité. Il devint son intendant et le régulateur de sa fortune. Par ses conseils, cette dame vendit des actions qu'elle avait en France et sur la banque d'Angleterre, pour en acheter, sous le nom de Saporiti, une ancienne propriété ducale appelée la *Sforzesca*. Cette terre, provenant du monastère des Dominicains *delle Grazie* de Milan, à qui le duc Ludovic Sforze l'avait donnée vers 1490, était alors dans les mains d'une compagnie de fournisseurs (la compagnie Bodin), qui l'avait reçue en paiement de la république française. Ceux-ci craignant que les Autrichiens ne s'en emparassent, la vendirent pour la modique somme de 300,000 francs. Le contrat de vente fut passé à Paris en 1799, et M. Saporiti entra en possession aussitôt après la victoire de Marengo. Les soins qu'exigeait cette immense propriété le tinrent éloigné de la dame Spinola, et le public, qui ne la croyait pas engagée avec lui, jugeait avec sévérité cette acquisition. Il mit fin à ces rumeurs en l'emmenant d'autorité avec lui à la Sforzesca, où elle mourut quelques semaines après, en 1815, et le public, en apprenant sa mort par l'inscription placée sur le portail de l'église où furent célébrées ses obsèques, vit, pour la première fois, que M. Saporiti avait été son époux ; c'est aussi de cette époque que date la connaissance de son marquisat. Les préventions des nobles d'Italie les ont fait résister au desir que, depuis son veuvage, il leur montrait, de s'allier à quelqu'une de leurs maisons par un second mariage, et il a trouvé plus convenable de venir à Paris demander la main de l'une des filles du maréchal Jourdan, qu'il a épousée en février 1818, après que le Roi a eu signé son contrat de mariage. M. Saporiti a établi à la Sforzesca une école d'enseignement mutuel. Q.

SARRAZIN (JEAN), maréchal-de-camp, est né au bourg de Saint-Silvestre, département de Lot-et-Garonne, le 15 août 1770, de parents cultivateurs. Il s'enrôla, le 27 septembre 1785, dans le régiment de Colonel-général dragons ; acheta son congé l'année suivante, et fut alors choisi pour gouverneur du comte de Verduzan, auprès duquel il resta pendant trois ans. En 1789, il devint professeur de mathématiques à l'école militaire de Sorèze, et fut nommé précepteur des fils du prince de Béthune. Il quitta cet emploi au bout de deux ans, partit pour l'armée du Nord comme volontaire, et fut appelé à Châlons pour l'instruction des aspirants à l'école d'artillerie. Il se trouvait dans cette ville lorsqu'après la prise de Verdun, les habitants formèrent un bataillon dont il fut nommé adjudant-major. A l'époque où l'on renvoya les nobles de l'armée, on prétendit qu'il était fils du comte de Sarrazin, émigré qui avait été son colonel. Il eut beau affirmer qu'il était fils de paysans, il fut obligé de servir comme simple soldat à l'armée qui combattait les Vendéens. Devenu, en novembre 1793, secrétaire du général Marceau, il mit au net les notes du général Kléber, son ami, sur le siége de Maïence et la guerre de la Vendée, et commença, sous la direction de ces deux généraux, son ouvrage intitulé : *Instructions pour les troupes en campagne*. En avril 1794, il suivit le général Marceau à l'armée du Nord, et assista à la bataille de Fleurus. Nommé, au mois de septembre, adjoint de première classe au corps du génie, il fut chargé par le général Jourdan d'opérer la jonction de l'armée de Sambre-et-Meuse avec l'armée de la Moselle; enleva, à l'attaque de Coblentz, les redoutes qui couvraient le pont de la Moselle; obtint le grade d'adjudant-général chef de bataillon au siége de Maestricht, fut employé à la gauche de l'armée avec le général Kléber, et chargé des préparatifs du premier passage du Rhin, qui eut lieu au mois de septembre 1795; il fit la campagne de 1796, en Allemagne, en qualité de chef de l'état-major du général Bernadotte, refusa en 1798 de quitter ce général pour suivre Buonaparte en Egypte, et fut envoyé à l'armée d'Angleterre commandée par le général Desaix. Employé à l'expédition d'Irlande, il fut nommé général de brigade par Humbert, à la prise de Killala, et général de division à l'affaire de Castlebar, où il enleva un drapeau à l'ennemi. A son retour en France, le général Sarrazin reçut des éloges du directoire; mais il le trouva peu disposé à confirmer un avancement aussi rapide. Il demanda à servir à l'armée d'Italie sous les ordres de Joubert, qui l'envoya, avec huit bataillons, à l'armée de Naples. Il se distingua et fut blessé à la bataille de la Trébia. Après la retraite de 1799, le gouvernement lui envoya des lettres de service pour l'armée de Suisse; mais, à son passage à Paris, le général Bernadotte, alors ministre de la guerre, lui confia le bureau du mouvement des troupes, et ensuite celui des nominations. Buonaparte était encore en Egypte. Le général Sarrazin nous apprend, dans ses notes, qu'à cette époque, les jacobins voulaient culbuter le directoire et nommer consuls Jourdan, Augereau et Bernadotte; enfin qu'on le proposait lui-même pour ministre de la guerre. Sur l'avis que lui en donna Bernadotte, il crut qu'il était de son devoir d'empêcher l'exécution de ce plan, et il prévint Sieyes et Barras de tout ce qui se passait. Le directoire, pour reconnaître son zèle, voulut lui confier l'ambassade de Hollande, qu'il refusa. Il ajoute que Buonaparte, revenu d'Egypte, le reçut avec transport, qu'il devint son collaborateur au 18 brumaire, et qu'il travailla, d'après ses pressantes sollicitations, à opérer un rapprochement entre ce général et Bernadotte. En décembre 1799, le général Sarrazin reçut le commandement de la division du général Ney, absent par congé, et servit à l'armée du Rhin, sous Moreau. Il passa, en avril 1800, à l'armée des côtes, commandée par Bernadotte, qui lui confia le commandement de dix mille grenadiers réunis au camp d'Amiens. Il partit avec ces grenadiers pour l'armée d'Italie. Bientôt une espèce de rivalité, qui s'éleva entre Murat et lui, le détermina à demander son retour en France, sous prétexte de maladie. Il l'obtint, et reçut, en arrivant, la nouvelle qu'il était rayé du tableau de l'état-major-général. Le Moniteur du 4 juillet 1810, contient un rapport du duc de Feltre, dans lequel on attribue sa disgrâce, dans cette occasion, à des dénonciations calomnieuses dont il était l'auteur. C'est sans doute d'après ce rapport et les agitations nombreuses au milieu desquelles s'est écoulée la vie militaire du général Sarrazin, qu'on l'a accusé d'avoir porté dans les camps un esprit inquiet et tracassier. Les seize mois qui dura sa *réforme*, il les employa à étudier les auteurs militaires, et fournit beaucoup d'articles à l'éditeur du *Guide du jeune militaire*. Cependant sa haine pour Buonaparte s'affaiblit; il vota pour son consulat à vie, et fut autorisé à passer au service de la république batave. Mais cette autorisation resta sans effet, et il fut rétabli sur l'état des généraux de brigade. Ayant reçu ordre, deux mois plus tard, de passer à St.-Domingue, il en revint au bout d'une année, affaibli par des fatigues prolongées, et sans avoir obtenu le brevet de général de division, qui lui avait été promis avant son départ. Il fut ensuite employé sous Augereau, au camp de Brest. Dans le rapport déjà cité, il est dit que le général Sarrazin s'y fit de nombreux ennemis, en se déclarant l'accusateur des généraux et des administrateurs de l'armée, dans un Mémoire qu'il adressa à Buonaparte, sous la date du 23 frimaire (14 décembre 1804); que ses indiscrétions ayant sans doute révélé une partie des faits contenus dans ce Mémoire, il n'eut pas le courage de soutenir publiquement le rôle dont il s'était chargé, et qu'il se forma contre lui un orage tel qu'il fut forcé, pour la seconde fois, de demander sa démission. Le général Sarrazin a traité cette assertion de calomnie; il a protesté n'avoir correspondu avec Buonaparte que pour le bien-être de ses troupes. Quoi qu'il en soit, il fut maintenu à son poste, et fit avec son corps d'armée, en Allemagne, les campagnes de 1805 et 1806. Au mois d'octobre de cette dernière année, il fut nommé commandant du département de l'Escaut, sous les ordres de Chambarlhac; passa, en juin 1807, à l'armée d'Anvers, commandée par Férino, et fut appelé, au mois d'août suivant, dans la 16e. division. Son opposition aux mesures administratives du préfet de la Lys, M. de Chauvelin, le fit reléguer dans l'île de Cadsand. « Là, dit le général Sarrazin » dans sa lettre à Buonaparte, datée de » Londres, 21 juillet 1810, j'ai com- » mencé à vous haïr. Tout ce que j'ai » fait a été par attachement pour les » troupes. J'ai placé l'hôpital dans une » maison vide; on s'en est plaint, et, » d'après cette seule raison, vous m'a- » vez envoyé, le 11 février 1809, au » camp de Boulogne, où je suis resté » pendant quinze mois. Vous aviez des » raisons secrètes, je les ai lues dans vos » yeux à votre revue du 25 mai. Fouché » n'a pas voulu me faire arrêter, et vous » l'avez remplacé par Savary, homme » aussi prompt qu'adroit à exécuter tous » vos ordres. Si j'étais resté encore vingt- » quatre heures à Boulogne, convenez » que je serais dans un cachot de Vin- » cennes ou dans les fossés de ce châ- » teau!!... » Le général Sarrazin s'esquiva de Boulogne le 10 juin 1810, sur un bateau pêcheur, pour se rendre en Angleterre. Pendant qu'à Londres son évasion donnait lieu à diverses conjectures de la part des journalistes, à Lille un conseil de guerre le condamnait à la peine de mort, comme coupable de désertion à l'ennemi, et le Moniteur publiait contre lui de violentes diatribes. Peu de temps après son arrivée en Angleterre, il eut à soutenir un procès contre les ministres de S. M. B. Les plans qu'il avait fournis au gouvernement anglais n'étaient point encore estimés. Le vendeur leur supposait une valeur de 60,000 liv. sterl. (environ 1,500,000 francs.) Le ministère crut qu'il surfaisait, et marchanda. Il alla jusqu'à en offrir 25,000 liv. sterl. comptant et une pension de 1500 liv. Le général exigea que le capital fût calculé de manière à lui compléter une somme annuelle de 2,500 liv. sterl. (62,500 francs), formant les appointements de lieutenant-général, grade que, disait-il, le gouvernement anglais lui avait déjà reconnu lors de son échange en 1798. Les ministres refusèrent, et l'affaire en resta là. Dès-lors le général Sarrazin se livra exclusivement à la littérature. Il revint en France en 1814, après la chute de Buonaparte, fut rétabli dans son grade, et eut l'honneur d'être présenté au Roi et de lui offrir un exemplaire de son *Histoire de la guerre d'Espagne et de Portugal*. Il eut, en 1815, quelques démêlés avec le général Jomini (*Voy.* JOMINI, III, 478). On a de lui : I. *Le onze frimaire, ou Discours analytique de la vie, des exploits mémorables et des droits de Napoléon 1er. à la couronne impériale*, prononcé le 11 frimaire, *à Saint-Pol-de-Léon*, suivi d'un *précis historique du sacre et du couronnement de S. M. Napoléon 1er.*, 1804, in-8°. II. *La Confession de Buonaparte à l'abbé Maury*, Londres, 1811, in-8°. III. *Le Philosophe, ou Notes historiques et critiques*, 1811, 2 vol. in-8°. IV. *Mémoire au gouvernement anglais*, 1811, in-8°. V. *Histoire de la guerre d'Espagne et de Portugal*, 1814, in-8°. VI. *Défense des Bourbons de Naples contre les panégyristes de l'usurpateur Murat*, ou *Avis au congrès de Vienne*, 1815, in-8º. VII. *Tableau de la Grande-Bretagne, ou Observations sur l'Angleterre vue à Londres et dans les provinces*, de M. le maréchal-de-camp Pillet, 1816, in-8º. VIII. *Histoire de la guerre de Russie et d'Allemagne, depuis le passage du Niémen, juin 1812, jusqu'au passage du Rhin, novembre 1813*, Paris, 1815, in-8º. IX. *Correspondance entre le général Jomini et le général Sarrazin sur la campagne de 1813*, 1815, in-8º. X. *Examen analytique et critique d'une Relation de la bataille de Waterloo, dédiée à sa grâce lord Wellington*, par le lieutenant-général Scott, 1815, in-8º. X. *Histoire de la guerre de la restauration*, 1816, in-8º. S. S.

SARRAZIN (Le comte GILBERT DE), né en 1731, d'une famille distinguée de l'Auvergne, entra de bonne heure au service dans le régiment de Noailles-dragon, se maria dans le Vendômois et demanda sa retraite. En 1789, il fut député de le noblesse de Vendôme aux états-généraux, où il se fit remarquer par des vues sages et un esprit conciliant. Rentré dans ses foyers en 1791, il ne reparut dans les fonctions publiques qu'en septembre 1816, époque à laquelle il fut nommé par le Roi président du collège électoral de Loir-et-Cher. — Adrien DE SARRAZIN, son fils aîné, né dans le Vendômois en 1776, était destiné à l'état militaire. De l'école militaire de Vendôme, où il fut élevé avec le comte de Cazes et d'autres hommes qui occupent des places importantes dans l'État, il passa à l'école d'artillerie et de génie à Brienne. Cet établissement ayant été renversé par la Convention, il vécut dans sa famille depuis 1794 jusqu'en 1814, uniquement occupé des arts et de la littérature. Il commença à se faire connaître en 1802 par une défense du poëme de *la Pitié*. Cette défense fut insérée à la fin du volume des Poésies fugitives de l'abbé Delille. M. Adrien de Sarrazin est du petit nombre des écrivains qui, au moment où Buonaparte mettait le pied sur le trône, osèrent prendre la défense de la monarchie légitime. Il a travaillé pendant deux ans aux *Archives littéraires*. On a de lui : I. *Le Caravanserail, ou Recueil de contes orientaux*, 1810, 3 vol. in-18. II. *Contes nouveaux et nouvelles nouvelles*, 1813, 4 vol. in-18. III. *L'ardou*,

ou le *Pâtre du mont Taurus*, trad. sur un manuscrit persan, 1814, 2 vol. in-18. —SARRAZIN (J.-N.) a donné le *Véritable optimiste*, 1812, in-8º. — SARRAZIN (J.-M.) On a de lui : *Traité élémentaire de la culture du tabac en France*, 1811, in-8º. — SARRAZIN (N.-J.) a publié : I. *Opuscules sur les matières les plus importantes des mathematiques*, 1816, in-8º. II. *Le Retour du siècle d'or ou Rêve véritable et surprenant, suivi des moyens de rendre infaillible son accomplissement*, 1816, in-8º.   OT.

SARTORY (Mme. DE), fille du baron Philippe de Wimpffen, née au château d'Edenkoven, près de Landau, a publié : I. *L'Urne dans la vallée solitaire*, 1806, 3 vol. II. *Leodgard de Walheim à la cour de Frédéric II*, 1809, 2 vol. III. *Mlle. de Luynes*, 1817, 1 vol. IV. *Extrait des Mémoires de Dangeau, contenant beaucoup d'anecdotes sur Louis XIV et sa cour, avec des notes historiques*, chez Roza, 1817, 2 vol. V. *Le Duc de Lauzun*, 1818, 2 vol. VI. *Almanach des modes de 1818, contenant trois nouvelles, et une notice sur les costumes et mœurs espagnols*. VII. *Petit tableau de Paris*, 1818, in-12. Mme. de Sartory eut l'honneur de présenter ses ouvrages au Roi le 21 août 1817. On lit dans les *Campagnes de l'armée de Condé*, par M. d'Ecquevilly, que cette dame fut chargée en 1792 d'une mission aussi honorable que périlleuse pour la reddition de la place de Landau au prince de Condé.   OT.

SARTELON (Le chevalier ANTOINE-LÉGER), commissaire-ordonnateur, chevalier de St.-Louis, etc., né le 16 octobre 1770, se destina de bonne heure à l'administration militaire, fut employé comme commissaire des guerres en Égypte, y devint ordonnateur, et obtint, après son retour en France, la place de secrétaire-général de l'administration de la guerre. Il fit les campagnes de 1812, 1813 et 1814, en qualité d'ordonnateur en chef, et fut nommé, en janvier de cette dernière année, membre du corps législatif par le département de la Corrèze ; mais son service aux armées actives ne lui permit d'y siéger qu'après la chute de Buonaparte. Il parut à la tribune le 24 décembre 1814, pour faire un rapport au nom de la commission des pétitions, sur dix-neuf personnes prisonnières d'état sous Buonaparte, et dont l'une avait été détenue quinze ans. M. Sartelon donna surtout lecture de la pétition de M. Desol de Grisolles (*Voyez* ce nom), qui retraçait les tortures qu'il avait éprouvées, et il termina son rapport par proposer le renvoi des pétitions au gouvernement : ce qui fut ordonné. A la nouvelle de l'invasion de Buonaparte, en mars 1815, M. Sartelon se prononça vivement contre lui. Resté sans emploi pendant les cent jours, il ne reprit des fonctions qu'au retour du Roi, et alla présider le collége électoral de Tulle, qui le réélut à la chambre de 1815. Dans le même temps, il fut nommé ordonnateur en chef de la maison militaire de S. M. Le 17 février 1816, il porta la parole sur la loi des élections, et proposa que les présidents des colléges électoraux, et toutes personnes chargées d'emplois conférés par la couronne, fussent inéligibles. Il cita, à cette occasion, l'auteur anglais Blackstone, en disant que le gouvernement représentatif en France ne différait pas tant qu'on le disait de celui de l'Angleterre, et qu'il lui était surtout conforme par l'initiative des lois. M. Sartelon, qui avait voté avec la minorité dans cette session, fut réélu après l'ordonnance du 5 septembre 1816. Il prit, le 9 mars 1817, la défense du projet de loi sur les finances, et vota son adoption en insistant principalement sur les économies ; il avait voté précédemment pour la loi sur les élections, en fixant l'éligibilité à trente ans, le nombre des membres de la chambre à quatre cent deux, et proposant son renouvellement en totalité. Le 1er. mars suivant, il discuta longuement le budget du ministre de la guerre ; demanda qu'il fût réduit de huit millions, et que les demi-soldes des officiers fussent converties en soldes définitives, dont le *maximum* ne pourrait s'élever au-dessus de deux tiers du montant de leur demi-solde. Ce dernier amendement ayant été mal interprété par quelques-uns de ses collègues, M. Sartelon déclara qu'il était dans l'intérêt de ces officiers, et qu'au reste il le retirait puisqu'il avait pu déplaire. Lorsqu'à l'ouverture de la session de 1817, la chambre s'occupa de la loi sur la liberté de la presse, M. Sartelon prit la parole, le 19 décembre, pour en défendre les dispositions principales, telles qu'elles avaient été amendées par la commission ; il en proposa l'adoption, mais avec le jugement par jurés, et dans le cas où cet amendement ne serait pas admis, il demanda que la loi fût temporaire et qu'elle expirât au 1er. janvier 1820. Ce député parut encore à la tribune lors de la discussion sur le projet de loi de recrutement, dont il appuya l'adoption. Il attaqua l'exemption proposée par M. de Villèle, et faisant allusion à un discours prononcé par M. Clausel de Coussergues, qui avait cru pouvoir citer des preuves religieuses à l'appui de son opinion, M. Sartelon dit que dans une pareille discussion, il ne fallait pas aller chercher les patriarches et la religion. Des murmures accueillirent cette indiscrète sortie ; et, pour la première fois, un sifflet aigu, parti des tribunes, troubla la solennité des séances. M. Sartelon a cessé de faire partie de la chambre en 1818. S. S.

SASSELANGES (Le marquis SAIGNARD DE), né dans le Forez d'une famille ancienne, fut d'abord page du Roi, puis capitaine et lieutenant-colonel au régiment du Roi cavalerie. Il refusa le grade de colonel en 1792, et passa à l'étranger au moment de l'insurrection de son régiment, et lorsque sa tête avait été mise à prix par le club de Poitiers, il alla alors servir sous les ordres du duc de la Châtre, et se trouva aux affaires de Quiévrain les 29 et 30 avril même année. Il servit ensuite à l'armée du duc de Bourbon. Rentré en France en 1798, il n'a occupé aucun emploi sous les gouvernements révolutionnaires. Ayant été nommé chef de la garde nationale du Puy, en mars 1815, et s'apercevant que quelques individus se servaient du prétexte de cette nomination pour refuser de marcher contre Buonaparte, il donna sa démission, et s'enrôla comme simple volontaire. Après le retour du Roi, il reçut ordre, d'aller avec un détachement de la garde nationale au secours de la ville de Mende, menacée par des rebelles sous les ordres de Gilly ; il se rendit dans cette ville ; mais les insurgés ayant abandonné leur général, la ville ne fut point inquiétée. M. de Sasselanges fut ensuite nommé conseiller de préfecture de la Haute-Loire. F.

SASSELANGES (Le baron PIERRE-JULES) de la même famille que le précédent, né, en 1763, à Craponne, entra au service en 1785, et fut attaché à l'école d'artillerie de La Fère. Se trouvant à Paris le 4 octobre 1789, il réunit tous les officiers de sa connaissance au nombre de deux cent soixante, et fut chargé par eux d'offrir leurs services aux Gardes-du-corps, qui étaient menacés d'une attaque. Le duc de Guiche, aujourd'hui duc de Grammont, l'aggrégea à sa compagnie, et il se trouva ainsi aux journées des 5 et 6 octobre. Il émigra en 1790, et fit partie du cantonnement d'Apt. Ce fut lui qui délivra deux de ses camarades (MM. de la Mothe et du Sauvage), attaqués dans une rue par douze brigands armés; il en tua cinq, en blessa grièvement deux, et mit les cinq autres en fuite. Il assista ensuite à la bataille de Quiévrain, et fut du nombre des vingt-cinq plumets blancs envoyés en éclaireurs sous les ordres du comte de Vinoski, qui pénétra dans le camp français pêle-mêle avec les Autrichiens. Il servit aussi dans les corps de Carneville et les hulans britanniques. Rentré en France en 1802, il fut nommé, en 1809, maire de Craponne. Le 13 avril 1814, il y arbora le drapeau blanc, et, en juillet même année, il rentra dans les Gardes-du-corps, et fut nommé chevalier de Saint-Louis. Le 12 mars 1815, il organisa un corps de cavalerie et infanterie dans le département de la Haute-Loire, et en partit le 14 mars pour se rendre à Paris. Arrêté à Cône avec d'autres camarades, il s'échappa et arriva à Orléans, où il apprit le départ du Roi. Il revint alors dans son pays pour rejoindre le duc d'Angoulême. Arrivé trop tard pour être utile au prince, il se rendit dans le Gévaudan, dans un petit château-fort qui lui appartient, et il y resta pendant tout l'interrègne avec quelques amis du Roi, y conservant le drapeau blanc, sans être attaqué. Dans les premiers jours de juillet, il retourna à Paris pour rejoindre son corps, et fut réformé par l'ordonnance du 6 novembre 1815. Il fut nommé sous-préfet à Ambert en 1816. F.

SAULNIER, né en Lorraine, fut d'abord chef de bureau à l'administration départementale de la Meurthe. Nommé, après le 18 brumaire, préfet à Bar-sur-Ornain, il en exerça les fonctions jusqu'à l'époque de la réunion des deux ministères de la police et de la justice. M. Regnier le choisit alors pour secrétaire-général de la police, et il garda cette place sous Fouché et sous Savary. Il fut arrêté avec ce dernier et mis à la Force par Malet, lors de sa conspiration du 23 octobre 1812. M. Saulnier perdit sa place quelques jours avant le 20 mars 1815, et ne la recouvra qu'après le retour de Buonaparte, pour la perdre de nouveau après le second retour du Roi. Après l'ordonnance du 5 septembre 1816, il fut appelé par le département de la Meurthe, à faire partie de la nouvelle chambre des députés, où il vota avec la minorité du côté gauche. Le 24 janvier 1817, il s'éleva fortement contre le projet de loi relatif à la liberté individuelle. « Le Roi, dit-il, en
» ouvrant cette session, a dit avec la plus
» vive expression de contentement: La
» tranquillité règne dans mon royaume;
» un témoignage aussi auguste suffit
» pour nous convaincre que la loi du 29
» octobre ne doit être désormais ni ré-
» formée ni modifiée. » L'orateur combattit ensuite la comparaison faite par le rapporteur de la suspension de l'*habeas corpus* avec la loi dont il s'agissait, et il conclut pour la pleine et entière exécution de l'article 4 de la charte. Le 24 février 1818, M. Saulnier appuya le renvoi à la commission du budget d'une pétition adressée à la chambre. Il en prit occasion de faire le tableau de la situation de son département, écrasé par deux invasions successives et par l'occupation des alliés. Il ajouta que cette situation était celle de tous les départements de l'Est. A la dernière séance de cette session, il lut une pétition du comte Regnault de St.-Jean-d'Angely, qui se plaignait des vexations que les puissances étrangères lui faisaient subir dans son exil. M. Saulnier fait encore partie de la chambre des députés. — Son fils était préfet du Tarn-et-Garonne pendant les cent jours de 1815. C. C.

SAUMAREZ (Sir James), amiral anglais, descend d'une famille française qu'on suppose s'être établie dans l'île de Guernesey, lors de l'invasion de Guillaume-le-Conquérant. Il naquit dans cette île en 1757, d'un père qui exerçait avec succès la profession de médecin. J. Saumarez, neveu de deux fameux officiers de marine, suivit la même carrière. Dès l'âge de quatorze ans, il servait comme *midshipman*, et eut le bonheur de se trouver placé sous les ordres du capitaine Alms, marin distingué, et de croiser avec lui dans diverses mers pendant l'espace de trois ans. A la paix, J. Saumarez se retira dans sa famille, et s'occupa à perfectionner son éducation, qui n'avait été qu'ébauchée. Au commencement de la guerre d'Amérique, il s'embarqua sur le *Bristol*, et accompagna sir Peter Parker dans l'Atlantique. Il se distingua à l'attaque de Sullivan en 1776, fut nommé lieutenant et pourvu du commandement du cutter le *Spitfire*; mais il n'en jouit pas long-temps, ayant reçu ordre de brûler ce vaisseau pour qu'il ne tombât pas au pouvoir de l'ennemi, et de retourner en Angleterre comme simple passager. Il resta sans emploi pendant quelque temps; mais la Hollande ayant pris part à la guerre commencée par l'Amérique, sir J. Saumarez accompagna, comme premier lieutenant, sir Hyde Parker sur la flotte qu'il commandait, et prit part à l'affaire qui eut lieu dans la mer du Nord auprès de Dogger-Bank, et qui fut l'une des plus acharnées dont l'histoire fasse mention. Sir Saumarez se conduisit si bien qu'il fut chargé de remplacer dans le commandement du *Preston* le capitaine Green, qui avait perdu un bras dans l'action. De retour en Angleterre, il fut nommé capitaine en pied de la *Tisiphone*. Il reçut ordre de joindre l'amiral Hood, qui était à la tête de la flotte des Indes occidentales, et qui lui donna le commandement du *Russel* de 74 canons, et il se signala dans le combat qui eut lieu entre l'amiral Rodney et le comte de Grasse, le 12 avril 1782. A la paix, il se rendit à Guernesey, et y épousa une de ses compatriotes, dont il a eu plusieurs enfans; bientôt après, il obtint le commandement de l'*Embuscade* et ensuite du *Raisonnable*. En 1793, la guerre paraissant certaine avec la France, il reçut le commandement du *Croissant*, frégate de 36 canons, avec laquelle il croisa du côté de Cherbourg, et eut un engagement particulier avec la frégate française *La Réunion*. La bravoure et l'habileté qu'il montra dans cette action, lui valurent le titre de chevalier; la bourgeoisie de Londres lui fit en même temps présent d'une belle pièce de vaisselle. En juin 1794, sir J. Saumarez qui commandait une petite escadre, échappa par l'habileté de ses manœuvres, à une escadre française de force supérieure, et se réfugia dans un des ports de Guernesey. Vers la fin de la même année, il accompagna le comte Howe, qui commandait la flotte du canal; joignit avec un vaisseau de ligne, l'*Orion*, l'escadre de lord Bridport. Il fut ensuite placé sous les ordres de sir John Jervis, depuis lord St.-Vincent, croisa avec lui dans la Méditerranée et se trouva au blocus de Cadix, et à la bataille du cap Saint-Vincent, donnée en février 1797. Il obtint à cette occasion une médaille d'or. Sir J. Saumarez mérita aussi les plus grands éloges en contribuant à apaiser la révolte qui se manifesta sur la flotte anglaise. Le directoire de la république française venait à peine d'envoyer Buonaparte en Égypte, que le ministère anglais résolut de l'y faire suivre. Sir Horace Nelson fut en conséquence détaché par l'amiral St.-Vincent avec trois vaisseaux de ligne, dont l'un, l'*Orion*, était commandé par sir J. Saumarez. Après avoir éprouvé une violente tempête dans le golfe de Lyon, l'escadre se rendit en Sardaigne, où elle se répara et reçut un renfort de dix vaisseaux de ligne. Ayant appris de sir William Hamilton, ministre d'Angleterre à Naples, que Buonaparte avait été aperçu auprès de cette ville, l'amiral anglais, qui avait à bord d'excellents pilotes siciliens, n'hésita pas à traverser le détroit de Messine avec toute la flotte, ce qui ne s'était pas encore vu; mais ayant été instruit de la reddition de Malte et du départ des Français, il gagna Alexandrie, parcourut la côte de Caramanie, et entra enfin dans le port de Syracuse, où il mouilla. Il visita ensuite le golfe de Coron, et s'étant bien convaincu que l'Égypte était l'objet de l'expédition de l'ennemi, il se rendit devant Alexandrie, d'où il découvrit la flotte française se dirigeant vers la rade d'Aboukir. Là, se donna l'une des batailles navales les plus meurtrières dont l'histoire ait conservé le souvenir; les détails en appartiennent à l'article de Nelson, qui sera fait dans la *Biogr. univ.*; il nous suffit de dire que Saumarez montra un très grand courage dans cette occasion, et qu'après l'action il fut chargé du commandement des prises faites sur les Français. Il alla ensuite devant Malte qu'il somma de se rendre; mais malgré la nouvelle de la défaite qu'on venait d'éprouver, le général Vaubois qui en était gouverneur, refusa d'écouter aucune proposition; Saumarez laissa quelques vaisseaux pour bloquer les ports et se rendit à Gibraltar, puis à Lisbonne; et enfin en Angleterre où il arriva vers la fin de 1798. Il fut parfaitement accueilli dans sa patrie, récompensé pour la seconde fois par une médaille et par la décoration de l'ordre du Bain, avec l'emploi lucratif de colonel des marins. Après quelques instants de repos, il rejoignit en 1800 la flotte du canal sur un vaisseau de 80 canons, avec lequel il croisa dans les eaux de Brest. L'année suivante, il fut nommé contre-amiral et baronet de la Grande-Bretagne, puis envoyé pour commander l'escadre stationnée auprès de Cadix. Il eut dans le mois de juillet un engagement avec le contre-amiral français Linois, qui le força à la retraite, après lui avoir pris plusieurs vaisseaux, puis avec les flottes française et espagnole dans le même mois de juillet auprès d'Algésiras; quoiqu'il eût été obligé de se retirer après un violent combat qui n'avait été suivi que de la prise du *Sant Antonio*, vaisseau de ligne espagnol, le gouvernement anglais représenta cette affaire comme une victoire, et le roi d'Angleterre lui envoya l'étoile et le ruban de l'ordre du Bain, qui lui furent remis par le général O'Hara, gouverneur de Gibraltar, en présence de toute la garnison. La ville de Londres lui accorda le droit de cité et lui fit présent d'une superbe épée, tandis que les deux chambres du parlement lui votèrent des remercîments. Dans le court intervalle de paix qui suivit cette action, Saumarez se rendit dans le sein de sa famille, avec une pension de 1200 livres sterling; mais, sur la crainte qu'eut le ministère anglais de voir Guernesey attaqué, il en fut nommé commandant. En 1809, il servit contre le Danemark en faveur de la Suède, et croisa longtemps dans le golfe de Finlande pour en protéger le commerce. — SAUMAREZ (Richard), chirurgien de l'hôpital de la Madelène, frère du précédent, né comme lui à Guernesey, s'est distingué par son zèle pour son art, et par les soins qu'il s'est donnés pour le mettre à la portée des esprits les plus ordinaires. Il a publié: I. *Dissertation sur l'univers en général et les élémens en particulier*, in-8°., 1795. II. *Nouveau système de physiologie*, 2 vol. in-8°., 1798. III. *Principes et but de la philosophie*, in-8°., 1811. IV. *Principes des sciences physiologiques et physiques*, in-8°., 1812. V. *Discours prononcé devant la société de médecine*, in-8°., 1813. Z.

SAUNDERS (WILLIAM), membre de la société royale de Londres, médecin extraordinaire du prince de Galles, et doyen des médecins de l'hôpital de Guy, a publié les ouvrages suivants, qui jouissent d'une réputation méritée: I. *Traité sur le mercure employé dans les maladies vénériennes*, in-8°., 1767. II. *Réponse à Geachet Alcock sur la colique du Devonshire*, in-8°., 1768. III. *Observationes de Antimonio*, in-8°., 1779. IV. *Traité sur le kina*, in-8°., 1782. V. *Traité sur l'acide méphitique*, in-8°., 1779. VI. *Sur la structure, l'économie et les maladies du corps humain*, in-8°., 1793. VII. *Oratio Harvei instituto habita in theatro collegii regali medicorum Londinensis, die 19 octobr. 1796*, in-4°., 1797, in-8°. VIII. *Sur l'histoire chimique et les vertus médicinales de quelques unes de nos plus célèbres eaux minérales*, avec des remarques pratiques sur le régime des eaux, et des observations sur les bains froids et chauds, in-8°., 1800. IX. *Sur l'hépatite de l'Inde*, in-8°., 1809. Le docteur Saunders a réussi, en 1816, à introduire la vaccine chez les nègres de Saint-Domingue. Z.

SAURAU (Le comte FRANÇOIS DE), d'une des familles les plus anciennes de la Styrie, naquit à Vienne, où il fut élevé au collège Thérésien. Après avoir parcouru tous les grades de l'administration, et travaillé avec succès au nouveau cadastre, objet particulier des soins de Joseph II, il fut nommé, en 1786, conseiller au gouvernement de Prague, et devint, en 1789, capitaine de la ville de Vienne, charge qui répond à-peu-près aux fonctions de préfet en France. En 1791, il devint conseiller aulique au directoire-général de la monarchie. La réputation qu'il s'acquit dans tous ces emplois, fixa sur lui l'attention du prince et du public, et le vieux comte de Pergen ne pouvant plus exercer la charge de ministre de la police, le comte de Saurau lui fut adjoint en 1797. Cette époque était celle du mouvement général que la révolution française avait donné aux esprits, et le nouveau ministre eut à lutter contre un torrent formidable, sans avoir les moyens nécessaires pour lui résister; car le ministre des affaires étrangères, Thugut, qui alors dirigeait tout, exerçait une grande influence sur la police. Deux conspirations, l'une à Vienne même, et l'autre en Hongrie, furent néanmoins étouffées à leur naissance, et les coupables livrés à la justice. Toutes les intrigues des ennemis de l'etat furent déjouées par la vigilance du comte de Saurau, qui, informé de tout, chercha cependant, autant que le lui permirent l'imminence du danger et l'extrême sévérité du baron de Thugut, à respecter la liberté individuelle. Nommé, en 1795, président de la régence de la Basse-Autriche, et conservant en même temps la direction de la police, il conçut le projet très hardi de combattre l'opinion par l'opinion, et il osa, dans un moment où toute manifestation d'esprit public paraissait si dangereuse, appeler la masse de la nation autrichienne à se prononcer pour son souverain et pour l'état des choses actuel. Des écrits destinés à combattre les principes révolutionnaires furent mis à la portée du bas peuple; des réunions patriotiques se formèrent, et l'on excita le public à émettre son vœu et son opinion dans de grandes réunions que l'on sut préparer. La nation justifia l'attente du président du gouvernement; le succès le plus complet couronna une entreprise qui paraissait hasardeuse, et contre laquelle on s'était prononcé assez vivement dans le ministère. Imperturbable dans son système, le comte de Saurau le poursuivit au milieu des désastres de la guerre, et même lorsque de nouveaux revers ébranlèrent la monarchie. Enfin lorsqu'en 1797, Buonaparte s'avançait vers la capitale, le comte fit adopter la mesure la plus hardie et la plus décisive, ce fut la levée en masse. Tous les paysans s'armèrent de toutes parts au premier appel; cependant il y eut à Vienne même un moment d'hésitation, quoique l'esprit public fût excellent. Alors le comte fit éloigner tous les étrangers, et à peine cette mesure fut-elle exécutée que ce ne furent plus les hommes qui manquèrent, mais les armes, et qu'il fallut distribuer des piques, après avoir vidé l'arsenal de tous ses fusils. Les préliminaires de Léoben rendirent inutiles les effets de cette levée extraordinaire, et par un des bonheurs inexplicables de Buonaparte, tandis qu'il se trouvait coupé sur ses derrières, par l'insurrection des Vénitiens, au moment où il allait être obligé de se battre avec une armée affaiblie même par ses victoires contre une armée que l'enthousiasme avait portée au grand complet, et tandis que la levée générale devait lui faire craindre tous les inconvénients contre lesquels il a lutté depuis sans succès en Espagne, il dicta la loi qu'il aurait dû recevoir. Le comte de Saurau acquit par ces opérations aussi sages qu'énergiques, une popularité immense. L'empereur lui témoigna sa satisfaction, et lui donna une terre en Hongrie. Il fut chargé dans la même année de recréer le collège Thérésien, destiné à l'éducation de la noblesse, et que l'empereur Joseph avait supprimé. Son nom seul suffit pour donner à cette institution la confiance publique, et pour y attirer un nombreux concours d'élèves de toutes les parties de la monarchie. La confiance du souverain et le vœu public le portèrent, dans la même année, au ministère des finances, où son prédécesseur, par une misérable parcimonie, s'était fait des ennemis jusque dans ses employés. Une des guerres les plus dispendieuses que l'Autriche ait eue à soutenir, venait de mettre ses finances dans l'état le plus déplorable. Cependant la paix de Campo-Formio n'était évidemment qu'une trève, et il fallait encore se préparer à la guerre. Ce fut alors que la nécessité fit adopter au baron de Thugut le projet d'accroissement des obligations de la banque, que lui suggéra un ancien employé belge. On sait combien cette opération a été funeste au crédit de la maison d'Autriche. Le comte de Saurau combattit vivement ce projet; il s'y opposa avec toute la fermeté de son caractère; mais l'opinion du baron de Thugut qui jouissait d'une confiance illimitée près du souverain, prévalut. Cette mesure fit perdre au comte une partie de sa popularité, et elle amena de la froideur entre le baron, le ministre du cabinet et lui. En 1801, il fut nommé ambassadeur à Pétersbourg. S. M. I. lui conféra en cette occasion la grand'-croix de St.-Etienne. Il ne fut pas possible au comte de faire adopter au cabinet de Saint-Pétersbourg le système qui dans la suite a sauvé l'Europe: trop d'intérêts et trop d'intrigues s'y opposaient alors. La Russie et la France concoururent conjointement à la désorganisation ou plutôt à la destruction de l'empire germanique, par les sécularisations qui eurent lieu à Ratisbonne. En 1803, le comte de Saurau fut nommé maréchal des états de l'Autriche, et il présida leur assemblée jusqu'en 1806, époque où il devint commissaire impérial en Styrie, Carinthie et Carniole. Il organisa dans ce provinces cette Landwehr qui rendit de si grands services. En 1810, l'empereur le nomma gouverneur-général de la province d'Autriche. Le système du libre commerce des grains, qui, dans un pays essentiellement agricole, est impérieusement demandé par le sens commun, fut introduit, maintenu et protégé, malgré les préjugés contre lesquels le nouveau gouverneur était forcé de lutter. En 1814, l'empereur le chargea de l'organisation des provinces Illyriennes, évacuées par les Français. Enfin, en 1815, on lui donna le gouvernement de la Lombardie, charge plus pénible que toutes celles qu'il avait occupées. Il était difficile de faire oublier tout-à-coup aux habitants d'une ville populeuse que cette ville avait été la capitale d'un royaume. Un essaim d'employés avaient été renvoyés ou mis à la demi-solde, et toutes les causes qui avaient concouru à fomenter en France l'esprit de discorde et frayé le chemin à l'usurpateur de l'île d'Elbe, existaient en Lombardie. Cependant l'intégrité du gouverneur surmonta les plus grands obstacles, et lorsqu'il quitta Milan en 1817, pour se rendre à l'ambassade de Madrid, il fut généralement regretté. Lors de la guerre de Naples, en 1815, le comte de Saurau avait été ministre de l'armée qui, en quinze jours, mit fin au règne de Murat, et le roi Ferdinand lui conféra, à cette occasion, la décoration de St.-Ferdinand en diamants. En 1818, le comte de Saurau, généralement cher aux amis des mœurs et de la bonne foi, a été nommé chef de toutes les chancelleries de l'empire, dignité nouvelle qui, par son importance, a plus d'éclat que la place de ministre de l'intérieur en France: enfin cet homme d'état consommé, qui a été l'objet constant des préférences libres et des tendres affections de son maître, que François Ier., dans des calculs de doctrine essentiellement monarchique, a formé lui-même à l'étude des plus hautes questions de politique et d'économie administratives, est comme en sentinelle sur la seconde marche du trône pour retenir, dans une sage réserve, ceux qui pourraient être tentés de ressusciter les prétentions et le pouvoir des Potemkin, des Godoy et des Kaunitz. F.

SAUTEREAU DE BELLEVEAU (J.), député à la Convention, est né dans la commune d'Epiry, dans le bas Nivernais. Son père, qui était notaire dans ce village, lui fit faire son droit à Bourges, et il devint avocat. Après quelques essais dans sa province, il alla s'établir à Clermont, en Auvergne, où il plaida pendant la courte existence des grands bailliages. Ces cours ayant été supprimées à l'avènement de Louis XVI, M. Sautereau revint dans son pays, et quand la révolution se manifesta, il en embrassa les principes, et fut d'abord procureur-syndic du département de la Nièvre, puis député à l'assemblée législative et à la Convention. Quoique doué de quelque talent, il ne chercha point à se faire remarquer à la tribune, mais il se réunit constamment aux révolutionnaires. Dans le procès du roi, il se prononça contre l'appel au peuple, et vota la mort. Il ne se trouvait point à l'assemblée lors du vote sur le sursis. Ses travaux législatifs se bornèrent à quelques recherches dans les comités. Devenu membre du conseil des cinq-cents, il défendit, en 1797, les assemblées électorales de Nevers, accusées par M. de Larue d'avoir été influencées par les jacobins. En mars 1798, il fit exclure du corps-législatif M. Delor, comme parent d'émigré. Il en sortit lui-même à cette époque, et fut nommé juge au tribunal d'appel du Cher, place qu'il a remplie jusqu'à la recomposition des tribunaux. En 1816, étant compris dans la loi contre les régicides, il s'est retiré à l'étranger. B. M.

SAUVIAC (J.-A.), ancien général qui fut employé aux armées du Nord dans les premières campagnes, et qui a cessé de l'être depuis long-temps, a publié: I. *Éloge du maréchal de Vauban*. II. *Aperçu des deux dernières campagnes de l'armée du Nord, pour servir de réponse à une satire contre le général Pichegru*, 1796, in-8º. III. *Coup-d'œil militaire et politique sur le théâtre de la guerre en général, remis au gouvernement après les affaires de la Trebia*, 1800, in-8º. Or.

SAUVO (François), né à Paris le 8 novembre 1772, est rédacteur en chef du *Moniteur*; il n'a été chargé de ce travail qu'après la retraite de M. Thuau dit de Granville, et de M. Trouvé, son successeur, c'est-à-dire, après le 18 brumaire. Il s'était exercé auparavant à l'analyse des travaux de quelques-unes des assemblées politiques, et avait fait preuve, quoique très jeune encore, de beaucoup d'intelligence et de facilité dans ce genre de travail. Il rédigeait, en 1796 et 1797, d'une manière fort spirituelle, les séances du corps-législatif pour la *Quotidienne*. Depuis près de quinze ans, c'est lui seul qui, si l'on en excepte un petit nombre d'articles, rédige chaque jour l'immense *Moniteur*, et même qui recueille pour cette feuille les débats des séances de la chambre des députés, avec bien plus d'étendue que les autres journaux. C'est encore lui qui rend compte des pièces nouvelles, de leurs chutes ou de leurs succès sur nos principaux théâtres ; et il remplit cette tâche avec beaucoup de goût et de mesure. Il se fait surtout remarquer par l'impartialité de sa critique et le zèle d'un amateur très éclairé lorsqu'il s'agit de compositions musicales. M. Sauvo, qui était l'un des censeurs du gouvernement impérial, a été nommé censeur royal honoraire le 24 octobre 1814. U.

SAVARY (LOUIS-JACQUES), habitant d'Evreux, député de l'Eure à la Convention nationale, vota pour la détention de Louis XVI jusqu'à la paix, et la sanction par le peuple, sauf les mesures à prendre en cas d'invasion. Il vota aussi en faveur de l'appel et du sursis. Ayant signé la protestation du 6 juin 1793, contre la tyrannie de la Montagne, il fut d'abord décrété d'arrestation, et ensuite mis hors la loi; mais en avril 1795, ce décret fut révoqué; il fut nommé, en juillet 1795, secrétaire de l'assemblée; discuta divers articles de l'acte constitutionnel, et fit, au nom du comité de législation, un rapport sur les abus qu'entraînait le discrédit du papier-monnaie. En avril suivant, il fut envoyé avec Lefebvre dans la Belgique. Ayant passé au conseil des cinq-cents, à la fin de la session, il donna sa démission le 4 novembre 1795 ; devint, par la suite, commissaire de l'administration de son département; fut nommé, en mars 1799, au conseil des cinq-cents ; s'y montra opposé à la crise du 30 prairial; et entra en décembre au corps législatif. A la suite du 18 brumaire, il adressa la lettre suivante à ses commettants. « La constitution de l'an III, » violée en fructidor an V, en floréal an » VI, en prairial an VII, n'était plus qu'un » faible roseau qui pliait dans tous les » sens et à tous les vents. Des mains » pures, guidées par l'expérience qui » nous manquait en l'an III, vont reconstruire cet édifice usé dès sa naissance. » Que des hommes inquiets se plaisent » à rechercher dans l'histoire les exemples » de César, de Cromwell, etc.; pour » moi, j'aime à reposer ma pensée sur » un exemple plus consolant et plus récent, celui de Washington. » En janvier 1800, il développa au corps législatif les nombreux défauts de l'ancienne constitution, prétendant qu'ils avaient nécessité la révolution du 18 brumaire. M. Savary resta membre de ce corps après son premier renouvellement, en mars 1802. Au mois d'août 1804, il fut élu candidat au sénat-conservateur par le collége électoral de son département, et nommé presque en même temps chancelier de la 14e. cohorte de la Légion-d'honneur, place qu'il a conservée jusqu'à la fin de 1815. B. M.

SAVARY (JEAN-JULIEN-MARIE), habitant de Chollet, et juge au tribunal révolutionnaire de Paris, après la chute de Robespierre (en août 1794), ensuite adjudant-général, député de Maine-et-Loire au conseil des cinq-cents, en septembre 1795, s'y montra partisan des mesures révolutionnaires ; devint, surtout après le renouvellement du tiers du conseil en mars 1797, un des chefs les plus ardents des *ralentisseurs* (nom que l'on donna à ceux qui cherchèrent à entraver le retour à la modération), et se déclara hautement en faveur du directoire. Il parla avec beaucoup de sens sur la guerre de la Vendée, parce qu'une expérience et des intérêts personnels le rappelaient également alors aux vrais principes ; et dès le 3 novembre 1795, il invita ses collègues à se joindre à lui pour donner au directoire les moyens de pacifier ce pays. Le 21 mars 1796, il fut élu secrétaire; le 15 avril, il dénonça les efforts de la malveillance pour porter les troupes à la rébellion. Peu de jours après, il présenta les moyens de relever l'esprit public, et de le diriger en faveur de la constitution. Lorsque M. de Vaublanc, condamné comme l'un des chefs de la révolte du 13 vendémiaire (5 octobre 1795), et nommé député, se présenta au conseil, M. Savary témoigna contre lui la plus vive indignation, et quand ce député prêta serment de *haine à la royauté*, il lui cria de lever la main *bien haut*. En septembre, il combattit le projet de décréter la peine de mort pour la désertion; et s'éleva, peu de temps après, contre la multiplicité des jugements par commission militaire. En mai 1799, il soutint la validité de l'élection de Barère. Peu de jours après, il défendit le général Cambray, accusé de jacobinisme dans l'Ouest. Le 3 juin, il signala comme insidieuses les motions du parti clichien, et accusa ses députés de ne peser avec tant de complaisance sur le régime de 1793, que pour déguiser leurs regrets du régime ancien et leurs projets de le ramener. A la fin du même mois, il parla encore avec chaleur dans le même sens, et se plaignit de ce que les acquéreurs de biens d'émigrés étaient persécutés, et de ce qu'on recommençait les processions dans les départements. Le 3 juillet, il s'opposa à l'amnistie proposée en faveur des émigrés du Haut et du Bas-Rhin. Le lendemain, il demanda l'aliénation de tous les presbytères, la prohibition du culte catholique; et, le 9 du même mois, il combattit le projet d'amnistie pour les fugitifs de Toulon. En 1798, il s'opposa à l'admission des deux députations nommées par les deux assemblées électorales de Paris. Il paraît qu'il prit ce biais pour empêcher d'entrer aux conseils celle que protégeait le directoire; mais il n'y put réussir. Il présida le Conseil en novembre, et en étant sorti en 1799, il fut aussitôt réélu, par son département, à celui des anciens, se montra favorable à la révolution du 13 prairial et défendit le club du Manège, attaqué en août par Courtois; il fut ensuite un des membres opposés à la révolution du 18 brumaire (9 novembre 1799), et l'un de ceux à qui la commission des inspecteurs n'envoya pas de lettres de convocation; mais à la séance extraordinaire du 19, il demanda vivement qu'on lui fît connaître les motifs qui avaient servi de prétexte à cette convocation, et se plaignit de n'en avoir pas été instruit. Il fut exclu, à la fin de la séance, *pour ses excès et tentatives insurrectionnelles*, etc. Depuis, il n'a pas reparu dans les fonctions législatives, et il était sous-inspecteur aux revues au moment de la chute de Buonaparte en 1814.   B. M.

SAVARY (ANNE-JEAN-MARIE), duc de Rovigo, fils d'un major du château de Sedan, est né dans cette ville le 26 avril 1774. Destiné à la profession des armes, il l'embrassa de bonne heure, et les premières campagnes de la révolution lui fournirent un moyen d'avancement facile. Devenu successivement aide-de-camp des généraux Férino et Desaix, il servit, sous ce dernier, sur le Rhin, le suivit en Egypte, et revint avec lui en Italie. Il était à ses côtés à la bataille de Marengo, lorsque ce général reçut le coup mortel. Savary alla annoncer cette nouvelle à Buonaparte, qui, l'ayant déjà connu en Egypte, se l'attacha en qualité d'aide-de-camp. En 1803, il accompagna le premier consul en Belgique, et, l'année suivante, il fut envoyé sur les côtes de l'Ouest pour y diriger les mesures prises par la police lors de la découverte des projets de George Cadoudal et de Pichegru. Il était déjà, à cette époque, général de brigade, et de pareils services lui valurent bientôt le grade de général de division, qu'il obtint le 1er. février 1805. Il eut en même temps le commandement des gendarmes d'élite de la garde impériale. Ces faveurs, qui n'étaient que le prélude de la haute fortune à laquelle il parvint dans la suite, furent le prix de son dévouement absolu aux ordres de Napoléon, dont il dirigeait dès-lors la police particulière, ou ce qu'on appelait la contre-police. Avant la bataille d'Austerlitz, Buonaparte l'envoya, comme négociateur, à l'armée austro-russe. Ce fut lui qui, le lendemain de cette bataille, reconduisit l'empereur d'Autriche dans son camp, et fut chargé de savoir de l'empereur de Russie s'il accédait aux préliminaires qui venaient d'être signés. Sur la déclaration affirmative de ce souverain, le général Savary porta au général Davoust l'ordre de cesser les hostilités. Peu de jours après, il fut nommé grand-officier de la Légion-d'honneur, et reçut le grand-cordon de l'ordre de Bade au mois de mars 1806. A l'ouverture de la campagne suivante, il alla diriger les opérations du siége de Hameln, et prit possession de cette place, qui capitula le 20 novembre. Le 25 février suivant, il fut élevé à la dignité de grand-croix de la Légion-d'honneur. Il se trouva à la bataille de Friedland, et chargea à la tête des fusiliers de la garde. Buonaparte récompensa de nouveau service par une nouvelle grâce, et le fit duc de Rovigo. Le bulletin de la bataille d'Eckmuhl lui donna les plus grands éloges, pour avoir porté les ordres de l'empereur à travers les légions ennemies. Lorsque Buonaparte résolut de s'assurer la couronne d'Espagne, le duc de Rovigo joua un grand rôle dans cette opération. Initié dans tous les secrets de son maître, il fut chargé de déterminer la famille royale à quitter Madrid pour se rendre à Vittoria, où son entrevue avec Buonaparte devait d'abord avoir lieu. Ce fut encore lui qui, peu d'heures après l'arrivée à Baïonne du jeune roi d'Espagne, alla lui annoncer que Buonaparte le déposait (*Voy.* FERDINAND VII). Cette entrevue fut la dernière, et le duc de Rovigo n'osa plus se présenter devant ces princes. Après le départ de Murat, il prit le commandement des troupes françaises en Espagne; mais il ne dirigea aucune des grandes opérations militaires qui eurent lieu dans ce malheureux pays. Buonaparte avait trop bien éprouvé son dévouement dans ces dernières circonstances pour qu'il ne cherchât point à l'en récompenser. La disgrâce de Fouché lui en fournit l'occasion, et le duc de Rovigo le remplaça, le 3 juin 1810, au ministère de la police, où, plus que jamais, il devait être à même de servir les intérêts de son maître. Inférieur, sans doute, à son prédécesseur, du côté des talents et du caractère, mais secondé par les mêmes agents, il exerça partout une surveillance très sévère et très active. Cependant la conspiration de Malet échappa à sa vigilance et faillit lui être bien fatale. Le 23 octobre 1812, il fut arrêté dans son lit par les généraux Lahorie et Guidal, et conduit à la prison de la Force, où il fut écroué. Les soldats insurgés avaient menacé de le tuer, et il ne dut la vie qu'à la générosité de Lahorie, qui avait été son camarade. Sa détention ne dura que quelques heures; mais cette étrange disgrâce fut l'objet des plaisanteries et des caricatures les plus piquantes. Il paraît cependant qu'elle n'influa pas sur la conduite de Buonaparte à son égard, puisqu'il continua de lui témoigner la confiance la plus illimitée. Le duc de Rovigo fut du nombre des ministres qui, lors de la reddition de Paris en 1814, accompagnèrent à Blois l'impératrice Marie-Louise. Il se rendit ensuite à Orléans, où il quitta cette princesse. Rentré dans la vie privée après la chute de Napoléon, il toucha les appointements de lieutenant-général en non-activité, et il paraît qu'il concourut aux manœuvres qui ramenèrent Buonaparte à Paris, puisqu'il a été compris dans l'ordonnance d'exil du 24 juillet 1815. Buonaparte ne lui avait pas néanmoins rendu son ministère de la police, qu'il avait été forcé de donner au duc d'Otrante. Il s'était contenté de le nommer inspecteur-général de gendarmerie et pair de France. Lors de la seconde abdication de Napoléon, le duc de Rovigo voulut s'attacher à sa fortune, et il l'accompagna à Rochefort. Transporté avec lui à bord du vaisseau le *Bellérophon*, on refusa de le comprendre parmi les individus qui eurent la permission de suivre l'ex-empereur à Sainte-Hélène. Il fut conduit à Malte et enfermé dans cette île avec le général Lallemant, le colonel Mercher et autres. Il fut placé au fort Lavalette, et c'est là qu'il composa ses Mémoires, mais il s'évada, ou plutôt on ouvrit les portes de sa prison dans la nuit du 7 au 8 avril 1816. Il éprouva les plus vives inquiétudes au moment de son départ, ayant imaginé que les Anglais voulaient le livrer à la France; et il fallut toute la fermeté du général Lallemant pour remettre ses esprits. Enfin il s'embarqua pour Smyrne, où il séjourna quelques mois, jusqu'à ce qu'un firman de la Porte vint l'en expulser. En 1817, il débarqua à Trieste, d'où il tenta de s'introduire en Autriche. Découvert et arrêté dans ce pays, il fut transféré à Gratz, où il est resté sous une rigoureuse surveillance. Un conseil de guerre assemblé à Paris le 25 décembre 1816, a condamné à mort, par contumace, le duc de Rovigo. Le faux bruit de son arrestation dans cette ville s'étant répandu au mois de mars 1818, il fut bientôt démenti; mais les journaux et le bruit public ayant annoncé la publication d'un ouvrage en plusieurs volumes, sous le titre de *Mémoires du duc de Rovigo*, Mme. la duchesse sa femme, née Faudoas, réclama contre cette assertion. Lui-même adressa, à cette occasion, la lettre suivante à l'ambassadeur de France à Vienne : « Monsieur » le Comte, je n'ai rien publié, rien communiqué pour être publié sous mon » nom. Il est vrai que j'ai écrit librement » sur beaucoup de sujets; mais je ne me » suis point défait de la moindre partie » de mon ouvrage, et je puis le soute- » nir; car la personne qui en est en pos- » session me mandait, le 17 mars, qu'il » est en sûreté, et qu'il n'en sera disposé » en aucune façon, sans mon ordre ex- » près, ordre que, jusqu'à ce jour, je » n'ai point donné. Quelque motifs que » je puisse avoir de me plaindre, je ne

» veux point me venger par des moyens » tels que ceux dont l'on m'accuse, et je » laisse aux honnêtes gens à juger ceux » qui abusent de ma position pour in- » venter de purs mensonges. En vain di- » ra-t-on que cet ouvrage m'a été volé, » ou qu'il a été composé avec des maté- » riaux tirés de mon cabinet. J'assure » que l'on ne m'a rien pris, et que les » Anglais m'ont rendu tout ce que j'a- » vais laissé à Malte, et si promptement » qu'ils n'auraient pas eu le temps d'en » prendre des copies, en supposant qu'ils » y eussent pensé. Je n'ai donc aucune » plainte à former de ce côté: depuis » deux ans, on n'aurait pas attendu jus- » qu'aujourd'hui pour en faire usage. » Encore moins peut-on admettre la se- » conde supposition, parce que, dès le » mois de janvier 1814, j'avais fait brûler » tous les papiers de mon ministère, à » l'exception de ceux qui concernaient » le service courant. M. Beugnot, mon » successeur, peut rendre compte de ce » qu'il a trouvé dans mon cabinet. Je » crois donc que les publications qui » ont été faites à Paris, ont été for- » gées pour nuire à certains person- » nages. On ne peut me les attribuer » en aucune façon. Je suis fermement » résolu d'écrire mes mémoires, pour em- » pêcher que d'autres ne le fassent à ma » place, et pour laisser à mes enfants les » moyens de répondre aux reproches » dont l'on me chargerait, si j'avais l'air » d'y souscrire. Tel est mon seul but. » Tant que le danger me menacera, je » me tiendrai prêt à redresser l'opinion » sur tout ce qui me sera imputé. Je ne » veux jamais être la cause volontaire » du chagrin de qui que ce soit. Si j'étais » né méchant, j'aurais déjà recouru, » depuis long-temps, aux moyens que » l'on paraît tant redouter. Mais mon » ouvrage ne contient rien de semblable, » et s'il s'y trouve des traits frappants, » on en verra les motifs, et on recon- » naîtra que je ne crains pas de dire » ouvertement la vérité.. » C. C.

SAVIGNY (JULES-CÉSAR), de l'Institut d'Egypte, connu par de savantes recherches sur diverses parties de l'histoire naturelle, a publié: I. *Histoire naturelle et mythologique de l'Ibis*, 1805, in-8°. II. *Mémoire sur les animaux sans vertèbres*, 1re. partie, 1816, in-8°.; 2e. partie, 1818. — SAVIGNY (J.-B. Henri), ex-chirurgien de la marine, se trouvait à bord de la frégate la *Méduse* lors du terrible naufrage qu'éprouva ce bâtiment. Il en a publié une Relation en 1817, in-8°. (avec Alexandre Corréard); 2e. édition, 1818, in-8°. On a encore de lui: *Observations sur les effets de la faim et de la soif, éprouvées après le naufrage de la frégate du Roi la Méduse*, thèse soutenue le 26 mai devant la faculté de médecine, 1818, in-8°. OT.

SAVOIE-ROLLIN (Le baron JACQUES-FORTUNAT), ancien avocat-général au parlement de Dauphiné, né à Grenoble vers 1765, fut nommé en décembre 1799 membre du tribunat, appuya, en 1800, le projet de fermer la liste des émigrés, fut ensuite élu secrétaire, et vota en 1801 pour l'établissement des tribunaux spéciaux. Il se prononça plus tard pour le nouveau mode d'élection accordé au peuple par le projet sur la formation des listes de notabilité. En mai 1802, il combattit l'institution de la Légion-d'honneur, dont il devint ensuite membre; fut élu secrétaire le 22 janvier 1804, parla en mai, pour que Napoléon fût proclamé empereur; fut nommé ensuite l'un des substituts du procureur-général impérial près la hautecour, préfet de l'Eure en juillet 1805, et passa, le 21 mars 1806, à la préfecture de la Seine-Inférieure, en remplacement du conseiller d'état Beugnot. En 1812, un receveur des octrois, le sieur Branzon, qui depuis a joué un rôle dans l'affaire du faux dauphin, Mathurin Bruneau, ayant été condamné pour des soustractions importantes des fonds de sa caisse, M. Savoie-Rollin fut accusé de les avoir favorisées, et destitué par un décret impérial. Traduit devant la cour de Paris, les chambres assemblées l'acquittèrent honorablement, et Buonaparte, forcé de céder à l'opinion publique, nomma M. Savoie-Rollin préfet des Deux-Nèthes, place que celui-ci conserva jusqu'à l'invasion des alliés. Il n'occupa aucunes fonctions après la première restauration. Il fut nommé, au mois d'avril 1815, préfet du Rhône et ensuite de la Côte-d'Or; mais il refusa cette place. Il fut, après la rentrée du Roi, nommé député à la chambre de 1815 par le département de l'Isère, dont il avait présidé le collège électoral. Après la dissolution de cette chambre, le 5 septembre 1816, il fut réélu par le même département à la nouvelle assemblée. Il vota le 30 janvier

1817 contre le projet de loi sur la liberté de la presse, dont il regarda les dispositions comme pouvant occasionner des procédures interminables. « Je finis, » ajouta-t-il, par un vœu que je crois » celui de toute la France : liberté de la » presse, répression de ses abus, juge- » mens par jurés. » Lors de la discussion sur le budget, M. Savoie-Rollin demanda qu'il fût fait une réduction de 18 millions sur celui du ministère de la guerre, et il attaqua les marchés conclus pour la fourniture des vivres aux armées d'occupation. Ce député continue de siéger à la chambre, où il vote avec la majorité. B. M.

SAVORNIN (Marc-Antoine), né dans le département des Basses-Alpes, embrassa la cause de la révolution, et après avoir rempli des fonctions publiques secondaires, fut nommé député à la Convention. Il ne s'y fit pas remarquer, et il n'est connu que par son vote dans le procès du Roi, qu'il condamna à la mort avec l'amendement de Mailhe. Il se déclara contre l'appel et contre le sursis. Après la session, il passa au conseil des cinq-cents, et depuis ce temps il resta dans l'obscurité jusqu'en 1816, époque à laquelle il se réfugia dans les Pays-Bas, par suite de la loi contre les régicides. C. C.

SAY (Jean-Baptiste), né à Lyon en 1767, vint s'établir à Paris dans les premiers temps de la révolution, et s'y occupa des lettres. On sait qu'il changea son nom en celui d'*Atticus* pendant le régime de 1793. Plus tard, il devint un des fondateurs de la *Décade philosophique*, puis il renonça à cette feuille, quelquefois spirituelle, mais le plus souvent d'un républicanisme niais et dégoûtant. Nommé en décembre 1799, membre du tribunat, il combattit, en mars 1800, la taxe pour l'entretien des routes. En janvier 1801, on le vit célébrer les triomphes de l'armée d'Orient et les avantages de l'expédition d'Égypte. Il fut nommé, en 1804, à la place de directeur des droits-réunis de l'Allier, mais il ne l'accepta pas, ne voulant rien recevoir de Buonaparte. M. Say, dont un des principaux ouvrages a été accueilli très favorablement en Russie, a été nommé en 1817 membre de l'académie impériale de St.-Pétersbourg et chevalier de St.-Wladimir. Il a publié : I. *Nouveau voyage en Suisse par Hélène-Marie Williams*, traduit de l'anglais, 1798, 2 vol. in-8º.; 1802, 2 vol. in-8º. II. *Olbié, ou Essai sur les moyens de réformer les mœurs d'une nation*, 1800, in-8º. III. *Traité d'économie politique, ou Simple exposition de la manière dont se forment, se distribuent et se consomment les richesses*, 1803, 2 vol. in-8º.; 1814, 2 vol. in-8º.; 3e. édition, 1817; traduit en espagnol par M. Gutterez, en 1816. IV. *De l'Angleterre et des Anglais*, 1815, in-8º., 2e. et 3e. édition, 1816, in-8º. V. *Catéchisme d'économie politique*, 1815, in-8º. Cet ouvrage n'a pas été moins bien reçu en Angleterre qu'en France. VI. *Petit volume, contenant quelques aperçus des hommes et de la société*, 1817, in-12; 2e. édition, 1818. C'est une des productions les plus remarquables de l'auteur. On y trouve plusieurs pensées ingénieuses et rendues d'une manière piquante; mais malgré l'indépendance d'opinion qu'il affecte, il n'est pas difficile de reconnaître celle en faveur de laquelle penche M. Say. VII. *De l'importance du port de la Villette*, 1818, in-8º. VIII. *Des canaux de navigation dans l'état actuel de la France*, 1818, in-8º. — SAY (Louis), né à Lyon vers 1775, frère puîné du précédent, et d'Horace Say, tué au siège de St.-Jean-d'Acre, a été courtier de commerce à Paris dans sa jeunesse : il est depuis dix ans raffineur de sucre à Nantes; et, de plus, vice-président du conseil de surveillance du dépôt de mendicité, membre du conseil municipal et de la société académique. M. Louis Say a publié à Paris, en 1818, *Principales causes de la richesse et de la misère des peuples*, in-8º. C. C.

SAYER (Édouard), jurisconsulte anglais, réunit à un degré supérieur deux talents qu'on trouve rarement dans la même personne : il est poète fort ingénieux et excellent peintre. Il fut le conseil de lord Hood dans le grand débat qui eut lieu pour Westminster en 1784. M. Sayer a publié un nombre considérable d'excellentes caricatures qui ont eu un très grand succès, et plusieurs des plus élégantes pièces de vers qui aient paru de nos jours : presque toutes les productions de sa plume sont sur des sujets politiques. Ses écrits avoués sont : I. *Observations sur la police de Westminster*, in-4º., 2e. édition, 1792. II. *Observations au sujet du sermon du docteur Price sur la révolution fran-*

çaise, in-8°., 1789. III. *Lindor et Adélaïde*, conte moral, in-12. IV. Un volume d'*Essais littéraires et politiques*, in-8°.   Z.

SCARPA (ANTOINE), célèbre médecin-chirurgien d'Italie, professeur de clinique et d'opérations chirurgicales dans l'université de Pavie, membre de l'Institut royal des sciences, belles-lettres et arts du royaume Lombardo-Vénitien, associé étranger à l'académie royale des sciences de l'Institut, décoré de la croix de la Légion-d'honneur et de l'ordre de la Couronne-de-fer, naquit en Lombardie vers 1746. La réputation que les connaissances et les opérations de M. Scarpa lui avaient faite, était déjà répandue dans toute l'Italie et même dans le reste de l'Europe à l'époque de la révolution française. Avant que cette révolution eût pénétré en Italie, il avait publié deux ouvrages du plus grand mérite, l'un sur l'ouïe et l'odorat; l'autre contenant une description de tous les nerfs du corps humain. Honnête homme autant que savant, M. Scarpa gémit sur les malheurs dont il prévoyait que les nouvelles idées politiques allaient accabler sa patrie; et il ne dissimula point son attachement au gouvernement et aux principes religieux qu'elle avait eus jusqu'alors. Quand Buonaparte eut, en 1796, créé la république cisalpine, et que le directoire exécutif de cette éphémère république, conformément à l'usage des révolutionnaires de France, exigea un serment de tous les fonctionnaires publics, M. Scarpa refusa de prêter ce serment que sa conscience et ses affections réprouvaient. Sans égard pour son grand savoir, pour les éminents services qu'il avait rendus, et sans considérer l'utilité de ses leçons dans l'université de Pavie, dont il soutenait l'ancienne renommée, le directoire l'expulsa de sa chaire. M. Scarpa ne perdit rien pour cela de sa considération; l'estime et la confiance publiques lui procurèrent d'amples dédommagements. De toutes parts on venait le consulter; et les princes de la maison d'Autriche continuaient d'avoir recours à ses lumières. Exerçant son art en simple particulier, et avec autant de charité envers les pauvres que de dignité envers les riches, il consacrait encore au travail du cabinet les loisirs que lui laissait l'exercice de sa profession. Il publia dans ce temps-là un excellent ouvrage sur les maladies des yeux, et de très profondes et très judicieuses observations sur l'anévrisme. Buonaparte s'étant fait couronner à Milan en 1805, visita une partie de son royaume et vint à Pavie où il se fit présenter les professeurs de l'université; M. Scarpa, qui ne l'était plus depuis 1796, ne pouvait se trouver parmi eux. «Où est » donc le docteur Scarpa?» s'écria le nouveau monarque. On lui répondit en balbutiant ce qu'il n'ignorait pas, c'est-à-dire, la cause de la destitution de ce professeur. «Eh! qu'importent le refus du » serment et les opinions politiques? ré- » pliqua-t-il noblement, le docteur Scar- » pa honore l'université et mes états.» Scarpa fut en conséquence prié de rentrer dans l'université; son âge déjà avancé et ses travaux ne l'empêchèrent point d'être encore d'une extrême utilité aux jeunes élèves qui la fréquentaient. Ils le suivaient avec autant de vénération que d'exactitude quand il allait faire ses observations et ses démonstrations dans les hôpitaux de Pavie. S'il était remplacé quelquefois, c'était par un de ses anciens disciples, devenu très habile dans son art, Joseph Jacopi, auquel il était fort attaché et que la mort enleva en 1812 (*Voy.* ce nom dans la *Biographie univ.*) Ami de la bonne littérature, M. Scarpa a montré par le style de ses ouvrages, que dans ce genre-là seul, il aurait pu obtenir de grands succès. Non moins ami des beaux-arts, il a formé chez lui une collection de tableaux des plus grands maîtres; et cette collection, quelque peu considérable qu'elle soit, l'emporte de beaucoup par le choix des ouvrages, sur quantité d'autres infiniment plus nombreuses. La France ne connaît pas encore tous les ouvrages sortis de la plume du docteur Scarpa; mais ceux qu'elle admire et qu'elle consulte avec toute l'Europe, sont cités dans toutes les Bibliographies, comme étant d'un grand prix. Ce sont: I. *Anatomicæ disquisitiones de auditu et olfactu*, in-fol. avec fig., Pavie, 1789, et Milan, 1793. II. *Tabulæ neurologicæ*, grand in-fol., Pavie, 1794. Cet ouvrage est fort estimé. III. *Saggio di osservazioni e d'esperienze sulle principali malattie degli occhi*, in-4°., Pavie, 1801; traduit en français par M. Léveillé, sous ce titre: *Mémoires de physiologie et de chirurgie-pratique*, Paris, 1804, in-8°. IV. *Riflessioni ed osserva-*

zioni anatomico-chirurgiche sull'anevrisma, Pavie, 1804, grand in-fol. avec fig.; traduit en français par J. Delpech, et publié avec l'addition de deux *Mémoires*, in-8°, avec atlas, à Paris, 1813. V. *Sull'ernie, memorie anatomico-chirurgiche*, Milan, 1809, in-fol. avec fig.; traduit en français par M. Cayol, sous le titre de *Traité pratique des hernies*, Paris, 1812, in-8°. avec atlas, in-fol. N.

SCEPEAUX (Le vicomte MARIE-PAUL-ALEXANDRE-CÉSAR DE BOIS-GUIGNON DE), né le 19 septembre 1769, était officier de cavalerie avant la révolution. Il se jeta dès 1793 parmi les royalistes de la Vendée, et servit dans la division de Bonchamp, son beaufrère, jusqu'à la mort de celui-ci. Le 13 juillet 1793, il combattit dans les environs de Vihiers, où les royalistes attaquèrent Labarolière, commandant pour les républicains les forces de Saumur et d'Angers. Les Vendéens, d'abord vainqueurs, furent obligés de se retirer sur Coron, après avoir enlevé trois pièces de huit à l'ennemi. A la fin du même mois, le vicomte de Scepeaux, à la tête d'une partie de la division de Bonchamp, s'approcha de Saumur; et, croyant profiter de l'inaction de l'ennemi, lui fit craindre une attaque sérieuse. Au mois de novembre 1793, il fut spécialement attaché à la division d'Anjou. A l'attaque du Mans par les Républicains, le 12 décembre 1793, on vit le vicomte de Scepeaux tirer lui-même sur la grande place du Mans, à défaut de canonniers, trente-cinq coups de canon; il fut blessé au pied au moment où il mettait encore le feu à une pièce. Ce dévouement protégea la retraite des débris de l'armée fuyant sur la route de Laval. Il trouva le moyen de repasser la Loire, et forma, sur la rive gauche, un nouveau parti dont il devint le chef. En 1794, il commandait dans l'Anjou et dans cette partie de la Bretagne qui est bornée au sud par la Loire. Au mois de juin 1795, il fut dépêché au comité de salut public par Stofflet et Charette. Ses instructions portaient de tenter d'enlever le fils de Louis XVI renfermé au Temple; mais apprenant que les hostilités avaient recommencé, il quitta Paris pour retourner dans son arrondissement. Ayant été arrêté à son passage à Angers, il invoqua la foi des traités, et on lui rendit la liberté. Il courut à Poutron pour se mettre à la tête du camp, et vint ensuite au camp de Becon, où il fut attaqué le 9 juillet 1795, par le général Leblay, et fut obligé de battre en retraite jusqu'aux landes de *Margneris*. Là, ayant pris une position avantageuse au-dessus d'un chemin creux et à l'abri de haies impénétrables, il sut diriger un feu très vif sur les Républicains, et les fit rétrograder jusqu'à Angers; alors il ramena les chouans à Becon. Le 21 juillet 1795, à la tête de deux mille hommes, il attaqua la ville de Ségré, et s'en empara. Au mois d'août 1795, il députa vers le comte d'Artois, alors à l'Ile-Dieu, le chevalier de la Barolière pour assurer ce prince de son dévouement. Au mois de novembre 1794, Puisaye étant de retour en Bretagne, le vicomte de Scepeaux lui envoya des députés. Il porta alors son quartier-général au château de Bourmont près Condé; le comte de Châtillon était à cette époque lieutenant de son armée, qui occupait la rive droite de la Loire, depuis Nantes jusqu'à Blois. Il fut membre d'un conseil supérieur créé par les chouans du Maine en 1795. Loin de partager l'injuste prévention que plusieurs chefs royalistes entretenaient contre les émigrés, après la malheureuse affaire de Quiberon, le vicomte de Scepeaux leur offrit toujours du service dans son armée, et souvent des distinctions. Il écrivit au comte d'Artois au mois de novembre 1795, et lui députa le comte de Bourmont, pour lui exposer les besoins de son armée. Ce prince le nomma lieutenant-général. Le 8 mars, à la tête d'un corps de chouans, il attaqua l'adjudant républicain Henri, et remporta sur lui un avantage décisif. Henri fut tué dans cette affaire, et un convoi important resta au pouvoir des royalistes. M. de Scepeaux dépêcha de nouveau au comte d'Artois les chevaliers de Verdun et de Payen, pour l'informer du dénûment où se trouvait l'armée, et presser les secours. Le retour du comte de Bourmont, qui débarqua en Bretagne avec le comte de Sérent le 16 mars 1796, apporta à M. de Scepeaux des fonds pour son armée, et la croix de St.-Louis pour lui; il en reçut quinze autres qu'il distribua aux officiers qu'il en jugea dignes, et qu'il reçut chevaliers après avoir été reçu lui-même par le comte de Bourmont. Au mois d'avril suivant, il éprouva deux échecs, l'un à

St.-Sulpice, où furent tués beaucoup d'émigrés récemment arrivés d'Angleterre, et l'autre à *Auverney*. L'armée de Scepeaux était alors d'environ quinze mille hommes, et plus de 30,000 républicains l'entouraient. Les secours accordés par l'Angleterre se trouvant insuffisants, et les besoins devenant de plus en plus impérieux, M. de Scepeaux entama des négociations avec le général Hoche à la fin d'avril 1796, après en avoir prévenu Puisaye qui l'en blâma. Malgré les vaines promesses de ce chef, la résistance devenant impossible, le vicomte de Scepeaux posa les armes, et fit une proclamation pour engager les habitants à se soumettre : « Tant que nous avons
» cru, dit-il, pouvoir rétablir le culte de
» nos pères et l'héritier de la monarchie,
» nous avons combattu à votre tête; mais
» tous nos efforts deviennent inutiles :
» forcés par d'impérieuses circonstances,
» et malgré le vœu de notre cœur, nous
» nous soumettons. Nous avons au moins
» cette consolation, que vos personnes
» et vos biens seront tous sous la sauve-
» garde des lois. » Il ne prit aucune part à l'insurrection de 1799. Ce fut le comte de Bourmont qui le remplaça. En 1800, les consuls le rayèrent de la liste des émigrés, et le rétablirent dans ses propriétés. Plus tard, le vicomte de Scepeaux prit du service sous le gouvernement impérial, et il était inspecteur-général d'infanterie au moment du rétablissement des Bourbons en 1814. Il fut nommé colonel de l'un des régiments des chasseurs royaux; et il se trouvait à Nanci à l'époque du 20 mars 1815. Il donna sa démission et vécut dans la retraite jusqu'au retour du Roi. Il avait été reconnu maréchal-de-camp le 11 janvier même année, et il a été mis au nombre des officiers-généraux qui composent l'état-major-général formé en 1818. P.

SCEVOLA (Louis), littérateur italien, né à Brescia en 1770, devint, à l'âge de dix-sept ans, professeur de rhétorique dans les écoles publiques de sa patrie. Il le fut jusqu'en 1797; alors la révolution que Buonaparte venait d'apporter en Italie lui ouvrit une plus brillante carrière. Il se fit régulateur de l'instruction publique dans le Brescian. Avec une partie du revenu des moines que l'on supprimait, il y établit des écoles normales, et ouvrit un lycée. Ce fut par ses soins que les livres des monastères supprimés furent apportés à la bibliothèque publique de cette ville. Tout cela avait eu lieu pendant les neuf mois qui s'écoulèrent entre la chute de l'antique république vénitienne et la réunion du Brescian à la république cisalpine. Après cette réunion, Scévola reprit ses fonctions de professeur dans le lycée de Brescia, et composa une tragédie, dont la mort de Socrate était le sujet. Le théâtre dit *Patriotique* de Milan, auquel avait donné naissance un club de révolutionnaires qui en faisaient les frais, accueillit cette tragédie nécessairement dénuée d'intérêt, parce que le sujet n'est point favorable à la scène tragique; mais les habitués de ce théâtre, où l'on entrait sans payer, trouvèrent la pièce admirable. Ce succès détermina l'académie des sciences et arts de Brescia, dans laquelle vaquait la place de secrétaire-perpétuel, à la donner au nouveau Sophocle brescian. Le zèle de Scévola pour l'instruction publique, fut récompensé en 1807, par le choix que le vice-roi fit de lui pour aller mettre en ordre la bibliothèque publique de Bologne, où les événements révolutionnaires avaient apporté une confusion à laquelle, disait-on, il pouvait mieux remédier que personne. C'était l'autoriser à envahir la place de second bibliothécaire. Il en resta maître, même après la chute du trône italien de Buonaparte; et il y était encore lorsque, en avril 1815, Murat vint occuper momentanément le Bolognèse. On a lieu de croire qu'il se montra favorable à ce conquérant; car, vers la fin de cette année, il fut compris dans une censure, par laquelle, sous prétexte d'éloigner de Bologne ceux qui n'appartenaient point à cette ville, on en renvoya le second bibliothécaire. Depuis le succès de son *Socrate*, Scévola n'avait plus rêvé que tragédies; il avait fait représenter à Brescia, en 1812, *Sapho*, qui, jouée en même temps à Naples, y avait obtenu un concours dramatique. En quittant Bologne, il vint à Milan, où il fit imprimer ces deux pièces, et quelques autres du même genre : c'étaient un *Hérode*, un *Aristodème*, un *Annibal*, un *Roméo et Juliette*. La *Sapho* essuya des critiques foudroyantes de la part d'un journal littéraire intitulé *Biblioteca italiana*. Scévola n'osa pas y répondre lui-même; mais, suivant l'usage de ce pays, il fit répliquer à la critique par un de ses élèves. Pour s'entourer d'un parti plus imposant, il fonda à Milan, en 1816, une académie dont il se fit le directeur, et à laquelle il donna le nom d'*Academia de'concordi*. N.

SCEY-MONTBELIARD (Le comte PIERRE-GEORGE), maréchal-de-camp, né en 1771, reçut du roi la croix de St.-Louis en 1814, et fut nommé, à la même époque, préfet du département du Doubs. Ces fonctions honorables et faciles à remplir au milieu d'un peuple qui revoyait avec plaisir le retour des Bourbons, devinrent difficiles et dangereuses à l'époque du 20 mars 1815. Pendant six jours, le comte Scey, quoique dépourvu de moyens de défense, parvint, par son attitude ferme et courageuse, à comprimer les desseins des autorités. Mais le 20 mars, une insurrection d'officiers à demi-solde ayant éclaté dans la ville, le commandant d'armes, M. Durand, donna sa démission, et M. Scey fut contraint de se retirer. Le nom seul de ce fidèle magistrat luttait encore à Besançon contre l'influence militaire, lorsqu'on reçut, d'Auxerre, le décret de Buonaparte, qui ordonnait, sur le rapport de Ney, son arrestation et sa mise en jugement. Il s'était retiré, pour ainsi dire, de position en position. A l'installation des nouvelles autorités, il se réfugia en Suisse, où il rallia les jeunes gens des meilleures familles de Franche-Comté, avec lesquels il rentra dans la province à main-armée. M. le comte Scey fit alors partie de l'armée royale de l'Est, sous les ordres de M. Gaëtan de la Rochefoucault, et y servit la cause du Roi jusqu'à la chute de Buonaparte. Les rapports qu'il avait eus avec Ney, pendant son administration, le firent citer en témoignage, dans le procès de ce maréchal, mais sa déposition ne rappela que des circonstances indifférentes. Au mois de janvier 1816, M. Scey fut nommé de nouveau à la préfecture de Besançon, où il reçut, à son arrivée, des témoignages publics de la reconnaissance des habitants. Il avait été élu précédemment membre de la chambre des députés par le département du Doubs. Il fait encore aujourd'hui partie de cette assemblée; mais il a été remplacé dans sa préfecture par ordonnance du 27 mai 1818. S. S.

SCHAHNAZAR (MIR-DAVOUD-ZABOUR DE MELIK), envoyé de Perse à la cour de France en 1815, est chevalier des ordres persans du Soleil et du Lion. Pendant le séjour que cet envoyé a fait à Paris, il a employé à visiter les établissements utiles le temps qu'il ne consacrait pas aux affaires, et à l'aide des deux interprètes que le gouvernement français lui avait donnés, il a pris des notes sur tout ce qui concerne la littérature, l'industrie et les beaux-arts. Avant son départ, qui a eu lieu au mois de septembre 1816, il a fait imprimer en persan, en arménien et en français, in-4° et in-18, une Notice sur la situation actuelle du royaume de Perse. Les deux interprètes du gouvernement ont coopéré à cette notice, et un libraire de Paris a obtenu de Schahnazar la permission de la faire réimprimer. S. S.

SCHAUENBOURG (Le baron), lieutenant-général, né en Alsace, d'une famille noble, était major du régiment de Nassau au service de France, lorsque la révolution éclata. Il en embrassa le parti, devint général des troupes de la république, et fut employé à l'armée de Rhin et Moselle, où les échecs qu'il éprouva motivèrent sa destitution en septembre 1793. Cependant il fut, par la suite, réintégré dans son grade, servit de nouveau en Alsace en 1796, et aida le général Schérer à repousser un corps autrichien qui avait pénétré, le 18 septembre, dans le fort de Kehl. En 1798, il dirigea les forces que, par la plus odieuse violence, le directoire fit entrer en Suisse. Arrivé devant Soleure, il adressa au commandant de la place une sommation conçue en ces termes: « Le » directoire exécutif m'ordonne d'occu- » per la ville de Soleure. Si j'éprouve la » moindre résistance, et qu'une seule » goutte de sang soit versée, les membres » du gouvernement soleurien en répon- » dront sur leurs têtes, et j'en ferai la » justice la plus prompte et la plus inexo- » rable. Notifiez la volonté du directoire » à votre gouvernement. Je vous accorde » une demi-heure pour vous déterminer: » passé ce temps, je brûle votre ville et » je passe la garnison au fil de l'épée. » Soleure devint sa conquête, et Berne ouvrit ses portes. Le 3 mars, il fit déclarer au conseil de cette ville « qu'a- » verti par des avis certains, que la plu- » part des individus des deux sexes ren- » fermés dans les maisons de force, n'y » étaient détenus qu'à cause de leur atta- » chement à la France, il exigeait que » tous fussent élargis; qu'autrement, les » magistrats subiraient le traitement qu'a-

» vaient éprouvé ces amis de la liberté. »
Le 5, après une action sanglante dans le Grauholz près de Fraubrunnen, dans laquelle les milices Bernoises (jointes au *landsturm* ou levée en masse) firent des prodiges de valeur, il envoya son rapport au directoire. « Dans sa rela-
» tion digne du sujet, a dit Mallet Du-
» pan, l'exterminateur des bergers de
» l'Underwald avoue *n'avoir pas vu de*
» *journée plus chaude;* » et il ajoute :
« Une grande quantité d'habitants des
» différents cantons furent témoins du
» combat. Leur visage *s'allongeait à*
» mesure que nous avancions. Si nous
» n'eussions pas dompté ces hommes
» *aveuglés*, dans peu l'insurrection se-
» rait devenue générale. La victoire a
» couté beaucoup de sang ; mais c'étaient
» des *rebelles qu'il fallait soumettre.* »
Le général Schauenbourg fit ensuite saccager le couvent de Notre-Dame des Ermites, arrêter le rédacteur de la gazette du Haut-Rhin, et provoqua des mesures sévères contre le député suisse Billiter, qui avait fait des réclamations contre la conduite de l'armée française. Il démentit plus tard le bruit d'un projet de réunion de la Suisse à la France, et combattit les insurgés du district de Stanz. Le nouveau corps-législatif helvétique, voulant *reconnaître ses services*, déclara, à la fin de septembre 1798, qu'il avait *bien mérité de la Suisse*; ce qui fut pris par beaucoup de monde pour une dérision. Il remit, en 1799, le commandement à Masséna. Ayant été attaqué par Briot, pour sa conduite militaire dans ce pays, il vint à Paris à la fin d'août 1799, pour se justifier auprès du directoire; fut ensuite nommé inspecteur-général d'infanterie, et en exerçait encore les fonctions dans la 5e division, à l'époque des événements de 1814. Il fut alors nommé par le Roi au même emploi, et décoré de la croix de grand-officier de la Légion-d'honneur, le 29 juillet, et de celle de commandeur de St.-Louis le 23 août. Il a été admis à la retraite depuis le second retour de S. M. S. S.

SCHEFFER (Charles-Antoine), né à Dordrecht vers 1794, étudiait la peinture à Paris, sous M. Guérin, lorsqu'il fut traduit, en décembre 1817, devant le tribunal de police correctionnelle, comme prévenu d'être l'auteur d'un ouvrage intitulé : *De l'état de la liberté en France*. Un premier jugement du 2 janvier 1818 le condamna à trois mois de prison, 200 francs d'amende, un an de surveillance, et 1,000 francs de cautionnement, comme ayant cherché à attenter par des calomnies à l'autorité du Roi. M. Scheffer appela de ce jugement, en déclarant qu'il défendrait ses droits comme Français. En effet, il était devenu Français, sous le gouvernement impérial, par la réunion de la Hollande à l'empire ; mais le traité de 1814 avait séparé sa patrie de la France, et quoiqu'il eût sollicité des lettres de naturalisation, il ne pouvait être réputé Français avant de les avoir obtenues. La cause ayant été reprise au mois de février, devant la cour royale, M. Merilhou, son avocat, obtint qu'il serait jugé comme Français ; mais, malgré cette faveur, l'arrêt de la cour, plus sévère encore, le condamna à une année d'emprisonnement, à 5,000 francs d'amende, à trois ans d'interdiction des droits civils, à cinq ans de surveillance de la haute-police, et à 3,000 francs de cautionnement. M. Scheffer partit aussitôt pour Bruxelles, où il reçut l'ordre de se rendre à Dordrecht. Les principes qu'il avait manifestés ont été défendus par M. Esneaux, dans un ouvrage intitulé : *Réflexions sur le procès de M. Scheffer.* S. S.

SCHELLING (Frédéric-Guillaume-Joseph), célèbre philosophe allemand, est né le 27 janvier 1775 à Léonberg, dans le Wurtemberg, où son père était pasteur. Nommé professeur extraordinaire de philosophie à l'université de Jéna en 1798, il fut ensuite appelé par le roi de Bavière à Munich, pour remplir les fonctions de secrétaire de l'académie des sciences et des beaux-arts, et fut anobli par ce prince. Humaniste savant, philosophe profond et ingénieux, écrivain élégant et plein de goût, il a publié un grand nombre d'ouvrages remarquables par la hardiesse des conceptions, l'étendue des connaissances, et toutes les qualités de style qui peuvent assurer le succès des doctrines. Nous nous bornerons à indiquer ceux de ses écrits qui ont les plus de célébrité : I. *Antiquissimi de primâ malorum humanorum origine philosophematis (Genes. III) explicandi tentamen criticum et philosophicum*, Tubingen, 1792, in-4°. Développement d'une idée de Kant, qui ne voit dans le récit de Moïse, au chap. 3 de la Genèse, qu'une espèce de fiction allégoque. Il faut joindre à cet écrit un morceau curieux sur les *Mythes*, les *traditions historiques* et le *Style philosophique*. Ce mémoire a été inséré dans les *Memorabilia* du D. Paulus (cinquième partie, 1793). II. *De la possibilité d'une réforme de la philosophie en général*, ib., 1795, in-8°. III. *Du moi, comme principe de la philosophie, ou de l'absolu dans le savoir humain*, ib., 1795, in-8°. IV. *De Marcione, paulinarum epistolarum emendatore*, ib., eod., in-4°. V. *Idée d'une philosophie de la nature, comme base future d'un système universel de la nature*, 2 vol., Leipzig, 1797, in-8°.; deuxième édit. augm. du 1er. vol. seulement avec ce titre : *Introduction à l'étude de la philos. de la nat.*, Landshut, 1805, in-8°. VI. *De l'ame du monde, hypothèse appartenant à la haute physique, pour servir à l'explication de l'organisme universel*, Hambourg, 1798, in-8°.; réimprimé, 1806 et 1809, avec un *Discours sur les rapports du réel et de l'idéal dans la nature, ou application des principes de la philosophie de la nature aux théories de la pesanteur et de la lumière*. VII. *Première esquisse du système de la philosophie de la nature*, Iéna et Leipzig, 1799, in-8°. VIII. *Introduction à la physique spéculative, et considérations sur l'organisation intérieure du système de cette science*, ib., 1799, in-8°. IX. *Système de l'idéalisme transcendental*, Tubingen, 1800, in-8°. X. *Déduction générale du procès dynamique ou des catégories de la physique*, Leipzig, 1808, in-8°. XI. *Philosophie et religion*, Tubingen, 1800 et 1804, in-8°. XII. *Journal critique de la philosophie*, 2 vol., in-8°., ib., 1802-3 (conjointement avec G. W. F. Hegel.) XIII. *Journal de physique spéculative*, Iéna, 1802, 2 vol., 1800-1803, in-8°. *Nouveau Journal*, Tubingen, 1803, in-8°. XIV. *Leçons sur la méthode des études académiques*, ib., 1803, in-8°. XV. *Annales de la médecine comme science*, ib., 1801 et suiv. (publ. en société avec A.-F. Marcus, et d'autres savants.) XXI. *Bruno, ou entretiens sur le principe divin et naturel des choses*, Berlin, 1802, in-8°. XVII. *Exposé du vrai rapport de la philosophie de la nature, avec la philosophie de Fichte, corrigée*, Tubingen, 1806, in-8°. (*Voy.* FICHTE,

dans la *Biogr. univ.*) XVIII. Les *Ages du monde*, ib., 1811, in-8°. XIX. *Mémoire sur les divinités de Samothrace, appendice des Ages du monde*, ib., 1815. (*Voy.* Jul.-A.-L. Wegscheider, *de Mysteriis Græcorum philosophiæ non obtrudendis*, Gotting., in-8°.) M. F.-H. Jacobi, président de la société royale de Munich, ayant publié un écrit où il reprochait à la philosophie de Schelling d'offrir un athéisme déguisé, Schelling lui opposa, en 1812, une apologie où les relations collégiales n'étaient guère ménagées, et où l'on trouve plus d'animosité que de raison calme et solide. Schelling a donné en 1817, une description intéressante des statues recueillies à Egine dans les ruines du temple de Jupiter panhellène, et achetées par le prince royal de Bavière. Plusieurs des écrits qu'il avait publiés dans des recueils périodiques, etc., ont été rassemblés et imprimés sous le titre d'*Ecrits philosophiques*, Landshut, 1809, in-8°. L'exposition la plus claire et la plus succincte de son système a été donnée par lui-même dans le 2e. cahier du second vol. de son *Journal de philosophie spéculative* (p. 1-127.) MM. Hegel, Oersted, J.-J. Wagner, Steffens, Schubert et Oken, sont les plus célèbres d'entre les métaphysiciens ou littérateurs allemands, qui ont défendu les principes de Schelling. Il a été combattu par MM. Krug, Koeppen, Berg (au *Sextus* duquel, il a opposé le traité: *Antisextus* ou de la *science absolue*, Heidelberg, 1807, in-8°.), Wendel et Fries, dont l'ouvrage intitulé : *Reinhold, Fichte et Schelling*, Leipzig, 1803, gr. in-8°., doit être consulté par ceux qui désirent connaitre à fond les doctrines nées du Criticisme, et les voir jugées par un esprit supérieur et sage. Les personnes qui ne possèdent pas l'allemand, et celles même qui le savent, liront avec fruit les excellentes réflexions de M. Ancillon sur le système de Schelling : (*Essais philos.*, Paris, 1817, in-8°.), tom. I. p. 1-38, et *Mélanges de philos.* (1809), tom. II; *Essai sur les derniers systèmes de métaphysique qui ont paru en Allemagne*, p. 129-185, surtout p. 163-173; voyez aussi l'*Hist. comparée des systèmes de phil.* de M. de Gérando, t. II., p. 303-318; l'*Allemagne* par Mme. de Staël, t. III, pag. 111-115; l'*Hist. de la philosophie*, par M. Buhle, tom. VIII; § 2245, pag.

834-920, surtout 837, 903, 909; et le *Tableau comparatif des systèmes de Kant, Fichte et Schelling*, par M.Wendel (1810), page 295-326. Nous nous bornerons à dire que l'école de Schelling se rapproche beaucoup de celle des panthéistes. Dans ce système, il n'y a d'existence réelle qu'une seule existence, absolue, inconditionnelle, infinie, et par conséquent une seule idée; l'univers et l'homme ne sont que des expressions figurées, des emblèmes, des types de ce qui est invisible. L'univers est un immense poème épique, où la nature et l'homme, toujours en contraste l'un avec l'autre, présentent, sous toutes les faces, l'idée première et directrice. Ce poème n'a jamais commencé, il ne finira jamais; il n'a ni épisodes, ni hors-d'œuvre, ni défauts, ni beautés. Les siècles, et de plus grandes époques encore, sont autant de chants de ce poème; chacun de nous en est un mot, qui n'a pas de sens en lui-même, et qui n'en a que dans l'ensemble. Rien n'est à nous, tout en nous est ombre ou emprunt : nous sommes les accidents de la substance universelle. Schelling établit trois périodes de l'histoire, qui n'est autre chose qu'une révélation progressive de l'absolu. Le principe de cette division repose sur l'opposition entre destinée et providence, entre lesquelles se trouve la nature comme point de transition ou chaînon intermédiaire. Dans la dernière période (celle de la providence), la marche des événements qui, dans les deux premières, ne s'était manifestée que sous les formes d'une destinée aveugle et d'un développement soumis aux lois de la nature, se manifestera comme providence, et Dieu s'y révélera d'une manière toujours plus complète. Schelling parle du christianisme dans les termes les plus magnifiques, et, en apparence, les plus pieux. Mais il est évident que les mots de la langue changent de sens dans son système, et que leur véritable valeur doit être déterminée par l'ensemble de ses vues. Des journaux ont annoncé en 1815 que M. Schelling avait abjuré la croyance protestante et fait profession de la religion catholique. R.

SCHIMMELPENNINCK (ROGER-JEAN), né à Deventer, après avoir fait d'excellentes études à l'université de Leyde, y prit le grade de docteur en droit, en 1784, et publia à cette occasion, *Dissertatio de imperio populari rite temperato*. Cette dissertation a été réimprimée à Paris, chez P. Didot, pendant la mission de son auteur en France; mais le titre porte le lieu de la première impression (Leyde, chez Honkoop), et l'ancienne date (1784). Après avoir paru honorablement au barreau, M. Schimmelpenninck ne tarda pas à être appelé à des fonctions administratives, puis à la convention nationale batave, et enfin, en 1798, à l'ambassade auprès du gouvernement français. Partout, il s'est fait honneur par l'étendue de ses connaissances et par la noblesse de son caractère. En 1801, il représenta sa nation au congrès d'Amiens, et, après la paix de 1802, il fut ambassadeur en Angleterre. La guerre ayant éclaté de nouveau, M. Schimmelpenninck revint l'année suivante à Paris dans son ancienne qualité. Il fut créé grand pensionnaire de Hollande en 1805, mais avec des attributions toutes différentes de celles qui étaient antérieurement attachées à ce titre, et qui assimilaient son pouvoir à celui du président des États-Unis d'Amérique. Ce pouvoir cessa en 1806, par l'élévation de Louis Buonaparte sur le trône de Hollande, et M. Schimmelpenninck en fut dédommagé par le grand-cordon de l'ordre de Hollande, qui fut alors fondé; et lorsque ce trône fut renversé par celui-même qui l'avait élevé, il devint sénateur de l'empire français, auquel la Hollande fut réunie, et il reçut le titre de comte avec l'emploi de grand-trésorier de l'ordre des Trois-Toisons. Il remplissait ces différentes fonctions le 1er. avril 1814, et il vota au sénat la création d'un gouvernement provisoire et la déchéance de Buonaparte; puis il donna sa démission le 14 du même mois. M. Schimmelpenninck est depuis plusieurs années privé de la vue, et il vit dans une retraite absolue. Toutes les littératures modernes lui sont aussi familières que la littérature ancienne; doué d'une mémoire prodigieuse, il se rappelle et aime à citer les morceaux classiques des poètes italiens, allemands, anglais, comme de ceux de sa nation ou des anciens. Il est membre de la première chambre du royaume des Pays-Bas et grand-croix de l'ordre du Lion-Belgique. N. N.

SCHKUHR (CHRÉTIEN), savant botaniste allemand, avait, en 1798, le titre de mécanicien de l'université de Wittemberg, et y reçut, en 1809, le degré de maître en philosophie. On connaît de lui : I. *Manuel botanique*, Wittemberg et Leipzig, 1787-1803, 30 livraisons, petit in-4°, avec fig. ; id., 2°. édition augmentée, 1808-1812, 4 vol. in-4°. en 40 livraisons, avec 500 planches coloriées. II. *Cryptogamie allemande*, ibid., 1804-1809, in-4°. avec 219 planches coloriées; l'ouvrage a aussi paru par livraisons. III. *Histoire des Carex*, ou *Laiches*, traduite en français et augmentée par G. F. Delavigne. Leipzig, 1802, in-4°., avec le portrait de l'auteur et 54 planches coloriées. IV. Quelques Monographies de plantes inédites, ou dont il n'existait point de bonnes figures (dans les *Annales de botanique* de M. Ustéri.) Alb. Guill. Roth a consacré à ce botaniste, sous le nom de *Schkuhria*, un genre de la famille des corymbifères, composé jusqu'alors d'une seule espèce.   T.

SCHLEGEL (Auguste-Guillaume), est né, le 8 septembre 1767, à Hanovre. Son père occupait la place de surintendant-général de la principauté de Lunebourg. Il fit de brillantes études à l'université de Gœttingue, où il sembla d'abord se vouer à la théologie, et se lia intimement dans cette ville avec le poète Burger (*Voy.* Burger, *Biographie univ.*, tom. VI, pag. 298), qui, dans un sonnet, lui promit l'immortalité. Le jeune Schlegel devint membre du séminaire philologique sous le célèbre Heyne (*Voy.* Heyne, *Biogr. univer.*, tom. XX, pag. 346). Une dissertation latine sur la géographie d'Homère, le classa parmi les érudits de l'Allemagne. Ce fut lui qui rédigea la table du Virgile de Heyne. Sur sa réputation, le riche banquier Mulman, d'Amsterdam, le pressa de se charger de l'éducation de ses enfants. Revenu en Allemagne au bout de trois ans, M. Guillaume Schlegel fut choisi par Schiller pour son collaborateur. Il publia des fragments de traduction du Dante, qui seraient encore remarqués si l'auteur ne s'était surpassé lui-même dans sa traduction du théâtre de Shakespeare. Jamais copie ne ressembla mieux à l'original ; et quelqu'étonnantes que soient la richesse et la souplesse de la langue allemande pour ce genre de travail, on ne peut nier que Schlegel n'ait fait un véritable tour-de-force. Il l'a renouvelé dans sa traduction du théâtre espagnol de Calderon, entreprise qui lui présentait de plus grandes difficultés. Après avoir professé pendant quelques années à Iéna, M. Schlegel se rendit à Berlin, où il fit à Kotzebue, qui rédigeait le journal le *Freimüthig*, une guerre de plume extrêmement vive. C'est dans cette capitale qu'il fit une connaissance dont l'éclat ajouta beaucoup à la célébrité qu'il s'était acquise. Mme. de Staël goûta tellement ses principes philosophiques et littéraires, qu'elle l'emmena à Copet, en 1805. Il la suivit dans ses voyages en Italie, en Autriche, en France, en Suède, et la chanta dans une élégie intitulée : *Rome*. Ce fut après avoir suivi assidûment le théâtre Français, à Paris, qu'il conçut l'idée de composer son parallèle de la *Phèdre* d'Euripide et de celle de Racine. On se rappelle encore le bruit, ou plutôt le scandale qu'excita cette dissertation, que le savant allemand avait écrite en français, pour éviter qu'un traducteur maladroit ne lui fît dire ce qu'il ne pensait pas. Cette précaution ne le sauva point des arrêts de proscription lancés contre lui par quelques critiques, qui ne réfléchirent pas que tout le crime de M. Schlegel, était d'avoir commenté, avec un immense appareil d'érudition, des vers très connus de Voltaire. En parlant, dans son *Temple du goût*, des héros de Racine, ce grand poète avait dit :

> Ils ont tous le même mérite,
> Tendres, galants, doux et discrets ;
> Et l'Amour, qui marche à leur suite,
> Les croit des courtisans français.

Depuis ce jour, M. Schlegel a dû renoncer à être jugé avec impartialité en France. Bien plus, Buonaparte mit à profit cette disposition malveillante pour décréditer entièrement un écrivain, dont la plume redoutable s'était exercée contre lui. Ce fut à Vienne, en 1808, que M. Schlegel fit ce cours public de littérature dramatique, qui, depuis, a été traduit en français. Les peuples modernes, et les Français, moins que d'autres, n'adoptèrent pas tout ce qu'il dit de leur théâtre ; mais tous convinrent que jamais l'art dramatique, tel que le conçurent les anciens et particulièrement les Grecs, n'avait été développé avec autant de clarté et de profondeur. M. Schlegel a même fait des découvertes relatives à la représentation des tragédies anciennes, et à la construction des théâtres : enfin, il a eu l'honneur de relever des erreurs de

Voltaire et de notre savant Barthélemy lui-même. A la fin de 1810, il partagea volontairement l'exil de Mme. de Staël, expulsée de France par Buonaparte, et continua ses travaux littéraires ou prit part à ceux de cette femme célèbre au château de Copet. Les grands événements de 1812 l'arrachèrent au culte des muses, et il sembla se vouer exclusivement à la politique. Il publia des écrits véhéments, tant en allemand qu'en français, pour faire voir à l'Europe que l'extravagante expédition de Moscou avait amené l'heure de sa délivrance. Il suivit à l'armée, en qualité de secrétaire, le prince royal de Suède, qu'il avait connu à Stockholm. Après la chute de Buonaparte, il retourna chez Mme. de Staël à Copet. Depuis cette époque, il a publié : I. un Précis historique et philosophique sur M. Necker. II. Une dissertation italienne sur les chevaux de Venise, où il a déployé des connaissances qu'on aurait pu lui croire étrangères. IV. Une Dissertation sur le *Groupe de Niobé*, insérée dans la *Bibliothèque universelle* de Genève, janvier 1817. IV. Une *Notice historique* sur Jean de Fiésole, peintre florentin du 15e. siècle, et une *Explication* du tableau de St.-Dominique de ce peintre, exposé en 1815 au Musée royal, trad. en français, 1817; enfin. V. Des *Observations sur la langue et la littérature provençales*, 1818, in-8°. M. Schlegel a été appelé, au mois d'août 1818, par le roi de Prusse, à remplir la chaire de philosophie à l'université de Berlin. Il avait été marié à une demoiselle Michaëlis, et cette union n'avait pas été heureuse. Il vient d'épouser Mlle. Paulus, fille d'un conseiller ecclésiastique de Heidelberg. Cet article serait incomplet, si l'on n'y faisait connaître le jugement qu'a porté, sur M. Schlegel, un écrivain célèbre qui a eu d'intimes relations avec lui. Cet écrivain est Mme. de Staël, et si l'on peut craindre que l'amitié n'ait dicté ses éloges, on doit aussi considérer que personne en France n'était, plus qu'elle, en état de bien apprécier le philologue allemand : « M.
» A. W. Schlegel, dit-elle (*De l'Allemagne*, tom. II), possède en littérature des connaissances rares, même
» dans sa patrie ; il excelle à comparer
» les diverses langues et les différentes
» poésies entre elles.... Dans son *Cours*
» *de littérature dramatique*, il a trouvé
» l'art de traiter les chefs-d'œuvre de la
» poésie, comme des merveilles de la
» nature, et de les peindre avec des couleurs vives qui ne nuisent point à la
» fidélité du dessin.... Il n'a point d'égal dans l'art d'inspirer de l'enthousiasme pour les grands génies qu'il admire.... On peut comparer sa manière
» de parler de la poésie à celle dont Winkelmann décrit les statues, et c'est
» ainsi seulement qu'il est honorable
» d'être un critique. Tous les hommes
» du métier suffisent pour enseigner les
» fautes qu'on doit éviter ; mais, après
» le génie, ce qu'il y a de plus semblable à lui, c'est la puissance de le connaître et de l'admirer. » V.

SCHLEGEL (Frédéric de), frère du précédent, est né comme lui à Hanovre, en 1772. Envoyé, après ses premières études, à Leipzig, pour y apprendre le commerce, il manifesta bientôt un violent dégoût pour cet état, et se jeta dans la carrière littéraire. Il ne tarda pas à s'y distinguer par des morceaux d'une haute critique, insérés dans les journaux les plus répandus. Le premier ouvrage important qu'il publia fut celui qui est intitulé : *Les Grecs et les Romains*. Le célèbre Heyne en fit l'éloge le plus complet. Frédéric Schlegel s'associa à son frère pour la rédaction de l'*Athenæum*. Son roman philosophique de *Lucinde* fit un bruit extraordinaire dans toute l'Allemagne. L'auteur habitait alors Berlin, qu'il quitta pour s'établir à Iéna, où il ouvrit des cours particuliers. Ses occupations ne l'empêchèrent point de se livrer à un penchant secret pour la poésie. Il publia, en 1801, son poème d'*Hercule Musagète*, où il donna, à-la-fois, la mesure de son caractère et de ses facultés. Sa tragédie d'*Alarcos*, qu'il prétendait être à la manière d'Eschyle, fut classée par les admirateurs mêmes de son talent dans le genre romantique. Ce fut à-peu-près à cette époque (de 1802 à 1803), qu'il fit un voyage à Paris, où il ouvrit un cours de philosophie. Il était accompagné de sa femme, fille du célèbre Mendelsohn, laquelle, ainsi que lui, se convertit par la suite à la foi catholique, dans la ville de Cologne. C'est pendant son séjour à Paris, qu'il s'efforça de bien mériter de la littérature française par des recherches sur les romans de chevalerie et les fabliaux du moyen âge. Il donna ses soins, à la même époque, à un ouvrage tout français : ce sont des *Notices et extraits relatifs à Jeanne d'Arc*. Ses *Essais sur la langue et la philosophie des Indiens*, fournirent une nouvelle preuve de l'étonnante variété de ses connaissances. Rentré en Allemagne, en 1808, il fut attaché au quartier-général de l'archiduc Charles, en qualité de secrétaire aulique, et l'empereur lui conféra la noblesse. C'est depuis ce temps que la particule *von* se trouve généralement placée devant son nom. L'issue funeste de cette guerre le rendit à ses occupations littéraires. Il ouvrit à Vienne deux cours qui lui firent une haute réputation ; l'un sur l'*Histoire moderne*, l'autre sur l'*Histoire littéraire de tous les peuples*. Ces deux cours ont été imprimés en 1812. Depuis cette époque, il publia le *Muséum allemand*, et se concilia l'estime du prince de Metternich par plusieurs écrits diplomatiques. M. Frédéric de Schlegel est employé, en ce moment, auprès de la diète germanique, à Francfort, avec le titre de conseiller de la légation autrichienne. Parmi ses nombreux ouvrages, il en est un qui porte un caractère tout particulier : c'est sa traduction de la *Corinne* de Mme. de Staël, qui parut en allemand avant que l'original français n'eût vu le jour. Le grand éclat que jettent, depuis long-temps, les deux Schlegel, les a rendus, malgré eux, chefs d'une secte littéraire que l'on appelle en Allemagne les *Schlégéliens*, et que l'on désigne plus communément en France par le nom de partisans du genre *romantique*. On ne saurait trop remarquer, au reste, que dans l'un et l'autre pays, le public peu instruit leur a prêté des opinions et même des hérésies littéraires dont ils n'ont jamais fait profession. Mme. de Staël n'a pas rendu moins de justice au cadet de ces deux frères qu'à l'aîné, quoiqu'elle l'ait connu moins particulièrement : « Frédéric Schlegel, dit-elle (*De l'Allemagne*, » tom. II), est l'un des hommes illustres » de son pays, dont l'esprit a le plus d'o- » riginalité ; et loin de se fier à cette » originalité qui lui promettait tant de » succès, il a voulu l'appuyer sur des » études immenses... Veut-on savoir en » quoi consiste cette partialité que l'on » reproche aux deux Schlegel ? Le voici : » ils penchent visiblement pour le moyen » âge, et pour les opinions de cette » époque ; la chevalerie sans tache, la » foi sans bornes, la poésie sans réflexions, » leur paraissent inséparables, et ils s'ap- » pliquent à tout ce qui pourrait diriger » dans ce sens les esprits et les âmes. »

V.

SCHMALZ, conseiller intime du roi de Prusse, publia, en 1815, en Allemagne, un ouvrage intitulé : *La Ligue de la vertu et les sociétés secrètes*, dans lequel il attaqua avec chaleur les associations particulières, notamment celle du *Tugend-Bund* (*Voy.* ARNDT, tom. 1er., pag. 112), comme méditant le projet d'une révolution démagogique. Le roi, à qui l'auteur fit hommage de son ouvrage, lui envoya la décoration du Mérite civil, en lui témoignant qu'il lui savait gré de son zèle, et qu'il approuvait ses sentiments. La sanction royale donnée à l'écrit de M. Schmalz ne le mit point à couvert du ressentiment de ceux qui s'y crurent attaqués. Trois officiers de la garde prussienne, membres du *Tugend-Bund*, lui proposèrent un duel chevaleresque qu'il refusa. Le prince de Mecklenbourg-Strelitz, général-en-chef de la garde, se mêla de la querelle, et punit sévèrement les trois officiers. Les écrivains les plus distingués de l'Allemagne se mirent alors sur les rangs pour répondre aux imputations de M. Schmalz, qui bientôt fut provoqué à un duel littéraire et académique, dans une brochure intitulée : *De l'enthousiasme des Prussiens en 1813*, par M. Fœrster, docteur en philosophie. Ce nouveau champion, dans la préface de son ouvrage, sommait M. Schmaltz de se présenter à un jour convenu dans le grand auditoire, et d'y soutenir les thèses contenues dans son écrit. Il ajoutait que si cette lutte académique avait lieu, il commencerait par invoquer Dieu le Père, le Fils et le Saint-Esprit, qui l'ont assisté dans les batailles, et qui ont fait guérir ses blessures. « Toi, dira-t-il » ensuite à M. Schmaltz ; toi, mon ad- » versaire, fais maintenant aussi ta prière » à Dieu, si tu le peux, sinon invoque » les faux dieux à qui tu as vendu ton » âme. » Les journaux prirent une part active à cette guerre de plume. M. Schmaltz réveilla l'attention publique, en 1816, par de nouvelles attaques contre les sociétés secrètes ; et on annonça même qu'il s'était attiré un procès criminel qui ferait beaucoup de bruit ; mais il n'en a pas été question depuis. On a encore de cet auteur un ouvrage sur les constitutions. S. S.

SCHNEIDER (Jean - Gottlob), professeur d'éloquence et de littérature grecque à l'université de Francfort-sur-l'Oder, transportée à Breslau, en Silésie, dans ces dernières années, est né, en 1752, à Colm, près de Würgen (en Misnie). Il réunit à une érudition philologique profonde des connaissances solides dans plusieurs branches de l'histoire-naturelle, de l'anatomie comparée, et des arts, qui l'ont mis en état d'expliquer mieux que ses devanciers, et de rétablir le texte d'un grand nombre d'écrivains de l'antiquité. On a de lui, soit en allemand, soit en latin : I. *Remarques sur Anacréon*, Leipzig, 1770, in-8°. II. *Periculum criticum in Anthologiam Constantii Cephalæ*, ib., 1771, in-8°. III. *Essai sur la vie et les écrits de Pindare*, Strasbourg, 1774, in-8°. IV. *Carminum pindaricorum fragmenta*, ibid., 1776, in-4°. Cet écrit a été joint au *Pindare de Heyne*, qui a adopté, en grande partie, enrichi et développé le travail de M. Schneider sur les fragments et le mètre de Pindare. V. *De dubia carminum orphicorum auctoritate et vetustate*, Francfort-sur-l'Oder, 1777, in-4°.; réimprimé dans ses mélanges intitulés : *Analecta critica in scriptores veteres gr. et latinos*, Fasc. 1, ibid., in-8°. VI. *De Achlide Plinii, et Kolô Strabonis*, ibid., 1781, in-4°. VII. *Ichthyologiæ veterum specimina, ad. V. C. Blochium*, ibid., 1782, deux parties in-4°. (trad. en allemand par Schneider lui-même, avec des augmentations, dans le *Leipziger-Magazin*, 1783, pag. 62-98.) VIII. *Hist. naturelle générale des tortues, avec une table systématique de plusieurs de leurs espèces*, avec 2 pl., Leipzig, 1783, in-8°. IX. *Recueil de mémoires sur plusieurs points de zoologie et d'histoire du commerce*, Berlin, 1784, in-8°. X. *Extraits d'auteurs anciens, surtout du XIIIe. siècle, relatifs à l'histoire-naturelle*, Leipzig, 1786, in-8°. XI. *De l'Hist. nat. des tortues avec des pl.*, 2 vol., Leipzig, 1787 et 89, in-8°. XII. *Analecta ad historiam rei metallicæ veterum ad C. G. Heynium*, Francfort-sur-l'Oder, 1788, in-4°. XIII. *Reliqua librorum Frederici II, imperatoris, de arte venandi cum avibus; accedunt Manfredi regis et Alberti Magni capita de falconibus, asturibus et accipitribus, cum tabulis æneis*, Leipzig, 1788 et 1789, 2 vol. in-4°. Le commentaire de l'éditeur répand du jour non seulement sur l'histoire-naturelle des oiseaux de proie, mais sur toute l'histoire littéraire du XIIIe. siècle. XIV. *Petri Artedi synonymia piscium, gr. et lat., emendata, aucta atque illustrata ; sive hist. piscium naturalis et litteraria ab Aristotelis ævo usque ad sæculum XIII deducta. Acced. disputatio de veterum scriptorum Hippopotamo, cum tabulis in ære expressis*, ib., 1789), in-4°. XV. *Amphibiorum physiologiæ specimen I.* (1790); spec. II. *historiam et species stellionum seu gekonum sistens* (Francfort, 1792); *Spec. III.* (ib. 1797, in-4°.) XVI. *Historiæ amphibiorum naturalis et litterariæ*, fasc. 1. *continens ranas, calamitas, bufones, hydras, etc.* (Iéna, 1799); fasc. II , *continens crocodilos, scincos, chamæsauras, boas, elapes, amphisbænas, cæcilias* (ib., 1801, in-8°., fig.) M. Schneider a publié, dans différents recueils périodiques, de nombreuses monographies sur des points de zoologie, d'histoire, des arts, des produits de l'industrie et du commerce, qu'il serait trop long de détailler. On distingue ses mémoires sur les cétacés, quelques serpents, les ruminants, les os fossiles de la montagne de St.-Pierre, près de Maëstricht. Il a donné des traductions enrichies de notes, des ouvrages de Jean Hunter, Al. Monro, Vicq-d'Azyr et Lorenzini, sur l'anatomie et la physiologie des poissons. Nous terminerons cette nomenclature par son *Dictionnaire manuel critique grec-allemand*, publié d'abord in-8°. à Zullichau, en 2 vol., 1797 et 1798; réimprimé avec des augmentations, in-4°., 1805. Ce dictionnaire, qui n'embrasse que les auteurs profanes, est un des ouvrages les plus considérables et les plus utiles de la philologie moderne. Chaque article a été refait sur un examen approfondi des autorités citées et vérifiées avec un grand soin; il est surtout inappréciable dans toute la terminologie relative aux produits de la nature et de l'industrie. Ce qui concerne l'étymologie est très supérieur à ce qu'on trouve sur cette matière dans les lexicographes antérieurs, bien que ce soit la partie de son travail qui serait la plus susceptible de perfectionnement, le rédacteur de ce grand et beau dictionnaire n'ayant peut-être pas fait dans ses analyses étymologiques une application suffisante des recherches de Tib. Hemsterhuys et de son école, qui ont répandu un nouveau jour sur la structure de la langue grecque et sur son état primitif. M. Riemer, savant abréviateur de Schneider, a commencé à remplir cette lacune: son abrégé mérite sous ce rapport la préférence sur l'original. Les services rendus par M. Schneider à la philologie ancienne, ne se bornent pas à ces travaux. Il a donné, des écrivains de l'antiquité que nous allons désigner, des éditions critiques, enrichies de doctes explications et de corrections importantes qui en rendent l'usage indispensable aux amateurs de la littérature ancienne et de l'histoire des sciences naturelles et des arts industriels. Il a publié le traité de Plutarque de l'*Education*, avec des fragments du même auteur et du médecin Marcellus Sideta (Strasbourg, 1775, in-8º.); — les livres d'Oppien sur la *Chasse et la pêche* (gr. et lat., ib., 1776; in-8º.); *Démétrius de elocutione*, gr. (Altenb., 1776, in-8º.) Il faut y joindre ses notes sur les *Rhetores selecti* de Fischer (en allemand, Leipzig, 1773, in-8º.); — les dix-sept livres d'Elien *de Nat. anim.* (gr. et lat.), Leipzig, 1783, gr. in-8º.); — les *Memorabilia* de Xénophon (ib., 1798 et 1801, in-8º, avec l'*Apologie* de Socrate, dont il a tenté d'ébranler l'authenticité); — l'*Histoire grecque* de Xénophon (1791, in-8º.); — la *Cyropédie* (ib., 1800 et en 1815, in-8º., avec beaucoup d'additions et de corrections nouvelles); — l'*Anabase* (ibid., 1806, in-8º.); — l'*Economique*, le *Banquet*, *Hiéron*, *Agésilas* (ib., 1805, in-8º.); — les *Opuscules* de Xénophon sur la politique et sur la chasse, et le traité de la cavalerie (ib., 1815): on trouve dans cette édition le traité d'Arrien sur la chasse, avec des corrections importantes; — les *OEuvres* de Xénophon (en 6 vol., grand in-8º., Leipzig., 1815); — les *Alexipharmaca* de Nicandre (gr. et cum paraphrasi lat., Halle, 1792, grand in-8º.) *Nicandri Theriaca* (ib., 1816, grand in-8º., avec une préface remarquable); — les *Scriptores rei rusticæ veterum latinorum* (ib., 1795 et 1796, grand in-8º., en 4 vol.; dans les deux premiers,

Caton, *Varron* et *Columelle*, avec des planches; dans le troisième, *Palladius*; dans le quatrième, l'*Art vétérinaire* de Vegetius, avec les commentaires de Poutedera et ceux de tous les anciens éditeurs, et les tables de J.-M. Gessner, augm.; — les *Caractères* de Théophraste (Iéna, 1799, in 8º.), et deux appendices imprimés en 1799 et 1800, relatifs aux éditions de S.-J. Hottinger et de M. Coray, et 1808; — la *Politique d'Aristote* (grec et latin, Francfort-sur-l'Oder, 1809, 2 vol. in-8º.); — les *Argonautiques d'Orphée* (gr. et lat., Iéna, 1803, in-8º.); — *Eclogæ physicæ ex scriptoribus Græcis præcipuè* (ibid., 1801 et 1802); le 1er. volume offre le texte, le 2e. un excellent commentaire des choses aussi bien que des phrases); — *Poëtriæ græcæ* (1802, in-8º.); — *Vitruve* (Leipzig, 1807-1808, en 3 vol. gr., in-8º.). Cette année même (1818), M. Schneider a couronné ses immenses travaux en donnant une édition complète des *OEuvres de Théophraste*.   R.

SCHNURRER (CHRÉTIEN-FRÉDÉRIC), savant orientaliste et théologien protestant, ancien professeur, chancelier de l'université de Tubingen, correspondant de l'Institut de France, est né à Canstadt (Wurtemberg), le 28 octobre 1742. Après avoir été successivement professeur (*magister*) de philosophie, professeur ordinaire de grec et de langues orientales, et éphore de la faculté de théologie à l'université de Tubingue, il reçut, en 1805, le titre de docteur de théologie, et, en 1808, celui de chevalier de l'ordre du Mérite civil de Wurtemberg. Il a été, depuis 1793, l'éditeur et l'un des principaux collaborateurs des *Annonces littéraires* de Tubingue (en allemand). Dans les discussions politiques dont sa patrie a été agitée, M. Schnurrer embrassa d'abord le parti royaliste; mais s'étant depuis montré plus favorable aux réformateurs, il a éprouvé quelques désagréments. Il a quitté ses fonctions académiques pour se retirer à Stuttgard, et il a même vendu sa riche bibliothèque à un Anglais, l'un de ses élèves, qui se propose de continuer les travaux que ce savant professeur a laissés imparfaits. M. Schnurrer est associé de la société royale de Gœttingue et de l'académie royale de Bavière. Comme orientaliste, il est au premier rang parmi ceux de l'Allemagne, et sa critique est d'une justesse et d'une sûreté qui peuvent servir de modèle ; comme théologien, il est un des plus zélés partisans de la révélation, et à cet égard il est loin de partager les écarts de plusieurs de ses compatriotes. On a de lui : I. *Vindiciæ veritatis christianæ revelatæ ab insultibus libelli*, Catéchisme de l'honnête homme, Tubingue, 1765, in-4°. II. *De codicum Hebræorum V. T. MSS. ætate difficulter determinandâ*, ibid., 1772, in-4°. III. Plusieurs dissertations philologiques, in-4°., sur le cantique de *Debora* (1775), sur les *Proverbes* (1776), sur *Job* (1781, 1782), sur divers *Psaumes* (1778, 1779, 1784, 1789, 1790), sur *Isaïe* (1785, 1807), sur le cantique d'*Habacuc* (1786), sur *Abdias* (1787), sur *Ezéchiel* (1788), sur *Jérémie* (1793, 1794, 1797). IV. *De Pentateucho arabico-polyglotto*, 1780, in-4°. V. *Dissertationes philologico-criticæ*, Gotha, 1790, in-8°. VI. *R. Tanchum hierosolymitani ad libros V. T. commentarii arabici specimen*, Tubingue, 1791, in-4°. VII. *Notices biographiques et littéraires sur les Hébraïsants de Tubingue*, Ulm, 1792, in-8°. de 274 pages, ouvrage aussi savant que curieux. On y trouve surtout de grands détails sur Reuchlin et Schickard. VIII. *Eclaircissements sur l'histoire de la réformation ecclésiastique et de la littérature dans le Wurtemberg*, Tubingue, 1798, in-8°. de 558 pages. Ce livre, plein de recherches bibliographiques, serait plus commode à consulter si l'on y eût joint une table. IX. *Imprimerie sclavonne établie dans le Wurtemberg au XVIe siècle*, ibid., 1799, in-8°. ; curieux morceau de bibliographie, qui peut servir de suite à l'ouvrage précédent. On y voit que les caractères sclavons avec lesquels Truber imprima, depuis 1550, à Tubingue, des versions du *Nouveau-Testament* et divers livres élémentaires à l'usage des luthériens, sont les mêmes qui ont passé depuis à l'imprimerie de la Propagande. Ces trois derniers ouvrages sont en allemand. X. Des *fragments de la Chronique samaritaine* d'Abou'l Phâtach, en arabe et en allemand, et d'autres morceaux aussi curieux que savants sur les Samaritains, etc., dans le *Repertorium* et la *Bibliothèque universelle* d'Eichhorn, dans le *Nouveau Répertoire* et les *Memorabilia* de Paulus, etc. XI. *Les Samaritains* (dans les *Mines de l'Orient*, tom. 1, 4e. cahier, en allemand). XII. *Bibliotheca arabica*, Halle, 1811, in-8°. de XXVI et 530 pag. L'ouvrage avait déjà paru, quoique d'une manière un peu moins complète, de 1799 à 1806, en sept thèses ou dissertations académiques, in-4°. ; mais l'édition in-8°., beaucoup plus ample, ayant été imprimée loin de l'auteur, offre tant de fautes d'impression, qu'il a été obligé de la faire précéder d'un *errata* de 9 pages. Cette bibliographie contient tous les livres imprimés en langue arabe, et de plus tous ceux qui sont relatifs à l'étude de cette langue, tels que les grammaires et dictionnaires. Le tout est rangé en sept classes par ordre de matières, et dans chacune on suit l'ordre chronologique. Il n'existe peut-être pas de bibliographie spéciale aussi minutieusement exacte, ni aussi savante : on regrette de n'y pas trouver une table alphabétique des auteurs, pour la facilité des recherches ; mais elle est remplacée par une table chronologique de tous les articles, au nombre de 419, dont la date est connue, depuis la grammaire arabe publiée en espagnol, à Grenade, en 1505, jusqu'à celle de M. Silvestre de Sacy qui a paru en 1810 ; sans compter quinze éditions sans date connue, et dix dont l'existence paraît douteuse. On peut voir, sur cet excellent ouvrage, les savantes notices qu'en ont données dans le *Magasin encyclopédique*, M. Silvestre de Sacy (6e. ann., v, 340 ; 9e., VI, 183 ; 1814, I, 183), et dans le *Moniteur*, M. Jourdain (10 août 1812, n°. 223). Elles ont été tirées séparément, in-8°. Le professeur Hartmann, de Rostock, annonçait, en 1814, l'intention de publier des suppléments à cette *Bibliothèque* ; les matériaux qu'il avait déjà préparés pour ce travail ont passé dans les mains de M. Jourdain : la mort de ce dernier, fait craindre que cette utile entreprise ne soit pas terminée.   T.

SCHOELL (Frédéric), né en Alsace vers 1760, fit de très bonnes études et se livra au commerce de la librairie à Berlin, et ensuite à Bâle en Suisse, où il fut long-temps connu sous le nom de Decker. Étant venu s'établir à Paris vers 1804, il y continua le même commerce, et se fit avantageusement connaître en publiant plusieurs ouvrages très remarquables par l'érudition et le savoir. En 1814, après la reddition de Paris, il fut employé, par le roi de Prusse, dans la diplomatie, et il ne tarda pas à être nommé conseiller de la légation prussienne à Paris, emploi qu'il remplit encore aujourd'hui. Son souverain lui a accordé, en 1817, l'ordre de l'Aigle-Rouge. On a de lui : I. *Collection des actes, pièces officielles, règlements et ordonnances relatifs à la confédération du Rhin*, 1808, in-8°. II. *Répertoire de littérature ancienne, ou Choix d'auteurs classiques grecs et latins*, 1808, 2 parties in-8°. III. *Tableau des peuples de l'Europe, classés d'après leur langue*, etc., 1810, in-18, 1812, in-8°. IV. *Précis de la révolution française*, 1810, in-18. V. *Description abrégée de Rome ancienne, d'après Ligorius*, etc., 1811, in-18. fig. VI. *Éléments de chronologie*, 1812, 2 vol. in-18. VII. *Histoire abrégée de la littérature grecque depuis son origine jusqu'à la prise de Constantinople par les Turcs*, 1813, 2 vol. in-8°. Cet ouvrage a été traduit en anglais et mis au nombre des livres classiques consacrés à l'instruction de la jeunesse anglaise. VIII. *Recueil de pièces officielles destinées à détromper les Français sur les événements qui se sont passés depuis quelques années*, 1814-1816, 9 vol. in-8°. IX. *Histoire abrégée de la littérature romaine*, 1815, 4 vol. in-8°. L'empereur de Russie, à qui l'auteur fit hommage de cet ouvrage, lui envoya, en témoignage de sa reconnaissance, une superbe bague en diamants. X. *Congrès de Vienne*, recueil de pièces officielles, 1816, 2 vol. in-8°. XI. *Histoire abrégée des traités de paix entre les puissances de l'Europe, depuis la paix de Westphalie jusqu'au traité de Paris du 20 novembre 1815*, ouvrage de Koch, entièrement refondu, augmenté, et continué, par M. Schœll, 1817-1818, 15 volumes in-8°. XII. *Bibliothèque latine, ou Collection des auteurs latins, avec des commentaires dits perpétuels et des index*. Cette bibliothèque n'a point encore paru ; elle avait été annoncée il y a cinq ans, par M. Schœll ; mais les circonstances l'obligèrent à suspendre ses travaux. Il l'annonce de nouveau comme devant être exécutée très prochainement. M. Schœll a été l'éditeur des *Tables généalogiques des maisons souveraines du nord et de l'est de l'Europe*, ouvrage posthume de Koch, 1re. livraison, 1814, 2e. et 3e. livraisons, 1818. On a encore de lui plusieurs articles de la *Biographie universelle*, entre autres, ceux d'*Esterhazy*, *Koch*, etc. D.

SCHOUWALOFF (Le comte DE), lieutenant-général, aide-de-camp de l'empereur de Russie, a fait avec distinction toutes les campagnes contre la France, notamment celle de 1813, dans laquelle il fut chargé par son souverain de traiter avec M. de Caulaincourt, plénipotentiaire français, des conditions d'un armistice qui fut conclu à Pleiwitz le 4 juin. Il commandait un corps d'armée au commencement de la campagne de 1812 ; mais étant tombé malade, il fut obligé de donner sa démission. Il passa le Rhin au mois de janvier 1814, fit la campagne dite de France, et reçut, au mois d'avril, après la déchéance de Buonaparte, l'importante mission d'aller chercher Marie-Louise à Blois, où la régence s'était établie. Il arriva dans cette ville le Vendredi-saint, seul, sans aucune force armée, et descendit à l'auberge de la *Galère*. Son arrivée déconcerta les ministres de Napoléon, qui, ne s'occupant plus dès ce moment que de leur propre sûreté, demandèrent des passeports au maire de Blois, et se rendirent simultanément chez M. de Schouwaloff pour le prier d'y mettre son *visa*. Différents membres du gouvernement s'y étaient aussi rendus pour le même objet. La chambre qu'occupait M. de Schouwaloff se trouva trop petite pour contenir le nombre des solliciteurs. Ce général reçut tout le monde avec bonté, mais il parut distinguer au milieu de la foule ceux des fonctionnaires qui méritaient le plus d'égards. On remarqua surtout qu'il témoigna beaucoup de considération au duc de Feltre, et qu'il ne signa le passeport du duc de Rovigo qu'après avoir écrit sur la marge, en grosses lettres, *M. Savary*. Le général Schouwaloff fut ensuite un des quatre commissaires des puissances alliées, qui accompagnèrent Buonaparte jusqu'à l'île d'Elbe. Pendant le trajet, la présence de ces commissaires fut souvent utile à l'ex-empereur pour le mettre à couvert de la fureur du peuple : à Orgon, le danger fut le plus imminent ; la populace s'assembla, et entoura la voiture en demandant à grands cris qu'on lui livrât Napoléon. M. de Schouwaloff harangua la multitude à plusieurs reprises, et, secondé de ses collègues, parvint à appaiser le soulèvement, pendant que Buonaparte lui faisait de sa voiture, des signes d'approbation et de reconnaissance. Ce général est grand-croix de Wladimir 2e. classe, grand-croix de Ste.-Anne, commandeur de St.-Jean de Jérusalem, et grand-croix de l'Aigle-Rouge de Prusse. Il était à Paris à la fin de 1817. S. S.

SCHRAMM (Le baron ADAM DE), né le 24 décembre 1760, entra au service au commencement de la révolution, et commandait, en 1804, au camp de Boulogne, le 2e. régiment d'infanterie légère, en qualité de colonel. Elevé au grade de général de brigade en 1805, en récompense de sa conduite à la journée d'Austerlitz, il devint, en 1806, gouverneur-général du Hanovre, et fut employé, l'année suivante, au siége de Dantzig, où il se distingua et obtint la croix de commandant de la Légion-d'honneur. Après la paix de Tilsitt, il fut autorisé à porter la décoration du Mérite militaire de Wurtemberg, fut chargé depuis de différents commandements, soit aux armées actives, soit dans l'intérieur, fut nommé commandant à Chaumont dans la 18e. division, et créé chevalier de St.-Louis le 8 juillet 1814. Les événements du 20 mars 1815 replacèrent le général Schramm sous les drapeaux de Buonaparte, qui lui confia le commandement du dépt. du Bas-Rhin, et l'éleva au grade de général de division le 11 juin 1815. Cette nomination fut annulée par ordonnance royale du 1er. août suivant. M. de Schramm se retira alors à Binheim près Weissembourg. Depuis cette époque, il a cessé d'être compris sur le tableau des généraux en activité. — SCHRAMM (le chevalier Jean-Paul-Adam DE), né le 22 décembre 1784, entra au service dans l'infanterie le 11 août 1792, fut nommé officier de la Légion-d'honneur le 4 mai 1813, et général de brigade le 27 septembre suivant. Après la campagne de 1814, il fut chargé, au mois d'août, du commandement du département de Maine-et-Loire, et créé chevalier de Saint-Louis le 5 septembre. Il jouit du traitement de demi-solde depuis le licenciement. S. S.

SCHREIBER (CHARLES DE), directeur des cabinets d'histoire naturelle de l'empereur d'Autriche, est regardé comme l'un des premiers naturalistes de ce pays. Ce savant s'est particulièrement occupé de la branche appelée helminthologie, et il a formé une collection helminthologique très précieuse, dont il a fait don au cabinet impérial de Vienne. Il a été chargé, en 1817, de faire dans l'Amérique méridionale en général, et dans le Brésil en particulier, des recherches et des observations relatives à l'histoire-naturelle. A.

SCHROETER (JEAN-JÉRÔME), célèbre astronome, grand-bailli de Lilienthal, est né à Erfurt le 30 août 1745. En faisant son cours de droit à l'université de Goettingue, où il reçut le bonnet de docteur, il prit aussi des leçons de mathématiques de Kæstner, qui lui inspira le goût de l'astronomie, et ce goût devint bientôt en lui une passion. Il commença surtout à s'y livrer en 1778, pendant qu'il était employé à la chambre de justice d'Hanovre, et fit, en 1779 et 1780, d'importantes observations sur le Soleil, sur Vénus, et particulièrement sur la Lune qui devint l'objet de son attention particulière. Nommé bailli de Lilienthal, près de Brème, pour le roi d'Angleterre et le duc de Brunswick-Lunebourg, il y établit un magnifique observatoire fourni des meilleurs instruments. Ses télescopes de sept pieds soutiennent la concurrence avec ceux de Herschell, et il en a un de treize pieds, qui est peut-être le meilleur qui existe actuellement (disait Lalande en 1803, *Bibliogr. astronom.*, pag. 837). Le jardinier de M. Schrœter fond et polit les miroirs de télescope avec une adresse étonnante, et il a établi chez lui une espèce de manufacture, où l'on peut acquérir pour 700 francs un miroir de quinze pieds de foyer, ce qui n'est pas le dixième de ce qu'il coûterait à Londres ou à Paris. A force de patience et d'observations, M. Schrœter est parvenu à donner un *Atlas de la Lune*, tellement précis, que cette planète nous est maintenant mieux connue dans quelques parties que des espaces aussi étendus sur la terre que nous habitons. M. Schroeter est correspondant de l'Institut (académie des sciences). Le roi d'Angleterre lui a donné M. Harding pour adjoint, en 1800, avec des appointements. On a de lui en allemand : I. *Mémoires sur de nouvelles découvertes astronomiques*;

Berlin, 1788, in-8°. avec 8 planches. II. *Observations sur les taches du Soleil, sur la lumière*, etc., Erfurt, 1789, in-4°. avec 5 planches (et dans les *Acta erudit.* d'Erfurt). III. *Fragments sélénotopographiques*, Helmstadt, 1791, in-4°. de 676 pag. avec 45 planches (*V.* le *Journal des Savants*, de septembre et décembre 1792, pag. 762). IV. *Fragments cythéréographiques*, ou *Observations sur les montagnes gigantesques et la rotation de Vénus*, Erfurt, 1793, in-4°. (et dans les *Acta acad. Mogunt.*, 1794). V. *Fragments aphroditographiques*, Helmstædt, 1796, in-4°. avec fig. C'est une suite de l'ouvrage précédent; l'auteur y donne la description de son télescope, construit à Lilienthal, en 1793. VI. *Nouveaux mémoires pour les progrès de l'astronomie*, Gœttingen, 1798-1800, 2 vol. in-8°. avec fig. VII. Un grand nombre de savants Mémoires et d'observations dans le *Recueil de la société des amis de l'histoire-naturelle* à Berlin, et surtout dans les *Almanachs astronomiques* de M. Bode, depuis 1786, et dans les *Éphémérides géographiques* de Zach, où l'on trouve son portrait et une notice sur sa vie, dans le cahier de mai 1799. T.

SCHUKOWSKI, poète russe, né à Toula en 1783, a rédigé, en 1808 et 1809, le journal russe l'*Annonciateur*. On estime ses poésies qu'il a recueillies en deux volumes, et dont plusieurs sont des imitations de l'allemand. Les meilleures sont une *Épître à Alexandre*, sur les dernières campagnes, et un poème lyrique intitulé : *Le Chantre des ruines du Kremlin*. L'empereur lui accorda, en 1817, une pension de 4,000 roubles, « autant, dit l'ukase expédié à cet effet, » pour témoigner au poète la bienveil- » lance du souverain, que pour lui pro- » curer une existence indépendante. » S. S.

SCHULMEISTER (Charles), s'est fait connaître, sous le gouvernement impérial, comme un des agents de police les plus adroits et les plus dévoués à Napoléon. Cet homme, devenu fameux dans ces derniers temps, est Badois d'origine : il avait commencé par être négociant ; mais des opérations malheureuses lui firent chercher un autre moyen d'exercer son industrie. Il vint à Paris, et fut présenté à Buonaparte comme ayant toutes les qualités nécessaires à un bon agent de police. Ses services furent acceptés, et depuis cette époque il ne cessa de faire ce métier, soit en France, soit à l'étranger, sous les ordres du duc de Rovigo, dont il était l'aide-de-camp, et qui lui avait donné deux actions dans l'administration des jeux. On a prétendu que Schulmeister avait beaucoup contribué, en 1805, à la capitulation d'Ulm, où il s'était introduit sous le faux titre d'officier-général autrichien, porteur d'ordres pour le commandant. On a aussi dit que pendant le séjour de Buonaparte à l'île d'Elbe, en 1814, il était resté en France, muni d'instructions pour travailler au succès du vaste complot qui devait ramener l'ex-empereur à Paris, et qu'il avait établi le centre de ses opérations dans les départements du Rhin, d'où il faisait parvenir à l'île d'Elbe les observations qu'il recueillait et le résultat de ses manœuvres. Ce qu'il y a de sûr, c'est qu'après le 20 mars il rentra dans ses prérogatives et fonctions. Chargé de missions importantes, il les remplit avec un redoublement de zèle, qui excita contre lui l'animadversion du gouvernement prussien. Il vivait retiré dans la capitale après la seconde chute de Buonaparte, lorsque le commandant prussien, à Paris, reçut ordre de le faire arrêter. Le 27 juillet, un piquet de cavalerie prussienne se porta sur la route de Vincennes. Schulmeister, qui se rendait à une terre qu'il possède dans le voisinage, fut enlevé et conduit à Charonne, chez le général Kleist-Ruchel. Comme on lui fit croire qu'on le prenait pour le général Vandamme, il se laissa conduire où l'on voulut, disant qu'il dissiperait bientôt l'erreur qui avait causé ce quiproquo. Mais, à Charonne, il s'aperçut qu'on ne le connaissait que trop bien, et il apprit qu'on avait ordre de le conduire à Wesel. A son arrivée dans cette forteresse, on commença à instruire son procès. Interrogé s'il n'avait pas coopéré au projet d'enlèvement du fils de Buonaparte à Vienne, il nia ce fait; mais il avoua qu'en 1806, il avait tenté d'arrêter un prince souverain d'une des plus anciennes maisons de l'Allemagne. Il ajouta, pour sa justification, qu'étant, à cette époque, aide-de-camp du général Savary, il avait été forcé de se conformer aux ordres de son chef. Après une détention de quelques mois dans la forteresse de Wesel, M. Schulmeister fut mien liberté, son procès n'ayant pu être continué. Il est maintenant domicilié à Boissy-St.-Léger, à trois lieues de Paris, dans une superbe propriété qu'il a achetée en 1816, et où il donne des fêtes brillantes. On assure qu'il y fait beaucoup d'aumônes. S. S.

SCHWARTZ (Le baron FRANÇOIS-XAVIER), né le 8 février 1762 en Alsace, fit les premières campagnes de la révolution, comme capitaine dans les hussards de Chamboran, fut nommé lieutenant-colonel du même corps en 1797, et, quelque temps après, colonel du 5e. régiment de hussards. Il servit avec distinction, en cette qualité, pendant la campagne de 1805, et fut décoré de la croix de commandant de la Légion-d'honneur, à la suite de la bataille d'Austerlitz, où il s'était distingué. Elevé au grade de général de brigade, le 30 décembre 1806, il fut employé dans la campagne de cette année et dans celle de 1807, et continua d'être compris sur le tableau des officiers-généraux en activité. Il a commandé pendant quelque temps le dépôt des remontes à Amiens. Par suite de l'ordonnance du Roi du 4 septembre 1815, il a été admis à la retraite. S. S.

SCHWARTZENBERG (Le prince CHARLES-PHILIPPE), feld-maréchal autrichien, né le 15 avril 1771, entra de bonne heure au service, parvint rapidement au grade de lieutenant-colonel, fut aide-de-camp du général Clairfait, et se distingua sous ses ordres en plusieurs occasions, particulièrement le 1er. mai 1792, à la bataille de Quiévrain. Pendant la campagne de 1793, il commanda une partie de l'avant-garde du prince de Cobourg et se signala de nouveau, en juillet, vers Valenciennes; en octobre, à Oisy, à Estreux, près de Landrecies; et pénétra, avec des partis, vers Guise et jusqu'à St.-Quentin. Le 29 mai 1794, il contribua à repousser les attaques faites sur le Cateau; et ayant déployé, de nouveau, le 27 avril, la plus grande bravoure à l'affaire qui eut lieu entre Bouchain et Cambrai, il reçut l'ordre de Marie-Thérèse sur le champ de bataille. En juin 1796, le prince de Schwarzenberg, alors colonel et commandant le régiment des cuirassiers de Zerschwitz, fit partie du corps d'armée sous les ordres du général Wartensleben dans le Bas-Rhin. Il fut nommé major-général après la bataille de Wurtzbourg, livrée le 3 septembre de la même année, et le 16, il se conduisit de la manière la plus brillante à l'attaque de Dietz. En septembre 1802, il refusa l'ambassade de Pétersbourg, fut employé de nouveau dans les armées autrichiennes, en qualité de lieutenant-feld-maréchal, lors de la reprise des hostilités avec la France en 1805, et fut un des trois généraux nommés au mois de juillet de cette année, pour conférer avec le baron de Wintzingerode, aide-de-camp de l'empereur de Russie, sur le plan de campagne proposé par l'Autriche. Le prince de Schwartzenberg, chargé d'un commandement à l'aile droite de l'armée autrichienne devant Ulm, prit part à l'action du 11 octobre contre l'armée d'observation française, sous les ordres du maréchal Ney, et se retira, après la perte de la bataille, par la route de Franconie, avec l'archiduc Ferdinand. Ce général a rempli, pendant plusieurs années, les fonctions d'ambassadeur auprès de Napoléon, dont il a plus d'une fois essuyé la mauvaise humeur. C'est aussi en cette qualité qu'il a eu beaucoup de part au mariage de Napoléon avec l'archiduchesse Marie-Louise. En 1812, il prit le commandement du corps d'armée autrichien qui, conformément au traité conclu le 14 mars, fut mis à la disposition de Napoléon, pour seconder ses opérations contre la Russie. Cette armée, forte de 30,000 hommes, se trouvait en Gallicie au commencement des hostilités; il passa le Bug à Droghitschin dans les premiers jours de juillet, poursuivit les Russes dans toutes leurs directions, et s'empara le 11 de Pinsk, position importante dans le duché de Varsovie. Au mois d'août, Napoléon confia au prince de Schwartzenberg le commandement de sa droite, et celui du 7e. corps, composé de troupes saxonnes, avec lequel il marcha contre le général Tormazow, l'attaqua le 12 et le mit en fuite. Les bulletins français firent l'éloge des talents qu'il avait déployés en cette occasion. Il continua ses opérations pendant le mois de septembre, contre les généraux Tormazow et Tschitchakoff, qui s'avançaient par la Volhinie. Mais il fut battu à son tour, par ces généraux, au mois d'octobre, et effectua sa retraite vers le duché de Varsovie. Les bulletins français annoncèrent au mois de novembre, qu'il avait remporté plusieurs

avantages, les 16, 17 et 18, contre le général Saken, envoyé par le général Tschitchakoff pour observer ses mouvements ; mais ces succès furent démentis par les bulletins russes, qui prétendirent au contraire que le général autrichien ayant essayé de s'approcher de la place de Slonim, en avait été repoussé deux fois avec perte. Quoi qu'il en soit, le prince de Schwartzenberg, dont les troupes étaient alors concentrées dans le duché de Varsovie, s'y maintint pendant les derniers mois de cette année, et il occupait encore, au mois de février 1813, la position de Pultusck. Il quitta l'armée le 9 de ce mois, et se rendit à Vienne, où il reçut le commandement de l'armée qui se formait en Bohême, et quoique la rupture de l'Autriche avec la France ne parût point encore décidée, il quitta ses cantonnements le 24 août, marcha sur Dresde, où se réunirent les armées russe et prussienne, sous les ordres des généraux Kleist et Wittgenstein, et concourut aux combats des 26 et 27 août contre Napoléon en personne. Le 28, il fit, avec toute l'armée, un mouvement à droite, pour prendre position derrière les défilés qui séparent la Saxe de la Bohême, et pour y attendre les divisions des généraux Vandamme et Victor, qui avaient passé l'Elbe à Kœnigstein. Ce mouvement donna lieu à la bataille de Kulm. Le 15 octobre, le prince de Schwartzenberg annonça dans un ordre du jour que le lendemain 16, il y aurait une action générale et décisive. Telle fut en effet la bataille de Leipzig, qui délivra l'Allemagne des armées françaises, et où le prince de Schwartzenberg commandait en chef. Le 22 décembre, il entra en Suisse à la tête de la grande armée, et adressa au mois de janvier, au peuple français, en mettant le pied sur son territoire, une proclamation dans laquelle il annonçait qu'il ne venait point, comme ennemi de la France, ravager ses provinces, mais, comme pacificateur, rétablir la paix entre toutes les puissances de l'Europe. Il commença ses opérations par envoyer des corps détachés sur Genève, Huningue et Béfort, et ayant dépassé toutes les places qui défendent la France de ce côté, il fit sa jonction avec le maréchal Blucher, et concourut au combat de Brienne le 24 janvier. A cette occasion, l'empereur de Russie lui fit don d'une épée. Le 3 mars, il s'empara de Troyes et se mit à la poursuite des Français sur la route de Nogent. Le 10, il publia, dans cette ville, en conséquence de l'instruction donnée par le général Alix, commandant la 18e. division pour la levée en masse, un ordre-du-jour dans lequel il déclarait que tout individu pris les armes à la main, serait traité comme prisonnier de guerre ; que tout habitant qui aurait tué ou blessé un militaire des armées alliées, serait traduit devant une commission militaire et fusillé dans les 24 heures ; que toute commune où serait sonné le tocsin, dans le but de soulever le peuple, serait livrée aux flammes, etc. Le 30 mars, jour de l'attaque de Paris, le prince de Schwartzenberg publia encore, comme général en chef, une proclamation qui fit connaître une partie des intentions des alliés relativement à Buonaparte et aux Bourbons : « C'est à la ville de Paris, dit-il, qu'il appartient, dans les circonstances actuelles, d'accélérer la paix du monde ; son vœu est attendu avec l'intérêt que doit inspirer un si immense résultat : qu'elle se prononce, et, dès ce moment, l'armée qui est devant ses murs devient le soutien de ses décisions. Parisiens, vous connaissez la situation de votre patrie, la conduite de Bordeaux, l'occupation amicale de Lyon, les maux attirés sur la France, et les dispositions véritables de vos concitoyens. Vous trouverez dans ces exemples le terme d'une guerre étrangère, de la discorde civile ; vous ne sauriez plus le chercher ailleurs... » Le 3 avril, lorsque déjà les alliés étaient maîtres de Paris, que le gouvernement provisoire était établi, et que le décret du sénat avait délié le peuple et l'armée du serment de fidélité envers Napoléon, le prince de Schwartzenberg fit passer au maréchal Marmont tous les papiers publics et documents nécessaires pour lui donner la connaissance de ces événements, et il l'engagea à abandonner les drapeaux de Napoléon (*Voy.* MARMONT). Il reçut, le 5 avril, de l'empereur Alexandre, le cordon et la plaque en diamant de l'ordre de St.-André, et le 20 du même mois, l'empereur d'Autriche lui écrivit la lettre suivante : « Mon cher feld-maréchal, les
» services que vous m'avez rendus, ainsi
» qu'à l'État, dans le cours de la guerre
» qui vient de finir, ont été couronnés

» par les dernières opérations et l'entrée
» des armées des puissances alliées à Paris.
» Je veux vous en faire connaître ma re-
» connaissance dans un moment aussi im-
» portant; et je desire perpétuer jusqu'à
» vos descendants les témoignages de ma
» satisfaction par les dispositions suivan-
» tes : Je vous donne le droit d'ajouter
» dans le premier champ de vos armes
» de famille, l'écusson des armes d'Au-
» triche, avec une épée debout. En
» même temps, je me réserve de vous
» accorder, en pur don, dans mon
» royaume de Hongrie, une seigneurie
» transmissible, en vertu de mes lettres,
» à vos héritiers mâles en ligne directe;
» et en conséquence, vous en recevrez
» de moi la donation aussitôt qu'elle au-
» ra été convenablement expédiée. » Le
Roi de France, voulant aussi témoigner
au prince de Schwartzenberg son estime
et sa reconnaissance, lui fit présent de
quarante béliers et brebis-mérinos, et
lui envoya, ainsi qu'au prince de Metternich, une croix d'honneur d'or qu'ils
ont seuls le droit de porter. La coalition ayant repris les armes en 1815, pour
renverser de nouveau Buonaparte, le
prince de Schwartzenberg fut nommé
commandant en chef des armées alliées
du Haut-Rhin. Il franchit ce fleuve le 22
juin, et s'avança avec les troupes russes
par la Lorraine et l'Alsace, pour se réunir
aux Anglais et aux Prussiens sous les murs
de Paris. Il était précédé par l'armée bavaroise. Cette deuxième campagne, moins
glorieuse pour le prince de Schwartzenberg que la précédente, sous le rapport
des opérations militaires, ne le fut pas
moins par les marques d'estime qu'il reçut des souverains. Le roi de France lui
conféra l'ordre du St.-Esprit, le roi de
Saxe celui de la Couronne-de-Rue, le
prince-régent d'Angleterre la grande décoration de l'ordre des Guelphes, et le
roi des Deux-Siciles la grande décoration de l'ordre de St.-Ferdinand. Le
prince Charles de Schwartzenberg est
président actuel du conseil aulique de
guerre; il a épousé, le 28 janvier 1799,
la veuve du prince d'Esterhazy, née
comtesse de Hohenfeld. — Son frère aîné, le prince Joseph-Jean, conseiller intime et chambellan de l'empereur, né le
27 juin 1769, succéda à son père le 5
novembre 1789. Sa femme, fille du duc
Louis Engelbert d'Aremberg, périt, dans
le mois de juillet 1810, à la fête donnée

par le prince Charles de Schwartzenberg, à Paris, à l'occasion du mariage de
l'archiduchesse Marie-Louise avec Napoléon. Le prince Joseph fut nommé, le
23 septembre 1816, l'un des douze directeurs permanents de la banque nationale d'Autriche, ayant refusé, à
cause de ses grandes occupations, la
charge de gouverneur qui lui avait été
offerte. Il fut envoyé, au mois d'octobre
suivant, à Munich, en qualité d'ambassadeur extraordinaire, pour y faire, au
nom de l'empereur, la demande de la
main de la princesse Caroline-Auguste,
deuxième fille du premier mariage de
S. M. le roi de Bavière.   S. S.

SCHWEDIAUER (FRANÇOIS-XA-
VIER), docteur en médecine de la faculté de Vienne en Autriche, est né à
Steyer, dans la Haute-Autriche, le 24
mars 1748. Il pratiqua d'abord la médecine à Vienne, puis en Angleterre, et
enfin à Paris, où il réside actuellement,
sous le nom de *Swediaur* (Francis);
ce qui a fait supposer qu'il était écossais.
Il a publié, en Allemagne : I. *Dissertatio
exhibens descriptionem præparatorum
anatomicorum et instrumentorum chi-
rurgicorum quæ possidet facultas medica Vindobonensis*, Vienne, 1772,
in-4º. II. *Methodus medendi hodierna
in nosocomiis lundidensibus usitata*,
Vienne, 1777, in-8º. — Il a publié
en Angleterre : III. *Practical observations on the more obstinate and
inveterate venereal complaints*, c'est
à dire: *Observations pratiques sur les
maladies vénériennes, les plus opinia-
tres et les plus invétérées*, Londres,
1784, in-8º. La troisième édition de cet
ouvrage a paru à Édimbourg, en 1788,
in-8º. L'auteur a donné, du même ouvrage, une traduction allemande, faite
par lui-même, et publiée à Vienne en
1786. En France, il a publié : IV. *Traité
complet sur les symptômes, les effets,
la nature et le traitement des maladies
syphilitiques*, Paris, 1798; 7ᵉ. édition,
ibid., 1817. Cet ouvrage est le plus important de ceux qui sont sortis de la
plume de M. Schwediauer ou Swediaur.
C'est un livre bien fait; il atteste un
homme érudit: mais on s'aperçoit qu'il
l'a composé plus avec le secours des livres qu'avec celui de l'observation pratique; c'est ce qui place ce traité fort
au-dessous de celui de M. Lagneau, qui
est le meilleur ouvrage pratique que

nous possédions en ce genre. M. Schwediauer a soutenu, dans son traité, que la maladie syphilitique n'est point nouvelle dans l'ancien continent, et qu'elle ne nous vient point de l'Amérique; c'est un paradoxe qui a été victorieusement réfuté. V. *Materia medica*, Paris, 2 vol. in-12. VI. *Pharmacopœia medici-pratici universalis*, 3 vol. in-12, Paris, 1803. VII. *Novum nosologiæ methodicæ systema*, etc., 2 vol. in-8°., Paris, 1812. M. Swediauer est regardé comme Suédois, par quelques personnes. Meusel, dans les cinq éditions de son *Allemagne littéraire*, tom. VII, page 415, le donne pour Autrichien, sous le nom de Schwediauer; les ouvrages publiés sous l'un et l'autre nom, indiquent assez qu'ils sont du même auteur. F—n.

SCHWEIGHÆUSER (Jean), ex-professeur de philosophie à l'université de Strasbourg, et correspondant de l'Institut, naquit dans cette ville, en juin 1742. S'étant appliqué de bonne heure à l'étude de la philosophie ancienne et moderne, il conçut le projet d'appliquer aux notions morales, trop négligées par Locke et Condillac, la méthode qu'ils avaient suivie pour développer la marche de l'esprit humain dans l'acquisition de ses connaissances. Il publia bientôt après une dissertation sur cet objet. Attiré à Paris par M. de Guignes, il s'appliqua à l'étude des langues orientales et alla ensuite se perfectionner chez l'étranger. De retour à Strasbourg, il donna des leçons de logique et de philosophie, et ayant été nommé, en 1778, professeur des langues grecque et orientales, il tourna toute son attention vers la littérature ancienne. Plusieurs ouvrages qu'il publia lui firent beaucoup d'honneur parmi les savants. La révolution vint l'arracher à ses travaux. Il fut incarcéré comme suspect, et ensuite relégué dans un village de la Lorraine avec sa famille. Les circonstances ayant changé, il remplit une chaire à l'école centrale du département du Bas-Rhin. On doit à M. Schweighæuser d'excellentes éditions de Polybe, d'Appien, d'Arrien, de Simplicius, d'Épictète (et de Cébès); de quelques pièces de Sophocle et d'Euripide, des épîtres de Sénèque, des Déipnosophistes d'Athénée, et d'Hérodote. Cette dernière a paru en 1816, 12 vol. in-8°. Elle fait suite à la belle collection des classiques de Deux-Ponts. L'éditeur a pris pour base de son travail, le texte de Wesseling, qu'il a fréquemment amélioré à l'aide des manuscrits dont il s'était procuré les variantes. Aux notes de Wesseling et de Valkenaer qu'il a toutes conservées, il a joint ses propres remarques, qui se distinguent par la sagesse de la critique et par une parfaite connaissance de la langue. M. Schweighæuser se propose de publier un *Lexicon herodoteum*, à l'instar du *Lexicon ionicum* d'Æmilius Portus, et qui pourra servir pour toutes les éditions grecques d'Hérodote. Il a donné, en 1807, sous le titre d'*Opuscula academica philosophica et philologica*, 2 vol. in-8°., le recueil des dissertations et pièces académiques qu'il avait publiées séparément, et un opuscule latin à la mémoire de J.-J. Oberlin, 1806, in-8°. M. Schweighæuser a été nommé, le 3 août 1816, membre libre de l'académie des inscriptions et belles-lettres de France, conformément à l'ordonnance du Roi du 21 mars 1816. — SCHWEIGHÆUSER (Jean-Geoffroi), fils du précédent, professeur au séminaire protestant, et professeur-adjoint à la faculté des lettres de l'académie royale à Strasbourg, où il est né en 1776, a fait l'éducation du fils de M. d'Argenson, membre de la chambre des députés. Il s'est fait connaître par plusieurs Notices littéraires insérées dans le *Magasin encyclopédique* de Millin, et dans d'autres ouvrages périodiques. « Il a rendu des services à la philologie grecque, dit la classe de littérature de l'Institut, dans son rapport du 20 février 1808, et marche dignement sur les traces de son père. » On trouve, dans les Mémoires de l'Institut, une Note de sa composition sur un passage inédit des commentaires de Simplicius sur Epictète, passage qui a éclairci un fait intéressant de la vie de Xénophon. Ses remarques sur la traduction des Caractères de Théophraste, par la Bruyère, contiennent des observations qui méritent d'être lues, même après celles que M. Coray et M. Schneider ont faites sur le même auteur. Voici la liste des ouvrages de M. Schweighæuser: I. *Caractères de Théophraste*, traduits par La Bruyère, avec des additions et des notes nouvelles, 1802, in-12. II. *Lettres à M. Millin sur quelques passages de Théophraste, Suidas et Arrien*, 1803, in-8°. III. *Explication des monuments antiques du musée Napoléon*; les quatres premières livraisons, 1804 (*V.* PETIT-RADEL). IV. *Vie de Christ.-Guil. Koch*, Strasbourg, 1815, in-8°. V. *Notice sur la vie de Schœpflin*, et plusieurs autres articles dans les *Archives littéraires*. VI. *Lettre sur une correspondance inédite du maréchal de Saxe, conservée à la bibliothèque de Strasbourg* (dans les *Annales encyclopédiques* de 1817, tom. 11, pag. 324). VII. Traduction (de l'allemand) du poème de *Rome sauvée*, de M. G. de Humboldt. VIII. *Stances pour une fête religieuse de la paix*, Paris, 1814, in-8°. IX. *Notice sur un passage de Simplicius, découvert par le citoyen Schweighœuser*, Paris, in-8°. — SCHWEIGHÆUSER (Jacques-Frédéric), neveu du professeur, né en 1766, à Strasbourg, où il est médecin-accoucheur à l'Hôpital-général, a publié : I. *Amphibiorum virtus medicata*, Strasbourg, 1789, in-4°. II. *Instruction pratique sur l'usage du forceps dans l'art des accouchements*, 1758, in-8°.; 1799, in-8°. III. *Archives de l'art des accouchements, considéré sous les rapports anatomiques et pathologiques, recueillies dans la littérature étrangère*, 1801-3, 4 vol. in-8°. IV. *Tablettes chronologiques de l'histoire de la médecine puerpérale*, 1806, in-12. V. *Sur quelques points de physiologie relatifs à la conception et à l'économie organique du fœtus*, 1812, in-8°. T. et OT.

SCHWENDT DE SAINT-ETIENNE, était syndic de la noblesse de la Basse-Alsace, lorsqu'il fut élu député du tiers-état de Strasbourg aux états-généraux, où il s'opposa, le 30 octobre 1790, à ce qu'on suspendît les poursuites commencées contre Westermann, alors greffier de la municipalité de Haguenau, et désigné comme auteur des troubles de cette ville. Il entra, sous le directoire, au tribunal de cassation, où il a été maintenu après le 18 brumaire. Il en fait encore partie, et il est décoré de la croix de la Légion-d'honneur et de celle du Mérite civil de Bavière. B. M.

SCHWITER (Le baron HENRI-CÉSAR-AUGUSTE), né à Ruelle en 1768, était colonel du 55e. de ligne, lorsqu'il fut nommé officier de la Légion-d'honneur le 11 juillet 1807. Employé en Espagne en 1808 et 1809, il se distingua dans plusieurs occasions, notamment le 1er. juillet 1809, à Touja, où il battit et dispersa un corps d'insurgés. Rappelé en France, il prit part à l'expédition de Russie, et fut élevé le 4 septembre au grade de général de brigade. Le Roi le créa chevalier de St.-Louis le 1er. novembre 1814, et le nomma commandant d'armes au Hâvre. Il fut employé pendant les cent jours de 1815, et a cessé, après le retour de S. M., d'être compris sur le tableau des généraux en activité. S. S.

SCOTT (Sir WILLIAM), baronnet, membre du parlement d'Angleterre, docteur-ès-lois, juge de la haute-cour de l'amirauté et de la cour consistoriale, vicaire-général de l'archevêque de Cantorbury, chancelier de Londres, commissaire-officiel des villes de Cantorbury et de Londres, gardien du musée britannique, etc., est frère aîné de lord Eldon, grand-chancelier et président de la chambre des pairs (*Voy*. ELDON). Il naquit à Newcastle, et termina son éducation à l'université d'Oxford, où il remplit, pendant quelques années, les fonctions de professeur et obtint un succès prodigieux; mais il ne voulut jamais hasarder sa réputation en faisant imprimer ses cours. Il se livra ensuite à la profession d'avocat et y réussit également. En 1788, le docteur Scott fut nommé avocat-général du Roi, et créé chevalier dans le mois de septembre de la même année; il fut nommé, l'année suivante, chancelier du diocèse de Londres et juge de la haute-cour de l'amirauté. Une décision de sir William Scott, à l'égard d'un convoi suédois (cette nation était alors neutre), dont il prononça la confiscation, parce qu'il avait refusé de se laisser visiter, fit une grande sensation. Sir William Scott, avant de rendre sa décision, prononça un discours plein de recherches savantes, et l'appuya sur l'autorité de Puffendorff, de Vattel, de Valin et des publicistes anglais, qui tous s'accordent à dire « qu'un » vaisseau neutre qui refuse de souffrir » la visite d'une des puissances belligé» rantes, doit être condamné, par cela » seul, comme étant de bonne prise. » Il fut nommé membre du parlement en 1790 par Dowton, dans le Wiltshire, réélu en 1796, et bientôt après choisi par l'université d'Oxford, où il avait été élevé. Pendant la longue administration de Pitt, sir William Scott l'appuya de tout son pouvoir; lors du débat qui eut lieu en 1791, sur la convention avec la Russie, il l'approuva dans un long discours qui semblait être plutôt l'ouvrage d'un jurisconsulte que celui d'un politique. Il s'opposa, en 1797, à ce que le bill qui dispensait les quakers du serment dans les causes civiles et criminelles, fût adopté. En mai 1800, lorsqu'on proposa le bill d'adultère, pour prohiber le mariage entre les parties coupables, il prononça un discours fort éloquent dans lequel il éleva des objections contre la mesure proposée, et demanda qu'elle fût soumise à un comité. En 1803, sir William Scott, qui a toujours été l'avocat de l'Eglise dans laquelle il occupe un rang si éminent, proposa divers plans pour l'amélioration du sort du clergé. On lui doit aussi la proposition d'un bill *pour régulariser les procédures des cours d'amirauté des Indes occidentales*, et d'un autre pour *l'encouragement des marins*. Il désapprouva fortement la motion de M. Fox, relative aux catholiques d'Irlande, et le débat ayant été ajourné, il soumit, en mai 1805, diverses objections contre la mesure proposée, s'appuyant sur le principe général, que tous les états civilisés exigent, à peu d'exception près, que leurs officiers du pouvoir exécutif professent la religion de l'état. Depuis le changement du ministère, sir William Scott fait partie de la minorité; il s'opposa en 1816, à l'admission du *bill de commerce avec les Américains*, et il en reçut des remercîments publics des armateurs et chargeurs de Londres. Sir William Scott a été intimement lié avec les hommes les plus célèbres des temps présents ; il faisait partie du club littéraire fondé par le docteur Johnson, qui le nomma l'un de ses exécuteurs testamentaires. Il passe pour excessivement riche. — Scott (Thomas), ecclésiastique anglais, recteur d'Aston-Sandford dans le comté de Buckingham, est né dans le comté d'York. Dès son entrée dans le ministère, il se montra zélé calviniste, ce qui lui fit obtenir la chapellenie de *Lock hospital*. Il eut dans cet établissement un différent sur quelques points de doctrine avec M. de Coetlogon, son coadjuteur, ce qui produisit une espèce de schisme, par suite duquel les deux prédicateurs furent renvoyés. M. Thomas Scott devint recteur de Olney, d'où il est passé dans la résidence qu'il occupe en ce moment. La Bible de famille dont il fut l'éditeur, a ruiné l'imprimeur. Il est auteur de beaucoup d'ouvrages, entre autres : I. *La force de la vérité*, ou *Aventures merveilleuses de sa propre vie*, in-12, 1779. Cet ouvrage a eu jusqu'à 8 éditions, la dernière en 1811. II. *La doctrine de l'Ecriture sur le gouvernement civil et les devoirs des sujets*, in-12, 1792. III. *Les droits de Dieu*, in-12, 1793. IV. *Caractère religieux de la Grande-Bretagne*, in-8°., 1793. V. *Essai sur les sujets les plus importants de la religion*, in-12, 1793 ; 4e. édition, in-8°., 1800. VI. *Bible de famille, avec des notes*, 4 vol. in-4°., 1796 ; 5e. édition, 1810. VII. *Considérations sur le pouvoir et la nature de la foi*, in-12, 1798. — Scott (John) a publié en 1815 : *Visite à Paris en 1814*, Londres, in 8°. de 409 pag., très défavorable à Buonaparte, et même aux Français. Il a donné depuis : *Paris visité de nouveau en 1815, 1816*, in-8°. Z.

SCOTT (Walter), poète et savant anglais, est le fils d'un avocat d'Edimbourg. Sa mère avait beaucoup de goût pour la poésie, comme on le voit par ses *Essais poétiques* qui ont été imprimés après sa mort, en 1789. Walter Scott naquit à Edimbourg en 1771. Etant boiteux et faible de constitution, il reçut sa première instruction dans la maison paternelle. Les gens chargés de son enfance cherchant à l'amuser et à se désennuyer eux-mêmes, lui répétaient les légendes et les vieux contes écossais, dont il a fait un si heureux usage dans ses poëmes nationaux. Il se fit peu remarquer à la grande école et à l'université de sa ville natale. Ayant achevé son droit, il fut reçu avocat à l'âge de 21 ans. Il épousa en 1798 miss Carpenter, fille naturelle du feu duc de Devonshire : cette jeune personne, élevée dans l'île de Guernesey, savait à peine l'anglais ; cependant elle s'est tellement passionnée pour les poésies de son mari, qu'elle menace de sa colère tous ceux qui osent les critiquer, et qu'elle a voulu couper les oreilles à l'un des rédacteurs de l'*Edimburg-Review*, qui avait osé blâmer son *Marmion*. A la fin de 1799, Walter Scott fut nommé sous-shérif du comté de Selkirk ; et en 1806, il obtint la charge d'un des principaux secrétaires de la cour des sessions d'Ecosse : il occupe encore l'une et l'autre de ces places, qui lui rapportent mille livres sterl. par an, et lui laissent un loisir qu'il a voué à la littérature. Il débuta en 1799 dans la carrière des lettres par la traduction de *Berlinchengen*, drame de Gœthe, qui n'eut pas un grand succès. Comme écrivain original, il a obtenu une place remarquable parmi ses contemporains, en adaptant le style des anciennes ballades à des compositions d'un ordre supérieur. Ses principaux ouvrages sont: I. *Chants des Bardes écossais*, 3 vol. in-8°., 1802; 5e. édition en 1812. II. *Sir Tristam*, romance en vers du XIIIe. siècle, par Thomas d'Erceldowne, in-8°., 1804; 2e. édition, 1806. III. *Le Chant du dernier menestrel*, in-4°., 1805; in-8°., 1808; 13e. édition, in-8°., 1812. IV. *Ballades et poésies lyriques*, in-8°., 1806. V. *Œuvres poétiques*, 5 vol. in-8°., 1806. VI. *Marmion, conte de Flodden-Field*, in-4°., 1808; et in-8°., plusieurs éditions. VII. *La dame du Lac*, in-4°., 1810, poëme dont le sujet a fourni la matière d'un roman français. Il a eu en Angleterre beaucoup d'imitateurs qui, selon l'usage, ont plutôt imité ses défauts que ses beautés, ce qui a fait dire qu'ils étaient *de l'école de Mme. Dulac*. On en trouve des fragments étendus dans un des numéros de la Bibliothèque de Genève de 1818. VIII. *La vision de don Roderick*, poëme in-8°., 1811. IX. *Rokeby*, poëme in-4°., 1813, 5e. édition, in-8°. X. *Les antiquités de l'Angleterre et de l'Ecosse, avec des descriptions et des éclaircissements*, in-8°., 1804. XI. *La Bataille de Waterloo*, in-8°., 1805. L'auteur, avant de composer cet ouvrage, se rendit à Waterloo pour y voir le champ de bataille. Il publia, à son retour, une relation de son voyage, intitulée: *Lettres de Paul à ses parents*, 1816, in-8°. On lui attribue plusieurs romans qui ont paru depuis quelques années sans nom d'auteur, et où l'on remarque des tableaux de mœurs écossaises, et des couleurs locales qui ne peuvent appartenir qu'à un auteur de cette nation; ce sont *Waverley, Gay-Mamering, l'Antiquaire*, etc.; ils sont tous traduits en français, et ils ont rapporté à l'auteur des sommes considérables. Walter Scott est boiteux, ainsi que lord Byron, qui partage avec lui la gloire d'occuper la première place sur le parnasse anglais. Voici le portrait qu'a tracé de Walter Scott un voyageur anonyme, dans le *New-Monthly Magazine* de 1817: « Tous les matins, pendant les sessions » d'Edimbourg, on peut le voir vêtu » d'une vieille robe noire et assis dans » la salle obscure des audiences, derrière une petite table, couverte d'actes » judiciaires: c'est un homme court et » gros, avec une face ronde et un air » endormi, qui ferait croire qu'il se connaît mieux en *porter* qu'en poésie. Il » n'y a pas un trait de génie, ni même » de simple esprit dans toute sa figure, » si ce n'est que son œil est un peu animé. Quoique tous les voyageurs qui » arrivent à Edimbourg se pourvoient de » recommandations pour le voir, il a peu » de société; il ne fréquente que quelques hommes du parti ministériel. Il » est très attaché au roi et à l'Eglise; il » a des manières assez aimables, et il n'a » qu'un ridicule, c'est de ne vouloir jamais passer pour poète. Il sait beaucoup d'anecdotes; et s'il ne brille pas » dans la société, il est du moins gai et » sans prétention. » Z.

SCRIBE (EUGÈNE), fils d'un négociant de Paris, est auteur de plusieurs vaudevilles faits en société, et qui ont eu beaucoup de succès. Ils ont pour titre: I. (Avec Delestre-Poirson) *Encore un Pourceaugnac*, comédie-vaudeville, 1817, in-8°., deux éditions. II. *Le Combat des Montagnes, ou la Folie Beaujon*, 1818, in-8°. III. (Avec Delestre et Désaugiers.) *Tous les Vaudevilles, ou Chacun chez soi*, 1817, in-8°. IV. (Avec Delestre-Poirson et Melesville.) *Le petit Dragon*, 2e. édition, 1817, in-8°. V. *Les Comices d'Athènes, ou Les Femmes orateurs*, 1817, in 8°. VI. *Les Dehors trompeurs*, 1818, in-8°. VII. *Une Visite à Bedlam*, 1818, in-8°. VIII. *La Volière du frère Philippe*, 1818, in-8°. IX. (Avec Delestre.) *Une Nuit de la garde nationale*. OT.

SCROFANI (FRANÇOIS-XAVIER), littérateur sicilien, vint par goût autant que par nécessité, chercher un asile en France, lorsqu'en 1799 le roi et la reine de Naples rentrèrent dans leur capitale. Il avait pris grande part à cette révolution; et il s'était montré en 1791 l'apologiste de celle de France dans une brochure intitulée: *Tutti hanno torto*. Il se montra à Paris un des plus grands admirateurs de Buonaparte, et rivalisa avec Gianni par les louanges qu'il lui prodigua, surtout dans son ouvrage intitulé: *La guerre des trois mois*, où il faisait allusion aux victoires de 1805. C'était la paraphrase de cette inscription qu'on a lue sur la base de la colonne de la place Vendôme, à Paris :

Neapolio imp. aug.
Monumentum belli Germanici
anno MDCCCV
Trimestri spatio ductu
suo profligati
Ex aere capto
Gloriæ exercit.
Maximo dicant.

Scrofani avait obtenu d'être nommé correspondant associé de l'Institut impérial pour la classe des inscriptions et belles-lettres. Après la restauration, il retourna en Sicile. Il a été chef de bureau au ministère de la police à Naples, et il est principalement connu dans le monde littéraire par son *Voyage en Grèce*, fait en 1794 et 1795, et traduit de l'italien par Blanvillain, 1800, 3 vol. in-8°. On connaît encore de lui : *Memoria su le misure e pesi d'Italia in confronto col sistema metrico francese*, Paris, 1808, in-8°. de 82 pag., ouvrage superficiel, mais qui n'est pas sans mérite. M. Scrofani travaillait en 1815 à une statistique du royaume des Deux-Siciles. N.

SÉBASTIANI (Le comte PORTA-HORACE), est né en 1775 dans l'île de Corse, d'une famille noble et qu'on a prétendu être alliée à celle de Buonaparte. Il embrassa la profession des armes dans le cours de la révolution, devint bientôt colonel du 9e. régiment de dragons, et se fit surtout connaître par la mission que le premier consul Buonaparte lui donna pour le Levant, en 1802 ; mission à laquelle le gouvernement anglais attacha une telle importance, qu'elle fut un des griefs de ce pays contre la France, lors de la rupture de 1803. Le colonel Sébastiani s'embarqua le 16 septembre, à Toulon, à bord de la frégate la Cornélie, et arriva le 30 à Tripoli, où il débuta par terminer, en qualité de médiateur, les différends qui s'étaient élevés entre la cour de Suède et la régence. Présenté au pacha, il le fit consentir à reconnaître la république italienne, dont le pavillon fut de suite arboré et salué. Le 16 octobre, il se rendit à Alexandrie, s'empressa de voir le général Stuart, commandant les forces anglaises de terre et de mer, et lui demanda, au nom de la France et en exécution du traité d'Amiens, d'évacuer Alexandrie. Le général anglais répondit qu'il n'en avait pas encore reçu l'ordre de sa cour. M. Sébastiani passa de-là au Caire, y eut plusieurs conférences avec le pacha, et, conformément aux instructions du premier consul, lui offrit sa médiation pour opérer un rapprochement avec les beys ; mais elle ne fut point acceptée, les ordres de la Porte étant de faire une guerre d'extermination. Après avoir visité les forts qui environnent la ville, assisté à un *Te deum* chanté par les pères de la Propagande, en action de grâces des victoires de Buonaparte, M. Sébastiani reçut une députation des moines du Mont-Sinaï, et recommanda au pacha les chrétiens et les Turcs qui, pendant le séjour de l'armée française en Egypte, avaient eu des relations avec elle. Il partit ensuite pour Saint-Jean-d'Acre ; et, à son arrivée dans cette ville, il fit prévenir Djezzar-Pacha, qu'il était chargé par le premier consul de rétablir avec lui les relations de commerce sur le pied où elles étaient autrefois, et le trouva dans les dispositions les plus pacifiques. Il en profita pour parler en faveur des chrétiens, des motualis, et surtout des couvents de Nazareth et de Jérusalem. Le 21 novembre, le colonel Sébastiani, ayant rempli tous les objets de sa mission, quitta Saint-Jean-d'Acre pour retourner en France. Il fut chargé en octobre 1803, de la surveillance des côtes, depuis l'embouchure de la Vilaine, jusqu'à Brest ; parcourut, en 1804, une partie de l'Allemagne pour y remplir une nouvelle mission diplomatique, et fut employé à la grande armée lors de la reprise des hostilités avec l'Autriche. Il contribua au succès du combat de Güntzbourg, qui eut lieu dans les premiers jours d'octobre 1805, poursuivit ensuite l'ennemi avec sa brigade de dragons, fut bientôt après dirigé sur Vienne, et pénétra de là en Moravie, où il fit 2,000 prisonniers russes à l'affaire du 19 novembre. Il se distingua aussi à la bataille d'Austerlitz, où il fut blessé, et obtint aussitôt après le grade de général de division. Napoléon, ayant été frappé de ses talents diplomatiques, le nomma, le 2 mai 1806, ambassadeur auprès de la Porte-Ottomane, mission dont il s'acquitta pendant quelques années avec assez d'habileté. Il avait établi à Constantinople une imprimerie turque et arabe, et ce moyen, dont il se servait avec beaucoup d'avantage, ne contribua pas peu à l'influence que les Français acquirent en ce pays. Cependant les Anglais ayant forcé le passage des Dardanelles et menacé Constantinople, il organisa instantanément un plan de défense, dressa lui-même les batteries, et se préparait à opposer la plus vigoureuse résistance; mais les habitants de cette immense ville se soulevèrent, et le général Sébastiani se vit contraint d'en partir avec toutes les personnes de sa suite. De retour en France, et nommé grand-croix de la Légion-d'honneur, il reparut dans la carrière des armes, et fut envoyé en Espagne. Son nom s'y trouve lié avec plusieurs opérations militaires des Français dans cette contrée. C'est ainsi, qu'il se signala d'abord en 1808, aux siéges de Bilbao et de Santander; et le 27 mars de l'année suivante, devant Ciudad-Réal, où il fit quatre mille prisonniers, et s'empara de dix-huit pièces de canon et de sept drapeaux. Il écrivit peu de temps après au général espagnol Abadia, pour l'engager à passer au service du roi Joseph Buonaparte; mais la réponse noble et fière qu'il en reçut le détermina à poursuivre les hostilités. Le 28 juillet, il combattit à la célèbre bataille de Talaveyra, et le bulletin qui rendit compte de cette action, donna les plus grands éloges à sa bravoure et à la rapidité de ses mouvements. Le 9 août suivant, il battit l'ennemi sous les murs de Tolède et s'empara des hauteurs qui couronnent cette ville. De nouveaux succès augmentèrent sa réputation à Almonacia et à Occana. Dans les premiers jours de 1810 il prit Grenade, où il fit rentrer au service de France un bataillon de mille hommes presque tous Suisses, et qui avaient fait partie du corps d'armée du général Dupont. Quelques jours après il s'empara de Malaga et de la capitale du royaume de Murcie. Ce fut encore au général Sébastiani que l'on dut la défaite d'une division anglaise qui voulait prendre les forts de Fuengirola. Rappelé en Allemagne, il fit la campagne de Russie dans le corps d'armée de Murat. Le 15 juillet 1812, il fut surpris par les Russes à Drissa, et repoussé à une lieue de la position qu'il occupait; mais il se releva de cet échec à la bataille de la Moskwa, où il fut un des généraux qui se firent le plus remarquer. Dans la retraite, il perdit un parc de douze pièces de canon et presque tout son bagage. Placé, dans la campagne suivante, entre l'Elbe et le Weser, il repoussa un parti de cosaques qui l'avaient attaqué, et se porta sur Wittemberg après la prise de Dresde. Aux batailles de Bautzen, de Leipzig et de Hanau, il continua de donner des preuves de bravoure, et lutta avec constance contre les obstacles sans nombre qu'éprouvèrent les troupes françaises dans cette campagne malheureuse et non sans gloire. Après le passage du Rhin, le général Sébastiani couvrit Cologne avec les débris de son corps de cavalerie, et s'opposa de son mieux aux mouvements des alliés dans ces provinces. Après l'invasion du territoire français, il commanda en Champagne et défendit Châlons. La ville de Reims lui dut sa délivrance le 13 mars 1814. Le 10 avril suivant, M. Sébastiani adressa au prince de Talleyrand son adhésion aux actes du gouvernement provisoire, et reçut du Roi, le 1er. juin, la croix de Saint-Louis. Au retour de Buonaparte en 1815, il se rendit, le 20 au matin, à l'hôtel de l'administration des postes, puis à l'état-major de la garde nationale à la tête d'un détachement. (*Voy.* LAVALETTE.) Il fut ensuite nommé membre de la commission chargée de réviser les nominations faites depuis le 1er. avril 1814, et eut au mois de mai la mission d'organiser les gardes nationales actives à Amiens. En même temps, le département de l'Aisne le nomma député à la chambre des représentants, où ses occupations militaires ne l'empêchèrent pas de venir siéger. Le 16 juin il s'éleva contre la motion de M. Roy, qui demandait que la chambre eût communication de la déclaration de guerre faite aux alliés. « Le sang français a coulé, s'écria-» t-il, et l'on vous parle d'une loi pour » déclarer la guerre! » On le vit ensuite demander que la garde nationale de Paris fournît un bataillon par légion pour la sûreté de la chambre. Après la seconde abdication de Buonaparte, le général Sébastiani fut l'un des commissaires nommés pour aller traiter de la paix avec les puissances alliées; mais après cette démarche infructueuse, et quoiqu'il ne fût point compris dans l'ordonnance du 24 juillet, il quitta la France et passa en Angleterre. Il est revenu à

Paris depuis long-temps, et il y jouit du traitement de demi-solde. Le général Sébastiani avait épousé Mlle. de Coigny, morte dans la fleur de l'âge à Constantinople. B. M.

SECILLON (Le chevalier DE), officier royaliste des environs de Guérande, prit une part active aux insurrections qui eurent lieu dans le pays nantais, entre la Loire et la Vilaine; subit, sous le gouvernement de Buonaparte, une dure captivité à plusieurs reprises, et en 1815, commanda la division de Rhedon, qui faisait partie de l'armée royale de Bretagne. Elevé au grade de colonel, il a commandé la place de Besançon en 1816, et il est maintenant sans emploi. P.

SECONDS était, avant la révolution, lieutenant particulier des eaux-et-forêts à Rhodez. A l'époque de la découverte des balons, sa tête s'exalta au point qu'il crut avoir trouvé la manière de les diriger, et comme Archimède, il courut les places publiques en criant : *Je l'ai trouvé, je l'ai trouvé....* Il a été partisan outré de la théorie révolutionnaire ; il se crut le premier publiciste de l'univers, et a donné, sur la politique, quelques brochures aussi inintelligibles que ses plans sont inexécutables. Elu membre de la Convention en 1793, il n'y parut guère à la tribune que pour exprimer son vote dans le procès de Louis XVI. « Comme » homme, dit-il, comme citoyen, comme » juge, comme législateur, pour le sa- » lut de ma patrie, pour la liberté du » monde et le bonheur des hommes, je » vote pour la mort et la mort la plus » prompte de Louis. Il est ridicule, il est » absurde, de vouloir être libre, d'oser » seulement en concevoir la pensée quand » on ne fait pas, quand on ne veut pas » punir les tyrans. Je n'en dirai pas da- » vantage : le surplus de mes motifs est » imprimé sous mon nom pour répondre » à la nation, à l'Europe, à l'univers, » de mon jugement. » Ce député vota contre l'appel au peuple et contre le sursis, et il publia son vote sous le titre d'*Opinion politique*. Après la session conventionnelle, il fut employé comme commissaire du directoire, et rentra ensuite dans une profonde obscurité, à laquelle les derniers événements ne paraissent pas l'avoir arraché. On a de lui : I. *De l'art social et des vrais principes de la société politique*, 1792-93, quatre parties in-8°. II. *Le sensitisme*, ou *La pensée et la connaissance des choses remplacées dans le sens, traitées historiquement dans l'ordre de nos sensations, et réduites à l'histoire naturelle de l'homme sentant et du monde sensible*, 1815, in-8°. A.

SEDILLEZ (M.-L.-E.), homme de loi et administrateur du district de Nemours, fut nommé en mars 1791, par le département de Seine-et-Marne, membre du tribunal de cassation, et en septembre, député à l'assemblée législative, où il passa pour modéré. Le 9 février 1792, il présenta, au nom du comité de législation, un rapport tendant à faire ordonner aux émigrés de rentrer, sous peine de payer une triple contribution ; et le 27 juillet, on décréta, sur sa motion, qu'il ne serait plus accordé de passe-ports qu'aux envoyés du gouvernement et aux négociants, tant que la patrie serait en danger. Le 12 septembre, il parla sur le divorce, et essaya vainement de faire restreindre la loi qui avait été rendue. Le département de Seine-et-Marne le nomma en 1798 au conseil des anciens, pour deux ans ; il y parla en faveur de la liberté de la presse, combattit l'emprunt forcé et en développa les inconvénients. Le 21 août, il s'opposa à ce que l'on interdît aux fonctionnaires publics de s'intéresser dans les fournitures ; en octobre suivant, il attaqua la résolution qui proposait la peine de mort contre les signataires de traités ou stipulations avec l'étranger, tendantes à l'altération de la constitution. S'étant montré favorable à la révolution du 18 brumaire, il fut nommé membre de la commission intermédiaire du conseil, puis membre du tribunat. En février 1800, il combattit le projet de loi relatif à la division territoriale et l'organisation administrative intérieure, et réfuta les raisonnements employés par les orateurs du gouvernement en faveur du projet. Le 4 août il fit une motion éloquente pour l'abolition de la peine de mort, réclamée depuis long-temps par les philosophes ; il l'attaqua comme inutile pour la répression des délits, et dangereuse en ce qu'elle accoutume le peuple à la férocité ; il conclut en demandant que l'on s'occupât d'un système pénal, analogue à nos institutions, et à-la-fois humain, répressif, réparatoire et exemplaire. Il proposa, au commencement de 1801, d'organiser les travaux préparatoires du tribunat, de manière à placer cette autorité en juste rapport avec le gouvernement et le corps législatif. Il a parlé fréquemment sur des objets d'administration et d'ordre judiciaire. A la fin de décembre, il annonça son opposition au projet de code civil; mais peu de jours après, il déclara que, subordonnant son avis au bien public, il en votait l'approbation, bien qu'il en réprouvât les bases. Il sortit du tribunat en 1804, et fut nommé inspecteur-général à l'université, place qu'il occupe encore.

B. M.

SÉDILLOT, membre de l'ancienne académie de chirurgie, a publié: I. *Réflexions sur l'état présent de la chirurgie dans la capitale et sur ses rapports militaires*, 1794, in-8°. II. *Réflexions historiques et philosophiques sur le supplice de la guillotine*, 1795, in-8°. III. *Recueil périodique de la société de médecine*, in-8°., 1797-1815, 54 vol. in-8°. IV. *Recueil périodique de littérature médicale étrangère*, 1797 et suiv., un n°. par mois. V. *Mémoires et observations de chimie de Bertrand Pelletier*, recueillis et mis en ordre avec Ch. Pelletier, 1798. 2 vol. in-8°. M. Sédillot est un des collaborateurs au *Dictionnaire des sciences médicales*. — SÉDILLOT, secrétaire et ensuite professeur-adjoint de langue turque à l'école spéciale des langues orientales vivantes, a été (par ordonnance du 14 janvier 1815) attaché au bureau des longitudes pour l'histoire de l'astronomie chez les Orientaux. Il a prouvé (dit M. Silvestre de Sacy, *Moniteur* du 1er. février 1815), qu'il possède également et les sciences exactes et les langues de l'Orient, par sa traduction d'un traité arabe de la *Construction des instruments de mathématiques*, traduction restée manuscrite, mais qui avait été jugée digne d'un prix par le jury des prix décennaux. On connaît encore de lui: I. *Notice de la partie littéraire des Recherches asiatiques*, tom. I et II, dans le *Moniteur* de 1807, n°. 219, 220 et 315. II. *Notice de la grammaire arabe de M. Silvestre de Sacy* (ibid., 1810, n°. 245). III. *Notice de la relation de l'Egypte*, par Abd-Abdallatif (du même), et dans le *Magasin encyclopédique*, 1812, tom. 1, pag. 175.

T.

SÉGUIER (Le baron ANTOINE-JEAN-MATHIEU), né à Paris le 21 septembre 1768, issu de la famille du célèbre chancelier (*Voy.* SÉGUIER, dans la *Biog. univ.*), est fils du premier avocat-général du parlement de Paris, l'un des plus éloquents orateurs de son temps. Destiné de bonne heure à la magistrature, M. Séguier venait d'être pourvu d'un office de substitut du procureur-général, lorsque la révolution éclata. Il émigra avec son père, qui mourut à Tournai au mois de janvier 1794. M. Séguier rentra bientôt en France, et se retira en Languedoc. En 1800, il rentra dans la carrière de la magistrature, et fut nommé commissaire du gouvernement près les tribunaux de Paris. En 1802, il devint président de la cour d'appel, en remplacement de Treilhard, et, en 1810, premier président de la cour impériale. Buonaparte le fit baron et commandant de la Légion-d'honneur. L'obligation de présider toutes les députations de sa compagnie le mit souvent dans la nécessité d'adresser au chef du gouvernement des harangues de félicitation sur ses victoires. Lorsque les événements du mois de mars 1814 ramenèrent, sur le trône, la famille des souverains légitimes, M. Séguier, dégagé de ses serments par l'abdication de Napoléon et par les actes du sénat, reprit avec empressement ses opinions et les sentiments héréditaires de sa famille. Le 5 avril, il proposa et fit prendre à sa cour un arrêté conçu en ces termes: « La cour, » sentant tout le prix des efforts qui ont » enfin délivré la France d'un joug tyran-» nique, pénétrée de respect et d'admi-» ration pour des princes, augustes mo-» dèles de désintéressement et de magna-» nimité, exprimant aussi son amour » pour la noble race des rois, qui, pen-» dant huit siècles, a fait la gloire et le » bonheur de la France, et qui seule » peut ramener la paix, l'ordre et la jus-» tice, dans une partie où des vœux se-» crets n'ont cessé de rappeler le souve-» rain légitime, arrête qu'elle adhère » unanimement à la déchéance de Buo-» naparte et de sa famille, prononcée par » le sénat le 3 de ce mois, et que, fi-» dèle aux lois fondamentales du royau-» me, elle appelle, de tous ses moyens, » le chef de la maison de Bourbon au » trône héréditaire de St.-Louis. » Le 13 avril, M. Séguier, à la tête de sa compagnie, harangua MONSIEUR avec une chaleur de sentiment digne de la circonstance. Le 4 mai, il rendit ses hommages au Roi, prêta serment entre ses mains, et fut nommé par S. M. conseiller-d'état. Le 8 mars 1815, à la nouvelle de l'évasion de Buonaparte, M. Séguier, au nom de sa cour, fit une adresse au Roi, remplie des expressions de la plus courageuse fidélité. Dès le lendemain de l'arrivée de Napoléon aux Tuileries, ce magistrat, sans qu'on se donnât le temps d'attendre une démission que l'on prévoyait, fut destitué, exilé, et remplacé par M. Gilbert de Voisins (*Voy.* GILBERT DE VOISINS). Après la seconde rentrée du Roi, S. M. le réintégra dans ses fonctions de premier président, et le nomma pair de France. — Armand-Louis-Maurice SÉGUIER, frère du précédent, embrassa la profession des armes. Reçu page du Roi, il devint ensuite officier de dragons dans le régiment de Lorraine. Il émigra et servit dans l'armée de Condé jusqu'à sa dissolution. M. Séguier fut un des officiers choisis pour accompagner le Roi, qu'il suivit jusqu'à Halle, et quitta l'un des derniers. Rentré en France, il fut nommé consul à Patna, sur le Gange, et fait prisonnier à Pondichéry par les Anglais. Amené en Angleterre et détenu à bord d'un ponton devant Deal, il ne revint dans sa patrie qu'après la rupture du traité d'Amiens, et fut alors nommé consul à Trieste, puis consul-général des provinces illyriennes, place qu'il occupait lors de l'évacuation de ce pays par les Français. Il fut nommé par le roi, en 1815, consul-général à Londres, où il réside encore. M. Séguier est chevalier de St.-Louis et de la Légion-d'honneur. Dans sa jeunesse, il avait employé ses loisirs à composer, pour le théâtre du Vaudeville, plusieurs pièces remplies d'esprit et de gaîté. C. C.

SEGUIER (MAXIMILIEN), actuellement préfet à Nanci, est fils d'un capitaine d'infanterie, cousin de l'illustre avocat-général; il est né à Beauvais vers 1778, et n'a point connu son père, mort peu de temps après son mariage avec Mlle. Borel, qu'il laissa enceinte. La jeune veuve prit le plus grand soin de l'éducation de son fils, qui se rendit, de son côté, digne de la tendresse et de la sollicitude d'une si bonne mère. Mme. Séguier le fit voyager. Il était à Pétersbourg en 1801, et il eut l'honneur de faire sa cour à l'empereur Alexandre, qui le reçut avec beaucoup d'égards et de bonté. De retour à Beauvais, il s'éloigna constamment des affaires publiques, et refusa de s'attacher au char de Napoléon; attaqua, dans la société, et sa conduite, et son ambition, avec si peu de ménagements, que ses amis craignirent qu'il ne devînt victime de cette imprudence. M. Séguier occupait ses loisirs à la culture des lettres, et particulièrement de la langue grecque : il passe pour un très habile helléniste. En 1814, M. l'abbé de Montesquiou, devenu ministre de l'intérieur, lui proposa la préfecture du Calvados qu'il accepta. Extrêmement attaché à la monarchie, M. Séguier s'appliqua à en faire renaître les principes, et il resta à Caen tout le temps qu'il eut l'espoir de faire respecter l'autorité du Roi. De retour à Beauvais, il reprit ses études chéries et sa correspondance avec les hellénistes de Paris. Au second retour de Louis XVIII, il fut nommé préfet de la Somme. On sait quel fut le mouvement qui s'opéra dans les opinions à cette époque; une partie des royalistes furent attaqués comme professant un système qu'on disait contraire à la Charte, et des sociétés particulières se formèrent, à ce qu'on prétend, pour faire triompher ce système. M. Séguier fut accusé d'avoir au moins protégé, à Amiens, une société de ce genre, et fut destitué par une ordonnance du Roi, que les journaux rendirent publique. Cependant le gouvernement prit des renseignements sur lui, et il n'eut pas de peine à se convaincre de la loyauté de son caractère et de la pureté des principes de ce magistrat, qui, même avant qu'il fût question de la Charte, étaient à-peu-près ceux qu'elle a consacrés. Quelques mois après sa destitution, le Roi le nomma préfet de la Meurthe, à l'époque où la pénurie des subsistances rendait l'administration très difficile. M. Séguier a traversé heureusement des temps aussi pénibles, en méritant l'estime et la confiance des habitants. Il a donné, dans le *Journal des savants* de 1810, quelques articles de philologie grecque, contenant des observations sur divers textes de Sophocle. U.

SEGUIN (ARMAND), chimiste associé de l'Institut de France, est connu par ses travaux sur la chimie appliquée aux arts, de concert avec Fourcroy, Berthollet, etc., et par son procédé de tanner les cuirs en trois semaines, qu'il annonça en 1793 à la Convention; procédé dont le principe, connu long-temps auparavant, avait été développé dans plusieurs ouvrages, mais que l'on n'avait pas mis en pratique, parce qu'il altère la qualité des cuirs. M. Seguin avait aussi réussi à fabriquer du papier avec de la paille. Il a publié un *Mémoire* sur la combustion du gaz hydrogène dans des vaisseaux clos, et plusieurs autres Mémoires insérés dans le *Journal de Physique*. Il a fait, dans le cours de la révolution, et surtout par les fournitures de cuir pour les armées, une fortune des plus considérables. Buonaparte, qui ne voulait pas qu'un Français pût jouir de tant de richesses, le fit arrêter à plusieurs reprises, et ne lui rendit la liberté qu'après avoir exigé de lui une forte somme d'argent. M. Seguin, voyant que ces espèces d'avanies se renouvelaient sans cesse, et que sa fortune ne pourrait pas y suffire, avait à la fin pris le parti fort sage de rester en prison, sans vouloir rien donner. Lorsque le blocus continental força, en 1808, de chercher des subrogats aux denrées coloniales, ce chimiste proposa, pour remplacer le kina, une composition de *gélatine* qui eut quelque succès, comme méthode perturbatrice auprès des malades, qui purent surmonter le goût désagréable de cette solution de colle-forte qu'il fallait prendre à grandes doses. On a de lui : I. *Observations sur les emprunts, sur l'amortissement et sur les compagnies financières*, 1817, in-8°. II. *Nouvelles observations sur les emprunts*, 1817, in-8°. III. *Des finances de la France, à partir de 1818*, 1818, in-8°. IV. *Observations sur un plan de finances proposé par M. Lafitte*, 1818, in-8°. V. *Observations sur le mode de libération de la France*, 1818, in-8°. VI. *Observations sur un ouvrage de M. le duc de Gaëte, ayant pour titre: Aperçu théorique sur les emprunts*, 1818, in-8°. VII. *Observations sur un ouvrage de M. F. D. B., ayant pour titre: Quelle sera notre position financière en 1821, d'après le budget pour 1818?* 1818, in-8°. VIII. *Observations sur quelques propositions du discours de M. Lafitte*, 1818, in-8°. IX. *Projet de l'emprunt qui doit achever la libération de la France*, 1818, in-8°. D.

SÉGUR (Louis-Philippe, comte de), fils aîné du maréchal de ce nom, né à Paris le 10 décembre 1753, est chevalier de Saint-Louis, commandeur de l'ordre de Cincinnatus, grand-cordon de la Légion-d'honneur, des ordres du Christ, de Wurtemberg et Wurtzbourg. Nommé sous-lieutenant dans mestre-de-camp cavalerie en 1769, il parvint, en 1776, au grade de colonel en second du régiment d'Orléans-dragons, qu'il quitta pour commander celui de Soissonnais-infanterie, qui était en Amérique, et il fit les deux dernières campagnes de la guerre américaine sous les ordres de MM. de Rochambeau et de Vioménil. A son retour en France, en 1783, il prit le commandement d'un régiment de dragons qui porta son nom. Peu de temps après, il fut envoyé en Russie comme ministre plénipotentiaire, et fit cesser la froideur qui existait depuis trente ans entre les cabinets de Pétersbourg et de Versailles. En 1787, il conclut un traité de commerce avantageux pour la France, et empêcha le renouvellement de celui de l'Angleterre avec la Russie. Il accompagna Catherine II dans son célèbre voyage de Crimée. La guerre des Turcs et des Russes éclata. Le comte de Ségur avait fait accepter la médiation de la France pour l'impératrice. Il négociait un traité d'alliance avec cette première puissance, lorsque les événements de la révolution le rappelèrent à Paris. Il fut nommé, en 1791, maréchal-de-camp. Le ministère des affaires étrangères lui fut offert ainsi que l'ambassade de Rome. Il refusa la première de ces deux fonctions, et au moment où il allait partir pour l'Italie, les différends élevés entre le Saint-Siège et la France, l'empêchèrent de s'y rendre. Envoyé par le Roi à Berlin à la fin de 1791, pour retarder la guerre, il y réussit malgré beaucoup d'obstacles. Il s'était retiré des affaires au moment où Louis XVI fut détrôné; le comité de sûreté générale le fit arrêter le 10 août 1792; mais il est faux qu'il ait jamais émigré. Ruiné en France et à Saint-Domingue, en 1793 et 1794, il soutint long-temps son père et sa famille par le produit de ses œuvres littéraires, et composa plusieurs pièces de théâtre qui eurent du succès. En 1800, il fit imprimer son *Histoire des principaux événements du règne de Frédéric-Guillaume II*, qui reparut l'année suivante, sous le titre de *Tableau politique de l'Europe*. Il publia ensuite une nouvelle édition de la *Politique des Cabinets*, de Favier, avec des notes. On a encore de lui un Recueil de poésies, où l'on trouve de l'élégance et de la facilité, et une tragédie de *Coriolan*, que l'impératrice Catherine, à son retour de Crimée, fit représenter avec magnificence sur le théâtre de la cour. En 1801, M. de Ségur fut élu membre du corps-législatif, où il se prononça en faveur du consulat. En 1803, il fut appelé au conseil-d'état et nommé membre de l'Institut. Sous le gouvernement impérial, il exerça la charge de grand-maître des cérémonies. En 1813, il quitta le conseil-d'état, et devint sénateur. En janvier 1814, il fut nommé commissaire extraordinaire du gouvernement impérial dans la 18e. division militaire, et il adressa, en cette qualité, une proclamation aux habitants des départements. Après le retour du Roi, il fut nommé pair de France. En 1815, pendant l'absence du gouvernement royal, il se retrouva sous les ordres de Napoléon, et reprit sa charge de grand-maître des cérémonies. Il figura aussi dans la chambre des pairs créée par Buonaparte; et il est aujourd'hui sans fonctions. Il a été conservé membre de l'Académie française par l'ordonnance royale de 1816. Voici la liste de ses ouvrages: I. *Pensées politiques*, in-8º. II. *Théâtre de l'hermitage*, 1798, 2 vol. in 8º. (*Voy*. dans la *Biograph. univers.*, tom. VII, p. 390, l'article CATHERINE II.) III. *Adèle, ou les Métamorphoses*, vaudeville, 1799, in-8º. IV. *Histoire des principaux événements du règne de Frédéric-Guillaume II, et tableau politique de l'Europe depuis 1786 jusqu'en 1796*, sous le titre de *Tableau historique et politique de l'Europe*, 1801, 3 vol. in-8º.; 1803, 3 vol. in-8º. V. *Mémoire sur le pacte de famille* (dans la 2e. édition *de la Politique de tous les cabinets de l'Europe*.) VI. *Politique de tous les cabinets de l'Europe pendant les règnes de Louis XV et de Louis XVI*. 2e. édition, 1801, 3 vol. in-8º.; 3e. édition (Voyez la *Biographie universelle*, au mot FAVIER.) VII. *Contes, fables, chansons et vers*, 1801, in-8º.; 1808, in-8º. VIII. *Histoire de l'Europe moderne*, 1816, in-8º. IX. *Galerie morale et politique*, 1817; 2e. édition, 1818, in-8º. X. *Abrégé de l'Histoire ancienne et moderne à l'usage de la jeunesse*, ouvrage qui doit former trente-huit volumes in-18. Il en a paru deux livraisons formant 16 volumes et le complément de l'Histoire ancienne. M. de Ségur a travaillé au *Mercure* dans ces dernières années, et il est encore un des rédacteurs du *Journal de Paris*. — Un de ses petits fils a obtenu la permission d'ajouter à son nom celui de d'Aguesseau, qui appartient à Mme. la comtesse de Ségur.

F. et OT.

SÉGUR (PAUL-PHILIPPE, comte DE), fils du précédent, maréchal-de-camp, commandant de la Légion-d'honneur, chevalier de Saint-Louis, né à Paris en 1780, entré au service en 1799, s'est distingué de bonne heure dans la campagne de Hohenlinden et des Grisons. On a de lui une Relation imprimée de cette dernière campagne. Après la paix de Lunéville, il fut chargé de plusieurs missions près des rois de Danemark et d'Espagne, et en 1804 de l'inspection de tous les ouvrages militaires et des constructions maritimes des bords de la Manche. En 1805, il fut envoyé deux fois dans Ulm en parlementaire, et décida Mack à capituler. En 1808, il fut chargé de reconnaître la Calabre, et d'y préparer une descente en Sicile. Il se conduisit au siège de Gaëte avec une sorte de témérité. A la bataille de Iéna, on le trouve cité honorablement par les généraux de l'armée. A l'affaire de Nazielsk, ayant chargé et traversé une arrière-garde russe de quatre mille hommes, avec quatre-vingt-dix dragons, il fut blessé deux fois et fait prisonnier après une défense désespérée; envoyé à Vologda, au-delà de Moscou, il obtint son échange à la paix de Tilsitt. En 1807, il commanda, avec le grade de major, un régiment d'hussards en Espagne. En 1808, il reçut ordre d'attaquer avec quatre-vingts chevau-légers polonais quatorze cents Espagnols et quinze pièces de canon, retranchés dans les rochers de Sommo-Sierra. La position fut emportée, et il fut de nouveau criblé de coups. Ce succès lui valut le grade de colonel et l'honneur de porter au corps-législatif les drapeaux conquis dans cette brillante affaire, qui est regardée comme l'attaque de cavalerie la plus audacieuse de toutes les guerres de la révolution. Il a fait la campagne de Russie, en 1812, avec le grade de général de brigade. En 1813, il organisa trois mille gardes d'honneur à Tours, et s'y distingua par sa fermeté, sa douceur et une rare générosité dans une circonstance qui lui fit beaucoup d'honneur. Après la bataille d'Hanau, dans laquelle son corps contribua à sauver l'armée, il fut chargé de la défense du Rhin, de Landau à Strasbourg. En 1814, on le retrouve cité par la retraite, qu'il fit de Landau à Strasbourg, en défilant pendant cinq jours avec deux mille chevaux, devant vingt mille Russes et Prussiens. Dans cette même année, le corps qu'il commandait fut mentionné honorablement aux combats de Montmirail, de Château-Thierri et de Meaux. À l'affaire de Reims, même année, à la tête de cent gardes-d'honneur et de quelques hussards du 9e., il attaqua l'ennemi si à propos, qu'il lui détruisit six cents chevaux, lui prit quatorze pièces de canon, et emporta le faubourg. Il fut blessé deux fois grièvement, ce qui ne l'empêcha pas d'aller rendre compte, avec tant d'oubli de lui-même, à Napoléon, que celui-ci n'apprit ses blessures qu'en le voyant tomber sans connaissance. A la restauration, M. de Ségur écrivit au gouvernement provisoire : « J'offre mes seize cents gardes et moi au successeur, au descendant des rois de mes pères. » En 1815, il était chef d'état-major des corps royaux de cavalerie (vieille garde). Après le 20 mars, resté sans emploi jusqu'au siége de Paris, il fut chargé de la défense de la rive gauche de la Seine. Depuis, il fut témoin dans le procès du maréchal Ney. Il est père de trois enfants, issus de son mariage avec Mlle. de Luçay. En 1818, le comte de Ségur a été nommé l'un des maréchaux-de-camp de l'état-major-général de l'armée. F.

SEID-MUSTAPHA, ingénieur turc, offre un véritable phénomène littéraire, celui d'un Turc écrivant en français sur des matières dans lesquelles ses compatriotes sont très peu versés. Son petit ouvrage intitulé : *Diatribe de l'ingénieur Seïd-Mustapha sur l'état actuel d l'art militaire, du génie et des sciences à Constantinople*, a paru en 1803, imprimé à la nouvelle typographie de Scutari, fondée par Selim III, in-8°. de 33 pages; réimprimé à Paris, 1810, in-8°. de 52 pag., avec quelques notes de M. Langlès, et une curieuse préface du même sur l'histoire de la typographie chez les Turcs. On ne peut nier que cette production ne soit extrêmement remarquable ; elle sera sans doute époque dans l'empire turc, où le Génie, cette partie si essentielle de l'art militaire, est à-peu-près inconnu. Seïd-Mustapha, que ses travaux avaient fait connaître du sultan Sélim, a été chargé de lever la carte des possessions turques en Asie. C. C.

SELKIRK (Lord Thomas-Douglas, comte de), l'un des seize pairs représentants d'Ecosse au parlement d'Angleterre, et lieutenant du comté de Kirkendbright, est né en 1774, et a succédé aux biens et aux honneurs de son père en 1799. Il a fait un voyage dans l'Amérique septentrionale, avec le dessein d'établir une colonie dans l'île du prince Edouard, à l'embouchure du golfe Saint-Laurent. Cette colonie est en ce moment dans l'état le plus florissant. Lord Selkirk revint en Angleterre en 1807, et après s'être fait remarquer au parlement, où il parla souvent et toujours dans le sens du ministère, il se rendit de nouveau en Amérique, et y devint le principal actionnaire de la compagnie de la baie d'Hudson, compagnie rivale de celle du Canada. Il avait obtenu la cession d'un territoire de soixante-quinze milles carrés aux environs des lacs Winipick et Assiniboil, et avait envoyé trois cents familles écossaises et irlandaises dans ce nouveau royaume, où il voulait introduire la culture du chanvre et l'éducation des bêtes à laine. Il prétendait y exercer les droits de suzeraineté et de haute-juridiction qui lui avaient été délégués par la compagnie de la baie d'Hudson, laquelle les tient elle-même de la couronne d'Angleterre, lorsqu'il eut, à la fin de 1815, de sérieux différends avec les marchands de pelleteries de Canada. Les colons de lord Selkirk manquant de vivres, les magistrats nommés par le noble lord, firent confisquer les animaux tués par les chasseurs canadiens, qui excitèrent contre eux la race cruelle des *Métis*. Les loups formèrent aussi opposition à l'établissement des moutons. Le chanvre réussit ; mais un éloignement de quinze cents milles du marché voisin, rendit la récolte sans valeur. Fatigués par tant de contrariétés, les colons abandonnèrent leurs établissements et se réfugièrent dans le Canada, où on leur concéda des terres. Le gouvernement anglais parut s'intéresser aux projets de lord Selkirk, en donnant des ordres aux gouverneurs des forts anglais, de protéger les colons à main-armée. D'un autre côté, les Français du Canada et les Indiens parurent être d'intelligence pour nuire aux Anglais; les préventions nationales se mêlèrent à cette discussion, dont l'esprit de parti s'est emparé en Angleterre : aussi les journaux de l'opposition accablèrent-ils d'injures lord Selkirk, peut-être un peu trop enthousiaste, mais plein de grandes et excellentes vues. En 1816, après la dispersion des premiers colons par les Canadiens, M. Semple, que lord Selkirk avait nommé gouverneur, et qui était déjà connu par ses *Voyages en Espagne*, et d'autres écrits, tenta le rétablissement de la colonie sur la Rivière-Rouge, avec un nombre d'émigrés arrivés par la baie d'Hudson; mais il périt dans un engagement qui eut lieu avec les Indiens. Une autre expédition, mise sur pied par les agents de lord Selkirk, dans les parages lointains de la Nouvelle-Galles, ne fut pas plus heureuse, et dix-neuf hommes périrent de faim. Malgré ces revers, lord Selkirk ne paraît pas être découragé; il se trouvait en juillet 1816 près du Lac Supérieur, où il venait d'arriver avec un renfort de trois cents hommes presque tous étrangers, tirés du régiment suisse de Meuron. On ignore ce qu'il a fait depuis. Il a publié : I. *Discours à la chambre des lords sur la défense du pays*, in-8°. 1807. II. *Observations sur l'état présent des pays montagneux d'Écosse, avec un examen des causes et des conséquences probables de l'émigration*, in-8°., 1805; 2⁰. édition, 1806. III. *Sur la nécessité d'un meilleur système de défense*, in-8°., 1803. IV. *Lettre à Jean Cartwright sur la réforme parlementaire*, in-8°.   Z.

SELVES (J.-B.), né à Montauban vers l'an 1760, était avocat dans cette ville lorsqu'il fut nommé, en mars 1797, député du Lot au conseil des cinq-cents. Il y avait eu scission dans l'assemblée électorale, et elle avait fait une double élection : M. Selves fut d'abord appelé au conseil; mais après la journée du 18 fructidor (4 septembre), son élection fut annulée, et on reçut à sa place son concurrent Delbrel. Il fut nommé, en 1800, juge au tribunal de première-instance du département de la Seine, d'où il passa à la cour criminelle, et fut un des juges qui prononcèrent, en 1804, sur le sort de Moreau, George, etc. Il perdit cet emploi quelques années plus tard. M. Selves s'est rendu célèbre par la multitude de procès qu'il a soutenus depuis qu'il ne juge plus ceux des autres. Les journaux et écrits périodiques n'ont cessé de le tourner en ridicule; et il n'a répondu à leurs critiques que par de nouveaux procès qu'il a toujours plaidés lui-même avec une constance et une force imperturbables, lors même qu'il eut subi trois mois de prison, par suite de la plainte rendue contre lui par les avoués Lemit et Lenormand. Sa famille voulut le faire interdire à cette époque, à cause de cette espèce de passion de plaider, qui a porté de grandes atteintes à sa fortune; mais il lui suffit de parler devant ses juges pour faire tomber une pareille accusation, et il fut établi par un jugement qu'il n'avait pas perdu l'usage de sa raison. M. Selves a avoué dans un de ses Mémoires, que, depuis quelques années, *soixante-douze* jugements avaient été rendus dans des procès *intentés ou soutenus par lui*, et que ces procès lui avaient coûté *quatre cent mille francs*. La régie des domaines lui ayant demandé 40 francs, il résista, et fut obligé de payer 3,000 fr. de frais... Le 22 septembre 1818, il soutint encore, à la même audience, trois procès contre le sieur Seigle son fermier, pour des canards tués, des arbres et des haies abattus. On a de lui : I. *Explication de l'origine et du secret du vrai jury, et comparaison entre le jury anglais et le jury français.*, 1811, in-8°. II. *Tableau des désordres dans l'administration de la justice, et des moyens d'y remédier*, 1812, in-8°; 1813, in-8°. III. *Indication de quelques dispositions urgentes pour calmer provisoirement le mal des procès et surtout des frais*, 1813, in 8°. IV. *Procès de paille, procès de foin, procès de beurre*, 1813, in 8°. V. *Réponse à une consultation signée de quinze avocats de Paris sur l'article des vacations extraordinaires*, 1813, in-8°. VI. *Le cri de l'oppression*, 1814, in-8°. VII. *Au Roi : La vérité sur l'administration de la justice*, 1814, in-8°. VIII. *Chapelet d'une petite partie du milliard d'attentats et d'horreurs qui se commettent impunément depuis plus de douze ans pour ruiner et priver de la liberté et de ses droits J.-B. Selves, par vengeance contre ses ouvrages*, 1815, in-8°. IX. *Calamité judiciaire*, 1817, in-8°. X. *Ap-*

pel à *S. M.*, à ses ministres et aux Français, faisant suite au tableau des désordres dans l'administration judiciaire, 1817, in-8°. XI. *Mémoire sur l'instance d'appel de la contribution Baulant*, 1817, in-8°. XII. *Coalition contre l'auteur du tableau des désordres dans l'administration de la justice*, 1818, in-8°. XIII. *Conclusions motivées contre Seigle*, 1818, in-8°. XIV. *Conclusions motivées contre Lemit et Lenormand, avoués, et Monnier, huissier*, 1818, in-8°. XV. *Plainte réitérée et demande à la chambre des députés*, 1818, in-8°. XVI. *Plan d'une nouvelle organisation judiciaire pour le criminel et le civil*, 1818, in-8°. On lui attribue : *Opinions et réflexions d'un vieux étudiant en législation criminelle, sur la procédure du maréchal Ney et autres adhérents du dernier attentat de Buonaparte*, décembre 1815. D.

SEMALLÉ (Le comte JEAN-RENÉ-PIERRE DE), né à Mamers, dans le Maine, en 1772, d'une ancienne famille en Normandie, entra aux pages du roi de 1788 et émigra en 1790. N'ayant pas été inscrit sur la liste des émigrés, il lui fut aisé de rentrer en France, et il s'y voua au service des Bourbons dans la Bretagne, dans le Maine et à Paris, fut arrêté quatre fois; et n'échappa à la mort que par une sorte de miracle. Se trouvant à Paris dans les premiers jours de 1814, il s'y réunit à quelques royalistes, qui le chargèrent d'aller vers la frontière de l'Est pour savoir si un prince de la maison de Bourbon avait pénétré sur le territoire français. M. de Semallé trouva le comte d'Artois à Vesoul, et il reçut de S. A. R. des instructions et des pouvoirs pour retourner dans la capitale et y préparer un mouvement royaliste. Obligé, pour remplir cette mission, de traverser encore une fois les armées étrangères et les armées françaises, M. de Semallé courut de nouveau de très grands dangers, et il n'arriva à Paris que peu de jours avant la capitulation. S'étant alors réuni avec le comte Armand de Polignac, aussi commissaire du Roi, ils concoururent ensemble, d'une manière très efficace, au mouvement royaliste du 31 mars. M. de Semallé fut ce jour-là un des quatre députés royalistes chargés d'aller complimenter l'empereur de Russie sur sa déclaration contre Buonaparte. La formation d'un gouvernement provisoire rendit bientôt à-peu-près nulle l'autorité des deux commissaires, et ils remirent leur pouvoirs à MONSIEUR, le 12 avril, à son entrée dans la capitale. Après l'arrivée du Roi, M. de Semallé reçut le grade de colonel et la croix de St.-Louis, et S. M. lui donna le droit d'ajouter à ses armes un drapeau blanc surmonté d'une fleur-de-lys. Il suivit S. M. dans la Belgique en mars 1815, et fut envoyé dans le mois de mai à Bruxelles comme commissaire du Roi de France pour seconder la police des Pays-Bas. Ce fut en cette qualité qu'il fit arrêter les sieurs Maubreuil et Villaume (*Voyez* MAUBREUIL). M. de Semallé revint avec le Roi à Paris, et il y est resté sans fonctions depuis cette époque. Il a publié en 1817: *Réponse de M. le comte de Semallé aux inculpations de M. le marquis de Brosses, dans son adresse à la chambre des députés en faveur de M. de Maubreuil*, in-8°. D.

SÉMÉLÉ (Le baron JEAN-BAPTISTE-PIERRE), né le 16 juin 1773, entra de bonne heure au service, fit les premières campagnes de la révolution, et se trouvait officier de la Légion-d'honneur et colonel du 24e. de ligne au camp de Boulogne en 1804. Dans les campagnes de 1806 et 1807, il se distingua en plusieurs occasions, notamment au combat de Golymin et à la bataille d'Eylau, où il combattit quoique blessé. Envoyé en Espagne en 1808 avec le grade de général de brigade, le baron de Sémélé s'y fit remarquer au combat de Cuença en janvier 1810. Il adressa alors au ministre de la guerre, comme chef d'état-major du premier corps d'armée, un rapport sur l'événement arrivé dans la baie de Cadix, le 16 mai 1810, qui contenait le récit de l'évasion des prisonniers français détenus à bord d'un ponton. Le baron Sémélé fut nommé l'année suivante général de division, et se trouva, en cette qualité, à la prise du camp de St.-Roch. Le 5 novembre 1811, il repoussa Balleysteros qui l'avait attaqué, et le força à se replier sur Obrigue ; mais il fit lui-même plusieurs pertes, et, dans la première surprise, ses bagages tombèrent au pouvoir de l'ennemi. En 1813, le général Sémélé, envoyé à l'armée d'Allemagne, y soutint sa réputation dans la grande armée. Le 1er. juin 1814, le Roi le nomma inspecteur-général d'infanterie dans la 19e. division, et chevalier de St.-Louis le 8 juillet suivant. Après le 20 mars 1815, il fut gouverneur de Strasbourg, et se trouvait dans cette place lors de la révolte de la garnison après le second retour du Roi. (*Voy.* RAPP.) Il quitta cette ville peu de temps après, et fut mis en demi-activité de service.   C. C.

SEMONVILLE (Le marquis CHARLES-LOUIS HUGUET DE), fils de M. Huguet de Montaran, secrétaire du Roi et du Conseil, fut reçu conseiller aux enquêtes en 1777, n'étant pas encore âgé de dix-huit ans; et, pendant les dix années qui suivirent, resta étranger aux affaires politiques agitées dans sa compagnie. Uniquement occupé de rapports judiciaires, il paraissait y attacher sa réputation, lorsque, dans l'assemblée des chambres où fut traitée, pour la première fois, la trop célèbre question des états-généraux, il prit place sur le banc des orateurs par un discours en présence des princes et pairs. Ce discours, aujourd'hui oublié, traitait la question sous les rapports monarchiques, et renfermait pour les princes des louanges délicates, qui valurent à l'auteur l'approbation de la cour et de la capitale. M. de Semonville était lié avec toute la partie de la magistrature et de la jeune noblesse admiratrice des idées nouvelles. Les hôtels de Beauvau, de la Rochefoucauld et de Lafayette, réunissaient tous les jours ces zélés sectateurs, parmi lesquels on a depuis compté tant de victimes. On ignore par quels motifs M. de Semonville, membre assidu de ces sociétés, ne parut point briguer la députation aux états-généraux. Ce qu'il y a de certain, c'est qu'on le vit, dans trois assemblées successives de la noblesse, à Châteauneuf, à Montfort-l'Amaury et à Paris. Dans les deux premières, il allait pour donner sa voix afin de faire nommer le comte de Castellane et le vicomte de Montmorenci ses amis ; dans la dernière, il tint la même conduite pour le marquis de Lusignan, sans annoncer de prétentions personnelles. Nommé, cependant, député suppléant, il devait remplacer le comte de Beauharnais, mais il ne siégea pas dans l'assemblée. Après la dissolution du parlement, et durant la révolution éphémère de la Belgique, M. de Semonville fut envoyé à Bruxelles par le ministre Montmorin, pour examiner la nature de ces mouvements. Au retour de cette mission, coloriée des apparences d'un voyage de plaisir, il fut nommé ministre plénipotentiaire du Roi à Gênes, à la place du marquis de Monteil à qui l'on donna sa retraite, peut-être moins à cause de son âge qu'en sa qualité de neveu du cardinal de Bernis. M. de Semonville déploya un grand faste dans cette légation, et semblait s'attacher à cacher le déplorable état de la monarchie par sa magnificence. Il avait aussi une mission pour la cour de Turin, mais on refusa de l'y reconnaître. Sa nomination à l'ambassade de Constantinople, en remplacement du comte de Choiseul-Gouffier, fut un des derniers actes de l'infortuné Louis XVI. La frégate, destinée à transporter le nouvel ambassadeur, était dans le port lorsque le 10 août 1792 vint mettre obstacle à son départ. Ce ne fut qu'au mois d'octobre suivant que M. de Semonville, toujours ambassadeur, sous cette assemblée d'effroyable mémoire, fut relégué plutôt qu'envoyé, par une intrigue et pour une cause qui nous est inconnue, dans l'île de Corse. C'est là qu'il connut Buonaparte et sa famille, sans prévoir que cette liaison, avec un simple capitaine d'artillerie, aurait un jour des conséquences si importantes. Rappelé sur le continent au mois de mai 1793, M. de Semonville, malgré les dénonciations faites contre lui, reçut, des autorités existantes, l'ordre de se rendre enfin à Constantinople, où déjà le marquis Descorches venait de le précéder sous le titre d'envoyé. Mais à cet ordre en fut joint un autre fort extraordinaire dans les circonstances, et qui demeura inconnu à cette époque des fureurs révolutionnaires. La cour de Naples et celle de Toscane, mues par le désir de prévenir l'horrible catastrophe qui menaçait les victimes du Temple, avaient offert secrètement leur médiation au gouvernement français, et gardé, dans cette intention, une exacte neutralité. Une semblable proposition était de nature à révolter tout ce que la Convention et les assemblées populaires réunissaient d'hommes sanguinaires. Néanmoins, le parti qui voulait mettre un terme aux horreurs, l'emporta dans le conseil, et l'ambassadeur Semonville fut chargé de s'arrêter à Florence sous divers prétextes. Il devait se concerter avec le ministre Manfredini, véritable auteur de la négociation, pendant que M. Maret se rendrait auprès de la cour de Naples. Mais, par ordre de celle de Vienne, les deux envoyés français furent enlevés à Novale, sur le territoire neutre des Grisons, le 25 juillet, et jetés sur le lac de Côme, qui séparait les lignes des états autrichiens. L'examen de leurs papiers n'apporta aucune modification à la rigueur de leur captivité. La disgrâce de Maufredini et la mort de Marie-Antoinette, suivirent de près cet événement. Détenu au secret à Mantoue, puis à Kufstein dans le Tyrol, pendant trente mois, l'ambassadeur Semonville partagea l'insigne honneur d'être échangé avec MADAME à la fin de 1795. Après la révolution du 18 brumaire, il fut nommé, par le premier consul, ambassadeur en Hollande, et conserva toujours avec Maret, devenu secrétaire-d'état, l'intimité dont ils avaient formé les liens dans les prisons d'Autriche. Il fut nommé commandant de la Légion-d'honneur en 1804. Appelé au sénat en 1805, M. de Semonville rompit deux fois le silence observé dans ce corps, en qualité de rapporteur des commissions chargées d'adhérer aux décrets de réunion de la Toscane et de la Hollande en 1809 et 1810. Titulaire de la sénatorerie de Bourges, il était, depuis trois mois, dans cette ville, revêtu des pouvoirs de commissaire extraordinaire, lorsqu'au mois de mars 1814, un sénatus-consulte prononça la déchéance de Buonaparte. M. de Semonville, en y adhérant, fit reconnaître, le même jour, l'autorité du Roi dans les cinq départements composant la 21e. division militaire. Rentré au sénat, où le vit, avant l'arrivée du Roi, se prononcer avec violence contre la proposition faite, à la demande de l'empereur Alexandre, de réhabiliter la mémoire du général Moreau. L'orateur, chargé de cette proposition, ouvrait la lettre de l'empereur à la tribune. « On ne lira » point, moi vivant, s'écria M. de Se» monville, la lettre d'un souverain » étranger sans l'ordre exprès du Roi. Il » n'a point encore touché le territoire » français; il n'a reçu, ni nos serments, » ni nos hommages; et, quand les trou» pes, naguère ennemies, sont maîtres» ses de la capitale, vous allez commen» cer vos délibérations comme la Po» logne a fini les siennes. C'est à l'histoire » à juger le général Moreau. Sa vie fut » celle d'un grand capitaine; sa mort » eut lieu dans les rangs ennemis. Je » demande l'ordre du jour, l'ordre du » jour, sans autre discussion. » Cette réclamation fut adoptée dans un profond silence. Peu de jours après, M. de Semonville fut l'un des sénateurs nommés pour entendre la lecture de la Charte. Créé pair de France et grand-référendaire, il fit enregistrer, le 20 mars 1815, à midi, en l'absence du ministère, l'ordonnance du Roi prononçant la clôture de la session, se retira dans une terre où il reçut le lendemain une lettre d'exil, et reprit, au moment du retour de S. M., les fonctions qu'il exerce encore. Il a épousé la veuve du président de Montholon, et il a obtenu du Roi que son rang, ses titres et qualités, fussent transmis héréditairement au comte Louis-Désiré de Montholon, fils de sa femme. F.

SENANCOUR (P. T.), a travaillé quelque temps au *Mercure*, et a publié: I. *Rêveries sur la nature primitive de l'homme*, 1798, in-8°.; 1802, in-8°. II. *Oberman*, lettres philosophiques, 1804, deux vol. in-8°. III. *De l'Amour considéré dans les lois réelles et dans les formes sociales de l'union des sexes*, 1806, in-8°.; 1808, in-8°. On trouve dans ces trois ouvrages des pensées fortes, énergiquement exprimées, mais beaucoup d'exaltation, du vague et de l'obscurité, et une couleur constamment sombre. Le livre de l'*Amour*, principalement dirigé contre l'institution du mariage, a été sévèrement censuré dans les journaux. IV. *Lettre d'un habitant des Vosges sur MM. Buonaparte, de Chateaubriand, Grégoire, Barruel*, 1814, in-8°. V. *Seconde lettre*, 1814, in-8°. VI. *Simples observations soumises au congrès de Vienne et au gouvernement français*, 1814, in-8°. VII. *De Napoléon*, 1815, in-8°., 2 éditions. VIII. *Quatorze juillet* 1815, 1815, in-8°. IX. *Observations critiques sur l'ouvrage intitulé: Génie du christianisme, suivies de quelques réflexions sur les écrits de M. de B****, relatifs à la loi du divorce, 1816, in-8°. OT.

SENIAVIVIN, amiral russe, commandait la flotte de cette nation lorsqu'elle livra bataille à l'armée navale turque dans le détroit des Dardanelles, près de l'île de Ténédos, le 25 mai 1807. La victoire demeura indécise, mais les Turcs souffrirent beaucoup. M. de Séniavivin fut plus malheureux l'année suivante dans le Tage, où il se vit contraint de se rendre à l'amiral anglais sir C. Cotton, avec dix vaisseaux qui furent envoyés en Angleterre et gardés en dépôt jusqu'à la signature de la paix entre cette puissance et la Russie. C. C.

SENNEFELDER (ALOYS), ancien chanteur des chœurs du théâtre de Munich, est le premier qui observa la propriété des pierres calcaires de retenir les traits formés par l'encre d'impression, et de les transmettre au papier qu'on y applique. De là, l'invention de la lithographie. L'auteur obtint en 1800, du roi de Bavière, un privilège pour l'exercice de son procédé pendant treize ans. Il le porta à Vienne, en 1802, et revint à Munich, où il forma, avec le baron d'Aretin, un établissement qui servit à graver de la musique et des modèles de divers genres, et qui donna naissance à plusieurs ateliers lithographiques. (*Voy.* ENGELMANN et LASTEYRIE.) E.

SENONES (ALEXANDRE-DELAMOTTE VICOMTE DE), né à Senones, département de la Maïenne, le 3 juillet 1781, perdit très jeune ses parents immolés pendant le règne de la terreur, et chercha dans la culture des arts un refuge contre les orages de la révolution ; il se fit connaître par quelques paysages anonymes qu'il a exposés aux différents salons, et en même temps il travailla dans les journaux, particulièrement à la *Gazette de France*, où il défendit toujours les bonnes doctrines politiques et littéraires. Il a fourni quelques articles à la *Biograph. univ.* Après le second retour du Roi, il fut nommé secrétaire de la chambre, le 12 juillet 1815. Le 31 mai 1816, il obtint la place de secrétaire-général des Musées royaux, et S. M. lui conserva le titre de secrétaire-honoraire de la chambre. L'académie des beaux-arts l'a nommé un de ses membres honoraires en 1816. F.

SEPTEUIL (ACHILLE TOURTEAU DE), fils du valet-de-chambre de Louis XVI, mort depuis plusieurs années, fut aide-de-camp du maréchal Berthier sous le gouvernement impérial, et tomba dans la disgrâce de Buonaparte à la suite d'une intrigue de galanterie, où le nom d'une grande dame se trouva compromis. M. de Septeuil, obligé de se rendre à l'armée, servit avec distinction en Portugal sous le maréchal Masséna ; il eut la cuisse emportée par un boulet le 5 mai 1811, en chargeant à la tête des dragons au combat de Fuentes-Onoro. Il subit avec succès l'amputation, et depuis ce temps il n'a pas cessé d'habiter Paris. D.

SERCEY (Le marquis PIERRE-CÉSAR-CHARLES-GUILLAUME DE), est né au château du Jeu près de Rouvray en 1753. Il entra dans la marine en 1770, devint enseigne en 1779, lieutenant en 1781, capitaine en 1792, et contre-amiral en 1794. Il fit les campagnes maritimes de l'Inde en 1767-1770, et celles qui eurent pour objet la découverte des terres australes en 1772. De 1774 à 1783, il fit partie des escadres qui protégèrent les efforts des Américains sous MM. d'Orvilliers et de Guichen. Le marquis de Sercey se trouvait en juin 1793, dans la rade du Cap lors de l'incendie de St.-Domingue, et il fut assez heureux pour sauver 200 bâtiments chargés de denrées, et recueillir les colons échappés au massacre, qu'il conduisit à la Nouvelle-Angleterre. A la fin de 1793, il fut destitué comme noble, et fut emprisonné au Luxembourg à l'époque de la conspiration du baron de Batz ou de l'étranger : il paraît qu'il eut connaissance des manœuvres d'alors, et il eut soin de s'éloigner de toute société avec ses compagnons d'infortune dans la prison. Il fut remis en activité après le 9 thermidor. De 1795 à 1802, il commanda une division de frégates dans les mers de l'Inde, et il empêcha que Batavia fût pris par les Anglais. On publia en juin 1796, une lettre écrite par lui, de l'une des îles Canaries, dans laquelle il rendait compte de son expédition dans l'Inde. Peu de temps après, il fut dénoncé par Baco et Burnel, agents du directoire, comme tenant la colonie de l'Ile-de-France et de la Réunion sous un joug tyrannique. Boissy-d'Anglas le vengea, le 2 août 1796, de ces calomnies, dans une motion à la suite de laquelle il fit demander au directoire ce qu'il avait fait pour le récompenser ; mais le 18 fructidor (4 septembre 1797) ayant frappé son protecteur, il fut accusé de nouveau le 2 octobre, par Riou, qui le peignit comme un rebelle à l'autorité directoriale. Après le 18 brumaire (9 novembre 1799), M. de Sercey fut remis en activité. Attaqué à son retour des Indes par deux vaisseaux et trois frégates, il entra dans le port après une canonnade de 4 heures. Il vivait retiré du service à l'Ile-de-France, lorsque cette colonie fut attaquée par les Anglais. Il prit alors, par les ordres du gouverneur-général, le commandement de la partie du sud de cette île. En avril 1814, le gouvernement provisoire le nomma président de la commission chargée d'aller en Angleterre traiter de l'échange des prisonniers. M. de Sercey, nommé depuis par le Roi, vice-amiral, grand-officier de la Légion-d'honneur et commandeur de St.-Louis, a été maintenu en activité par l'ordonnance du 22 août 1817. D.

SERGENT (A. P.), né à Chartres en 1751, était, avant la révolution, graveur en taille-douce à Paris, où il s'était fait connaître par plusieurs productions distinguées, entre autres un portrait de Necker et une estampe ayant pour titre : *Il est trop tard*. Il abandonna à cette époque son paisible atelier, pour se livrer aux agitations populaires, et devint en 1790, président d'un des soixante districts de Paris (celui de St.-Jacques de l'Hôpital). S'étant placé dès le commencement parmi les plus ardents révolutionnaires, il suivit leur système avec un zèle toujours croissant. Dès le commencement des troubles, le gouvernement avait chassé de leur corps avec des cartouches infamantes, plusieurs soldats du régiment de Royal-Champagne, qui avaient quitté leurs drapeaux pour se jeter dans le parti de l'insurrection. M. Sergent s'établit leur défenseur, et obtint de l'assemblée constituante un décret qui les réhabilita. Ces militaires rentrèrent dans l'armée et combattirent pour la révolution ; six d'entre eux sont morts avec le titre d'officiers-généraux, et un autre qui existe encore, est parvenu au grade de maréchal de France. M. Sergent obtint de plus en plus la faveur populaire par sa sollicitude pour la classe des ouvriers et des indigents. Il donna l'idée dans son quartier d'établir une caisse d'échange en valeurs métalliques pour les assignats dont il n'y avait point encore de petites coupures, et cette idée fut approuvée. On lui dut aussi celle des bureaux de bienfaisance ; le premier de ces établissements fut formé, sur sa proposition, dans le district de St.-Jacques-l'Hôpital. M. Sergent fut long-temps partisan de ce Danton, dont les sectaires, par leurs violences démagogiques, répandirent si long-temps l'effroi dans la capitale ; cependant il ne fut pas sociétaire du club des Cordeliers, que Danton avait formé, et il n'appartint qu'à celui des Jacobins, qu'il contribua à réorganiser après les événements du Champ-de-Mars qui l'avaient dissous. En 1792, époque des plus funestes événements, il s'était établi dans la section du Théâtre-Français, qu'il présida pendant la crise. Cette section, dominée par le club des Cordeliers, fut une de celles qui contribuèrent le plus à la révolution du 10 août ; c'est là qu'était logée cette horde de Marseillais qui, suivis de la populace du quartier, attaquèrent les premiers le château ; c'est là que résidait aussi Marat et sa clientelle. La terreur s'était emparée du reste des habitants. M. Sergent avait été auparavant porté au corps municipal par sa nouvelle section, et il était membre du comité de police lors des insurrections du 20 juin et du 10 août 1792. On a dit que ce fut lui qui, après l'invasion du château, inventoria les objets précieux qui s'y trouvaient ; mais cette opération fut exécutée par Villain Daubigny, commissaire de cette section. Cette fausse assertion a donné lieu aux accusations qui furent long-temps dirigées contre M. Sergent, d'avoir soustrait à son profit un grand nombre de ces objets, entre autres une agate d'un très grand prix ; ce qui lui fit donner le surnom de *Sergent-Agate*. Les mêmes imputations se renouvelèrent contre lui pour les effets des prisonniers qui périrent au 2 septembre. Plusieurs sections, entre autres celle des Halles, le poursuivirent formellement à cette occasion, et le 10 mai 1793, un arrêté du conseil-général de la commune le dénonça au jury d'accusation, avec ses collègues du comité, pour bris de scellés, vols et dilapidations. Cette dénonciation fut portée à la Convention, dont M. Sergent était membre. Il déclara que ces effets ayant été vendus dans sa mairie pour faire face à des dépenses municipales, il les avait achetés : ces explications furent contredites ; mais une nouvelle révolution vint faire oublier ces récriminations, et il n'y eut rien de statué, ni sur l'accusation ni sur la défense. On avait remarqué le nom de M. Sergent parmi les signatures de la fameuse circulaire par laquelle la commune invita, le 2 septembre, le peuple des départements à imiter dans les prisons les massacres qui venaient d'avoir lieu à Paris (*Voy.* PANIS) ; mais il a positivement nié cette signature. Nommé député à la Convention nationale par les électeurs de Paris, il siégea constamment à la Montagne, ne fit partie d'aucun comité, et n'eut point de mission dans les départements : il vota la mort de Louis XVI sans appel et sans sursis ; avant ce vote, il avait proposé des additions à l'acte d'accusation dirigé contre ce prince. Il demanda que l'on compulsât les archives du parlement, et prétendit qu'on y trouverait des protestations contre les décrets qu'il avait sanctionnés. En mars 1793, il se prononça contre le parti girondin, et défendit l'orateur et le président de la section Poissonnière, que ce parti voulait faire arrêter pour avoir dénoncé le général Dumouriez. Il défendit le maire Pache, également attaqué par les Girondins, ainsi que Rossignol, dont il vanta les talents et la probité. Peu de temps après, il provoqua l'érection d'une statue en l'honneur de J.-J. Rousseau ; il demanda aussi les honneurs civiques pour son collègue Pierre Bayle, mort à Toulon. En qualité d'inspecteur, il fit décréter, le 4 juillet 1793, qu'une horloge de Lepaute serait placée au pavillon du milieu des Tuileries, où on la voit encore. Il prit des mesures pour la conservation des statues et des autres monuments qui ornent ce magnifique jardin, que la populace voulait détruire, et en fit confier la garde aux soldats invalides. Le Musée des antiques lui doit aussi sa formation, et il prit part avec Chénier à l'établissement du Conservatoire de musique. Enfin, il contribua beaucoup à l'une des meilleures lois de la Convention, celle qui fut rendue sur les propriétés littéraires le 21 juillet 1793. Il est aussi juste de dire que M. Sergent se servit dans plusieurs occasions de son autorité pour soustraire des victimes de la terreur à la prison et à l'échafaud. En 1795, il voulut prendre la défense des anciens comités, fut poursuivi comme terroriste, et compris dans les mesures adoptées contre eux après les événements des 1 et 2 juin. On renouvela, à cette occasion, contre lui, les accusations de dilapidation, sur lesquelles on ne statua pas davantage. M. Sergent se retira alors à Bâle, où il s'occupa de son art ; il ne revint en France que lorsqu'il fut amnistié, et n'eut d'emploi sous le directoire que lorsque le général Bernadotte, avec lequel il était lié, fut momentanément ministre de la guerre. M. Sergent fut, à cette époque, nommé administrateur des hôpitaux de l'armée, place qu'il perdit après le 18 brumaire. Il paraît qu'alors, soit mauvaise humeur d'être ainsi rejeté, soit constance dans ses principes, il reprit ses liaisons avec les anciens Jacobins, qui tourmentaient assez vivement la police. Fouché le fit comprendre dans la liste de proscription qui fut dressée après l'attentat de la rue Saint-Nicaise. Cependant cette mesure n'eut pas d'exécution à son égard, et il continua d'habiter Paris ; mais à l'époque où l'on proposa le consulat à vie, M. Sergent, qu'on supposait opposé aux projets de Buonaparte, eut ordre de quitter la capitale. Après avoir habité quelque temps la campagne, il se détermina à sortir de France, et se retira en Italie, où il résida successivement à Turin, à Venise, à Brescia et à Milan. Il habite maintenant cette dernière ville avec la sœur aînée du général Marceau, qu'il a épousée en 1795, et à laquelle ce général dut en partie son éducation. M. Sergent, quoique d'un âge avancé, s'occupe encore avec succès de son art, et il a publié récemment à Milan plusieurs cahiers d'un ouvrage qu'il avait commencé à Brescia sous ce titre : *Costumi dei popoli antichi e moderni in diverse figure incise e colorite*, etc., in-fol. Il avait fait paraître en 1802 le premier cahier des *Tableaux de l'univers et des connaissances humaines, représentées par des gravures en couleur*, avec une explication en cinq langues (lat., all., angl., ital. et franç.), in-8°. obl. L'ouvrage entier devait contenir 300 gravures ; mais il n'en a paru que ce *specimen*. On annonce que M. Sergent travaille en ce moment à donner une édition de la *Chronique* d'Eusèbe, d'après le manuscrit découvert par l'abbé Maï. U.

SERIEYS (ANTOINE), né en Languedoc vers 1765, était, en 1793, bibliothécaire et professeur d'histoire au prytanée à Paris ; il devint ensuite censeur au lycée de Cahors, puis professeur à l'académie de Douai. Il perdit cette dernière place vers 1812, et vint habiter la capitale, où il est resté sans fonction. On a de lui : I. *L'Amour et Psyché*, poème en huit chants, 1789, in-12 ; 1803, in-12 ; 1804, in-12. II.

Les *Révolutions de France* ou la *Liberté*, poëme national en dix chants, avec des notes qui renferment un précis historique de la révolution, et d'autres détails intéressants, 1790, in-8°. III. *Lettres inédites de Henri IV*, 1802, in-8°. IV. *OEuvres de la Rochefoucauld, marquis de Surgères*, 1802, in-8°. V. *Lettres de Paciaudi au comte de Caylus*, 1802, in-8°. VI. *Voyage en Italie, de l'abbé Barthélemy*, 1802, in-8°. VII. *Tablettes chronologiques de l'histoire ancienne et moderne jusqu'à la paix d'Amiens*, 1803, in-12; deuxième édition, 1804, deux vol. in-12; cinquième édition, 1817, in-8°. VIII. *Eléments de l'histoire des Gaules*, 1804, in-12. IX. *Epitome de l'histoire de France*, 1804, in-12. X. *Précis de l'Abrégé chronologique de l'histoire de France, du président Hénault*, 1804, in-12; id. continué jusqu'à la conquête du royaume de Naples, 1806, in-12. XI. *Epitome de l'histoire des papes*, revu par l'abbé Sicard, 1805, in-12. XII. *Eléments de l'histoire de Portugal*, 1805, in-12. XIII. *Bibliothèque académique*, 1810-1811, 12 vol. in-8°. XIV. *Romulus second*, en vers latins et français, 1811, in-4°. XV. *Additions aux Eléments de la grammaire latine de Lhomond*, 1812, in-12. XVI. *Epitome de l'histoire moderne*, 1812, in-12; *Epitome de l'histoire ancienne*, 1813, in-12. XVII. *Histoire de Marie-Charlotte-Louise, reine des Deux-Siciles*, 1816, in-8°. M. Serieys a rédigé le *Voyage de Dimo et Nic. Stephanopoli en Grèce, pendant les années v et vi de la rép., d'après deux missions, l'une du gouvernement français, l'autre du général en chef Buonaparte*, 1799, 2 vol. in-8°. On lui attribue l'*Histoire abrégée de la campagne de Napoléon en Allemagne et en Italie, jusqu'à la paix de Presbourg*, 1806, in-12; et une grande multitude d'autres ouvrages, soit anonymes, soit pseudonymes.   O⊤.

SEROUX (Le baron JEAN-NICOLAS FAY DE), né le 3 décembre 1742, est l'un des plus anciens officiers de l'armée française. Il entra fort jeune au service dans l'arme de l'artillerie, passa par tous les grades depuis celui de sous-lieutenant, et fit les campagnes de 1751 et 1758 dans la guerre de sept ans. Il se trouva aux batailles d'Hastembeck, de Crevelt et de Cassel. Il commandait une batterie à l'affaire d'Hamelbericq. Il servit, depuis 1795 jusqu'en 1798, à l'armée de Sambre-et-Meuse, puis à celles de Maïence et de Hollande, et fut ensuite employé en Allemagne, et promu, le 8 février 1807, au grade de général de division, et à celui de grand-officier de la Légion-d'honneur. Il passa en Espagne en 1808. Le général Seroux commandait l'artillerie à Anvers lors de l'expédition des Anglais contre les îles de Walcheren. Dans les dernières guerres étrangères, il commandait à Magdebourg, et ne rentra en France qu'au mois de juin 1814. Il reçut du Roi, au mois d'août suivant, la croix de commandeur de Saint-Louis. M. Seroux vit, depuis cette époque, dans une retraite honorable et que commande son grand âge.   C. C.

SERRA (JÉRÔME), patricien génois, distingué par son attachement inflexible au gouvernement de la sérénissime république que Buonaparte renversa en 1796. Bien éloigné de penser comme cet autre Serra, qui concourut si efficacement à sa destruction, et qui est mort, en 1813, à Dresde, Jérôme fut indiqué, par les principaux habitants de Gênes, comme le plus honnête homme et le meilleur des citoyens, à lord Bentinck, commandant les troupes anglaises qui avaient pris possession de Gênes, en 1814, au nom des puissances alliées. Comme ce lord crut, ainsi que les Génois, que l'intention des alliés était de rétablir partout en Europe l'ancien ordre des choses, il autorisa le rétablissement de l'ancien gouvernement de Gênes, et nomma Jérôme Serra président d'un gouvernement provisoire qui devait rassembler et préparer les éléments de celui qui existait avant la révolution. Les divers actes de ce président furent marqués au coin de la sagesse et de la fermeté. Ils ont été recueillis en deux volumes in-4°., dans la *Raccolta delle leggi ed atti publicati dal governo provisorio della serenissima reppublica di Genova*. Les espérances des Génois furent trompées, comme celles du président, lorsque le congrès de Vienne donna leur état au roi de Sardaigne, en décembre 1814. Voici la proclamation par laquelle le président Serra et ses douze sénateurs déclarèrent alors qu'ils cessaient leurs fonctions. « Etant informés, dirent-ils, » que le congrès de Vienne a disposé de » *notre patrie*, en la réunissant aux

» états de S. M. le roi de Sardaigne;
» étant résolus, d'une part, à ne point
» trahir les droits imprescriptibles de
» cette patrie; et, de l'autre, à ne point
» employer, pour les défendre, des
» moyens qui seraient inutiles et funes-
» tes, nous déposons une autorité que
» la confiance de la nation, et le consente-
» ment des principales puissances, avaient
» approuvée. Nous emportons, dans no-
» tre retraite, un doux sentiment de
» reconnaissance pour l'illustre général
» qui *connut les bornes de la victoire*,
» et une entière confiance dans la provi-
» dence divine qui n'abandonnera ja-
» mais les Génois. » Constant dans ses
principes, M. Serra se retira des affaires
publiques, et il a refusé les emplois qui
lui ont été offerts par le roi de Sardaigne. N.

SERRE (HERCULE DE), était encore jeune lorsque la révolution éclata. Il émigra et servit à l'armée de Condé. Rentré en France, il exerça d'abord la profession d'avocat à Metz. Lorsque Buonaparte organisa des tribunaux dans les pays conquis, M. de Serre fut nommé premier président de la cour impériale de Hambourg. Après l'évacuation de cette ville par les Français, il fut nommé à la place d'avocat-général près la cour impériale de Colmar. En 1815, il suivit le Roi à Gand, et obtint, au retour de S. M., la première présidence de la cour de Colmar : en même temps, le département du Haut-Rhin le nomma député à la chambre de 1815. Il s'y rangea du côté de la minorité avec une constance qui le fit bientôt distinguer parmi les orateurs du ministère. Dans le cours de cette session, il ne laissa échapper aucune occasion de prendre la parole, et il parut souvent à la tribune, pour y combattre les projets de loi proposés par la chambre elle-même, ou pour y défendre ceux du gouvernement. Ce fut ainsi qu'il demanda que l'on changeât la peine de mort, proposée contre ceux qui auraient arboré, dans une commune, l'étendard tricolore, en celle des travaux forcés. Il développa les mêmes principes dans un discours fort étendu, le 6 janvier 1816, sur la loi d'amnistie, et il conclut, en disant : « Je soumets ma propre sagesse à celle du monarque. » M. de Serre parla quelques jours après sur les élections, et désavoua la commission pour avoir proposé séparément des articles additionnels, qui, selon ce député, modifiaient la Charte et constituaient une violation des attributions de la chambre, à laquelle l'initiative des lois ne pouvait appartenir. Il reprit la parole sur le même sujet le 20 février, et déclara qu'il lui paraissait impossible de faire subsister une assemblée politiquement indépendante à côté d'un pouvoir quelconque : « La révolution, ajouta-t-il, nous en fournit des preuves. La lutte ne fut terminée que par l'asservissement dans lequel tomba le corps-législatif sous Buonaparte. Il existe un seul moyen de la maintenir cette *indépendance*, c'est de conserver *l'influence* du gouvernement sur les chambres qu'il a créées... Cette influence doit être entièrement dévolue à la couronne et au ministère, puisqu'on ne peut concevoir un Roi sans ministres. » Il termina ainsi son opinion sur le budget dans la séance du 20 mars 1816 : « On se plaint que les ministres ne marchent pas; je m'étonne moi qu'ils puissent faire un seul pas... Tout se paralyse, chacun hésite, lorsque chaque pas peut amener une accusation. Le caractère national s'altère; la délation, horrible fléau, commence à infecter la France. Il est temps qu'un emploi cesse d'être un crime et la confiance du Roi un titre de suspicion. » Dans la séance du 22 avril, il se prononça vivement contre le rapport de M. de Kergorlay sur le clergé. Quelques passages de son discours ayant occasionné des murmures, il s'écria que la liberté des discussions était détruite. Ces mots excitèrent une vive agitation dans la chambre, qui décida que l'orateur serait rappelé à l'ordre. Après l'ordonnance du 5 septembre 1816, M. de Serre présida le collège électoral du département du Haut-Rhin, qui le réélut à la nouvelle chambre. Lorsque cette assemblée procéda à la nomination d'un président, M. de Serre fut un de ceux qui réunirent le plus de suffrages, et le Roi l'éleva à cette fonction lorsque M. Pasquier, qui les remplissait d'abord, fut appelé au ministère de la justice. M. de Serre parut dès-lors beaucoup moins souvent à la tribune, et se renferma dans les attributions de sa nouvelle dignité. Cependant il défendit les deux projets de loi sur les élections et sur la liberté individuelle. A l'ouverture de la session de 1817, il continua d'occuper le fauteuil de président, et annonça à la chambre qu'il lui soumettrait une proposition tendante à suppléer au règlement de la chambre. Il la développa en effet dans la séance du 15 novembre de la même année. Après quelques digressions préliminaires, il annonça qu'il se proposait surtout d'examiner cette question : « Les règlements de la chambre ont-ils fait de ses membres un aussi bon instrument de législation que le pays a le droit de l'attendre ? » Venant à la discipline intérieure de l'assemblée, il passa en revue les questions relatives aux pétitions, à l'inscription pour la parole, et arrivant aux moyens répressifs des abus qui entravaient la marche des délibérations, il avança que le rappel à l'ordre, la censure et la mention au procès-verbal, ne constituaient pas des peines assez graves pour empêcher les membres de troubler l'ordre de la délibération ou d'insulter leurs collègues. S'appuyant d'exemples pris en Angleterre et en France, il proposa l'emprisonnement contre les perturbateurs. Accueillie par de violents murmures, cette proposition fut encore l'objet des vives censures de plusieurs députés, et elle fut enfin écartée à une grande majorité. M. de Serre est chevalier de St.-Louis et de la Légion-d'honneur. L'un de ses enfants a été tenu sur les fonts de baptême par S. M. C. C.

SERRES (Jean-Joseph), né à La Roche, près de Gap, en 1762, embrassa la profession de chirurgien, et fit en cette qualité les campagnes de l'Inde sous M. de Suffren. Il devint à la révolution membre du conseil-général de son département, et partit en 1791 comme capitaine dans le second bataillon des Hautes-Alpes. Il fit avec ce corps la campagne de 1792, et fut nommé, dans le mois de septembre de cette année, député des Hautes-Alpes à la Convention nationale. Il y combattit, le 28 novembre 1792, le système de l'inviolabilité du roi, et prétendit qu'il pouvait être jugé d'après les lois contre les assassins et les conspirateurs. Cependant, lors de son jugement, en janvier 1793, il vota la détention, le bannissement et le sursis à l'exécution. Attaché aux principes républicains, mais ennemi des excès démagogiques, il attaqua Marat, le 5 avril, et provoqua son accusation. Il parla ensuite contre le duc d'Orléans, qui demandait à n'être pas compris dans le décret de l'exclusion des Bourbons. Son opposition à la Montagne motiva son arrestation, le 2 juillet 1793, comme ayant signé la protestation du 6 juin, et ayant écrit aux administrateurs de son département contre la commune de Paris, qu'il accusait de préparer de nouveaux massacres. Rentré à la Convention après la chute de Robespierre, il continua de se montrer l'ennemi des terroristes. Devenu membre du conseil des cinq-cents, il y professa les mêmes sentiments, et sans se laisser effrayer par la journée du 18 fructidor (4 septembre 1797), il s'opposa, le 18 octobre, à l'expulsion des nobles de tous les emplois, et soutint, deux jours après, la même opinion avec la plus grande véhémence, malgré les cris du parti contraire, qui le menaça de la déportation. Il sortit du conseil en mai 1798, et fut pourvu, après le 18 brumaire, d'un emploi de conseiller de préfecture. Elu candidat au corps-législatif en 1806 et 1812, il n'y fut pas appelé. B. M.

SERRES (Jean-Jacques), député de l'Ile-de-France à la Convention, n'y prit séance qu'après le procès de Louis XVI, parla quelquefois sur les colonies, fut envoyé en mission dans le Midi, en septembre 1794, et fit arrêter différents particuliers qu'il accusait d'être les partisans de Robespierre, et de vouloir exciter des troubles à Marseille. Il dénonça ensuite la société populaire et le commandant de cette ville, et faillit perdre la vie dans une émeute. Sa conduite ayant excité l'exaspération des esprits dans la Convention, on le rappela le 19 novembre. Il parut à la tribune peu de temps après pour se justifier, et accusa les Jacobins des malheurs du Midi. Le 19 février 1795, M. Serres se plaignit vivement des troubles excités dans les sections de Paris par les anciens membres des comités révolutionnaires, et appuya la proposition de les priver de l'exercice de leurs droits politiques; fut élu secrétaire dans la séance du 24 mars, s'opposa à ce qu'on suspendît les radiations des listes d'émigrés, et demanda la révocation des lois rendues en 1793 contre dix-huit cents familles méridionales accusées de fédéralisme. Le 21 septembre, il provoqua la mise en jugement de vingt-huit Marseillais qu'il avait envoyés au tribunal révolutionnaire de Paris, et qui avaient obtenu leur mise en liberté.

Passé au conseil des anciens, il demanda, le 25 janvier 1796, la formation d'une commission pour examiner la résolution qui autorisait le directoire à envoyer des agents dans les colonies, et en combattit ensuite l'adoption. Sorti du corps-législatif en mai 1797, il ne reparut en place que sous Buonaparte, qui le nomma sous-préfet d'Alais, emploi qu'il perdit en août 1815.   B. M.

SERRES (Etienne-Renaud-Antoine), médecin des hôpitaux de Paris, né à Clairac, le 12 septembre 1786, est, depuis plusieurs années, chargé de diriger les dissections anatomiques à l'hospice de la Pitié. Il a été nommé chevalier de la Légion-d'honneur en 1814, en récompense du zèle avec lequel il secourut les blessés sur le champ de bataille dans les environs de la capitale, où il reçut une blessure à la jambe. Ce médecin a publié en 1813, conjointement avec M. Petit : I. *Traité de la fièvre entéro-mésentérique*, in-8°. Cet ouvrage est le premier où l'on ait établi qu'une fièvre dite essentielle, reconnaît pour cause une altération organique de l'intestin iléon et des glandes mésentériques. II. *Théorie de la dentition, fondée sur de nouveaux faits anatomiques, et applicables à l'homme et aux animaux*, in-8°., Paris, 1817. Le même ouvrage avait été précédemment publié, avec moins d'étendue, dans le 8e. volume des *Mémoires de la Société médicale d'émulation*. L'auteur a inséré dans divers bulletins de la même Société des expériences intéressantes faites à l'Hôtel-Dieu sur des hydrophobes. M. Serres se propose de publier un *Traité sur les apoplexies et les paralysies*.   F—r.

SERRES (Marcel de) a publié : I. *Recherches sur l'identité des formes chimiques et électriques*, par OErsted, traduites de l'allemand, 1813, in-8°. II. *Mémoire sur les yeux composés et les yeux lisses des insectes, et sur la manière dont ces deux espèces d'yeux concourent à la vision*; 1813, in-8°. III. *Voyage en Autriche*, 1814, 4 vol. in-8°. IV. *Essai sur les arts et les manufactures de l'empire d'Autriche*, 1814, 3 vol. in-8°. Cet ouvrage fut présenté par l'auteur à l'empereur d'Autriche, qui se trouvait à Paris le 11 mai 1814.   Ot.

SERRIE (François-Joseph de La), né à La Serrie, dans la Vendée, en 1770, vint à Paris jeune encore après des études soignées, et rechercha moins la protection des grands que l'amitié de ceux qui, comme lui, aimaient et cultivaient les lettres. Connu particulièrement d'Aubert Dubayet, celui-ci, lorsqu'il fut nommé ambassadeur à Constantinople, le choisit pour un de ses secrétaires ; mais le mauvais état de sa santé l'empêcha d'accepter cette place, qui le mettait à même d'aller satisfaire son goût pour l'étude sur le sol natal des beaux-arts. Son caractère doux et pacifique l'ayant toujours éloigné des affaires, il a vécu paisiblement au milieu des orages de la révolution. Après la pacification de la Vendée, il retourna dans sa patrie, et il s'y est voué tout entier à ses occupations favorites. Le genre qu'il a adopté, un style naturel et facile, une teinte douce et mélancolique répandue dans ses ouvrages, l'ont fait surnommer par ses compatriotes le *Florian de la Vendée*. Les productions de M. de la Serrie, qui se rapprochent à quelques égards des ouvrages de l'auteur d'*Estelle*, sont presque toutes consacrées à la jeunesse, qui y trouve des leçons morales et instructives. Il a publié : I. *Ode à l'humanité* ou *Pièces de vers à l'ordre du jour*, avec 2 gravures, 1794. II. *Essai sur la littérature*, avec 5 gravures, 1795. III. *Essai sur la philosophie morale*, avec 5 gravures, 1796. IV. *Jephté, nouvelle orientale*, avec 4 gravures, 1799. V. *Eulalie de Rochester, nouvelle vendéenne*, avec 2 gravures, 1800. VI. *Les Arts et l'Amitié, ou Voyage sentimental du jeune comte de Lusignan*, avec 4 gravures, 1800. VII. *Lettres à Eugénie sur la peinture et la sculpture des anciens*, avec 4 gravures, 1801. VIII. *Hommage à mon ami*, avec 4 gravures, 1802. IX. *Lettres familières et sentimentales*, avec 6 gravures, 1803. X. *De la Consolation, ou Entretiens de Gustave et d'Adolphe*, avec 4 gravures, 1803. XI. *Marius et Sylla, ou les Malheurs de Rome*, avec 6 gravures, 1804. XII. *Lettres consolantes à un jeune solitaire du mont Saint-Bernard*, avec 10 gravures, 1806. XIII. *Odes*, avec 12 gravures, 1806. XIV. *Marie Stuart, reine d'Ecosse*, avec 10 gravures, 1809. XV. *Simple historique, ou le Passage*, avec 5 gravures, 1810. XVI. *Tablettes pittoresques d'un amateur*, avec 8 gravures, 1812. XVII. *Ode sur les plus célèbres voyageurs*, ou *Suite à mes œuvres*, avec 8 gravures, 1814. XVIII. *Elégies*, ou *petits Dithyrambes*, avec 5 gravures, 1816. XIX. *Cécile et Valérius*, ou *les Catacombes de Rome*, avec 4 gravures, 1816. XX. *Les trois petites Nouvelles, précédées d'une Épître en vers à un jeune médecin*, 1817. XXI. *Les Sources du Nil, ou l'Abyssinie*, avec *l'Epître mêlée de vers, adressée à miss Wilhelmine Fox*, avec 4 gravures, 1817. XXII. *Campagnes de 1816, ou petite Correspondance mêlée de vers*, avec 4 gravures, 1817. Ces vingt-deux volumes ont été imprimés sur papier vélin, en petit format, avec 120 sujets dessinés et gravés par l'auteur. F.

SERRURIER (Le comte), né à Laon, d'une famille bourgeoise, fut employé en Italie en 1795, y servit avec distinction, notamment le 5 juillet, jour où il s'empara, à la tête de l'aile droite de l'armée française, du col de Fermo, que la supériorité du nombre l'avait forcé d'abandonner quelques jours auparavant; et le 11 décembre, à la bataille de Final, au succès de laquelle il contribua. A l'ouverture de la campagne de 1796, il remporta quelques avantages sur les Piémontais vers Céva; et les 20 et 22 avril, il se signala également à Saint-Michel et au combat de Mondovi. Il montra ensuite beaucoup d'activité aux affaires de Mantoue, et le général en chef le chargea du blocus de cette place, dont il signa la capitulation le 2 février 1797. Il montra de même beaucoup de bravoure et d'intelligence au passage du Tagliamento, et à l'affaire de Gradisca. Le général Buonaparte l'envoya présenter au directoire les drapeaux enlevés à l'ennemi, et fit de lui un éloge particulier. L'adresse que sa division envoya ensuite contre le parti de Clichi, fut remarquée par le ton de menace dont elle était empreinte. Le général en chef lui confia le commandement de Venise, et il s'y conduisit avec adresse et fermeté dans des circonstances assez difficiles. En septembre 1798, il fut nommé inspecteur-général d'infanterie: il commandait à Lucques au commencement de 1799, et donna à cette petite république un plan de gouvernement provisoire. Il commanda ensuite une division de l'armée de Schérer lors des défaites qu'elle essuya près de Vérone, et ayant été enveloppé auprès de Peschiera, il ne s'en tira que par beaucoup de bravoure et d'habileté. Il fut moins heureux, le 28 avril 1799, à Verderio, où sa division, isolée et ignorant la perte de la bataille de Cassano, gagnée la veille par les Austro-Russes, fut enveloppée par des forces supérieures, et forcée de mettre bas les armes. Le général Serrurier fut un moment prisonnier de guerre et reçut de Suwarow l'accueil le plus distingué. Rentré en France sur parole, il se trouvait à Paris lorsque Buonaparte revint de son expédition d'Egypte, et fut un des généraux qui se réunirent à lui, et le secondèrent efficacement lors de la révolution du 18 brumaire. Il entra alors au sénat-conservateur, dont il fut vice-président au commencement de 1802. Le 17 septembre 1803, il fut nommé préteur du sénat; puis gouverneur des Invalides le 25 avril 1804. Après l'élévation de Buonaparte sur le trône, le général Serrurier fut fait comte et maréchal de l'empire, puis décoré du grand-cordon de la Légion-d'honneur et de la grand-croix de la Couronne-de-Fer. Il conserva le gouvernement des Invalides pendant toute la durée du gouvernement impérial, et commanda la garde nationale parisienne organisée en 1809. Il vota en 1814 la création d'un gouvernement provisoire et la déchéance de Buonaparte, et fut nommé par le Roi commandeur de St.-Louis et pair de France. En 1815, il parut à la cérémonie du Champ-de-Mai, et il a été remplacé dans le gouvernement des Invalides par le duc de Coigny en 1816. B. M.

SERVAN (Ferréol), fut nommé adjudant-commandant d'infanterie le 12 août 1813, membre de la Légion-d'honneur le 24 août 1814, et chevalier de Saint-Louis le 27 septembre même année. Il était employé, en juin 1815, dans la 7e. division militaire; et, en 1818, il fut un des colonels employés à l'état-major de l'armée. — SERVAN DE SUGNY, né à Lyon vers 1790, de la même famille que l'ancien avocat-général du parlement de Grenoble, a publié, à Paris, une compilation intitulée: *Almanach des Muses latines, pour l'année 1818*; vol. in-12. Ce jeune homme avait fait imprimer, dans le mois d'avril même année, une brochure sur les affaires de Lyon, dans le même sens que celle du colonel Fabvier, et que la police fit saisir; mais elle la rendit ensuite à l'auteur, qui, mieux conseillé, a jugé à-propos de ne pas la publier. D.

SERVIÈRES, auteur dramatique, fut long-temps employé au trésor public, accompagna Lucien Buonaparte dans son exil en Italie, et revint à Paris vers 1812. Il a été nommé référendaire à la cour des comptes en 1818. M. Servières a fait, soit seul, soit en société, les pièces de théâtre suivantes : *Alphonsine, ou la Tendresse maternelle;* — *L'Amant comédien;* — *Manon la ravaudeuse;* — *Le Télégraphe d'amour;* — *Arlequin double;* — *La Pièce qui n'en est pas une;* — *La Revue des théâtres;* — *Les trois n'en font qu'un;* — *Brisquet et Jolicœur;* — *Jeanneton colère;* — *Madame Scarron;* — *La Martingale;* — *Jocrisse suicide*, etc. — Mme SERVIÈRES, sa femme, élève du peintre Lethiers, son beau-père, a exposé aux derniers salons, des tableaux et des portraits très remarquables par le talent. D.

SESMAISONS (Le comte HUMBERT DE), d'une famille noble et ancienne de Bretagne, suivit, en 1815, le Roi à Gand. Rentré en France, il fut élu député à la nouvelle chambre, dans le mois de septembre de la même année, et prit plusieurs fois la parole dans cette assemblée, où il vota toujours avec la majorité. Le 27 octobre, lorsqu'on ouvrit la discussion sur le projet de loi relatif aux peines à infliger aux auteurs d'attentats contre l'ordre public, M. de Sesmaisons y proposa plusieurs amendements, entre autres de prononcer la peine de mort pour les attentats de lèse-majesté, spécifiés par l'art. 2 du projet. Il rappela à ce sujet l'époque du 20 mars, qu'il représenta comme fomenté par les hommes de 1793. Il demanda ensuite que dans l'art. 1er il fût spécifié que la déportation aurait lieu hors du territoire européen. Au mois de décembre suivant, M. de Sesmaisons fut un des députés qui demandèrent des éclaircissements sur l'évasion de M. Lavalette. En février 1816, il vota pour que l'éligibilité des députés fût fixée à l'âge de vingt-cinq ans, et cita, à cette occasion, l'exemple d'un ministre anglais, le célèbre Pitt, qui n'avait que vingt-deux ans lorsqu'il entra dans la carrière politique. Lors de la discussion du budget, il présenta, relativement aux droits à imposer sur le sel, des vues et des réflexions intéressantes, surtout pour le département qu'il représentait à la chambre. L'assemblée ordonna l'impression de son discours. Le comte de Sesmaisons est gendre du chancelier Dambray. Il n'a point été réélu à la chambre de 1816. Il a fait insérer dans la *Quotidienne* quelques articles sur le 21 mars, sur l'anniversaire de la mort du duc d'Enghien, et sur la mort du prince de Condé. Il a publié : I. *Une Révolution doit avoir un terme*, 1816, in-8°.; 2e. édition, 1816, in-8°. II. *Réflexions sur l'esprit du projet de loi des élections*, 1817, in-8°. III. *Réflexions sur le recrutement de l'armée*, 1818. — Le vicomte de SESMAISONS, l'un des gentilshommes de MONSIEUR, a été nommé, en 1814, grand-cordon de l'ordre de St.-Louis. — SESMAISONS (Donatien DE), fils du vicomte, est colonel chef d'état-major de la 1re. division d'infanterie de la garde royale. Il fut rapporteur du conseil de guerre assemblé au mois de mars 1816, pour juger le contre-amiral Linois et l'adjudant-commandant Boyer. (*Voy*. ces noms). Il laissa à la discrétion du conseil l'application des lois pénales contre les crimes dont les accusés étaient prévenus. CC.

SESTINI (DOMINIQUE), savant antiquaire et l'un des premiers numismates de nos jours, correspondant de l'Institut de France (Académie des Inscriptions et Belles-Lettres), et de l'Académie de la Crusca, associé de l'Académie des sciences de Munich, etc., est né à Florence vers 1750. Quoiqu'ayant pris dès sa jeunesse l'habit ecclésiastique, il se voua entièrement à l'étude de l'antiquité classique et des sciences naturelles, particulièrement de la botanique. Le desir d'augmenter ses connaissances, et une passion décidée pour les voyages, lui firent de bonne heure quitter la maison paternelle. Il partit de Florence le 28 septembre 1774, vit en passant Rome et Naples, et se rendit en Sicile, dans l'intention d'examiner le riche cabinet du prince de Biscari. Ce seigneur sut apprécier les talents du jeune voyageur, et n'ayant pu lui obtenir la place de conservateur du Musée des Bénédictins de Catane, il le retint auprès de lui comme son bibliothécaire et son antiquaire. Pendant trois ans que M. Sestini exerça ces fonctions, il se fit un riche fonds de connaissances archéologiques, et eut occasion, sous les auspices de son Mécène, de faire de nombreuses excursions dans les diverses parties de la Sicile et dans les parages voisins ; mais ayant reconnu que l'air de cette île, et surtout celui de Catane, étaient contraires à sa santé, il partit en 1777 avec de bonnes lettres de recommandation, passa successivement à Malte et à Smyrne, et arriva, en mars 1778, à Constantinople. La peste ravageant cette capitale l'été suivant, M. Sestini accepta l'offre que lui fit le comte de Ludolf, ambassadeur de Naples, de l'emmener avec lui à Terapia, jolie maison de campagne sur les bords du Bosphore : pour reconnaître la générosité de son protecteur, il donna quelques soins à l'éducation de ses deux fils, avec lesquels il fit diverses excursions en Europe et en Asie. Dans une de ses courses, il parvint jusqu'au sommet du mont Olympe de Bithynie, qui n'avait encore été visité par aucun voyageur ; car les Turcs du pays se contentent de décider qu'il est inaccessible. C'est aussi pendant ces excursions qu'il eut occasion d'observer la culture du maïs. (*V.* Tom. III, p. 332 de la traduction française). De retour à Constantinople, il s'y attacha particulièrement à M. Ainslie, ambassadeur d'Angleterre, qui ne négligeait rien pour se former la plus riche collection de médailles grecques. M. Sestini entreprit, sous ses auspices, un grand nombre de courses, et parvint à en rassembler plus de dix mille, sans compter les doubles. Il en a décrit et fait graver un grand nombre des plus curieuses dans ses divers ouvrages, et il en a donné, en 1789, un catalogue sommaire de quatre-vingt-neuf pages in-4°, dans le tome II de ses *Lettres et Dissertations*. La grande érudition de M. Sestini dans tout ce qui tient à l'antiquité classique et à l'histoire-naturelle, son habitude des voyages, et la connaissance qu'il a des diverses langues du Levant, le faisaient rechercher de tous les étrangers, comme un précieux compagnon de voyage. C'est ainsi qu'après un assez long séjour qu'il fit en Valakie, et son retour par Vienne à Constantinople en 1781, il se disposait à visiter la Géorgie, lorsque M. Sulivan, nommé résident de la compagnie anglaise auprès du Nabab de Golconde, lui proposa de l'accompagner, au moins jusqu'à Bassora, et l'aurait emmené jusque dans l'Inde, sans la guerre qui désolait ce pays. M. Sestini revint en Europe, à la suite d'un autre envoyé anglais, vit en passant Cypre et l'Egypte, et fut de retour à Constantinople le 2 avril 1782. La relation qu'il publia de son voyage est d'autant plus importante que la route qu'il avait tenue était la moins fréquentée des Européens. Il s'occupa dès-lors plus sérieusement de la rédaction de ses différents ouvrages, et résolut de visiter les plus riches cabinets de médailles de l'Europe, pour décrire toutes les pièces inédites de chacun, et former ainsi un corps complet de numismatique, plus ample et infiniment supérieur, pour la critique, à l'indigeste compilation de Gesner. (*Voyez* dans la *Biographie universelle*, l'article J.-J. GESNER, XVII, 251). La collection de ses notes se composait déjà, en 1805, de douze volumes in-folio, et il n'a cessé de l'augmenter depuis. Après un assez long séjour à Berlin, il vint à Paris en 1810, puis se rendit à Florence, où il fut nommé antiquaire de la grande-duchesse de Toscane en 1812, et après la restitution de la Toscane à son ancien souverain, il fut nommé par le grand-duc, professeur honoraire de l'université de Pise. Il a depuis séjourné assez long-temps en Hongrie, où il s'occupait à classer et décrire le magnifique cabinet de médailles du comte Wiczay à Hédervar, à peu de distance de Vienne ; il nous fait espérer une description complète de cette riche collection, dont l'abbé Caroni n'a donné vers 1812, en 2 vol. in-4°, qu'un catalogue très défectueux. On attend aussi de lui un Mémoire sur les médailles celtibériennes, d'après celles qui se trouvent dans le même cabinet. Les ouvrages de M. Sestini étant tous importants, et pour ainsi dire classiques pour l'étude des médailles, nous allons en donner une liste exacte et plus complète que celle qu'il a publiée lui-même à la fin de sa *Descrizione degli Stateri*. I. *Dissertazione intorno al Virgilio di Aproniano*, codice prezioso membranaceo della Laurenziana, Florence, 1774, in-4°. de 30 pages. C'est une description du célèbre manuscrit de Virgile, conservé dans la bibliothèque des Médicis, dont Foggini a publié en 1741 une copie figurée complète, et que plusieurs critiques ont cru du IIe. siècle de notre ère. Heyne le juge du Ve. ; l'Apronianus qui l'a divisé et corrigé pourrait être Turcius Rufius Asterius Apronianus, qui fut consul l'an 494. II. *Descrizione del museo d'Antiquaria e del Gabinetto* d'*Istoria Naturale del principe di Biscari*, Florence, 1776, in-8°.; 2e. édition augmentée avec fig., Livourne, 1807. III. *Agricultura, Prodotti e Commercio della Sicilia*, tom. 1er., Florence, 1777, in-8°. Il n'a paru que ce volume. IV. *Lettere scrite dalla Sicilia e dalla Turchia a diversi suoi amici in Toscana*, 7 vol. in-12, dont les quatre premiers parurent à Florence, 1779-81; le 5e., Livourne, 1782; les 6e. et 7e., ibid., 1784. Les cinq premiers ne sont relatifs qu'à la Sicile; les deux autres décrivent la Turquie, et surtout Pera et Constantinople. Cette édition, tirée seulement à 250 exemplaires, est devenue fort rare, une partie assez considérable étant demeurée à Catane, et une autre ayant péri sur mer. Les deux premiers volumes furent traduits en allemand, par Jagemann, Leipzig, 1781-83, 2 vol. in-8°. Pingeron a traduit l'ouvrage entier en français, sous ce titre : *Lettres de M. Sestini, écrites à ses amis en Toscane, pendant le cours de ses voyages en Italie, en Sicile et en Turquie, sur l'histoire-naturelle, l'industrie et le commerce de ces différentes contrées*, Paris, 1789, 3 vol. in-8°., fig., avec des notes du traducteur, qui avait connu l'auteur à Catane, et fait avec lui le voyage de Syracuse. V. *Della peste di Costantinopoli, del 1778*, Yverdun (Florence), 1779, in-12. VI. *Della coltura delle vigne lungo le coste del canale del Marmara*, etc., Siena, 1784, in-12. VII. *Opuscoli*, Florence, 1785, in-12. Cette édition ayant été faite sans la participation de l'auteur, les noms propres et surtout les mots turcs y sont presque tous défigurés, et ils ne sont pas plus exacts dans la version allemande donnée par Jagemann, Hambourg, 1786, in-8°., sous le titre de *Description du canal de Constantinople*. M. Sestini voulant donner une édition plus correcte, en envoya le manuscrit à un imprimeur de Livourne qui, on ne sait pourquoi, n'en imprima que les dix premières feuilles, in-8°.; cette édition n'a pas vu le jour. VIII. *Lettere odeporiche*, Livourne, 1785, 2 vol in-8°., traduit en français sous ce titre : *Voyage dans la Grèce asiatique, à la péninsule de Cyzique, à Brusse et à Nicée*, Paris, 1789, in-8°., terminé par une Flore du Mont-Olympe, donnant le dénombrement de 531 plantes que l'auteur y a observées : M. Sestini y assure (pag. 207), contre l'opinion de quelques géographes modernes, que le lac de Nicée est isolé et sans aucun écoulement (*V. l'Analyse des cartes du* 1er. *vol. de l'Histoire des Croisades de M. Michaud*). IX. *Viaggio di Costantinopoli a Bucaresti, fatto l'anno 1779*, Rome, 1794, in-8°. On y trouve une Lettre à l'avocat Coltellini, de Cortone, sur les chèvres d'Angora, les fabriques de schalls, etc. Elle a été traduite en allemand par Jagemann, dans le *Nouveau Mercure allemand*, de 1794. X. *Viaggio di Costantinopoli a Bassora et Viaggio di ritorno di Bassora a Costantinopoli per strade diverse*, Yverdun (Livourne), 1786-88, 2 petits vol. in-8°.; trad. en français (par le comte de Fleury) sous ce titre : *Voyage de Constantinople à Bassora en 1781, par le Tigre et l'Euphrate; et retour à Constantinople en 1782, par le désert et Alexandrie*, Paris, Dupuis, an VI (1798), in-8°. Quelques exemplaires sont intitulés : *Nouveau voyage de Constantinople à Bassora, par le désert et Alexandrie, traduit de l'italien*, Paris, Devaux, an IX, 1800. La seconde partie (pag. 213-332) a pour titre : *Retour de Bassora à Constantinople par l'Euphrate*, etc., en 1782, *par l'académicien Sestini, traduit de l'italien*, in-8°., de l'imprimerie de Hautbout l'aîné et Jajot, avec une carte gravée en bois; édition reproduite en 1803 avec un nouveau frontispice ainsi conçu : *Le guide du voyageur en Egypte, ou Description des végétaux et des minéraux qui existent en Egypte*; ce titre était d'autant moins convenable que l'Egypte, où M. Sestini n'a passé que dix-sept jours, n'occupe que 34 pages dans ce volume qui en a 332. XI. *Viaggi e opuscoli diversi*, Berlin, 1807, in-8°.; on y trouve la relation d'un voyage que l'auteur fit en 1781, de Vienne à Roudschouk par le Danube, et de là, par terre, à Varna et Constantinople; d'un autre fait en 1782 dans l'Asie-Mineure, et d'un troisième à Brousse et Angora en 1787. Les opuscules, au nombre de dix, traitent de la secte des *Yézidis*, du *Murex* des anciens, de l'usage des plombeaux et des anneaux chez les anciens, de la culture du sésame, et de quelques *figulinæ chro-*

nologicæ du Musée Biscari. On y trouve aussi, avec des notes de Sestini, une lettre de Sadik el tchelebi sur un colloque d'un iman turc, et le traité de Fr. Maurolyco, *De piscibus siculis*. La *Notice sur les Yézidis*, que Sestini avait reçue du P. Garzoni, a été traduite en français, par M. Silvestre de Sacy, et insérée à la suite de la *Description du Pachalik de Bagdad*, Paris, 1809, in-8°., pag. 183. XII. *Viaggio curioso-scientifico-antiquario per la Valachia, Transilvania e Ungheria, sino a Vienna*, Florence, 1815, in-8°. avec fig. XIII. *Lettere e dissertazioni numismatiche sopra alcune medaglie rare*, 9 cahiers ou petits volumes in-4°. avec fig.; les quatre premiers, Livourne, 1789-90, ne contiennent guère que des médailles de la collection de M. Ainslie; le cinquième, Rome, 1794, est intitulé: *Osservazioni sopra una medaglia d'Eropo III Re di Macedonia... e sopra una rarissima serie di medaglie di Tolomeo figlio di Giuba II*, etc., in-4°. de 72 pag. avec deux planches et quatre fig. en taille-douce imprimées dans le texte; le sixième, Berlin, 1804, donne celles du musée du baron de Knobelsdorff, envoyé de Prusse à Constantinople; et le septième, ibid., 1805, quelques médailles rares du cabinet du roi de France; le huitième, ibid., celles du musée royal de Berlin; enfin le neuvième, ibid., 1806, celles du cabinet du duc de Gotha, etc., et contient la table générale des neuf volumes. XIV. *Dissertazione sopra alcune monete armene dei principi Rupinensi, della collezione Ainslieana*, Livourne, 1790, in-4°., 7 fig. Cette curieuse dissertation se retrouve, suivie d'un Mémoire sur l'*Ere des Arsacides*, dans le tom. II des *Lettere numism.* (pag. 22-83). Le système de l'auteur sur l'*Ere des Arsacides*, qu'il fixe à l'an 300 avant J.-C., est sujet à de grandes difficultés et n'a pas été adopté. Mais M. Sestini a le mérite de nous avoir le premier fait connaître la série chronologique des princes arméniens d'après l'historien Tchamtchéan, dont l'ouvrage imprimé en arménien, avait paru à Venise en 1784-86, 3 vol. in-4°. On a depuis donné cette chronologie plus complète et plus exacte dans les *Mémoires historiques et géographiques sur l'Arménie*, t, 407-448 (*Voy.* ST.-MARTIN). XV. *Descriptio numorum veterum ex museis Ainslie, Bellini, Bondacca, Borgia, Casali, Cousinery, Gradenigo, Sanclemente, de Schelersheim, Verità*, etc., Leipzig, Gleditsch, 1796, in-4°. avec 13 pl. On y trouve beaucoup de notes et additions pour compléter le grand ouvrage d'Eckhel. XVI. *Illustrazione di un antica medaglia di piombo appartenente a Velletri*, Rome, 1796, in-4°. de 12 pag., adressée à Zoëga. XVII. *Sopra un antica patera etrusca*, ibid., 1796, in-4°. XVIII. *Classes generales geographiæ numismaticæ, seu monetæ urbium, populorum et regum, ordine geographico et chronologico dispositæ secundum systema eckhelianum*, Leipzig, 1797, in-4°. Ce tableau est beaucoup plus complet que celui d'Eckhel, et plus exact que celui que Lipsius a joint à sa traduction de Pinkerton, publiée en 1795 (*Voy* PINKERTON, suprà, pag. 68). M. Sestini donne méthodiquement dans la première partie, la note des médailles de 1138 villes et de 240 souverains; dans la 2e., que l'on peut regarder comme la plus curieuse, il donne ce qu'il appelle *Geographia numismatica incerta vel erronea*: on y trouve le détail de 311 villes, auxquelles Goltzius ou Pirro Ligorio ont attribué des médailles que l'on croit imaginaires, et de près de 480 autres villes ou peuples auxquels on a quelquefois attribué mal-à-propos des médailles dont le type se lit maintenant avec plus d'exactitude, et qui sont aujourd'hui restituées à leur véritable place dans la géographie numismatique. Il est vrai que cette partie de la science a fait, de nos jours, de si grands progrès, que cet important ouvrage serait encore susceptible d'augmentations considérables que personne ne serait plus en état de faire que l'auteur. XIX. *Catalogus numorum veterum musei arigoniani castigatus, necnon descriptus et dispositus secundùm systema geographicum*, Berlin, 1805, in-fol. XX. *Descriptio selectiorum numismatum in ære maximi moduli e musco olim abbatis de Camps, posteà d'Etrees, indeque gazæ regiæ Parisiensis secundum rarissimum exemplar quod nunc est R. Bibliothecæ Berolinensis, tabulas æneas CCXXVI continens vel CCCCLXIII numismata maxima tàm græca quàm romana typis æneis impressa*, Berlin,

1808, in-4°. XXI. *Descrizione delle medaglie greche e romane del fu Benkowitz*, ibid., 1809, in-4°. avec fig. XXII. *Illustrazione di un vaso antico di vetro ritrovato in un sepolcro presso l'antica Populonia*, Florence, 1812, in-4°. de 37 pages avec 3 planches ; traduit en français par M. Grivaud, Paris, 1813, in-8°.; et dans le *Magasin encyclopédique*, mars, 1813. Le vase décrit dans cet ouvrage faisait partie de la collection de la grande-duchesse de Toscane, princesse de Lucques. Il est en verre, ce qui fournit au savant auteur l'occasion de donner de grands détails sur le point auquel les anciens avaient poussé l'art de travailler le verre. XXIII. *Lettere e dissertazioni numismatiche*, tom. I, Milan, 1813, in-4°. de 112 p. avec 2 pl. Cet ouvrage fait suite aux 9 volumes du n°. XII ci-dessus. Il en a paru deux autres volumes en 1817, l'un à Pise et l'autre à Milan, et un 4°. à Florence en 1818; on remarque surtout dans ce dernier, la gravure de plus de cinquante médailles d'Olbiopolis, et un grand nombre de médailles inédites de Panticapée et de Chersonnesus. XXIV. *Dissertazione sopra le medaglie antiche relative alla confederazione degli Achei*, Milan, 1817, in-4°., avec fig. XXV. *Descrizione degli stateri antichi illustrati con le medaglie*, Florence, 1817, in-4°. de 8 et 118 pag., avec 9 pl., ouvrage important pour la connaissance des poids et des monnaies des anciens Grecs. XXVI. *Lettera critica all'estensore del libro intitolato : Catalogus numorum veterum... Musei Regis Daniæ*. 1816, tom. III, in-4°. de 23 p., 1818, signé D. S. T.

SETIER fils (L. P.), imprimeur à Paris, a publié comme auteur : I. *Grammaire hébraïque*, 1814, in-8°. II. *Observations sur la liberté de la presse*, 1814, in-8°. III. *Réflexions sur les pasquinades débitées par un certain journal intitulé* Quotidienne, *sur la liberté de la presse*, 1814, in-8°. IV. *La censure déclarée inconstitutionnelle par la chambre des pairs*, 1814, in-8°. V. *Réflexions sur les articles 58, 59, 61 et 64 du projet de loi sur le budget*, 1816, in-8°. OT.

SEVELINGES (CHARLES-LOUIS DE), n. à Amiens, en 1768, d'une famille originaire du Beaujolais, où est située la terre dont elle porte le nom, fut élevé au collège de Juilly, et en sortit en 1782, pour entrer comme aspirant à l'école royale d'artillerie à Metz. Après avoir subi ses examens de mathématiques, il passa dans un corps de la maison du Roi (les gendarmes de la garde). Il suivit les princes, frères de Louis XVI, en Allemagne, et servit dans leur armée. Rentré en France en 1802, M. de Sevelinges s'est occupé de travaux littéraires. Il prit part à la traduction française du Code prussien, et fut l'un des collaborateurs de la *Bibliothèque des romans*. On lui avait confié le bureau des *livres classiques* à l'université. Il a coopéré longtemps à la rédaction de plusieurs journaux, tels que *le Mercure de France* et *le Mercure étranger*, *le Journal de Paris*, *la Gazette de France*, *la Quotidienne*, etc. La constance de ses principes monarchiques lui avaient attiré la haine des écrivains révolutionnaires, et il n'est peut-être pas d'homme de lettres qui ait été poursuivi avec plus d'acharnement par les auteurs du *Nain jaune*. M. de Sevelinges possède toutes les langues de l'Europe : aussi a-t-il donné un assez grand nombre de traductions. On a de lui : I. *Voyages dans la caverne du malheur et les repaires du désespoir*, traduits de l'allemand de Spiess, 2 vol. in-12. II. *Soirées allemandes*, 3 vol. in-18. III. *Werther* (seule traduction complète), vol. in-8°. IV. *Alfred*, imitation du *Wilhelm Meister* de Gœthe, 3 vol. in-12, avec romances et musique gravées. V. *Histoire de la campagne de 1800*, d'après Bulow, vol. in-8°. « Dans » l'introduction de cet ouvrage, dit la » *Biographie universelle*, t. VI, p. 261, » M. de Sevelinges, contre l'usage des » traducteurs, a lui-même discuté et ré- » futé très judicieusement une partie du » système militaire de Bulow. » VI. *Histoire de Schinderhannes et autres chefs de brigands dits chauffeurs, d'après les pièces authentiques de leur procès*, 2 vol. in-12. VII. *Histoires, nouvelles, contes moraux*, vol. in-12. VIII. *Histoire de la guerre de l'indépendance américaine*, trad. de l'italien de Charles Botta, 4 vol. in 8°., avec cartes et plans. On y trouve, sur les Florides et sur Gibraltar, des faits curieux et inconnus, qui viennent d'être cités par les papiers anglais. IX. *Mémoires inédits et correspondance secrète du cardinal Dubois*, 2 vol. in-8°. Indépendamment de l'avant-propos, M. de Sevelinges a joint à ces Mémoires plusieurs dissertations historiques d'un haut intérêt, telles qu'un *Précis de la paix d'Utrecht*, une *Notice sur le prétendant* (le chevalier de St.-George), une autre sur *les Wighs et les Toris*, etc. X. *Histoire de la captivité de Louis XVI et de sa famille*, 1 vol. in-8°. M. de Sevelinges est un des écrivains auxquels on a attribué le *Rideau levé, ou petite revue des grands théâtres*, brochure qui a fait beaucoup de bruit au commencement de 1818. Il est l'auteur d'une *Notice sur Mozart*, placée en tête de la messe de *requiem* de ce grand compositeur, publiée par le conservatoire. Il a fourni aux journaux un grand nombre d'articles et de dissertations musicales; et à *la Biographie universelle* plusieurs articles importants, parmi lesquels on distingue *Henri VIII, Jacques Ier, et II, Haydn*, etc. M. de Sevelinges a reçu la croix de St.-Louis des mains de S. A. R. Monsieur, le 20 août 1814. F.

SÉVÉROLI (Le comte Antoine-Gabriel), né à Faenza, le 28 février 1757, membre du sacré collège, est un des cardinaux de la création du pape Pie VII. Il était nonce accrédité auprès de la cour de Vienne lorsque le Souverain Pontife l'éleva au cardinalat, en 1816. L'empereur d'Autriche lui remit lui-même le chapeau. Le comte de Sévéroli est très considéré à la cour de Vienne, où il a été chargé de plusieurs négociations importantes. C. C.

SEVESTRE (Achille), député d'Ille-et-Vilaine à la Convention nationale, où il vota la mort de Louis XVI sans appel et sans sursis, fut chargé en janvier 1793 d'une mission près l'armée des côtes de Brest. Le 27 juillet suivant, il dénonça Guilbert, suppléant de Lanjuinais, comme l'auteur du soulèvement des habitants d'Ille-et-Vilaine, contre le 31 mai, et provoqua son arrestation. Peu de jours après, il défendit M. Garat contre Collot-d'Herbois, et assura que ce ministre avait bien servi la Convention dans les journées des 31 mai, 1er. et 2 juin (*Voy.* Garat). Le 30 septembre, il accusa un représentant, en mission dans le Loiret, d'avoir imposé des taxes arbitraires sur tous les citoyens. A la fin de 1794, il se jeta ouvertement dans le parti de la réaction, et fit partie de la commission chargée d'examiner la conduite de Carrier. Le 4 avril 1795, il fut élu membre du comité de sûreté générale; et à la suite des événements de prairial, il fit décréter Forestier d'arrestation, et l'accusa d'avoir secondé les rebelles. Il présenta, peu de jours après, l'acte d'accusation des députés prévenus d'être leurs chefs, et les fit traduire devant une commission militaire. Le 12 juin, il fit changer la dénomination de *comités révolutionnaires* en celle de *comités de surveillance*, proposa le rappel de plusieurs représentants en mission, et sortit du comité de sûreté générale le 2 août. Il provoqua ensuite des mesures répressives contre les journalistes et les fabricateurs de pièces et d'écrits supposés. N'ayant pas été réélu aux conseils, celui des cinq-cents le choisit, le 29 octobre, pour l'un de ses messagers d'état. On le proposa, bientôt après, pour compléter le corps-législatif; mais cette mesure fut rejetée, et M. Sevestre resta messager d'état, fonction qu'il exerça jusqu'au 1er. juillet 1814, où il donna sa démission. Depuis ce temps il n'a plus été question de lui dans les fonctions publiques. B. M.

SEWRIN (C. A. B.), l'un de nos romanciers et auteurs dramatiques les plus féconds, a mis au jour une foule de pièces, dont on peut dire que les talents de Brunet, de Potier et de Tiercelin ont fait la plus grande partie du succès. Ses ouvrages sont: 1. *Romances, chansons et autres poésies*, 1796, in-8°. II. *Quelques moments de récréation, chansons, vaudevilles*, 1797, in-18. III. *Brick-Bolding, ou Qu'est-ce que la vie?* roman anglo-franco-italien, 1799, 3 vol. in-12. IV. *Mortimer Lascells*, traduit de l'anglais, 1800, 2 vol. in-8°. V. *Hilaire et Berthile, ou la Machine infernale de la rue Saint-Nicaise*, 1801, in-12. VI. *Le papa Brick, ou Qu'est-ce que la mort?* roman anglo-français-italien, 1801, 2 vol. in-12. VII. *Histoire d'un chien, écrite par lui-même*, 1801, in-12. VIII. *Histoire d'une chatte, griffonnée par elle-même et publiée par Mme. ****, 1802, in-12. IX. *La première nuit de mes noces*, traduite du champenois, 1802, 2 vol. in-12. X. *La Famille des Menteurs*, ouvrage véridique, 1802, in-12. XI. *Les Récollets de Munich*, histoire récente arrivée en Allemagne, 1802, in-12. XII. *Les trois Faublas de ce temps là*, manuscrit trouvé dans les panneaux d'une ancienne voiture de la cour, 1803, in-12. XIII. *Les Amis de Henri IV*, nouvelles historiques, 1805, 3 vol. in-18. Il suffira de citer parmi ses trop nombreuses pièces de théâtre : *Le Politique en défaut*, 1806, in-8º. *L'Opéra au village*, ou *la Fête impromptu*, divertissement à l'occasion de la paix, 1807. *Les Réjouissances autrichiennes*, 1810, in-8º. *Les Béarnais*, ou *Henri IV en voyage*, 1814, in-8º. *Romainville, ou la Promenade du dimanche. Les deux Magots de la Chine. Le vieux Malin. Gulliver. Les Anglaises pour rire*, etc. A Feydeau : *la Fête du village voisin*, 1816.   C. C. et OT.

SHÉE (Le comte HENRI), né le 25 janvier 1739, entra d'abord dans la carrière des armes et servit dans l'infanterie, puis dans la cavalerie, et enfin dans l'état-major de l'armée jusqu'en 1791, époque à laquelle ses infirmités le forcèrent à prendre sa retraite comme colonel. Nommé, en 1797, président d'une commission intermédiaire établie à Bonn par le général Hoche, pour l'administration de cette partie des pays réunis, il donna des preuves de talents, et fut envoyé en novembre 1799, en qualité de commissaire dans les départements de la rive gauche du Rhin, à la place de Lakanal. En 1801, il devint préfet du Bas-Rhin, et successivement conseiller-d'état et commandant de la Légion-d'honneur. Appelé au sénat le 7 février 1810, M. Shée prit part à tous les actes de ce corps jusqu'aux événements de 1814, adhéra alors aux mesures adoptées contre Buonaparte, et fut élevé à la dignité de pair par ordonnance du 4 juin. Le duc de Feltre, mort en novembre 1818, était le neveu de M. le comte Shée.   S. S.

SHEFFIELD (JEAN-BATTER-HOLROYD, lord, baron), pair de la Grande-Bretagne, conseiller-privé et lord du commerce, naquit vers 1740, et dès 1760 commanda un corps de cavalerie légère sous les ordres du marquis de Granby. A la paix, il voyagea dans une grande partie de l'Europe, et vit, pendant son absence, sa fortune s'accroître par la mort de son frère aîné. Ayant épousé, en 1767, une riche héritière, il s'appliqua avec succès à l'agriculture et fit de grandes améliorations à ses terres de Sheffield dans le comté de Sussex. Lors de la guerre avec la France, en 1778, il accepta une commission dans la milice de Sussex, dont il avait eu autrefois le commandement. En 1780, il fut élu au parlement par la ville de Coventry après un des débats les plus violents qui eussent jamais eu lieu, et qui se termina par l'envoi à Newgate des deux shériffs de cette ville. Lorsque des pétitions fanatiques furent adressées à la chambre des communes contre les catholiques romains, par George Gordon, qui avait l'habitude de haranguer la populace (*Voyez* GORDON, *dans la Biographie universelle*), dans ces sortes d'occasions, lord Sheffield, alors colonel Holroyd, craignant les conséquences des moyens employés par Gordon, lui dit que jusqu'à ce moment il avait aperçu seulement de la folie dans ses procédés, mais qu'aujourd'hui il voyait bien clairement qu'il y avait encore plus de méchanceté, et qu'il le prévenait que si un seul individu de la populace entrait dans la chambre, il le regarderait comme l'instigateur et lui infligerait un châtiment exemplaire. Il fut peu après créé lord Sheffield, baron Dunmore, dont le titre passa à ses filles. La cité de Bristol le choisit pour la représenter à l'élection générale; et il se montra entièrement dévoué aux intérêts de ses commettants, en s'opposant de tout son pouvoir à l'abolition de la traite des nègres. En 1802, il fut créé pair d'Angleterre, et déploya dans la chambre-haute la même indépendance d'opinion qui l'avait caractérisé dans la chambre des communes. Lord Sheffield a été marié trois fois. Il est membre de la société royale et de la société des antiquaires de Londres. Ami intime de Gibbon, il a été l'éditeur de ses Mémoires et de ses œuvres posthumes. (*V.* GIBBON, dans la *Biograph. univ.*) Ses propres écrits sont : I. *Observations sur le commerce des Etats-Unis*, 1783, in-8º.; 1784, 6e. édition. II. *Observations sur les manufactures, le commerce et l'état présent de l'Irlande*, 1785, in-8º.; 1792, 3e. édition. III. *Observations sur le projet d'abolir le commerce des esclaves* 1789, in-8º. IV. *Observations sur le bill des grains en discussion au parlement*, 1791, in-8º. V. *Substance d'un discours sur le projet d'union de l'Irlande*, 1799, in-8º. VI. *Remarques sur le manque de grains occasionné par la mauvaise récolte de 1799*, 1800, in-8º. VII. *Observations sur les objections faites contre l'exportation de la laine de la Grande-Bretagne en Irlande*, 1800, in-8º. VIII.

Réflexions sur la nécessité de maintenir inviolablement le système naval et colonial de la Grande-Bretagne, 1804, in-8°. IX. *Les ordres du conseil et l'embargo américain favorables aux intérêts politiques et commerciaux de la Grande-Bretagne*, 1809, in-8°. X. *Lettre sur les lois, sur les grains, et sur les moyens d'obvier aux malheurs qui s'accroissent rapidement*, 1815, in-8°. XI. *Sur le commerce de la laine et des étoffes de laine, extrait des rapports adressés aux assemblées des marchands de laine (wool meeting) en 1809, 1810, 1811 et 1812*. XII. *Rapport fait à une assemblée des marchands de laine, 26 juillet 1813*. Ces deux derniers opuscules ont été insérés dans le *Pamphleteer*. Z.

SHIELD (WILLIAM), célèbre compositeur, musicien ordinaire du roi d'Angleterre, est né en 1754 à Swalwell, dans le comté de Durham. Son père, qui était maître de chant, lui apprit à jouer du violon de très bonne heure, et le jeune Shield fit de tels progrès, que dès l'âge de huit ans, il était en état de jouer les morceaux les plus difficiles de Corelli. La perte de son père, mort sans fortune, l'obligea d'entrer comme apprenti chez un constructeur de bateaux à North-Shields. Heureusement pour lui le célèbre Avison, qui vivait dans le voisinage, l'aida à continuer ses études musicales, dans ses moments de loisir. A la fin de son apprentissage, il abandonna l'état qu'il avait embrassé et devint le chef de l'orchestre d'un théâtre de Durham, d'où il se rendit à Londres, et obtint l'amitié de Cramer, qui l'employa dans son orchestre à l'Opéra. En 1792, M. Shield visita l'Italie, où il ajouta encore à ses connaissances et à sa réputation. Ce compositeur est celui de tous ceux de sa nation qui plaît davantage aux connaisseurs. Il a su adapter le goût italien à la langue anglaise, sans en contrarier le caractère. Son style est simple, aisé et correct; ses airs rendent toujours bien les paroles, et sont agréables et variés. Ses opéras les plus estimés sont *Rosina*, *le Fermier*, *Fontainebleau*, *l'Amour dans un camp*, *le Pauvre Soldat*, etc. On a encore de lui : I. *Introduction à l'harmonie*, 1800, in-4°. II. *Rudiments de la basse continue (rough-bass) pour les jeunes harmonistes*, 1815, in-4°. Z.

SIBIRE (FRANÇOIS-SÉBASTIEN), ancien curé de Saint-François-d'Assise, à Paris, a publié : I. *Hommage civique au héros et au sage de la France, créateur de son siècle, couronnant par la paix d'innombrables victoires*, 1810, in-8°. II. *La Buonapartiade, ou le portrait de Buonaparte, suivi d'un discours sur la nature et l'effet des conquêtes*, 1814, in-8°. III. *Romances en l'honneur de Louis-le-Désiré remontant sur son trône*, 1815, in-8°. On lui attribue : *Mémoire adressé au gouvernement au nom du clergé constitutionnel et du diocèse de Paris*, 1802, in-8°. OT.

SIBUET, né à Belley, vers 1770, fut d'abord clerc de procureur à Bourg, et accompagna ensuite à Paris M. Gaultier, nommé député aux états-généraux. Il fut long-temps son secrétaire, fit en 1795, avec Poultier (*Voy. ce nom*), l'entreprise du journal intitulé *l'Ami des lois*, et fut nommé, sous le gouvernement directorial, juge à la cour de cassation. Il perdit ensuite cet emploi, et après avoir passé quelques années dans la retraite, il devint président du tribunal de première instance de Corbeil. Il fut nommé en mai 1815 membre de la chambre des représentants par le collège électoral de cet arrondissement. Il ne s'y fit guère remarquer que dans la séance du 4 juin, par une motion qui eut peu de succès, et qui avait pour objet de faire décréter qu'on ne reconnaîtrait dans l'assemblée d'autre titre que celui de représentant. « Il serait inconvenant, dit M. Sibuet, que les représentants fussent partagés en deux classes, celle des ducs, des comtes, des barons et des chevaliers, et celle des simples députés. En demandant à quelques-uns de nos collègues cette renonciation momentanée et circonscrite au lieu de nos séances, je n'entends rien préjuger sur le fond de la question : ce sacrifice, si c'en est un, ils en ont reçu l'exemple de leurs nobles prédécesseurs dans la fameuse nuit du 4 août 1789. Notre président ne peut être que *primus inter pares*. C'est ici que nous devons jouir non seulement de la liberté politique, mais de cette égalité qui seule fait le charme de la société... Le privilège le plus odieux est celui qui tend à humilier le plus grand nombre au profit de quelques-uns. » Ici des murmures interrompirent l'orateur; on s'était aperçu qu'il tenait à la main un papier à moitié caché par son chapeau, et on lui cria qu'aux termes du règlement il ne devait pas apporter de discours écrit. M. Sibuet essaya de se justifier, et il répéta qu'on ne devait pas reconnaître d'autre noblesse que celle des sentiments; mais sa voix se perdit dans le tumulte, et l'ordre du jour fut adopté. M. Sibuet ne reparut plus à la tribune, et après le retour du Roi il fut remplacé dans ses fonctions de président du tribunal de Corbeil. S. S.

SICARD (L'abbé Rock-Ambroise), digne successeur de l'illustre abbé de l'Épée (*Voy.* Épée, dans la *Biographie universelle*, tom. XIII, p. 195), consacra comme lui sa vie tout entière au perfectionnement de l'une des inventions les plus utiles à l'humanité. Né à Fousseret, près de Toulouse, le 20 septembre 1742, il fit ses études avec beaucoup de succès dans cette dernière ville, et fut ensuite vicaire-général de Condom, chanoine de Bordeaux, et membre des académies et du Musée de cette ville. Après y avoir formé un établissement pour l'instruction des sourds-muets, dans lequel il eut la satisfaction de voir le développement du plus intéressant de ses élèves (*V.* Massieu), il se trouvait à Paris à l'époque de la mort de l'abbé de l'Épée en 1789, et il obtint sa place au concours qui fut ouvert en présence des commissaires de l'académie française choisis pour cet objet. Installé dans ses nouvelles fonctions en avril 1790, il se dévoua tout entier à ses élèves, et il ne fut plus occupé que du soin d'améliorer le sort et de perfectionner l'intelligence de ces infortunés. Plus heureux que son prédécesseur, il voyait son établissement adopté et protégé par le gouvernement; mais quel que fût l'intérêt qu'il inspirât à tous les amis de l'humanité, rien ne put le garantir des fureurs de la révolution; il fut enfermé dans la prison de l'Abbaye après la journée du 10 août 1792, et il allait y être égorgé par les assassins du 2 septembre, lorsqu'il fut reconnu et sauvé par le dévouement d'un horloger nommé Monnot (*Voy.* la relation très détaillée des dangers qu'il courut en cette occasion, écrite par lui-même dans ses *Annales catholiques*, I, 13 et 72). L'abbé Sicard reprit alors ses travaux philantropiques, et il continua de s'y livrer avec le même zèle jusqu'à la révolution du 18 fructidor an V (1797), époque à laquelle il fut encore une fois proscrit et condamné à être déporté à la Guiane, comme rédacteur des *Annales catholiques*. De toutes les proscriptions de cette époque, aucune n'excita de plus vives réclamations; mais l'indignation publique ne put faire rayer l'abbé Sicard de la fatale liste; et obligé de se soustraire par la fuite à l'homicide déportation, il dut encore une fois abandonner ses élèves. Pendant plus de deux ans, son institut fut dirigé par d'autres mains, et ce n'est qu'après le 18 brumaire qu'il put en reprendre la direction. M. Bouilly, dans une Nouvelle en prose fort intéressante, a décrit la scène de ce retour de l'abbé Sicard au milieu de ses élèves. Depuis ce temps, il n'a cessé de faire des découvertes utiles à ses élèves, et il les a consignées dans plusieurs ouvrages utiles sur la grammaire générale et sur la théorie des signes. Avant lui, l'abbé de l'Épée avait traduit les choses par les signes, et ensuite les signes par les mots; mais n'appliquant son procédé qu'aux objets physiques, il avait adopté la méthode inverse pour les objets intellectuels, c'est-à-dire que, désespérant de les faire concevoir à ses élèves par des signes, il leur avait fait connaître matériellement les mots qui les expriment, et les leur avait ensuite traduits par des gestes convenus. Les résultats de cette première opération furent admirables, et le maître, un volume à la main, figurait des mots par autant de gestes qu'il faisait comprendre à ses élèves, de manière que ceux-ci écrivaient sans faute des pages entières sous cette espèce de dictée. Mais ils ne faisaient ainsi que traduire des gestes qui ne disaient rien à leur esprit par des mots qui n'en disaient pas davantage; ce n'était qu'un véritable mécanisme. M. Sicard est parvenu à étendre aux choses métaphysiques le procédé qui avait réussi pour les choses matérielles, et il a ainsi donné à l'intelligence de ses élèves le plus grand développement qu'elle pût avoir. L'institut des sourds-muets a eu pour témoins de ses opérations les personnages les plus illustres. Tous les étrangers et surtout les monarques alliés, qui vinrent à Paris en 1814 et en 1815, s'empressèrent de le visiter, et tous rendirent hommage au zèle éclairé de l'illustre maître. La reine de Suède lui envoya, en 1815, la décoration de l'ordre de Wasa, en le remerciant par une lettre très flatteuse de ce qu'il voulait bien aider de ses lumières la nouvelle institution des sourds-muets de Stockholm. Il fit un voyage en Angleterre en 1817, et reçut de la reine et des personnages les plus importants l'accueil le plus honorable. Membre de la deuxième classe de l'Institut depuis sa création en 1796, il a été conservé membre de à l'académie française par l'ordonnance royale du 21 mars 1816. On a de lui : I. *Mémoire sur l'art d'instruire les sourds-muets de naissance*, 1789, in-8°. II. *Catéchisme ou instruction chrétienne à l'usage des sourds-muets*, 1796, in-8°., imprimé par les sourds-muets. III. *Manuel de l'enfance, contenant des éléments de lecture et des dialogues instructifs et moraux*, 1796, in-12. IV. *Eléments de grammaire générale appliquée à la langue française*, 1799, 2 vol. in-8°.; 3e. édition, 1808, 2 vol. in-8°. V. *Annales catholiques*, 1797, in-8°., ouvrage périodique, dont le titre a souvent varié, et auquel MM. Jauffret et Boulogne ont aussi eu beaucoup de part. M. Sicard a seul signé depuis le n°. 21 jusqu'au tome III : il signait *Dracis* (anagramme de *Sicard*) les n°s. précédents. L'ouvrage, arrêté au 4e. vol. en août 1797, n'a été repris qu'en 1800, sous le titre d'*Annales philosophiques, morales et littéraires*. VI. *Cours d'instruction d'un sourd-muet de naissance, pour servir à l'éducation des sourds-muets*, 1800, in-8°. fig.; 1803, in-8°. L'*Alphabet manuel*, qui en fait partie, a été réimprimé à part, in-18. VII. *De l'homme et de ses facultés physiques et intellectuelles, de ses devoirs et de ses espérances*, par D. Hartley, ouvrage traduit de l'anglais avec des notes explicatives, 1802, 2 vol. in-8°. VIII. *Des tropes*, par Dumarsais, 5e. édition, revue, corrigée et augmentée, 1803, in-12. IX. *Dictionnaire généalogique, historique et critique de l'Ecriture-Sainte*, revu et corrigé, 1803, in-8°. X. *Journée chrétienne d'un sourd-muet*, 1805, in-12. XI. *Théorie des signes*, 1808, 2 vol. in-8°. On y a mis de nouveaux titres en 1814. XII. *Pasigraphie, ou premiers éléments de l'art d'écrire et d'imprimer en une langue, de manière à être entendu en toute autre langue sans traduction*, inventés par D. M. A. M. d'L..., et rédigés par l'inventeur lui-même et par R. A. Sicard; Paris, vol. in-8°., 1796. Cette édition, indiquée tom. I, p, 621 des *Annales religieuses*, n'a pas paru, comme on le voit par une lettre de l'abbé Sicard mise en tête de l'édition originale de la *Pasigraphie*, 1797, in-4°. (*Voy.* MAIMIEUX). M. Sicard n'a pas moins mis beaucoup de zèle à publier cette découverte, en faisant imprimer les douze caractères de cette écriture universelle sur la couverture de chacun des numéros des *Annales catholiques*. XIII. Plusieurs morceaux de grammaire générale, etc. dans le recueil des *Séances des écoles normales*. — SICARD, juge à la cour royale de Montpellier, est auteur d'une très bonne traduction des *Leçons sur la poésie sacrée des Hébreux*, par Lowth, 1812, 2 vol. in-8°. Il a fourni quelques articles à la *Biographie univers*. D.

SICKLER (JEAN-VALENTIN), pasteur de l'église de Kleinfahner en Thuringe, né, le 20 janvier 1742, à Günthersleben, près de Gotha, a publié beaucoup d'écrits sur l'économie rurale, en allemand, savoir : I. *Le Pépiniériste allemand*, ouvrage périodique commencé en 1794, Weimar, in-8°., avec figures noires et coloriées. II. *Taille raisonnée des arbres fruitiers*, traduite du français. (*Voy.* BUTRÉ, dans la *Biogr. univers.*) Ibid., 1797, in-8°. III. Avec E. H. Gœring, J.-B. Trommsdorf, J. F. Wolstein, etc.: *l'Agriculture allemande*, Erfurt, 1802-1808, 9 vol. in-8°., fig. Le titre de cet ouvrage a éprouvé plusieurs changements. IV. *Le Pépiniériste saxon*, d'après la dernière édition originale, augmenté de notes du conseiller Laffert; Weimar, 1802, in-8°. V. *Manuel des plantations*, traduit du français (*voyez* CALVEL), Prague, 1803, in-8°. VI. *L'Education des abeilles*, Erfurt, 1808-1809, 2 vol. in-8°. VII. Description de quelques machines, et divers Mémoires dans le *Magasin général des jardins*. Il a aussi travaillé à la *Gazette littéraire* d'Erlang. — SICKLER (Frédéric-Charles-Louis), fils du précédent, directeur du gymnase d'Hildbourghausen, a été collaborateur de son père dans la rédaction de son journal, et du tome III de l'*Agriculture allemande*, mais s'est principalement attaché à l'étude approfondie de l'histoire des arts et des antiquités, et on lui doit le perfectionnement des procédés employés pour dérouler et déchiffrer les manuscrits d'Herculanum. Après avoir suivi avec succès, les cours des universités d'Allemagne, il fut précepteur dans la maison de M. Delessert, à Paris, et ensuite à Rome, chez M. G. de Humboldt. Il séjourna six ans dans cette dernière ville, et fit, en 1807 et années suivantes, trois fois le voyage de Naples, où il passa six mois pour examiner les procédés en usage pour le déroulement des manuscrits d'Herculanum, procédés si lents, si coûteux, et qui néanmoins ont produit si peu de résultats. Il essaya de les perfectionner, et croyant y avoir réussi, il rédigea un Mémoire que M. de Heeren présenta, en son nom, à la société des sciences de Gœttingue, le 9 novembre 1814. Il fit un autre Essai public à Londre en juin 1817, et les commissions nommées pour examiner les fragments de manuscrits qu'il avait déroulés et déchiffrés, ont rendu justice à la supériorité de son procédé, qu'il n'a pas encore publié. (*Voyez* les *Annales encyclopédiques* de 1817, 11, 25, et 1818, 11, 285). On a de M. Frédéric Sickler : I. *Description de la source minérale de Liebenstein*, Gotha, 1801, in-8°., avec fig. II. *Histoire générale de la culture des arbres fruitiers*, tom. 1er., Francfort, 1802, in-8°., fig. Ce premier volume ne va que jusqu'au siècle de Constantin. III. *Histoire des enlèvemens et déplacemens que les ouvrages de l'art ont éprouvés chez les anciens comme objets de conquête*, Gotha, 1803, in-8°. IV. *Almanach de Rome pour les artistes et les amateurs des arts du dessin*. La 1re. année fut imprimée à Leipzig, 1810, in-4°., figures et cartes. Les suivantes parurent à Rome, in-8°. V. *Sur le Temple des déesses dans l'ancien Latium*, Hildbourghausen, 1813. VI. *Sur un ancien arc-de-triomphe découvert dans la voie triomphale à Rome*, Weimar, 1814, avec une planche gravée d'après San Gallo. VII. *Sur la terre des Cyclopes de l'Odyssée, et sur la caverne des géants qui se voit à Majura, sur le golfe de Salerne*, ibid., 1815. VIII. *Sur le Temple de Jupiter Urius à Segni*, ibid., 1816, in-8°., fig. Ces huit ouvrages sont en allemand. IX. *Spirdiphre, ou Char à planter le blé*, inventé par F. Ch. L. Sickler fils, avec deux planches, Paris, 1805, in-8°. X. *Plan topographique de la campagne de Rome*, avec une explication, 1811, in-12. XI. *Lettre à M. Millin, sur l'époque des constructions cyclopéennes*, Paris, 1810, in-8°. L'auteur n'est pas favorable au système de M. Petit-Radel. XII. *Observationum in Horatii carmina specim*. 1-3, 1813-1815, avec fig. XIII. *Prolusio de monumentis aliquot Græcis è sepulcro cumano erutis, sacra dionysiaca à camparis veteribus celebrata, horumque doctrinam de animarum post obitum statu illustrantibus*, Weimar, 1812, avec trois planch. M. Sickler coopère aux principaux journaux littéraires de l'Allemagne, et il en annonçait un lui-même, en 1817, sous le titre d'*Annales d'archæologie et des beaux-arts*. T.

SIDDONS (Mistriss), la meilleure tragédienne qui ait paru sur le théâtre d'Angleterre, en est aujourd'hui retirée. Née vers 1749, elle est fille de M. Roger Kemble, directeur d'une troupe ambulante, et sœur des deux Kemble qui existent encore. (*Voy.* ces noms). Elle débuta comme cantatrice, et abandonna bientôt ce genre, pour s'adonner exclusivement à la tragédie. Elle conçut très jeune encore, pour M. Siddons, une passion violente que ses parents n'approuvèrent pas. Alors elle quitta le théâtre, entra chez mistriss Greatheed comme femme-de-chambre, et y resta environ un an. Elle épousa ensuite M. Siddons, et formée par ses soins, reparut dans la carrière dramatique avec tous les avantages que la nature lui avait prodigués. Engagée, avec son mari, dans la troupe de M. Younger, elle parut sur les théâtres de Liverpool, de Birmingham, etc.; mais elle resta peu de temps avec ce directeur, la réputation qu'elle avait acquise l'ayant fait demander par les directeurs du théâtre de Drurylane, dont elle accepta les propositions. Elle y remplit avec un grand succès les rôles de Mlle. Epicène, dans *la Femme silencieuse*; et de la Reine, dans *Richard III*. Quelques désagrémens lui firent quitter la capitale. Elle se rendit à Bath, où elle fit de grands progrès, aidée des leçons de M. Pratt, alors libraire, auteur du poème de *la Sympathie*. Ses talens lui acquirent la protection de la duchesse de Devonshire, qui lui procura un second engagement au théâtre de Drurylane, où elle reparut le 10 octobre 1782, dans le rôle d'Isabelle, et étonna tous les spectateurs. Sa réputation s'étendit bientôt dans la capitale; elle attira au spectacle une foule immense que depuis long-temps on était peu habitué à y voir, et le goût pour la tragédie qui avait passé de mode, reprit faveur. Mistriss Siddons fut généreusement traitée par le directeur, qui augmenta son traitement et donna une représentation extraordinaire à son bénéfice; il reçut aussi, à sa considération, miss Kemble, sa sœur, au nombre de ses actrices; mais celle-ci ayant épousé M. Twiss, voyageur et littérateur distingué, ne resta pas longtemps au théâtre. Mistriss Siddons parut à la représentation donnée à son bénéfice, dans le rôle de *Belvidera*. Elle fit une recette énorme, et justifia l'opinion qu'on avait conçue de ses talents. Elle se rendit ensuite à Dublin, et fut aussi parfaitement accueillie. A son retour, en 1784, elle joua pour la première fois devant Leurs Majestés. Elle fit un second voyage en Irlande, vint ensuite à Edimbourg, comblée partout d'honneurs et de présents de personnes souvent inconnues. Poursuivie par des calomnies, elle éprouva quelques mortifications; mais elle parvint à faire taire l'envie. Ces désagréments et les fréquentes diatribes dont elle était l'objet, joint à des chagrins domestiques, l'engagèrent cependant à se retirer dans le pays de Galles. Il fallut les sollicitations les plus vives de ses amis et le désir qu'elle avait d'assurer le bien-être de sa famille, pour qu'elle renonçât à ses projets de retraite. Elle ne put d'ailleurs résister aux instances de Leurs Majestés, qui l'invitèrent à venir à Buckingham-House et à Windsor, où elle leur lisait souvent, avec son frère, des pièces de théâtre. Elle contracta, en 1798, avec les directeurs de Drurylane, un engagement tel qu'elle ne jouait que lorsque sa santé le lui permettait. Depuis quelques années, elle a renoncé tout-à-fait au théâtre. La perte qu'elle fit, en 1799, d'une fille belle et accomplie, n'a pas peu contribué à lui faire abandonner définitivement la profession dans laquelle elle s'est si fort distinguée. Elle passe plusieurs mois de l'été dans les châteaux des premiers seigneurs de l'Angleterre. Sa fortune, qui est considérable, est placée sur le théâtre de Drurylane. Mistriss Siddons a une taille majestueuse, un maintien noble et un magnifique organe. Jamais aucune actrice ne l'a surpassée dans l'art des inflexions. La mobilité de sa physionomie, l'expression de ses yeux, la grâce de ses mouvements sont, suivant les Anglais, au-dessus de tout éloge, et la rendent, dans la tragédie, supérieure à Garrick. Mistriss Siddons réunit dans la vie privée les plus aimables qualités aux vertus d'épouse et de mère. Elle sculpte avec beaucoup de goût, et le buste de M. Adams, fait par elle, a enlevé tous les suffrages. Z.

SIDMOUTH (Henri-Addington, vicomte), pair de la Grande-Bretagne, est fils d'un médecin qui fit une fortune considérable, et qui, à l'étude de son art, joignait le goût de la politique. Lord Chatam avait en lui la plus grande confiance, et l'employa dans une négociation avec lord Bute. Henri Addington, né à Reading en 1755, reçut une excellente éducation d'abord à Winchester, ensuite à Ealing sous l'évêque de Carlisle, et enfin à Oxford où il prit, en 1780, les degrés de maître-ès-arts. En quittant l'université, il se rendit avec son frère à Londres pour y étudier la jurisprudence, et devint membre de la société de Lincoln's Inn. Pitt qui était également membre de cette société, et mangeait tous les jours avec M. Addington, conçut pour lui une vive amitié, que des souvenirs de leur jeunesse augmentaient encore. Ils débutèrent en même temps au barreau; et bientôt M. Addington fut nommé, par la protection de son ami, membre de la chambre des communes par le bourg de Devizes, dont il avait été auparavant juge assesseur. La carrière rapide que parcourut Pitt, l'appela bientôt lui-même à d'autres honneurs. Il fut créé, en 1789, orateur de la chambre des communes, et montra une grande impartialité: ce poste honorable lui fut continué à l'unanimité lors de la convocation d'un nouveau parlement. Toujours fidèle au parti de Pitt, il ne vota qu'une seule fois contre l'opinion de son ami; ce fut lorsque M. Wilberforce proposa, en 1792, l'abolition du commerce des nègres. Pitt, qui s'intéressa avec beaucoup de chaleur à la réussite de la motion, resta dans la minorité, et M. Addington se rangea du parti de ceux qui votèrent pour l'abolition graduelle: ce fut même lui qui obtint que l'époque en fût reculée jusqu'en 1800. Cette divergence momentanée n'altéra au reste ni leur intimité, ni la concordance habituelle de leur système politique; et sa promotion à la tête du ministère en février 1801, à la place de M. Pitt, lorsqu'il fut question de traiter de la paix avec la France, pourrait être au fond regardée comme une preuve de plus de leur bonne intelligence. Depuis les préliminaires du traité d'Amiens jusqu'à la rupture, le nouveau chancelier de l'échiquier se montra partisan de la paix; il combattit, avec modération à la vérité, les mesures violentes proposées par le parti de la guerre, désigné sous le nom de *Nouvelle Opposition*. Dès son entrée au ministère, M. Addington s'éleva contre l'entrée des ecclésiastiques à la chambre des communes; le bill qu'il proposa à ce sujet passa après quelques discussions; mais on reprocha au ministre de ne l'avoir proposé que pour exclure M. J. H. Tooke qui professait des principes différents des siens. Le 28 septembre 1799, il appuya la levée de nouvelles milices, par la nécessité de soutenir vivement les premiers succès de l'expédition de Hollande, et de ne pas tromper les Bataves, dont on avait pris la flotte, et auxquels on avait promis le rétablissement de l'ordre dans leur patrie. Au lieu de savoir gré à M. Addington de sa loyauté, M. Tierney n'y vit qu'une petite indiscrétion ministérielle, et se hâta de demander si les ministres avaient un traité avec la victoire, pour avoir accepté la reddition de la flotte batave aux conditions de rétablir le gouvernement stathoudérien. Pitt éluda la question en se hâtant d'assurer que l'amiral hollandais s'était rendu à la supériorité des forces anglaises, et non à des stipulations secrètes; et que, quel que pût être le résultat des événements, la possession de la flotte hollandaise en était désormais tout-à-fait indépendante. Le 9 mai 1800, M. Addington déclara que l'objet de la guerre n'était point, pour l'Angleterre, le rétablissement de la maison de Bourbon sur le trône de France. Le 8 juillet, il combattit la motion de M. Jones, tendante à demander compte des raisons qui avaient déterminé sir Sidney Smith à s'opposer à l'exécution du traité conclu pour l'évacuation de l'Egypte, entre le général Kléber et le grand-visir. C'est avec ces opinions qu'on voulait faire à M. Addington une réputation d'indépendance, que Shéridan compara plaisamment à la vertu d'une jolie femme,

qui n'en fait étalage que pour avertir de l'attaquer. Ce fut le 5 février 1801 que Pitt quitta, pour la laisser à son ami, la dignité de chancelier de l'échiquier. Dans la discussion occasionnée par la motion de M. Grey, pour examiner l'état de la nation, M. Addington repoussa l'idée que ses collègues et lui dussent suivre les mêmes vues que les anciens ministres, parce qu'ils étaient liés avec eux; il assura que le ministère actuel ne se refuserait à aucune proposition de paix raisonnable. Quelque temps après, il communiqua à la chambre des communes des pièces relatives à l'état de l'Irlande et aux menées des mal-intentionnés du nord et du midi de l'Angleterre. Il demanda la prompte formation d'un comité, pour en faire l'examen. Inculpé, à cette occasion, par MM. Taylor et Curwen, il justifia sa conduite; puis, passant à l'objet de la discussion, il fit sentir la nécessité de suspendre de nouveau l'acte *d'habeas corpus*, et de renouveler le bill contre les séditions. M. Dundas, accusé pour l'expédition de Hollande, trouva de son côté un défenseur dans le chancelier de l'échiquier. Dans la discussion relative au bill d'abolition, que les membres de l'opposition regardaient comme un brevet d'impunité accordé aux ministres et aux agents de l'autorité, M. Addington soutint la nécessité de ce bill d'oubli en faveur des hommes publics qui auraient pu commettre quelques erreurs dans l'arrestation ou la détention de personnes suspectes, afin de donner aux exécuteurs des lois toute la confiance et la force dont ils ont besoin. Au mois de juillet 1801, en provoquant la discussion des résolutions relatives aux finances, il justifia l'emploi des sommes accordées jusqu'à ce jour, retraça la valeur du produit des manufactures, et les bénéfices considérables du commerce, et établit que, les ressources étant immenses, les secours devaient leur être proportionnés. Le 7 septembre 1802, il demanda encore des fonds, et proposa l'émission de 5 millions sterling de billets de l'échiquier. Il donna ensuite le tableau de la circulation de ces billets, depuis 1793. A la séance du 10 décembre suivant, il fit un long discours sur le budget, et présenta un état des dépenses dont il résultait que la dette de la Grande-Bretagne s'élevait à 600 millions. Il annonça un nouvel emprunt, parla des progrès de la navigation; et, après avoir fait sentir toute l'importance de l'état florissant où était le commerce britannique, il présenta une observation qui mérite d'être remarquée: « Qu'on ne suppose pas, dit-il, que ce que nous gagnons par le commerce soit perdu par les autres nations, ou que la prééminence que la Grande-Bretagne doit à la Providence et à la sagesse de ses conseils, ait détérioré la situation des autres; au contraire, sa prospérité, non seulement l'a rendue la protectrice du monde civilisé; mais encore, quelque paradoxal que cela puisse paraître, la grandeur même de cet empire a servi à accroître le commerce du reste du monde. » Dans le court espace de temps que dura la paix d'Amiens, M. Addington manifesta toujours des opinions pacifiques; et, défendant le traité qui paraissait son ouvrage, il fut en butte aux attaques du parti de la guerre, qui accusa sa faiblesse, et même son incapacité; mais au moment de la rupture, il provoqua lui-même les mesures hostiles, et se montra l'un des plus chauds partisans de la guerre. Ce changement n'empêcha pas M. Windham et quelques autres membres de la nouvelle opposition de déclamer contre lui; et il parut étonner le gouvernement français, qui semblait avoir compté sur ses dispositions pacifiques. M. Addington proposa en 1803 à la chambre des communes de voter une somme considérable pour aider le prince de Galles à payer ses dettes, ce qui fut accordé. Parmi les événements qui eurent lieu sous le ministère de M. Addington, on doit citer encore l'insurrection de Dublin qui se termina par le meurtre de lord Kilwarden, et les associations de volontaires pour repousser l'invasion dont l'Angleterre était menacée. Ce fut aussi pendant sa courte administration que les Anglais obtinrent de grands succès dans les deux Indes, qu'ils réduisirent les Mahrates à la dernière extrémité, et que la France céda la Louisiane aux États-Unis. Le roi George III qui s'était un peu rétabli, étant retombé dans son état de démence en février 1804, un changement de ministère paraissait inévitable; celui de M. Addington, qui semblait n'avoir été élevé que pour remplir momentanément une vacance, était trop faible pour soutenir le fardeau de l'état: aussi Pitt, quoiqu'il l'eût constamment appuyé fut-il mis à la tête des affairs. Au commencement de 1805, une réconciliation eut lieu entre Pitt et M. Addington; ce dernier fut élevé à la pairie avec le titre de vicomte Sidmouth, et fait lord président du conseil en remplacement du duc de Portland qui résigna. Mais la réconciliation de M. Pitt et lord Sidmouth fut de peu de durée, puisque dans le mois de juillet de la même année, ce dernier abandonna sa place au ministère. Il y rentra en 1806 à la mort de son ancien ami, et fit partie de la nouvelle administration comme lord du sceau privé; il continua d'y rester après la mort de Fox, en qualité de président du conseil, place qu'il cessa d'occuper en 1807, lors de la dissolution de ce ministère, arrivée par suite d'un bill proposé en faveur des catholiques. Il s'éleva en 1808 contre le ministère qui s'était emparé des vaisseaux danois avant une déclaration de guerre, demeura quelque temps sans emploi, et enfin, lors d'un nouveau changement, fut nommé secrétaire-d'état pour le département de l'intérieur, poste qu'il occupe encore. Z.

SIEBOLD (Charles-Gaspar), professeur de chirurgie et d'accouchement à l'université de Wurizbourg, né en 1736 à Nideck dans le duché de Juliers, a été appelé à Berlin en 1817 pour y former un amphithéâtre classique d'accouchement sur le modèle de celui qu'il avait établi à Wurtzbourg. En récompense de ses travaux il avait été anobli en 1802. Parmi ses nombreux ouvrages, nous indiquerons: I. *Collectio Observationum medico-chirurgicarum*, Bamberg, 1769, in-4°. II. *Journal chirurgical*, Nuremberg, 1792, in-8°. avec fig., en allemand; la continuation se trouve dans deux ouvrages périodiques publiés par son fils. III. Un grand nombre d'observations imprimées séparément ou insérées dans les journaux allemands consacrés aux sciences médicales. Son portrait, fort bien gravé par Haid, d'après Hessell, le qualifie de premier chirurgien de l'Allemagne. Z.

SIEYES (Emmanuel-Joseph), né le 3 mai 1748, dans la petite ville de Fréjus, où son père était directeur de la poste-aux-lettres, fut élevé chez les jésuites, embrassa l'état ecclésiastique, vint à Paris pour suivre les cours de l'université, et devint licencié en droit-canon. Ses talents l'ayant fait remarquer, il fit bientôt des connaissances utiles. M. de Lubersac, évêque de Chartres, le choisit pour un de ses grands vicaires; et ses privilèges universitaires, auxquels se joignirent quelques protections, lui firent obtenir un canonicat dans son église. Les colonies américaines disputaient alors leur indépendance à l'Angleterre et préludaient à l'établissement de ces nouvelles constitutions qui devaient avoir tant d'influence sur les destinées de l'Europe. Tout le monde en France s'occupait de cette révolution: prêtres, nobles et bourgeois, chacun s'en mêlait, et ceux dont l'imagination ou l'audace allaient plus loin songèrent dès ce moment à en faire substituer les formes à celles de notre antique monarchie. L'abbé Sieyes, dominé par ces idées, abandonna les instructions pastorales et ses devoirs de chanoine pour les discussions politiques et la propagation des nouvelles doctrines. C'est ce qu'il nous a appris lui-même, dans une fameuse séance de la Convention, lorsque, sur la fin de 1793, une déclaration solennelle de cette assemblée abolit, *au nom de la raison*, tous les cultes religieux (*V.* THURIOT). Lorsque Louis XVI se fut décidé à convoquer les états-généraux, ses ministres, dont il ne faut pas excepter Necker, malgré l'assertion contraire de Mme. de Staël, invitèrent les écrivains non seulement de France, mais des nations voisines, à faire connaître leurs vues sur les convocations de ces états et sur les éléments dont ils devaient être formés. Cette invitation n'eut pas plutôt paru, que le royaume fut inondé de factums et d'écrits de toute espèce qui furent lus avec une incroyable avidité dans toutes les classes du peuple, jusqu'alors fort éloigné de s'occuper de pareilles questions. On peut dire que c'est à cette époque que la révolution, préparée de plus loin, commença réellement dans tous les esprits. Ce fut, sans doute, pour se rendre à l'invitation des ministres que l'abbé Sieyes publia son fameux écrit, *Qu'est-ce que le tiers-état?* Il prétendit, dans cette production hardie, que le tiers était le tout, qu'il formait à lui seul la généralité de la nation. Il produisit par de tels raisonnements un effet prodigieux sur l'opinion du peuple, que l'on vit bientôt s'exalter outre mesure et former contre les deux premiers ordres une ligue à laquelle il fut impossible à ceux-ci de résister: les places, les lieux publics étaient couverts d'attroupements où l'on ne parlait que des droits du tiers-état et où l'on se demandait sans cesse: *Êtes-vous, ou es-tu du tiers?* Le long des routes, les voyageurs se faisaient des questions pareilles, et la négative eût été une réponse fort dangereuse. Le pamphlet de l'abbé Sieyes fut ainsi la torche qui alluma immédiatement l'incendie révolutionnaire; ceux qui l'avaient précédé en avaient rassemblé les éléments; ceux qui vinrent après servirent à en développer les désastres. Cependant, malgré son excessive popularité, l'auteur ne fut nommé député aux états-généraux que par une sorte d'escobarderie. On avait appelé dès le commencement sur lui l'attention de l'assemblée électorale du tiers-état de Paris, mais dans un arrêté spécial, la pluralité des électeurs s'était imposé l'obligation de ne faire porter les choix que sur des membres de son ordre. Dix-neuf élections avaient été faites conformément à cet arrêté; il n'en restait plus qu'une à faire, et l'on était embarrassé de trouver un candidat, lorsque quelqu'un proposa de nouveau l'abbé Sieyes en vantant ses talents, son patriotisme et surtout son dernier écrit; une partie de l'assemblée le repoussa encore avec chaleur, et rappela l'arrêté qui excluait tout individu appartenant à l'un des deux premiers ordres. On demanda même qu'il en fût fait lecture; mais on s'aperçut alors que le secrétaire de l'assemblée n'en avait fait aucune mention dans la rédaction du procès-verbal. Ce secrétaire, qui était le malheureux Bailly, a avoué lui-même dans ses Mémoires que c'était un oubli de sa part, et que peu accoutumé aux délibérations de ce genre, il n'avait point mis d'importance à cette décision. On considéra donc l'arrêté comme non avenu, et l'abbé Sieyes fut nommé député. Dès les premières séances et avant que les états-généraux se fussent établis en assemblée nationale, il développa ses principes dans la chambre du tiers. Son collègue Malouet ayant lu en sa présence un projet d'adresse dans laquelle, cherchant à rapprocher les trois ordres, il faisait dire au tiers, au nom duquel il voulait parler, que les propriétés et les privilèges honorifiques des deux autres ordres seraient respectés, l'abbé Sieyes trouva qu'il était juste de garantir les propriétés de ces ordres; mais il fit observer qu'il fallait se taire sur les prérogatives honorifiques. » Quoi, lui dit Malouet, auriez-vous dessein de détruire la noblesse? — Sûrement. — Quels sont vos moyens? — Nous en trouverons: il faut placer des jalons; ce que nous ne pourrons faire, nos successeurs l'exécuteront. » Aussitôt après la vérification des pouvoirs du tiers-état, l'abbé Sieyes déclara que l'assemblée devait sortir de son inertie, et il lui proposa de se constituer sous la dénomination d'*assemblée des représentants connus et vérifiés*. Ainsi, ce ne fut pas lui qui imagina le titre d'*assemblée nationale*, comme on l'a prétendu; cette invention appartient à un député du Berry, nommé Legrand. L'abbé Sieyes rédigea ensuite, d'après les vues et les instructions de l'assemblée, la fameuse délibération du 17 juin, dont on admira l'adresse et la précision. Le gouvernement la laissa exécuter, ainsi que tous les actes qui en furent la conséquence; et ce fut ainsi que les antiques états-généraux de France tombèrent en dissolution à la voix d'un chanoine de Chartres. Le lendemain de la séance royale (23 juin 1789), l'abbé Sieyes, qui était devenu une puissance dans l'assemblée, la complimenta sur son énergie, en lui disant qu'elle était constamment le jour ce qu'elle avait été la veille. Cependant, après la réunion des ordres, il eut beaucoup moins de succès que sa réputation semblait lui en promettre. Sa manière de discuter, sèche, métaphysique, souvent obscure et inintelligible, fatiguait l'attention, et l'on préférait à ses doctrines idéologiques l'éloquence brillante de Cazalès, de Barnave, de l'abbé Maury et surtout de Mirabeau. Ce fut même en vain que ce dernier dit un jour à la tribune que le silence de Sieyes était une calamité publique. Cette ridicule exagération, dans laquelle beaucoup de personnes ne virent qu'un sarcasme piquant, ne donna pas plus de prépondérance au chanoine, et il devint de plus en plus silencieux. Voici à-peu-près à quoi se bornèrent ses discours et ses travaux dans cette grande assemblée. Le 8 juillet 1789, il insista pour le renvoi des troupes rassemblées autour de Paris et de Versailles, et il insinua que le Roi voulait, par l'emploi de cette force, gêner les opérations de l'assemblée. Ce fut lui qui suggéra à Mirabeau l'idée de provoquer un armement général, qui s'effectua sous la dénomination de *garde nationale*. Le 10 août suivant, il combattit la suppression des dîmes ecclésiastiques, et s'écria au milieu de la discussion: *Ils veulent être libres et ne savent pas être justes*. Il fit voir que cette suppression était un don gratuit qu'on ferait aux propriétaires qui n'avaient acheté qu'à la charge de la dîme, et que d'ailleurs une telle opération n'était d'aucune utilité; mais il ne voyait probablement pas que l'on saurait bien par la suite imposer d'autres charges aux propriétaires; qu'il s'agissait dans ce premier moment de les séduire par de fallacieuses illusions. L'argument de l'abbé Sieyes sur les dîmes fut reproduit peu de temps après au nom du Roi; mais on n'eut pas plus d'égard aux représentations du monarque qu'aux arguments du député. Celui-ci écrivit beaucoup sur cette matière; mais ce fut sans autre résultat que la perte de sa popularité. On sembla croire que c'était moins la conscience du député que l'intérêt du gros décimateur qui dictait ses écrits. Lorsqu'il fut question de publier une déclaration des droits de l'homme, il en proposa une que son obscurité métaphysique fit rejeter. Au mois de septembre, il repoussa comme une absurdité le *veto* absolu que Mirabeau lui-même voulait accorder au Roi, prétendit que la question ne valait pas la peine d'être discutée, et proposa un système de constitution dont voici les bases. Le corps-législatif devait être élu pour trois ans, le tiers de ses membres sortir chaque année, et n'avoir la faculté d'y rentrer qu'après un temps déterminé; trois bureaux, ayant l'initiative l'un sur l'autre, devaient diviser ce corps dont la pluralité des membres aurait fait la loi, sans aucune intervention du prince qui n'aurait eu d'autre fonction que de la faire exécuter. L'auteur voulait que, dans le cas où quelqu'un des départements du pouvoir exécutif eût estimé que la constitution était attaquée, une convention nationale, expressément convoquée, jugeât la difficulté; que cette convention se fût réunie sans délibération du peuple, qui aurait seulement délégué des constituants sans mandats impératifs. Ce projet n'eut l'assentiment de personne et ne fut pas même soumis à la discussion. Son auteur eut plus de succès dans le projet qu'il proposa pour la division de la France en départements et en districts. On sait que l'exécution de ce plan n'a pas peu contribué à consolider la révolution. Dès les premiers troubles, l'abbé Sieyes avait passé pour un des chefs de la faction d'Orléans; et dans les dépositions faites au Châtelet, sur les événements des 5 et 6 octobre, qu'on a constamment attribués aux intrigues de cette faction, le comte de La Châtre certifia avoir entendu cet abbé répondre à quelqu'un qui annonçait un mouvement à Paris: « Je le » sais; mais je n'y comprends rien: cela » marche en sens contraire. » Appelé lui-même en témoignage, il déposa avoir été indigné comme tous les bons citoyens des scènes du 6 octobre, et déclara en ignorer les causes. En 1790, il travailla beaucoup dans les comités, et particulièrement au comité de constitution où, malgré l'opinion qu'on avait de ses hautes conceptions, son avis fut rarement adopté. Au commencement de 1790, il présenta, sur la répression des délits de la presse, un projet rédigé avec beaucoup de soin, dans lequel il établit qu'il ne s'agissait pas d'*instituer* la liberté d'écrire qui était un droit, mais seulement d'indiquer les limites au-delà desquelles ce droit devenait licence. On avait besoin de cette licence jusqu'à nouvel ordre, et le projet, quoiqu'applaudi, ne fut pas mis en délibération. Lors des débats sur les institutions judiciaires, l'abbé Sieyes vota pour l'établissement des jurés au civil et au criminel. Au mois de juin, il fut élu président, en reconnaissance de sa conduite à pareille époque de l'année précédente, et s'excusa sans succès d'accepter cette honorable fonction. Peu de jours après, on lui déféra une espèce d'ovation populaire au Palais-Royal, dans le club dit de 1789, où plusieurs députés célébrèrent l'époque où ils s'étaient constitués en assemblée nationale. Au mois de février 1791, Sieyes fut élu membre de l'administration du département de Paris; et apprenant quelque temps après qu'on allait le nommer évêque de cette ville, il écrivit à l'assemblée électorale que son intention était de refuser. Vers les premiers jours de mai, il défendit, avec une énergie qu'il n'avait pas encore fait paraître, un arrêté que le département avait pris en faveur de la liberté des cultes, et s'éleva contre *ceux qui égaraient le peuple au point de lui faire prendre ses défenseurs pour ses assassins*. Lorsqu'après le voyage de Varennes, quelques factieux entreprirent de faire juger le Roi et d'établir une république, l'anglais Thomas Payne, qui s'était mis en avant pour faire exécuter ce projet, publia dans le *Moniteur* différents articles en faveur de cette forme de gouvernement, et invita plusieurs fois l'abbé Sieyes, qu'il présumait républicain, à faire connaître sa pensée. Voici la réponse de celui-ci: « On répand beaucoup » que je profite, dans ce moment, de » notre position pour tourner au ré- » publicanisme. Jusqu'à présent on ne s'é- » tait pas avisé de m'accuser de trop de » flexibilité dans mes principes, ni de » changer facilement d'opinion au gré » du temps. Pour les hommes de bonne » foi, les seuls auxquels je puisse m'a- » dresser, il n'y a que trois moyens de » juger des sentiments de quelqu'un, ses » actions, ses paroles et ses écrits; j'of- » fre ces trois sortes de preuves. Ce n'est » ni pour caresser d'anciennes habitu- » des, ni par aucun sentiment supersti- » tieux de royalisme que je préfère la » monarchie; je la préfère, parce qu'il » m'est démontré qu'il y a plus de » liberté pour le citoyen dans la monar- » chie que dans la république; tout au- » tre motif déterminant me paraît pué- » ril. Le meilleur régime social, à mon » avis, est celui où non pas un, non » pas quelques-uns seulement, mais où » tous jouissent tranquillement de la » plus grande latitude de liberté possi- » ble. Si j'aperçois ce caractère dans » l'état monarchique, il est clair que je » dois le vouloir par-dessus tout autre. » Voilà tout le secret de mes principes, » et ma profession bien faite. J'aurai » peut-être bientôt le temps de déve- » lopper cette question, et j'espère » prouver, non que la monarchie est » préférable dans telle ou telle posi- » tion, mais que, *dans toutes les hy- » pothèses*, on y est plus libre que dans » la république. » Après une telle déclaration, il était naturel de croire que celui qui l'avait faite emploierait tous ses moyens et toute son influence à défendre la royauté, au moins constitutionnelle. Il n'en fut pas ainsi: l'abbé Sieyes ne se présenta pas même aux Feuillants qui en étaient alors les seuls défenseurs

en possession du terrain : il fit, au contraire, acte de comparution aux Jacobins, et il garda ensuite le silence. On n'entendit plus parler de lui sous l'assemblée législative. Ce ne fut qu'après le 10 août 1792, que les électeurs de la Sarthe s'en souvinrent et le nommèrent un de leurs députés à la Convention nationale, où il faut croire que la crainte de se compromettre lui fit presque toujours observer le mystérieux silence auquel il s'était voué depuis la session de l'assemblée constituante; il ne le rompit que trois fois depuis la fin de 1792 jusqu'en 1795, et ne retrouva pas même la parole à la révolution du 9 thermidor, continuant à cette époque de se tenir à l'écart pendant la plus grande partie de la lutte entre les Jacobins et les réactionnaires. Dans le procès du Roi, il dit *non* sur la question de l'appel au peuple, n'articula que les mots *la mort* sur la seconde question, et *non* sur la demande du sursis. Il n'est donc pas vrai qu'à la deuxième question il ait ajouté les mots *sans phrase*. Il se hasarda une seconde fois à la tribune, au commencement de 1793, pour présenter un projet sur l'organisation du ministère de la guerre; mais il éprouva des contradictions dont il craignit les suites, et se tut jusqu'au 10 novembre 1793. On célébrait alors la fête de la Raison, et on lui demanda ses lettres de prêtrise comme aux autres ecclésiastiques qui siégeaient dans l'assemblée; il répondit : « Mes vœux appelaient
» depuis long-temps le triomphe de la
» raison sur la superstition et le fana-
» tisme. Ce jour est arrivé; je m'en ré-
» jouis comme d'un des plus grands
» bienfaits de la république française.
» Quoique j'aie déposé, depuis un grand
» nombre d'années, tout caractère ec-
» clésiastique, et qu'à cet égard ma pro-
» fession de foi soit ancienne et bien
» connue, qu'il me soit permis de pro-
» fiter de la nouvelle occasion qui se
» présente pour déclarer encore, et cent
» fois s'il le faut, que je ne reconnais
» d'autre culte que celui de la liberté et
» de l'égalité, d'autre religion que l'a-
» mour de l'humanité et de la patrie......
» Au moment où ma raison se dégagea
» saine des tristes préjugés dont on l'a-
» vait torturée, l'énergie de l'insurrec-
» tion entra dans mon cœur; depuis ce
» temps, si j'ai été retenu par les chaînes
» sacerdotales, c'est par la même force
» qui comprimait les hommes libres dans
» les chaînes royales. » Après une profession de principes si différents de ceux qu'il avait naguère publiés, l'abbé Sieyes rappela ses travaux patriotiques, fit abandon d'une rente viagère de 10.000 francs dont il jouissait encore comme ancien bénéficier, et dit que depuis long-temps il n'avait plus de lettres de prêtrise. On n'en demanda pas davantage, et il en fut quitte pour la peur qui, seule, sans doute, avait dicté sa déclaration. Au commencement de 1795, il reparut plusieurs fois à la tribune, y attaqua vivement les partisans de Robespierre, et fut nommé membre du comité de salut public. A la fin de mars, une insurrection populaire contre la Convention ayant été réprimée, il profita de cette circonstance pour faire rendre son décret de grande police, qui était, à peu de chose près, la loi martiale décrétée par l'assemblée constituante. Il établit dans son rapport, où il parla longuement des attentats exercés contre la Convention, qu'une assemblée représentative, privée par la violence de quelques-uns de ses membres, cessait d'être légale, et que tous ses actes étaient nuls. Malheureusement l'abbé Sieyes oublia encore plus tard de rester fidèle à ce principe. Au mois d'avril, il refusa la présidence à laquelle il avait été appelé, et fut envoyé en Hollande avec Rewbell pour conclure un traité entre ce pays et la France. A son retour, il parut diriger la diplomatie de cette époque, et fut, dit-on, appelé au comité chargé de préparer la constitution de l'an III (1795). Mais il paraît qu'il y eut aussi peu d'influence que dans celui de l'assemblée constituante: son jury *constitutionnaire*, auquel il tenait beaucoup, fut rejeté, et il cessa de s'occuper de ce grand travail. Ce fut à cette époque qu'eut lieu la funeste expédition de Quiberon, où périt l'élite des officiers de la marine de France; ils avaient mis bas les armes par capitulation; les députés conventionnels qui se trouvaient à l'armée demandèrent des instructions au comité de salut public, qui, pour réponse, leur envoya un arrêt de mort, et cet ordre fut horriblement exécuté. L'opinion a généralement considéré l'abbé Sieyes comme l'auteur principal de cette condamnation. Au moins est-il bien sûr que les journaux du temps l'en accusèrent hautement. Dès ce moment, la haine publique contre

la Convention, qui s'était un peu calmée, s'exalta au dernier point, et elle ne dut plus espérer de gouverner la France qu'en rentrant dans le système tyrannique qu'elle avait momentanément abandonné. L'abbé Sieyes ne parut point publiquement dans les débats que suivit la révolution du 13 vendémiaire (4 octobre 1795); mais il n'y fut point étranger aux délibérations particulières: ceux qui ont aimé à faire jouer un grand rôle à ce personnage mystérieux, ont dit que par l'intermédiaire de quelques adeptes, c'était toujours lui qui faisait agir les ressorts secrets qui déterminaient les événements, et ils ont prétendu que, du pavillon de Flore aux Tuileries, il donna le signal du combat entre les troupes de ligne et les Parisiens insurgés. A la formation du directoire, il en fut nommé membre; mais prévoyant que la nouvelle constitution serait difficile à faire marcher, il préféra rester au conseil des cinq-cents. On l'appela aux principaux comités, et il y fut chargé des travaux les plus importants. Le 12 avril 1797, il faillit périr par les mains de l'abbé Poulle, un de ses compatriotes, qui se présenta chez lui pour lui demander un léger secours, et n'ayant obtenu qu'un refus très dur, fut poussé par le désespoir à lui tirer un coup de pistolet; la blessure qu'il reçut n'eut pas de suites. Le nouveau tiers ayant pris séance et donné un autre mouvement aux affaires publiques, l'abbé Sieyes chercha encore à rentrer dans son prudent silence, et sembla attendre les événements pour prendre un parti; mais cette fois l'attente fut moins longue. Le directoire ayant triomphé le 18 fructidor (4 septembre 1797), Sieyes suivit encore le char du vainqueur, et fut chargé, conjointement avec quatre autres députés, de rédiger le décret de proscription qui frappa cinquante-deux de ses collègues. Suivant ses propres principes, c'était dissoudre l'assemblée, dont il continua néanmoins de faire partie, et dont il fut même le président. Sorti de ce corps, il y fut réélu en 1798, puis envoyé comme ambassadeur à Berlin, où sa réputation lui fit obtenir les hommages des penseurs de l'Allemagne, dont on connaît le penchant pour l'idéologie et son langage. Mais déjà à cette époque, le gouvernement directorial et la machine législative tombaient en ruine; les armées avaient cessé de vaincre, et la république était expirante. Dans cette crise, l'ambassadeur, qui passait toujours pour un grand docteur en politique, fut appelé au secours de l'Etat, et comme on lui connaissait, au moins dans l'exécution, plus de prudence que d'audace, on imagina dans le public que s'il se rendait à l'appel qui lui était fait, ce serait plutôt pour terminer adroitement l'existence désespérée du malade, que pour prolonger son agonie. On ajouta même que tel devait être le résultat des conférences qu'il avait eues avec le cabinet de Berlin. L'abbé Sieyes fut nommé membre du directoire au mois de mai 1799, en remplacement de Rewbell. Cette fois il accepta, et en devint bientôt le président. On avait cru que s'il n'était pas favorable aux proscrits, il ne chercherait pas au moins à aggraver leur sort; il était naturel de penser que l'ancien partisan de la royauté ne voudrait point paraître aussi publiquement l'ennemi de ses défenseurs. Cette attente fut encore trompée: le nouveau directeur se montra fort acharné à la poursuite des royalistes *fructidorisés*, et fit inscrire encore d'autres noms sur leur liste. Il célébra alors le 14 juillet avec modération; mais il n'en fut pas de même du 10 août, qu'il considéra comme le plus beau jour de la France. « Cette grande » et mémorable révolution, dit-il, a » abattu le trône de la tyrannie, qui ne » se relèvera jamais. » Enfin, le président du directoire eut aussi à célébrer l'anniversaire du 18 fructidor (4 septembre 1799). Prévoyant quelque catastrophe prochaine, il chercha, dans un discours préparé avec soin, à effrayer la France du retour de la royauté, et n'y vit que sang répandu, que vengeances exercées, que spoliations ordonnées de toutes parts. Dans tous ces discours, le directeur jurait haine à la royauté et dévouement sans borne à la république. Mais, tout en s'exprimant ainsi, il prenait des mesures pour donner au gouvernement une nouvelle forme. Buonaparte revint d'Egypte. Sieyes s'aboucha avec lui par l'entremise de M. Rœderer et de quelques autres, et on arrangea la conspiration du 18 brumaire. Quand il fut question de l'exécuter, l'abbé Sieyes, qui n'avait pas confié son secret à ses trois collègues, Barras, Moulin et Gohier, se sauva du trône directorial avec Roger Ducos, cinquième directeur, et se réunit aux autres conjurés, qui, outre les personnes dont on vient de parler, étaient les principaux députés aux deux conseils. Bientôt un acte de ces conseils abolit le directoire; les trois individus qui en formaient encore la majorité, craignant quelque violence, se retirèrent ou donnèrent leur démission avec docilité. (*V.* BARRAS.) A peine s'aperçut-on à Paris que ce déplorable gouvernement n'existait plus. Pendant la petite crise qui précéda à Saint-Cloud la dissolution des deux conseils, l'abbé Sieyes resta dans sa voiture à la porte du palais, et il n'en sortit pas que la lutte ne fût terminée. La victoire étant demeurée aux conjurés, trois consuls provisoires furent substitués au directoire; ce furent Buonaparte, Sieyes et Roger-Ducos. L'abbé eut alors l'incroyable bonhomie de s'imaginer qu'il allait marcher l'égal de Buonaparte, et qu'il aurait au civil la puissance qui était dévolue à son collègue sur le militaire; mais le rusé chanoine fut dans cette circonstance complètement dupe du général corse. Celui-ci, après avoir donné pendant quelques jours à son confrère une ombre de puissance sous le titre de consul, se saisit des deux pouvoirs d'une main vigoureuse, et envoya l'abbé au sénat conservateur, retraite riche et paisible où il s'estima fort heureux d'être relégué. Buonaparte lui fit donner ensuite, au nom de la nation, la belle terre de Crosne, comme un témoignage de la reconnaissance publique; mais quelques difficultés s'étant présentées, il n'en prit pas possession, et fut dédommagé par des dotations d'une valeur encore plus considérable. L'abbé Sieyes devint ensuite comte, comme tous ses collègues, et fut décoré de différents ordres. On a dit souvent dans le public que le nouveau comte s'était plusieurs fois opposé dans le sénat au despotisme de Buonaparte, et qu'il avait même pris par à quelques intrigues contre lui. Des personnes mieux instruites certifient au contraire que jamais il ne chercha à contrarier ses volontés. Le conquérant, de son côté, lui témoignait des égards dans toutes les circonstances où il avait des rapports personnels avec le sénat, et c'était avec lui qu'il affectait de s'entretenir plus particulièrement. Le comte Sieyes avait au reste repris ses habitudes silencieuses, et il vécut ainsi fort paisiblement pendant toute la durée du gouvernement impérial. Le 4 avril 1814, il envoya son adhésion aux mesures prises par le sénat les 1er., 2 et 3, contre Buonaparte et sa famille, et motiva son retard sur une indisposition. Au retour de Napoléon en 1815, il fut nommé pair de France; et, en 1816, il se réfugia à Bruxelles par suite de la loi contre les régicides. Un de ses frères a été long-temps administrateur des postes. On a du comte Sieyes: I. *Essai sur les priviléges*, 1788, in-8°.; 1789, in-8°. II. *Qu'est ce que le tiers-état?* 1789, in-8°. III. *Vues sur les moyens d'exécution dont les représentants de la France pourront disposer*, 1789, in-8°. IV. *Instructions envoyées par S. A. S. monseigneur duc d'Orléans*, 1789, in-8°. V. *Quelques idées de constitution applicables à la ville de Paris, en juillet* 1789, in-8°. VI. *Préliminaire de la constitution: reconnaissance et exposition raisonnée des droits de l'homme et du citoyen*, 1789, in-8°. VII. *Observations sommaires sur les biens ecclésiastiques*, 1789, in-8°. VIII. *Dire de l'abbé Sieyes sur la question du veto royal*, 1789, in-8°. IX. *Rapport du nouveau comité de constitution, fait à l'assemblée nationale sur l'établissement des bases de la représentation proportionnelle*, 1789, in-8°. X. *Projet de loi contre les délits qui peuvent se commettre par la voie de l'impression et par la publication des écrits et des gravures*, 1790, in-8°. XI. *Projet d'un décret provisoire sur le clergé*, 1790, in-8°. XII. *Aperçu d'une nouvelle organisation de la justice et de la police en France*, 1790, in-8°. XIII. *Opinion sur la constitution de 1795*, in-8°. XIV. *Opinion sur le jury constitutionnel*, 1795, in-8°. On lui attribue à lui-même la *Notice sur la vie de Sieyes, écrite à Paris en messidor, 2e. année de l'ère républicaine*, 1795, in-8°. Ch.-Fr. Cramer avait entrepris de recueillir les écrits de Sieyes: il n'en a publié que le 1er. volume, 1796, in-8°.; il en avait déjà traduit plusieurs en allemand. Il existe, un volume intitulé: *Des opinions de Sieyes pendant la révolution*. On trouve des anecdotes caractéristiques dans les Mémoires de Bertrand-Moleville, sur les motifs qui lui firent abandonner la cause de la monarchie. U.

SILVESTRE (AUGUSTIN-FRANÇOIS),

membre de l'institut (académie des sciences) et bibliothécaire du cabinet du roi, exerçait déjà cette fonction en 1788, lorsque ce prince avait le titre de comte de Provence. Son père était maître de dessin des enfants de France. M. Silvestre, né à Versailles vers 1760, est aussi secrétaire de la société d'agriculture et de la société philomatique, et il a fait en cette qualité les Rapports des travaux de ces sociétés. On a encore de lui : I. *Observations sur l'état de l'agriculture en France*, extrait des voyages d'*Arthur Young*, 1800, in-8°. II. *Essai sur les moyens de perfectionner les arts économiques en France*, 1801, in-8°. III. *Notice sur Dupont-de-Nemours*, 1818, in-8°. O⊤.

SILVESTRE DE SACY (Le baron ANTOINE-ISAAC), de l'académie des inscriptions et belles-lettres, officier de la Légion-d'honneur, et célèbre dans toute l'Europe savante par ses rares connaissances dans les langues orientales, est né le 21 septembre 1758, à Paris, où son père Jacques-Abraham Silvestre exerçait la fonction de notaire. Demeuré orphelin à l'âge de sept ans, il fit ses études dans la maison maternelle sans fréquenter aucune école publique, fut pourvu en 1781 d'une charge de conseiller en la cour des Monnaies, et se maria en 1786. Le roi ayant créé en 1785 une classe d'associés libres dans l'académie des inscriptions, M. Silvestre de Sacy fut un des huit nommés au mois de janvier de cette année. Ayant donné sa démission de la place d'associé libre, il fut élu en 1792, par l'académie, associé ordinaire, à la place vacante par la mort de l'abbé Auger. En 1791, il avait été nommé par le Roi l'un des commissaires-généraux des Monnaies, et il se démit de cette place au mois de juin 1792. De 1793 à 1796, il vécut retiré dans une campagne obscure. Nommé membre de l'Institut lors de sa première formation, il donna sa démission avant l'installation de ce corps, ne voulant pas prêter le serment de haine à la royauté. Le même serment lui ayant été demandé en sa qualité de professeur à l'école spéciale des langues orientales vivantes (où il avait été chargé de l'enseignement de l'arabe lors de la création de cet établissement), il déclara verbalement qu'il ne le prêterait pas, mais qu'il continuerait de donner ses leçons jusqu'à ce qu'on lui eût signifié officiellement sa destitution. Il n'était pas facile de le remplacer; on le laissa tranquille. C'est à la faveur de ses occupations non interrompues, qu'il échappa aux effets du régime de la terreur; car il fit paraître en 1793 ses *Mémoires sur divers monuments, bas-reliefs, inscriptions et médailles* appartenant tous à une même époque de l'histoire des Perses, à celle de la dynastie des Sassanides. Aucun de ces monuments n'avait été expliqué avant lui, et ces *Mémoires* ont fait connaître quelques débris de la langue et de l'écriture des Perses, depuis la fin de l'empire des Parthes jusqu'à l'extinction de la monarchie persane, sous le Khalifat d'Omar. Les circonstances dans lesquelles son ouvrage parut le tinrent enseveli pendant plusieurs années dans une sorte d'oubli; mais lorsque la tempête politique fut calmée, il recueillit abondamment les fruits de ses laborieuses recherches, son livre ayant obtenu la distinction flatteuse d'être proclamé publiquement parmi les travaux dont la France retirait quelque gloire. N'ayant, jusqu'au gouvernement impérial, rempli aucunes fonctions publiques, M. Silvestre de Sacy fut nommé membre de l'Institut, lors de la réorganisation de cette compagnie, et compris dans la classe d'histoire et de littérature ancienne. En 1808, le gouvernement établit au collège de France une chaire de persan, langue dont l'enseignement était précédemment joint à celui de la langue turque. M. de Sacy, qui était alors à Gênes, où il avait été envoyé à l'invitation de l'Institut pour faire des recherches dans les archives, fut nommé à la chaire nouvellement créée. Il fut élu par le département de la Seine membre du corps-législatif en février 1808, et conserva ses fonctions jusqu'au second retour du Roi. Il adhéra le 3 avril 1814 à la déchéance de Napoléon, et l'on remarqua qu'il prit dès lors une part très active aux discussions des différents projets de loi dont la chambre eut à s'occuper pendant cette session. Le 30 août, il se prononça en faveur du projet de loi sur le budget, et en vota l'adoption. Le 3 octobre, il prit la défense des émigrés, dans un discours éloquent, et combattit avec chaleur l'article XVI additionnel au projet de loi sur la restitution de leurs biens. Le 8, il s'éleva contre le rapport de M. Raynouard sur les amendements de la chambre des pairs à la loi sur la presse, parla le 28 en faveur du projet de loi amendé par la commission, sur la restitution à faire aux émigrés de leurs biens non vendus, et s'attacha à prouver que la confiscation ayant été injuste, le mot restitution devait rester dans la loi. « On restitue » un bien confisqué, dit-il, on rend un » dépôt ou une amende consignée. » M. Silvestre de Sacy parut encore à la tribune pendant la discussion relative au projet de loi sur les douanes, et improuva avec force le système de prohibition. Il discuta ensuite les diverses dispositions du projet de loi, en démontra l'injustice et les inconvénients, combattit aussi quelques articles du tarif, et vota sa modification dans plusieurs points. Il ne fut pas appelé à la nouvelle session organisée en 1815 après la seconde rentrée du Roi. Au mois d'avril 1818, il se plaignit par la voie des journaux de ce que dans la discussion qui avait eu lieu à la chambre des députés, relativement au domaine extraordinaire, on s'était servi, pour établir quelques opinions, de l'autorité de divers rapports faits par lui en 1814, sur la proposition de loi relative à la liste civile, en citant isolément une phrase de l'un de ces rapports dont on avait tiré des conséquences erronées. Il fit, à cette occasion, insérer dans le *Moniteur*, une portion de ce rapport (du 5 octobre 1814) « afin, dit-il, d'em- » pêcher qu'on ne prête à la commission » dont j'étais l'organe, et à la chambre » qui ordonna l'impression de mes rap- » ports, une manière de voir et des » principes qui lui étaient étrangers. » M. de Sacy avait reçu du gouvernement, en 1813, le titre de baron, avait été nommé par le Roi censeur-royal en 1814. Il devint, au mois de février 1815 recteur de l'université de Paris; et au mois d'août suivant, membre de la commission de l'instruction publique. Nommé membre de la Légion - d'honneur dès l'origine, il reçut du Roi en 1814 le grade d'officier. Il est membre ou associé de la société royale des sciences de Gottingue, de la société des antiquaires de Londres, des académies royales de Copenhague, Berlin, Munich et Naples, de l'académie impériale des sciences de Pétersbourg, de la société asiatique de Calcutta, de l'université de Ca-

san et de quelques autres sociétés savantes, nationales et étrangères. Plusieurs de ses élèves remplissent aujourd'hui des chaires de littérature orientale en Allemagne et en Russie. C'est en grande partie à sa recommandation que le gouvernement royal a créé en 1814, au collège de France, la chaire de samscrit et celle de chinois et de tartare mandchou. Si la classe d'histoire et de littérature ancienne de l'Institut, dans son rapport présenté à Napoléon en 1810, a dit avec raison que la France a fait pour la littérature arabe autant que tout le reste de l'Europe ensemble, on peut ajouter, avec non moins de raison, que M. Silvestre de Sacy a fait pour cette même littérature plus qu'aucun autre savant. Aussi les Allemands, qui cultivent avec tant d'ardeur cette branche de la philologie, n'hésitent pas à le proclamer *le premier orientaliste de l'Europe* (1). En effet, aucun des savants des autres nations qui se sont attachés à la littérature orientale, ne nous offre rien de comparable aux Mémoires de M. Silvestre de Sacy, sur l'histoire ancienne des Arabes et sur l'origine de leur littérature. Ce sujet, jusqu'ici à peine effleuré, y est traité à fond, mis dans tout le jour dont il est susceptible, et accompagné de beaucoup d'extraits de divers écrivains orientaux cités dans leurs langues originales. L'auteur avait lu une partie de ce travail, dès l'année 1786, à l'académie des inscriptions et belles-lettres : les corrections et les augmentations importantes qu'il y a jointes depuis, en ont fait un ouvrage tout nouveau, publié dans les derniers volumes du recueil de cette compagnie. Il n'a pas travaillé moins heureusement pour l'histoire. Parmi les sectes nées dans le sein du mahométisme, celle des Druzes, qui subsiste encore aujourd'hui, avait surtout fixé l'attention des savants. M. Silvestre de Sacy ayant pris cette partie de l'histoire philosophique de l'Orient pour l'objet suivi de ses études, a traduit entièrement tous les livres connus de la secte des Druzes, et a recueilli, dans plus de vingt écrivains arabes, tout ce

---

(1) C'est l'expression de M. Vater, le savant continuateur du *Mithridates* d'Adelung, dans la dédicace de sa Grammaire polonaise. *Voy.* aussi les *Mines de l'Orient*, où M. de Hammer l'appelle *Princeps orientalium philologorum*, tom. II, pag. 263, f. 3.

qui est relatif à son origine et à son histoire. Les travaux entrepris par ce savant professeur, pour faciliter aux étudiants et étendre l'étude de la langue arabe, ne méritent pas moins d'éloges. Sa *Grammaire* et sa *Chrestomathie* sont devenues des ouvrages classiques dans toutes les parties de l'Europe où l'on s'occupe de cette langue. Dans la dernière de ces deux productions, il a rassemblé des morceaux inédits renfermant des exemples de toutes les difficultés, pour en donner la solution. On y trouve à-la-fois, exactitude, correction, critique historique et littéraire, recherches d'érudition, analyse grammaticale et l'explication d'un grand nombre de mots ou d'acceptions de mots, négligés par tous les lexicographes. Les ouvrages que M. Silvestre de Sacy a publiés dans les collections académiques ou dans les journaux littéraires, sont en si grand nombre, que la collection complète en serait fort difficile à réunir; nous en indiquerons seulement les principaux, en désignant par un astérisque ceux qui ont été tirés à part, après avoir donné la liste des ouvrages qu'il a fait paraître isolément: I. *Mémoires sur diverses antiquités de la Perse et sur les médailles des rois de la dynastie des Sassanides, suivis d'une histoire de cette dynastie*, trad. du persan de Mirkhond, 1793, in-4º. avec 9 pl. et un supplément de 7 pag., imprimé en 1797, extrait du *Journal des Savants* du 30 pluviôse an v. II. *Principes de grammaire générale*, 1799, in-12; 1804, in-12; 3ᵉ édition, 1815, in-12. III. *Lettre au C. Chaptal au sujet de l'inscription égyptienne du monument trouvé à Rosette*, 1802, in-8º. de 47 pag. avec 2 planches. IV. *La Colombe messagère plus rapide que l'éclair, plus prompte que la nue*, par Michel Sabbagh, trad. de l'arabe en français, 1805, in-8º. V. *Chrestomathie arabe*, 1806, 3 vol. in-8º. VI. Traduction latine de l'*Histoire des Arabes avant Mahomet*, par Abou'l Feda, avec le texte arabe, à la suite du *Specimen* de Pococke, Oxford, 1806, in-4º. (*V.* la *Biogr. univ.* au mot ABOULFEDA, tom. I, pag. 94). VII. *Relation de l'Égypte*, par Abdallatif, trad. et enrichie de notes, 1810, in-4º. Cet ouvrage est un des plus importants parmi ceux qu'a publiés M. de Sacy. VIII. *Grammaire arabe à l'usage des élèves de l'école spé-* ciale des langues orientales vivantes, Paris, Debure, 1810, 2 vol. in-8º. avec 8 pl. Le tome premier comprend toute la théorie de la langue arabe, le deuxième en donne la syntaxe, distribuée suivant l'ordre de la grammaire générale, et ensuite d'après le système des grammairiens arabes. IX. *Calila et Dimna, ou Fables de Bidpaï en arabe; précédées d'un Mémoire sur l'origine de ce livre et sur les diverses traductions qui en ont été faites dans l'Orient, et suivies de la Moallaka de Lebid en arabe et en français*, 1816, in-4º. X. *Lettre à M.**, conseiller de S. M. le roi de Saxe, relativement à l'ouvrage* (de M. Bail) *intitulé: Des Juifs au* XIXᵉ *siècle*, Paris, 1817, in-8º. de 16 p. Un anonyme, désigné seulement par les initiales M. M. D. (Mathis Mayer Dalmbert), a répondu à cet opuscule par une lettre datée d'Amsterdam, 20 mars 1817 (Paris, 1817, in-8º. de 20 pag.), et M. de Cologna y a aussi opposé des *Réflexions adressées à M. le baron S. de S.*, etc. (Paris, 1817, in-8º. de 25 pag). Un prospectus publié en novembre 1813, avait annoncé des *Annales historiques et littéraires du peuple juif*, et indiqué MM. Grégoire, Silvestre de Sacy et Cologna, comme devant être à la tête des rédacteurs. Mais ce projet n'a pas eu de suite, et ce journal a été remplacé par l'*Israélite français*, dont M. M. Dalmbert est l'éditeur, et auquel M. Silvestre de Sacy n'a aucune part. XI. *Opinion sur la loi relative à la liberté de la presse*, in-8º. de 15 pag., et un grand nombre d'autres opinions ou rapports faits à la chambre des députés. XII. *Mémoires d'histoire et de littérature orientale*, Paris, 1818, in-4º. de 404 pag. avec 2 pl. C'est la réunion de cinq mémoires lus à l'académie, et imprimés dans les Mémoires de l'Institut, classe d'histoire et de littérature ancienne, savoir: *Recherches sur le droit de propriété territoriale en Égypte; — Sur les monuments de Kirmanschah* (c'est une addition au *Mémoire sur les antiquités de la Perse*, nº. 1 ci-dessus); — *Sur des inscriptions arabes trouvées en Portugal; — Sur l'origine du culte que les Druzes rendent à la figure d'un veau* (1), et

---

(1) Ce Mémoire, de 57 pag., lu à l'Institut en 1804, ne contient qu'une faible partie des grands travaux de l'auteur sur ce sujet, dont il s'occu-

sur *la dynastie des Assassins.* XIII. M. de Sacy a encore fourni des notes à beaucoup d'ouvrages, et a enrichi d'*observations* la traduction donnée par Marchena des *Voyages aux Indes-Orientales du P. Paulin de St.-Barthélemi*, 1808, 3 vol. in-8º.; celle du *Traité de la chasse d'Oppien*, par Belin de Ballu (à laquelle il a joint un extrait *d'el Demiri*), Strasbourg, 1787, in-8º.; et le *Voyage de Durand au Sénégal*, 1802, in-4º. XIV. Il a été l'éditeur de la *Chronologie chinoise*, par le père Gaubil (en société avec M. Abel-Remusat); du tom. XVI des *Mémoires concernant les sciences et les arts des Chinois*, par les missionnaires de Pékin, 1814, in-4º.; — de la seconde édition, totalement refondue, des *Recherches historiques et critiques sur les mystères du paganisme*, par le baron de Sainte-Croix, 1817, 2 vol. in-8º.; — de l'*Essai sur les mystères d'Eleusis*, par M. Ouvaroff, 3e. édition, 1816, in-8º.; — de la *Description du pachalik de Bagdad* (par M. Rousseau), 1809, in-8º.; — du *Mémoire sur les trois plus fameuses sectes du musulmanisme, les Wahabis, les Nosaïris et les Ismaëlis*, par M. R. (Rousseau), 1809, in-8º. XV*. Des *Notices* ou *Discours funèbres* sur Duboy-Laverne, sur Anquetil-Duperron, Sainte-Croix, Brière de Mondétour, et deux sur Laporte-Dutheil (l'une insérée en tête du catalogue de sa bibliothèque, et l'autre dans le *Moniteur* du 21 septembre 1816). XVI. Dans le recueil de l'académie des inscriptions: *Mémoire sur divers événements de l'histoire des Arabes avant Mahomet* (tom. XLVIII, pag. 484-762); — *sur la Version arabe des livres de Moïse, à l'usage des Samaritains* (XLIX, 1-199); ce curieux Mémoire avait déjà paru en latin, mais moins complet, dans l'*Allgem. Bibl. der bibl. Litt.* de M. Eichhorn, p. 1-176; — *sur l'origine et les anciens monuments de la littérature parmi les Arabes* (L, 247-440). XVII. Dans les Mémoires de l'Institut, classe d'histoire et de litt. anc., cinq *Mémoires* indiqués plus haut, nº. XII. — * *Discours sur la traduction d'ouvrages écrits en langues orientales* (extrait des discussions sur le rapport du jury des prix décennaux, séance du 20 juillet 1810), in-8º. de 36 pag.; — *Rapport sur les recherches faites dans les archives du gouvernement, et autres dépôts publics à Gênes* (tom. III, Hist. p. 85-128). XVIII. Dans les *Notices et extraits des manuscrits de la Biblioth. du Roi*, *Notice* sur le livre des *étoiles errantes* (histoire d'Egypte et du Caire), et le *Livre des conseils*, poème persan (I, 165 et 597); — le *Livre des perles* (Histoire des siècles) par Schéabeddin (II, 124); — *Extraits* de Nikbi, Histoire générale de Perse, des califes, etc. (ibid. 315 et 378); — le livre du *Secret de la créature*, par le sage Belinous (IV, 107-158); — *Histoire des poètes*, par Douletchah ben-Alaëddoulet, Algazi, Alsamarcandi (ib., pag. 220-272); le nombre des poètes indiqués dans ce manuscrit est de 150; — Le *Présent sublime* ou *Histoire des poètes*, de Sam-Mirza (ib., p. 273-308); — les sept *Moallakas* (ib., 309-324); — *Histoire de Yémineddoula* Mahmoud fils de Sébectéghin, traduite de l'arabe en persan, par Aboulschéref Nassih Monschi, Djerbadécani (ib., 325-411); — la *Foudre du Yémen* ou *Conquête du Yémen par les Othomans*, par le Scheïkh Kothbeddin, Almekki, et trois autres ouvrages sur le Yémen (ib., 412-537); — *Hist. de la Mecque*, par Kotheddin Albanéfi, (ib., 538-591); — *Notice d'un manuscrit du Pentateuque*, conservé dans la synagogue des Juifs de Caï-fong-fou, de 2 mss. arabico-espagnols, et de 2 mss. syriaques (ib., 592-671); — l'*Ordre des chroniques*, par cadhi Beïdhawi (ib., 672-700); — sur l'*Indicateur et le Moniteur*, de Masoudi (VIII, p. 132-199); — notice d'un manuscrit, pris mal-à-propos pour le catalogue des livres de la Djami, nommée *Alkzhar* (mosquée du Caire), p. 200-219; — notice d'un manuscrit arabe sur l'*Orthographe primitive de l'alcoran*, et trois autres mémoires sur le même sujet (ib., 290-352); — *Traité de la prononciation des lettres arabes, du Hamza et de la lecture de l'alcoran* (IX, 1-116, et 2e. p. 269), morceau très important, et qui sert de complément à la Grammaire arabe, nº. VIII ci-dessus; — notice d'un *Dictionnaire*

---

pait depuis plusieurs années. M. Silvestre de Sacy a traduit en entier quatre manuscrits arabes de la bibliothèque du Roi, contenant la plus grande partie des livres religieux de ce peuple singulier.

Balaïbalan (langue artificielle, qui participe des formes de l'arabe, du persan et du turc), ibid., p. 365 ; — notice d'un *Manuscrit hébreu des fables de Bidpaï* (ib., 397-466). XIX. *Notices et extraits de divers manuscrits arabes et autres*, Paris, impr. royal., 1814, in-4°. de 340 pag. ; c'est la réunion de divers morceaux qui formaient environ la moitié du tome x des *Notices*, savoir : *Définitions*, du Seïd Djordjani (1-93) ; — sur les *Fables* de Bidpaï, traduites en persan (94-225 et 427-432) et en latin (2ᵉ. part. 1-65) ; — sur la *Version persane* de l'Hitoupadésa (226-268) ; XX. Dans les *Mémoires* de l'académie de Gottingue, * *De notione vocum Tenzil et Tawil, in libris qui ad usum Druzorum pertinent* (xvi, 1 29). XXI. Dans le *Journal des Savants*, dont il fut nommé l'un des rédacteurs en chef lorsque ce journal fut rétabli par le roi, *Notice d'un manuscrit espagnol en caractères arabes* (1796, pag. 205) ; — sur la *Version persane de N. T.*, de Martyn (1816, pag. 47) ; — sur le tom. IV des *Mines de l'Orient* (1816, pag. 171 et 235), in-8°. de 41 pag. — sur le *Rouz-namé* ou *Calendrier musulman* (id., p. 240) ; — sur les *Moallakat* (1817, p. 176) ; — sur la *Version arabe du Nouveau-Testament* faite au Bengale (id., p. 284) ; — sur la *Lettre d'Akerblad*, relative à une inscription phénicienne trouvée à Athènes (id., p. 433) ; — sur les *Mille et une Nuits* (id., p. 677) ; — sur les *Monnaies bulgares*, etc., publiées par M. Fraehn (1818, p. 55) ; — *Notice sur le but et les travaux de la société biblique anglaise et étrangère*, 1818, in-8°. XXII. Dans la *Bibliothèque française* (V. POUGENS) : *Notice sur la Métrologie de Lespara, et sur le Maître anglais, par Cobbett et Duroure* (3ᵉ. ann., IV, 40 ; et 4ᵉ. ann., II. 71) XXIII. Dans le *Magasin encyclopédique* (V. MILLIN), 74 articles qui sont incontestablement une des parties les plus précieuses de cet ouvrage (1) ; nous indiquerons seulement : * *Traité des monnaies musulmanes*, traduit de Makrizi (2ᵉ. ann., VI, 472 ; 3ᵉ. I, 38), 1797, in-8°. de 84 pag., suivi de 5 pag. de textes arabes. Il faut y joindre une page d'er-

(1) Leur réunion formerait 1658 pag.

rata de ces textes, et une *Notice de quelques monnaies* de Tunis, d'Alger et de Maroc (3, III, 55), qui n'a pas été tirée à part ; — * *Poids et mesures légales des Musulmans* (5, 1, 46-185), in-8°., de 56 pag. ; — sur les *Moallakat* (3, VI, 494-523) ; — notice de l'*Histoire des rois de Mauritanie*, par Aboû'l Hassan (1, v, 49-174 ; 4ᵉ. II, 330-514 ; v. 53) ; — *Relation d'une insigne imposture littéraire* (5, VI, 330 ; 6, v., 328), et sur une monnaie ou assignat de verre, fabriqué en Sicile par les Sarrasins, avec fig ; — sur quelques passages des *Mémoires sur l'Egypte* (6ᵉ. 1, 58-71) ; — * *Notice du livre d'Enoch* (6, 1, 369) ; — * sur la *Bibliotheca arabica* (*Voyez* SCHNURRER) ; — sur les *Fables de Loqman* (6, VI, 353 ; 9, 1, 382) ; — * sur le nom des *Pyramides d'Egypte* (6, VI, 446) ; — sur les ouvrages de M. Hager, relatifs à la Chine (7, 1, 514 ; 1805, III, 271-324) ; — * notice des *Manuscrits laissés par dom Berthereau* (7, II, 7), in-8°. de 39 pag. ; — * sur la *Géographie orientale* d'Ebn-Haukal (7, VI, 33, 151 307), in-8°. de 106 p. ; — sur la *Description des monnaies de Maroc*, par Dombay (1803, 1, 143), et sur sa *Grammatica Mauro-arabica* (1803, 1, 281) ; — *Essai sur les inscriptions cunéiformes de Persépolis*, par Munter (id., II, 7-27) ; — * sur la *Chorasmie* d'Aboû'l Feda, traduite par Dem. Alexandrides (1808, 1, 79). Ce dernier y fit une *Réponse*, datée de Vienne, 1808, in-8°. de 16 p. ; — * sur l'*Appréciation du monde*, trad. par M. Berr (1808, III, 315) ; — * sur les deux ouvrages de M. Et. Quatremère sur l'*Egypte* (ib., IV, 241 ; 1810, IV, 177 ; 414) ; — * *Notice des médailles* (17) *arabes* publiées par G. M. Fraehn, Kasan, 1808, in-4°. (1810, IV, 186) ; — * sur les *Anciens alphabets et hiéroglyphes* de M. de Hammer (ib., VI, 145) ; — * sur les *Mines de l'Orient* (1811, 1, 201 ; 1812, 1, 195 ; 1813, IV, 197, 415 ; VI, 213 ; 1815, II, 197) ; — * sur l'*Exhortation à Constantinople*, par M. de Diez (1811, VI, 440) ; — sur les *Samaritains* (1812, VI, 457) ; — * sur le *Kabous-nameh* de M. de Diez (1814, II, 412) ; — * sur les *Travaux* de M. Asselin de Cherville (1815, v, 197) : tous ces morceaux sont recherchés. XXIV. Dans les *Annales des voyages* (V. MALTE-BRUN) : * *Priviléges accordés* aux chrétiens et aux juifs de Cochin, par les monarques indiens (VI, 216); — Renseignements (envoyés par M. Rousseau) * sur les Wahabis (XIV, 102); — * sur les Ismaëlis et les Nosaïris, xIV, 271-303), et extrait d'un livre des Ismaëlis (XVIII, 222); — * sur les Samaritains (XIX, 5-71); — * sur le Gardjestan et le Djouzdjan, provinces de la Perse orientale (xx, 145-185), 1813, in-8° de 40 pag. XXV. Dans le Moniteur: * sur les Ismaëliens ou Assassins (1809, nos. 210 et 359), in-8°; — * notice de l'*Arte di tradurre*, de Carrega (1811, n°. 333), in-8°; — * Mem. d'Et. Quatremère sur l'*Egypte*, 1811, in-8° de 40 p.; — * sur une Correspondance inédite de Tamerlan avec Charles VI (1812, n°. 226), in-8° de 12 pag.; — * *Ouverture des cours de Samskrit et de chinois*, au collège royal de France (1815, n°. 32), in-8°. XXVI. Dans les *Mines de l'Orient* (Voy. HAMMER): sur le *Gardjestan* (tom. 1, 4°. cah.); — *Traduction de vers arabes* de Mich.-Sabbagh (ib.); — *Pend-nameh* (Livre des conseils), trad. du persan, de Scheikh Attar (II, 1-211-451). Il faut y joindre l'errata inséré au *Mag. encyclop.* de 1813, IV, 242; — *Poême d'Ascha* (en arabe), avec la traduction française et des notes (v, 1, 16). XXVII. Dans la *Biblioth. univ.* de littérat.-biblique (Voy. EICHHORN): *Commentatio de versione samaritano-arabicâ pentateuchi e duobus codicibus parisiensibus* (x, 1); il avait déjà publié en 1783, dans le *Repertorium* du même auteur, le texte hébreu des lettres des Samaritains à Jos. Scaliger, écrites en 1609, et qui n'avaient paru qu'en latin dans les *Antiquitates ecclesiæ orientalis* de Richard Simon. T.

SILVY (LOUIS), ancien auditeur à la chambre des comptes, est né à Paris en 1760. Il s'est livré surtout à l'étude de l'histoire de l'Eglise des deux derniers siècles. Les écrits qu'il a fait paraître sur cette matière ont eu d'abord pour objet de réfuter l'auteur du livre intitulé: *Mémoires pour servir à l'histoire ecclésiastique pendant le XVIII°. siècle*. Ensuite il s'est particulièrement attaché à l'histoire des jésuites et aux causes de leur destruction, mais toujours envisagées dans le sens des opinions qu'il a adoptées. Voici les titres de ses ouvrages: I. La *Vérité de l'histoire ecclé-* *siastique rétablie par les monuments authentiques contre le système d'un livre intitulé*: Mémoires pour servir à l'histoire ecclésiastique pendant le XVIII°. siècle, Paris, 1814, in-8°. II. *Première lettre à l'auteur des Mémoires ci-dessus*, ibid., 1815, in-8°. III. Les *Véritables sentiments de Bossuet, rétablis par les manuscrits originaux et autres témoignages irrécusables en ce qui concerne un point historique très important dont traite M. de Bausset*, auteur de la *Vie de ce grand évêque*, ibid., 1815, in-8°. IV. *Les jésuites tels qu'ils ont été dans l'ordre politique, religieux et moral*, 1815, in 8°. V. *Du Rétablissement des jésuites en France*, 2°. édition, 1816, in 8°. VI. *Eclaircissement au sujet des dépêches du prince-régent du Portugal, concernant les jésuites envoyés à son ministre à Rome*, 1816, in-8°. VII. *Henri IV et les jésuites*, suivi d'une Dissertation sur la foi qui est due au témoignage de Pascal dans ses lettres provinciales, 1818, in-8°. VIII. *Avis important sur les nouveaux écrits des modernes ultramontains et des apologistes d'une société renaissante*, 1818. IX. *Difficulté capitale proposée à M. l'abbé Frayssinous au sujet de son livre intitulé*: Les vrais principes de l'Eglise gallicane, 1818, in-8°. X. *Plainte en calomnie, et diffamation contre un journaliste qui se qualifie l'ami de la religion et du Roi*, 1818, in-8°. On voit assez par le titre de ces écrits, que M. Silvy n'est point favorable aux jésuites et à leurs amis. Il a produit deux brochures d'un genre différent; l'une, intitulée: *Relation des événements qui sont arrivés à un laboureur de la Beauce*, Paris, 1817, in-8°. (V. MARTIN, tom. IV, pag. 363). Cet écrit fit beaucoup de bruit lorsqu'il parut, et la police fit saisir une partie de l'édition. L'autre brochure, que l'auteur a envoyée à tout le clergé de France, a pour titre: *Les fidèles catholiques aux évêques et aux pasteurs de l'église de France, au sujet des nouvelles éditions des œuvres de Voltaire et de Rousseau*, 1817, in-8°. On a aussi du même *Eloge historique de M. l'abbé Hautefage*, chanoine d'Auxerre, Paris, 1817, in 8°. P.

SIMÉON (Le baron JOSEPH JÉRÉMIE), né à Aix en Provence le 30 septembre 1749, fut député des Bouches-du-Rhône au conseil des cinq cents, en 1795, et s'y montra défenseur des principes modérés. Le 9 novembre, il prononça un long discours sur les troubles du Midi, et soutint que tous les assassinats y avaient été provoqués ou commis par les terroristes relâchés par ordre de Fréron. Il avait occupé, en 1794, la place de procureur-syndic du département des Bouches-du-Rhône, avait été mis hors de la loi comme fédéraliste, et s'était réfugié à Gênes; ce qui fut en partie cause que le 29 janvier 1796, on le dénonça comme ayant concouru à livrer Toulon aux Anglais; mais il se justifia sur-le-champ. En août, il s'éleva contre un projet d'amnistie présenté par une commission, prouva qu'il était vague et insuffisant, et fut adjoint à ce comité. En septembre, il parla en faveur du droit de propriété, et accusa le pouvoir administratif de l'attaquer sans cesse. En février 1797, on l'accusa d'avoir pris part à la conspiration de La Ville-Heurnois; mais cette accusation n'eut pas de suite. Dans le même mois, il émit une opinion en faveur de la liberté de la presse, et présenta quelques mesures répressives de ses écarts. Le 13 mars il s'opposa à ce que les électeurs fussent tenus à prêter serment de haine à la royauté; et le 20 mai, il fut élu secrétaire. En juillet, il s'éleva avec force contre les clubs et parla en faveur des Alsaciens fugitifs. En août, il fut nommé président du conseil, et il en remplissait les fonctions au moment de la catastrophe du 18 fructidor. Il eut le courage de se rendre dans la salle des séances, dès le matin, avec une trentaine de ses collègues, quoiqu'elle fût entourée par les troupes du directoire; et au moment où les soldats y pénétrèrent, et pressèrent de leurs baïonnettes la poitrine de ce petit nombre d'hommes courageux, M. Siméon prononça, avec l'accent de la douleur et de l'indignation, ces paroles remarquables: « La constitution est violée, la représentation nationale indignement outragée; je déclare que l'assemblée est dissoute, jusqu'à ce que les auteurs d'aussi criminels attentats soient punis. » Le lendemain, il fut condamné à la déportation. Plusieurs députés réclamèrent en sa faveur; mais Salicetti le fit maintenir sur la liste. S'étant soustrait à l'exécution de ce jugement, il se rendit à Oléron, en janvier 1799, et rappelé en décembre par le gouvernement consulaire, il fut substitut près le tribunal de cassation. Le 28 avril 1800, il fut appelé au tribunat, et défendit, en 1801, au nom de ce corps, le projet de loi pour les tribunaux spéciaux. Il avoua ce que cette institution avait d'alarmant pour la sûreté des citoyens; mais il opposa la nécessité de pourvoir à la sûreté publique, et de faire cesser l'état de guerre où les brigands s'étaient mis avec la société. Il vota ensuite en faveur des réformes proposées dans la procédure criminelle, et parla encore plusieurs fois sur des matières d'ordre judiciaire. En 1802, il défendit le projet de code civil présenté par le gouvernement. Le 7 avril, il fit le rapport sur le concordat qui fixait l'état et les formes du culte en France, et en vota l'adoption. Le 28, il défendit le nouveau plan d'instruction publique, et le 11 mai, il donna son adhésion à l'institution du consulat à vie. Le 28 octobre 1803, il fut élu secrétaire; vota, en mai 1804, pour que Buonaparte fût déclaré empereur, et prononça à cette occasion un discours remarquable. Il fut nommé conseiller-d'état le mois suivant, puis commandeur de la Légion-d'honneur et baron. Lors de l'arrestation de George et de Pichegru, il prononça un discours dans lequel, après avoir fait un grand éloge du nouvel empereur, il remercia la Providence d'avoir conservé ses jours. Il traita ensuite fort durement les accusés, et menaça des peines les plus sévères ceux qui les recéleraient. Après la paix de Tilsitt, il fut envoyé en Westphalie, dont Jérôme Buonaparte était devenu roi, pour y organiser l'administration de la justice, et y résida comme ministre en cette partie. Plus tard, il fut envoyé à Berlin comme ministre plénipotentiaire du nouveau roi, et il eut ensuite le même titre auprès de la confédération du Rhin. En 1813, il demanda sa retraite, donnant son âge pour motif, et il l'obtint. Après la chute de Buonaparte en 1814, le baron Siméon s'empressa de reconnaître le gouvernement légitime, et le Roi le nomma préfet du Nord et grand-officier de la Légion-d'honneur. Au retour de Napoléon en 1815, il fut député à la chambre des représentants par le collège électoral du département des Bouches-du-Rhône en très petite minorité. (On a dit qu'il ne s'y trouvait que treize électeurs.) Après le retour du Roi, le département du Var l'appela à la chambre des députés. Le 24 août de la même année, le Roi le nomma conseiller-d'état en service ordinaire, section de législation. Le 7 septembre, il fut nommé président d'une commission chargée d'examiner les pensions et traitements accordés par le Roi, depuis le 1er. avril 1814, aux fonctionnaires que S. M. n'avait pas jugé à propos de maintenir dans leurs emplois. Le baron Siméon a plusieurs fois été délégué par le Roi, pour soutenir dans les deux chambres les projets de loi présentés par le gouvernement. Au mois de décembre 1815, il fit partie de la commission chargée de l'examen du projet de loi sur les cours prévôtales, et le mois suivant, lors de la discussion sur la loi d'amnistie, il vota pour cette loi, sauf les amendements proposés par la commission; enfin, dans tout le cours de cette session, il vota avec la minorité. Le 13 décembre 1817, il défendit, en qualité de commissaire du Roi, le projet de loi sur la liberté de la presse, et combattit tous les amendements qu'on voulait y faire dans l'une et l'autre chambre. En février 1818, il fut chargé de la défense du projet de loi sur le recrutement. U.

SIMMER (Le Baron FRANÇOIS-MARTIN-VALENTIN), né le 7 août 1774, entra au service, le 7 novembre 1791, fut nommé chef d'escadron le 14 février 1807, et officier de la Légion-d'honneur le 7 juillet suivant. Employé en 1812 dans l'expédition de Russie, il y obtint le grade de général de brigade par décret du 8 octobre, et fut nommé commandant de la Légion-d'honneur le 4 mai 1813. Après les résultats de la campagne de 1814, le général Simmer fut employé dans la 19e. division en qualité de commandant du Puy-de-Dôme, et créé chevalier de St.-Louis. Lors du retour de Buonaparte en mars 1815, il se rendit à Lyon à la tête des troupes qu'il commandait, se rangea bientôt sous ses drapeaux, et reçut, le 21 avril, le brevet de lieutenant-général. Il commandait, à la fin de cette courte campagne, le 2e. corps d'armée, avec lequel il se retira sur la rive gauche de la Loire, et établit son quartier-général à Tours. Sa promotion au grade de lieutenant-général fut annulée par l'ordonnance du Roi du 1er. août 1815. Depuis cette époque le général Simmer, mis à la demi-solde, était domicilié dans le département du Puy-de-Dôme, lorsqu'une décision ministérielle du 26 février 1816, lui enjoignit de se retirer au Mans pour y résider sous la surveillance des autorités. Il a été depuis autorisé à revenir dans le Puy-de-Dôme. S. S.

SIMON (Le baron HENRI), né le 7 avril 1764, fit les premières campagnes de la révolution aux armées du Nord, et fut nommé général de brigade le 28 novembre 1793. Il était employé, en 1796, à l'armée de Sambre-et-Meuse, se distingua, le 8 octobre, à la bataille de Neuwied, et conclut, le lendemain, avec le baron de Brady, général major autrichien, un traité par lequel la ville de Neuwied fut déclarée ville neutre. Nommé commandant de la Légion-d'honneur le 13 juin 1804, il continua d'être employé, soit aux armées actives, soit dans l'intérieur, jusqu'après la campagne de 1814. Ayant alors donné son adhésion à la déchéance de Buonaparte, il fut nommé, par le Roi, commandant à Dijon, dans la 18e. division, et créé chevalier de St.-Louis. Le général Simon ne prit aucune part aux événements qui replacèrent Buonaparte sur le trône au 20 mars 1815; et le Roi lui confia de nouveau, après son retour, le commandement de la Côte-d'Or. Il lui a conféré, en mars 1818, le grade de lieutenant-général. — SIMON (Le baron Edouard-François), né en 1769, est fils d'Edouard-Thomas Simon, savant bibliothécaire, plus connu sous le nom de *Simon de Troyes*. Il entra au service, dans la cavalerie, le 20 mai 1792, fit les premières campagnes de la révolution, parvint au grade de général de brigade le 27 juillet 1799, et continua de servir, en cette qualité, sous le gouvernement consulaire. Il fut envoyé en Espagne en 1808, se distingua au siége de Ciudad-Rodrigo, fut fait prisonnier par les Anglais, au combat de Busaco, le 27 septembre 1810, et conduit en Angleterre. Il était parvenu à s'évader, lorsqu'il fut repris à un mille de Londres. On était, depuis plusieurs jours, à sa poursuite; il était soupçonné d'entretenir, avec d'autres Français, une correspondance tendant à faire débarquer, sur la côte de Cornwall, un nombre suffisant de troupes pour délivrer les prisonniers. Traduit devant le magistrat du lieu, il fut soumis à un examen sévère, et envoyé aux pontons de Chatam. Le général Simon fut nommé chevalier de Saint-Louis le 19 juillet 1814, et commandant de la Légion-d'honneur le 17 janvier 1815. Il ne fut appelé à aucunes fonctions jusqu'au 20 mars 1815, époque à laquelle il fut élevé au grade de général de division. Cette promotion ayant été annulée par l'ordonnance royale du 1er. août, il a été mis à la demi-solde de maréchal-de-camp. — SIMON (Henri) a donné au théâtre: I. La *Comète de* 1811. II. La *Famille des Cendrillons*. III. Le *Portrait de Henri IV* ou le *Muséum au Pont-Neuf*. IV. Le *Pâté d'anguilles*, joué au théâtre des Variétés dans le mois de janvier 1818, etc. — SIMON (Jean-Frédéric), a publié: I. *Sur l'organisation des premiers degrés de l'instruction publique*, 1801, in-8°. II. *Notions élémentaires de grammaire allemande*, à l'usage des élèves du prytanée français, 1807, in-12. III. *Cours de littérature allemande*, 1807, in-8°.   S. S. et OT.

SIMON-DE-BRIEG (HENRI), graveur à Paris, réclama en 1810, auprès de la classe des beaux arts de l'Institut, un examen de ses ouvrages qu'il avait présentés au concours, mais qu'il croyait n'avoir point été examinés, parce que le rapport du jury n'en faisait point mention. La classe voulut bien, sur sa demande, nommer une commission pour examiner de nouveau ces ouvrages; et, après cet examen, elle déclara qu'il n'y avait pas lieu à une mention honorable. C'est ce même graveur qui leva, en mars 1814, un corps-franc avec lequel, étant sorti de Paris pour combattre les alliés, il se dirigea vers la Champagne. Les journaux annoncèrent beaucoup de désordres de la part de cette troupe, qui fut licenciée aussitôt après la chute de Buonaparte. Mais en mars 1815, après le retour de celui-ci, M. Simon organisa encore un corps de même genre, et les journaux de cette époque sont remplis de détails sur les excès auxquels ce corps se livra envers les habitants du pays qu'il parcourut. Il avait d'abord arrêté, à St.-Denis, les équipages du duc de Berri, lorsque ce prince fut contraint de quitter la capitale. Bientôt il étendit ses opérations, et la maison de la malheureuse comtesse de Saint-Morys, dont le mari était à Gand, fut envahie et mise à contribution au milieu de la nuit; la comtesse n'eut que le temps de se sauver à moitié habillée. Après avoir assez longtemps séjourné dans le département de la Loire, le corps-franc de M. Simon se dirigea vers les frontières, et il se trouvait dans le département du Haut-Rhin à la fin de la campagne. Aussitôt après la seconde chute de Buonaparte, cette troupe se dispersa de nouveau, et son chef se réfugia dans les Pays-Bas, où il fut arrêté par les Prussiens, qui le retenaient encore à Luxembourg en 1816, lorsqu'il réclama contre sa détention, dans une lettre adressée aux états-généraux à la Haye. Les débats auxquels cette réclamation donna lieu, occupaient déjà l'assemblée depuis plusieurs jours, lorsqu'on apprit qu'il avait été livré au gouvernement français, et qu'il devait être traduit, ainsi que le général Guillaume, devant la cour d'assise de Colmar, comme prévenu d'avoir été un des principaux chefs des complots ourdis par les fédérés, lors du blocus de Strasbourg, contre la fortune et la vie des plus honnêtes citoyens désignés comme royalistes. Cette affaire n'eut cependant pas de suite. Ce graveur a publié: *Armorial général de l'empire*, 1813, tom 1 et 11, in-fol. — Un autre SIMON, graveur hollandais, que les journaux confondirent avec le précédent lors de son arrestation, fut nommé en 1816 par le roi des Pays-Bas, professeur de gravure sur pierres fines et médailles.   S. S.

SIMONIN (A.-J.-B.), a publié: I. *Couvent de l'île Da***, et la Boîte aux dragées des nouvelles vierges*, 1803, in-18. II. *Hist. du voyage du premier consul, en l'an XI, dans les départements de la Belgique*, 1803, in-18. III. *La Serinette des dames* ou *Étrennes dédiées au beau sexe*, 1804, in-12. IV. *Dasnières à Gonesse*, vaudeville, 1805, in-8°. V. *La Grammaire en vaudevilles*, seconde édition, 1805, in-12. VI. *Ramponneau* ou le *Procès bachique*, vaudeville. M. Simonin est encore auteur de quelques autres pièces de théâtre. — SIMONIN (A.-M.-J.), a publié: I. *Traité d'arithmétique selon les mesures nouvelles*, 1798, in-8°. II. *Dictionnaire des homonymes latins, utile pour l'intelligence de plusieurs passages*, 1808, in-8°. III. *Molière commenté*, 1813, 2 vol. in-12. — SIMONIN a publié: *Les Malheurs et les aventures d'un proscrit*, 1814, in-12.   OT.

SIMONS-CANDEILLE. *Voyez* CANDEILLE, tom. II, pag. 33, et le suplément au tom. III.

SINCLAIR (Sir JOHN), baronet anglais, président de la société d'agriculture, est né en 1754 à Ulester dans le comté de Caithness, en Ecosse. Après avoir commencé son éducation à Edimbourg, il la termina aux universités de Glascow et d'Oxford. A son retour en Ecosse, il devint membre de la société des avocats, mais ne suivit pas le barreau. Il entra de fort bonne heure au parlement, et fut attaché pendant quelque temps à Pitt; mais il abandonna ensuite son parti pour se joindre à l'opposition, quoiqu'il fût contraire à l'abolition de la traite des nègres. Sir John Sinclair a, par ses travaux, contribué à l'amélioration de l'agriculture, et c'est à lui qu'on doit la formation du corps qu'il préside. L'utilité de cette institution est cependant fort controversée; on prétend que les avantages qu'elle a procurés sont loin d'être balancés par les dépenses qu'elle a occasionnées. Avant son établissement, sir John Sinclair avait formé à Edimbourg une société pour l'amélioration des laines en Angleterre. Pendant la dernière guerre, il leva deux bataillons appelés les fencibles de Rotsay et de Caithness, dont il prit le commandement en qualité de colonel. Il a été créé baronet en 1786; on attribue son opposition à M. Pitt, aux refus que fit ce dernier de l'élever à la dignité de pair. Il a publié: I. *Productions pendant une courte retraite*, 1782, in-8º. II. *Observations sur le dialecte écossais*, 1782, in-8º. III. *Pensées sur la force navale de l'empire britannique*, 1782, in-8º. IV. *Avis adressé au public pour dissiper les fausses idées qui ont dernièrement été données sur l'état des finances*, 1783, in-8º. V. *Histoire du revenu public de l'empire britannique*, 1785, in-4º.; 1805, 3e. édition, in-8º. VI. *Etat des changements qui peuvent être proposés aux lois pour régulariser l'élection des membres du parlement pour les comtés d'Ecosse*, 1787, in-8º. VII. *Rapport fait sur la laine de Shetland*, 1790, in-8º. VIII. *Notice statistique sur l'Ecosse*, extraite des communications des ministres des différentes paroisses, in-8º. Le Prospectus de ce volumineux recueil parut à Londres en 1792, en français; l'ouvrage forme déjà plus de vingt volumes, et l'on peut croire qu'il n'existe aucun pays en Europe dont on ait imprimé une statistique aussi détaillée. IX. *La crise de l'Europe*, 1783, in-8. X. *Adresse à la société pour l'amélioration de la laine d'Angleterre, établie à Edimbourg*, 3 janvier 1791, in-8. XI. *Adresse aux propriétaires sur le bill des grains*, 1791, in-8º. XII. *Lettres aux directeurs et gouverneurs de la banque d'Angleterre sur la détresse pécuniaire du pays, et les moyens de la prévenir*, 1797, in-8º. XIII. *Communications au corps d'agriculture sur le labourage* (husbandry) *et les améliorations intérieures*, 1797, in-4º. XIV. *Notice sur l'origine du corps d'agriculture et ses progrès dans les trois ans qui ont suivi sa formation*, 1796, in-4º. XV. *Alarme aux fermiers, ou conséquence du bill pour le rachat de la taxe sur les propriétés*, 1798, in-8º. XVI. *Discours sur le bill pour imposer une taxe sur le revenu*, 1798, in-8º. XVII. *Histoire de l'origine et des progrès de la Notice statistique de l'Ecosse*, 1798, in-8º. XVIII. *Proposition pour établir une tontine destinée à fixer les principes des améliorations dont l'agriculture est susceptible*, 1799. XIX. *Lettre à M. L. Ballois sur l'agriculture, les finances, la statistique et la longévité, suivie d'un aperçu* (en forme de tableau synoptique) *sur ce qu'on peut appeler les sources de tout revenu public*, Paris, 1803, in-8º. XX. *Code de santé et de longévité, ou Vue concise des principes calculés pour la conservation de la santé et pour atteindre une longue vie*, 1807, 4 vol. in-8º.; traduit en français par M. Pictet, et inséré par fragments dans la *Bibliothèque Britannique*. XXI. *Notice sur un système d'agriculture adopté dans les districts les plus éclairés d'Ecosse*, 1813, in-8º.   Z.

SINETY (Le marquis ANDRÉ-LOUIS-ESPRIT), chevalier de Saint-Louis, ancien major de cavalerie, né le 14 janvier 1758, a publié: I. *L'agriculture du midi, ou Traité d'agriculture propre aux départements méridionaux*, Marseille, 1803, 2 vol. in-12. II. *L'Hommage de Phocée* (Marseille), *ou l'Europe sauvée, drame héroïque en l'honneur de Napoléon-le-Grand, empereur des Français, roi d'Italie*, 1806, in-8º. M. Sinety a été nommé maréchal-de-camp honoraire le 11 janvier 1815.   OT.

SIRET (Pierre-Hubert-Christophe), vicaire de Saint-Méry, né à Reims en 1754, a publié : I. *Eloge funèbre de Mgr. le cardinal de Belloy, archevêque de Paris*, 1808, in-8°. II. *Eloge funèbre de Louis XVI*, 1814, in-8°. — III. *Discours prononcé pour la profession de deux religieuses à l'Hôtel-Dieu*, 1817, in-8°. OT.

SIREY (J.-B.), avocat aux conseils du Roi et à la cour de cassation, est auteur : I. *Du tribunal révolutionnaire*, 1795, in-8°. II. *Jurisprudence du tribunal de cassation*, journal commencé en 1802, se continue encore en 1818, 1 vol. in-4°. par an. III. *Code de procédure civile, annoté des dispositions et décisions ultérieures de la législation et de la jurisprudence*, 1816, in-4°. et in-8°. IV. *Code de commerce*, annoté, etc., 1816, in-4°. et in-8°. V. *Code civil, annoté des dispositions et décisions*, etc., 1817, in-4°. et in-8°. VI. *Code de procédure civile annoté*, etc., 1817, in-4°. VII. *Les cinq codes réunis, avec notes et traités, pour servir à un cours de droit français*, 1817, in-8°. VIII. *Supplément au Code civil annoté*, 1818, in-4°. IX. *Du Conseil-d'état selon la charte*, 1818, in-8°. OT.

SISMONDI (Jean-Charles-Léonard Simonde), né à Genève le 9 mai 1773, est membre du conseil représentatif de cette république, et de plusieurs académies. Il passa en Angleterre en 1792 avec toute sa famille, à l'époque de la subversion de l'ancien gouvernement genevois, dont son père était membre. Il en revint en juin 1794; mais six semaines après son retour, sa maison fut pillée; il y fut arrêté avec son père et deux autres magistrats qui furent fusillés. Il fut condamné avec son père à une année de prison, et une amende des deux cinquièmes de leur fortune, qui les ruina. Ils n'échappèrent à une plus grande rigueur, que parce que le 9 thermidor avait déjà modéré la violence du tribunal révolutionnaire. Après avoir subi cette prison, M. Sismondi partit pour la Toscane en 1795 avec sa famille. C'est là qu'elle reprit le nom de Sismondi, qu'elle avait porté à Pise jusqu'en 1508 (*V.* Caraffa, *Biogr. univers.*, VII, 105), et qu'elle avait francisé, en se faisant appeler Simond en Dauphiné, et Simonde à Genève. En Toscane, M. Sismondi fut atteint par la révolution qu'il fuyait. Après une insurrection de la province où il avait ses propriétés, il fut mis en prison par les Français comme aristocrate, puis par les insurgés comme Français. Sa patrie, en effet, était devenue française pendant qu'il vivait en Toscane. Il revint à Genève vers l'automne de 1800, et en février 1801, il publia le premier de ses ouvrages. Dès-lors il n'a pas cessé d'en augmenter le nombre. En voici la liste : I. *Tableau de l'agriculture toscane*, Genève, 1801, vol. in-8°, fig. II. *De la Richesse commerciale, ou Principes d'économie politique appliqués à la législation du commerce*, Genève, 1803, 2 vol. in 8°. III. *Histoire des républiques italiennes du moyen âge*, 16 vol. in-8°.; les deux premiers à Zurich, 1807; le 3e. et 4e. à Zurich, 1808; les 5e. à 8e., avec une seconde édition des quatre premiers, à Paris, 1809; les 9e., 10e. et 11e. à Paris, 1815; les 12e. à 16e., avec une nouvelle édition des huit premiers, à Paris, 1818 IV. *De la littérature du midi de l'Europe*, Paris, 1813, 4 vol. in-8°. V. *De la vie et des écrits de Paul-Henri Mallet*, Genève, 1807, in-8°. VI. *Du papier-monnaie dans les Etats autrichiens, et des moyens de le supprimer*, Weimar, 1810. VII. *Li due sistemi d'economia politica; ossia esame de' principj di Adam Smith, parangonati con quegli del Dottore Quesnay*, Pisa, 1812 (dans les *Atti dell accademia italiana*). VIII. *Considérations sur Genève dans ses rapports avec l'Angleterre et les Etats protestants, suivies d'un discours prononcé à Genève sur la philosophie de l'histoire*, Londres, 1814. IX. *Sur les lois éventuelles* (de Genève), Genève, 1814. X. *De l'intérêt de la France à l'égard de la traite des nègres*, 1813, trois éditions à Genève et une à Londres 1814. XI. *Nouvelles réflexions sur la traite des nègres*, Genève, 1814. XII. *Examen de la constitution française*, Paris, 1815 (Mai). XIII. *Extrait des aventures et observations de Philippe Pananti sur les côtes de Barbarie*, Genève, 1817, (dans *la Bibliothèque universelle*). XIV. Les articles de l'Histoire d'Italie, dans *la Biographie universelle*, dès le commencement de l'ouvrage. Dans tous ses écrits, M. Sismondi professe des principes républicains ; il ne dissimule point son aversion pour le gouvernement monarchique, et il s'efforce de la justifier. Il ne paraît pas avoir une haine si prononcée pour la noblesse; et il a toujours invoqué un mélange d'aristocratie comme nécessaire à un gouvernement libre. Jusqu'à la première abdication de Buonaparte, non seulement il ne s'était jamais attaché à son gouvernement, mais il avait évité de le nommer dans ses écrits; et si quelques allusions pouvaient se rapporter à lui, elles étaient toutes offensantes. Pendant les cent jours, M. Sismondi changea de conduite. Son examen de la constitution française est un éloge animé de l'acte additionnel, et il se termine par un appel plein de chaleur aux Français pour les engager à se ranger autour de Napoléon, et à défendre avec lui l'indépendance nationale. Cependant, M. Sismondi, à cette époque même, refusa la décoration de la Légion-d'honneur, et déclara, par une lettre au duc de Bassano, déposée aux archives de cet ordre par ordre de Napoléon, qu'il n'accepterait aucune fonction ni aucune récompense. On le dit aujourd'hui occupé à écrire une Histoire de France. F.

SMITH (Sir WILLIAM-SIDNEY), amiral anglais, né à Westminster en 1764, est fils d'un aide-de-camp de lord Sackville, qu'il défendit avec courage malgré la clameur populaire. Après avoir commencé son éducation sous le docteur Morgan, il entra dans la marine dès l'âge de treize ans, et après avoir passé par tous les grades, fut nommé, en 1783, capitaine en second de la frégate la *Némésis*. La paix ayant été conclue, la *Némésis* fut désarmée, et Sidney Smith resta dans l'inactivité jusqu'en 1788. A cette époque, une rupture paraissant inévitable entre la Russie et la Suède, il passa au service de cette dernière puissance et s'y conduisit avec beaucoup de distinction, surtout à la bataille navale qui se donna en juin 1791, et où les Suédois remportèrent une victoire complète, ce qui lui valut, de la part du roi de Suède, la grand-croix de l'ordre de l'Épée. Sir Sidney Smith se rendit ensuite à Constantinople, et il entra au service de la Turquie; mais il y resta peu de temps, ayant été rappelé par une proclamation de son souverain. Lord Hood était alors devant Toulon; Sidney Smith lui offrit ses services qui furent acceptés; et lorsque cet amiral fut obligé d'évacuer cette ville, ce fut S. Sidney qui fit incendier les vaisseaux français qui se trouvaient dans le port, après avoir vainement tenté de détruire ses magnifiques établissements. Il reçut à la suite de cet événement le commandement du *Diamant*, frégate de 38 canons, avec laquelle il coopéra, le 17 octobre 1794, à la prise de la frégate française *la Révolutionnaire* de 44 canons. Au commencement de 1795, ayant fait voile de Falmouth avec une escadre composée de frégates sous les ordres de sir John Warren, il fut détaché pour reconnaître le port de Brest, dans lequel il eut l'audace extraordinaire de pénétrer, et le bonheur encore plus extraordinaire de sortir sans être reconnu. Mais un événement fâcheux l'arrêta dans sa brillante carrière : étant en station devant le Havre, le 19 avril 1796, il s'empara d'un corsaire français qu'un calme plat l'empêcha d'emmener : un matelot ayant secrètement coupé le câble du navire amariné, la marée montante l'entraîna dans la Seine; et dès que les chaloupes canonnières françaises purent sortir du Havre, il fut attaqué par des forces supérieures et obligé de se rendre. Conduit à Paris, il fut enfermé dans la prison de l'Abbaye, et ensuite au Temple, d'où il essaya plusieurs fois de se sauver, mais sans succès (*Voy.* TROMELIN). Ses amis ne se rebutèrent pas; et quelque temps après le 18 fructidor (1797), MM. de Philipeaux, et Charles Loiseau, parvinrent enfin, par le moyen d'un faux ordre du ministre de la guerre, à le faire évader et à le transporter en Angleterre. Il arriva à Londres dans le mois de mai 1798, et y fut reçu avec de grandes acclamations de la part du peuple et admis à une audience particulière du roi, qui lui témoigna toute sa satisfaction, et lui donna le commandement du *Tigre* de 80 canons, avec lequel il fit voile pour la Méditerranée, et fut chargé de la surveillance de la côte d'Égypte. Sir Sidney Smith se rendit à Constantinople pour hâter les mesures de la Porte contre les Français; et après avoir bombardé Alexandrie, il fit voile pour la Syrie, dont le pacha n'avait point l'intention de défendre Saint-Jean-d'Acre, et voulait seulement assurer sa retraite en sauvant ses femmes et ses trésors. Mais la présence de l'escadre anglaise le disposa à la résistance. Sidney Smith compara de la flotte française chargée de munitions de guerre, dont l'armée française manquait, et ayant fait débarquer une partie des troupes qui montaient son escadre, il renforça les Turcs, dont les assauts répétés des Français avaient fort diminué le nombre. Après des combats meurtriers et qui durèrent, sans interruption, pendant deux mois, Buonaparte fut obligé de lever le siége, en laissant au pouvoir de l'ennemi son artillerie, ses bagages, etc., et après avoir perdu une grande partie de son armée (*Voyez* BUONAPARTE, tom. I, pag. 522). A la nouvelle d'un aussi grand avantage, le sultan envoya à Sidney Smith une aigrette et une fourrure de martre zibeline estimées 25 mille piastres. Ses services ne furent pas moins récompensés en Angleterre: le roi, dans le discours d'ouverture du parlement, parla de son héroïsme, et exprima la reconnaissance de la nation pour une telle conduite; le parlement lui vota unanimement des remerciments. En quittant St.-Jean-d'Acre, Sidney Smith fit voile pour l'Egypte, et arriva dans la baie d'Aboukir au moment où la bataille de ce nom fut livrée, mais trop tard pour donner quelques secours à ses alliés. Il ne put empêcher la déroute de l'armée turque à Damiète, dans le mois d'octobre suivant. Buonaparte ayant trouvé moyen de s'échapper, Kléber prit le commandement de l'armée française; et ce général conclut avec Sidney Smith et la Porte la convention d'El-Arisch, par laquelle il consentait à évacuer l'Egypte sous la condition qu'il aurait la liberté de se retirer en France avec son armée (*Voy.* KLÉBER, dans la *Biogr. univers.*) Mais l'amiral Keith n'ayant pas approuvé cet arrangement, Kléber refusa les nouvelles conditions qu'il proposa, et les hostilités recommencèrent. Sidney Smith revint alors en Angleterre, où il fut très bien accueilli. Il reçut le droit de cité de la ville de Londres, qui lui fit présent d'une superbe épée. A l'élection de 1802, il fut nommé membre de la chambre des communes pour Rochester. Après la rupture de la paix d'Amiens, il obtint le commandement de l'*Antelope*, de 50 canons, et d'une escadre légère, puis le grade de colonel des marins (*marines*). Il eut à cette époque quelques engagements avec la flottille française qui avait quitté Flessingue pour se joindre à celle d'Ostende. Sir Sidney Smith fut élevé le 9 novembre 1805 au grade de contre-amiral, et plaça son pavillon à bord du *Pompée*, de 80 canons, avec lequel il se rendit dans la Méditerranée, où lord Collingwood lui donna une petite escadre pour troubler les Français dans le royaume de Naples qu'ils venaient d'envahir; il ravitailla Gaëte, ne voulut pas bombarder Naples, s'empara de Caprée après un siége de quelques heures, et continua d'inquiéter les Français en interceptant tous les bâtiments. Ce fut Sidney Smith, qui, en 1807, lorsque Buonaparte eut déclaré que la maison de Bragance *avait cessé de régner*, transporta au Brésil le prince-régent de Portugal et sa famille. Depuis cette époque, il n'a pas été employé, et il a presque toujours résidé sur le continent. On attribue sa disgrâce à des liaisons avec la princesse de Galles. Son nom a été cité plusieurs fois dans le procès de cette princesse. En septembre 1814, il fut chargé par plusieurs sociétés anglaises de se rendre au congrès de Vienne pour solliciter l'abolition de la traite des Nègres et provoquer une espèce de croisade contre les pirates d'Alger et de Tunis; mais il n'obtint aucun succès. Cependant, depuis ce temps il n'a pas cessé de s'occuper de son plan favori; et il a formé à Paris, où il réside depuis quelques années, une association *anti-pirate*, dont il est président et dont les membres portent le nom de *Chevaliers libérateurs des esclaves blancs en Afrique*. Z.

SOBRY (JEAN-FRANÇOIS), commissaire de police à Paris, et membre de la société académique des sciences de cette ville, est né à Lyon, le 24 novembre 1743; il a publié: I. De l'*Architecture*, 1776, in-8º. II. Le *Mode français, ou Discours sur les principaux usages de la nation française*, 1786, in-8º. III. *Cantate patriotique pour l'année* 1790, in-8º. de 16 pages. IV. *Observations typographiques sur les caractères de l'imprimerie du Louvre, comparés avec ceux de Didot*, in-8º. de 24 pag. V. *Rappel du peuple français à la sagesse*, 1797, in-8º. VI. *Discours sur les réputations*, 1799, in-8º. VII. *Discours sur la maladie de la peur dans les enfants, et sur la parure chez les peuples républicains*, 1799, in-8º. VIII. *Mémoire pour les commissaires* de police de la ville de Paris, 1805, in-8°. IX. *Poétique des arts*, ou *Cours de peinture et de littérature comparées*, 1810, in-8°. X. *Extraits de l'Imitation de J.-C.*, mise en vers français par P. Corneille, 1802, in-8°. M. Ersch lui attribue: *Apologie de la messe*, 1797, in-8°., et M. Barbier, le *Nouveau machiavel*, ou *Lettres sur la politique*, 1788, in-8°, et *Thémistocle*, tragédie, 1797, in-8°.   Ot.

SOKOLNICKI (Michel) né dans la Grande-Pologne, se livra de bonne heure à l'étude des sciences exactes, et fut reçu à l'école militaire de Varsovie en 1777. Chargé, avec Jasinski, de l'établissement de l'école du génie à Wilna en 1789, il en dirigea les travaux, et fut ensuite envoyé, par le gouvernement de Pologne, dans le nord de l'Allemagne, en qualité d'ingénieur-hydrographe. A son retour en 1792, il fut employé à l'armée de Lithuanie. Ce fut là que, chargé de jeter avec la plus grande célérité un pont sur le Niémen pour le passage de l'armée, et réunissant les fonctions d'ingénieur, de conducteur des travaux, et de commandant militaire, il improvisa et exécuta en cinq jours un pont de radeaux en forme d'arc flottant, sur lequel toute l'armée passa avec son artillerie, et qu'on put ensuite détruire en un instant, en retirant l'unique bateau qui servait de clef à cette espèce de voûte. Il concourut bientôt à l'insurrection de 1794 dans la Grande-Pologne, où il forma un régiment de chasseurs, auquel Kosciusko joignit un régiment de ligne, dont il le fit également le chef. Se trouvant ainsi à la tête d'une légion de six mille hommes, Sokolnicki se distingua particulièrement dans la Prusse occidentale sous Dombrowski, dont il commandait l'avant-garde, et il fut promu au grade de général-major. Il partagea ensuite le sort de son cousin et ami Zakrewski, président du grand-conseil, qu'il suivit lors de son arrestation à St.-Pétersbourg, où il fut détenu jusqu'à l'avènement de Paul Ier. De retour dans ses foyers, il se hâta d'accourir à l'appel de ses compagnons d'armes en Italie; s'étant d'abord rendu à Paris, il y proposa la formation sur le Rhin d'un bureau de recrutement pour les légions polonaises; il eut ensuite, dans la nouvelle légion du Danube, le commandement de l'infanterie, avec laquelle il fit les campagnes de 1800 et de 1801 en Allemagne. Le général Kniaziewicz le nomma son commandant en second; et lors de la réorganisation des corps polonais en Italie, il devint général de brigade. Au milieu d'un service actif, il composa plusieurs Mémoires relatifs aux sciences et aux arts utiles, qui furent très bien accueillis. Après l'évacuation de la Gallicie par les Autrichiens, le général Sokolnicki fut nommé, en 1809, gouverneur de Cracovie. En 1811, il publia de nouveaux Mémoires relatifs à un instrument auquel il donna le nom de *Géodésigraphe*. Employé dans la campagne de Russie en 1812, il excita les Polonais à seconder les Français, et il adhéra, le 14 juillet, à la confédération de Wilna. Il était sous les murs de Paris en 1814, lorsque cette capitale fut assiégée par les alliés; et ce fut à lui que les élèves de l'Ecole polytechnique durent leur salut, lorsqu'ils allaient être enlevés avec les retranchements qu'ils défendirent si courageusement. Le général Sokolnicki quitta le service de France en 1814, et il escorta à Varsovie les dépouilles mortelles du prince Joseph Poniatowski, retrouvé dans l'Elster. Parmi ses ouvrages imprimés, nous indiquerons: I. *Lettre* (du 1er août 1811) à *M. Girard*, sur l'utilité d'établir un réservoir d'air comprimé sous l'ajutage des jets-d'eau. II. *Lettre* (du 11 août 1811) *au sénateur Fossombroni*, sur une trombe hydraulique applicable au desséchement des grands marais dépourvus de pente naturelle, in-4°., fig. III. *Notice historique sur un canal de desséchement exécuté en Pologne en 1780* (lue à la société d'encouragement en l'an XII, 1804), in-4°. IV. *Lettre sur un pont militaire exécuté à Grodno sur le Niémen en (mai) 1792* (insérée dans le *Journal militaire* de Milan, et dans le N°. 200 de la *Bibliothèque britannique*), in-4°. fig. Ces quatre opuscules ont été réimprimés à Paris en un vol. in-4°. V. *Coup-d'œil sur le canton d'Elberfeld dans le grand-duché de Berg*, 1814, in-8°. (inséré dans les *Annales des Voyages*, tom. XV, pag. 214.) Un anonyme a fait imprimer: *Journal historique des opérations militaires de la 7e. division de cavalerie légère polonaise faisant partie du 4e. corps de la cavalerie de réserve, sous les ordres de M. le général Sokolnicki*, depuis la reprise des hostilités au mois d'août 1813, jusqu'au passage du Rhin au mois de novembre de la même année, rédigé sur les minutes autographes par un témoin oculaire, 1814, in-8°. B. M.

SOLIGNAC (Le baron JEAN-BAPTISTE), né en 1770, s'était distingué dans les campagnes d'Italie, et particulièrement à Vérouette, lorsqu'il fut envoyé en Portugal avec le grade de général de division en 1808. Blessé grièvement à Vimiera, il obtint un congé pour se rétablir. En 1809, il reparut à l'armée, et poursuivit les insurgés dans la Navarre. Il se distingua encore au siége d'Astorga : bientôt après, il tomba dans la disgrâce de Buonaparte, et ne fut rappelé au service que lors de l'invasion des alliés. Au commencement de 1814, il fut pourvu du commandement de la place de Lille, qu'il défendit long-temps après la chute de Napoléon. Il reçut du Roi la croix de St.-Louis. Après le 20 mars 1815, la chambre des représentants le vit siéger dans son sein, et il y prit quelquefois la parole. Lorsqu'après la bataille de Waterloo, Buonaparte était près d'abdiquer, le général Solignac fut un de ceux qui contribuèrent, par leurs avis, à lui faire prendre cette résolution. Sa conduite, dans une circonstance aussi délicate, ayant été interprétée d'une manière défavorable, il en donna l'explication par la voie des journaux. Dans la lettre qu'il publia à ce sujet, il déclara qu'il se rendait au-delà de la Loire pour contribuer à la soumission de l'armée au Roi. Le général Solignac n'est plus en activité. C. C.

SOLILHAC (CHARROX DE) émigra au commencement de la révolution, et fut fait prisonnier par les républicains au commencement de 1793. Il se donna pour Allemand, s'enrôla dans la légion de Westermann, et passa parmi les royalistes à la bataille de Parthenay. Il devint officier dans leur armée ; et, après la défaite du Mans et de Savenay, il se rendit en Bretagne pour se réunir aux chouans. Après la première pacification, M. de Solilhac passa en Angleterre. En 1794, il revint en France, et se réunit à M. de Poisaye, qui lui donna le commandement des Côtes-du-Nord, en qualité de chef de division. Au mois de juin 1795, il fut arrêté à Rennes, et de là transféré à Cherbourg avec Cormatin, pour avoir manqué aux articles du traité de la Mabilais. Assez heureux pour se soustraire au danger qui le menaçait, M. de Solilhac vécut paisiblement jusqu'au retour du Roi. Après la seconde restauration, le département de la Haute-Loire, dans lequel il était maire de la commune de St.-Pollins, le nomma député à la chambre de 1815. Il y vota avec la majorité. Lors de l'organisation des cours prévôtales, il fut nommé prévôt de celle du département du Nord, à Douai. Réélu aux assemblées suivantes, il prit la parole, le 19 janvier 1818, sur la loi du recrutement, et vota son adoption, sauf quelques amendements. Il fit surtout l'éloge des Suisses, les présenta comme participant de la gloire française, et termina en disant : « Voilà les » nobles amis que l'on se plaît à désigner » sous le nom d'étrangers, et qu'on » voudrait exclure de nos rangs. » Dans la discussion du budget de 1818, M. de Solilhac donna à la chambre des explications sur une somme de 250,000 fr., demandée pour les pensions accordées aux Vendéens ; il saisit cette occasion de faire l'éloge de ses compagnons d'armes, et rappela les traités conclus par eux avec la république, traités qui allouaient une somme considérable aux armées royales, à titre d'indemnité. « Je vous » assure, dit-il en finissant, que cette » somme de 250,000 fr., qu'on vous de» mande, suffira à peine à payer les jam» bes de bois que l'on porte dans la Ven» dée pour la cause royale. » C. C.

SOLOMIAC (F.), homme de loi et administrateur du département de l'Aude, fut député de ce département à l'assemblée législative, en 1791 ; et de celui du Tarn à la Convention nationale, où il vota la détention de Louis XVI pendant la guerre, et son bannissement à la paix. Il ne passa point aux conseils. En 1800, il fut nommé juge au tribunal d'appel de la Haute-Garonne, puis conseiller à la cour impériale de Toulouse, fonctions qu'il exerçait encore en 1818. B. M.

SOLWYNS (F. BALTHASAR), artiste anglais qui, par une résidence de quinze ans dans l'Inde, a acquis une grande connaissance de ce pays, et a dessiné et gravé les mœurs et coutumes des Indiens. Par des circonstances particulières, cet ouvrage fut publié à Paris : il contient 288 dessins coloriés, dont 36 sont d'une grandeur double ; 300 exemplaires seulement furent imprimés, sous ce titre : Les *Hindous* ou *Description pittoresque des mœurs, coutumes et cérémonies religieuses de ce peuple*, 4 vol. atl. folio, 1808-1812. On a encore de lui : *Voyage pittoresque aux Indes orientales et à la Chine*, 1814, 2 vol. in-4°. Z.

SONNERAT (Alexandre), frère du naturaliste de ce nom, a publié : I. *Collection complète de ses œuvres de poésie*, 1806, in-12. II. *Quatrain à l'honneur du Roi de Rome*, dans les *Hommages poétiques* de Lucet). Ot.

SORBIER (Le comte Jean-Bartholomé), né le 17 novembre 1762, entra fort jeune au service et obtint un avancement rapide. Colonel d'artillerie en 1805, il commandait une des trois divisions de cette arme à la bataille d'Austerlitz, où l'artillerie eut tant de part à la victoire. Après cette campagne, il fut envoyé à l'armée de Dalmatie, et ce fut lui qui porta en 1807, au camp du grand visir, les conditions de l'armistice entre les Turcs et les Russes. Il fit la campagne d'Italie en 1809 comme général de brigade. Ses services, attestés par des blessures graves, lui valurent, peu de temps après, le grade de général de division. En 1811, il reprit le commandement de l'artillerie de la garde, et fit, comme tel, la campagne de Russie. Son nom se trouve honorablement cité aux batailles de Smolensk et de la Moskwa, et en 1813, il se signala encore aux batailles de Wachau et de Leipzig. En 1814, le Roi lui donna le grand-cordon de la Légion-d'honneur, le fit commandeur de St.-Louis, et inspecteur général d'artillerie. En mai 1815, le département de la Nièvre le nomma membre de la chambre des représentants, où on l'entendit, le 4 juillet, faire la singulière motion de livrer à l'impression les proclamations du Roi. « Un grand » nombre de bons citoyens, dit-il, sont » persuadés que le retour de Louis XVIII » ne sera signalé que par les actes d'une » bonté toute paternelle ; mais il faut » qu'ils sachent bien que les proclama- » tions dont il s'agit prouvent précisé- » ment le contraire. » Le général Sorbier fut admis à la retraite après le second retour du Roi. C. C.

SOUBEIRAN-SAINT-PRIX (Hector), homme de loi à Saint-Peray et administrateur du département de l'Ardèche, puis député à l'assemblée législative et ensuite à la Convention nationale, vota la mort de Louis XVI, avec sursis jusqu'à l'expulsion de tous les Bourbons : il avait auparavant voté l'appel au peuple. M. Soubeiran signa la protestation du 6 juin 1793 contre la tyrannie de la Montagne, et fut un des soixante-treize députés mis en arrestation et réintégrés en décembre 1794. Devenu membre du conseil des cinq cents, il en sortit en 1798 et y fut aussitôt réélu. Il cessa d'en faire partie lors de la composition du nouveau corps législatif, fut nommé juge au tribunal criminel de l'Ardèche, et quitta la France en 1816 comme régicide, pour se réfugier en Suisse. Il lui a été permis d'y rentrer en 1818. B. M.

SOUHAIT (J.), député des Vôges à la Convention nationale, où il vota la mort de Louis XVI en ces termes : « Je vote pour la mort, en qualité de » juge, c'est l'application de la loi. Com- » me mandataire du peuple, je deman- » de le sursis jusqu'à l'époque prochaine » de la ratification de la constitution » par le peuple, observant que cette » volonté, comme mandataire, est une » invitation à la Convention, d'ouvrir » la discussion sur cette question de » sursis, qui, par conséquent, est indé- » pendante du vote comme juge. » Devenu membre du conseil des cinq cents, il y parla assez fréquemment sur les finances et sur l'administration de la Belgique, et combattit l'établissement des impôts des barrières, du droit de passe et du sel. Le 8 septembre 1796, il fit une sortie violente contre M. Larivière, qu'il accusa, ainsi que ses adhérents, d'être les amis des rois. Il sortit du corps législatif en 1798, et devint un des receveurs des contributions directes du département du Nord. Il en exerçait encore les fonctions en 1816, lorsque la loi contre les régicides le força de sortir de France. Il se réfugia en Suisse. B. M.

SOUHAM (Le comte Joseph), né le 30 avril 1760 à Thile, servit comme cavalier au régiment de Royal-cavalerie, depuis 1782 jusqu'en 1787. Une taille gigantesque (il a six pieds deux pouces), une force prodigieuse, une bravoure à toute épreuve, beaucoup d'esprit naturel, quoiqu'il fût dépourvu d'instruction, lui donnèrent une certaine influence dans son pays au commencement de la révolution, et le portèrent rapidement aux premiers grades militaires. En 1794, il fut employé à l'armée de Pichegru, et y servit avec distinction. Outre un grand nombre d'occasions où il se distingua, la victoire de Mont-Cassel, la prise de Courtray, les avantages obtenus à Moëscroen, à Hooglède, et à Pufflech, lui furent dus en grande partie. Les représentants du peuple, piqués du peu d'égards qu'il leur témoignait, exigèrent pour se venger, qu'on le chargeât de l'attaque de Nimègue, regardée comme très difficile; mais il fut assez heureux pour réussir, et cette place tomba en son pouvoir le 8 novembre 1794. Il continua de servir avec le même zèle, fut nommé, en septembre 1796, commandant en chef des départements réunis, passa ensuite à l'armée du Rhin, et y servit encore avec succès en 1800 sous Moreau. En 1804, il se trouva compromis dans l'affaire de ce général, et fut enfermé au Temple, où il resta pendant quelques mois. Il en sortit ensuite, mais ne fut pas employé jusqu'en 1808, époque à laquelle il fut envoyé en Espagne, battit les insurgés à Olat et s'empara de cette ville. Il se distingua encore le 20 février 1810 au combat de Vich, où il reçut un coup de feu. Après la défaite de Salamanque, il prit le commandement des restes de l'armée du Portugal, qu'il réunit à l'armée du Nord; et on lui dut en partie la levée du siége de Burgos. Envoyé en Allemagne, il passa le Rhin en janvier 1812, avec l'avant-garde du corps d'armée d'observation, se porta en avant, et combattit à Lutzen dans les premiers jours de 1813. Il fut alors nommé grand-officier de la Légion-d'honneur. Après l'échec éprouvé sous les murs de Berlin par le 3e. corps, le général Souham en prit le commandement, et fut blessé grièvement à la bataille de Leipzig. Le 23 avril 1814, MONSIEUR, en sa qualité de lieutenant-général du royaume, nomma le général Souham commandant de la 20e. division. Un an après, Buonaparte de retour en France, disgracia de nouveau ce général, qui ne reprit son commandement qu'après le second retour du Roi. Il a été nommé en 1816 inspecteur d'infanterie, et, le 12 août 1818, gouverneur de la 5e. division. B. M.

SOULANGE-ARTAUD (FRANÇOIS). *Voy.* ARTAUD, I, 115.

SOULÈS (Le comte JÉRÔME), né à Lectoure le 24 août 1760, entra comme simple soldat au régiment de Hainaut en 1776, et après avoir passé par tous les grades inférieurs, fit en qualité de chef de bataillon les campagnes des Pyrénées-Orientales et celles d'Italie de 1792 à 1799. En 1800, il était chef de bataillon de la garde consulaire; il fut fait chef de brigade en 1802, et général en 1805. Il combattit à Marengo, et reçut du général en chef un sabre d'honneur. Il se trouva plus tard aux batailles de Iéna, d'Eylau et de Friedland. Élu candidat au sénat par le département du Gers, il entra dans ce corps en 1807, fut nommé général de division en 1809, et présida en 1813 le collége électoral des Pyrénées-Orientales. Le comte Soulès fut un des signataires, au mois d'avril 1814, de l'acte de déchéance de Napoléon, et il fut nommé pair de France le 4 juin de la même année, puis chevalier de St.-Louis. Il n'accepta point de place pendant les cent jours de 1815, et, en conséquence, fait encore partie de la chambre des pairs. C. C.

SOULIER (Le baron JEAN-ANTOINE), né le 27 février 1766, fit les guerres d'Espagne, d'abord comme colonel d'infanterie, et devint général de brigade le 6 août 1811. Il prit part à la prise de Bilbao le 27 août de l'année suivante. Après avoir battu en avant de cette ville, les généraux le Marquesito et Longa, il opéra sa jonction avec le général en chef Caffarelli. Le rapport officiel de cette affaire donna les plus grands éloges à la bravoure du général Soulier. Il reçut le grade de commandant de la Légion-d'honneur le 28 juin 1813, et celui de chevalier de Saint-Louis le 10 décembre 1814. En juin 1815, il fut employé à la deuxième division des gardes nationales du 7e. corps de l'armée des Alpes; il fut mis à la demi-solde après le licenciement. C. C.

SOULIGNAC (J.-B.), député de la Haute-Vienne à la Convention nationale, vota la détention et le bannissement de Louis XVI sous peine de mort. Sur le second appel, il s'exprima ainsi: « On » ne m'a pas dit: sois législateur et ju- » ge; on m'aurait mis dans la main l'ar- » me des tyrans. Le sultan n'est un des- » pote affreux que parce qu'il fait la loi » et juge en même temps. J'opine donc » franchement et irrévocablement d'a- » près ma conscience, et je dis: oui. » Il fut un des soixante-treize députés mis en arrestation sous Robespierre, et réintégrés après la chute du tyran. Il passa ensuite au conseil des cinq cents, fut élu membre de la commission chargée de faire le rapport sur l'affaire de Drouet, puis nommé secrétaire, le 19 juin 1796, et présenta un rapport sur l'organisation de la haute-cour de Vendôme. Le 19 mai 1798, il fut présenté comme candidat pour la place de commissaire de la comptabilité nationale, et fut nommé, en mai 1800, juge au tribunal d'appel de la Haute-Vienne. Maintenu conseiller à la cour royale de Limoges, il en exerce encore les fonctions.   B. M.

SOULT (Nicolas), duc de Dalmatie, né, en 1769, à St.-Amand (départ. du Tarn), s'engagea, à l'âge de 16 ans comme soldat, dans un régiment d'infanterie, et passa, en 1790, comme sous officier, dans un bataillon de volontaires du Haut-Rhin. Devenu adjudant-major, il fut ensuite adjoint, puis chef d'état-major à l'armée de la Moselle, et fit, en cette qualité, dans la division du général Lefebvre, les campagnes de 1794 et 1795 aux armées de la Moselle et de Sambre-et-Meuse. Il se montra, à cette époque, un des partisans les plus enthousiastes des mesures révolutionnaires. Nommé général de brigade en 1796, il passa ensuite en Italie comme général de division, eut le commandement militaire de Turin, fit la campagne de 1799 contre les Austro-Russes, se trouva renfermé, avec Masséna, dans Gênes, où il fut blessé et fait prisonnier dans une sortie. La victoire de Marengo ne tarda pas à lui fournir une occasion de rentrer en France. Les preuves de talent et de courage qu'il avait données dans différentes occasions, ayant appelé sur lui l'attention et les faveurs du gouvernement dont Buonaparte était devenu le chef, il fut nommé au commandement d'un corps d'observation dans le royaume de Naples. Il devint l'un des généraux commandant l'infanterie de la garde des consuls, accompagna Buonaparte à Bruxelles en 1803, fut nommé commandant du camp de Saint-Omer, puis maréchal de France après l'établissement du trône impérial. En septembre 1804, il obtint la quatrième cohorte de la Légion-d'honneur, et fut décoré du cordon-rouge 1er février 1805. Ce fut lui qui, de Boulogne où il commandait au commencement de 1805, annonça au gouvernement que les Anglais venaient de verser sur le rivage des balles de coton infectées de la peste, afin de porter ce fléau en France, se faisant ainsi l'instrument d'une jonglerie politique tendant à exaspérer les Français contre l'Angleterre. Le maréchal Soult commanda ensuite une des divisions de la grande armée dans la campagne d'Autriche, passa le Rhin à Spire le 26 octobre, pénétra dans la Souabe, passa le Danube à Donawerth, marcha sur Augsbourg dont il prit possession, et s'empara de Memmingen, qui lui fut honteusement rendu par le général Spangen. En novembre, il fit tourner la droite de l'ennemi, et contribua, par ses manœuvres, au succès du combat de Interdsorff. A la bataille d'Austerlitz, il eut le commandement du centre de l'armée, et contribua, par une attaque vigoureuse et faite à propos, au succès de la journée. En octobre suivant, il se fit remarquer à Iéna par son mouvement contre le centre de l'armée prussienne; et, à Eylau, il réussit à contenir le général Benningsen. Peu de temps après la paix de Tilsitt, il fut désigné pour prendre un commandement en Espagne, où il attaqua, le 10 novembre 1808, l'armée d'Estramadure avec le deuxième corps, la mit en déroute, et s'empara de Burgos, occupa ensuite Santander, et poussa des partis jusque dans les Asturies. Chargé, par Buonaparte, d'observer l'armée anglaise du général Moore à Salamanque, il fut prévenu par le mouvement rétrograde de ce général, qu'il poursuivit alors, mais par une marche lente et des attaques sans vigueur. Ayant ensuite livré bataille aux Anglais retranchés sous les murs de la Corogne, il fut repoussé, et ne put, malgré la mort de leur général, s'opposer à leur embarquement. L'invasion du Portugal, qu'il entreprit plus tard, fut d'abord marquée par quelques succès, et il prit d'assaut les retranchements qui couvraient Oporto, dont les habitants furent livrés au pillage. Soult rétablit l'ordre; mais, au lieu de continuer ses opérations avec la même vigueur, il ne parut occupé que de projets d'ambition; et, ce que personne ne voulut croire en France, il songea sérieusement à se faire nommer roi, sous le nom de Nicolas 1er. Ce plan ayant échoué, quelques-uns de ses officiers furent arrêtés et éloignés par ordre de Buonaparte; ce qui est véritablement étonnant, c'est

26

que lui-même conserva le commandement, et ne parut rien perdre de sa faveur. Mais, pendant ce temps, une armée anglaise marchait contre lui : il fut surpris au passage du Douro ; et, près d'être fait prisonnier dans Oporto, il ne trouva de salut que dans une retraite précipitée, sacrifiant son artillerie et ses bagages dans des routes impraticables, où il engagea ses soldats, qui arrivèrent en Galice exténués et dans l'état le plus déplorable : mais il avait sauvé la plus grande partie de son armée par cette retraite désespérée, où il montra autant de fermeté que de résolution. Il arriva très à propos pour faire lever le blocus de Lugo, et occupa la Galice conjointement avec le maréchal Ney. Joseph Buonaparte ayant perdu la bataille de Talaveyra, le maréchal Soult marcha à son secours avec son corps d'armée réuni à ceux de Ney et de Mortier ; et, à son approche, Wellington, abandonné par le général Cuesta, se retira en Portugal. Buonaparte nomma Soult major-général des armées françaises en Espagne ; et ce fut sous sa direction que Joseph gagna la bataille d'Occana le 19 novembre 1809. Il fut chargé alors de la conquête de l'Andalousie, força les passages de la Sierra-Morena, et marcha sur Séville dont il s'empara ; mais il ne put se rendre maître de Cadix, et dès ce moment la conquête de l'Andalousie fut précaire. Faisant alors une diversion sur la Guadiana pour favoriser l'occupation du Portugal par Masséna, il s'empara, le 11 mars 1811, de Badajoz qui est la clef de la Guadiana, et y laissa garnison pour rentrer dans l'Andalousie. Les alliés étant venus en faire le siége, Soult s'avança, le 16 mai, pour leur livrer bataille à Albuera ; il y fut repoussé avec perte par le maréchal Beresford. Le corps de Marmont l'ayant joint, le siége fut levé, et Soult envoya une partie de ses forces pour disperser l'armée de Murcie, se maintenant ainsi, pendant plus de deux ans, dans le midi de l'Espagne, avec cinquante mille hommes qui y trouvèrent l'abondance aux dépens des malheureux habitants des provinces de Xérès, de Cordoue, Séville, Grenade et Jaen. S'il faut juger de ce que ces habitants eurent à souffrir par le tableau qu'ils en font encore, l'état florissant de l'armée du maréchal, dont on admirait la belle tenue, fut dû surtout à la rigueur excessive qu'il déploya dans l'étendue de son gouvernement. Le système des réquisitions en nature, de toute espèce, y fut complètement organisé, et produisit des sommes énormes. Des magasins immenses furent formés sur différents points ; et, à l'époque de l'évacuation, tous ces magasins furent vendus. Pendant les opérations qui précédèrent la bataille de Salamanque, Joseph Buonaparte, craignant d'être forcé d'abandonner Madrid, dépêcha successivement trois officiers-généraux pour déterminer Soult à venir à son secours. Mais ce maréchal ne pouvait s'éloigner qu'à regret de ces riches contrées ; il hésita quelque temps, et promit de détacher le corps du comte d'Erlon. Se trouvant bientôt lui-même sans appui dans une position isolée, après la bataille de Salamanque, perdue par le maréchal Marmont, il évacua enfin l'Andalousie, traversa les pays les plus riches, ceux où le fléau de la guerre ne s'était point encore appesanti, et, partout, leva encore d'énormes contributions. Toutes les armées françaises d'Espagne, à l'exception de celle du maréchal Suchet, s'étant concentrées à Burgos, lord Wellington entra en Portugal, et Soult fut appelé en Allemagne par Napoléon, dont le trône commençait à chanceler. La perte de la bataille de Vittoria ayant exposé les frontières de France du côté de Baïonne, le maréchal fut envoyé dans cette ville pour y prendre le commandement des débris de deux armées. Il eut bientôt organisé une force imposante, marcha, à deux reprises, pour délivrer Pampelune, et, deux fois, fut repoussé. Réduit à défendre notre propre territoire, il ne put empêcher le duc de Wellington de s'établir entre la Nivelle et l'Adour. Cependant il défendit avec beaucoup de vigueur son camp retranché de Baïonne, attaquant lui-même, mais sans succès, les positions fortifiées de l'ennemi ; ce qui donna lieu, en décembre 1813, à deux journées meurtrières, connues sous le nom de batailles de l'Adour. Les Anglais ayant manœuvré sur la gauche du maréchal pour tourner sa position, il s'ensuivit une nouvelle bataille à Orthès, le 27 février 1814, où le maréchal fut défait, et forcé de se replier par la route de Tarbes, dans l'intention de couvrir Toulouse ; ce qui, laissant Bordeaux à découvert, amena les événements, à la suite desquels les Bourbons y furent reconnus. (*Voy.* ANGOU-

LÊME, duc d'). Ce fut vers cette époque que le maréchal Soult fit une proclamation virulente, qui le plaçait parmi les plus zélés défenseurs de la cause de Buonaparte. Arrivé sous les murs de Toulouse, il y éleva des retranchements, et le 10 avril, onze jours après l'entrée des alliés à Paris, livra cette sanglante et inutile bataille, après laquelle, ayant été forcé dans ses positions, il abandonna la ville aux alliés, opérant sa retraite vers Castelnaudary. (*Voy.* WELLINGTON.) Le maréchal Soult fut ainsi un des derniers à donner son adhésion à la déchéance de Buonaparte et au rétablissement de la maison royale. Le Roi, toutefois, le décora du grand cordon de St.-Louis, et lui confia le commandement de la 13e. division, c'est-à-dire le gouvernement de la Bretagne. Le maréchal Soult, républicain sous la république, courtisan et partisan du despotisme sous Buonaparte, parut royaliste après la restauration. Ce fut lui qui provoqua l'érection d'un monument consacré aux mânes des émigrés massacrés à Quiberon. Dans cette démarche, si contraire à ses anciennes inclinations, on entrevit le dessein formé de s'approcher du trône à la faveur de sentiments affectés. Il paraît certain aujourd'hui que ce fut par des ressorts habilement cachés, qu'il se fit appeler au ministère de la guerre le 3 décembre 1814. Son début fut de compromettre l'autorité royale dans l'affaire d'Excelmans (*Voy.* EXCELMANS). Au lieu d'adoucir ou de calmer les militaires, il les irrita par des mesures rigoureuses et intempestives. Dans le conseil, sa rudesse et ses desseins voilés excitèrent la défiance des ministres que l'opinion désignait comme les chefs du parti constitutionnel. Ils savaient que le maréchal aspirait à se débarrasser de la Charte, comme d'un lien nuisible à l'action du gouvernement. Enfin, montrant sa vive impatience de faire revivre le système belliqueux de son ancien maître, il adressa ces paroles au Roi en plein conseil : « Sire, dites un mot, et » vous aurez 400 mille baïonnettes pour » soutenir vos prétentions au congrès de » Vienne. » Aux approches du 20 mars, les défiances devinrent générales sur le maréchal ministre, surtout au moment où éclata la conspiration du Nord conduite par Drouet et Lefebvre-Desnouettes. Dénoncé alors à la chambre des députés, il résigna le portefeuille et fut remplacé par le duc de Feltre peu de jours avant la catastrophe. Quand on le vit ensuite accepter de Buonaparte la dignité de pair et les fonctions de major-général, les doutes qu'avait fait naître sa conduite ambiguë, parurent tout-à-fait éclaircis. Il signala son arrivée à l'armée, la veille de l'ouverture de la campagne, par un ordre du jour, où il mêlait, à des exhortations de fidélité envers le gouvernement impérial, des invectives contre la famille des Bourbons. Il combattit à Fleurus et à Waterloo, sans toutefois paraître exercer l'influence qu'auraient pu lui donner son expérience et ses talents. Quand les débris de l'armée se replièrent sur Paris, et que les alliés commencèrent à investir cette ville, le maréchal Soult, dans les différents conseils de guerre tenus pendant cette crise, fut d'avis de ne point défendre la capitale, et de se retirer au-delà de la Loire. Il y suivit l'armée après la capitulation, et alla ensuite se confiner au château de Malzieu, dans le département de la Lozère, chez M. Brun de Villeret, son ancien aide-de-camp. Dès qu'on le sut dans cette retraite, la garde nationale des environs s'y porta pour l'arrêter et le conduisit à Mende, où il resta détenu jusqu'à ce qu'un ordre du Roi le fit mettre en liberté. Peu de jours après, il fut compris dans l'ordonnance du 24 juillet. Se voyant banni, le maréchal Soult publia un mémoire, où il chercha à repousser l'imputation de trahison élevée contre lui à l'occasion du retour de Buonaparte; il y affirma que, dans le sein de la commission du gouvernement provisoire et en présence des généraux, il n'avait pas hésité, après la seconde abdication de Buonaparte, à proclamer les droits des Bourbons. Contraint, en février 1816, de sortir du royaume, il se retira à Dusseldorf, patrie de sa femme. — SOULT (Le baron Pierre-Benoît), frère du précédent, né le 19 juillet 1770, était colonel du 25e. régiment de chasseurs en 1804. Devenu général de brigade, il fit la guerre d'Espagne en 1808 et 1809, et s'y distingua au passage du Tage. En octobre 1812, il attaqua les montagnards des Alpuxaras, et les battit à Pietra. Ses services furent récompensés par le grade de général de division, auquel il fut élevé le 3 mars 1813. Il commanda la cavalerie sous les ordres de son frère, pendant la campagne des Pyrénées, au camp retranché de Bayonne, à Orthès et à Toulouse. En 1814, il reçut du Roi la croix de St.-Louis, et fut fait, le 17 janvier 1815, grand-officier de la Légion-d'honneur. Après le 20 mars, il fut nommé inspecteur-général dans les 9e., 10e., 11e. et 20e. divisions. Il est en demi-activité de service depuis le licenciement.   P.

SOUMET (ALEXANDRE), jeune poète, né à Toulouse vers 1780, fut auditeur sous le gouvernement impérial, et publia dès-lors des poésies remarquables par la grâce et la verve, et dont la plupart ont obtenu des couronnes académiques. On a de lui: I. *L'Incrédulité*, poëme en trois chants, 1810, in-18, deux éditions. II. *A Napoléon-le-Grand et à Marie-Louise*, 1810, in-8º. III. La *Naissance du roi de Rome*, ode qui a remporté le prix extraordinaire des jeux floraux (dans l'*Appendice aux Hommages poétiques* de Lucet). IV. *Les Embellissements de Paris*, 1812, in-8º. V. *La Découverte de la vaccine*, poëme couronné par l'Institut, 1815, in-8º. VI. *Les Derniers moments du chevalier Bayard*, poëme couronné par l'Institut, 1815, in-8º. VII. *Oraison funèbre de Louis XVI*, 1817, in-8º. M. Soumet s'occupe d'un poëme épique dont le sujet est *Jeanne d'Arc*; il en a lu des fragments dans une séance des jeux floraux, dont il est un des maîtres.   OT.

SOUQUES (FRANÇOIS-JOSEPH), fut élu deux fois membre du corps législatif par le département du Loiret, et il faisait partie de cette assemblée en 1814, à l'époque de la déchéance de Buonaparte, à laquelle il adhéra. Il parla, le 9 août, en faveur de la liberté de la presse. « Si » nous ne prenons pas la constitution à » la lettre, dit-il, il n'y aura pas plus de » sûreté pour l'avenir que pour le passé. » Si l'on n'imprime pas en France, on » imprimera dans les pays voisins. Les » censeurs de Buonaparte étaient des » hommes éclairés, honnêtes; cependant » ils allèrent plus loin que la Sorbonne » elle-même. Il le leur reprocha publiquement; mais ils savaient interpréter la pensée, et suivirent toujours » la même marche. Vous craignez les » brochures! Le *Cabinet de Saint-* » *Cloud*, le plus odieux des libelles, » n'est-il pas en deux volumes? Quant » aux journaux, s'ils sont sans liberté, » ils seront sans couleur et voués à la » timidité. » Le 22 octobre, M. Souques monta à la tribune pour répondre à un article inséré dans une feuille périodique, et qui donnait une fausse interprétation à un acte par lequel la chambre avait rejeté la proposition de distribuer à ses membres le rapport de la commission sur le projet de loi relatif aux biens non vendus des émigrés. M. Souques prit, à cette occasion, la défense d'un de ses collègues, M. Bedoch, dont la conduite et le caractère, dit il, s'élevaient bien au-dessus des misérables attentes qui lui étaient portés dans cette même feuille. Lorsqu'une chambre de représentants fut convoquée en 1815, M. Souques fit partie de la députation de son département, composée presque toute entière des mêmes membres que la précédente. Il professa, dans cette assemblée, les mêmes principes. Le retour du Roi ayant dissous cette assemblée, il ne fut point réélu. M. Souques a fait représenter en 1816, au théâtre de l'Odéon, sous le nom de St.-George, une comédie en cinq actes, intitulée: Le *Chevalier de Canolle*, ou *Un épisode de la Fronde*, qui a été très bien accueilli. On assure qu'encouragé par ce succès, il a depuis fait recevoir, au Théâtre-Français, une autre comédie intitulée: *Orgueil et vanité*.   C. C.

SOURDAT (DE), connu sous le nom de *Carlos*, est né à Troies, et doit une partie de sa fortune à Grosley, dont la Vie contient des détails curieux sur l'adoption qu'il fit du jeune Sourdat, encore écolier. Celui-ci fut agent de M. Leveneur en 1793, et, en 1796, chef des royalistes de Touraine. Sa finesse et son inviolable discrétion lui acquirent bientôt la confiance des royalistes du dehors et du dedans. Impliqué dans l'affaire de Lavilheurnois en 1797, il fut acquitté. Il contribua ensuite à l'évasion de Sidney Smith, et, dans l'insurrection de 1799, devint aide-de-camp de M. de Bourmont, et son secrétaire particulier. Il joua un rôle en 1801 dans l'affaire de l'enlèvement de Clément de Ris, entra, en 1806, dans l'état-major de l'armée française de Naples, se distingua à la prise de Capraïa, reçut le cordon de l'ordre des Deux-Siciles, et le brevet de lieutenant-colonel. M. de Sourdat était employé en 1817 comme officier d'état-major de la place à Paris; et il se trouvait en cette qualité, dans le mois de novembre, au cortège du Roi, lorsque S. M. se rendit à la cathédrale pour la messe du Saint-Esprit. Son cheval s'étant abattu, il eut la jambe cassée, et fut admis à la retraite quinze jours après cet accident. P.

SOURIGUIÈRE SAINT-MARC, né aux environs de Bordeaux, s'est fait connaître par plusieurs pièces de théâtre, et surtout par l'énergie qu'il montra après le 9 thermidor contre les Jacobins. Il fut alors l'auteur des strophes intitulées : *Le Réveil du peuple*, et il rédigea ensuite, concurremment avec M. Beaulieu, le journal intitulé, le *Miroir*, qui les fit condamner l'un et l'autre à la déportation. De retour de son exil, M. Souriguière s'est fixé à Paris. On a de lui : I. *Cécile ou la reconnaissance*, 1796. II. *Myrrha*, tragédie, 1796. III. *Octavie*, tragédie, 1806, in-8°. IV. *Vitellie*, tragédie, 1806, in-8°. V. *Second réveil du peuple*, 1814, in-8°. U.

SOUSA-BOTELHO (Dom JOSEPH-MARIE baron DE), ancien ambassadeur de Portugal à la cour de Berlin, était à Paris, avec le même titre, en mars 1804. Il adressa à cette époque, au ministre des relations extérieures de France, une lettre de félicitation sur la découverte de la correspondance du ministre anglais près la cour de Munich, M. Dracke, en priant le ministre français de croire *à la profonde douleur qu'il éprouvait par la profanation du caractère sacré d'ambassadeur*. Ce fut vers le même temps que M. de Sousa épousa Mme. de Flahaut. Il a donné une nouvelle et magnifique édition de la *Lusiade*, avec une *Vie* du Camoëns et un *Jugement* sur ce poëme, Paris, Didot, 1817, in-fol., avec fig., gravées d'après les dessins de Gérard. (*V.* sur ce chef-d'œuvre de typographie, le *Journal des Savants* de 1818, pag. 387). — SOUSA (La baronne *Filleul* DE), née femme du précédent, avait épousé, en premières noces, le comte de Flahaut, qui mourut dans les premières années de la révolution. Mme. de Flahaut habitait alors Paris, et elle paraissait très attachée à l'ancienne monarchie. M. de Bertrand-Moleville parle, dans ses mémoires, avec éloge, de sa conduite sous ce rapport, et des services particuliers qu'elle lui rendit. Cette dame a publié, sous son premier nom, des romans fort estimés pour les grâces du style et la peinture des sentiments. Son fils a été aide-de-camp de Buonaparte (*Voyez* FLAHAUT). Les ouvrages de Mme. de Sousa sont : I. *Emilie et Alphonse, ou le Danger de se fier à ses premières impressions*, 1799, 3 vol. in-12; 1805, 2 vol. in-12. II. *Adèle de Senange*, 1798, vol. in-12; 1805, in-12. III. *Charles et Marie*, 1802, 2 vol. in-12. IV. *Eugène de Rothelin*, 1808, 2 vol. in-12. V. *Eugénie et Mathilde, ou Mémoires de la famille du comte de Revel*, 1811, 3 vol. in-12. D.

SOUTHEY (ROBERT), poète lauréat de Windsor, est né à Bristol, le 12 août 1774, d'un marchand de toiles, entra, en 1787, à l'école de Westminster, et y fut censuré, en 1790, comme complice de la rébellion contre le docteur Vincent son maître. Il se rendit, en 1792, au collége de Baliol à Oxford dans le dessein de se faire ecclésiastique; mais il en fut détourné par les principes révolutionnaires qu'il adopta avec tant de chaleur, qu'il résolut, avec ses amis Lovell et Coleridge, d'aller s'établir sur les bords du Susquehannah, dans l'Amérique septentrionale, et d'y fonder une république. Ce projet d'utopie échoua bientôt faute de moyens pécuniaires. En 1795, M. Southey accompagna en Portugal le docteur Hill, son oncle, chapelain de la factorerie anglaise de Lisbonne. En 1801, il fut nommé secrétaire par Isaac Corry, chancelier de l'échiquier d'Irlande. Lorsque ce dernier eut quitté son emploi, M. Southey abandonna aussi l'Irlande, et se retira en Angleterre dans une chaumière, près de Keswick, avec la veuve de son ami Lovell, et la femme de Coleridge, qui toutes deux étaient sœurs de sa femme. En 1813, il fut nommé poète lauréat. Il a publié : I. *Jeanne d'Arc*, poëme épique, 1796, in-4°. (*V.* l'article JEANNE D'ARC, dans la *Biogr. univers.*, XXI, 518.) II. *Poëmes*, 1797, in-8°.; 4e. édition en 1809. III. *Lettres écrites pendant une courte résidence en Espagne et en Portugal*, 1797, in-8°.; elles sont entremêlées de traductions en vers de poètes espagnols et portugais. La manière de l'écrivain est vive et agréable. IV. *L'Anthologie annuelle, ou Collection de poésies diverses*, dont il fut l'éditeur et le principal auteur, in-8°., de 1799 à 1800. V. *Amadis des Gaules*, traduit de l'espagnol, 4 vol., 1803, in-12. VI. *OEuvres de Chatterton*, 3 vol., 1803, in-8°. *Thalaba le destructeur*, roman en vers, 2 vol., 1803, in-8°.; 2e. édition en 1809. VII. *Contes et autres poëmes*, 1804, in-8°. VIII. *Madoc*, poëme, in-

4°., 1805; 2ᵉ. édit. en 1809. IX. *Morceaux choisis des anciens poètes anglais, avec des Notices préliminaires*, 3 vol., 1807, in-8°. X. *Palmerin d'Angleterre*, traduit du portugais, 4 vol., 1807, in-8°. XI. *Lettres écrites d'Angleterre*, 3 vol., 1807, in-12, publiés sous le nom supposé de don Manuel Velasquez Espriella. XII. Les *Restes d'Henri Kirke White avec sa Vie*, 2 vol. in-8°., 1807; cet ouvrage a eu plusieurs éditions. XIII. La *Chronique du Cid Rodrigo Diaz de Bivar*, traduit de l'espagnol, in-4°., 1808. XIV. *Histoire du Brésil*, tom. Iᵉʳ., in-4°., 1810. XV. La *Malédiction de Kehama*, poëme, in-4°., 1811; 3ᵉ édition, 2 vol. in-12, 1813. XVI. *Omniana*, 2 vol. in-8°., 1812. XVII. *Vie de Nelson*, 2 vol., 1813, petit in-8°. XVIII. *Carmen triumphale*, 1814, in-4°. XIX. *Odes au prince-régent, à l'empereur de Russie et au roi de Prusse*, 1814, in-4°. XX. *Roderick le dernier des Goths*, poëme, 1814, in-4°.; 2ᵉ édition, 2 vol., 1815, in-12. XXI. *L'Angleterre et les Anglais, ou Petit portrait d'une grande famille*, 3 vol., 1817, in-8°. Ce dernier ouvrage rempli d'anecdotes a été traduit en français; l'auteur y traite fort mal ses compatriotes. XXII. *Wat-Tyler* (1), poëme, 1817. Cet ouvrage, composé depuis 20 ans, n'avait pas vu le jour; son auteur le destinait à rester toujours en portefeuille. Ce fut un mauvais tour que jouèrent à M. Southey ses ennemis, qui, parvenus à s'en procurer une copie, choisirent, pour publier un ouvrage où sont développés les principes de démagogie les plus outrés, l'instant où il écrivait avec véhémence en faveur de la cause ministérielle dans le *Quarterly Review*. On a cité, dans une séance du parlement, en mars 1817, un passage de ce poëme, très remarquable par le démagogisme. Z.

SOYER (JEAN-AIMÉ), maréchal-de-camp, né à Thouarcé (Maine-et-Loire), fut enfermé au château d'Angers en 1792, à cause de son attachement à la monarchie. Il s'échappa au moment où il devait être jugé, et passa dans la Vendée: on le nomma lieutenant de cavalerie à la formation d'une compagnie de volontaires qui fut toujours à la tête de l'armée royale. La Rochejacquelein l'éleva au grade de capitaine sur le champ de bataille. Il devint, après de nombreux combats, aide-de-camp, colonel, chef de division et major-général. A la bataille de Dol, il fut chargé d'enfoncer une des divisions ennemies, et la mit en fuite après un combat sanglant. Il était déjà couvert de cicatrices, lorsqu'il fut atteint de trois balles à Chavagne, où il commandait l'aile gauche de l'armée royale. Lorsque les Vendéens, usant de représailles, cessèrent de faire quartier aux prisonniers, le sort des combats ayant fait tomber entre ses mains quarante de ceux qui l'avaient persécuté, arrêté, et avaient incendié sa maison, il leur accorda la vie et la liberté, uniquement parce qu'ils avaient été ses ennemis personnels. Le Roi lui envoya la croix de St.-Louis le 1ᵉʳ. janvier 1796, et le confirma dans le grade de major-général. Il reçut de S. A. R. MONSIEUR des ordres datés de Londres le 10 mai 1800, qui le chargeaient de commander en second toutes les divisions de l'armée royale. Le prince joignit à ses instructions, les marques les plus honorables de sa satisfaction des services de cet officier et de ses deux frères. — SOYER (François), colonel, chevalier de St.-Louis, frère du précédent, a commandé, depuis 1793, une division dans l'armée royale. Brave jusqu'à la témérité, il a souvent affronté la mort. En 1815, il servit encore sous les ordres du général d'Autichamp. — SOYER (Louis), chevalier de Saint-Louis, frère des précédents, a été aide-de-camp de plusieurs généraux, et lieutenant-colonel dans l'armée royale. On cite de lui plusieurs traits de la plus rare bravoure. Fait prisonnier à l'affaire de Savenay, il fut conduit au château d'Angers. Pour se soustraire à une mort certaine, il se laissa tomber du faîte de la tour, où il était renfermé, dans les fossés du château, après avoir attaché le drapeau blanc au haut de cette tour; et ayant eu le bonheur de ne se faire aucun mal, il alla rejoindre l'armée royale. — M. SOYER l'aîné (René), ecclésiastique, frère des précédents, suivit les armées royales dans leurs différentes expéditions. Après la pacification, il fut desservant de la succursale de Vihiers, puis grand-vicaire de Poitiers. Il a été nommé évêque de Luçon, après le concordat de 1817. F.

SOYEZ (Le baron LOUIS-STANISLAS-

---

(1) Wat-Tyler était le chef d'une révolte qui éclata en Angleterre sous Richard II en 1381.

Xavier), né à Versailles le 21 mai 1769, entra au service en 1784. Une rare intrépidité le porta, dans les guerres de la révolution, aux premiers grades. Employé à l'armée d'Italie comme commandant de la 18e. légère, il y combattit contre les Russes ; et l'un des premiers, il contribua à détruire le prestige qui faisait regarder comme invincibles ces soldats du Nord. Général de brigade le 29 août 1803, il commandait l'arrière-garde du maréchal Serrurier, lorsqu'un corps russe attaqua la tête du pont de Lecco. Ce corps fut repoussé avec perte, et laissa huit cents hommes sur le champ de bataille. A l'affaire d'Arezzo, le général Soyez, avec une demi-brigade seulement, fit prisonniers un escadron de hussards et 1200 hommes d'infanterie. Il avait été nommé commandant de la Légion-d'honneur en 1804. Il fut créé chevalier de St.-Louis en 1814 ; et dans le mois de juin 1815, il commandait le département du Loiret. Il fut admis à la retraite après le retour du Roi. C. C.

SPENCER (George-John, vicomte Althorp, de), pair d'Angleterre, né le 1er. septembre 1758, descend de *Hugh Spencer* ou *le Despencer*, qui succéda à Gaveston, favori d'Edouard II, et fut connu jusqu'à la mort de son père, arrivée en 1783., sous le nom de lord *Althorp*. Il fit ses études à l'université de Cambridge, et visita ensuite les principales cours de l'Europe. A son retour, il fut élu membre de la chambre des communes, et n'entra dans celle des pairs qu'après la paix d'Amérique, lorsque la mort de son père l'eut mis en possession de ses titres et de ses biens. Descendu d'une famille Whig, élevé dans les principes de ses ancêtres, lord Spencer se rangea dans le parti de l'opposition ; mais la révolution de France ayant causé un schisme parmi les Wighs, il passa sous la bannière de Pitt, et devint président de l'amirauté. Ce fut sous son administration que lord St.-Vincent battit l'escadre espagnole, que Duncan s'empara de la flotte hollandaise, et que Nelson gagna la bataille d'Aboukir. A la retraite de W. Pitt, en 1802, il donna sa démission ; et en mai 1803, il se prononça contre la paix avec la France. Lord Spencer consacre ses loisirs aux lettres ; il a fait un recueil des variantes qui se trouvent dans les meilleures éditions des classiques grecs, latins et italiens. Il a deux belles bibliothèques, toutes deux ouvertes aux savants, et moins remarquables par le nombre des ouvrages que par le prix des exemplaires qui s'y trouvent. Le libraire Payne les estimait 25 mille livres sterling. Leur possesseur a donné 129 guinées pour un exemplaire de la première édition du Dante, imprimée en 1472 ; il refusa 13,000 livres sterling que Payne lui offrait pour quelques centaines d'exemplaires originaux des classiques italiens. Le catalogue de cette précieuse collection, en 3 vol. in-8°. (*Voy.* Dibdin), est lui-même un curieux morceau de bibliographie. Lord Spencer fut nommé ministre de l'intérieur lors des changements survenus dans le ministère après la mort de W. Pitt, puis grand-maître des postes et inspecteur-général des bois et forêts. Il est aujourd'hui conseiller-privé, l'un des gardiens du musée britannique, gouverneur des archives, membre de la société royale, etc. — Jean-Charles Spencer, vicomte Althorp, fils aîné du précédent, membre du parlement pour le comté de Northampton, est né le 30 mai 1782. Il fit, dans la séance du 31 mai 1815, une motion tendante à ce que la chambre examinât l'emploi d'une somme de 100.000 livres sterl., accordée au prince-régent pour payer ses dettes, au moment où il prit la régence. Cette motion, combattue par lord Castlereagh, mais vivement appuyée par MM. Tierney et Ponsonby, fut écartée par la majorité. Z.

SPONTINI (Gaspard), musicien-compositeur, est né à Miolati près d'Iési, ville de l'état romain, en 1778. A treize ans, il fut reçu élève au conservatoire de la Pietà à Naples. Au bout d'un an il fut nommé professeur de cette école fameuse. Des compositions de différents genres lui acquirent une telle réputation qu'à 17 ans il se vit enlever du conservatoire par le directeur des théâtres de Rome, où il donna son premier opéra *Spuntigli delle donne*. L'année suivante, il donna dans la même ville *Gli animanti in cimento* ; et à Venise, *L'Amor secreto*. Ces œuvres, suivies de l'*Isola disabitata*, drame de Métastase, et de l'*Eroïsmo ridicolo*, valurent à leur auteur une brillante réputation et surtout l'estime de Cimarosa, dont il fut pendant cinq ans le disciple et l'ami. Pendant le temps qui s'écoula depuis cette époque jusqu'à celle de son voyage en France, il fit représenter, tant à Naples qu'à Palerme, à Venise et à Rome : *La Fuga in Maschera; — i Quadri parlanti; — il Finto pittore; — gli Elisi delusi; — il Geloso e l'audace; — le Metamorfosi di Pasquale; — Chi più guar a meno ved..* M. Spontini vint ensuite chercher en France de nouveaux succès. il débuta à Paris par son opéra de la *Finta filosofa*, qui eut 30 représentations consécutives. Il donna ensuite à l'Opéra-Comique *La Petite maison* et *Milton*, puis au grand Opéra *la Vestale* en 1807, et *Fernand Cortez* en 1809. La *Vestale* obtint un double triomphe et comme tragédie lyrique et comme composition musicale, au concours des prix décennaux. M. Spontini fut nommé, quelque temps après, directeur du théâtre Italien à Paris; et jamais l'Opéra Buffa n'offrit une réunion de plus grands talents et ne fut mieux goûté en France. Lorsque cet établissement fut dissous par M.me Catalani, M. Spontini, fut dédommagé par d'autres grâces sous le gouvernement du Roi. S. M. lui a donné des lettres de naturalisation, une pension de 2 000 francs avec une gratification annuelle de six mille francs, et l'a nommé chevalier de la Légion-d'honneur et son compositeur dramatique ordinaire. M. Spontini est aussi décoré de l'ordre de Hesse-Darmstadt et membre de plusieurs académies. En 1817, lorsqu'on remit à l'Académie de Musique le bel opéra des *Danaïdes*, M. Spontini composa une bacchanale pour le premier acte. Ce morceau fut dédié au roi de Prusse, qui écrivit à l'auteur une lettre très flatteuse par laquelle il le nommait son maître de chapelle honoraire. Cette lettre était accompagnée de l'envoi d'une bague en diamants, portant le chiffre de S. M. prussienne.   C. C.

SPRENGEL (CURT), savant médecin allemand, professeur à l'université de Halle, est né à Boldskow en Poméranie le 3 août 1766. Il fut d'abord professeur de botanique à Halle, et y fut nommé, à la fin de 1789, professeur extraordinaire de médecine, et en 1808, maître en philosophie. Il est connu par un grand nombre d'ouvrages dont nous indiquerons seulement les principaux : I. *Specimen inaugurale sistens rudimentorum nosologiæ dynamicorum prolegomena*, Halle, 1787, in-8°. II. *De historiâ doctrinæ medicorum organicæ*, ibid., 1790, in-8°. III. *Historia litis de loco venæ sectionis in pleuritide seculo XVI imprimis habitæ*, ibid., 1793, in-8°., morceau curieux d'histoire littéraire médicale. IV. *Antiquitates botanicæ*, Leipzig, 1798, in-4°. avec 2 l. V. *Floræ Halensis tentamen novum*, ibid., 1806, in-8°. orné de 12 planches, avec un supplément (*Mantissa*) publié l'année suivante. VI. *Historia rei herbariæ*, Amsterdam, 1807-08, 2 vol. in-8°. C'est moins la bibliographie que l'histoire raisonnée de la botanique, classée par époques jusqu'à 1778. Six tables à la fin du volume facilitent les recherches ; les trois premières donnent les noms hébreux, arabes et grecs des plantes, dans les caractères de ces langues : il n'avait encore rien paru d'aussi complet en ce genre. VII. *Institutiones physiologicæ*, ibid., 1809-10, 2 vol. in-8°. Les ouvrages suivants sont en allemand : VIII. *Lettres sur le magnétisme animal, traduites du suédois et du français, avec des additions*, Halle, 1788, in-8. IX. *Nouvelles notices littéraires pour les médecins, les chirurgiens et les naturalistes*, n°. 1 à 4, Halle, 1788-89, in-8°. X. *Essai d'une histoire pragmatique de la médecine*, ibid., 1792-94, 4 parties in-8°. avec un supplément inséré dans l'*Almanach de médecine de Gruner*, pour 1794. XI. *Mémoires pour l'histoire de la médecine*, ibid., 1794-96, 3 parties in-8°. XII. *Manuel de pathologie*, ibid., 1795-97, 3 vol. in-8°. XIII. *Revue critique de l'état de la médecine dans le dernier siècle*, ibid., 1801, in-8°. XIV. *Introduction à la connaissance des plantes, en forme de lettres*, ibid., 1802-04, 3 vol. in-8°. avec fig. XV. *Histoire des principales opérations de chirurgie*, ibid., 1805, in-8°. XVI. *Essai d'une histoire pragmatique de la médecine*, ibid., 1800-03, 5 vol. in-8°. C'est moins une nouvelle édition du n°. X ci-dessus, qu'un nouveau travail, qui a fait le plus grand honneur à l'auteur. Cette Histoire, divisée par époques, est poussée jusqu'à l'an 1760, et terminée par un précis historique sur le magnétisme animal. On s'est empressé de traduire en français ce grand ouvrage. M.Ch. Fred. Geiger, médecin, publia en 1810, in-8°., à l'imprimerie impériale, la traduction du tome 1er., et cet Essai fut si mal reçu du public, que, quoique le traducteur ait fait imprimer une *Réponse* à la critique de M. Millin, insérée au *Magasin encyclopédique*, sa version n'a pas pu aller au delà du tom. II, qui parut en 1810. On a même prétendu qu'elle était le résultat du travail réuni de deux collaborateurs dont l'un savait l'allemand et l'autre était docteur de la faculté. Une deuxième traduction, publiée en 1815, 7 vol. in-8°. (*Voy.* JOURDAN, tom III, pag. 488), a réuni tous les suffrages. XVII. M. Curt Sprengel a traduit, d'allemand en latin, la *Médecine clinique* de Selle, Berlin, 1797, in-8°. XVIII. Il a traduit en allemand, de l'italien, le traité *De la maladie vénérienne*, de P. A. Penenotti di Cigliano, Leipzig, 1791, in-8°.; et (avec Gregorini) le *Voyage au Montamiata* en Toscane, de Santi. Halle, 1797, in-8°.; — du suédois (avec J. R. Forster), le *Voyage de Thunberg au Japon* (en abrégé), Berlin, 1791, in-8°.; et le traité *Des friandises* (Leckereyen), par Bengt Bergius, Halle, 1792, 2 parties in-8°.; — du hollandais, la *Description de l'Archipel*, par l'amiral Kingsbergen, Rostock, 1792, in-8°.; — du français, la *Nouvelle mécanique des mouvements de l'homme et des animaux*, par Barthez, Halle, 1800, in-8°.; — de l'anglais, la *Médecine domestique de Buchan*, Altenbourg, 1792 (1791), in-8°.; le *Naufrage du Grosvenor*, par Carter, Berlin, 1792, in-8°.; le traité *Sur la fièvre de la Jamaïque*, par R. Jackson, Leipzig, 1796, in-8°.; *Laurent de Médicis*, par W. Roscoe (avec des notes de J. R. Forster), Berlin, 1797, in-8°.; (avec G. Klestel) le *Traité des maladies vénériennes*, par Swediaur, ibid, 1799, in-8°.; le *Code de santé et de longue vie*, par J. Sinclair, Halle, 1808, in-8°., et il a orné toutes ces traductions de préfaces et de notes. XIX. Enfin, ce savant infatigable a enrichi de notes ou de préfaces plusieurs autres ouvrages, et a fourni aux journaux littéraires beaucoup d'articles de biographie ou de littérature médicale. T.

SPURZHEIM (GASPARD), docteur en médecine, est né à Longuiel, près de Trèves, le 31 décembre 1776. Il faisait ses études médicales à Vienne, lorsqu'en 1800, il assista, pour la première fois, à une leçon du docteur Gall sur la craniologie. Cette étude dès-lors eut beaucoup d'attrait pour lui; et, depuis ce moment, il n'a pas cessé de s'en occuper. En 1804, il s'associa à son maître pour faire des recherches particulières sur l'anatomie du cerveau. Ils quittèrent Vienne, en 1805, pour voyager; et ils ont continué de poursuivre, en commun, des recherches qui avaient pour but la connaissance la plus exacte de l'anatomie et de la physiologie du système nerveux. Depuis cette époque, M. Spurzheim a fait de nouvelles observations dans ses voyages en Angleterre, en Écosse et en Irlande. Il s'est attaché à réduire, dans les écrits qu'il a composés seul, à des forces primitives, les caractères et les actions d'après lesquelles on avait donné les noms aux organes. Il a publié en commun avec M. Gall : I. Les deux premiers volumes et la première moitié du troisième de l'ouvrage sur l'*Anatomie et la physiologie du système nerveux* (*Voyez* GALL). II. Un *Mémoire*, présenté à l'Institut de France, intitulé : *Recherches sur le système nerveux en général, et sur celui du cerveau en particulier*, suivies d'*Observations sur le rapport qui en a été fait à cette compagnie par les commissaires*, in-8°., Paris, 1809. III. *Système physionomique des docteurs Gall et Spurzheim, fondé sur un examen physiologique et anatomique du système nerveux en général, et de celui du cerveau en particulier; ainsi qu'une indication des dispositions et manifestations de l'esprit*, 2e édition, in-8°., Londres, 1815. IV. *Examen des objections faites en Angleterre contre les doctrines de Gall et de Spurzheim*, Édimbourg, 1817. V. *Observations sur les dérangements manifestes de l'esprit*, avec quatre gravures, in-8°. Londres, 1817. Ces trois ouvrages sont écrits en anglais. VI. *Observations sur la folie*, in-8°., Paris, 1818. VII. *Observations sur la Phrénologie ou la connaissance de l'homme moral et intellectuel, fondée sur les fonctions du système nerveux*, avec gravures, in-8°., Paris, 1818.   F. R.

STADION (Le comte PHILIPPE DE), d'une famille de la Haute-Rhétie très ancienne et très distinguée par les services qu'elle a rendus à l'Autriche, naquit à Mayence, le 18 juin 1763. Il fit ses études, avec son frère aîné (Frédéric), à l'université de Gottingue, et entra dans la carrière diplomatique sous le ministère de Kaunitz. Il n'avait que vingt-quatre ans lorsqu'il fut envoyé en Suède comme ministre d'Autriche ; c'était dans le moment où Gustave III faisait contre la Russie, en faveur des Turcs, une diversion que M. Razumowsky sut rendre nulle en fomentant une émeute dans l'armée suédoise. Après le couronnement de Léopold II, il fut ambassadeur à Londres ; mais Thugut fit négocier les principales affaires, avec le cabinet de St.-James, par le comte de Mercy-d'Argenteau, et le comte de Stadion ne tarda pas à se retirer. Il vécut dans ses terres en Souabe, et ne fut pas employé pendant tout le ministère de Thugut ; mais lorsqu'après la retraite de ce ministre en 1801, le prince de Trottmansdorff prit le porte-feuille, M. de Stadion fut nommé ambassadeur à Berlin, et, en 1805, à Pétersbourg, où il fut chargé de négocier la nouvelle coalition, tandis que M. de Metternich la négociait avec la Prusse. La paix de Presbourg en rompit les faibles liens ; le ministère autrichien fut changé, et le comte de Stadion appelé aux affaires étrangères. Il s'y maintint jusqu'en 1809 ; et, pendant cet intervalle, l'Autriche, ainsi que toutes les autres puissances, supporta la domination de Buonaparte jusqu'à ce qu'elle vit son existence menacée. On a attribué au comte de Stadion l'honneur d'avoir éveillé l'esprit public en Autriche, et d'avoir ainsi préparé l'indépendance de l'Allemagne. Il se rendit au quartier-général en 1805, et son frère Frédéric, alors ministre à Munich, eut l'intendance générale de l'armée. Après la paix de Presbourg, qui dépouilla l'Autriche d'une partie si considérable de sa puissance, M. de Stadion remit le porte-feuille au comte de Metternich, et se retira dans ses terres en Bohème. Lors du projet de la grande coalition, il fut rappelé au gouvernement pour la seconde fois ; après la bataille de Lutzen, il se rendit au quartier-général de l'empereur Alexandre et du roi de Prusse, et y négocia l'intervention de son souverain dans la guerre contre Buonaparte. Il prit ensuite part aux négociations de Francfort et à celles de Châtillon, enfin, à la paix de Paris en 1814. De retour en Autriche, il coopéra à la déclaration du congrès de Vienne, et se chargea du ministère des finances. G.

STAHREMBERG (Le prince LOUIS-JOSEPH-MARIE), né le 12 mars 1762, est le fils unique du prince Adam de Stahremberg, grand-maître de la cour, mort à Vienne le 20 avril 1807. Le prince Louis de Stahremberg était alors à Londres en qualité d'ambassadeur. Le 18 avril, il remit à M. Canning, secrétaire-d'état pour les affaires étrangères, une note, dans laquelle l'empereur d'Autriche s'offrait pour médiateur d'une paix générale. La réponse de M. Canning fut que le roi son maître acceptait avec empressement cette proposition, pourvu qu'une acceptation semblable fût consentie par les autres puissances, alors engagées dans la guerre avec la France. Le prince de Stahremberg renouvela sa proposition dans une note datée du 20 novembre, avec les représentations les plus pressantes ; et, le 1er. janvier 1808, il annonça à M. Canning qu'il était autorisé à proposer au ministère anglais, d'envoyer immédiatement des plénipotentiaires à Paris pour y traiter du rétablissement de la paix entre toutes les puissances belligérantes, et qu'il avait ordre de délivrer des passeports aux ministres que le cabinet britannique désignerait pour assister aux négociations. Cette nouvelle proposition ne fut point agréée par le ministère anglais, qui fit répondre à M. de Stahremberg, que la cour de Londres, n'ayant reçu aucune preuve authentique de la mission qui l'autorisait à fournir, au nom du gouvernement français, des explications sur le projet de négociation, refusait l'offre qui lui était faite, soit qu'elle vînt de l'Autriche, soit qu'elle vînt de la France. En conséquence de cette notification, le prince de Stahremberg demanda ses passeports le 12 janvier, et partit pour Vienne. Il fut de nouveau ambassadeur auprès de la cour de Londres, en août 1813, passa depuis, en la même qualité, à la cour de Turin, et refusa, en 1815, l'ambassade de Pétersbourg pour des raisons de santé. S. S.

STAHREMBERG (Le comte DE), général-major autrichien, fut employé en 1813 sous les ordres du comte Nugent, et seconda efficacement les opérations de ce général contre Eugène Beauharnais. Vainqueur à Laschitz et à Czirknitz en Carniole les 25 et 27 septembre, il s'empara d'Udine le 25 octobre, entra à Padoue le 6 novembre, et pénétra dans Rovigo le 9 décembre. Il commença le 7 mars 1814 le combat de Reggio, par ordre du général Nugent, contre la défense de Murat, et se rendit maître de Parme le 9 du même mois. Le général Stahremberg ne déploya pas moins d'activité dans l'expédition de 1815 contre Murat. Après avoir contribué le 3 mai à la déroute des divisions napolitaines Taquila et Médicis, il fit investir Macerata le 4, et se dirigea sur Fermo, où il précéda le général Majo qu'il empêcha d'y pénétrer. Le 14, il attaqua le général Neri à Rocaraso, le mit en fuite, le poursuivit jusqu'à Castel-di-Sangro, où il se rallia à la division de Carascosa, le chassa de nouveau de cette position après un combat meurtrier, occupa le 15 Isernia, et le 16 Venafro. Après la prise de Naples, le général Stahremberg fut détaché, avec la brigade sous ses ordres, pour passer le Volturno, et s'établir sur la rive gauche. L'exécution de cette entreprise eut un plein succès, et, dès le soir même, le château de ce nom fut au pouvoir des Autrichiens. En juillet 1815, le comte de Stahremberg pénétra dans le Midi de la France, et il vint établir son quartier-général à Nîmes, d'où il envoya des détachements contre les paysans de la Gardonenque et des Cévennes, qui persistaient, dans leur révolte contre l'autorité royale. Trois de ces individus, ayant été pris les armes à la main, furent fusillés par ordre du géral autrichien. D.

STANHOPE (Philippe-Henri comte de), vicomte Mahon, garde des archives de la tour de Birmingham à Dublin, pair de la Grande-Bretagne, etc., est fils du fameux comte de Stanhope, qui avait épousé, en premières noces, Esther, fille du comte de Chatham, et de Louise, fille unique et héritière de Henri Grenville, gouverneur des Barbades. Il naquit le 7 décembre 1781. Son père le voulut faire élever d'après ses principes démocratiques. Le jeune homme se sauva chez son oncle le ministre Pitt, qui le protégea contre la volonté paternelle. Lord Stanhope succéda aux biens et dignités de son père en 1817. Lors de l'ouverture du parlement le 27 janvier 1818, il prononça un discours qui fit la plus grande sensation en France; il prétendit que le Roi n'y régnait pas sur le cœur de ses sujets, qu'il leur était même désagréable, parce que ceux-ci le considéraient comme un souverain que les armées alliées leur avaient imposé pour abattre leur orgueil, pour leur infliger une sorte de châtiment de leurs crimes, et donner une garantie au reste de l'Europe; « Or, sans l'amour des sujets, ajouta lord Stanhope, un Roi ne peut long-temps rester paisible sur son trône; les alliés doivent donc empêcher que de nouvelles révolutions en France ne viennent encore troubler la tranquillité de l'Europe. Il faut, en conséquence, démembrer ce royaume et en faire trois parties, suivant la division tracée dans les Commentaires de Jules-César; ou bien il faut que les troupes étrangères continuent de l'occuper, quelque précis et impératifs que soient les termes des traités. » Le noble lord engagea ensuite la chambre à réfléchir au caractère du peuple français : « c'est, sur la surface du globe,
» celui qui a le moins de principes, dit-
» il; c'est un peuple qui a suivi avec
» indifférence une carrière d'esclaves et
» de voleurs : ce peuple est aujourd'hui
» le plus abject de tous les peuples. Si
» nous devons voir se renouveler les ca-
» lamités des vingt dernières années,
» par les mêmes individus et au même
» degré; si nous adoptons le système de
» céder aux desirs de la France, nous
» verrons se flétrir, sous nos yeux, les
» lauriers que nous avons si chèrement
» achetés. » Le comte de Liverpool, premier lord de la trésorerie, répondit au discours du comte de Stanhope, qu'il appela *le très habile discours de son noble ami*. « Placé, dit-il, dans une situation particulière, lord Stanhope a cru devoir exprimer ses sentiments, et je ne puis qu'en approuver les motifs. » Plusieurs écrivains français, entre autres MM. Fiévée, Dupin et Jubé, crurent devoir réfuter ce discours. La réfutation de M. Fiévée, dans le onzième numéro de sa Correspondance, lui attira un procès au tribunal de police correctionnelle de Paris, où il fut condamné à trois mois de prison. Z.

STAPFER (Philippe-Albert), né à Berne, en 1766, fit ses études dans cette ville et à Gœttingue, entra en 1789 dans le ministère de l'Église réformée, fut nommé, en 1792, professeur d'humanités et ensuite de philosophie à l'Institut politique, fonctions auxquelles il réunit, par ordre du souverain, celles de professeur de théologie dans l'académie ainsi que celles de membre des conseils chargés de la direction des écoles et des affaires ecclésiastiques. Après l'occupation de la Suisse par les armées françaises en 1798, il fut un des délégués que le gouvernement de Berne envoya auprès du directoire, et il y entama, de concert avec MM. Luthard et Jenner, des négociations pour obtenir la retraite des troupes françaises, ainsi qu'un traité qui stipulât pour la Suisse le droit de rester neutre dans les guerres de la France, la restitution des armes enlevées aux habitants de plusieurs cantons, et des titres de créance sur l'étranger, saisis par le général Brune, etc. Ces négociations ayant eu pour résultat, d'empêcher l'entière spoliation des familles bernoises, de faire révoquer les arrêtés des généraux français qui avaient ordonné l'exclusion des patriciens de toutes fonctions publiques; de rendre la liberté aux otages que ces généraux avaient enlevés, et de sauver les dépôts et les magasins dont le commissaire du directoire, Rapinat, voulait s'emparer, ce dernier dénonça les négociateurs, MM. Luthard et Stapfer, qui venaient de signer une convention secrète où ces avantages étaient stipulés, comme *fauteurs de l'oligarchie*, et comme ennemis de la république française. Il insista spécialement sur l'éloignement de M. Stapfer du ministère des arts et sciences, auquel il avait été appelé. Le gouvernement helvétique ne céda pas aux instances de l'agent français, et maintint M. Stapfer dans la place de ministre de l'instruction publique, qui comprenait le département des cultes. Ce fut en cette qualité qu'il fournit à Pestalozzi les moyens d'essayer sa méthode sur un nombre considérable d'élèves, et qu'il lui procura la jouissance gratuite du château de Burgdorf. A une époque où le fanatisme anti-religieux s'était emparé de tous les esprits, M. Stapfer dut borner ses efforts au maintien du clergé dans la jouissance de ses droits et de ses propriétés. Dans le premier des Rapports qu'il présenta à son gouvernement sur l'ensemble de l'instruction publique (réimprimé dans les *Annales de la Religion*, tom. VIII, pag. 45 et suiv.), il posa en principe (pag. 54, ibid.), « que l'Église, com» me personne morale apte à possé» der, est propriétaire; que les dons » faits par l'humanité, la piété ou la » superstition, n'importe par quel mo-

» tif, lui appartiennent de droit. » Bien qu'il servît le gouvernement helvétique avec zèle et sans aucune arrière-pensée, il fut, au commencement de 1799, ainsi que ses collègues et ses amis des autorités centrales, dénoncé au directoire de France comme un traître dévoué au parti aristocratique et à l'Autriche. Le gouvernement français décréta que MM. Usteri, Escher, Meyer de Schauensée, Koch, Kuhn et Stapfer, seraient traduits devant une commission; mais la sortie de Rewbell du directoire fit tomber cette décision dans l'oubli. Lorsque Buonaparte se fut emparé du pouvoir, et que la victoire de Marengo lui eut livré la Suisse, M. Stapfer fut accrédité auprès de lui comme ministre plénipotentiaire de la république helvétique, pour remplacer M. Jenner, qui avait désiré quitter ce poste. Dans cette mission, il fut appelé à traiter nonseulement des intérêts qui sont du ressort ordinaire des fonctions diplomatiques, mais aussi des parties principales de l'organisation publique, sur laquelle Buonaparte se réservait d'exercer son influence, tout en se donnant l'air de laisser les Suisses libres dans leur choix. Il gardait néanmoins encore quelque ménagements pour l'opinion publique, et reste d'égards hypocrites aida M. Stapfer à empêcher le démembrement de sa patrie. Depuis ses campagnes d'Italie, Buonaparte n'avait cessé de convoiter la possession du Valais. Croyant le moment de se l'approprier arrivé, il fit, en mars 1802, adresser à l'envoyé helvétique une note dans laquelle la cession de ce pays était demandée comme nécessaire à la France, et comme n'étant sujette à aucune objection fondée, puisque le Valais, disait le ministre, n'avait jamais appartenu au système fédératif. M. Stapfer, sans attendre les instructions de son gouvernement, adressa au ministre des relations extérieures, une note qui donnait et motivait un refus absolu. Cette note, publiée très inexactement par sir Francis d'Yvernois, dans son écrit intitulé : *Les cinq promesses de Buonaparte* (1803), offrait des raisonnements d'une franchise qui, plus tard, eût vraisemblablement attiré à son auteur un traitement fort contraire au droit des gens. « Je ne puis vous con» sidérer l'un et l'autre (le premier con» sul et son ministre), disait le mi-

» nistre Suisse, que comme les destruc-
» teurs de son indépendance (de la Suisse)
» et de plusieurs sources essentielles de
» sa prospérité, si vous persistez à vou-
» loir en détacher une portion aussi
» intéressante que le Valais. Tous les
» peuples de la terre aiment et estiment
» les Suisses : tous les esprits cultivés de
» l'Europe leur portent une affection
» composée de souvenirs, de pitié et
» d'espérance. L'Helvétie a, aux yeux
» de l'humanité, un prix d'opinion que
» n'ont pu acquérir de grands empires;
» et son restaurateur s'assurerait une
» gloire nouvelle dans l'histoire, en ré-
» parant les maux qu'a faits gratuite-
» ment au plus ancien, au plus utile et
» au plus fidèle des alliés du peuple fran-
» çais, la funeste politique du directoi-
» re. » Ceux des sénateurs helvétiques, qui
n'eussent jamais consenti à faire présenter cette note, se virent contraints par
respect humain à joindre leur approbation à celle de leurs collègues, et Buonaparte voyant le sénat helvétique unanime dans sa résolution, ajourna l'exécution de son dessein, pour la reprendre à la fin de 1810. Le Valais dut à cette
résistance de rester, pendant huit ans,
exempt de conscription et d'impôts onéreux. Une assemblée de notables, convoquée peu après à Berne, pour aviser
aux moyens de rétablir la concorde et
de rapprocher le régime unitaire du
système fédératif, ayant modifié la constitution de l'État, et le personnel du
gouvernement ayant subi de nouveaux
changements, M. Stapfer remit de nouvelles lettres de créance, et Buonaparte
fit offrir au gouvernement helvétique
par son ministre à Paris, de retirer du
territoire suisse les troupes qui y étaient
restées depuis l'invasion de 1798. Bien
que le moment choisi pour cette offre,
lui donnât plutôt le caractère d'un piège
que celui d'un acte de justice ou de
bienveillance, et que l'évacuation proposée parût devoir être le signal d'une
guerre intestine, qui fournirait à Buonaparte le prétexte de s'immiscer plus directement dans les affaires de la Suisse,
M. Stapfer conjura ses commettants de ne
pas hésiter à l'accepter. Les chefs du parti
qui leva bientôt l'étendart de l'insurrection contre le gouvernement helvétique,
donnèrent alors à ce dernier parole,
que, loin de le contrarier, ils l'appuieraient
de tous leurs moyens, s'il consentait à
la retraite des troupes françaises. Toutefois l'exécution de cette mesure fut presque aussitôt suivie des troubles que Buonaparte avait prévus et même suscités. La
diète d'opposition formée à Schwitz se vit
bientôt secondée par tous les mécontents
et par la multitude toujours prête à se
donner le spectacle d'un bouleversement et les chances de profit qu'elle en
espère. Les succès de ce mouvement
préparé de longue main par les agents
de Buonaparte, furent si rapides et si
étendus, que la cause de l'opposition
prit, tout-à-coup, aux yeux de l'étranger, la couleur d'une cause nationale,
et que des amis sincères de la patrie se
joignirent aux adversaires du gouvernement central, pour tâcher d'engager
le plénipotentiaire helvétique à se séparer des adhérents de l'unité. La diète de
Schwitz lui fit en même temps insinuer
qu'elle l'investirait de ses pouvoirs, s'il
voulait renoncer à ce système de gouvernement. Dans cette position délicate, M. Stapfer ne se permit pas de
se soustraire aux douleurs morales et
aux jugements erronés qui en étaient
inséparables; il prit les intérêts de son
pays pour guide, et donna, entre les
divers moyens de pacification, la préférence à ceux qui étaient puisés dans
les ressources nationales, et indépendants de l'influence étrangère. Malgré le
mécontentement que lui en témoigna le
gouvernement français, il se prêta avec
empressement aux entretiens que vint
lui demander l'envoyé de la diète de
Schwitz. Il fit de pressantes démarches
pour obtenir du premier consul le renvoi des régiments helvétiques dans leur
pays, afin d'y concourir au rétablissement de la concorde. Objet d'une négociation traînée à dessein en longueur,
cette faculté qui a de tout temps été stipulée dans les capitulations militaires
avec la France, ne fut enfin accordée
par Buonaparte qu'au moment où le
retour de ces troupes dans leur pays ne
pouvait plus concourir au maintien des
autorités. Mais il est de toute fausseté
que l'envoyé helvétique ait, par ordre
et à l'appui de son gouvernement, demandé la rentrée de troupes françaises
sur le territoire suisse. L'anarchie prenant chaque jour un caractère plus
grave, et les différents partis qui en
étaient venus aux mains, s'étant tour-à-
tour adressés à Buonaparte pour se le

rendre favorable, ce dernier crut l'instant arrivé où il pourrait dicter des lois aux Suisses. Une proclamation dont le ministre helvétique à Paris n'eut, comme le public, connaissance que par le *Moniteur*, invita les autorités helvétiques de tout rang à envoyer auprès du premier consul des délégués pour discuter avec lui les besoins de leur pays. M. Stapfer borna sa coopération dans l'appel et la formation de cette *consulta*, à recommander aux électeurs de faire leurs désignations avec une entière indépendance des insinuations de la légation française, et de ne prendre conseil que des intérêts de la patrie. Représentant, plus spécialement dans cette réunion, les cantons d'Argovie et de Thurgovie, il se rangea du parti de l'unité, et y défendit le système dont Buonaparte n'avait cessé de contrarier la consolidation, combattit celui dont les défauts avaient contribué à faire succomber les Suisses dans la lutte glorieuse de 1798, et rédigea le Mémoire que les unitaires de la *consulta* présentèrent. L'assemblée ayant été invitée à former un comité central, M. Stapfer en fut un des dix membres, et signa comme tel, le 20 février 1803, l'acte de médiation qui a régi la Suisse pendant onze ans, et dont les principales dispositions reçurent, en 1815, la sanction des nouveaux médiateurs rassemblés à Vienne. L'acte de médiation l'appela à présider une commission de liquidation qui devait régler l'actif et le passif du gouvernement helvétique. Ses concitoyens du canton d'Argovie l'élurent membre de leur grand conseil, et en 1815, lorsque une nouvelle organisation, ratifiée par le congrès de Vienne, fut mise en activité, M. Stapfer fut porté au même conseil par le vœu des électeurs. On a imprimé de lui : I. *De philosophiâ Socratis liber singularis*, Berne, 1786, in-8°. II. *De vitæ immortalis spe firmata per resurrectionem Christi*, ibid., 1787, in-8°. III. *Du développement le plus fécond et le plus raisonnable des facultés de l'homme, d'après une méthode indiquée par l'étude philosophique de la marche de la civilisation*, Berne, 1792, in-8°. (en allemand). IV. *De naturâ, conditione et incrementis reipublicæ ethicæ*, ibid., 1797, in-8°. V. *La mission divine et la nature sublime de Jésus-Christ déduites de son caractère*, ibid., 1797, in-8°. (en allemand). VI. *Instructions pour les conseils d'éducation nouvellement établis* (en allemand, à Lucerne ; en français, à Lausanne), 1799, in-8°. VII. *Réflexions sur l'état de la religion et de ses ministres en Suisse*, Berne, 1800, in-8°. VIII. *Voyage pittoresque de l'Oberland Bernois, ou Description de l'Oberland, accompagnée de notices historiques*, Paris, chez Treuttel et Wurtz, 1812, in-4°. avec des planches coloriées. Il a fourni des articles à différents journaux allemands et français, et à la *Biogr. univ.* (entre autres Adelung, Arminius, Busching, Kant, etc.) F.

STASSART (Le baron Gosswin-Joseph-Augustin de), né à Malines en 1780, fut élevé sous les yeux de son aïeul, le baron de Stassart, conseiller-d'état, l'un des hommes les plus habiles qu'ait produits la Belgique, qui dirigea son éducation vers l'étude du droit public. Parvenu à sa vingt-deuxième année, il vint à Paris, et y suivit les cours de l'université de jurisprudence. Il remporta le premier prix d'éloquence en 1803, et celui de législation criminelle en 1804. Dans cette même année, il fut nommé auditeur au conseil-d'état. Envoyé dans le Tyrol en décembre 1805, en qualité d'intendant, M. de Stassart administra cette province pendant deux mois. En 1806, il visita les nouveaux départements de la rive gauche du Rhin pour y prendre connaissance des différentes branches d'administration, devint, en janvier 1807, intendant à Elbing, et, six mois après, à Kœnigsberg, où il refusa dix mille ducats, qui lui furent offerts par les magistrats, comme témoignage de leur reconnaissance, pour le service qu'il leur avait rendu en obtenant de Napoléon que les 8 millions, imposés d'abord à la ville, seraient supportés par toute la province. Napoléon, instruit de cette circonstance, lui envoya la croix de la Légion-d'honneur. Après la paix de Tilsitt, M. de Stassart parcourut le duché de Varsovie pour y recueillir les réclamations des Polonais à la charge de la Prusse, et pour présider à l'échange des archives entre les deux gouvernements. Au mois d'octobre, il fut chargé de l'intendance de la Prusse occidentale à Marienwerder, et passa, en 1808, à celle de Berlin, où il prévint des agitations causées par des embarras dans la distribution des subsistances. La conduite de M. de Stassart chez l'étranger, pendant ces différentes missions, lui valut des distinctions flatteuses de plusieurs souverains, telles que la grand'croix de St.-Stanislas de Pologne, la décoration de l'ordre équestre du Tyrol, celle de la couronne de Bavière, le titre de chambellan de l'empereur d'Autriche, et une bague en brillants ornée du chiffre du roi de Prusse. Appelé, en 1809, à la sous-préfecture d'Orange, il embellit cette ville par des travaux utiles, exécutés à ses frais, se montra administrateur éclairé dans le département de Vaucluse, qu'il administra pendant l'année 1810, et fit preuve de prudence et d'activité dans le département des Bouches-de-la-Meuse, dont il fut nommé préfet en 1811. Dans ce nouveau poste, M. de Stassart eut à lutter contre l'opinion publique qui repoussait le gouvernement français, et s'il mérita le reproche d'une excessive sévérité, on rendit au moins justice à ses talents et à sa délicatesse. Lors de l'émeute du 12 mars 1812, qui fut occasionnée par l'inscription maritime, il exposa ses jours, comme il l'avait déjà fait à Katwick pour faire rentrer ses administrés dans l'obéissance; et dans le courant de novembre 1813, à l'époque de la retraite de la Hollande, il sauva la ville de La Haye des désordres qui éclatèrent à Amsterdam. Il revint à Paris au mois de décembre, et après la déchéance de Buonaparte, il se rendit à Vienne, où il resta pendant les opérations du congrès. Le sort de la Belgique était fixé, et M. de Stassart était en route pour sa patrie, lorsqu'il apprit l'évasion de Buonaparte de l'île d'Elbe; il se rendit alors à Paris, et se fit charger, par Napoléon, de dépêches pour l'Autriche, et de pleins pouvoirs pour négocier le maintien de la paix aux conditions du traité de Paris; mais la police autrichienne ne lui permit pas de passer Lintz, d'où il expédia une estafette à Vienne. Après un court séjour à Munich, il revint à Paris. Nommé, le 18 mai, maître des requêtes, il ne siégea point au conseil d'état, et refusa de se rendre sur la frontière pour remplir les fonctions de commissaire-général dans la Belgique. Il a été nommé en 1816, par le roi des Pays-Bas, membre de l'ordre équestre de la province de Namur, où il vit retiré dans ses propriétés. Le baron de Stassart est membre d'un grand nombre de sociétés savantes, et connu par divers ouvrages, savoir: I. *Bagatelles sentimentales*, 1re. édition, Bruxelles, vol. in-24, 1800; seconde édition, ib., vol. in-18, 1802. La plupart des idylles qui composent ce recueil ont été reproduites dans la *Bibliothèque pastorale* de P. Chaussard, 4 vol. in-12, Paris, 1803; et dans l'*Almanach des prosateurs* de MM. Noël et de La Marre (années 1803, 1804 et 1805). II. *Régulus aux Romains*, discours qui a remporté le premier prix d'éloquence à l'université de jurisprudence de Paris. Paris, 1802, brochure in-8º. III. *Géographie élémentaire*, sans nom d'auteur, Paris, vol. in-8º., 1re. édition, 1805; 2e. édit. 1805. IV. Plusieurs discours (au nombre de 40) prononcés à l'athénée de Vaucluse, aux distributions de prix, tant dans le département de Vaucluse que dans celui des Bouches-de-la-Meuse. V. La Description des communes de l'arrondissement d'Orange, et diverses notes statistiques (dans l'*Almanach d'Orange*, vol. in-12, Orange, 1809). VI. *Pensées, Maximes, Réflexions*, etc., *extraites des Mémoires sur les mœurs de ce siècle, par Circé, chienne célèbre*, vol. in-18, première édition, Paris, 1814; seconde édition, Bruxelles, 1814; troisième édition, ibid., 1815. Cet ouvrage a été traduit en allemand par M. Kohlmann. VII. *Morceaux choisis d'Eckartshausen*, traduits de l'allemand, vol. in-18, Paris, 1808. VIII. *Fables*, Paris, 1818, in-12, fig. M. de Stassart a coopéré à la Statistique de la France, publiée en 1803; à la *Biographie moderne*, qui a paru en 1806, 4 vol. in-8º; et il a rédigé quelques articles de la *Biogr. univers.*, entre autres Clerfayt et Felier. F.

STEIN (Le baron DE) ancien ministre d'état prussien, né à Nassau en octobre 1757, se montra dès le commencement fort opposé à l'influence de Buonaparte dans les affaires d'Allemagne, et fut désigné plusieurs fois, dans les journaux officiels de celui-ci, comme le provocateur des hostilités de la Prusse en 1806. Obligé de s'éloigner après l'invasion des Français, il ne reparut, sur la scène politique, qu'en 1812, au moment des premiers succès des alliés. Il concourut alors efficacement aux efforts qui eurent de si grands résultats, et fut nommé, en 1813, administrateur de tous les pays allemands occupés par les troupes de la coalition, pour veiller à ce que les ressources de ces pays fussent employées au but général. En 1814, il fut chargé du plan de l'organisation future de l'Allemagne; mais, malgré cette marque de confiance, il parut tout-à-coup avoir perdu l'influence dont il avait joui jusqu'alors, et ne fit point partie du comité préparatoire appelé à délibérer sur ces grands intérêts. Les journaux bavarois ne tardèrent pas à donner l'explication de l'espèce de disgrâce dans laquelle était tombé M. de Stein, en le désignant ouvertement comme auteur ou provocateur de tous les pamphlets répandus dans le Nord de l'Allemagne contre le gouvernement bavarois, et spécialement contre M. de Montgelas. Ils prétendirent que M. de Stein voulait anéantir les états de la confédération du Rhin, et remettre tous les princes d'Allemagne, sans exception, sous la tutelle de l'Autriche et de la Prusse. Ce ministre parut, en 1816, s'être éloigné des affaires publiques, et il vécut retiré dans ses terres, où il a fait bâtir un temple en commémoration de la délivrance de l'Allemagne. Il parut au congrès d'Aix-la-Chapelle en novembre 1818. Il a publié à Vienne en 1814 : *Administration centrale des alliés sous la direction du baron de Stein.* S. S.

STEVENOTTE, président de l'administration de Sambre-et-Meuse, fut député de ce département au conseil des cinq-cents, en 1798. Il travaillait, à cette époque, à la rédaction du *Journal des Hommes libres*. S'étant opposé à la révolution de St-Cloud, il fut exclus du conseil, et même condamné momentanément à être détenu dans le département de la Charente-Inférieure. Il avait figuré, en 1799, parmi les orateurs du club du Manège, et défendu les Jacobins accusés de conspiration. Nommé, le 1er août, notateur de cette société, il y montra, dans plusieurs discours, une haine prononcée contre les royalistes. « C'est de votre enceinte, dit-il le 8 août, que partira toujours le premier cri contre les royalistes, les traîtres et les voleurs. Il n'y a ici qu'un faisceau d'hommes libres, d'hommes purs; il résistera à tous les brigands. » Plus tard, M. Stévenotte appuya la proposition faite au conseil des cinq-cents, de déclarer la patrie en danger. Il fut sous-préfet à Senlis pendant les cents jours. Destitué même avant la chute de Buonaparte, on l'avait perdu de vue, lorsqu'en 1817, les journaux annoncèrent qu'il était à Bruxelles un des rédacteurs du journal le *Vrai libéral*, et qu'il avait été traduit à la police correctionelle, comme prévenu de calomnie envers les conseillers de la cour spéciale, en insérant, dans ce journal, un article dont le sens était que ces magistrats auraient *attenté, par leur arrêt, à la liberté individuelle et à la liberté de la presse.* Il fut condamné à trois mois de prison et 500 florins d'amende. S. S.

STEWART (Sir CHARLES-WILLIAM lord), frère de lord Castlereagh, pair d'Angleterre, ambassadeur à Vienne, etc., est né le 18 mai 1778. Après avoir été élevé à Eton, il suivit la carrière militaire, et parvint aux premiers grades. Il était lieutenant-général, commandait les troupes britanniques en Portugal en 1805, et avait fait lever les plans de tous les pays qui avoisinent Vimiera. Il remit ses cartes et ses notices topographiques à lord Wellington, à qui elles furent ensuite d'un grand secours. Sir Charles-William Stewart fit toutes les guerres de la péninsule sous les ordres de Wellington, et suivit les troupes alliées depuis le premier engagement avec les Français jusqu'à la paix. Il a représenté le comté de Londonderry au parlement de 1801 à 1814, époque à laquelle il fut nommé pair du royaume. Dans l'intervalle, il avait été ambassadeur à St-Pétersbourg, ce fut lui qui rendit compte à son cabinet de la bataille d'Eylau, qu'il annonçait s'être terminée par l'entière déroute des Français. Il se trouvait également à la bataille de Leipzig, et y resta, pendant deux heures, exposé au feu le plus violent. Le 12 juin 1813, il signa un traité entre l'Angleterre et la Prusse, et fut nommé ambassadeur auprès de cette puissance. Il rendit compte au ministère anglais des affaires qui eurent lieu en Allemagne les 29 et 30 août 1813, et où il fut lui-même blessé après avoir montré une grande bravoure. L'empereur de Russie lui témoigna sa satisfaction en lui envoyant l'ordre de St-George de 4e. classe. Ce fut à la recommandation de ce souverain que le prince-régent le récompensa également en 1814, en l'élevant à la pairie. Il l'a nommé son ambassadeur auprès de l'empereur d'Autriche. Lord Stewart a été fait, en 1816, chevalier grand-croix de l'ordre des Guelphes. Il a publié: *Projet d'amélioration des forces de l'empire britannique.* Z.

STOLBERG (Le comte FRÉDÉRIC-LÉOPOLD DE), né le 7 novembre 1750 à Bramstedt dans le Holstein, d'une des maisons souveraines de l'Allemagne, se distingua, dans sa jeunesse, comme poète et comme savant traducteur de Sophocle, de l'Iliade et de Platon. Ayant lu, par curiosité, les écrits des Pères de l'église, il se sentit tout-à-coup frappé d'une conviction qui ne lui permit plus de croire à la doctrine des protestants. Il n'adopta pas non plus entièrement les dogmes des catholiques, et conçut le projet d'écrire une Histoire impartiale du christianisme. Les études qu'exige ce travail achevèrent de le décider à professer publiquement la religion catholique, dans laquelle il a depuis élevé toute sa famille. L'*Histoire du christianisme* (en huit volumes), ouvrage d'un néophyte aussi remarquable, est devenue très chère à la partie catholique de l'Allemagne. L'édition originale, faite à Hambourg, étant d'un prix très élevé, l'auteur se décida à en publier à Vienne, en 1815, une édition moins coûteuse. Il mène, depuis sa conversion, une vie solitaire dans une campagne aux environs de Copenhague. Son ouvrage a été fort goûté à Rome; le S. Père l'a fait traduire en italien, et une traduction hollandaise en a été publiée à Deventer en 1806. L'auteur a encore publié en 1815, une *Vie d'Alfred-le-Grand*, vol. in-8°., dont on dit beaucoup de bien. — Son frère aîné, Christian, né à Hambourg en 1748, est aussi compté parmi les poètes allemands les plus distingués; il a été son collaborateur pour plusieurs traductions des tragiques grecs. S. S.

STRANGFORD (PERCY-CLINTON-SIDNEY-SMYTH vicomte), pair d'Irlande, et conseiller privé de ce royaume, est né le 31 août 1780. Il succéda à son père en 1810. Après avoir reçu une bonne éducation, il se détermina à la compléter en voyageant dans les pays étrangers. Il séjourna long-temps en Portugal, dont il se rendit familières la langue et la littérature, et il fut nommé, le 7 octobre 1806, ambassadeur près la cour de Lisbonne qu'il suivit à Rio-Janeiro, où il signa, le 19 février 1810, un traité de commerce entre le Portugal et l'Angleterre. Il revint à Londres en 1816, et fut nommé en 1817 ministre plénipotentiaire à Stockholm. Il a publié les *Poèmes du Camoëns*, traduits du Portugais, avec des remarques sur la vie et les ouvrages de ce poète célèbre, in-8°., 1803. Z.

STUART (Le comte sir JOHN), lieutenant-général anglais, est né en 1760 d'une famille d'origine écossaise. Son père se rendit de bonne heure en Amérique avec lui, et y exerça l'emploi de surintendant des affaires des Indes-Occidentales; il l'envoya ensuite à Westminster pour y faire son éducation. A la mort de son père en 1782, le jeune Stuart embrassa la carrière des armes. Nommé officier dans les gardes, il vint rejoindre son régiment pour se trouver à la bataille de Guilford, où il fut blessé. Il était brigadier-général en 1795, et combattait dans les Indes-Occidentales, où il contribua à la prise de la Martinique, de la Guadeloupe et de Ste.-Lucie. En 1800, il reçut le commandement du régiment de Minorque, et fut envoyé en Égypte, où il débarqua dans le mois de février 1801, à la tête de trois régiments faisant partie de l'armée du général Abercrombie, et combattit les Français, sous les ordres du général Menou, auprès du canal d'Alexandrie. Il se trouva le 21 mars à la bataille d'Aboukir, et mérita de voir, dans un ordre du jour, sa brigade citée comme une de celles qui s'étaient le plus distinguées. Le général Stuart assista à la prise du Caire et d'Alexandrie, et fut chargé par le commandant en chef de témoigner au capitan-pacha le mécontentement qu'il éprouvait du meurtre des beys d'Égypte. Le 29 avril 1802, il fut nommé major-général; et le sultan lui envoya l'ordre du Croissant. Après la rupture de la paix d'Amiens, il fut envoyé en Sicile, d'où il débarqua sur le continent de l'Italie en septembre 1806. Après différentes marches, il combattit le général Régnier dans les plaines de Maida, et le défit complètement. Il revint ensuite en Sicile. Les canons de la Tour et du Parc célébrèrent cet événement. Des remerciments lui furent votés à l'unanimité par le parlement, et il fut décoré de l'ordre du Bain. Il reçut, peu après, le commandement du 70e. régiment, et le titre de lieutenant-gouverneur de Grenade, et de comte de Maida. — STUART (Le chevalier sir CHARLES), parent du précédent, entra fort jeune dans la carrière diplomatique, et, après avoir rempli plusieurs missions, fut nommé, en 1817, ambassadeur à Paris. Le comte sir John Stuart est conseiller privé et grand-cordon de l'ordre du Bain. Z.

SUARD (Madame), née Panckoucke, est fille du fameux libraire de ce nom, et veuve de l'académicien mort en 1817. Elle a donné quelques lettres de sa composition dans les *Mélanges* de son mari, et a publié, sous son nom : I. *Madame de Maintenon peinte par elle-même*, 1810, in-8°., 2e. édit. II. *Louis XVI, son testament et sa mort*, 1815, in-8°., et la Relation d'un voyage à Ferney; M. Barbier lui attribue : *Soirées d'une femme retirée à la campagne*, petit in-12, et *Lettres d'un jeune Lord à une religieuse italienne*, imitées de l'Anglais, 1788, in-12. Ot.

SUCHET (LOUIS - GABRIEL), duc d'Albufera, maréchal de France, né à Lyon, le 2 mars 1772, fut entraîné par le seul amour de la gloire dans la carrière des armes, et parcourut rapidement, en 1792, les grades de sous-lieutenant, lieutenant et capitaine. Nommé chef du 4e. bataillon de l'Ardèche, il commandait ce corps au siège de Toulon en 1793, lorsqu'il fit prisonnier le général en chef O'Hara. Passé à l'armée d'Italie, il assista, en 1794, aux combats de Vado, de St.-Jacques, et à tous ceux qui furent livrés par la division Laharpe; en 1795, à la bataille de Loano, où, à la tête de son bataillon, il enleva trois drapeaux aux Autrichiens. Commandant, en 1796, un bataillon du 18e. régiment, dans la division Masséna, il prit une part glorieuse aux combats de Dego, Lodi, Borghetto, Rivoli, Castiglione, Peschiera, Trente, Bassano, Arcole et Cerea, où il fut dangereusement blessé. A peine rétabli, il fit la belle campagne qui décida du traité de Campo-Formio. A cette époque, le général Masséna le fit partir du champ de bataille de Tarvis, pour porter au général en chef les drapeaux conquis dans cette journée. Il fut encore blessé à Neumarckt en Styrie, et en octobre 1797, il fut nommé chef de brigade sur le champ de bataille. En 1798, son régiment passa en Suisse, sous le général Brune. La conduite du colonel Suchet lui valut alors l'honneur de porter à Paris 23 drapeaux pris à l'ennemi, et il fut élevé au grade de général de brigade; puis, il se rendit à l'armée d'Italie, comme chef de l'état-major général sous Joubert, dont il était l'ami. Le Piémont donnant alors des inquiétudes pour la retraite de l'armée, le général Joubert reçut ordre d'occuper ce pays à la fin de 1798. Suchet prépara cette expédition, et par ses soins, elle fut terminée sans effusion de sang. (*Voy.* JOUBERT, *dans la Biographie univers.*) Occupé à réorganiser l'armée, il se trouva en opposition avec le commissaire du directoire, chargé de faire passer en France les fonds levés en Italie, et cette lutte lui fit rendre, contre lui, un décret inique, par lequel il était menacé d'être porté sur la liste des émigrés, s'il ne rentrait pas en France sous trois jours. Il fallut obéir; mais Joubert, mécontent du rappel injuste de son ami, dont il avait approuvé ou dicté toutes les dispositions, quitta brusquement le commandement, et retourna au sein de sa famille. Dès son arrivée à Paris, Suchet n'eut pas de peine à éclairer le gouvernement, et fut envoyé à l'armée du Danube, en avril 1799. Détaché dans les Grisons, et séparé de l'armée pendant six jours, il défendit ses positions de Davos, Bergen et Splugen, trompa l'ennemi qui l'entourait, et rejoignit l'armée par les sources du Rhin sur le Saint-Gothard, sans être entamé; mais il fut blessé. Le général Masséna le choisit pour son chef d'état-major général, à la suite de cette honorable expédition. Après la campagne désastreuse de Schérer, Joubert reprit le commandement de l'armée d'Italie, et fit nommer, en 1799, général de division et son chef d'état-major, Suchet, qui quitta alors l'armée du Danube. Après la bataille de Novi (6 août), où la France perdit Joubert, Suchet continua ses fonctions sous Moreau et Championnet. Après le 18 brumaire, Masséna fut envoyé en Italie, et Suchet nommé son lieutenant. A la tête d'un faible corps de 5,000 hommes, à peine vêtus, sans magasins et sans ressources pour lutter contre 60,000 hommes commandés par le général Mélas, Suchet prit une part brillante aux résultats de la campagne de la rivière de Gênes et du Var, non moins mémorable par les talents et la prodigieuse activité qu'il y déploya, que par l'inébranlable courage de ses troupes au milieu des plus grands dangers et des privations les plus absolues. Séparé de la droite de l'armée par la prise de Saint-Jacques, il lutta, pendant 38 jours, avec succès, et défendit pied à pied la rivière de Gênes. Les forces de l'ennemi l'obligèrent à se retirer derrière le Var, où il se retrancha et conserva une tête de pont. Les efforts de Mélas, renouvelés pendant 16 jours, et soutenus par une escadre anglaise, échouèrent contre ses dispositions et la valeur de ses troupes. Par cette défense, il sauva d'une invasion le midi de la France, et prépara les succès de l'armée de réserve, qui se portait à Marengo. Dès ce moment, le général Suchet prit l'offensive. Il avait mis à profit la découverte du télégraphe, employé pour la première fois à la guerre. Deux sections, laissées par lui aux forts de Villefranche et de Montalban au milieu des Autrichiens, le prévinrent de leur marche rétrograde. Suchet précipita la sienne par la crête des montagnes, coupa la retraite aux Autrichiens, qui avaient suivi les bords de la mer, et leur enleva 15,000 prisonniers. Gênes affamée, avait capitulé; Suchet, qui l'ignorait et conservait l'espoir de la dégager, traversa en peu de jours la rivière de Gênes, rejoignit, en avant de Savone, la droite de l'armée, sortie de cette place par une honorable convention, et se porta rapidement vers les plaines d'Alexandrie. Sa présence à Acqui contribua à la victoire de Marengo (juin 1800), suivant le rapport de Mélas, qui fut obligé de lui opposer un fort détachement. En vertu de la convention conclue après cette bataille, il fut chargé de réoccuper Gênes et son territoire, où il maintint une discipline sévère. La campagne se rouvrit en 1801, après six mois d'armistice. Le général Suchet commanda encore le centre de l'armée, composé de 3 divisions, fortes de 18,000 hommes. Au passage du Mincio, il secourut et dégagea le général Dupont, et fit avec lui 4,000 prisonniers sur le général Bellegarde à Bozzolo. Après la paix de Lunéville, il fut nommé inspecteur général d'infanterie. En 1802 et 1803, il inspecta un grand nombre de régiments dans le midi et l'ouest. En 1804, il alla commander une division au camp de Boulogne, et fut particulièrement chargé de faire creuser le port de Vimereux. A la même époque, il fut nommé grand officier de la Légion-d'honneur, et gouverneur du palais de Laeken, près Bruxelles. A l'ouverture de la campagne d'Allemagne en 1805, sa division devint la première du 5e. corps de la grande armée, commandé par le maréchal Lannes. Elle se distingua à Ulm et à Hollabrunn. A Austerlitz, elle enfonça la droite de l'armée Russe, et la sépara du centre. « On » admira sa marche en échelons par » régiment, comme à l'exercice, sous le » feu de 50 pièces de canon. » Après cette bataille, le général Suchet reçut le grand cordon de la Légion d'honneur. Dans la campagne de Prusse en 1806, sa division remporta le premier avantage à Saalfeld. Elle commença l'attaque à Iéna, et contribua au succès de la bataille. Elle se signala de nouveau en Pologne, où elle résista seule à l'armée russe, au combat de Pultusk. « J'ai combattu con- » tre une armée entière, écrivit le général » Benningsen. » Cette division battit encore les Russes à Ostrolenka. Après la paix de Tilsitt en 1807, le général Suchet prit des cantonnements dans la Silésie, et commanda le 5e. corps, qui fut envoyé en Espagne l'année suivante. En décembre 1808, la division Suchet couvrit le siège de Sarragosse sur la droite de l'Èbre, où elle obtint des succès. Nommé, en avril 1809, général en chef du 3e. corps (devenu armée d'Aragon), et gouverneur de cette province, le départ du 5e. corps, la guerre de l'Autriche, et le délabrement d'une armée très faible, rendirent sa position fort critique. Le jour de son arrivée au commandement, le général espagnol Blacke se présenta avec 25,000 hommes devant Sarragosse. Les troupes abattues demandaient la retraite. Suchet leur communiqua son énergie, les conduisit à l'ennemi, le battit à Maria le 14 juin 1809, lui prit 30 pièces de canon et 4,000 hommes, et compléta sa défaite le 18 à Belchite. Ces succès renversèrent les projets des Espagnols, qui voulaient se porter sur les Pyrénées. Son administration juste et modérée envers les habitants, auxquels il conserva leurs emplois, sa protection particulière pour le clergé, sa sévérité sur la discipline, lui attachèrent les Aragonais, et lui créèrent des ressources. Son armée devint florissante; et, après une marche sur Valence, en janvier 1810, elle commença ses mémorables campagnes. Lerida tomba la première en son pouvoir le 13 mai, après une victoire complète sur le général O'Donnell, à Margalef, le 13 avril, sous les murs de la place. Mequinenza fut forcée de capituler le 8 juin. Tortose ouvrit ses portes le 12 janvier 1811, après treize jours de tranchée ouverte. Le fort San-Felipe, au col de Balaguer, fut pris d'assaut le 9. Tarragone la Forte succomba le 28 juin, après cinquante-six jours de siège, ou plutôt d'une continuelle et terrible bataille, en présence et sous le feu de l'escadre anglaise, de ses troupes de débarquement et de l'armée espagnole de Catalogne ; enfin ce fut là que le général Suchet conquit le bâton de maréchal de France. Il ouvrit, en septembre 1811, la campagne de Valence. Les forts de l'antique Sagonte, qui couvrent cette capitale, relevés à grands frais par les Espagnols, l'arrêtèrent. Oropesa fut assiégé et pris le 25 octobre. La garnison de Sagonte avait repoussé deux assauts ; elle continuait d'être battue en brèche : Blacke sortit de Valence avec 30,000 hommes pour la secourir, et fut défait totalement à la vue même de Sagonte, qui capitula, et donna son nom à cette mémorable bataille. Le maréchal fut blessé à l'épaule. Le 26 décembre, ayant reçu le corps de réserve de la Navarre et, sans attendre les divisions de l'armée de Portugal, il passa le Guadalaviar, investit Valence, pressa le siège et le bombardement, et força Blacke à capituler le 9 janvier 1812. Le 10, les Espagnols, au nombre de 17,500 hommes d'infanterie et de 1800 de cavalerie, se rendirent, et Valence fut occupée : avant un mois, la place de Peniscola et le fort de Denia tombèrent en son pouvoir, et complétèrent la conquête du royaume de Valence. Heureuse par les soins du vainqueur, comme l'était l'Aragon, cette contrée imita sa soumission ; et le maréchal fut récompensé de sa brillante campagne et de sa noble conduite par le titre de duc d'Albufera, et par la mise en possession de ce riche domaine, qui touche Valence, et sur lequel il avait combattu. Après divers engagements victorieux contre le général O'Donnell, et, après avoir reçu à Valence les armées du centre et du midi, qui s'y rallièrent pour marcher contre l'armée anglaise, le maréchal fit, en juin 1813, lever le siège de Tarragone vivement pressé par le général Murray, qui lui laissa toute son artillerie. La retraite de l'armée française au-delà des Pyrénées après la bataille de Vittoria, l'obligea d'évacuer Valence le 5 juillet, dix huit mois après la reddition de cette ville. Il laissa des garnisons à Denia, Sagonte, Peniscola, Tortose, Lerida et Mequinenza, approvisionnées pour plus d'un an. En septembre, il battit lord Bentinck au col d'Ordal ; et fut alors nommé colonel-général de la garde impériale en remplacement du duc d'Istrie. Il occupa, pendant six mois, la Catalogne : 20,000 hommes lui furent demandés pour la France en janvier 1814. Il se rapprocha alors des Pyrénées, et y reçut le roi Ferdinand VII. Chargé de l'honorable mission de le conduire à l'armée espagnole, il contribua à accélérer son départ, et obtint de lui des témoignages flatteurs de confiance. (*Voy*. FERDINAND VII). Il persista, malgré la faiblesse de son armée réduite à 9,000 hommes, à rester en Espagne pour assurer la rentrée de 18,000 hommes de garnison, et surtout pour empêcher l'ennemi d'envahir la frontière. Instruit officiellement le 18 de l'abdication de Buonaparte, il fit reconnaître Louis XVIII par l'armée, qui fut passée en revue par le duc d'Angoulême. Il reçut le commandement de l'armée du Midi, fut nommé pair de France, gouverneur de la 10e. division, commandeur de St.-Louis, puis gouverneur de la 5e. division à Strasbourg. Malgré l'exaltation produite par les événements de mars 1815, il contint les troupes dans la fidélité au Roi jusqu'après son départ de France. Sans ordres ni instructions de ses ministres, il se rendit à Paris le 30 mars. Il reçut ordre, le 5 avril, d'aller à Lyon. A son arrivée, il leva l'état de siège, et renvoya les gardes nationales. Au mois de mai, il fut nommé commandant de l'armée des Alpes, forte de 10,000 hommes seulement. Le 15 juin, il battit les Piémontais, et, quelques jours après, les Autrichiens à Conflans. L'arrivée de la grande armée autrichienne à Genève, l'obligea de quitter la Savoie et de se replier sur Lyon. Instruit, le 11 juillet, du retour du Roi, il obtint pour Lyon une convention honorable, qui, en sauvant sa ville natale, conserva à la France pour 10 millions d'artillerie. Le même jour, 11 juillet, il envoya trois généraux à S. M. pour lui porter la soumission de l'armée, qu'il commanda jusqu'à son licenciement. Nommé pair par Napoléon en 1815, il ne fait plus partie de la chambre des pairs. F.

TABARAUD (Mathieu-Mathurin), né à Limoges, en 1744, entra dans l'Oratoire à l'âge de 22 ans. Après avoir enseigné les humanités à Nantes, il alla professer la théologie à Arles, aux jeunes élèves de la congrégation, auxquels il donnait en même temps des leçons de grec et d'hébreu. Appelé en 1773, à Lyon, pour y remplir le même emploi, il travailla au Cours de théologie composé par le P. Valla, son confrère, à l'usage des collèges et des séminaires du diocèse, et eut surtout beaucoup de part à la seconde édition de cet ouvrage, qui parut en 1780, sous les auspices de M. de Montazet. M. Tabaraud quitta Lyon, en 1783, pour être supérieur du collège de Pézénas. Il résidait à la Rochelle, en 1787, lorsque Louis XVI publia l'édit qui rendit l'état civil aux protestants. Il en prit la défense contre le mandement de M. de Crussol, évêque de cette ville, par deux lettres imprimées. Il était au commencement de la révolution supérieur de la maison de l'Oratoire à Limoges. Comme beaucoup d'autres, il espéra d'abord, de la convocation des états-généraux, d'utiles réformes dans l'état et dans l'église, et indiqua même, dans une brochure, celles dont le clergé lui paraissait avoir besoin : mais dès que le parti révolutionnaire eut manifesté le projet d'un bouleversement général, M. Tabaraud n'hésita point à se prononcer contre les innovations par plusieurs écrits, les uns pour la conservation de la monarchie les autres contre la constitution civile du clergé, la persécution des prêtres, etc. Dénoncé au club des jacobins de Paris, par celui de Limoges, il fut obligé de se sauver à Lyon, puis à Paris. C'est dans cette dernière ville qu'il publia, en 1792, le *Traité historique et critique de l'élection des évêques*, 2 vol. in-8°., où il établit, par la discussion de tous les monuments de l'antiquité ecclésiastique et profane, que l'élection des premiers pasteurs avait toujours appartenu au clergé ; que le peuple n'y concourait que par l'expression de ses vœux ; que les princes se bornaient à surveiller les opérations des *assemblées électorales*. Le triste événement du 20 juin ayant fait pressentir à M. Tabaraud l'affreuse catastrophe du 10 août, il se réfugia à Rouen, d'où, après les massacres de septembre, il alla chercher un asile en Angleterre. Pendant son séjour à Londres, où il est resté dix ans, il a rédigé la partie politique du journal intitulé le *Times*, travaillé à l'*Oracle*, fourni des articles de littérature à l'*Anti-jacobin Review*, et traduit de l'anglais de John Bowles les *Réflexions soumises à la considération des puissances combinées*, en y ajoutant une préface et des notes. Le gouvernement plus régulier qui succéda en France à ceux qui avaient agité notre malheureuse patrie, engagea M. Tabaraud à revenir, en 1802, dans son pays. Placé, dit-on, à son insu, sur la liste des candidats pour le nouvel épiscopat, il se retira en province, afin de se soustraire aux sollicitations qu'on aurait pu lui faire à cet égard, et se livra à la composition de divers ouvrages, dont les principaux sont : I. *De la Nécessité d'une religion de l'état*, Paris, 1802, in-8°., réimprimé en 1814, avec des augmentations. II. *De la Philosophie de la Henriade*, 1803, in-8°., où l'on découvre le germe de toutes les opinions anti-religieuses que Voltaire a développées dans ses autres ouvrages. III. *Des Interdits arbitraires de dire la messe*, contre un règlement de M. Dubourg, évêque de Limoges. IV. *Histoire critique du philosophisme anglais*, 2 vol. in-8°. Cette histoire devait être suivie de celle du philosophisme français, qui n'a pas vu le jour. V. *De la réunion des cultes*, in-8°. 1806, contenant l'histoire de toutes les tentatives faites à cet égard depuis trois siècles. VI. *Lettres à M. de Bausset, pour servir de supplément à son Histoire de Fénélon*, in-8°. Ces lettres ont pour objet de venger la mémoire de Bossuet, que l'historien de Fénélon paraissait avoir sacrifié à la gloire de son rival. VII. *Essai historique et critique sur l'institution des évêques*, 1811, in-8°. M. Tabaraud, qui avait été nommé censeur de la librairie en 1811, fut frappé, en 1814, d'une cataracte sur les deux yeux, qui l'obligea de cesser les fonctions de cette place. Le Roi lui accorda alors le titre de *Censeur royal honoraire*, avec une pension de retraite. Cet accident ne l'empêcha point de continuer ses travaux littéraires, comme on peut en juger par les ouvrages suivants : VIII. *Du Divorce de Buonaparte avec Joséphine de Beauharnais*, où l'on prouve la nullité de la sentence de divorce. IX. *Du Pape et des Jésuites*, 1804, in-8°. X. *Histoire du cardinal de Bérulle*, suivie d'une notice sur les généraux de l'Oratoire, 2 vol. in-8°. Paris, 1817. Dans cet ouvrage, composé sur des pièces originales et inédites, le cardinal est considéré sous le double rapport de fondateur d'une congrégation ecclésiastique et littéraire, et de ministre d'état. XI. *Observations d'un ancien canoniste, sur le concordat de 1817*. C'est un des premiers écrits qui aient paru dans cette controverse. XI. *De la Distinction du contrat et du sacrem. de mariage, etc.* Paris 1816, in-8°. L'auteur y soutient, comme il l'avait fait long-temps auparavant dans ses lettres sur-l'édit de 1787, et dans un écrit publié en 1803, que le pouvoir d'apposer des empêchements dirimants, et d'en dispenser, appartient de droit à la puissance temporelle, et que la puissance spirituelle ne l'exerce que d'une manière précaire, qu'en vertu de la concession des princes, et sous leur protection. Cette opinion, qui est aussi celle de la plupart de nos jurisconsultes, et de plusieurs théologiens, a été censurée par M. Dubourg, évêque de Limoges, le 18 février 1818. M. Tabaraud opposa à la censure épiscopale. XII. *Du Droit de la puissance temporelle sur le mariage, ou Réfutation du décret de M. l'évêque de Limoges, du 18 février de la même année*, 1 vol. in-8°. Les journaux ont beaucoup parlé de cette affaire. M. Tabaraud est un des collaborateurs de la *Biographie universelle*, pour laquelle il a fait, entre autres articles importants, ceux de Catherine d'Arragon, de Gardiner, et du père Houbigant.

F.

TABARIÉ (Le vicomte), ex-secrétaire d'état au département de la guerre, entra de bonne heure dans la carrière de l'administration, et y obtint un avancement rapide. Il était sous-inspecteur aux revues, et chef de la 2e. division au ministère de la guerre, dès les premières années du gouvernement impérial. Il fut nommé officier de la Légion-d'honneur après la bataille d'Austerlitz, et secrétaire-général de l'administration de la guerre, le 4 septembre 1813. A la restauration, M. Tabarié fut employé en qualité de chef de la 4e. division ; et ayant suivi le Roi à Gand avec le duc de Feltre, il fut nommé, à son retour, intendant de la maison de S. M., membre de la chambre des députés par le département de la Seine, puis secrétaire général du ministère de la guerre, le 2 octobre 1815, conseiller-d'état le 8 mai 1816, sous-secrétaire d'état au département de la guerre le 9 du même mois. M. Tabarié a été délégué plusieurs fois par le Roi, en qualité de commissaire, pour soutenir, à la chambre des députés, divers projets de loi présentés par le gouvernement. Le 6 février 1817, il fit sur le budget un long rapport, dans lequel il exposa tous les besoins de l'armée, et réfuta avec une noble assurance le reproche fait au ministre d'avoir négligé des moyens d'économie qui pouvoient se concilier avec les intérêts du service (*Voy.* FELTRE). Enfin, il établit l'impossibilité où se trouvait le ministre de faire le service de 1817, avec la réduction de 16 millions proposée par la commission, sans opérer de funestes réductions dans l'armée et l'administration. A la séance du 15 février, où le titre du projet de loi relatif à la centralisation du paiement des pensions fut l'objet d'une discussion très-animée, M. Tabarié, appuyé par MM. Sartelon, Ernouf et d'Ambrugeac, combattit le principe de la centralisation, au moins pour les pensions modiques et celles accordées aux sous-officiers et soldats. Le 17, il témoigna à l'assemblée qu'il craignait, d'après les observations qui lui avaient été faites par des hommes qui l'honoraient du titre de leur ami, qu'on n'eût donné une interprétation fâcheuse à la chaleur d'élocution avec laquelle il avait défendu les opérations du ministre de la guerre. « Je supplie la chambre, dit-il, de ne voir dans le ton auquel il paraît que je me suis abandonné, tout à fait à mon insu, que l'incertitude d'un homme qui parlait pour la première fois devant une grande assemblée, et auquel il n'a pas été donné de saisir, dès le premier moment, l'intonation parfaitement convenable. Personne n'est pénétré plus que moi du profond respect dû à la réunion des députés d'une des plus grandes nations du monde. Si l'on pouvait croire que je m'en fusse écarté, il ne me resterait plus qu'à condamner au silence une voix qui aurait eu le malheur de déplaire. » Un mouvement d'adhésion se fit à cette occasion dans l'assemblée, et une foule de voix crièrent à M. Tabarié que la chambre ne doutait point de ses sentiments, et que ses intentions n'avaient pu être mal interprétées. Revenant ensuite sur la centralisation proposée par le gouvernement, il demanda qu'au moins la chambre ajournât sa délibération à cet égard, jusqu'à ce que le ministre de la guerre eût communiqué à la commission de nouvelles observations. M. Tabarié fut remplacé dans ses fonctions de sous-secrétaire d'état, au mois de septembre 1817, à l'époque où le duc de Feltre perdit le porte-feuille du département de la guerre. Une ordonnance du Roi, du mois d'octobre suivant, le nomma conseiller-d'état en service ordinaire, comité du contentieux. Il est un des commissaires honoraires de l'association paternelle des chevaliers de Saint-Louis. M. Tabarié a rempli, dans le mois de novembre 1818, la douloureuse mission de venir annoncer à la famille royale la mort du duc de Feltre, son digne ami.   S. S.

TAFFARD DE SAINT-GERMAIN, l'un des chefs de l'association royaliste qui exista secrètement à Bordeaux dans le cours de la révolution, fut chargé, de la part du Roi, sur la fin de 1813, par l'intermédiaire de M. Latour, de rallier le parti royaliste, et d'organiser, suivant l'ancien plan, une garde royale. Il se concerta à cet effet avec MM. Louis de la Roche-Jacquelein et Latour. Au commencement de 1814, il se trouvait à Bordeaux où il agissait dans le sens de sa mission, lorsque le maire de cette ville (*Voyez* LYNCH) eut avec lui, à l'hôtel de ville, un entretien dans les intérêts de la maison de Bourbon. M. Taffard fit connaître à M. Lynch les pouvoirs qu'il avait reçus, et lui apprit qu'il devait y avoir une réunion de quelques personnes attachées à la cause du Roi. Le maire assista à quelques-unes de ces réunions, où furent faites, avec franchise, des ouvertures mutuelles; et il promit de se mettre à la tête du premier mouvement royaliste qu'il serait possible d'opérer, et qui fut exécuté en effet le 12 mars 1814. M. Taffard a été nommé, en 1817, gouverneur du château de Bordeaux.   S. S.

TAILLEFER (GEORGE) était médecin à Domme et administrateur du district de Sarlat, lorsqu'il fut élu député de la Dordogne à la législature, en 1791. Zélé partisan de la révolution, il se livra fréquemment aux mesures extrêmes. Le 19 novembre 1791, il demanda que l'on conservât leur traitement aux ecclésiastiques mariés, et fit renvoyer au comité militaire une dénonciation de Chabot contre Duportail, ministre de la guerre. Le 18 avril 1792, il fit décréter que les anciens drapeaux seraient brûlés à la tête des régiments; puis il dénonça les gardes-Suisses, et poursuivit la garde constitutionnelle du roi. Après le 20 juin, M. de Lafayette ayant paru à la barre, il apostropha vivement le président Girardin, et l'accusa de complicité avec ce général; il provoqua ensuite la levée de la suspension de Pétion et de Manuel. Réélu à la Convention nationale, il vota la mise en accusation de l'ex ministre de la marine Lacoste, et dénonça Marat, comme auteur d'un projet de dictature.

Le 16 janvier 1793, il vota la mort de Louis XVI, de la manière suivante : « Louis est coupable de conspiration ; » je lui applique, en frémissant, cette « loi qui fait mourir mon semblable, « mais j'ai les yeux sur l'image de celui » qui délivra Rome des tyrans : je vote » pour la mort, sans sursis. » Il avait rejeté l'appel au peuple. Au mois de mai suivant, il proposa, à l'occasion de la guerre de la Vendée qui venait d'éclater, de décréter le partage des biens des émigrés entre les soldats, et de faire tirer partout le canon d'alarme. Le 27 juin, il s'éleva contre des pillages qui avaient eu lieu à Paris, demanda des mesures répressives de ces délits, attaqua, peu de jours après, la conduite du comité de salut public, et lui fit adjoindre Lindet, Duroy, Francastel et Lacroix, pour *frapper les fédéralistes*. En août, il fut envoyé dans les départements de la Lozère, du Tarn et de l'Ardèche, pour organiser la levée en masse ; il dissipa des rassemblements qui s'y étaient formés, et envoya devant les tribunaux le général Laferrière qui paraissait les favoriser. Dénoncé à son tour à la Convention et aux Jacobins, par Moutaut, il se plaignit, le 22 février 1794, de ce que des hommes à nouveaux bonnets rouges faisaient arrêter dans les départements les plus chauds patriotes. Peu de jours après, il demanda l'arrestation de Brulley, commissaire des colons, et provoqua l'examen de la conduite du ministre de la guerre Bouchotte, soupçonné de complicité avec Hébert. On le vit, le 24 mai, témoigner des craintes à l'occasion de l'assassinat de Robespierre par Cécile Renaud ; défendre, après le 9 thermidor, les comités contre les attaques de leurs ennemis ; s'opposer, le 14 novembre, à l'impression d'un discours de Laignelot contre la société des Jacobins ; se prononcer pour l'abolition de la peine de mort, comme incompatible avec la liberté, apostropher Tallien, parce que celui-ci attaquait la constitution de 1793 ; puis défendre la loi du 17 nivôse, sur les successions, et prétendre qu'elle était le fondement de la démocratie. Ménacé d'arrestation après le 12 germinal (1er. avril 1795), il ne parut plus à la tribune, et resta privé de tout emploi public. On le revit comme électeur au Champ de mai de 1815, et l'on prétend même qu'il sollicita alors une sous-préfecture qu'il ne put obtenir : il a quitté la France en 1816, comme régicide, et s'est réfugié en Suisse.   B. M.

TALHOUET (Le marquis DE), d'une ancienne famille de Bretagne, était colonel d'un régiment de cavalerie sous le gouvernement impérial, et fit, en cette qualité, plusieurs campagnes. Le Roi le nomma colonel des chasseurs de Berri, en 1814. Ce régiment était à Compiègne, en mars 1815, au moment où, entraînés par le général Lefèvre-Desnouettes, les chasseurs royaux s'étaient avancés jusqu'à cette ville ; ils étaient rangés en bataille devant les écuries des chasseurs de Berri, et le chef du complot se disposait à tenter tous les moyens d'entraîner les chasseurs dans le piège où il avait fait tomber les siens ; Mais le colonel Talhouet fit, en un moment, monter à cheval son régiment, que rien ne put ébranler dans son devoir, et le ramena au Bourget, où les soldats renouvelèrent, par les démonstrations les plus vives, le témoignage de leur fidélité. Après la seconde chute de Buonaparte, le marquis de Talhouet fut nommé maréchal-de-camp et colonel du deuxième régiment de grenadiers à cheval de la garde royale. En 1818, il fut vice-président du collége électoral de la Sarthe. M. de Talhouet a épousé, en 1817, Mademoiselle Roy, fille du ministre des finances.—Sa sœur a épousé, en 1802, le général Lagrange.   D.

TALLEYRAND-PERIGORD (ALEXANDRE-ANGELIQUE DE), archevêque, duc de Reims, et abbé de St.-Quentin en l'Ile, avant la révolution, vit le jour à Paris en 1736. Il fut député du clergé du bailliage de Reims, aux états-généraux, s'y montra fort opposé aux innovations révolutionnaires et signa toutes les protestations de la minorité. Il avait été, en 1787, membre de l'assemblée des notables. Il émigra en 1792, se réfugia en Allemagne, puis en Angleterre, où il resta constamment attaché aux princes de la maison de Bourbon, et ne rentra en France qu'à leur suite en 1814, et reprit alors son rang de pair. Il avait refusé de donner sa démission à l'époque du concordat, en 1801 (*Voyez* BETBISY, tom. 1er.). Le Roi l'avait nommé grand aumônier, en 1807, après le second retour de S. M. qu'il avait encore suivie en Belgique : il fut créé cardinal lors de la signature d'un nouveau concordat entre la cour de France et celle de Rome, en 1817, et nommé le 22 août, par S. M. à l'archevêché de Paris; il n'a pas encore pris possession de son siége. D.

TALLEYRAND (CHARLES-MAURICE prince DE), neveu du précédent, grand chambellan, pair de France, ancien président du conseil des ministres, est né en 1754. Agent-général du clergé en 1780; évêque d'Autun en 1788; député à l'assemblée constituante en 1789; il donna sa démission de l'évêché d'Autun, en 1791, passa en Amérique le temps de la terreur, et revint en France par un décret de l'assemblée, en 1796. Ministre des relations extérieures, en 1797, il fut sécularisé par un bref du pape Pie VII, en 1803. Depuis cette époque, il a eu des relations trop directes avec la plupart des souverains de l'Europe; sa vie a été trop liée aux événemens politiques, publics et secrets, qui se sont passés de nos jours et dont la plupart des ressorts restent encore inconnus, pour que nous nous exposions, en entrant dans les développemens que demanderait la vie politique de ce ministre, à commettre des erreurs graves. M. le prince de Talleyrand est un des hommes d'état de notre siècle, dont la renommée se montre le plus impatiente de s'emparer de son vivant, à cause des événements extraordinaires auxquels il a pris part; mais son histoire appartient par cela même à la postérité, qui seule pourra connaître avec exactitude les documents que nous savons avoir été recueillis, et qui serviront à décrire la période la plus importante et la plus historique des temps modernes. Le prince de Talleyrand est décoré des ordres de la Toison-d'Or, de St.-Etienne de Hongrie, de St.-Léopold, de St.-Hubert, de l'Éléphant, de l'Aigle-Noir, de St.-André, de la couronne de Saxe, et du Soleil, etc., grand-officier de la Lég.-d'hon., membre de l'Institut, etc. Il est auteur de plusieurs *Mémoires sur les relations commerciales des États Unis de l'Amérique, avec l'Angleterre, sur les avantages à retirer des colonies, sur l'instruction publique,* etc. F.

TALLEYRAND-PÉRIGORD-ARCHAMBAUD (Le duc JOSEPH DE), frère puîné du prince de Talleyrand, était émigré lorsqu'il apprit la mort de sa femme, mademoiselle de Sénozan, l'une des dernières victimes de la tyrannie de Robespierre. Rentré en France vers la même époque que son frère, il resta sans emploi jusqu'au retour du Roi. Par ordonnance du 28 septembre 1817, S. M. l'a créé duc, et lui a assuré la suc. de la pairie, assise sur le duché de Valençay, par le prince de Talleyrand. Le duc de Périgord est père du comte Edmond Périgord duc de Dino, et de la comtesse Just de Noailles. — TALLEYRAND (Le comte BOZON DE), second frère du prince de Talleyrand, maréchal-de-camp de cavalerie, depuis le 4 juin 1814, a été créé commandeur de Saint-Louis, le 23 août même année. — TALLEYRAND-PÉRIGORD (Le comte EDMOND DE), né le 17 août 1787, entra dans la carrière militaire sous le gouvernement impérial; il devint aide-de-camp du prince de Neuchatel, et épousa, sous les auspices de son oncle, ministre des relations extérieures, une princesse de Courlande. Il fut autorisé, en 1810, à porter la décoration de l'ordre de Saint-Léopold d'Autriche, et fut fait, en 1812, colonel du 8e. de chasseurs. Le comte de Périgord fit, en cette qualité, la campagne de Russie et s'y distingua. Le Roi le nomma, en 1814, commandant de la Légion-d'honneur, chevalier de Saint-Louis et maréchal-de-camp. En 1815, il a obtenu le commandement de la 2e. brigade, 1re. division de cavalerie de la garde. Le Roi de Naples voulant témoiguer, au prince de Talleyrand, sa juste sensibilité pour le courage et l'habileté avec lesquels ce ministre avait soutenu, au congrès de Vienne, les intérêts du seul Bourbon dont le trône fût encore occupé par un usurpateur, lui a offert, en 1817, le duché de Dino, situé dans son royaume de Naples, et dont le comte Edmond de Périgord, neveu du prince, porte actuellement le titre. — Son cousin, le comte Elie de PÉRIGORD, fils du prince de Challais, est colonel du 1er régiment de cuirassiers, chevalier de Saint-Louis et officier de la Légion-d'honneur. T C.

TALLEYRAND (Le comte AUGUSTE DE), cousin du prince, et neveu du cardinal, est fils de l'ancien ambassadeur à Naples, qu'on appelait le baron de Talleyrand. Il était, en 1815, ambassadeur en Suisse, à l'époque de l'invasion de Buonaparte. Il répondit à la circulaire de M. de Caulaincourt, devenu ministre des affaires étrangères, en date du 30 mars : « Toute ma vie je » suis resté fidèle à mes sermens et à » mes devoirs. S M. le Roi Louis XVIII » m'a accrédité près la confédération » helvétique; il n'y a que lui qui puisse » me rappeler ». Après la seconde chute de Napoléon, M. de Talleyrand informa la diète helvétique, de l'arrivée sur son territoire de différentes personnes de la famille de Buonaparte, la priant de n'accorder aucun séjour à ces individus. Depuis ce temps, il a conservé les mêmes fonctions, et c'est par lui qu'ont été préparées et signées les capitulations pour les régimens suisses au service de France. D.

TALLEYRAND (Le baron ALEXANDRE DE), frère puîné du précédent, naquit à Paris, en l'année 1776. Il quitta la France en 1790, pour se rendre à Naples, près de son père, ambassadeur du Roi Louis XVI auprès de cette cour. Ayant pris du service dans les troupes napolitaines, il y parvint au grade de major, et rentra en France au commencement de 1804. Depuis cette époque, il fut maire de la commune de la Ferté Saint-Aubin, et membre du conseil général du département du Loiret, dont S. A. R. Monsieur lui confia la préfecture à son arrivée, en 1814. Le 21 mars 1815, il partit pour rejoindre à Gand S. M., après avoir vu quitter la cocarde blanche aux troupes qui étaient à Orléans. Il fut alors employé dans diverses missions, et retourna à son poste dès que le Roi fut rentré dans sa capitale Ayant défendu avec courage ses administrés contre les demandes exorbitantes des Prussiens, il fut arrêté par ces derniers; depuis il fut créé conseiller-d'état en récompense de son dévouement. Il fut ensuite appelé à la chambre des députés. Nommé le 5 février 1817, préfet de Vaucluse, il refusa cette place et resta conseiller-d'état en service extraordinaire.

E. D.

TALLIEN (JEAN-LAMBERT), est fils du portier du marquis de Bercy, qui, lui voyant de la gentillesse et des dispositions naturelles, prit soin de son enfance et lui fit faire ses études. Il devint successivement homme d'affaires de ce seigneur, clerc de procureur, employé dans des bureaux de commerce et de finance, secrétaire du député Broustaret, pendant l'assemblée constituante, enfin prote dans l'imprimerie du *Moniteur*. A la fin de la session de l'assemblée constituante, on afficha dans les rues, deux fois par semaine, un placard signé de lui, portant le titre d'*Ami du citoyen*, et rédigé dans les principes et le style le plus révolutionnaires. La société des Jacobins faisait les frais de cette affiche, qui continua sous l'assemblée législative. L'auteur essaya d'en faire un véritable journal, et en proposa la souscription, mais avec peu de succès. M. Tallien passait le reste de son temps à prononcer des discours civiques. Il en fit imprimer un fort remarquable qu'il avait prononcé aux Jacobins, *sur les causes qui ont produit la révolution*, 1791, in-8°. Tant de zèle lui attira bientôt la confiance de la multitude; il figura dans les sections, et, le 8 juillet 1792, il parut à l'assemblée, à la tête d'une députation, pour dénoncer le département, qui venait de suspendre Pétion de ses fonctions, à cause des troubles du 20 juin, et il demanda sa réinstallation. Au 10 août, il fut nommé secrétaire-général de la commune, et commença dès-lors à jouer un rôle plus considérable. Le 31, il reparut à la barre de l'assemblée législative, pour solliciter le rapport du décret qui cassait la municipalité provisoire ; et, le 3 septembre, il s'y rendit de nouveau, à trois heures du matin, avec Truchon, espèce de sauvage, qui portait une longue barbe, et dont les événements du 10 août avaient fait un municipal. M. Tallien fit, de concert avec cet homme, un rapport sur les assassinats commis dans les prisons. Il certifia que la commune avait fait tous ses efforts pour les empêcher, et n'oublia pas cependant de mettre sous les yeux des députés la manière dont le peuple exerçait sa justice. Toutes les pièces authentiques, entr'autres le discours même dans lequel il assura que les massacres étaient finis, tandis qu'ils ne cessèrent à Bicêtre que le 4 au soir, à la Force que le 7, etc.; un ordre qu'il avait signé le 30 août avec Huguenin et Méhée, pour faire emprisonner ceux que l'on égorgea ensuite; son discours du 15 du même mois, où il annonçait que dans quelques jours le sol de la liberté en serait purgé; un arrêté qu'il signa, le 2 septembre, avec le même Huguenin, et d'accord avec Manuel, arrêté qui devint un signal de meurtre; enfin plusieurs autres témoignages semblables, l'ont fait accuser de complicité dans ces crimes odieux. On assure néanmoins qu'il sauva plusieurs personnes; M. Hue, valet-de-chambre du Roi, déclare dans ses Mémoires que c'est à lui qu'il dut la vie. Madame de Staël lui rend le même témoignage : ce fut lui qui, pour la soustraire aux assassins, lui servit de sauve-garde jusqu'aux barrières de la capitale. Dans le même mois, il fut député à la Convention, pour le département de Seine-et-Oise, et dès la première séance, il s'éleva contre une proposition de Manuel, qui avait demandé que le président fût logé aux Tuileries. « Ce n'est point dans des palais, s'écriait il, c'est au cinquième étage que doivent habiter les représentants du peuple ». On l'applaudit, et la proposition de Manuel fut rejetée. A cette époque, il parut souvent à la tribune, et y parla presque toujours avec violence. Les 11, 13 et 15 décembre, on le vit presser le jugement de Louis XVI, ajouter de nouvelles charges à l'acte d'accusation, s'opposer à ce qu'on lui accordât des conseils; et même à ce qu'il pût communiquer avec sa famille; il vota ensuite pour la mort, sans appel et sans sursis. Dans le cours de l'année 1793, il fut souvent en mission, et partout il se conduisit en partisan zélé des mesures révolutionnaires. Bordeaux fut surtout le théâtre de son proconsulat. Il fut parfaitement secondé par ses collègues Ysabeau et Beaudot, qui parurent cependant avoir moins d'autorité que lui dans leur commune mission. Leur correspondance à cette époque (au commencement de 1794), suffirait seule pour établir quelles mesures ils y prirent. Cependant l'amour parut tout à coup changer le caractère de M. Tallien. Madame de Fontenai, née Cabarrus, une des plus belles femmes de ce temps-là, s'était rendue à Bordeaux, et allait rejoindre son mari en Espagne. Elle fut emprisonnée, et craignant de grossir le nombre des victimes, elle flatta, pour se sauver, la passion qu'à la première vue elle avait inspirée à Tallien. Dès-lors toute la violence du terrible révolutionnaire s'apaisa: non-seulement il cessa de persécuter; il se fit même dès-lors le protecteur des gens de bien, et il destitua, comme tyranniques, la commission militaire et le comité révolutionnaire de Bordeaux. Le comité de salut public, qui venait d'envoyer dans cette ville, pour les surveiller, un nommé Peyrin-d'Herval, secrétaire de Couthon, improuva sa conduite; Tallien, mécontent, revint à Paris; et l'on peut dater de cette époque et des vexations qu'éprouva alors dans la capitale Madame de Fontenai, qu'il n'épousa qu'après le 9 thermidor, la haine qu'il voua à Robespierre et à son parti. Le soin de sa sûreté le porta aussi à attaquer un pouvoir dont il était près de devenir victime. Son caractère décidé lui avait acquis une certaine influence : il fut élu secrétaire, et ensuite président de la Convention. Il repoussa avec énergie ceux qui osèrent blâmer sa conduite pendant ses missions, et montra des prétentions et une activité qui inquiétèrent Robespierre. Dès la séance du 21 mars, le tyran l'inculpa, à la suite d'un discours qu'il venait de prononcer contre les Hébertistes, et celui qui avait immolé cette faction, empêcha l'impression d'une diatribe dirigée contre elle, sous prétexte que Tallien y avait glissé des assertions contraires à la vérité. Celui-ci vit alors le coup qui le menaçait ; mais il ne se trouvait pas encore en mesure de résister, et il se soumit, ce jour-là ainsi que le 11 juin, jour où Robespierre le traita avec la dernière hauteur. Dans le temps même où Tallien conjurait la perte de Robespierre (le 5 mai 1794), il osa se porter, à la tribune des Jacobins, le défenseur de Jourdan Coupe-Tête, qu'il peignit comme un héros. Cependant, la certitude même du danger doublant son énergie, et la faction des Thermidoriens s'étant alors organisée, il attaqua le tyran pendant qu'il temporisait encore ; et le 27 juillet, Billaud-Varennes ayant donné le premier signal de l'attaque, Tallien peignit, sous les plus vives couleurs, toutes les atrocités qui faisaient gémir la France, et dont il fit considérer Robespierre comme le principal auteur. Après avoir rappelé tous les détails de sa sanglante tyrannie, tous les crimes qu'il avait ordonnés, toutes les lois atroces qu'il avait fait décréter, toutes les victimes qu'il avait immolées; s'efforçant de faire rougir la Convention d'un si honteux esclavage, il se tourna vers le buste de Brutus, et tirant de sa ceinture un poignard, il jura qu'il le plongerait dans le cœur de Robespierre, si ses collègues n'avaient pas le courage d'ordonner son arrestation et de briser leurs chaînes. En vain Robespierre voulut repousser cette attaque, il ne put se faire entendre, et la Convention ordonna, au même instant, son arrestation et son supplice. Quel que fût le motif de Tallien dans cette circonstance, on ne peut nier qu'il n'ait rendu à la France un signalé service. Après ce mémorable événement, il crut pouvoir diriger à son gré la Convention ; mais, toujours sûr de réussir lorsqu'il s'élevait contre Barère, Fouquier de Tinville et autres *Robespierristes*, il éprouva de vives contradictions chaque fois qu'il voulut revenir à des mesures de rigueur analogues à son caractère. Il essaya aussi, sans succès, de faire porter sur Julien de la Drôme, le fils, la responsabilité des mesures de *terreur* organisées à Bordeaux, et accusa cet agent, alors très-jeune, d'y avoir été l'exécuteur des volontés de Robespierre, et d'avoir forcé les représentants en mission à n'être que les témoins passifs de ses opérations. Celui-ci récrimina vivement, rendit à Tallien la *sanglante renommée* dont il voulait se dépouiller ; et il résulta de cette lutte une espèce d'accord tacite, par lequel les deux adversaires semblèrent renoncer à se perdre l'un l'autre. Comme il fallait, cependant, des victimes à l'opinion publique, leur paix ne contribua pas peu à accélérer la mise en accusation de Carrier, dont la mission fut attaquée par tous les partis, tandis que l'on couvrait du voile du silence, et non de celui de l'oubli, les excès de Bordeaux. Le 22 octobre et le 14 novembre 1794, Cambon attaqua néanmoins Tallien avec aigreur, l'accusant d'avoir été lui-même terroriste exagéré, et d'honorer encore les brigands; mais un événement inattendu vint reporter sur celui-ci l'attention publique. Dans la nuit du 9 au 10 septembre, il fut assassiné au moment où il rentrait chez lui, à minuit et demi. Son collègue Mercier assure que ce fut Tallien lui-même qui, « voyant son influence » baisser, se fit manquer d'un coup de » pistolet, peut-être à poudre. » Pour lui, il raconta qu'un homme, caché près de sa maison, lui avait tiré un coup de pistolet, en disant : « Il y a » long-temps que je t'attends; meurs, » scélérat. » Quoi qu'il en soit, il fut à peine touché, et l'agresseur s'esquiva. Une chose remarquable dans le rôle que M. Tallien joua en 1795 et 96, c'est que, tandis qu'un parti l'accusait de terrorisme, l'autre le dénonçait comme ayant des relations avec les royalistes. En effet, on le vit, après le 9 thermidor, tantôt s'entourer de jeunes gens du parti royaliste, et même poursuivre avec acharnement les Jacobins, tantôt déclamer avec violence contre les modérés et les émigrés. Au milieu de ces fluctuations apparentes, on le soupçonna généralement de vouloir renverser la constitution de 1793, et d'être à la tête de la faction d'Espagne, qu'il fit ensuite tourner à l'avantage de la Convention. Il montra néanmoins beaucoup d'énergie lors de l'insurrection dirigée contre elle, le 20 mai 1795 (1er. prairial an III.) Il fut envoyé, dans le courant de juillet, par le comité de salut public, avec les pouvoirs les plus étendus, à l'armée des côtes de Bretagne; et il se trouva auprès de Hoche lorsque ce général défit les royalistes débarqués à Quiberon. Ces infortunés s'étant rendus par capitulation, il consulta le comité sur le parti qu'il avait à prendre : la réponse fut qu'il fallait les fusiller; et cet ordre fut exécuté. (*Voy.* Sieyès.) A son retour à l'assemblée, il fit, sur cette affaire, le 26 juillet, un rapport qui offrait à la fois des inculpations absurdes et de grandes vérités. En août et septembre, il ne cessa de déclamer contre les royalistes, d'appeler l'attention du gouvern. sur les dangers de la patrie, et de poursuivre plusieurs hommes en place, des députés et surtout les journalistes, qu'il peignit comme les agitateurs du peuple. A la suite du 13 vend. (5 oct. 1795), il essaya de ramener le régime révolutionnaire, et fit créer une commission de cinq membres chargés de présenter des mesures de salut public; mais, soit que son parti n'eût pas des vues assez mûries, soit qu'il craignît de se remettre entre les mains des Jacobins, il laissa s'évanouir, avec le bruit du canon de vendémiaire, le moment de terreur que cette journée avait imprimé aux royalistes; et, le 22 octobre, Thibaudeau acheva de le déconcerter en le dénonçant dans un discours long et hardi, comme s'opposant à l'exécution de la constitution, et méditant le retour du gouvernement révolutionnaire; et après l'avoir peint, malgré des murmures fréquents, tantôt comme un terroriste enrichi par la révolution, tantôt comme un conspirateur prêt à se vendre aux Bourbons, il l'accusa de vouloir prolonger la durée de la Convention. Tallien, fort de la faveur des tribunes et d'une partie de l'assemblée, repoussa avec beaucoup de vigueur une partie de ces inculpations; mais la commission des cinq n'en fut pas moins paralysée, et ne proposa que des mesures insignifiantes. Entré au conseil des cinq cents, M. Tallien y devint, plus que jamais, ennemi de la modération, et s'opposa notamment à l'admission de M. Barbé-Marbois et d'Aymé au corps législatif. Les 6 mars, 10 et 14 avril, 8 et 9 juin 1796, il parut à la tribune pour défendre la liberté indéfinie de la presse, provoquer des mesures de rigueur contre les parents d'émigrés, dénoncer les conspirateurs, les modérés, les royalistes et les agents de l'Angleterre; mais ces déclamations produisirent peu d'effet. Par une singularité qu'explique la diversité des rôles qu'il a remplis dans la révolution, M. Tallien se vit contraint, en 1797, de se disculper en même temps d'être complice de la conspiration de Lavilleheurnois, et d'avoir été, en 1792, un des terroristes les plus sanguinaires. Le 9 juillet, il sortit de la salle comme un furieux, après avoir éclaté en murmures contre le décret prononcé en faveur des fugitifs de Toulon. Dans la discussion qui eut lieu, le 18 du même mois, à propos des troupes que le directoire appelait alors vers Paris, il parla avec une modération qui surprit tout le monde, et dont il parut s'étonner lui-même à la fin de son discours; mais, le 23, il s'éleva contre la majorité avec beaucoup d'adresse; et, le 30, il soutint avec force la fameuse déclaration de Bailleul à ses commettants, dirigée contre la majorité du conseil des cinq cents. Attaqué vivement par Dumolard, à la fin de la même séance, il prononça un long discours, pour prouver qu'il n'avait jamais été ni cruel ni terroriste, mais toujours l'ami de l'humanité. Enfin, le 18 fructidor (4 septembre 1797) renversa ses adversaires, sans lui rendre une grande influence, et il sortit lui-même du conseil, en mai 1798. Repoussé par tous les partis, et fatigué peut-être des orages d'une révolution dont il avait couru toutes les chances, il s'embarqua, la même année, pour l'Egypte avec l'armée de Buonaparte, en qualité de savant. Il y fut nommé administrateur du droit d'enregistrement et des domaines nationaux, et travailla au Caire à un journal intitulé : *La Décade Egyptienne*. Cependant, le discrédit dont il était frappé en France l'avait suivi au-delà des mers. Il se vit maltraité par des hommes qui s'étaient prosternés devant lui au temps de sa puissance. La mésintelligence devint si forte entre Menou et lui, que ce général le fit partir pour la France, après avoir eu soin de l'y devancer par une dénonciation dont l'effet devait être de le faire arrêter en mettant le pied sur le territoire français. Heureusement pour lui, il fut enlevé, dans son passage, par un vaisseau anglais, et conduit à Londres, où le parti de l'opposition le consola de sa captivité par un accueil brillant. On le conduisit à une séance du parlement; il fut fêté au club des Wighs, et traité partout comme un personnage considérable. Relâché quelque temps après, il rentra en France, et resta long-temps sans emploi. Il a été pendant quelque temps commissaire des relations commerciales à Alicante, et il est revenu à Paris, où on le rencontre quelquefois dans le costume le plus modeste. On prétend qu'il a servi à quelques intrigues pendant les cent jours; mais il n'y a rien de prouvé à cet égard. N'ayant reçu à cette époque aucune fonction publique, et n'ayant pas signé l'acte additionnel, il n'a pas été obligé de sortir de France. U.

TALMA (François-Joseph), né, en 1766, à Paris, où son père exerçait la profession de dentiste, passa une partie de ses premières années en Angleterre, et fut renvoyé à Paris, où il reçut une éducation soignée. Une imagination mélancolique, un genre nerveux extrêmement irritable, développèrent de très-bonne heure, chez lui, l'exaltation de sentiments sans laquelle on ne réussit dans aucun art. Il n'avait encore que dix ans, lorsqu'une représentation de collège marqua sa vocation pour le théâtre. L'enfant s'était tellement identifié avec le personnage tragique qu'il représentait, que ses larmes coulaient en abondance. Lorsque ses études furent terminées, il retourna à Londres auprès de son père. Quelques jeunes Français l'invitèrent à se réunir à eux pour jouer de petites comédies françaises. La nouveauté de ce spectacle leur attira une grande affluence de beau monde. Talma, quoique fort jeune, se fit assez remarquer pour que des personnages de haute distinction engageassent son père à le destiner au théâtre anglais. Il parlait assez bien la langue pour hasarder cette entreprise; mais des circonstances particulières le ramenèrent à Paris; il y fit connaissance avec quelques acteurs, qui l'excitèrent à tirer parti de ses dispositions. Il suivit pendant quelque temps les classes de l'école royale de déclamation, et ne tarda point à obtenir son ordre de début. Il parut, pour la première fois, sur le théâtre français, le 27 novembre 1787, dans le rôle de *Séide*. Encouragé par les applaudissements qu'il reçut, Talma conçut le dessein de se donner une seconde éducation. Il rechercha avec empressement la société des gens de lettres, des peintres, des sculpteurs. Les connaissances qu'il y puisa le mirent à même de se créer un genre de mérite particulier, et il eut la gloire d'opérer dans le costume la révolution qu'avaient essayée vainement Lekain, Mademoiselle Clairon et Madame Saint-Huberti. Le premier, il fit voir une véritable toge romaine dans la tragédie de *Brutus*. Son apparition excita une surprise générale chez des spectateurs accoutumés aux manteaux de satin, aux culottes jarretées, aux talons rouges et aux tresses flottantes des héros de la fable et de l'histoire. Un de nos médecins les plus célèbres a observé que ce fut à une longue maladie de nerfs qui semblait devoir le conduire au tombeau, que Talma dut le développement de son talent. Mais avant d'avoir acquis tout l'ascendant d'un talent supérieur, il eut à essuyer à l'époque de la révolution une vive contestation avec les Comédiens français, en 1790, relativement au compliment d'ouverture composé par son ami Chénier, qu'ils lui reprochaient d'avoir voulu prononcer malgré eux, comme encore au sujet de la tragédie de *Charles IX*, qu'ils l'accusaient d'avoir fait jouer de son chef. Talma publia pour sa défense une *Réponse* au mémoire des Comédiens français. Il fut encore en butte à d'autres accusations de ses confrères, et ce fut Larive qui le justifia (*V.* LARIVE). L'âge interdisant peu à peu à Larive les jeunes rôles, et d'injustes critiques ayant enfin déterminé cet acteur célèbre à quitter le théâtre, Talma qui, jusqu'à cette époque, s'était essayé dans la tragédie et la comédie, se trouva, sans partage, en possession du premier emploi tragique. C'est de ce moment que date la renommée qu'il s'y est acquise: c'est de ce moment aussi, par conséquent, qu'il est juste de chercher à saisir le caractère distinctif de son talent, et à déterminer la place qu'il occupera parmi les grands acteurs qui ont illustré la scène française. Pour n'être point accusés de partialité, nous commencerons cette analyse par le jugement qu'a porté de Talma, ou plutôt par le panégyrique qu'a tracé de ce tragédien, une femme justement célèbre : « Talma, dit Madame de Staël, (*De l'Allemagne*, tom. II chap. 27) » peut être cité comme un modèle de » hardiesse et de mesure, de naturel » et de dignité. Il possède tous les se- » crets des arts divers ; ses attitudes » rappellent les belles statues de l'anti- » quité. L'expression de son visage, » celle de son regard, doit être l'étude » de tous les peintres. Il y a dans la » voix de cet homme je ne sais quelle » magie qui, dès les premiers accens, » réveille toute la sympathie du cœur; » le charme de la musique, de la pein- » ture, de la sculpture, de la poésie, » et, par dessus tout, du langage de « l'âme : voilà ses moyens pour déve- » lopper dans celui qui l'écoute toute » la puissance des passions généreuses » ou terribles. Quelle connaissance du » cœur humain il montre dans sa ma- » nière de concevoir ses rôles ! Il en » est une seconde fois l'auteur par ses » accens et par sa physionomie. » Madame de Staël décrit ensuite, dans le plus grand détail, la manière dont Talma conçoit et rend ses principaux rôles. Après ce brillant portrait, la justice exige que nous empruntions aussi quelques traits à un ouvrage qui a fait beaucoup de bruit, à Paris en 1818 : « Est-ce rendre un service réel » à Talma, dit l'auteur du *Rideau* » *levé*, que de le comparer sans cesse » à Lekain, et même à Larive? Lekain » avait un grand talent : Talma n'a que » de très-belles parties de talent. Un » exemple suffira pour m'expliquer : » que Vendôme conversât avec Coucy, » ou qu'il délirât aux pieds d'*Adélaïde* » *du Guesclin*, le personnage était » également soutenu, l'acteur égale- » ment admirable Voyez, au contraire, » Talma jouant l'Oreste d'*Andromaque*: » certes, il sera sublime, prodigieux » dans sa scène avec Hermione, dans » ses fureurs ; mais, n'aura-t-il pas été » contraint, monotone, glacial, dans » ses entretiens avec Pylade, et même » dans son entrevue avec Pyrrhus? » Les partisans de Talma répondent que ce débit monotone et froid tient au système qu'il s'est fait. Loin de ressembler aux acteurs vulgaires qui, prodiguant d'abord tout leur feu, peuvent à peine achever leurs rôles, Talma au contraire, disent-ils, ménage habilement ses moyens, et réserve les coups de force pour les scènes d'éclat, et le dénoûment. Au reste, par la noblesse de sa démarche et de son maintien sur la scène, Talma s'était fait une réputation si bien établie, que Buonaparte prit très-sérieusement des leçons de lui pour apprendre à représenter avec dignité dans les occasions d'éclat. On sait comment il avait profité de ses leçons, et l'on sait aussi avec quelle largesse elles furent payées. — TALMA (Caroline), femme du précédent, et fille de Vanhove, qui jouait les pères nobles au Théâtre français, y débuta elle-même, le 8 octobre

1785, par le rôle d'*Iphigénie en Aulide*. Elle n'avait pas encore quatorze ans; mais elle s'était déjà concilié la bienveillance du public, par la grâce extrême qu'elle avait mise dans plusieurs rôles d'enfant. Ses essais dans la tragédie furent si brillants, qu'on voulut déroger en sa faveur au règlement, et qu'elle fut reçue sociétaire six semaines après son début. A la mort de Mademoiselle Olivier, il fut reconnu que Mademoiselle Vanhove seule pouvait la remplacer dignement; mais ses rivales obtinrent alors qu'elle renoncerait à la tragédie; elle se voyait donc bornée à la comédie, lorsqu'elle fut incarcérée, le 3 septembre 1793, avec tous les autres sociétaires. Elle ne sortit de Sainte-Pélagie, que sous la condition expresse d'entrer au théâtre dit de la *République*, où elle tint le premier emploi avec un succès toujours croissant. Une profonde sensibilité, un naturel parfait rappelèrent aux anciens connaisseurs les plus belles années de Mademoiselle Gaussin. La mort de Mademoiselle Desgarcins la détermina à reprendre l'emploi tragique, qu'elle avait abandonné avec regret; jouant alors dans les deux genres, elle fit admirer en elle une variété et une souplesse de talent extrêmement rares. Le rôle du jeune sourd-muet, dans le drame de l'*Abbé de l'Epée*, offrit le spectacle étonnant d'une actrice qui captivait le public pendant cinq actes, sans prononcer une parole, et sans présenter, un seul instant, la moindre invraisemblance. La retraite de Mademoiselle Contat vint agrandir la sphère dans laquelle brillait Madame Talma. Plus pathétique que celle-ci, la manière dont elle joua les rôles de la *Femme jalouse*, et de la *Mère coupable*, n'a été égalée, depuis. que par mademoiselle Leverd. Elle avait acquis toute la perfection de son talent, lorsque le dérangement de sa santé la contraignit à une retraite prématurée, en 1810: elle avait été mariée, dans sa première jeunesse, à Petit, célèbre maître de danse; elle épousa ensuite Talma, et c'est sous ce nom qu'elle a laissé une mémoire durable au Théâtre français. V.

TALOT (MICHEL-LOUIS), né à Cholet, le 23 août 1755, ne fut jamais huissier, quoique cela ait été souvent répété; mais, ayant travaillé au barreau dès sa jeunesse, il fut, en 1784, agréé au tribunal de commerce d'Angers. On le nomma, au commencement de la révolution, l'un des commandants de bataillon et chef d'artillerie dans la garde nationale de cette ville, puis membre du conseil-général du département de Maine-et-Loire, et juge du tribunal de première instance Il servit dans l'armée républicaine qui fut opposée à celle des Vendéens. Nommé en 1792, député suppléant à la Convention nationale, il n'entra dans cette assemblée qu'après le procès de Louis XVI. Il en devint secrétaire, au mois de janvier 1795, fut envoyé quelques mois après à l'armée de Sambre et Meuse, et fut rappelé presqu'aussitôt. M. Talot s'éleva, le 12 août 1795, contre les assemblées générales des sections de Paris, qu'il assura être dirigées par des *intrigants*, et provoqua leur clôture; il défendit ensuite Drouet contre Defermont, rappela ses services, et le fit maintenir sur la liste des deux tiers de conventionnels qui devaient former le nouveau corps législatif. Il sollicita, le 27 septembre, la création d'un conseil de guerre pour juger les chouans et les émigrés qui seraient arrêtés à Paris; puis fut envoyé dans le Pas-de-Calais, pour y organiser les autorités, et faire punir les auteurs d'écrits séditieux et de complots royalistes. Il apaisa les troubles qui se manifestaient dans ce département, et sut, par la fermeté qu'il montra à la tête de deux régiments, mériter l'estime des insurgés eux-mêmes. De retour à Paris, au moment où la Convention terminait sa session, il apprend que le général Menou, son ancien compagnon d'armes, est en jugement par suite des événements du 13 vendémiaire. Il se rend, quoique malade, devant le conseil de guerre, et défend l'accusé avec tant de chaleur, qu'il le fait acquitter. Le lendemain, l'assemblée électorale du département de la Seine, l'appela au conseil des cinq-cents. Le 12 janvier

1796, M. Talot défendit le projet qui astreignait les représentants au serment de haine à la royauté; parla en faveur des patriotes fugitifs de la Vendée; provoqua la peine de déportation contre les dépréciateurs des mandats; fit décréter que le camp de Grenelle avait bien mérité de la patrie, pour avoir repoussé le rassemblement qui s'y était porté; et défendit, le 12 avril, les républicains du midi, où les massacres continuaient à se multiplier. Ce fut dans cette séance, très-orageuse, que M. Talot en vint à des voies de fait avec M. Jourdan, des Bouches-du-Rhône. Il s'opposa sans succès, le 18 septembre, à l'introduction d'une plus grande sévérité dans le code pénal militaire; fit, le 30 octobre, une sortie contre les journalistes, qu'il traita de prédicateurs séditieux; et appela de nouveau, le 6 février 1797, l'attention du conseil sur ceux qui prêchaient la royauté. Peu de jours après, il combattit Dumolard, qui attaquait le directoire pour avoir dirigé une descente en Irlande; se plaignit, le 6 août, de ce que l'on transformait la commission des inspecteurs en comité de recherches et de salut public; reprocha à Aubry d'avoir destitué Buonaparte et Masséna; s'éleva contre les projets présentés par Pichegru, sur la marche des troupes et les dangers du corps législatif; déclama contre les journalistes du parti royaliste; fut nommé membre de la commission provisoire des inspecteurs, aussitôt après le 18 fructidor (4 septembre 1797); appuya, le lendemain, diverses mesures prises à cette époque, vota des visites domiciliaires, poursuivit les journalistes du parti vaincu; tonna encore le 2 octobre contre les émigrés, et proposa des mesures pour empêcher leur rentrée; fut élu secrétaire le 22; fit un pompeux éloge du général Buonaparte, à l'occasion de la proposition faite par Malibran, de lui accorder 300,000 fr. Il fit ensuite fixer par une loi l'enceinte constitutionnelle du corps législatif; présenta, le 23 janvier 1798, un plan d'organisation de sa garde, et s'opposa, en avril, au projet par lequel le directoire se rendait maître des élections. M. Talot fut, à cette époque, de nouveau appelé aux fonctions législatives; et, le 23 septembre suivant, élu secrét. Le despotisme toujours croissant du directoire le jeta ensuite dans le parti d'opposition; il reprocha, le 16 juin 1799, à Lecointe Puyravaux, son opinion contre la liberté de la presse, et lui rappela qu'il ne pouvait pas toujours être le *procureur-général syndic du directoire*. Il prit aussi la plus grande part à la journée du 30 prairial, et contribua à l'expulsion de Treilhard, Laréveillère et Merlin; on le vit ensuite faire l'éloge de la société du Manège, et l'attaquer cependant peu de jours après, comme voulant renverser la constitution. Il protesta, à la séance extraordinaire du 19 brumaire, à Saint-Cloud, contre la nomination de Buonaparte au commandement des troupes qui entouraient le corps législatif; exhorta vainement ses collègues à retourner à Paris, revêtus de leurs costumes, et à décréter que les troupes rassemblées autour d'eux faisaient partie de leur garde. Peu de jours après, il fut renfermé à la Conciergerie, d'où Bernadotte obtint sa sortie; il devait être détenu dans le département de la Charente-Inférieure, mais cette mesure n'eut pas lieu. M. Talot continua de manifester assez hautement ses sentiments contre la révolution du 18 brumaire. Lors de l'explosion du 3 nivôse, il fut inscrit sur la liste des déportés, et échappa aux arrestations. Découvert par la suite, il fut enfermé à l'Ile de Rhé, et obtint, après 14 mois de détention, la permission de rester en surveillance dans son pays. Il y vécut, très-retiré, du traitement de réforme attribué à son grade d'adjudant-commandant, et n'accepta aucune des constitutions de Buonaparte. En 1809, il fit partie de l'armée destinée à repousser les Anglais qui s'étaient emparés de l'Ile de Walcheren, et servit en qualité de chef d'état-major de la division qui occupait l'Ile de Cadsand. Ayant été réformé lors de la réunion de cette armée à celle d'Anvers, il rentra de nouveau dans ses foyers, où il vit maintenant au milieu de sa famille. M. Talot passe pour un des hommes les plus probes du parti républicain ; et ce n'est que par l'effet d'une grande ignorance de sa situation, qu'on l'a accusé de s'être enrichi dans ses missions. F. B. M.

TASCHER-DE-LA-PAGERIE (Le comte PIERRE-JEAN-ALEXANDRE), parent de l'impératrice Joséphine, fut nommé sénateur le 19 octobre 1804, et reçut dans la même année le titre de comte et celui de commandant de la Légion-d'honneur En octobre 1806, il fut élu président du collége électoral de Loir-et-Cher, et pourvu de la sénatorerie de Chambord Le 1er. avril 1814, il vota la création d'un gouvernement provisoire et la déchéance de Buonaparte, fut nommé pair le 4 juin ; et n'ayant pas reçu le même titre de Buonaparte, en 1815, il le conserve encore sous le gouv. roy.—TASCHER-DE-LA-PAGERIE (Le comte Henri) son fils, était cap. adjoint à l'état-major gén. en 1807, lorsqu'il fut nommé chef de bataillon le 12 février. Employé en Espagne, il se distingua à l'affaire d'Espinosa, et devint aide-de-camp du roi Joseph, avec le grade de colonel, et de général de brigade, le 17 février 1814. Il a été créé chevalier de Saint-Louis le 13 août suivant. — TASCHER-DE-LA-PAGERIE (Mademoiselle Stéphanie DE), nièce de Joséphine, fut mariée par Buonaparte au prince d'Aremberg, et parvint à faire annuler son mariage, en 1816, par les tribunaux de Paris, en déclarant qu'elle ne l'avait contracté que dans la crainte des plus cruelles persécutions, et qu'elle avait fait connaître ses sentiments à M. d'Aremberg, soit avant, soit après ce simulacre d'union. D.

TASCHEREAU-DE-FARGUES (P.-A.), né vers 1750, dans les provinces méridionales de France, était fabricant de draps avant la révolution. Il en adopta les principes avec beaucoup de violence, et se lia particulièrement avec Robespierre, qui lui fit donner plusieurs missions en 1792 et 1793, et l'envoya même à Madrid, où il devait remplacer Bourgoing, lorsque la guerre éclata. M. Taschereau, étant alors revenu à Paris, fut membre d'un comité révolutionnaire jusqu'au 9 thermidor, époque à laquelle il fut arrêté. Rendu bientôt à la liberté, il figura, en 1796, dans l'insurrection du camp de Grenelle, puis dans l'affaire de Babeuf, et on le comptait encore, en 1799, parmi les membres de la société du Manége. Dénoncé à cette époque au ministre de la police Duval, comme auteur d'un écrit dans lequel il préconisait Robespierre, il fut arrêté et conduit au Temple, d'où il sortit après la crise du 30 prairial. Avec quelque esprit, des idées exagérées sur la liberté et un grand amour de l'indépendance, M. Taschereau ne fut jamais un méchant homme. On l'a accusé d'avoir été l'agent de Fouquier-Tinville pendant la terreur, et d'avoir fait arrêter un grand nombre de citoyens de la section Lepelletier. Cependant, après le 9 thermidor, sa conduite ayant été examinée sévèrement à la section Lepelletier, dont il était membre, il en résulta non-seulement la preuve qu'il avait commis encore plus d'imprudences que de méchancetés, mais qu'il avait rendu des services aux opprimés. Il fut arrêté, le 20 juillet 1807, par la police de Buonaparte, puis exilé, et ne cessa d'être persécuté pendant toute la durée du gouvernement impérial. Depuis la restauration, il semble être revenu à des principes politiques plus sages. Il a publié : I. *Épître à Maximilien Robespierre, aux enfers*, 1795, in-8°. II. *Le gouvernement Napoléonien, ode à la vérité*, Paris, 1812, in-8°. III *De la Nécessité d'un rapprochement sincère et réciproque entre les républicains et les royalistes*, Paris, 1815, in-8°. IV. *Ode à la Clémence politique et réciproque*, 1815, in-8°. S.

TAUENZIEN-WITTENBERG (Le comte DE), lieutenant général prussien, a été employé, sans interruption, dans les différentes guerres de son pays contre la France, et a donné en plusieurs occasions des preuves d'un talent distingué. A l'ouverture de la campagne de 1806, il fut attaqué à Hoff, par un corps de 16,000 français, faisant partie des divisions Soult et Davoust, et se replia sur Schleitz et

Neustadt. Ce mouvement donna lieu à quelques escarmouches qui furent suivies, peu de jours après, de la bataille de Iéna, où le général Tauenzien se distingua et fut blessé. Dans la campagne de 1813, il commanda le 4e. corps d'armée prussien, lequel, au moment de la reprise des hostilités, dans le mois de juillet, formait avec le 3e. corps, sous les ordres du général Bulow, la gauche de l'armée combinée. Le 23 août, il fut attaqué par le général Bertrand à Gross-Beeren, et le repoussa. Le 5 septembre, il fut débusqué du poste de Leyda, après une résistance opiniâtre, et fit preuve de talent et de sang-froid, le 6, à l'affaire de Dennevitz, où il soutint, pendant toute la journée, des attaques vives et réitérées. Le 17 du même mois, il s'empara de la position de Muhlberg, à la suite d'un engagement meurtrier, avec un corps de cavalerie, et perdit, le 12 octobre, la bataille de Dessau, contre le maréchal Ney, qui pénétra dans la ville. Maître de Torgau, rendu par capitulation, le 26 décembre, le général Tauenzien se porta sur Wittenberg, dont il commença le siége le 28 du même mois, et le 12 janvier, il s'en empara. Il se dirigea ensuite sur Magdebourg, et conclut, à la fin d'avril, une suspension d'armes avec le général Lemarrois, gouverneur de cette place. Le 23 mai, la ville fut évacuée par les Français, en vertu d'une convention. L'occupation de ces trois places valut au général Tauenzien la grand'croix de fer, ordre qui fut institué par le roi de Prusse, avant la campagne de 1813. Cet ordre ne peut être accordé qu'à un général qui, dans une bataille décisive, a forcé l'ennemi à quitter sa position, ou bien à celui qui a pris ou défendu une forteresse importante. L'invasion de Buonaparte, au 20 mars 1815, ayant de nouveau remis l'Europe sous les armes, le général Tauenzien fut chargé du commandement du 6e. corps d'armée prussien, et il pénétra en France dans le mois d'août 1814, alla prendre des cantonnements dans la Bretagne, y adressa plusieurs proclamations aux habitants, et témoigna particulièrement beaucoup d'estime aux royalistes. (*Voy.* DESOL de Grisolles.) L'empereur d'Autriche lui conféra, en 1816, la croix de commandeur de Marie-Thérèse, et la grand'croix du Mérite militaire. S. S.

TAVEAU (LOUIS-JOSEPH) remplissait, au commencement de la révolution, des fonctions municipales et administratives dans le département du Calvados, lorsqu'il fut élu par ce département, en 1792, député à la Convention. Lors du procès de Louis XVI, il se prononça pour l'appel au peuple, et vota la peine de mort de la manière suivante: « Il faut prouver aux rois qui
» règnent encore pour le malheur des
» peuples, que leurs têtes peuvent
» tomber sous le glaive des lois comme
» sous la faulx de la mort. Nous avons
» déclaré, à l'unanimité, Louis con-
» vaincu du crime de haute-trahison. Ce
» crime mérite la mort; mais après
» l'avoir prononcée, gardons-le comme
» otage, et suspendons l'exécution jus-
» qu'au moment où les ennemis tente-
» raient une invasion sur notre territoire.
» Mon opinion n'a de force que parce
» qu'elle est indivisible. » Le 3 décembre 1794, il s'éleva contre les commissions exécutives, auxquelles il reprocha des dilapidations et une organisation monarchique, et provoqua leur suppression. M. Garat ayant été attaqué par Dumont du Calvados, sur sa conduite au 2 septembre, il prit sa défense, se plaignit, le 22 mai 1795, du mauvais esprit des tribunes, l'attribua à une tactique des ennemis de la Convention, et défendit Robert-Lindet, dont l'arrestation était demandée par Gouly. Compromis dans la correspondance trouvée de Lemaître, il parut s'en inquiéter fort peu, et ne fit aucune réclamation. Après la session conventionnelle, il refusa les fonctions de député de Saint-Domingue, et se contenta du poste subalterne de messager d'état au tribunat, qu'il occupait encore au corps législatif, en 1814. Il fut obligé de sortir de France, en 1816, comme régicide. B. M.

TAYLOR (THOMAS), appelé communément le platonicien, est un exemple de ce que peuvent produire le désir de s'instruire, et la persévérance dans le travail. Né à Londres de parents obscurs, en 1758, quoique dans sa carrière littéraire il ait exécuté des travaux d'Hercule, il est d'une constitution extrêmement frêle. Destiné à exercer le ministère parmi les non-conformistes, il fut placé, dès l'âge de neuf ans, dans l'église de Saint-Paul; à quinze ans, il changea de projet et fut mis sous la direction d'un de ses parents qui était un des officiers du chantier de Sheerness; le jeune Taylor y trouva l'occasion de suivre son inclination pour l'étude des mathématiques. Après avoir résidé trois ans à Sheerness, il devint élève d'un prédicateur non-conformiste, et par son secours apprit les éléments du latin et du grec, ayant l'intention d'achever ses études à Aberdeen, et d'entrer dans les ordres; mais un mariage prématuré et les embarras qui en résultèrent, firent évanouir ce dessein, et il fut obligé d'accepter une place de sous-maître dans une école qu'il quitta bientôt pour entrer comme commis dans une maison de banque. Tout en remplissant ses devoirs avec exactitude, il trouvait moyen d'employer ses heures de loisir à l'étude d'Aristote, de Platon et de leurs commentateurs. S'étant également appliqué à la chimie, il conçut l'idée de découvrir la lampe perpétuelle. Ses essais furent si bien accueillis, qu'il se hasarda à montrer un échantillon d'éclairage phosphorique à la taverne des francs maçons, mais un accident imprévu fit manquer son expérience. Elle eut cependant l'effet de procurer à l'auteur des amis puissants, avec le secours desquels il put quitter la maison de banque. Ses premiers efforts pour sortir de l'obscurité, furent employés à faire des cours de philosophie platonicienne; ce qui lui procura la protection de M. Meredith, qui fournit à tous les frais qu'exigea l'impression de sa traduction d'Aristote et de quelques autres ouvrages qu'il publia. Il devint ensuite maître de langues, et fut secrétaire-adjoint de la société pour l'encouragement des arts, des manufactures et du commerce.

Cette place le mit en relation avec le duc de Norfolk, qui a payé toutes les dépenses occasionnées par sa trad. de Platon. C'est ce même Taylor que rechercha particulièrement le républ. Izarn, marq. de Valadi. Il a publié : I *Eléments d'une nouvelle méthode de raisonner en géométrie*, in-8°., 1780. II. *Hymne d'Orphée*, tr. du grec avec une *Dissertation sur la vie et la théologie d'Orphée*, in-12, 1787. III. *Sur le Beau*, traduction du grec de Plotinus, in-12, 1787. IV. *Commentaires philosophiques et mathématiques de Proclus sur Euclide*, traduits du grec, 2 vol. in-8°., 1783. V. *Dissertation sur les mystères d'Eleusis et de Bacchus*, in-8°. 1770. VI. *Phædo de Platon*, ou *Dialogue sur la beauté et l'amour*, in-4°., 1792. VII. *Cratylus, Phædo, Parmenides et Timæus de Platon*, avec des notes, in 8°., 1793. VIII. *Salluste sur les Dieux et le monde*, traduit du grec, in-8°., 1793. IX. *La Fable de Cupidon et Psyché*, traduite du latin d'Apulée, in-8°., 1795. X. *Description de la Grèce*, par Pausanias, avec des notes, 3 vol. in-8°., 1794. XI. *Métaphysique d'Aristote*, traduite du grec, in-4°., 1801. XII. *Deux discours de l'empereur Julien*, in 8°. XIII. *Cinq livres de Plotinus*, in-8°. XIV. *Réponse au supplément du docteur Gillies à son Analyse des œuvres d'Aristote*, in-8°., 1804. XV. *OEuvres de Platon*, traduites du grec, 5 vol. in-4°., 1804. XVI. *Dissertations de Maxime de Tyr*, traduites du grec, 2 vol. in-12, 1804. XVII. *Mélanges en prose et en vers*, in-8°., 1806. XVIII. *Physique d'Aristote*, traduite du grec, in-4°. 1806. XIX. *L'Organon ou Traité de logique d'Aristote*, in 4°., 1807. XX. *Éléments de la vraie arithmétique des infinis*, in-4°., 1809. XXI. *OEuvres d'Aristote*, 9 vol. in-4°.; elles ne furent imprimées qu'au nombre de 75 exemplaires. XXII. *Histoire de la restauration de la théologie de Platon*, in-4°. XXIII *Dissertation sur les nullités et les séries divergentes*. in-4°. XXIV. Nouvelle édition du *Lexicon grec d'Hederic*, avec des additions. in-4°., 1803. Outre ces ouvrages,

M. Taylor a communiqué divers articles curieux sur la mythologie, l'histoire ancienne, la philologie et les mathématiques, à plusieurs ouvrages périodiques, notamment le *New monthly Magazine*. — TAYLOR (John), lieutenant-colonel anglais, de l'établissement de Bombay, a publié: I. *Considérations sur la possibilité et les avantages d'une communication plus directe entre la Grande-Bretagne et ses possessions dans l'Inde*, in-8°., 1795. II. *Voyage d'Angleterre dans l'Inde, fait en 1789, par le Tyrol, Venise, Scandaroon, Alep, et par le grand désert jusqu'à Bassora, avec des instructions pour les voyageurs, et une note des frais de voyage*, 2 vol. in-8°., 1799; la relation de ce voyage a été traduite en français, par M. de Grandpré. III *Lettres politiques, commerciales et militaires sur l'Inde, contenant des observations sur des sujets importants aux intérêts de l'Angleterre dans l'Orient*, in-4°., 180. IV. Trad. par B. Barère et Madget, 1801, in-8°. V. *Le Guide indien, ou le Compagnon du voyageur en Europe et en Asie*, in 8°., 1807. Z.

TENNEMANN (GUILLAUME-AMÉDÉE), professeur de philosophie à l'université de Iéna, est né à Klenbremlach, près d'Erfurt en 1761. L'Allemagne le compte au premier rang des savans qui, réunissant de profondes connaissances philologiques à un esprit méditatif et scrutateur, ont porté le flambeau d'une saine critique dans toutes les parties de l'histoire de la philosophie, spécialement des Grecs, et ont perfectionné les travaux de Brucker. Contemporain de Tiédemann, Meiners, Lessing, Buhle, Wyttenbach, il a su se faire remarquer à côté de ces historiens des doctrines philosophiques de l'antiquité, et a surtout répandu un nouveau jour sur celles des disciples de Socrate, particulièrement de Platon. La traduction qu'il a donnée de l'*Histoire comparée des systèmes de philosophie, relativement aux principes des connaissances humaines*, par M. de Gérando, et les notes dont il l'a accompagnée, prouvent qu'il ne s'est pas livré à des préventions exclusives pour les bases de la doctrine critique. Une tendance éclectique et une grande fidélité dans l'exposition des sentimens des philosophes qui ont été l'objet de ses recherches, se font remarquer dans tous ses écrits. Les principaux sont: 1. *De Quæstione: num sit subjectum aliquod animi, nobisque cognosci possit? accedunt quædam dubia contra Kantii sententiam*, Iéna, 1788, in-4°. II. *Doctrines et opinions des disciples de Socrate sur l'immortalité de l'âme*, ib. 1791, in 8°. III. *Système de la philosophie de Platon*, Leipzig, 1792-95, grand in-8°., 4 volumes. IV *Une traduction du traité du D. Hume sur l'entendement humain*, qu'on préfère à celle de M. Jakob. V. *Histoire de la philosophie*, Leipzig, 18 volumes, 1798-1810, grand in-8°. Cet ouvrage, le plus considérable de ceux de M. Tennemann, n'est pas achevé: il s'arrête au début de la philosophie des scholastiques. M. Tennemann est un des collaborateurs de la Gazette littéraire de Iéna, et de l'utile répertoire de ce journal, que M. Ersch a publié pour les années 1785—1800. ST.

TERCIER (Le chevalier ADOLPHE DE) fit partie de l'expédition de Quiberon, et servit ensuite dans l'armée du vicomte de Scépeaux; il commandait une division en 1796, et attaqua à cette époque, près Bazougères, un détachement qu'il défit; s'étant attaché ensuite au comte de Rochecotte, il devint un des principaux officiers de l'armée royale du Maine. Après la mort de ce chef, il eut dans cette province la principale influence, et en 1799, avant l'arrivée du comte de Bourmont, il rallia les insurgés du haut Maine, et donna plus de consistance au parti; il fut membre du conseil royaliste de cette province. Le comte de Bourmont ayant pris le commandement des forces royales, le chevalier de Tercier commanda en second, et ce fut lui qui s'empara de la ville du Mans, à la tête d'une division royaliste; il marcha ensuite à la prison de l'Évêché, et délivra les prisonniers. Il prédit le mauvais succès de la tentative sur *Balay*, à laquelle il s'opposa vainement ; les royalistes, ainsi qu'il l'avait prévu, furent repoussés avec perte. A l'activité il réunissait toutes les qualités qui constituent l'officier de mérite. On lui a reproché d'avoir voulu conduire les paysans royalistes comme des troupes réglées. Son attachement véritable à la cause qu'il servait lui suscita des persécutions après la pacification. Il fut arrêté et conduit au Temple, d'où il fut envoyé en surveillance à Amiens, où depuis il s'est fixé. P.

TERCY (M.), a publié : I. *Épithalame de Napoléon et de Marie-Louise*, 1810, in-8°. II. *La naissance du roi de Rome*, 1811, in-8°. III. *La Mort de Louis XVI*, idylle dans le goût antique, 1816, in-8°. Cette dernière pièce, dédiée au pape, a valu à son auteur une lettre flatteuse de S. S. qui en a prescrit le dépôt au greffe de la congrégation *de Miraculis*, chargée de recueillir les faits relatifs à la canonisation du roi martyr. Le souverain pontife a en même temps nommé M. Tercy, chev. de l'ordre de l'Éperon d'or. IV. *La mort et l'apothéose de Marie-Antoinette*, 1817, in-8°. V. *La mort de Louis XVII*, 1818, in 8°. M. Tercy travaille dans ce moment à un poëme épique. — TERCY (Madame de) a publié *Isaure et Montigny*, 1818, 2 vol. in-12. OT.

TESSIER (HENRI-ALEXANDRE), agronome, membre de l'Institut (section d'agriculture), et directeur des bergeries royales de Rambouillet, né en 1744, était membre de l'ancienne académie des sciences, et censeur royal. Il a été professeur d'agriculture et de commerce aux écoles centrales, docteur régent de la faculté de médecine de Paris, et il est membre de la société d'agriculture et du conseil des arts et du commerce du département de la Seine, etc. chevalier de la Légion-d'honneur. On a de lui : I. *Examen de l'eau fondante de M. Guilbert de Préval*, 1777, in-4°. II. *Mémoires sur l'importation du Giroflier des Moluques aux Iles de France*, 1779, in-4°. III. *Observations sur plusieurs maladies des bestiaux, avec le plan d'une étable, et celui d'une écurie convenable aux chevaux*, 1782, in-8°. IV. *Traité des maladies des grains*, 1783, in-8°. V. *Résultats des expériences faites à Rambouillet, sous les yeux du Roi, relativement à la maladie du froment, appelé carie*, 1785, in-8°. VI. *Moyens éprouvés pour préserver les froments de la carie*, 1786, in-12. VII. *Mémoires sur les plantations des terrains vagues*, 1791, in-8°. VIII. *Journal d'agriculture*, 1791, in-8°. IX. (Avec M. Huzard). *Compte rendu à la classe des sciences mathématiques et physiques de l'Institut, de la vente des laines et de 161 bêtes du troupeau national de Rambouillet*, 1801, in-4°. X. *Instruction sur les moyens de détruire les rats des champs et les mulots*, 1802, in-8°. XI. *Observations sur les bêtes à laine*, 1810, in-8°., 1811, in-8°. XII. (Avec M. Bosc). *Les Annales de l'agriculture française*, journal commencé en 1798, et terminé en 1817; la collection se compose de 70 vol. in-8°. Une seconde série a commencée en 1818. Il a eu part aux *Observations de la société d'agriculture, sur l'usage des domaines congéables*, 1791, in-8°. ; a donné des articles dans les *Mémoires de la société d'agriculture*, et dans le *Bulletin de la société philomatique*. Il coopère au *Journal des savants*, à l'*Encyclopédie méthodique*, au *Dictionnaire des Sciences naturelles*, à la nouvelle édition du *Cours complet d'agriculture de Rozier*, et à celle du *Théâtre d'agriculture*, d'Olivier de Serres. M. Tessier s'est occupé depuis 40 années d'un travail d'observations suivies, dont il se propose de publier les résultats, sur les limites et le terme de la gestation des animaux. OT.

TESTA (DOMINIQUE), prélat romain, est attaché au souverain pontife, en qualité de secrétaire des brefs aux princes, et de Camérier secret. Il était précédemment secrétaire des lettres latines. On a de lui une *Dissertation sur deux zodiaques nouvellement découverts en Égypte*, dissertation lue dans une des séances de l'académie de la religion catholique, dont ce prélat est membre. Il l'a ensuite publiée à Rome, et il en a paru, en 1807, une traduction française, in-8°. de 80 pages. Cet écrit est une très-bonne réfutation des prétentions aujourd'hui abandonnées de quelques modernes antiquaires. L'abbé Testa était venu à Paris, dans sa jeunesse, et s'y était lié avec les savants. On trouve dans le *Journal des savants*, d'avril 1790, une lettre qu'il écrivit à Lalande, *sur l'état des sciences physiques et naturelles à Rome, depuis deux siècles, et sur la condamnation de Galilée*, dans laquelle il prouve que les prétendues barbaries de l'inquisition, contre ce grand philosophe, ont été ridiculement exagérées par les déclamations de quelques auteurs modernes; fait bien reconnu aujourd'hui (*Voy.* GALILÉE, dans la *Biog. univ.*, XVI, 338.) O.

TESTA-FERRATA (FABRICE-SCEBERAS), cardinal, évêque de Sinigaglia, est né à Malte, le 20 avril 1758. Après avoir rempli plusieurs charges à la cour de Rome, il fut fait archevêque de Béryte *in partibus infidelium*, en 1802, et nommé nonce en Suisse. Il se conduisit avec beaucoup de prudence dans un poste que les circonstances rendaient difficile, et sut même s'y maintenir à une époque où le souverain pontife n'avait déjà plus de nonces dans beaucoup d'autres états. En 1816, le pape rappela M. l'archevêque de Béryte à Rome, et le nomma secrétaire de la congrégation des évêques, et réguliers, place qui mène au cardinalat. Le prélat fut en effet déclaré cardinal, le 6 avril 1818; mais il a pris rang dans le sacré collège, à dater du 8 mars 1816, jour où il avait été réservé *in petto*. Il fut fait aussi évêque de Sinigaglia, et attaché à diverses congrégations. — TESTA-FERRATA (Le marquis), né à Malte, de la même famille que le précédent, fut envoyé à la cour de Londres, en 1802, au nom des habitants de l'île, pour engager le gouvernement Anglais à en retenir la possession. Depuis, il a continué d'être attaché à cette puissance, et a été revêtu par elle d'un des principaux emplois civils de l'île. O.

TESTE (Le comte FRANÇOIS), né le 19 novembre 1775, entra au service à l'âge de 17 ans, comme chef d'un bataillon de volontaires, fit les campagnes des Pyrénées orientales, en 1792 et 1793; quitta le service à cette époque, y rentra, en 1798, comme chef de bataillon dans la 87e. demi-brigade, se distingua au combat de Vignolo, et était aide-de-camp du général Chabran, lors du passage des Alpes, en 1800; il concourut à faire capituler le fort de Bar, et fut promu, à cette époque, au grade de colonel du 5e. d'infanterie, dont il garda le commandement jusqu'au commencement de la campagne de 1804, pendant laquelle son intrépidité au passage de l'Adige, lors de l'attaque meurtrière des redoutes de Caldiero, le fit proclamer général de brigade sur le champ de bataille. Il fit la campagne d'Allemagne, en 1813, et s'y distingua à la bataille de Dresde. Resté dans cette ville sous les ordres du général Mortier, il fut fait prisonnier. Il fut créé chev. de St.-Louis le 8 juill. 1814, et le 1er. janv. 1815, étant employé à Aire, il remit au 4e. régiment son nouvel étendard royal, et profita de cette circonstance pour renouveler son serment au Roi. Pendant l'interrègne de 1815, il servit dans le 6e. corps de l'armée du Nord; commanda ce corps à Waterloo, et y montra beaucoup de valeur. Il est aujourd'hui en demi-activité de service. — Son frère, JEAN-BAPTISTE, élève de l'académie de législation, embrassa la profession d'avocat et l'exerça long-temps avec succès auprès des tribunaux de la capitale. Nourri dans les principes de son père, il détestait trop le gouvernement impérial pour être employé par lui; cependant, en mars 1815, il accepta de Buonaparte la place de commissaire spécial de police à Lyon. Présenté à lui par Fouché, il eut la conversation suivante. — Vous êtes le frère du général Teste. — Oui, Sire. — Vous êtes avocat. — Oui, Sire. — Eh bien si vous gagnez cette cause, je vous promets que vous n'aurez plus besoin d'en gagner aucune autre. Dès-lors M. Teste fit dans le midi tous ses efforts pour soutenir le pouvoir de Buonaparte. Après le retour du Roi, il tâcha de rentrer dans l'obscurité; les journaux l'ayant indiqué le 3 septembre 1815, ainsi que le général Gilly, comme l'un des auteurs du rassemblement séditieux du bas Languedoc, il leur adressa la lettre suivante: « En rendant » compte d'un soulèvement dans les Cé- » vennes, vous ajoutez que cette rébellion » a été organisée par le général Gilly et » par moi. Permettez-moi de vous re- » présenter, qu'avant de rendre publi- » ques des accusations aussi graves, et » de compromettre l'honneur et même » la vie des citoyens, il faut être mieux » assuré que vous ne l'êtes de la fidé- » lité de vos correspondants. Je suis » venu directement de Lyon, où j'habi- » tais depuis 3 mois, à Paris, où je suis » arrivé le 2 août; je n'ai conservé avec » le midi de la France aucune relation; » et c'est sans doute parce qu'à Nî- » mes, on ignore où je suis, qu'on a » cru pouvoir me placer à la tête d'un » rassemblement dans le Languedoc. » M. Teste quitta cependant la France peu de temps après, et on le vit à Liège, défendre la cause de l'éditeur du *Mercure Surveillant* accusé de calomnie. M. Teste devait à cette époque quitter Liège, pour aller s'établir en Allemagne. — Un autre TESTE, le plus jeune des frères, fut l'un des payeurs-généraux de l'armée du maréchal Masséna, en Italie.

B. M

THABAUD BOIS-LA-REINE (GUILLAUME), baron de Surins, né le 27 nov. 1755, était prévôt de la connétablie à Châteauroux, avant la révolution, et fut successivement administrateur du district de cette ville, membre du directoire du département de l'Indre, et enfin député, en septembre 1792, à la Convention, où il vota la mort de Louis XVI, de la manière suivante: « Je vote pour la peine de mort, parce » que je suis intimement convaincu des » crimes de Louis; mais je me réserve » de motiver mon opinion pour déter- » miner le moment de l'exécution du » jugement. » Nonobstant cette explication, il vota contre le sursis; il avait auparavant voté contre l'appel au peuple. Il fut, en mai 1795, membre de la commission chargée d'examiner la conduite de Joseph Lebon, et ensuite commissaire près le camp de Paris. Devenu membre du conseil des 500, il en sortit en mai 1797, et fut nommé l'un des administrateurs de la loterie nationale. Réélu au conseil des anciens, en 1798, il en fut secrétaire, le 22 novembre, et après le 18 brumaire, il rentra à l'administration de la loterie, dont il fit partie jusqu'en 1814. Il y fut nommé de nouveau par Buonaparte, le 25 mars 1815, et siégea à la chambre des représentans comme député par le département de l'Indre. Il a quitté la France, en 1816, comme régicide, pour se réfugier dans les Pays-Bas. M. Thabaud, avait été créé baron de Surins, en 1812.

S. S.

THÉMINES (ALEXANDRE-FRANCOIS-AMÉDÉE-ADONIS-ANNE-LOUIS-JOSEPH DE LAUZIÈRES DE), né à Montpellier, le 13 janvier 1742, était aumônier du Roi, et grand-vicaire de Senlis, lorsqu'en 1776, S. M. le nomma évêque de Blois; le 6 octobre de la même année il fut sacré à Paris, et il alla prendre le gouvernement de son diocèse, où il montra des talents, de l'instruction et du zèle, mais un peu de singularité: il supprima plusieurs fêtes, que des réclamations générales le forcèrent ensuite de rétablir. A l'assemblée du clergé de 1788, on fut surpris de le voir opiner pour demander au Roi le retour du parlement de Paris, alors exilé à Troyes. Requis, comme tous les autres prélats de France, en 1790, de prêter serment à la constitution civile du clergé, il fut, par suite de son refus, contraint de sortir du royaume. Il se retira d'abord en Savoie, et publia, de Chambéri, le 25 juin 1791, sur le schisme des constitutionnels, une assez longue *lettre pastorale*. Peu après il passa en Espagne. Il habita long-temps la petite ville de St.-Sébastien, où, conjointement avec M. de la Neuville, évêque de Dax, sa consolante charité accueillait et secourait tous les Français que la persécution chassait de France. C'est par l'entremise de ces deux prélats que les ecclésiastiques surtout obtenaient leurs passe-ports, et la protection du gouvernement espagnol. L'armée française, en 1794, força le passage de la Bidassoa, et s'avança vers la capitale de la Vieille-Castille : tout le royaume d'Espagne fut alors menacé. M. de Thémines s'était déjà retiré dans l'intérieur, et une communauté religieuse devint sa demeure : tous les moines furent édifiés de ses vertus ; et lorsqu'une autre invasion le força, plus tard, de chercher plus loin un asile, ils ne purent s'empêcher, malgré leur prévention contre le clergé français, de regretter vivement son départ. Ce prélat a composé, pendant son exil, plusieurs mandements et lettres pastorales, dont quelques-unes ont été publiées. Il a signé, en 1802, les protestations des évêques de France contre le concordat, (*voy*. BÉTHISY). Il adressa même une lettre au souverain-pontife, à l'occasion de la démission que Sa Sainteté lui avait demandée. Ce fut pendant son séjour à Londres, qu'il composa un livre *en faveur du gouvernement de fait*, que Buonaparte exerçait sur la France. Les évêques réclamants, instruits d'une si étrange conduite de sa part, employèrent tous les moyens pour le ramener à leurs principes. Il se tint à ce sujet plusieurs conférences ; mais ce fut en vain, et son invincible résistance l'éloigna pour quelque temps de ses confrères, de Louis XVIII, et des princes français. Son ouvrage fut imprimé à Londres, en 1810 ; mais il n'a pas été publié. M. de la Roche, libraire dans cette ville, qui avait acheté le manuscrit de l'auteur, et l'avait livré à l'impression, fut averti des dangers d'une pareille publication pour la cause des Bourbons, et sans être arrêté par ses intérêts particuliers, il paya et brûla l'édition presque entière(1). Réconcilié depuis avec ses confrères, et rentré dans les bonnes grâces du Roi, M de Thémines est cependant le seul des évêques non-concordataires, qui ne soit point rentré en France, depuis la restauration de Louis XVIII. Pressé à plusieurs reprises par ses amis, d'imiter l'exemple de ses confrères, et de revenir à Paris, il a constamment répondu : *Pour ramener un évêque français dans sa patrie, après tant de bouleversements, il ne suffit pas de la restauration partielle de la monarchie ; il faut de plus l'entière et parfaite restauration de la religion de nos pères.* Il est encore à Londres, seul évêque français, depuis la mort de M. de Bethisy, à la tête de quelques ecclésiastiques, qui semblent partager son opinion et sa résistance. Le 25 août 1817, il officia pontificalement, à l'occasion de la fête de St.-Louis, dans la chapelle catholique de *King-Street*, en présence de l'ambassadeur de France, et il prononça un long discours, dans lequel il déclara qu'il *était, et serait évêque de Blois, jusqu'à la mort.* U.

THÉNARD (LOUIS JACQUES), membre de l'académie des sciences, professeur de chimie à l'école polytechnique et au collège de France, est né à la Louptière, près de Nogent-sur-Seine, le 4 mai 1777. Il s'adonna de bonne heure et avec passion à l'étude de la chimie, et se livra sans relâche aux expériences propres à étendre le domaine de cette science. Bientôt les plus illustres professeurs l'associèrent à leurs travaux, et dès l'âge de 20 ans il était répétiteur de chimie dans les principaux laboratoires publics de Paris, entre autres à celui de l'école polytechnique. La coopération de ce jeune professeur, à divers recueils scientifiques, étendit, dès ce temps, sa réputation dans le monde savant : à 26 ans, il obtint la chaire de professeur de chimie au collège de France. D'importants travaux relatifs à l'analyse, d'utiles découvertes, communiquées à l'Institut, lui ouvrirent les portes de cette compagnie, où il prit la place de Fourcroy. Les émules de M. Thénard, lui reconnaissent une profonde sagacité dans l'art de l'expérimentation ; et souvent de prétendues découvertes pompeusement annoncées

---

(1) Ce livre consiste en cinq lettres adressées à Buonaparte, au prince Talleyrand, au pape, au concile de 1811, et enfin au clergé et aux fidèles de son diocèse. Dans la lettre à Buonaparte (datée de Londres, 14 juin 1811), il s'y déclare *sujet soumis et fidèle de S. M.*, en même-temps qu'il proteste contre le concordat de 1801 ; il prétend qu'il est de droit administrateur de la Métropole (de Paris).

se sont évanouies, lorsque les expériences en ont été répétées par M. Thenard, dans son beau laboratoire du collège de France. Ses ouvrages sont : I. *Recherches Physico-chimiques*, 2 vol. in 8°. Paris, 1810. Ces recherches qui sont communes à l'auteur et à M. Gay-Lussac, renferment beaucoup d'expériences, sur la pile de Volta, sur les nouveaux métaux connus dans les dernières années, sous les noms de *potassium* et de *sodium*; sur l'acide *fluorique*, et l'acide *fluo-boracique*, sur l'acide *muriatique-oxigéné*, etc. II. *Traité de chimie élémentaire, théorique et pratique*, 4 vol. in-8°., Paris, 1er. vol. en 1813, 2e. vol. en 1814, 3e. en 1815, et 4e. en 1816. Les découvertes qui se sont rapidement succédées ont nécessité une seconde édition de cet ouvrage, qui a paru en 1818, 4 vol. in-8°. M. Thénard a publié de nombreux mémoires dans les Annales de chimie, et dans la collection de la société d'Arcueil. Il est collaborateur au *Journal de physique*, et à celui de l'*École Polytechnique*. F. R.

TEXIER-OLIVIER, commissaire près l'administration du département d'Indre-et-Loire, puis député au conseil des cinq cents, en 1798; prononça, le 3 mai, un discours sur le danger des scissions dans les assemblées électorales, influencées par le directoire, et proposa de s'en rapporter constamment au choix de la majorité. Il fut élu secrétaire le 21; s'éleva, le 16 août, contre la commission des inspecteurs, pour avoir mis la garde du corps législatif à la disposition du général Lefebvre, et qualifia cet acte d'attentat à la représentation nationale; défendit, peu de jours après, l'élection de Sieyès au directoire, attaquée par des pétionnaires; vota un monument à la gloire de Joubert, et somma Thiessé de désigner les membres qu'il accusait de vouloir renverser la constitution. Le 24 septembre, il présenta un projet tendant à déterminer les preuves de patriotisme auxquelles il proposait que fussent astreints les ci-devant nobles, pour être admis aux fonctions publiques. Après le 18 brumaire, il fut nommé préfet des Basses-Pyrénées. et en 1804; la Haute-Vienne, puis chev. de la Légion-d'honneur. Il perdit son emploi après la chute de Buonaparte, en 1814, et ne le recouvra qu'au mois d'avril 1815, pour le perdre de nouveau après le second retour du roi. B. M.

THÉVENEAU (CHARLES), poëte et mathématicien, né à Paris en 1759, fit ses études au collège Mazarin, et dès l'âge de 15 ans professa les mathématiques à Brest. Il habite depuis long-temps la capitale, sans emploi, et ne s'occupant nullement d'en obtenir, donnant tous ses loisirs à la littérature, et composant avec une extrême facilité des ouvrages auxquels il ne manque souvent qu'un peu plus de soins et de travail. Il s'est élevé jusqu'à l'épopée; et ses deux premiers chants du poëme de *Charlemagne*, quoiqu'ils aient été l'objet d'une critique sévère, renferment assez de beautés pour faire desirer qu'il achève de mettre en vers les dix autres, dont il a publié le plan depuis plusieurs années. Ses ouvrages sont : I. *Leçons élémentaires de mathématiques*, par Lacaille, augmentées par Marie, revues et corrigées, 1798, in-8°. II. *Cours d'arithmétique à l'usage des écoles centrales et du commerce*, 1800, in-8°. III. *Plan du poëme de Charlemagne*, suivi du premier chant en vers, et d'un *choix de poésies diverses*, 1804, in-8°. IV. *Ode sur la dernière campagne*, 1806, in-8°. V. *L'Illusion*, poëme, suivi d'autres poésies, 1806, in-8°: on y trouve les deux premiers chants du poëme de Charlemagne, 1816. On attribue à M. Théveneau d'autres poëmes qui n'ont pas paru sous son nom. A.

THIBAUDEAU (ANT.-CLAIRE), ancien avocat à Poitiers, fils du député aux états-généraux de ce nom, mort en 1813, fut nommé, en 1792, député à la Convention nationale par le départ. de la Vienne; il était alors procureur-syndic de la commune de Poitiers. M. Thibaudeau se fit peu remarquer dans la Convention jusqu'au procès du Roi, où il vota la mort, sans appel et sans sursis. Le 7 mai 1793, il demanda qu'une commission militaire fût attachée à l'armée de l'intérieur; peu de jours après, il eut une mission pour les départements de l'Ouest. On ne l'a point accusé des violences dont se rendirent coupables la plupart de ses collègues chargés de missions dans ce malheureux pays. Il eut ensuite à défendre son père et son frère, accusés de fédéralisme, et il assura qu'ils avaient adhéré au 31 mai. Après la chute de Robespierre, il devint un des chefs du parti conventionnel, également déclaré contre les montagnards et les royalistes. Il présida la Convention, en fut nommé secrétaire, parut souvent à la tribune pour y parler sur des objets d'administration, et présenta des rapports sur la marine, sur l'éducation publique et pour la suppression du *maximum* et des commissions exécutives. En octobre 1794, il fit rappeler au sein de la Convention, Thomas Payne, qui venait de sortir de la prison du Luxembourg. Le 15 février 1795, il provoqua la révision des lois révolutionnaires, comme moyen de ramener la paix; et on le vit, en mars suivant, faire l'éloge de l'ancien comité de salut public, ajoutant, » qu'il gouvernerait encore, s'il n'eût pas » eu le droit de vie et de mort sur les mem- » bres de la Convention. » Il montra le plus grand courage, au 12 germinal (1er. avril 1795), repoussa avec fermeté les pétitionnaires des sections, s'éleva contre la constitution de 1793 et contre l'insurrection partielle qu'elle autorisait, attaqua le côté gauche avec vigueur, se plaignit de l'absence de la plus grande partie des membres qui le composoient, et fut élu membre du comité de sûreté générale et de la commission des lois organiques. Il réclama, peu de jours après, la restitution des biens confisqués aux parents des condamnés, et proposa de supprimer le comité de sûreté générale, et de confier le gouvernement à un comité de salut public de 24 membres. Dans la journée du 1er. prairial (20 mai 1795), il provoqua hautement des mesures de rigueur contre ses collègues accusés d'être les auteurs de ces désordres, voulut que l'on s'en tînt à la déportation, à l'égard de Collot, Billaud et Barère, et s'opposa à ce qu'on traduisît Romme, Du-quesnoy, etc, à un autre tribunal que celui de la Seine. Il repoussa énergiquement les projets des sections de Paris, à l'approche du 13 vendémiaire (5 octobre 1795), blâma leurs pétitions insultantes, se déclara prêt à combattre ce qu'il appelait l'*anarchie royale*; enfin il accusa les sections de vouloir décimer la Convention et rétablir la monarchie sur les ruines de la république. Élu membre du comité de salut public, le 15 vendémiaire (7 octobre), il s'éleva contre Tallien et Fréron, qu'il accusa de complots subversifs de la constitution, déjoua, par sa fermeté, le projet formé alors par les restes de la Montagne réunis aux Thermidoriens, de maintenir le gouvernement révolutionnaire, et reçut le surnom de *Barre de fer*, pour la fermeté de ses principes. Passé au conseil des cinq-cents, il en fut nommé secrétaire le 26 octobre, s'opposa à la création d'un ministère de police générale, comme inutile et dangereux, combattit les applications de la loi du 3 brumaire, qui excluait un grand nombre de députés comme parents d'émigrés, et parla en faveur de l'admission de Job Aymé. Il fut élu président, le 21 février 1796, apostropha, dans la séance du 9 juin, Tallien signalant une nouvelle réaction; l'accusa d'être le chef de la faction qui avait fait les journées du 2 septembre 1792 et du 31 mai 1793, et annonça qu'il préférait la guerre civile au retour des échafauds : il proposa ensuite d'annuler les élections de Marseille, comme faites par la violence; fit, le 21 octobre, une sortie violente contre la loi du 3 brumaire, et en sollicita le rapport; s'opposa, le 15 mars 1797, à ce qu'on obligeât les électeurs à prêter serment de haine à la royauté; prétendit que ce projet mettait la nation en état de suspicion, et n'était propre qu'à troubler les élections. Cette opinion fut accueillie par des murmures, et il eut beaucoup de peine à poursuivre son discours. Peu de jours après, il dénonça un placard, sous couleur royaliste, intitulé : *Thibaudeau à ses commettants*; affirma qu'il n'en était pas l'auteur, et déclara de nouveau qu'il combattrait toutes les factions. A cette même époque, le tiers de l'an v(1797) était entré aux conseils, et comme il avait considérablement renforcé le parti de Clichy, Thibaudeau, qui craignait les royalistes, continua de professer les mêmes principes. Le 3 juin 1797, il s'éleva contre les expressions d'un rapport de Tarbé sur les colonies. Le 23, il convint de la justesse des reproches adressés au directoire par Dumolard, pour sa conduite à l'égard de Venise; mais ne proposa que des voies d'explication mitigées. Il provoqua ensuite la destitution des commissaires de la trésorerie, et la mise en jugement du ministre des finances, relativement aux opérations de la compagnie Dijon, favorisée par eux. Le 22 juillet, il défendit la liberté des sociétés populaires, attaquées par les Clichiens; parut ensuite se rapprocher d'eux, provoqua l'organisation de la garde nationale, comme seul moyen de résister aux *triumvirs directoriaux;* sollicita des mesures de sûreté publique, fut nommé, le 19 août, membre de la commission des inspecteurs, et fit un rapport sur la marche des troupes. Il s'éleva aussi contre l'écrit de Bailleul (*Voyez* BAILLEUL), et l'accusa de lâcheté, pour n'avoir pas eu le courage de dire à la tribune ce qu'il consignait dans un pamphlet. Porté, d'après ses dernières opinions, sur la liste des proscrits du 18 fructidor, il trouva des défenseurs assez puissants pour en être effacé, et il ne sortit du corps législatif qu'en mai 1798. Après le 18 brumaire, il fut nommé, par les consuls, préfet de la Gironde, puis conseiller-d'état. Ce fut en cette dernière qualité, et comme orateur du gouvernement auprès du corps législatif, qu'il défendit, le 20 mars 1801, le projet de loi sur la procédure criminelle; il défendit ensuite la réduction des justices de paix, sous le double rapport de l'économie et de l'utilité, etc. Ce fut encore lui qui présenta le tableau des opérations du gouvernement consulaire jusqu'en 1802. Le 25 novembre 1803, il fut décoré de la croix de commandant de la légion d'honneur, puis nommé préfet

à Marseille et comte de l'empire. Il occupait encore cette place en 1814, à l'époque de la chute de Buonaparte. Après cet événement, il cessa toutes fonctions publiques; et il eût pu vivre en paix, de sa fortune, que l'on dit considérable : mais si l'on en croit plusieurs écrits de ce temps-là, et surtout l'*Histoire des campagnes de 1814 et 1815*, il prit une grande part aux intrigues qui préparèrent le retour de Napoléon; et dès que ce retour fut effectué, il reprit ses fonctions de conseiller-d'état, et fut nommé commissaire extraordinaire de Buonaparte dans le département de la Côte-d'Or, où il adressa aux habitants, dans les premiers jours d'avril, une proclamation très-violente, pour les exciter à marcher à la défense de Lyon, que menaçait le duc d'Angoulême. Il fut ensuite nommé membre de la chambre des pairs, puis l'un de ses secrétaires. M. Thibaudeau se montra, dans cette courte session, un des plus opposés au retour des Bourbons. » Pourquoi les puissances alliées » sont-elles réunies contre la France, » dit-il le 29 juin? pourquoi cette coa- » lition attaque-t-elle aujourd'hui la » capitale? pour un homme. Eh bien! » cet homme s'est sacrifié : si la coali- » tion est désintéressée, que veut-on » maintenant? On veut nous imposer » un gouvernement réprouvé, je ne dis » pas par nos intérêts, mais par le vœu » national. Par qui sommes-nous en- » voyés? Par une constitution qui a dit » qu'elle rejetait les Bourbons. Si ce » sont les Bourbons qu'on veut nous » imposer, je déclare que jamais je » ne consentirai à les reconnaître. Je » le dis à la face de l'ennemi qui as- » siége la capitale; je le dirais à la face » des Bourbons eux-mêmes. » Ce fut M. Thibaudeau qui, le 2 juillet 1815, fit aux pairs le rapport de la proclamation que la chambre des représentants avait rédigée pour le peuple français. On reproduisait, dans cette pièce, tous les principes de la souveraineté populaire, et on proscrivait de nouveau le gouvernement royal : le rapport de M. Thibaudeau enchérit encore sur toutes ces invectives, et ce fut en vain que M. de Champagny s'opposa à l'impression de l'adresse ; il ne fut pas appuyé, et elle passa à la pluralité de 44 voix sur 50. Compris dans l'ordonnance du 24 juillet 1815, M. Thibaudeau fut obligé de sortir de France ; après avoir long-temps parcouru la Suisse et l'Allemagne avec son fils, et avoir subi plusieurs arrestations, il obtint la permission de résider en Autriche, et se fixa à Prague, où, depuis, il a paru livré entièrement au commerce, vivant dans une grande intimité avec la famille de l'ex-ministre Fouché. On annonçait, au commencement de 1818, que cette intimité avait cessé par le départ subit de Mme. Fouché avec M. Thibaudeau fils. On a de l'ex-conventionnel : *Histoire du terrorisme dans le département de la Vienne*, 1795. — *Recueil des actes héroïques et civiques des républicains français*, et un grand nombre de *Discours et de Rapports aux différentes assemblées législatives*, qui ont été imprimés dans le Moniteur. U.

THIÉBAULT (Le baron PAUL-CHARLES-FRANÇOIS-ADRIEN-HENRI-DIEUDONNÉ), fils de Dieudonné Thiébault, de l'académie de Berlin, naquit dans cette ville le 14 décem. 1769. Vers la fin de 1784, son père quitta la Prusse et revint avec sa famille à Paris. Paul Thiébault y fit ses études de droit, et s'enrôla, le 3 septembre 1792, comme grenadier dans le premier bataillon de la Butte-des-Moulins, où il devint sergent. Sa conduite à l'affaire de Blaton, en avant de Condé (le 6 novembre 1792), le fit remarquer par le général Omoran, et nommer lieutenant, puis capitaine au vingt-quatrième bataillon d'infanterie légère. Nommé, en juin 1793, adjoint de l'adjudant-général Jouy, il fut employé avec lui à tirer vingt-cinq mille hommes des armées de la Moselle et des Ardennes, et à les conduire en poste au secours de Valenciennes. Rentré à son bataillon, il se distingua au combat livré le 12 septembre 1793, dans la forêt de Mormal, pour débloquer le Quesnoy, et prit part aux nombreuses actions auxquelles le blocus de Maubeuge donna lieu. Le général Chancel, qui avait eu l'occasion de le juger pendant ce blocus, le prit pour l'un de ses aides-de-camp, la veille du jour où la place fut débloquée. Peu après, il passa à l'armée du Rhin, comme adjoint de l'adjudant-général Douzelot, et il y fit la campagne pendant laquelle les lignes de Wissembourg furent reprises et Landau fut débloqué. En 1794, il suivit, avec Donzelot, le général Pichegru, lorsque ce dernier passa à l'armée du Nord ; et fit, avec lui, la campagne d'été en Belgique, et celle d'hiver en Hollande. Enfin, pendant les années 1792, 93, 94, passant toujours des armées qui cessaient d'agir à celles qui devenaient actives, il fit six campagnes toutes célèbres, savoir : trois d'été et trois d'hiver. En 1795, l'adjudant-général Jouy étant revenu de son émigration, le capitaine Thiébault le rejoignit de nouveau comme adjoint, et servit avec lui à l'armée de l'intérieur, où il se trouva à l'affaire du 13 vendémiaire. Cet adjudant-général ayant quitté le service, M. Thiébault devint adjoint de l'adjudant-général Solignac, et se rendit avec lui à l'armée d'Italie, où il fit les campagnes de 1796 et 97. A la seconde bataille de Rivoli, il combattit de la manière la plus active, et fut fait chef de bataillon à la fin de cette campagne. En 1798, il servit à l'armée de Rome, fut nommé, par le général en chef Gouvion Saint-Cyr, chef de l'état-major de la seconde division, et chargé de plusieurs expéditions, qu'un entier succès couronna. A la réorganisation de l'armée de Rome, par Championet, il devint chef d'état-major de la gauche de cette armée, successivement commandée par Casabianca et Duhesme, et il fit en cette qualité, la campagne de 1799. A la prise de Naples, dans le même mois de février, après deux tentatives inutiles, il fut chargé de la troisième attaque ; et à la tête du septième régiment de chasseurs à cheval, et des soixante-quatrième et soixante-treizième de ligne, il prit, à la chute du jour, onze pièces de canon, et s'empara de tout le faubourg de Capoue, brûlé pendant ce combat, pour mettre fin à la fusillade qui partait des croisées de toutes les maisons. Les ordres du général Duhesme lui firent évacuer Naples pendant la nuit. Le 2 au matin, il reprit le faubourg de Capoue, à la tête d'un bataillon, et enleva huit pièces de canon. Ayant aussi commandé pendant cinquante-quatre heures de feu, jusqu'à six régiments, il fut, nommé adjudant-général sur le champ de bataille. Il fit ensuite la campagne de la Pouille, et lorsque l'armée française quitta cette contrée pour revenir dans la haute Italie, la ville d'Isola refusa le passage au général Olivier qui avait remplacé le général Duhesme. Une canonnade de plusieurs heures commença l'action, que termina l'attaque de vive-force exécutée par l'adjudant-général Thiébault à la tête des grenadiers de la division, en passant, sous un feu meurtrier, le pont du Garigliano, sur l'une des arches duquel il ne restait qu'une poutrelle. Le passage de ce pont coûta soixante grenadiers. Il rejoignit ensuite à Gênes le général Masséna, auquel il fut spécialement attaché. Bientôt cette place fut bloquée. Le 20 germinal, vers la fin de ce long et terrible combat livré en avant de Varagio, par douze cents Français contre quatorze mille Autrichiens, le général Masséna lui dit ce mot connu: *La mort, Thiébault, n'a donc pas voulu de nous!* Le 10 floréal an VIII, il fut nommé général de brigade sur le champ de bataille, pour avoir enlevé le fort de Guezzy, après douze heures d'un combat inégal et très-acharné. En 1800, il fut nommé à un commandement dans le corps d'observation de la Gironde, destiné à servir d'auxiliaire aux Espagnols, pour l'attaque du Portugal. En 1802 et 3, il commanda le département d'Indre et Loire, et en 1804, le département de Seine et Oise. Le 4 juin 1804, il fut nommé commandant de la Légion-d'honneur, dont il était membre depuis la fin de 1803. En 1805, il fut employé à la grande armée, fit la campagne d'Autriche; se trouva à la prise de Memmingen, à l'investissement d'Ulm, et à Austerlitz. Au début de cette bataille, il s'empara, à la baïonnette, du village de Pratten; et bientôt après, commença, pour sa brigade, cette lutte pendant laquelle trois mille cinq cents Français résistèrent, durant sept heures, aux efforts de vingt mille Autrichiens et Russes, les repoussèrent sur tous les points, et, en gardant les hauteurs, coupèrent en deux l'armée des alliés, et l'empêchèrent de former sa ligne de bataille. Vers le soir, le général Thiébault, après avoir enlevé le château de Sackolnitz, voulut s'emparer, à la tête de cent vingt hommes, des six dernières pièces de canon que les Russes avaient de ce côté. Les pièces furent prises; mais le général Thiébault fut frappé par une balle de mitraille qui lui brisa le bras droit et l'épaule, blessure affreuse et dont la guérison fut regardée comme un phénomène en chirurgie. Le général Thiébault avait perdu à cette bataille son aide-de-camp et ses deux officiers d'ordonnance; il avait eu deux chevaux tués sous lui. Pendant la campagne de Iéna, ses blessures étant encore ouvertes, il fut nommé gouverneur du pays de Fulde. Il y avait à peine un mois qu'il était dans cette ville, lorsque l'insurrection de la Hesse l'entoura de trente mille insurgés; ses forces consistaient en treize gendarmes: mais il s'était fait aimer, et, en dix jours, il eut un corps de trois mille Fuldois organisés, armés et prêts à combattre; de sorte qu'à l'arrivée d'un renfort que le maréchal Kellermann lui envoya de Mayence, il n'avait plus besoin de secours. Rappelé à la grande armée, il reçut du pays de Fulde, en reconnaissance, une belle épée d'or. A la paix de Tilsitt, il fut nommé chef d'état-major-général du premier corps d'observation de la Gironde, devenu armée de Portugal, et fit avec lui cette expédition si terrible par les souffrances qui marquèrent la marche de l'armée de Salamanque à Lisbonne (*voy.* JUNOT, dans *la Biographie universelle*). Débarqué à Quiberon, après la capitulation, avec les trois quarts des troupes, il régla leur mouvement sur Baïonne. Le 17 nov. 1808, il fut fait général de division; et dans le mois de janvier 1809, il fut nommé gouverneur des trois provinces de la Biscaye et de la Vieille-Castille. L'état de ces provinces était horrible; Burgos était encombrée de troupes de passage, malades; une épidémie y exerçait ses fureurs; aucun service n'était possible; un désert s'était formé autour de cette malheureuse ville: en six semaines tout fut rétabli; et par les soins du général Thiébault, un monument en l'honneur du Cid et de Chimène, s'éleva des débris de leur tombeau, détruit par des pillards, à St.-Pierre de Cardegua. Au nombre des combats que le général Thiébault livra dans la Vieille-Castille, on doit citer celui dans lequel, avec cinquante-cinq chasseurs de Nassau, il attaqua, à la vue de tous les habitants, 700 hommes de cavalerie espagnole, en bataille devant Logrogno, les mit en déroute, et les poursuivit pendant 3 lieues. Il fit construire, à Burgos, ce fort dans lequel, en 1812, le général Dubreton fit une si belle défense, et fut le premier qui, en Espagne, fit retrancher les lieux d'étape, et les villes qu'il était le plus important d'occuper. En 1810, il fut nommé chef d'état-major du 9ᵉ corps, destiné à renforcer l'armée du maréchal Masséna, en Portugal. Cette opération ne s'étant faite qu'en partie, il quitta le 9ᵉ corps, et fut nommé gouverneur des provinces de Salamanque, Toro, Zamora, Ciudad-Rodrigo et Almeida. Le 31 juin 1811, il fut créé baron. Joignant à une administration sage et régulière, une grande modération, il conquit dans son nouveau gouvernement, l'estime de tous les habitants, et laissa à Salamanque deux monuments : le premier est une place publique, qui mit en regard le palais épiscopal et la cathédrale, et à laquelle son nom fut donné; le second fut un rapport général sur l'université, seul ouvrage qui contienne l'histoire de cette école, aussi ancienne que célèbre. Ce travail valut à son auteur, d'être nommé docteur de cette université. Les efforts du baron Thiébault pour épargner des charges au pays, ou pour les diminuer; la justice qu'il rendit à tous, pendant 15 mois que dura son administration, au milieu des convulsions d'une guerre nationale, et *sans y avoir fait périr un homme*, firent de son départ un sujet de consternation et de larmes. Un plan d'opérations médité dans le secret, et qui fut exécuté par neuf colonnes de cavalerie et quinze colonnes d'infanterie, le mit à même d'attaquer et de poursuivre les insurgés à l'improviste, et sur tous les points à la fois: deux de leurs troupes furent détruites, les autres perdirent 5 à 600 hommes, 1800 déposèrent les armes, et don Julien entra en négociation pour se soumettre. Le retour de l'armée de Portugal, qui eut lieu sur ces entrefaites, anéantit cet important résultat, et rendit à la guerre nationale une nouvelle énergie dans cette partie de l'Espagne. Lorsque les armées du Portugal et du nord de l'Espagne se réunirent, en octobre 1811, pour ravitailler Ciudad-Rodrigo, le baron Thiébault ajouta à son gouvernement le commandement de la première division de cette armée, et soutint à Aldea de Ponte, un combat, dans lequel 3000 hommes d'infanterie, et 1500 chevaux luttèrent pendant trois heures contre l'arrière-garde du duc de Wellington, qui était de 15000 hommes. En novembre 1811, il fut chargé de conduire un nouveau convoi de Salamanque à Ciudad-Rodrigo, pendant que le général en chef de l'armée du Nord se rendait avec toutes ses troupes de Valladolid à Pampelune. Tous les risques et toutes les difficultés se rattachaient à cette opération : des ruses, qui toutes réussirent, des dispositions dont le succès fut complet, et une marche d'une rapidité sans exemple, firent arriver le convoi en entier, et revenir le dernier homme. Le baron Thiébault, ayant quitté Salamanque, parce que ce territoire était cédé à l'armée de Portugal, revint à Vittoria, où il commanda par intérim l'armée du Nord. En mars 1813, il passa à la grande armée; organisa à Wésel la 3ᵉ division, la conduisit à Brémen, commanda un moment les provinces à la gauche de l'Elbe; passa de-là au commandement supérieur de Hambourg, et fut nommé gouverneur de Lubeck, qu'il occupa avec sa division, jusqu'après l'armistice. Il fit la campagne du Mecklembourg, durant laquelle sa division livra le combat de Mastow, le 21 août. Il revint à Lubeck, et rentra avec l'armée à Hambourg, où il soutint le blocus. En 1814, il rentra en France avec l'armée, et fut mis en non-activité. Le 31 juillet, il fut nommé chevalier de Saint-Louis, et le 19 mars 1815, chargé du commandement de Charenton: il y était encore le 20 au soir, continuant ses dispositions de défense, et il y resta jusqu'à l'arrivée d'un officier supérieur de l'état-major, qui lui apporta l'ordre de faire cesser les travaux, de renvoyer les troupes, et de se retirer chez lui. Il chargea le général Rouget de l'exécution des deux premiers ordres, et obéit au dernier. Le 8 juillet suivant, et sans demande de sa part, il reçut des lettres de service pour le camp de Montrouge, camp qui n'eut jamais un homme présent, et ne donna lieu à aucun service. Au départ de l'armée pour se rendre derrière la Loire, il resta à Paris. Le 7 septembre 1815, il fut nommé commandant de la 18e. division. Les témoignages de satisfaction du ministre de la guerre, et les marques de bienveillance qu'il a reçues à Dijon, prouvent qu'il y concilia tout ce qui était possible, dans les circonstances délicates où il se trouvait. A la fin de déc. 1815, il quitta ce commandement, et resta depuis en non-activité, jusqu'au 27 mai 1818, où il fut nommé l'un des huit lieutenants-généraux de l'état-major. Il préside en ce moment la commission chargée de rédiger les programmes des cours de l'école d'application de l'état-major, et le conseil chargé d'examiner les lieuten. et sous-lieutenants qui désirent faire partie de l'état-major de l'armée. Le général Thiébault allie aux connaissances militaires le goût des lettres, et mérite d'être placé au rang de nos bons écrivains militaires. Ses ouvrages publiés sont: I. *Manuel des Adjudants-Généraux et des Adjoints employés dans les états-majors divisionnaires*, in-8°., 1799. II. *Vues sur la Réorganisation des Quartiers généraux, et des états-majors*, in-8°., 1810; ouvrage dans lequel il provoqua une grande partie de l'organisation que le corps royal vient de recevoir. III. *Journal des opérations du siège et du blocus de Gênes*; ouvrage, que, dans son traité de la défense des places, Carnot a déclaré classique, in-12, in-8°. et in-4°., 1800, deux éditions; IV. *Recueil de Romances*, gravées, mais non mises en vente, in-4°., 1810. V. *Recueil de Pensées*, in-12, 1811, non mis en vente (ouvrage refait et extrêmement augmenté). VI. *Rapport général et historique sur l'université de Salamanque*, traduit en espagnol, et imprimé en cette langue à Salamanque, in-8°., 1811. VII. *Du Chant et de la Romance*, in-8°., 1813, imprimé sans nom d'auteur. VIII. *Manuel général du service des états-majors généraux et divisionnaires dans les armées*, in-8°., 1813. IX. *Discours prononcé sur la tombe du maréchal Masséna prince d'Esling*, 1817. X. *Relation de l'expédition du Portugal, en 1807 et 1808*, in-8°., 1818. Le baron Thiébault a encore plusieurs ouvrages inédits, tel qu'un roman dont le but est de prouver, contradictoirement à Richardson et Laclos, que la raison et la vertu peuvent et doivent triompher du vice. On lui attribue *la Lettre d'un Officier français à lord Wellington sur ses six dernières campagnes*, 1815, 2e. édit. F.

THIÉBAUT DE BERNEAUD (Arsène), membre de plusieurs sociétés savantes et d'agriculture, nationales et étrangères, a publié: I. *Voyage à l'Ile des Peupliers*, 1799, in-12. II. *Exposé du tableau philosophique des connaissances humaines*, 1812, in-8°. III. *Voyage à l'Ile d'Elbe*, 1808, trad. en anglais, par Wm. Jerden, 1814, in-8°. IV. *Notice sur la vie et les écrits de Zoega*, 1805, in-8°. V. *Considérations sur l'état actuel de l'agriculture en Corse*, 1805, in-8°. VI. *Du Genêt, considéré sous le rapport de ses différentes espèces, de ses propriétés, et des avantages qu'il offre à l'agriculture et à l'économie domestique*, 1810, in-8°. VII. *Annuaire de l'industrie française*, 1811, in-12; 2e. année, 1812, in-12.

VIII. *Éloge historique de Sonnini*, 1812, in-8°. M Thiébaut a donné des articles (dont plusieurs ont été tirés à part) dans la *Bibliothèque des propriétaires ruraux*, les *Annales des voyages*, le *Télégraphe*, le *Mercure étranger*, etc. Il est, depuis 1817, un des rédacteurs de la *Bibliothèque physico-économique*. O—T.

THIEFFRIES - BEAUVOIR (Le comte FÉLIX-GASPARD), d'une ancienne famille de Flandre, entra, en 1767, au régiment de Bourgogne, où il fut nommé capitaine le 3 juin 1779. Il n'avait cessé, depuis qu'il était au service, de faire de l'art de la guerre une étude particulière ; et, pour ajouter l'observation aux connaissances qu'il avait acquises dans les livres, il voyagea dans le nord de l'Europe, pendant les années 1782, 83 et 84. Il fut bien accueilli du grand Frédéric, ainsi que de l'empereur Joseph II. Il composa à son retour un ouvrage intitulé : *Constitution militaire*. Dès l'année 1790, M. de Thieffries, voyant l'orage révolutionnaire s'accroître, avait organisé à Valenciennes, lieu de sa résidence, une société de royalistes auxquels il commença par donner l'exemple des sacrifices, en faisant don au Roi d'une année de ses revenus. Il fut nommé chevalier de Saint-Louis, au mois de mai 1791. Le 6 mai 1792, il se rendit à Coblentz, où MONSIEUR le chargea de ménager des intelligences entre la frontière autrichienne et la frontière française : n'ayant pu réussir dans cette mission, il rejoignit l'escadron des gentilshommes de Flandre, avec lesquels il fit la campagne de 1792, sous les ordres du duc de Bourbon. Rentré en France, en février 1793, il fit offrir ses services aux Vendéens, et reçut de Charrette une commission, pour commander dans le département d'Eure-et-Loir, où il fut chargé d'opérer une insurrection lorsque les Vendéens se porteraient sur Orléans, en longeant la Loire. Mais il fut arrêté à Berchères près d'Houdan, par ordre du comité de sûreté générale, et ne fut redevable de son salut qu'aux habitans de ces contrées, qui le réclamèrent auprès des commissaires. Il partit au mois de septembre 1794, pour aller rendre compte de ses opérations aux généreux Vendéens ; et il fit immédiatement un nouveau voyage à Paris, où il s'occupa de recruter des officiers pour l'armée royale. Il était dans le département du Nord, au mois d'août 1795, lorsqu'il fut arrêté à Douai, et plongé dans un cachot. Sa captivité dura deux ans ; enfin, mis à la disposition du Directoire, il fut déporté au 18 fructidor, et conduit par la gendarmerie jusqu'au-delà du Rhin. Il se rendit alors dans les différentes contrées de l'Allemagne qu'il avait déjà visitées, et rédigea, pendant son séjour à Berlin (1798), un mémoire adressé au baron de Thugut, et le plan d'une nouvelle coalition. La France le revit encore au mois d'oct. 1801 ; toutes ses propriétés avaient été vendues : cependant il resta à Paris jusqu'en 1810. Il conçut alors le projet de passer en Russie, en traversant l'Autriche, mais il n'alla pas au delà de Vienne ; pendant son séjour dans cette ville, l'ambassadeur de France ne cessa de demander son renvoi ; et l'ordre de s'éloigner lui était signifié au commencement de chaque mois : mais, pour gagner du temps, il adressait à l'empereur des mémoires sur les finances, sur l'agriculture de ses états, sur la réunion des faubourgs de Vienne à la ville, etc. Il revint en France au mois de mai 1811. Pendant les cent jours de 1815, M. de Thieffries fut en butte à de nouvelles persécutions pour avoir refusé de signer l'acte additionnel. Arrêté à Douai le 24 mai, il fut condamné le 5 juin par le tribunal de police, à se rendre en surveillance à Clermont (Puy-de-Dôme), après avoir été conduit par un gendarme jusqu'à Châlons. — THIEFFRIES (Louis-Denis), frère du précédent, maréchal-de-camp, ancien lieutenant aide-major des cent-Suisses, commandait cette troupe le 6 octobre 1789, lorsque le Roi vint habiter Paris : par sa fermeté et sa prudence. il fit respecter la voiture de S. M. durant le trajet de Versailles à Paris. Lors du licenciement de son corps, M.

de Thieffries continua à rester près du Roi, jusqu'au voyage de Varenne; mais il donna aux cent-Suisses qui voulurent se rendre à Coblentz, l'argent nécéssaire pour faire la route. Il a été souvent incarcéré, et n'a accepté aucune fonction, ni prêté aucun serment pendant la révolution. — Henri DE THIEFFRIES, chevalier de Saint-Louis, était lieutenant au régiment de Turenne, et pendant son émigration servit le roi d'Espagne. — Son frère, Alexandre, sous-lieutenant au régiment de Boulonnois, émigra en 1791, et servit dans le corps du duc de la Châtre. — Enfin, le troisième frère de M. de Thieffries, Louis, entra aussi dans le corps de la Châtre. Il était capitaine d'une compagnie, à Quiberon, où il fut grièvement blessé; il rejoignit à la nage une chaloupe qui le mit à bord d'une frégate Anglaise.

F.

THIELMANN (Le baron J. A. FRÉDÉRIC DE), général saxon, fort célèbre par les succès qu'il obtint dans la campagne de 1813, à la tête d'un corps de partisans, avait reçu de son souverain le commandement de la place de Torgau; mais il lui fut ordonné, le 22 février, de la remettre à l'arrivée du général Regnier, soit à ce général, soit au commandant qu'il désignerait. Persuadé qu'il était de l'intérêt de la Saxe que cette place fût conservée au roi son maître, sans influence étrangère, il prit sur lui d'en éloigner les troupes françaises et de n'accorder le passage à aucun corps. Il refusa même d'obéir aux ordres du maréchal Davoust et du vice-roi d'Italie. Cette conduite reçut l'approbation du roi de Saxe. Plus tard, il s'opposa encore au maréchal Davoust, qui voulait mettre garnison à Torgau, et put alors alléguer l'autorisation de son souverain. C'est par-là que se terminèrent, les relations de Torgau avec les troupes françaises. Ces troupes quittèrent l'Elbe; et il s'établit des rapports entre les saxons et avec l'armée russe et prussienne qui venait d'arriver. Le général Thielmann, malgré les fortes raisons qu'il avait de croire à l'accession du roi de Saxe à la coalition, jugea qu'il devait rejeter toutes les propositions des puissances alliées, tant qu'elles n'avaient pas l'assentiment de son roi. Peu de temps après, il apprit officiellement qu'une convention avait été conclue entre l'Autriche et la Saxe, et il lui fut ordonné de se conformer à cette alliance. Enfin, le roi, par une nouvelle dépêche du 5 mai, lui recommanda de ne point ouvrir Torgau aux troupes françaises, dans le cas où les événements de la guerre les ramèneraient sur l'Elbe. Le général Thielmann avait à peine reçu cette dépêche, que, le 9 mai, un membre de la commission immédiate vint, au nom de l'empereur Napoléon, requérir la remise de Torgau aux troupes françaises; et, le 20 mai, arriva l'ordre du roi de remettre la place et de réunir les troupes saxonnes au 7e. corps d'armée française. Dès ce moment, la garnison, travaillée par des émissaires envoyés de Dresde, commença à ne plus reconnaître les ordres du général Thielmann, qui n'eut alors d'autre parti à prendre que de mettre ses services aux pieds du Roi. Dépossédé de son commandement, il fut accueilli par l'empereur de Russie, et combattit dès ce moment pour la coalition. Le 8 septembre, il attaqua Mersebourg qui se rendit par capitulation, après une vive résistance. Le 19, il enleva à Kœsen 200 chariots chargés d'effets pour la cavalerie; concourut, le 29, au succès du combat d'Altenbourg, par l'Hetmann Platow; fut chargé, dans les premiers jours d'octobre, de concert avec le prince Maurice de Lichtenstein, d'arrêter la marche du général Augereau sur Leipzig; attaqua, le 10, la cavalerie près de Naumbourg, et y donna des preuves de talent et de courage. Dans la campagne de 1815, le général Thielmann fut chargé du commandement du 3e corps d'armée prussienne, et il prit ses cantonnements dans le département de Maine et Loire, après la capitulation de Paris. S. S.

THIESSÉ, avocat à Rouen au commencement de la révolution, devint accusateur public près le tribunal criminel de la Seine Inférieure, et fut député de ce département au conseil des cinq-cents, en mars 1798. Le 7 août, il fit renvoyer au directoire, par un message, les plaintes des habitants de Moulins contre les violences des jacobins dans les assemblées primaires. Élu secrétaire, il demanda que les journaux continuassent d'être soumis à la surveillance du directoire jusqu'à la publication de la loi pénale sur la presse. On le vit, le 2 décembre, défendre les élections des juges du département du Doubs, attaquées par Briot; dénoncer en 1799, une dilapidation de 200 mille francs, attribuée à M. de la Chabeaussière; s'opposer à l'admission du député Thirion, comme parent d'émigré; défendre les ex-directeurs destitués par la révolution du 30 prairial, et dont on demandait la mise en jugement; combattre la déclaration de la patrie en danger, et dénoncer son collègue Declercq, comme ennemi de la constitution. Il embrassa ensuite avec ardeur la révolution du 18 brumaire, et entra dans la commission législative intermédiaire, d'où il passa au tribunat. Il s'y éleva, le 2 janvier, contre l'abus des motions d'ordre, et engagea ce corps à en régler l'usage, parce qu'il croyait voir, dans celle de son collègue Riouffe, contre les costumes des représentants, un germe d'opposition; cependant, à la fin du même mois, il s'opposa lui-même au projet du gouvernement, sur l'organisation du tribunal de cassation, qu'il attaqua comme portant atteinte à l'institution des jurés, et tendant à rappeler les anciennes prévôtés et les parlements. Le 6 mars, il attaqua encore un projet sur la levée des requisitionnaires et conscrits, en ce qu'il contenait des dispositions injustes et rétroactives. En 1801, il parla sur l'organisation des tribunaux et les réformes de la procédure criminelle, et vota l'adoption du premier projet et le rejet du second. Nommé orateur du tribunat pour porter au corps législatif son vœu d'adoption sur ce second projet, il le combattit avec force et le fit rejeter le 18 décembre. Il combattit encore plusieurs dispositions du nouveau code civil; et au commencement de 1802, il sortit du tribunat par l'effet de la première élimination. Depuis cette époque, il a vécu obscurément. — Son fils, Léon, membre de la société libre d'émulation de Rouen, a publié: I. *Les catacombes de Paris*, poëme en un chant, 1815. II. *Zuleika et Selim ou la Vierge d'Abydos*, poëme trad. de l'anglais, de lord Byron, et suivi de notes; augmenté du *Far thee Well*, et autres morceaux du même auteur, avec figures, 1816. M. Léon Thiessé est le principal rédacteur des *Lettres normandes*, et collaborateur du *Manuel des braves*, dont il a paru 4 volumes in-12. B. M.

THILLAYE (JEAN-BAPTISTE-JACQUES), professeur de la faculté de médecine de Paris, est né à Rouen le 2 août 1752. Il étudia la chirurgie sous le célèbre Lecat, et vint à Paris suivre les cours qui se faisaient alors à l'académie royale de chirurgie. Il y remporta plusieurs prix, et devint prévôt de l'école pratique. En 1784, il fut reçu membre du collége et de l'académie royale de chirurgie de Paris. Bientôt cette compagnie lui confia une chaire d'anatomie. A l'époque de l'établissement des nouvelles écoles, M. Thillaye fut nommé professeur à celle de Paris, et conservateur de ses collections. Le cours dont il est spécialement chargé à la faculté, a pour objet la description des drogues usuelles et celle des instruments de chirurgie. Mais la flexibilité et la variété de ses talents, l'ont souvent rendu propre à suppléer ses collègues dans les différentes chaires. Il a publié: I. *Traité des bandages et appareils*, in-8°., Paris, an VI. Cet ouvrage, utile et le plus complet de tous sur ce sujet, est à sa troisième édition. II. *Éléments d'électricité et de galvanisme*, par George Singer, traduit de l'anglais et augmenté de notes, 1816, in-8°. — THILLAYE (Jean-Antoine), son fils, médecin, est professeur de philosophie au lycée Louis-le-Grand, et aide-conservateur de la faculté de médecine, a fourni plusieurs articles au Dictionnaire des sciences médicales, et divers mémoires lus à l'Institut. F.-R.

THOMAS-LA-PRISE (CHARLES-JEAN-ÉTIENNE) fut élu, en septembre

1792, député du département de l'Orne à la Convention nationale, où il vota la mort de Louis XVI, mais à condition de surseoir à l'exécution jusqu'au moment où les ennemis entreraient en France. Il se prononça pour l'appel au peuple, en demandant que les voix fussent données au scrutin. Resté étranger aux factions qui déchirèrent la Convention depuis cette époque, il passa, après la session, au conseil des cinq-cents, d'où il sortit le 20 mai 1797. Il vivait retiré dans sa province, lorsqu'on le vit reparaître sur la scène politique, en 1815, comme député à la chambre des représentants par le département de l'Orne. Après la session, il retourna dans ses foyers, qu'il a été forcé de quitter en 1816, par la loi contre les régicides. Il est juste de dire que la voix de M. Thomas n'a pas compté pour la mort de Louis XVI; tous les votes auxquels la condition indivisible du sursis a été jointe, ont été nuls: mais il n'en est pas de même de la demande des sursis au quatrième appel. Il était d'abord réfugié en Angleterre; mais il fut obligé d'en sortir par ordre du ministère, et s'embarqua pour la Belgique, d'où il lui a été permis de revenir en France, en 1818. U.

THOMASSIN (JEAN-FRANÇOIS), ancien médecin de l'hôpital de Besançon, et officier de santé de 1ere. classe aux armées, associé correspondant de l'académie des sciences, né à Rochefort, près Dôle, en 1750, s'est fait connaître de bonne heure dans la littérature médicale. L'ancien journal de médecine, et le journal de médecine militaire, contiennent de lui un grand nombre de mémoires sur des points importants, notamment ceux qui sont relatifs à l'*emploi des vomitifs dans les maladies des femmes grosses*, 1774, au *traitement des abcès qui se forment dans le voisinage de l'anus*, etc. M. Thomassin a publié séparément: I. *Dissertation sur le charbon de Bourgogne, ou la pustule maligne*, mémoire couronné par l'académie de Dijon, in-8°., Besançon, 1780; deuxième édition, 1782. II. *Observations sur quelques points de la structure de l'œil, relatives à l'extraction d'une cataracte membraneuse*, in-8°., Francfort. III. *Précis sur l'abus de la compression, et l'avantage des contre-ouvertures, dans le traitement des abcès et des ulcères caverneux*, in-8°., Strasbourg, 1786. IV. *Dissertation sur l'extraction des corps étrangers des plaies, et spécialement de celles faites par les armes à feu*, in-8°., fig., Strasbourg, 1788. V. *Description abrégée des muscles, avec deux nouvelles nomenclatures, rédigée en faveur des élèves*, in-8°., Besançon, an VII (1800.) M. Thomassin a publié une édition de l'ouvrage de J. Covillard, intitulé: *Observations iatrochirurgiques, pleines de remarques curieuses*, etc. (*Voy.* COVILLARD, dans la Biographie universelle), in-8°., fig., Strasbourg, 1791. Il a envoyé divers mémoires et observations à l'ancienne académie de chirurgie, qui lui décerna successivement quatre médailles en or. Il est officier de la Légion-d'honneur, des académies de Besançon et de Dijon, etc. Il a enseigné long-temps la chirurgie à Besançon. F-R.

THOUIN (ANDRÉ), né vers 1745, à Paris, se livra dès sa plus tendre jeunesse à l'étude de la botanique, et mérita d'être choisi pour remplacer Guettard au Jardin des plantes, dont son père était jardinier en chef. Peu de temps après (en 1786), il fut reçu membre de l'académie des sciences. C'est par ses soins que le jardin prit de nouveaux accroissements, que le système de culture se perfectionna, et qu'on appliqua des moyens plus sûrs de conserver et de propager les plantes nombreuses dont s'enrichissait chaque jour ce précieux dépôt. Enfin, c'est à sa sollicitation que fut créée une chaire de culture pratique, et ce fut par lui que s'ouvrit le premier cours de ce genre qu'on eût vu en France, et qui se continue chaque année. M. Thouin fut choisi par le gouvernement, pour professer à l'école normale, créée en 1794, et il fut envoyé vers la même époque, en Hollande et en Italie, pour examiner l'agriculture de ces contrées. Il fut chargé de réunir, au Jardin des plantes, les meilleures qualités de fruits; et l'on y trouve aujourd'hui non seulement une variété prodigieuse d'arbres fruitiers, mais encore les plantes employées à la nourriture de l'homme et des bestiaux, et celles qui reçoivent une application dans les différents arts. L'école qu'il y a fondée, renferme des exemples de tailles d'arbres, de greffes, de clôtures et de haies de différents genres. Le public regrette que M. Thouin n'ait pas publié les leçons d'agriculture qu'il a rédigées en forme de tableaux, où il a consigné les connaissances acquises par une théorie approfondie et par une pratique journalière. Membre de l'Institut, de la société d'agriculture, etc., il a publié dans les Mémoires de ces deux sociétés, dans les *Annales du Muséum*, et dans le *Dictionnaire d'histoire naturelle*, plusieurs mémoires ou articles. Il a eu beaucoup de part au *Dictionnaire d'Agriculture* de l'*Encyclopédie méthodique*, et aux tomes XI et XII du *Cours d'Agriculture* de Rozier, in-4°. L'on a inséré dans le *Voyage de Lapérouse*, l'instruction qu'il rédigea pour cet infortuné navigateur, sur le choix et la conservation des graines et plantes exotiques. On a donné en son honneur le nom de *Thuinia* à un genre de plante dont on connaît trois ou quatre espèces. A.

THUROT (FRANÇOIS), ancien directeur de l'école des sciences et belles-lettres, professeur adjoint de philosophie à la faculté des lettres de l'académie de Paris, a publié: I. *Hermès ou Recherches philosophiques sur la grammaire universelle*, traduit de l'anglais de *Harris*, avec des remarques et additions, 1796, in-8°. (v. l'art. HARRIS, dans *la Biog. univ*). II. *Vie de Laurent de Médicis surnommé le Magnifique*, traduit de l'anglais, de Roscoe, 1799, 2 vol. in-8°. III. *Apologie de Socrate, d'après Platon et Xenophon*, en grec et en français, 1806, in-8°. IV. *Les Phéniciennes d'Euripide, avec un choix des scholies grecques et des notes françaises* (et le texte grec), 1813, in-8°. V. *Plusieurs dialogues de Platon*, 1815, in-8°. M. Thurot réunit, en 1814, la majorité des suffrages des professeurs du collége de France, pour remplir la chaire de philosophie grecque, vacante par la mort de M. Bosquillon. O T

THURIOT DE LAROSIERE (JACQUES-ALEX.) était venu de Reims à Paris pour y exercer la profession d'avocat; il y devint, en 1789, un des apôtres les plus exaltés de la révolution, et fut membre de la première assemblée électorale qui s'empara de tous les pouvoirs publics, et commença la destruction de l'ancienne autorité royale. Le 14 juillet, lorsque le peuple entourait la Bastille, il fut envoyé à M. de Launay pour parlementer; mais n'en ayant pu obtenir de réponse satisfaisante, il annonça ses refus, et l'attaque de la place commença. M. Thuriot continua ensuite de s'occuper, à Paris, de travaux révolutionnaires, sans néanmoins se faire beaucoup remarquer, et fut nommé, lors de la formation des premières autorités, juge au tribunal du district de Sézanne, et en septembre 1791, député de la Marne à l'assemblée législative. Il ne chercha guères à faire connaître, au moins publiquement, dans les premiers mois de la session, le système qu'il devait suivre; mais lorsque les révolutionnaires se furent assurés de tout leur ascendant, il voulut paraître dans leurs rangs, et au mois de mars, il provoqua des mesures de rigueur contre l'émigration. En février 1792, il s'éleva contre le ministre de la guerre, Narbonne, pour avoir envoyé à l'armée, de sa propre autorité, un réglement militaire, et le déclara digne de mort. Vers la même époque, il menaça d'une insurrection de la part du peuple de Paris, si on ne lui augmentait les secours pécuniaires, et s'opposa à la fête que l'assemblée fit célébrer en l'honneur de Simoneau, maire d'Étampes, tué dans l'exercice de ses fonctions. Le 25 mai, il se déclara vivement contre les prêtres insermentés, et pressa leur déportation. Le 2 juillet, il prononça un long discours tendant à obtenir le licenciement de l'état-major de la garde parisienne, ou plutôt la désorganisation de cette garde, et à faire déclarer la patrie en danger. Le 26, il fit décréter la permanence des sections, et envoyer Tarbé à l'Abbaye. Le 27, il obtint la vente des biens des émigrés. Dans la journée du 10 août, il fut, à la tribune, l'organe de la municipalité insurgente, provoqua un décret d'accusation contre d'Abancourt, ministre de la guerre, et de Laporte, ministre de la liste civile; fit décréter des visites domiciliaires, sur la demande de Danton, et la réélection des juges-de-paix de Paris. Le 11 il demanda, en présence de Louis XVI, qui était encore avec sa famille dans une loge de journaliste, que les statues de nos rois fussent brisées; dans ce moment, la populace attaquait celle de Louis XV; toutes furent immédiatement détruites. Le 14, on rapporta, sur sa motion, la loi qui ordonnait la formation d'une cour martiale; on y substitua le tribunal du 17 août, et le 29 il fit attribuer à ce tribunal le droit de juger sans appel les prévenus de contre-révolution. Nommé à la Convention par le département de la Marne, il fit décréter, le 4 décembre, que tous les membres absents eussent à revenir à leur poste, et demanda, le 12, que Louis fût jugé sous trois jours, et qu'il portât sa tête sur l'échafaud. M. Thuriot fut un des quatre commissaires chargés, dans la même séance, d'aller demander à ce monarque le nom des conseils qu'il voulait choisir. Le 18, il annonça à la tribune des Jacobins, que si la Convention usait d'indulgence *envers le tyran*, il irait lui-même lui brûler la cervelle; et il vota ensuite la mort sans appel et sans sursis. Dans le courant de ce même mois, il attaqua violemment Brissot, Vergniaud, Louvet et autres chefs de la Gironde, et les accusa de s'être vendus au roi, et d'avoir intrigué pour maintenir son trône. Dans la matinée du 21 janvier, lors qu'on annonça que Louis XVI venait d'être exécuté, Pétion prit la parole et voulut parler de rapprochement des partis et d'union dans l'assemblée; il fut aussitôt interrompu de toutes parts, et M. Thuriot l'accusa d'avoir, comme maire, laissé égorger dans les prisons, le 2 septembre. «Je l'accuse, s'écria-t-il,

» de faire le procès à ceux qui ont assas- » siné, tandis qu'il devrait monter le » premier sur l'échaffaud.» Il fut élu secrétaire, le 24 janvier; fit déclarer ensuite Dumouriez traître à la patrie, et mettre sa tête à prix. Il contribua beaucoup à la création du comité de salut public, appuya vivement, dans le mois de mai, le projet d'un emprunt forcé d'un milliard; se fit remarquer, vers la même époque par son acharnement contre les Girondins, et contribua beaucoup aux mesures qui furent prises pour le renversement de cette faction. Il en voulait surtout à Buzot, et ce fut lui qui fit décréter que sur l'emplacement de sa maison démolie, on élevât un monument avec cette inscription. « C'est-là que fut la maison » du roi Buzot. » Il défendit Aubert-Dubayet, Merlin de Thionville et Rewbell inculpés pour la reddition de Maïence. Ce fut encore lui qui fut alors l'inventeur d'un *carême civique*, afin, dit-il, que les animaux dont on faisait une destruction considérable, eussent le temps de se reproduire. On le nomma ensuite président, puis membre du comité de salut public: mais il en sortit par démission, le 20 septembre, s'étant brouillé avec Robespierre, ce qui le fit dénoncer aux Jacobins comme modéré; mais il repoussa cette inculpation par diverses propositions fortement révolutionnaires. Il était alors question de substituer l'athéisme pratique aux cultes religieux, de quelque nature qu'ils fussent. Voici l'opinion que professa à ce sujet M. Thuriot, dans la séance des Jacobins du 2 septembre 1793. « Toutes les religions, » dit-il, ne sont que des conventions : » elles n'ont été instituées par les divers » législateurs, que selon qu'ils les ont » jugées convenables aux peuples qu'ils » voulaient gouverner ; mais elles ne » sont nécessaires qu'autant que les » principes ne sont pas assez forts : les » nôtres n'ont pas besoin d'être ap- » puyés sur de pareils moyens; c'est la » morale de la république, c'est celle » de la révolution qu'il nous faut prê- » cher; il ne nous en faut pas d'autre » Dans le mois de novembre suivant

(*Voyez le Moniteur du* 19.), M. Thuriot fit décréter, sur la demande d'une foule de pétitionnaires qui venaient du *Temple de la raison*, que la Convention se rendrait elle-même dans ce temple, (l'église de Notre-Dame de de Paris,) pour y chanter l'hymne de la liberté (*Voyez* CANDEILLE.) « Cette » démarche est du plus grand intérêt, » ajouta M. Thuriot ; la Convention » prouvera, par cet acte formel, que » l'opinion ne l'a point devancée dans » la destruction des préjugés ; le peuple » y retournera volontiers pour accom-» pagner ses représentans. » Il paraît néanmoins que, dans l'intention de M. Thuriot, tout cela n'était qu'une jonglerie pour fermer la bouche à la faction des athées qu'il redoutait, et à la tête de laquelle étaient Hébert et Chaumette. (*Voyez* HÉBERT, dans la *Biographie universelle*.) Mais Hébert vint à bout de le faire exclure des Jacobins ; et il n'y reparut qu'après le 9 thermidor. Il présidait la Convention dans cette journée mémorable et aussitôt que Robespierre voulut élever la voix, il agita continuellement la sonnette, en criant de toutes ses forces : *Tu n'as pas la parole, tu n'as pas la parole*. On ne saurait imaginer combien le bruit de cette sonnette et l'apostrophe sans cesse répétée *Tu n'as pas la parole*, produisirent d'effet. Robespierre ne put se faire entendre, et son règne fut détruit. Naturellement réuni aux vainqueurs par le service signalé qu'il leur avait rendu, M. Thuriot fit mettre hors la loi Coffinhal, Lavalette et Boulanger ; et le 13 août 1794, il présida la société des Jacobins. Peu de jours après, il fit rejeter comme calomnieuse la première dénonciation de Lecointre de Versailles, contre les anciens comités de gouvernement. A la fin de la même année, il parla contre les mesures sévères, se plaignit de la ruine du commerce et de la morale, ainsi que de la faiblesse que l'on mettait à poursuivre les restes du parti de Robespierre. En février 1795, Legendre le signala, à la tribune de l'assemblée, comme le chef des terroristes ; il s'en défendit vivement : mais s'étant montré, le 12 germinal (1er.

avril 1795), un des principaux moteurs de l'insurrection jacobine qui éclata contre la Convention, il fut décrété d'accusation, le 2 prairial, comme ayant eu part au mouvement qui avait pour but de délivrer et faire absoudre les membres arrêtés ou proscrits. Il échappa par la fuite à l'exécution de ces deux décrets, fut amnistié en 1796, et employé ensuite par le directoire, en qualité de commissaire civil près le tribunal de Reims. Depuis le 18 brumaire, il fut nommé membre de la commission des émigrés, et juge au tribunal criminel du département de la Seine, il en exerçait encore les fonctions en 1804 : il fut chargé d'interroger Moreau, Pichegru et George, et fut le rapporteur de tout ce procès. Dans ses réponses, George feignant de ne pas se souvenir de son nom, ne l'appelait que M. *Tue-Roi*. En février 1805, il fut nommé substitut du procureur-général impérial près la cour de cassation, et membre de la Légion-d'honneur. Remplacé à la première restauration, il reprit ses fonctions pendant les cent jours de 1815, et fut banni, comme régicide, en 1816. Il lui a été permis de se fixer à Liége, où il exerce la profession d'avocat. U.

TIERNEY (GEORGES), membre de la chambre des communes d'Angleterre, et l'un des chefs les plus distingués de l'opposition, fut destiné au barreau, et fit des études pour être avocat ; mais son goût pour la politique et les spéculations financières, lui fit bientôt suivre une autre carrière. Ses premiers efforts pour obtenir une place au parlement ne furent pas heureux ; il se présenta deux fois pour avoir les suffrages de Colchester, cité fameuse dans les annales de la corruption, par les dépenses considérables que les candidats sont obligés de faire, et qui a causé la banqueroute de plus d'un prétendant ; mais le succès ne couronna pas son entreprise qu'on aurait pu appeler audacieuse, si un grand homme, alors à la tête de l'opposition, n'en eût payé les frais. M. Tierney ne se rebuta point, et se représenta comme candidat aux élections de Southwark, en 1786.

Telle était l'opinion qu'il avait donnée de ses sentiments populaires, qu'un grand nombre d'électeurs ne voulurent qu'il fît aucune dépense, et que, pour le faire triompher, ses partisans réunirent une somme considérable par des souscriptions. Cependant les suffrages ne lui furent pas favorables, et M. Georges Thélusson l'emporta ; mais M. Tierney adressa une pétition au parlement contre son compétiteur, qu'il accusait d'avoir employé des moyens illicites, et un acte du parlement annula cette élection. Les suffrages furent recueillis de nouveau, et M. Thélusson obtint encore la majorité ; une seconde attaque de M. Tierney et de ses amis, contre cette seconde élection, réussit complettement, et le parlement déclara que M. Thélusson ne pouvait dignement représenter le bourg de Southwark; que c'était au contraire M. Tierney qui en était le député légal. Parvenu au terme de ses vœux, M. Tierney se rangea aussitôt du côté de l'opposition, et prononça des discours sur tous les sujets importants qui furent soumis aux débats de la chambre. En 1796, il demanda une réforme parlementaire, et s'éleva contre la corruption qui s'était glissée dans les élections. Au printemps de 1797, lorsque la banque suspendit les paiements en argent, et que M. Pitt proposa de l'autoriser à émettre des billets de 20 schelings, MM. Fox et Tierney parlèrent contre cette mesure et demandèrent que la banque fît connaître sa situation. Il s'éleva, dans la même session, contre la mesure proposée pour punir la sédition des troupes de mer. A la rentrée du parlement, en 1797, il s'efforça de faire déclarer que M. Dundas ne pouvait assister aux débats avec le caractère de député, puisqu'il occupait la place de troisième secrétaire d'état, abolie par le bill de M. Burke. Les principaux membres de l'opposition, regardant la guerre comme injuste, avaient pris le parti de ne plus se présenter aux séances ; mais M. Tierney y resta toujours, et quoique seul, il tint tête au ministère, en attaquant toutes ses propositions, et plus d'une fois s'exprima avec une grande énergie contre M. Pitt. En mars 1798, il soutint cependant le bill proposé par M. Dundas, *pour mettre sa majesté en état de pouvoir à la défense et à la sécurité du royaume.* Il s'opposa vivement au bill proposé pour empêcher l'impression et la publication des journaux par des personnes inconnues. Lors des débats du bill pour suspendre les prérogatives des gens de mer, le 25 mai 1798, M. Pitt ayant déclaré » qu'il considérait l'opposition » de M. Tierney, comme procédant » du désir d'entraver le service public », M. Tierney voulut le faire rappeler à l'ordre, mais M. Pitt, loin d'adoucir, par des explications, ce qu'il venait de dire, déclara qu'il croyait, en son âme et conscience, ne pas devoir y changer une syllabe. Cette scène orageuse se termina par un duel, dans lequel aucun des deux champions ne fut blessé. En 1799, M. Tierney combattit le projet d'envoyer des troupes en Irlande; s'opposa de toutes ses forces à l'union parlementaire de ce pays, et prononça, le 26 septembre, un discours sur *l'inconstitutionnalité* de l'emploi de la milice dans l'armée. En 1800, il attaqua les ministres sur l'expédition de Hollande, et demanda la formation d'une commission pour examiner les causes qui avaient fait échouer cette entreprise. Le 28 février, il imputa au gouvernement la volonté de ne faire la guerre que pour le rétablissement de la maison de Bourbon, et attaqua ce projet comme aussi inutile que dangereux. Le 25 avril, il s'opposa de nouveau à l'union parlementaire de l'Irlande, comme devant être la ruine de la liberté anglaise. Quelques jours plus tard, il réclama fortement l'ouverture de négociations pacifiques. Le 9 juillet, il vota contre la proposition d'accorder de nouveaux subsides pour la continuation de la guerre ; et, le 24, il demanda qu'aucune somme ne pût être envoyée à l'empereur d'Allemagne, après qu'il aurait signé un traité séparé avec la république française. En novembre, il provoqua la formation d'un comité pour examiner la situation de l'Angleterre, et présenta des observations sur l'expédition d'Égypte et contre la rupture du traité d'El-Arish. Le 11 décembre, il s'éleva contre la suspension de l'*habeas-corpus*, et contre les mesures arbitraires, multipliées sous prétexte de poursuivre le jacobinisme. Le 18, il parla contre la prolongation du bill sur les séditions : en mars 1801, il annonça qu'il demanderait l'accusation du duc d'Yorck pour sa conduite militaire. En avril, il accusa les ministres d'extorquer la prolongation de la suspension de l'*habeas corpus*. En mai, il fit de nouveau la motion qu'on produisît à la chambre la lettre écrite par le duc d'Yorck à M. Dundas, secrétaire de la guerre, relativement à l'expédition de Hollande; accusa ce ministre des revers de l'armée anglaise, et demanda qu'un message fût fait au roi pour obtenir copie de cette pièce. On le vit, peu après, combattre le bill d'oubli proposé en faveur des fonctionnaires publics qui, depuis 1793, avaient fait arrêter ou détenir des personnes réputées suspectes, et s'étonner que le comité secret se permît de recommander une pareille mesure, puisque ses membres devaient seuls en profiter; il demanda, en conséquence, que cette question fût soumise à une commission composée d'une autre manière. Au changement de ministre, en 1801, son ami M. Addington ayant été nommé chancelier de l'échiquier, M. Tierney fut appelé à un emploi lucratif, celui de trésorier de la marine, et obtint en même-temps une place dans le conseil et une pension pour sa femme. Il devint aussi lieutenant-colonel commandant des volontaires de Sommerset-House, et eut le même rang dans un régiment levé dans le bourg de Southwark; mais, quelque temps après, des discussions ayant eu lieu entre les volontaires et leur commandant, M. Tierney résigna son office. Pendant la courte administration de lord Grenville, il fut placé à la tête du corps du contrôle pour les affaires de l'Inde; mais il perdit cet emploi, lorsque son parti sortit du ministère, et depuis cette époque, il a continué de figurer dans l'opposition. Il demanda au ministère, en juin 1815, pourquoi les traités faits entre les puissances alliées, étaient présentés à la chambre un an après leur date, et après avoir blâmé encore d'autres opérations des ministres, il s'étonna que le royaume des Pays-Bas ne pût pas lui-même construire ses forteresses, n'approuvant pas l'abandon de cinq millions qu'on lui faisait pour cet objet. Le 20 février 1816, il proposa de nommer un comité, comme après la guerre d'Amérique, pour examiner le produit des taxes et fixer les dépenses; mais la proposition fut écartée à une grande majorité. Dans les séances des 6 et 7 mai, il attaqua l'énormité de la liste civile accordée au prince régent » Lord Castlereagh, dit-il, nous a entretenus il y a quelques jours de la nécessité de mieux régler la liste civile; mais, dans la crainte de n'avoir pas la majorité, il a fait venir dans son hôtel beaucoup de membres pour leur expliquer l'affaire. Le noble lord assure que la famille royale n'a que 490,000 liv. st. pour maintenir la splendeur de la couronne, et il nous propose pour modèle la liste civile de France; mais puisque le noble lord, à l'imitation des jeunes *gentlemen* qui reviennent de leurs voyages, admire tout ce qu'il a vu sur le continent, pourquoi ne nous a-t-il pas fait admirer aussi la noble conduite de la famille royale de France, qui a renoncé spontanément à une partie des revenus que la nation lui avait assignés?» M. Tierney tomba malade dans le mois de juillet suivant, et on désespéra de sa vie; mais il se rétablit et reparut au parlement, où, le 6 mai 1817, après un discours qui excita plusieurs fois des éclats de rire par des plaisanteries sur les ministres, il renouvela, sous une autre forme, la motion qu'il avait faite dans la dernière session, au sujet de la création d'un département des colonies. En mars 1818, il prononça encore un discours rempli d'expressions virulentes, et même grossières, et de personnalités contre les ministres, au sujet du bill d'amnistie qu'ils avaient demandé. Ce discours excita un grand désordre dans la chambre;

lord Castlereagh le réfuta. M. Tierney passe pour avoir beaucoup de talents, et une grande habitude des affaires; il connaît parfaitement les matières de finances, et ce qui concerne le revenu et les ressources de l'Inde; ce qui le rend fort utile aux ministres, lorsqu'il est leur partisan, et le fait considérer comme un adversaire d'autant plus redoutable qu'il manie fort bien l'arme du ridicule, et qu'il mêle adroitement le sarcasme à ses raisonnements. Il a publié: I. *Situation réelle de la compagnie des Indes orientales, eu égard à ses droits et à ses privilèges*, in-8°., 1797. II. *Deux lettres sur la pétition de Colchester*, in-4°., 1791. III. *Lettre au très-honorable Henri Dundas, sur la situation de la compagnie des Indes orientales*, in-8°., 1791. Cette critique, qui parut sous le voile de l'anonyme, fut réfutée par M. George Anderson. M. Tierney publia alors, sous son nom, une autre *Lettre à M. Dundas, sur l'État des affaires de la compagnie des Indes, de M. Anderson*, in-8°., 1791. Z.

TILLY (Le comte), lieutenant-général, d'une famille noble, entra fort jeune au service, et fut nommé colonel de dragons au moment de la révolution, dont il embrassa la cause avec modération. En 1792, il fut nommé aide-de-camp de Dumouriez, qui lui confia, dans le mois de mars 1793, le commandement de Gertruydenberg, où il avait réuni tous ses moyens pour pénétrer en Hollande. Obligé de partir après la levée du siége de Maestrich, ce général fit donner au colonel Tilly sa parole d'honneur que, dans aucun cas, il ne rendrait la place que sur son ordre positif. Après la perte de la bataille de Nerwinde et la capitulation d'Anvers et de Breda, M de Tilly ayant reçu du comte de Wartensleben, chef d'état-major du prince Frédéric d'Orange, une sommation de se rendre, avec menace d'être, *du premier jusqu'au dernier, passés au fil de l'épée, sans miséricorde quelconque*, se borna à dire au parlementaire: « M. le comte de Wartensleben s'est trompé d'adresse, »

Sommé une seconde fois, il consentit cependant à capituler, s'il en recevait l'ordre du général en chef Dumouriez. On lui fit observer que ce général n'était plus au service de France: je l'ignore, répondit-il; sans son ordre très-positif, je ne capitulerai pas. Le 1er. avril 1793, un parlementaire lui ayant apporté l'ordre qu'il exigeait, signé par le général Dumouriez, il ne demanda plus d'autres conditions que d'épargner à la garnison l'affront de défiler devant des troupes étrangères. Le général Tilly passa ensuite à l'armée des côtes de Cherbourg, dont il prit le commandement le 12 novembre 1793. En décembre, même année, il obtint des avantages assez considérables sur les Vendéens, donna ensuite sa démission comme noble, et fut réemployé presqu'aussitôt à l'armée de Sambre-et-Meuse Il commandait la réserve de cette armée, lorsqu'elle passa le Rhin en 1795, sous les ordres de Jourdan, et il se couvrit de gloire à l'affaire du 20 vendémiaire, à Hoecht, près la Nidda, où il soutint, pendant toute la journée, les efforts de l'ennemi, qu'il arrêta dans son projet de passer cette rivière. En janvier 1796, il fut pourvu du commandement des neuf départements réunis, où sa probité et son désintéressement lui méritèrent l'estime générale. En août, même année, il fut nommé chef d'état-major de l'armée du Nord; passa en 1798 en la même qualité à celle de Sambre-et-Meuse, et fut nommé inspecteur-général des troupes françaises stationnées en Hollande. En 1799, il devint commandant des 24e. et 25e. divisions; et l'année suivante, il passa à l'armée de l'Ouest, comme lieutenant-général, et commanda en chef, *par interim*, pendant 16 mois. A la formation du camp de Boulogne, en 1804, il y prit le commandement de la cavalerie, et passa de là au premier corps d'armée. Il servit avec la plus grande distinction dans les campagnes d'Allemagne, de Prusse, de Pologne, et telle fut partout la conduite désintéressée de ce général, qu'elle lui mérita les éloges et les marques d'estime les plus honorables. En 1808, il fut employé en Espagne, et après la prise de Madrid, il fut nommé gouverneur de la province de Ségovie. Les habitants de cette contrée n'ont pas oublié les preuves de désintéressement et d'humanité qu'il y donna, lors même que des ordres supérieurs semblèrent le forcer à agir contre les principes qui l'ont toujours caractérisé. En 1811, il passa à l'armée du Midi, en Andalousie, où il eut le commandement de la cavalerie, à la tête de laquelle il fit plusieurs campagnes. A Occana, il se conduisit avec une extrême valeur, déploya beaucoup d'habileté dans l'art de faire manœuvrer la cavalerie, et fit un nombre considérable de prisonniers sur les Anglais. Rentré en France, en août 1813, il fut nommé inspecteur-général de cavalerie. Le 8 avril 1814, il envoya son adhésion à la déchéance de Buonaparte, et obtint du Roi, dans le mois de juin, la croix de Saint-Louis et le titre de grand officier de la Légion-d'honneur. Il est aussi grand'croix de l'Aigle-rouge de Prusse. Dans le mois de mai 1815, il fut nommé président du collége électoral du Calvados, et membre de la chambre des représentants, où il garda le silence. — Un autre TILLY servit pendant l'interrègne de 1815, dans les armées royales de la Vendée, sous les ordres du comte d'Ambrugeac. Le marquis de TILLY-BLARU fut nommé maréchal de camp, le 4 juin 1814, et chevalier de Saint-Louis, le 1er. juillet suivant. Il est aussi chevalier de la Légion-d'honneur. — Enfin, un autre TILLY, général espagnol, fit les dernières guerres contre les Français dans la Péninsule. D. et F.

TINGRY (PIERRE-FRANÇOIS), pharmacien à Genève, et habile chimiste, s'est fait connaître en 1785, par une savante analyse de la source ferrugineuse découverte, deux ans auparavant, aux bords de la Drise, près de Carouge. Il fut nommé en 1786, membre de la société formée à Genève, pour l'encouragement des arts, et en 1802 professeur de chimie à l'académie de la même ville. On connaît de lui différents mémoires dans le recueil de l'académie des sciences de Turin, dans les *Annales de Chimie*, etc. Parmi ceux qu'il a fournis au *Journal de Physique*, nous indiquerons les suivants : *Sur la composition de l'Ether*, 1788, (XXXIII, 417); — *Sur l'acide phosphorique*, 1789, (XXXV, 470); — *Sur la consistance que les Huiles acquièrent à la lumière*, 1798, (XLVI, 161, 249, et XLVII, 165); — *Sur la Phosphorescence des corps, et particulièrement des eaux de la mer*, (XLVII, 287); — *Sur la nature du fluide électrique*, (ib. 355). Le plus connu de ses ouvrages est son *Traité sur l'art de faire et d'employer les vernis*, Genève, 1803, 2 vol. in-8°. T.

TIRLET (Le baron LOUIS), lieutenant-général, né le 14 mars 1773, fut élève de l'école d'artillerie de Châlons, avec le grade de capitaine qu'il avait obtenu en 1793; nommé chef de bataillon de pontonniers, en 1796, aux armées de Sambre-et-Meuse, il devint colonel en 1799, et chef d'état-major d'artillerie de l'armée d'Orient. Maréchal de camp en 1803, il commanda avec distinction en Hollande et en Allemagne, et fut ensuite employé en Espagne, comme général de brigade. Il se distingua en juillet 1812, dans la retraite de Portugal fut cité pour sa valeur en cette occasion, et se signala de nouveau les 22 et 23 octobre 1812, à la poursuite des Anglais, qui levèrent le siège de Burgos. En 1813, il fut élevé au grade de général de division, et le 1er. juillet 1814, il fut confirmé par le Roi dans l'emploi d'inspecteur-général d'artillerie, pour les directions de Toulouse, Montpellier, Perpignan et Bayonne. Le 19 juillet, il reçut du Roi la croix de Saint-Louis, et le 14 février 1815, le titre de grand-officier de la Légion-d'honneur. Le baron Tirlet servait en 1815, au 2e. corps d'observation, dont il commandait l'artillerie. Il est encore employé comme inspecteur-général. C. C.

TISSOT (CLÉMENT-JOSEPH), originaire Suisse, né à Ornans, en Franche-Comté, vers 1750, fut reçu docteur, en 1776. Lorsque le célèbre Tissot, son parent, qui l'avait dirigé par ses conseils dans la carrière médicale, vint visiter les savants de la capitale, il le recommanda à son ami et compatriote Tronchin, qui en fit son disciple, son secrétaire, et le désigna ensuite pour médecin-adjoint de la maison d'Orléans, dont il eut le brevet, en 1787. Les premières années de sa carrière furent consacrées aux travaux de l'académie de chirurgie, qui couronna trois de ses ouvrages sur l'*hygiène médico-chirurgicale*, et ensuite à ceux de la société royale de médecine, qui le nomma son correspondant en 1783. M. Tissot fut appelé en 1788, en qualité de chirurgien en chef adjoint au camp de Saint-Omer, commandé par le prince de Condé, et peu de mois après, le Roi le nomma inspecteur divisionnaire des hôpitaux de l'Alsace et de la Franche-Comté; il en remplit les fonctions jusqu'en 1792, qu'il fut employé en chef à l'hôpital militaire de Lyon, jusqu'après le siège de cette ville, et successivement comme inspecteur des hôpitaux d'armées, jusqu'à la paix de Lunéville, en 1801. Il fut alors breveté officier de santé supérieur de l'hôpital d'Aix-la-Chapelle, pour le service des eaux minérales, et rappelé ensuite aux armées actives où il a fait toutes les campagnes d'Autriche, de Prusse, de Pologne, d'Italie, etc. Il fut nommé chevalier de la Légion-d'honneur, en 1809. Le souvenir des succès de M. Tissot, lors de ses inspections, en 1794 et 1795, dans la direction du traitement des épidémies aux hôpitaux militaires et aux dépôts des prisonniers de guerre en Bourgogne et en Franche-Comté, le fit désigner, en 1806, pour porter des secours aux épidémies désastreuses (*la fièvre nerveuse putride et la dissenterie*) dont étaient attaqués les prisonniers autrichiens, cantonnés dans la Souabe. Il eut le bonheur d'arrêter, en moins de deux mois, les progrès de ce fléau qui avait répandu la terreur dans les environs de Stockak, et il reçut à cette occasion, de l'archiduc Charles, une lettre très-honorable avec un diplôme de *membre honoraire de l'académie impériale Joséphine de médecine à Vienne*, et une tabatière de grand prix, ornée d'un médaillon faisant allusion à cette épidémie. M. Tissot, étant en Pologne, reçut encore de l'archiduc Charles, en 1808, une lettre non moins flatteuse sur ses ouvrages de médecine, publiés et traduits en allemand; et se trouvant avec l'armée française à Vienne, en 1809, la municipalité lui témoigna publiquement sa satisfaction des soins qu'il avait donnés aux Autrichiens prisonniers. En 1814 et 1815, il fut accueilli par *S. M. l'empereur d'Autriche*, à Paris, qui daigna lui dire : *Je n'ai point oublié les services que vous avez rendus à mes braves soldats en Allemagne et en Italie. Je m'en souviendrai toute ma vie*. M. Tissot a éprouvé beaucoup de persécutions pendant la révolution. Après la levée siège de Lyon en 1793, il fut suspendu de ses fonctions, puis arrêté et traduit à la commission temporaire, pour avoir publié un écrit, d'après le vœu de la municipalité provisoire, sur les causes de la mort des blessés par des armes à feu, dans la journée du 29 mai, et pour avoir obéi aux ordres du comte de Précy. Il fut encore arrêté à Paris, en 1795, dénoncé au général en chef à Mayence, en 1797; arrêté à Wesel, en 1798, et à Dusseldorff en 1799. On l'accusa dans cette dernière ville d'entretenir des correspondances avec Pichegru, Couchery et d'autres députés proscrits à la journée du 18 fructidor. Les ordres de la police le tinrent pendant long-temps en surveillance; et les soupçons qu'il excita auprès de tous les gouvernements révolutionnaires, surtout à l'époque de la mort de Pichegru, n'ont cessé réellement qu'après la chute de Buonaparte en 1814. Il jouit aujourd'hui d'une très-modique pension, fruit de ses longs services, et il exerce encore sa profession à Paris où il vient d'être élu *vice-président de la société de médecine pratique*. On désire qu'il donne au public une nouvelle édition de ses ouvrages, dont la plupart ont été imprimés par ordre du comité d'instruction publique. Savoir : I *Gymnastique médicinale* 1 vol. in 12 Paris

1781. II. *Topographie médicinale de Neufchâteau, suivie d'observations sur les dangereux effets des coups de plats de sabre* (ce qui a déterminé la supression de cette punition militaire par une ordonnance royale du 14 juillet 1789), *sur les maladies résultantes du séjour des soldats dans les prisons, et sur les moyens de les prévenir par une autre peine*; publiée par ordre du Roi dans le 7e. vol. du Journal de médecine militaire, en 1788. III. *Observations sur les causes de la mort des blessés par des armes à feu que l'on accusait avoir été chargées avec des balles empoisonnées dans la journée mémorable du 29 mai*, Lyon 1793. IV. *Observations générales sur le service de santé et l'administration des hôpitaux ambulans et sédentaires*, Lyon 1793. V *Recueil d'observations sur les causes de l'épidémie régnante dans les hôpitaux et les dépôts des prisonniers de guerre, des départemens de Saône et Loire et de la Côte-d'Or, et sur les moyens d'en arrêter les progrès*, Dijon 1794. VI. *Recueil d'observations sur les abus dans l'ordre des évacuations des malades et des blessés de l'armée dans les départemens du Doubs, du Jura et de la Haute-Saône*, Besançon, 1794. VII. *Du régime diététique dans la cure des maladies*. VIII. *Des effets du sommeil et de la veille dans le traitement des maladies*. IX. *De l'influence des passions de l'âme dans les maladies, et des moyens d'en corriger les mauvais effets*. Ces trois derniers ouvrages, approuvés par l'académie royale de chirurgie de Paris en 1779, 1781 et 1783, ont été traduits en allemand, et imprimés à Brunswick en 1799. X. *Nécrologie de Lorents*, médecin en chef de l'armée du Rhin, publiée in-8°. et insérée dans le Journal de Paris en avril 1801. XI *Compte rendu au grand bailli du landgraviat de Meklembourg, conseiller-aulique du Roi de Wurtemberg, sur l'épidémie des prisonniers autrichiens dans la Souabe*, imprimé en français et en allemand par ordre supérieur à Stockak, juin 1806. F.

TISSOT (PIERRE-FRANÇOIS), né à Versailles, vers 1770, vint, jeune encore, à Paris, embrassa la cause de la révolution, et se montra un des plus ardens dans plusieurs circonstances de nos premiers troubles. En 1793, il fut un des députés au corps législatif, nommés par la fraction des électeurs de Paris, séante à l'Oratoire, dont le directoire fit annuler les élections comme monarchiques. Ayant été fort lié avec les chefs de l'insurrection des 2 et 3 prairial an 3, (1795), il prit ouvertement leur défense dans une brochure publiée en 1799, lorsque ce parti sembla obtenir un instant de triomphe. M. Tissot était, à cette époque, chef du bureau secret au ministère de la police, et l'un des principaux orateurs de la société du Manége. La révolution du 18 brumaire mit fin à sa carrière sous l'un et l'autre rapport, et depuis cette époque, il parut entièrement livré à la littérature, occupant toutefois une place assez lucrative à l'administration des droits-réunis, sous M. Français de Nantes, et l'emploi de censeur de la *Gazette de France*, sous le ministère du duc de Rovigo. Depuis le rétablissement des Bourbons, il est resté sans autres fonctions que celles de professeur de poësie latine au collége de France. Il a eu l'honneur insigne de succéder dans cette chaire à l'illustre Delille, et quelques-unes de ses leçons n'ont pas paru tout à fait indignes d'un aussi grand maître. Celles qu'il a données à l'athénée, en 1817, ont aussi obtenu du succès ; mais là, comme au collége de France, quelques auditeurs ont remarqué que les opinions peu classiques du professeur y perçaient trop souvent ; ils auraient désiré qu'il parlât avec plus de ménagement des grands hommes du règne de Louis XIV, et avec moins d'admiration de ceux de notre siècle. En 1814, M. Tissot prononça, sur la tombe de Delille, un éloge de ce poëte, où l'on remarqua un passage fort touchant sur les princes de la maison de Bourbon, et surtout sur le comte d'Artois qui fut le généreux protecteur de son maître. Après avoir travaillé, en 1815 et 16, au journal intitulé le *Constitutionnel*, devenu le *Journal du Commerce*, M. Tissot paraît entièrement livré à la rédaction de la *Minerve*, où il a signé un grand nombre d'articles. On a de lui : I. *Souvenirs de la journée du 1er prairial an 3, contenant deux écrits de Goujon*, son hymne en musique, sa défense et celle de ses collègues Romme, Bouchotte et Soubrany, in-12, 1799. II. *Eglogues de Virgile*, traduites en vers français, accompagnées de la traduction en vers de plusieurs morceaux de Théocrite, Moschus et Bion, et de l'épisode de Nisus et Euryale, in-8°., 1800; troisième édition, 1812. III. *Les trois conjurés irlandais ou l'ombre d'Emmet*, in-8°., 1804. IV *Les Baisers et élégies de Jean Second*, avec le texte latin, in-12, 1806. V. *Les adieux de Vienne à l'impératrice Marie-Louise*. (Dans le recueil intitulé : *l'Hymen et la naissance*.) VI *Cantate en l'honneur de S. M. le roi de Rome*, in-8°., 1811. D.

TISSOT DE MORNAS (Jean-François), né vers 1785, correspondant de l'athénée de Vaucluse, s'est fait connaître, de très-bonne heure, par des productions utiles. Il a traduit, du latin en français, la lettre de Petrarque à la postérité, qui se trouve à la fin de la vie de Petrarque, publiée en 1804, à Avignon, par l'athenée de Vaucluse. On a encore de lui : I. *Réflexions sur les contrats et sur quelques-unes des causes qui en déterminent la rescision*, Avignon. II. *Réflexions analytiques sur la déclinabilité et l'indéclinabilité des participes*, Avignon, in-8°., 1806. A la fin de cet opuscule est un catalogue d'autres ouvrages du même auteur *sous presse*, et parmi lesquels nous avons distingué des traductions du traité de la sphère, par Proclus, des éléments d'astronomie de Geminus, etc. Nous ne croyons pas que ces ouvrages aient paru. —Tissot (Pasc.-Alex.), frère du précédent, a donné : I *Notes historiques et critiques sur quelques magistratures*. Paris, 1805 ou 1806. II. *Traduction du code et des novelles de Justinien*. Il n'y en avait, en 1806, que deux volumes de publiés ; nous ignorons si l'ouvrage a été continué. — Tissot (Amédée) a publié : I. *Inégalité réelle au préjudice des aînés, des partages par portions égales, tels qu'ils sont usités dans les successions, et moyens d'y remédier. Considérations nouvelles proposées aux législateurs de tous les peuples*, in-8°., 1817. II. *Le chevalier de Villiers, fils de Ninon de Lenclos*, opéra en trois actes, in-8°., 1817. III. *Une Macédoine*, in-8°., 1818. IV. *Division de la chambre des députés*, in-8°., 1818. V. *Ode sur la restauration de la statue de Henri IV*, in-8°., 1818. — Tissot (C.-L), né à Dole, a publié : I *Le Cri de la nature ou le fils repentant*, comédie en deux actes et en vers, in-8°., 1794. II. *On Respire*. III. *Cadet Roussel*. IV. (avec Martainville) *George le Toquin ou le brasseur de l'île des Cygnes*, divertissement allégorique, mêlé de vaudevilles, in-8., 1803. V. *Les Mariages inattendus*, comédie en un acte, mêlé d'ariettes, in-8°., 1801. OT.

TOCHON (Joseph-François), né en Savoie, en 1772, est membre de l'académie des inscriptions et belles-lettres, où il a remplacé M. Ginguené le 13 décembre 1816. On connaît de lui les ouvrages suivants : I. *Dissertation sur l'époque de la mort d'Antiochus VII, Evergète Sidétès, roi de Syrie, sur deux médailles antiques de ce prince, et sur un passage du 11e. livre des Macchabées*, in-4°., 1815, 3 pl. II. *Notice sur une médaille de Philippe-Marie Visconti, duc de Milan*, in-4°., fig., 1816. III. *Dissertation sur l'inscription grecque* ΙΑΣΟΝΟΣ ΑΤΚΙΟΝ, *et sur les pierres antiques qui servaient de cachets aux médecins oculistes*, in-4°., avec 3 pl. color., 1816. VI. *Mémoire sur les médailles de Marinus (et de Jotapianus)*, in-8°., 3 pl., 1817. Il a été lu à l'académie dans la séance du 14 mars 1817. V. *Dissertation sur les médailles des nomes d'Égypte*. Ce travail, dont un extrait a été lu à l'académie dans la séance publique de 1818, doit faire partie du grand ouvrage sur l'Égypte, publié par le gouvernement. VI Plusieurs articles dans la *Biographie universelle*, parmi lesquels on distingue les *Cléopâtre* de Syrie, les *Denys* de Syracuse, *Dioclétien*, etc. En 1815, M. Tochon avait été nommé membre de la chambre des députés, où il vota avec la majorité. Il cessa d'y siéger, lorsque la Savoie fut separée de la France.   Z.

TOCQUEVILLE (Le comte de), était maire d'un village des environs de Versailles sous le gouvernement impérial. Il fut, à la restauration, nommé préfet de Maine-et-Loire, et s'y concilia l'estime des habitants. Destitué après le 20 mars 1815, il fut nommé préfet de l'Oise au retour du Roi; il s'y trouvait lorsque l'armée prussienne occupa ce département. M. de Tocqueville résista plusieurs fois avec beaucoup de fermeté aux prétentions de cette armée. Un de ses généraux qui occupait Senlis, le requit un jour de lui livrer les registres où se trouvaient les signatures à l'acte additionnel. Dans sa réponse, M. de Tocqueville lui fit sentir l'inconvenance d'une pareille demande, et refusa positivement. Le commandant n'insista pas. Le comte de Tocqueville a éprouvé depuis des contrariétés dans l'exercice de ses fonctions. Il fut vivement accusé par le parti dit libéral, d'avoir provoqué des destitutions, que depuis on a trouvées injustes. Ce motif, ou tout autre, détermina le ministère à le transférer à une autre préfecture. M. Maxime de Choiseul fut envoyé à Beauvais, et M. de Tocqueville à Dijon, où il resta pendant toute l'année 1816. Il eut l'honneur d'y recevoir MADAME, duchesse d'Angoulême, et publia, à cette occasion, le 9 août, l'arrêté suivant :
« Considérant que l'enthousiasme et
» les transports de joie que les habi-
» tants de Dijon ont montrés à l'occa-
» sion du séjour dans cette ville de
» S. A. R. MADAME, ne permettent
» pas de douter qu'il n'y ait parmi
» tous les habitants une parfaite una-
» nimité de sentiments et d'attache-
» ment pour le roi et la famille royale;
» considérant que ces sentiments,
» manifestés si hautement, ôtent
» toutes craintes à l'égard de l'influ-
» ence que les ennemis du trône pour-
» raient exercer sur le peuple de la
» bonne ville de Dijon; considérant, etc.;
» les mesures de haute police aux-
» quelles sont soumis quelques indi-
» vidus de la ville de Dijon, cessent d'a-
» voir leur effet, et ces individus sont
» déchargés des obligations qu'elles
» leur imposaient. » M. de Tocqueville passa, en 1817, à la préfecture de la Moselle, en remplacement de M. de la Chadenede. Il a épousé une fille du président de Rosambo, gendre de M. de Malesherbes, dont il a deux fils déjà employés dans l'armée.   U.

TOLSTOI (Le comte OSTERMANN), général russe, fit ses premières armes dans les guerres de Turquie et de Pologne, et fut nommé, au mois de septembre 1805, commandant d'un corps d'armée destiné à agir en faveur de l'Autriche contre la France. Il pénétra dans l'électorat d'Hanovre, au mois de novembre de cette année, cerna la forteresse de Hamelh où commandait le général Barbou, et rejoignit ensuite l'empereur Alexandre, à Berlin. Après la bataille d'Austerlitz, M. de Tolstoï évacua l'électorat. Ses services l'avaient déjà fait nommer chevalier de plusieurs ordres; et à la fin de cette campagne il fut fait gouverneur de Petersbourg. Au commencement de la campagne de 1812, il commanda un corps russe, en remplacement du comte Schuwaloff. Le 14 juillet, il annonça qu'il avait battu les Français à Ostrowno, et qu'il les avait poursuivis à quatre werstses au-delà de sa position. Cependant, les Français, dans leurs bulletins, s'attribuèrent aussi la victoire; et ce qui est bien sûr, c'est qu'ils continuèrent leur mouvement en avant. L'année suivante, le général Tolstoï rencontra à Pirna une colonne française contre laquelle il soutint un combat opiniâtre. Il perdit le bras gauche dans cette action. Il observa ensuite les mouvements du maréchal Gouvion-Saint-Cyr, et fit sa jonction sur l'Elbe avec le comte de Klenau. Les résultats de leurs opérations combinées furent la capitulation de Dresde et de Sonnenstein. Les services de M. de Tolstoï, pendant cette campagne et la suivante, furent récompensés par plusieurs grâces de son souverain, qui lui accorda, à titre de prêt, et pour rétablir ses affaires, une somme de cinq cent mille roubles, remboursable en dix ans. Le gouvernement de Bohème fit don au même général, d'une coupe précieuse, sur laquelle il fit graver les noms des officiers qui avaient péri, et dont il fit hommage à la chapelle du régiment de Préobrashenski. L'empereur Alexandre, en approuvant cette destination, lui écrivit la lettre suivante : « Je dois faire la remarque » qu'en rendant la justice qui leur est » due, aux guerriers qui ont pris part » à cette bataille, vous vous êtes oublié vous même, vous qui avez commandé en chef, et qui avez acheté la » victoire par la perte d'un bras. Mais » le souvenir de cette circonstance que » votre modestie vous a fait passer » sous silence, sera ineffaçable pour » la patrie, et se conservera d'âge en » âge jusqu'à la postérité la plus reculée. » M. de Tolstoï fut ambassadeur de Russie à Paris, en 1814, et il a été remplacé par M. Pozzo di Borgo. C. C.

TOOKE (WILLIAM), ecclésiastique anglais, membre de la société royale, né en 1744, commença son éducation à Islington, et fut placé chez M. Bowyer, imprimeur; mais ayant une vocation pour l'état ecclésiastique, il entra dans les ordres en 1770. Bientôt après il fut nommé chapelain de la factorerie anglaise à Saint-Pétersbourg, où il continua de résider jusqu'en 1792, époque de son retour en Angleterre; et depuis ce temps il n'a pas quitté Londres, où il s'occupe de travaux littéraires. En 1814, il devint chapelain de sir William Domville. M. Tooke a publié entr'autres ouvrages : I. *Les amours d'Othniel et d'Achsah*, roman en 2 vol. in-12, 1767. II. *Traduction des ouvrages de Falconet et de Diderot, sur la sculpture*, in-4°., 1777. III. *La Russie ou Histoire complète de toutes les nations qui composent cet empire*, 4 vol. in-8°. 1780. IV. *Vie de Catherine II, impératrice de Russie*, 3 vol. in-8°. 1797. V. *Coup-d'œil sur l'empire de Russie, pendant le règne de Catherine II, jusqu'à la fin du 18e. siècle*, 3 vol. in-8°. 1799. Personne n'a eu sur cet empire autant de moyens d'information que lui. Chapelain des factoreries anglaises à St.-Pétersbourg,

membre de l'académie impériale, il a eu un libre accès dans toutes les bibliothèques, a été lié avec tous les hommes éclairés, et avec les académiciens qui avaient parcouru la Russie par ordre de l'impératrice. Cet ouvrage a été traduit en français. VI. *Histoire de Russie depuis la fondation de cet empire jusqu'à l'avènement de Catherine II*, 2 vol. in-8°. 1800. VII. *Description de Pétersbourg*, trad. de l'allemand, de Storch, in-8°. 1800. M. Tooke a publié plusieurs sermons. Il a été, en 1798, l'éditeur d'un *Dictionnaire général de biographie*, 15 v. in-8°., et a inséré différens articles dans le *Gentleman's Magazine*. Z.

TOPSENT (J.-N.), député de l'Eure à la Convention nationale, ne vota point dans le procès de Louis XVI, se trouvant absent par maladie. Il s'occupa beaucoup de la marine; présenta souvent des rapports sur cet objet; fut envoyé dans différents ports, et n'encourut point les reproches qu'on fit par la suite à la plupart des députés chargés de ces missions. Il se rendit, en juin 1795, sur la flotte qui sortit de Brest et fut défaite par les Anglais. Il passa au conseil des anciens; en sortit en mai 1798, et devint capitaine de vaisseau et officier de la Légion-d'honneur. Les dernières ordonnances sur la marine ne l'ont point maintenu en activité. Il a obtenu, en 1814, la croix de Saint-Louis. B. M.

TORMAZOFF, général russe, se distingua contre les Polonais, dans la campagne de 1794, et reçut de l'impératrice Catherine la grand-croix de Saint-Wladimir, et une épée enrichie de diamants. Cependant Kosciusko l'avait battu à Raslavicé, entre Cracovie et Varsovie, dans le courant de mars (voy. Kosciusko dans la *Biog. univ.*) En 1808, le général Tormazoff devint gouverneur militaire de Riga, après le départ du général Buxhowden; mais après le retour de ce dernier, il donna sa démission. En 1812, il eut le commandement d'un corps destiné à couvrir le duché de Varsovie, et il entra en Pologne le 16 juillet; mais les progrès rapides des Français le forcèrent bientôt à se retirer, et le combat de Podubna, livré le 12 août, décida l'évacuation de ce pays. Lorsque les troupes françaises se replièrent sur l'Allemagne, dans le mois de décembre, le général Tormazoff s'empara de Grodno. Dans la campagne de 1813, il combattit à Lutzen, et remplaça, au mois de septembre, le comte Rostopchin, dans le gouvernement de Moscou. C. C.

TOSCAN (George), bibliothécaire du Muséum d'histoire naturelle, et ancien rédacteur de la *Décade philosophique*, est né à Grenoble, en 1756. Il a publié: I. *Histoire du lion du Muséum national et de son chien*, 1795, in-8°. II. (Avec Amaury Duval) *Voyages dans les Deux-Siciles et dans quelques parties des Apennins*, par Spallanzani, traduit de l'italien, 1796, 1800, 6 vol. in 8°, avec des notes de M. Faujas de Saint Fond. III. *Mémoire sur l'utilité de l'établissement d'une bibliothèque au Jardin des Plantes*, in-8°. IV. *L'Ami de la nature, ou Choix d'observations sur divers objets de la nature et de l'art*, 1800, in-8°. V. M. Barbier lui attribue *la musique de Nephté, aux mânes de l'abbé Arnaud*, 1790, in-8°. OT.

TOURLET (René), médecin helléniste à Paris, et l'un des plus anciens et des plus studieux collaborateurs au *Moniteur*, a publié: I. *Guerre de Troie, depuis la mort d'Hector jusqu'à la ruine de cette ville*, poëme en 14 chants, par Quintus de Smyrne, faisant suite à l'Iliade, et traduit pour la première fois du grec en français, 1800, 2 vol. in-8°. L'auteur en prépare une seconde édition. II. *OEuvres complètes de Pindare*, traduites en français, avec le texte grec en regard et des notes, 1818, 2 vol. in-8°. III. M. Tourlet a terminé une *Traduction des OEuvres de l'empereur Julien*, précédée de sa vie, qu'il doit publier en 4 volumes. C. E.

TOURNON (Dominique-Jérome), né à Toulouse, ancien professeur de botanique au Jardin des plantes, membre de l'académie des sciences de Bordeaux, ancien médecin en chef des hôpitaux militaires de Bayonne et de Bruxelles, professeur adjoint à l'école de médecine et chirurgie de Toulouse, a publié: I. Une *Liste chronologique des ouvrages des médecins et chirurgiens de Bordeaux, et de ceux qui ont exercé l'art de guérir dans cette ville, avec des annotations, et l'éloge de Pierre Desault*, Bordeaux, 1799, 1 vol. in-8°. II. Un *Supplément à cette Liste*, Toulouse, 1806, in-8°. III. *Flore de Toulouse, ou Description des plantes qui croissent aux environs de cette ville*, ibid, 1811, 1 vol. in-8°. On a du même médecin divers mémoires dans le *Magasin encyclopédique* de Millin, dans le *Journal de Santé et d'Hist. nat.* par MM. Villers et Capelle, dans le *Journal de Médecine* de Sédillot, etc. F.

TOURNON (Le comte Philippe-Camille-Casimir-Marcellin de), né à Apt, d'une ancienne famille de Provence, fut, sous le gouvernement impérial, auditeur au conseil d'état, et intendant à Bareuth, où les Autrichiens le firent prisonnier et l'emmenèrent en Hongrie, en 1809. Il fut récompensé du sang-froid qu'il montra en cette occasion, par la préfecture de Rome. Le 19 janvier 1814, Murat, alors roi de Naples, ayant fait prendre possession des états romains, M. de Tournon refusa d'administrer en son nom, et partit pour retourner en France dès le lendemain. Il avait épousé Mademoiselle de Pansemont, nièce de l'évêque de Vannes, qui l'accompagna dans ce voyage. Buonaparte, à son retour de l'île d'Elbe, en 1815, le nomma préfet du Finistère, et ensuite de l'Hérault, places qu'il refusa. Il reçut du Roi, après son second retour, la préfecture de la Gironde, qu'il conserve encore. M. de Tournon fut nommé maître des requêtes en service extraordinaire, le 4 novembre 1818. F.

TOURRETTE (Le marquis Marie-Juste-Antoine de la Rivoire de la), né à Tournon, le 3 mars 1751, d'une ancienne famille du Vivarais, possédait héréditairement l'une des douze baronnies *de tour* aux états-généraux de la province de Languedoc, où il fut reçu en 1769, après la mort de son père. Entré au service en 1766, il fut colonel du régiment de l'Ile-de-

France, en 1778, et chevalier de St.-Louis en 1783. Il eut l'honneur d'être présenté et de monter dans les carrosses du Roi, en 1780. A l'époque de la révolution, il se retira à Tournon, y fut élu maire en 1790, et, en 1791, président de l'administration du département de l'Ardèche, dont M. Boissy-d'Anglas était procureur - syndic. C'est par leurs soins réunis, que furent pacifiés les troubles qui avaient pris naissance à *Jalès*. Enfermé pendant la terreur, ainsi que sa femme, sa mère et ses sœurs, le marquis de la Tourrette dut sa liberté et la vie aux démarches courageuses de ses compatriotes. Nommé sous-préfet de Tournon, en mars 1800, il fut appelé à la préfecture du Tarn, en 1802; à celle du Puy-de-Dôme, en 1804, et enfin à celle de Gênes, le 11 mars 1806, après la mort de M. Bureau de Puzy. Il avait été nommé chevalier de la Légion-d'honneur dès la création de l'ordre, et fut fait baron, en novembre 1808. Il fut élu candidat pour le sénat, par le département du Tarn, ensuite par le département de la Lozère, et celui de l'Ardèche. Il quitta la préfecture de Gênes, le 11 février 1809, par suite de quelques démêlés avec le prince Borghèse, gouverneur-général du Piémont et de Gênes. Le Roi lui a accordé, en 1814, une retraite de 4000 fr., et le grade de maréchal-de-camp, le 7 avril 1817. S. M. l'a nommé président du collège électoral de l'Ardèche, le 26 juillet 1815 et le 5 septembre 1816. — TOURRETTE (Le comte Antoine-Marie-Juste Louis de la Rivoire de la), fils unique du précédent, né le 15 février 1773, entré au service en 1787, fut nommé sous-lieutenant dans la garde du roi, en 1791 : il se trouva à la journée du 10 août 1792, et émigra aussitôt après ; il fit deux campagnes à l'armée de Condé, et rentra bientôt en France. Il fut nommé, en 1813, chef d'escadron au troisième régiment des gardes d'honneur, et fit, en cette qualité, la fin de la campagne de 1813 et celle de 1814, en France : il reçut la croix de la Légion-d'honneur, après l'affaire de Château-Thierry. Il fut nommé, en juin 1814, officier supérieur des gardes du corps du Roi, et, en septembre 1815, colonel à l'état-major-général de la garde royale. Il jouit, depuis le 26 février 1817, du traitement de colonel d'état-major en non-activité; et il est chevalier de Saint-Louis — Trois frères du marquis de la Tourrette existent encore ; ce sont : 1°. Marie-Jean-Antoine de la Rivoire, comte de la Tourrette-Portalès, lieutenant-général, commandeur de Saint-Louis, officier de la Légion-d'honneur, et chevalier de Malte, né le 29 mai 1754; il a servi dans les mousquetaires que commandait M. le comte de la Chèze son oncle, et ensuite comme officier supérieur dans les gardes du corps. Le comte de Portalès a fait toutes les campagnes de l'émigration, et notamment celles de Pologne, sous les ordres des ducs d'Angoulême et de Berri. — 2°. L'abbé de la Tourrette, né le 15 septembre 1762, ancien vicaire-général de l'archevêché de Reims : il rentra en France après le 18 brumaire ; fut nommé provicaire-général du diocèse de Mende, pour le département de l'Ardèche ; et chanoine honoraire de Paris, le 14 frimaire de l'an XII. Le Roi l'a nommé, en 1817, évêque de Valence. — 3°. Le chevalier Armand de la Tourrette, né le 27 septembre 1764, ancien officier supérieur de la compagnie flamande des gardes du corps du roi d'Espagne, et maréchal-de-camp de ses armées, depuis 1800, est chevalier de Malte, et de Saint-Louis.   F.

TOURZEL (LOUISE-ELISABETH de CROY-D'HAVRÉ, duchesse DE) était, à l'époque de la révolution, gouvernante des enfants de France. Elle accompagna la famille royale dans le voyage de Varennes, et répondit à la reine qui voulait entrer avec elle dans les détails des dangers qui la menaçaient : « Mon de- » voir est d'accompagner le Roi, et je » veux ignorer jusqu'au lieu qu'il choisit » pour sa retraite. » On a dit, dans le temps, que la détermination de Madame de Tourzel à suivre sa souveraine, exigea quelques préparatifs qui firent retarder le voyage. Le marquis de Bouillé fut trompé par ce retard, dont il fait mention dans ses Mémoires. Madame de Tourzel ramenée à Paris avec Louis XVI, partagea de nouveau tous ses dangers dans la journée du 10 août. Tandis qu'elle suivait à l'assemblée la famille royale, elle laissait aux Tuileries sa fille, à peine âgée de quinze ans, et qui n'échappa qu'avec la plus grande peine aux massacres. Madame de Tourzel accompagna au Temple les enfants de France, résolue de partager leur captivité; mais elle en fut arrachée au bout de dix jours, et transférée à l'Hôtel-de-Ville, avec la princesse de Lamballe et les autres personnes qui avaient suivi au Temple la famille royale. Renfermée à la Force, Madame de Tourzel s'y trouvait le 2 septembre, et fut sauvée par Manuel. Néanmoins elle resta en prison, et ne fut délivrée qu'après le 9 thermidor. Elle ne voulut point quitter la France, dans l'espoir d'obtenir la permission de rentrer au Temple. Arrêtée de nouveau, pour avoir confié à MADAME le secret des intentions du Roi au sujet de son mariage, elle vit s'évanouir ses espérances et par cette nouvelle arrestation et par la mort du jeune Louis XVII. Ce prince avait appris du Roi son père à réciter dans ses prières les paroles suivantes: « Dieu tout-puissant, donnez à madame de Tourzel les forces dont elle a besoin pour supporter les maux qu'elle endure à cause de nous! » Mme. de Tourzel fut exilée, avec toute sa famille, pendant le règne de Buonaparte. Le Roi lui a conféré, en 1816, le titre de duchesse, reversible sur la tête de son petit-fils, qui a succédé à son père et à son grand-oncle, M. de Monsoreau, dans la charge de Grand-Prévôt de l'Hôtel.   C. C.

TRANT (Sir NICOLAS), général anglais d'origine irlandaise, fit ses 1res. armes dans l'état-major du duc de Brunswick, en 1792, et servit les deux années suivantes, en Flandre, sous le duc d'Yorck. En 1796, il passa en Portugal dans les divisions anglaises auxiliaires : il se trouva à la prise de Minorque, en 1796, et passa, en 1801, dans l'Égypte, où il eut le commandement d'un régiment. Après la rupture de la paix d'Amiens, il entra dans l'état-major du duc d'Yorck, et fut envoyé, avec le grade de colonel, en Portugal, pour y préparer le débarquement de sir Arthur Wellesley, aujourd'hui lord Wellington. Il fut un des premiers Anglais qui concoururent aux levées portugaises, et commanda celles qui combattirent, en 1808, avec l'armée anglaise à Rolixa et à Vimieiro : l'année suivante il eut le commandement de la province, au sud du Douro ; et prenant position sur la Vouga, avec 1,500 hommes de milices et un corps d'étudiants de l'université de Coïmbre, il y resta en observation tout le temps que le maréchal Soult occupa Oporto. Nommé, en 1810, gouverneur d'Oporto, il commanda un corps de 4,000 hommes de milice, attaqua le parc d'artillerie du maréchal Masséna, près de Viseu, pendant sa marche sur Lisbonne, lui fit plusieurs prisonniers, et l'entravant dans ses opérations, donna le temps à lord Wellington d'occuper la position de Busaco, où, le 27 septembre, celui-ci repoussa l'armée française. Le 7 octobre suivant, le général Trant, avec 2,000 hommes de milice, rentra dans la ville de Coïmbre, fit 5,000 Français prisonniers, s'empara des hôpitaux de l'armée de Masséna, et pendant le cours de l'hiver, occupa la ligne du Mondego : ôtant ainsi à Masséna toutes les ressources qu'il pouvait tirer de ce côté, il contribua à accélérer sa retraite. A la paix de 1814, le général Trant, qui conservait son rang dans l'armée portugaise, vint en France pour rétablir sa santé, repassa en Espagne à l'époque du 20 mars, revint en France, et s'embarqua pour le Brésil, en 1817, étant appelé par le roi Jean VI au commandement d'une province de son nouveau royaume.   P.

TRAVOT (Le baron JEAN-PIERRE), lieutenant-général, né le 6 janvier 1767, commença par être soldat dans un régiment d'infanterie, et s'éleva rapidement jusqu'au grade d'adjudant-général, dans les premières années de la révolution. Il fut employé en cette qualité en 1796, sous le général Hoche, contre les Vendéens; et ayant été chargé, au mois de mars, de poursuivre Charette, il le fit prisonnier le 23, à la Chabottière en Poitou. Le directoire l'éleva au grade de général de brigade, pour le récompenser de ce service important. Le général Travot commanda encore contre les chouans, en 1799 et 1800 Vers la fin de 1803, il fut nommé membre de la Légion-d'honneur, commandant de cette même Légion, le 14 juin 1804, puis élevé au grade de général de division, le premier février 1805, et élu candidat au sénat-conservateur, au mois de mai suivant. Sur la fin de cette même année, il fut appelé au commandement de la douzième division à Nantes, servit ensuite en Espagne, commanda la division Harispe, après la blessure de ce général sous les murs de Toulouse, en avril 1814, et donna son adhésion à la déchéance de Buonaparte. Il fut créé chevalier de Saint-Louis par le Roi, le 27 décembre de la même année. Dans le mois de mars 1815, à l'époque du débarquement de Buonaparte, il se présenta au duc de Bourbon à Angers, et l'assura de son dévouement: cependant, après le départ de ce prince, il commanda un corps d'armée pour Buonaparte contre les troupes royales; et il adressa, le 21 du même mois, aux habitants de la Vendée, une proclamation par laquelle il les exhortait à se soumettre à Napoléon, et, le 15 juin 1815, il les invita par une seconde proclamation, à venir s'enrôler dans une légion qu'il était chargé d'organiser. Il eut, à la même époque, plusieurs engagements avec les troupes du marquis de la Roche-Jacquelein, et céda ensuite le commandement au général Lamarque (Voy. ce nom). Il avait été nommé pair de France, le 4 juin. Après le second retour du Roi, le général Travot se retira dans sa famille, où il fut arrêté au commencement de 1816, par ordre du ministre de la guerre. Traduit devant le conseil de guerre de la 13e division, présidé par le général Canuel, il fut condamné à mort le 20 mars 1816, pour crime de rébellion, et pour avoir engagé les citoyens à s'armer contre l'autorité légitime. Le général Travot se pourvut aussitôt en révision; et des mémoires et consultations furent publiés en sa faveur par treize avocats de Rennes mais : le Roi ne tarda pas à mettre fin à ces réclamations, en accordant au condamné des lettres de commutation de la peine de mort en celle de vingt années de détention; et il fut aussitôt transféré au château de Ham. Le capitaine Travot, fils du général, ayant présenté au Roi, le 26 septembre 1818, une pétition pour obtenir la liberté de son père, S. M. l'accueillit avec une extrême bonté D.

TREILHARD (Le comte ANNE-FRANÇOIS-CHARLES), lieutenant-général, fils du conventionnel de ce nom, naquit le 9 février 1764, et entra de bonne heure dans la carrière militaire. Général de brigade avant le 18 brumaire, il fit en cette qualité les campagnes de 1805 et 1806, et fut promu au grade de général de division, le 30 décembre de cette année, à la suite du combat de Pultusck, où il se distingua et fut blessé Il servit avec une égale distinction, en 1807 et 1809 en Pologne et en Autriche, passa ensuite en Espagne, prit part, le 16 janvier 1812, au combat d'Almagro, et fut souvent aux prises avec l'ennemi depuis cette époque jusqu'à l'évacuation de la Péninsule. Au commencement de 1814, il reçut ordre de ramener sa division en France, et il arriva à Nangis le 17 février, au moment où une action s'engageait : il contribua beaucoup avec ses dragons au succès de cette journée. Il fut nommé comte et chevalier de Saint-Louis par le Roi, le 8 juillet 1814, et commanda à Belle-Ile en mer pendant les cent jours de 1815. Il est à la demi-solde, depuis le licenciement. Son frere fut auditeur au conseil d'état, puis secrétaire général de la préfecture du département de la Seine. Nommé par Buonaparte préfet de la Haute-Garonne, le 20 avril 1815, il perdit cet emploi après le retour du Roi. D.

TREMBLAY (Le baron DU), ancien directeur-général de la caisse d'amortissement, a publié, en 1801, et de nouveau en 1816, un recueil de *Fables* qui sera lu avec plaisir par les amis de la morale et du bon goût. L'Auteur, qui se dit petit neveu de La Fontaine, rappelle quelquefois la naïveté du bonhomme. M. Du Tremblay a cessé en 1817, les fonctions de directeur-général de la caisse d'amortissement. Le Roi l'a récompensé de ses services en lui conférant le titre de baron. Son fils est chef de division au trésor royal. S. S.

TRINQUELAGUE (Charles-François de), ancien avocat-général à la cour royale de Nîmes, né à Uzès le 29 décembre 1747, se fit recevoir avocat au parlement de Toulouse, et exerça cette profession à Nîmes jusqu'en 1781, époque à laquelle il succéda à son père dans la place d'avocat syndic d'Uzès. Appelé à la seconde assemblée des notables, il s'y conduisit de manière à mériter des lettres de noblesse pour son père; et il était désigné pour l'emploi de syndic-général de la province du Languedoc, lorsque la révolution éclata. Il fut successivement maire d'Uzès, et président du tribunal du district, jusqu'au moment de la terreur: il fut alors obligé de se cacher, et reprit ensuite ses fonctions d'avocat. A l'époque de la création des cours impériales, il devint premier avocat général de celle de Nîmes, et fut porté, en 1812, parmi les candidats au corps-législatif, où il ne fut pas appelé. Élu en août 1815, membre de la chambre des députés par le département du Gard, il fit partie, au mois de décembre, de la commission chargée de l'examen du projet de loi sur le rétablissement des juridictions prévôtales. Le 29 du même mois, il lut, au nom d'une commission centrale, un rapport tendant à supplier le Roi de proposer une loi qui ordonnât que, le 2 janvier de chaque année, il y eût dans le royaume un deuil général; qu'il fût fait le même jour un service dans chaque église de France; et qu'en expiation du crime de ce malheureux jour, il fût élevé, sur une place de la capitale, aux frais de la nation, une statue à Louis XVI, avec ces mots gravés sur le piédestal: *La France libre à Louis XVI*. Le 7 janvier 1816, il demanda le changement de l'article 6 du projet de loi sur l'amnistie, comme exceptant de cette loi de clémence les crimes et les délits commis envers les particuliers, et proposa de le rédiger ainsi: « L'amnistie s'étend aux crimes » et délits commis envers les particuliers » jusqu'à ce jour, et qui ont été la suite » ou de l'entreprise de l'usurpateur, ou » de la réaction à laquelle a donné lieu » son entreprise. On pourrait, ajoutait-il, en abuser contre les royalistes du » Midi qui, exaspérés par les attentats » de leurs ennemis, ont pu se livrer à » leur tour à quelques excès. Faudra-t-il » que dans ces départements fidèles, les » cachots restent encore ouverts pour » recevoir de nouvelles victimes? » Nommé, au mois de février, membre d'une commission chargée d'examiner la proposition de M. de Bonald, tendant à la suppression du divorce, M. de Trinquelague prononça le 19, en comité secret, un discours où l'on remarquait ce passage: « C'est aux époques les plus » désastreuses de notre révolution, » que l'esprit de désordre et de licence » qui en dirigeait et précipitait les mouvements, amena le divorce au milieu » de nous. La loi qui consacre ce grand » attentat est du 20 septembre 1792, » c'est-à-dire, douze jours après le massacre des prêtres, des pontifes, et » d'une foule innombrable de victimes » immolées à la haine de la religion, » de la royauté, de nos lois antiques, » immolées dans le sein de la capitale, » sous les yeux des autorités, sans obstacles avant le crime, sans poursuite » après sa consommation. » La chambre ordonna l'impression de ce discours. M. de Trinquelague parla constamment, pendant le cours de cette session, dans le sens de la majorité. Réélu par le même département après l'ordonnance du 5 septembre 1816, il prit part, dans le courant de décembre 1817, à la 2 session sur la loi de la presse, et le 4 février 1818, à la discussion relative au projet de recrutement; il fut un des membres de la série sortant à la fin de cette session. M. de Trinquelague avait été nommé, en février 1816, procureur-général de la cour royale de Pau, puis sous-secrétaire d'état au département de la justice: au mois de décembre de la même année, le Roi lui accorda de nouvelles lettres de noblesse en remplacement de celles qu'il avait obtenues en 1789, et qui n'avaient pu être enregistrées à cause de la suppression des parlements. M. de Trinquelague cessa, au mois de janvier 1817, les fonctions de sous-secrétaire, et fut appelé dans le même temps au conseil d'état en service ordinaire. Une ordonnance du 19 avril 1818, l'a nommé conseiller à la cour de cassation. On a de lui un *Éloge de Fléchier*, qui a remporté le prix à l'académie de Nîmes, en 1776. S. S.

TROGOFF (Le comte JOACHIM-SIMON-LOUIS DE), issu d'une des plus anciennes familles de Bretagne, fit deux campagnes en Amérique, avant la révolution; émigra en 1790, servit à l'armée de Condé, et entra ensuite au service d'Autriche, où il fut plus particulièrement attaché au prince Louis de Rohan. Il fut aussi employé dans les troupes légères, puis à l'état-major général pendant les campagnes de 1813 et de 1814, sous les ordres du prince de Schwartzenberg. Entré en France avec les armées alliées, il obtint, après la bataille de Brienne, de quitter l'armée dans laquelle il servait depuis 22 ans, et où il conserva le grade de colonel honoraire. Il se rendit dans les provinces de Bourgogne et de Franche-Comté, qu'il espérait organiser sous les couleurs royales, et fut secondé dans cette mission par le comte de Wall et le chevalier de Lasalle. Il rejoignit MONSIEUR à Bâle, rentra en France avec S. A. R., et la suivit à Nanci, point vers lequel l'empereur Alexandre avait engagé le prince à se diriger. C'est à quelques lieues de cette ville, qu'un courrier du gouverneur russe apporta à MONSIEUR l'avis d'un mouvement de Buonaparte, qui faisait craindre pour Nanci; le gouverneur priant S. A. R. de différer son arrivée; ce prince répondit : « Vous m'avez » invité à dîner pour demain et j'y » serai ; si l'ennemi se présente, vous » aurez un soldat de plus. » Le comte de Trogoff fut envoyé par S. A. R. sommer quelques places de l'Alsace de se rendre au Roi; il rejoignit le prince le jour de son entrée à Paris; il le suivit à Lyon, comme aide-de-camp chef d'état-major, en mars 1815 (*Voyez* Artois, comte d'), et ne put réunir que quelques bataillons à la tête desquels il voulait marcher contre Buonaparte. Le comte de Trogoff suivit le Roi en Belgique, y fut nommé chef d'état-major de l'armée royale sous les ordres du duc de Berri, et fut fait, à la rentrée, chef d'état-major d'une division de la garde royale. Nommé ministre plénipotentiaire à la cour de Wurtemberg, il préféra continuer la carrière des armes. Les maréchaux de camp chefs d'état-major ayant été supprimés dans la garde, M. de Trogoff a repris son activité près de MONSIEUR. F.

TROMELIN (JEAN-JACQUES, baron DE), né d'une famille noble de Bretagne, fut élevé à l'école militaire de Vendôme. Sous-lieutenant au régiment de Limousin en 1788, il sortit de France en 1791, fit la campagne des princes, suivit le prince de Léon, depuis duc de Rohan, à Quibéron, et au retour de cette expédition, fut chargé par le comte d'Artois d'une mission pour la Normandie. Il s'embarqua à bord de la frégate le *Diamant*, commandée par le commodore sir Sidney Smith. Engagé avec lui dans une expédition audacieuse, contre un corsaire qui fut enlevé à l'abordage, ils furent pris devant le Havre. Conduit à Paris, et enfermé dans la tour du Temple, il y resta 18 mois sous un nom supposé. Grâces à ce déguisement, il parvint à s'échapper ; et, de retour en Angleterre, il ne pensa plus qu'à s'acquitter de la parole qu'il avait donnée à ses compagnons d'infortune, de tout mettre en œuvre pour les délivrer. Dans cette intention, il revint secrètement à Paris, et de concert avec Philipeaux et d'autres royalistes, il fut assez heureux pour faire sortir sir Sidney du Temple et assurer son retour en Angleterre. Après plusieurs missions périlleuses à l'armée royale de Normandie, il fut nommé chevalier de St.-Louis par S. A. R. MONSIEUR, en octobre 1798. Repris à Caen quelques mois après, il s'échappa miraculeusement ; mais signalé partout, il fut obligé de quitter la France, et suivit avec le colonel Philipeaux le commodore Smith en Turquie. Il fut d'abord employé comme major, et après la mort de Philipeaux à Saint-Jean-d'Acre; lui ayant succédé comme lieutenant-colonel, il fut détaché en cette qualité près du grand vizir Ioussouf Pacha, et plus tard près d'Hussein Capitan-Pacha. Il fit avec eux toutes les campagnes de Syrie et d'Egypte, et se rendit en 1804, à Stuttgard, où se trouvait alors le frère de sir Sidney-Smith. Il fut de nouveau arrêté et conduit à Paris, où on le tint enfermé pendant six mois à l'Abbaye. Il n'en sortit que pour rentrer au service, en qualité de capitaine dans le 112 régiment de ligne. Reçu dans l'armée avec bienveillance, il s'attacha à la nouvelle carrière qui lui était ouverte. Attaché à l'état-major de l'armée de Dalmatie, il fut bientôt distingué par le duc de Raguse qui le chargea de plusieurs missions; il fut nommé chef de bataillon au passage de la Croatie en 1809, et colonel après la bataille de Wagram. Après la paix de Vienne, le vice-roi d'Italie l'attacha au général Guilleminot, chargé de la démarcation de la nouvelle frontière; il prit possession militaire de la Croatie, pour la France, et bientôt après obtint le commandement du 6e. régiment croate, qu'il commanda quatre ans. Rappelé à l'armée d'Allemagne en 1813, comme chef d'état-major d'une division, il fut nommé officier de la Légion-d'honneur après la bataille de Bautzen, et général de brigade après celle de Lepzig. Au retour du Roi dans ses états, le comte d'Artois le fit placer comme major à la suite des grenadiers royaux à Metz. Il quitta ce corps le 16 mars 1815, à Vaucouleurs, pour revenir à Metz avec le maréchal Oudinot, qui l'envoya à Paris le 24 mars. Il y resta jusqu'au 11 de juin, où il reçut des lettres de service pour le sixième corps d'armée. Il commanda une brigade à Waterloo. De retour à Paris après cette bataille, il fut chargé par la commission de Gouvernement, d'aller demander à lord Wellington des passeports pour Buonaparte, qui desirait se retirer en Angleterre. S'il ne réussit pas dans cette négociation, il fut du moins assez heureux pour contribuer à faire cesser les hostilités et à sauver Paris des horreurs d'une bataille livrée sous ses murs. F.

TRONCHON (Nicolas), riche cultivateur, propriétaire à Lafosse-Martin, près de Senlis, embrassa avec modération les principes de la révolution. Il devint membre de l'administration de l'Oise, en 1790, et fut député, en 1791, par ce département à l'assemblée législative, où il siégea parmi les constitutionnels. Le 23 juillet 1792, il parla avec force contre Manuel, pour sa conduite dans la journée du 20 juin, et défendit avec le même courage le ministre de la guerre d'Abancourt, attaqué par les girondins. Le 10 août, lorsque la famille royale était encore à la barre, pressée par la horde de jacobins qui la poursuivaient, M. Tronchon reçut le Dauphin dans ses bras, et l'introduisit dans l'intérieur de la salle. Après cette catastrophe, il osa encore combattre le parti jacobin, rentra ensuite dans ses foyers et échappa avec peine au règne de la terreur. Depuis la formation des conseils généraux, M. Tronchon a constamment fait partie de celui de l'Oise. Il fut nommé membre de la chambre des représentants, sous Buonaparte, en mai 1815, et y garda le silence. Aux élections de 1816, les suffrages se partagèrent entre lui et M. de Kergorlay (*Voyez* ce nom.). Les amis de ce dernier se retirèrent, et l'assemblée électorale, n'étant plus complète, se sépara, lorsqu'il y avait encore deux députés à élire. En 1817, M. Tronchon fut nommé député à une grande majorité, et il vota dans le sens du ministère. Il s'opposa cependant à la loi des élections, et publia un écrit dans lequel il en signala les inconvénients. Il aurait voulu que, dans chaque commune, on eût formé des assemblées de notables qui auraient nommé les électeurs dans la classe des propriétaires. M. Tronchon a élevé de nombreux troupeaux de mérinos; et il a fourni à l'ancien préfet de l'Oise des documents importants sur l'agriculture. Son opinion la plus remarquable dans la chambre des députés est celle qu'il a émise contre le projet d'accorder un nouveau délai aux émigrés, pour satisfaire leurs créanciers. U.

TROUDE (Le baron AMABLE-GILLE), entra dans la marine comme simple matelot, à Cherbourg sa patrie, et s'éleva par sa seule valeur. Après un combat des plus glorieux, qu'il soutint avec un seul vaisseau contre plusieurs vaisseaux anglais, forcé de se rendre, il fut reçu avec de grands éloges par les vainqueurs, et porté en triomphe en Angleterre, où il resta prisonnier. Buonaparte le nomma officier de la Légion d'honneur en 1804, et contre-amiral en 1810. Il reçut à bord du *Courageux*, en 1813, dans la rade de Cherbourg, l'impératrice Marie-Louise. En 1814, le duc de Berri, en sortant de la frégate anglaise l'*Eurotas*, monta à son bord, et nommant son vaisseau le *Lys*, il l'expédia pour Plymouth, afin d'aller chercher Louis XVIII. Ce prince l'accueillit avec bonté, et de sa propre main le décora de la croix de Saint-Louis. Le général Troude a fait imprimer la relation de la réception que lui firent les 8000 prisonniers français et les chefs anglais. Il est à la retraite depuis la seconde chute de Buonaparte. S. S.

TROUILLE (JEAN-NICOLAS), député du Finistère au conseil des 500, en septembre 1795, y présenta plusieurs rapports pleins de vues sages sur l'organisation de la marine; dénonça, le 12 juin 1796, le journal, l'*Ami du peuple* par Lebois, comme provoquant l'anarchie; s'opposa ensuite au projet d'amnistie présenté par Camus, et demanda la continuation des poursuites commencées pour les délits révolutionnaires. Il s'éleva peu de temps après contre le Directoire, à l'occasion du débarquement de 14 à 1500 forçats en Irlande, et fit prendre la résolution qui ordonnait la vente du Château-Trompette de Bordeaux. Il parla ensuite en faveur des prêtres, et s'opposa à ce qu'on exigeât d'eux une déclaration, pour l'exercice du culte: cependant il ne fut point enveloppé dans la proscription du 18 fructidor, et resta au conseil; mais il ne parut à la tribune que deux fois pour des objets particuliers, et il entra depuis dans l'administration de la marine. Il était employé à Brest en 1818, comme ingénieur en chef. B. M.

TROUVÉ (Le baron CLAUDE-JOSEPH), né le 24 septembre 1768, à Chalonnes, dans l'Anjou, fit ses études avec succès au collége d'Harcourt. Attaché, en 1791, au *Moniteur*, dont il devint rédacteur en chef après le 9 thermidor, il publia, pendant plusieurs années, dans ce journal, des vers et des articles politiques, empreints des couleurs du temps, et il fit représenter, en 1795, au théâtre Feydeau, une tragédie de *Pausanias*, qui n'était que le drame du 9 thermidor, et qui fut applaudie parce que l'auteur y retraçait avec courage, dans quelques vers heureux, les scènes sanglantes du régime de la terreur. Nommé, peu de temps après, secrétaire-général du directoire exécutif, il donna sa démission au bout de quelques jours, pour reprendre la rédaction du *Moniteur*. Il fut envoyé à Naples, en 1797, comme secrétaire de légation; et six mois après, accrédité auprès de cette cour, en qualité de chargé des affaires de France. Choisi, en 1798, pour être ambassadeur près la république cisalpine, il reçut la mission de faire fermer les cercles révolutionnaires, de donner à ce nouvel état une constitution calquée sur celles de France et de la nouvelle république romaine, et de nommer un directoire et des conseils législatifs, qu'il composa des hommes qui jouissaient de plus de considération. Se trouvant en lutte avec le général Brune, qui s'était constitué le soutien des anarchistes, il fut envoyé, à la fin de cette année, comme ministre plénipotentiaire près la cour de Wurtemberg, d'où la guerre l'obligea de se retirer en 1799. M. Trouvé publia à cette époque une brochure intitulée: *Quelques éclaircissements sur la république cisalpine*, 8°. Il fut élu membre du tribunat, au mois de janvier 1800, et siégea dans cette assemblée jusqu'au mois de juin 1803, époque où Buonaparte le nomma préfet de l'Aude. La restauration le trouva encore dans ce département en cette qualité. Il s'empressa de prêter serment au Roi, et ne craignit point de dire, dans sa proclamation du 20 avril 1814 : « *Le plus sûr garant de la fidélité qu'on promet, c'est le dernier témoignage de la fidélité qu'on a gardée.* » Sa loyauté obtint, aux mois de mai et d'octobre de la même année, la confiance de leurs AA. RR. Monsieur, et Mgr. duc d'Angoulême, lorsque ces princes parurent à Carcassonne et à Montpellier; confiance qu'il justifia par sa conduite en 1815. Il était à Paris, par congé, quand le *Moniteur* du 7 mars annonça le débarquement de Buonaparte. M. Trouvé partit le même jour pour sa préfecture, où il arriva le 12 : il y excita le zèle et le dévouement de ses administrés pour la cause royale; et, dans les journées des 4 et 5 avril, résista aux ordres, aux menaces des émissaires de Napoléon; déclara qu'il aimait mieux cesser ses fonctions que de trahir ses serments; et, d'après l'injonction qui lui fut faite de quitter son département dans une heure, vint à Paris, où il résida pendant les cent jours. Présenté au Roi, le 8 juillet, à Saint-Denis, il demanda la permission de retourner dans la préfecture qu'il avait administrée pendant 12 ans, et l'obtint. Le 26 septembre 1816, une ordonnance royale pourvut à son remplacement. Il continua à résider pendant un an à Carcassonne; et, dédommagé de la perte de sa fortune et de son emploi par les regrets et les témoignages d'estime les plus honorables, il y termina un ouvrage important, dont il s'occupait depuis long-temps sur *les États de l'ancienne province de Languedoc*, et sur *le Département de l'Aude*, ouvrage dont le duc d'Angoulême a accepté la dédicace, et qui a paru en 1818, sous le titre d'*Essai historique*, 2 vol. in-4°. avec cartes. On trouve aussi de lui des poésies dans le *Moniteur* et dans *l'Almanach des Muses*. T. E.

TRUGUET (Le comte Laurent-Jean-François,) fils d'un capitaine du port de Toulon, fut d'abord garde-marine, et devint lieutenant de vaisseau, en 1779, puis major en 1786. Il fit en cette qualité les campagnes de l'Inde, avant la révolution. En 1798, il commanda le bâtiment qui porta M. de Choiseul-Gouffier à Constantinople, et fut chargé par cet ambassadeur de renouveler le traité avec les beys d'Egypte. Employé à Toulon, en 1792, comme contre-amiral, il sortit de ce port avec une escadre destinée à protéger l'expédition du général Anselme sur Nice. En octobre, il se présenta devant Oneille, et y envoya des officiers parlementaires, qui furent massacrés par des paysans. Le contre-amiral Truguet demanda alors, mais inutilement, qu'on lui livrât des prêtres qu'il prétendait être auteurs de cet attentat, menaçant, en cas de refus, de dévaster la campagne. Ce fut par suite de cet événement, que la malheureuse ville d'Oneille fut saccagée peu de temps après. En décembre, il commanda une division de la flotte que l'amiral Latouche-Tréville conduisit devant Naples. Au commencement de 1793, il mit en mer une escadre de 26 bâtiments, s'empara de l'île de Saint-Pierre, bombarda Cagliari, et y tenta une descente ; mais il fut repoussé, perdit deux bâtiments par la tempête, et le reste de sa flotte fut très-maltraité. Cette expédition donna lieu plus tard à de violentes inculpations contre lui. Il fut, à la fin de 1795, nommé ministre de la marine par le directoire. Ses principes et son administration furent attaqués au conseil des 500, par M. de Vaublanc, qui l'accusa d'avoir trompé la nation sur la situation de Saint-Domingue et des colonies. Inculpé ensuite sur la protection qu'il accordait à certains Jacobins, et sur les marchés qu'il avait passés, il ne put rester au ministère, fut remplacé par Plévi le-le-Peley, peu de temps avant le 18 fructidor, et nommé ambassadeur à Madrid, où il reçut un accueil flatteur. Il s'insinua, dit-on, dans les bonnes grâces d'une femme puissante de ce pays, et s'y rendit tellement redoutable aux ministres, qu'ils travaillèrent à son rappel, et l'obtinrent ; mais n'ayant pas sur-le-champ obtempéré à l'ordre du directoire, il fut porté sur la liste des émigrés. On prétend aussi qu'il avait encouru le mécontentement des directeurs, en leur écrivant que le secret de leur projet d'expédition d'Angleterre était éventé ; que les Anglais savaient bien que l'Egypte en était le véritable but, et qu'ils la feraient infailliblement échouer. Après la révolution du 30 prairial (19 juin 1799), il fut rayé de la liste des émigrés, reparut dans la capitale, et entra, après le 18 brumaire, au conseil d'état, section de la marine. En septembre 1803, il fut appelé au commandement de l'escadre de Brest, et resta dans ce port jusqu'en 1804. On a attribué l'espèce de disgrâce dans laquelle il était tombé depuis cette époque, à l'opposition qu'il manifesta ouvertement lorsqu'il fut question d'élever Napoléon à l'empire. Celui-ci le laissa long-temps sans titres et sans activité. Cependant, en 1811, il le nomma préfet maritime en Hollande, et grand-officier de la Légion-d'honneur. Après la restauration de 1814, le vice-amiral Truguet fut nommé, le 29 mai, membre de la commission chargée de l'examen des réclamations faites par des officiers contre des actes ou décisions de l'ancien gouvernement, puis grand-cordon de la Légion-d'honneur et comte le 24 septembre. Il fut chargé, après les cent jours, de l'administration du 3e. arrondissement maritime à Brest, et nommé commandeur de Saint-Louis, le 3 mai 1816. Il a été maintenu sur le tableau des officiers-généraux de la marine en activité, par ordonnance du 22 août 1817, et nommé grand'-croix de Saint-Louis en 1818. On a de lui un *Traité de la manœuvre-pratique*, imprimé en 1787, à l'imprimerie établie par M. de Choiseul-Gouffier, au palais de l'ambassade française à Constantinople, in-12. B. M.

TRY (BERTRAND), président du tribunal de 1ère. instance de Paris, est né dans cette ville, le 9 février 1754. Il fut reçu avocat au parlement et ensuite aux conseils du Roi. Peu d'années après (1788), il fut pourvu d'une charge de conseiller au Châtelet, qu'il remplit jusqu'à l'époque de la révolution. Modéré par caractère, M. Try vécut, pendant une partie de nos troubles, retiré dans l'intérieur de sa famille, où il s'occupait de l'éducation de son fils. Lorsque l'ordre parut renaître, il exerça les fonctions municipales près de la 11e. section, en 1800. La même année, à la réorganisation des tribunaux, il fut nommé substitut du commissaire du gouvernement près le tribunal d'appel, et en décembre 1810, premier avocat-général à la même cour. Le 6 janvier 1811, M. Berthereau, président du tribunal de première instance, ayant été admis à la retraite, M. Try fut nommé son successeur. Il a concouru à la discussion du code de procédure civile, et depuis aux dernières lois sur l'organisation judiciaire. Au premier retour du Roi, il conserva ses fonctions, et fut nommé chevalier de la Légion d'honneur, le 25 août 1814 : il fut destitué par Buonaparte, le 25 mars 1815, et rétabli par le Roi en juillet de la même année; il fut peu après nommé membre de la nouvelle chambre des députés, où il vota avec la minorité. Le 24 octobre 1815, il défendit le projet de loi présenté par les Ministres sur les écrits séditieux. Lors de la discussion sur le divorce, il s'exprima ainsi : « Quant au principe » de l'abolition, il n'y a pas de division; » nous sommes tous d'accord. Le mal fait » des progrès ; je dois vous le déclarer, » et les fonctions que j'exerce à Paris » m'en donnent malheureusement la » preuve. La loi proposée est un véri- » table bienfait : hâtez vous de l'accor- » der à la nation et à la morale pu- » blique ». Réélu député en 1816, M. Try fut nommé, en décembre, rapporteur de la commission chargée d'examiner le projet de loi sur les formes de procéder à l'égard des écrits saisis en vertu de la loi du 21 octobre 1814. Il fit, le 13 janvier 1817, un rapport pour proposer l'adoption de cette loi. Nommé rapporteur d'une commission sur le projet de loi concernant les détenus pour dettes, il fit son rapport, le 30 janvier 1817, et commença par exposer que si l'humanité faisait un devoir d'adoucir le sort des détenus pour dettes, l'intérêt du commerce exigeait que l'on ne dépouillât pas la mesure de l'emprisonnement de toute sévérité. « On ne doit, dit-il, que des aliments nécessaires. Dans toutes les villes où l'on a traité avec une juste sévérité les débiteurs, le commerce a prospéré ». M. Try fut nommé président de la dixième section du collége électoral de Paris, en septembre 1817, et il présida la même assemblée en 1818. Il préside la première chambre chargée des causes les plus difficiles, et particulièrement de toutes les questions d'état. A l'issue des audiences, son zèle à tenir les référés au palais et à son hôtel, où il juge et concilie un grand nombre d'affaires, lui a mérité l'estime générale ; il a été nommé maître des requêtes, le 4 novembre 1818. Z.

TUAULT DE LA BOUVERIE, ancien sénéchal de Ploermel, fut député du Morbihan au corps-législatif en 1806, et en faisait encore partie en 1814. Le 29 octobre, il traça un tableau pathétique des malheurs auxquels les émigrés avaient été en proie, cita un grand nombre de ces familles infortunées, et demanda la restitution des propriétés non vendues sans en excepter ce que possédait la caisse d'amortissement, ni les rentes, ni les fonds affectés à la Légion-d'honneur, ni même les meubles. Il s'était prononcé, au mois d'août, contre la liberté de la presse. M. Tuault a été anobli par ordonnance du Roi du 20 septembre 1814, et nommé président du tribunal de Ploermel en 1815 au mois de novembre. S. S.

TURLOT (FRANÇOIS-CLAUDE), né à Dijon en 1755, fut instituteur de l'abbé de Bourbon, l'un des fils naturels de Louis XV, avec lequel il fit un voyage en Italie. Il eut la douleur de fermer les yeux à son élève, qui mourut à Naples en 1787. M. Turlot a écrit sur l'abbé de Bourbon, un morceau touchant, dans ses *Etudes sur la théorie de l'avenir*, 1810, 2 vol. in-8°., ouvrage digne des éloges qu'il a reçus dans les journaux. L'auteur a profité des lumières de la véritable philosophie, et surtout du progrès des sciences, pour établir d'une manière évidente l'immortalité de l'âme et la certitude de l'avenir. L'austérité du sujet est tempérée par quelques anecdotes piquantes et des traits d'esprit ou de sentiment. M. Turlot a encore donné en 1816 *De l'instruction destinée à compléter les connoissances acquises dans les lycées, les colléges et les maisons d'éducation*, où il a indiqué un choix des meilleurs livres et des meilleures éditions. Il s'est glissé dans l'impression de la partie bibliographique, plusieurs inexactitudes qu'il est difficile de mettre sur le compte de l'auteur, et qui n'eussent pas échappé à un correcteur bibliographe. M. Turlot est attaché, depuis 1796, à la bibliothèque du Roi. T. E.

TUROT (JOSEPH), né en Champagne, est parent de M. Royer-Collard. Il a pris part assez activement à la révolution ; mais on ne lui en reproche point les excès. Il était secrétaire général de la police sous Fouché, à l'époque du 18 brumaire, et il ne contribua pas peu au renversement du directoire. M. Turot avait attaqué un des premiers cette autorité dans la personne de Rapinat, beau-frère de Rewbell, par l'épigramme suivante qu'il fit insérer dans la *Gazette de France* :

Le pauvre Suisse qu'on ruine
Voudrait bien que l'on décidât
Si Rapinat vient de Rapine,
Ou Rapine de Rapinat.

Après le 18 brumaire, M. Turot travaillait à la gazette de France dont il était propriétaire, et il avait M. Fiévée pour collaborateur. Il vendit ce journal à M. Bellemare, qui le possède encore. Il fut pendant les cent jours de 1815, un des commissaire-généraux de police de Buonaparte. Il a publié : *De l'opposition et de la liberté de la presse*, 1799, in-8°. et beaucoup d'autres brochures anonymes. U.

TUSSAC (Le chevalier de), ancien colon de Saint-Domingue, membre de plusieurs sociétés savantes, a publié : I. *Flore des Antilles*, tome 1er. 1809, 7 livraisons in-folio ; tome 2 ; première livraison, 1818, in-folio. Il est collaborateur au *Dictionnaire des sciences naturelles* et aux *Ephémérides des sciences naturelles et médicales*.

V

VACHER DE TOURNEMINE (Charles) fût nommé, en 1791, par le département du Cantal, député suppléant à l'assemblée législative, où il ne prit point séance. Il passa, en septembre 1795, au conseil des anciens; y fit quelques rapports sur l'administration et la jurisprudence; en sortit en 1799; y fut aussitôt réélu; devint secrétaire le 20 août 1799, et trois mois après membre du corps législatif, qui le présenta, en mars 1800, comme candidat au sénat conservateur. Il termina ses fonctions législatives sous le gouvernement impérial; fut alors nommé président du tribunal de Mauriac, et fit partie, en 1815, de la chambre des députés qui fut dissoute par l'ordonnance du 5 septembre 1816, et ou il vota avec la minorité. Appellé à la session suivante par le département du Cantal, il se trouvait, en 1818, du nombre des membres restant pour la session de 1819; il conservait encore les fonctions de président du tribunal de Mauriac. Il a envoyé au ministère sa démission comme député; mais les ministres, ne se croyant pas compétents, n'ont pas jugé à propos de placer le département du Cantal dans le nombre de ceux qui ont dû élire de nouveaux députés pour la session de 1819. U.

VADIER, conseiller au présidial de Pamiers, avant la révolution, fut député du tiers-état de ce pays aux états-généraux, où il ne prit jamais la parole que pour attaquer la royauté, et fut le premier à donner sa voix pour l'institution d'une Convention nationale chargée de juger le *tyran*. On le vit, le 14 juillet 1791, déclamer avec violence contre Louis XVI, relativement à sa fuite de Paris, le nommer un *brigand couronné*, et demander sa déchéance; cependant, effrayé par une dénonciation dont il était l'objet, il protesta, deux jours après, de sa haine pour le système républicain, et jura d'exposer sa vie pour défendre les décrets constitutionnels. Nommé, en septembre 1792, député de l'Ariège à la Convention nationale, il y vota la mort de Louis XVI, sans appel et sans sursis; fut un des partisans, sinon un des auteurs de la révolution du 31 mai 1793, et fit poursuivre avec la plus grande activité les administrations accusées de fédéralisme. Ce fut aussi lui qui dirigea, en juillet, *l'expédition* de Neuilly, dont 114 habitants furent conduits à l'échafaud. Le 14 septembre, il entra au comité de sûreté générale. Elu président, il prononça, le 21 janvier 1794, jour anniversaire de la mort de Louis XVI, un des discours les plus furieux et les plus insensés que l'on ait entendus à cette époque de délire; nous n'en citerons qu'une seule phrase: « C'est aujourd'hui que la tête du tyran est tombée, » dit-il; c'est devant la statue de la » liberté que va sonner la dernière » heure des brigands couronnés et de » leurs infâmes satellites.... » Dans les mois d'avril et de mai suivants, il écrivit plusieurs lettres à Fouquier-Tinville, pour lui recommander une *fournée* d'habitants de Pamiers, qui furent en effet envoyés à l'échafaud le 11 juin, notamment M. Darmaing, qui avait refusé de s'allier à sa famille. À la même époque, il fut nommé président de la société des Jacobins. Pendant le cours de cette année, il défendit et abandonna successivement les factions d'Hébert et de Danton; et ce fut d'après les détails qu'il donna de la conduite de ce dernier et de ses coaccusés au tribunal révolutionnaire, et de leur prétendue résistance à la loi, que fut rendu le terrible décret qui les mit hors des débats. En général, durant toute cette époque de terreur, Vadier fut un des membres les plus forcenés du comité de sûreté générale, et il parla souvent à la tribune de manière à faire douter si sa raison n'était pas aliénée. Cependant il finit, ainsi que la plupart des membres du gouvernement, par s'attirer l'animadversion de Robespierre; sachant dès-lors que sa perte était jurée, il se joignit aux Thermidoriens, et les aida à renverser le tyran. Mais, loin de l'accuser, au 9 thermidor, d'avoir fait couler le sang et dévasté sa patrie, Vadier, ainsi que ses collègues, ne lui reprocha que d'avoir tourné en ridicule les travaux du comité de sûreté générale; d'avoir, entr'autres, traité de farce ridicule le rapport sur la conspiration de Catherine Théos, que le comité avait imaginée pour exterminer tous les prêtres, qui à cette époque eurent réellement Robespierre pour protecteur. Vadier avait été lui-même rapporteur de cette prétendue conspiration, ainsi que de celle des prisons, au moyen de laquelle on immola tant de victimes. Un de ses griefs contre Dumas, président du tribunal révolutionnaire, fut « d'avoir voulu faire passer le ver- » *tueux* Collot-d'Herbois pour un » conspirateur. » L'acharnement qu'il mit à poursuivre Robespierre, ne put faire oublier la part qu'il avait eue à ses crimes, et plus tard, il fut dénoncé par Lecointre, comme un des chefs des terroristes; il résista à cette attaque, et parut à la tribune un pistolet à la main, comme prêt à se tuer, si la Convention ne proclamait pas son innocence et ne rendait pas justice *à ses* 60 *ans de vertus*. Il se rapprocha dès-lors davantage des Jacobins, essaya de faire corps avec eux pour résister au torrent de la réaction, et dénonça ensuite Merlin (de Douai), comme faisant le procès à la révolution du 31 mai. Le 2 mars 1795 il fut enfin compris dans le décret d'accusation contre Barère, Billaud et autres membres des comités; et le 1er. avril, on le condamna à la déportation, à la suite du mouvement qui eut lieu en faveur des prévenus. Il vint à bout d'échapper, et ne fut ni déporté, ni traduit devant le tribunal criminel de la Charente-Inférieure, conformément à un décret du 24 mai, qui rapporta celui du 1er. avril. S'étant mêlé de nouveau, en 1796, des intrigues des Jacobins, il fut arrêté comme complice de Babœuf; mais il fut acquitté. Lorsqu'il se défendit devant la haute-cour, il entreprit la justification de toute sa conduite politique, ce qui l'amena à faire l'éloge du gouvernement révolutionnaire; sur quoi le tribunal lui imposa silence. Néanmoins il se trouvait toujours sous le poids d'un décret. Le gouvernement consulaire le mit en surveillance, et le réintégra ensuite dans ses droits de citoyen. Vadier, retiré à Paris depuis cette époque, y vivait éloigné de la scène politique, lorsqu'en 1815, il reparut à la tête de la fédération de l'Arriège. Il se trouva pour cette raison compris, après la rentrée du Roi, dans la loi contre les régicides, et se dirigea vers l'Italie. Il y a 25 ans que cet homme parlait de ses 60 *ans de vertus;* on doit en conclure qu'il est dans un âge très-avancé.   U.

VAIDY (JEAN-VINCENT-FRANÇOIS), professeur de médecine, est né à la Flèche, le 23 juillet 1776. Entré en 1794, au service de santé militaire, en qualité d'élève, il fut reçu docteur à la Faculté de Paris en 1803, et l'année suivante il fut nommé médecin aux armées; en 1813, il fut élevé au grade de médecin principal, et en 1814, il obtint la place qu'il occupe actuellement dans les hôpitaux militaires d'instruction. M. Vaidy joint à la connaissance des langues anciennes, celle de la plupart des langues vivantes de l'Europe, dont il connaît aussi très-bien la littérature médicale. Il fait, avec beaucoup de distinction, un cours d'hygiène et de thérapeutique. On a de lui: I. *De usu et abusu venæ sectionis*, etc. Paris, 1813, in-4°. II. *Plan d'études médicales*, etc. Paris, 1816, in-8°. Il est un des collaborateurs au *Dictionnaire des sciences médicales*, et il y est chargé de la partie bibliographique. M. Vaidy a fourni des articles dans différens recueils et spécialement dans le *Journal général de médecine*, et dans les *Mémoires de l'Académie celtique*. Il travaille à un traité complet d'hygiène.   F. R.

VALANT (JEAN-HONORÉ) était instituteur dans une des principales maisons d'éducation de Paris, lorsque la révolution éclata; il en adopta modérément les principes, embrassa l'état ecclésiastique et fut fait prêtre par l'abbé Fauchet, alors évêque constitutionnel du *Calvados*. Enfermé à la conciergerie à la fin de 1793, il déclara, pour se sauver, qu'il n'avait jamais été prêtre, et fut mis en liberté. Il forma ensuite une académie littéraire, qui n'eut point de succès, et établit un pensionnat dans le faubourg Saint-Denis. M. Valant avait entrepris de traduire Télémaque en vers français: il a publié: I. *Épître à Louis XVI*, sur son acceptation des lois constitutionnelles, 1791, in-8°. II. *De la Garantie sociale, considérée dans son opposition avec la peine de mort*; imprimé par ordre de la commission des onze, 1796, in-8°. III. *Le Cosmète ou l'Ami de l'instruction publique*, 1798, in-8°. IV. *Code moral pour servir à l'instruction de la jeunesse et des différentes classes de la société, depuis le simple citoyen jusqu'à l'homme d'état*, 1799, in-12. V. *Abrégé du Code moral*, 1799, in-12. VI. *Les mânes de Lamoignon de Malesherbes, ancien ministre d'état, ode, suivie d'un extrait de ses pensées mises en vers*, 1803, in-8°. VII. *Lettre à M. Fr. de N. sur cette question: les mots* Avant Que*, peuvent-ils avoir la négation* Ne *pour complément?* 1810 in-8°. VIII. *Lettres académiques*, 1811-12, in-8°. IX. *L'Éducation du poète, poème imité de Vida*, 1814, in-12. X. *Cri du peuple français*, que le fils de l'auteur présenta, le 8 juillet 1815, au Duc de Wellington, à St.-Denis. XI. *Hymne pour la fête de St.-Louis*, 1817. in-8°. XII. *Henri IV, renaissant de sa gloire*, poème. On trouve de lui, dans l'*Almanach des Muses*, de l'an v (1817), une *Épître des Dames romaines au général Buonaparte*. U.

VALDRUCHE (A.-J.-A.), administrateur du département de la Haute-Marne, en 1790, fut nommé en 1791, par ce même département, à la législature, vota constamment avec le parti révolutionnaire, fit partie du comité des décrets; passa, en septembre 1792, à la Convention nationale, s'y prononça contre Louis XVI, dès le mois de décembre, vota sa mort, sans appel et sans sursis, en janvier 1793, et ne fut point appelé au conseil après la session. Il a quitté la France en 1816, comme régicide, et s'est réfugié en Suisse. B. M.

VALÉE (Le comte SILVAIN-CHARLES), général d'artillerie, né le 28 décembre 1773, entra au service pendant la révolution, et fit, en qualité de colonel du 1er. régiment d'artillerie à pied, les campagnes de 1806 et 1807, où il mérita la croix d'officier de la Légion-d'honneur. Employé en 1809, contre l'Autriche, il passa ensuite en Espagne, se distingua au siège de Lérida, en 1810, puis à ceux de Mequinenza, de Tarragone, de Tortose et de Valence. Il fut promu au grade de général de division, le 6 août 1811, et eut encore occasion de se faire remarquer dans la suite de cette guerre, notamment le 13 avril 1813, contre les Anglais. Rentré en France, après l'évacuation de la péninsule, il fut nommé chevalier de Saint-Louis, le 27 juin 1814, inspecteur-général le 1er. juillet, pour les directions de Strasbourg et de Neuf-Brisach, commandant de la Légion-d'honneur le 30, et grand officier de cet ordre le 17 janvier 1815. Il commanda en juin même année, l'artillerie du 5e. corps de l'armée du Rhin, et fut nommé au retour du Roi, inspecteur-général, et rapporteur du comité central de l'artillerie. Il a présidé, en mai 1816, le conseil de guerre formé pour juger le général Lefebvre Desnouettes. S. S.

VALENCE (CYRUS-MARIE-ALEXANDRE de TIMBRUNE-THIMBRONE comte DE), lieutenant-général, né à Agen, le 20 août 1757, était neveu de M. de Timbrune, gouverneur de l'école militaire; il entra au service dans l'artillerie en 1774, passa en 1778, capitaine au régiment de Royal-cavalerie, devint aide-de-camp du maréchal De Vaux, et fut nommé en 1784, colonel en second du régiment de Bretagne. Il obtint ensuite la charge de 1er. écuyer du duc d'Orléans, et le grade de colonel du régiment de Chartres dragons. Ce fut alors qu'il épousa la fille de Mme. de Genlis. Nommé, en 1789, député suppléant aux états-généraux, il n'y prit pas séance. En mai 1792, il fut employé en qualité de maréchal-de-camp dans l'armée de Luckner, s'empara de Courtrai, et servit ensuite sous Dumouriez; il fut promu au grade de lieutenant-général le 20 août 1792, commanda les grenadiers et les carabiniers à l'affaire de Valmy, en Champagne, et détermina par sa contenance courageuse, le duc de Brunswick, qui avait tourné l'armée française, à cesser son attaque. En septembre, il remplaça Dillon à l'armée des Ardennes, suivit les Prussiens dans leur retraite, signa la capitulation qui les forçait à rendre Longwy et à évacuer la France, et, après la bataille de Jemmapes, s'empara successivement de Charleroi, de Namur et du château de cette ville. Dumouriez lui ayant laissé, au commencement de 1793, le commandement de l'armée opposée au prince de Cobourg, ses avant-postes disséminés sur la Roër, sous les ordres de Dampierre (*V.* Dampierre dans la *Biogr. univ.*), furent battus le 2 mars à Aldenhoven, puis à Aix-la-Chapelle. Le siège de Maestricht, qui avait été commencé sous la direction de Miranda, fut abandonné à la hâte et Liége évacué; ce ne fut que dans les plaines de Tirlemont que l'armée française, dont Dumouriez était revenu prendre le commandement, put se rallier et livrer plusieurs combats aux Autrichiens, notamment le 18 du même mois, à Nerwinde, où le général Valence fut blessé de plusieurs coups de sabre, en chargeant avec courage à la tête de la cavalerie. Après la défection de Dumouriez, M. de Valence fut contraint de s'éloigner de sa patrie, sur la nouvelle d'un mandat d'arrêt lancé contre lui, et la Convention le mit hors la loi. Il se retira dans le Holstein, où il demeura caché jusqu'à la révolution du 18 brumaire; alors il rentra en France, et fut rayé de la liste des émigrés. En 1801, il devint président du canton de Versy, département de la Marne, fut élu candidat au sénat conservateur en 1803, par le collège électoral de ce département, qu'il présida ensuite; puis appelé au sénat, le 1er. février 1805, et nommé commandant de la Légion-d'honneur. Le 20 mars 1807, il reçut le commandement de la 5e. division de réserve dans l'intérieur, passa en Espagne en 1808, et fut autorisé en décembre 1809, à porter la décoration de grand'-croix de l'ordre de Saint-Henri de Saxe. En 1812, il commandait une division de cavalerie, sous les ordres de Murat, et le 23 juillet, il donna de nouvelles preuves de valeur au combat de Mohilow. Il fut envoyé au mois de décembre 1813, en qualité de commissaire extraordinaire dans la 6e. division à Besançon, pour y prendre des mesures de salut public. Après avoir pourvu à la défense de cette ville, il se mit à la tête d'une colonne de gardes nationales et de troupes régulières, et se porta au mois de janvier, sur Gray, où il tint l'ennemi en échec pendant sept jours. De retour de sa mission, il signa le 1er. avril, comme secrétaire du sénat, la déchéance de Buonaparte, et la création d'un gouvernement provisoire, et fut nommé pair de France, par ordonnance du Roi, du 4 juin. Il accepta, après le 20 mars, la dignité de membre de la chambre des pairs, qui lui fut conférée par Buonaparte, et dès la première séance de cette assemblée, il en fut nommé secrétaire avec M. Thibaudeau. Le 21 juin, après la défaite de Waterloo, la chambre des représentants ayant envoyé à celle des pairs un message pour lui annoncer la résolution qu'elle avait prise de déclarer l'indépendance de la France, et la permanence de la chambre des représentants, le général Valence attaqua l'article de cette résolution qui déclarait traître à la patrie quiconque tenterait de dissoudre les chambres, et prétendit que l'assemblée des pairs, non plus que celle des représentants, n'avait pas le droit de prendre des résolutions qui eussent la forme et le caractère d'une loi. Son avis fut appuyé par M. de Montesquiou. M. Doulcet de Pontécoulant l'ayant combattu, il revint une quatrième fois à la charge, et parla assez long-temps malgré les murmures, et jusqu'à ce que M. de Pontécoulant l'eût interrompu de nouveau, et que M. Boissy-d'Anglas eût observé qu'il était indécent de revenir quatre fois sur la même proposition, et demandé qu'on rappelât à l'ordre celui qui entraverait encore la décision. Le 27 juin, M. de Valence s'opposa à M. Thibaudeau, à l'occasion de la loi concernant les réquisitions à frapper sur les citoyens, et demanda qu'une commission fût nommée pour faire un rapport sur cet objet. Il fut ensuite un des plénipotentiaires désignés par le gouvernement, pour aller proposer un armistice au général Blucher, et fut de nouveau envoyé infructueusement en la même qualité auprès du duc de Wellington, avec le comte Boissy-d'Anglas. Le général

Valence, après le retour du Roi, a cessé de faire partie de la chambre des pairs, et il est à la retraite de lieutenant-général, depuis le 4 septembre 1815. On a de lui : *Essai sur les finances de la république française, et sur les moyens d'anéantir les assignats*. 1796, 1 vol. in-8°. S. S.

VALENTIA (GEORGE ANNESLEY, comte DE MOUNTNORRIS, lord vicomte), pair d'Irlande, membre de la société royale, et des sociétés des antiquaires et Linnéenne, est né le 4 décembre 1770, à Arley-Hall, principale résidence de la famille des Lyttleton, dont il descendait par sa mère. Il fut élevé par le docteur Butt, l'un des chapelains du Roi, et termina son éducation à Oxford, où il resta peu de temps, sa famille l'ayant fait entrer de bonne heure dans un régiment. En 1789, il visita la France, et résida quelque temps à Strasbourg, à cause de la facilité qu'il y trouvait à apprendre l'allemand et le français. Au commencement de la révolution, lord Valentia prévoyant une rupture avec l'Angleterre, retourna dans son pays, où il épousa la fille du vicomte de Courtenay. Il quitta alors l'armée, et s'établit dans le château d'Arley, que lord Lyttleton, son oncle, lui avait légué. Il y résida jusqu'au mois de juin 1802, qu'il s'embarqua pour les Indes orientales, afin d'exécuter le projet qu'il avait conçu depuis long-temps de visiter cette intéressante contrée. Il fut accompagné par M. Salt, son dessinateur et son secrétaire, visita pendant 5 ans une grande partie de l'Inde, Ceylan, les bords de la mer Rouge, l'Abyssinie et l'Egypte, et fit publier la relation de ce voyage rédigée par M. Salt (*Voyez* SALT). Lord Valentia retourna en Angleterre à la fin de 1806, et deux ans plus tard fut nommé au parlement par le bourg d'Yarmouth. A la mort du comte de Mountnorris, arrivée à Paris, le 5 juillet 1816, lord Valentia, son fils aîné, succéda à ses noms, titres et biens. Z.

VALENTIN (LOUIS), médecin, est né à Soulanges, près Vitry-le-Français, le 13 octobre 1758. En 1774, il entra comme élève au régiment du Roi infanterie; suivit les cours de chirurgie, sous les auspices de son oncle, chirurgien-major de ce corps, et fut ensuite nommé professeur à l'école qui existait dans ce régiment, et il en devint chirurgien-major adjoint. En 1790, les événements de la révolution décidèrent M. Valentin à partir pour Saint-Domingue, afin d'y observer les maladies des Antilles; mais en 1793, la guerre civile dont il fut une des victimes, l'obligea de chercher un asile aux Etats-Unis; là le ministre de France le chargea de la direction des hôpitaux destinés à recevoir nos marins. M. Valentin revint en France en 1799. Il s'établit à Nanci, puis il passa plusieurs années à Marseille; et enfin, il vint se fixer de nouveau à Nanci. Il a publié : 1. *Traité historique et pratique de l'inoculation*, in-8°., Paris, an VIII. Cet ouvrage a paru sous le nom de MM. Dezoteux et Valentin ; mais le premier n'en a composé que l'introduction. II. *Traité de la fièvre jaune*, in-8°., Paris, 1803. III. *Notices sur l'état présent des sciences physiques et naturelles, et sur quelques découvertes récemment faites dans les Etats-Unis d'Amérique*, 1806-08 et 09, in-8°. (Trois notices). IV. *Coup d'œil sur les différents modes de traiter le tétanos en Amérique*, publié en 1811, dans le tome XLe. du *Journal général de médecine*. V. *Recherches historiques et pratiques sur le croup*, in-8°., Paris, 1812. VI. *Mémoire et observations sur les fluxions de poitrine*, in-8°. Nanci, 1815. VII. *Mémoire et observations concernant les bons effets du cautère actuel, appliqué sur la tête ou sur la nuque, dans plusieurs maladies des yeux, des enveloppes du crâne, du cerveau et du système nerveux*, in-8°., ibid. M. Valentin qui a su mettre à profit pour la science, ses nombreux voyages, a publié, dans les divers recueils scientifiques, une foule de mémoires et notices, parmi lesquels on peut citer deux *fragments d'un voyage médical fait en Angleterre*. (*Journal général de médecine*, tomes XXII et XXIV); une lettre à M. Millin, *sur les monuments antiques transportés d'Egypte à Londres*. (*Magasin Encyclopédique*, tome IIIe.) *Notices sur l'opossum et sur quelques animaux à bour-*

ses. (*Mémoire de l'académie des sciences de Marseille*, tome IX). M. Valentin a plusieurs ouvrages en portefeuille; entre autres un *Mémoire sur le goître*, pour lequel l'académie de chirurgie lui décerna, en 1790, une médaille en or. En 1805, il communiqua à l'athénée de Lyon, des observations sur la méthode d'inoculer le virus vaccin avec la croûte des pustules. Celles qu'il a faites sur les divers genres de lèpres ont été empruntées et reproduites par M. Alibert, dans sa *Description des maladies de la peau*. M. Valentin a été nommé en 1814 chevalier de la Légion-d'honneur, et en 1815 membre de la commission chargée de rendre compte au Roi, de l'état de l'enseignement dans les écoles de médecine et de chirurgie; puis chevalier de Saint-Michel. F.-R.

VALERNES (Le vicomte ÉDOUARD-JOSEPH BERNARDY DE), ancien conseiller au parlement d'Aix, de l'académie des Arcades de Rome, de l'athénée d'Avignon, membre correspondant de l'académie et école royales de musique de France, etc., est né à Monieux, près d'Apt, le 15 octobre 1762. Reçu conseiller au parlement de Provence à l'âge de 18 ans, il remplit avec distinction les fonctions de cette place, jusqu'à la suppression des parlements en 1789. À cette époque, qui fut celle des premiers désordres révolutionnaires, M. de Valernes, privé d'une partie de sa fortune, se retira dans une campagne solitaire, au pied du Mont-Ventoux, où il a composé un grand nombre d'œuvres musicales, dont plus de 30 ont été gravées à Paris, entre autres un opéra, six symphonies, douze romances, etc. M. de Valernes cultive la science de la géographie, avec non moins de succès. F.

VALLOIS (LOUIS-CHARLES DE), né à Saumur, vers 1761, d'une des plus anciennes familles de l'Anjou, émigra en 1791, rentra en 1792, fit toutes les guerres de la Vendée, en qualité d'inspecteur-général de l'armée, et fut chargé, de concert avec le prince de Talmont, de faire passer l'artillerie à Saint-Florent, lors de la campagne d'outre-Loire. Il sauva l'armée royale à Dol, en découvrant une armée de républicains qui s'étoit établie pendant la nuit sur la route de Pontorson, et qui devoit prendre les royalistes en queue. Ce fut à cette découverte que l'armée royale dut une victoire complète. Seul avec six de ses camarades, M. de Vallois protesta contre la pacification de la Jaulnaye, refusa toutes les offres d'argent qui lui furent faites, et résista à tous les moyens de séduction qu'on tenta auprès de lui. Plusieurs fois il fut conciliateur entre les généraux vendéens. Parti de Paris, aux approches du 20 mars 1815, il alla offrir ses services au duc de Bourbon, à Angers. Il fut nommé prévôt de la Sarthe, en janvier 1816, et chevalier de Saint-Louis la même année. L.

VALORI (Le comte FRANÇOIS-FLORENT DE), né à Toul, en 1763, cadet d'une ancienne et nombreuse famille, entra fort jeune dans les gardes du corps, et se trouvait dans cette troupe lorsqu'elle essaya de défendre le palais de Versailles contre la populace, dans les journées des 5 et 6 octobre 1789. Licencié peu de temps après, il continua d'habiter Paris, jusqu'à ce que, distingué par le Roi, il fut l'un des trois gardes du corps choisis pour accompagner la famille royale dans le malheureux voyage de Varennes, en juin 1791. Né dans la même ville que le major de la garde nationale Gouvion, M. de Valori obtint de lui quelques renseignements qui inspirèrent beaucoup de sécurité à la Reine; il s'acquitta ensuite pendant ce voyage de tous les ordres et de toutes les commissions qui lui furent donnés, avec beaucoup de courage et de dévouement; lors du déplorable retour de la famille royale, il fut exposé aux plus imminents dangers, ainsi que ses camarades MM. de Malden et de Moutiers. Blessés et meurtris de coups par la populace, au moment de leur entrée au château des Tuileries, ils furent conduits à l'Abbaye, où ils restèrent prisonniers jusqu'après l'acceptation de la constitution par Louis XVI. Leur liberté fut alors une des conditions que le Roi mit à cette concession aux désirs de l'assemblée nationale. M. de Valori fut admis le lendemain au milieu de la famille royale, et il reçut du Roi et de la Reine, des marques si vives d'intérêt et de sensibilité, qu'il se précipita à leurs genoux, pour qu'il lui fût permis de ne plus quitter LL. MM. Mais Louis XVI lui fit voir à quels dangers il serait exposé, et de combien d'inquiétudes il augmenterait les alarmes de la famille royale. Il ne resta plus au comte de Valori qu'à se résigner, et il se rendit à Bruxelles avec des ordres de la Reine, pour la princesse de Lamballe. Il entra ensuite au service de Prusse, devint aide-de-camp du général Kalkreuth, et fit en cette qualité, plusieurs campagnes. Revenu en France, en 1814, il fut nommé officier des gardes du corps, dans la compagnie de Wagram. Il accompagna le Roi à Gand; et, après son retour, il fut décoré du cordon rouge, et nommé grand prévôt du département du Doubs. Il a publié en 1816, un *Précis du voyage de Varennes*, où l'on trouve des détails curieux. D.

VALORI (Le marquis LOUIS-FRANÇOIS-GABRIEL DE), cousin du précédent, fils d'un officier-général mort victime de la révolution, est né à Paris le 18 mai 1784. Le souvenir de l'attachement de ses pères à l'ancienne monarchie et son opinion prononcée à cet égard, attirèrent sur lui, en 1812, l'attention du gouvernement qui voulut le forcer à entrer dans les gardes d'honneur comme chef d'escadron; ce qu'il refusa obstinément.—VALORI (Le C.te Henri Zosime DE), frère du précédent, chevalier de Malte de minorité, est né à Chateau-Renard (Bouch.-du-Rhône), le 5 juin 1786. Le même sentiment d'amour pour la monarchie, qu'avait manifesté son père, lui valut, lors de l'assassinat du duc d'Enghien, une captivité d'un mois à Tours, et trois mois de surveillance en sa terre d'Estilly. M. de Valori s'est livré à l'étude des lettres, et il a publié : I. *La Peinture*, poëme en trois chants, 1809, in-8º. II. *Pétrarque*, poëme, 1811, in-8º. III. *Les deux gloires*, ode, 1814, in-8º. IV. *Mémoires pour l'ordre souverain de Saint-Jean-de-Jérusalem*, 1814, in-8º. V. *Le Culex*, attribué à Virgile, traduit en vers français avec des notes et des traductions en vers italiens, anglais et allemands, du même poëme, grand in-18, 1816. On a encore de M. de Valori, quelques pièces de vers sur les événements politiques, insérées dans les journaux depuis 1814. F.

VANDAMME (DOMINIQUE-JOSEPH), comte D'UNEBOURG, lieutenant-général, né à Cassel le 5 novembre 1771, fils d'un apothicaire, entra au service dès le commencement de la révolution, et dut à une valeur indomptable et souvent irréfléchie l'avancement le plus rapide. Il fut d'abord placé à la tête d'une troupe legère qui reçut le nom de chasseurs du Mont-Cassel, et se trouvait en 1793 à l'armée du Nord, en qualité de général de brigade. Il s'empara de Furnes au mois d'octobre, bloqua Nieuport, se vit ensuite obligé d'abandonner cette place à l'approche des alliés, et perdit dans la retraite une partie de son artillerie. Il ravagea néanmoins la campagne sur sa route, et la ville de Furnes fut mise au pillage. En 1794, il obtint différents succès, particulièrement le 29 avril, jour où il s'empara de Menin, conjointement avec Moreau; le 6 novembre, où il emporta le fort de Schenck, et 3 jours après à Budwick, dont il se rendit maître, secondé encore par Moreau. Sa division passa ensuite à l'aile gauche de l'armée de Sambre-et-Meuse, et y fit, sous Jourdan, la campagne de 1795. En 1796, il fut employé à l'armée du Rhin, et se distingua aux affaires des 14 et 15 juillet, vers Alpersbach, le 24 août, au passage du Lech et plus tard à l'attaque des hauteurs de Friedberg. A l'ouverture de la campagne de 1797, il commandait l'avant-garde, avec laquelle il soutint les attaques de l'ennemi pendant que l'armée effectuait le passage du Rhin. Les combats de Hanau et de Diersheim, en furent la suite : le général Vandamme y eut un cheval tué sous lui. Il fut nommé général de division le 5 février 1799, et reçut en cette qualité le commandement de l'aile gauche de l'armée du Danube, passa ensuite en Hollande sous les ordres de Brune, et contribua aux heureux résultats de cette courte campagne. Ses fatigues et ses blessures lui avaient rendu le repos nécessaire; il se retira à Cassel, et revint au mois d'avril 1800, prendre le commandement d'une division à l'armée du Rhin. Il se fit remarquer au passage du fleuve, entre Stein et Schafhouse, puis à l'attaque du fort de Hohen-Twiel, qui était défendu par 80 pièces de canon, et qui se rendit le 30 avril; enfin aux combats d'Engen et de Mœrskirsch, les 2 et 4 mai suivants. Il fit la campagne de 1801 à l'armée des Grisons, et reçut du 1er. consul, au mois de septembre 1803, une paire de pistolets de la manufacture de Versailles. Appelé au commandement de la 16e. division, il fut nommé l'année suivante grand-officier de la Légion-d'honneur, passa à la grande armée lors de la reprise des hostilités en septembre 1805, et commanda la 2e. division du corps d'armée du général Soult. Le 4 octobre, il s'empara du pont de Donawerth, se porta le 6 sur Augsbourg, y pénétra le 9, concourut aux combats livrés dans le courant de ce mois; fit ensuite près de 3,000 prisonniers dans la haute Souabe, et fut nommé grand cordon de la Légion-d'honneur après la bataille d'Austerlitz. Il fit encore la campagne de 1806, et signa au mois de janvier 1807, la capitulation de Breslau; mais l'honneur en revint à Jérôme Buonaparte, qui s'y trouvait présent pour la forme. Le général Vandamme fut autorisé, le 29 juin suivant, à porter la décoration de grand'croix de Wurtemberg. Pendant la campagne de 1809 contre l'Autriche, il commanda les Wurtembergeois, et se distingua en plusieurs rencontres, notamment le 17 mai, au combat d'Urfor, en avant de la tête du pont de Lintz, où il mit en déroute trois colonnes Autrichiennes. Le 1er. janvier 1811, il fut nommé président du collège électoral d'Hazebrouck; des démêlés assez vifs avec Jérôme Buonaparte, l'empêchèrent de faire partie de l'expédition contre la Russie en 1812; il fut disgracié et reçut ordre de se rendre à Cassel. Cependant il fut chargé, vers la fin de février 1813, du commandement d'un corps de troupes qui se réunissait dans la 32e. division. Le 5 avril, il reçut à Brême les divisions Saint-Cyr et Durutte, et se préparait à marcher contre les Russes, lorsque l'armistice vint suspendre les hostilités. Le 25 août, il s'empara de Pirna et d'Hohendorf; le 28 il attaqua et défit le duc de Wittenberg, et lui fit 2000 prisonniers; le 29, il passa la gorge de la grande chaîne des montagnes de Bohême et marcha sur Kulm, où il trouva dix mille Russes commandés par le général Ostermann. Il fut obligé de rétrograder après avoir soutenu un combat opiniâtre; mais, au lieu de reprendre position sur les hauteurs, il resta à Kulm, et cette faute fut cause de sa défaite. Attaqué de nouveau le 30 au matin, par l'ennemi secondé des gardes Russes, il fit d'abord bonne contenance; mais à deux heures, le général Kleist déboucha par les montagnes, tomba sur ses derrières, et dans un instant Vandamme se vit attaqué sur tous les points. Cerné de toutes parts, il perdit toute son artillerie, 6,000 soldats, et fut lui même fait prisonnier (*Voyez* KLEIST). Il s'est justifié de ce malheureux événement, dans son Mémoire, en alléguant qu'il n'avait pas été secondé. Il fut conduit sous une escorte russe à Lahn, où il arriva pendant l'agonie du général Moreau, et essuya les insultes de la multitude. Le grand duc Constantin lui fit même ôter son épée, qui lui fut rendue par ordre de l'empereur Alexandre; on remarqua que, dans ses plaintes des mauvais traitements qu'on lui faisait éprouver, il mêlait des reproches amers adressés à Buonaparte, qu'il accusait de l'avoir sacrifié. Il fut transféré à Moscou, et de là à Wiatka, au nord de Kasan, à vingt lieues de la Sibérie. Ce ne fut que le 1er. septembre 1814, qu'il remit le pied sur le territoire français. Il était venu de Memel, par mer, pour éviter de traverser le nord de l'Allemagne. En arrivant à Paris, il sollicita l'honneur d'être admis à l'audience du Roi. Sa demande réitérée étant restée sans réponse, il crut pouvoir se rendre aux Tuileries, et se mêla parmi ceux qui attendaient le passage de S. M. dans la salle du trône. Il y était à peine depuis quelques instants, qu'un huissier vint lui signifier l'ordre de se retirer; et le 10 octobre, il reçut du ministre de la guerre, l'injonction de quitter Paris, dans les vingt-quatre heures, et de se rendre à Cassel. On attribua alors cette mauvaise réception au souvenir de la conduite que le général Vandamme avait tenue à l'égard des émigrés, au commencement de la guerre; quoiqu'il en soit il dut obéir, et la crise du 20 mars 1815 le surprit dans le repos de la vie privée. A la première nouvelle du débarquement de Buonaparte, il offrit ses services au roi; mais ils ne furent pas acceptés, et ce ne fut qu'après le départ de S. M. qu'il se rendit à Paris, et vint se présenter à Buonaparte, qui le nomma pair de France, et commandant de la seconde division. Il fut ensuite chargé du 3e. corps d'armée, sous le général Grouchy, et obtint dans le mois de juin, un grand succès à l'attaque de Wavres, après la bataille de Fleurus. Ses troupes étaient à la poursuite de l'ennemi, lorsqu'il apprit la défaite de Buonaparte à Waterloo. Il pouvait être écrasé par des forces supérieures; mais il opéra sa retraite en bon ordre, et parvint à ramener son corps d'armée presqu'intact, et un matériel considérable. Son arrivée fit croire un instant que le sort de la France n'avait pas été irrévocablement fixé à Waterloo. L'armée s'élevait encore à quatre vingts mille combattants. Le 3 juillet, la chambre des représentans retentit d'applaudissemens à la lecture d'une lettre par laquelle le général Vandamme annonçait que les commissaires envoyés par la chambre auprès de son armée, avaient été témoins de l'enthousiasme et de l'ardeur des troupes. « Je suis » fier, disait-il, d'être venu au secours » de la capitale avec une pareille ar- » mée. Ses courageuses dispositions ne » peuvent manquer de nous faire ob- » tenir des conditions plus avantageu- » ses, si nous sommes obligés de trai- » ter avec nos ennemis. » Vandamme occupait alors Mont-Rouge, Meudon, Vanvres et Issy, et ce fut dans cette occasion qu'une partie des généraux, à la tête desquels on remarquait Fressinet, ayant conçu des défiances sur le maréchal Davoust, vint lui offrir le commandement de l'armée, qu'il refusa. La convention militaire avec les alliés, ayant définitivement terminé les hostilités, le général Vandamme se retira derrière la Loire, et là, il fut un des premiers à arborer la couleur blanche et à inviter ses troupes à la soumission, dès qu'on y eut connaissance de l'entrée du Roi dans sa capitale. Ces dispositions pacifiques le rendirent même suspect à quelques généraux, et on l'accusa, sans aucune probabilité, d'avoir reçu 2 millions pour livrer l'armée; mais elles ne purent empêcher qu'il ne fût compris dans l'ordonnance du 24 juillet. Cependant, après avoir remis, au mois d'août, le commandement des 3e. et 4e. corps, il s'était retiré dans une maison de campagne près de Limoges, lorsque le préfet de la Haute-Vienne lui prescrivit de sortir de ce département dans les 24 heures. Il prit la route d'Orléans; et là il reçut l'ordre d'aller s'établir à Vierzon, département du Cher. Pendant que des actes de l'autorité le forçaient à cette vie errante, des bruits répandus sur son compte, et accrédités par les journaux, circulaient à Paris et dans les provinces. Tantôt on le représentait comme un chef de parti, et comme levant des contributions à main armée, dans les environs de Brioude; tantôt on annonçait qu'il était en fuite, et qu'il avait été arrêté. Ces rumeurs mensongères excitèrent les réclamations de sa femme. L'ordonnance du 17 janvier 1816 l'ayant obligé de sortir du royaume, il se réfugia d'abord à Gand; mais n'ayant pu obtenir la permission d'y résider, il s'embarqua pour les Etats-Unis. Quelques écrivains ont comparé ce général à Westermann, dit le *boucher de la Vendée*. « On cite de lui, dit M. de Pradt dans » son *Ambassade de Varsovie*, mille » traits de férocité et de rapacité. Son » nom est resté en horreur à la Po- » logne. » On rapporte encore sur ce général des faits atroces et plus positifs; mais s'il est vrai qu'il a lui-même brûlé la cervelle à des émigrés faits prisonniers, dans sa première campagne de la Belgique, il ne l'est pas moins qu'en 1796, on le vit traiter avec égard et même délivrer des prisonniers de l'armée de Condé. Nous rapporterons en finissant, l'opinion qu'en avoit Buonaparte lui-même : cette opinion fut manifestée dans une conversation que l'ex-empereur eut au mois d'octobre 1813, avec le général Merfeld, prisonnier autrichien. Buonaparte dit au comte qu'il espérait que les puissances alliées auraient la générosité de lui renvoyer Vandamme en échange pour lui comte de Merfeld. « Je sais, » ajouta-t-il, qu'il ne jouit pas d'une » très-bonne réputation; mais je ne » vois pas pourquoi on en a une aussi » mauvaise opinion. A la vérité, je » n'aimerais pas avoir deux Van- » damme; car, dans ce cas, il m'en » faudrait tuer un. » Le général Vandamme a publié, en 1815, un *Exposé* de sa conduite, in-4°., en réponse à l'ordonnance du 24 juillet. D.

VANDERBOURG (Charles Boudens de), ancien officier de marine, émigra au commencement de la révolution, et cultiva, avec beaucoup de succès en Allemagne, la littér. de ce pays. Rentré en France après le 18 brumaire, il s'y livra encore à des occupations littéraires, et concourut à la rédaction du *Publiciste* et à celle des *Archives littéraires*, ouvrage périodique fort remarquable par le goût et l'érudition, et qui, au grand regret des amis des lettres, cessa de paraître après le 51e. n°. M. de Vanderbourg fut encore, à la même époque, éditeur ou auteur des Poésies de Clotilde de Surville, et il ne tarda pas à mettre le sceau à sa réputation littéraire, par sa traduction des Odes d'Horace. Il fut nommé à la troisième classe de l'Institut (Académie des Inscriptions), en remplacement de Mercier, en 1814, et il était censeur en 1815. On a de lui : I. *Woldemar*, par F. H. Jacobi, traduit de l'allemand, 1796, 2 vol. in-12. II. *Voyage en Italie*, par F. J. L. Meyer, t. ad., 1802, in-8°. III. *Du Laocoon, ou des limites respectives de la poésie et de la peinture*, traduit de l'allemand de Lessing, 1802, in-8°. IV. *Traduction des Odes d'Horace*, en vers français, 1812-13, 2 vol. in-8°. V. *Cratès et Hipparque*, roman de Wieland, traduit en français, 1818, deux volumes in-18. M. de Vanderbourg a concouru avec MM. Langlès, Ginguené, et Amaury Duval, à la composition du *Mercure étranger*, qui a été abandonnée en 1816, et il est,

depuis le mois de mai de cette même année, un des rédacteurs du *Journal des Savans*. Il a donné quelques articles à la *Biographie universelle*, entre autres ceux d'Horace et de Klopstock. D.

VANIER (Victor-Augustin), de la société académique des sciences de Paris, naquit à Surène, en février 1769, et fit ses études chez les bénédictins de Saint-Germain-des-Prés. En 1791, il entra dans les bureaux du ministère de la justice, où il fut chargé de la seconde division de l'envoi des lois, ensuite à celui de l'intérieur, en qualité de sous-chef du conseil des mines, et enfin au ministère de la guerre, comme contrôleur du service des vivres. En 1805, il fut nommé chef des équipages à l'armée des Pyrénées-Orientales. La lecture de Condillac et de quelques ouvrages sur la métaphysique des langues, détermina son goût pour la *grammaire transcendante*; il fut un des membres fondateurs de l'académie grammaticale, organisée en 1807, par Domergue. En 1810, cette académie, qui avait perdu de son activité par la mort de son président, se reconstitua sous le titre de *Société grammaticale*; mais ce ne fut qu'en janvier 1814, par les soins de M. Vanier, qu'elle reprit son activité; elle publie aujourd'hui les *Annales de grammaire*, à la rédaction desquelles il concourt, et dont le premier cahier, in-8°., a paru en avril 1818. Nous avons de lui : I. *La clef des Participes*, seconde édition, 1812, in-12. II. *Traité simplifié des conjugaisons françaises*, 1812, in-12. III. *Tableau synoptique des quatre conjugaisons, sur le seul paradigme du verbe être*, in-f°. grand raisin, imprimé noir et rouge, procédé aussi simple qu'ingénieux. IV. Le même *Tableau synoptique* adapté à l'enseignement mutuel. V. *Un cours de grammaire raisonnée*, inséré en partie dans la *Bibliothèque des pères de famille*. VI. Plusieurs articles dans le *Journal des amateurs de la langue française*, et dans divers ouvrages périodiques. VII. Un petit recueil de nouvelles, contes, etc., en prose et en vers, intitulé : *Mes délassements*, 1818, in-16. Sa *Clef des Participes* offre plus de détails, peut-être, qu'aucun autre ouvrage de ce genre, et ne laisse aucune difficulté qu'on ne puisse résoudre aisément ; mais comme tous les exemples sont de l'auteur lui-même, on pourrait l'accuser d'avoir cherché à montrer ce que la langue devrait être plutôt que d'exposer ce qu'elle est en effet. T.

VANMONS (JEAN-BAPTISTE), associé étranger de l'académie des sciences de Paris, professeur à l'université de Louvain, l'un des plus célèbres chimistes de l'Europe, est né à Bruxelles, le 11 novembre 1765. Il a exercé long-temps la pharmacie dans sa ville natale, et il étudiait encore cette science, lorsque Lavoisier opéra la grande révolution qui lui a fait faire tant de progrès. M. Vanmons embrassa avec enthousiasme la nouvelle doctrine, et la propagea en Allemagne et dans tout le nord de l'Europe. Il établit avec les savants de diverses contrées une correspondance suivie, au moyen de laquelle il leur faisait connaître les découvertes et les travaux des Français, et transmettait à ceux-ci les résultats des recherches auxquelles se livraient les étrangers. M. Vanmons, pour correspondre plus aisément avec les savans des différents pays, s'adonna à l'étude des diverses langues de l'Europe, et depuis long-temps il les possède et les écrit toutes avec facilité. Lorsque les armées françaises entrèrent à Bruxelles, en 1792, et qu'on y organisa une assemblée des représentants du peuple, M. Vanmons fut élu membre de cette assemblée. Lors de l'établissement des écoles centrales, le gouvernement français le nomma professeur de physique et de chimie à l'école de Bruxelles. A cette époque, il renonça à l'exercice de la pharmacie, et se fit recevoir docteur à la Faculté de Paris, en 1807. Il a publié : I. *Essai sur les principes de la chimie antiphlogistique*, in-8°., Bruxelles, 1785. II. *Pharmacopée manuelle*, in-8°., Bruxelles, an 9. III. *Synonymie des nomenclatures chimiques modernes*, par Brugnatelli, traduit de l'italien, 1802, in-8°. IV. *Principes d'électricité*, in-8°., ibid. an 11. V. *Journal de chimie et de physique*, 6 vol. in-8°., Bruxelles, années 9, 10 et 11. VI. *Théorie de la combustion*, in-8°., ibid. an 10. VII. *Essai sur une théorie chimique modifiée*, 4 vol. in-8°, ibid. 1806-07. Cet ouvrage n'est point achevé. VIII. *Lettre à M. Bucholz, sur la formation des métaux*, 1811, in-8°. IX. *Élémens de chimie philosophique*, par Davy, traduit de l'anglais, avec de nombreuses additions, 2 vol. in-8°., Bruxelles, 1813-16. X. *Principes élémentaires de chimie philosophique, avec des applications générales de la doctrine et des proportions déterminées*, in-12, Bruxelles, 1818. M. Vanmons a été, pendant plusieurs années, l'un des rédacteurs des *Annales de chimie*, publiées à Paris. Il a fourni de nombreux articles à la plupart des journaux scientifiques de l'Europe. Depuis plus de quinze ans, il s'est livré, avec de grands succès, au perfectionnement des diverses espèces de fruits, par la méthode du semis, et il continue ses expériences sur 60,000 pieds d'arbres semés. Il a sous presse un ouvrage sur ce genre de culture. Fr.

VANNOZ (PHILIPPINE DE SIVRY DE), née à Nanci, vers 1780, fille d'un président au parlement de Lorraine, littérateur fort distingué et très-estimé du roi Stanislas, et secrétaire perpétuel de son académie de Nanci, se fit remarquer par des talens pour la poésie, extrêmement précoces, et avait à peine atteint sa huitième année, lorsqu'amenée à Paris par ses parens, elle y fut considérée comme un véritable prodige par les hommes les plus distingués de ce temps-là. La Harpe fut surtout frappé de ce phénomène, et il inséra dans le *Mercure* des vers fort remarquables que Mlle. de Sivry venait de composer. Il les a réimprimés dans sa correspondance russe, à côté de petites pièces de vers qu'il lui adressait lui-même ; ce qui pourrait passer pour un acte de modestie de la part du Quintilien moderne ; car la comparaison n'est pas à son avantage. Depuis ce temps, devenue l'épouse de M. de Vannoz, cette dame a complètement justifié les espérances qu'elle avait données, et ses poésies, aussi remarquables par la pureté du goût que par l'élégance et la correction, ont eu un très-grand succès. Elle a publié: I. *Profanation des tombes royales de Saint-Denis*, 1806, in-8°., 4e. édition, 1818, in-18. II. *Conseils à une femme sur les moyens de plaire dans la conversation*, 1811, in-18, 3e. édition, 1816. III. *Le vingt-un janvier*, élégie, 1814, in-12. 1818, in-8°. Mme. de Vannoz a donné quelques articles à la *Biographie universelle*, notamment celui d'Héloïse. D.

VAN PRAET (JOSEPH), un des plus savans bibliographes de l'Europe, et l'un des conservateurs des livres imprimés de la bibliothèque du Roi, né à Bruges, en 1757, a publié: I. *Recherches sur la vie, les écrits et les éditions de Colard Mansion, imprimeur à Bruges, durant le XVe. siècle* (Dans l'*Esprit des journaux*, février 1780, pag. 230-241). II. *Notice abrégée d'un manuscrit français de la bibliothèque du Roi*, autrefois n°. 445, aujourd'hui 8351, intitulé: *Tournois de la Gruthuse*. (Dans idem, octobre 1780, 214-227.) III. *Description des manuscrits de la bibliothèque du duc de la Vallière*, (dans le *Catalogue des livres de la bibl. de feu M. le duc de la Vallière*, 1re. partie, 1783, 3 vol. in-8°., voyez la *Biographie univers.*, au mot DEBURE, x, 627.) M. Van-Praet a entrepris la bibliographie de tous les livres imprimés sur vélin, au XVe. siècle, et l'impression en est déjà avancée; mais cet ouvrage, tiré à petit nombre, n'est pas destiné au commerce. OT.

VANSITTART (NICOLAS), chancelier de l'échiquier d'Angleterre, membre du conseil privé et de la chambre des communes, commença son éducation à Westminster, et la termina à Oxford, en 1791. Ayant déployé de grands talents comme financier, et possédant une grande fortune avec la réputation de la plus sévère intégrité, il fut nommé secrétaire de la trésorerie, le 3 février 1806, lors de la formation du ministère qui succéda à W. Pitt; puis il fut appelé aux importantes fonctions de chancelier de l'échiquier, à la mort de M. Percival. Il fit, le 31 mars 1813, un long rapport à la chambre des communes, sur l'état des finances, et trouva de nombreux sujets de félicitation, en le comparant à celui où il se trouvait avant la prorogation du dernier parlement, et depuis cette époque jusqu'à celle des derniers événements militaires. Son plan général d'amélioration excita surtout l'attention de la chambre, relativement au fonds d'amortissement et à la facilité qu'il présente, de diminuer la dette publique. Le 15 mars 1815, M. Vansittart proposa d'acheter de la compagnie de la mer du Sud, son privilège exclusif de commerce avec l'Amérique méridionale; et à cette occasion, M. Whitbread et M. Bennet tracèrent un tableau effrayant de la guerre qui désolait les colonies espagnoles, et demandèrent au gouvernement s'il ne prenait pas des mesures pour concilier les deux partis, et pour assurer la liberté de 18 millions d'Espagnols qui habitent les deux Amériques. M. Vansittart répondit que l'Angleterre avait fait offrir sa médiation; mais que, malgré tous les avantages que le commerce libre avec l'Amérique espagnole pouvait procurer à la Grande-Bretagne, il ne convenait pas de rien faire qui pût être considéré comme un manque de foi envers le roi d'Espagne. M. Vansittart, qui fait partie de la société Biblique, prononça dans l'assemblée qui eut lieu en mai 1816, un discours dans lequel il cita avec beaucoup d'éloges le traité religieux conclu entre les souverains de Russie, d'Autriche et de Prusse. Dédaignant les prestiges de l'élocution, cet orateur ne parle qu'en chiffres. C'est en vain qu'on lance contre lui toutes les foudres de l'éloquence; il déroule un immense cahier de calculs, et conserve derrière ce bouclier tout le flegme du sang batave dont il est issu. Sa réputation d'intégrité et ses manières d'une simplicité patriarcale, ajoutent beaucoup à son crédit politique. Il a publié: I. *Reflexions sur la nécessité et l'avantage d'une paix immédiate*, in-8°., 1793. II. *Lettre à M. Pitt sur la conduite des directeurs de la Banque, avec des observations sur le pamphlet de Morgan sur la dette publique*, in 8°., 1795. III. *Recherches sur l'état des finances de la Grande-Bretagne*, in-8°., 1796. IV. *Substance de deux discours sur le rap-*

port du comité de monnaie, in-8°., 1811. V. *Trois lettres sur la société anglaise et étrangère de la Bible*, in-8°., 1812, insérées dans le *Pamphleteer*, n°. 1. VI. *Discours à la chambre des communes*, 20 février 1815, *sur le comité des voies et moyens*, VII. *Budget de 1815*. Ces deux dernières brochures ont été insérées dans le *Pamphleteer*, avec des observations. Z

VARENNES (Le chevalier LOUIS-CLÉMENT E), d'une famille originaire de Guienne, fixée depuis près de 300 ans à Serbonnes près de Sens, était page du duc de Penthièvre, en 1786. Il devint officier dans le régiment de ce prince, en 1789. Créé lieutenant dans le régiment de Brie, M. de Varennes se trouvait le 10 août 1792, au château des Tuileries, et il prit part à tous les dangers de cette journée ; il émigra ensuite en Espagne, où il fut pendant neuf ans officier dans le régiment de Naples. Rentré en France, en 1803, il y vécut dans la retraite jusqu'en 1814, époque à laquelle il s'empressa de signaler son dévouement à la cause des Bourbons. Ce dévouement éclata surtout lors de l'entrée des troupes alliées dans la ville de Pont-sur-Seine, le 10 février. Sur l'invitation du général Wittgenstein, il fit, pendant l'absence du maire, publier au son de la caisse, la proclamation du Roi, datée d'Hartwell, l'expliquant aux habitants, et s'efforçant de leur communiquer son enthousiasme. Le combat de Montereau ayant forcé les étrangers à la retraite, M. de Varennes, dénoncé à Buonaparte, n'évita la mort que par une prompte fuite, pendant laquelle ses propriétés furent entièrement ravagées. Son dévouement a été reconnu et attesté dans une lettre adressée par le général Wittgenstein au duc de Maillé, le 6 avril même année. Il a publié, en 1815 : *La Patrie sauvée, ou Idées d'un honnête homme sur les causes, les effets de la révolution française et les moyens d'en tirer le meilleur parti pour le bonheur futur des rois et des peuples*, et en 1816, *De l'Art du dessin chez les Grecs, suivi d'une notice abrégée sur sa Vie pittoresque*.

VARENNES (FENILLE DE), fils du naturaliste de ce nom, mort sur l'échafaud révolutionnaire, en 1793, est né à Bourg en Bresse, vers 1780. Devenu auditeur au conseil-d'état, il fut nommé sous-préfet de Lyon en 1810, et en exerça les fonctions jusqu'au 20 mars 1815. Au mois d'août de cette même année, il fut élu membre de la chambre des députés, par le département de l'Ain, et y vota avec la minorité. Il a été nommé secrétaire-général de la préfecture de l'Ain, le 13 octobre 1816, place qu'il a perdue à la suppression générale de cette classe de fonctionnaires. D.

VARIN (BRICE-MARIE), avocat à l'époque où commença la révolution, fut député du tiers-état de la sénéchaussée de Rennes aux états-généraux de 1789, travailla beaucoup dans le comité des rapports, fit décréter, le 11 août 1790, qu'il n'y avait pas lieu à accusation contre M. de Toulouse-Lautrec ; fit poursuivre ensuite les auteurs des troubles d'Ingrande ; et décréter d'accusation le cardinal de Larochefoucauld, comme auteur d'écrits *fanatiques*. Il fut nommé secrétaire en décembre, et proposa, en juin 1791, de récompenser les citoyens et les communes qui avaient empêché l'évasion de Louis XVI. Il échappa au régime révolutionnaire, devint conservateur des hypothèques, et fut appelé, en mars 1798, au conseil des cinq-cents, par le département d'Ille-et-Vilaine. Après le 18 brumaire, il devint substitut du procureur-impérial près le tribunal civil de Rennes, place qu'il occupa jusqu'à la recomposition des tribunaux, en 1811. Il fut alors nommé avocat-général près la cour impériale de Rennes. Il a été confirmé dans ces fonctions par le Roi, le 3 janvier 1816. B. M.

VAUBAN (Le comte ANTOINE DE), fut aide-de-camp du comte d'Artois, dans la campagne de 1792, et alla ensuite en Russie, avec le projet d'entrer au service de cette puissance. Il était mécontent de la cour du prince et de quelques seigneurs qui lui étaient préférés. L'impératrice Catherine II le nomma colonel à son service ; mais lui ordonna de suivre le comte d'Artois dans l'expédition que les royalistes projetaient en Bretagne, et lui promit le grade de général-major à son retour. M. de Vauban se rendit à Londres, en 1794, et se fit présenter au comte de Puisaye, qui l'admit au nombre des officiers destinés à faire partie de l'expédition qui mit à la voile le 27 juin 1795, pour Quiberon. Dès que le débarquement fut opéré, on chargea le comte de Vauban de diriger l'armée composée de paysans bretons, nommé *Chouans*. Il entra d'abord dans la petite ville d'Auray, et fut ensuite obligé de se replier dans la presqu'île. Le 16 juillet, il commanda 1500 royalistes qui furent chargés de faire une diversion à Carnac ; mais s'étant embarqué trop tard, sa diversion fut infructueuse. Le 20 juillet, jour de la prise de Quiberon par les républicains, M. de Vauban, au milieu du désastre, parvint à gagner la petite île d'Houat sur un canot. Il y resta jusqu'à l'arrivée du comte d'Artois à l'Ile-Dieu. Ce prince le chargea de porter ses dépêches au conseil général de l'armée royale de Bretagne ; M. de Vauban y parvint, mais non sans danger, et le conseil le nomma maréchal-général-des-logis. De retour à l'Ile-Dieu, il repartit pour Londres, où il fut membre d'une espèce de comité royaliste. Les affaires de ce parti ayant décliné, il prit la route de Pétersbourg où il arriva au mois d'octobre 1796 ; n'ayant pu s'y faire employer, il revint en France. Peu de temps après le 18 brumaire, il fut arrêté et emprisonné au Temple. Quand l'Histoire de la guerre de la Vendée, par M. de Beauchamp, parut, le ministre Fouché, voulant atténuer l'effet prodigieux de cet ouvrage sur l'opinion publique, fit publier les *Mémoires*, etc., du comte de Vauban sur le même sujet, 1805, in-8°., dans le but de diffamer l'un des princes de la maison royale ; et il y fit faire, selon l'usage de ce temps-là, des interpolations mensongères. On crut assez généralement que M. de Vauban n'était pas l'auteur du livre qu'on lui attribuait, quoiqu'il fût d'ailleurs manifeste qu'il n'avait pu être rédigé que sur des notes trouvées dans ses papiers. Ce qu'il y a de sûr, c'est que M. de Vauban ne désavoua point cette publication qui sert encore d'aliment à la malignité. Il serait sans doute aussi injuste de se former d'après cet ouvrage une idée du prince qui s'y trouve diffamé, qu'il est absurde de juger du caractère de l'auguste frère de ce prince, d'après les pamphlets outrageants du sieur de Montgaillard qui le premier avait donné l'exemple d'une aussi honteuse défection. Depuis le retour des Bourbons, M. de Vauban est resté dans l'obscurité, à laquelle il paraissait même s'être voué avant la chûte de Buonaparte. P

VAUBLANC-VIENNOT (Le comte VINCENT-MARIE DE), né en 1756, entra au service en sortant de l'école militaire, et fut nommé en 1789, secrétaire de la noblesse du bailliage de Melun, et en 1791, député du département de Seine-et-Marne à l'assemblée législative, où il devint un des membres les plus marquants du parti royaliste. A la seconde séance, tandis que l'assemblée était dans une violente agitation causée par la motion de ne point accorder le fauteuil royal au Roi, le jour qu'il viendrait faire l'ouverture de la session, il parla contre cette proposition, et en obtint l'ajournement. Dès le 16 octobre 1791, il s'éleva avec force contre le despotisme des municipalités, s'opposa à ce qu'il fût fait une liste des officiers émigrés, assurant qu'elle serait pour eux une liste de proscription, et les défendit de nouveau le 9 novembre. Le 18, il fut nommé secrétaire. Le 26, il parla en faveur des prêtres non sermentés, et le 14 novembre, il occupa le fauteuil de président. A la séance du 3 décembre, il blâma avec beaucoup de force un discours de l'abbé Fauchet, contre M. de Lessart, et soutint alors, ainsi qu'il le fit encore le 20 février suivant, qu'on ne parviendrait à avoir un gouvernement solide qu'en faisant respecter les autorités. Le 31 décembre, il demanda que le comité diplomatique présentât un rapport sur la nécessité de forcer les princes Français à s'éloigner des frontières. Le 9 février 1792 il s'opposa fortement à la motion de Bazire ; de séquestrer les biens des émigrés, sans avoir égard aux femmes et aux enfants. Son discours fut couvert de huées, accompagnées de menaces. Le 10 mars, il voulut de nouveau défendre le ministre de Lessart; mais on refusa de l'entendre. Il fut plus heureux, en défendant M. de Bertrand Moleville, qu'il empêcha d'être mis en état d'accusation. L'assemblée ayant porté sans examen un décret contre le marquis de Noailles, ambassadeur à Vienne, M. de Vaublanc en obtint la suspension et le renvoi au comité diplomatique, pour faire un rapport séance tenante. Le décret fut révoqué. Le 18, M. de Vaublanc poursuivit la punition des excès qui avaient accompagné la révolution du Comtat, et s'opposa à l'amnistie proposée en faveur de Jourdan et des prévenus des massacres qui y avaient eu lieu; mais ses efforts furent inutiles, et le système de l'indulgence, soutenu par les Girondins, prévalut et étendit un voile sur les désastres de ce malheureux pays. Il s'écria : « Vous accordez l'impunité aux » assassins. Je vois la glacière d'Avi- » gnon s'ouvrir dans Paris ». Ce mot excita des cris de fureur. Choudieu demanda qu'il fût envoyé à l'Abbaye, *pour avoir calomnié le peuple*. Le 16 avril, M. de Vaublanc fit une sortie contre les clubs, soutint que ce n'était la faute, ni de l'assemblée, ni du Roi, si les propriétés étaient dévastées, les lois méprisées, les magistrats assassinés dans l'exercice de leurs fonctions, et attribua tous ces malheurs aux clubs qui dominaient l'assemblée même, puisque l'amnistie accordée aux révolutionnaires d'Avignon, avait été préparée dans leurs séances, quatre jours avant de passer à la législature. Il obtint, peu de jours après, un décret d'accusation contre Marat. Etant entré dans l'assemblée au moment où on lisait une dénonciation d'un fils contre son père, il interrompit cette lecture, s'éleva avec force contre ces prémices d'un parricide, et obtint que la lecture ne fût pas achevée. Le 29 juillet et le 8 août, il se déclara en faveur de M. de La Fayette, contre les Girondins; et son dernier discours, très-éloquent, fit un tel effet sur l'assemblée, qu'elle en ordonna l'impression, pour ainsi dire malgré elle, et qu'environ 200 membres qui siégeaient au côté gauche, passèrent au côté droit; mais au sortir de la séance, M. de Vaublanc fut poursuivi, outragé par les fédérés, et par les habitués des tribunes. Le lendemain, il dénonça cet attentat avec beaucoup de force, proposa d'éloigner de Paris les fédérés, et de prendre des mesures pour établir la liberté et la sûreté des représentants. Il obtint que l'assemblée mandât à la barre, Pétion, maire de Paris, et Rœderer, procureur-syndic du département, pour qu'ils rendissent compte de l'état de la capitale, et des mesures qu'ils avaient prises. N'ayant point été réélu à la Convention, il échappa aux proscriptions de 1794. Mis hors la loi, il ne quitta cependant pas la France, et il la parcourut à pied dans tous les sens, courant risque à chaque instant d'être arrêté. Cette cruelle position ne cessa qu'après le 9 thermidor. M. de Vaublanc reparut sur la scène politique lors du mouvement des sections de Paris, contre la Convention, en octobre 1795. Il présida alors la section Poissonnière, et le 17 octobre, il fut condamné à mort par contumace, comme ayant fait partie des comités directeurs de l'insurrection. Dans le même temps, l'assemblée électorale de Paris envoya plusieurs de ses membres demander à sa famille s'il accepterait la députation, et deux jours avant sa condamnation, il fut nommé député de Seine et Marne, au conseil des cinq-cents. Le 29 janvier 1796, il protesta contre la sentence rendue par le conseil militaire, et envoya aux cinq-cents un mémoire justificatif, dans lequel il réclamait son admission comme député: sa demande fut rejetée, malgré les efforts de M. Pastoret; mais le 18 août, il fit une nouvelle tentative, et écrivit au conseil pour demander à être jugé par la haute-cour nationale; sa réclamation fut alors renvoyée à une commission qui en fit le rapport le 30 août, et le jugement porté contre lui fut annulé. Le 2 septembre, il parut à l'assemblée, et monta à la tribune, pour prêter serment de haine à la royauté. Le parti jacobin, persuadé que sa bouche allait trahir son cœur, s'agita avec beaucoup de violence ; et au moment où il prononça ces mots : *Je jure haine à la royauté*, Savary, lui cria : *plus haut* ; M. de Vaublanc répondit sans se déconcerter : *Et vous plus bas* ; et il descendit de la tribune. Depuis ce jour, il y reparut souvent pour parler avec autant de force que d'éloquence, et s'opposer au retour de la *terreur*. Le club des jacobins s'étant reformé à Paris, une commission proposa des mesures réglementaires. M. de Vaublanc s'opposa à cette proposition, demanda la suppression de tous les clubs, et obtint le décret qui fut sur le champ envoyé au conseil des anciens, qui le sanctionna. Le 1er. juillet 1797, M. de Vaublanc dénonça le ministre de la marine, comme payant un nommé Bottu, pour rédiger *le Républicain des colonies*, journal incendiaire. Le 21, il prononça une philippique foudroyante contre les restes des institutions révolutionnaires, et traça la peinture la plus horrible de la révolution, comme étant l'ouvrage des clubs. Ce discours fut accueilli avec transport, par l'assemblée, qui en ordonna l'impression. Le 10 août, il s'éleva avec force contre ceux qui cherchaient à restreindre l'autorité des conseils pour augmenter celle du directoire, et fut nommé membre de la commission des inspecteurs chargés de prendre des mesures de résistance contre le triumvirat directorial. Aussi, le 18 fructidor an v (4 septembre 1797), fut-il un des membres proscrits, et condamnés à la déportation. Il vint encore à bout de se soustraire à ce décret, passa en Suisse, de là en Italie, et fut rappelé après le 18 brumaire. En décembre 1800, le sénat-conservateur le proclama membre du corps-législatif ; il en devint questeur en janvier 1804 ; fut nommé candidat au sénat par le collège électoral de Seine et Marne, puis appelé aux fonctions de préfet de la Moselle, le 1er. février 1805, et décoré des titres de comte et de commandant de la Légion-d'honneur. En 1813, pendant que l'armée de Maïence revenait dans l'intérieur, Metz fut rempli de soldats blessés et malades, et la contagion infecta la ville. M. de Vaublanc établit plusieurs hôpitaux, et les visita régulièrement plusieurs fois par jour. Attaqué bientôt lui-même de l'horrible maladie qui faisait de si grands ravages, il fut à toute extrémité, et reçut à cette occasion des habitants de Metz, les témoignages d'intérêt les plus touchants. Au 20 mars, il harangua avec force la garde nationale de cette ville, sur la fidélité qu'elle devait au Roi. Il prit, de concert avec le maréchal Oudinot, les mesures nécessaires pour conserver la ville au Roi. Il avait même ordonné aux habitants, de s'approvisionner pour un siège. Il fit proclamer et afficher la déclaration du congrès de Vienne, qui lui avait été envoyée par M. de Talleyrand ; mais à peine Buonaparte fut-il arrivé à Paris, qu'il fit publier contre lui une note dans le Moniteur, et le jour même où ce journal arrivait à Metz, un aide-de-camp du ministre de la guerre Davoust, y arriva aussi, porteur d'un ordre adressé au général Durutte, de faire arrêter le préfet. Ce général, connu par sa loyauté, le fit avertir. M. de Vaublanc, qui avait un cheval sellé tout prêt, partit sur le champ, sans prévenir sa famille. Le lendemain il était à Luxembourg, où il fut comblé d'égards par le général autrichien, comte Desfours. De là, il se rendit à Gand, auprès du Roi. Il y composa plusieurs mémoires sur l'état de la France ; rentra à la suite de S. M. ; fut nommé conseiller-d'état, et préfet des Bouches-du-Rhône. A la fin de septembre, il fut nommé ministre de l'intérieur, en exerça les fonctions jusqu'au 7 mai, et se fit remarquer pendant la courte durée de son administration, par une activité et un zèle extraordinaires. Ce fut sous son ministère qu'eut lieu la nouvelle organisation de l'institut, et il fit l'installation de ce corps savant, le 24 avril 1816. M. de Vaublanc fut encore chargé de présenter et de défendre plusieurs projets de loi devant les chambres, notamment le projet d'amnistie ; et il se livra, en le défendant le 22 octobre, à un mouvement d'éloquence improvisé, qui produisit un très-grand effet. On se rappelle que le projet de loi des élections qu'il fut également chargé de présenter, ne fut point adopté dans cette session Dans la discussion à laquelle il donna lieu, M de Vaublanc prononça cette phrase remarquable : « Le rapporteur a témoigné son étonnement de ce que, lors de la discussion, les ministres, quoique présents, n'ont pas parlé. Accoutumé, dans toutes les discussions, à ne voir que le point fixe, un ministre doit tendre directement au but qui lui est indiqué par ses fonctions, mais il peut avoir une autre pensée J'eusse désiré le renouvellement intégral; je l'eusse vivement désiré. J'ai rempli mes devoirs de ministre; mais, tout en les remplissant, j'ai dû acquitter la dette de ma conscience. » Cette explication indiquait assez que M. de Vaublanc était peu d'accord dans ses principes de gouvernement avec les autres ministres; le roi lui donna un successeur dans la personne de M. Lainé, et le nomma ministre d'état, et membre de son conseil privé; il est académicien libre de la classe des beaux-arts. M. de Vaublanc a publié : I. *Considérations critiques sur la nouvelle ère, sous la forme d'un discours supposé à la tribune du conseil des cinq-cents, suivi de l'extrait d'un Mémoire à l'astronome Delambre, sur les moyens de trouver les années sextiles du nouveau calendrier* : 1801, in-8°. II. *Rivalité de la France et de l'Angleterre, depuis la conquête de Guillaume, en 1066, jusqu'à la rupture du traité d'Amiens par l'Angleterre* ; 1803, in-8°. F.

VAUBOIS (Le comte DE), lieutenant-général, né à Château-Vilain, avait embrassé, long-temps avant la révolution, le parti des armes, et était, lorsqu'elle éclata, capitaine d'artillerie. Il fut employé, en 1793, à l'armée des Alpes, marcha ensuite contre Lyon, et emporta, le 23 septembre, les redoutes qui défendaient les Brotteaux. En 1794, il se distingua, le 5 juin, en s'emparant des postes des Barricades et de la vallée de la Sture, et ayant passé à l'armée d'Italie, il y servit avec distinction, surtout pendant la campagne de 1796. Le 30 juin, il se rendit maître de Livourne; le 4 septembre, il contribua au succès du combat de l'Adige, et le lendemain il eut de nouveaux succès sur l'Arisio. Vers la fin d'octobre, il battit une division autrichienne qui couvrait le Tyrol, et remporta encore des avantages, les 1er. et 2 novembre, sur la lavis et dans le village de St.-Michel, vers l'Adige. Il s'embarqua en 1798, avec Buonaparte, et ce dernier lui confia le commandement de Malte, qu'il conserva jusqu'au mois de septembre 1800, époque à laquelle il fut contraint de rendre la place, faute de vivres et de munitions, aux forces combinées des Anglais, des Russes et des Napolitains. Les détails du siège publiés alors, firent le plus grand honneur à la constance des troupes et de leur général. En 1804, il fut reçu membre du sénat conservateur et il obtint ensuite la sénatorerie de Poitiers, et les titres de comte et de grand-officier de la Légion-d'honneur. Il adhéra le 1er. avril 1814, à la déchéance de Buonaparte, fut nommé chevalier de Saint-Louis et pair de France, le 4 juin, et n'ayant pas fait partie de la chambre formée par Buonaparte, en 1815, il continue de siéger dans la chambre actuelle.
E. M.

VAUGIRAUD(Le comte PIERRE-RENÉ-MARIE DE), vice-amiral, grand-croix de Saint-Louis, etc., est né aux Sables d'Olonne, en 1741, d'une ancienne famille d'Anjou, et le second de trois frères, dont l'aîné, capitaine aux gardes françaises, a péri dans les massacres de septembre 1792. Il entra dans la marine royale en 1755; l'année suivante il s'embarqua comme garde de la marine, sur le vaisseau l'*Éveillé*, et se trouva à la prise du vaisseau anglais le *Greenwich*. Nommé enseigne, en 1762, il se fit remarquer par son activité et son courage : lorsque la paix eut été conclue, il reçut ordre de s'embarquer sur le *Tonnant*, pour aller relever la garnison de Mahon, et faire la remise de cette forteresse. Des escadres d'évolution ayant ensuite été armées, il fut attaché à la première, commandée par le comte d'Orvilliers, qui sut bientôt l'apprécier et qui le chargea de commander un aviso, destiné à porter les ordres et à répéter les signaux. M. de Vaugiraud montra dans ce service, une intelligence et une activité telles, que l'amiral lui donna des éloges publics, et l'envoya à Versailles rendre compte des opérations. En 1779, il se trouva sur le vaisseau de M. Duchaffaud, au combat d'Ouessant, que livra M. d'Orvilliers, et dans lequel le brave Duchaffaud, qui commandait l'arrière-garde, tomba grièvement blessé dans les bras de M. de Vaugiraud, qui l'exhortait en vain à se retirer de dessus le pont. Il n'y consentit qu'en chargeant cet officier de manœuvrer de manière à ce qu'on ne s'aperçût pas de son absence. Cet ordre fut si bien exécuté, que le comte d'Orvilliers, après le combat, ignorant le malheur de M. Duchaffaud, l'envoya féliciter sur l'habileté qu'il avait déployée. Quelques temps après, il sauva par le plus courageux dévouement toute la flotte de Brest, près d'être livrée aux flammes par l'incendie du vaisseau le *Roland*. Le comte d'Hector et l'intendant de la marine, témoins de cet acte d'intrépidité, s'empressèrent d'en rendre compte au Roi, qui fit écrire la lettre la plus flatteuse à ce brave marin. Peu de temps après, à la demande de MM. d'Orvilliers et Duchaffaud, M. de Vaugiraud fut nommé au commandement du *Fox*, frégate anglaise nouvellement capturée; mais les cours de France et d'Espagne ayant résolu de tenter une descente en Angleterre, et venant de réunir à cet effet une flotte considérable sous les ordres du comte d'Orvilliers, ce général demanda que M. de Vaugiraud lui fût donné pour major en second. L'armée combinée n'ayant pas eu le succès qu'on en attendait, M. d'Orvilliers remit le commandement à M. Duchaffaud, et M. de Vaugiraud fut nommé major-général et capitaine avant son rang. Sur ces entrefaites, M. de Tréville, ayant été chargé de conduire l'armée navale qui devait remplacer aux Antilles celle du comte de Guichen, demanda que M. de Vaugiraud lui fût donné pour major-général, fonctions que celui-ci eut ordre de continuer, lorsque M. de Tréville, à raison de sa mauvaise santé, fut remplacé par le comte de Grasse. Ce général partit avec un convoi de 200 voiles, et approvisionna les Antilles. Dans toutes ses opérations, les services et les avis de M. de Vaugiraud furent d'une grande utilité; et il eut encore le bonheur et la gloire de sauver l'armée navale d'une destruction inévitable. Elle étoit à l'ancre devant le Cap, à Saint-Domingue, lorsque le feu prit à bord de l'*Intrépide*, au milieu de tous les autres vaisseaux. L'équipage effrayé quitta le bâtiment : l'armée, la flotte, la ville entière touchaient à leur perte; aucune mesure ne paraissait possible; le comte Vaugiraud sollicite du comte de Grasse la permission de se dévouer. Il se fait conduire droit au bâtiment incendié, où trente milliers de poudre allaient éclater; il rencontre l'équipage fugitif, le fait rougir de sa lâcheté et le ramène au vaisseau. Déjà le feu ne pouvait plus être maîtrisé ; les matelots et les soldats se mutinent et s'éloignent de nouveau; M. de Vaugiraud est menacé; rien ne le décourage : il menace, donne l'exemple, et ramène encore une fois les mutins. Déjà les flammes gagnaient la soute aux poudres; M. de Vaugiraud dirige la manœuvre, fait conduire le vaisseau à la côte, l'échoue, en fait partir l'équipage, et en sort le dernier : cinq minutes après, l'*Intrépide* sauta avec une explosion qui ébranla toute la ville. Ce fut dans cette même campagne qu'on résolut de donner des secours efficaces aux Américains; M. de Grasse fit voile pour la baie de Chesapeak. De retour aux Antilles, il eut à soutenir contre l'amiral Rodney, l'affaire malheureuse du 12 avril, qui entraîna la prise du vaisseau amiral. Le carnage fut affreux à bord de la *Ville de Paris*; le sang inondait les entreponts; M. de Vaugiraud, quoique blessé deux jours auparavant, y montra autant d'activité que de courage. Le conseil de guerre qui eut lieu à l'occasion de cette affaire, loua tellement sa conduite, qu'il reçut du Roi une lettre honorable, où Sa Majesté le félicita sur son dévouement en lui accordant une pension de douze cents francs. La paix ayant été signée en 1783, il fut employé comme commandant en second, dans la première escadre d'évolution sous les ordres de M. d'Albert-de-Rioms. En 1788 on lui donna le commandement de la *Gracieuse*, pour la station des colonies occidentales. En 1789, des mouvements insurrectionnels s'étant manifestés à la Martinique, le gouverneur,

M. de Vioménil se rendit au conseil, accompagné par M. de Vaugiraud, et tous deux parvinrent à mettre pour le moment cette colonie à l'abri des désordres de la révolution. Peu de temps après, il revint en France et rentra dans ses foyers. Au moment du départ de Louis XVI pour Varennes, les autorités révolutionnaires du Poitou menaçant la liberté et la fortune du comte de Vaugiraud et de plusieurs gentilshommes, ceux-ci se virent contraints de se réunir au château de la Proutière, et de se défendre contre la violence : le château fut incendié ; mais cet essai fit connaître les ressources que la fidèle population de ce pays offrait à la cause de la royauté. M. de Vaugiraud vint demander justice au gouvernement ; un décret de prise de corps décida son émigration. Arrivé à Coblenz, il reçut ordre des princes français d'organiser le corps de la marine en compagnies, dont le comte d'Hector prit le commandement. A l'ouverture de la campagne, il eut le commandement d'une compagnie noble de cavalerie qui fut chargée d'accompagner les princes, dont il partagea les fatigues et les dangers. Au licenciement, il reçut l'ordre de passer en Angleterre, pour se rendre dans la Vendée, afin d'y porter les ordres du Roi ; mais cette disposition fut changée, et le comte de Vaugiraud resta à Londres jusqu'au départ de l'expédition de Quiberon. Sa réputation comme marin, le fit choisir pour diriger les mouvements de l'escadre de sir J. Warren, et indiquer les points convenables pour la descente. Les opérations nautiques qu'il conseilla furent admirées des Anglais eux-mêmes ; et lorsque les résultats de cette expédition ne permirent plus que de chercher à sauver ceux qui en faisaient partie, il obtint de l'amiral anglais la direction de huit chaloupes canonnières, avec lesquelles il vint s'embosser en face des républicains, que son feu terrible arrêta assez de temps pour sauver l'artillerie et plusieurs compagnies. S. A. R. Monsieur étant venu à l'Isle-Dieu, M. de Vaugiraud y fit les fonctions de capitaine de port, et retourna avec le prince en Angleterre, où il a résidé jusqu'en 1814. Enfin le retour des Bourbons le ramena en France ; il y fut à peine arrivé que le Roi le nomma vice-amiral et gouverneur de la Martinique. Sa réputation l'avait précédé dans cette colonie, et la population toute entière y fut transportée de joie à son arrivée ; mais le retour de Buonaparte en 1815, changea cette heureuse position. A cette nouvelle, M. de Vaugiraud sentit tous les dangers qui le menaçaient ; des observations trop exactes lui avaient fait entrevoir que les appuis sur lesquels il devait compter lui manqueraient dans l'occasion : la Guadeloupe venait de s'insurger ; des émissaires étaient envoyés, accueillis même à la Martinique ; les dispositions des troupes étaient incertaines : déjà les ordres de Napoléon arrivaient, et quelques fonctionnaires tremblaient à leur réception ; mais l'auguste princesse qui, au milieu de ses dangers personnels, n'oubliait rien pour sauver les Français dévoués à leur Roi, Madame, avait songé aux dangers que courait la Martinique. M. de Vaugiraud fut instruit de la part de S. A. R. de ce qui se passait, et peu de jours après, il reçut du Roi le titre de gouverneur-général des Antilles, avec les pouvoirs les plus étendus. Il déclara alors sa ferme résolution de maintenir le pavillon blanc ; fit arrêter les agitateurs, rembarquer pour la France les militaires mal disposés, et força tout le monde à faire son devoir. La Martinique sauvée ainsi de tous les maux que la rébellion venait d'attirer sur la Guadeloupe, avait encore besoin des travaux de son gouverneur ; des dépenses excessives, une administration en désordre, des abus enracinés altéraient sa prospérité. M. de Vaugiraud reçut ordre du ministre de remédier à ces abus, et il ne craignit pas d'attaquer de front tout ce qui lui paraissait contraire au bien public. L'intrigue jeta les hauts cris et lui suscita mille traverses : trop au-dessus de ces manœuvres, il poursuivit ses plans. Les trois années de son gouvernement étant expirées, il a remis la colonie au général Donzelot, son successeur ; et il est de retour à Paris depuis le mois de septembre 1818. L.

VAUME (Jean-Sébastien), médecin, né à Arlon, en 1746, fut appelé à Paris par M. Richard, médeclu du Roi, son parent, y suivit les cours des plus habiles professeurs; et travailla à l'Hôtel-Dieu sous Moreau, et aux Invalides, sous Sabatier. Admis comme élève à l'armée de Corse, alors sous les ordres de M. de Marbeuf, il fit les campagnes pour la conquête de cette île, fut nommé, en 1773, chirurgien aide-major de l'armée, puis chirurgien en chef de l'hôpital militaire d'Ajaccio, et fut chargé, en cette qualité, de propager l'inoculation de la petite vérole; ce qu'il exécuta avec un succès constant. La famille Buonaparte augmenta la liste de ses inoculés. En 1776, il retourna dans sa patrie, et il prit à Louvain ses grades en médecine. Le prince de Ligne lui offrit la place de chirurgien-major de son régiment, et il fit la campagne de 1778, dans laquelle il se distingua par son traitement de la fièvre putride qui avait infecté l'armée. Après cette guerre, il habita Bruxelles; mais la révolution des Pays-Bas le détermina à venir s'établir en 1792 à Paris, où il fut médecin de l'hôpital du Roule. Il publia dans cette ville en 1796, son *Traité de médecine pratique et de la fièvre putride*, et il fit ensuite imprimer un projet de *Code médical*, dans lequel il établit en principe que les praticiens seraient obligés de se conformer à des règles uniformes. La découverte de la vaccine ranima son zèle en faveur de l'inoculation; il suivit cependant les premiers essais du comité de vaccine, dont il devint le plus ardent antagoniste, et fut le premier qui écrivit contre la nouvelle méthode. Ses ouvrages intitulés, *Les dangers de la Vaccine*, ont été traduits dans plusieurs langues. Dans sa *Dissertation sur le Mercure*, il prétend avoir enfin trouvé une préparation de ce minéral sans inconvénient, et cette préparation a obtenu beaucoup de succès sous le nom de *dragées*. Voici la liste de ses ouvrages : I. *Traité de la fièvre putride, précédé d'une dissertation sur les remèdes généraux, dont l'utilité est circonscrite aux habitants qui sont entre les 43e. et 60e. degrés de latitude, et les 7e. et 40e. degrés de longitude de notre hémisphère*, 1796, in-8°. II. *Réflexions sur la nouvelle méthode d'inoculer la petite vérole avec le virus des vaches*, 1800, in-8°. III. *Les dangers de la vaccine*, 1801, in-8°. IV. *Nouvelles preuves des dangers de la vaccine*, 1801, in-8°. V. *Projet d'un Code de Chirurgie-pratique*, sous le nom de Code médical, 1809, in-8°. VI. *Dissertation sur le Mercure, ses préparations et leurs effets dans le corps de l'homme*, 1812, in-12. F.

VAUQUELIN (Nicolas-Louis), membre de l'académie des sciences, de la faculté de médecine de Paris, et de la plupart des sociétés savantes de l'Europe, est né à Hébertot, en Normandie, le 16 mai 1763. Il étudia la chimie et la pharmacie à Rouen, et vint à Paris en 1780, pour y continuer ses études. En 1783, Fourcroy l'associa à ses travaux comme préparateur de chimie. Bientôt il devint l'émule et l'ami de son maître, et l'aida pendant huit ans dans ses recherches les plus importantes. En 1793, et trois mois avant la dissolution de l'académie des sciences, il en fut nommé membre, et à la même époque il fut nommé pharmacien d'un hôpital militaire établi à Melun. En 1794, le gouvernement le rappela à Paris, avec le titre d'inspecteur des mines, et il fut chargé de faire un cours de docimasie pour les élèves de l'école des mines. Il obtint en même-temps la place de professeur de chimie adjoint à l'école polytechnique. Il fit partie de l'institut lors de la création de cette compagnie. M. Vauquelin reçut la croix de la Légion-d'honneur, à l'époque où cet ordre fut fondé. A la mort de M. Darcet, il le remplaça en qualité de professeur de chimie au collège de France, et donna sa démission de la place d'inspecteur des mines. Lorsque l'école spéciale de pharmacie fut fondée, il en fut nommé directeur. A la mort de M. Brongniard, professeur de chimie au jardin des plantes, il obtint cette chaire sur la présentation unanime de l'institut, de l'administration et des inspecteurs des études; mais en acceptant cette place, il donna sa démission de la chaire du collège de France. En 1811, celle de professeur de chimie à la faculté de médecine, étant vacante par la mort de Fourcroy, et ayant été mise au concours, M. Vauquelin entra dans la lice et en sortit victorieux sans combat; car les candidats, pénétrés d'un juste respect, se retirèrent du concours. Il fut, en 1788, un des fondateurs de la société philomatique. Ce savant n'a publié *ex-professo*, que le *Manuel de l'essayeur*, 1812, in-8º.; mais il doit sa haute réputation aux belles analyses qu'il a faites, soit de concert avec Fourcroy, soit en particulier; à ses expériences publiques, et aux mémoires qu'il a publiés dans les *Annales de chimie*, dans le *Journal des mines*, dans les *Annales du muséum*, dans le *Journal de physique* et *l'encyclopédie méthodique*, ou qu'il a lus à l'académie. Ces mémoires sont très-nombreux; voici les titres des plus remarquables: I. *Sur la nature de l'alun*, (*Annales de chimie* 1797. II.) *Sur la nouvelle substance métallique contenue dans le plomb rouge de Sibérie* (chrome), ibid., 1798. III. *Notice sur la terre du Brésil*, ibid. Cette terre (la Glucine), était inconnue avant M. Vauquelin. IV. *Deux mémoires sur l'urine*, en société avec Fourcroy; ibid., 1799. V. *Sur l'eau de l'amnios des femmes et des vaches*; ibid., 1800. VI. *Sur le verre d'antimoine*; ibid. VII. *Observations sur l'identité des acides pyro-muqueux, pyro-tartareux, pyro-ligneux; et sur la nécessité de ne plus les regarder comme des acides particuliers*, en société avec Fourcroy; ibid. VIII. *Sur les pierres dites tombées du ciel*; ibid., 1803. IX. *Sur le platine*, en société avec Fourcroy; ibid., 1804. X. *Sur la présence d'un nouveau sel phosphorique terreux, dans les os des animaux*, etc.; en société avec Fourcroy; ibid., 1803. XI. *Examen chimique pour servir à l'histoire de la laite des poissons*, en société avec Fourcroy; ibid., 1807. XII. *Analyse de la matière cérébrale de l'homme et de quelques animaux*, ibid., 1812. XIII. *Expérience sur le dapné alpina*; ibid. XIV. *Analyse de l'urine de l'autruche, et expériences sur les excrémens de quelques autres familles d'oiseaux*; en société avec Fourcroy; (*Annales du muséum d'histoire naturelle*, Paris, 1811.)

F. R.

VEDEL (Le comte DOMINIQUE-HONORÉ-MARIE-ANTOINE), né à Monaco, le 2 juillet 1771, entra au service le 6 mars 1784. Jeune encore à l'époque de la révolution, il se distingua dans les premières campagnes, obtint le grade de colonel, combattit à la tête du 17e. régiment d'infanterie légère à Austerlitz, et fut nommé général de brigade à la suite de cette journée. Employé en 1806 contre les Prussiens et les Russes, il se fit remarquer au combat de Pulstuck, le 26 décembre, et en 1807 aux batailles d'Eylau et de Friedland. Il obtint à cette occasion le titre de commandant de la Légion-d'honneur, et le grade de général de division. L'année suivante, il fut envoyé en Espagne, où il fit partie du corps du général Dupont, et capitula comme lui à Baylen. (*Voyez* CASTAÑOS et DUPONT-DE-L'ETANG.) Il tomba dans la disgrâce, et partagea la captivité de ses chefs. Il fut nommé par le Roi, en 1814, commandant en second de la 14e. division militaire à Cherbourg, et chevalier de Saint-Louis. Après le 20 mars 1815, il accepta le commandement de la 14e. division à Caen. Au mois de juin suivant, il se porta sur Baïeux avec deux mille hommes et six pièces de canon, pour attaquer le duc d'Aumont qui venait de débarquer. Mais, trompé par une ruse de ce chef royaliste, qui trouva moyen de lui persuader que les Anglais se disposaient à débarquer près d'Arromanches, il renonça à ses projets hostiles et conclut une convention par laquelle il s'engagea à laisser Baïeux au pouvoir de l'armée royale, à rendre les officiers prisonniers, et à se retirer à la distance de deux lieues. Le général Vedel ne tarda pas à se repentir de cet arrangement qu'il avait lui-même provoqué, et menaça le duc d'Aumont de l'attaquer avec toutes ses forces s'il ne se hâtait de se rembarquer. Le duc lui répondit, en lui ordonnant au nom du Roi de mettre bas les armes; mais ne voulant pas sacrifier Baïeux, il se retira sur Livry. Cependant le général Vedel ne s'avançait qu'avec précaution. Il apprit à moitié chemin de Baïeux, par une députation de cette ville, que toute la population était résolue de se lever en masse pour le repousser, et au même instant il reçut la nouvelle que la ville de Caen s'était déclarée pour le Roi, et que la garnison en avait été chassée. Cerné alors de tous côtés par les royalistes, il congédia sa troupe et se retira. Depuis le licenciement, le général Vedel est à la demi-solde. Il a épousé la fille du fameux Carrier. S. S.

VENAILLE, né à Romorantin, fut député de Loir-et-Cher à la Convention nationale, où il vota la mort de Louis XVI de la manière suivante : « Trois questions ont été proposées : sur la 1re., j'ai répondu *oui*; elle déclare Louis coupable de trahison. Sur la 2e., j'ai répondu *non*, parce que j'ai calculé les inconvénients qu'il y aurait à renvoyer un pareil acte à sa source. Sur la 3e., comme législateur, je prends une mesure de sûreté générale ; juge, j'applique la loi. Je vote pour la mort. Sur la 4e., *point de sursis*. » Il ne passa point aux conseils, et fut employé, après la session, en qualité de commissaire du directoire, jusqu'au 18 brumaire (9 novembre 1799). Il fut depuis substitut du procureur impérial à Romorantin, et membre du conseil d'arrondissement. Il a été compris, en 1816, dans la loi contre les régicides, et s'est réfugié en Suisse. B. M.

VÉRAC (Le marquis CHARLES-OLIVIER DE SAINT-GEORGE DE), né le 10 octobre 1743, au château de Couhé-Vérac, dans le Poitou, fut, dès l'âge de 10 ans, nommé à la charge de lieutenant-général de cette province, que son bisaïeul, son aïeul et son père avoient possédée. Il entra à 14 ans dans les mousquetaires, et fit la campagne de 1761, en qualité d'aide-de-camp du duc d'Havré, son beau-père. Le 16 juillet de la même année, à l'affaire de Willinghausen, il fut blessé au bras, du même coup de canon qui tua ce général. En 1763, il obtint, en considération de sa blessure, le brevet de colonel à la suite de l'infanterie. En 1767, il fut nommé colonel au corps des grenadiers de France, et en 1770, mestre de camp, lieutenant du régiment-royal dragons, et chevalier de Saint-Louis. En 1772, il fut nommé ministre plénipotentiaire de S. M. à la cour de Cassel, et passa en la même qualité à celle de Danemark en 1774, et en 1779 à celle de Russie. En 1784, il fut nommé à l'ambassade de Hollande, et en fut rappelé, en 1787, par une suite des circonstances politiques. Au mois de mars 1789, il remplaça, dans l'ambassade de Suisse, M. de Vergennes, et donna sa démission en 1791, au moment où il apprit l'arrestation du Roi à Varennes, et la déclaration qu'avait donnée ce prince avant de partir de Paris. Porté sur la liste des émigrés, toutes ses propriétés furent vendues, ses châteaux démolis, ses titres brûlés, tout son mobilier fut mis au pillage ; en un mot, tout ce qu'il possédait en France devint la proie de la fureur révolutionnaire. Retiré successivement à Lindau, à Venise, à Florence, et enfin à Ratisbonne, ce ne fut qu'en 1801 qu'il obtint sa radiation de la liste des émigrés, et la permission de revenir en France, où il ne trouva plus le moindre débris de ses propriétés. Maréchal de camp en 1781, il a obtenu du Roi le grade de lieutenant-général en 1816. S. M., dès 1814, avait bien voulu lui rendre les entrées de la chambre, que le feu Roi lui avait accordées en 1779. — Son fils aîné, le vicomte Olivier de VÉRAC, pair de France, né vers 1770, servit dans les carabiniers, émigra ; et, revenu en France avec son père, il a épousé la fille du vicomte de Noailles. A l'ouverture de la session de 1818, il a été nommé l'un des quatre secrétaires de la chambre des pairs. F.

VERDIER (Le comte JEAN-ANTOINE), né à Toulouse, le 1er. mai 1767, entra au régiment de La Fère le 18 février 1785, fut nommé sous-lieutenant, en 1792, capitaine au deuxième bataillon des volontaires de la Haute-Garonne en 1794, et devint peu de temps après aide-de-camp du général Augereau. Employé à l'armée des Pyrénées-Orientales, il prit, l'épée à la main, avec un bataillon de chasseurs de la Drôme, le camp retranché de Liers, défendu par 4000 Espagnols et 80 bouches à feu ; opération qui décida la reddition du fort de Figuières, et qui valut au capitaine Verdier le grade d'adjudant-général chef de brigade, le 25 novembre 1795. Envoyé l'année suivante à l'armée d'Italie, il fut promu au grade de général de brigade sur le champ de bataille de Castiglione. Il fit le reste de cette guerre jusqu'à la paix de Léoben, et se trouva à tous les combats qui furent livrés. De là, il partit pour l'Egypte, faisant partie de la division Kléber, dont il commanda les grenadiers et éclaireurs réunis sous Saint-Jean-d'Acre. Revenu en Egypte, après l'expédition de Syrie, il fut envoyé pour commander la province de Damiette. Le 17 septembre 1799, les Turcs étant débarqués au Bogas de Damiette (embouchure du Nil) au nombre de 8 mille, ayant à leur tête sir Sidney Smith, le général Verdier, avec mille hommes, marcha contre eux, en tua les deux tiers et prit le reste avec dix pièces de canon. Cette action lui valut un sabre d'honneur. Le siége du Caire lui ayant donné une nouvelle occasion de se faire remarquer, il fut promu au grade de général de division. Rappelé en France avant l'évacuation de l'Egypte, il alla commander une division en Italie, sous les ordres de Murat ; passa au commandement des troupes françaises en Etrurie, d'où il partit avec son corps d'armée pour occuper la Pouille, sous les ordres du général Gouvion Saint-Cyr. Il fut rappelé en Toscane peu de temps après. La guerre s'étant rallumée avec l'Autriche, le général Verdier commanda une division sous Masséna ; il fut ensuite envoyé en Toscane, puis dans le royaume de Naples, où il marcha de concert avec le général Regnier jusqu'à Reggio, chassant devant lui l'armée napolitaine qui se réfugia en Sicile. Il fut ensuite appelé à la grande armée sur la Vistule ; et y arriva assez à temps pour assister au combat de Heilsberg et à la bataille de Friedland où il se distingua. Après la paix de Tilsitt, il conduisit un corps d'armée en Espagne, et le commanda dès le début de la campagne au combat de Logrogno, devant Sarragosse, dont il fit le premier siége, et dont il s'était emparé presqu'en totalité, le jour où il reçut l'ordre de lever le siége, à cause de la retraite de Madrid. L'armée ayant repris l'offensive, il marcha avec elle, et entra dans Madrid, après une faible résistance; puis il se dirigea sur la Catalogne pour faire le siége de Girone. Après la reddition de cette place, il remit le commandement au maréchal Augereau, qui prit le gouvernement de la Catalogne. En 1812, il se rendit à la grande armée pour faire partie de l'expédition de Russie, et commanda une division sous le maréchal Oudinot : il eut occasion de se faire remarquer sur la Drissa, ainsi qu'aux combats des 16 et 17 août, devant Polosk, où il fut grièvement blessé. Rentré en France après cette blessure, le général Verdier fut envoyé, en 1813, pour commander le second corps de l'armée franco-italienne, sous les ordres du prince Eugène, et il fut nommé grand'-croix de la Légion-d'honneur, pour la part qu'il prit à la bataille du Mincio. Cette décoration lui a été confirmée par le Roi ; et S. M. l'a en même-temps fait chevalier de Saint-Louis. Il avait reçu le titre de comte sous le gouvernement impérial. Dans les cent jours de 1815, Buonaparte le nomma membre de la chambre des pairs, et commandant de la huitième division, à Marseille. Il occupait encore cette place, lorsqu'au premier bruit de la défaite de Waterloo, le peuple arbora la cocarde blanche, aux cris de vive le Roi ! Le général Verdier voulut arrêter cette explosion ; mais voyant l'exaspération portée à son comble, il fit sortir ses troupes pendant la nuit, pour éviter d'avoir des Français à combattre, et marcha vers Toulon, où sa présence était devenue nécessaire par l'apparition d'une flotte anglaise. Ce général est en retraite, par suite de l'ordonnance du 1er. août 1815.   F.

VERDIER (J.), de la Sarthe, a publié : I. *Tableaux analytiques et critiques de la vaccine et de la vaccination*, 1801, in-8°. II. *Tableau analytique de la grammaire générale appliquée aux langues savantes*, 1803, in-12. III. *L'art d'étudier et d'enseigner les langues Française et Latine, séparément et conjointement*, 1804, in-12. IV. *Discours et essai aphoristique sur l'allaitement et l'éducation physique des enfants*, 1804, in-8°. V. *La Cranomanie du docteur Gall, anéantie au moyen de l'anatomie et de la physiologie de l'âme*, 1808, in-12. VI. *Calendrier des amateurs de la vie et de l'humanité, ou avis sur l'asphyxiatrique, la médecine des asphyxiés ou trépassés*, 1816, in-12.

— VERDIER DE PORT-DE-GUY (Le chevalier), littérateur toulousain, a publié : I. *Éloge de très-haut, très-puissant et très-excellent Prince Louis XVI, par la grâce de Dieu, Roi de France et de Navarre*; imprimé au profit des Espagnols réfugiés. II. *Le Serment des Preux*. III. *Crispin comte*, comédie. Il a fait jouer à Toulouse en 1806, une tragédie intitulée *Scipion l'Africain*, qui n'a pas eu de succès.

OT.

VERGENNES (Le comte CONSTANTIN GRAVIER DE), chevalier de St.-Louis et de Malte, officier de la Légion-d'honneur, fils aîné du ministre de ce nom, né en 1761, à Constantinople, pendant l'ambassade de son père, entra au service le 19 janvier 1777, en qualité d'enseigne dans le régiment des Gardes-Françaises. A la fin de 1782, il accompagna en Angleterre M. de Rayneval, chargé de négocier la paix, et fut nommé en 1783, capitaine-colonel de la compagnie des Gardes de la porte. Il reçut en 1786, le titre de colonel en second du régiment Dauphin, dragons. Nommé, au printems de 1787, ministre plénipotentiaire du Roi, à Coblentz, il y servit la cause royale avec un zele qui lui valut, au mois de décembre 1791, un rappel, que son secrétaire de légation, l'abbé de Kintzinger eut l'honneur de partager. L'accueil fait aux émigrés par l'électeur de Trèves, dès le commencement de 1790, fut dû en grande partie au comte de Vergennes, qui, pour entretenir les bonnes intentions de l'électeur, eut à lutter contre les oppositions quelquefois timides de son ministère. Mais les progrès du parti révolutionnaire ne lui permirent bientôt plus de conserver cet emploi. Quand il vint notifier son rappel à l'électeur, ce prince attacha lui même la cocarde blanche à son chapeau. Dans un moment d'embarras pécuniaire, le comte de Vergennes, sa mère et son frère, sacrifièrent la totalité de leurs diamants pour gage d'un emprunt fait par les princes français. Ces effets, leur unique ressource, valaient plus de 300,000 francs Autorisé par LL. AA. RR. le comte de Vergennes réunit, sous leurs ordres, la compagnie des gardes de la porte, avec la dénomination de *compagnie de l'institution de Saint-Louis*; et il fit à la tête de cette troupe, la campagne de 1792. Établi en Hollande après le licenciement, il fut contraint, lors de l'invasion de ce pays, de se retirer, à travers les glaces du Zuyderzée dans un trajet de 18 lieues. Sa mère et ses deux filles, n'ayant pu le suivre, furent arrêtées et traînées pendant trois mois de prison en prison, jusqu'au moment de leur déportation. Il les a vu périr en peu d'années, des suites de leurs souffrances. En 1802, il rentra en France, après en avoir demandé la permission au Roi, avec l'espoir de retrouver quelques-unes de ses propriétés : mais tout avait été vendu. Sans moyens d'existence pour lui et sa famille, il refusa de brillants emplois qui lui furent offerts par le gouvernement de Buonaparte, et préféra la carrière obscure des eaux et forêts, où il était inspecteur. En 1814, le Roi rétablit la compagnie de ses gardes de la porte, et le commandement en fut confié à M. de Vergennes. En mars 1815, il fut autorisé par S. M. à recevoir tous ceux qui voudraient s'agréger à cette troupe, et en moins de huit jours, 9 cents officiers ou jeunes gens s'y firent inscrire. Le comte de Vergennes avait conservé l'ancien drapeau des gardes de la porte. Donné à cette compagnie par Louis XVI, en 1785, caché pendant les premiers troubles de la révolution, il reparut pendant la campagne de 1792, à la tête de cette garde fidele, et en 1814 lors du rétablissement de ce corps. Quand il fut dissout, en 1815, le Roi rendit le comte de Vergennes et ses descendans dépositaires de ce drapeau, et à la même époque les gardes de la porte lui firent don d'une belle épée. — VERGENNES (Le vicomte Louis Charles Joseph Gravier DE), frère du précédent, maréchal-de-camp, officier de la Légion-d'honneur, chevalier de Saint-Louis et de Saint-Jean de Jérusalem, est né le 17 mars 1765, à Constantinople. Il entra au service le 14 février 1779, en qualité d'enseigne dans les

Gardes-Françaises; devint capitaine au régiment de Languedoc, dragons, le 4 juillet 1782; passa en la même qualité au régiment de chasseurs des Vosges, le 14 septembre 1788; et fut fait colonel en second du régiment de Bassigny, le 18 mars 1788. Ayant émigré en 1790, il fut nommé commandant de la cinquième brigade des mousquetaires en 1791, et fit en cette qualité la campagne de 1792. En 1794, il passa capitaine dans le régiment de Vioménil, au service d'Angleterre, et resta attaché à ce service jusqu'en mai 1797. Rentré en France en 1802, il trouva, pendant quelque temps, dans la carrière forestière, une ressource contre le dénuement où l'avait plongé la perte totale de sa fortune. En mars 1815, il fut nommé commandant en second des gardes de la porte, lorsque cette compagnie prit un nouvel accroissement par l'effet du débarquement de Buonaparte; il passa en Belgique avec une partie de ce corps et revint à Paris, à la suite du Roi. La compagnie lui fit don d'un sabre, lors du licenciement. Le 31 octobre 1815, il fut nommé commandant du département du Puy-de-Dôme. Le vicomte de Vergennes, a rempli les fonctions de juge dans les procès des généraux Drouet d'Erlon, Cambronne, Bonnaire, etc.   F

VERLAC (BERNARD-LOUIS), ancien avocat à Nîmes, né à Ségur en 1757, a publié : I. *Poésies*; 1782, 1786, 1802, in-8°. II. *Discours sur les devoirs, les qualités et les connaissances du médecin, avec un Cours d'études*, par J. Grégory, traduit de l'anglais (*voy.* GRÉGORY dans la *Biog. univ.*, XVIII, 439), 1787, in-12. III. *Observations sur les hôpitaux*, par J. Aikin, traduit de l'anglais, 1787, in-12. IV. *Mémoire présenté à Nosseigneurs de l'assemblée nationale*, par le sieur Verlac, 1789, in-8°. V. *Hammond et Cobbett, ou les Malheurs des guerres civiles*, 1789, 2 vol. in-12. VI. *Nouveau plan d'éducation pour toutes les classes de citoyens*, 1790, in-8°. VII. *Observations des citoyens Dupré et Verlac sur le système d'une refonte générale des monnaies*, 1792, in-8°. VIII. *La Morale naturelle ramenée aux principes de la physique*, par Bruce, traduit de l'anglais, 1794, in-8°. IX. *Abus de confiance, avis à la crédulité*, 1802, in-8°. X. *Règne de Buonaparte* (satire, 1 à 7,) 1814, in-8°. XI. *Histoire de mes Voyages*, 1815, in-8°.   OT.

VERNEILH-PUIRASEAU (Le chevalier JOSEPH DE), fut député, en 1791, à l'assemblée législative, par le département de la Dordogne, et ne s'y fit point remarquer. Il y siégea au côté droit et vota avec le parti constitutionnel. M. de Verneilh après avoir été successivement préfet de la Corrèze et du Mont-Blanc, fut nommé, en 1809, président du collége électoral de Nontron, et en 1810, membre du corps législatif pour le département de la Dordogne. Le 24 septembre 1814, il parla en faveur du projet sur la naturalisation. Le 28 octobre, il appuya le projet de restitution aux émigrés de leurs biens non vendus. Il passa ensuite à la discussion des divers articles du projet, et demanda que les biens cédés à la caisse d'amortissement et aux hospices, fussent restitués à leurs propriétaires, mais que la loi prévint pour l'avenir des réclamations de ce genre, afin de tranquilliser les acquéreurs de biens nationaux. Le 27 décembre, il parla en faveur des amendements de la commission au projet de loi sur la cour de cassation. M. Verneilh de Puiraseau fut nommé pendant les cent jours, à la chambre des représentants, où il ne se fit remarquer que par sa modération. Dans la séance du 30 juin, il prit la défense de M. de Malleville, attaqué par M. Gareau (*Voyez ce nom.*) M. de Puiraseau ne fit point partie de la chambre des députés convoquée après le retour du Roi; mais ayant été nommé par ordonnance du 20 août 1815, vice-président du collége électoral de la Dordogne, il fut appelé à faire partie de la nouvelle chambre, dans laquelle il a pris part aux discussions les plus importantes. On a de lui : I. *Statistique du département du Mont-Blanc*, Paris, 1807, in-4°. de 513 pag. D'environ deux cents statistiques de différents départements, publiées en divers formats, celle-ci peut passer pour la meilleure. Une première édition in-folio, commencée à l'imprimerie du gouvernement, n'a pas été terminée. II. *Observations des commissions consultatives sur le projet du code rural.* Le ministre de l'intérieur fit remettre, en 1817, des exemplaires de cet ouvrage aux bibliothèques publiques. S. S.

VERNES (FRANÇOIS), né à Genève, le 10 janvier 1765, est fils de Jacob Vernes, pasteur de cette ville, auteur de plusieurs écrits estimés. Ceux qui ont été publiés par François Vernes sont: I. *Poésies fugitives*, 1782, in-8°., 1783, in-8°. II. *Mariage de Figaro*, comédie en trois actes, 1784, in-12. III. *Le Voyageur sentimental ou ma promenade à Yverdun*, 1786, in-8°. IV. *Ode sur la mort du prince de Brunswick*, 1787, in-8°. V. *Lettres écrites de Lausanne*, 1788, in-8°. VI. *La Franciade ou l'ancienne France*, poëme en seize chants, 1790, 2 vol. in-8°. VII. *Description de la fête de J.-J. Rousseau*, 1794, in-12. VIII. *Le Francinisme ou la philosophie naturelle*, 1794, in-8°. IX. *Adélaïde de Clarence, ou les malheurs et les délices du sentiment*, 1796, 2 vol. in-8°. X. *Le Voyageur sentimental en France, sous Robespierre*, 1799, 2 vol. in-12. XI. *Poésies*, 1799, in-12. XII. *Odisco et Félicie, ou la colonie des Florides*, 1803, 2 vol. in-12. XIII. *La Création*, poëme en six chants, 1804, in-18. XIV. *Voyage épisodique et pittoresque aux glaciers des Alpes*, 1807, in-12; XV. *Almed*, 1817, 3 volumes in-12; seconde édition 1816, 3 volumes in-12. XVI. *Etrennes à mes Enfants*, 1816, 2 volumes in-18. M. Vernes a été l'éditeur des sermons de son père. OT.

VERNET (CARLE), peintre français, fils de celui qui s'est fait une si grande réputation par ses *Marines*, est auteur de plusieurs tableaux très-estimés, et parmi lesquels on cite le tableau représentant *Napoléon donnant des ordres aux maréchaux, le matin de la bataille d'Austerlitz.* Cet ouvrage, qui parut pour la première fois au salon de 1809, concourut en 1810, pour les prix décennaux, et fut jugé digne d'une mention honorable. On a encore de lui: *la bataille de Marengo* et *la bataille de Tolosa*, tableaux d'une grande dimension et d'un grand mérite, surtout en ce qui concerne les chevaux; on sait que M. Carle Vernet excelle dans ce genre. C'est d'après ses dessins qu'ont été gravés les *tableaux historiques des campagnes d'Italie*, depuis 1794 jusqu'à la bataille de Marengo, 1806, in-folio. Il est aussi auteur d'une *collection de chevaux*, dont les dessins sont gravés par le procédé lithographique. Il en a paru 8 cahiers, 1817, in-folio. M. Vernet a fait en 1814, avec le plus grand succès, tant pour la ressemblance que pour l'exécution, le portrait du duc de Berri. Ce prince y est représenté en costume de colonel-général des dragons; derrière lui sont groupés plusieurs officiers à cheval, et dans le fond, on aperçoit quelques pelotons de cavalerie qui manœuvrent. M. Carle Vernet a été nommé membre de l'Institut le 2 juin 1815. Il a composé une multitude de petits tableaux représentant des chevaux et des caricatures remplies d'esprit. Son fils, Horace Vernet, qui a déjà mérité d'être considéré comme le troisième grand peintre de sa famille, a donné des tableaux dignes de l'admiration de tous les connaisseurs, dans les diverses expositions. Il s'est aussi distingué dans ces derniers temps par ses compositions lithographiques, principalement destinées à reproduire les traits particuliers de courage des soldats français. S. S.

VERNEUR (JACQUES-THOMAS), chef de bureau à la préfecture du département de la Seine, officier de la garde nationale, né à Porentrui, le 21 décembre 1778, est auteur d'un ouvrage intitulé: *Digressions sur l'histoire des Rauraques*, etc. *à la suite des découvertes faites sur le Rhin*, 1796, in-12. On lui attribue: les *Singularités anglaises, écossaises et irlandaises*, 1814, 2 vol. in-12, et l'*Écho des salons de Paris*, 1815, 3 vol. in-12. M. Verneur a obtenu du Roi, en 1815, des lettres de naturalité. Il est collaborateur au *Moniteur* et l'a été au *Journal des Arts*. Il vient de publier, avec M. Frieville (Frieswinckel), le premier numéro du *Journal des voyages, découvertes et voyages modernes*, in-8°., dont il promet un numéro par mois. O⊤.

VERNIN (P.-J.), né à Moulins, était lieutenant-criminel du présidial, lorsqu'il fut député du tiers-état de cette sénéchaussée aux états-généraux, où il siéga constamment parmi les modérés, sans jamais paraître à la tribune. Nommé, en septembre 1795, au conseil des anciens, par le département de l'Allier, il vota, le 11 février 1797, le rejet de la résolution qui soumettait à cassation les déclarations opposées des jurys sur les mêmes faits; parla encore quelquefois sur des matières de judicature, et sortit du conseil le 20 mai 1798. Il devint, sous le gouvernement impérial, conseiller à la cour impériale de Riom; fut ensuite nommé président de chambre à la même cour, et en exerçait encore les fonctions en 1818. S. S

VERNINAC DE ST.-MAUR, né à Cahors en 1762, vint à Paris de bonne heure et chercha à s'y faire connaître par quelques pièces de vers qui furent insérées dans les journaux. Lorsque la révolution éclata, il s'en montra un des plus zélés partisans, mais sans se mettre en évidence. Il fut envoyé par le Roi, le 1er juin 1791, en qualité de commissaire médiateur avec Lescène Desmaisons et l'abbé Mulot, pour apaiser les troubles du comtat Vénaissin. Ces commissaires parvinrent à mettre fin aux horreurs de la guerre qui déchirait ce malheureux pays, et à faire rentrer dans leurs foyers les détachements fournis par les diverses communes; mais M. Verninac parut bientôt se séparer de ses collègues, et il se lia avec les Duprat, les Mainvielle et les Rovère, dont il appuya les prétentions. Lorsque ces révolutionnaires eurent fait désarmer leurs adversaires, et incarcérer la municipalité et ses partisans, M. de Verninac accompagna leurs députés à Paris; et, dans un rapport lu à l'assemblée constituante, le 10 septembre 1791, il pallia leurs projets et les malheurs qui devaient en résulter, affaiblissant ainsi l'impression qu'avait produite, dans la même séance, le compte rendu par son collègue *Lescène* Desmaisons, au nom de la commission médiatrice. Cinq semaines après, Avignon fut inondé de sang par les massacres *de la Glacière*. Cette mission, fut le premier échelon de la fortune diplomatique de M. de Verninac. Nommé ministre de France en Suède, en avril 1792, il arriva à Stockholm, le 16 mai, deux jours après les funérailles de Gustave III. Quoique la mort de ce prince eût rendu la nouvelle cour de Suède plus favorable à la révolution française, M. de Verninac n'y fut pas bien accueilli, et il n'y fit pas une longue résidence. Le scandale que causa en Europe l'arrivée à Paris du baron de Staël, six semaines après la mort de Louis XVI, obligea la France et la Suède à rappeler respectivement leurs ministres, et M. Verninac passa en 1795 à la Porte Ottomane, avec le titre d'envoyé extraordinaire. Il fit son entrée à Constantinople, le 26 avril. A sa première audience, il fut précédé d'une musique militaire et escorté d'un détachement de troupes françaises, la baïonnette au bout du fusil, jusques dans la seconde cour du sérail, où elles présentèrent les armes au grand-visir et aux autres membres du divan : ce qui ne s'était encore jamais vu. Au reste, cette ambassade donna lieu à plus d'une innovation; M. de Verninac est le premier étranger qui ait fait imprimer et distribuer une gazette, dans sa langue, à Constantinople. Le grand-visir lui donna le titre de *citoyen*; et comme ce mot ne pouvait pas être traduit en turc, on fut obligé de le prononcer en français. M. de Verninac notifia à la Porte le traité de paix avec la Prusse, fit reconnaître la république française, et détermina l'envoi d'un ambassadeur permanent à Paris, dans la personne de Seïd-Aly-Effendi; mais il ne put réussir à faire entrer le grand-seigneur dans une alliance avec la France, malgré ses conférences avec les ministres de Suède et de Prusse. Il fut traversé par tous les autres ambassadeurs, surtout par ceux de Russie et d'Angleterre. Il sollicita son rappel, fut remplacé par Aubert du Bayet, et quitta Constantinople dans les premiers jours de novembre 1796. Arrêté à Naples et gardé à vue pendant quelques mois, il n'arriva en France qu'en mai 1797; et le 9 juin suivant, il fut reçu en grande audience par le directoire, auquel il présenta un étendard ottoman et un diplôme de Sélim III. Il épousa peu de temps après la fille de Charles Delacroix, alors ministre des relations extérieures. Dès la création des préfectures, en 1800, le gouvernement consulaire le nomma à celle du Rhône. Il passa, en 1801, dans le Valais, qui bientôt après s'organisa en république, sous la protection du gouvernement français. La diète, par reconnaissance, déclara, au commencement de 1805, que dans ses négociations pour l'indépendance des Valaisans, M. de Verninac avait bien mérité de la république, et lui accorda, à lui et à sa famille, les droits et titres de citoyens du Valais. Depuis ce moment, il n'a rempli aucunes fonctions publiques. On a de lui: I. *Oraison funèbre de Louis-Philippe, duc d'Orléans*, 1786. II. Un *Recueil de poésies*. III. *Recherches sur les cours et les procédures criminelles d'Angleterre, extraites des commentaires de Blackstone sur les lois anglaises*, 1790, in-8°. IV. *Description physique et politique du département du Rhône*, 1802, in-8°. A.

VEYRAT (Pierre-Hugues), né à Genève, en 1756, était négociant en horlogerie et joaillerie, avant la révolution; il se rendit en 1795, à Paris, et y obtint la place d'inspecteur-général de police, qu'il a exercée pendant 20 ans, jusqu'au 27 avril 1814, servant avec zele et une rare activité les divers gouvernements qui se succédèrent. Les changements politiques l'éloignèrent cinq fois de cet emploi, et toujours il y fut rappelé par le besoin que l'on éprouvait de son expérience et de son habileté. Buonaparte, par un décret spécial, le nomma inspecteur-général du 4e arrondissement de la police générale, comprenant Paris. Quoique ferme et sévère dans ses fonctions, il s'est acquis des droits à la reconnaissance de beaucoup de victimes de nos troubles. Le 31 mars 1814, au matin, avant l'entrée des troupes alliées, informé que deux officiers russes, venaient, au mépris de la capitulation, d'être arrêtés par des soldats d'un corps franc, qui, les ayant dévalisés et garottés, excitaient le peuple à les massacrer, il se rendit au lieu de cette scène, qui pouvait avoir des suites désastreuses. Il en impose à la multitude, prend sous sa sauvegarde les deux officiers étrangers, et, secondé de quelques citoyens honnêtes, fait arrêter les soldats du corps franc. En 1816, M. Veyrat fut appelé en témoignage dans le procès de Fauche-Borel, contre Perlet (*Voy.* ces deux noms). La franchise de sa déposition, son ton d'assurance et d'impassibilité, firent jaillir la vérité dans cette affaire; et Perlet, qui l'avait horriblement calomnié, se vit si bien démasqué, que, sans attendre l'issue du procès, il prit la fuite. M. Veyrat, maintenant sans emploi, vit retiré à Paris. — Son fils (Jean-François) après avoir rempli pendant 16 ans les fonctions d'officier de police et d'inspecteur-général adjoint, s'est, depuis 3 ans, voué au commerce. F.

VEZIN-MONREPOS, homme de loi avant la révolution, fut nommé, en mars 1798, par le départ. de l'Aveyron au conseil des cinq-cents, pour 2 ans; prit plusieurs fois la parole sur divers objets d'administration, s'opposa au rétablissement de l'impôt sur le sel, et fit célébrer l'anniversaire du 18 fructidor. En octobre 1799, il parut chercher à éclaircir la dénonciation d'une lettre de convocation extraordinaire, imprimée secrètement, et qui semblait devoir servir aux projets qui éclatèrent au 18 brumaire; mais il adhéra ensuite avec zele à cette révolution, fut envoyé dans les départements, pour provoquer l'assentiment de l'opinion publique, et devint membre du tribunat dont il fit partie jusqu'en 1804. Il passa en 1806 au corps-législatif, en sortit en 1808, et fut nommé en 1811, conseiller à la cour impériale de Montpellier. Elu de nouveau membre du corps-législatif en 1812, il adhéra en 1814 à la déchéance de Buonaparte; siégea pendant les cent jours de 1815, à la chambre des représentants, comme député de l'Aveyron, et reprit, après la session, ses fonctions à la cour royale de Montpellier. B. M.

VICHERY (Le baron), né le 23 septembre 1767, fit la guerre d'Espagne, en qualité de général de brigade,

et se distingua les 4 et 5 mai 1811, au combat de Fuente de Onor. Le 1er. février 1813, il battit le général espagnol Empecinado, à Medina-Celi; blessé d'une balle au bras droit, il fut cité avec éloge dans le bulletin officiel. Promu au grade de général de division, le 30 mai suivant, il fut nommé par le Roi, chevalier de Saint-Louis, le 19 juillet 1814, et commandant de la Légion-d'honneur, au mois de septembre de la même année. Le baron Vichery fut employé, en juin 1815, au 4e. corps de l'armée du nord. Il a été admis à la retraite le 9 septembre suivant.
C. C.

VICTOR (PERRIN), duc de Bellune, maréchal et pair de France, grand cordon de la Légion-d'honneur, commandeur de Saint-Louis, etc., est né à la Marche, en Lorraine, en 1766. Il entra au service dans l'artillerie, en 1781, et parvint successivement jusqu'au grade de maréchal-de-camp, auquel il fut promu en 1793, au siège de Toulon, pour avoir dirigé l'attaque de la redoute l'Aiguillette, dont la prise amena l'évacuation de cette place. Il y fut blessé de deux coups de feu. Passé après la guérison de ses blessures, à l'armée des Pyrénées orientales, il se trouva aux sièges de Saint-Elme et de Roses, et aux batailles qui eurent lieu jusqu'à l'époque du traité de Bâle. Il se distingua, en 1796, aux affaires de Loano, de Cossaria et de Dego; en 1797, à celles de la Favorite et de Saint-George, où il fit mettre bas les armes à 8000 hommes de la division autrichienne de Provera. Promu au grade de général de division, il battit les ennemis sur le Serio, surprit la place d'Ancône, et fit prisonniers 5000 hommes qui en formaient la garnison. Ce succès détermina le traité de Tolentino, avec le pape. Après celui de Campo-Formio, le général Victor fut appelé au commandement du département de la Vendée, et il rétablit le calme dans ce malheureux pays, sans faire usage des moyens militaires qui étaient à sa disposition, et seulement par la douceur et la sagesse de ses mesures. En 1799, il retourna en Italie, et sa division rendit de grands services aux batailles de Sainte-Lucie, de Villa-Franca, d'Alexandrie, de la Trébia et de Novi. Arrivé à propos sur le champ de bataille, à l'affaire de Montebello, il en détermina le succès. Deux jours après, il commandait l'avant-garde à la bataille de Marengo, et il soutint tous les efforts de l'armée autrichienne, pendant 8 heures, sans perdre de terrain, jusqu'à l'arrivée de l'armée. Il reçut le sabre d'honneur pour cette conduite glorieuse. Il passa immédiatement après, au commandement de l'armée Gallo-Batave, qu'il ne quitta qu'après le traité d'Amiens, pour se rendre en Danemark, en qualité d'ambassadeur de France. Il resta à ce poste jusqu'au moment où la guerre fut déclarée à la Prusse. Présent à la bataille de Iéna, il y fut blessé; contribua ensuite puissamment au gain de la bataille de Pulstuck, et à divers succès obtenus sur les armées russes et prussiennes, pendant la campagne de 1806. Le général Victor fut pris dans cette campagne par un parti de coureurs, lorsque voyageant dans sa voiture, il se croyait au centre de l'armée française; mais il fut presqu'aussitôt échangé. Commandant le premier corps de la grande armée, en 1807, à la bataille de Friedland, il détermina le succès de cette journée, et fut élevé à la dignité de maréchal de France, sur le champ de bataille. Appelé au gouvernement de la Prusse, après le traité de Tilsitt, il s'y concilia l'estime des habitants, pendant 15 mois qu'il resta parmi eux. Arrivé en Espagne en 1808, il battit complétement les armées espagnoles aux batailles de Spinosa, de Sommosierra et Madrid; en 1809, il gagna la bataille d'Uclès et fit 15,000 prisonniers de l'armée commandée par le duc de l'Infantado, et qui à Baylen, avait forcé un corps de l'armée française à capituler. Il gagna la bataille de Medelin, où il détruisit l'armée commandée par Cuesta. A la bataille de Talavera, son corps fit des prodiges de valeur, mais il ne fut pas soutenu. la marche savante et hardie qu'il fit à travers la Sierra-Morena, obligea les Espagnols à abandonner le passage fortifié de Pena-Perros: ce qui mit toute l'Andalousie au pouvoir des

Français. Chargé d'investir Cadix, il fit élever des fortifications qui rendaient sa position inexpugnable. Aussi les Anglais et les Espagnols échouèrent-ils dans toutes les entreprises qu'ils firent pour le déloger pendant deux ans et demi qu'il y séjourna. Voulant toutefois l'obliger à se retirer, ils réunirent 24,000 hommes à Tarifa, pour l'attaquer en arrière, ce qui donna lieu à la bataille de Barossa, près Chiclana, par suite de laquelle les troupes combinées furent obligées de rentrer à Cadix. Il quitta le blocus de cette place en 1812, pour faire la campagne de Russie, à la tête du 9e. corps. Le maréchal Victor se couvrit de gloire au combat de la Bévésina. En 1813, il commandait le 2e. corps qui, à la bataille de Dresde, enleva les positions de la gauche des alliés, et fixa la victoire en faisant prisonniers 15,000 Autrichiens. Il battit encore les ennemis à Wachau, et soutint sa gloire sur le champ de Leipzig, et sur celui de Hanau. Arrivé sur le Rhin, il fut envoyé à Strasbourg, pour mettre en état de défense les places de l'Alsace. Après s'être acquitté de cette mission, il défendit les Vôges pied à pied; mais obligé enfin de céder à des forces supérieures, il se reploya sur la Meuse, qu'il défendit encore quelques jours, et ensuite sur Saint-Dizier, d'où il chassa les Russes, le 27 janvier 1814. Quelques jours après, il emporta le village de Brienne, gardé par 15,000 Russes et Prussiens. Le 9 février, il se porta vers la Seine, pour seconder les opérations de Buonaparte, sur Champ-Aubert et la Ferté, et il défendit les ponts de Nogent, jusqu'au 16. Il dirigea les affaires brillantes de Nangis et de Villeneuve, le 17, et c'est après ces deux succès obtenus dans le même jour, que Buonaparte l'accusa de ne s'être pas rendu à Montereau aussi promptement qu'il lui avait été prescrit, sans considérer que le temps qu'avaient duré ces deux combats, l'avait mis dans l'impossibilité d'exécuter cette disposition. Le 7 mars suivant, le maréchal Victor dirigea l'avant-garde à la bataille de Craonne, et fut blessé grièvement. Après le rétablissement des Bourbons, il obtint le gouvernement de la 2e. division militaire à Mézières, et lors de l'invasion de Buonaparte, en 1815, il fit tous ses efforts pour empêcher la défection des troupes; n'ayant pu y parvenir, il quitta Châlons, au moment où il allait être arrêté (*Voyez* RIGAUD), suivit S. M. en Belgique, et rentra avec elle en juillet suivant. Quelque temps après, il fut nommé président du collège électoral de Loir et Cher, pair de France, major-général de la garde royale, et président de la commission chargée d'examiner la conduite des officiers pendant les cent jours. En 1816, le Roi le désigna pour représenter l'armée française au mariage du duc de Berri.   F.

VIEL (CHARLES-FRANÇOIS), architecte, né à Paris, en 1745, a dirigé des constructions importantes, telles que l'hospice du faubourg St.-Jacques, le bâtiment de la Pitié, celui du Mont-de-Piété, et surtout l'égoût de Bicêtre, ouvrage souterrain, digne des anciens. On a de lui: I. *Projet d'un monument consacré à l'histoire naturelle*, 1780, in-4°. II. *Lettres sur l'architecture des anciens et celle des modernes*, 1780 — 81 — 87, in-8°. III. *Observations philosophiques sur l'usage d'exposer les ouvrages de peinture et de sculpture*, 1788, in-8°. IV. *Principes de l'ordonnance et de la construction des bâtiments*, tome 1er., 1797, in-4°.; tome 5e., 1814, in-4°. V. *Moyens pour la restauration des piliers du dôme du Panthéon français*, 1797, in-4°., 1812, in-4°. VI. *Plans et coupes des projets de restauration des piliers du dôme du Panthéon*, 1798, in-4°. VII. *Décadence de l'architecture à la fin du dix-huitième siècle*, 1800, in-4°. VIII. *Des points-d'appui indirects dans la construction des bâtiments*, 1802, in-4°. IX. *De la construction des édifices publics sans l'emploi du fer, et quel en doit être l'usage dans les bâtiments particuliers*, 1803, in-4°. X. *Des anciennes études de l'architecture et de la nécessité de les remettre en vigueur; et de leur utilité pour l'ordonnance des bâtiments civils*, 1807, in-4°. XI. *Inconvénients de la communication des plans d'édifices avant leur exécution*, 1813, in-4°. XII. *Notice nécrologique sur M.*

Chalgrin, 1814, in-4°. XIII. *Grand égout de Bicêtre*, ordonné par le roi Louis XIV, *plans, élévation, coupes et profil*, 1817, in-4°. M. Barbier lui attribue : *Dissertation sur les cornes antiques et modernes, ouvrage philosophique*, 1786, in-8°. Oт.

VIEILLARD (P. A.), fils de Vieillard Boismartin, maire de Saint-Lô, mort en 1815, est connu par d'agréables productions ; savoir : I. *Le retour d'Astrée*, 1810, in-8°. II. *Chant d'allégresse*, 1810, in-8°. III. *Chant pour les fêtes des 14 et 15 août 1810*, in-8°. IV. *Le 21 janvier 1815*; suivi du *Tombeau de Louis XVI et de Marie-Antoinette, au cimetière de la Madeleine*, 1815, in-8°. V. *Prière de la garde nationale de Paris, au bivouac de Saint-Denis, dans la nuit du 6 au 7 juillet 1815*, in-8°. VI. *Poésies nationales*, 1817, in-12. On y trouve *Éponine*, pièce lyrique; *Blanche de Castille*, intermede; *Le mariage de Robert de France et de Béatrix de Bourbon*, comédie héroïque et lyrique ; et un fragment du *Mariage de Robert de France ou l'Astrologue en défaut*, comédie représentée en 1816, pour le mariage du duc de Berri. VII. *Les Béarnais à Paris*, tableau mêlé de chant et de danse, pour l'inauguration de la statue d'Henri IV, 1818. VIII. Des vers dans *la Quotidienne*, sur la mort du prince de Condé ; juin 1818. Il est auteur des changements faits à l'opéra du Triomphe de Trajan. Le Dictionnaire des girouettes ayant, à l'occasion de ces changements, maltraité M. Vieillard, ce dernier s'en vengea par une épigramme. Oт.

VIEILLOT (Louis-Pierre), naturaliste, né à Yvetot, le 10 mai 1748; a publié : I. *Histoire naturelle des oiseaux de Paradis, des Promerops et des Grimpereaux sucriers*, peints d'après nature par Audebert et C. Sauvages, 1801 et années suivantes, 32 livraisons, in-folio (Voyez *la Biographie universelle*, au mot AUDEBERT.) II. *Histoire naturelle des plus beaux oiseaux chanteurs de la zone torride*, 1806 et suivantes, 12 livraisons, in-f°. III. *Histoire naturelle des oiseaux de l'Amérique septentrionale*, 1808 et suivantes, 22 livraisons. Ces ouvrages sont ornés des plus belles gravures, qui, par un procédé particulier, rendent, avec une grande vérité, les reflets dorés de ces oiseaux exotiques. IV. *Analyse d'une nouvelle ornithologie élémentaire*, 1816, in-8°. M. Vieillot l'a revue et appliquée dans la partie ornithologique dont il est chargé pour le *Nouveau Dictionnaire d'histoire naturelle*. Il a fait, à ses frais, plusieurs voyages dans les colonies françaises et aux États-Unis, pour le progrès des sciences naturelles. Oт.

VIEL-CASTEL (Charles de Salviac baron de), colonel chef d'état-major de la garde nationale de Seine et Oise, issu d'un des chevaliers mentionnés dans l'histoire des croisades, fut d'abord page de Louis XVI, puis officier de dragons. Ayant émigré, avec quatre de ses frères, nés comme lui en Périgord, il fit la campagne des princes, en 1792; rentra en France à la fin de 1793, fut incarcéré et ne sortit de prison qu'après la chute de Robespierre. N'ayant pu recouvrer qu'une très-faible portion de sa fortune, il accepta, dans l'intérêt de ses enfants, une place de chambellan auprès de Joséphine, après son divorce. Le roi de Bavière, dont il fut connu à cette petite cour, le décora de la croix de son ordre. Nommé commandant de la garde nationale de Versailles, à son organisation en janvier 1814, il n'en prit le commandement qu'après l'arrivée de Monsieur à Paris. Il se trouva à la tête de ce corps à Louvres, frontière de Seine et Oise, le 2 mai, pour y recevoir le Roi. M. de Viel-Castel a continué de commander la garde nationale de Versailles, excepté pendant les cent jours, où il fut obligé de s'éloigner. Rappelé par le vœu de ses camarades qui n'avaient pas voulu recevoir un autre chef, il revint à Versailles la veille de l'arrivée des Prussiens dans cette ville, traita avec eux, le 30 juin 1815, et se trouva exposé avec sa garde au ressentiment des troupes du camp de Paris, commandé par le général Excelmans. Le roi de Prusse lui témoigna sa satisfaction en lui envoyant la croix de l'Aigle rouge, et le Roi le nomma chevalier de St.-

Louis. — Théodore de Viel-Castel, son fils, était auditeur au conseil-d'état, attaché à la section de l'intérieur. En 1815, son père lui confia la première compagnie de volontaires royaux qu'il forma à Versailles. Au retour du Roi, il publia des réflexions politiques qui furent mentionnées avec éloge dans les journaux. Au mois d'août 1815, il fut nommé par le Roi sous-préfet de Sceaux. — Louis de Viel-Castel, frère du précédent, s'est adonné très-jeune à l'étude de l'histoire, de la politique et des lettres; on connaît de lui plusieurs écrits qui annoncent du talent. Sa sagacité et son amour du travail, l'ont fait remarquer de M. le duc de Richelieu qui l'a appelé dans les bureaux des affaires étrangères, où il est employé depuis deux ans. P.

VIENNET (Jacques-Joseph), d'une ancienne famille originaire d'Italie, est né en Languedoc, le 14 avril 1754. Entré en 1774 dans le régiment de Languedoc-dragons, il fit, comme sous-lieutenant, la guerre de sept-ans, avec trois autres officiers de sa famille, et sous les yeux d'un de ses oncles, aide-major du régiment licencié en 1763. Il vécut dans la retraite, jusqu'en 1790, époque à laquelle la ville de Beziers le mit au nombre de ses officiers municipaux. Le département de l'Hérault le députa en 1791, à la première législature; et les mêmes suffrages le portèrent à la Convention. Dans le procès du Roi, il vota pour l'incompétence, pour l'appel au peuple, pour la réclusion, et pour le sursis; dans l'opinion qu'il émit à la tribune, on remarque le passage suivant: « Je crois avoir prouvé que » Louis n'a cessé d'être Roi qu'à l'é- » poque où vous avez aboli la royauté; » je crois encore qu'il ne peut être » jugé comme homme..... J'ai toujours » pensé qu'une assemblée de législa- » teurs ne pouvait s'ériger en tribunal » judiciaire; que le même corps ne » pouvait à la fois exercer la justice » et faire des lois; que cette cumula- » tion de pouvoirs serait une mons- » truosité..... » Tant qu'il fut membre des diverses législatures, M. Viennet, s'occupa sans relâche d'obtenir la radiation des émigrés qu'on lui recommandait, d'arracher des victimes aux tribunaux révolutionnaires, des prisonniers aux cachots de la terreur, et de faire lever le séquestre mis sur les biens des proscrits; aucun danger ne l'effrayait quand on lui demandait de pareils services. Après une vive discussion qu'il eut avec Marat, dans le sein même de la Convention, ce dernier, qu'il avait culbuté du haut de la tribune, le signala le lendemain dans son journal, comme un *royaliste, un ennemi de la nation, un partisan de Pitt et de Cobourg*. Quatre cents *suspects* étaient détenus dans les prisons du département de l'Hérault; la commission d'Orange venait de faire tomber trois cents têtes, dans celui du Gard, et Voulland pressait vivement le comité de sûreté générale d'envoyer cette commission dans le département voisin; M. Viennet, secondé par M. Castilhon son collègue, combat tous les raisonnements du féroce Voulland, brave ses menaces, le menace lui-même, et gagne ainsi le 9 thermidor, qui sauve la vie à tous ces détenus. Ce vertueux député a été souvent désigné sous le nom de *l'honnête homme de la Convention;* et ses concitoyens lui ont depuis longtemps donné celui de vieux Romain. Retiré des affaires et étranger à la politique depuis 1799, il vieillit en paix au sein de sa famille, estimé de tous les partis. — Son frère, Esprit Viennet, a été pendant quarante ans curé de la paroisse de Saint-Merry, à Paris. — Son fils (Jean-Pons-Guillaume), né à Beziers, le 18 novembre 1777, entra dans l'artillerie de la marine en 1796, fit quelques campagnes sur mer, et se trouva comme capitaine d'infanterie aux batailles de Lutzen, de Bautzen, de Dresde et de Leipzig, en 1813. Nommé chevalier de la Légion-d'honneur après les deux premières, il fut fait prisonnier à la dernière; son vote contre le consulat à vie, avait nui à son avancement; ce qui ne l'empêcha pas de voter encore, en 1815, contre l'acte additionnel. Domicilié depuis trois ans à Paris, il s'occupe de poésie et de littérature, et montre une grande indépendance dans ses opinions. Il a travaillé au *Journal de Paris* et aux *Annales*, et il est membre des sociétés philotechnique, académique et autres. Les séances des deux premières et les journaux de la capitale ont fait connaître des fragments de ses poèmes de *Francus* et de la *Philippide*. On a de lui : I. *Essai de poésie et d'éloquence*, 1814, in-8°. II. *Dithyrambe*, sur la naissance du Roi de Rome (dans les *Hommages poétiques* de Lucet). III. *Epitres*, 1813, in-8°. IV. *Lettre d'un Français à l'empereur, sur la situation de la France et de l'Europe, et sur la constitution qu'on nous prépare*, 1815, in-8°. V. *Opinion d'un homme de lettres sur la constitution proposée*, 1815, in-8°. VI. *Epître à l'empereur Alexandre*, 1815, in-8°. VII. *Épître au Roi sur l'ordonnance du 5 septembre*, 1816, in-8°. VIII. *Epître à M. le comte Gouvion Saint-Cyr, sur l'armée*, 1818, in-8°. F.

VIGÉE (LOUIS-GUILLAUME-BERNARD-ETIENNE), né vers 1755, était secrétaire du cabinet de Madame avant la révolution. Malgré son extrême éloignement des affaires publiques et une petite ode à la liberté, il subit quelques mois d'emprisonnement sous le règne de la terreur. Il paya ensuite à Buonaparte le tribut obligé, et dont peu de poètes se dispensèrent. Il travailla aux Veillées des Muses, et il donna des leçons de littérature à l'Athénée, fonction dans laquelle il succéda à Laharpe. La comparaison qu'on fit de sa méthode avec celle de son prédécesseur lui attira quelques critiques. M. Vigée excelle dans la lecture à haute voix. Il fut nommé, en 1814, lecteur du Roi. Depuis cette époque, il a laissé passer beaucoup de solennités sans offrir à S. M. l'hommage de sa muse, dans quelques pièces de vers où il y a de la facilité et de l'élégance, mais sans verve, ni chaleur. Il s'est fait remarquer par ses démêlés avec l'académie française, contre laquelle il a lancé beaucoup d'épigrammes; ce qui lui donne quelque ressemblance avec Piron. On croit même que chez M. Vigée, comme chez le poète bourguignon, cet éloignement cache un secret dépit de n'avoir pu entrer dans le sanctuaire. Au reste, il paraît aujourd'hui avoir pris son parti sur ce point. Voici son épitaphe, qu'il publia en 1817, annonçant que, malade et souffrant, il sentait sa fin prochaine :

« Ci-gît qui fit des vers, les fit mal, et ne put,
»Quoiqu'il fût sans esprit, être de l'Institut. »

Un membre de l'académie française y a fait cette réponse :

Vigée écrit qu'il est un sot :
Pense-t-il qu'on le contredise?
Non : l'épitaphe est si précise
Que tout Paris le prend au mot.

On a de lui : I. *Epître en vers aux membres de l'académie française, décriés dans le* XVIIIe. *siècle*, 1776, in-8°. II. *Les aveux difficiles*, comédie, 1783, in-8°. III. *L'Entrevue*, comédie, 1783, in-8°. IV. *La Belle-Mère, ou les dangers d'un second mariage*, 1788, in-8°. V. *La Matinée d'une jolie femme*, comédie, 1793, in-8°. VI. *La Vivacité à l'épreuve*, comédie (non imprimée). VII. *OEuvres diverses, contenant Ninon de l'Enclos*, comédie en un acte et en vers, suivie de *Poésies fugitives*, 1797, in-8°. VIII. *Ma Journée*, poème, 1798, in-8°. IX. *Mes Conventions*, épître suivie de vers et de prose, 1800, in-12. X. *Discours couronné par l'académie de Montauban sur cette question : Combien la critique amère est nuisible aux talents?* 1807. XI. *Epître à J. F. Ducis, sur les avantages de la médiocrité*, 1810, in-8°. XII. *Discours au roi de Rome*, 1811, in-4°. (et dans les *Hommages poétiques* de Lucet). XIII. *La tendresse filiale*, 1812 et 1816. XIV. *Poésies*, 5e. édition, 1813, in-8°. XV. *Procès et mort de Louis XVI*, 1814, in-8°. XVI. *La princesse de Babylone*, opéra, 1815, in-8°. XVII. *Le Pour et le Contre*, dialogue religieux, moral, politique et littéraire, 1818, in-8°. M. Vigée est depuis long-temps le principal rédacteur de l'*Almanach des Muses*; il est aussi un des auteurs de la *Nouvelle Bibliothèque des Romans*.

C. C. et OT.

VIGNERON (CLAUDE-BONAVENTURE) était procureur-syndic du département de la Haute-Saône, lorsqu'il fut nommé député à la Convention nationale, où il vota la détention et le bannissement de Louis XVI, sans appel et avec sursis. Devenu membre du conseil des anciens, il en fut élu secrétaire le 21 novembre 1796, en sortit en mai 1798, et fut nommé en décembre 1799 au corps législatif. Il fut encore appelé à cette assemblée en 1807 et en 1813. En 1814, il vota la déchéance de Buonaparte, et fut élu, après le 20 mars, membre de la chambre des représentants. Il est rentré dans la vie privée après la dissolution de cette assemblée. B. M.

VIGNOLLE (Le comte MARTIN DE), lieutenant-général, né le 18 mars 1763, à Marsillargue, en Languedoc, entra au service en qualité de cadet-gentilhomme dans le régiment de Barrois, infanterie, en 1780, devint capitaine en 1792, et fit la campagne de cette année à l'armée des Alpes, sous le commandement de Montesquiou. Il était à la prise de Nice le 29 septembre 1792, et fut nommé adjudant-général le 25 février 1794. Il se trouva à toutes les affaires d'éclat qui eurent alors lieu sur cette frontière; et il commanda à la prise de Saorgio, le 29 avril 1794, une des colonnes qui emportèrent le camp retranché. Plus tard, il commanda une des colonnes qui s'emparèrent du Col de-Tende. Le général Kellermann lui confia les fonctions de sous-chef d'état-major. Il remplit celles de chef d'état-major sous le général Schérer, à la bataille de la Borghetta. Buonaparte, qui succéda à Schérer, ayant amené avec lui Berthier pour chef d'état-major, M. de Vignolle n'eut que le titre de sous-chef. Il fut présent, en cette qualité, aux affaires de Montenotte et de Dego, où il se distingua. Le directoire lui fit écrire pour lui témoigner sa satisfaction. Après la bataille de Mondovi, il concourut au traité par lequel le roi de Sardaigne consentit que les forteresses de Ceva, Coni, Alexandrie ou Tortone, reçussent garnison française. Il combattit à côté de Berthier, le 10 mai 1796, au passage du Pont-de-Lodi, qui ouvrit le Milanais aux armées françaises. Le 3 août, jour de la bataille de Castiglione, le général en chef demanda pour M. de Vignolle, qui *y avait montré une bravoure sûre, un talent et une activité rares*, le grade de général de brigade, qui lui fut accordé. A la bataille d'Arcole, il fut blessé d'un coup de feu, en marchant à la tête d'une colonne. Après sa guérison, il eut le commandement de la province de Crémone, et ensuite celui du Milanais qu'il conserva jusqu'à la fin de la campagne terminée par le traité de Campo-Formio. Resté en Italie, il y remplit les fonctions de chef d'état-major de l'armée; et au départ de Buonaparte, il fut nommé ministre de la guerre de la république cisalpine, place qu'il quitta pour rentrer en activité, à la reprise des hostilités, en novembre 1798. Dans cette campagne, il s'empara de Sienne, et fut chargé de la garde des Apennins toscans. Après l'affaire de la Trebia et la retraite des Français d'Italie, il reçut du général Moreau la mission d'aller à Nice organiser des bataillons supplémentaires. Après le 18 brumaire, Berthier ayant été nommé ministre de la guerre, le général de Vignolle fut appelé par lui à la place de secrétaire de ce ministère, qu'il remplit pendant deux mois. Il se rendit ensuite à Dijon, pour y organiser l'armée de réserve qui devait bientôt reconquérir l'Italie. Ayant passé le Tésin avec une colonne, il occupa Milan, et en bloqua la citadelle. Après la bataille de Marengo, il eut le commandement de la Lombardie, et la mission de concourir à l'organisation de la république italienne. Il se trouva ensuite au passage du Mincio (26 décembre 1800), et y eut son aide-de-camp tué à ses côtés. Après cette campagne, il reprit le commandement du Milanais jusqu'en 1802; et eut alors celui des troupes stationnées à Bergame et à Como, jusqu'en 1803, qu'il revint à Paris. Il fut à cette époque nommé chef d'état-major de l'armée de Hollande, et le 27 août 1803, promu au grade de général de division. Nommé commandant de la Légion-d'honneur en 1804, il dirigea, sous le général Marmont, le 2e. corps de la grande-armée, dans la campagne de 1805, et il alla avec le même général en Dalmatie, comme chef d'état-major de l'armée destinée à combattre les Russes et les Monténégrins, et à délivrer le général Lauriston, bloqué dans Raguse. Il contribua beaucoup au succès du combat de Debilibriok, en avant de Castel-Nuovo, et de quelques autres qui mirent fin à cette campagne. De retour en France, le général Vignolle fut envoyé à la grande-armée, et il y fit les fonctions de chef d'état-major général. Il se trouva à la prise de Vienne, à la bataille d'Essling, etc. Le 18 juin 1809, il passa comme chef d'état-major général à l'armée d'Italie, qui venait de gagner la bataille de Raab. A la première journée de la bataille de Wagram, il fut grièvement blessé d'un biscaïen qui lui fracassa la tempe, lui fit perdre l'usage d'un œil, et le retint pendant deux mois à Vienne. En septembre 1809, il se rendit à Milan, et il eut ordre de s'y occuper, au commencement de 1812, de l'organisation d'une armée destinée à faire partie de celle qui marchait contre la Russie. Malgré ses instances, il ne put suivre ce corps d'armée, et reçut l'ordre de rester en Italie pour commander les troupes qui s'y trouvaient. Au retour du prince Eugène à Milan, en 1813, il reprit ses fonctions de chef d'état-major. Après qu'il eut réorganisé l'armée d'Italie, il fit la campagne de cette année jusqu'aux événements d'avril 1814. Ces événements l'obligèrent de ramener l'armée sur les frontières de France. Il se rendit à Paris, dans le mois de juin, et fut membre de la commission chargée de l'examen des services militaires. Après la journée du 20 mars 1815, il se retira dans sa famille ; et lors de la seconde rentrée du Roi, il fut nommé au commandement de la 18e. division à Dijon. Il y resta jusqu'à la fin de septembre suivant, où une lettre du ministre le prévint qu'il se trouvait compris dans l'ordonnance du 1er. août 1815, et qu'il allait être admis à la retraite. Il fut nommé préfet de la Corse, en mars 1818. Le général Vignolle a publié : *Précis historique des opérations de l'armée d'Italie en 1813 et 1814*, Paris, 1817-8 ; il a en porte-feuille un *Essai historique sur la campagne de l'armée d'Italie en 1809*. F.

VILLAR (Noel-Gabriel-Luc), de l'académie française, est né à Toulouse, en 1748. Étant entré dans la congrégation des doctrinaires, il devint principal du collège de la Flèche. En 1791, il fut nommé à l'évêché constitutionnel de la Mayenne, sur le refus de M. l'abbé des Vaux-Ponts, qui, d'abord élu pour ce siège, n'accepta cependant qu'après beaucoup d'instances, et finit par donner sa démission quand il eut reconnu l'irrégularité d'un pareil choix. M. Villar fut sacré évêque à Paris, le 22 mai 1791. Ayant été élu membre de la Convention nationale, l'année suivante, il fut appelé à voter dans le procès du roi. Il déclara que ce prince était coupable, rejeta la ratification du peuple, admit le sursis, et vota la détention et le bannissement à la paix. Il renonça à ses fonctions d'évêque, et ne les reprit point au temps de la terreur. Il paraît même avoir abandonné entièrement l'état ecclésiastique ; il fut membre du corps législatif après la Convention, et devint inspecteur-général des études et conseiller ordinaire de l'université. On le fit entrer dans l'Institut, classe de la langue et de la littérature françaises, qui est aujourd'hui l'académie française ; et il fait partie de la commission chargée du dictionnaire de notre langue. On a de lui : I. Quelques *lettres pastorales*, lorsqu'il était évêque. II. Des *rapports* à la convention. III. Des *poésies* dans quelques recueils, et entr'autres dans la *Décade*, des fragments de l'*Iliade* en vers. IV. *Notice des travaux de littérature et beaux-arts de l'Institut national, pendant les ans IX et X* (Mém. de l'Inst., 1, 323, II, 10-62-79). V. *Notice sur la vie et les ouvrages de Louvet* (mém. de l'Inst., classe de littérature et beaux-arts, tom. 2, Hist., p. 27. — *De Jean Dusaulx* (ibid., III, Hist. p. 52). *D'Étienne Boullée, architecte* (ibid., p. 43). Z.

VILLATE (Eugène), comte d'Outremont, lieutenant-général, ancien aide-de-camp de Bernadotte et commandant de la Légion-d'honneur, fit avec distinction les campagnes de 1805-6 et 7, contre la Prusse et l'Autriche, combattit aux batailles d'Austerlitz, de Iéna et d'Eylau, et fut, à la suite de cette dernière affaire, nommé général de division. Envoyé en Espagne, il y mérita des éloges aux combats de Cuença et de Talaveyra de la Reyna, et dans plusieurs autres rencontres. Il commanda long-temps le premier corps sous le maréchal Soult. Le 2 novembre 1812, il entra à Madrid à la tête de l'avant-garde, et suivit les mouvements de l'armée du Midi. Il passa ensuite à celle que le prince Eugène commandait sur le Pô, et s'empara de Guastalla, le 1er. mars 1814. Le 2 juin suivant, le Roi le nomma chevalier de Saint-Louis, et inspecteur-général d'infanterie dans la vingtième division. Au mois de juillet 1815, et après le licenciement, le comte Villate commanda à Paris les soldats qui voulurent reprendre du service. A la fin de la même année, il fut membre du conseil de guerre assemblé pour juger le maréchal Ney, et qui se déclara incompétent. L'année suivante, il fut nommé au commandement de la vingtième division, qu'il a quittée depuis. — Un autre VILLATE est colonel des dragons de la Seine ; le Roi a signé son contrat de mariage, en février 1818. C. C.

VILLEFORT (CHARLES-AUGUSTE PARFAIT de), né en Languedoc, est frère du comte de Villefort, dont la femme était sous-gouvernante des enfants de France. Lui-même était vicaire-général de Châlons-sur-Marne. Émigré dès le commencement de la révolution, il ne tarda pas à rentrer en France, et y servit activement la cause royale. Il fut d'abord commissaire du Roi dans le Midi. Arrêté à Marseille, il y subit une courte détention, après laquelle il se rendit à Lyon, avec des instructions. Il partit ensuite pour l'armée d'Italie, où il fut capitaine dans le train d'artillerie : il faisait de fréquents voyages à Berne, pour y rendre compte des événements. De retour en France, après avoir obtenu sa radiation de la liste des émigrés, l'abbé de Villefort y demeura long-temps en surveillance. Il est un des hommes de France qui se sont dévoués aux intérêts de la maison royale avec le plus de zèle et d'activité : il a été en communication directe avec le roi Louis XVIII, pendant le long exil de ce prince, et il conserve diverses notes écrites de la propre main de S. M. Depuis la restauration, il a publié les Oraisons funèbres de Louis XVI, de Marie-Antoinette d'Autriche, de Mme. Elisabeth et du prince de Condé. C. C.

VILLÈLE (JOSEPH DE), d'une ancienne famille du Languedoc, est né en 1773. Il entra fort jeune dans la marine militaire. En 1791, à son retour d'une longue campagne à Saint-Domingue, il fut embarqué avec M. de Saint-Félix, son compatriote, aux soins duquel sa famille l'avait recommandé, et qui venait d'être nommé au commandement de la station de l'Inde. La succession trop rapide des événements révolutionnaires mit cet officier, devenu vice-amiral, dans le cas de quitter son commandement, et de chercher un réfuge à l'île de Bourbon, vers la fin de 1793. Il y fut bientôt poursuivi par la fureur des jabins de l'Ile-de-France, dont l'influence fit mettre sa tête à prix, et décerner la peine de mort contre quiconque lui donnerait asile. Cette circonstance fournit au jeune de Villèle l'occasion de faire connaître la noblesse de son caractère. Il avait suivi son général à l'île de Bourbon ; il s'attacha plus fortement à lui dans le malheur. Un habitant généreux nommé *Desorchère* avait reçu M. de St Félix ; la loi de mort qui venait d'être portée ne l'intimida point. Il cacha le malheureux général ; et M. de Villèle ne balança pas à partager ses dangers. Bientôt arrêté, ainsi que M. Desorchère, ils furent traînés dans les prisons ; mais nulle prière, nulle séduction, nulle menace, ne purent arracher à l'un ni à l'autre l'aveu du lieu où était retiré M. de Saint-Félix, qui finit par se remettre lui-même entre les mains de ses ennemis. Le dévouement de M. de Villèle, sa modestie, sa résignation aux persécutions qu'il éprouvait dans une si grande jeunesse, appelèrent sur lui l'intérêt général, et forcèrent jusqu'à l'estime des révolutionnaires. Mis en liberté par le juge d'instruction, ne pouvant plus rien pour son général, il demeura dans l'île hospitalière, où sa conduite venait de lui faire beaucoup d'amis. Quelques années après, il y devint membre de l'assemblée coloniale, qui eut quelquefois à statuer dans des circonstances difficiles. M. de Villèle montra dès-lors cette sagacité, cette justesse dans les aperçus, cette sagesse dans les moyens, cette modération dans les débats, surtout cette fermeté d'âme et cette loyauté qui ne l'abandonnèrent jamais, et qui, produites sur un plus grand théâtre, lui ont acquis dans ces dernières années une considération si universelle et si méritée. M. de Villèle revint en France en 1807, et se fixa à Toulouse. Sa conduite au conseil-général au 20 mars 1815, le fit remarquer, et M. le duc d'Angoulême, à son retour en France, le nomma maire de cette ville. Les suffrages de ses concitoyens l'appelèrent peu de temps après à les représenter dans la chambre des députés, où il parut dès le commencement avec beaucoup d'éclat. Son premier discours de quelque importance, fut relatif aux dépenses communales, qu'il chercha, dans la séance du 23 décembre, à séparer des finances de l'état. Il parla encore plusieurs fois dans cette session sur des objets de finance et d'administration; et le talent ainsi que l'expérience dont il fit preuve dans cette partie, l'environnèrent d'une grande considération. M. de Villèle parla aussi en 1816, sur la loi d'administration, et sur le projet de loi des élections. Nommé rapporteur de la commission centrale de ce dernier projet, il proposa, le 6 février, le renouvellement intégral, tous les cinq ans; et le 16 du même mois, il prononça, au nom de la même commission, un long discours à la suite duquel il proposa un projet de modification au projet des ministres, fondé principalement sur deux dégrés d'élection. Lorsque ce projet modifié, adopté par la chambre des députés, eut été rejeté par celle des pairs, M. de Villèle proposa le 8 avril, au nom de la même commission, une loi transitoire pour autoriser les colléges électoraux existants à faire les élections, dans le cas où une ordonnance royale viendrait à prononcer la dissolution de la chambre. Nommé commissaire pour les rapports à faire sur le budget, il défendit, le 19 mars, la commission et les vues qu'elle avait proposées. Il fit sentir que les créanciers de l'état perdraient plus dans le système des ministres que dans celui qu'il présentait, et s'élevant à de plus hautes considérations, il rechercha si les circonstances dans lesquelles la loi de 1814 avait été rendue, n'allaient pas jusqu'à dire qu'il fallait donner un nouveau gage à la révolution. « Mais, je » le demande, dit-il, ces gages, ces » concessions ont-ils empêché le 20 » mars, et rendu les révolutionnaires » plus soumis et plus fidèles? S'il n'y » a pas de réponse à cette question, je » dirai: Messieurs, élevons un mur » d'airain entre le passé et l'avenir; » mais sortons de l'ornière de la ré- » volution, pour n'y rentrer jamais. » Dans la séance du 14 avril, il paya aux habitants de l'île de Bourbon un tribut de reconnaissance personnelle, et déclara qu'il s'estimait heureux de pouvoir plaider leur cause en demandant la réduction du tarif des droits imposés sur l'importation de leurs denrées coloniales. Après la clôture de cette session, pendant le cours de laquelle M. de Villèle avait constamment voté avec la majorité, il fut reçu à Toulouse, avec un grand enthousiasme. Quelques jours après, lors de la cérémonie qui eut lieu pour l'installation des adjoints nommés par le Roi, le comte de Rémusat, préfet de la Haute-Garonne, lui adressa un discours plein des mêmes sentiments qui avaient éclaté à son retour. Après la dissolution de la chambre par l'ordonnance du 5 septembre 1816, M. de Villèle fut réélu à la nouvelle assemblée, par son département. Il se montra avec la minorité de cette chambre, tel qu'il avait paru avec la majorité de 1815, professant les mêmes principes de royalisme, et la même sagesse dans ses opinions. Le 9 novembre, il proposa de ne reconnaître aucune des élections irrégulières, et pensa qu'on devait faire l'application de cette mesure à M. Dupleix-de-Mézy, préfet du Nord, dont l'élection présentait de graves caractères d'irrégularité. Dans la discussion du projet de loi sur les élections, il dit, entre autres choses remarquables: « Si vous dé- » cidez, comme on vous le propose, » que tous les contribuables payant 300

» francs et au-dessus, nommeront di-
» rectement les députés, c'est comme
» si vous décidiez que cette nomina-
» tion sera faite par les contribuables
» de 3 à 5 francs d'impôt, car ils
» seront toujours les plus nombreux,
» et auront par conséquent toujours
» la majorité dans vos colléges. » Et
il termina ainsi : » Je me borne donc
» à voter pour que le projet soit reje-
» té; et je déclare que, loin de le
» croire commandé par la charte, je
» ne doute pas que son adoption n'en-
» traînât la chûte de cette loi fonda-
» mentale. » Il ne parla pas d'une
manière moins pressante contre le
projet de loi sur les restrictions de
la liberté individuelle. Comparant
les motifs assignés par le ministre
de la police, en 1815, pour faire passer
la loi du 29 octobre, à ceux qu'il employait en 1816, il démontra que les
mêmes motifs n'existant plus, une
semblable loi était sans utilité. Dans
son opinion sur le budget, prononcée
le 6 février 1817, M. de Villèle partagea l'avis de la commission sur le
refus de 1,500,000 francs demandés
pour l'instruction publique. L'examen
prolongé du budget lui fournit encore l'occasion de paraître souvent à la
tribune, et d'y faire admirer des connaissances aussi étendues en administration qu'en politique. Plusieurs passages de son discours du 6 février, sur
cette matière, excitèrent une admiration générale. Il ne se fit pas moins
remarquer dans les discussions qui occupèrent la chambre de 1817. Les
projets de loi sur la presse, sur la liberté individuelle, sur le recrutement
et sur les finances, furent les sujets
de plusieurs de ses discours. Lors de
la formation du bureau, il obtint 63
voix pour la présidence. « C'est avec
» un sentiment pénible, dit-il en
» commençant son opinion sur le
» projet de loi relatif à la presse, que,
» dès la première discussion qui a lieu
» dans cette chambre, je me vois
» obligé, comme dans la précédente,
» de prendre la parole pour combattre
» une proposition faite au nom du Roi.
» Dans les circonstances graves où se
» trouve notre pays, il n'est pas indif-
» férent en effet que des hommes dont
» les intentions sont pures, et le dé-
» vouement à la cause royale connu
» (j'ose prétendre à l'honneur d'être
» de ce nombre), votent ici pour ou
» contre le système politique adopté
» par le gouvernement du Roi. Si le
» système est conforme aux intérêts de
» la France et du Roi, notre aveu-
» glement est déplorable, et notre op-
» position un acte de folie, puisqu'elle
» nuit à tout ce que nous avons l'in-
» tention de servir. Mais si, par l'effet
» de ses conséquences nécessaires, l'au-
» torité royale s'affaiblit, si l'on voit
» chaque jour augmenter les moyens
» d'attaque dirigés contre elle et dis-
» perser ceux qui doivent la défendre,
» nous ne sommes ni aveugles ni in-
» sensés en combattant la cause de ces
» funestes résultats. » Cette espèce de
profession de foi ou de manifeste de
la minorité de la chambre, fit une
grande sensation. M. de Villèle parla
encore dans les discussions les plus
importantes de cette session, et tous
ses discours furent empreints de la
même fermeté de principes, et de la
même éloquence. Celui qu'il prononça le 3 février sur la loi de recrutement
est un des plus remarquables de la session : « La France, deux fois envahie,
» dit-il, gémit encore sous le poids
» de l'occupation des armées étran-
» gères. De tels résultats ne sauraient
» être considérés comme fortuits; ils
» furent la conséquence inévitable des
» moyens employés. Une école s'est
» formée parmi nous, qui professe
» une foi trompeuse dans ses moyens
» de gouvernement; elle s'étonne des
» résistances qu'elle éprouve; elle s'en
» prend à tous les obstacles qu'elle
» rencontre sur sa route. Le gouver-
» nement représentatif, où l'on ne
» peut bien jouer que les cartes sur
» table (si je puis me permettre cette
» expression), est surtout une cause
» d'erreur et d'irritation continue pour
» les membres de cette école : croi-
» raient-ils avoir cause gagnée, s'ils
» parvenaient à le corrompre ou à le
» dénaturer ? Ils y seraient trompés;
» l'esprit français, le caractère national
» lutteraient encore, et lutteront tou-
» jours, jusqu'à ce qu'on en revienne
» à ces deux grands moyens de gou-
» vernement pour nous, franchise et
» loyauté. » M. de Villèle donna à cette

époque sa démission de la place de maire de Toulouse. Il appuya, au mois de mars suivant, la réclamation des créanciers arriérés de l'état. Dans son opinion sur le budget, qu'il prononça le 3 avril 1818, il s'éleva contre les dépenses secrètes du ministère de la police, et en prit occasion de rappeler les événements de Lyon, question importante, sur laquelle plusieurs orateurs avaient déjà vainement demandé des éclaircissements au ministere. Enfin, M. de Villèle a conservé dans ces deux dernières sessions, la supériorité où l'avaient élevé ses talents et sa conduite dans la chambre de 1815. Partisan invariable des doctrines constitutionnelles, il doit à la loyauté de son caractère et à la constante modération de ses opinions, l'estime de ceux même qui ne votent pas comme lui. — Son cousin, l'abbé de Villèle, est un des prédicateurs les plus distingués de la capitale. C. et D.

VILLEMAIN (ABEL-FRANÇOIS), né à Paris le 10 juin 1790, fit des études brillantes au lycée impérial, et montra pour l'instruction publique des dispositions tellement précoces, que, dès l'âge de 18 ans, à peine sorti de sa rhétorique, il suppléait avec distinction MM. Luce de Lancival et Castel, professeurs de cette classe. Nommé en 1810 professeur de belles-lettres à l'école normale et au lycée Charlemagne, il fit ces deux cours avec la même supériorité. L'université nouvelle ayant rétabli l'usage, abandonné depuis la révolution, des harangues latines à la distribution des prix du concours général, ce fut M. Villemain, qui, en 1811, fut le premier chargé de prononcer le discours à cette solemnité. Le succès qu'il obtint dans cette occasion, fut un des meilleurs arguments contre les détracteurs des études modernes. M. Villemain concourut en 1812 pour l'*Éloge de Montaigne*, sujet proposé par la 2e. classe de l'Institut, obtint le prix sur des concurrents tels que MM. Jay, Droz, Biot, etc. Le public ratifia le jugement de la classe, et vit avec surprise un philosophe tel que Montaigne, dignement apprécié par un écrivain qui n'avait pas 22 ans. En 1814, M. Villemain fut nommé professeur suppléant d'histoire moderne dans la faculté des lettres de l'académie de Paris. Le discours d'ouverture de son cours, prononcé devant une assemblée nombreuse, fut vivement applaudi; l'orateur avait présenté dans un cadre fort resserré un tableau fidele et animé de l'*Histoire générale de l'Europe au quinzième siècle*. La même année, il remporta le prix d'éloquence à l'académie; le sujet proposé était: *Les Inconvénients de la critique littéraire*. M. Villemain l'a traité avec une convenance parfaite et avec son talent de style accoutumé. L'ouvrage fut couronné en présence de l'empereur de Russie; l'académie, par une dérogation sans exemple à ses usages, autorisa le jeune lauréat à prendre la parole dans son sein, pour lire son discours. M. Villemain fit précéder cette lecture de quelques mots pleins de noblesse adressés au monarque étranger, qui lui fit, au sortir de la séance, l'accueil le plus distingué. L'*Éloge de Montesquieu*, proposé pour le prix d'éloquence à décerner en 1816, mérita à M. Villemain une troisième couronne académique. La même année, il passa de la chaire d'histoire moderne à celle d'éloquence, dans la faculté des lettres de l'académie de Paris; et il fait aujourd'hui ce nouveau cours avec autant d'éclat que le premier. Vers la fin de 1815, il fut nommé, par ordonnance spéciale du Roi, directeur-général de l'imprimerie et de la librairie. M. Villemain est chevalier de la Légion-d'honneur; il a fourni à la *Biographie universelle* divers articles, notamment ceux de Démosthènes, Cicéron et Fénélon. Il est auteur d'une *Vie de Cromwell*, actuellement sous presse. Y.

VILLEMANZY (Le comte OZILLARD DE) entra dès sa jeunesse dans la carrière de l'administration militaire, et fit, comme commissaire des guerres, les campagnes de l'Amérique du nord, sous les ordres de Rochambeau. Ayant adopté les principes de la révolution, il continua de servir dans les armées de la république, et il y était commissaire ordonnateur en 1793, lorsqu'il fut pris par les Autrichiens en Alsace. Il ne revint en France qu'en 1796. Après la révolution du 18 brumaire, il devint inspecteur-général aux revues; présida, en 1804, le collége électoral d'Indre et Loire, dans l'arrondissement duquel il est né, et suivit la grande armée lors de la reprise des hostilités avec l'Autriche, en septembre 1805. Il fut nommé, en novembre même année, directeur général des contributions levées en Allemagne, et fut présenté par l'empereur, comme l'un des candidats au sénat, en mars 1806. Il prêta serment comme sénateur le 14 décembre 1809; reçut en même-temps le titre de comte, et fut autorisé à porter la décoration de commandeur de Saint-Henri de Saxe. Après avoir été envoyé extraordinairement, par décret du 26 décembre 1813, dans la 16e. division militaire, il donna son adhésion aux actes du sénat et du gouvernement provisoire, en avril 1814. Le 4 juin suivant, il fut nommé pair de France, et grand-officier de la Légion-d'honneur: n'ayant pas figuré dans la pairie instituée par Buonaparte, en 1815, M. de Villemanzy a été maintenu par le Roi dans la chambre des pairs. En 1816, il a été choisi par S. M. pour présider la commission chargée de la surveillance de la caisse d'amortissement. M. d'Ecquevilly ayant rapporté, en 1818, dans son Histoire des campagnes de l'armée de Condé, que M. de Villemanzy s'était laissé faire prisonnier de guerre en 1793, pour se réunir aux émigrés sans compromettre sa fortune, et qu'étant d'intelligence avec M. de Vioménil, il n'avait formé aucun magasin de vivres pour l'armée républicaine, afin que celle du prince de Condé en trouvât dans le pays qu'elle devait occuper, M. de Villemanzy se hâta de contredire ces faits, et M. d'Ecquevilly déclara ensuite lui-même que son assertion était erronée. Les rédacteurs de la *Minerve* l'avaient signalée comme calomnieuse. D.

VILLENAVE (MATHURIN-GUILLAUME-THÉRÈSE), né à Saint-Félix de Caraman, département de la Haute-Garonne, le 13 avril 1762, habitait Nantes, lorsqu'il fut emprisonné dans cette ville pendant le règne de la terreur, comme fédéraliste, et devint un des 132 détenus envoyés à Paris, par Carrier, pour être noyés en route à Angers, par les conventionels Francastel et Hentz, que leur collègue Carrier avait chargés de cette opération; mais ceux-ci n'ayant pas osé l'exécuter, M. Villenave et ses compagnons d'infortune furent envoyés à la conciergerie à Paris. Les Jacobins voulurent les faire passer pour des Vendéens, et les fusiller comme tels; mais ces messieurs vinrent à bout de répandre dans le public, que loin d'être des Vendéens, ils avaient défendu Nantes contre ceux-ci, et conservé cette ville à la république. Alors la fureur jacobine s'apaisa, et M. Villenave et ses amis obtinrent d'être transférés dans une maison de santé. Après le 9 thermidor, ils furent mis en liberté. M. Villenave fut depuis défenseur officieux de Charrette, lorsqu'une commission militaire fit le procès à ce général, en mars 1796. Il est aujourd'hui rédacteur du journal intitulé *Annales politiques*, et il a travaillé, en 1814 et 15, à la *Quotidienne*. On a de lui: I. *Ode sur le dévouement héroïque du prince Maximilien-Jules-Léopold de Brunswick*; qui a concouru pour le prix de l'académie française, 1786, in-8°. (Voyez la *Biographie universelle*, au mot BRUNSWICK, tome VI, page 155. II. *Plaidoyer dans l'affaire du comité révolutionnaire de Nantes*, 1795, in-8°. III. *Relation du voyage des cent trente-deux Nantais à Paris*, 1795, in-8°. IV. *Les Métamorphoses d'Ovide, traduction nouvelle avec le texte latin, suivie de l'explication des fables, et de notes*, 1806 et années suivantes, seize livraisons; l'impression de l'ouvrage est suspendue, et l'on attend encore les six livraisons qui doivent former le 4e. et dernier volume de ce chef-d'œuvre typographique, qui est orné de gravures de MM. Lebarbier, Monsiau et Moreau. V. *Vie d'Ovide*, 1809, in-8°. (faisant aussi partie de l'ouvrage précédent). VI. *Les Destins de la France dans les élections de 1815*, octobre 1815, in-8°. M. Villenave a fourni plusieurs articles à la *Biographie universelle*, notamment Colbert, David, Fréron, etc. Z.

VILLENEUVE-BARGEMONT (Christophe de), né en 1771, à Bargemont en Provence, est l'aîné d'une nombreuse et ancienne famille. Après avoir été élevé à l'école militaire de Tournon, il entra, en qualité de sous-lieutenant, dans le régiment Royal-Roussillon, infanterie, et quitta ce corps pour entrer dans la garde de Louis XVI, en 1792. Il fut nommé inspecteur des poids et mesures dans les départements méridionaux, en 1801; sous-préfet de Nérac, en 1804; préfet du Lot-et-Garonne le 26 mars 1806, et chevalier de la Légion-d'honneur en 1808. M. de Villeneuve se prononça en avril 1814, pour la maison de Bourbon, et fut un des premiers préfets qui se rendirent à Bordeaux près du duc d'Angoulême. Le roi d'Espagne, Ferdinand VII, le nomma, le 1er. janvier 1815, chevalier de l'ordre de Charles III, en récompense de services rendus aux Espagnols prisonniers de guerre ou exilés en France. M. de Villeneuve fit, en mars 1815, à l'occasion du retour de Buonaparte, une proclamation vigoureuse, et donna sa démission le 4 avril. Destitué par Buonaparte le 6, un mandat d'arrêt fut la suite de sa fidélité à la cause royale, et il demeura proscrit jusqu'au retour du Roi. Il fut rétabli dans ses fonctions par ordonnance du 21 juillet. Le Roi le nomma préfet des Bouches-du-Rhône, le 8 octobre, en remplacement de M. de Vaublanc. Il reçut et harangua, en juin 1816, la duchesse de Berri. M. de Villeneuve est membre des académies d'Agen, Marseille, etc. Il a publié quelques écrits, entr'autres, une *Notice sur la ville de Nérac*, ouvrage principalement consacré à célébrer la mémoire d'Henri IV, Agen 1808; — un *Voyage dans la vallée de Barcelonnette*, dédié à S. A. R. Mgr. duc d'Angoulême, Agen, 1815; — un *Rapport sur les fouilles faites à Fréjus* en 1803; — une *Notice sur Théopolis* (Basses-Alpes), 1811; — une *Dissertation sur le lieu qu'occupait, dans l'Aquitaine, le peuple désigné par César sous le nom de Sotiates*. Ces trois derniers ouvrages ont été imprimés dans les Mémoires de la société d'agriculture d'Agen. — Villeneuve (Le marquis Ferdinand de), frère du précédent, chevalier de Malte, servait dans la marine au moment de la révolution, et quitta le service pour se retirer dans sa famille. Nommé par le Roi à la sous-préfecture de Castellane, en 1815, il se disposait à se rendre à son poste lorsqu'il apprit le débarquement de Buonaparte : il se mit à la tête de la garde nationale pour arrêter la marche de Napoléon; mais il ne put atteindre que quelques traînards de sa troupe, qu'il fit prisonniers. Le duc d'Angoulême, ayant destitué le préfet des Basses-Alpes, nomma le marquis de Villeneuve pour le remplacer provisoirement; mais celui-ci fut forcé de quitter ce poste. Dès que l'on connut en Provence l'issue de la bataille de Waterloo, il se rendit à Digne, y fit reconnaître l'autorité du Roi, et y reprit les fonctions de préfet. Il a été nommé en 1818 préfet des Pyrénées-Orientales. Il a reçu du roi de Sardaigne l'ordre de Saint-Maurice. — Villeneuve-Bargemont (Joseph), chevalier de Malte, frère des précédents, était conseiller référendaire à la cour des comptes à l'arrivée du Roi, en 1814. Il fut nommé au mois d'août chevalier de la Légion-d'honneur, et reçut, le 2 décembre suivant, l'autorisation de S. M. de porter la décoration de Saint-Wladimir de deuxième classe, que l'empereur Alexandre lui avait accordée. A la rentrée du Roi, en 1815, il fut nommé préfet du département de la Haute-Saone. — Villeneuve-Bargemont (Le vicomte Alban), frère des précédents, auditeur au conseil-d'état, fut successivement préfet à Lérida et à Namur; au retour du Roi, il fut nommé à la préfecture de Tarn-et-Garonne, qu'il quitta dès qu'il connut l'arrivée de Buonaparte à Paris; il a été rétabli préfet dans le même département, après la rentrée du Roi. Le vicomte de Villeneuve a reçu du roi d'Espagne la décoration du St.-Sépulcre, en récompense de la manière dont il s'est conduit en Espagne lorsqu'il y exerçait les fonctions de préfet. — Jean-Baptiste de Villeneuve, frère des précédents, est lieutenant de vaisseau, chevalier des ordres de l'Éperon et de la Légion-d'honneur.

F.

VILLENEUVE (Le marquis Pons Louis-François de), né à Saint-Pons, en 1774, d'une ancienne famille du Languedoc, fut compris dans la loi des suspects, en 1793, et enfermé à l'âge de 19 ans. Marié à Toulouse, dans l'année qui suivit sa mise en liberté, il y fut blessé de plusieurs coups de sabre, à l'époque des élections, en 1797. Nommé en 1804, membre du conseil-général de la Haute-Garonne, de l'académie des jeux floraux et de l'académie des sciences de Toulouse, il se retira en 1809, à la campagne, et y vécut livré à l'agriculture, à l'étude et à l'éducation de ses enfants. Il devint, en 1813, maire de sa commune; et lorsque, vers la fin de cette année, l'armée du maréchal Soult revint d'Espagne, suivie par l'armée anglaise, près de laquelle on savait que le duc d'Angoulême était arrivé, M. de Villeneuve, prohiba, par une publication officielle, la levée des réquisitions frappées par l'armée du maréchal. Cet acte public, que l'époque rendait très-courageux, fut aussitôt imité des communes voisines ; et M. de Villeneuve, dénoncé au gouvernement, fut suspendu de ses fonctions, comme *ayant compromis par son exemple, le sort de l'armée d'Espagne, et la sûreté de la frontière*. Au mois de mars, pendant que Bordeaux appelait dans ses murs le duc d'Angoulême, M. de Villeneuve se rendit auprès de l'armée anglaise, pour déterminer le duc de Wellington à proclamer les Bourbons, et à n'avancer en France qu'au nom du Roi. Un précis de ses conférences avec le général anglais, a été, on ne sait par quelle voie, rendu public dans les journaux de Paris, durant les cent jours. Pendant ces conférences, la noblesse du pays situé entre la Garonne et l'Adour, eut des réunions secrètes, et envoya à M. de Villeneuve des pouvoirs signés d'environ cent gentilshommes, tous propriétaires, pour agir en leur nom. M. de Villeneuve arriva à Toulouse le lendemain du jour où y entra l'armée anglaise, lorsque toutes les autorités en étaient absentes ; convoqua le conseil-général du département, qui fit proclamer le Roi, et nomma une députation à la tête de laquelle il partit pour Bordeaux, où le duc d'Angoulême était encore. Il y resta jusqu'à la fin d'avril, lorsque le comte Jules de Polignac, arriva à Toulouse, en qualité de commissaire extraordinaire du Roi : l'un de ses premiers actes fut de charger M. de Villeneuve d'aller occuper provisoirement la préfecture de Tarn-et-Garonne. Il arriva à Montauban, le 3 mai, et en deux jours les subsistances des deux armées furent assurées ; toute réquisition cessa ; les fournitures furent payées comptant, et les Montalbanais se sentirent subitement soulagés de tous les maux de la guerre. M. de Villeneuve profita de l'ascendant que lui donnait le sentiment de ce bien-être général, inopiné et vivement senti, pour prévenir toute dissension, soit entre les troupes alliées et les Français, soit entre l'armée française étonnée encore de tout ce qu'elle voyait, et les habitants dont la joie ressemblait à de l'ivresse. Vers la fin de juin, une ordonnance du Roi pourvut définitivement à la préfecture de Tarn-et-Garonne. Le remplacement de M. de Villeneuve produisit dans la ville un mouvement populaire. A peine le bruit en fut-il répandu, avant que le préfet en eût connaissance, qu'une requête au Roi fut déposée dans un lieu public, signée des curés et des ministres protestants, des administrateurs et des juges, enfin couverte en quelques moments de plus de deux mille signatures. Au mois de septembre, M. de Villeneuve fut nommé préfet des Hautes-Pyrénées. Dans les premiers jours de mars 1815, il se rendit à Bordeaux, près du duc d'Angoulême, et il s'y trouvait, ainsi que six autres préfets, lorsqu'on apprit le débarquement de Buonaparte. Il revint sur-le-champ, établit à Tarbes *une commission de salut public*, pour faire exécuter les ordres qu'avait donnés le Roi, et maintint ainsi son département dans le devoir jusqu'à la soirée du 4 avril, où une émeute violente éclata : sept à huit cents hommes, tant Français qu'Espagnols réfugiés, se portèrent à la préfecture, et inondèrent les appartements ; la présence du préfet seul en imposa à ces insurgés, et ils s'éloignèrent sans autre violence. Cependant, M. de Villeneuve se retira à la frontière du département. Il y fit encore, le 10 avril, une proclamation pour exposer ses devoirs au nom de la foi jurée. Mais dans la nuit suivante, sa retraite fut cernée par six brigades de gendarmerie ; il fut arrêté et conduit à Tarbes au milieu de cette force armée. L'ordre de son arrestation était signé *Fouché* et *Rovigo*, et enjoignait de *l'arrêter partout où il serait, et de le garder à vue jusqu'à nouvel ordre, pour avoir voulu introduire les troupes espagnoles, et rétablir par elles la maison de Bourbon sur le trône de France*. M. de Villeneuve fut gardé à vue dans Tarbes, jusqu'aux premiers jours de mai. A cette époque, M. de Pontécoulant, commissaire impérial, arrivé dans cette ville, donna, sur sa demande, l'ordre de le conduire à Toulouse, pour y attendre la décision du gouvernement. Il était depuis quelques instants arrivé dans cette ville, quand un courrier dépêché de Tarbes par sa famille, lui apprit que l'ordre de le transférer à Paris venait d'arriver. Il en prévint l'exécution, en surprenant de quelques minutes la vigilance des gendarmes qui le gardaient, et il parvint à se soustraire à toutes poursuites. Ayant appris dans les derniers jours de juin que le duc d'Angoulême allait se rendre sur la frontière de France, il quitta sa retraite, trompa la vigilance des troupes françaises, joignit le prince à Puycerda, et rentra en France avec S. A. R. dans le cours de juillet. Ce fut alors que parut l'ordonnance royale qui le destituait de la préfecture des Hautes-Pyrénées. Le duc d'Angoulême, arrivé à Toulouse, reprit les fonctions de lieutenant-général du Roi dans le midi, et il nomma M. de Villeneuve administrateur-général. Ce gouvernement renfermait vingt-six départements, et s'étendait de Chambéri à Bordeaux. S. A. R. le conserva jusqu'au 13 août : il employa ce temps à délivrer Bordeaux, à sauver les arsenaux maritimes de la Provence, à réorganiser les autorités militaires et civiles, les bataillons volontaires, la gendarmerie, enfin à contenir les Autrichiens et les Espagnols, et à surmonter les derniers efforts des perturbateurs. S. A. R. le duc d'Angoulême étant parti pour Paris le 7 août, son gouvernement fut dissous le 14 ; et le lendemain le général Ramel périt violemment à Toulouse, nulle autorité n'étant plus assez forte pour contenir l'explosion populaire. Sur ces entrefaites, le Roi avait nommé M. de Villeneuve pour présider le collége électoral de l'Hérault, en remplacement de M. de Lally-Tollendal, qui n'avait pu s'y rendre. Il arriva dans cette ville, le 21, veille des élections ; et le soir du même jour, un courrier extraordinaire envoyé de Paris par les ministres, et chargé d'arriver avant l'ouverture du collége électoral, lui apporta, au nom de Sa Majesté, *l'ordre de venir sur-le-champ à Paris pour y rendre compte de sa conduite*. M. de Villeneuve obtempéra à cette injonction, repassa par Toulouse, où il prit les ordres du duc d'Angoulême, par Bordeaux, où était Madame, et arriva à Paris vers la fin d'août. Quelques éclaircissements donnés aux ministres suffirent pour les déterminer à lui rendre une prompte justice, et ils en firent insérer l'expression dans la gazette officielle. Le Roi l'accueillit avec bonté dans plusieurs audiences : et déjà S. M. avait daigné lui écrire elle-même à Toulouse, pour lui témoigner sa satisfaction sur sa conduite dans les Hautes-Pyrénées. M. de Villeneuve fut destiné successivement à la direction-générale des postes, à la préfecture de Marseille et à celle de Versailles. Il fut nommé, vers la fin de janvier 1816, à celle de Bourges, où il s'est fait remarquer par une administration sage et éclairée. Un sieur Aubry ayant publié en avril 1818, contre ce préfet, une dénonciation par laquelle il l'accusait d'actes arbitraires, M. de Villeneuve lui donna un démenti positif, qui fut inséré dans les journaux. Il a perdu son emploi dans le mois d'octobre même année. Cet ex-préfet a publié, *Observations sur les dernières élections et sur la situation présente du ministère*, 8°. novembre 1818. Cette petite brochure est fort remarquable par l'énergie et la force des raisonnements.   F

VILLETARD (A.), habitant de Sens, fut député suppléant de l'Yonne à la Convention nationale, où il entra vers la fin de la session. Il s'éleva, en août 1795, contre la rentrée des émigrés, qu'il accusa de se fabriquer eux-mêmes des certificats de résidence; signala l'esprit réactionnaire des orateurs des sections de Paris, qui n'attaquaient, dit-il, l'ancien terrorisme que pour établir le leur; fit placer le tableau de la constitution de 1793 dans le lieu des séances de la Convention, et provoqua le rapport des lois sur les suspects de tous les partis. Le 8 octobre 1795, il fut élu secrétaire; et à l'occasion d'une dénonciation contre les compagnies *de Jésus et du Soleil*, il demanda que *les crimes des royalistes* fussent enfin mis au jour; provoqua l'arrestation de Gau, comme secrétaire et complice d'Aubry, et passa au conseil des cinq-cents le 4 janvier 1796. Il parla avec beaucoup de violence contre l'élection de J.-J. Aymé; s'opposa à l'admission d'un homme *qui*, selon lui, *avait dévoué les membres de la Convention à la proscription*; parla, le 15, sur l'organisation de la marine, et en février devint membre d'une commission chargée de présenter un projet de loi sur les parents d'émigrés, auxquels il se montra peu favorable. On le vit successivement soutenir la loi sur les partages dans les successions, parler contre les prévenus des massacres de Lyon, voter pour que les jugements de la haute-cour convoquée pour juger Drouet et Babeuf, pussent être attaqués en cassation; prétendre que Lavillheurnois et ses co-accusés étaient justiciables d'un conseil militaire, et provoquer leur traduction à celui de Paris. Aux approches du 18 fructidor (4 septembre 1797), il déploya encore plus de fureur contre les membres du parti de Clichi, ce qui donna lieu à plusieurs scènes tumultueuses. Après la victoire, il réclama contre l'indulgence dont on usait envers M. Doulcet-Pontécoulant; et appuya le projet tendant à exclure les nobles des conseils. Cependant, il parut changer de conduite et d'opinion à la session suivante, et se montra parmi les anti-jacobins. Il concourut à la révolution du 18 brumaire, et présenta à Saint-Cloud le décret qui chassa du corps-législatif les membres opposants. Commandant de la Légion-d'honneur avec le titre de comte, et membre du sénat dès sa création, il participa à tous les actes de ce corps, et vota, en 1814, la déchéance de Buonaparte. Il n'a pas été appelé à la chambre des pairs créée par le Roi. B. M.

VILLIERS (Pierre), ancien capitaine de dragons, s'est voué depuis longtemps à la littérature, et a publié beaucoup d'écrits, dans lesquels il s'est montré constamment opposé à la révolution : I. *Les Rapsodies*, 1797, in-18. II. *Le Chiffonier*, 1800, in-18. III. *Cent heures d'agonie, ou Relation des aventures d'Aug. Lafolle, sous-lieutenant au troisième régiment de dragons, fait prisonnier par les Arabes en Syrie, avec le détail des traitements barbares qu'il a soufferts dans les vallons de Naplouse*, 1800, in-8°. IV. *Rosalie de Dorsan, ou les effets de l'amour*, comédie en trois actes, mêlée de musique, 1800, in-8°. V. *Manuel du voyageur aux environs de Paris*, 1802, 2 volumes in-18, souvent réimprimés. VI. *Souvenir d'un Déporté*, 1802, in-8°. VII. *Petites Rapsodies*, 1804, in-18. VIII. (avec A. Gouffé), *Le Bouffe et le Tailleur*, opéra-bouffon, 1814, in-8°. IX. (avec id.) *Le Médecin Turc*, opéra-bouffon. X. (avec Pessey.) *Le Charivari de Charonne*, tintamarre en un acte, imité du Désastre de Lisbonne, 1805, in-8°. XI. (avec id.) *Le Pied de Nez, ou Félime et Tangu*, mélodrame, 1805, in-8°. XII. *La Forteresse de Cotatis, ou Zélaïde et Pharès*, mélodrame, 1805, in-8°. XIII. *Les Braves anciens et modernes, galerie composée des maréchaux d'empire et de quelques maréchaux de France, connétables et grands-capitaines des derniers siècles de la monarchie*, dédiés à S. A. S. Joachim (Murat), 1806, in-8°. XIV. *Manuel du Voyageur à Paris*, 1806, in-18; la dernière édition est de 1813. XV. *Couplets chantés chez S. A. le prince de Pontecorvo, le 15 octobre 1808, jour de l'anniversaire de la bataille de Iena*, 1808, in-8°. XVI. *Scène lyrique en l'honneur de LL. MM. impériales et royales, et du Roi de Rome*, 1811, in-8°. XVII. *Rapsodies*, 1814. Ot.

VIMAR (N.), homme de loi, fut procureur de la commune de Rouen, en 1790; puis député de la Seine-Inférieure à la législative, où il siégea parmi les modérés constitutionnels. Le même département l'ayant nommé, en mars 1798, au conseil des anciens, il en fut élu secrétaire le 21 octobre 1798, et manifesta quelque temps après une opinion si contraire aux idées reçues sur la vente des biens nationaux, qu'elle occasionna des débats violens, et le renvoi de son rapport à une commission spéciale. S'étant ensuite montré favorable à la révolution du 18 brumaire (9 novembre 1799), il devint membre de la commission intermédiaire de ce conseil, et, en décembre même année, il entra au sénat-conservateur. Il obtint, en 1804, la sénatorerie de Nanci, et fut décoré des titres de comte et de commandant de la Légion-d'honneur dont il fut nommé grand-officier le 30 juin 1811. Il fit partie du comité de consultation et du conseil particulier du sénat, adhéra en 1814 à la déchéance de Buonaparte, et fut nommé pair de France, dans le mois de juin suivant. M. Vimar, n'ayant point été au nombre des pairs des cent jours de 1815, n'a pas cessé d'être compris dans la chambre des pairs. B. M.

VINET (Pierre), député à la Convention par le département de la Charente-Inférieure, s'y fit peu remarquer. Il vota la mort du Roi, sans appel et sans sursis. Sorti du conseil des cinq-cents en 1798, il ne fut pas réélu, ne rentra pas au corps législatif, vécut dans l'obscurité, et tomba dans la dernière misère. En 1818, les journaux ont publié sa rétractation conçue en ces termes : « Je » soussigné, *Pierre Vinet*, âgé de 73 » ans, natif de Saint Ciers du Taillan, » ancien député à la Convention, » étant actuellement, et depuis le 20 » septembre 1816, à l'hôpital de Blaye, » où je suis retenu par autorisation » supérieure, pour cause de maladie » incurable; désirant, dans toute la » sincérité de mon cœur, me réconcilier avec mon Dieu, et réparer, » autant qu'il est en moi, le mal auquel j'ai concouru pendant que je » faisais partie de cette fatale assemblée, en y adhérant aux mesures » désastreuses qui en sont émanées, » et particulièrement au décret qui a » condamné le vertueux Louis XVI » à mort, décret auquel je n'ai donné » mon assentiment que par la terreur » dont j'étais saisi, et qui avait anéanti » toutes les facultés de mon esprit et » de mon cœur : cependant, je déclare avec vérité n'avoir fait ni motion ni discours contre le Roi ni la » famille royale. J'affirme même avoir » sauvé dans mon département un » millier d'innocentes victimes dévouées à l'esclavage ou à la mort. » Puissent les témoignages de ma conduite et les torrens de larmes que » je n'ai cessé de verser pour ne » m'être pas opposé autant que je le » devais à un crime aussi atroce, atténuer ma culpabilité! C'est au pied » du trône de mon Roi que je voudrais faire amende honorable, et » réclamer un pardon si nécessaire, » à ma triste existence. » M. Vinet, n'ayant point occupé d'emploi public pendant les cent jours de 1815, ne s'est pas trouvé dans le cas de l'exil.
C. C.

VINCENT (Le baron Nicolas-Charles de), général au service d'Autriche, s'est fait particulièrement remarquer dans la carrière diplomatique, et sa signature se lit au bas du traité de Campo-Formio. Il avait déjà rempli avec succès diverses missions, lorsque l'empereur son maître lui en témoigna sa reconnoissance en le gratifiant, en 1807, d'une terre en Gallicie, estimée 180 mille florins. En 1814, il fut nommé à l'ambassade de France, et accompagna, au 20 mars 1815, le Roi Louis XVIII à Gand. Il avait été, la même année, au nom des puissances alliées, et avant l'érection du royaume des Pays-Bas, gouverneur-général de la Belgique et du pays de Liége. Le baron de Vincent est encore ministre plénipotentiaire d'Autriche à Paris. Il est grand'-croix de Saint-Léopold, chevalier de plusieurs autres ordres, et il réunit à ces titres celui de chambellan de l'empereur et de colonel d'un régiment de chevau-légers. C. C.

VINSON (L'abbé Pierre), né à Angoulême vers 1760, entra dans les ordres sacrés avant la révolution, et devint vicaire de Sainte-Opportune à Poitiers. Ayant refusé le serment à la constitution civile du clergé, exigé en 1791, il fut emprisonné, puis obligé de fuir en Espagne, où il passa plusieurs années. Il se rendit ensuite à Londres, où il consacra ses talens et ses connaissances à l'éducation de jeunes gens des familles les plus distinguées ; il y forma, pour l'enseignement de l'astronomie, un établissement fort ingénieux, et que les personnes les plus illustres vinrent visiter. Le Roi Louis XVIII lui fit cet honneur en 1807, et lui dit en sortant : « M. Vinson, je suis content de votre » établissement ; et j'ai goûté la plus » douce jouissance du côté de l'esprit » et du côté du cœur». Cet auteur a publié successivement dans la même ville : I. *Réflexions critiques ou Lettres à M. de Calonne, auteur du Tableau de l'Europe*, avec cette épigraphe : TU VERÒ REPULISTI ET DESPEXISTI : DISTULISTI CHRISTUM TUUM, ps. 88, destiné à combattre un nouveau culte que voulait donner à la France cet ancien ministre. II. *Etrennes royales historiques, politiques et littéraires*, 1798, écrit destiné à soutenir le royalisme dans l'intérieur de la France. III. *La foi couronnée ou le nécessaire des pasteurs catholiques morts pour la cause de J. C., pendant la révolution de France*, poème en cinq chants, avec des notes historiques, vol. in-12, 1799. Cet ouvrage fut gracieusement accueilli par le Roi et par tous les princes. IV. (avec M. de Chateau-Giron) *Le Mercure de France ou Recueil historique, politique et littéraire*, 1800-1801, ouvrage périodique, qui fut continué pendant quinze mois. V. *Ode sur le couronnement du sieur Buonaparte*, ibid. 1804. L'abbé Vinson fit imprimer, en février 1814, une Ode patriotique sur la campagne des alliés et la prochaine restauration des Bourbons ; et dans le mois de mars suivant, il publia une Cantate sur la révolution qui venait de s'opérer à Bordeaux, en leur faveur. Il se rendit à Paris dès que ces princes y furent rétablis, et réclama vainement auprès de M. de Blacas l'exécution de quelques promesses qui lui avaient été faites dans l'exil. Au mois d'août, il composa, à l'occasion de la fête donnée à S. M. par la ville de Paris, une Ode adressée aux Français, pour éloigner à jamais la discorde. A l'époque du 20 mars 1815, M. Vinson retourna en Angleterre ; et il revint après la rentrée du Roi, à Paris, où il publia : VI. *Adresse aux deux chambres en faveur du culte catholique et du clergé de France*, 1815, in-8°. VII. *Le Concordat expliqué au Roi, suivant la doctrine de l'Église et les réclamations canoniques des évéques légitimes de France, suivi du Précis historique de l'enlèvement de N. T. S. P. le pape Pie VII, de ses souffrances, de son courage et des principaux événements de sa captivité*, 8 avril 1816, in-8°. Ce dernier ouvrage, publié depuis plusieurs mois, avait été peu remarqué du public, lorsque l'auteur fut traduit devant le tribunal de police correctionnelle, accusé d'y avoir donné des alarmes aux acquéreurs de biens nationaux, sur la sécurité de leur acquisition : la procédure eut lieu à huis clos, et M. Vinson fut condamné à trois mois de prison, cinquante francs d'amende, deux ans de surveillance et trois cents francs de cautionnement. Ce jugement fut confirmé par la cour royale. M. Vinson s'y est soustrait en retournant en Angleterre. Son imprimeur (*voy*. MICHAUD, tom IV, pag. 428), fut pour le même fait privé du titre d'imprimeur du Roi, par un ordonnance royale. L'abbé Vinson publia dans le cours de ce procès un *Mémoire justificatif*, qui fut saisi par la police, ensuite un *Appel au tribunal de l'opinion publique*, qui n'eut pas le même sort, et enfin une *Lettre au propriétaire rédacteur du soi-disant Ami de la religion et du Roi*, 1816, in-8°. Ce journaliste avait fort vivement critiqué le *Concordat expliqué*. M. l'abbé Vinson a été éditeur des *Lettres et Pensées d'Atticus, ou solution de cette question importante : Quel est le meilleur et le plus solide des gouvernements ?* Quatrième édition, Paris, 1815, in-12.   C. C.   Or.

VIOLLET-LEDUC (*V*. LEDUC).

VIOMÉNIL (Le comte DUMOUS DE), maréchal de France, d'abord mestre de camp du troisième régiment

de chasseurs à cheval, et colonel en second de la légion de Lorraine, fut employé, en 1769, en Corse, et succéda à son frère dans le commandement de la légion de Lorraine. Il fit ensuite avec une grande distinction la guerre d'Amérique sous le maréchal Rochambeau, et y fut le rival de gloire de son frère qui était maréchal de camp. Revenu en France, il émigra au commencement de la révolution, et fut employé à l'armée de Condé, dont il commanda l'avant-garde, de la manière la plus distinguée. Au commencement de 1795, il leva un régiment au service d'Angleterre; mais ce corps ayant bientôt été réformé, il retourna à l'armée de Condé, où il commanda, pendant la campagne de 1796, une division de l'avant-garde. Il prit part à toutes les actions qui signalèrent cette campagne; et lorsque le corps passa à la solde de la Russie, le comte de Vioménil fut un des officiers français que l'empereur Paul voulut attacher plus particulièrement à son service; mais après le licenciement de l'armée de Condé, M. de Vioménil ne voulut point quitter le prince sous les yeux duquel il avait combattu avec une distinction qui lui mérita son estime et son amitié. Il le suivit en Angleterre. Né avec la passion des armes, il n'y resta pas long-temps dans l'inaction, et il demanda, en 1802, au ministère anglais la permission de passer en Portugal pour y servir en cas de guerre. Il l'obtint, et plusieurs Français l'y suivirent. Les occasions seules manquèrent à son courage. En 1814, M. de Vioménil rentra en France avec le Roi, et fut nommé pair du royaume, le 4 juin, et membre de la commission chargée de vérifier les services des anciens officiers. Le 13 décembre, il fit, à la chambre des pairs, le rapport sur les lettres de naturalisation accordées aux généraux Masséna, Férino, Verhuel et autres. M. de Vioménil donna de nouvelles preuves de sa courageuse fidélité, lorsque Buonaparte reparut en France, en 1815. Chargé du commandement des volontaires royaux qui s'organisaient à Vincennes, il apporta, malgré son grand âge, la plus grande activité à cette opération. Il accompagna S. M. à Gand; et lors du retour du Roi, il fut un des premiers à pénétrer dans Paris, décoré de son grand cordon et de la cocarde blanche, en bravant tous les périls auxquels une semblable démarche l'exposait. Nommé presqu'aussitôt commandant de la onzième division à Bordeaux, il contribua à préserver le Béarn de l'invasion des Espagnols, et reçut du général de l'Abisval (*voyez* ce nom) une lettre très-rassurante. Le 10 janvier 1816, il passa au gouvernem. de la 13e. division à Rennes, et il fit une proclamation dans laquelle respiraient tous les sentiments d'honneur et de fidélité qui n'ont jamais cessé de l'animer. Au mois de juillet suivant, le comte de Vioménil reçut des mains du Roi le bâton de maréchal de France, et prêta serment en ces termes: « C'est bien de toute
» l'affection de mon âme que je jure, et
» S. M. ne doute pas de la sincérité de
» mon serment. » Quelques mois plus tard il fut rappelé de son gouvernement; et depuis ce temps il vit dans la capitale sans exercer de fonctions. Le maréchal de Vioménil est grand'-croix de Saint-Louis depuis 1795. — Son neveu le baron Charles-Gabriel de VIOMENIL servit comme lui à l'armée des princes, et y reçut la croix de Saint-Louis, le 20 février 1794. Nommé maréchal de camp, le 4 juin 1814, il a commandé le département de la Drôme; et il est aujourd'hui sans emploi.

C. C.

VITROLLES (Eugène-François-Auguste d'Arnaud, baron de), né au château de Vitrolles, dans la Haute-Provence, au mois d'août 1774, d'une ancienne famille du parlement d'Aix, émigra avec ses parents, dès le commencement de la révolution, entra dans le corps des chevaliers de la Couronne, lors de sa formation, y fut nommé porte-guidon, et fit en cette qualité les campagnes de 1792, 93 et 94. Il passa ensuite dans les chasseurs de Bussy. Rentré en France après la chute du directoire, il s'occupa du rétablissement de sa fortune, se retira dans sa terre de Vitrolles avec sa famille, s'y livra aux soins de l'agriculture, et encouragea de tous ses moyens les établissements qui pouvaient être utiles à un pays pauvre et reculé. Il remplit les fonctions de maire, de membre du conseil-général de son département, et toutes celles où l'appela la confiance de ses concitoyens. Dès l'année 1813, il prévit la chute de Buonaparte, et se rendit à Paris, où il avait conservé de nombreuses relations, dans l'espérance d'être utile à la seule cause qu'il eût servie, et dont il regardait le succès comme l'unique remède aux maux de la France. Mais les difficultés les plus grandes se présentaient et dans le choix des moyens et dans la possibilité de leur exécution. Buonaparte, irrité par des défaites, n'en était que plus redoutable ; il fallait un zèle ardent et même téméraire pour s'attaquer à ce qu'on appelait encore *sa toute-puissance*. Le baron de Vitrolles, guidé par l'élan de son caractère, forma un des plans les plus audacieux dont l'histoire offre l'exemple. Le congrès était assemblé à Châtillon : il s'y rendit seul à la fin du mois de février 1814, et sans aucune mission, sans autre direction que celle que lui donnait un patriotisme éclairé, il parvint à entraver des négociations déjà très-avancées, et qui ne pouvaient qu'être funestes aux Bourbons. Invité ensuite à se rendre au quartier-général à Troyes, il le suivit à Bar-sur-Seine et à Bar-sur-Aube ; il y eut des conférences journalières avec le prince de Metternich et les autres ministres des quatre puissances, qui l'admirent plusieurs fois à discuter, dans leurs réunions, la nécessité et les moyens de donner à la guerre qu'ils faisaient à Buonaparte un but qui pût rattacher et sauver la France. L'empereur de Russie désira le voir, et le reçut avec ces nobles témoignages de l'estime qu'inspire toujours à un souverain éclairé, un grand dévouement pour son roi et sa patrie. Le baron de Vitrolles sut prouver à ce prince judicieux que le rétablissement des Bourbons s'unissait à tous les intérêts de la France, et pouvait seul éviter à ce royaume et aux princes alliés le malheur d'une guerre de dévastation, assurer l'avenir, et former des liens solides entre la France et l'Europe. Il obtint alors la rupture totale des négociations, et la déclaration formelle qu'on ne traiterait plus avec Buonaparte, et qu'on remettrait les provinces déjà occupées au Roi, sous l'administration de MONSIEUR. Il indiqua ensuite la marche directe sur Paris, comme le moyen de rendre la guerre plutôt politique qu'offensive, et obtint d'aller porter à S. A. MONSIEUR, qui était alors à Nanci, le résultat de ses démarches. Ce prince, en ce moment, était bien éloigné des espérances que lui donnèrent ces résultats : il reçut le baron de Vitrolles avec cette effusion d'âme qu'il possède à un si haut degré, et lui donna sur-le-champ tous les pouvoirs pour continuer de traiter avec les alliés et diriger les opérations de la cause royale en France. M. de Vitrolles partit de Nanci avec plusieurs étrangers de distinction pour retourner au quartier-général : mais en route ils furent assaillis par des corps de troupes avancées ; et après avoir tenté vainement de se défendre contre des forces supérieures, ils furent arrêtés : c'était le moment où Buonaparte, abandonnant la défense de la capitale, s'était porté sur Saint-Dizier. Le baron de Vitrolles crut sa perte certaine ; forcé de se cacher sous un déguisement étranger, il parvint cependant à détruire les papiers qu'il avait avec lui ; et après avoir été conduit plusieurs jours au milieu de quelques malheureux prisonniers, à la suite de l'armée en retraite sur Paris, après avoir souffert tout ce que la fatigue et les privations de toute espèce peuvent faire éprouver, il s'échappa par un miracle inespéré, et arriva à Paris peu de temps après l'entrée des alliés. L'empereur de Russie l'appela sur le champ auprès de lui, et ses premières paroles en le voyant furent: *Eh bien ! Monsieur de Vitrolles, trouvez-vous que notre dernière conversation ait eu d'assez grands résultats ?* Après avoir encore donné, dans ces circonstances difficiles, des preuves de son zèle et de sa capacité, et recueilli les suffrages de l'admiration publique, il reçut l'honorable mission d'aller chercher MONSIEUR, et rentra dans Paris à côté de lui. Ce prince le nomma secrétaire d'état provisoire ; et à l'arrivée du Roi, il reçut, avec les assurances les plus flatteuses de la satisfaction de S. M., la confirmation de ces fonctions importantes. Il contresigna seul la déclaration de Saint-Ouen et tous les premiers actes du gouvernement royal, jusqu'au mois de mars 1815. A cette époque il insista fortement dans le conseil et auprès du Roi, pour que S. M., si la défense de Paris devenait impossible, se retirât dans les provinces méridionales qui étaient restées fidèles. Ce projet ne fut point adopté; mais il détermina le Roi, en quittant sa capitale, à envoyer M. de Vitrolles dans le midi, se reposant sur ses talents et son courage pour s'opposer aux trop rapides succès de Buonaparte. Après avoir passé quelques moments auprès de MADAME, à Bordeaux, il se rendit à Toulouse, dans l'intention d'y organiser un centre de gouvernement royal. Le manque de temps et les progrès de la trahison, empêchèrent la réussite de mesures sagement combinées. Le baron de Vitrolles, résolu de ne point abandonner le poste honorable et périlleux où il était placé, et retenu aussi par l'opinion de MADAME, qui était persuadée que la conservation de Toulouse pouvait offrir un point de salut au duc d'Angoulême, refusa de se dérober à la fureur de ses ennemis. L'énergie de son caractère avait porté leurs craintes au plus haut degré : mais aucun d'eux ne put lui refuser son estime, et Buonaparte même, entendant le récit de ses actions, s'écria : *Pourquoi ne m'a-t-on pas fait connaître cet homme-là?* M. de Vitrolles fut arrêté à Toulouse, le 14 avril. Le bruit de sa noble conduite et de ses dangers occupa l'Europe; et la France royaliste put le citer au premier rang de ceux qui la consolèrent. Détenu avec la plus grande sévérité pendant les cent jours, il dut sa liberté aux résultats de la bataille de Waterloo. Sorti de prison sous le gouvernement provisoire, le jour de la seconde abdication de Buonaparte, il allait partir pour Gand, lorsqu'il comprit combien sa présence à Paris pouvait être utile au service du Roi. Il y resta donc, et brava de nouveaux dangers pour rendre de nouveaux services. Au retour de S. M., il rentra au conseil comme ministre d'état et secrétaire des conseils du Roi. Il fut élu membre de la chambre de 1815, par le département des Basses-Alpes, et s'y distingua par sa modération et la sagesse de ses vues, votant avec la majorité. A cette époque, craignant que quelques esprits peu éclairés ne fussent entraînés trop loin par l'impulsion de leur zèle, il publia un petit ouvrage intitulé : *Du Ministère dans un gouvernement représentatif*, où il expliqua d'une manière lumineuse la théorie de ce gouvernement. La place de secrétaire des conseils cessa de donner entrée au conseil des ministres à la fin de 1815, et elle fut supprimée au mois d'août 1817. Une ordonnance du 24 juillet 1818, raya le nom de M. de Vitrolles de la liste des ministres-d'état. Cette ordonnance ne contenait aucun motif. F.

VOGUÉ (Le comte CHARLES DE) de l'une des plus anciennes familles de France, maréchal-de-camp, fit partie de l'armée sous les ordres du duc d'Angoulême dans le midi, en 1815, et fut adjoint par S. A. R. au général Merle, chargé de réparer la citadelle du Pont-Saint-Esprit, et d'organiser les gardes nationales destinées à se former en seconde ligne. Obligé de s'éloigner après la capitulation du prince, dès que les circonstances lui permirent d'agir de nouveau pour la cause des Bourbons, il reparut dans le département du Gard, et y organisa un bataillon, sous la dénomination de *Royal-Miquelet*. Le comte de Vogué fut nommé par ce département membre de la chambre des députés, convoquée après le retour du Roi, et parla sur différentes matières dans cette session ainsi que dans les suivantes, notamment contre la loi de recrutement 15 janvier 1816. Il vota constamment avec la minorité depuis l'ordonnance du 5 septembre, et, se trouvant un des membres de la série sortant en 1817, il n'a pas été réélu.—VOGUÉ (Eugène), nommé en août 1815, membre de la chambre des députés par le département de l'Ardèche, cessa d'en faire partie après la session. S. S.

VOIRON, ancien professeur à St.-Cyr, a publié I. *Éloge de Fontenelle*, 1784, in-8°. II. *Invocation pour Napoléon le Grand, après les victoires remportées sur les armées prussien-*

nes, 1806, in-8°. III. *Histoire de l'astronomie, depuis* 1781. (*Voyez la Biographie universelle* au mot BAILLY, III, 244). IV. *Les jardins, poème de Rapin, traduction nouvelle*, 1782 (*V. la Biographie universelle* au mot GABIOT). V. *Lettre d'Yariko, jeune Américaine, à Thomas Inkle*, mise en vers français (dans les *Mélanges de Littérature étrangère* de Millin, tome IV, page 45-53); l'original, composé en vers latins par M. Hoeuft, (*Pericula poëtica*, 1783, in-8°.) avait pour sujet une anecdote fort connue, rapportée par Raynal, (*Hist. phil et polit.*) d'après le *Spectateur*, n°. 11. On a lieu de croire qu'il est le même qu'un M. Voiron, né à Chambéri, vers 1750, qui publia, en l'honneur du Roi Charles-Emanuel III, un poème en quatre chants, intitulé : *le Temple de l'humanité*, suivi de *la Nymphe des eaux d'Aix* (en Savoie), Chambéri, 1772. in-8°. L'auteur ayant fait hommage de son livre à Voltaire, en reçut pour réponse une lettre fort honorable, datée du 19 août 1772, commençant par ces mots: *un vieillard octogénaire*; et signée *le malade de Ferney*. On la chercherait peut être en vain dans les diverses éditions des œuvres de Voltaire, mais on la trouvera dans le *Dict. hist. litt. et statistiq.* (de la Savoie), par Grillet, tome II, page 159. M. Voiron, s'étant depuis rendu à Paris, y publia un *Discours sur la constitution et le gouvernement d'Angleterre*, prononcé aux jacobins, le 19 pluviôse an 2 (1793). Il fit partie de la députation des Savoisiens, résidants à Paris, qui prononcèrent à la barre de la Convention nationale, le 11 novembre 1792, un discours composé par Hyac. Gavard, pour demander la réunion de leur pays à la France.

T.

VOISIN DE GARTEMPE (J.-B.) appartenait au parlement de Bordeaux. Après la suppression de cette cour, il fut procureur-syndic du district de Guéret, et ensuite député de la Creuse à la législative, où il montra une grande fermeté de caractère. Il s'opposa avec force, le 25 mai 1792, à une motion de Thuriot, qui voulait que la dénonciation de 20 citoyens actifs fût suffisante pour faire exporter sans examen, un prêtre insermenté. Il traita cette proposition d'atrocité, et soutint que mille fois on avait vu 20 factieux se réunir pour proscrire les meilleurs citoyens. Il combattit également la levée de la suspension prononcée contre Manuel et Pétion, à cause de leur conduite au 20 juin 1792, et se montra constamment l'ennemi des mesures révolutionnaires. Il fut arrêté pendant la terreur, et détenu dans la prison du Luxembourg, jusqu'après le 9 thermidor. En 1811, il fut nommé premier président de la cour impériale de Metz, fonctions qu'il exerce encore. Elu, après le second retour du Roi, membre de la chambre des députés par le département de la Moselle, il y prit part à plusieurs discussions, notamment sur le projet de loi relatif au divorce. Il vota dans cette session avec la minorité, et fut réélu par le même département après l'ordonnance du 5 septembre 1816. Dans la séance du 26 février 1817, il fit sentir les inconvénients qui pourraient résulter de la réduction des traitements et salaires des juges. Le 24 décembre, lors de la discussion sur la presse, il donna lecture d'un amendement qui avait pour objet d'autoriser des poursuites, afin de forcer, dans certains cas, l'auteur d'un ouvrage à se rétracter publiquement. Au mois de janvier 1818, il s'opposa au recrutement annuel, et démontra la nécessité d'une armée permanente. Le 18 février, la chambre s'étant réunie en comité secret, pour la prorogation, jusqu'au premier janvier 1820, du sursis accordé aux émigrés pour le paiement de leurs dettes, M. de Gartempe combattit cette proposition. Il vota dans tout le cours de cette session avec les partisans du ministère. Le département de la Moselle, devant renouveler ses députés, en 1818, il fut nommé vice-président du collége électoral, mais ne fut pas réélu. On a beaucoup parlé, dans ces derniers temps, d'une sérénade que lui donnèrent les habitants de Metz, à son retour dans cette ville, après la session de 1817.

S. S.

VOLFIUS (JEAN-BAPTISTE), aucien évêque constitutionnel de Dijon, né dans cette ville en 1733, entra fort jeune chez les jésuites, et devint, après la supression de cet ordre, professeur d'éloquence au collége de sa ville natale. Il remplissait ces fonctions avec distinction depuis trente ans, lorsqu'il se laissa séduire par tout ce que la révolution présentait de dehors mensongers, et se fit sacrer évêque constitutionnel du département de la Côte-d'Or, le 22 septembre 1791. M. Volfius donna en 1806 sa démission de l'épiscopat. Vivant retiré depuis cette époque, n'ayant d'autre société que ses livres, il paraissait entièrement oublié, lorsqu'en 1816, on lut dans les journaux une rétractation des fautes dont il s'était rendu coupable pendant le régime de la terreur, et particulièrement de celle qu'il avait commise en se faisant sacrer évêque constitutionnel. Cette rétractation est pleine de candeur et de bonne foi ; on voit que sa conscience lui a fait expier douloureusement ses erreurs. M. Volfius, parvenu à un âge très-avancé, n'a rien perdu des grâces et de la politesse de son esprit ; il s'est toujours occupé de littérature, et possède à un degré éminent l'art de l'analyse et de la bonne critique. On a de lui plusieurs ouvrages, parmi lesquels on cite sa *Rhétorique française* à l'usage des colléges.   S. S.

VOLNEY (Le comte CONSTANTIN-FRANÇOIS CHASSEBŒUF DE), né à Craon en Bretagne en 1755, s'est fait connaître de bonne heure par son goût pour les voyages ; voulant étudier à fond la partie la moins connue de la Syrie, il demeura près d'une année caché dans un couvent de maronites au centre des montagnes du Liban, et y acquit une connaissance de la langue Arabe, qu'il était difficile alors de se procurer en Europe. Son voyage dura de 1783 à 1785. En 1789, il fut nommé député du tiers-état de la sénéchaussée d'Anjou aux états-généraux, où il pressa le procès de Bezenval, et parla en faveur de la souveraineté du peuple. Il se prononça aussi très-souvent contre l'autorité royale, notamment dans la discussion sur le droit de faire la paix et de la guerre, et poursuivit avec chaleur la spoliation du clergé. Il a été considéré dans plusieurs écrits, comme un des premiers provocateurs des réformes politiques, que certainement il ne voulait pas conduire au point où elles sont arrivées. Lorsqu'il vit que la violence des partis qui divisaient l'assemblée, ne pouvait avoir d'autres résultats que les plus grands désastres, il fit la motion de convoquer les assemblées primaires électorales pour qu'elles eussent à nommer d'autres députés ; il motiva sa proposition sur ce que les membres de la nouvelle assemblée, ne devant point avoir les passions haineuses de leurs prédécesseurs, il leur serait plus facile de calmer les tempêtes qui bouleversaient la France, et de ramener ses habitants à des sentiments d'union et de paix. Cette motion fut d'abord vivement accueillie, surtout par le côté droit ; le côté gauche parut même un instant vouloir l'adopter ; mais ses principaux membres s'étant concertés, ils rappelèrent le serment que le tiers-état avait fait dans le jeu de paume, et elle fut rejetée. On prétend que les écrits de M. de Volney contribuèrent beaucoup à exalter l'imagination des Bretons, dont le pays fut le berceau des premiers troubles révolutionnaires, et on lui attribue surtout la publication d'un pamphlet politique intitulé *la Sentinelle*, qu'on faisait circuler en Bretagne, et qui y produisit un effet prodigieux. En septembre 1791, il fit hommage à l'assemblée d'un ouvrage qu'il venait de publier sous ce titre : *Les ruines ou Méditations sur les révolutions des Empires*. Il écrivit, le 4 décembre 1791, une lettre à Grimm, chargé à Paris des affaires de l'impératrice de Russie, en lui renvoyant une médaille d'or que cette princesse lui avait fait remettre en témoignage de sa satisfaction de l'envoi d'un exemplaire de son *Voyage*. On fit à cette lettre une réponse satirique, sous le nom de Petreskoy. Après la session, M. Volney accompagna M. Pozzo di Borgo, en Corse, dans l'intention d'y exécuter quelques grands projets d'amélioration agricole ; il y connut Buonaparte et se lia avec lui d'une amitié dont celui-ci lui a souvent donné des preuves. De là M. de Volney revint en France, fut mis en prison pendant la terreur, et n'en sortit, au bout de dix mois, qu'après le 9 thermidor. Il devint, en novembre 1794, professeur à l'école normale de Paris, pour la partie de l'histoire. En l'an III (1795), il alla voyager dans les États-Unis, où il fut très-bien reçu par Washington; et il était déterminé à se fixer dans ce pays: mais, au printemps de 1798, la menace d'une rupture entre ces deux états, le força de quitter l'Amérique. De retour en France, il coopéra à la révolution du 18 brumaire, et devint, en décembre, membre du sénat-conservateur, après avoir été mis sur les rangs pour occuper une place de conseiller-d'état et même de consul. Il était à cette époque de l'institut national. Il fut nommé vice-président du sénat, comte de l'empire et commandant de la Légion-d'honneur. M. Volney participa, jusqu'en 1814, à tous les actes du sénat, adhéra le 1er. avril à la déchéance de Buonaparte, et fut créé, le 4 juin suivant, membre de la chambre des pairs, où il siège encore. On a de lui: I. *Voyage en Syrie et en Egypte*, fait en 1783: Paris, 1787, 2 vol. in-8°., 4ème. édition, 1807, trad. en Allemand par M. Paulus; il a aussi été traduit en anglais et en hollandais. Cet ouvrage est regardé comme le plus exact que nous ayons sur cette contrée; on devrait plutôt l'appeler *Description de la Syrie et de l'Egypte*, car le voyageur ne s'y montre jamais en scène, et ce n'est que par la préface qu'on apprend qu'il a été dans le pays. II. *Considérations sur la guerre actuelle des Turcs*, 1788, in-8°. L'auteur y combat quelques opinions de Tott et de Peyssonel, et il a été réfuté sur quelques points par le comte de Ferrières-Sauvebœuf, en 1790. Il a inséré ces *Considérations* dans la 3e. éd. du *voy. en Syrie*, 1800. III. *Les Ruines ou Méditations sur les révolutions des Empires*, 1791, in-8°., 3e. édition augmentée de l'ouvrage suivant, 1799, in-8°. IV. *La Loi naturelle ou Catéchisme du citoyen français*, 1793, in-16. V. *Simplification des langues orientales, ou Méthode nouvelle et facile d'apprendre les langues Arabe, Persane et Turque, avec des caractères européens*, 1795, in-8°. Pour remplacer l'alphabet arabe, dont on se sert aussi pour écrire le Turc et le Persan, il propose un nouvel alphabet formé de lettres latines, de 4 lettres grecques, et de 12 nouveaux caractères: il y trouve l'avantage de peindre chaque son ou articulation simple par un caractère unique, tandis que la méthode développée par M. Langlès (*Notices et extr. des mss.*, tome 1) exige souvent deux ou trois caractères pour représenter une seule lettre arabe. La notation de M. de Volney, quoique plus simple, ne paraît pas avoir été adoptée. VI. *Leçons d'histoire prononcées à l'école normale* 1799, in-8°.; 1810, in-8°. VII. *Tableau du climat et du sol des États-Unis d'Amérique*, 1803, 2 vol. in-8°. et in-4°. fig., terminé par un vocabulaire de la langue des Miamis. VIII. *Rapport fait à l'académie celtique sur l'ouvrage russe de M. le professeur Pallas: Vocabulaires comparés des langues de toute la terre*, 1805, in-4°. et dans les *Mém. de l'Acad. Celtique*. Cah. I et III, et dans le *Moniteur* des 1 et 2 brumaire an 14. Il y fait voir que le *Vocabularia totius orbis* composé par ordre de la czarine Catherine II, ne peut servir de vocabulaire universel, l'alphabet russe étant trop incomplet pour cet usage; et quoique M. Masson, dans le recueil de l'académie celtique, ait bien prouvé que plusieurs des fautes de ce *Vocabularia* doivent être attribuées à Pallas lui-même, qui ne savait pas assez bien la langue Russe, M. de Volney n'en a pas moins démontré qu'un alphabet universel est encore à trouver. Il a engagé les membres de l'académie celtique à s'occuper de cette recherche, y a beaucoup travaillé lui-même, et l'on assure qu'il est sur le point de publier le résultat de ses méditations sur ce sujet. IX. *Supplément à l'Hérodote de Larcher, ou Chronologie d'Hérodote conforme à son texte*, Paris, 1808, 2 vol. in-8°. X. *Question de statistique à l'usage des voyageurs*: 1813, in-8°. IX. *Recherches nouvelles sur l'histoire ancienne*, 1814-1815, 3 vol. in-8°. le N°. IX ci-dessus, s'y trouve refondu. M. de Volney est membre de la société asiatique de Calcutta.   U.

W.

WAHLENBERG (George), voyageur naturaliste, est né en Suède, vers 1780. Animé de la plus grande ardeur pour les sciences naturelles, et doué d'une persévérance inébranlable, il a fait trois voyages en Laponie, et s'est élevé jusqu'aux cimes des glaciers de ce pays, pour en mesurer la hauteur (au delà de cinq mille pieds), et en observer les phénomènes. Il a rendu compte de ses observations, et des dangers qu'il a courus, dans une relation publiée en suédois à Stockholm, en 1808; cette relation est accompagnée de cartes et de vues dessinées par l'auteur lui-même. Elle a été traduite en Allemand par J. F. L. Hausmann, Gœttingue, 1812, et il en a paru un extrait dans la *Gazette de France*, 1er. octobre 1811. M. Wahlenberg a publié de plus une *Description de la Laponie de Kemi*, et une *Flore de Laponie*. Les voyages qu'il a faits en dernier lieu aux montagnes de la Suisse, et à celles d'Allemagne et de Hongrie, lui ont fourni de nouvelles observations, et il a fait imprimer récemment à Goettingue, une *Flore des Carpathes*, (*Flora Carpathorum*.) M. Wahlenberg est membre de l'académie des sciences de Stockholm, et démonstrateur de botanique à l'université d'Upsal. Il a fourni à l'académie dont il est membre, divers mémoires sur des objets d'histoire naturelle et de physique. C. U.

WAILLY (Etienne-Auguste), fils du grammairien de ce nom, né vers 1770, fit avec succès ses études sous les yeux de son père. Il établit pendant la révolution, à Paris, un commerce de librairie qu'il continua peu de temps, et s'adonna ensuite à l'enseignement, ou il porta d'excellents principes dans un temps où ils étaient proscrits et dénaturés. M. Wailly est devenu proviseur du collège royal d'Henri IV. Il a publié: I. (avec son père) *Nouveau Vocabulaire Français*, 1801, in-8°., revu par M. Bosquillon, souvent réimprimé. II. *OEuvres choisies de J. B. Rousseau*, à l'usage des lycées, 1805 et 1818, stéréotype in-12. III. *Napoléon au Danube*, O.de italienne, du colonel Grobert, imitée en vers français par M. Wailly, et traduite en vers héroïques latins par Cauchy, 1805, in-8°. IV. (Avec D. Revet) *Nouveau Dictionnaire de rimes*, 1812, in-8°. 2 part. V. *Traduction en vers des trois premiers livres des Odes d'Horace*, 1817-18, in-8°. Cette traduction a été fort louée par le *Journal des Débats*. M. Wailly a revu et publié les *Principes généraux et particuliers de la langue française*, donnés par son père, 1803, 1808, in-12. U.

WALDBOURG-TRUCHSESS (Le comte Louis-Frédéric de), est le chef de la quatrième branche de cette ancienne maison de Souabe. Il entra fort jeune dans les gardes-du-corps de S. M. prussienne, et après dix ans de service en sortit pour voyager. Il épousa en 1803 une princesse de Hohenzollern-Hechingen, et entra peu de temps après dans la carrière diplomatique, comme ministre du roi de Wurtemberg, aux cours impériales d'Autriche et de France. Ayant donné sa démission en 1808, il se disposait à retourner dans sa patrie lorsqu'il en fut empêché par la nomination imprévue de sa femme à la charge de grande-maîtresse de la reine de Westphalie. Le prince de Hohenzollern, son père, qui se trouvait alors à Fontainebleau, comme tous les princes souverains de la confédération du Rhin, n'avait pu, malgré sa répugnance, et surtout celle du comte, se refuser à cette nomination, qui paraissait vivement désirée par la reine. Tout ce qu'on put obtenir fut que la comtesse n'acceptât que provisoirement pour laisser le choix d'une remplaçante. Le comte ayant voulu la suivre comme simple particulier, fut aussi obligé d'accepter, après une longue résistance, l'emploi de chevalier d'honneur de la reine. Bientôt Jérôme, qui parut l'apprécier malgré sa froideur impassible, lui proposa la charge de grand-écuyer, et le titre de général de division; le comte s'y refusa constamment: mais Jérôme l'ayant publiquement nommé son grand chambellan et son intendant-général des spectacles, le comte se vit contraint d'accepter. Cependant rien ne put le faire consentir à un échange de ses terres contre celles du prince Ferdinand de Prusse, situées dans le nouveau royaume de Westphalie, et que ce prince voulait vendre à tout prix. Ce fut en vain que Jérôme offrit au comte d'ajouter à sa part ce qu'il y manquait pour la rendre égale à celle du prince prussien, s'il voulait se faire naturaliser Westphalien; ce fut en vain qu'il lui représenta que ses terres étaient ruinées par la guerre, tandis que celles qu'on lui offrait étaient dans une situation florissante et de double valeur; il refusa, et ne parla plus que de son départ. Malgré les instances qu'on lui fit pour le retenir, il partit ne février 1809, avec sa femme, pour l'Italie. L'Histoire secrète de cette cour, publiée à Pétersbourg en 1814, rapporte que la comtesse de Waldbourg, ausi belle que spirituelle, résista aux séductions du roi (Jérôme) avec toute la persévérance d'une femme vertueuse, et qu'elle ne se trouva qu'avec une extrême répugnance au milieu de cette cour dissolue. Nommé, en 1812, député des états pour solliciter des réductions aux contributions imposées par Buonaparte, lors de son passage pour la campagne de Russie, une maladie grave le mit plusieurs fois au bord du tombeau. Il n'était que très-imparfaitement rétabli lors de la campagne de 1813; mais ne pouvant rester inactif dans cette grande lutte nationale, il accepta le titre de colonel accrédité près le corps d'armée bavarois, où il mérita bientôt des décorations militaires, et fut chargé, par son souverain, de faire des communications verbales à l'empereur Alexandre. Après l'abdication de Buonaparte, en avril 1814, il fut chargé de l'accompagner, comme commissaire, à l'île d'Elbe, de concert avec les commissaires d'Autriche, de Russie et d'Angleterre. Buonaparte montra beaucoup d'humeur lorsqu'il le vit paraître en cette qualité. Il était à Vienne à l'époque du congrès; et lorsque le retour de l'ex-empereur donna lieu à une nouvelle coalition, il publia l'*Itinéraire du voyage de Napoléon de Fontainebleau à l'île d'Elbe*, brochure écrite avec une vérité frappante et une telle abnégation de l'auteur, que c'est ainsi, dit madame de Staël, qu'on devrait toujours écrire l'histoire. Elle fut réimprimée à Paris, (1815, in-8°.) et traduite en plusieurs langues. Le produit de ces éditions fut consacré par l'auteur au soulagement des blessés prussiens. Le comte de Waldbourg reprit, à la demande du roi de Bavière et du prince de Wrede, le poste qu'il avait occupé dans la campagne précédente, et fut nommé par le roi de Prusse, étant encore à Paris, son ministre plénipotentiaire à la cour de Sardaigne, où il réside depuis cette époque. F.

WALDECK ET PYRMONT (Le comte GEORGE DE), chef d'une maison souveraine du Wurtemberg, mais sujet du roi en sa qualité de comte de Limbourg, a joué un rôle très-remarquable par son opposition dans l'assemblée des états-provinciaux de Wurtemberg. En 1816, il adressa aux ministres d'Autriche, de Prusse, de Danemark et de Hanovre, accrédités près la diète de Francfort, une note dans laquelle il invoquait leur intervention en faveur de l'ancienne constitution wurtembergeoise, dont leurs souverains sont garants. Cette note contenait un exposé historique sur les discussions qui s'étaient élevées entre le roi et les états. Le comte de Waldeck, comme auteur de cette note, fut sommé par le roi de Wurtemberg de comparaître en personne devant un tribunal de justice, pour y rendre compte de sa conduite, évidemment contraire aux lois et ordonnances du royaume; mais il paraît que cette sommation n'eut pas de suites. Il se retira dans le comté de Limbourg, après la dissolution de la diète. En 1817, le *Mercure* d'Altona et d'autres journaux ayant annoncé qu'il était exilé, et s'était rendu à Wilhemsbad, près de Hanau, dans l'intention d'y convoquer une assemblée de mécontents, sous la présidence du prince Paul, il reclama contre cette assertion, dans une lettre datée de Gaildorf, comté de Limbourg; le 18 juillet; et au mois de décembre suivant, il présenta à la diète le mémoire des princes médiatisés dont il fait partie, et écrivit au président de l'assemblée, pour le convaincre de la nécessité de reconnaître et de fixer par des traités positifs, tous les rapports entre les souverains actuels et les médiatisés. S. S.

WALCKENAER (Charles-Athanase), né à Paris, le 25 décembre 1771, a voyagé au commencement de la révolution dans les Pays-Bas et en Angleterre, et a fait une partie de ses études à Glasgow en Écosse. Il a été élève des ponts et chaussées, et ensuite de l'école polytechnique lors de sa formation. M. Walckenaer a passé dans une de ses terres, à huit lieues de Paris, dans la retraite et l'étude, une grande partie du temps de la révolution. Nommé professeur d'histoire à Montpellier lors de la formation de l'université, il n'accepta point. Il a remporté, en 1811, le prix proposé par l'institut sur cette question : « Rechercher quels ont été » les peuples qui ont habité les Gaules » cisalpine et transalpine aux diffé- » rentes époques de l'histoire, anté- » rieures à l'année 410 de Jésus-Christ; » déterminer l'emplacement des villes » capitales de ces peuples, et l'etendue » du territoire qu'ils occupaient. » M. Walckenaer fut nommé membre de l'institut (classe d'histoire et de littérature ancienne), le 8 octobre 1813, et membre de l'académie des inscriptions lors de sa nouvelle organisation en 1816. Il est chevalier de la Légion-d'honneur depuis le 19 octobre 1814. Maire du cinquième arrondissement de Paris, par ordonnance du 27 mars 1816, il a été nommé secrétaire général de la préfecture de la Seine, le 13 mai même année. On connait de lui : I. *Essai sur l'histoire de l'espèce humaine*, in-8°. 1798. II. *L'Ile de Wight ou Charles et Angelina*, 2 vol. in-12, 1798, 1813. Ce roman a été traduit en allemand, Magdebourg, 1803. III. *Faune Parisienne* ou *Histoire abrégée des insectes des environs de Paris, classés d'après le systême de Fabricius*, Paris, 1802, 2 vol. in-8°. L'ouvrage est précédé d'un Discours sur les insectes en général, qui a été remarqué. Ce qui concerne les araignées et certains hymenoptères offre des observations entièrement neuves. IV. *Géographie moderne rédigée sur un nouveau plan, traduite de l'anglais de Pinkerton*, augmentée d'un tiers par les notes du traducteur, 6 vol. in-8°. et atlas in-folio. Paris, 1804, id. nouvelle édition totalement refondue, tomes 1 et 2, 1812. Le 3e. vol. a été imprimé aux trois quarts, mais n'a pas été publié. L'Abrégé du même ouvrage en un gros volume in-8°. avec cartes, a eu trois éditions, 1805, 1806, 1811. V. *Tableau des Aranéides*, Paris, 1805, gr. in-8°. VI. *Histoire naturelle des Aranéides*, 1807, 1808. L'ouvrage devait avoir trente livraisons; il n'en a paru que cinq, tirées à petit nombre, et avec cinquante figures. L'auteur, dit-on, se propose de publier cet ouvrage sous une autre forme. VII. *Dicuili liber de mensura orbis terræ, nunc primum in lucem editus*, 1807, in-8°. (v. l'article Dicuil dans la Biogr. Univ.) VIII. *Voyage dans l'Amérique méridionale, par don Félix d'Azara, recueillis et publiés par C. A. Walckenaer, avec des notes de M. Cuvier*, Paris, 1809, 4 vol. in-8°. et atlas. Il y en a deux traductions allemandes. M. Walckenaer a traduit une grande partie de cet ouvrage de l'espagnol. Il a mis de l'ordre dans l'ouvrage, et y a ajouté des notes. Les deux derniers volumes, qui concernent les oiseaux, sont de M. Sonnini. La *Notice sur la vie et les ouvrages de don Azara*, par M. Walckenaer, a été imprimée à part, in-8°. IX. *Cosmologie ou Description générale de la terre*, etc. Paris, 1815, in-8°. de 800 pages. X. *Mémoires pour servir à l'histoire naturelle des abeilles solitaires qui composent le genre Halicte*, Paris, in-8°. 1817. X. *Carte de l'Égypte et Carte du Delta*, sur lesquelles on a tracé les itinéraires anciens, 1812. *Corsica antiqua ex antiquis monumentis eruta*. Ces cartes ont été gravées et distribuées en assez grand nombre à des amis de l'auteur, mais elles n'ont point été publiées; elles sont relatives aux ouvrages suivants dont l'impression est commencée depuis longtemps. XI. *Iti-*

néraire de *l'Egypte ancienne*, précédé de Recherches sur le mille romain. in-4°. de 500 pages, avec trois cartes. — *Itinéraire des Gaules cisalpine et transalpine*, in-4°. de 600 pages. — *Géographie historique des Gaules cisalpine et transalpine jusqu'à la chute de l'empire romain en occident*, in-4°. XII. Divers mémoires lus à l'institut sur les *Pyles caspiennes Sur les itinéraires d'Alexandre et de l'Inde* —*Sur l'Apulie Peucetienne*. — *Sur Anderitum*, capitale des *Gabali*. (Voyez les *Rapports* des travaux de la classe d'histoire et de littérature, par M. Daunou, premier juillet 1814). Il a déjà paru un extrait des découvertes de l'auteur sur la géographie ancienne d'Orient (c'est le plus important de tous ses travaux) dans le *Classical Journal*; (XVI. 457):cet extrait dont on attend la suite, et que l'on croit de la main de M. VV. Ouseley, est plus ample et mieux fait que celui du rapport de l'institut. XIII. *Mémoires sur les progrès des connaissances géographiques à l'est et au sud de l'Asie, et sur l'origine du peuple Malais* Un extrait a été lu par l'auteur à la dernière séance publique. XIV. *Le monde maritime* ou *Tableau géographique et historique de l'Archipel d'Orient, de la Polynésie et de l'Australasie*; Paris, 1819. Cet ouvrage s'imprime sous deux formats, chez Firmin Didot, in-8°. et in-18. Il aura 3 vol in-8°. et 12 vol. in-18. Les quatre premiers volumes ont paru XV. *Notice historique et géographique sur l'Itinéraire de Jérusalem* (dans l'*Histoire des Croisades*, de M Michaud), tirée à part et donnée en présent. XVI. *Dissertation sur l'or et l'argent considérés comme marchandises et comme monnoie*. (Dans le *Journal d'économie politique* de Rœderer). XVII. Une *Notice sur les manuscrits de Montesquieu*, et une *Lettre sur la Tarentule*, dans les *Archives Littéraires*. XVIII. Diverses dissertations ou extraits raisonnés de livres dans le *Magasin Encyclopédique*, dans le *Mercure étranger*, dans les *Annales des Voyages*. XIX. *Notes sur la Géographie de Virgile*, insérées dans la seconde édition de la traduction de l'É-

néide de Delille. XX. Un grand nombre d'articles dans la *Biographie universelle*; nous indiquerons seulement les suivans : *Edrisi*, *J. Chr. Fabricius*, le président *Hénault*, *Hume*, *Jeanne-d'Arc*, *Sam. Johnson*. On lui attribue *Eugénie*, nouvelle, in-12 ; et la traduction du *Nouveau Voyage dans l'Afrique méridionale*, par Barrow, 1806, 2 vol. in-8°, dont il a signé la préface et quelques notes, et revu les cartes. F.

WALLIS (Le comte OLIVIER DE), lieut.-feld-maréchal au service d'Autriche, servit comme général major dans la guerre contre les Turcs, sous Laudon et Clairfayt, et se distingua dans un grand nombre d'occasions. En 1792, il fut employé à l'armée des Pays-Bas; en 1793, dans le Brisgau, où il commanda une division de l'armée de Wurmser, et, en mars 1794, il fut chargé du commandement pendant l'intervalle qui eut lieu entre le départ du prince de Waldeck et l'arrivée de M. de Brown. En 1795, il passa en Italie, y fut nommé général en chef au mois de décembre, et rappelé dès les premiers jours d'avril 1796. — Le comte Joseph de WALLIS, feld-maréchal, reçut, en mai 1796, sa démission de la place de président du conseil aulique de la guerre. Le 2 février 1802, l'empereur lui conféra la grande décoration de St. Etienne, et au mois de décembre 1805, il fut nommé ministre du département de la Bohême en remplacement du comte Ugarte. En juillet 1810, après la mort du comte Odonnel, il fut chargé du porte-feuille des finances. Il refusa, en 1816, les fonctions de ministre-directeur de la police-générale et prêta serment, le 30 décembre 1817, en qualité de président du tribunal suprême. S S.

WALMODEN-GIMBORN (Le comte de), feld-maréchal-lieutenant, né à Hanovre où son père était Feld-Maréchal, entra au service d'Autriche en débutant dans la carrière militaire, et fit les diverses guerres que cette puissance eut à soutenir contre la France depuis la révolution. En juillet 1813, il reçut le commandement d'un corps d'armée, et entra aussitôt en campagne. Le 21 août, il fut attaqué entre Ullahn et

Kamin par le maréchal Davoust, et fut repoussé après s'être maintenu assez long-tems Il prit sa revanche le 20 septembre suivant au combat de Garde, contre un corps de 7000 hommes, sous les ordres du général Pecheux. Ayant appris par une lettre interceptée, que ce général avait été détaché sur la rive gauche de l'Elbe, il passa ce fleuve près de Dœmitz; marcha à sa rencontre, et le mit en déroute après un engagement meurtrier qui se prolongea jusque dans la nuit. Le général Walmoden ne se trouva point à la bataille de Leipzig; il continua ses opérations contre le corps du maréchal Davoust, et prépara les événements qui amenèrent la prise de Brême. Le 4 décembre, il soutint une attaque d'avant-garde, concourut le 5 à la reddition de Lubeck, et se distingua le 12 au combat d'Osterade, où, malgré une défense opiniâtre, il fut défait et obligé de laisser aux Danois et aux Français réunis, le passage libre par Rendsbourg. Le comte de Walmoden passa le Rhin, au mois de février 1814, avec les troupes Anglo-Allemandes, prit part aux opérations de cette campagne, et fut nommé, en novembre 1814, membre de la commission chargée de l'organisation militaire de l'Allemagne. Il fut envoyé, en octobre 1816, auprès de l'empereur Alexandre pour lui notifier le mariage de son souverain. Au mois de janvier 1817, après avoir fait un voyage dans le Hanovre, sa patrie, il prit le commandement des troupes autrichiennes dans le royaume de Naples, et fut accrédité auprès de cette cour, en qualité de ministre plénipotentiaire d'Autriche. Il évacua entièrement ce royaume au mois d'août suivant. Par les arrangemens territoriaux convenus au congrès de Vienne, en 1814 et 1815, les seigneuries de Neustadt et de Gienborn, appartenant au comte de Walmoden, ont été déclarées dépendantes de la monarchie prussienne. S. S.

WARD (WILLIAM), est un des membres les plus laborieux de l'association des Missionnaires, formée en 1799, par les Baptistes à Sirampour, à 15 milles au nord de Calcutta. Chargé particulièrement du soin des presses qui servent à multiplier les ouvrages utiles à la mission, M. Ward a contribué annuellement, pour plus de mille livres sterling, au succès de l'entreprise commune. C'est ainsi que le docteur Carey, dans le collège, et le docteur Marshman, dans les écoles qui sont ouvertes aux naturels (V. MARSHMAN), ont rassemblé chaque année des sommes aussi fortes, dont, suivant le réglement de la société, ils ont fait l'abandon à la mission. M. Ward a publié un grand ouvrage qui offre le résumé de ce qui a été fait de plus intéressant sur les Hindous; savoir: *Account of the writings, religion*, etc. (Notice des livres sacrés, de la religion et des coutumes des Hindous, avec la traduction des ouvrages principaux); Sirampour, 1811, 4 vol. in-4°. Une seconde édition, dans laquelle on a augmenté la partie des antiquités, en supprimant de grands détails relatifs aux mœurs et aux usages, ne forme qu'un seul volume imprimé à Sirampour, en 1815, et réimprimé à Londres. L'auteur a encore publié, conjointement avec MM. W. Carey, et J. Marshman, un *Mémoire sur les Traditions des Saintes Écritures*, daté du 21 mars 1816, et que les Baptistes de Bristol ont mis au jour comme appendice du n°. XXXI de leurs *Comptes périodiques*. Ce mémoire, très-intéressant, renferme une notice abrégée de trente-deux idiomes de l'Inde, presque tous dialectes du samskrit, dans lesquels les Baptistes ont commencé à faire passer les livres sacrés. Les philologues, trouveront dans ces fragmens, qui, malheureusement, sont en lettres latines, les premiers échantillons de langues très-intéressantes, et très-peu connues, comme le Kaschmirien, le Sindhi, le Nipolois, l'Assamois, l'Afghan ou Paschtou, le Beloutsch, le Barmau, etc. On peut voir, sur la suite donnée à ces traductions, une note insérée dans le *Journal des Savans*, novembre 1818, p. 648. Z.

WARREN (Sir John BORLASE), amiral anglais, descend de la très-ancienne famille des Borlase, originaire du Cornouailles. Né en 1754, il fut élevé à

Birester dans le comté d'Oxford, et ensuite à l'école de Winchester, d'où il s'échappa fort jeune pour s'enrôler comme volontaire sur un vaisseau du Roi. Lorsque ses parents en furent informés, ils lui firent obtenir l'emploi de *midshipman* sur le sloop l'*Alderney*. Après avoir navigué quelque temps dans la mer du Nord, Warren revint en Angleterre et suivit les cours du professeur Martyn, à l'université de Cambridge ; il y prit, en 1776, ses degrés de maître ès-arts, et fit ensuite un voyage sur le continent. De retour en Angleterre, il acheta l'île de *Lundy* dans le canal de Bristol, avec le projet romanesque d'y établir une colonie ; mais il l'abandonna bientôt, et ayant vendu son établissement, il obtint une place au parlement, où il représenta, pendant deux sessions, le bourg de Great-Marlow. Vers ce même temps, il fut créé baronnet, et servit ensuite avec lord Howe, en Amérique. En 1779, il fut nommé commandant d'un sloop de guerre, et l'année suivante, capitaine de l'*Ariane*, de 20 canons, qu'il quitta pour le *Cléopâtre*, de 44. Au commencement de la guerre de la révolution française, il obtint le commandement de la *Flora*, sur laquelle il hissa son pavillon de commodore d'une escadrille employée dans le Canal. Il plaça ensuite son pavillon sur la *Pomone*, frégate française dont il s'étoit emparé en 1794, après un combat de plus de 3 heures. Il fut chargé, l'année suivante, de secourir les royalistes de la Bretagne, et parvint, après avoir manqué de tomber au pouvoir de l'escadre française, commandée par Villaret-Joyeuse, à débarquer, pendant la nuit, un corps d'émigrés, composé des régiments de Hector, d'Hervilly, Dudresnay, Royal-Marin, Royal-Louis, Royal-Artillerie, etc (*voy.* Hervilly et Hoche, dans la Biog. univ.) Le débarquement s'opéra assez heureusement, le 5 juillet 1795, près de la baie de Quibéron ; mais après avoir obtenu quelques succès, une partie des troupes débarquées fut tuée ou faite prisonnière par l'armée française ; le reste se sauva avec peine sur les vaisseaux anglais. (*Voyez* Vauci-

baud). Sir John Warren croisa encore pendant quelque temps sur les côtes de Bretagne, pour occuper l'attention des troupes républicaines ; il fit quelques prises, gêna beaucoup le commerce et les corsaires français, et procura aux royalistes quarante milliers de poudre, des armes, et des munitions. La rébellion des Irlandais le fit envoyer avec une forte escadre pour intercepter les secours que les Français pourraient leur faire passer. Le 11 octobre 1798, il rencontra une flotte française à peu près d'égale force, et parvint à la disperser après un combat long et meurtrier, à la suite duquel il s'empara d'un vaisseau de ligne et de trois frégates. A la première promotion, il fut nommé contre-amiral, et joignit la flotte du Canal. Il passa l'année 1801 à croiser sur les côtes de France, et fut ensuite envoyé à la poursuite de l'amiral Gantheaume, qui trouva moyen de lui échapper, en se retirant vers les côtes d'Egypte. Après la paix d'Amiens, sir Warren fut envoyé comme ambassadeur à Pétersbourg, et chargé d'une mission délicate concernant l'île de Malte. Lorsque les hostilités commencèrent avec l'Amérique, il eut le commandement de la station des Etats-Unis, mais il fut bientôt remplacé par l'amiral Cochrane. Il a depuis été nommé grand cordon de l'ordre du Bain, chevalier du Croissant et conseiller privé. On a de lui un ouvrage fort estimé, sous ce titre : *Aperçu des forces navales de la Grande Bretagne* ; dans lequel il compare son état présent, l'accroissement et l'emploi des bois de marine, les constructions des vaisseaux, des chantiers et des ports ; les réglements pour les officiers et les soldats, avec ceux des autres puissances de l'Europe, octobre 1791. Z.

WATHIER SAINT-ALPHONSE, (Le comte Pierre) lieutenant-général, né le 4 sept. 1770, entra au service le 3 septembre 1792, dans la cavalerie, et devint chef d'escadron, puis aide-de-camp du général Lasalle. Nommé colonel du 4e régiment de dragons, il servit en cette qualité dans la guerre de 1805, se distingua au passage du Lech, où, avec deux cents dragons, il mit en déroute un corps ennemi qui défendait le pont, et au combat de Diernstein où il fut fait prisonnier. Buonaparte le nomma son écuyer après son échange. La valeur qu'il déploya plus tard à la bataille d'Austerlitz, lui valut le grade de général de brigade. Dans la campagne de 1806, il se signala au combat de Schleitz, où il fit une charge de cavalerie, dont le bulletin fit un grand éloge. Il fut nommé commandant de la Légion-d'honneur, le 14 mai 1807. En 1808, il fut envoyé en Espagne, où il contribua aux succès des journées de Burgos, de Fuentes-Onoro, de Lerin, d'Alcaniz, etc. Nommé général de division, le 6 août 1811, il fut rappelé en France, passa en Russie en 1812, et ne posa les armes qu'après la capitulation de Paris, en 1814. Il fut créé chevalier de Saint-Louis, le 19 juillet 1814. Après le 20 mars 1815, Buonaparte lui confia le commandement de la 5e. division de cavalerie de l'armée du Nord. Lors du licenciement, il fut mis à la demi-solde. S. S.

WATTEWILLE - DE - MONTBEGNEY (EMAR DE), landamann de la Suisse, issu d'une des premières familles de Berne, avait servi en France avant la révolution. Il figura d'abord parmi les confédérés bernois, opposés aux changements que protégeait la France dans l'Helvétie; il fut arrêté, transféré au château de Chillon, avec plusieurs autres chefs de cette opposition, et rendu à la liberté, lorsque l'intervention offerte par le premier consul eut été acceptée. M. de Wattewille fut député, en octobre 1802, par la ville de Berne, à la *consulta* convoquée à Paris pour terminer les affaires des cantons, et devint landamann, en 1804, puis général en chef des troupes suisses, en 1805. Le 20 décembre 1813, il adressa de Leutzenbourg, une proclamation aux troupes de la confédération pour leur annoncer l'entrée des alliés sur le territoire suisse, et pour les engager à les regarder comme des amis et des libérateurs. Lors du retour de Buonaparte, en 1815, il fit afficher et distribuer aux différentes autorités une proclamation, en date du 13 mars, dans laquelle il annonçait l'invasion de l'ex-empereur comme une calamité, et comme une occasion de discorde, et déclarait que la diète était résolue à se joindre aux grandes puissances et à combattre de nouveau pour la paix de l'Europe. Le général Wattewille fit un voyage à Rome, en 1818, avec MM. Ruttiman et Fischer, pour obtenir du pape une nouvelle organisation de l'évêché de Bâle, et la translation de son siége à Lucerne. Mais il revint en Suisse, au mois d'août, sans avoir rien terminé à cet égard. S. S.

WATTEVILLE (BÉAT-LOUIS), de le même famille, né à Berne, en 1741, entra au service en 1760 comme volontaire au service de France; fit les campagnes d'Hanovre, parvint au grade de colonel, et se distingua particulièrement dans la révolution par sa modération et sa fermeté. Il sauva Marseille du pillage; et Louis XVI, apprenant sa conduite honorable, lui fit remettre par le comte Du Muy, le grand cordon de Saint-Louis; il passa ensuite en Suisse avec son régiment et y maintint une discipline exemplaire, et au bout de quatre ans revint en France où il prit le commandement d'une demi-brigade suisse. Nommé général en 1799, il se trouva à toutes les affaires de ce temps-là, et fut admis à la pension en 1805. Depuis cette époque il a vécu dans la retraite. A. P.

WAWRZECKI (Le comte THOMAS), nonce de Braclaw, fut l'un des membres de la diète polonaise de 1788, chargés de travailler à une meilleure forme de gouvernement. La constitution qu'il contribua à donner à sa patrie, en 1791, ayant été renversée par les Russes, il se déclara en 1794, en faveur de l'insurrection que les Polonais tentèrent pour les chasser de leur pays. Doué d'un caractère ferme et judicieux, et environné d'une grande popularité, quoiqu'il eût passé sa vie dans les charges civiles, il servit dans les armées, pénétra en Courlande et fut nommé général en chef à la place de Kosciusko, lorsque ce dernier eut été fait prisonnier. Etant accouru aussitôt, de la Lithuanie, il s'occupa de la défense de la capitale, et y mit beaucoup de zèle et d'activité; mais, manquant de moyens, il ne put empêcher le faubourg de Prague d'être emporté, et tout ce qu'il put faire, fut de se retirer avec la partie des troupes qui, à son exemple, avait refusé de se rendre aux Russes. S'étant porté vers le palatinat de Sandomir, où le corps de Giedroye agissait encore contre les Prussiens, ses soldats, pressés par la faim et manquant de munitions, se dispersèrent en partie, tandis que les autres le forcèrent à se rendre au général Denisow. Le 22 novembre, il fut conduit prisonnier à Varsovie, et ayant refusé de prêter serment à la Russie, il fut transféré dans les prisons de Pétersbourg, où il resta détenu jusqu'à l'avénement de Paul Ier. Depuis cette époque, le comte Wawrzecki, retiré dans ses propriétés en Lithuanie, vivait entouré de la considération publique, lorsqu'en 1812, il reparut sur la scène politique, se prononça hautement en faveur des Français, et leva à ses frais un régiment qu'il commanda en personne. Il a été nommé sénateur par l'empereur Alexandre, le 25 décembre 1815, et peu de temps après, ministre de la justice.   B. M.

WEISS (CHARLES), savant bibliographe, né à Besançon en 1779, bibliothécaire et membre de l'académie de cette ville, et de plusieurs autres sociétés littéraires, a publié, dans les Mémoires de la Société d'agriculture de la Haute-Saône, l'*Éloge du P. Chrysologue*, celui de *Legier*, et une *Notice sur les littérateurs comtois*. On trouve de lui, dans les recueils des travaux de l'académie de Besançon, des fragments d'une *Traduction de Perse*; et les lecteurs de la *Biographie universelle* ont pu voir depuis longtemps, qu'il est un des plus laborieux et des plus zélés collaborateurs de cette grande entreprise. Ses articles, qui se distinguent par l'exactitude et la précision, présentent presque toujours des recherches neuves et souvent des détails précieux pour les bibliographes.

Parmi les plus intéressants, nous citerons, *Grandvelle*, maître *Guillaume*, *Hostal*, *Jarry*, *Justinien*, *Kempelen*, surtout *Kircher*, dont l'article peut servir de suite ou de pendant à la notice que Mercier de St.-Léger a publiée sur le P. Schott. M. Weiss a en portefeuille des *Recherches sur le patois Bisontin*. — Une *Histoire de l'imprimerie en Franche-Comté*. — Une *Vie de Gilbert Cousin*, biographie importante pour l'histoire littéraire du XVIe. siècle. — Une *Histoire des beaux-arts dans la province de Franche-Comté, depuis leur renaissance jusqu'à ce jour*; et une *Bibliothèque des traducteurs français*. Les amateurs de la bonne bibliographie attendent avec impatience le catalogue des livres imprimés et manuscrits de la bibliothèque de Besançon, qui doit former 5 vol. in-8°., et que M. Weiss annonce devoir mettre sous presse incessamment.   T.

WEISS (F.-C.) a publié à Heidelberg, en 1813 (en allemand), l'*Architectonique de toutes les connaissances humaines et des lois des nations*. Cet ouvrage est une espèce de traité d'idéalisme fondé sur le dogmatisme et le panthéisme de Spinosa, que Schelling et d'autres élèves de l'école de Kant ont renouvelés. Ce dernier cependant ne paraît grand aux yeux de l'auteur que dans ses erreurs. Son héros est Schelling qui, dit-il, a été choisi par la Providence pour rétablir le panthéisme dans toute sa splendeur. — Mathias Weiss, ancien professeur de langue allemande à l'athénée de Paris, est né en Hongrie vers 1770. Après avoir été attaché comme traducteur à l'imprimerie des lois, qu'il quitta pour accompagner en Allemagne le général Moreau, comme interprète, il revint à Paris, où il a été pendant quelque temps maître de langue allemande. Il a publié dans cette ville : I. *Choix de différents morceaux de littérature allemande en vers et en prose, avec la traduction française*, 1798, in-12. II. *Les Deux Frères*, comédie traduite de Kotzebue, et arrangée (avec Patrat et Jauffret) pour la scène française, 1799, in-8°. III. *Misantropie et Repentir* (traduction de Kotzebue, avec le texte en regard), 1799, in-8°. IV. (Avec Patrat) *Honneur et indigence, ou le Divorce par amour*, drame en 3 actes et en prose, imité de l'allemand de Kotzebue, 1803, in-8°. V. (Avec Brosselard et Lemierre), *Code général des états Prussiens*, traduction, 1804, 5 volumes in-8°. VI *L'art d'apprendre les langues, ramené à ses principes naturels*, 1808, in-8°. L'auteur est, depuis 1812, rédacteur et directeur du *Journal d'Aix-la-Chapelle*. — WEISS, lieutenant-colonel du corps des ingénieurs-géographes militaires, a publié : *Notice et observations relatives à la vue de la chaîne des Hautes-Alpes, prise du sommet du mont Rigi, en Suisse*, 1815, petit in-folio. Sa grande *carte de la Suisse*, en 16 feuilles, est un des morceaux les plus remarquables de la topographie moderne.

OT.

WELLESLEY (RICHARD COLLEY, marquis DE), pair d'Angleterre, d'une famille d'Irlande qui fait remonter son origine à Ferdinand, roi de Castille, est né le 21 juin 1760. Fils aîné de lord Garret Colley, comte de Mornington, il fut envoyé à l'âge de 14 ans au collége d'Éton, y fit des progrès rapides, et se forma à la discussion parlementaire dans un simulacre de chambre des communes, que les écoliers avaient établi. Il termina ses études à Oxford, succéda, le 22 mai 1784, aux dignités et à la fortune de son père, et fut nommé bientôt après membre du conseil privé d'Irlande, puis membre du parlement par Windsor. Pendant qu'il représentait cette ville, il gagna les bonnes grâces de son souverain, qui lui donna un libre accès auprès de sa personne, et l'admit dans la société privée de la famille royale. Lord Wellesley déploya une grande habileté d'abord comme orateur dans la chambre des pairs d'Irlande, et ensuite dans celle des communes d'Angleterre, et se fit surtout distinguer par son attachement au ministère de Pitt et par de violentes sorties contre la révolution de France; ce qui contribua beaucoup à le mettre en faveur auprès du roi, qui le nomma un des lords de la trésorerie, puis un des commissaires pour les affaires de l'Inde, et enfin, en 1797, gouverneur-général des possessions anglaises dans cette partie du monde, pour succéder à sir John Gore. Peu de temps après son arrivée dans l'Inde, les Français qui venaient d'occuper l'Égypte, formèrent des liaisons avec Tippou-Saëb, qui avait reçu d'eux la promesse d'une puissante coopération : lord Wellesley crut devoir aussitôt fermer le détroit de Babel-Mandel, seul passage par où ils pussent pénétrer, et il donna l'ordre au commandant des forces navales de détacher une escadre pour occuper l'île Mehun, située au milieu de ce détroit. Il envoya ensuite (le 7 mars 1799) le général Harris attaquer Seringapatam, qui fut emporté d'assaut après un siège long et pénible. La prise de cette capitale et la mort du sultan, mirent tout le Maïssour au pouvoir des Anglais. Ce succès excita un grand enthousiasme en Angleterre. Lord Wellesley fut créé marquis d'Irlande, reçut les remerciments unanimes des deux chambres, et obtint du roi l'autorisation d'ajouter à ses armes celles qui ornaient l'étendard du sultan de Maissour. La guerre s'étant déclarée entre les Mahrates et les Anglais, le marquis de Wellesley leva 55,000 hommes et après avoir conquis, en trois mois, tous les pays situés entre le Djoumna et le Gange, il força Scindiah et le Raja de Berar, qui avaient réuni leurs forces, à faire la paix. Ces succès furent récompensés par de nouveaux remerciments, qui lui furent votés unanimement par les deux chambres, le 3 mai 1804. Dans l'intervalle de ces exploits, lord Wellesley avait trouvé moyen de détacher, en 1801, un corps d'armée pour aider à la conquête de l'Égypte. Enfin, après une administration aussi brillante et aussi heureuse pour l'Angleterre, il demanda son rappel, et fut remplacé, en juillet 1805, par lord Cornwallis, qui mourut trois mois après son arrivée. Au mois de juin de la même année, la traduction des dépêches du marquis Wellesley, qui avaient été interceptées par les Français, fut insérée dans le *Moniteur*; ce qui parut une représaille de la publicité donnée à la correspondance de Buonaparte. Le retour de lord Wellesley fut célébré le 20 mars 1806 à la principale taverne de Londres, dans un dîné où se réunirent les hommes les plus distingués. Il résulte d'un rapport du comité de la chambre des communes, imprimé en 1811, qu'il a accru la dette de 2 millions sterling, dont 5 millions ont servi à soutenir les guerres si glorieusement terminées par lui. C'est à son administration que la ville de Calcutta doit la fondation d'un collège. Il y avait formé pour l'agriculture et l'histoire naturelle, des établissements que les directeurs n'ont pas soutenus. Malgré ces bienfaits, malgré tous ses succès, malgré les remercîments unanimes qui lui avaient été votés deux fois par le parlement, et les honneurs dont son souverain l'avait comblé, lord Wellesley fut attaqué à plusieurs reprises dans la chambre des communes, et il fut aisé de voir qu'on avait intention de renouveler contre lui une enquête semblable à celle dont M. Hastings avait été l'objet : mais les discussions qui furent la suite de ces attaques, ne firent que donner plus d'éclat à sa réputation, et un vote unanime des communes, qui approuva sans réserve sa conduite dans l'Inde, imposa silence à ses accusateurs. En 1807, lorsque le duc de Portland fut nommé premier ministre, le roi fit proposer le ministère des affaires étrangères au marquis Wellesley, qui ne l'accepta point. Au commencement de 1809, il fut nommé à l'ambassade d'Espagne, poste bien important à une telle époque. On reconnaît par sa correspondance avec la junte centrale et les généraux anglais, la sagesse et l'habileté qui ont caractérisé sa conduite dans ces circonstances difficiles. La mort du duc de Portland, arrivée à la fin de 1809, ayant amené la dissolution du ministère dont il était le chef, le marquis de Wellesley fut rappelé à la tête des affaires étrangères à la place de M. Canning ; et depuis cette époque, tous ses travaux dans le conseil, tous ses discours dans les chambres, eurent pour but de faire prospérer la cause espagnole, avec laquelle il semblait s'être identifié. Lorsqu'à la séance de la chambre des pairs, du 26 janvier 1810, lord Liverpool proposa de voter des remercîments à lord Wellington et à son armée, pour la victoire de Talaveyra, le marquis Wellesley parla des exploits de son frère avec réserve et de ceux de l'armée avec admiration. Il eut encore occasion de manifester son zèle pour la cause de l'Espagne et du Portugal, lorsque, dans la séance du 8 juin 1810, lord Landsdown reprocha aux ministres de n'avoir eu ni ensemble d'efforts, ni unité de système dans la conduite de la guerre de la Péninsule, rendant toutefois justice « aux grandes vues et à la saine » politique qui avaient caractérisé la » conduite du marquis Wellesley. » Ce dernier, après avoir justifié les ministres, fit, sur un ton fort animé, un appel à la nation britannique, « à qui, » dit-il, l'honneur et la politique font » un devoir de continuer à seconder les » Espagnols, aussi long-temps qu'on » verra briller parmi eux la moindre » étincelle du feu patriotique qui les » anime, et tant qu'ils opposeront » quelque résistance à la tyrannie » monstrueuse et non provoquée de la » France. » En janvier 1812, le marquis Wellesley résigna sa place dans le ministère, par suite de quelques différends avec ses collègues au sujet de la même guerre. Il pensait que les ministres employaient de trop faibles moyens, et qu'ils étaient d'ailleurs incapables de la diriger. Le Prince Régent le pria de rester encore quelque temps à son poste ; mais voyant que l'intention du Prince était de conserver M. Perceval à la tête du ministère, il insista sur sa démission, voulant bien travailler *avec* M. Perceval, mais jamais *sous* lui. Lord Castlereagh fut en conséquence nommé pour le remplacer. Le 11 mai suivant, l'assassinat de M. Perceval mit le Prince Régent dans la nécessité, sinon de recomposer entièrement le ministère, du moins de faire quelques changements dans son système et dans sa composition. Il désira que le comte de Liverpool, devenu principal chef du ministère, en augmentât la force en y faisant entrer le marquis Wellesley et M. Canning; mais la négociation qui eut lieu à ce sujet, et qui fut publiée, n'amena aucun résultat, à cause des différences d'opinion relativement aux catholiques et au mode suivi dans la guerre de la Péninsule. Le marquis Wellesley, à qui le Prince Régent avait donné la commission délicate de concilier les deux partis, y renonça, et fit part de l'inutilité de ses soins à la chambre des pairs, dans sa séance du 3 juin. Il prononça, dans la même chambre, le 1er. juillet 1812, un discours éloquent pour déterminer ses collègues à adopter la résolution de s'occuper, dans la prochaine session, des lois pénales qui pesaient sur les catholiques. Lord chancelier proposa la question préalable, qui ne fut adoptée qu'à la majorité d'une voix, quoique tous les ministres, et leurs appuis ordinaires (les ducs du sang royal et les évêques) eussent donné la leur contre la motion de lord Wellesley. Lorsque la motion pour l'adresse au Prince Régent eut été présentée à la chambre des pairs, le 31 novembre 1812, le marquis Wellesley prit occasion d'un passage du discours de S. A. Royale recommandant la fermeté et la persévérance à soutenir la guerre, pour passer en revue les opérations de la dernière campagne d'Espagne, et pour prouver que le système adopté par le ministère « avait été timide sans prudence, et sordide sans économie. » En mars 1816, il blâma encore la conduite des ministres sur la force militaire trop nombreuse qu'ils entretiennent dans l'Inde et en Irlande : » Quinze mille hommes, dit-il, peu-» vent garder, aujourd'hui, notre em-» pire Indien avec les forces de la com-» pagnie, puisque nous n'avons à y re-» douter des attaques ni de la France, » ni de l'Espagne, ni de l'Amérique, » ni de Saint-Domingue. » Les 26 et 28 février 1817, il s'attacha, dans un long discours, à prouver que dans tous les pays, il existait des gens mécontents du gouvernement et qui voudraient le renverser ; mais que pour promulguer une loi de circonstance, il fallait démontrer bien clairement l'insuffisance des lois existantes. Il reprocha aux ministres de n'avoir pas profité de la fin glorieuse de la dernière guerre pour obtenir des traités de commerce qu'on n'aurait pu refuser. Il protesta ensuite avec force contre la suppression de l'*Habeas corpus*. Les traits les plus remarquables du caractère de lord Wellesley, qui ne lui sont pas même contestés par ses ennemis, sont des vues profondes et libérales. Il a épousé, en 1794, une Française nommée Rolland, qui est morte en 1816, sans lui laisser d'enfants. Les écrits suivants ont paru sous son nom : 1. *Notes relatives à la paix conclue entre le gouvernement britannique et les chefs Mahrattes*, in-4°. 1804. Cet ouvrage, imprimé à Calcutta, au nombre de 50 exemplaires pour être distribués aux directeurs de la compagnie des Indes et au ministère, est un *Récit des opérations de la guerre des Mahrattes*, dans lequel il a introduit une esquisse de l'histoire de l'Inde, remarquable par l'étendue des recherches et la nouveauté des aperçus. II. *Lettre au gouvernement du Fort Saint-George, relative à la nouvelle forme de gouvernement qui y a été établie*, in-8°. 1812. III. *Lettre aux directeurs de la compagnie des Indes Orientales, sur le commerce de l'Inde*, in-8°. 1812.

Z.

WELLESLEY-POLE (WILLIAM), frère du précédent, membre du parlement pour *Queen's County*, en Irlande, gouverneur de ce comté, et l'un des ministres du Roi ayant le département de la monnaie, est né le 20 mai 1763. Il prit le surnom de *Pole* de sir William *Pole*, son cousin, qui, en 1778, lui laissa toute sa fortune. En 1811, pendant qu'il était secrétaire d'État en Irlande, effrayé des conséquences qui pouvaient résulter du projet formé par les catholiques, d'établir à Dublin une société perpétuelle, composée de dix délégués de chaque comté, chargés de la conduite de leurs affaires, il adressa aux principaux magistrats une circulaire, où, après avoir donné des détails sur ce qui se passait, il requérait, au nom du lord lieutenant, et en vertu de l'acte de la 33e. année du règne du Roi, l'emprisonnement de toutes personnes qui se trouveraient comprises dans la formation de ces assemblées illégales. Cette mesure excita en Angleterre autant de surprise que d'alarme; et le comte Moira en parla le 18 février à la chambre des lords, en demandant aux ministres s'ils avaient donné à M. Pole quelques instructions en vertu desquelles il eût agi? sur la réponse négative du comte de Liverpool, une copie de la circulaire de M. Wellesley-Pole, et une copie de celle du secrétaire du comité catholique, furent mises sur le bureau. Il en fut fait de même à la chambre des communes sur la motion de M. Ponsonby. Pendant ces discussions, M. Pole étant revenu d'Irlande, reprit sa place à la chambre des communes; et, le 3 mars, en réponse à une motion de M. Ponsonby, il donna une explication de tout ce qui avait été fait, et affirma que le lord lieutenant, le lord chancelier et le procureur-général avaient eu communication de la lettre avant son émisssion. Par suite de ces explications, la motion de M. Ponsonby fut rejetée. Dans le mois de nov. 1814, il déclara qu'il adoptait les principes énoncés par M. Withbread à l'égard des Espagnols arrêtés à Gibraltar et livrés à leur gouvernement; mais qu'il le priait de croire que son frère l'ambassadeur à Madrid, avait employé toutes les remontrances pour engager le gouvernement espagnol à abandonner son système actuel, qu'aucun membre du sang des Wellesley n'était capable d'approuver. — WELLESLEY (Sir Henry), frère puîné des précédents, conseiller privé et grand'-croix de l'ordre du Bain, est né le 20 juin 1773. Il accompagna lord Malmesbury à Lille, en 1797, et se rendit ensuite dans l'Inde comme secrétaire du marquis Wellesley. En 1801, il fut nommé lieutenant gouverneur d'Aoude; et en 1805, il revint en Angleterre, et fut appelé à remplir le poste de lord de la trésorerie. Ayant été nommé ensuite secrétaire de la trésorerie, il résigna cet emploi, et fut envoyé, en qualité d'ambassadeur, en Espagne. Les journaux anglais rendirent compte de la lettre qu'il écrivit à son frère en 1804, sur le projet de former un nouveau ministère lors des préparatifs faits par Buonaparte pour envahir l'Angleterre. On attribua au refus qu'il fit de fournir au gouvernement espagnol un subside considérable, le décret rendu en octobre 1814, par le roi d'Espagne contre l'introduction du coton anglais. Dans le courant du même mois, Ferdinand VII lui accorda toutes les prérogatives d'un ambassadeur de famille, honneurs qu'il accepta comme adressés au roi et à la nation britannique; mais il refusa les marques d'une faveur personnelle que le même roi lui avait offertes: il sollicita cependant et obtint peu après la permission de quitter le poste qu'il occupait à Madrid, à cause des mesures qui venaient d'avoir lieu récemment en Espagne, mesures qu'il désapprouvait, et avait en vain tâché d'empêcher. — WELLESLEY (Gérard Valérien), autre frère des précédents, né en 1771, est chapelain du roi, chanoine de Saint-Paul, et recteur de Chelséa, etc. Z

WELLINGTON (Arthur Wellesley, duc de), prince de Waterloo, etc. quatrième fils de Gérard Colley Wellesley, comte de Mornington, et d'Anne Hill, fille du vicomte Dunganon, naquit à Dungancastle, le premier mai 1769, année de la naissance de Buonaparte, dont il était destiné à devenir un des plus redoutables adversaires. Il fut élevé au collège d'Eton, et envoyé ensuite en France à l'école militaire d'Angers. Il entra de fort bonne heure au service, et obtint une commission d'officier dans le 41e. régiment. Son frère, le marquis de Wellesley, lui acheta en 1793, la lieutenance colonelle du 33e. régiment. L'année suivante, il accompagna lord Moira à Ostende, et commanda une brigade dans la retraite de Hollande, sous le duc d'York. En 1796, il s'était embarqué pour les Indes occidentales; mais la flotte sur laquelle il se trouvait fut, à plusieurs reprises, rejetée dans le port par des tempêtes, et avant qu'elle eût pu gagner au large, la destination de son régiment avait changé, et lui-même avait reçu l'ordre d'aller faire des recrues en Irlande. Ainsi, par un bonheur qui l'a presque toujours accompagné (1), il échappa au sort auquel une grande partie de ses compagnons étaient condamnés. Le marquis Wellesley, ayant été nommé en 1797, gouverneur général de l'Inde, le colonel Arthur l'y accompagna, combattit à la bataille de Mallavelli, dans laquelle Tippou-Saëb fut vaincu, et contribua à la prise de Sringapatam, à la tête des forces auxiliaires fournies par le Nizam. Après cette conquête, il fut nommé un des commissaires pour fixer la répartition des territoires conquis, et chargé particulièrement de l'éloignement de la famille de Tippou. Il exerçait encore, en 1800, les fonctions de gouverneur de Seringapatam, que son frère lui avait fait confier, lorsque Hondiah Waugh, aventurier indien, fit une incursion sur les terres de la compagnie, à la tête de cinq mille hommes de cavalerie. Il reçut ordre de l'attaquer avec quatre régiments : par un mouvement rapide, il arrêta la marche de ce partisan, et après un sanglant combat, il dispersa toute sa troupe et le tua lui-même. Le succès de cette opération le fit nommer major-général. La guerre s'étant élevée entre les Mahrattes, les Anglais prirent le parti du Peishwa, chef des Mahrattes occidentaux; et le major général Wellesley reçut le commandement de 12,000 hommes de cavalerie qui devaient se porter à son secours. Il s'avança sur le territoire des Mahrattes. Dans une saison peu favorable et pendant une marche longue, il avait pris de telles mesures pour assurer les mouvements et la subsistance de ses troupes, qu'il n'éprouva ni perte ni besoins. A Akloos, il effectua sa jonction avec un secours fourni par le Nizam, et se hâta d'arriver à Pounah, qu'Amrat-Raoh devait piller et livrer aux flammes, aux approches des troupes britanniques, et qu'il eut à peine le temps de sauver. Le général Wellesley eut alors à combattre les forces confédérées de Scindiah et du Rajah de Berar, qui venaient de se réconcilier entre eux et avec Holkar. Il les attaqua auprès du village fortifié d'Assye, qui a donné son nom à la bataille. Après des succès divers, sir Arthur, qui avait eu un cheval tué sous lui, et s'était vu au moment de perdre la bataille, réussit à enfoncer l'ennemi : la déroute des Mahrattes fut telle, qu'ils laissèrent en son pouvoir, drapeaux, canons, munitions, etc. Des propositions de paix furent alors faites au nom de Scindiah ; mais comme le général Wellesley pensa que les Mahrattes ne cherchaient qu'à gagner du temps, il se mit à leur poursuite, détruisit la cavalerie de Scindiah, défit l'infanterie du Berar dans les plaines d'Argomme, et s'empara de la forteresse de Gawilphar, ce qui amena la soumission des deux chefs aux conditions que le vainqueur voulut leur imposer ; et ces conditions furent rigoureuses. Un monument, en mémoire de la bataille d'Assye, fut élevé à Calcutta ; les habitants de cette ville offrirent au général victorieux une épée de la valeur de mille livres sterling, et les officiers lui présentèrent un vase d'or. Le parlement d'Angleterre lui vota des remercîments, et le roi le nomma chevalier de l'ordre du Bain. Sir Arthur revint en Angleterre en 1805. Peu après son arrivée, il eut le commandement d'une brigade dans l'armée du général Cathcart, destinée à agir sur le continent; mais qui fut bientôt obligée de se rembarquer par suite de la victoire des Français à Austerlitz. A la mort du marquis de Cornwallis, sir Arthur lui succéda comme colonel du 78e. régiment, dont il avait été treize ans lieutenant-colonel. En 1806, Newport, dans l'île de Wight, le nomma son député à la chambre des communes ; et, dans la même année, il épousa miss Packenham, sœur du comte de Longford. En 1807, il fut nommé premier secrétaire de l'Irlande, sous le duc de Richemont : il quitta ce poste, dans la même année, pour commander la réserve de l'armée envoyée en Danemark, sous le général Cathcart. Il n'y eut, dans cette campagne, qu'une

---

(1) On sait que la devise de ses armoiries est : *Virtutis fortuna comes.*

affaire un peu remarquable, celle de Kioge, et le succès en fut dû à son habileté. Les opérations furent terminées par la capitulation de Copenhague; sir Arthur fut chargé de cette capitulation, qui fut discutée, arrêtée et signée en une seule nuit. Il suivit en cette occasion, comme diplomate, un système de célérité, dont on lui reproche de s'être souvent écarté comme militaire. Les deux chambres du parlement votèrent des remercîments unanimes à son armée; et l'orateur de la chambre des communes les lui adressa personnellement lorsqu'il y reprit sa place à son retour. En 1808, il reçut l'ordre de faire voile pour la Corogne, où il devait communiquer avec la junte de Gallice, et agir suivant les circonstances. Il arriva dans ce port peu après la défaite de Cuesta et de Blake à *Medina del Rio Seco*, et se dirigea sur Oporto. Après avoir conféré avec l'amiral Cotton qui commandait sur le Tage il effectua son débarquement à l'embouchure du Mondego; et après s'être réuni au général Spencer, qui lui amenait 5000 hommes de renfort, il se mit en marche sur Lisbonne. Le 18 août, un combat sanglant s'engagea auprès de Rolexa, entre l'armée anglaise et l'avant-garde de l'armée de Junot, commandée par le général Delaborde : la position fut enlevée. Ce combat, indépendamment de la disproportion des forces, est remarquable comme la première action de la longue lutte qui commença pour sir Arthur. Le 21 août fut marqué par la bataille de Vimieira. Les Français prirent l'offensive, mais elle ne fut pas heureuse. Sir Arthur qui avait dirigé les opérations avec autant d'habileté que d'énergie, remit le commandement en chef à sir Henri Dalrymple, qui négocia avec Junot la convention de Cintra, dont la principale condition fut que les Français évacueraient le Portugal et repasseraient en France avec armes et bagages. Sir Arthur retourna en Angleterre, et y fut retenu plusieurs mois pendant le procès que le général Dalrymple eut à soutenir au sujet de la convention de Cintra; il en repartit au commencement de 1809, et revint débarquer, le 22 avril, à Lisbonne, avec de nouvelles troupes et le titre de commandant en chef. Il marcha à grandes journées vers le Douero, surprit le maréchal Soult, le 11 mai, à Oporto, et le força d'abandonner le Portugal. Sir Arthur revint sur ses pas, entra en Espagne, et, le 26 juillet, arriva auprès de Talavera de la Reyna, où il soutint, pendant deux jours sans être débusqué, les efforts de toute l'armée ennemie. La retraite des Français fut célébrée en Angleterre comme la victoire la plus décisive; l'enthousiasme fut à son comble, et malgré les discours de l'opposition, les deux chambres votèrent des remercîments à sir Arthur, et une annuité de deux mille livres sterling. Le roi l'éleva à la pairie avec le titre de lord vicomte Wellington de Talaveyra et la junte lui offrit le rang et les appointements de capitaine général de l'armée espagnole, qu'il refusa, n'acceptant qu'un présent de quelques chevaux, qui lui fut fait au nom du roi Ferdinand VII. La mauvaise conduite des Espagnols, dont sir Arthur se plaint dans sa correspondance, les événements de la guerre d'Allemagne, et surtout la marche rapide des maréchaux Soult et Ney, de Salamanque dans l'Estramadure, le forcèrent de traverser le Tage sur le pont de l'Arzobispo, qui était sa seule retraite, ainsi qu'il l'avoue lui-même dans une de ses dépêches, et de rentrer ainsi en Portugal, où il prit une forte position pour défendre le passage d'Almarez et la partie inférieure du Tage. Il passa les premiers mois de 1810 à préparer la défense du Portugal, où Masséna entra en avril. Ce maréchal commença ses opérations par les siéges de Ciudad-Rodrigo et d'Alméida, s'empara, le 16 juillet, de la première de ces places, après une vigoureuse résistance, sans que lord Wellington, qui occupait une forte position sur la Coa, fit aucun effort pour faire lever, ou du moins pour retarder ce siége. Ce dernier occupait encore le poste formidable de Busaco, pour observer l'armée française, lorsque Masséna, se décida imprudemment à l'attaquer et fut vivement repoussé, mais ayant reçu quelques avis des habitants du pays, il se retira de Coimbre, fit tourner la position des Anglais, qui gagnèrent à la hâte les lignes que le prudent Wellington avait fait construire à Torres-Vedras, pour protéger Lisbonne, et qui s'étendaient de la mer au Tage, au point où ce fleuve, large d'environ douze milles, les défendait aussi bien que la mer même. Ces lignes avaient été établies avec tant de secret, que Massena n'en avait aucune connaissance ; il resta immobile d'étonnement à leur aspect. Ce général passa près de six mois devant ces lignes, attendant de France des renforts et des provisions. Attribuant, avec quelque raison, le dénuement dans lequel on le laissait à la jalousie de Buonaparte, qui avait cependant donné lui-même le plan de cette campagne, ce général résolut de rentrer en Espagne, et il fit très-habilement cette retraite, au rapport même des officiers anglais. La création des lignes de Torres-Vedras, et la retraite de Massena valurent encore à lord Wellington des remercîments du parlement, et lui firent donner le titre de marquis de *Torres-Vedras*. Alméida ayant été bloqué par les Anglais, par suite de la position que Massena avait fait prendre à ses troupes, celui-ci marcha pour la réapprovisionner. Le 3 mai 1811, il passa l'Agueda, présenta la bataille à l'ennemi, et dans la nuit du 4 au 5, par une belle manœuvre, tourna la droite de lord Wellington, qu'il attaqua le 5, près de Fuentes de Onoro. Les premiers corps anglais furent culbutés par la cavalerie française; mais les manœuvres de Wellington et la fermeté de son infanterie forcèrent les divisions françaises à s'arrêter. Il est sûr que, dans cette occasion, lord Wellington, acculé à la Coa, ayant Alméida à dos, avait compromis son armée, pour continuer le blocus d'Alméida, dont la garnison, lui échappa deux jours après, en traversant toute son armée, et en faisant sauter les ouvrages de la place. Les 6 et 9 juin, il fit donner des assauts à Badajoz, mais il fut repoussé avec beaucoup de perte. En septembre de la même année, il passa le Tage pour s'opposer au ravitaillement de Ciudad-Rodrigo ; et fut suivi par le maréchal Marmont, successeur de Massena, qui avait opéré sa jonction avec Dorsenne, général en chef d'une autre armée française Ayant pris ses cantonnemens d'hiver, Wellington prépara en secret l'attaque de Ciudad-Rodrigo, qu'il emporta d'assaut après onze jours de tranchée, le 12 février 1812. Ce fut à cette occasion que la régence le créa grand d'Espagne de première classe, duc de Ciudad-Rodrigo, et que le Prince Régent le nomma comte (d'Angleterre), et lui fit accorder par les chambres une nouvelle pension de deux mille livres sterling. Lord Wellington entreprit ensuite le siége de Badajoz, dont il s'empara après y avoir perdu beaucoup de monde. Maître alors de ses derrières et de ses flancs, il repassa le Tage et entra en Castille avec une grande supériorité de moyens. La Tormès n'étant pas une ligne militaire, Salamanque fut évacuée par l'armée de Portugal, qui crut même devoir mettre le Douero entre elle et les Anglais. Sur ces entrefaites, le maréchal Marmont, rejoint par la division du général Bonnet, crut le moment favorable pour manœuvrer. Ses mouvemens attirèrent les Anglais vers Toro ; il passa le Douero à l'aide d'une contre marche, près de Tordesillas, et commença une suite de manœuvres bien exécutées. Lord Wellington ne l'attaqua point, quoiqu'il eût à craindre la réunion des armées du Nord et du Portugal ; mais le maréchal Marmont, n'attendit pas les renforts des armées du Centre et du Nord, et il passa sur la gauche de la Tormès. Lord Wellington prit une position près des Arrapiles ; tourna ensuite le flanc gauche de l'armée française, qui manœuvrait pour envelopper son aile droite, et, attaquant cette armée du côté où elle se trouvait affaiblie, la renversa tout entière, et remporta la victoire de Salamanque. La nuit mit fin au combat, et le lendemain, 23 juillet, lord Wellington suivit les Français jusqu'à Valladolid ; puis, cessant de les poursuivre, repassa le Douero, et marcha sur la capitale, où il fit une entrée triomphante, au milieu des plus vives acclamations. De nouveaux remerciments du parlement lui furent décernés ; le titre de marquis lui fut conféré, et la chambre des communes vota cent mille livres sterling pour lui former un établissement. Cependant quelques militaires l'ont blâmé de n'avoir pas, dans cette occasion, mis le comble à ses succès en poursuivant les Français; d'autres ont dit qu'en marchant sur Madrid, il avait donné au parti du roi Ferdinand une grande supériorité morale. Quoi qu'il en soit, Soult, qui avait levé le siége de Cadix et abandonné l'Andalousie, se préparait à marcher contre lord Wellington, tandis que l'armée de Marmont, commandée alors par le général Souham, s'avançait sur Burgos. Vainement le général anglais, qui voulait s'opposer à cette dernière armée, et s'emparer de Burgos avant la réunion des forces françaises, essaya-t-il d'attaquer le vieux château de cette ville ; il était défendu par le général Dubreton, qui le força d'en lever le siége, et de commencer sa retraite. Poursuivi par l'armée de Portugal et quelques troupes de l'armée du Nord, il fut atteint au-delà de la Tormès, par les armées d'Andalousie et du Centre. Wellington avait si mal calculé leurs marches, qu'il se trouva entre Salamanque et Ciudad-Rodrigo, débordé par sa droite de 3 à 4 lieues. Deux de ses divisions étaient séparées du reste de son armée par le torrent de San-Mugnos; ses bagages et son artillerie embarrassaient sa marche, et le temps le plus affreux ajoutait à ce que sa position avait de critique. L'armée anglaise semblait n'avoir plus aucune chance pour elle; mais l'armée française étant restée immobile pendant quarante heures, Wellington eut le temps d'opérer sa retraite sans aucune perte. Les honneurs et les récompenses lui furent de nouveau prodigués. Les restrictions de la régence ayant expiré, le premier usage que le Prince Régent fit de son nouveau pouvoir, fut de le créer marquis du royaume uni; et le parlement, d'une voix unanime, lui vota encore une gratification de cent mille livres sterling. En Portugal, il avait déjà été fait comte de Vimieira et marquis de Torrès-Vedras, lorsque le Prince Régent du Brésil le créa duc de Vittoria. Pour achever la délivrance de la péninsule, lord Wellington vint à Cadix, en janvier 1813, communiquer en personne avec la régence de cette ville ; et les armées espagnoles furent mises enfin sur un meilleur pied, et placées sous son commandement immédiat. L'armée française occupait alors une position retranchée derrière le Douero, dont elle défendait le passage. Wellington simula une attaque de front avec deux divisions, tandis que le gros de son armée passa le fleuve à plusieurs lieues au dessous, et tourna ainsi la position des Français, qui se replièrent sur Burgos, et de là sur Vittoria ; le corps principal, sous les ordres de Jourdan, prit position dans le bassin de Vittoria, sans être en état d'attendre l'ennemi, et s'affaiblit encore en envoyant la division Maucune escorter un convoi. Le résultat de tant de fausses mesures fut la perte de la bataille de Vittoria, donnée le 24 mai 1813, dans laquelle le général anglais chassa les Français de toutes leurs positions, leur prit 151 pièces de canon, 415 chariots de munitions et de bagages, le trésor du roi Joseph, et un nombre immense de prisonniers. Lord Wellington fut récompensé par le grade élevé et rarement accordé en Angleterre, de feld-maréchal, et il reçut une lettre de la propre main du Prince Régent, écrite dans les termes les plus affectueux ; le parlement lui vota encore des remerciments, et les Cortès d'Espagne rendirent un décret pour lui conférer la terre de Sotto di Roma. Dès le mois de juin 1813, il avait fait commencer les siéges de Pampelune et de Saint-Sébastien; le maréchal Soult, qui prit à Bayonne le commandement de l'armée française, s'avança au secours de ces deux places et fut repoussé dans toutes ses attaques. Dès lors on s'attendait à voir le général anglais franchir sans délai la faible barrière que forme la Bidassoa ; mais ce ne fut que le 7 octobre qu'il effectua le passage de ce fleuve sans éprouver une grande résistance ; le mont de la Rhune, situé à une heue au-delà de la rivière, fut enlevé après un combat de peu de durée, ainsi que les positions de la Nive et de la Nivelle, qui coûtèrent plus de sang. Wellington s'approcha de l'Adour et de Baïonne, au mois de décembre, et Soult étant sorti de ses retranchements pour l'attaquer, fut repoussé sur tous les points. Les deux armées restèrent ensuite près de deux mois à s'observer, retenues par la rigueur de la saison, et par le mauvais état des routes. Lord Wellington ne voulant point attaquer de front les retranchements de Baïonne, les déborda sur sa droite, força ainsi son adversaire à les abandonner, et le 27 février 1814, se trouva en présence de l'armée française, qui venait de prendre position près d'Orthès. Cette armée était diminuée par des pertes continuelles, par le départ des troupes qu'on en tirait sans cesse pour les envoyer dans le nord de la France, et par la désertion des conscrits. N'éprouvant d'ailleurs que des malheurs, elle était aussi découragée qu'affaiblie, tandis que l'ennemi se renforçait et s'électrisait par une position chaque jour plus favorable. Elle fit cependant une belle résistance, mais ne put tenir la route de Bordeaux, où Wellington envoya un fort détachement sous les ordres du général Dalhousie, qui y entra le 12 mars, (*Voyez* ANGOULÊME duc d'). Wellington encore vainqueur à Aire, quelques jours après, et enhardi par tant d'avantages, poursuivit le maréchal Soult, qui s'était retiré sous les murs de Toulouse, où il se fortifiait pour défendre le passage de la Garonne. Le 10 avril, après une bataille long-temps disputée, et dans laquelle l'armée anglaise éprouva des pertes considérables, elle entra dans cette ville, que les Français venaient d'évacuer. Le lendemain, les événements qui amenèrent le retour des Bourbons étant connus des deux armées, une suspension d'armes fut proclamée, et bientôt suivie d'une convention qui mit fin à cette longue et sanglante lutte. Le 3 mai, lord Wellington reçut la dernière récompense qu'il fût au pouvoir de son souverain de lui accorder : il fut créé marquis de Douero et duc de Wellington ; et le 12 du même mois, la chambre des communes, en conséquence d'un message du Prince Régent, vota en sa faveur une somme de 400 mille livres st., qui devait être employée en achat de terres. Le 23 juin, il se rendit à Londres, après une absence de plus de cinq ans, et reçut, pour la douzième fois, des remercîments unanimes des deux chambres. Une députation des communes s'étant rendue à sa résidence d'Hamilton Place, avec l'adresse de cette assemblée, il exprima le désir de remercier la chambre en personne, et fut en conséquence introduit le 1er. juillet. Tous les représentants de la nation anglaise, le reçurent de bout, et avec des applaudissements inouis. Après avoir entendu ses remercîments, M. Abbot, orateur de la chambre, lui répondit au nom de cette assemblée. Le 5 juillet, le Prince Régent le nomma ambassadeur extraordinaire et ministre plénipotentiaire auprès de la cour de France. Lord Wellington fut envoyé ensuite au congrès de Vienne : il était dans cette ville lorsque Buonaparte s'échapa de l'île d'Elbe. Nommé par les souverains généralissime des troupes européennes, il établit son quartier-général à Bruxelles, rapprocha de cette ville les cantonnements de l'armée anglaise, et fit précéder les premières hostilités d'une déclaration des puissances au peuple français. Buonaparte ayant passé la Sambre, le 15 juin 1815, attaqua l'armée prussienne, la battit, et marcha le 17, contre l'armée anglaise qui se rassemblait en avant de Bruxelles. Une grande bataille eut lieu le 18 juin, dans les champs de Waterloo, où lord Wellington avait pris position, ayant derrière lui la forêt de Soignes. Il y fut attaqué avec furie par son redoutable adversaire. Cette bataille, l'une des plus disputées et des plus sanglantes dont l'histoire fasse mention, resta long-temps indécise : toutefois l'armée anglaise tenait ferme sur les différents mamelons où elle disputait la victoire; mais ses équipages rétrogradaient en désordre ; elle avait d'ailleurs essuyé de grandes pertes, et Buonaparte faisait tous ses efforts pour l'enfoncer, lorsqu'à cinq heures du soir, parut l'avant-garde prussienne, et bientôt l'armée entière, qui déborda et attaqua le flanc droit de l'armée française, et força ainsi Buonaparte à la retraite, qui bientôt se changea en une entière déroute. L'armée française n'ayant pu se rallier que sous les murs de Paris, lord Wellington et le maréchal Blucher, marchèrent droit sur cette capitale, où Buonaparte venait d'être obligé d'abdiquer une seconde fois. Après différentes manœuvres et l'occupation par l'armée alliée des hauteurs qui bordent la rive gauche de la Seine, au midi de Paris, cette ville capitula ; l'armée française se retira derrière la Loire, et ces événements furent suivis du second rétablissement des Bourbons. Dès le 11 juillet, lord Wellington reçut de sa patrie de nouveaux témoignages de gratitude : les deux chambres lui votèrent des remercîments, et une somme de 200 mille livres sterling fut ajoutée à toutes celles qui lui avaient déjà été accordées. Tous les souverains de l'Europe le décorèrent de leurs ordres, et lui conférèrent des dignités. L'empereur Alexandre accompagna l'ordre de Sainte-Anne de 1ere. classe, qu'il lui envoya, d'un cadeau de la valeur d'un million de francs ; le roi des Pays-Bas l'éleva à la dignité de prince de Waterloo, transmissible à ses descendans mâles, et attacha à ce titre une dotation de 20 mille florins de Hollande, composée de trois portions de bois domaniaux, situés entre Nivelle et les Quatre-Bras où s'était donnée la bataille. Après le traité du 20 nov. 1815, le duc de Wellington fut chargé du commandement général des troupes alliées qui durent occuper une partie du territoire français, et ces fonctions le rappelèrent souvent à Paris. S'étant rendu dans cette capitale au commencement de 1818, et rentrant dans son hôtel à une heure du matin, le 12 de février, on tira sur sa voiture un coup de pistolet dont il ne fut pas atteint. L'esprit de parti s'empara de cet événement qui fut diversement jugé. Les princes français, et un grand nombre des personnes éminentes de la cour et de la ville, allèrent lui rendre visite; le Prince Régent lui écrivit une lettre, dans laquelle il lui exprimait « les sentiments d'horreur et d'indignation » dont l'avait pénétré l'infamie de » cet attentat » S. A. R. terminait sa lettre par ces mots affectueux: « Puissiez-vous jouir long-temps d'une vie » si précieuse pour nous tous! c'est le » vœu le plus ardent de votre sincère » et affectionné ami. » Toute l'Europe attendait avec impatience le résultat des démarches du gouvernement français pour découvrir les auteurs de cet attentat ; mais les recherches de la police paraissent être restées infructueuses. Lord Wellington au surplus déclara qu'il ne prenait, pour son compte, aucune part à tout ce qui se ferait; qu'il se bornait aux moyens ordinaires de la justice. Depuis cette époque, il a été choisi pour arbitre dans les discussions qui ont eu lieu entre les puissances alliées et la France, au sujet des réclamations que les sujets de ces puissances faisaient au gouvernement français. C'est à lui qu'on doit la conclusion de cette importante affaire, dans les débats de laquelle il a montré pour les intérêts de la France, des sentiments qui lui font honneur, et qui ont eu pour résultat une diminution considérable dans les sommes réclamées. On lui attribue une lettre adressée en mars 1818, à lord Castlereagh, dans laquelle il déclara d'une manière formelle le départ des troupes alliées du territoire français, utile à l'Angleterre, favorable à la paix générale, et sans aucun inconvénient pour la tranquillité de l'Europe. Il s'est rendu en octobre 1818, au congrès d'Aix-la-Chapelle, où l'évacuation a été ordonnée, et où les souverains alliés lui ont fait donner une garde d'honneur comme à un prince du sang. L'empereur d'Autriche lui a fait don d'une épée garnie de diamants, et l'empereur Alexandre étant venu lui faire visite, le remercia des soins qu'il avait donnés aux troupes russes pendant qu'elles étaient sous ses ordres, et lui témoigna son admiration pour les belles manœuvres qu'il avait fait exécuter devant lui. Il le créa feld-maréchal de Russie, et lui envoya en présent l'uniforme qu'il avait porté lui-même la veille, avec une épée magnifique. Le duc de Wellington est d'une taille au-dessus de la moyenne, et d'une constitution robuste ; son air est grave, et tout son extérieur, comme ses discours, annoncent un homme flegmatique et circonspect. Sévère sur la discipline, il est attentif et prévoyant pour les besoins de son armée. Ce qui le distingue surtout, c'est une prudence qu'on lui reproche d'avoir poussée quelquefois à l'excès. On peut sans doute attribuer une partie de ses succès, dans la Péninsule et en France, à la position favorable dans laquelle il s'est trouvé ; mais nous devons faire observer aussi qu'on ne peut lui refuser plusieurs des qualités qui constituent le grand général. Dès son arrivée en Portugal, il rétablit la discipline dans les armées anglaises, d'où elle avait été bannie par le désordre et l'anarchie ; il fit des troupes portugaises, une armée excellente ; employa, aussi bien que le lui permirent les circonstances, les troupes espagnoles, et sut vaincre cette antipathie que la différence de religion et d'autres causes encore, avaient fait germer depuis longtemps en Espagne contre les Anglais. Ses rapports avec les Juntes et les Cortès furent toujours sur le ton de la plus cordiale affection ; et jamais, malgré la mésintelligence qui existait parmi leurs divers membres et les généraux espagnols, il ne s'éleva aucune plainte contre le général anglais qui, dans plusieurs occasions, montra les talents d'un habile diplomate. Pendant qu'il fut généralissime des troupes alliées en France, il eut sous ses ordres les généraux les plus distingués de l'Europe, et malgré leur rivalité et la jalousie que la suprématie qu'il exerçait ne pouvait manquer d'exciter, il vécut toujours avec eux en parfaite intelligence. Il a deux fils de son mariage avec miss Packenham ; l'aîné, né en 1807, porte le titre de marquis de Douero. Z.

WILLOT (Le comte AMÉDÉE), lieutenant-général, né à Saint-Germain-en-Laie, d'une famille noble, fut officier dans la légion de Maillebois avant la révolution, fit plusieurs campagnes à l'armée des Pyrénées, d'abord comme colonel, ensuite comme général de brigade, et y montra du talent et de l'activité. En avril 1793, il fut néanmoins battu vers Perpignan, accusé d'impéritie et suspendu ; mais il rétablit bientôt sa réputation et se distingua particulièrement le 23 juin, à l'attaque du camp de Louis XIV, où il pénétra le premier ; le 28 juin 1795, au passage de la Deva, où il défit l'ennemi qu'il poursuivit jusqu'à Montdragon ; le 6 juillet, devant Pampelune ; enfin, aux affaires des 14 et 15 du même mois, qui entraînèrent la reddition de Bilbao. Il fut fait, à cette époque, général de division ; et au moment de la paix avec l'Espagne, il fut envoyé dans la Vendée, où il commanda quelque temps sous Hoche : mais la différence de principes, et surtout le procès de Charette, auquel il avait fait, par ordre du général en chef, des propositions d'accommodement, peu de jours avant qu'on le fît prisonnier, mirent la désunion entre eux ; et, à la fin de mars 1796, Willot fit imprimer une lettre qu'il avait écrite à Hoche, relativement à ce chef vendéen : » Si votre intention, lui » disait-il, si celle du gouvernement, » n'ont point été de traiter avec les » chefs des rebelles, je ne vous par- » donnerai jamais de m'avoir jeté dans » une démarche, pour compromettre » ensuite ma foi. Jusqu'alors je n'avais » fait que les combattre ; c'est par » vos ordres que j'ai accepté leur sou- » mission, et c'est vous qui les faites » arrêter ! » Peu de temps après, il alla prendre le commandement des départements du Midi, où il s'occupa de réprimer les Terroristes. A cette époque, il écrivit une lettre au général Buonaparte, qui l'accusait d'avoir fait arrêter à Marseille un de ses officiers. » Je n'en-

» vie point votre sort, lui mandait-il;
» tandis que vous repoussez les enne-
» mis extérieurs, je rends un service
» aussi essentiel à la France, en com-
» primant ceux de l'intérieur, et nulle
» considération ne saurait m'arrêter
» lorsque je remplis ce devoir sacré. »
En octobre 1796, il adressa au directoire, sur les troubles du Midi, un
rapport dans lequel on remarqua la lettre suivante: » Les royalistes qui assas-
» sinent les républicains, les émigrés
» débarqués sur nos côtes, ne sont que
» des fantômes grossiers, avec lesquels
» on veut alarmer le gouvernement,
» pour donner une fausse direction à
» sa vigilance; le seul parti qu'il ait à
» combattre, est un amas d'anarchis-
» tes, de brigands et de scélérats de
» toute espèce, qui infestent ces con-
» trées. » Les Jacobins ayant tenté, à
Marseille, un soulèvement, en janvier
1797, il les attaqua et les dissipa.
Nommé dans la même année député
des Bouches-du-Rhône au conseil des
Cinq-Cents, il y devint un des chefs
du parti de Clichi. Le 19 juillet, il
fut élu secrétaire du conseil; et on le
vit, le même jour, attaquer M. de Talleyrand, qui venait d'être nommé ministre. Quelque temps auparavant, il avait
apostrophé son collègue Quirot, qui
faisait signe aux tribunes d'applaudir
ou d'improuver. Après la séance, celui-
ci lui en demanda raison; Willot voulut la lui rendre sur-le-champ: mais
on finit par arrêter cette affaire. En
juillet, le général Willot pressa le conseil de s'assurer si Hoche avait l'âge
requis pour être ministre de la guerre,
et Barras pour être directeur. A la
séance du 31, il fit un rapport contre
l'approche des troupes appelées vers
Paris, par le pouvoir exécutif; et le 8
août, il accusa le directoire de destituer les officiers sans motifs. « Pour
» être destitué, dit-il, il suffit de déplaire
» à un directeur. » Willot était membre
de la commission des inspecteurs,
chargés de la sûreté du corps législatif,
à l'époque du 18 fructidor (4 sept. 1797),
et il fit, dans ce comité, de vains
efforts pour déterminer ses collègues à
des mesures énergiques; son avis était
d'aller attaquer les directeurs au Luxembourg; il s'engageait même à les ramener enchaînés: les temporiseurs le
traitèrent de mauvaise tête, et le lendemain ils furent, ainsi que lui, condamnés à la déportation. Arrêté dans
la salle des inspecteurs, où il avait passé la nuit avec Pichegru et autres, ils
furent mis au Temple, puis conduits à
Rochefort et à Caïenne. S'étant échappé, le 3 juin 1798, avec plusieurs de
ses compagnons d'infortune, il fut accueilli d'une manière distinguée, ainsi
que Barthélemy et surtout Pichegru,
dans les colonies hollandaises, puis en
Angleterre. Il passa ensuite sur le continent, et fut un des déportés que le gouvernement consulaire ne rappela point
en décembre 1799. Il s'occupa alors à organiser des mouvements royalistes dans
le Midi; et il suivit, à cet effet, les
troupes autrichiennes en Piémont,
mais la bataille de Marengo renversa
ses espérances, et il s'embarqua à Gênes avec un corps d'émigrés suisses et
français à la solde de l'Angleterre. Il
se rendit, peu de temps après, à Londres, où il s'attacha de plus en plus à
la cause des Bourbons. Les événements
qui donnèrent la paix à l'Europe, en
avril 1814, ramenèrent le général Willot sur le territoire français. Il fut nommé chevalier de Saint-Louis, le 27 novembre. Il était depuis peu retourné aux
États-Unis, lorsqu'il apprit que le Roi
avait été forcé de quitter la capitale
par suite de l'invasion du 20 mars. Il
s'embarqua sur-le-champ pour revenir en France, fut nommé, après la
rentrée de la famille royale, gouverneur de la 23e. division (l'île de Corse),
et vint à bout, par la sagesse de son administration, d'apaiser les mouvements
séditieux qui se manifestaient par intervalles dans cette île. Lorsqu'il cessa
ses fonctions, en juin 1818, pour
revenir à Paris, toute la population
de Bastia l'accompagna jusqu'au môle
où il était attendu par une trentaine
de barques ornées de drapeaux blancs,
qui toutes l'escortèrent jusqu'à la
goëlette sur laquelle il s'embarqua.

B. M.

WILSON (Sir ROBERT-THOMAS);

major-général anglais, est fils aîné de Benjamin Wilson, célèbre peintre et auteur anglais. Il naquit à Londres, en 1777, et reçut une brillante éducation. Après la mort de son père, en 1788, il entra dans la carrière militaire; et lorsque le duc d'York eut débarqué à Helvoetsluys, en mars 1793, il se rendit en Hollande pour offrir ses services à ce prince, auquel il fut présenté par le lieutenant-colonel Boswell, son beau-frère. Il obtint alors une lieutenance dans le 15º. régiment de dragons. Il se distingua l'année suivante, en Flandre, et paraît avoir contribué, le 24 avril 1794, à sauver l'empereur d'Allemagne, qui, s'étant trop éloigné de son camp, faillit être fait prisonnier de guerre. Sir Wilson reçut à cette occasion une médaille qui fut frappée exprès, et peu après l'ordre de Marie-Thérèse. Élevé au grade de capitaine, il servit quelque temps en Irlande, pendant les troubles de ce pays, et accompagna encore le duc d'York, dans la seconde expédition de Hollande en 1799. Il entra ensuite comme major dans un régiment levé par le baron de Hompesch, et se rendit avec lui en Égypte, où il se distingua dans plusieurs occasions, et fut chargé de communications officielles entre le commandant en chef et le Capitan-Pacha. Après l'expulsion des Français, il revint en Angleterre, et publia l'*Histoire de l'expédition des Anglais en Égypte*, à laquelle est joint un état présent du pays, et de ses moyens de défense, enrichi de plusieurs cartes et du portrait de sir Ralph Abercrombie. Cet ouvrage, imprimé d'abord dans le format in-4º., a eu quatre autres éditions en deux vol. in-8º., et il est dédié au duc d'York. La manière dont Wilson parle de Buonaparte, et de sa conduite à Jaffa, où il prétend qu'il fit empoisonner les malades français, pour éviter d'en embarrasser sa retraite, excita de vives réclamations de la part de ce général devenu premier consul. Wilson n'en persista pas moins à soutenir que tout ce qu'il avait dit était l'exacte vérité. Cet ouvrage produisit à son auteur 1500 livres sterling. Le régiment de Hompesch ayant été licencié, Wilson se trouva réduit à la demi-solde de lieut.-colonel. Après avoir rempli, pendant quelque temps, les fonctions d'inspecteur d'un corps de volontaires, il obtint le rang de second lieutenant dans le 20º. régiment de dragons, avec lequel il se rendit d'abord au Brésil, sous sir D. Baird, ensuite au Cap de Bonne-Espérance, où il se trouvait à la prise de cette colonie. Après son retour en Europe, il accompagna, en novembre 1806, le général Hutchinson, envoyé en Russie avec une mission secrète. Sir Th. Wilson prit part à toutes les affaires qui eurent lieu entre les Russes et les Français, et y déploya tant de bravoure, que l'empereur Alexandre lui donna la croix de Saint-Georges. Après la paix de Tilsitt, il se rendit à Pétersbourg, où il fut parfaitement accueilli; il revint ensuite en Angleterre, d'où il fut renvoyé en Russie quelque temps après, pour demander des explications au nom du roi d'Angleterre; mais sa mission eut peu de succès, et la Russie déclara la guerre à l'Angleterre. Il quitta alors en toute hâte Pétersbourg, et parvint à arriver à Londres avant le convoi russe, dont il avait eu l'adresse de retarder la marche par divers obstacles. L'amirauté eut ainsi le temps de faire arrêter la frégate russe *Lespeetnoi*; et toute la flotte russe eût peut-être été prise par sir Sidney-Smith, si le vent n'eût pas été contraire. Lorsque la guerre commença en Espagne, sir Th. Wilson fut chargé d'organiser les troupes de Portugal, et il s'acquitta de cet emploi avec beaucoup de succès. Il se rendit ensuite en Russie, et y servit avec distinction dans les troupes russes. Il se trouvait au quartier général de Koutousow, lorsque le général Lauriston vint proposer un armistice, qui fut rejeté. Au commencement de 1816, sir Th. Wilson se rendit à Paris avec MM. Bruce et Hutchinson, et ils parvinrent ensemble à faire sortir de la ville, Lavalette, échappé de la conciergerie où il était renfermé, près d'être conduit à la mort. Arrêtés et traduits devant la cour d'assises de Paris, ces messieurs furent condamnés à trois mois d'emprisonnement (*voy.* BRUCE et LAVALETTE). Sir Th. Wilson montra une grande fermeté pendant le cours du procès; il fut mis en liberté en juillet 1816, et se rendit aussitôt à Londres, où il fut fort mal accueilli. Le prince régent lui avait déjà fait témoigner, dans un ordre du jour publié après sa condamnation, «son vif » mécontement de ce qu'un officier » en activité de service, revêtu du grade » et recevant la paie de major-général, » avait oublié ce qu'il devait à sa pro- » fession, aussi bien qu'au gouverne- » ment sous la protection duquel il s'é- » tait volontairement placé, au point » de s'engager dans une entreprise dont » le but manifeste était d'enfreindre » les lois et de tromper la vindicte pu- » blique de ce pays.» Depuis cet événement, sir Th. Wilson s'est lancé parmi les démagogues de son pays; mais il n'a pu se faire nommer député en 1818, et il s'est rendu aussitôt après dans les colonies espagnoles où il a combattu parmi les insurgés sous les ordres de Bolivar. On a de lui I. *Recherches sur l'état présent des forces militaires de l'empire britannique*, in-8°. 1804. II. *Histoire des campagnes de Pologne, en 1806 et 1807, avec des remarques sur l'armée Russe*, in-4°. 1811. III. *Puissance politique et militaire de la Russie*, 1817, in-8°. Z.

WOLFF (Le baron MARC-FRANÇOIS-JÉROME), maréchal de camp, né à Strasbourg le 4 mars 1776, débuta à l'âge de dix-huit ans dans la carrière militaire, et parvint, de grade en grade, à celui de général de brigade, en 1812. Il s'était distingué, en 1794, au siège de Manheim où il fut blessé. On l'envoya en Westphalie en 1808, pour y organiser la cavalerie, qu'il commanda, ainsi qu'une partie de la cavalerie bavaroise, dans les campagnes de 1809, 1812 et 1813. Il fut chargé de la défense importante des défilés du Hartz, au mois d'avril 1813, et y déploya une grande habileté. L'estime qu'il avait su inspirer aux troupes allemandes lui fit surmonter la plupart des difficultés de cette campagne. En 1813, il commanda successivement une brigade dans les 12e. et 4e. corps; et en 1814, un corps de dragons, sous le duc de Tarente. Il a fait la campagne de Waterloo en 1815; et il est maintenant inspecteur de cavalerie. F.

WORONZOF (Le comte de), lieutenant-général russe, chambellan de l'empereur Alexandre, et l'un de ses aides de camp, est neveu du grand-chancelier de ce nom, mort à Moscou en 1806. Il remplit lui-même quelques fonctions diplomatiques, et fut envoyé auprès de son père, ministre russe en Angleterre; il embrassa ensuite la carrière des armes, y obtint un avancement rapide, et servit avec distinction dans les campagnes de 1813 et 1814, contre la France. Le comte de Woronzof commandait l'avant-garde de l'armée russe, au mois de juin 1813, et il avait tenté un coup de main hardi sur la ville de Leipzig. Au mois d'août suivant, il occupa sur l'Elbe plusieurs postes que les Français abandonnaient dans leur retraite. Il prit part aux batailles de Bautzen et de Wurchen, et s'empara, le 28 octobre, de Cassel. Chargé du blocus de Hambourg, il coupa la communication de cette ville avec Lubeck. Après l'invasion du territoire français, il adressa, le 27 février 1814, aux habitants des Ardennes, de l'Aisne et de la Marne, une proclamation au nom du prince royal de Suède, sous les ordres duquel il se trouvait. Il y menaçait du fer et du feu les habitants qui s'armeraient contre les alliés. Le 19 mars, il entra dans Reims, et se trouva, vers la fin du même mois, à l'attaque de Paris. Ce fut lui qui occupa le bourg de la Villette. Après la guerre de 1815, le comte de Woronzof fut chargé du commandement du contingent russe de l'armée d'occupation, et il tint pendant trois ans son quartier général à Maubeuge, où il se distingua par la discipline qu'il maintint parmi ses troupes. Il se rendit, au mois de septembre 1818, au congrès d'Aix-la-Chapelle, et y reçut des témoignages d'estime de l'empereur Alexandre et des autres souverains. C. C.

WOUSSEN (J.-F.), ancien avocat, était procureur-syndic du district d'Hazebrouck, lorsqu'il fut nommé, en septembre 1791, député suppléant du Nord à la législature, où il ne prit point séance. Il fut, en septembre 1795, député au conseil des Cinq Cents, dont il fut élu secrétaire dès les premières séances. Il se prononça contre l'admission de J.-J. Aymé, comme rapporteur de la commission chargée de cette affaire; et, dans le courant de 1796, il prit quelquefois la parole sur les impositions et sur l'ordre judiciaire. Etant sorti du conseil, en 1799, il y fut aussitôt réélu, fit encore divers rapports sur des objets d'administration, vota pour qu'on déclarât la patrie en danger, ne passa point au corps législatif après le 18 brumaire, et devint juge d'appel des départements du Nord et du Pas-de-Calais, puis conseiller à la cour de Douai. Il en exerçait encore les fonctions en 1818. M. Woussen a publié, avec M. Honoré de Clercq, la *Véritable juridiction du Pape dans les affaires de la religion*, Lille, 1791, in-8°. B. M.

WRBNA (Le comte DE), commissaire impérial de la cour de Vienne, resta dans cette capitale lors de sa conquête par les Français, en 1805, et parvint, par son zèle et sa résignation, à rendre de grands services aux habitants : ce qui lui valut de leur part une adresse de remerciments et le diplôme de bourgeois honoraire, qui l'exemptait de contributions. L'empereur le nomma grand-chambellan, et lui adressa une lettre très-flatteuse, en lui envoyant la grand' croix de Saint-Etienne. Le comte de Wrbna a continué de prendre part aux négociations diplomatiques les plus importantes; et il reçut, en 1816, les ordres de Saint-Michel et du Saint-Esprit, de la part du Roi de France, pour les transmettre à S. M. l'empereur d'Autriche. Il accompagna son souverain aux conférences d'Aix-la-Chapelle, en octobre 1818. — Le comte Ladislas de WRBNA, son fils, capitaine dans les hulans de Schwartzenberg, reçut du Roi de France, en 1816, la croix de Saint-Louis. Chargé en 1817, d'aller porter à Rio-Janeïro, la nouvelle de la conclusion du mariage de l'archiduchesse Léopoldine avec le prince royal du Brésil, il reçut du souverain de ce royaume, la croix de commandeur du Christ, avec une pension de 600,000 reïs (4,000 fr.). A son retour, il tomba entre les mains des pirates, qui pillèrent son vaisseau et les riches présents destinés à l'empereur d'Autriche; lui-même n'échappa qu'avec peine aux plus grands dangers. C. C.

WREDE (Le prince CHARLES - PHILIPPE DE), feld-maréchal bavarois, est né à Heidelberg, le 29 avril 1767. Il entra dans la carrière militaire en 1792, et fut nommé colonel en 1795. Dans la campagne de 1799, il commanda un corps-franc qu'il avait levé sous les auspices de prince Charles, et avec lequel il obtint beaucoup de succès. Nommé lieutenant-général, il fit, en cette qualité et comme auxiliaire des Français, la campagne de 1805; il adressa alors à ses soldats une proclamation qu'il terminait ainsi : « Il faut vaincre » ou mourir aux portes de Munich. » Le 13 octobre, à la tête de l'avant-garde, il poursuivit les Autrichiens, et leur fit 1400 prisonniers : après la paix de Presbourg, il commanda l'une des provinces Bavaroises, et reçut, en mars 1806, la grand' croix de la Légion - d'honneur. En 1808 et 1809, il fut chargé de plusieurs opérations dans le Tyrol, et battit plusieurs fois les Autrichiens; à la suite de ces succès, il occupa Saltzbourg, et se distingua encore au combat d'Abensberg. Toujours à la tête des troupes bavaroises, qui ne cessaient de combattre sous les drapeaux français, il s'acquit l'estime de ces derniers, déploya à côté d'eux de véritables talents, et fut élevé au grade de feld-maréchal. Buonaparte ayant rendu publique une correspondance saisie sur un courrier suédois, quoiqu'il ne fût point en guerre avec cette puissance, et l'armée bavaroise se trouvant signalée dans une des dépêches de cette correspondance, d'une manière peu honorable, les officiers supérieurs bavarois déclarèrent qu'ils se regardaient tous comme personnellement insultés par le ministre qui avait signé cette lettre, et qu'ils l'attaqueraient partout où ils pourraient le joindre. En effet, un duel eut lieu entre le maréchal de Wrede et le comte de Duben, chargé d'affaires de Suède à Vienne. Aucun des combattants ne fut tué ni blessé. Dans la campagne de 1812, contre la Russie, le maréchal de Wrède commanda le contingent bavarois. Il se distingua au combat de Valentina, et les bulletins français firent son éloge : dans la désastreuse retraite qui suivit cette campagne, son corps fut un de ceux qui souffrirent le plus, et sa cavalerie périt presque toute entière. Le 8 octobre 1813, il signa à Ried le traité par lequel la Bavière, renonçant à la confédération du Rhin, séparait sa cause de celle de Buonaparte, et s'étant aussitôt porté en Franconie, à la tête d'une armée composée de Bavarois et d'Autrichiens, afin de couper la retraite de Buonaparte qui venait d'être défait à Leipzig, il lui livra, le 30 du même mois, à Hanau, une bataille dans laquelle il fut repoussé avec perte, et blessé dangereusement. Les journaux français annoncèrent même que ses blessures étaient mortelles, en même temps qu'ils le signalèrent comme le principal auteur de la défection de la Bavière; d'un autre côté, le feld-maréchal de Wrede reçut des preuves d'intérêt très honorables des personnages les plus distingués, notamment de l'empereur Alexandre, qui lui fit plusieurs visites pendant sa maladie. Aussitôt après son rétablissement, il reprit le commandement des troupes bavaroises, à la tête desquelles il fit la campagne de 1814, en France. Il eut part, le 1er. février, à la bataille de Brienne, et s'empara de vingt-six pièces de canon ; les 13 et 14 du même mois, il marcha sur Troyes, après avoir obtenu quelques succès partiels qui lui coutèrent beaucoup de monde, et il établit dans cette ville son quartier-général ; à la suite du succès qu'il obtint à Bar-sur-Aube, contre le maréchal Oudinot, il reçut sur le champ de bataille l'ordre de Saint-George de 2e. classe. Après la conclusion de la paix et l'évacuation de la France, le maréchal de Wrede fut élevé au rang de prince ; il reçut, à son retour en Allemagne, des honneurs extraordinaires, et son souverain lui fit présent d'une belle terre. Au mois d'octobre de la même année, ses blessures s'étant rouvertes mirent ses jours en danger ; cependant en avril 1815, il reprit le commandement de l'armée bavaroise, destinée à faire partie de la nouvelle coalition, et pénétrant encore en France par la Lorraine, il passa la Sarre, le 23 juin, porta son quartier-général à Auxerre, et occupa une partie des départements du centre de la France. Il reçut cette année la grand'croix de l'ordre du Bain, et fut chargé après la conclusion de la paix, de plusieurs missions honorables, par son souverain, près duquel il jouit du plus grand crédit ; on a même prétendu qu'il n'avait pas peu contribué à la disgrâce du comte de Montgelas (*Voyez* ce nom). Il est membre de la première chambre des états de Bavière. Son gendre, le prince d'Ortingen, fut tué à ses côtés à la bataille d'Hanau.   C. C.

YORCK DE WATTEMBOURG (Le comte), général prussien, fit la campagne de Russie, en 1812, comme allié des Français, et se distingua au siège de Riga. Le bulletin officiel lui donna, à cette occasion, les plus grands éloges. Ce fut le général Yorck qui, après la retraite de Moscou, donna le premier exemple d'une défection qui devait bientôt être générale. Le 30 décembre 1812, il se sépara du corps du maréchal Macdonald, dont il faisait partie, et se retira à Justerbourg, où il traita avec les Russes, et se réunit à eux. Il écrivit en même temps au duc de Tarente, pour justifier sa défection. On se rappelle la fureur que Buonaparte fit éclater à cette nouvelle ; ce fut pour lui le prétexte d'une levée de 300 mille hommes. Le sénat, le conseil d'état, les préfectures retentirent des plus violentes injures contre le général prussien. Les journaux annoncèrent que le roi de Prusse avait hautement témoigné son indignation de cette trahison. Mais la suite des événements fit bien voir que le général Yorck n'avait pas agi de son propre mouvement. A peine le roi de Prusse se fut-il réuni à la coalition, qu'une commission formée à Berlin déclara exempt de tout blâme le général Yorck, qui fut aussitôt nommé commandant en chef des troupes sous les ordres du major-général Bulow. Ce fut à leur tête qu'il fit les campagnes de 1813 et de 1814. Le 2 mai 1813, il combattit à Lutzen, et s'y fit remarquer. Le 21 août suivant, Buonaparte l'attaqua en personne, sur les lignes de la Bober, et le força de rétrograder en Silésie. Après la retraite des Français, le général Yorck passa le Rhin, le 1er. janvier 1814, se porta sur Metz; de là il pénétra à la suite des armées alliées en Champagne, et opéra sa jonction à Joinville, avec le général bavarois de Wrède. Il assista à la bataille de Brienne, mais il n'y prit point de part. Il essuya ensuite un échec à Mont-Mirail. Le 30 mars, il faisait partie de l'armée qui investit Paris, et éprouva une forte résistance à Saint-Denis. Le général Yorck reparut dans les rangs de l'armée prussienne, en 1815, et perdit, à la bataille des 15 et 16 juin, son fils unique. A la paix, il fut nommé gouverneur de la Silésie. En 1816, le roi de Prusse lui fit présent d'un beau château, situé aux environs de Breslau.

C. C.

YORK (Frédéric duc d'), second fils du roi George III, feld-maréchal et premier pair, commandant en chef des troupes de terre de la Grande Bretagne, etc., est né le 16 août 1763. Destiné à la carrière des armes, il reçut une éducation toute militaire, et à l'âge de 16 ans, il se rendit en Prusse et assista aux revues de Potsdam; il ne retourna en Angleterre qu'en 1791, après avoir épousé une princesse de Prusse. En 1792, le gouvernement anglais, ayant jugé convenable d'envoyer des renforts à l'armée alliée qui était entrée en France, donna au duc d'York le commandement de cette expédition. Ce prince fut chargé du siége de Valenciennes, qui se rendit au bout de six semaines: il entreprit ensuite celui de Dunkerque, mais il fut repoussé après de vains efforts. Au commencement de 1794, il retourna en Angleterre pour conférer avec le gouvernement sur les opérations de la campagne qui allait s'ouvrir, et vint reprendre son commandement après une absence de six semaines. Dès que la saison le permit, l'armée combinée commença ses opérations par le siége de Landrecies, que Pichegru entreprit vainement de secourir, le 24 avril, trois jours avant sa reddition. Après cette conquête, les troupes anglaises furent stationnées à Tournay, tandisque Clairfait et le prince de Cobourg s'efforçaient de tenir tête aux armées républicaines; mais ils furent tous deux repoussés, et la position du duc d'York devenant extrêmement critique, il se retira sur Anvers. Vers le même temps, lord Moira débarqua à Ostende avec un renfort de dix mille hommes, et après beaucoup de difficultés parvint à opérer sa jonction avec le duc d'York. Les Autrichiens avaient déjà évacué la Flandre occidentale, et l'armée républicaine s'avançant rapidement, le duc d'York se retira encore; et le 10 septembre, il prit position sur les bords de la Meuse, à peu de distance de Grave: mais l'approche des troupes françaises le força bientôt à regagner le lieu de son embarquement, qu'il eut à peine le temps d'atteindre. Ainsi finit cette campagne, si glorieuse pour la France, si désastreuse pour les armées alliées. En 1795, le duc d'York fut nommé commandant en chef de l'armée anglaise. Il s'occupa aussitôt de remédier aux abus et d'adopter les améliorations qu'il crut nécessaires. Son expérience, son excellent jugement et ses manières affables, firent recevoir sans murmure tous les changements qu'il introduisit, et ces changements ont eu les plus heureux résultats. En 1799, ce prince reçut le commandement de l'expédition qui fut envoyée en Hollande avec un corps auxiliaire russe, sous les ordres du général d'Essen. La première opération fut relative à la flotte hollandaise du Texel, qui se rendit au vice-amiral Mitchell. Le duc d'York débarqua avec une armée de trente mille hommes, et s'avança dans le pays. Il trouva, le 19 septembre, les Français postés à Alkmaer, et essaya vainement de les forcer dans cette forte position; mais ayant réuni toutes ses forces, il les contraignit de se retirer. Le 6 octobre, ayant résolu de poursuivre ses avantages, il s'avança avec une partie de son armée, et occupa plusieurs villages sans éprouver de résistance. Le général d'Essen, qui avait dirigé, avec une colonne d'infanterie russe, une attaque sur le front de la position que les Français occupaient à Gorcum, éprouva une si vigoureuse résistance que sir Ralph Abercrombie reçut l'ordre de le secourir. L'action devint générale, et ne se termina qu'à la nuit. Mais les Français reprirent l'offensive, et bientôt le duc d'York n'eut plus d'autre parti que de chercher son salut dans une prompte retraite, qu'il effectua avec peine et après avoir perdu une partie de ses troupes. A son retour en Angleterre, il reprit les fonctions de commandant en chef. Le 27 janvier 1809, M. Wardle, membre de la chambre des communes, après avoir parlé, dans cette assemblée, du système de corruption qui avait long-temps prévalu dans le département de la guerre, accusa directement le duc d'York, qui souffrait que mistriss Clarke, sa maîtresse, fît un honteux trafic des commissions. Il assura qu'il prouverait par témoins, que cette dame avait le pouvoir de donner des commissions, qu'elle recevait pour cela des rétributions pécuniaires que le duc d'York partageait. Il conclut en demandant la nomination d'un comité pour examiner la conduite du prince. Après différentes observations, il fut résolu qu'une enquête serait faite par un comité composé de toute la chambre. Pendant ce procès extraordinaire, et qui occupa la chambre deux mois entiers, les salles furent remplies de curieux. On entendit un grand nombre de témoins; et enfin il fut établi, par une décision de la chambre, que mistriss Clarke avait reçu de l'argent pour procurer de l'avancement, mais que le duc n'avait pas eu de part à ces manœuvres, quoique mistriss Clarke soutînt qu'elle agissait avec son autorisation. Cette décision ne passa qu'à une majorité de 278 contre 196 voix; et le prince ne croyant plus pouvoir conserver ses importantes fonctions, donna sa démission. Lord Althorpe proposa alors à la chambre des communes de décider que S. A. R. ayant résigné le commandement, la chambre ne croyait pas devoir donner maintenant aucune autre suite à cette affaire. Le mot *maintenant* fut vivement attaqué par les ministres, qui parvinrent à le faire supprimer. Ce Prince fut de nouveau appelé, le 25 mai 1811, au commandement en chef des troupes anglaises, et il continue de remplir ces importantes fonctions. La chambre des communes chargea unanimement son orateur, le 6 juin 1814, de lui témoigner sa reconnaissance pour l'habileté qu'il y a déployée. Depuis cette époque, la même chambre lui a voté encore plusieurs fois des remerciments. Ce prince est l'héritier présomptif de la couronne depuis la mort de la princesse Charlotte. Il n'a pas d'enfants.

Z.

YVART (Jean-Augustin-Victor), né vers 1760, professeur à l'école vétérinaire d'Alfort et membre de l'institut, où il a remplacé Parmentier, et l'un de nos plus savants agriculteurs, a mérité d'être appelé l'*Arthur-Young* de la France, quoiqu'il soit exempt des préjugés de l'auteur anglais. Il a parcouru la Belgique, l'Angleterre et la France, pour y comparer les diverses méthodes de culture. Son *Traité des Assolements*, considéré comme un des meilleurs ouvrages d'agriculture pratique, a concouru pour le prix décennal, et ses travaux, exposés dans une analyse étendue, ont reçu l'approbation et les éloges de ses collègues. M. Yvart est encore auteur de: I. *Mémoire sur les végétaux qui fournissent des parties utiles à l'art du cordier et du tisserand;* couronné en 1788, par la société d'agriculture de Paris. II. *Rapport sur les expériences du cit. Houdart, relatives à l'économie et à la préparation de la semence*, an VIII (1800), in-8°. III. *Coup-d'œil sur le sol, le climat et l'agriculture de la France comparée avec les contrées qui l'avoisinent, et particulièrement avec l'Angleterre*, Paris, 1801, in-8°. IV. *Objet d'intérêt public, recommandé à l'attention du Gouver-*

nement et de tous les amis de l'agriculture, sur la destruction des plantes nuisibles aux récoltes, couronné (en 1817) par l'académie de Liège. M. Yvart est collaborateur à la nouvelle édition du *Théâtre d'agriculture d'Olivier de Serres;* au *nouveau Dictionnaire d'Histoire naturelle;* et au *nouveau Cours complet d'agriculture.* Son beau travail sur les assolements, 592 pag. in-8°., forme, sous l'article *Successions de culture,* la presque totalité du tome XI de ce dernier ouvrage, et n'a pas été imprimé ailleurs. C.

ZAJONCZECK (Le prince DE), né en Pologne, est un des généraux les plus distingués de cette nation si féconde en hommes de guerre. Il servit d'abord dans l'armée nationale contre la Russie, et lorsque celle-ci l'eut emporté, il quitta la Pologne avec plusieurs de ses compatriotes, pour prendre du service en France, et fit les campagnes d'Italie en 1796 et 1797, puis celles d'Egypte, comme général de brigade; et, de retour en France, il fut élevé au grade de général de division. En 1806, à l'époque de l'invasion de la Pologne par Buonaparte, il fut nommé commandant d'une légion du Nord, dont la plus grande partie devait être composée de Polonais, et fut envoyé plus tard en Italie. Après un long séjour dans cette contrée, il fut rappelé pour faire la campagne de Russie, en 1812; il y perdit une jambe et fut fait prisonnier. Lorsque le sort de la Pologne était encore indécis, l'empereur Alexandre le nomma ministre de la police et de l'intérieur; et quand cette contrée redevint royaume, à la fin de 1815, sous la protection de la Russie, il le choisit pour vice-roi et lui donna le titre de prince. A l'ouverture de la diète, en mars 1818, ce prince fit ainsi l'éloge du vice-roi : « Un de vos » plus dignes vétérans, le général » Zajonczeck, me représente parmi » vous ; blanchi sous vos drapeaux, » associé constamment à vos succès et » à vos revers, il n'a cessé de donner » des preuves de son dévouement à la » patrie ; l'expérience a complètement » justifié mon choix. » C. C.

ZIETHEN, fils du fameux général de cavalerie de ce nom, est filleul du grand Frédéric. Dès sa plus tendre jeunesse, il embrassa la carrière des armes, et fut sous-lieutenant dans le régiment de son père. Après avoir fait avec distinction toutes les dernières guerres contre les Français, il devint général de division ; et il commandait en cette qualité, à l'ouverture de la campagne du mois de juin 1815, ayant son quartier-général à Charleroi. Surpris par l'armée française, les 15 et 16 de ce mois, il fit sa retraite sur Fleurus ; repoussé de cette nouvelle position, il se replia sur l'armée du maréchal Blücher, et prit part à la bataille de Ligny, qui fut perdue par l'armée prussienne. Le lendemain, 18 juin il faisait partie du corps qui contribua à la défaite de l'armée de Buonaparte à Waterloo et qui fut chargé de poursuivre les fuyards. Il parut un des premiers sous les murs de Paris, et vint établir son quartier-général dans cette capitale, après la capitulation. Lorsque la paix fut conclue, le général Ziethen fut nommé commandant du contingent prussien faisant partie de l'armée d'occupation ; et il établit son quartier-général à Sédan, où il résida jusqu'à la fin de 1818, époque de la retraite des troupes alliées. C. C.

SECOND SUPPLÉMENT ET ERRATA.

BLANC SAINT-BONNET. L'écrit cité à son égard dans l'Errata du troisième volume, est une production anonyme ; ainsi il mérite peu de confiance. Nous devons aussi déclarer que l'individu à qui il est généralement attribué, n'en mérite pas davantage. Au reste, nous nous sommes bornés à citer cet écrit, sans émettre aucune opinion ; et nous nous sommes en cela conformés au plan de cette biographie.

BODIN (P.-J.-FRANÇOIS) n'est pas le même que celui qui est aujourd'hui président à la cour royale de Poitiers : celui-ci (Vincent-Jacques), né à Thouars, est magistrat depuis trente ans, et n'a pas été député à la Convention nationale. Bodin (P.-J.-F.), conventionnel, est mort à Blois, en 1809.

BOTTIN n'a jamais été capucin ; il fut nommé en 1816, secrétaire de la société royale des antiquaires de France, et il est rédacteur de l'ALMANACH DU COMMERCE, depuis la mort de M. de Latynna.

CHAMPEAUX (Le chevalier PALLASNE de). Son père, ex-conventionnel, vota, dans le procès de Louis XVI, la détention, l'appel au peuple et le sursis à l'exécution. Le chevalier de Champeaux avait sollicité, dès le mois de février 1814, la permission de former le corps de volontaires, pour lequel il fut traduit devant un conseil de guerre en 1816 ; et n'ayant pu obtenir cette permission, il n'avait pas moins continué son organisation, dont il rendit compte au maréchal Jourdan. Dès le 2 avril 1814, une adresse, signée de ses officiers, porta au gouvernement provisoire l'adhésion de son corps à la déchéance de Buonaparte ; et M. de Champeaux fit lui-même imprimer, à cette époque, sous ce titre : IL EST TEMPS D'EN FINIR, un appel aux Français en faveur des Bourbons. Sa légion, licenciée le 25 juillet 1815, ne le fut pas par le duc de Feltre, mais par le maréchal Gouvion Saint-Cyr. M. de Champeaux a publié les almanachs militaires pour les années 10 (1802), 11, 12 et 13. Cet ouvrage fut suspendu, en 1808, par ordre du duc de Feltre, alors ministre de la guerre.

COLLEVILLE (C.-D.), ayant été arrêté, en 1814, pour le vol commis par Maubreuil, (voyez ce nom) fut mis en liberté aussitôt après par une ordonnance du tribunal de première instance, qui déclara qu'il était étranger à cette affaire.

DAMPMARTIN (Le vicomte de), né en 1754, c'est au Roi et non à l'assemblée nationale qu'il adressa ses doléances sur les abus dans l'administration militaire. Au nombre de ses ouvrages on a omis celui qui est intitulé : DES ROMANS, dont Palissot fait l'éloge dans ses mémoires sur la littérature.

DUCOUEDIC (PIERRE) n'est pas de la même famille que l'amiral Ducouedic, qui a un article dans la BIOGRAPHIE UNIVERSELLE. Les parents de ce dernier ont fait imprimer, en 1816, une liste des membres actuels de leur famille, où Pierre Ducouedic ne se trouve pas.

FAYAU, député à la Convention nationale par le département de la Vendée, n'est pas le même que celui qui a été procureur impérial près le tribunal de Montaigu. Celui-ci n'a pas exercé ces fonctions jusqu'au retour du Roi, mais seulement jusqu'en 1811.

HOHENZOLLERN (Le prince de) ne fut pas fait prisonnier, en 1805, par le corps de Murat. Ayant été chargé, avec une avant-garde, d'ouvrir un passage au corps du général Werneck, il y réussit complètement, et opéra sa jonction avec l'archiduc Ferdinand, tandis que le général Werneck, qui n'avait pu suivre, se rendit par capitulation. Il n'est pas exact non plus que le prince de Hohenzollern ait exigé, en 1815, pour sa table, dans le département du Haut-Rhin, une somme de 123,000 fr. Les contributions de ce genre ne furent imposées dans ce pays, ni au profit ni par les ordres de ce général.

JULIEN DE LA DROME (MARC-ANTOINE) n'ayant pas signé l'acte additionnel, en 1815, n'a pas été frappé par la loi contre les régicides. — Son fils (M.-A.) fut emprisonné après le 9 thermidor, par suite des dénonciations de Carrier et de quelques autres Jacobins qui ont fort exagéré, dans leurs écrits, les torts de sa jeunesse : il résulte des pièces que nous avons sous les yeux, qu'il ne reçut pas des pouvoirs illimités du comité de salut public, dans sa mission de Bordeaux ; qu'il n'y cerna point la maison des proconsuls ; mais qu'il chercha à s'opposer à leur tyrannie, et que c'est par suite de leur ressentiment qu'il a été long-temps poursuivi et calomnié. Il convient d'ajouter à la liste de ses écrits : I. ESQUISSE D'UN OUVRAGE SUR L'ÉDUCATION EUROPÉENNE COMPARÉE, 1817, in-8o. II. PRÉCIS SUR LES INSTITUTS

D'ÉDUCATION ET D'AGRICULTURE DE M. DE FELLENBERG, 1817, in-8°. III. MANUEL ÉLECTORAL, avril 1817, in-18.

KOLLI (Le baron DE) est né en France et non en Piémont. Le roi Ferdinand VII l'a nommé colonel, chevalier de l'ordre de Charles III, et lui a fait une pension de douze mille francs. Après avoir donné, à Bordeaux, en mars 1815, de nouvelles preuves de dévouement à la cause des Bourbons, il se réfugia en Espagne, d'où il chercha à pénétrer en France, dans le mois de juin, à la tête d'un corps de royalistes. Ayant rencontré à Helette une troupe ennemie très-supérieure en nombre, le corps du baron de Kolli fut presqu'entièrement détruit, et lui-même fut emmené prisonnier dans la citadelle de Bayonne, d'où la seconde chute de Buonaparte le fit bientôt sortir.

LAGARDE (Le baron JOSEPH-JEAN) né à Narbonne, fut reçu avocat au parlement de Flandre, en 1776, et pourvu d'un office de conseiller du roi au bailliage de Lille, en 1788. En 1790, il fut nommé secrétaire général du département du Nord. En 1792, il fut destitué et arrêté, pour avoir rédigé et fait adopter par son administration une adresse contre la journée du 20 juin; en 1795, il fut nommé secrétaire général du directoire exécutif, etc.

LASAUSSE (JEAN-BAPTISTE) n'a pas été grand-vicaire de Lamourette, et n'a point accompagné Châlier au supplice. Ces faits appartiennent à un autre abbé Lasausse, son cousin, né comme lui à Lyon.

LALLY-TOLLENDAL (Le marquis DE). Des renseignements qui nous sont parvenus après l'impression de son article, attestent qu'il n'est pas vrai que ce pair de France ait reçu, en 1816, une indemnité comme étranger : la vérité est qu'on lui fit alors l'offre de cette indemnité; mais il la refusa, et en fit hommage au Roi, qui chargea M. le duc de Richelieu de l'en remercier en son nom et par écrit. Regrettant de ne pouvoir faire connaître tous les détails curieux qui nous sont aussi parvenus trop tard, sur le procès de son père, et surtout l'intérêt que lui portait Louis XV, nous les renvoyons à l'article du général Lally, qui paraîtra incessamment dans le tome XXIII de la BIOGRAPHIE UNIVERSELLE.

LESSEPS (JEAN-BAPTISTE-BARTHÉLEMI) n'est point baron. — Son frère (Mathieu) était consul-général en Egypte, après l'évacuation de cette contrée, en 1800, et non au moment de l'invasion. Il a été envoyé à Maroc, en 1816, non comme commissaire extraordinaire, mais sans titre ni caractère; et seulement pour coopérer au succès de la mission dont était chargé M. de Sourdeau. — Son cousin (J.-B.) n'a point été chargé du consulat d'Alexandrie.

MARCHAND (Le comte). Il résulte du jugement qui l'a acquitté à Besançon, le 4 janvier 1816, qu'il avait fait, en mars 1815, à Grenoble, tout ce que son devoir pour s'opposer à la marche de Buonaparte ; et qu'ayant été abandonné par les troupes, il se retira à la campagne avec quelques officiers.

MARDUEL. C'est par erreur que l'on a dit, dans l'article qui le concerne, que M. Ramond-Lalande avait reçu, en 1802, dans son église le corps de la danseuse Chamerois ; M. Ramond-Lalande était alors curé de Saint Thomas-d'Aquin, et l'enterrement dont il s'agit fut fait par le desservant des Filles-Saint-Thomas.

RÉAL (ANDRÉ) s'opposa à ce que Louis XVI fût jugé par la convention nationale, vota ensuite pour l'appel au peuple et contre le sursis. Il n'a jamais demandé d'ajournement sur la restitution des biens des condamnés, et il ne s'est point opposé à l'admission en paiement des domaines nationaux des bons délivrés à leurs héritiers. Cet ancien magistrat vit dans la retraite à Grenoble depuis le 30 novembre 1815, où il a donné sa démission des fonctions de président en la Cour royale de cette ville.

FIN DU 5e. ET DERNIER VOLUME.

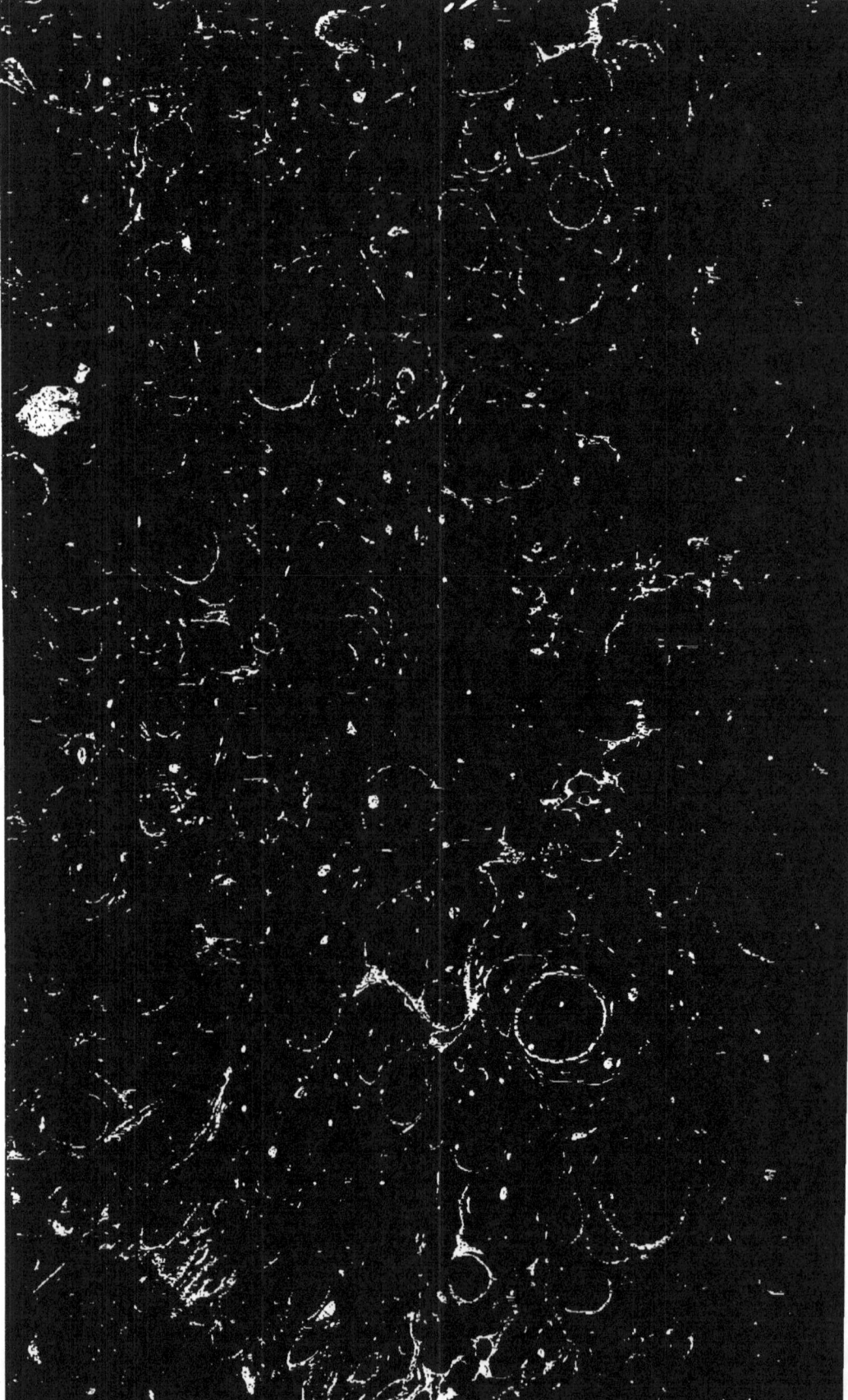

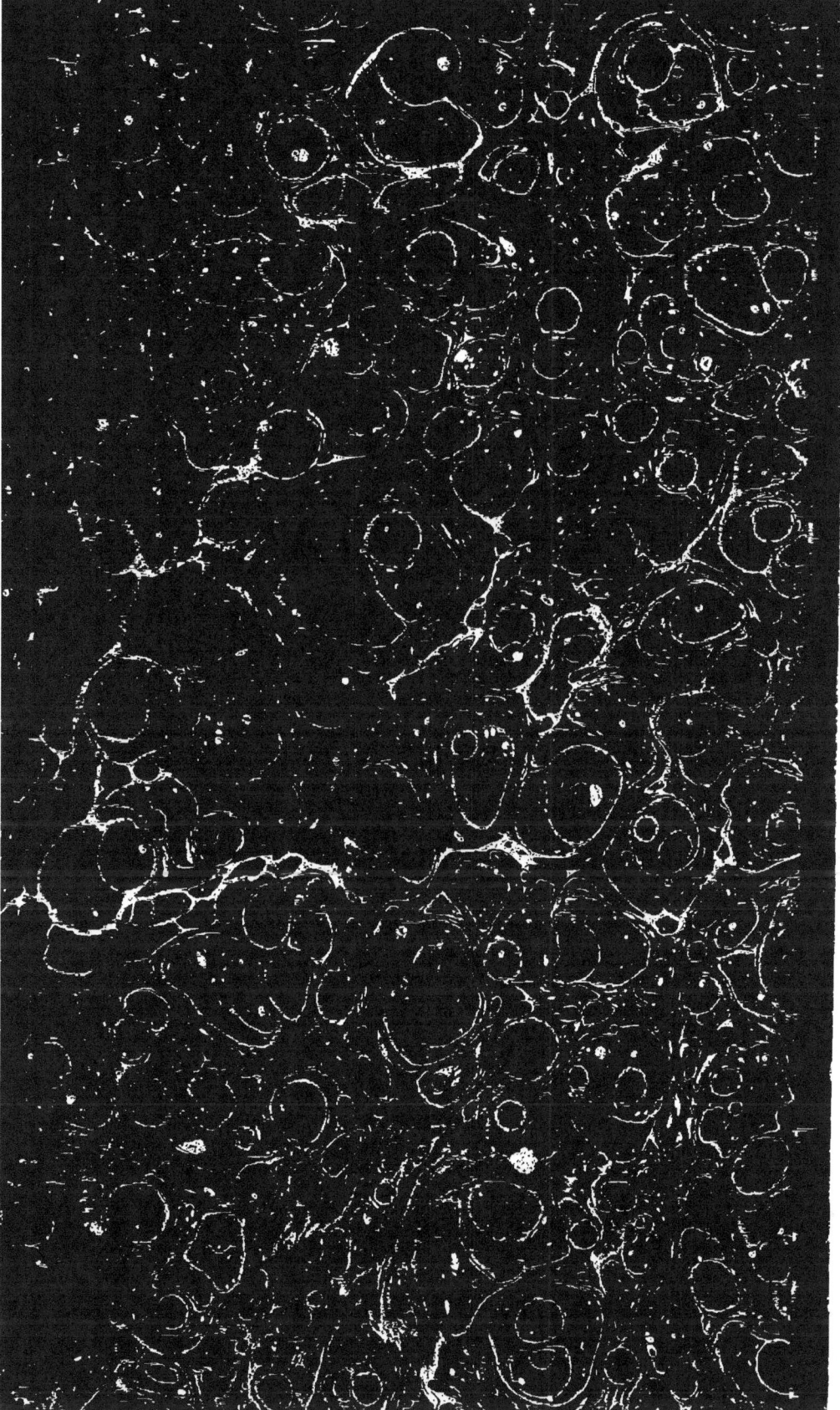

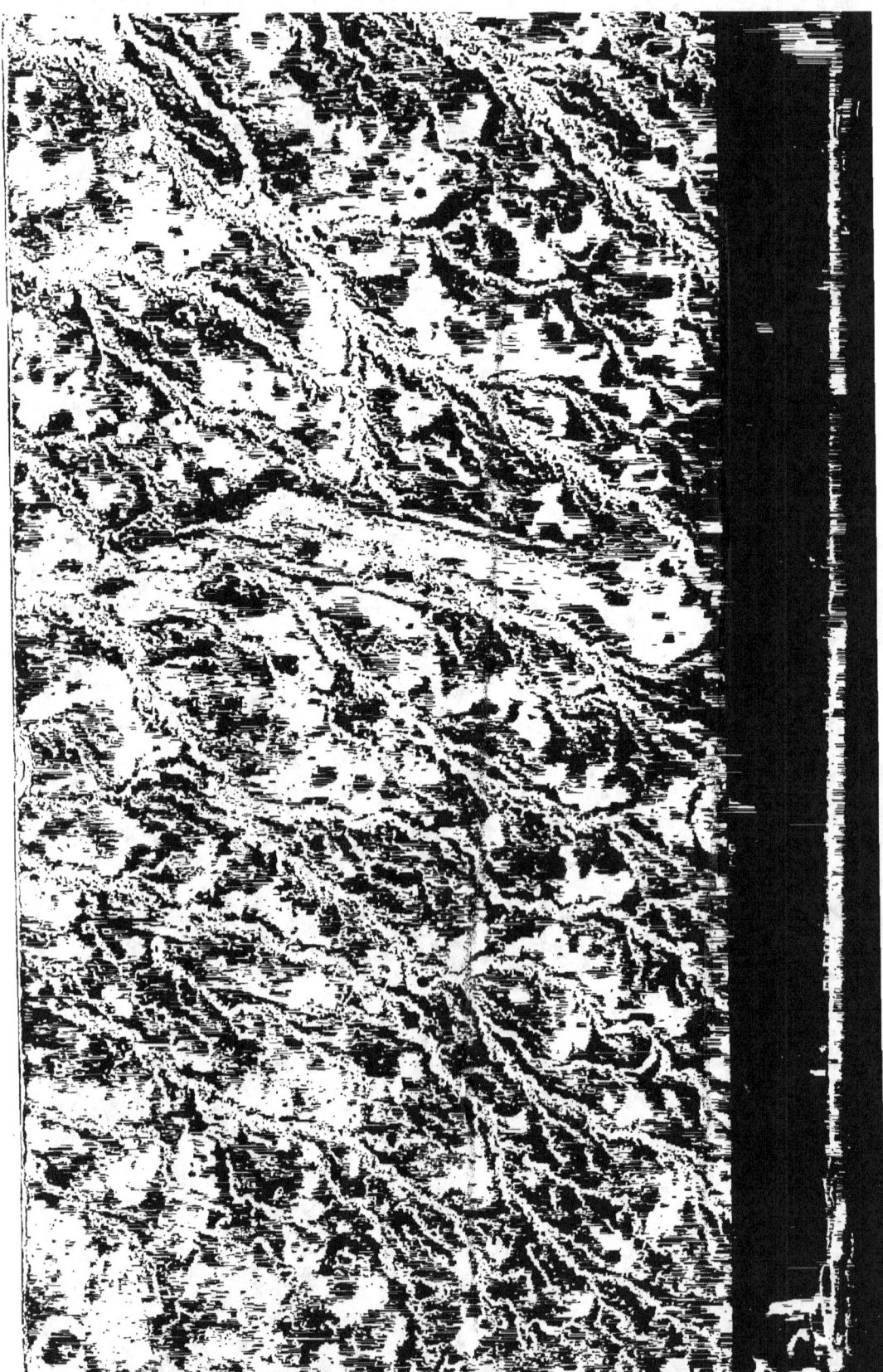

www.ingramcontent.com/pod-product-compliance
Lightning Source LLC
Chambersburg PA
CBHW060751230426
43667CB00010B/1521